ENCICLOPEDIA DE LINGÜÍSTICA HISPÁNICA

Escrita por completo en español, la *Enciclopedia de Lingüística Hispánica* proporciona un tratamiento detallado de los campos principales y subsidiarios de la lingüística hispánica. Las entradas se organizan alfabéticamente en tres secciones principales:

La parte I cubre las disciplinas, enfoques y metodologías lingüísticas.
La parte II incluye varios aspectos de la gramática del español, cubriendo sus componentes fonológicos, morfosintácticos y semánticos.
La parte III reúne los factores, históricos, psicológicos y aplicados en la evolución y distribución del español.

Basada en las aportaciones de un amplio espectro de expertos del ámbito hispanoparlante, la *Enciclopedia de Lingüística Hispánica* es una obra de referencia indispensable para los estudiantes de español en los niveles de grado y posgrado y para cualquier persona con interés académico o profesional en el español y la lingüística hispánica.

Javier Gutiérrez-Rexach es catedrático de Lingüística Hispánica en The Ohio State University

Written exclusively in Spanish, the *Enciclopedia de Lingüística Hispánica* provides comprehensive coverage of the major and subsidiary fields of Hispanic Linguistics. Entries are arranged alphabetically within three main sections:

Part I covers linguistic disciplines, approaches and methodologies.
Part II includes several aspects of the grammar of Spanish, covering its phonological, morphosyntactic and semantic components.
Part III brings together the historical, social, psychological and applied factors in the evolution and distribution of Spanish.

Drawing on the expertise of a wide range of contributors from across the Spanish-speaking world, the *Enciclopedia de Lingüística Hispánica* is an indispensable reference for undergraduate and graduate students of Spanish, and for anyone with an academic or professional interest in the Spanish language and linguistics.

Javier Gutiérrez-Rexach is Professor of Hispanic Linguistics at The Ohio State University.

ENCICLOPEDIA DE LINGÜÍSTICA HISPÁNICA

Volumen 1

Editado por
Javier Gutiérrez-Rexach

LONDON AND NEW YORK

First published 2016
by Routledge

2 Park Square, Milton Park, Abingdon, Oxfordshire OX14 4RN
52 Vanderbilt Avenue, New York, NY 10017

Routledge is an imprint of the Taylor & Francis Group, an informa business

First issued in paperback 2019

British Library Cataloguing in Publication Data
A catalogue record for this book is available from the British Library

Library of Congress Cataloging in Publication Data
A catalog record for this book has been requested

ISBN: 978-0-415-84086-6 (hbk)
ISBN: 978-0-367-86717-1 (pbk)

Typeset in Times New Roman
by Wearset Ltd, Boldon, Tyne and Wear

ÍNDICE

AUTORES

Albaladejo Martínez, Juan Antonio. Es profesor de traducción e interpretación en la Universidad de Alicante. Ha publicado dos libros en la colección Letras Universales de Ediciones Cátedra en calidad de editor y traductor, y cinco libros como editor. Sus líneas de investigación giran en torno a la traducción literaria, las relaciones culturales, la literatura de migración y la fraseología contrastiva.

Alcázar, Asier. Es profesor en el Departamento de Lenguas Románicas de la Universidad de Missouri. Entre sus áreas de interés se incluyen la sintaxis, sus relaciones con la morfología y semántica, la lingüística computacional y la sociolingüística. Es autor de *The syntax of imperatives* (2013).

Alonso-Marks, Emilia. Es catedrática de español y directora del Institute for the Empirical Study of Language en la Ohio University. Sus intereses incluyen la percepción del habla, la fonética, el procesamiento y adquisición del lenguaje y la pedagogía. Sus publicaciones han aparecido en *The Mental Lexicon, ELIA, Hispania* y el *Journal of the Acoustical Society of America.*

Ambadiang, Théophile. Es profesor del Departamento de Lingüística General (Universidad Autónoma de Madrid). En el ámbito de la morfología ha publicado *La morfología flexiva* (1993) y "La flexión nominal", capítulo de la *Gramática descriptiva de la lengua española* (1999).

Andueza, Patricia. Es profesora de lengua española en la Universidad de Evansville, Indiana. Sus áreas de especialización son la pragmática, la semántica, las construcciones exclamativas y la ironía.

Arche, María J. Es profesora titular en lingüística y español en la Universidad de Greenwich (Reino Unido). Su investigación se centra en la gramática del tiempo, el aspecto y la estructura argumental y su adquisición.

Blackwell, Sarah E. Es profesora de lingüística española en el Departamento de Lenguas Romances de la Universidad de Georgia (Athens, Georgia, USA). Es autora de *Implicatures in* *discourse* (2003) y fue editora del *Journal of Pragmatics* de 2003 a 2008. Sus investigaciones se han enfocado en la referencia, los marcos, y la causalidad y evaluación en el discurso.

Bartra, Anna. Es profesora en el Departamento de Filología Catalana de la Universitat Autònoma de Barcelona. Sus áreas de trabajo incluyen la sintaxis, el léxico y la adquisición de lenguas. Se centra en la estructura argumental, el foco y la estructura del sintagma nominal.

Bonet, Eulàlia. Es catedrática en el Departamento de Filología Catalana de la Universitat Autònoma de Barcelona. Ha publicado numerosos artículos sobre morfología, fonología y sus relaciones teóricas y empíricas en catalán y otras lenguas románicas.

Bosque, Ignacio. Es catedrático honorario de lengua española de la Universidad Complutense de Madrid. Ha estudiado muy diversos aspectos de la morfología y la sintaxis del español, así como de la relación de esta última con el léxico. Codirigió, junto con Violeta Demonte, la *Gramática descriptiva de la lengua española* (1999), y coordinó la *Nueva gramática de la lengua española* (2009). Ha dirigido asimismo dos diccionarios combinatorios del español (2004, 2006).

Bravo, Ana. Es profesora en el Departamento de Lengua Española de la Universidad de Murcia. Sus áreas de investigación se centran en la sintaxis y semántica de las categorías relacionadas con el tiempo, el aspecto y la modalidad.

Briz, Antonio. Es catedrático de la Facultad de Filología de la Universidad de Valencia. Es autor de numerosos artículos y varios libros sobre el español coloquial, y ha coordinado el *Diccionario de partículas discursivas del español.*

Brucart, José María. Es catedrático de lengua española de la Universitat Autònoma de Barcelona. Especialista en la sintaxis del español, sus publicaciones versan sobre las relativas, la elipsis, la determinación, la alternancia copulativa, las construcciones comparativas, los tiempos verbales, las construcciones vectoriales y la subordinación.

Bustos, Eduardo de. Es catedrático de filosofía del lenguaje en la UNED, Madrid. Es autor de *Introducción a la filosofía del lenguaje* (1982), *Pragmática del español* (1986), *La metáfora: ensayos transdisciplinares* (2000) y *Metáfora y argumentación* (2014), además de numerosos trabajos sobre las relaciones entre lenguaje, pensamiento y realidad.

Cabrera Méndez, Margarita. Es profesora titular en la Universidad Politécnica de Valencia y basa su investigación en la comunicación digital en español. Ha coordinado para la Fundación del Español Urgente el libro *Escribir en Internet, guía para los nuevos medios y las redes sociales*. Ha publicado para la UOC el libro *Emprender en periodismo.*

Camacho, José. Es profesor de lingüística en la Universidad de Rutgers. Se especializa en sintaxis del español y otras lenguas de las américas (variación dialectal, coordinación, evidencialidad, cambio de referencia). Además, investiga aspectos de bilingüismo.

Cameron, Richard. Es profesor en el Departamento de Lingüística de la Universidad de Illinois en Chicago. Trabaja sobre sociolingüística, análisis del discurso y pragmática. Recientemente ha coeditado el *Oxford handbook of sociolinguistics*.

Campos, Héctor. Es profesor en el Departamento de Español de la Universidad de Georgetown. Se especializa en la sintaxis del español y otras lenguas románicas. Es autor del libro *De la oración simple a la oración compuesta* (1993) y coautor de varias monografías sobre el albanés.

Campos-Astorkiza, Rebeka. Es profesora de lingüística hispánica en The Ohio State University. Se especializa en fonética y fonología, desde una perspectiva tanto experimental como teórica. Algunos de sus temas de investigación incluyen la representación de la duración y su uso lingüístico, y la fonética y fonología de la sonoridad.

Carrasco Gutiérrez, Ángeles. Es profesora titular de lingüística general en la Universidad de Castilla-La Mancha. Su investigación se ha centrado en el fenómeno de la concordancia de tiempos, la semántica y la sintaxis de los tiempos verbales, las perífrasis aspectuales y discursivas, la estatividad y los verbos de percepción.

Castilla-Earls, Anny. Es profesora en SUNY en Freedonia. Investiga sobre el desarrollo típico y atípico del español, las marcas específicas de los trastornos del lenguaje y la adquisición de segundas lenguas en general.

Cipria, Alicia. Es profesora de lingüística hispánica en la Universidad de Alabama, Tuscaloosa. Su especialización primaria es la semántica de fenómenos aspectuales del español. También investiga temas de contacto lingüístico, prácticas de traducción y el español en Estados Unidos.

Colina, Sonia. Es catedrática de lingüística hispánica en el Departamento de Español y Portugués de la Universidad de Arizona. Es la autora de *Spanish phonology* (2009), coeditora de *Fonología de la lengua española contemporánea* (2014), *Romance linguistics* (2009) y *Optimality theoretic studies in Spanish phonology* (2006).

Company Company, Concepción. Es catedrática de la Universidad Nacional Autónoma de México. Sus áreas de trabajo son la sintaxis histórica, la filología y la variación lingüística. Es directora y coautora de la obra *Sintaxis histórica de la lengua española* (7 volúmenes). Es miembro de número de la Academia Mexicana de la Lengua.

Czerwionka, Lori. Es profesora de español y lingüística en Purdue University. Sus áreas de especialización son la pragmática, la sociolingüística y la adquisición de segundas lenguas.

Danielsen, Swintha. Es investigadora de lingüística en la Universidad de Leipzig, Alemania. Ha trabajado en distintos proyectos lingüísticos, documentando y describiendo varias lenguas indígenas de Bolivia. En colaboración con Fernando Zúñiga y Katja Hannß está editando el volumen *Word formation in South American languages*.

Delicado Cantero, Manuel. Es profesor de español en la Australian National University. Su investigación se centra en la lingüística histórica, la sintaxis, y el análisis formal del cambio y la variación lingüística.

Demonte, Violeta. Es catedrática emérita de la Universidad Autónoma de Madrid. Ha publicado numerosos trabajos en el campo de la lingüística teórica, la gramática española y gramática formal de las lenguas naturales, la teoría léxica y el estudio de la interficie léxico-sintaxis-semántica. Es autora de los libros *Teoría sintáctica* (1989) y *Detrás de la palabra* (1991), y coeditora de la *Gramática descriptiva de la lengua española* (1999).

Díaz-Campos, Manuel. Es profesor de lingüística hispánica de la Universidad de Indiana. Realiza estudios en las áreas de variación fonológica y morfosintáctica, adquisición de la fonología en hablantes nativos y adquisición fonológica en estudiantes de español como segunda lengua. Entre sus publicaciones están *The handbook of Hispanic sociolinguistics* (2011) e *Introducción a la sociolingüística hispánica* (2014).

Díaz-Hormigo, María Tadea. Es catedrática de lingüística general de la Universidad de Cádiz. Sus investigaciones están centradas en los dominios de la morfología, la formación de palabras y la neología, con numerosas publicaciones, conferencias impartidas y contribuciones presentadas en distintos foros internacionales y nacionales.

Dumitrescu, Domnita. Es catedrática de lingüística hispánica en California State University, miembro de la Academia Norteamericana de la Lengua y editora asociada de *Hispania.* Sus áreas de investigación son la pragmática, semántica y sintaxis de las lenguas románicas. Ha publicado recientemente *Aspects of Spanish pragmatics* (2011).

Dussias, Paola E. Es catedrática en la Pennsylvania State University. Emplea técnicas de movimiento ocular y potenciales evocados para estudiar el procesamiento del lenguaje en hablantes adultos de dos idiomas.

Dworkin, Steven N. Es catedrático de lingüística románica y lingüística general en la Universidad de Michigan. El foco central de sus investigaciones es la historia del léxico español. Es el autor de *A history of the Spanish lexicon: A linguistic perspective* (2012) y redactor de artículos para el proyecto *Dictionnaire étymologique roman.*

Eguren, Luis. Es catedrático de filología española en la Universidad Autónoma de Madrid. Se especializa en la sintaxis del español y la gramática generativa. Ha publicado numerosos artículos sobre la estructura del sintagma nominal, la elipsis, los determinantes y adjetivos, entre otros temas.

Escandell-Vidal, Victoria. Es catedrática de lingüística general en la UNED, Madrid. Investiga en el área de la pragmática, así como en sus relaciones con la sintaxis. Es autora de los libros *Introducción a la pragmática* (1996), *La comunicación* (2005), *Fundamentos de semántica composicional* (2004) y *Los complementos del nombre* (1995/2012).

Escobar, Anna María. Es profesora en el Departamento de Español y Portugués de la Universidad de Illinois, en Urbana-Champaign. Su investigación se centra en el estudio de la variación y el cambio lingüístico, las lenguas en contacto y la sociolingüística. Es autora de *Contacto social y lingüístico* (2000), y coautora de *Introducción a la lingüística española* (2001) y *El español de los Estados Unidos* (2015).

Espinal, M. Teresa. Es catedrática en la Universitat Autònoma de Barcelona. Trabaja sobre la interficie entre la semántica y la sintaxis, las construcciones idiomáticas, la negación y la semántica de los nombres en catalán y español. Ha publicado numerosos trabajos en revistas de primera fila como *The Linguistic Review*, *Lingua*, *NLLT*, etc.

Fábregas, Antonio. Es catedrático de lengua española en la Universidad de Tromsø (Noruega) y está afiliado a CASTL (Center for Advanced Study in Theoretical Linguistics) en esta misma institución. Su investigación se centra en una aproximación sintáctica a la morfología. Es autor de tres libros y más de ochenta artículos.

Face, Timothy L. Es catedrático de lingüística hispánica en la Universidad de Minnesota. Es autor de varios libros y artículos sobre la entonación del español peninsular y también trabaja en otros aspectos de la fonética y la fonología del español.

Felíu Arquiola, Elena. Es profesora titular de lengua española en la Universidad de Jaén. Su investigación se centra fundamentalmente en la teoría morfológica y en la morfología del español, así como en las relaciones de la morfología con otros componentes de la gramática.

Félix-Brasdefer, J. César. Es profesor de español y lingüística en la Universidad de Indiana. Publica en las áreas de pragmática, análisis del discurso, pragmática de segundas lenguas y variación lingüística. Es autor y coeditor de libros de pragmática y discurso en primera y segundas lenguas, además de múltiples artículos en revistas de lingüística.

Fernández-Ordóñez, Inés. Es catedrática de lengua española en la Universidad Autónoma de Madrid y académica de la Real Academia Española. Es especialista en la historia y la dialectología del español. Dentro de esta última faceta dirige el *Corpus oral y sonoro del español rural*.

Fernández Soriano, Olga. Es catedrática de lengua española en la Universidad Autónoma de Madrid. Ha publicado, entre otros libros, *Los pronombres átonos* (1993), *Aproximación a una sintaxis minimista* (2004) y *La terminología gramatical* (2006).

Freixa, Judit. Es profesora en la Universitat Pompeu Fabra de Barcelona. Investiga dentro de las áreas de la terminología, la neología y la variación lingüística. Ha publicado numerosos artículos en estas áreas y coeditado varios volúmenes.

Gallego, Ángel J. Es profesor en el Departamento de Filología Española de la Universitat Autònoma de Barcelona. Sus áreas de investigación son la sintaxis, la lingüística comparada, y el estudio formal de los dialectos y variedades del español. Es autor de *Phase Theory* (2010) y *Sobre la elipsis* (2011).

Garayzábal Heinze, Elena. Es profesora en la Universidad Autónoma de Madrid. Es doctora en filología hispánica y terapias del habla. Su investigación se centra en la lingüística forense y los trastornos del desarrollo.

García, Ofelia. Es catedrática en los programas de educación urbana y lenguas y culturas hispanas y luso-brasileñas de CUNY. Es autora o coautora, entre otros, de los libros *Bilingual education in the 21st century* (2009) *Educating emergent bilinguals* (2010) y *Translanguaging* (2014).

García Fernández, Luis. Es profesor titular de la Universidad Complutense de Madrid y especialista en tiempo, aspecto, modo de acción y perífrasis verbales.

García Mouton, Pilar. Es profesora de investigación del Consejo Superior de Investigaciones Científicas (CSIC, Madrid); directora de la *Revista de Filología Española*; coordinadora del proyecto para editar el *Atlas lingüístico de la Península Ibérica*; coautora del *Atlas lingüístico y etnográfico de Castilla-La Mancha* y del *Atlas dialectal de Madrid*.

García Platero, Juan Manuel. Es profesor de lengua española en la Universidad de Sevilla. Trabaja en temas de lexicografía y lexicología, así como en sus aspectos diacrónicos y didácticos.

Garrido Gallardo, Miguel Ángel. Es catedrático y profesor de investigación del CSIC en el área de teoría de la literatura. Es autor de varios libros sobre retórica, semiótica literaria y teoría de la literatura.

Garrido, Joaquín. Es catedrático de lengua española en la Universidad Complutense de Madrid. Dirige un grupo de investigación sobre el discurso en los medios. Actualmente estudia el discurso en español, inglés, francés o alemán, y la política lingüística del español en contacto con otras lenguas.

Gavarró Algueró, Anna. Es profesora en el Departamento de Filología Catalana de la Universitat Autònoma de Barcelona. Investiga sobre la sintaxis de la adquisición y el agramatismo. Ha coeditado *Language acquisition and development* (2008) y *Merging features* (2009).

Geeslin, Kimberly. Es profesora de lingüística hispánica en la Universidad de Indiana. Investiga la adquisición de segundas lenguas y la variación sociolingüística. Es editora del *Handbook of Spanish second language acquisition* (2013) y coautora de *Sociolinguistics and second language acquisition* (2014).

Gil, Juana. Es directora del Laboratorio de Fonética del CSIC (Madrid), donde dirige, además, el Posgrado Oficial en Estudios Fónicos y, asimismo, la revista *Loquens: Spanish Journal of Speech Sciences*. Sus áreas de interés son la relación fonética-fonología y algunas aplicaciones de la fonética. Es autora de varios libros y diversos artículos.

Godev, Concepción B. Su labor docente se centra en traducción y lingüística española. Sus áreas de investigación abarcan los siguientes temas: pragmática y traducción de discursos políticos, el español en áreas multilingües y la enseñanza del español como segunda lengua.

González Rivera, Melvin. Es profesor de lengua española y lingüística en la Universidad de Puerto Rico, Mayagüez. Sus áreas de especialización son la sintaxis, la semántica y el contacto lingüístico.

González Rodríguez, Raquel. Es profesora de lengua española en la Facultad de Letras de la Universidad de Castilla-La Mancha. Su investigación se ha centrado en las propiedades sintácticas y semánticas de las partículas de polaridad, y las propiedades tempo-aspectuales de los predicados.

Guitart, Jorge M. Es catedrático de lingüística hispánica en SUNY, Buffalo. Ha publicado numerosos trabajos sobre la fonología del español. Es autor del libro *Sonido y sentido: teoría y práctica de la pronunciación del español* (2004).

Gutiérrez-Rexach, Javier. Es catedrático de lingüística hispánica de The Ohio State University. Sus temas de investigación incluyen la semántica y sintaxis del español, así como la semántica y pragmática formales. Es autor de *Los indefinidos* (2004), *Fundamentos de sintaxis formal* (2009) e *Interfaces and domains of quantification* (2014).

Gutiérrez Rodríguez, Edita. Es profesora en el Departamento de Lengua Española de la Universidad de Castilla-La Mancha. Sus trabajos versan sobre temas de gramática y sintaxis del español, especialmente en torno a las propiedades estructurales y semánticas del sintagma nominal.

Guzzardo Tamargo, Rosa E. Es catedrática auxiliar en la Universidad de Puerto Rico, Río Piedras. Emplea técnicas de movimiento ocular para estudiar la adquisición y el procesamiento del lenguaje en hablantes adultos de dos idiomas.

Hernanz, M. Lluïsa. Es catedrática en el Departamento de Filología Española de la Universitat Autònoma de Barcelona. Sus áreas de investigación son la sintaxis teórica, la gramática del español y la sintaxis comparada de las lenguas románicas. Ha publicado numerosos artículos sobre los elementos y propiedades de la periferia izquierda oracional.

Holguín Mendoza, Claudia. Es profesora en el Departamento de Lenguas Románicas de la Universidad de Oregón. Sus áreas de especialización incluyen la sociolingüística y el análisis de la variación y el cambio en el español de México y de los Estados Unidos.

Kempchinsky, Paula. Es profesora de lingüística en los Departamentos de Español y Portugués y de Lingüística en la Universidad de Iowa. Su programa de investigación se desarrolla dentro del marco teórico de la sintaxis generativa. Colabora también en proyectos de investigación en la adquisición sintáctica de segundas lenguas.

Koike, Dale. Es catedrática de lingüística hispánica y portuguesa en la Universidad de Texas en Austin. Está especializada en las áreas de pragmática, análisis del discurso y adquisición de segundas lenguas. Recientemente ha coeditado el volumen *Pragmatic variation in first and second language contexts*.

Lacorte, Manel. Es profesor de lingüística aplicada del español en la Universidad de Maryland. Su investigación y publicaciones se centran en pedagogía y cuestiones sociopolíticas en la enseñanza del español como segunda lengua y de herencia, formación de profesores y lingüística aplicada.

Leonetti, Manuel. Es catedrático de lengua española en la Universidad de Alcalá. Dentro de las áreas de la semántica y la pragmática, ha publicado numerosos artículos sobre los determinantes, nombres y la estructura informativa.

Liceras, Juana M. Es catedrática de lingüística hispánica y general en la Universidad de Ottawa y profesora asesora de investigación de la Universidad Nebrija. Su investigación se centra en la adquisición del español como segunda lengua, el desarrollo sintáctico y el contacto lingüístico.

Lipski, John M. Es catedrático de lingüística hispánica en la Pennsylvania State University. Sus áreas principales de investigación incluyen la dialectología, la variación lingüística, la fonología, el contacto lingüístico y las variedades criollas. Es autor, entre otros libros, de *Latin American Spanish* (1994) y *Varieties of Spanish in the United States* (2008).

Long, Avizia Yim. Es candidata de doctorado de lingüística hispánica en la Universidad de Indiana. Investiga aspectos fonológicos y morfosintácticos de la adquisición del español como segunda lengua, además del papel de los factores individuales. Es coautora de *Sociolinguistics and second language acquisition* (2014).

López Carretero, Luis. Es catedrático de lingüística hispánica en la Universidad de Illinois en Chicago y jefe del Departamento de Estudios Hispánicos e Italianos. Es autor de tres libros de lingüística teórica así como de numerosos artículos en revistas de difusión internacional. Ha recibido becas de la Fundación Alexander von Humboldt (Alemania) y la Fundación Fulbright (Estados Unidos).

López Palma, Helena. Es catedrática de la Universidad de La Coruña. Sus áreas de investigación comprenden la semántica formal, la sintaxis minimista, la tipología lingüística, la filosofía del lenguaje y el lenguaje de la música contemporánea. Ha trabajado sobre el ámbito de los cuantificadores, los determinantes distributivos, la interrogación, los eventos y los verbos deícticos, entre otros temas.

Lorenzo, Guillermo. Es profesor titular de lingüística general en la Universidad de Oviedo. Su investigación se centra actualmente en el llamado enfoque biolingüístico. Su libro más reciente es *Computational phenotypes. Towards an evolutionary developmental biolinguistics* (2013).

Lloret Romero, Nuria. Es doctora en documentación y profesora titular en la Universidad Politécnica de Valencia. Basa su investigación en los sistemas de información en nuevos medios y el estudio de la entidad digital y proyectos colaborativos audiovisuales a través de Internet.

Mallen, Enrique. Es catedrático en la Sam Houston State University. Es autor de varios libros sobre pintura, poesía y lingüística.

Marín, Rafael. Es investigador titular del CNRS en el laboratorio UMR 8163 ("STL") de la Universidad de Lille 3. Su investigación se centra en el aspecto léxico y cuestiones conexas. Ha trabajado principalmente sobre la predicación no verbal (nominalizaciones, adjetivos y participios, construcciones copulativas) y los predicados psicológicos.

Márquez Reiter, Rosina. Es profesora de comunicación en la Universidad de Surrey. Ha trabajado en temas relacionados con la pragmática, la sociolingüística y la comunicación intercultural. Es autora de *Spanish pragmatics* (2005) y *Mediated business interactions* (2011).

Martín García, Josefa. Es profesora titular de lengua española en la Universidad Autónoma de Madrid. Su investigación se centra en la morfología derivativa del español y en la teoría morfológica, áreas en las que ha publicado varios trabajos.

Martínez-Gil, Fernando. Es profesor de lingüística hispánica en The Ohio State University. Sus áreas de investigación son la fonología, la lingüística histórica y el estudio de las variedades del español.

Mascaró, Joan. Es catedrático en el departamento de filología catalana de la Universitat Autònoma de Barcelona. Sus líneas de investigación incluyen la fonología teórica, y la fonología y morfología descriptiva de las lenguas románicas. Ha publicado numerosos artículos en revistas como *Language*, *Linguistic Inquiry* y *Probus*.

Mateu, Jaume. Es profesor agregado de filología catalana en la Universitat Autònoma de Barcelona (UAB). Es el director actual del Centre de Lingüística Teòrica de la UAB. Su investigación se centra en la interfaz léxico-sintaxis, especialmente en el estudio de la estructura argumental y la estructura eventiva.

Medina Guerra, Antonia Mª. Es profesora titular de lengua española en la Universidad de Málaga. Sus líneas de investigación se enmarcan en el estudio de la lexicografía, la lexicología y la problemática del lenguaje en relación con el género.

Meirinho-Guede, Vítor. Es doctor en Lenguas y Literaturas Hispánicas y Luso-Brasileñas por el Graduate Center de la City University of New York (CUNY) con una tesis titulada *El bilingüismo español-inglés y la nueva política educativa en España: análisis ideológico-lingüístico*.

Miguel, Elena de. Es catedrática de Lengua Española de la Universidad Autónoma de Madrid. Su investigación se centra en la relación entre el léxico y la sintaxis, especialmente en el aspecto léxico, la información subléxica y la polisemia verbal, temas sobre los que ha dirigido diversos proyectos de investigación. Coordina desde 2006 el Grupo de Investigación UPSTAIRS.

Montrul, Silvina. Es catedrática en español, lingüística y adquisición de segundas lenguas en la Universidad de Illinois de Urbana-Champaign. Sus áreas de especialización son la adquisición de la morfología y sintaxis y el bilingüismo, desde una perspectiva psicolingüística y experimental.

Moreno Cabrera, Juan Carlos. Es catedrático de lingüística general en la Universidad Autónoma de Madrid. Sus áreas de investigación se centran en la tipología lingüística, la diversidad lingüística, la semántica y la sociolingüística. Es autor de una veintena de libros y ha sido miembro del comité científico del Informe Sobre las Lenguas del Mundo de la UNESCO.

Moreno Fernández, Francisco. Es catedrático de Lengua Española de la Universidad de Alcalá y director del Observatorio de la Lengua Española y las Culturas Hispánicas en la Universidad de Harvard. Es autor, entre otros textos, de *Principios de sociolingüística y sociología del lenguaje* (1998) y *Sociolingüística cognitiva* (2012).

Moreno Sandoval, Antonio. Es profesor del Departamento de Lingüística de la Universidad Autónoma de Madrid y director de su Laboratorio de Lingüística Informática, en el que comenzó su carrera investigadora dentro del proyecto EUROTRA en 1987. Ha sido investigador en IBM y en la Universidad de Nueva York.

Morera, Marcial. Es catedrático de filología española de la Universidad de La Laguna (Tenerife), coordinador de la Cátedra Cultural "Miguel de Unamuno" y académico de la Academia Canaria de la Lengua. Trabaja en dos líneas de investigación distintas: semántica gramatical y léxica del español, y dialectología hispánica.

Muñoz-Basols, Javier. Es profesor titular de español de la Facultad de Lenguas Medievales y Modernas de la Universidad de Oxford y coeditor fundacional de la revista *Journal of Spanish Language Teaching*. Es coautor de *Introducción a la lingüística hispánica actual* (2015) y de *Spanish idioms in practice* (2013). Sus áreas de especialización incluyen la enseñanza del español, el diseño de materiales didácticos, la lingüística contrastiva, la traducción y los estudios culturales.

Núñez-Méndez, Eva. Es catedrática de lengua española en la Universidad Estatal de Portland, Oregón. Cuenta con la publicación de tres libros: *Fundamentos de historia de la lengua española* (2012), *Fundamentos de fonética y fonología* (2005/2012) y *Versión en español del Troilus y Criseida de Chaucer* (2008), así como de numerosos artículos en revistas especializadas.

Olarrea, Antxon. Es catedrático de lingüística hispánica en los Departamentos de Español y de Lingüística de la Universidad de Arizona, donde imparte cursos sobre sintaxis formal y sobre evolución biológica del lenguaje desde 1998.

Ordóñez, Francisco. Es profesor de lingüística hispánica en SUNY, Stony Brook. Se especializa en el estudio de la sintaxis comparada de las lenguas románicas, y sus dialectos, con especial atención al comportamiento de los clíticos y los sujetos oracionales. Es autor de *The clausal structure of Spanish* (2000).

Orozco, Rafael. Es profesor de lingüística hispánica en la Louisiana State University. Sus áreas de trabajo son la sociolingüística, el español de Colombia, del Caribe y de Estados Unidos, el contacto lingüístico y el multilingualismo.

Ortiz López, Luis. Es catedrático de lingüística hispánica en el Departamento de Estudios hispánicos de la Universidad de Puerto Rico, Río Piedras. Su investigación se centra en los fenómenos lingüísticos del área caribeña desde una perspectiva etno-sociolingüística. Ha publicado numerosos trabajos sobre la modalidad bozal y afrocubana, el español haitianizado, el contacto de lenguas y el español de Puerto Rico, centrándose en fenómenos morfosintácticos y pragmáticos.

Otheguy, Ricardo. Es profesor de lingüística y de lingüística hispánica en el Graduate Center de la City University of New York (CUNY). Se especializa en el estudio de aspectos funcionales de la teoría lingüística, la sociolingüística y las lenguas en contacto. Es autor de numerosos artículos y libros sobre estos temas, entre ellos *Spanish in New York: Language contact, dialectal leveling and structural continuity* (2012).

Palacios, Azucena. Es profesora titular de lengua española en la Universidad Autónoma de Madrid. Trabaja sobre el español de América, las lenguas indígenas, el contacto lingüístico, y la migración y construcción identitarias en el ámbito andino.

Parodi, Claudia. Fue profesora e investigadora de dialectología e historia del español en el Centro de Lingüística Hispánica de la UNAM (1972–1982); desde 1991 enseña en el Departamento de Español y Portugués en UCLA.

Pastor, Alberto. Es profesor de lingüística hispánica en la Southern Methodist University. Dentro de las áreas de la sintaxis y la semántica del español, su investigación se ha centrado en el análisis de los adjetivos, las construcciones adjetivales y predicativas, y la expresión de la graduabilidad.

Pastor Cesteros, Susana. Es profesora de lingüística de la Universidad de Alicante, especialista en lingüística aplicada al aprendizaje del español como segunda lengua y presidenta de la Asociación para la Enseñanza del Español como Lengua Extranjera (ASELE). Dirige el grupo de investigación ACQUA.

Patiño-Santos, Adriana. Es profesora del Departamento de Lenguas Modernas en la Universidad de Southampton, en donde enseña sociolingüística y multilingüismo. Es experta en métodos de investigación cualitativa. Sus intereses de investigación incluyen la etnografía (socio)lingüística, análisis del discurso y de narrativas conversacionales.

Pavón Lucero, María Victoria. Es profesora titular de lengua española en la Universidad Carlos III de Madrid. Sus trabajos de investigación se han centrado, sobre todo, en las propiedades semánticas y sintácticas de las diferentes clases de partículas. Es autora de los libros *Sintaxis de las partículas* (2003) y *Estructuras sintácticas en la subordinación adverbial* (2012), y coautora de *Los verbos pseudo-copulativos del español* (2007).

Penny, Ralph. Fue catedrático de filología románica de la Universidad de Londres (Queen Mary, University of London), retirándose de la enseñanza activa en 2005. Es ahora *Research Professor* y catedrático emérito de filología románica de la Universidad de Londres.

Pérez-Jiménez, Isabel. Es profesora del área de lengua española del Departamento de Filología, Comunicación y Documentación de la Universidad de Alcalá. Es especialista en teoría sintáctica y sintaxis del español.

Pérez-Leroux, Ana Teresa. Es catedrática en la Universidad de Toronto. Investiga en las áreas de la adquisición del español y el bilingüismo, en sus aspectos estructurales y sintácticos: recursión, objetos nulos y explícitos, pronombres clíticos, etc.

Picallo, M. Carme. Es profesora titular en la Universitat Autònoma de Barcelona y miembro del Centre de Lingüística Teòrica. Sus líneas de investigación se centran en teoría de la sintaxis y variación morfosintáctica. Ha publicado artículos en *Linguistic Inquiry*, *Natural Language and Linguistic Theory*, *Journal of Linguistics*, *Syntax* y *Probus*. Es editora del volumen *Linguistic variation in the minimalist framework* (2014).

Piñeros, Carlos-Eduardo. Es *Senior Lecturer* de lingüística hispánica en la Universidad de Auckland. Sus áreas de especialización son la fonología del español, la morfología y la dialectología.

Placencia, María Elena. Es profesora de lingüística hispánica en Birkbeck, Universidad de Londres. Ha publicado extensamente sobre pragmática (del español), con trabajos en pragmática contrastiva e intercultural, pragmática variacional al igual que comunicación mediada por ordenador. Es coautora de *Spanish pragmatics* y coeditora de *Research on politeness in the Spanish-speaking world* y *Estudios de variación pragmática*.

Portolés, José. Es catedrático de lengua española en la Universidad Autónoma de Madrid. Sus líneas de investigación incluyen la pragmática del español, las partículas discursivas y la historia de la filología. Es autor de *Marcadores del discurso* (1998) y *Pragmática para hispanistas* (2004).

Potowski, Kim. Es profesora de lingüística hispánica en la Universidad de Illinois en Chicago. Es experta en el estudio de los hablantes de herencia, el español en Estados Unidos, la inmersión lingüística, y lenguaje e identidad. Es autora de *Language and identity in a dual immersion school* (2007), *Heritage language teaching* (2015), y *El español de los Estados Unidos* (2015).

Rini, Joel. Es catedrático de lingüística hispánica en la Universidad de Virginia. Sus líneas de investigación incluyen la historia del español y de las lenguas románicas, sobre todo en el ámbito morfológico y léxico. Es autor de *Exploring the role of morphology in the evolution of Spanish* (1999).

Rivas, Javier. Es profesor de lingüística hispánica en la Universidad de Colorado, Boulder. Su campo de investigación es la sintaxis funcional y en esta línea ha publicado dos libros y artículos sobre funciones sintácticas, complementación y orden de palabras.

Rivera Castillo, Yolanda. Es profesora en la Universidad de Puerto Rico. Es experta en fonología, en el estudio de las variedades caribeñas del español y en las lenguas criollas.

Rodríguez Ramalle, Teresa M. Es profesora titular de lengua española en la Facultad de Ciencias de la Información de la Universidad Complutense de Madrid. En la actualidad sus líneas de investigación giran en torno a la relación entre sintaxis y discurso.

Rojo, Guillermo. Es catedrático de lingüística española en la Universidad de Santiago de Compostela y miembro de número de la Real Academia Española. Su actividad investigadora se ha realizado en varias líneas: sintaxis del español, lingüística de corpus, sociolingüística y, en los últimos años, el diseño y construcción de recursos para la investigación lingüística.

Romero, Rey. Es profesor de lingüística hispánica en la University of Houston-Downtown. Su investigación se enfoca en las variedades del español en contacto con lenguas no romances, en especial los dialectos del judeoespañol en Estambul, las Islas Príncipe y Nueva York.

Ruiz Gurillo, Leonor. Es catedrática de lengua española en la Universidad de Alicante. Ha centrado su investigación en fraseología española, español coloquial, pragmática, ironía y humor. Miembro del grupo Val.Es.Co. y directora del grupo GRIALE, que se encarga del análisis pragmático de la ironía y el humor y de su aplicación didáctica a ELE.

Sáez, Luis. Es profesor titular de universidad en el Departamento de Lengua Española y Teoría de la Literatura y Literatura Comparada de la Universidad Complutense (Madrid). Centra su investigación principalmente en la sintaxis y morfología del español (comparativos, elipsis, posesivos y clíticos pronominales).

Sánchez López, Cristina. Es catedrática de lengua española en la Universidad Complutense de Madrid. Sus publicaciones tratan sobre sintaxis y semántica del español. Dirige un grupo de investigación sobre relaciones entre léxico y sintaxis, y un proyecto sobre modalidad oracional.

Sanz, Cristina. Es profesora de lingüística hispánica en la Universidad de Georgetown, donde trabaja en las áreas de adquisición de segundas lenguas y bilingüismo. Entre otros, ha editado el libro *Mind and context in adult second language acquisition* (2005).

Serrano, María José. Es catedrática de Lingüística General de la Universidad de La Laguna (Tenerife), autora de distintos trabajos publicados en forma de libro y en revistas científicas fundamentalmente sobre sociolingüística, variación sintáctica, cognición y estilo comunicativo.

Sessarego, Sandro. Es profesor de lingüística hispánica en la Universidad de Texas, Austin. Sus principales áreas de investigación son el contacto lingüístico, la sociolingüística y la sintaxis. Es el autor de *Introducción al idioma afroboliviano* (2011), *Chota Valley Spanish* (2013), *The Afro-Bolivian Spanish determiner phrase* (2014) y *Afro-Peruvian Spanish* (2015).

Silva Villar, Luis. Es lingüista y periodista de la lengua. Actualmente desempeña su actividad docente en la Colorado Mesa University como profesor de lengua y lingüística. Su columna "En la cresta de la lengua" aparece regularmente en la prensa escrita y digital de Estados Unidos: *La Opinión* (Los Ángeles), *El Diario* (Nueva York), *El Mensajero* (San Francisco), *Rumbo* (Houston) y *La Raza* (Chicago).

Solias Arís, Teresa. Es profesora titular de la Universidad de Valladolid. En su investigación se ha dedicado fundamentalmente a la gramática categorial, a la comparación entre teorías gramaticales y al estudio del aprendizaje lingüístico.

Timofeeva Timofeev, Larissa. Es profesora de lingüística en el Departamento de Filología Española de la Universidad de Alicante. Entre sus intereses investigadores destacan la fraseología, la pragmática, la enseñanza de lenguas extranjeras, la traducción o los estudios sobre la ironía y el humor, temas que ha tratado en diversas publicaciones nacionales e internacionales.

Torner, Sergi. Es profesor en la Facultad de Traducción de la Universitat Pompeu Fabra. Ha llevado a cabo investigación en lexicografía y en semántica léxica. Es autor de *De los adjetivos calificativos a los adverbios en -mente: semántica y gramática* (2007).

Torrens, Vicenç. Es profesor titular en la UNED, Madrid. Ha trabajado en la concordancia, el tiempo, el modo y los pronombres clíticos de niños con un desarrollo normal y patológico. Ha publicado libros en diferentes editoriales y artículos en revistas como *Memory and Cognition* y *Language Acquisition.*

Torres Cacoullos, Rena. Es profesora de español y lingüística en la Pennsylvania State University. Estudia la variación lingüística desde la perspectiva de la gramática basada en el uso.

Uber, Diane R. Es profesora titular de Español en The College of Wooster (Ohio). Publica sobre temas sociolingüísticos, fonológicos, morfosintácticos y pragmáticos. Su proyecto actual investiga las formas de tratamiento en el discurso del trabajo en Latinoamérica y España.

Valle, José del. Es catedrático en el Programa de Lenguas y Literaturas Hispánicas y Luso-Brasileñas y en el Programa de Lingüística del Graduate Center de la City University of New York (CUNY). Su trabajo gira en torno a las políticas de la lengua y la negociación de identidades en España, América Latina y Estados Unidos.

Villalba, Xavier. Es profesor titular del Departamento de Filología Catalana de la Universitat Autònoma de Barcelona. Sus especialidades son el orden de las palabras y las oraciones exclamativas, sobre los que ha publicado dos libros y artículos en revistas internacionales (*Journal of Pragmatics*, *International Review of Pragmatics*, *Catalan Journal of Linguistics*, *Lingua*).

Yus, Francisco. Imparte pragmática en la Universidad de Alicante (España). Se ha especializado en la pragmática cognitiva y la ha aplicado a áreas como el estudio del humor, la ironía, los malentendidos o los medios de masas. Dentro de esta última, ha propuesto un análisis pragmático-cognitivo de la comunicación por Internet denominado 'ciberpragmática'.

Zampaulo, André. Es profesor en el Departamento de Lenguas y Literaturas Modernas de la California State University, Fullerton. Su investigación se centra en la lingüística histórica de las lenguas románicas, la fonética, la fonología y la dialectología del español y del portugués.

Zulaica Hernández, Iker. Es profesor de lingüística hispánica en la Universidad de Indiana, Indianapolis. Sus intereses de investigación se centran en el análisis formal del discurso y la semántica y pragmática del español.

INTRODUCCIÓN

Javier Gutiérrez-Rexach

El origen y desarrollo de la lingüística hispánica como disciplina o ámbito de conocimiento corre paralelo al desarrollo de la investigación sobre el lenguaje como tal. Sus orígenes más directos pueden rastrearse en la filología tradicional hispánica, centrada en el estudio del origen, evolución y distribución geográfica del español en la Península Ibérica y en todo el ámbito de habla hispana. En 1960, el Consejo Superior de Investigaciones Científicas acometió el proyecto de una *Enciclopedia lingüística hispánica* en seis volúmenes, de los que solo dos y un apéndice vieron la luz. Esa obra tenía como objetivo el sintetizar las fuentes, conocimientos y materiales de trabajo fruto del más de medio siglo de investigación iniciado por Ramón Menéndez Pidal y su escuela. La presente enciclopedia no puede ni debe considerarse heredera directa de aquella obra inconclusa. Mucho ha cambiado la disciplina desde entonces y también son distintos los objetivos y realidades a los que debe ajustarse un proyecto enciclopédico.

En este nuevo milenio puede decirse sin temor a equivocación o exageración que la lingüística hispánica es un dominio científico específico y no simplemente una prolongación o aplicación de modelos y herramientas lingüísticas al español. Tampoco es una acumulación de saberes descriptivos solo hilvanados por tener en común el centrarse sobre nuestra lengua. La decantación de la lingüística como ciencia a ambos lados del Atlántico y el paso de corrientes teóricas sucesivas, desde el estructuralismo de los años cincuenta y sesenta del siglo pasado hasta el asentamiento de la revolución generativa en los años setenta y ochenta, han permitido el florecimiento de distintos enfoques, el surgimiento de nuevas subdisciplinas y la expansión considerable del territorio de investigación que puede observarse en nuestros días. La lingüística hispánica se ha consolidado como disciplina autónoma, no solo en el plano de la investigación sino también en el de la docencia, gracias a la implantación progresiva de programas de estudio centrados en ella en casi todos los países de habla hispana. En el plano teórico y metodológico, se ha superado también la circunscripción inicial al análisis histórico y dialectal. Hoy en día se practican diversas perspectivas teóricas y metodológicas, desde los estudios que conectan con las corrientes actuales de la teoría gramatical a otros que se centran en los factores sociales o psicológicos que determinan las propiedades y el uso de nuestro idioma.

Esta obra pretende reflejar la complejidad, diversidad y continua expansión de la lingüística hispánica. No pretende ser, al modo de las antiguas enciclopedias, un repositorio de todo lo que se pueda saber sobre un determinado tema o área de conocimiento. Esta sería una tarea demasiado abarcadora y por tanto casi imposible de llevar a cabo de forma mínimamente satisfactoria. De hecho, las enciclopedias o compendios que se han escrito recientemente sobre disciplinas de menor ámbito tampoco pretenden ser completamente exhaustivas. No lo son incluso las que se ciñen a una determinada orientación o periodo. Por otro lado, un objetivo plausible de este tipo de empresas suele ser el de ofrecer al lector un *estado de la cuestión* o fotografía de la actividad investigadora en un momento determinado. La presente obra tiene esta como una de sus finalidades solo en parte, debido no solo a las obvias limitaciones de abarque que acabamos de sugerir sino a que la considerable extensión actual del campo sugiere que la parcelación en áreas es el enfoque más prudente para esta tarea. En cambio, podemos considerar como objetivo primario el ofrecer al lector una puerta de entrada a nociones, teorías, problemas o dominios de la disciplina. De ahí que pueda considerarse como receptor primario de esta obra el lector o estudiante que desea introducirse o profundizar en los dominios de la lingüística sobre el español. A diferencia de otros diccionarios o enciclopedias firmados por un único autor, es esta una obra intrínsecamente colectiva. Se suma así a lo que parece la tendencia mayoritaria en los manuales extensos o en las gramáticas de ámbito hispánico que se han publicado recientemente. Para cada entrada o artículo hemos procurado seleccionar un experto con estatura internacional en la materia, intentando también combinar la veteranía de las grandes figuras ya establecidas en el campo con la savia nueva que pueden ofrecer los más jóvenes investigadores. Las entradas o artículos han sido sometidos a un proceso de revisión exhaustiva a cargo de dos revisores en la mayoría de los casos.

La obra está estructurada en tres partes. La primera recoge los aspectos generales de la disciplina, incluyendo diferentes enfoques teóricos y diversas subdisciplinas. En la segunda se recogen los conceptos y problemas fundamentales de la gramática del español, en los ámbitos del sonido, la estructura y el significado. En la tercera parte se incluyen los aspectos sociales, históricos y dialectales del idioma, así como otros relacionados con su adquisición, aprendizaje o enseñanza, o con su desarrollo y presencia en diversos ámbitos de implantación. Las entradas incluyen una presentación sucinta del tema en cuestión, referencias bibliográficas y lecturas complementarias, así como una lista de entradas relacionadas. Se solicitó a los autores que las entradas estuvieran escritas de una manera relativamente asequible para el lector preparado y que hubiese un equilibrio razonable entre los aspectos descriptivos y los propiamente teóricos. No obstante, hay cierta variación en función de la decisión de cada autor y de la complejidad intrínseca de la cuestión que se trate en cada caso. Por ello, la lectura de ciertas entradas requerirá un conocimiento más avanzado de herramientas o instrumentos lingüísticos. Otras en cambio hacen una presentación más descriptiva y prescinden de contextualización en un paradigma. Hay también cierta variación en la extensión de las entradas o artículos, aunque la mayoría oscilan entre las cinco mil y las siete mil palabras. Creemos que esta extensión, ciertamente mayor que la usual en muchas enciclopedias, permite una penetración más pausada en los asuntos que se discuten y evita caer en lo trivial.

La decisión sobre qué términos o conceptos poseen una entrada propia y cuáles no ha sido ardua y es obvio que se puede aplicar el aserto de "son todos los que están" pero es probable que no "estén todos los que son". Dependiendo de la óptica de cada investigador o de la importancia relativa que se adjudique a un área o enfoque sobre otro, sería plausible eliminar algunas de las entradas, añadir otras nuevas, o dedicar una entrada separada a un aspecto que se recoge ahora dentro de otra entrada más general. En algunos casos la decisión parece obvia. Si hay entradas sobre los fonemas, las vocales y las consonantes, no parece necesario tener una entrada separada sobre los rasgos distintivos ya que se tratan ampliamente en las anteriores. De igual forma, no hay una entrada sobre el movimiento o desplazamiento sintáctico, aunque es esta una operación que se discute en varias entradas relacionadas con la sintaxis. No es tampoco menos cierto que el paso del tiempo puede dictar su veredicto al respecto, y que lo que hoy nos parece un concepto central puede serlo bastante menos mañana y al revés. Dado el carácter abierto de la obra, será posible en ediciones futuras corregir desequilibrios, aliviar ausencias y dar entrada a nuevas perspectivas sin alterar el carácter esencial del proyecto.

Aunque pudiera parecer relativamente obvio, creo que merece la pena resaltar por último que la presente enciclopedia no pretende suplir o ser equivalente desde el punto de vista pedagógico a un texto o manual de introducción a la disciplina. El papel que le cabría en un contexto pedagógico sería más bien el de ser un instrumento auxiliar para que el estudiante o lector profundice en el entendimiento de ciertos temas, contextualice otros o se familiarice con aquellos que no hayan podido desarrollarse suficientemente de otra forma. Tampoco es un sustitutivo de una introducción a la lingüística en general. Es bien sabido que muchos debates en ámbitos diversos de la lingüística hispánica son el reflejo o la extensión de otros que se han producido o se producen en la lingüística general. Omitirlos por completo sería equivalente a privar de fundamentación a numerosas propuestas que se han hecho sobre propiedades centrales de nuestro idioma. Por otro lado, pretender recogerlos todos o hacer justicia a su complejidad constituiría una desviación de lo que la obra pretende ser. Como en los aspectos anteriores, los autores han tenido libertad para aplicar su propio criterio en este asunto. En la parte dedicada a las disciplinas lingüísticas hemos procurado no entrar en la caracterización específica de cada teoría dentro de un dominio. Por ejemplo, aunque es imposible negar a estas alturas la importancia de la Teoría de la Optimidad en la fonología actual, de el Programa Minimista en la gramática generativa, o de la Teoría de la Representación del Discurso en la pragmática y análisis del discurso, nos ha parecido que no es este el lugar para hacer una presentación de estas corrientes específicas en detalle. Sin embargo, las referencias bibliográficas y lecturas adicionales que se indican en cada entrada no se limitan en la mayoría de los casos a obras en o sobre el español, sino que dan pistas suficientes para que el lector se adentre también en consideraciones más generales. Valga una vez más esta circunscripción deliberada de la enciclopedia de invitación a usarla como instrumento y puente hacia una profundización mayor en muy diversas direcciones.

Agradecimientos

Llevar este proyecto a buen puerto habría sido imposible sin la disponibilidad de los autores involucrados y su paciencia al atender mis sugerencias y someter sus entradas a laboriosa revisión. La editorial Routledge, y en especial Samantha Vale Noya, merecen especial mención por su entusiasmo y generosidad al acoger una obra de esta envergadura. Numerosos colegas, entre ellos muchos de los autores, han participado en el proceso de revisión crítica de las entradas. También participaron en este cometido varios estudiantes del programa graduado de lingüística hispánica de mi institución. Cabe destacar a Lorena Sainz-Maza, que participó de manera destacada en el proceso de revisión crítica de numerosas entradas. Debo por último agradecer a Glenn Martínez su comprensión y ayuda para hacerme posible compatibilizar mi papel como editor con mi carga docente.

PARTE I

DISCIPLINAS Y TEORÍAS

ANÁLISIS DEL DISCURSO

Joaquín Garrido

1. Introducción

El discurso es la lengua en uso, es decir, expresiones reales en que los hablantes se comunican oralmente o por escrito (Du Bois 2003). El análisis del discurso abarca más allá de la oración; a la inversa, el discurso se divide en oraciones. El discurso está organizado jerárquicamente, mediante la unión de unas oraciones con otras. Las oraciones que se unen son las unidades elementales de que está hecho el discurso. Otras unidades básicas que se pueden tener en cuenta son los grupos fónicos o unidades de entonación con sus correspondientes propiedades sintácticas (Chafe 1994; Degand y Simon 2009; Mas 2014); las cláusulas (Mann y Thompson 1988; Renkema 2009); o los enunciados, que son oraciones en uso, en un contexto, con sus actos y subactos (Hengeveld y Mackenzie 2008; Briz y Pons 2010). En realidad, las oraciones solo existen en uso, es decir, unidas a otras, formando unidades de discurso, que a su vez son parte de las unidades superiores, los textos.

Desde abajo y hacia arriba en la jerarquía, cada oración se integra en una unidad de discurso. Al conectarse con otra, cada oración pasa a ser una unidad de discurso elemental que forma con la otra una unidad de discurso compleja. Este es el nivel micro, del discurso, que se construye desde abajo y hacia arriba en la jerarquía, a partir de la oración. En el nivel macro, del texto, desde arriba en la jerarquía, están las partes del texto en que se integran las unidades del discurso, por ejemplo en las intervenciones de cada hablante en la comunicación oral o en los párrafos en la comunicación escrita. La unidad superior a la oración e inferior al texto es el discurso o unidad de discurso, por ejemplo en (1).

(1) a. X: María fue andando a la playa.
    b. Y: Fue CORRIENDO.

En (1b) hay una estructura de foco, en donde la expresión destacada por la entonación focal se representa en mayúsculas. La construcción de foco señala en (1) una relación de corrección entre (1a) y (1b) (Gómez Txurruca 2001): el interlocutor representado como Y corrige al interlocutor X: María no fue andando sino corriendo. Dependiendo de la oración precedente, la relación señalada por la construcción de foco también puede ser de contraste en (2) o de pregunta-respuesta en (3).

(2) a. X: Pedro fue andando a la playa.
b. Y: María fue CORRIENDO.

(3) a. X: ¿Cómo fue María a la playa?
b. Y: Fue CORRIENDO.

En estos ejemplos hay dos propiedades típicas de la gramática del discurso: la anáfora mediante elipsis, *María* se repetiría (anáfora) de modo que se omite (elipsis) en (1b) y (3b); y la consecución de tiempo y aspecto del verbo en perfecto simple *fue* en los tres ejemplos. Otras dos propiedades características son la gestión de los temas de discurso, con cambio del tema o tópico (2b) de *Pedro* a *María* y mantenimiento del tema *María* y su elipsis en (1b) y (3b); y el mencionado foco *CORRIENDO* en las tres, (1b), (2b) y (3b).

La unidad de discurso está construida en la interacción entre hablantes, X e Y en cada par (a) y (b) de (1) a (3). Y son las propiedades internas de las oraciones las que permiten construir la relación externa entre las oraciones, que es una de las razones para considerar la oración como la componente básica de las unidades de discurso.

La tercera propiedad que se da en el discurso es que la información frecuentemente no está representada en las oraciones componentes, pero se obtiene una vez que están conectadas como resultado de la conexión (Garrido 2007). En el ejemplo de Tannen (1997), los dos carteles en una piscina quieren decir algo más y algo diferente cuando se los une como si formaran un discurso.

(4) a. Por favor use los servicios, no la piscina.
b. La piscina es solo para socios.

Efectivamente, la segunda, (4b), pasa a ser explicación de la primera, (4a): no la use porque es solo para los socios. En la primera aislada se decía que no se usara la piscina sino los servicios; al añadirle la segunda, hay dos nuevas informaciones, que el aviso en la primera está dirigido a los no socios y que en la segunda los socios sí pueden usarla en lugar de los servicios.

2. Relaciones de discurso

2.1. Representación del discurso

Además de las relaciones de corrección y de explicación que hemos visto, entre oraciones hay otras relaciones, como por ejemplo narración, resultado, detalle o elaboración, contraste y paralelismo en (5).

(5) a. María se levantó. Juan la saludó.
b. María empujó a Juan. Juan se cayó.
c. María pintó un cuadro. Usó acrílicas y óleo.
d. María es morena. Pero Juan es rubio.
e. María es morena. Juan también es moreno.

En (5a) hay dos acontecimientos distintos, uno en cada oración, y el de la primera ocurre antes que el otro. En (5b) hay un solo acontecimiento, la caída de Juan, producida por el empujón de María. La relación causal entre ser empujado y caerse se construye al unir las dos oraciones: la causa es parte del acontecimiento. El cambio de tema o tópico, *Juan* en la primera y *María* en la segunda, de (5a) y de (5b), no se da en (5c): la segunda oración en (5c) mantiene el tema, *María*, que por eso no se menciona, y añade información sobre el mismo acontecimiento. En (5d) la relación de contraste entre las oraciones está representada léxicamente mediante *pero* y en (5e) la de paralelismo mediante *también*, además de mediante las otras propiedades de las oraciones. Los marcadores de discurso no siempre son necesarios (Taboada y Das 2013; Duque 2014a); por ejemplo en (5d) la relación se da también si la segunda oración es *Juan es rubio*, ya que es suficiente la igual estructura con *morena* y *rubio*, que contrastan léxicamente, en las correspondientes posiciones.

A la inversa, las relaciones de discurso influyen en la construcción de la temporalidad, como vemos en (6); no basta con que las oraciones vayan una detrás de la otra para construir la relación, sino que los dos acontecimientos tienen que poder formar parte de uno complejo.

(6) a. Cosme se cayó. Carmen le ayudó.
b. Cosme se cayó. Carmen le empujó.

En (6a) el orden de los acontecimientos corresponde al orden de las oraciones en el discurso, la ayuda ocurre después de la caída; pero en (6b) el orden temporal es el inverso del discursivo: primero se produce el empujón y luego la caída. La diferencia se debe a la relación de discurso entre ellas, en (6a) de narración (acontecimientos ordenados en la secuencia temporal) y en el (6b) de explicación como en (4): el acontecimiento de la segunda es la causa del de la primera. Como en (5b), la relación causal se obtiene a partir de la que hay entre *caerse* y *empujar*, pero la interpretación de los tiempos verbales es la inversa: se produjo primero el acontecimiento representado en la segunda oración. Desde el punto de vista cognitivo, el esquema mental o marco de caerse tiene la posibilidad de la causa antes, y de la ayuda después, es decir, de los marcos de *empujar* y *ayudar*. Los marcos son estructuras de datos complejas accesibles desde las unidades léxicas y sus construcciones.

Del mismo modo que las oraciones tienen una representación semántica o forma lógica, que da cuenta de su significado, las unidades de discurso tienen una representación de discurso. En ambas, oraciones y discursos, intervienen los marcos, como hemos visto en (6). En la representación de discurso las oraciones componentes no tienen cada una su representación aislada, sino que la van añadiendo a la anterior de forma integrada en una sola. De esa manera, es dinámica, va cambiando, como vimos en (4) con el uso de la piscina: al añadir la segunda cambia el significado de la primera. Este carácter dinámico e integrado del discurso se explica mediante la formulación lógica en la teoría de la representación de discurso (Kamp y Reyle 1993) y a ella se ha añadido la formulación lógica de las relaciones y de los segmentos o unidades que resultan en la teoría de la representación de discurso segmentada (Asher y Lascarides 2003).

Las relaciones de discurso también reciben el nombre de retóricas en la teoría de la estructura retórica, porque describen las opciones de organización y presentación y su efecto en el destinatario (Mann y Thompson 1988). Desde las primeras propuestas, los sucesivos inventarios de relaciones varían desde dos relaciones hasta cuatrocientas. Aunque no hay acuerdo generalizado, el estudio de las relaciones progresa con la anotación de corpus (Da Cunha, Torres-Moreno y Sierra 2011).

2.2. Estructura de relaciones

La construcción del discurso es el proceso de formación de la estructura de discurso a partir de las relaciones discursivas o retóricas entre las oraciones, a su vez integradas en la unidad superior del texto, como en (7), analizado por Mann (2003) y Renkema (2009) en cláusulas, y traducido en (8) numerando las oraciones.

(7) Mother Theresa text
(1) Mother Teresa often gives people unexpected advice. (2) When a group of Americans, many in the teaching profession, visited her in Calcutta, (3) they asked her for some advice to take home to their families. (4) "Smile at your wives," she told them. (5) "Smile at your husbands." (6) Thinking that perhaps the counsel was simplistic, (7) coming from an unmarried person, (8) one of them asked, "Are you married?" (9) "Yes," she replied, to their surprise, (10) "and I find it hard sometimes to smile at Jesus. (11) He can be very demanding."

(8) Texto de la Madre Teresa
(1) La Madre Teresa a menudo da consejos inesperados a la gente. (2) Cuando un grupo de estadounidenses, muchos de ellos activos en el sector de la educación, la visitaron en Calcuta, le pidieron un consejo que pudieran llevar a sus familias. (3) "Sonrían ustedes a sus esposas", les dijo. (4) "Sonrían ustedes a sus maridos". (5) Pensando que tal vez el consejo era demasiado simple, viniendo de una persona soltera, uno de ellos preguntó: "¿Está usted casada?" (6) "Sí", contestó, dejándoles sorprendidos, "y me resulta duro algunas veces sonreír a Jesús. (7) Puede ser muy exigente".

En (8) la oración 1 está en relación de orientación con 2. En esta relación, la información representada en la primera oración tiene el efecto de que el oyente o lector comprenda mejor la información de la segunda. En el interior de la oración 2 hay una relación de circunstancia, entre las cláusulas de *visitaron* y *pidieron*, pero no es necesaria en este análisis, ya que la subordinación temporal la representa en la sintaxis oracional.

La oración 3 está unida por narración con la 2, señalada entre otras mediante las propiedades temporales y aspectuales de sus verbos, *dijo* y *pidieron*. Si consideramos las cláusulas en 3, están en relación de atribución (Wolf y Gibson 2005), que tiene lugar entre un verbo de comunicación y una cita (Girón 2008). El verbo *dijo* asigna como cita la expresión que es su complemento *"Sonrían ustedes a sus esposas"* al personaje que la dice; las comillas marcan este carácter de cita. En esta relación el verbo de comunicación ocupa posiciones periféricas en la oración, frente a la posición central en que aparece la cita. Estas posiciones están separadas por sus pautas de entonación o por comas en la escritura (salvo cuando el verbo precede lo dicho, que está separado por dos puntos). Lo mismo ocurre ocurre en 5 y 6, con *preguntó* y *contestó*, que ocupan la periferia izquierda y la derecha, respectivamente, o una posición parentética, si tenemos en cuenta el total de la oración, como vemos en (9). Frecuentemente la información de estas expresiones sirve para unir la del centro oracional con la de oraciones anteriores; aquí, une las citas con lo anterior.

(9) (3) "Sonrían ustedes a sus esposas", les dijo.
(4) "Sonrían ustedes a sus maridos".
(5) [...] uno de ellos preguntó: "¿Está usted casada?"
(6) "Sí", contestó, dejándoles sorprendidos, "y me resulta [...]".

En la periferia inicial o final suele aparecer un elemento modificador del centro, que es núcleo, como en 2: cláusula de *visitaron* modifica al núcleo, la cláusula de *pidieron*. En las oraciones 3, 5 y 6 reproducidas en (9) las citas no están en la periferia sino en la posición central, aunque son cláusulas subordinadas al verbo de comunicación. Intuitivamente, ¿qué es más importante en la historia, lo que dijo la madre Teresa o que lo dijo? Que lo dijo sirve para conectar; es la función típica de los elementos en posición inicial o final. Para resolver la paradoja de que el verbo principal está en posición periférica, podemos considerar que se ha producido una degradación a modificador del verbo de comunicación y sus demás complementos, que eran núcleo; y, al mismo tiempo, una promoción a núcleo de la cita, que era complemento. Así propone Thompson (2002) que ha ocurrido con los verbos *I think* y *I guess*, que de ser núcleos son degradados a modificadores de lo que de otro modo sería su complemento o satélite, que a su vez pasa a ser núcleo: lo que piensa o cree quien dice *pienso que*, *creo que* pasa a ser núcleo en lugar de su complemento. De hecho, en (8) las citas en cuestión son oraciones con su propia modalidad, en 3 y 4 imperativa, en 5 interrogativa, y en 6 declarativa. Estas oraciones constituyen un segmento de conversación en (10), en que los interlocutores son un miembro del grupo, representado por NN, y la madre Teresa, MT:

(10) a. MT: Sonrían ustedes a sus esposas. Sonrían ustedes a sus maridos.
b. NN: ¿Está usted casada?
c. MT: Sí, y me resulta duro algunas veces sonreír a Jesús. Puede ser muy exigente.

La relación entre las citas de 3, 4, 5, 6 y 7 reproducidas en (10) está en parte explicada al aclarar lo que pensaba quien hizo la pregunta. Se trata de un *consejo* sobre el matrimonio y es *demasiado simple, viniendo de una persona soltera.* Lo que dice la madre Teresa, 3 y 4, ha sido calificado como *consejo* tres veces, en 1 *consejos inesperados*, en 2 *un consejo* y en 5 *el consejo.* Es lo que se conoce por etiqueta discursiva o anáfora conceptual o léxica (González Ruiz 2008, Llamas 2010), que categoriza, en este caso como *consejo*, una unidad discursiva anterior (o posterior, como catáfora léxica) y la constituye como unidad de discurso compleja: 1 al resto, 2 hasta 7; 2 y 5 a 3 y 4.

De la misma manera, las citas del par pregunta-respuesta 5 y 6 son prueba del consejo de 3-4: el estar casada es argumento a favor del consejo. En el par pregunta-respuesta, la respuesta que hace verdadera la pregunta es la que establece la relación del par con lo anterior (Asher y Lascarides 2003). Por último, 7 es explicación de 6, por qué es duro a veces sonreír, lo que aumenta la fuerza argumentativa de 6.

Como en la conversación de (10), que sería otro tipo de texto, en el diálogo citado en (8) hay relaciones de discurso entre las citas, y además se dan las relaciones entre las oraciones en la parte de narración. Están resumidas en (11) y (12).

(11) Relaciones de discurso en la narración

2 le pidieron	
3 dijo	3 narración con 2
5 preguntó	5 narración con 3
6 contestó	6 narración con 5

(12) Relaciones de discurso en el diálogo

3 "Sonrían"	
4 "Sonrían"	3 paralelismo con 4
5 "¿Está casada?"	5-6 prueba de 3-4
6 "Sí y duro"	5-6 par pregunta-respuesta
7 "muy exigente"	7 explicación de 6

2.3. *Conexión y coerción*

La conexión y la coerción son dos propiedades de la construcción del discurso que podemos observar en la relación entre 5 y 3–4. Según 5, quien pregunta relaciona la simpleza del consejo con el ser soltera quien lo da, que, por otra parte, recibe el tratamiento de *madre* como monja católica, es decir, soltera. Pero falta la relación entre el consejo y el ser soltera. La única relación posible es que los consejos requieren la experiencia de quien los da. En la teoría de la relevancia de Sperber y Wilson (1986), se explica que cada enunciado tiene garantizada su relevancia óptima, es decir, una información o efecto cognitivo de su interpretación que compensa el esfuerzo de encontrar la información contextual que permite llegar al efecto cognitivo. Está garantizado que decir que es soltera es relevante porque el efecto cognitivo de que el consejo es simple es mayor que el esfuerzo cognitivo de buscar la relación entre los dos.

¿Cómo se accede a esa información adicional de la relación entre ser soltera y que el consejo sea simple? Mediante un proceso general de construcción: en la conexión, cada unidad se conecta a las otras empleando información adicional, que no está representada explícitamente en la expresión resultante, que está exigida por la construcción y a la que se accede necesariamente para llevarla a cabo (Garrido 2007). Es decir, la información necesaria para unir se encuentra en el proceso de formar la unidad superior, a partir de las unidades que se unen y de la unidad superior que forman. Aquí la unidad superior es la información de que los consejos valen cuando los dan personas con experiencia y, en el caso del matrimonio, no valen si los da una soltera y sí valen si los da una casada. Esa es la única información que permite unir el consejo de sonreír al cónyuge con la información de si es soltera o casada quien lo da. Se accede a partir de los datos de la simpleza del consejo y de la soltería de quien lo da. Intervienen, por tanto, los marcos del consejo y del matrimonio. La unidad que finalmente acaba construyéndose es la de que el consejo sí que vale porque quien lo da está casada.

Cuando la comunicación tiene éxito y no hay malentendidos (ni ocurre que simplemente no se entiende), hay una única información adicional, como aquí, que relaciona lo que se dice con lo anterior o con la situación en que se dice; esta información forma parte de la unidad superior que se construye. En segundo lugar, esta información contextual es imprescindible para poder realizar la conexión entre unidades inferiores y así formar la unidad superior.

En 5 se explicita parte del proceso de conexión en dos datos: *el consejo era demasiado simple y viniendo de una persona soltera.* Que sea simple es una objeción; y que venga de una soltera es el fundamento de la objeción. ¿Cómo ha pensado esto el hablante en cuestión? Su razonamiento ha sido que el consejo es demasiado simple y que lo es porque viene de una soltera. Falta la información que relaciona estas dos afirmaciones, la información del esquema cognitivo o marco mental del consejo, de que para ser válido el consejo tiene que provenir de alguien experimentado. Como el consejo es acerca del matrimonio, si no es válido por ser simple, y si sabemos que quien lo da es monja, con el tratamiento de *madre*, entonces inferimos que es soltera (marco mental de la unidad léxica *monja*), y que la razón de que no sea válido es que como soltera no tiene experiencia del matrimonio. Si la respuesta a la pregunta es *no estoy casada*, el éxito argumentativo es mayor, porque es la propia interesada la que ha dado la información según la cual no vale el consejo.

En la conversación de (10), la madre Teresa entiende perfectamente que la pregunta es una objeción y la convierte en una prueba de la validez de su consejo. Ha seguido el mismo proceso de conexión y rebate la objeción: sí está casada y le resulta duro a veces seguir el consejo con Jesús. Tiene la experiencia necesaria, que además le hace ver que es duro su consejo. Si no hubiera la narración, ella y su interlocutor en (10) hubieran seguido el mismo proceso de interpretación; la aclaración sobre lo que piensa el interlocutor está dirigida a los lectores, la madre Teresa no la necesita ni tampoco sus interlocutores.

En 6 se produce la coerción o coacción, el otro fenómeno característico de la conexión. Para integrar la unidad en cuestión con la otra en una superior es frecuente la coerción, es decir, la adaptación de las propiedades de la unidad inferior en las de la superior. La coerción es característica de la metáfora (Garrido 2011). En este caso, si es duro sonreír a Jesús en la unidad superior de que el consejo es sonreír al cónyuge y de que la experiencia necesaria es estar casada, entonces aunque *Jesús* tenga la propiedad de ser soltero o por lo menos la de no estar casado, se interpreta como marido de la madre Teresa; ya que *casada* representa un predicado de dos argumentos, la casada y con quien esté casada, y a continuación aparece Jesús como a quien es duro sonreír. En el marco mental de *Jesús*, como en el de *la monja Teresa*, está la información de ser soltero. Solo cuando entramos en la doctrina católica aparecen la Iglesia o las monjas como esposas. Pero sin saber nada de la doctrina, para entender nos vemos obligados a poner tanto a Jesús como a la madre Teresa en ese marco mental de estar casados.

La cita en 6, por tanto, es prueba de la cita en 3–4, el consejo, de modo que el par de pregunta-respuesta es asimismo prueba del consejo. Es decir, la pregunta es parte del razonamiento a favor del consejo, ya que lo es su respuesta. Y la última oración 7, que es solo cita, es la explicación de la cita en 6. Es interesante que 7 se refiera solo a la segunda parte de 6, la de *resulta duro*. Esta explicación hace que esta parte de 6 sea más importante, por ser el núcleo que resulta modificado por 7. De este modo, a la relación de prueba se le añade un componente concesivo: que a veces sea duro sonreír no impide la validez del consejo, sino que la aumenta (hay que sonreír aunque a veces sea duro), como en la relación discursiva de la concesión. La prueba a favor del consejo es así doble: está casada y da el consejo aunque a veces sea duro seguirlo. Esta interpretación concesiva es parte de la oración citada en 6, es decir, es interpretación de la conjunción *y* que une el estar casada con el ser duro a veces sonreír. De nuevo, es interna a la oración. Pero queda resaltada en el discurso al añadirse una explicación en 7 a esta segunda parte de la prueba.

Las relaciones son recursivas, en el sentido de que las unidades de discurso constituidas por oraciones a su vez se conectan entre sí mediante las relaciones, formando unidades de discurso complejas. Por ejemplo, 3 está en relación no solo con 4, sino con 5 como unidad compleja 3–4; y cuando se añade 6, con el par 5 y 6; por último, cuando se conecta 7, el par pasa a incluirla. La relación de 1 con 2 es de orientación, pero cuando a 2 se le va uniendo el resto, 1 pasa a estar relacionado con el conjunto entero de 2 a 7. Esto tiene que ver con dos asuntos diferentes, la hipótesis de la estructura de constituyentes de discurso y los pasajes discursivos integrados en los textos.

3. Constituyentes del discurso

3.1. Configuración del discurso

Las relaciones entre oraciones pueden ser simétricas, es decir, entre núcleos coordinados, o asimétricas, en que una de las unidades es núcleo y la otra está subordinada a ella como satélite (Asher y Vieu 2005). En (5a), los dos acontecimientos forman uno complejo, levantarse María y saludarla Juan: las oraciones están en relación de parataxis o coordinación o simetría. En (5b), el único acontecimiento de caerse Juan tiene como componente el empujarle María; la oración de *empujó* es satélite de la de *se cayó*, que es el núcleo; y están en relación de hipotaxis o subordinación o asimetría. Según la hipótesis de la estructura de constituyentes del discurso (Garrido 2013), las oraciones forman grupos o constituyentes organizados jerárquicamente por coordinación y subordinación. Esta estructura es semejante y es continuación de la estructura de constituyentes de la oración (Garrido 2014, Rodríguez Ramalle 2014).

En la oración, un grupo o sintagma nominal como *consejos inesperados* tiene como núcleo *consejos*, es decir, el sustantivo o nombre representado como N, y como modificador o satélite *inesperados*, el adjetivo representado como *A*; el grupo o sintagma entero se representa como N′, indicando que su núcleo es N pero en un nivel superior de la jerarquía. Otro constituyente es V′, *da consejos inesperados*, resultado de unir el núcleo V, el verbo *da*, y su complemento o satélite, N′, *consejos inesperados*. Así se van construyendo los constituyentes en la oración, N′ con V da V″, etc. Lo mismo ocurre en el discurso: tiene una estructura de constituyentes.

La organización en constituyentes hace posible mantener otra semejanza con la estructura oracional: se trata de lo que, ampliando el análisis oracional de Gallego (2011), se puede llamar enfoque configuracional. En el enfoque cartográfico se hace un mapa de las diversas relaciones discursivas, como en (11) y (12); lo mismo que en la sintaxis oracional se van inventariando complementos, directo, circunstancial de modo, etc., y cláusulas subordinadas, completivas, finales, etc. En el enfoque configuracional, se tiene en cuenta el carácter coordinante o subordinante de los constituyentes: en el discurso se configuran así las unidades complejas formadas por los constituyentes del discurso. Como hemos visto en (5a), la relación de narración es coordinante; la de resultado, en (5b), es subordinante: el núcleo indica el efecto y el satélite la causa.

3.2. Estructura de constituyentes

La oración 1 en (8) está en relación de orientación con la oración 2; la relación es subordinante, y como 2 es el núcleo del constituyente que se forma, lo representamos por 2′ en la figura 1. En lugar de representar la relación de orientación, representamos la configuración de satélite y núcleo. Al añadir 3, 2 está en relación de orientación con 3, que es el núcleo, por tanto forma un grupo o constituyente 3′ en la figura 2. La primera oración ya no está en relación con la tercera, sino con el constituyente o grupo de la segunda y tercera 3′, y forma con él un constituyente de nivel superior, 3″: la construcción del discurso es dinámica, lo nuevo va cambiando lo que ya estaba construido.

Las oraciones 3 y 4, en relación de unión, dos núcleos, se representan como 3–4 en la figura 3. Forman el constituyente núcleo de la relación de prueba que establecen con el par de pregunta-respuesta 6′. Este par es una relación subordinante con núcleo en la respuesta; por eso es 6′. A su vez, 6′ es núcleo en la relación de explicación con 7, y pasa a ser 6″, que es satélite de (3–4)″. Y 1 ahora es satélite de todo lo demás, (3–4)″, formando (3–4)‴.

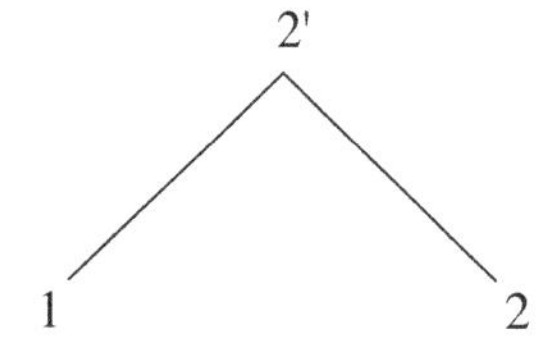

Figura 1 Constituyente de 1 y 2

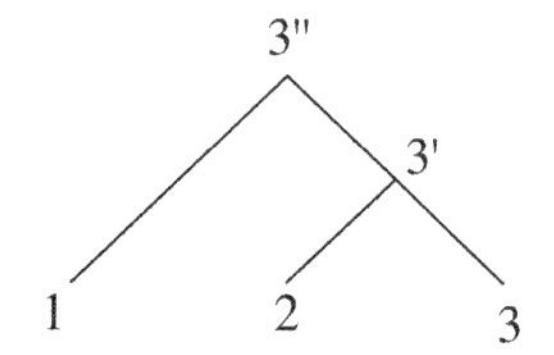

Figura 2 Constituyentes de 1 a 3

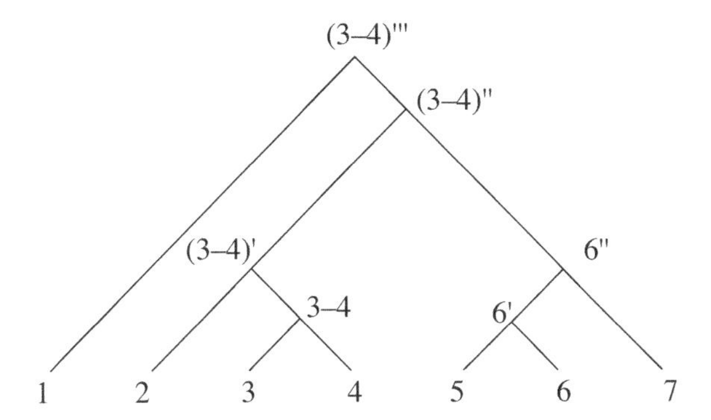

Figura 3 Constituyentes de 1 a 7

Hay tres unidades intermedias: el constituyente 1, que orienta a las otras dos (3-4)″, el constituyente (3–4)′ del consejo 3–4 y su orientación 2, y el constituyente 6″ de la pregunta y respuesta 6′ con la explicación 7. Cada una tiene un tema de discurso: la madre Teresa, el consejo, y de nuevo la madre Teresa.

El consejo de sonreír tiene como prueba que está casada quien lo da, y que es duro seguirlo; este consejo se da en la situación de que se pide, un acontecimiento concreto, a su vez en la situación de que esta persona suele dar consejos, eso sí, inesperados. La unidad léxica *inesperados*, situada en una posición que tiene alcance sobre todo el resto, está siendo predicada sobre ese constituyente; es decir, todo lo que sigue a 1, que es un consejo, tiene la propiedad de ser sorprendente. La posición en el discurso, tanto de marcadores (Briz y Pons 2010) como de oraciones enteras (Garrido 2013), tiene efectos de alcance y de conexión análogos a los de la posición en la oración.

La estructura de constituyentes permite comprobar el funcionamiento de la construcción configuracional: en lugar de un mapa o cartografía de múltiples relaciones, hay una configuración o estructura del discurso que explica cómo se va construyendo el discurso. Según sea coordinación o subordinación, y según sea la posición en la estructura de ciertas palabras o de ciertas expresiones, se van produciendo las relaciones y los grupos o constituyentes, que son unidades intermedias. Estas unidades o constituyentes van formando a su vez las partes del texto. Las partes, como la apertura y el cierre en la narración, las intervenciones en la conversación, son propiedades de la transmisión y adecuadas a la acción social en que se integra el texto: contar una historia, pedir consejo y darlo.

3.3. Pasajes discursivos y unidades textuales

El tiempo y aspecto de los verbos y el alcance de los sintagmas nominales caracterizan tres pasajes en (8), con sus correspondientes modos de discurso (Smith 2003). En el modo informativo, se presentan afirmaciones generales, que afectan a sintagmas genéricos o indefinidos. La oración 1 en (8) expresa una generalización, típica del modo informativo, con el verbo en presente *da* modificado por *a menudo,* que representa así una acción habitual, y los sintagmas de sus complementos de naturaleza inespecífica y genérica *consejos inesperados*, *la gente*, es decir, de referencia a un grupo indeterminado. Como la generalización es acerca de un personaje concreto, el sintagma nominal correspondiente, *la madre Teres*a, sí es específico. El siguiente pasaje está en modo narrativo: sus verbos son perfectos simples en 2, 3, 5 y 6 y sus sujetos son sintagmas específicos, es decir, de referencia a entidades concretas, tanto en los sintagmas nominales *un grupo de estadounidenses* y *uno de ellos* como en las anáforas explícitas *la, le, les,* o en las implícitas de los verbos sin pronombre sujeto explícito. Por último, hay un pasaje en modo argumentativo: la unión de 3 y 4 tiene como prueba 6 del par pregunta-respuesta 5 y 6; y 7, a su vez, es la explicación de 6.

(13) Pasajes y modos en el texto

1	Pasaje en modo informativo
2 y verbos de comunicación en 3, 5, 6	Pasaje en modo narrativo
citas en 3, 4, 5, 6, 7	Pasaje en modo argumentativo

Estos tres pasajes se insertan o sirven para construir un texto de un determinado tipo, la anécdota, a su vez modelada según otra tradición textual, la del consejo. En las dos hay un cierre, la información sorprendente en la anécdota, el giro inesperado que la caracteriza, y la moraleja en el consejo, que lo reinterpreta y lo caracteriza como tal consejo: hay que sonreír aunque sea duro. La interacción de los participantes en el tipo de texto está exteriorizada, es externa y directamente observable en la transmisión, por ejemplo en turnos de intervenciones en la conversación; mientras que en el discurso está interiorizada e interna, y está encubierta, como hemos visto al construir la conexión de 5 con 3 y 4.

En la jerarquía de la construcción, desde abajo hemos ido comprobando la estructura del discurso, al conectar unas oraciones con otras, y hemos ido obteniendo los constituyentes 1, (3–4)′ y 6″, que a su vez forman los tres pasajes de (13). Desde arriba, observamos la estructura del texto, en este caso compuesta por un preámbulo, una narración con un diálogo, que a su vez contiene el cierre de la historia. El tipo de texto o género de la anécdota incluye, así pues, componentes del tipo de texto diálogo, también presente en el guión cinematográfico y en la obra dramática, y del tipo de texto consejo. En cada tipo de texto pueden confluir diferentes tradiciones textuales, modos de organización adecuados por la transmisión que tiene lugar como parte de una determinada acción social de una comunidad de prácticas.

En el ejemplo, hay tres unidades de discurso complejas, la orientación de 1 al resto, el consejo de (3–4)′, y su argumentación en 6″. Si las observamos desde arriba, como componentes del texto (Duque 2014b, Cortés 2014), podemos comprobar cómo encajan. La primera unidad es la apertura, con *la madre Teresa* como tema y el anuncio de una sorpresa. La segunda es el propio consejo, que es el núcleo de la anécdota entera. La tercera unidad es la argumentación del consejo, con el cierre sorprendente que le confiere validez. Los componentes narrativos, como hemos visto, son instrumentos de enlace entre las unidades del modo argumentativo.

Con la hipótesis de la estructura de constituyentes se propone la uniformidad de sintaxis y estructura de discurso, en términos de Hardt (2013) o, más generalmente, la unidad de la gramática, con las unidades de la oración, el discurso y el texto, como en (14).

(14)

CATEGORÍAS	UNIDADES
género: opciones en el texto	*texto*: organización de discursos
estilo: opciones en el discurso	*discurso*: organización de oraciones
modalidad e información: opciones en la oración	*oración*: organización de cláusulas

Efectivamente, las opciones de organización del discurso dan lugar a diferentes estilos, con estilos prototípicos o registros propios de ciertos tipos de texto; y los tipos de textos son conjuntos de opciones de organización de los discursos; por último, la modalidad oracional establece diferentes relaciones entre hablante y oyente, según sea declarativa, exclamativa, interrogativa o imperativa, y según sea la gestión de información mediante temas y focos.

4. Investigaciones futuras

El análisis de la construcción del discurso abre nuevas perspectivas de investigación lingüística, como la relación entre la unidad superior directamente observable, el texto, con la unidad inferior, encubierta, el discurso, en la interacción comunicativa, incluyendo los aspectos multimodales como la imagen, y el señalamiento de las relaciones discursivas por marcadores y otros medios. A ello se añaden cuestiones como la descortesía, la argumentación, la comunicación política, el análisis crítico del discurso, el análisis de sentimientos, la subjetividad y la evaluación. La riqueza de los fenómenos observados en el uso de la lengua con esta diversidad de enfoques augura un futuro fructífero en la nueva frontera de la lingüística del discurso.

Bibliografía

Asher, N. y Lascarides, A. (2003) *Logics of conversation*, Cambridge: Cambridge University Press.

Asher, N. y Vieu, L. (2005) "Subordinating and coordinating discourse relations", *Lingua*, 115, 4, pp. 591–610.

Briz, A. y Pons, S. (2010) "Unidades, marcadores discursivos y posición", en Loureda, O. y Acín Villa, E. (ed.), *Los estudios sobre marcadores del discurso en español*, Madrid: Arco Libros, pp. 327–358.

Chafe, W. (1994) *Discourse, consciousness, and time*, Chicago: The University of Chicago Press.

Cortés, L. (2014) "Las unidades de segmentación y su entramado en un discurso de Rodríguez Zapatero [2011]", Estudios de Lingüística del Español, 35, 1, pp. 117–141 [en línea]. Accesible en http://infoling.org/elies/35/elies35.1-5.pdf [27/10/2014].

Da Cunha, I., Torres-Moreno, J.-M. y Sierra, G. (2011) "On the development of the RST Spanish treebank", en *Proceedings of the 5th Linguistic Annotation Workshop. 49th ACL* [en línea]. Accesible en http://aclweb.org/anthology-new/W/W11/W11-0401.pdf [27/10/ 2014].

Degand, L. y Simon, A. C. (2009) "On identifying basic discourse units in speech: theoretical and empirical issues", *Discours*, 4 [en línea]. Accesible en http://discours.revues.org/5852 [27/10/2014].

Du Bois, J. W. (2003) "Discourse and grammar", en Tomasello, M. (ed.) *The new psychology of language: Cognitive and functional approaches to language structure*, Londres: Erlbaum, vol. 2, pp. 47–87.

Duque, E. (2014a) "Signaling causal coherence relations", *Discourse Studies*, 16, 1, pp. 25–46.

Duque, E. (2014b) "Organización de unidades en el desarrollo del discurso político", *Estudios de Lingüística del Español*, 35, 1, pp. 75–96 [en línea]. Accesible en http://infoling.org/elies/35/elies35.1-3.pdf [27/10/2014].

Gallego, Á. (2011) "Cartografía sintáctica", *Revista Española de Lingüística*, 41, 2, pp. 25–56.

Garrido, J. (2007) "Construcción de discurso en noticias de prensa", *Revista Española de Lingüística*, 37, pp. 139-168 [en línea]. Accesible en http://www.sel.edu.es/pdf/ene-dic-07/RSEL-37-Garrido.pdf [27/10/2014].

Garrido, J. (2011) "Motion metaphors in discourse construction", *Review of Cognitive Linguistics*, 9, 1, pp. 107–129.

Garrido, J. (2013) "Léxico y argumentación en la estructura del discurso", en Llamas, C. Martínez Pasamar, C. y Casado, M. (eds.) *Léxico y argumentación en el discurso público actual*, Fráncfort del Meno: Lang, pp. 105–127.

Garrido, J. (2014) "Unidades intermedias en la construcción del discurso", *Estudios de Lingüística del Español*, 35, 1, pp. 94–111 [en línea]. Accesible en http://infoling.org/elies/35/elies35.1-4.pdf [27/10/ 2014].

Girón, J. L. (2008) "El discurso citado en la Segunda Partida. Organización textual de la cita de autoridad", *e-Spania. Revue électronique d'études hispaniques medievales*, 5 [en línea]. Accesible en http://e-spania.revues.org/13033 [27/10/2014].

Gómez Txurruka, I. (2001) "El foco informacional en el discurso en inglés", *Revista Española de Lingüística,* 32, 1, pp. 129–164 [en línea]. Accesible en www.sel.edu.es/pdf/ene-jun-02/32-1-Gomez.pdf [27/10/2014].
González Ruiz, R. (2008) "Las nominalizaciones como estrategia de manipulación informativa en la noticia periodística: el caso de la anáfora conceptual", en *Actas del XXXVII Simposio Internacional de la SEL*, Pamplona: Universidad de Navarra, pp. 247–259 [en línea]. Accesible en http://www.unav.es/linguis/simposiosel/actas/act/22.pdf [27 de octubre de 2014].
Hardt, D. (2013) "A uniform syntax and discourse structure: The Copenhagen dependency treebanks", Dialogue & Discourse, 4, 2, pp. 53–64 [en línea]. Accesible en http://elanguage.net/journals/dad/article/view/2830/3543 [27/10/2014].
Hengeveld, K. y Mackenzie, J. L. (2008), *Functional discourse grammar*, Oxford: Oxford University Press.
Kamp, H. y Reyle, U. (1993) *From discourse to logic*, Dordrecht: Kluwer.
Llamas, C. (2010) "Argumentación en la noticia periodística: el caso de la anáfora conceptual metafórica", en Martínez Pasamar, C. (ed.) *Estrategias argumentativas en el discurso periodístico*, Fráncfort del Meno: Lang, pp. 147–170.
Mann, W. (2003) *Analyses from the RST web site: The Mother Teresa Text* [en línea]. Accesible en http://www.sfu.ca/rst/pdfs/motherteresa.pdf [27/10/2014].
Mann, W. C. y Thompson, S. A. (1988) "Rhetorical structure theory: Toward a functional theory of text organization", *Text*, 8, 3, pp. 243–281.
Mas, L. (2014) "Caracterización prosódica del foco de tema y rema en las noticias", *Círculo de Lingüística Aplicada a la Comunicación*, 59, pp. 35–60 [en línea]. Accesible en http://www.ucm.es/info/circulo/no59/mas.pdf [27/10/2014].
Renkema, J. (2009) *The texture of discourse: Towards an outline of connectivity theory*, Amsterdam: Benjamins.
Rodríguez Ramalle, T. M. (2014) "Conexiones discursivas y subordinación: recursos sintácticos y conjunciones", *Signo y Seña*, 25, pp. 261–283 [en línea]. Accesible en http://revistas.filo.uba.ar/index.php/sys/article/view/144/96 [27/10/2014].
Smith, C. N. (2003) *Modes of discourse: The local structure of texts*, Cambridge: Cambridge University Press.
Sperber, D., y Wilson, D. (1986) *Relevance,* 2.ª ed. Oxford, 1995: Blackwell.
Taboada, M. y Das, D. (2013) "Annotation upon annotation: Adding signalling information to a corpus of discourse relations", *Dialogue and Discourse,* 4, 2, pp. 249–281 [en línea]. Accesible en http://elanguage.net/journals/dad/article/view/2893 [27/10/2014].
Tannen, D. (1997) "Discourse analysis—What speakers do in conversation", *Linguistic Society of America* [en línea] Accesible en http://www.linguisticsociety.org/resource/discourse-analysis-what-speakers-do-conversation, [27/10/2014].
Thompson, S. A. (2002) "'Object complements' and conversation: Towards a realistic account", *Studies in Language*, 26, 1, pp. 125–164.
Wolf, F. y Gibson, E. (2005) "Representing discourse coherence: A corpus-based analysis", *Computational Linguistics*, 31, pp. 249–288.

Lecturas complementarias

Asher, N. y Lascarides, A. (2003) *Logics of conversation*, Cambridge: Cambridge University Press.
Cortés Rodríguez, L. y Camacho Adarve, M. M. (2003) *¿Qué es el análisis del discurso?*, Barcelona: Octaedro.
Garrido, J. (1997) *Estilo y texto en la lengua*, Madrid: Gredos.
Schiffrin, D., Tannen, D. y Hamilton, H. (ed.) (2001) *The handbook of discourse analysis*, Oxford: Blackwell.
Van Dijk, T. A. (ed.) (1997), *Discourse Studies,* Londres: Sage [Trad. esp. *Estudios del discurso*, Barcelona 2000: Gedisa].

Entradas relacionadas

pragmática; semántica; sintaxis

BIOLOGÍA Y LENGUAJE

Antxon Olarrea

1. Introducción

La idea central de la biolingüística es que la capacidad de adquirir y usar un lenguaje es un aspecto de la biología de nuestra especie: cualquier niño es capaz de aprender sin esfuerzo aparente y en un tiempo relativamente breve la lengua de los que le rodean, mientras que la inmersión en un entorno lingüístico no hace posible que ningún otro animal adquiera un lenguaje humano. En este sentido, los seres humanos nacemos dotados no de un lenguaje en sí, sino de la capacidad biológica innata para adquirir uno. Es por tanto posible estudiar, desde un punto de vista biológico, las propiedades fundamentales del lenguaje, cómo cada uno de nosotros las adquiere, cuáles son los rasgos de diseño del sistema lingüístico que se desarrollan en el individuo, cómo somos capaces de usar el lenguaje para elaborar y comunicar nuestros pensamientos, qué combinaciones de genes lo permiten o modifican, cómo está representado en nuestro cerebro, y cuál ha sido el proceso evolutivo que provocó su aparición en la especie.

Los intentos iniciales de integrar el estudio del lenguaje con el resto de las ciencias naturales, que datan de finales de la década de los cincuenta y mediados de los sesenta a partir de las propuestas de Noam Chomsky y de la publicación en 1967 del libro seminal de Eric Lenneberg *Biological foundations of language*, han visto un tremendo desarrollo en los últimos años debido a que las herramientas disponibles para comprobar empíricamente nuestras hipótesis lingüísticas en las áreas de la biología son cada vez más sofisticadas y poderosas: somos capaces, por ejemplo, de estudiar los procesos cognitivos relacionados con el lenguaje tanto en adultos como en bebés, y también en otras especies, a partir de nuevas técnicas experimentales en psicología; podemos observar las áreas de activación neuronal en el cerebro gracias a avances en técnicas de neuroimagen en medicina nuclear (PET, fMRI) y, por último, somos capaces, gracias a la revolución en genética molecular, de secuenciar el genoma humano y de aislar genes homólogos en otras especies, de manera que podemos señalar genes específicos relacionados con aspectos diversos de la cognición humana y calcular el momento en el tiempo de su mutación. Estas técnicas nos proveen de datos relevantes para un programa emergente de investigación interdisciplinar, el de la biolingüística, que abarca campos tan diversos como las neurociencias, la genética, la biología del desarrollo embrionario, la lingüística teórica, los estudios del comportamiento animal, la psicología experimental, los modelos matemáticos de simulación de comportamientos, la sociobiología y la teoría de la evolución.

2. Lenguajes humanos posibles

Una de las premisas de la biolingüística es que el rango de variación entre las gramáticas de las lenguas naturales es limitado: por un lado, sólo un subconjunto de todos los lenguajes que podamos inventar o imaginar son lenguas humanas posibles, y, por otro, todas las lenguas humanas posibles son variaciones de un mismo modelo. La biolingüística postula, además, que las restricciones impuestas sobre las formas posibles de las lenguas naturales son biológicas.

El proceso de adquisición del lenguaje en el niño es un proceso de **epigénesis**, la interacción estrecha entre la información que proviene de un programa genético de desarrollo y la información que proviene del entorno lingüístico. El programa genético es específicamente lingüístico y se denomina ***Mecanismo de Adquisición del Lenguaje***, y los **principios** que lo caracterizan y que describen las propiedades invariantes de las lenguas, ***Gramática Universal*** (en adelante, GU) definida como el estadio inicial de conocimiento de la estructura y funcionamiento del lenguaje que tiene el hablante desde el momento de su nacimiento, antes de ser expuesto a datos concretos de su propio idioma. La información presente en el entorno lingüístico corresponde a las propiedades que varían entre las distintas lenguas, restringidas de acuerdo a **parámetros** de variación que pueden ser inferidos a partir de datos lingüísticos concretos y limitados. Esta hipótesis innatista intenta explicar biológicamente cómo el proceso de adquisición del lenguaje humano es a la vez enormemente restringido (muchas reglas imaginables no son partes de las gramáticas humanas) y enormemente flexible (los grados de la posible variación entre lenguas se ajustan mediante la interacción con el entorno lingüístico).

A partir de la descripción teórica de los principios de GU podemos fácilmente diseñar lenguajes que violen dichos principios y predecir que estos lenguajes serán, de acuerdo a la hipótesis innatista, imposibles de adquirir por medio del Mecanismo de Adquisición del Lenguaje. Esta predicción se intentó ratificar por primera vez gracias a Christopher, un caso paradigmático de Síndrome de Savant, presente en individuos cuya cognición se ve afectada en áreas concretas mientras que no lo está en otras (Smith *et al.* 2011). Christopher, hablante nativo de inglés, cuyo coeficiente de inteligencia es claramente inferior a la media, tiene en cambio capacidades lingüísticas extraordinarias. En la fecha en que entró en contacto con dos lingüistas del University College en Londres, Neil Smith y Ianthi-Maria Tsimpli, Christopher había aprendido, por sí solo y a partir de textos escritos, alemán, danés, español, finlandés, francés, galés, griego moderno, hindi, italiano, noruego, polaco, portugués, ruso, español, sueco y turco.

Smith y Tsimpli inventaron el vocabulario y las reglas sintácticas de una lengua artificial a la que llamaron "epún", cuya gramática era una combinación de reglas tanto naturales como imposibles, es decir, de reglas que o bien obedecían o bien violaban los principios de GU. Los resultados iniciales del experimento mostraron que Christopher era incapaz de aprender las reglas no-naturales del epún, las reglas imposibles, a diferencia de los sujetos en el experimento de control, un grupo de adultos que sí fueron capaces de aprender dichas reglas, posiblemente usando mecanismos relacionados con su inteligencia general, ausente en Christopher.

La diferencia entre reglas posibles e imposibles en una lengua natural es relevante no sólo desde el punto de vista psicológico, sino también neuropsicológico. Uno de los principios universales básicos es el *principio de dependencia estructural*, de acuerdo con el cual no puede haber reglas sintácticas basadas en el orden lineal de palabras en una oración. Se ha demostrado recientemente que el procesamiento y aprendizaje de reglas artificiales que violan este principio universal activan áreas del córtex cerebral distintas de las que se activan con reglas posibles (Moro 2008). Por tanto, tenemos indicios de que el principio de dependencia estructural está determinado biológicamente, lo que apoya la hipótesis de que hay una directriz biológica específica para aprender reglas sintácticas.

A partir de la hipótesis innatista se puede postular que los errores que un niño produce durante la adquisición de su lengua materna nunca son violaciones de las reglas de GU, y por tanto, todos estos errores han de ser formas gramaticales posibles en otras lenguas. Los estudios neuropsicológicos sobre las reglas gramaticales posibles apoyan la hipótesis no sólo de la existencia de un mecanismo específico de adquisición del lenguaje humano, que restringe el conjunto posible de las lenguas que se adquieren de manera natural, sino también de la idea de que la facultad humana del lenguaje es un módulo cognitivo independiente de otras capacidades humanas: no hay dominios cognitivos no-lingüísticos que puedan ayudar a que el cerebro del niño restrinja la clase de los lenguajes humanos posibles. La existencia de *trastornos cognitivos selectivos* es uno de los criterios básicos para dilucidar si un sistema cognitivo es específico, independiente y modular. Aplicado al lenguaje, este criterio nos indica que, si hay aspectos heredados del mismo o aspectos que afecten sólo al lenguaje pero mantengan el resto de las capacidades cognitivas intactas (o viceversa, como en el caso de Christopher), podemos postular que las propiedades lingüísticas que se ven afectadas por estos trastornos cognitivos selectivos son modulares y están por tanto codificadas biológicamente.

Un ejemplo de ello es el hecho de que estudios posteriores han mostrado que existe una asimetría en las habilidades lingüísticas de Christopher. Mientras que su morfología y su léxico están intactos, sus habilidades sintácticas no son estrictamente homogéneas: Christopher tiene dificultades para comprender el lenguaje metafórico y para desambiguar estructuras sintácticas. Crucialmente, puede procesar estructuras características de movimiento sintáctico (subordinadas como *Ese es el disco de Miles Davis que compró mi hermano*; interrogativas, como *¿De qué compraste el bocadillo?*; o huecos parásitos, como *Esos son los libros que guardé sin leer*). Sin embargo, Christopher no es capaz de procesar estructuras en las que el movimiento sintáctico se produce por razones de contenido informativo del discurso (oraciones de dislocación a la izquierda, por ejemplo, como *Este libro lo compré ayer*). Estos datos sirven para apoyar aquellas teorías sintácticas que explican ambos tipos de movimiento bajo distintos principios teóricos a la vez que ilustran la interacción entre la lingüística teórica y la biolingüística.

3. Cerebro y lenguaje

Otra área de investigación en biolingüística es dilucidar si las hipótesis elaboradas por la lingüística teórica son compatibles con lo que sabemos de la estructura del cerebro. El objetivo fundamental de la neurolingüística es, por tanto, describir las computaciones básicas que subyacen a la producción de lenguaje y su posible sustrato neurológico (Poeppel y Embick 2005).

3.1. El área de Broca

Desde mediados del siglo XIX sabemos que lesiones específicas en un área concreta del hemisferio izquierdo cerebral, la circunvolución inferior frontal, afectan a la producción del habla.

El área, que recibe el nombre del neurólogo que primero la describió, Pierre Paul Broca, ha sido estudiada desde entonces como el posible locus único de la producción de lenguaje. Estudios detallados sobre el área de Broca, un área heterogénea que cubre en realidad dos áreas de la numeración clásica de Brodmann para delimitar regiones de la superficie cerebral (BA44 y BA45), nos indican que esta región se activa en un número considerable de tareas tanto puramente lingüísticas como en tareas indirectamente relacionadas con el lenguaje, desde la comprensión sintáctica a la producción del habla, la comprensión y/o planificación de acciones motrices, o la percepción musical. Esta región parece estar relacionada primordialmente con la construcción y planificación de oraciones mediante la traducción de los mensajes en una secuencia de movimientos ordenados de los músculos que intervienen en la producción del habla. A los pacientes con lesiones en esta región, es decir, con *afasia de Broca*, les resulta difícil hablar o escribir aunque pueden comprender perfectamente el lenguaje hablado y son capaces de leer un texto escrito. Es indudable que lesiones en el área de Broca pueden causar déficits en la producción del habla, hasta el punto que la estimulación eléctrica en esta región puede congelar la habilidad de producir lenguaje en pacientes conscientes. Sin embargo, se ha demostrado también que la destrucción de esta área no provoca necesariamente déficits crónicos o permanentes en la producción de lenguaje. Para que esto suceda, es necesario que las lesiones afecten a áreas corticales mucho más extensas.

Estudios iniciales sobre la relación entre el área de Broca demostraron que los pacientes con afasia de Broca presentan problemas no sólo en la producción del habla, sino también en aspectos de la comprensión sintáctica de las oraciones. Estos estudios demuestran que existe una enorme variabilidad en cuanto a la comprensión sintáctica en afásicos de Broca, y que pacientes cuya producción lingüística se ve enormemente dificultada pueden mantener sin embargo intacta su capacidad de producir juicios de gramaticalidad acertados.

En la actualidad, sabemos que las áreas corticales no están específicamente dedicadas a una función única. Estudios por neuroimagen de simples funciones perceptuales o motrices nos indican que incluso las tareas cognitivas más sencillas involucran a un número plural de redes neuronales corticales (el *principio de divergencia*), y al mismo tiempo, que un mismo campo cortical puede participar en el análisis y procesamiento de información relacionada con tareas cognitivas diversas (el *principio de convergencia*). Las funciones cognitivas individuales activan redes neuronales complejas y lo que tradicionalmente hemos considerado áreas modulares son en realidad zonas de activación preferente, pero no responsables únicas de funciones cognitivas específicas. No existe, por tanto, en el cerebro, un "área del lenguaje". Es, sin embargo, posible utilizar los métodos de medicina nuclear para desbrozar qué áreas preferentes se activan en tareas específicas y para evaluar hipótesis sobre la modularidad de la facultad humana del lenguaje o sobre la independencia de módulos gramaticales determinados.

Una manera de medir la actividad cerebral es estudiar su *hemodinámica*, el flujo de sangre a regiones cerebrales concretas. Puesto que el riego sanguíneo es proporcional a la actividad metabólica neuronal, el aumento de riego en determinada área del cerebro nos indica su grado de activación. A partir de aquí podemos evaluar con bastante precisión qué áreas de cerebro se activan en tareas cognitivas específicas mediante el *método de substracción*. Para ello obtenemos los valores hemodinámicos correspondientes a dos tareas cognitivas específicas, una primera tarea motriz, por ejemplo el tamborilear en una mesa con los dedos de la mano derecha mientras observamos una pantalla en blanco, y una segunda tarea cognitiva simple, eliminando la tarea motriz y averiguando los valores hemodinámicos resultantes al observar la pantalla en blanco solamente. Si substraemos área por área los valores hemodinámicos obtenidos en las dos fases de observación, los valores idénticos a ambas fases, en este caso las correspondiente áreas de activación al observar la pantalla en blanco, obtenemos como resultado un mapa de activación cerebral que corresponde solo a la actividad diferencial en ambas fases, en nuestro ejemplo, la tarea de tamborilear con la mano derecha. Este método de substracción se ha usado para obtener información relevante sobre la actividad cortical relacionada con procesos puramente sintácticos y para evaluar la hipótesis teórica de que la sintaxis es un módulo independiente y separado del resto de los módulos gramaticales, a la que debiera corresponder, por tanto, una representación autónoma en el cerebro. Los resultados de este tipo de experimentos confirman que la reacción cortical producida por errores sintácticos involucra no sólo al área de Broca, sino a una vasta red neuronal que abarca regiones homólogas a la de Broca en el hemisferio derecho y amplias regiones subcorticales (la ínsula y el núcleo caudado izquierdo), y que difiere crucialmente de las reacciones producidas por errores gramaticales no sintácticos.

Estudios basados en tecnología de neuroimagen, junto a análisis psicolingüísticos, proponen que sólo un *subcomponente* del módulo sintáctico se ve afectado por lesiones en el área de Broca: el subcomponente que permite establecer la relación entre un elemento desplazado en la sintaxis y el lugar original en la estructura oracional en la que se interpreta este elemento. La computación involucrada en este proceso nos permite saber, por ejemplo, que en la oración *El disco que compró mi hermano era de Miles Davis* el sintagma nominal *el disco*, aunque aparece al principio de la frase y es el sujeto de la oración (*[el disco] era de Miles Davis*), se interpreta a su vez como complemento del verbo *comprar* en la oración subordinada (*mi hermano compró [el disco]*). Los afásicos de Broca parecen ser incapaces de establecer esta última relación, la de un elemento desplazado y su posición original de complemento, mientras que no tienen problemas si la relación se produce entre el elemento desplazado y su posición original de sujeto de la oración subordinada, como en *El disco que tenía la portada azul era de Miles Davis*, donde *el disco* se interpreta como sujeto tanto de la oración principal (*[ ] era de Miles Davis*) como de la subordinada (*[ ] tenía la portada azul)*. Por la misma razón, los afásicos de Broca interpretan correctamente la oración *Ese es un animal que te puede comer* (dependencia de sujeto) mientras que tienen problemas con la oración *Ese es un animal que te puedes comer* (dependencia de objeto). Las técnicas de neuroimagen también confirman que en sujetos no afectados por lesiones, ciertas porciones del área de Broca se activan con mayor intensidad durante la comprensión de oraciones con dependencias relacionadas con la posición de objeto que con las relacionadas con la posición de sujeto.

Esta disparidad en la capacidad de interpretar relaciones sintácticas a distancia entre un elemento desplazado y su relación con el verbo en los pacientes con afasia de Broca se ha interpretado de dos maneras: o bien se supone que el hablante utiliza una estrategia no sintáctica para interpretar las dependencias de sujeto ilustradas en el segundo ejemplo (por defecto se interpreta como agente, y por tanto como sujeto en la mayor parte de los casos, el elemento que aparece en posición inicial), o bien se supone que la imposibilidad de interpretar la dependencia de objeto en el primer ejemplo se debe no a un déficit sintáctico, sino a que este tipo de dependencias impone una mayor carga cognitiva sobre la memoria activa necesaria para interpretarlas. La primera opción apoya la idea de que el área de Broca participa en la computación de dependencias sintácticas; la segunda, que los efectos de computaciones sintácticas en afasias de este tipo se deben a que el área de Broca participa en computaciones de tipo más general que requieren de la participación de memoria activa en línea, probablemente en cualquier tarea cognitiva que requiera procesamiento jerárquico, y no sólo de la sintaxis o del lenguaje en general. Ambas líneas de investigación se desarrollan en la actualidad.

3.2. El período crítico

A partir de las propuestas de Lenneberg, otra área de investigación que ha recibido intensa atención en neurolingüística es la relacionada con *la hipótesis del período crítico* para la adquisición del lenguaje, que afirma que la habilidad de adquirir un lenguaje está *biológicamente* unida a una edad determinada: existe una ventana temporal limitada en la cual el individuo puede adquirir su(s) lengua(s) materna(s) en un entorno lingüístico suficientemente rico. A partir de determinada edad, la adquisición del lenguaje requiere un esfuerzo mucho mayor y el individuo nunca alcanza un grado de competencia similar.

Desde el punto de vista biológico, la existencia de un período crítico para la adquisición del lenguaje se apoya inicialmente por analogía en la existencia de períodos críticos en otros módulos cerebrales y cognitivos, tanto en humanos como en otras especies, tales como el desarrollo de la capacidad visual. Los sistemas cognitivos biológicos con base innata se adquieren por medio de maduración neuronal, siempre que estos sistemas sean activados durante un período específico en la etapa de desarrollo. Desde el punto de vista lingüístico se justifica inicialmente postulando que el *Mecanismo de Adquisición de Lenguaje* deja de ser accesible a partir de una edad determinada, condicionada por efectos en el desarrollo neuronal del individuo y por la pérdida de plasticidad característica del cerebro humano antes de la pubertad. Los mecanismos de aprendizaje de primera y segundas lenguas han por tanto de exhibir diferencias cruciales si los mecanismos innatos de aprendizaje no son accesibles a partir de determinada edad (Guasti 2002). No existe un acuerdo absoluto sobre la edad específica a partir de la cual el mecanismo de adquisición de lenguaje deja de ser accesible, pero la mayor parte de los autores coinciden en señalar que se produce un cambio gradual en la capacidad de adquirir una lengua a partir de los 6-7 años de edad, que el deterioro de esta capacidad es paulatino hasta llegar a la pubertad, y que, a partir de la pubertad, el deterioro es progresivo y marcado.

La evidencia que apoya esta hipótesis proviene de investigaciones sobre el grado de competencia en aprendices de L2 (una segunda lengua) y su comparación con la competencia en L1 (la lengua materna); de comparaciones entre las gramáticas de aprendices de L2 antes de la pubertad y los adultos de L2; y por estudios de neuroimagen que muestran patrones distintos de activación neuronal y de arquitectura cerebral en el procesamiento lingüístico si los sujetos de los experimentos han sido expuestos a datos relevantes de la lengua antes del período crítico.

Los estudios más recientes demuestran que no es el caso de que el mecanismo de adquisición de lenguaje esté completamente ausente a partir de la pubertad, sino que algunos de los *dominios gramaticales* que dan forma a L1 desaparecen paulatinamente debido al proceso de maduración neurológica. El proceso de adquisición de vocabulario, por ejemplo, no se ve afectado, mientras que la adquisición de reglas sintácticas se deteriora antes que la de reglas morfológicas. Esto nos permite suponer la existencia de *fases sensibles a dominios gramaticales concretos*, mucho más específicas que una posible ventana absoluta para la adquisición de todos los aspectos de la gramática de una lengua.

3.3. Neuronas de espejo

El uso del lenguaje requiere *paridad*, es decir, una simetría en los actos de habla entre la producción en el hablante y la percepción en el oyente. Giacomo Rizzolatti descubrió un mecanismo neurológico en el cerebro de monos macacos que puede explicar el fenómeno de la paridad. Existe en el cerebro de ciertos monos un grupo específico de neuronas que responde a acciones determinadas del mecanismo motor y que se activa sólo en la producción de acciones específicas tales como estirar el brazo para asir un objeto, agarrarlo o posarlo sobre una superficie. Lo relevante es que estas neuronas se activan exactamente de la misma manera no sólo cuando los macacos realizan estas acciones, sino también cuando **observan** a otro individuo que realiza una acción similar. Es por ello que Rizzolatti las ha denominado "neuronas de espejo", porque parecen 'resonar' o funcionar como un espejo entre acción y percepción.

Estas neuronas de espejo están localizadas en un área de la corteza del cerebro que es homóloga al área de Broca en los seres humanos. Rizzolatti y sus colaboradores han demostrado que regiones específicas del área de Broca se activan en los seres humanos cuando observamos movimientos realizados por otros y, también, cuando imitamos dichos movimientos. En el proceso de imitación, el área de Broca es la que se activa primero, antes de que se activen las neuronas del córtex cerebral responsables de los movimientos motores, de la acción de nuestras manos o brazos al imitar. El área de Broca se ve involucrada también en el mecanismo por el cual reconocemos los movimientos de las manos o los movimientos orofaciales de otros individuos y los imitamos alterando el orden de la secuencia de movimientos. Esta área cortical desempeña por tanto un papel crucial a la hora de integrar los movimientos de la mano, la coordinación de los gestos faciales y la visión, un papel que en nuestra especie se ha convertido en una especialización del hemisferio izquierdo.

Este descubrimiento ha suscitado un interés renovado en la *Teoría Motriz de la Percepción del Habla* (Lieberman 2000), según la cual la información fonética se percibe y procesa en el cerebro en un módulo especializado para detectar los gestos complejos de los órganos fonadores, de manera que los patrones acústicos de los sonidos de una lengua y los gestos articulatorios que los producen se solapan en un subsistema neuronal. Este subsistema percibe los sonidos no exclusivamente como formantes acústicos, sino como representaciones mentales de las acciones motrices que los producen. De ahí la paridad entre emisión y producción de fonemas entre hablante y oyente.

Sin embargo, estudios recientes han demostrado que la percepción del habla se produce incluso cuando la facultad motriz de producción de sonidos está ausente: tanto en casos de afasia de Broca como en individuos con deficiencias congénitas que impiden la producción del habla, la percepción de la misma no se ve imposibilitada. Del mismo modo, se ha demostrado que los bebés discriminan sonidos del habla materna antes de ser capaces de producirlos. El que el control motriz del aparato fonador no sea requisito imprescindible para la comprensión del habla pone en tela de juicio la Teoría Motriz de la Percepción. Sin embargo, los estudios sobre la paridad gestual facilitada por la activación de las neuronas de espejo apoyan la hipótesis que encuentra en sistemas de comunicación gestual los antecedentes evolutivos de la facultad humana del lenguaje.

4. Lenguaje y genética

De entre los trastornos específicos del lenguaje que pueden recibir una clara explicación genética, sin duda el más conocido y analizado es el que caracteriza a la familia británica conocida como KE, en la que la mitad de los miembros, estudiados durante tres generaciones, sufren de un trastorno del habla que se considera un trastorno heredado específicamente lingüístico (Gopnik y Crago 1991). El comportamiento deficiente en los individuos afectados está ligado a parte del cromosoma FOXP2 (Lai *et al.* 2001), un gen regulatorio que tiene influencia en la producción del lenguaje ya que su función es activar o reprimir la expresión de otros genes asociados con el desarrollo neurológico del cerebro, especialmente aquellos cuya función es regular los procesos de diferenciación neuronal necesarios para la planificación motriz de las tareas secuenciales.

Se ha demostrado que una mutación puntual en el gen FOXP2 en los seres humanos tiene como resultado un fenotipo irregular en la producción y comprensión morfosintáctica: los individuos afectados tienen problemas de acceso a su vocabulario mental —por otra parte reducido—, una incapacidad para procesar morfemas de concordancia, problemas para retener en memoria activa secuencias silábicas inventadas y, por último, dispraxia orofacial— la imposibilidad de coordinar y planificar la secuencia de movimientos de la lengua, la boca y los labios necesaria para la fonación—. Desde el punto de vista puramente anatómico, los individuos con el gen mutante demuestran anomalías en la conexión entre áreas específicas de los ganglios basales, el cerebelo y el córtex cerebral, áreas relacionadas entre sí y que tienen un papel fundamental en la computación y planificación de eventos secuenciales, entre ellos los relacionados con la producción de sonidos y con la planificación sintáctica. Por ello se ha propuesto que el gen FOXP2 no tiene efectos puramente lingüísticos, sino que las dificultades resultantes de la mutación actual en FOXP2 vistas en la familia KE provienen de la discapacidad motora en la producción del habla, la cual reduce sus habilidades para producir oraciones. Esta incapacidad motriz resulta en un aparente deterioro en la capacidad sintáctica, pero no implica necesariamente que dicha capacidad sea la realmente afectada por el gen. Por otro lado, los niños afectados de *anartria*, es decir, con pérdida de la facultad para producir sonidos del habla con claridad a causa de lesiones que afectan su control sobre los articuladores, no tienen problemas en superar las pruebas de comprensión sintáctica que los afectados por mutaciones de FOXP2 suelen fallar. Una posibilidad paralela es, por tanto, afirmar que los sistemas cerebrales que se utilizan para el procesamiento motor también tienen un papel en el procesamiento sintáctico.

El análisis genético de los desórdenes cognitivos hereditarios que afectan al lenguaje nos ha permitido identificar numerosos genes que están relacionados de manera directa con la organización de circuitos neuronales involucrados en el procesamiento lingüístico. Se estudian en la actualidad, por citar los más analizados, genes relacionados con la dislexia, el síndrome de Williams, y los que relacionan autismo y trastornos específicos del lenguaje. Ninguno de estos se consideran genes exclusivamente lingüísticos, ya que la expresión de los genes se manifiesta en regiones cerebrales no dedicadas exclusivamente al lenguaje y porque sus mutaciones tienen efectos en áreas cognitivas no lingüísticas (Benítez-Burraco 2013).

Además, a partir de análisis tradicionales comparativos entre gemelos se ha postulado que factores genéticos afectan a algunas capacidades lingüísticas más que a otras. Los gemelos monocigóticos (mellizos o gemelos idénticos) comparten el 100% de sus genes, mientras que los dicigóticos (gemelos fraternales) comparten el 50% de los mismos. Si queremos separar hasta qué punto un rasgo biológico, en este caso el lenguaje, está condicionado por el entorno o por la herencia, si aislamos parejas de gemelos cuyo entorno lingüísticos es similar (en cuanto a nivel de educación de los padres, escolarización, exposición uniforme al lenguaje, clase social, etc.), podemos atribuir la mayor similitud en capacidades lingüísticas entre mellizos, cuando los comparamos con gemelos fraternales, a la herencia genética. A partir de esta premisa y del estudio detallado de las capacidades lingüísticas en gemelos se ha demostrado que existe una base genética mayor (una mayor heredabilidad) en las capacidades fonológicas y sintácticas que en las léxicas.

5. Evolución biológica del lenguaje

Desde Darwin, el método comparativo se ha usado para comprobar hipótesis sobre la evolución biológica de organismos, sus comportamientos y funciones características. Rasgos comparativos que son comunes a especies distintas pueden haber sido heredados de un ancestro común o haber sido el resultado de un proceso de evolución convergente, es decir, haber evolucionado de manera independiente como respuesta a presiones similares del medio ambiente en especies distintas. Los biólogos distinguen por tanto dos tipos de similitudes cuando comparan rasgos adaptativos. Denominamos rasgos *análogos* a aquellos que tienen la misma función pero que surgieron en ramas distintas del árbol evolutivo. Por el contrario, denominamos rasgos *homólogos* a aquellos que pueden o no tener una idéntica función, pero que descienden de un ancestro común y por tanto comparten ciertos rasgos de diseño estructural.

La combinación del método comparativo y los avances en técnicas de biología molecular nos permiten evaluar hipótesis sobre el origen de la facultad humana del lenguaje, a pesar de que esta no deje rastros fósiles. Sin embargo, la búsqueda de posibles rasgos homólogos o análogos del lenguaje depende de manera crucial de si consideramos que el lenguaje es primordialmente un sistema de comunicación o un sistema de representación mental. En el primer caso, buscamos los antecedentes de la facultad del lenguaje en los sistemas de comunicación animal, mientras que en el segundo la investigación se centra en señalar qué aspectos de la cognición son pre-requisitos para el tipo de representación mental secundaria que nos permite el lenguaje. Las propuestas son tan diversas y variadas como lo merece un rompecabezas de esta magnitud, el intentar desentrañar todos los factores evolutivos que facilitan la aparición de un sistema biológico único y tan complejo como el lenguaje. Señalamos a continuación algunas de las propuestas de investigación más relevantes en los últimos años (Olarrea 2005; Johansson 2005):

i) La reconstrucción del aparato fonador de nuestros antepasados a partir del hueso hioides, que nos permite deducir la posición relativa de la laringe en la garganta necesaria para producir los sonidos del habla.
ii) Los estudios de moldes endocraneales para desentrañar los requisitos fisiológicos cerebrales que nos indican en qué punto de nuestra evolución el cerebro había alcanzado el nivel de complejidad necesario para estar 'preparado para tener lenguaje'.
iii) El análisis evolutivo del control neurológico que permite la coordinación de acciones motoras voluntarias necesarias para la producción del habla, así como el control de los ciclos respiratorios que nos permite emitir vocalizaciones de larga duración.
iv) La posibilidad de que los orígenes del lenguaje fueran gestuales y no orales, basada en nuestra capacidad de imitación gestual y en el desarrollo cerebral del sistema de neuronas de espejo.
v) El estudio de estadios anteriores de nuestra capacidad comunicativa, que se manifiestan todavía en usos empobrecidos actuales: en las lenguas pidgin, en el uso del lenguaje en la edad previa a la etapa sintáctica, en los pacientes afásicos, en el lenguaje de individuos que llegan a la adolescencia sin haber tenido contacto con ninguna lengua natural, o en el lenguaje que usan los chimpancés adiestrados en el uso de un sistema simbólico.
vi) Las propuestas que buscan antecedentes a los sistemas de representación cognitiva necesarios para el uso del lenguaje en presiones selectivas impuestas por el grupo social, bien en la aparición del cálculo social que nos permite mantener representaciones

mentales de relaciones jerárquicas sociales y familiares, o bien en la teoría de la mente, es decir, en la capacidad de atribuir a otros individuos versiones de nuestros propios deseos e intenciones y de entender lo que otros ven, sienten o saben.

vii) Las propuestas que analizan las presiones selectivas del entorno homínido para explicar qué condiciones específicas a nuestra especie aceleraron nuestras capacidades cognitivas y comunicativas.

viii) Estudios específicos sobre los genes que han sido objeto de selección positiva durante nuestra historia evolutiva reciente, y que han podido tener un papel en la evolución del sustrato neurológico necesario para el lenguaje (entre ellos, FOXP2).

ix) Modelos computacionales que simulan la evolución de unidades simbólicas.

Aunque existen numerosas discrepancias en cuanto al papel del mecanismo de selección natural en la evolución del lenguaje, tanto a la hora de decidir si el proceso de evolución ha sido gradual o no, o de si todos los aspectos relacionados con el lenguaje han sido objeto de procesos evolutivos, es indudable que los humanos anatómicamente modernos, los *Homo sapiens sapiens*, cuyos orígenes se remontan hace más o menos 70.000 años a una pequeña población en la actual Etiopía, estaban ya capacitados para el lenguaje, anfitriones de la mutación característica del gen FOXP2, de una laringe permanentemente situada en la posición que nos permite la fonación, poseedores del control neurológico voluntario para la misma, con unos cerebros plenamente desarrollados, su área de Broca lista para coordinar acciones secuenciales y para procesar dependencias sintácticas jerárquicas, maestros de un sistema simbólico complejo que se manifestaba tanto en el arte como en los enterramientos rituales.

En qué punto de nuestra historia evolutiva surgió cada uno de los requisitos necesarios para que se desarrollase la capacidad humana para el lenguaje, única entre las especies animales, es una cuestión fascinante todavía sin desentrañar.

Bibliografía

Benítez-Burraco, A. (2013) "Genetics of language: Roots of specific language deficits", in Boeckx, C. y Grohmann, K. K. (eds.) *The Cambridge handbook of biolinguistics*, Cambridge: Cambridge University Press, pp. 813–892.

Boeckx, C. y Grohmann, K. K. (eds.) (2013) *The Cambridge handbook of biolinguistics*, Cambridge: Cambridge University Press.

Enard, W., Przeworski, M., Fisher, S. E. *et al.* (2002) "Molecular evolution of FOXP2, a gene involved in speech and language", *Nature*, pp. 418, 869–872.

Gopnik, M. y Crago, M. B. (1991) "Familial aggregation of a developmental language disorder", *Cognition*, 39, 1, pp. 1–50.

Guasti, M. T. (2002) *Language acquisition: The growth of grammar*, Cambridge, MA: The MIT Press.

Johansson, S. (2005) *Origins of language: Constraints on hypotheses*, Amsterdam: John Benjamins.

Lai, C. S. L., Fisher, S. E., Hurst, J. A., Vargha-Khadem, F. y Monaco, A. P. (2001) "A forkhead-domain gene is mutated in a severe speech and language disorder", *Nature*, 413, pp. 519–523.

Lenneberg, E. H. (1967) *Biological foundations of language*, Nueva York: John Wiley & Sons.

Lieberman, P. (2000) *Human language and our reptilian brain: The subcortical bases of speech, syntax and thought*, Cambridge, MA, y Londres: Harvard University Press.

Moro, A. (2008) *The boundaries of Babel: The brain and the enigma of impossible languages*, Cambridge, MA: The MIT Press.

Olarrea, A. (2005) *Orígenes del lenguaje y selección natural*, Madrid: Editorial Sirius.

Poeppel, D. y Embick, D. (2005) "The relation between linguistics and neuroscience", en Cutler, A. (ed.), *Twenty-first century psycholinguistics: Four cornerstones*, Hillsdale, NJ: Lawrence Erlbaum, pp. 103–120.

Rizzolati, G. y Craighero, L. (2004) "The mirror neuron system', *Annual Review of Neuroscience*, 21, 1, pp. 169–192.
Smith, N. V., Tsimpli, I. M., Morgan, G. y Woll, B. (2011) *The signs of a savant: Language against the odds*, Cambridge: Cambridge University Press.

Lecturas complementarias

Bishop, D. V. M. y Leonard, L. B. (eds.) (2000) *Speech and language impairments in children: Causes, characteristics, intervention and outcome*, Hove: Psychology Press.
Di Sciullo, A. M. y Boeckx, C. (eds.) (2011) *The biolinguistic enterprise: New perspectives on the evolution and nature of the human language faculty*, Oxford: Oxford University Press.
Hauser, M. D., Chomsky, N. y Fitch, W. T. (2002) "The faculty of language: What is it, who had it, and how did it evolve?', *Science*, 298, pp. 1569–1579.
Jenkins, L. (2000) *Biolinguistics: Exploring the biology of language*, Cambridge: Cambridge University Press.
Larson, R. K., Déprez, V. y Yamakido, H. (eds.) (2010) *The evolution of human language: Biolinguistic perspectives*, Cambridge: Cambridge University Press.
Lorenzo, G., y Longa, V. M. (2003) *Homo loquens. Biología y evolución del lenguaje*, Lugo: Tris Tram.
Striedter, G. F. (2005) *Principles of brain evolution*, Sunderland, MA: Sinauer Associates.

Entradas relacionadas

adquisición del lenguaje; bilingüismo; gramática generativa; sintaxis

DIALECTOLOGÍA Y GEOGRAFÍA LINGÜÍSTICA

Pilar García Mouton

1. Dialectología

La dialectología es la disciplina que estudia los dialectos, la variación lingüística. Ahora bien, el término *dialecto* no es fácil de delimitar. Las definiciones suelen diferenciarlo de *lengua* por razones extralingüísticas —de norma, de cultivo, de estatus, de representación, etc.— sin que se puedan señalar entre ellos otras diferencias sustanciales, aunque los dialectos de una misma lengua en general resultan inteligibles entre sí. Etimológicamente *dialecto* significa 'modo de hablar', lo que resulta apropiado, ya que cualquier *lengua* es o ha sido *dialecto* y, desde luego, todas viven en estado dialectal. Sin embargo, fuera del entorno académico se tiende a evitar el término *dialecto*, porque tiene connotaciones que lo oponen a *lengua* como sistema lingüístico sin prestigio, de segunda categoría.

En el último siglo la mayor parte de los países hispánicos ha experimentado cambios culturales profundos que han alterado su realidad dialectal. Comunidades rurales aisladas y poco instruidas, que hablaban variedades conservadoras, se convirtieron en comunidades con hablantes conocedores de la lengua de cultura, familiarizados con los medios de comunicación. Estos cambios han marcado, en gran medida, el objeto y la evolución de la dialectología actual.

La dialectología hispánica hunde sus raíces en la filología románica europea de la segunda mitad del siglo XIX, que descubrió el valor de los dialectos como documentación viva y despertó la urgencia por recoger información dialectal. En España, los primeros dialectólogos fueron extranjeros, varios de la escuela de Hamburgo, como F. Krüger, que estudió los Pirineos, Sanabria y otras zonas del noroeste ibérico; O. Fink y W. Bierhenke, la Sierra de Gata; y W. Bergmann, el Alto Aragón y Navarra. Después se hicieron estudios descriptivos sobre hablas concretas, algunos notables, como el de Alonso Zamora Vicente sobre *El habla de Mérida y sus cercanías*, mientras que los trabajos de síntesis, como *El dialecto leonés* de Ramón Menéndez Pidal o *El dialecto aragonés* de Manuel Alvar, se centraron más en los dialectos históricos. Abundaron léxicos, vocabularios y diccionarios sobre distintas variedades, de calidad desigual, obra muchas veces de aficionados.

Se puede decir que la dialectología creció como instrumento de apoyo a una filología que buscaba las etapas sin documentar de la evolución lingüística en hablantes sin instrucción, en las faltas de nivelación de sus hablas. Y fue el interés por fijar "fronteras" y "límites dialectales" el que impulsó el nacimiento de la geografía lingüística.

2. Geografía lingüística

En los últimos años del siglo XIX algunos estudios dialectales ya utilizaban mapas para señalar sus límites y, a partir de aquella primera cartografía dialectal, se desarrolló la *geografía lingüística*, nombre que traducía la denominación alemana, *Sprachgeographie*, y la francesa, *Geographie Linguistique*. También se denomina *geolingüística* para destacar su carácter lingüístico.

En realidad, la geografía lingüística no constituye una disciplina al margen de la dialectología, pero se diferencia de ella fundamentalmente en que estudia la variación de la lengua en el espacio. Es "un método dialectológico y comparativo [...] que presupone el registro en mapas especiales de un número relativamente elevado de formas lingüísticas (fónicas, léxicas o gramaticales) comprobadas mediante encuesta directa y unitaria en una red de puntos de un territorio determinado" (Coseriu 1991: 102). Un geolingüista reúne datos similares en una serie de lugares, dentro de una sincronía convenida y de acuerdo con unas exigencias rigurosas. Una vez elaborados, esos datos se cartografían en mapas, y la suma de ellos forma un atlas lingüístico, un archivo a disposición de todos. Ahora bien, la geografía lingüística abarca el proceso completo: la preparación del trabajo de campo, su realización, la elaboración y el cartografiado de los resultados, pero también —y este es su aspecto más científico, no solo metodológico— el análisis de los mapas.

La geografía lingüística hispánica se vincula a la geografía lingüística románica, que nació con el siglo XX. Su fundador, Jules Gilliéron, publicó en 1902 el primer tomo del *Atlas linguistique de la France* (ALF), que se diferenciaba de la cartografía lingüística anterior porque partía de encuestas directas hechas por un investigador preparado, con un mismo cuestionario y recogidas en transcripción fonética en una serie de puntos de toda Francia. Los estudios que Gilliéron hizo sobre los mapas del ALF sirvieron para explicar la vida de las palabras y la variación en las hablas vivas. Por primera vez el trabajo puntual de los estudios dialectales se vio superado por el estudio de la variación lingüística en el espacio.

3. Perspectivas históricas y teóricas

En la geografía lingüística europea se distinguen varias etapas que responden a la evolución histórica de la disciplina. La primera fue la de los grandes atlas nacionales, *atlas de gran dominio*, que siguieron al atlas francés. En España, Antoni Griera publicó, entre 1923 y 1926, cuatro fascículos del *Atlas Lingüístic de Catalunya*, una obra que no superó los problemas metodológicos del ALF.

La innovación mayor se debe a Karl Jaberg y Jakob Jud, discípulos de Gilliéron, y su *Atlas Italo-Suizo*, el *Sprach- und Sachatlas Italiens und der Südschweiz* (AIS) (1928 y 1940), dedicado a los dialectos retorrománicos y a los italianos. Utilizaron varios cuestionarios que ordenaban los conceptos por bloques semánticos, apoyándose en la cultura popular, como defendía el movimiento *Wörter und Sachen* 'Palabras y cosas'. Más de cuatro mil fotografías y dibujos mostraban la relación entre las palabras y las "cosas": por ejemplo, junto a los nombres del concepto 'cuna', reproducían los diferentes tipos de cuna que encontraron. Sus mapas contenían muchas informaciones complementarias y la referencia al mismo concepto en otros atlas publicados. El AIS se tomó como modelo y, a partir de entonces, casi todos los atlas pasaron a ser *lingüísticos* y *etnográficos*.

En 1910 Menéndez Pidal se había planteado la necesidad de hacer un atlas, el que sería el *Atlas Lingüístico de la Península Ibérica* (ALPI), que estudió las variedades románicas peninsulares (con las islas Baleares). Tomás Navarro Tomás, su director, contó con la ayuda de Amado Alonso para redactar el cuestionario y comenzó las encuestas en 1931, con un equipo que se repartía los dominios lingüísticos: Aurelio M. Espinosa hijo, Lorenzo Rodríguez-Castellano, Aníbal Otero y Manuel Sanchis Guarner hicieron la zona castellanohablante; Aníbal Otero y Armando Nobre de Gusmão, la zona gallegoportuguesa, y Francisco de B. Moll y Manuel Sanchis Guarner, la de hablas catalanas. Navarro Tomás y sus colaboradores fueron publicando, sobre todo en la *Revista de Filología Española*, importantes trabajos derivados.

Amado Alonso, nombrado entre tanto director del Instituto de Filología de Buenos Aires, puso en marcha la Biblioteca de Dialectología Hispanoamericana, que ya en 1930 editó obras tan importantes como los *Estudios sobre el español de Nuevo Méjico*, de Aurelio M. Espinosa, o los *Problemas de dialectología hispanoamericana* del propio Alonso.

El ALPI no se pudo terminar en los plazos previstos porque la guerra civil española lo interrumpió en 1936, con las encuestas del dominio castellano acabadas, las del catalán casi terminadas y atrasadas las del gallegoportugués. Navarro Tomás decidió entonces llevarse al exilio americano los materiales, para protegerlos, pero, cuando resultó evidente que no volvería a España, negoció con Menéndez Pidal que algunos de sus antiguos colaboradores terminasen y editasen el atlas en el Consejo Superior de Investigaciones Científicas (CSIC), en Madrid. El resultado fue la publicación en 1962 de un único volumen con 75 mapas de fonética, lo que apoyó la idea equivocada de que el ALPI era meramente fonético y no recogía las innovaciones del AIS (Navarro Tomás 1975). Desde el año 2009, un proyecto del propio CSIC, coordinado por Pilar García Mouton, se ocupa de la edición electrónica de todos los materiales del atlas de gran dominio peninsular [www.alpi.csic.es].

En 1939 Albert Dauzat planteó un atlas nuevo para Francia, el *Nouvel Atlas linguistique de la France par régions* (NALF), formado por atlas regionales. Con este proyecto se inaugura la segunda etapa geolingüística, la de los atlas regionales o de *pequeño dominio*, aunque se siguieran haciendo atlas de una nación o de un determinado ámbito. En España cabe destacar el *Atlas Lingüístico Galego* (ALGA) (1990–2003), dirigido por Constantino García y Antón Santamarina y realizado por Mª Rosario Álvarez Blanco, Francisco Fernández Rei y Manuel González González; el *Atlas Lingüístic del Domini Català* (ALDC) (2002–2014), en cuyos comienzos intervinieron Germà Colon y Antoni Mª Badia Margarit, prácticamente acabado gracias a Joan Veny, su director, y a Lídia Pons i Griera; y el atlas vasco, *Euskararen Herri Hizkeren Atlasa* (EHHA) (2010), de Gotzon Aurrekoetxea y Charles Videgain. Con mapas elaborados del ALDC, J. Veny ha redactado el *Petit Atles Lingüístic del Domini Català* (PALDC) (2007–2013), un didáctico atlas sintético.

La metodología geolingüística pasó pronto a América, donde K. Jaberg asesoró el *Atlas Lingüístico de los EEUU y Canadá*, dirigido por H. Kurath. Para el español americano resultó fundamental la publicación en 1945 del *Cuestionario Lingüístico Hispanoamericano* de Tomás Navarro Tomás, guía de muchos trabajos posteriores, y su libro *El español en Puerto Rico. Contribución a la geografía lingüística hispanoamericana* (1948) que, en realidad, fue el primer atlas lingüístico del español, precursor en muchos aspectos de los atlas de pequeño dominio elaborados. El tiempo ha demostrado que no tenían sentido los recelos sobre si sería o no sería útil en América una metodología nacida en Europa para el estudio de dominios lingüísticos patrimoniales.

En la línea de los atlas regionales europeos, Manuel Alvar concibió el primero de sus atlas regionales españoles, el *Atlas Lingüístico y Etnográfico de Andalucía* (ALEA), en colaboración con Antonio Llorente y Gregorio Salvador (1961–1973), cuando todavía no se había publicado el vol. I del ALPI. El ALEA sirvió de modelo al atlas de gran dominio americano ALEC, *Atlas Lingüístico-Etnográfico de Colombia* (1981–1983), y a otro menor, el *Atlas Lingüístico-Etnográfico del Sur de Chile* (ALESuCh) (1973), dirigido por Guillermo Araya y realizado por Constantino Contreras, Claudio Wagner y Mario Bernales. Otros atlas similares se han hecho en Argentina, en Chile, etc.

M. Alvar fue sumando atlas con la misma metodología: el *Atlas Lingüístico y Etnográfico de las Islas Canarias* (ALEICan) (1975–1978); el *Atlas Lingüístico y Etnográfico de Aragón, Navarra y Rioja* (ALEANR) (1981–1983), con Tomás Buesa, Antonio Llorente y Elena Alvar, y el *Atlas Lingüístico de Castilla y León* (1999). En 1984 publicó, con Antonio Quilis, el cuestionario del *Atlas Lingüístico de Hispanoamérica,* base de sus trabajos americanos, que fueron apareciendo a partir del año 2000 en forma de estudios parciales con mapas. Entre tanto, Juan M. Lope Blanch presentó en 1990 el *Atlas Lingüístico de México* (ALM), un atlas de gran dominio innovador, de orientación sociolingüística, como el *Atlas Lingüístico Diatópico y Diastrático del Uruguay* (2000) de Harald Thun y Adolfo Elizaincín, ambos con un cartografiado complejo. Otros atlas americanos interesantes en una línea cercana son los coordinados por Miguel Ángel Quesada Pacheco en el marco de su proyecto de un *Atlas Lingüístico Pluridimensional de América Central* (ALPAC). A finales de 2013 se presentó el *Atlas Lingüístico de Cuba* (en prensa), con pluralidad de informantes de distintos niveles, mapas elaborados y un apéndice de entonación. Estos trabajos geolingüísticos contribuirán a resolver la cuestión de cómo se podrían definir las áreas dialectales del español americano, que tanto preocupó a lingüistas como J. P. Rona, que planteó los principales *Aspectos metodológicos de la dialectología hispanoamericana.* Otros importantes trabajos se centraron en variedades nacionales, como *El español de la Argentina y sus variedades regionales*, coordinado por Mª B. Fontanella de Weinberg, o en el concepto de "americanismo".

En España, donde la dialectología se ha orientado hacia trabajos cercanos a la sociolingüística, como los de Julio Borrego Nieto para el mundo rural y los de Juan Villena para el urbano, y tesoros lexicográficos inaugurados por el *Tesoro lexicográfico del español de Canarias* de Cristóbal Corrales, Dolores Corbella y Mª Ángeles Álvarez, el *Atlas Lingüístico y Etnográfico de Castilla-La Mancha* (ALeCMan) (2003–), dirigido por Pilar García Mouton y Francisco Moreno Fernández [www.linguas.net/alecman.es], mantiene la metodología de los atlas regionales anteriores, combinándola con innovaciones metodológicas de corte sociolingüístico.

Junto a los atlas de grande y pequeño dominio, se han hecho otros de *mínimo dominio* —como llamó en su día Alvar al *Atlas Lingüístico y Etnográfico de Cantabria* (ALECant) (1995)—, con las ventajas de los regionales, pero necesitados de contexto. Suelen estudiar zonas de interés, como el *Atlas Lingüístico de El Bierzo* de Manuel Gutiérrez Tuñón (1996–2002) o el *Atlas Dialectal de Madrid* (ADiM) de Pilar García Mouton e Isabel Molina Martos (en prensa), un pequeño atlas sociodialectal.

A grandes rasgos se puede decir que la evolución ha ido de los grandes atlas a los atlas pequeños, pero también se puede comprobar que, por diversas causas, las distintas etapas se han superpuesto a lo largo de la historia (García Mouton 1994). Por otra parte, después de las guerras surgió en Europa un movimiento de colaboración que planteó atlas de las dimensiones del *Atlas Lingüístico del Mediterráneo*, dirigido por Miro Deanović, a partir del que surgieron el *Léxico de los marineros peninsulares* de Manuel Alvar (1986–1989) y otros. Actualmente dos macroatlas europeos incluyen variedades hispánicas: el *Atlas Linguarum Europae* (ALE) y el *Atlas Linguistique Roman* (AliR), dos atlas secundarios, sintéticos, interpretativos, de enfoque motivacional, que salvan las distancias culturales con expertos de cada dominio lingüístico. Junto a ellos no hay que olvidar el AMPER, *Atlas Multimédia Prosodique de l'Espace Roman*, dirigido por Michel Contini (2002), que estudia la prosodia de variedades hispánicas europeas y americanas.

4. Metodología: conceptos y evolución

Los primeros trabajos de campo no solían describir su metodología. Lo habitual era que el dialectólogo se instalara en una comunidad —como los antropólogos que practicaban la "observación participante"— para reunir los materiales de una monografía más o menos exhaustiva, no siempre contextualizada. Esto ya suponía un avance, teniendo en cuenta que los lingüistas de fines del XIX con frecuencia obtenían sus datos sin desplazarse, enviando encuestas por correspondencia a curas, maestros o eruditos locales.

En cambio, los primeros dialectólogos que hicieron geografía lingüística tuvieron que explicar qué método garantizaba el rigor de sus trabajos. Aunque compartían bases metodológicas con los autores de monografías y léxicos locales, los geolingüistas buscaban caracterizar la variación de la lengua en un territorio más amplio, ver su comportamiento en el espacio, de ahí que los atlas aseguraran a las monografías un marco en el que trascender su dimensión local.

4.1. La red de encuesta

Antes de empezar el trabajo de campo, el dialectólogo tiene que definir qué va estudiar: la(s) variedad(es) de un lugar, una zona, una región, todo un país... En el caso de las monografías resulta más sencillo, pero en el caso de los atlas, como no se pueden investigar todas las localidades, el geolingüista tiene que establecer una *red de encuesta* con las localidades elegidas. El trazado de la red sigue unos criterios que han ido cambiando a medida que han evolucionado los intereses de los lingüistas. Cuando buscaban datos arcaizantes, escogieron poblaciones rurales aisladas, alejadas de las ciudades, pero actualmente las redes de encuesta incluyen también ciudades y áreas bien comunicadas.

Estas redes no siempre tienen la misma densidad. Cuando se estudia un territorio grande, se hace un *atlas de gran dominio* y la red de encuesta tiene menos puntos que cuando se investiga un territorio reducido. K. Jaberg argumentó la necesidad de que coexistieran *atlas de gran dominio* y *atlas de pequeño dominio*, ya que son complementarios: los primeros caracterizan grandes espacios; los segundos profundizan en las hablas y la cultura de un territorio menor (Jaberg 1954–1955). Mientras un *atlas de gran dominio* gana en visión de conjunto lo que pierde en detalle, un *atlas de pequeño dominio* sorprende por sus resultados, pero necesita enmarcarlos en otro mayor. A la hora de fijar los puntos, hoy se consideran aspectos como el número de habitantes de la zona, el interés de sus hablas, la cercanía con otra variedad, etc., y también se hacen redes mixtas, con más puntos en ciertas áreas y menos en otras.

4.2. El cuestionario

Las monografías suponen un estudio global; los atlas, en cambio, cartografían una selección de datos representativos de distintos aspectos lingüísticos para conseguir la panorámica de un territorio. En ambos casos la información se obtiene por medio de un trabajo de campo, la *encuesta*, que hacen el investigador y los hablantes. Para asegurar el rigor de ese trabajo, los investigadores deben conocer la bibliografía sobre lengua, cultura e historia de la(s) comunidad(es) elegida(s). A partir de ese conocimiento, los geolingüistas redactan un *cuestionario*, que asegura que se preguntará de la misma manera por los mismos conceptos en todos los lugares. Esta guía suele tener forma de cuaderno, con los conceptos en el margen izquierdo de la página y espacio en blanco detrás para escribir las respuestas. Con el tiempo, los cuestionarios han evolucionado: cuando privilegiaban los aspectos fonéticos, se basaban en conceptos que mantenían, por ejemplo, denominaciones herederas de un mismo étimo latino (como *pontem* 'puente'); después, fueron agrupando las preguntas sobre léxico por campos semánticos y las completaron con otras de fonética, morfología y sintaxis.

Para que sea útil al encuestador sin dirigir en exceso las respuestas del informante, el cuestionario debe estar organizado de la forma más lógica posible. Lo normal es probarlo varias veces antes de darlo por definitivo. Como las comunidades tradicionales eran rurales, los cuestionarios se apoyaban temáticamente en la cultura campesina de sus habitantes. En algunos casos, se completan con dibujos esquemáticos o con fotografías de pájaros, peces, plantas, etc. Aunque han evolucionado, siguen respetando un número amplio de cuestiones heredadas para permitir la comparación con los atlas anteriores. De todas formas, el cambio cultural ha forzado a emplear más de un cuestionario según los tipos de comunidad y, como los intereses científicos han evolucionado, los estudios urbanos adaptan hoy sus cuestionarios a otras realidades culturales.

4.3. Encuestador(es) e informante(s)

Cualquier encuesta exige la colaboración de *encuestador(es)* e *informante(s)*. El *encuestador* debe tener formación en el trabajo de campo, conocimientos del habla de la zona, habilidad para la transcripción fonética y sensibilidad lingüística. Su primera tarea consiste en contactar con la comunidad y seleccionar al *informante* o a los *informantes* adecuados. La encuesta sigue con flexibilidad el cuestionario, siempre que sea posible en forma de conversación dirigida, y las respuestas válidas se obtienen preguntando de forma indirecta. Nunca se debe preguntar, por ejemplo, "¿cómo llaman aquí al arco iris?", sino "¿cómo llaman al

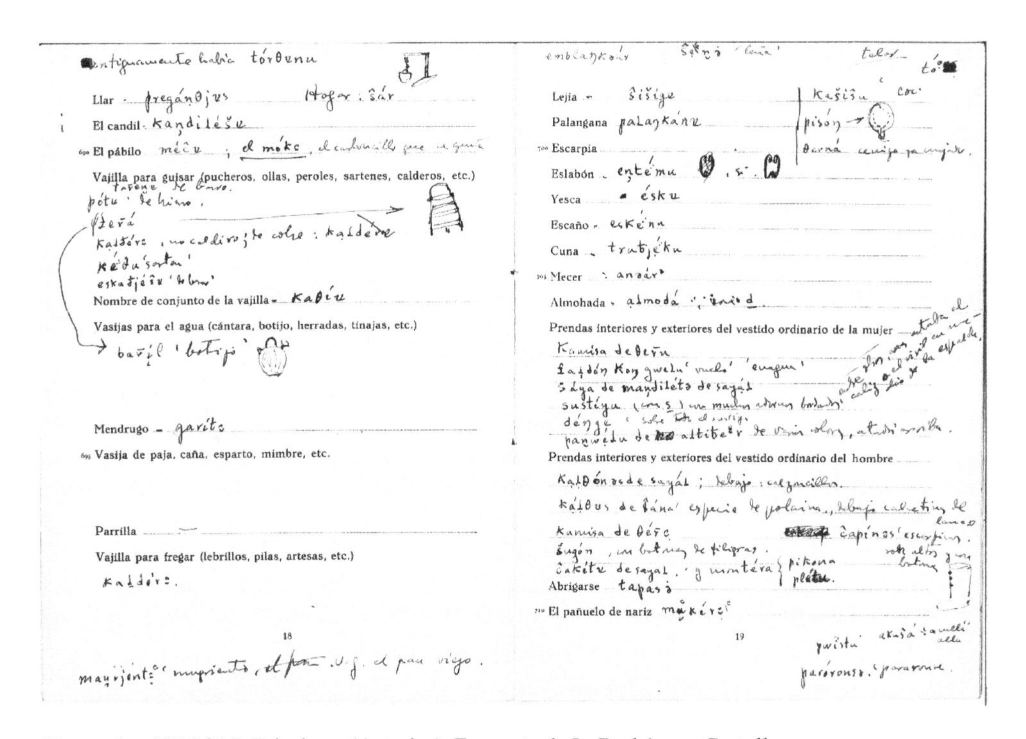

Llar

El candil

El pábilo

Vajilla para guisar (pucheros, ollas, peroles, sartenes, calderos, etc.)

Nombre de conjunto de la vajilla

Vasijas para el agua (cántara, botijo, herradas, tinajas, etc.)

Mendrugo

Vasija de paja, caña, esparto, mimbre, etc.

Parrilla

Vajilla para fregar (lebrillos, pilas, artesas, etc.)

18

Lejía

Palangana

Escarpia

Eslabón

Yesca

Escaño

Cuna

Mecer

Almohada

Prendas interiores y exteriores del vestido ordinario de la mujer

Prendas interiores y exteriores del vestido ordinario del hombre

Abrigarse

El pañuelo de nariz

19

Figura 1 ALPI 315, Felechosa (Asturias). Encuesta de L. Rodríguez-Castellano

arco de colores que se ve en el cielo mientras llueve?". Cuando excepcionalmente se tenga que recurrir a una pregunta directa, habrá que marcar la respuesta como inducida. Las respuestas se suelen recoger en transcripción fonética, con grabación, o bien se graban para transcribirlas después. El investigador tiene que estar pendiente de cualquier información interesante que surja y de las reacciones de la(s) persona(s) con la(s) que trabaja, para poder interesarla(s) por la mecánica de la encuesta y obtener informaciones al margen del cuestionario. Nunca es aconsejable forzar una respuesta, en todo caso habrá que volver sobre una pregunta pendiente o sobre una contestación dudosa, sin corregir al informante. Y conviene recordar que la facilidad actual para grabar la encuesta permite reforzarla en uno de sus puntos débiles, la sintaxis y la entonación, que escapan al trabajo con cuestionario. Grabar *textos orales* en determinados momentos de la encuesta asegura contar con ejemplos valiosos de usos sintácticos, procesos de fonética sintáctica, entonación, etc.

Se ha discutido si es preferible el *encuestador* único o varios encuestadores y si es mejor un encuestador de fuera o natural de la zona investigada. Actualmente, siempre que el equipo no sea demasiado grande, tenga una formación y una técnica de encuesta homogéneas, se considera razonable la participación de varios encuestadores, algo que siempre alivia tiempos y gastos.

Siempre ha sido más polémico el tema de los *informantes*, llamados también *informadores*, *sujetos de encuesta*, etc. En la primera época, su elección fue muy errática; después, se establecieron requisitos bastante rígidos: el informante no debía tener instrucción, ni haber viajado mucho, pero debía conocer a fondo la cultura material de su localidad. La tradición prefería que fuese hombre, de edad y nacido en el lugar, aunque algunos encuestadores hicieron encuestas con mujeres, admite la división del cuestionario entre varios encuestadores y varios informantes, como se hizo habitualmente en el ALPI, o el recurso a informantes secundarios para recoger el léxico de los diferentes oficios.

En las monografías nunca se cuestionó el papel de los informantes, aunque de hecho sus resultados correspondieran a una serie de individualidades, pero en los atlas se dudó pronto de la *representatividad* del informante, porque solían trabajar con uno solo. Ahora bien, los geolingüistas argumentaron desde el principio que en poblaciones pequeñas un informante bien elegido representaba el habla de toda la comunidad. Como reflejo de la evolución teórica, los atlas se preocuparon por incorporar la variación social, y eso se reflejó en la selección de informantes; de hecho, los primeros trabajos sobre diferencias entre la forma de hablar de mujeres y hombres surgieron en el contexto del atlas de Andalucía. Actualmente algunos atlas incluyen ciudades con una selección de informantes por niveles económicos y de instrucción, sexo, barrio, edad, etc., y otros, como algunas monografías, especialmente en América, han optado por la metodología sociolingüística (Ruffino 1999).

El resultado de los trabajos aparece en forma de artículos, monografías, léxicos, diccionarios y atlas. Los atlas pueden reunir diferentes tipos de mapas. En los tradicionales los puntos de encuesta se identifican con unas letras y un número bajo el que se colocan las respuestas en transcripción fonética, sin elaborar, como se muestra en el mapa de las hablas rurales de Madrid.

A partir de ellos se pueden hacer *mapas elaborados*, con *isoglosas* (líneas que fijan límites lingüísticos), áreas, como en los mapas siguientes, símbolos, etc., para facilitar su lectura.

Algunos atlas también incluyen *mapas lingüístico-etnográficos*, que reflejan la extensión de aspectos relacionados con la cultura popular.

Mapa 1. ADiM *Canastilla*

5. Presente y futuro

La dialectología y la geografía lingüística hispánicas han influido en la evolución del pensamiento lingüístico al tiempo que se han ido adaptando a ella. Del foneticismo de las primeras épocas pasaron a estudiar la lengua en contexto, un contexto tradicional y rural, al principio, y después abiertamente social (trabajos sobre la forma de hablar de las mujeres, sociolingüística rural, convergencia dialectal entre campo y ciudad, dialectología urbana, etc.). En algunos países, las actitudes lingüísticas de los hablantes hacia su realidad dialectal han estimulado estudios y obras lexicográficas que responden a esa necesidad identitaria y devuelven a la sociedad la imagen dignificada de su norma local.

El interés de los dialectólogos ya no se centra en el trazado de límites e *isoglosas*, sino en recoger y elaborar datos vivos que evidencian, por ejemplo, que casi todo el territorio románico europeo constituye un *continuum* lingüístico dibujado por la historia y la geografía. Aunque no basta con publicar los resultados del trabajo de campo y se echan de menos estudios interpretativos, resulta esperanzadora una tendencia reciente a considerar estos materiales desde otros enfoques teóricos, a revisitarlos desde la fonética y la fonología, la historia de la lengua, la lexicografía y la lexicología, la enseñanza de lenguas, la planificación lingüística, etc.

Por otra parte, es cierto que los geolingüistas han ideado acercamientos productivos a la hora de trabajar sobre espacios tan grandes como los que cubren el *Atlas Linguarum Europae* y el *Atlas Linguistique Roman*. El novedoso enfoque interpretativo analiza esas masas de

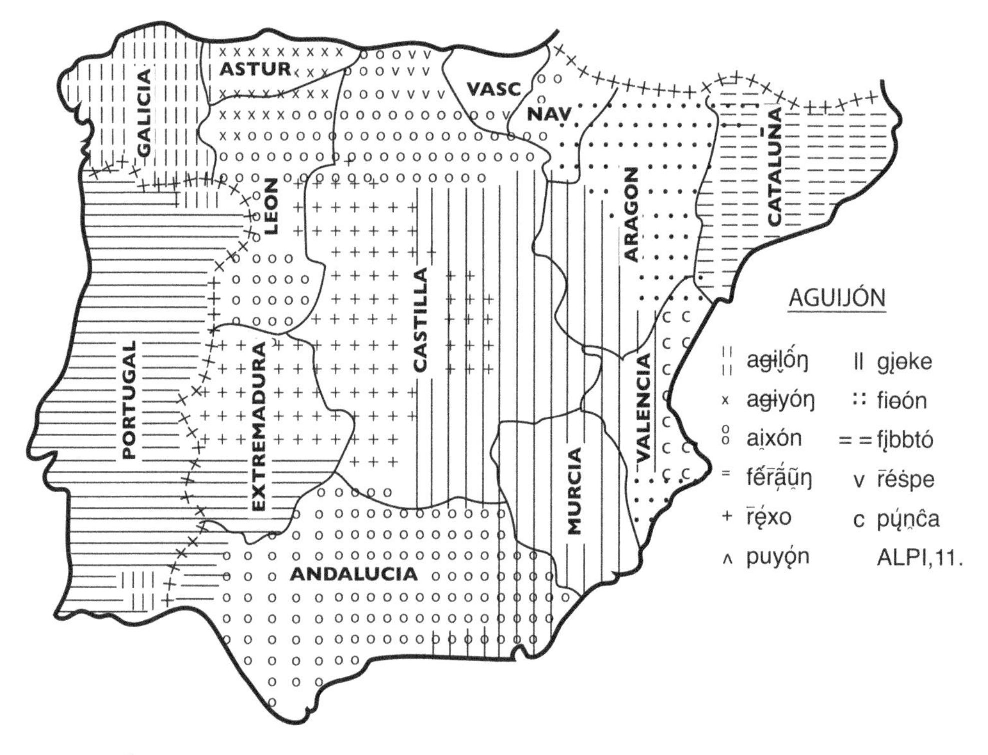

Mapa 2. Áreas de *aguijón* a partir del ALPI (T. Navarro Tomás)

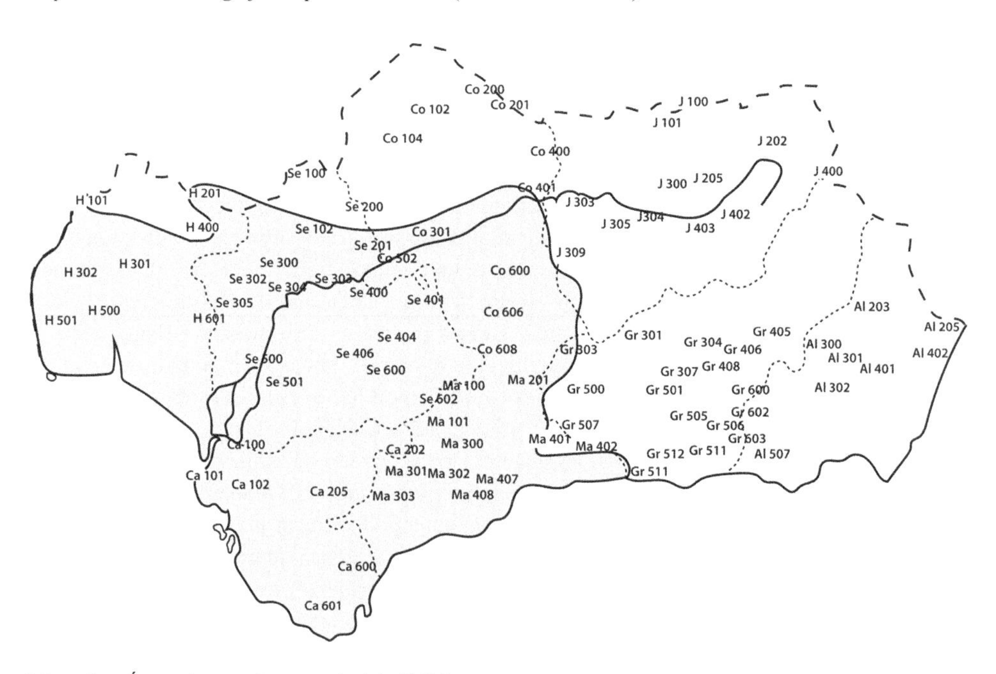

Mapa 3. Áreas de *ustedes* a partir del ALEA

datos a partir de las motivaciones que subyacen en el léxico, identificando capas de población, de colonización cultural y religiosa, relaciones entre áreas lingüísticas y áreas genéticas, etc. (Alinei 1996).

Por otra parte, la informática ha revolucionado los soportes, lo que se traduce en avances notables en ciertos aspectos. Jean Séguy y Henri Guiter desarrollaron en su día las bases teóricas de la *dialectometría*, que mide la *distancia dialectal* entre variedades, pero fueron las herramientas informáticas las que hicieron posible un cartografiado refinado a partir de los atlas (Goebl 1992), lo mismo que la aparición de *atlas que hablan*, donde los mapas incorporan el sonido de las respuestas de los informantes, y de otros atlas que estudian entonación. Es un hecho que las posibilidades de presentar los materiales se han multiplicado y que los atlas resultan más atractivos, pero lo importante es que un mapa lingüístico ya no tiene que ser estático y definitivo, puede hacerse prácticamente a demanda de los usuarios, siempre que la base de datos que consultan contemple sus expectativas, y puede incorporar toda la información complementaria que necesite. Es de esperar que la informática ayude a resolver adecuadamente el cartografiado de la pluralidad de niveles y de informantes, aún pendiente, en los atlas de base sociolingüística.

De todas formas, para la geolingüística es importante publicar, como se hizo en el pasado, los datos primarios en bruto, para que se puedan utilizar sin restricciones, y dejar su elaboración para los estudios secundarios. Se ha progresado mucho en los aspectos formales y en el acceso inmediato a los datos, pero en cierto modo se está diluyendo la continuidad en la formación de los encuestadores y en el trabajo de campo, cuando mantener vínculos con la tradición garantiza la posibilidad de comparar lo actual con estados lingüísticos anteriores. La adaptación a los nuevos soportes y la evolución hacia contenidos sociodialectales y sociolingüísticos suponen un enriquecimiento evidente, pero no deben suponer un alejamiento de la dimensión diatópica y la orientación filológica, fundamentales en estos estudios (García Mouton 2014).

La dialectología y la geolingüística hispánicas trabajan hoy con las distintas caras de las variedades vivas, considerando etapas del cambio, mezcla de dialectos, contacto entre lenguas y dialectos, etc. Y la conciencia de que la ciudad es un observatorio privilegiado de variación dialectal ha cambiado el foco, dirigiéndolo, entre otros temas, hacia los dialectos urbanos, las actitudes de los hablantes, la nivelación, la convergencia, el peso de la norma y del prestigio, y los procesos de integración lingüística.

Bibliografía

Alinei, M. (1996) *Origini delle lingue d'Europa. I, La Teoria della Continuità*, Bolonia: Il Mulino.

Coseriu, E. (1991) "La geografía lingüística", en *El hombre y su lenguaje*, 2.ª ed. Madrid: Gredos.

García Mouton, P. (2015) "Lengua y espacio. Revisión metodológica", en Hernández, E. y Martín Butragueño, P. (eds.) *Variación y diversidad lingüística. Hacia una teoría convergente*, México: El Colegio de México, pp. 99–118.

García Mouton, P. (ed.) (1994) *Geolingüística. Trabajos europeos*. Madrid: CSIC.

Goebl, H. (1992) "Problèmes et méthodes de la dialectometrie actuelle (avec application à l'AIS", en *Iker-7, Actas del Congreso Internacional de Dialectología* (1991), Bilbao: Euskaltzaindia, pp. 429–275.

Jaberg, K. (1954–1955) "Grossräumige und Kleinräumige Sprachatlanten", *Vox Romanica*, XIV, pp. 1–61, versión española "Atlas lingüísticos de grandes y pequeños dominios", trad. esp. de J. Mondéjar en *Estudios de geolingüística. Sobre problemas y métodos de la cartografía lingüística* (1995), Granada: Universidad de Granada.

Navarro Tomás, T. (1975) "Noticia histórica del ALPI", en *Capítulos de geografía lingüística de la Península Ibérica*, Bogotá: Instituto Caro y Cuervo, pp. 9–20.

Ruffino, G. (1999) *Dialettologia urbana e analisi geolinguistica*, Palermo: Centro di Studi Filologici e Linguistici Siciliani.

Lecturas complementarias

Alvar, M. (dir.) (1996) *Manual de dialectología española. El español de España*, Barcelona: Ariel.
Alvar, M. (dir.) (1996) *Manual de dialectología española. El español de América*, Barcelona: Ariel.
García Mouton, P. (2014) *Lenguas y dialectos de España*, 6ª ed. Madrid: Arco Libros.
García Mouton, P. (2009) "La investigación geolingüística española en la actualidad", en Corbella, D. y Dorta, J. (eds.) *La investigación dialectológica en la actualidad*, Santa Cruz de Tenerife: Agencia Canaria de Investigación, Innovación y Sociedad de la Información.
Zamora Vicente, A. (1974) *Dialectología española*, reimp. de la 2.ª ed. Madrid: Gredos.

Entradas relacionadas

dialectos del español de América; dialectos del español de España; entonación; fonética; lenguas de España; lexicología y lexicografía; sociolingüística; variación fonética

ENSEÑANZA DEL ESPAÑOL COMO LENGUA EXTRANJERA

Susana Pastor Cesteros

1. Introducción

El término y concepto de *español como lengua extranjera* (ELE, en adelante) se ha venido consolidando en las últimas décadas para referirse al proceso de enseñanza y aprendizaje de la lengua española por parte de hablantes para quienes no es su lengua materna y que, por tanto, pueden adquirirla en muy diversos contextos y modalidades.

El objetivo del presente capítulo es trazar un panorama de la relevancia de esta subdisciplina de la lingüística aplicada, atendiendo a su triple dimensión: institucional, pedagógica y formativa. Para ello, lo hemos dividido en cuatro apartados. El primero, esta introducción, expone el tema y justifica su trascendencia, a la vez que lo delimita conceptual y epistemológicamente. El segundo está dedicado al ELE desde una perspectiva institucional, y en él se resume la progresiva consolidación de este ámbito, así como la labor de organismos e iniciativas gubernamentales en este sentido. El tercero ofrece las principales líneas de trabajo para el estudio de la adquisición y la enseñanza de ELE (a través del tratamiento de contenidos y la metodología para el desarrollo de las destrezas lingüísticas). Finalmente, el cuarto y último se encarga de mostrar las directrices de la actual formación del profesorado, en cuyas manos estarán las aulas de ELE del futuro.

Desde un punto de vista conceptual y terminológico, puede establecerse la distinción entre *español como lengua extranjera* (ELE) y *español como segunda lengua* (EL2). Se marca así la diferencia entre su aprendizaje en contexto de no inmersión, en el primer caso (es decir, en un lugar en el que no se habla tal lengua), frente a un contexto de inmersión, en el segundo (cuando se aprende en un país en el que es la lengua del entorno). En esta última situación, el término *español como segunda lengua* se usa también, junto con la denominación *español como lengua de acogida*, para referirse específicamente al aprendizaje de la lengua por parte de la población inmigrante. Por otro lado, en la medida en que para el hablante no siempre se trata en realidad y con exactitud de la 'segunda' lengua, sino de la tercera, cuarta o quinta, también hay autores que prefieren hablar de *español como lengua adicional*. Por último, cabe decir que en algunos países hispanoamericanos, y en especial en Argentina, se emplean las siglas ELSE (*español como lengua segunda o extranjera*), en un intento por aunar ambas acepciones. En cualquier caso, lo cierto es que, independientemente de precisiones estrictas, las siglas más extendidas y que de algún modo aglutinan a las anteriores son ELE. En consecuencia, hemos optado por esta denominación en nuestro trabajo, puesto que se trata de la que ha sido acuñada con mayor éxito y la que se utiliza por extensión en la mayoría de los ámbitos académicos y profesionales. Para el resto de los conceptos básicos de la especialidad en su terminología española, puede consultarse el *Diccionario de términos clave del ELE* (Martín Peris 2008).

Centrándonos ya en una perspectiva epistemológica, nos movemos en el ámbito disciplinario de la lingüística aplicada al aprendizaje y enseñanza de segundas lenguas, como se han encargado de establecer algunos de los principales estudios sobre la cuestión (Santos Gargallo 1999; Sánchez Lobato y Santos Gargallo 2004; Pastor 2004; Griffin 2005; Lacorte 2007). Consecuentemente, uno de los rasgos que la caracterizan, además de su vertiente práctica, es la interdisciplinariedad, pues en la enseñanza de ELE intervienen la lingüística, la psicología cognitiva, la psicolingüística, la pedagogía, la antropología y la sociolingüística, entre otras disciplinas, como afirma Lourdes Ortega (2008: 7) acerca de la adquisición de segundas lenguas.

Una vez presentada la especialidad, cabe dedicar unas últimas palabras a su auge actual. Sin duda, el progresivo afianzamiento del ELE en las últimas décadas ha venido de la mano de la expansión de la propia lengua española, tanto demográficamente como por la importancia política, social, económica y estratégica de los países que la hablan, lo cual suele ser habitual en términos sociolingüísticos. Es cierto que a menudo se presenta el español de modo triunfalista, haciendo acopio de cifras que supuestamente muestran su situación y predominio en el panorama lingüístico mundial. Nada más lejos de nuestra intención en este punto. Sin embargo, convendría siquiera mencionar algunos datos, basados en el informe *El español: una lengua viva*, del Instituto Cervantes (2014), para hacernos una idea cabal de lo que implica el uso del español. Respecto al número de hablantes, podemos distinguir entre quienes lo tienen como lengua materna y los que lo estudian como no nativos. Los primeros son alrededor de 500 millones de personas, lo cual significa que, tras el chino mandarín, se trata de una de las lenguas maternas más habladas del mundo. También, y es lo que aquí nos interesa, cerca de 20 millones de personas lo aprenden como segunda lengua o lengua extranjera. Entre los estudiantes de ELE, repartidos por todo el mundo, y sin menoscabo de su visible aumento en los países asiáticos, es Estados Unidos el país que ofrece un mayor número (entre 7 y 8 millones). Ello, unido a la importancia allí de la comunidad hispana (alrededor de 52 millones de personas), lo convierte ciertamente en el gran referente del español entre los oficialmente no hispanohablantes, sobre todo teniendo en cuenta las previsiones de crecimiento de la población (Dumitrescu 2013). Tal vez tras esta realidad se encuentre la decisión del Instituto Cervantes de crear, en 2013, el *Observatorio de la lengua española y las culturas hispánicas en los Estados Unidos*, con sede en la Universidad de Harvard. Así pues, sin entrar en disquisiciones sobre el peso específico de la presencia del español en el mundo científico o de su visualización en internet, que es algo decisivo, y a pesar de la dificultad que entraña establecer estos cálculos y hacer cualquier tipo de juicio de valor, lo cierto es que estamos ante un enorme crecimiento del número de alumnos de ELE, y en ellos reside la fuerza para el asentamiento de nuestra disciplina. De esta cuestión, sobre la que también Muñoz-Basols *et al.* (2014) ofrecen una visión abarcadora y con actualizada información, tratamos en el siguiente apartado, enfocado ya desde una perspectiva institucional.

2. La enseñanza de ELE desde una dimensión institucional

La consolidación de cualquier especialidad académica puede seguirse a través del progresivo arraigo de sus estudios universitarios, programas doctorales, proyectos de investigación, congresos especializados, revistas académicas, asociaciones científicas y profesionales, así como organismos o instituciones a ella dedicados. En este sentido, desde la década de los ochenta, podemos observar una constante evolución en el ámbito de ELE que nos ha llevado hasta el momento actual y que resumimos en las siguientes líneas.

En efecto, la celebración en 2009 de los *25 años de ELE*, a iniciativa del Instituto Cervantes, pretendía ser un reconocimiento a los comienzos de la constitución del ELE (en la revista *Marcoele* puede consultarse una entrevista plural con tal motivo a diversos profesionales del área: http://marcoele.com/25-aniversario-de-ele/), a pesar de que, lógicamente, la enseñanza de nuestra lengua tuviera una amplia trayectoria histórica (Sánchez Pérez 1992). Diversos fueron los hechos que confluyeron en los ochenta. Por un lado, en 1979 se tradujo y adaptó al español el proyecto del Nivel Umbral del Consejo de Europa que propugnaba un enfoque comunicativo de la lengua y de su aprendizaje. Por otro lado, en 1986 se celebraron en Las Navas del Marqués (Ávila) las *I Jornadas de Didáctica del ELE*, auspiciadas por el Ministerio de Cultura de España. En 1987 tuvo lugar el primer congreso de *Expolingua*, con Lourdes Miquel y Neus Sans como coordinadoras del bloque didáctico de 'Español como LE', un encuentro que se convirtió pronto en un referente. Ese mismo año se fundó ASELE, la *Asociación para la Enseñanza del Español como Lengua Extranjera*, con el objetivo de darle el rango académico que se merecía y promocionar su investigación. Y también dio comienzo en la Universidad de Barcelona el primer Máster de ELE, dirigido por Miquel Llobera, que daba respuesta a las necesidades formativas de los profesionales de este campo. Un año más tarde, en 1988, apareció la primera revista dedicada específicamente al ELE, *Cable*, con una clara reivindicación de un método comunicativo para la enseñanza del español. En 1989, el Ministerio de Educación de España creó los primeros *Diplomas de Español como Lengua Extranjera* (DELE), modelo internacional de la certificación en español, que pasaron a ser organizados por el Instituto Cervantes en el momento en que se constituyó. Eso sucedió en 1991, como una firme apuesta por crear una entidad de referencia en el ámbito del estudio y la enseñanza del español como LE. El primer director académico del Instituto Cervantes fue Ernesto Martín Peris, responsable también de su primer *Plan curricular* (1994), una obra pionera, que sentaba las directrices de la enseñanza de ELE, por lo que se refiere a contenidos, destrezas, niveles y metodología.

Así pues, a lo largo de los años noventa, todas estas iniciativas fueron fructificando y creando una amplia red de especialistas que, unida a la creciente demanda de estudio de ELE, ha desembocado en el auge actual. Con posterioridad, un hito que ha marcado un antes y un después en la enseñanza del español (y del resto de los idiomas), ha sido la publicación por parte del Consejo de Europa (2001) del *Marco común europeo de referencia para las lenguas: aprendizaje, enseñanza, evaluación*, que trajo aparejado el *Portfolio Europeo de las Lenguas*. Su traducción al español en 2002 permitió la progresiva adaptación de exámenes, cursos y materiales de ELE a los seis niveles propuestos (A1, A2, B1, B2, C1, C2). Tras ese proceso de revisión, se publicó un nuevo *Plan curricular del Instituto Cervantes* (2006), coordinado por Álvaro García Santa-Cecilia, que desarrolla tales niveles de referencia específicamente para la lengua española, estableciendo qué funciones y contenidos concretos corresponden a cada uno de ellos. Otras dos iniciativas del Instituto Cervantes, independientemente de su labor docente y de difusión del español, que nos interesa destacar aquí son su programa de formación de profesores (al que aludiremos en el último apartado) y el *Centro*

Virtual Cervantes, un portal que ofrece información y materiales valiosísimos para cualquier docente de ELE.

Paralelamente, uno de los aspectos relacionados con ELE de mayor impacto social es la certificación lingüística. Atestiguar un nivel oficial de competencia comunicativa en español se ha convertido en un requisito en determinados contextos académicos y profesionales, lo cual mueve todo tipo de cursos, materiales y profesorado: en definitiva, una gran inversión humana y económica. En ese sentido, el Instituto Cervantes gestiona el ya citado DELE, con todos los niveles del Marco. Pero no es el único certificado del que disponemos, obviamente; debemos mencionar también la *Certificación de Español Lengua y Uso* (CELU), de Argentina, o el *Examen de Certificación del Español como Lengua Extranjera* (ECELE), de México. Todos ellos se refieren al ámbito comunicativo general de la lengua española, no al específico, para el que existen otros diplomas como el *Certificado Superior del Español de los Negocios, de las Ciencias de la Salud* o *del Turismo* (gestionados por la Universidad de Alcalá y la Cámara Oficial de Comercio e Industria de Madrid); o también el *Diploma de Lengua Española para Trabajadores Inmigrantes* (LETRA), de la Universidad Antonio de Nebrija de Madrid. En este sentido, desde 2007, existe un *Sistema Internacional de Certificación del Español como Lengua Extranjera* (SICELE), cuyo objetivo es garantizar la calidad de la certificación en español, siguiendo los criterios de asociaciones internacionales de prestigio sobre evaluación como ILTA (*International Language Testing Association*).

Otro organismo que trabaja por la difusión del español como LE es el Ministerio de Educación de España, de quien depende su enseñanza reglada en el exterior. Destacamos su portal REDELE, con información sobre la situación del español en el mundo y convocatorias. Ofrece también una revista y una biblioteca virtual donde consultar trabajos de investigación (memorias de máster y tesis doctorales) defendidos en la universidad española acerca de ELE, a través de la que puede rastrearse la evolución de la disciplina.

Por lo que se refiere a asociaciones sobre ELE, cuya trayectoria ha contribuido sin duda al asentamiento de la especialidad, podemos comenzar mencionando a ASELE. La *Asociación para la Enseñanza del Español como Lengua Extranjera* celebra anualmente desde 1989 un *Congreso Internacional*, cuyas actas edita; publica también un *Boletín* y convoca cada año dos Premios de Investigación, para tesis doctorales y memorias de máster, cuyos trabajos ganadores constituyen su colección de monografías. Paralelamente, podemos encontrar ponencias sobre ELE en los encuentros tanto de la *Asociación Española de Lingüística Aplicada* (AESLA) como de la *Sociedad Española de Didáctica de la Lengua y la Literatura* (SEDLL). Ambas, cada una en su ámbito, cumplen sin duda una labor crucial, si bien ninguna se dedica exclusivamente a ELE. Las que sí lo hacen son las que aglutinan a los profesores de español de muchos países no hispanohablantes, reunidas en la *Federación Internacional de Asociaciones de Español* (FIAPE), constituida en 2002. Incluyen, entre otras, a la *Asociación Europea de Profesores de Español* (AEPE), así como a la *American Association of Teachers of Spanish and Portuguese* (AATSP). Cada una de estas agrupaciones se interesa por la enseñanza del español en el contexto de su país y por lo que respecta a su sistema educativo. En ese sentido, cabe mencionar al *American Council on the Teaching of Foreign Languages* (ACTFL), que regula el diseño curricular de las lenguas extranjeras en Estados Unidos, y al que, por tanto, se supedita también la enseñanza del español allí. En definitiva, esta perspectiva internacional es sin duda esencial, puesto que la difusión del español tiene tanta trascendencia en la suma de los países no hispanohablantes como en la de los contextos de inmersión.

Junto a la dimensión más institucional de ELE, conviene no olvidar el ámbito privado de su enseñanza, que se halla representado a través de la *Federación de Escuelas de Español como Lengua Extranjera* (FEDELE), fundada en 1999. Además, por supuesto, de todas las editoriales que se han especializado en ELE y que constituyen no solo un espacio donde publicar materiales, sino también una plataforma para la innovación didáctica y la formación de profesores.

Por último, por lo que a revistas especializadas en ELE se refiere, la situación ha mejorado sensiblemente. Por un lado, cada vez se publican más artículos y reseñas sobre este campo en cualquiera de las muchas existentes sobre Filología Española o Lingüística (recopiladas en el portal de la *Red Nacional de Lingüística*). Por otro, existen publicaciones exclusivamente dedicadas a ELE, algunas ya extintas, como *Carabela* o *Cuadernos Cervantes*, que cumplieron en su momento con su finalidad, y otras en pleno funcionamiento, como *Journal of Spanish Language Teaching*, *Marcoele*, *Signos ELE*, *Redele* o las correspondientes a cada una de las Consejerías de Educación de España en el extranjero. Del mismo modo, aunque con un objetivo obviamente distinto, gran parte de las noticias, novedades y reflexiones acerca de nuestra profesión se vuelcan hoy en día a través de numerosos blogs y redes sociales, en los nuevos entornos personales de aprendizaje, desde donde cabe seguir el pulso del día a día de la docencia de ELE.

En definitiva, el ámbito académico de ELE se viene adaptando a los cambios que experimenta nuestra sociedad en los diversos contextos educativos. La finalidad sigue siendo la misma, la adquisición de la lengua, pero varía la metodología, al hilo de los intereses de los estudiantes. De estos aspectos tratamos brevemente a continuación.

3. Aprendizaje y enseñanza del español como lengua extranjera

El proceso de aprendizaje de ELE, como el de cualquier segunda lengua, puede ser abordado desde una triple perspectiva:

- La de la lengua y la cultura que lleva aparejada, esto es, los contenidos (fonética, gramática, léxico y pragmática) y las destrezas comunicativas, que enlazan directamente con la lingüística.
- La del aprendiz, que es estudiada por la adquisición de segundas lenguas dentro de la psicolingüística.
- Y la del docente, es decir, la *enseñanza* propiamente dicha, que se vincula a la didáctica.

Las hemos ido enumerando en este orden, porque es el que reproduce en cierto modo la evolución que ha seguido la investigación sobre la enseñanza de ELE. Esta ha pasado de poner el foco sobre la lengua en sí (estudiando sobre todo estructuras gramaticales y listados léxicos), a fijarse posteriormente en la figura del profesor (en cómo se debía enseñar, con variadas opciones metodológicas), para llegar finalmente a interesarse por el alumnado (por el proceso mental que ha de experimentar cuando pretende comunicarse en otro idioma distinto del materno). En la actualidad, estas tres dimensiones se entrelazan en la realidad de la docencia de ELE. La metodología docente no cobra sentido si no tiene en cuenta tanto las competencias que se esperan adquirir a través de contenidos y actividades, como el contexto y el perfil de los estudiantes, cuyas necesidades y variables individuales marcarán el enfoque que se pretenda seguir.

En este apartado sería imposible repasar todos estos aspectos, pues cada uno de ellos merecería su propia monografía. Sin embargo, no renunciamos a ofrecer un sucinto panorama de la cuestión, mencionando algunos de los principales trabajos de los que disponemos para profundizar en cada tema.

Así pues, comenzamos por uno de índole general, el *Vademécum para la formación del profesorado de ELE* (Sánchez Lobato y Santos Gargallo 2004), de voluntad enciclopédica, que trata todo lo relativo a ELE. Por lo que respecta a la adquisición del español como segunda lengua, podemos mencionar entre los primeros trabajos el de Baralo (1999) y, entre los más completos y recientes, los de Geeslin (2013) y Lacorte (2014). Disponemos de números monográficos de revistas sobre análisis contrastivo aplicado al español (*Carabela* 2002), que inciden en las principales dificultades del alumnado en función de las lenguas maternas más usuales; investigaciones sobre análisis de errores (Vázquez 1999), así como sobre la corrección de los mismos (Ribas y D'Aquino 2004); sobre malentendidos culturales (Oliveras 2000); sobre las creencias de nuestros estudiantes (Ramos 2007) y cada una de las variables; sobre el discurso del profesor de ELE (Argüello 2001); o, finalmente, sobre el papel de la lengua materna en el aula de ELE (Galindo 2012).

Desde una perspectiva más específicamente didáctica, mencionaremos el triple volumen de *Profesor en acción* (Giovannini *et al.* 1996), así como el manual de Alonso (2012), que da las claves sobre cómo aprender a enseñar ELE. Algunas obras básicas sobre metodología de ELE son las de Melero (2000), Fernández (2003), Sánchez Pérez (2009) o Ruiz Fajardo (2012). También disponemos de estudios sobre los otros dos pilares didácticos que son, por un lado, la programación y el análisis de necesidades (Regueiro 2014) y, por otro, la evaluación (Figueras y Puig 2013). Y otra línea de trabajo que recientemente se está desarrollando de manera fructífera es la que tiene que ver con el *Aprendizaje Integrado de Contenidos y Lenguas Extranjeras* (AICLE, equivalente a las siglas inglesas CLIL, *Content Language Integrated Learning*).

Por otro lado, si nos detenemos en la didáctica de contenidos y destrezas, son abundantísimos los trabajos de toda índole a los que podemos recurrir: sobre fonética aplicada a ELE (Gil 2007); enseñanza del léxico (Romero 2006), así como en particular de las colocaciones léxicas (Higueras 2007) o las unidades fraseológicas (Penadés 1999); sobre la enseñanza de la gramática en ELE (Gutiérrez Araus 2005; Llopis *et al.* 2012; Castañeda 2014); sobre la dimensión textual y el análisis del discurso aplicado al español (Martín Peris y López 2013); la lingüística de corpus y la enseñanza de ELE (Cruz Piñol 2012); la elección de la variedad lingüística que se enseña (Moreno 2010); la dimensión pragmática del ELE (Vera y Blanco 2014), los aspectos culturales indisolublemente unidos a la lengua que se aprende (Soler-Espiauba 2006) o el papel de la literatura en el aprendizaje (Acquaroni 2007). Sería difícil detallar aquí los innumerables estudios existentes sobre las aplicaciones didácticas de música, teatro y cine al aula de ELE, así como de textos periodísticos o publicitarios. Igual sucede con todo lo relativo a la enseñanza a través de internet, con una aportación cada vez mayor a la didáctica de ELE desde las redes sociales y los blogs del profesorado.

Finalmente, este ámbito tampoco ha sido ajeno a la especialización de la enseñanza en función de la demanda del alumnado, tanto desde una perspectiva académica como profesional. Nos estamos refiriendo al tradicionalmente denominado *Español para Fines Específicos* (EFE), que cuenta con congresos internacionales como el de la Universidad de Amsterdam, CIEFE. Los años ochenta marcan el comienzo de esta enseñanza especializada, sobre todo de español de los negocios en sus inicios. Por una parte, la adhesión de España en 1986 a la Comunidad Económica Europea (actualmente, Unión Europea) y, por otra, la celebración del V Congreso de AESLA en 1987, dedicado a la enseñanza de lenguas para fines específicos, fueron claves para el impulso de esta modalidad de aprendizaje de ELE, que ha seguido en este sentido la estela de las investigaciones sobre el inglés. Posteriormente se fue incorporando, con la proliferación de estudios sobre lenguas de especialidad, el español jurídico, de las ciencias de la salud y del turismo, principalmente. Las publicaciones sobre el tema demuestran que se trata de un campo de estudio en expansión y con innegable futuro (González de Enterría 2009; Martínez y Vera 2009; Aguirre 2012; Robles y Sánchez Lobato 2012). En ellas, algunas denominaciones que también están abriéndose paso son las de *Español Profesional y Académico* (EPA) o *Español para Fines Profesionales* (EFP) y *Español para Fines Académicos* (EFA). Esta última dimensión, español como lengua vehicular en contextos académicos, está cobrando cada vez mayor fuerza, paralelamente al aumento del número de estudiantes de movilidad internacional no nativos de español que cursan parte de sus estudios universitarios en un país hispanohablante. Pionera en esta línea de investigación fue Graciela Vázquez, coordinadora del primer proyecto europeo sobre el discurso académico en español, ADIEU, del que resultaron diversas publicaciones aplicadas a su didáctica (Vázquez 2001, 2005). Más recientemente, se han trabajado los géneros académicos desde la lingüística de corpus (Parodi 2010) y desde una perspectiva tipológica y pedagógica (Regueiro y Sáez 2013).

Para finalizar este apartado, solo nos queda mencionar un aspecto de gran relevancia no solo educativa, sino también política y social, como es la enseñanza de español para inmigrantes y refugiados. Esta realidad cobró visibilidad en la primera década del presente siglo, de la que datan las primeras publicaciones sobre el tema (Villalba y Hernández 2004). Las implicaciones por lo que respecta a la interculturalidad, la educación de adultos, la alfabetización, la escolarización de niños y jóvenes extranjeros en nuestro sistema educativo, así como las creencias y actitudes hacia esta realidad (García Parejo 2004) hacen de los estudios sobre español como segunda lengua e inmigración otro de los espacios que habremos de continuar siguiendo muy de cerca.

4. La formación del profesorado de ELE

Si hay un aspecto en el que el ámbito de ELE ha dado un salto espectacular en los últimos treinta años, ese es probablemente el de la formación del profesorado. Porque si hasta finales de los ochenta no existía ningún máster universitario de ELE, en la actualidad no hay prácticamente universidad que no ofrezca el suyo propio entre sus estudios de posgrado; además, por supuesto, de las materias relacionadas con ELE que se puedan cursar durante el grado. La oferta se amplía con todo tipo de cursos, jornadas y encuentros, a los que se suma la labor de algunas editoriales de ELE también en este campo.

Sin duda, todos reivindicamos la necesidad de una formación específica y de calidad que prepare al futuro profesor de ELE. De ese modo, no solo se delimita el campo de actuación (quién puede o no dedicarse a ello, con qué titulación o requisitos), sino que también se contribuye a dignificar la tarea docente y a que podamos exigir su profesionalización, evitando el intrusismo.

Comenzaremos mencionando las diversas modalidades de formación docente de ELE existentes (Pastor y Lacorte 2014):

La *formación inicial* permite un primer acercamiento a la enseñanza de ELE, a través de contenidos teóricos y prácticos que posibilitan acometer la actividad docente con ciertas garantías. Puede llevarse a cabo desde la enseñanza reglada, en los grados universitarios, o fuera de ellos, a través de los numerosos cursos ofertados hoy en día por instituciones públicas y privadas.

La *formación permanente* o *continua*, para el profesorado ya en activo, se orienta al perfeccionamiento de la actuación profesional, mediante la especialización en temas concretos o el análisis crítico de la docencia, con oportunidades para discutir y evaluar la práctica docente.

La *formación especializada*, finalmente, es la requerida por quienes han de actuar a su vez como formadores de profesores, desean dedicarse a la investigación, o poseen responsabilidades en actividades relacionadas con ELE (diseño de materiales, asesoramiento a autoridades educativas, gestión y programación de cursos, elaboración de diseños curriculares, etc.).

Afortunadamente, disponemos ya de documentos estandarizados que ayudan a establecer los contenidos de la formación de profesores de segundas lenguas en los distintos niveles mencionados y que también son extensibles, por tanto, a ELE. Nos referimos, en primer lugar, al *Perfil europeo del profesor de lenguas. Un marco de referencia* (Kelly y Grenfell 2004), auspiciado por el Consejo de Europa. Presenta un conjunto de 40 ítems con las destrezas y conocimientos necesarios que podrían incluirse en un programa de formación de profesores de idiomas para incrementar su desarrollo profesional y llegar a una mayor transparencia y equiparación de títulos. Sin voluntad normativa, parte de la convicción de que estamos continuamente aprendiendo, dentro y fuera de contextos formales de enseñanza. Por su parte, el PEFPI (*Portafolio europeo para futuros profesores de idiomas*) (Newby *et al.* 2007), derivado del anterior, se presenta como un documento para estudiantes en formación como docentes de segundas lenguas. Les permite reflexionar y autoevaluarse sobre las destrezas y conocimientos didácticos que necesitarán enseñar, así como registrar en el dossier sus propias experiencias docentes durante su formación inicial.

Aplicando las propuestas anteriores al español, el Instituto Cervantes (2011) publicó el informe *¿Qué es ser un buen profesor o una buena profesora de ELE?* En él se recogían las creencias sobre buenas prácticas docentes por parte del profesorado, del alumnado y del personal directivo y técnico de la institución. A partir de tales resultados, sacó a la luz en 2012 *Las competencias clave del profesor de lenguas segundas y extranjeras.* Con este documento no se pretendía hacer un listado de todos los conocimientos o recursos que se necesitan, sino más bien definir al profesor a través de unas competencias básicas exclusivas del docente y otras que, aunque también debe poseer, son compartidas con otros profesionales.

Finalmente, desde 2013, la *Parrilla del perfil del profesor de idiomas*, resultado de un proyecto (*European Profiling Grid for Language Teachers, EPG*), en el que ha colaborado el Instituto Cervantes (Verdía 2012), ofrece unos descriptores estandarizados de profesores, con el nivel de logro de cada una de sus competencias en tres estadios, que equivaldrían al profesorado novel (1), autónomo (2) y experto (3), cada uno subdividido en dos fases. Los aspectos contemplados son los siguientes:

- Dominio de la lengua, formación, evaluación de la práctica docente y experiencia docente.
- Metodología: conocimientos y habilidades, evaluación, planificación de clases y de cursos, gestión del aula e interacción.
- Competencia intercultural, conciencia lingüística y competencia digital.
- Comportamiento profesional y gestión administrativa.

Estos estándares aportan un patrón de medida, pues son muy concretos y permiten evaluar al profesorado, estableciendo en qué estadio se encuentra en cada uno de los aspectos mencionados. Por tanto, pueden ser de gran utilidad tanto para profesores como para formadores o responsables académicos de un centro. A su vez, una herramienta que puede complementar a la anterior como vehículo de reflexión, pero también de certificación, es el portafolio docente del profesor de ELE (Pastor 2012), en la medida en que permite incluir de una forma personalizada muestras y evidencias de su trabajo.

Esta misma doble función del portafolio (formativa y acreditativa) puede ser asumida por otros formatos que, de hecho, se están revelando fundamentales e innovadores en el mundo de ELE. Nos estamos refiriendo a los blogs, donde el profesor comparte ideas, materiales para sus clases, recursos o reflexiones, que pueden llegar a ser fuente de inspiración permanente y un espacio crucial para la constitución de nuestra disciplina (Torres 2007). Véase, por ejemplo, el *Diario profe de ELE* (http://diario.profedeele.es/), derivado del premio al mejor blog de enseñanza de español 2014. Sin duda, la información circula por diversos canales hoy en día, donde los profesionales comparten de modo muy variado su experiencia. En ese sentido, cabe destacar especialmente un proyecto como el portal TodoELE (http://www.todoele.net/), surgido en 2002 y coordinado por Jesús Suárez, que se ha alzado como una referencia clave de la enseñanza de ELE en el ámbito digital. Esta plataforma tecnológica, con su propia Comunidad Virtual de profesores de ELE, ha contribuido enormemente al desarrollo de la especialidad y la formación de profesores, al convertirse en lugar de encuentro e intercambio de experiencias para docentes e investigadores, a través, por ejemplo, de los Encuentros Todoele, entre otras muchas iniciativas. Y en este nuevo modo de comunicarnos y desarrollarnos como profesionales, las redes sociales cumplen asimismo una función didáctica y formativa cada día más relevante (Varo y Cuadros 2013). En suma, blogs, portales y redes constituyen en la actualidad un elemento sustancial de la formación continua y ubicua del profesorado de ELE.

Todos estos instrumentos están mejorando la calidad de la formación del profesorado de ELE, dándole mayor visibilidad y relevancia social. Esta visión amplia de la evaluación formativa docente (Estaire y Fernández 2012), que parte de la necesidad de un ejercicio crítico y reflexivo de la docencia de ELE, es la que constituye una manera de trabajar que es una vía de desarrollo profesional, un modo de estar actualizados y abiertos, en definitiva, a los continuos cambios que se producen en la enseñanza de nuestra lengua.

5. Conclusiones

En los apartados previos hemos realizado una presentación del campo de ELE, desde su delimitación terminológica y epistemológica, incidiendo en la relevancia que la lengua española y su enseñanza ha ido adquiriendo en las últimas décadas. Para ello, hemos tratado en primer lugar su dimensión institucional y el papel de los principales organismos que trabajan por su difusión, desde una perspectiva tanto docente e investigadora como cultural y de certificación lingüística. En segundo lugar, hemos realizado un estado de la cuestión sobre la didáctica de ELE. Y en tercer lugar, hemos analizado las claves de la actual formación del profesorado, en sus distintos niveles y a través de los instrumentos de los que actualmente disponemos, que han dado un vuelco cualitativamente muy significativo en la calidad de nuestros docentes.

Una de las primeras conclusiones a las que llegamos tiene que ver con el momento de evidente auge que está experimentando la enseñanza de ELE, del que son muestras los numerosos másteres, cursos, congresos, proyectos y trabajos de investigación, revistas científicas, editoriales internacionales, asociaciones o publicaciones a ella dedicados. Creemos que las páginas precedentes así lo demuestran y nos permiten afirmar, sin duda, que estamos frente a un ámbito académico plenamente consolidado.

Una segunda conclusión se enfoca hacia las perspectivas de futuro del ELE. Junto al asentamiento de la vertiente didáctica de la lengua, los campos de mayor proyección inmediata se orientan, por un lado, hacia los entornos de aprendizaje mediante las tecnologías de la información y la comunicación; y, por otro, hacia la especialización de la enseñanza en función de las necesidades específicas del alumnado, tanto con los programas de español relacionados con la inmigración, como con el desarrollo del *Español Profesional y Académico*, de grandes implicaciones laborales, económicas y de movilidad e intercambio estudiantil.

La tercera y última conclusión es más bien una valoración crítica. Simplemente, no debemos dejarnos llevar por un discurso triunfalista, sino que hemos de seguir trabajando en la dignificación laboral del profesorado de ELE y tenemos que llevar aún a cabo mucha investigación empírica sobre la adquisición del español tanto en contextos naturales como formales. Necesitamos también, finalmente, como se recoge en el editorial del primer número del *Journal of Spanish Language Teaching*, que nace con tal objetivo, una internacionalización del discurso especializado sobre la enseñanza de ELE (Muñoz-Basols *et al.*, 2014), pues solo con tal base de trabajo y estudio coordinado podremos seguir avanzando en nuestra especialidad.

Bibliografía

Acquaroni, R. (2007) *Las palabras que no se lleva el viento: literatura y enseñanza del español como lengua extranjera*, Madrid: Santillana.

Aguirre, B. (2012) *Aprendizaje y enseñanza de español con fines específicos. Comunicación en ámbitos académicos y profesionales*, Madrid: SGEL.

Alonso, E. (2012) *Soy profesor/a. Aprender a enseñar, Vol. 1: Los protagonistas y la preparación de la clase; Vol. 2: Los componentes y las actividades de la lengua*, Madrid: Edelsa.

Baralo, M. (1999) *La adquisición del español como lengua extranjera*, Madrid: Arco Libros.

Carabela (2002) *La lingüística contrastiva en la enseñanza del español como lengua extranjera* (I) y (II), 51 y 52, Madrid: SGEL.

Castañeda, A. (ed.) (2014) *Enseñanza de gramática avanzada de ELE: criterios y recursos*, SGEL: Madrid.

Consejo de Europa (2002) *Marco común europeo de referencia para las lenguas: aprendizaje, enseñanza, evaluación*, Madrid: Anaya.

Cruz Piñol, M. (2012) *La lingüística de corpus y la enseñanza del español como lengua extranjera*, Madrid: Arco.

Dumitrescu, D. (2013) "El español en Estados Unidos a la luz del censo de 2010: los retos de las próximas décadas", *Hispania*, 96, 3, pp. 525–541.

Estaire, S. y Fernández, S. (2012) *Competencia docente en lenguas extranjeras y formación de profesores. Un enfoque de acción*, Madrid: Edinumen.

Fernández, S. (2003) *Propuesta curricular y marco común europeo de referencia para el desarrollo por tareas*, Madrid: Edinumen.

Figueras, N. y Puig, F. (2013) *Pautas para la evaluación del español como lengua extranjera*, Madrid: Edinumen.

Galindo Merino, M. M. (2012) *La lengua materna en el aula de ELE*, Logroño: ASELE.

García Parejo, I. (2004) "La enseñanza del español a inmigrantes adultos", en Sánchez Lobato, J. y Santos Gargallo, I. (dir.), *Enseñar español como segunda lengua y lengua extranjera. Vademécum para la formación de profesores*, Madrid: SGEL, pp. 1259–1278.

García Santa-Cecilia, Á. (1995) *El currículo de español como lengua extranjera. Fundamentación metodológica, planificación y aplicación*, Madrid: Edelsa.

Geeslin, K. (ed.) (2013) *The handbook of Spanish second language acquisition*, Hoboken, NJ: Wiley-Blackwell.

Gil Fernández, J. (2007) *Fonética para profesores de español: de la teoría a la práctica*, Madrid: Arco Libros.

Giovannini, A., Martín Peris, E., Rodríguez, M. y Simón, T. (1996) *Profesor en acción, Vol. 1: El proceso de aprendizaje; Vol. 2: Áreas de trabajo; Vol. 3: Destrezas*, Madrid: Edelsa.

Gómez de Enterría, J. (2009) *El español lengua de especialidad: enseñanza y aprendizaje*, Madrid: Arco Libros.

González Argüello, V. (2001) *Modificaciones en el discurso del profesor de español como lengua extranjera*, Barcelona: Universidad de Barcelona.

Griffin, K. (2005) *Lingüística aplicada a la enseñanza del español como 2/L*, Madrid: Arco Libros.
Gutiérrez Araus, M. (2005) *Problemas fundamentales de la gramática del español como L/2*, Madrid: Arco Libros.
Higueras, M. (2007) *Estudio de las colocaciones léxicas y su enseñanza en español como lengua extranjera*, Madrid: Ministerio de Educación y Ciencia/ASELE.
Instituto Cervantes (1994) *Plan Curricular del Instituto Cervantes. La enseñanza del español como lengua extranjera*, Madrid: Instituto Cervantes.
Instituto Cervantes (2006) *Plan Curricular del Instituto Cervantes. Niveles de referencia para el español*, Madrid: Edelsa/I. Cervantes.
Instituto Cervantes (2011) *¿Qué es ser un buen profesor o una buena profesora de ELE?*, Madrid: I. Cervantes.
Instituto Cervantes (2012) *Las competencias clave del profesor de segundas lenguas*, Madrid: I. Cervantes.
Instituto Cervantes (2014) *El español: una lengua viva*, Madrid: I. Cervantes.
Kelly, M. y Grenfel, G. (coords.) (2004) *European profile for language teacher education. A frame of reference*, Southampton: University of Southampton / European Council.
Lacorte, M. (ed.) (2007) *Lingüística aplicada del español*, Madrid: Arco Libros.
Lacorte, M. (ed.) (2014) *The Routledge handbook of Hispanic applied linguistics*, Nueva York: Routledge.
Llopis García, R., Real Espinosa, J. M. y Ruiz Campillo, J. P. (2012) *Qué gramática enseñar, qué gramática aprender*, Madrid: Edinumen.
Martín Peris, E. (coord.) (2008) *Diccionario de términos clave de ELE*, Madrid: SGEL.
Martín Peris, E. y López, C. (2013) *Textos y aprendizaje de lenguas*, Madrid: SGEL.
Martínez, I. y Vera Luján, A. (eds.) (2009) *El español en contextos específicos. Enseñanza e investigación*, XX Congreso ASELE, Comillas: F. Comillas.
Melero Abadía, P. (2000) *Métodos y enfoques en la enseñanza/aprendizaje del español como lengua extranjera*, Madrid: Edelsa.
Moreno Fernández, F. (2010) *Las variedades de la lengua española y su enseñanza*, Madrid: Arco Libros.
Muñoz-Basols, J., Muñoz-Calvo, M. y Suárez García, J. (2014) "Hacia una internacionalización del discurso sobre la enseñanza del español como lengua extranjera", *Journal of Spanish Language Teaching*, 1, 1, pp. 1–14.
Newby, D. *et al.* (2007) *PEFPI. Portfolio europeo para futuros profesores de idiomas*, Estrasburgo: Council of Europe, European Centre for Modern Languages.
Oliveras, À. (2000) *Hacia la competencia intercultural en el aprendizaje de una lengua extranjera. Estudio del choque intercultural y los malentendidos*, Madrid: Edinumen.
Ortega, L. (2008) *Understanding second language acquisition*, Londres: Hodder Education.
Parodi, G. (2010) *Academic and professional discourse genres in Spanish*, Amsterdam: John Benjamins.
Pastor Cesteros, S. (2004) *Aprendizaje de segundas lenguas. Lingüística aplicada a la enseñanza de idiomas*, Alicante: Universidad de Alicante.
Pastor Cesteros, S. (2012) "Portafolio docente y evaluación del profesorado de ELE", en Bartol, E. y Chamanadjian, L. (eds.) *Tinkuy. Boletín de investigación y debate*, Montreal: Universidad de Montreal, 19, pp. 5–27.
Pastor Cesteros, S. y Lacorte, M. (2014) "Teacher education", en Lacorte, M. (ed.) *The Routledge handbook of Hispanic applied linguistics*, Nueva York: Routledge, pp. 117–133.
Penadés Martínez, I. (1999) *La enseñanza de las unidades fraseológicas*, Madrid: Arco Libros.
Ramos, C. (2007) *El pensamiento de los aprendientes acerca de cómo se aprende una lengua: dimensiones individuales y culturales*, Madrid: MEC / ASELE.
Red Nacional de Lingüística [en línea]. Accesible en http://revistaslingca.blogspot.com.es/ [6/11/2014]
Regueiro, M. L. y Sáez, D. (2013) *El español académico. Guía práctica para la elaboración de textos académicos*, Madrid: Arco Libros.
Regueiro, M. L. (2014) *La programación didáctica ELE. Pautas para el diseño de la programación de un curso ELE*, Madrid: Arco.
Ribas, R. y D'Aquino, A. (2004) *¿Cómo corregir errores y no equivocarse en el intento?*, Madrid: Edelsa.

Robles Ávila, S. y Sánchez Lobato, J. (eds.) (2012) *Teoría y práctica de la enseñanza-aprendizaje del español para fines específicos*, Málaga: Analecta Malacitana.
Romero Gualda, M. V. (2006) *Léxico del español como segunda lengua: aprendizaje y enseñanza*, Madrid: Arco Libros.
Ruiz Fajardo, G. (ed.) (2012) *Methodological developments in teaching Spanish as a second and foreign language*, Newcastle (UK): Cambridge Scholars Publishing.
Sánchez Lobato, J. y Santos Gargallo, I. (dir.) (2004) *Vademécum para la formación de profesores. Enseñar español como segunda lengua (L2)/lengua extranjera (LE)*, Madrid: SGEL.
Sánchez Pérez, A. (1992) *Historia de la enseñanza del español como lengua extranjera*, Madrid: SGEL.
Sánchez Pérez, A. (2009) *La enseñanza de idiomas en los últimos cien años. Métodos y enfoques*, Madrid: SGEL.
Santos Gargallo, I. (1999) *Lingüística aplicada a la enseñanza/aprendizaje del español como lengua extranjera*, Madrid: Arco Libros.
Soler Espiauba, D. (2006) *Contenidos culturales en la enseñanza del E/L2*, Madrid: Arco Libros.
Torres, L. (2007) "La influencia de los blogs en el mundo de ELE", *Glosas didácticas*, 16 [en línea]. Accesible en http://www.um.es/glosasdidacticas/gd16/03torres.pdf [6/11/2014]
Varo Domínguez, D. y Cuadros Muñoz, R. (2013) "Twitter y la enseñanza del español como segunda lengua", *Redele*, 25 [en línea]. Accesible en http://www.mecd.gob.es/redele/revistaRedEle.html [6/11/2014]
Vázquez, G. (1999) *¿Errores? ¡Sin falta!*, Madrid: Edelsa.
Vázquez, G. (ed.) (2001) *Guía didáctica del discurso académico escrito. ¿Cómo se escribe una monografía?*, Madrid: Edinumen.
Vázquez, G. (coord.) (2005), *Español con fines académicos: de la comprensión a la producción de textos*, Madrid: Edinumen.
Vera Luján, A. y Blanco Rodríguez, M. (2014) *Cuestiones de pragmática en la enseñanza del español como 2/L*, Madrid: Arco Libros.
Verdía, E. (2012) "La formación de profesores en el Instituto Cervantes: de los cursos de formación al desarrollo de estándares para profesores", *Anuario del Instituto Cervantes 2012*, Madrid: Instituto Cervantes, pp. 265–282.
Villalba, F. y Hernández, M. T. (2004) "Español como segunda lengua en contextos escolares", en Sánchez Lobato, J. y Santos Gargallo, I. (dirs.) *Enseñar español como segunda lengua y lengua extranjera. Vademécum para la formación de profesores*, Madrid: SGEL, pp. 1225–1258.

Lecturas complementarias

Lacorte, M. (ed.) (2014) *The Routledge handbook of Hispanic applied linguistics*, Nueva York: Routledge.

Entradas relacionadas

adquisición del español como segunda lengua: factores generales; adquisición del español como segunda lengua: fonología y morfología; adquisición del español como segunda lengua: sintaxis; español en los Estados Unidos

ETNOGRAFÍA Y SOCIOLINGÜÍSTICA

Adriana Patiño-Santos

1. El campo de la (socio)lingüística etnográfica

La (socio)lingüística etnográfica (SE) o sociolingüística con perspectiva etnográfica es un término utilizado en sentido amplio para designar una manera particular de estudiar la relación entre el lenguaje, la cultura y la sociedad. Fundamentalmente, se ocupa del estudio de la interacción social, sobre todo en entornos institucionales (escuela, mundo laboral, iglesia, familia, entre otros), e intenta vincularla con las condiciones comunicativas, sociales, históricas, políticas y económicas dentro de las cuales estas interacciones ocurren. El tipo de preguntas que nos hacemos los etnógrafos sociolingüistas, así como la interpretación y las narrativas que producimos con nuestros resultados, tienen que ver con describir, reconstruir e interpretar la manera en la que grupos de hablantes negocian categorizaciones sociales (género, clase social, etc.) en situaciones concretas, así como la acción social que realizan a través de ese intercambio. La acción social de una interacción encuentra eco en otras interacciones a través del tiempo y del espacio conformando, en últimas, lo que se denominan las estructuras sociales (Gumperz 1982).

Dado que la acción social dentro del mundo institucional está restringida por normas y políticas cuyo fin es el de perpetuar la propia institución, se busca dar cuenta del conjunto de prácticas que la conforman, la gestión de las normas que se hace y lo que estas legitiman, es decir, el orden social que reproducen: quién las hace, cómo se negocian, en qué espacios, con qué propósitos, con cuáles recursos (materiales o simbólicos) y las consecuencias que su aplicación conlleva para cada uno de los grupos de actores sociales que intervienen en ellas.

La lengua cumple un papel determinante, al ser a través de ella que todos estos complejos procesos se llevan a cabo. Por lo tanto, y contrario a la actitud positivista del siglo XX en la lingüística, se presta atención a los usos lingüísticos, entendiendo el lenguaje como una práctica social cuyos usos están regidos por una serie de condiciones sociales, económicas, políticas e ideológicas (Fairclough 1992). En este sentido, un estudio (socio)lingüístico etnográfico permite analizar cuestiones de organización social pero también de desigualdad y distribución de poder puesto que examina de manera cualitativa e inductiva las maneras en las que producimos, resistimos o incluso transformamos esas desigualdades en la vida diaria (cf. perspectiva "de abajo hacia arriba", *bottom-up*).

Más recientemente, las condiciones impuestas por el orden global (movilidad, hibridez, fluidez, nuevas formas de comunicación), han llevado a ciertos autores a considerar el papel de la lengua dentro de nuevas relaciones sociales en las que ciertas formas laborales se han ido estableciendo o consolidando. De esta manera, se identifica una nueva clase trabajadora hábil lingüísticamente que ha entrado a participar de la nueva economía como empleados en centros de llamadas (*call centers*), gestores o responsables de comunidades virtuales/digitales (*community managers*), guías turísticos multilingües, entre otros. La lengua, principalmente el inglés, se ha convertido en un bien de consumo que se oferta y se demanda, como valor añadido de acceso social y laboral (Heller 2003b).

2. La SE como teoría y como método

Actualmente conviven múltiples disciplinas que comparten esta preocupación de vincular lo que sucede en las interacciones diarias con procesos sociales más amplios. Todas ellas encuentran en la etnografía de la comunicación de Hymes (1964/1974) y la sociolingüística interaccional de Gumperz (1982) un origen común. Comparten además el reto de estudiar la ya de por sí compleja relación lenguaje-sociedad dentro del marco de la globalización, por lo que cada una enfatiza en temas y problemáticas determinadas (multilingüismo, nuevas formas de comunicación, mercados lingüísticos, economía lingüística, identidades lingüísticas y (trans)nacionales, entre otros). Así, identificamos la sociolingüística de la globalización (Blommaert 2010), la sociolingüística de la nueva economía (Duchêne 2009; Heller 2003b) o la lingüística etnográfica (Creese 2008; Maybin y Tusting 2011; Rampton *et al.* 2004), entre otras. Cada una de ellas particularidades que se basan en tradiciones propias de los contextos en los cuales han surgido. Pese a su heterogeneidad, utilizaré el término *sociolingüística etnográfica* para referirme algunos de los aspectos epistemológicos centrales que comparten.

Asimismo, al ser heredera de la etnografía de la comunicación, la SE encuentra intereses comunes con disciplinas pertenecientes a la antropología americana, como la lingüística antropológica (Duranti 1997; Goodwin 1990) y la socialización lingüística (Ochs y Schieffelin 1984). Disciplinas que recurren a fundamentos teóricos y metodologías que combinan el pensamiento y las herramientas analíticas propuestas por estudiosos como Goffman, Gumperz, los conversacionalistas Sacks, Jefferson y Schegloff, así como de Bakhtin, Bourdieu, Foucault y Giddens. En el mundo hispano, encontramos inquietudes similares en los trabajos de Pujolar (2001), Unamuno (2003), Codó (2008), Martín Rojo (2010), Prego (2011), Pérez-Milans (2007; 2013), Sabaté (2012), Patiño-Santos (2014), entre otros. (Para un estado de la cuestión en los países hispanohablantes, véase Codó, Patiño-Santos y Unamuno, 2012). A continuación presentamos los aspectos centrales de dicho enfoque.

2.1. La interacción social y la mirada crítica

La SE, al igual que la sociolingüística interaccional (Gumperz 1982), entiende que somos los hablantes en nuestras interacciones diarias, y a través de la negociación de nuestros usos lingüísticos, quienes producimos la cultura y los fenómenos sociales de los que participamos. Al interactuar con otros, realizamos varios procesos de distinto orden al mismo tiempo: por un lado, nos categorizamos a nosotros mismos y categorizamos a nuestros interlocutores, posicionándonos y posicionando a los demás de una manera determinada. Al mismo tiempo, hacemos interpretaciones mutuas sobre la comprensión de la situación, las normas y los propósitos del intercambio. En la interacción social también reproducimos o materializamos las relaciones y estructuras institucionales y sociales de las que participamos, aunque también las podemos ir ajustando e incluso llegar a transformarlas a lo largo del tiempo. Asistimos a los distintos intercambios de la vida cotidiana con nuestros bagajes particulares, con nuestra comprensión de cómo comportarnos en cada situación social e institucional, y con unas ideologías que responden a orientaciones concretas, en tanto somos actuantes, representantes o miembros de una clase social, una institución, una comunidad, una nación.

Por esta razón y siguiendo una orientación crítica social (Bourdieu 1998), la SE se propone explicar las maneras en las que, en nuestras interacciones de la vida cotidiana, reproducimos e incluso podemos llegar a transformar las estructuras sociales, incluidas las instituciones y sus políticas, así como las formas de organización superiores como la comunidad o el Estado-nación. La mirada crítica busca con ello revelar las condiciones bajo las cuales se diseñan las políticas institucionales (educativas, laborales, sociales) así como las formas en las que estas políticas y las prácticas contribuyen a la reproducción en la distribución del poder entre grupos con diferentes recursos sociales y lingüísticos.

En consecuencia, la SE centra su atención en los patrones comunicativos de la interacción y la manera en la que los interactuantes negocian su participación (toma de turno, selección lingüística, alternancia de lenguas, elección del registro, etc.) como lente para observar cómo diferentes procesos sociales de los nuevos órdenes social y global se construyen y se legitiman en la vida diaria como desigualdad social, racismo, procesos de selección social, comercialización de las lenguas y las identidades, etc., combinando métodos que proceden de la lingüística (principalmente la sociolingüística interaccional, el análisis de la conversación y el análisis del discurso), la antropología cultural, especialmente de la etnografía, la sociología (el interaccionismo simbólico, la teoría de la estructuración). Epistemológicamente, se erige así como teoría *interpretivista*, una postura científica que entiende que el conocimiento se construye socialmente (Saville-Troike 1982; Heller 2008) y en consecuencia, se debe estudiar (describir e interpretar) en y desde los propios hechos sociales en los que este ocurre, teniendo en cuenta las propias interpretaciones que hacen los actores sociales de sus propias acciones y prácticas lingüísticas.

2.2. *La mirada etnográfica*

Ocuparse de manera crítica de la interacción social de manera situada, significa estudiarla más allá de la mera observación de la estructura o de los patrones interaccionales que siguen los hablantes (cf. una crítica detallada de la mirada etnometodológica a la interacción en Heller 2003a: 252–253) y más bien interpretar los procesos culturales complejos dentro de los que esos patrones interaccionales suceden, así como entender las explicaciones que los propios actores hacen de sus usos lingüísticos. Ello obliga a documentar al máximo las condiciones bajo las cuales los hablantes, incluido el propio investigador, interactúan y dan cuenta de sus propias prácticas comunicativas y de sus propias creencias hacia los usos lingüísticos. Por ello, la mirada etnográfica se hace fundamental al momento de recoger los datos pero también de analizarlos: observación, entrevistas, grabación-filmación de las interacciones y las actividades, los textos, signos, imágenes u objetos que intervienen en las interacciones, hacen parte de los métodos que se necesitan para arrojar luz sobre lo que sucede en las interacciones que registramos.

Tal como lo entienden los estudios de tipo cualitativo (e. g. Clifford 1986; Taylor y Bogdan 1986), el investigador es un agente del conocimiento que produce. Su trabajo deja de ser neutral al convertirse en miembro del grupo de participantes de la comunidad y al definir el terreno (*site*) que estudia, y más bien se entiende como una práctica social cuyos resultados tendrán consecuencias también sociales. El tipo de preguntas que se haga guiará los métodos de recogida de datos y de análisis que le llevarán a conectar los distintos tipos de datos recogidos. La mirada etnográfica obliga así a una continua reflexividad en la que el sociolingüista etnógrafo valida su trabajo al justificar las decisiones que ha ido tomando en las diferentes etapas de su investigación (elección de su objeto de estudio, la definición del campo de estudio, de los principios de análisis que guiarán su investigación, de los métodos de recogida de datos que seguirá, de los propios datos y su manera de representarlos, así como de la manera en la que socializa sus resultados). Su participación en el campo (relaciones con los demás participantes, las actividades que realiza en el campo), sus elecciones epistemológicas y analíticas deben ser explicadas de manera argumentada en la narrativa final que produce. Los resultados se presentan a manera de narrativas personales en las que los investigadores utilizan de manera recurrente metáforas como "el viaje de investigación", "el cuadro completo", "la trayectoria", "el rompecabezas", las cuales permiten interpretar las situaciones sociolingüísticas que han identificado y los procedimientos y métodos utilizados para encajar su historia y así poder contrastarla con los resultados encontrados (o las historias narradas) por otros autores, en situaciones similares. Cada pieza del rompecabezas corresponde a una voz representada o a un evento descrito, de manera que al juntar varias de estas piezas, se reconstruye la figura completa del terreno-comunidad estudiado. Al ir juntando las piezas, los autores hacen explícitas sus apuestas, sus decisiones metodológicas y sus retos durante el trabajo de campo y el análisis de los datos (ver monográfico editado por Giampapa y Lamoureux 2011 y el manual de Blommaert y Jie 2010, para diseñar un estudio etnográfico).

3. Principales aplicaciones

Los trabajos que combinan métodos lingüísticos y etnográficos han tenido aplicaciones en distintos campos. Sin embargo, es en la educación, los nuevos estudios de literacidad, el habla juvenil y el mundo laboral, en donde encontramos mayor eco:

3.1. La SE en el mundo educativo: hacia la mirada crítica

A partir de los años ochenta, los investigadores interesados en el bilingüismo en la escuela comenzaron a atender preocupaciones diferentes a las que habían prevalecido desde los años sesenta hasta ese momento, centradas en el desarrollo de las diferentes habilidades lingüísticas de los aprendices de una segunda lengua, a través de cuestionarios o estadísticas (cf. Martin-Jones 2007: 167–168). Nuevos intereses de investigación llevaron a preguntarse, más bien, por las experiencias de alumnos que vivían situaciones de fracaso escolar (Erickson 1986), las opiniones de alumnado de origen inmigrante en nuevos sistemas escolares, la organización interaccional y el discurso ritualizado del aula, la conexión entre las rutinas de la clase y el orden institucional de la escuela, los procesos de categorización social que se hacían en las escuelas y las consecuencias para los alumnos de comunidades minoritarias.

Metodológicamente algunos estudiosos, siguiendo una tradición etnometodológica, grabaron y estudiaron detalladamente la interacción entre docente y alumnos dentro del aula (Mehan 1979; Cazden 1988). El estudio de las secuencias interaccionales, la toma de turno y las rutinas dentro del aula permitieron mostrar que ser parte de un aula bilingüe implica saber un orden interaccional concreto y conocer las rutinas de uso para sus diferentes repertorios lingüísticos. Asimismo, otro grupo de investigadores con preocupaciones etnográficas (cf. los trabajos de Philips (1983), Heath (1982) y Erickson y Mohatt (1982), entre otros) registraron la interacción en el aula para observar los procesos de producción del orden institucional (conocimientos previos, expectativas, marcos de participación, entre otros.)

La influencia de los estudios etnográficos de Gumperz traería, durante los años noventa, el interés por incluir una perspectiva crítica al trabajo etnográfico en aulas. Tal postura crítica implica vincular las prácticas locales discursivas (sean monolingües o multilingües), el habla diaria y las rutinas del aula con esferas más amplias como la escuela, como institución, e intentar conectarlas con el orden socio-histórico dentro del que tales prácticas suceden. De acuerdo con Martin-Jones (2006), esta preocupación surgió de dos grupos de investigadores, aquellos que trabajaban con alumnado de origen minoritario (Blackledge 2001; Creese 2005; Heller 1996/2006; Jaffe 1999), y quienes estudiaban un alumnado en contextos postcoloniales (Hornenberg 1988; Lin 1996). Dos volúmenes editados por Martin Jones y Heller (en 1996 y 2001, respectivamente), reúnen estas preocupaciones y proponen un enfoque "de abajo hacia arriba" (*bottom-up*) desde el cual dar cuenta, en las prácticas cotidianas, de las condiciones contextuales históricas y sociales dentro de las que estas prácticas se definen.

Teóricamente, las autoras observan dos aspectos en los que la escuela opera como institución vinculada al Estado: de un lado como el lugar en el que el Estado se legitima, a través de las lenguas que enseña y a través de las cuales se enseña, así como de las habilidades que se consideran académicas (e. g. la prevalencia de habilidades de lectura y escritura sobre las habilidades orales). Por otro lado, la escuela como lugar de la reproducción social y cultural que selecciona socialmente. Los alumnos son categorizados y posicionados de una u otra manera según se les sean atribuidas características de "buen/mal estudiante" o "buen/mal hablante" de una determinada variedad de lengua. Aunque algunas de sus ideas se inspiran en la obra de Bourdieu sobre la reproducción (Bourdieu y Passeron 1977) y sobre "el mercado lingüístico" y "la lengua legítima" (Bourdieu 1991), las autoras muestran cómo la idea de la dominación inconsciente que plantea Bourdieu se cuestiona al estudiar la interacción de actores sociales en interacciones concretas. Las actividades que docentes y alumnos realizan en su día a día no son generalizables sino que responden a situaciones concretas. En ellas hay margen para la negociación y transformación de la institución en la que participan.

A partir de este trabajo seminal, encontramos estudios como el Goldstein sobre alumnado de origen Chino en Toronto (2003); el de Pérez-Milans (2013) sobre programas de enseñanza bilingüe en China; Unamuno (2003) y Nussbaum y Unamuno (2006) sobre alumnado de origen extranjero en las aulas de acogida lingüística en Cataluña, así como el trabajo longitudinal sobre aulas multilingües en la Comunidad de Madrid de Martín-Rojo (2003, con L. Mijares; 2007, 2010) y alumnado de origen latinoamericano en el sistema educativo español (Patiño-Santos 2011).

3.2. El habla juvenil: entre la resistencia y la camaradería

El habla juvenil se ha venido estudiando desde los años noventa, bajo la mirada de la SE, vinculada mayoritariamente a las prácticas de la escuela. Los trabajos de corte sociolingüístico y etnográfico de Rampton (1995, 2006) sobre el entrecruzamiento lingüístico (*language crossing*) por parte de grupos de jóvenes multilingües en los que se hablaba inglés estilizado asiático (*Stylized Asian English*), creole y punjabi, le permitieron mostrar el valor interaccional y simbólico que estas formas de *doble voz* ('double voicing') (Bakthin 1981) tienen para sus usuarios, así como vincular aspectos del comportamiento interaccional con los cambios sociales en marcha. Así, estas formas de entrecruzamiento (*crossing*) y de estilización permiten a los jóvenes crear vínculos de solidaridad y diversión entre el grupo de iguales, indexando, por un lado, sus formas de participar (o no) en la institución, y por otro lado, evocando las transformaciones de las instituciones, en este caso, educativas, en donde estos jóvenes participan.

Trabajos similares sobre el habla juvenil, sus manifestaciones y su interpretación dentro de los contextos social, histórico e ideológico dentro de los cuales emergen han inspirado estudios como los de Jaspers (2005) con jóvenes de origen marroquí en institutos en Bélgica y Jørgensen (2005) con alumnado de origen turco en aulas de Dinamarca, entre otros. En Cataluña, el trabajo de Pujolar (2001), aunque no vinculado a la escuela, muestra también cómo jóvenes de clase trabajadora, hablantes de catalán y español, miembros de dos "peñas"/"círculos de amigos", utilizan distintas prácticas heteroglósicas durante sus actividades de tiempo libre con su grupo de iguales en actividades de tiempo libre (escuchar música juntos, consumir droga, juegos, conversaciones informales, entre otros). El estudio interaccional, etnográfico y discursivo de los usos lingüísticos de estos jóvenes mostró cómo sus elecciones lingüísticas son determinantes al construir su mirada sobre el mundo, sobre sí mismos y sobre los miembros de otros círculos. Su discusión se centró en mostrar cómo la adopción de ciertos discursos, formas de habla y registros, tanto del catalán como del español, son centrales para la auto-identificación del género.

Nuevos estudios de literacidad (NEL): la lectura y la escritura como práctica social

Este campo, mayormente desarrollado en el Reino Unido bajo la estela de la etnografía lingüística (véanse Creese 2008; Rampton 2006; Maybin y Tusting 2011), entiende que leer y escribir (*literacidad*) son prácticas sociales (Barton y Hamilton 1998; Gee 1996), es decir, actividades situadas socioculturalmente —influidas por el contexto dentro del cual ocurren— e imbuidas de las ideologías dominantes sobre lo que significa leer, escribir, ser (buen/mal) lector, entre otras.

Complementando la mirada psicológica (cognitiva) que tradicionalmente ha dominado el estudio y la enseñanza de la literacidad, los NEL recurren a la metodología etnográfica (observación, entrevistas y los denominados "artefactos letrados" (textos producidos) para documentar la complejidad de las *prácticas letradas* (las actividades que la gente hace con los textos), tanto aquellas denominadas *dominantes* (las académicas), como las *vernáculas* (los usos letrados, no regulados por la institución escolar, tales como escribir una carta o leer fanficción en la red) en diferentes contextos. Sus resultados se orientan a reflexionar sobre el significado que estas prácticas representan para las personas dentro de las actividades que realizan ("eventos letrados"), así como su papel en la construcción de la identidad, pero también en el acceso (o exclusión) social y en el ejercicio del poder.

De acuerdo con varios autores (Maybin y Tustin 2011; Pahl and Rowsell 2005/2012; Zavala *et al.* 2004), los NEL tienen origen en los trabajos de autores como Scribner y Cole (1981), Heath (1983) y Street (1984). Así, el estudio en la población Vai en Liberia de Scribner y Cole permitió comprender que diferentes literacidades se asocian a diferentes dominios de la vida. Heath documentó las continuidades y discontinuidades entre las prácticas de literacidad en la escuela y en la casa, señalando algunos patrones de desigualdad educativa, propios del contexto educativo. Street desafió el concepto de literacidad como una mera habilidad cognitiva, al aplicar métodos antropológicos a su estudio de prácticas de literacidad en un pueblo iraní. Al igual que los estudios de Gee (1999), sus resultados mostraron que la literacidad es algo construido socialmente y que responde a factores ideológicos que dan forma y legitiman las prácticas cotidianas de un grupo en particular. Los NEL se han extendido al estudio de minorías lingüísticas (Martin-Jones y Jones 2000), comparativamente (Gregory y Williams 2000) y en comunidades urbanas (Barton *et al.* 2007).

En el mundo hispánico se han llevado a cabo trabajos de este tipo, principalmente, en Perú, México y España (para el estado de la cuestión en cada uno de los contextos, revisar Zavala, Niño-Murcia y Ames 2004 y Cassany 2006). Así por ejemplo, el estudio etnográfico longitudinal llevado a cabo por Aliagas (2009) sobre la identidad lectora de un grupo de cuatro amigos adolescentes que resisten las prácticas lectoras de la escuela en un instituto en Barcelona muestra cómo esa resistencia se fue construyendo biográfica, académica y socialmente, a través de la acumulación de experiencias letradas dentro y fuera del contexto académico. Por su parte, el estudio etnográfico de Poveda (2012) en un instituto multicultural de secundaria de Madrid vinculó los artefactos letrados usados por dos grupos de jóvenes en el paisaje semiótico del centro escolar, textos políticos por parte de los *anarkas* (alumnado de origen español, local, autoidentificado como "grupo de izquierda") y los *graffiti*, por parte de los *reggaetoneros* (alumnado de origen latinoamericano), con los posicionamientos sociales otorgados a cada grupo. Las prácticas en las que los primeros participaban llevaron a identificarlos como "académicos", mientras que los segundos, posicionados como marginales dentro del escenario escolar, preferían invertir en la parte social y en establecer vínculos con el grupo de amigos.

3.3. Lugares de trabajo: del malentendido interaccional al mundo global

Los trabajos pioneros de Gumperz (1979) y de Roberts *et al.* (1992) se centraron en observar si las diferencias culturales entre compañeros de trabajo o entre empleados y clientes, de diversos orígenes, podían ser causa de malentendidos dentro de las interacciones laborales (entrevistas de trabajo, encuentros de servicio, relación doctor-paciente, etc.). Más recientemente, algunos procesos asociados con el orden global (movilidad, hibridez, fluidez, nuevas formas de comunicación), han llevado a ciertos autores a considerar el papel de la lengua dentro de nuevas relaciones sociales en las que ciertas formas laborales se han ido estableciendo o consolidando. De esta manera, se identifica una emergente clase trabajadora, hábil lingüísticamente, que ha entrado a participar de la denominada «nueva economía» como empleados en centros de llamadas (*call centers*), gestores o responsables de comunidades virtuales/digitales (*community managers*), guías turísticos multilingües, entre otros. La lengua, principalmente el inglés, se ha convertido en un bien de consumo que se oferta y se demanda, como valor añadido de acceso social y laboral (Heller 2003b).

En España, concretamente en Barcelona, los trabajos de Codó, Sabaté y Garrido han permitido explorar distintos contextos laborales e institucionales en los que operan ideologías y acciones bajo las cuales se gestiona la reciente inmigración en España. Los tres trabajos sacan a la luz, a través del estudio etnográfico de diferentes prácticas comunicativas, las maneras en las que el Estado-nación regula y controla lo que considera como la migración legal e ilegal. Codó (2008) se centra en el estudio de las interacciones cara a cara entre funcionarios de una entidad gubernamental encargada de informar a los inmigrantes sobre los trámites y documentos necesarios para solicitar permisos de residencia, y los usuarios, personas de origen inmigrante en situación de irregularidad que desean su situación laboral en España, más concretamente en Cataluña. Su trabajo muestra cómo diferentes órdenes (social, moral, lingüístico, interaccional e institucional) se interrelacionan para dar forma y legitimar maneras desiguales de categorizar y jerarquizar a los migrantes dentro de la actividad de dar información, hecho que crea relaciones de conflicto y legitima formas de exceso de poder por parte de los funcionarios.

Asimismo, Sabaté (2012) utilizando una etnografía de red estudia las prácticas lingüísticas de algunos de los usuarios de un locutorio ubicado en la periferia de Barcelona. Tanto los propietarios como los usuarios son inmigrantes de diferentes orígenes (Marruecos, Senegal, Polonia, Colombia), siendo la comunidad pakistaní la dominante. Algunos de sus resultados muestran que el locutorio, definido como comercio étnico cuyo negocio es vender comunicación (sea a través del teléfono o Internet), se convierte en una institución de la migración, regida por los propios migrantes, la cual regula a través de sus diversas prácticas el acceso a ciertos recursos y, en parte, la movilidad social de sus miembros. Sus reflexiones sobre el estudio etnográfico de las redes contribuyen a la discusión metodológica de cómo observar y estudiar la comunicación y las relaciones interculturales fluctuantes del mundo global.

Finalmente, Garrido (2013) estudia una ONG que ofrece un programa de acogida residencial dirigido a inmigrantes no empadronados, mayoritariamente procedentes del Norte de África y del África subsahariana, quienes viven en la Comunidad Autónoma de Cataluña de manera ilegal y por tanto sin acceso a las ayudas del Estado español, ni de la propia Comunidad. El objetivo de la investigadora es el de observar los procesos de inclusión y exclusión en esta ONG a través de la gestión del multilingüismo. El multilingüismo entendido como práctica social ayuda a constituir procesos sociales y relaciones de poder en la medida en que su práctica conlleva ideologías concretas que se manifiestan en los discursos y categorizaciones sobre la lengua y sobre los hablantes (Heller 2007). Sin adentrarnos en las complejidades de este estudio, algunos de sus resultados muestran cómo en las prácticas de la ONG se reproducen las ideologías oficiales sobre la situación sociolingüística en Cataluña: el catalán y español se categorizan como las lenguas locales para participar en las actividades (actividades formativas, información jurídica), y el inglés y el francés como lenguas francas en situaciones puntuales. Las lenguas africanas habladas por la mayoría de los clientes son silenciadas. Los usos lingüísticos se convierten así en recursos de acceso social o de cierre social para quienes no dominan las lenguas de la institución.

3.4. Otras aplicaciones

Los estudios que combinan las preocupaciones teóricas de la sociolingüística con métodos etnográficos se han ido extendiendo a diversos campos. Así por ejemplo, encontramos trabajos en etnografía digital (Androutsopoulos 2006; Kelly-Holmes 2010), medios (Kelly-Holmes y Tomasso 2011), política lingüística, entre otros. (Para un estado de la cuestión sobre los estudios sobre globalización y multilingüismo, ver Coupland 2010.)

Bibliografía

Aliagas, C. (2009) "Adolescent's insights on the academic reading practices in high school: A case study with a school clique", *The International Journal of Learning*, 16, pp. 293–308.

Androutsopoulos, J. (ed.) (2006) "Sociolinguistics and computer-mediated communication". Special Issue, *Journal of Sociolinguistics*, 10, 4.

Barton, D. (2007) *Literacy: An introduction to the ecology of written language*, 2.ª ed. Oxford: Blackwell.

Barton, D. y Hamilton, M. (1998) *Local literacies: Reading and writing in one community*, Londres y Nueva York: Routledge.

Blackledge, A. (2001) "The wrong sort of capital? Bangladeshi women and their children's schooling in Birmingham, U.K.", *International Journal of Bilingualism*, 5, 3, pp. 345–369.

Blommaert, J. (2010) *The sociolinguistics of globalization*, Cambridge/Nueva York: Cambridge University Press.

Blommaert, J. y Jie, D. (2010) *Ethnographic fieldwork. A beginner's guide*, Bristol/Buffalo/Toronto: Multilingual Matters.
Bourdieu, P. (1998) *Capital cultural, escuela y espacio social*, México: Siglo XXI.
Bourdieu, P. (1991) *Language and symbolic power*, Stanford: Stanford University Press.
Bourdieu, P. y Passeron, J. C. (1977) *La reproducción. Elementos para una teoría del sistema de enseñanza*, Barcelona: Editorial LAIA.
Cazden, C. (1988) *Classroom discourse: The language of teaching and learning*, Portsmouth, NH: Heinemann.
Cassany, D. (2006) *Tras las líneas. Sobre la lectura contemporánea*, Barcelona: Anagrama.
Clifford, J. (1986) "Introduction, partial truths", en Clifford, J. y Marcus, G. F. (eds.) *Writing culture, the poetics and politics of ethnography*, Berkeley: University of California Press, pp. 1–26
Creese, A. (2005) *Teacher collaboration and talk in multilingual classrooms*, Clevedon: Multilingual Matters.
Codó, E. (2008) *Immigration and bureaucratic control. Language practices in public administration*, Berlín/Nueva York: Mouton de Gruyter.
Corona, V., Nussbaum, L. y Unamuno, V. (2012) "The emergence of new linguistic repertoires among Barcelona's youth of Latin American Origin", *International Journal of Bilingual Education and Bilingualism*, 16, 2, Special Issue: Catalan in the 21st century, pp. 182–194.
Duchêne, A. (2009). "Marketing, management and performance: Multilingualism as commodity in a tourism call centre". *Language Policy*, 8, pp. 27–50.
Duranti, A. (1997) *Linguistic Anthropology*, Cambridge: Cambridge University Press.
Erickson, F. (1986) *Qualitative methods in research on teaching. Handbook of research on teaching*, Nueva York: Macmillan Library Reference.
Erickson, F. y Mohatt, G. (1982) "Cultural organization of participation structures in two classrooms of Indian students", en Spindler, G. (ed.) *Doing the ethnography of schooling*, Nueva York: NY Holt, Rinehart, and Winston, pp. 131–174.
Fairclough, N. (1992) *Discourse and social change*, Cambridge: Polity Press.
Garrido, M. R. (2013). "La gestió del multilingüisme en els serveis d'acollida de les ONG: un estudi de cas", en Vila, F. X. y Salvat, E. (eds.) *Noves immigracions i llengües*, Barcelona: PPR, pp. 97–118.
Gee, J. (1999) "The new literacy studies: From 'socially situated' to the work of the social", en Barton, D., Hamilton, M. y Ivanic, R. (eds.) *Situated literacies*, Londres: Totlege, pp. 180–196.
Giddens, A. (1984) *The Constitution of Society*, Berkeley/Los Ángeles: University of California Press.
Goldstein, T. (2003) *Teaching and learning in a multilingual school: Choices, risks and dilemmas*. Mahwah, NJ/Londres: Lawrence Erlbaum Associates, Publishers.
Goodwin, M. H. (1990) *He-said-she-said: Talk as social organization among black children*, Bloomington: Indiana University Press.
Gregory, E. y Williams, A. (2000) *City literacies: Learning to read across generations and cultures*, Londres: Routledge.
Gumperz, J. (1982) *Discourse strategies*, Cambridge: Cambridge University Press.
Gumperz, J., Roberts, C. y Jupp, T. C. (1979) *Crosstalk: A study of cross-cultural communication. Background Material and Notes to Accompany the BBC Film*, Southall: NCILT.
Heath, S. B. (1983) *Ways with words*, NuevaYork: Cambridge University Press.
Heller, M. (1999/2006) *Linguistic minoritites and modernity: A sociolinguistic ethnography*, Londres/Nueva York: Longman.
Heller, M. (2003b) "Globalization, the new economy and the commodification of language and identity", *Journal of Sociolinguistics*, 7, 4, pp. 473–492.
Heller, M. (ed.) (2007) *Bilingualism: A Social Approach*, Londres: Palgrave Macmillan.
Heller, M. (2008) "Doing Ethnography", en Wei, L. y Moyer, M. (eds.) *The Blackwell Handbook of Research. Methods in Bilingualism and Multilingualism*, Oxford: Blackwell, pp. 249–62.
Heller, M. y Martin-Jones, M. (eds.) (2001) *Voices of authority: Education and lingusitic difference*, Westport, CT: Ablex Publishing.
Hornberger, N. (1988) *Bilingual education and language maintenance*, Dordrecht: Foris Publications.
Hymes, D. (1964). "Introduction: Toward ethnographies of communication". *American Anthropologist*, 66, 6, pp. 1–34.

Hymes, D. (1974) "Ways of Speaking", Bauman y Scherzer, J. (eds.) *Explorations in the Etnography of Speaking*. Cambridge: Cambridge University Press, pp. 443–451.
Jaffe, A. (1999) *Ideologies in action. Language politics on Corsica*. Berlín/Nueva York: Mouton de Gruyter.
Jaspers, J. (2005) "Linguistic sabotage in a context of monolingualism and standardization", *Language & Communication*, 25, pp. 279–297.
Jørgensen, J. N. (2005) "Plurilingual conversations among bilingual adolescents", *Journal of Pragmatics*, 37, pp. 391–402.
Kelly-Holmes, H. (2010) "Language trends: Reflexivity in commercial language policies and practices", *Applied Linguistics Review*, 1, 1, pp. 67–84.
Kelly-Holmes, H. y Tommaso, M. M. (eds.) (2011) "Thematising multilingualism in the media", número especial de *Journal of Language and Politics*, 2011, 10, 4.
Lin, A.M.Y. (1996) "Bilingualism or linguistic segregation? Symbolic domination, resistance and codeswitching", *Linguistics and Education*, 8, 1, pp. 49–84.
Martin-Jones, M. (2007) "Bilingualism, education, and the regulation of access to language resources", en Heller, M. (ed.) *Bilingualism: A social approach*, Nueva York: Palgrave, pp. 161–182.
Martin-Jones, M. y Heller, M. (1996) "Language and social reproduction in multilingual settings" (Introduction to two special issues on "Education in multingual settings: Discourse, identity and power"), *Linguistics and Education* 8, 1, pp. 3–16 y 8, 2, pp. 127–137.
Martin-Jones, M. y Jones, K. (eds) (2000) *Multilingual literacies: Reading and writing different worlds*, Amsterdam: John Benjamins.
Martín Rojo, L. (ed.). 2003. *¿Asimilar o integrar? Dilemas ante el multilingüismo en las aulas*, Madrid: CIDE.
Martín Rojo, L. (2010) *Constructing inequality in multilingual classrooms*, Berlín: Mouton.
Martín Rojo, L. y Mijares, L. (eds.) (2007) *Voces del Aula. Etnografías de la escuela multilingüe*, Madrid: CREADE (CIDE).
Mehan, H. (1979) *Learning lessons: Social organization in the classroom*, Cambridge, MA: Harvard University Press.
Nussbaum, L. y Unamuno, V. (eds.) (2006) *Usos i competències multilingües entre escolars d'origen immigrant*, Bellaterra: Universitat Autònoma de Barcelona.
Ochs, E. y Schieffelin, B. B. (1984) "Language acquisition and socialization: Three developmental stories", Shweder, R. y LeVine, R. (eds.) *Culture theory: Mind, self, and emotion*. Cambridge: Cambridge University Press.
Pahl, K. y Rowsell, J. (2005/2012) *Literacy and education. Understanding the new literacy studies in the classroom*, Londres: Sage.
Patiño Santos, A. (2007) "Extraños en las aulas", en Martín Rojo, L. y Mijares L. (eds.) *Voces del aula. Etnografías de la escuela multilingüe*, Madrid: CREADE (CIDE), pp. 191–216.
Patiño Santos, A. (2011) "La construcción discursiva del fracaso escolar: una etnografía sociolingüística crítica en un centro educativo de Madrid", *Spanish in Context*, 8, 2, pp. 235–256.
Pérez-Milans, M. (2007) "Las aulas de enlace: un islote de bienvenida", Martín Rojo, L. y Mijares, L. (eds.) *Voces del aula. Etnografías de la escuela multilingüe*, Madrid: CREADE (CIDE), pp. 111–147.
Pérez-Milans, M. (2013) *Urban schools and English language education in late modern China: A critical sociolinguistic ethnography*, Nueva York/Londres: Routledge.
Poveda, D. (2012) "Literacy artifacts and the semiotic landscape of a Spanish secondary school", *Reading Research Quarterly*, 47, 1, pp. 61–88.
Philips, S. (1983) *The invisible culture: Communication in classroom and community on the Warm Springs Indian Reservation*, Prospect Heights, IL: Waveland Press.
Prego, G. (2011) "Identidades en las regueifas gallegas: la reconstrucción de la etnicidad en el espacio global", número especial de *La Sociolingüística con Perspectiva Etnográfica en el Mundo Hispano. Spanish in Context*, 9, 2, pp. 244–267.
Pujolar, J. (2001) *Gender, heteroglossia, and power: A sociolinguistic study of youth culture*, Berlín/NuevaYork: Mouton de Gruyter.
Rampton, B. (1995) *Crossing: language and ethnicity among adolescents*, Londres: Longman.
Rampton, B. (2006) *Language in late modernity: Interaction in an urban school*, Cambridge: Cambridge University Press.

Rampton, B., Maybin, J. y Tusting, K. (eds.) (2007) *Journal of Sociolinguistics*, 11, 5, número especial sobre etnografía lingüística.
Roberts, C., Jupp, T. y Davies, E. (1992) *Language and discrimination: A study of communication in multi-ethnic workplaces*, Londres/ Nueva York: Longman.
Sabaté i Dalmau, M. (2012) "Aportaciones de la etnografía de red al estudio de un locutorio: hacia un cambio de paradigma metodológico", número especial: *La sociolingüística con perspectiva etnográfica en el mundo hispano: nuevos contextos, nuevas realidades, nuevas aproximaciones. Spanish in Context*, 9, 2, pp. 191–218.
Scribner, S. y Cole, M. (1981) *The Psychology of Literacy*, Cambridge, MA: Harvard University Press.
Street, B. (1984) *Literacy in theory and practice*, Cambridge: Cambridge University Press.
Taylor, S. J. y Bogdan, R. (1986) *Introducción a los métodos cualitativos de investigación, la búsqueda de significados*, Buenos Aires: Paidós.
Unamuno, V. (2003) "Quién es qui a l'escola?: el reto de observarnos diversos", en Poveda, D. (coord.) *Entre la diferencia y el conflicto: miradas etnográficas a la diversidad cultural en la educación*, Cuenca: Ediciones de la Universidad de Castilla La Mancha, pp. 31–66.
Zavala, V., Niño-Murcia, M. y Ames, P. (eds.) (2004) *Escritura y sociedad. Nuevas perspectivas teóricas y etnográficas*, Lima: Red para el desarrollo de las ciencias sociales en el Perú.

Lecturas complementarias

Codó, E., Patino-Santos, A. y Unamuno, V. (2012) "Hacer sociolingüística con perspectiva etnográfica: retos y dilemas", número especial: *La sociolingüística con perspectiva etnográfica en el mundo hispano. Spanish in Context*, 9, 2, pp. 167–190.
Coupland, N. (ed.) (2010) *The handbook of language and globalization*, Londres: Wiley-Blackwell.
Creese, A. (2008) "Linguistic ethnography", en King, K. A. y Hornberger, N. H. (eds) *Encyclopedia of language and education*, 2.ª ed., Nueva York: Springer, vol. 10: *Research Methods in Language and Education.*
Giampapa, F. y Lamoureux, S. (eds.) (2011) "Voices from the field: Identity, language, and power in multilingual research settings", número especial de *Journal of Language, Identity and Education*, 10, 3.
Heller, M. (2003a) "Discourse and interaction", en Schriffrin D., Tannen, D. y Hamilton, H. E. (eds.) *The handbook of discourse analysis*, Londres: Blackwell Publishing, pp. 250–264.
Maybin, J. y Tusting, K. (2011) "Linguistic ethnography", en Simpson, J. (ed.) *Routledge handbook of applied linguistics*, Abingdon: Routledge, pp. 515–528.

Entradas relacionadas

bilingüismo; alternancia de código; ideologías lingüísticas; sociolingüística

FONÉTICA

Juana Gil

1. Definición y delimitación de la disciplina

Quizá la definición más breve que puede darse sobre la disciplina que se conoce con el término de ***fonética*** sea la que la hace equivaler con el estudio científico de los sonidos del habla. Es importante no obviar este último complemento, *del habla*, puesto que la fonética no se ocupa de todos los sonidos en general —tarea esta reservada a la rama de la física denominada ***acústica***—, sino solo de aquellos sonidos a través de los cuales los seres humanos nos comunicamos.

El acercamiento al fenómeno del habla requiere un enfoque pluridisciplinar, de modo que conviene también subrayar que la fonética, además de vincularse con la lingüística, se asocia a un área de estudio más vasta, denominada con el término ***Ciencias del Habla***, en la que se inscriben también otras materias lingüísticas cercanas, como la fonología, y en cuyo interior a menudo los límites son borrosos y las fronteras entre las disciplinas permeables. Dos son los procesos generales de gran alcance que este conglomerado de enfoques trata de aclarar: el de la ***producción del habla*** y el de la ***audición y percepción del habla***. De ambos, por ende, se ocupa la fonética.

No obstante todo lo anterior, la distinción más importante, la más básica, la más tradicional y la más necesaria desde el punto de vista expositivo, es sin duda la que, en el marco de la fonética general, se establece entre las cuestiones referidas a la ***fonética articulatoria*** (que estudia los órganos del habla y el modo en que los hablantes se sirven de ellos para emitir sus mensajes), las concernientes a la ***fonética acústica*** (que analiza las características físicas de los sonidos transmitidos desde el emisor al receptor del mensaje) y las que atañen a la ***fonética perceptiva*** (que investiga el modo en el que los oyentes perciben los sonidos del habla y decodifican la información que conllevan). En cualquier caso, todas las diferenciaciones y clasificaciones mencionadas, tan útiles metodológicamente, no deben hacer olvidar, sin embargo, que el fenómeno del habla es el resultado de un proceso unitario, cuyas diferentes fases están estrechamente interrelacionadas y se condicionan mutuamente, como se expondrá también más adelante.

Sean cuales sean los aspectos que tratemos, articulatorios, acústicos o perceptivos, nuestro enfoque del estudio en cuestión puede ser, como sucede en las otras ciencias, *teórico* o meramente *descriptivo*. Así, por ejemplo, puede hablarse de una ***fonética***

descriptiva del español, que se ocupa de describir cómo son los sonidos de esta lengua desde cualquiera de los puntos de vista arriba señalados, o desde los tres. Lo puede hacer, además, poniendo en relación al español con otros idiomas, para precisar lo que comparte con ellos y en lo que diverge, y en ese caso la descripción será de tipo *contrastivo.* Si, por otra parte, a lo que se aspira es a encontrar las causas de que existan, en español o en cualquier otra lengua, unos determinados sonidos y no otros, y a establecer las relaciones que mantienen todos ellos entre sí y las pautas a las que se ajusta su adquisición y su evolución, entramos de lleno en el terreno de la ***teoría fonética***. En realidad, estos dos enfoques no tienen por qué excluirse mutuamente. Cualquier estudio que pretenda formular el modelo teórico explicativo de los hechos observados tiene que contar, en primer lugar, con una buena descripción de tales hechos.

Tanto los análisis puramente descriptivos como los que conllevan un sustento teórico definido pueden, asimismo, realizarse desde un punto de vista ***sincrónico*** o ***diacrónico***: es posible describir y explicar la conformación fonética del español, por ejemplo, en un momento dado de la historia (el actual o cualquier otro), y también es posible describir y explicar su evolución a lo largo del tiempo.

En resumen, los contenidos de los que se ocupa la fonética son abordables desde diversos ángulos en función de cuál sea la finalidad que guíe el estudio en cuestión.

Los resultados de la investigación en cualquiera de las ramas de la fonética son susceptibles de aplicación en muchos campos científicos. Así, en el área de las *tecnologías del habla*, los diversos parámetros fonéticos informan el desarrollo de sistemas automáticos que permiten la interacción oral entre las personas y los dispositivos computacionales. Para llevar a cabo la caracterización de una voz o la comparación de varias con propósitos legales, se precisa de los procedimientos y los hallazgos realizados por la *fonética judicial o forense.* En la enseñanza de la *lecto-escritura de la lengua materna* y en la de la *pronunciación de las lenguas extranjeras* resulta indispensable que el docente posea sólidos conocimientos de fonética general, con un enfoque descriptivo, en el caso de los profesores de L1, y fundamentalmente contrastivo, en el caso de los de L2. Por último, en ciertos ámbitos de las ciencias de la salud dedicados al tratamiento de las alteraciones de la voz, del habla o de la audición (foniatría, logopedia, audiología...) es imprescindible la fundamentación fonética de los diversos procedimientos aplicados.

2. Las unidades y los métodos de la fonetica

2.1. Unidades de la fonética

Puesto que, como ya se ha expuesto, la fonética estudia los sonidos del habla, estos constituyen, lógicamente, las unidades fundamentales de la disciplina, integrantes del denominado ***nivel segmental***: los sonidos son ***segmentos*** resultantes del proceso de fragmentación o ***segmentación*** de la secuencia fónica, que el fonetista realiza a partir de fundamentos fonéticos y, llegado el caso, recurriendo también a consideraciones fonológicas. Considérese, por ejemplo, la palabra española *tus.* Cualquier hispanohablante distinguirá en ella tres elementos, representados convencionalmente como [t], [u] y [s]; en primer lugar, porque conoce su lengua y sabe que estos fragmentos de sonido pueden aislarse e incluso intercambiarse por otros (***sus***, ***tos***, ***tul***), y, en segundo lugar, porque durante la pronunciación del vocablo *tus* se producen cambios especialmente significativos en la articulación, que implican propiedades acústicas diferentes y entrañan distintas percepciones. El fonetista se interesa precisamente por esta serie de parámetros articulatorios, acústicos y perceptivos, extraíbles del propio decurso, que le permiten segmentar el continuo en sus unidades constituyentes, mediante un proceso que no siempre es fácil, como se explicará más adelante, en el § 5.

Los segmentos derivados de este análisis se representan gráficamente siempre entre corchetes: [t], [p], [a], etc., para distinguirlos inequívocamente de las letras (o ***grafemas*** o ***grafías***): así, las letras <qu> y <c> de, respectivamente, *quiero* y *casa* se corresponden con un único sonido o segmento fónico: [k].

Los sonidos individuales no son, por otra parte, los únicos elementos que constituyen el objeto de estudio de la fonética. El habla presenta propiedades que sobrepasan los límites de los segmentos y se extienden por fragmentos de la secuencia más amplios, ya sean sílabas o ya sean enunciados u oraciones. Se trata de fenómenos como el de la ***entonación***, el del ***ritmo*** y el de la ***acentuación***, tradicionalmente calificados también con el adjetivo ***prosódicos***, e integrantes del ***nivel suprasegmental*** del decurso fónico. La entonación es la melodía con la que se emite un enunciado, conformada básicamente a partir de las variaciones que a lo largo de él experimenta la ***frecuencia fundamental (*** f_0 ***)*** de la onda glotal (véase § 3); el ritmo es una sensación perceptiva producida por la recurrencia de ciertos elementos fónicos —las sílabas, por ejemplo— a intervalos regulares o cuasi regulares de tiempo; finalmente, la acentuación o realce de una sílaba sobre las demás se deriva —por lo que se refiere al español, no todas las lenguas funcionan igual a este respecto— de un cambio en la frecuencia fundamental combinado con alguna variación o bien en la intensidad o bien en la duración.

2.2. *El método experimental*

Los estudios de fonética, en cualquiera de sus facetas —articulatoria, acústica o perceptiva— se realizan habitualmente a partir de una ***metodología de tipo experimental***, lo que implica, en primer lugar, que se emplean en ellos experimentos cuyo diseño se ajusta a una serie de pautas bien definidas, comunes con las que se aplican en otras ciencias, y, en segundo lugar, que para llevarlos a cabo por lo general se requieren determinados instrumentos y herramientas, vinculados en su mayoría, aunque no todos necesariamente, a la existencia de un laboratorio o centro de investigación dotado de la infraestructura necesaria. En el esquema de la Figura 1 se representan los distintos pasos que conlleva el método experimental: cada una de sus etapas entraña dos fases sucesivas, la segunda de las cuales (en la casilla blanca en la figura) es la consecuencia o el desarrollo natural de la primera (en la casilla gris en la figura).

A lo largo de las décadas, los fonetistas se han servido de distintos instrumentos para llevar a cabo sus experimentos, desde el antiguo quimógrafo hasta el moderno articulógrafo

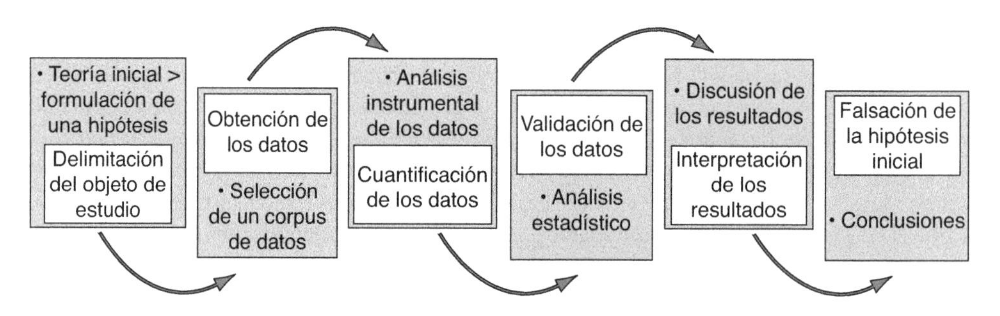

Figura 1 Representación de los pasos seguidos en el método experimental

electromagnético-EMMA, pasando por el laringógrafo y el sonógrafo, por citar quizá los más conocidos. Con todo, el cambio más decisivo que se ha producido en años recientes con respecto a las técnicas de análisis instrumental ha sido, sin duda, la aparición de programas informáticos de acceso libre en red, al alcance por tanto de cualquier persona interesada en el campo y que han posibilitado que la investigación de ciertos fenómenos no haya de requerir inexcusablemente unos equipos e instalaciones de coste elevadísimo. De todos estos programas el más difundido y el más empleado en la actualidad es el denominado *PRAAT*, diseñado en la Universidad de Amsterdam por Paul Boersma y David Weenink.

3. El proceso del habla

Considérense las Figuras 2, 3 y 4. En la primera de ellas se muestra la sección longitudinal del aparato fono-articulatorio humano, y se puede apreciar cómo las cavidades que lo integran se pueden agrupar en tres secciones que toman como punto de referencia la ***laringe***, más en concreto, la ***glotis***, que es el espacio triangular existente entre las ***cuerdas*** o ***pliegues vocales*** alojados en ella: todas las cavidades y órganos ubicados por debajo de la laringe constituyen la sección ***infraglótica*** del aparato fono-articulatorio (tráquea, bronquios, pulmones, diafragma); todos los situados por encima de la laringe reciben el adjetivo de ***supraglóticos*** (cavidad faríngea, cavidad nasal, cavidad oral, e incluso alguna otra cavidad adicional y transitoria como la que pueden formar los labios al redondearse y abocinarse); finalmente, la laringe en sí, en cuanto que alberga la glotis, recibe la denominación de ***cavidad glótica***. En la Figura 3, por otra parte, se presenta un dibujo del tracto vocal, es

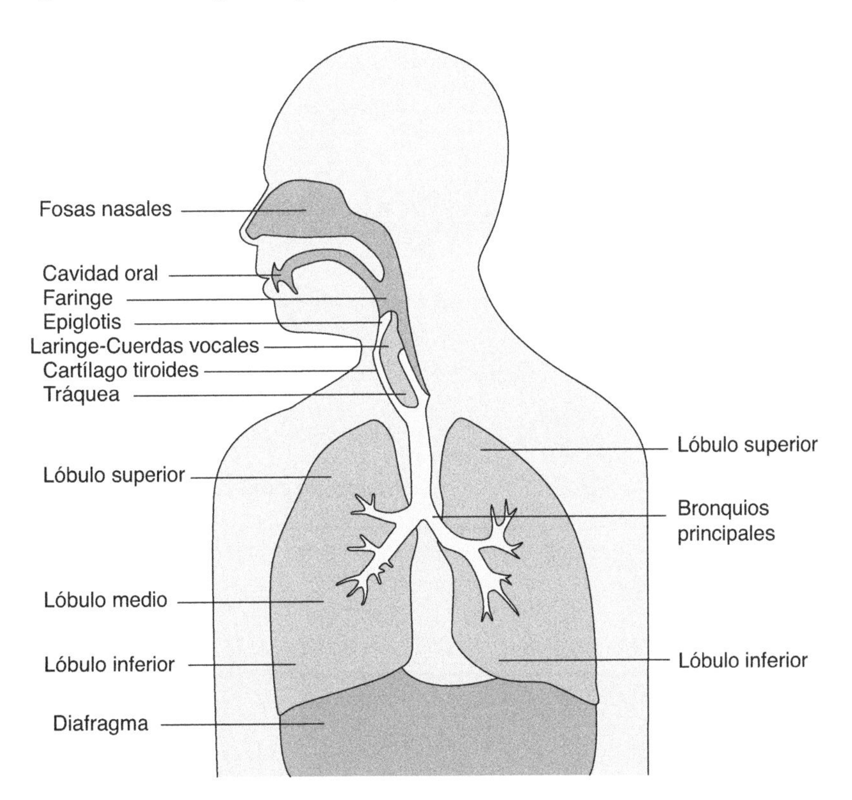

Figura 2 Aparato fono-articulatorio humano (Ilustración: José Blanco Perales)

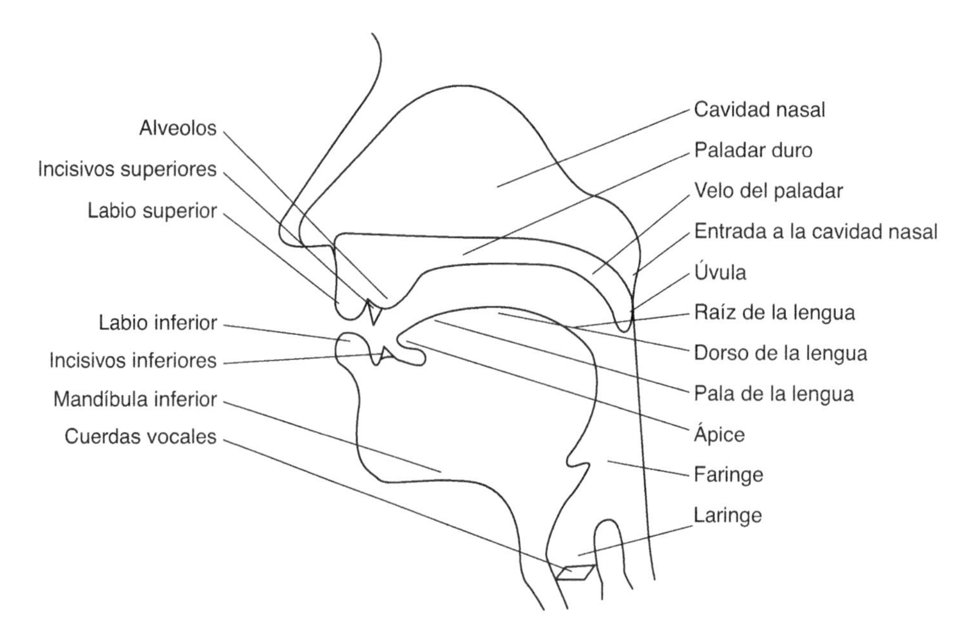

Figura 3 Esquema del tracto vocal

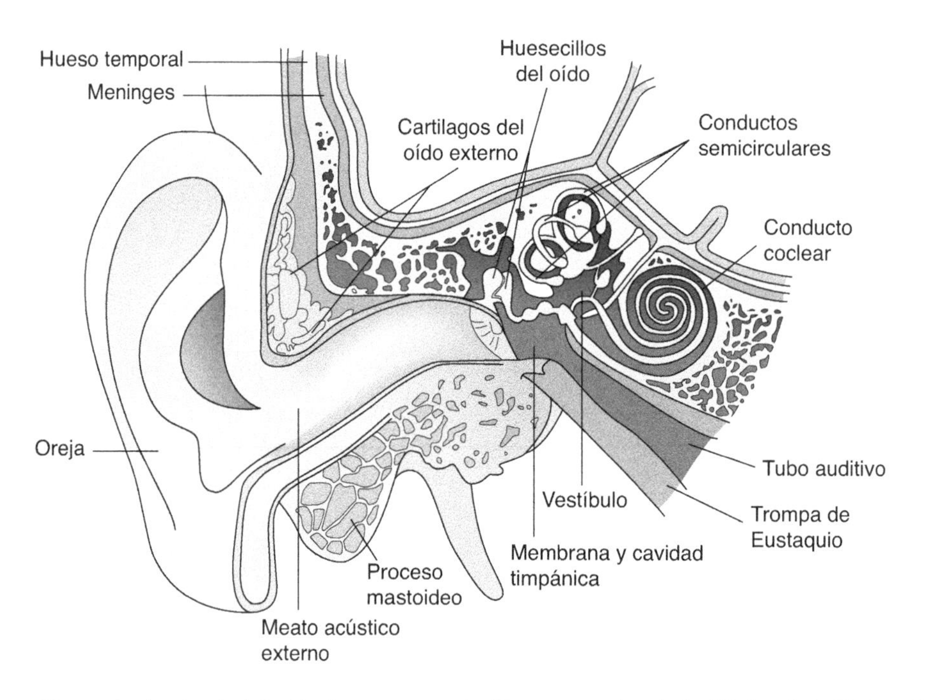

Figura 4 Anatomía del oído [imagen reproducida con permiso de la Clínica de la Universidad de Navarra]

decir, de las cavidades supraglóticas, con sus zonas delimitadas. Finalmente, en la Figura 4 se reproduce una imagen del oído, también con sus distintas partes especificadas.

Teniendo presentes, así pues, las características anatómicas y el emplazamiento de los órganos que intervienen en el proceso de producción y audición/percepción del habla, puede entenderse fácilmente cómo se desarrolla todo él. Sirvan como ejemplo los casos de la vocal [a] y de la consonante [b] del español.

Para pronunciar una [a], empleamos el flujo de aire procedente de los pulmones a medida que sale al exterior durante la espiración: se trata, por tanto, de un sonido ***pulmonar*** y ***egresivo***, como lo son el resto de los sonidos que constituyen el inventario del español estándar. Cuando ese flujo de aire llega a la altura de los pliegues vocales, en la laringe, los encuentra cerrados, es decir, en contacto el uno con el otro. Ello provoca que aumente la presión de la corriente de aire, que se detiene y se acumula en ese punto, y, cuando este incremento es lo suficientemente elevado como para vencer la resistencia de los músculos que mantienen cerradas a las cuerdas, estas se abren y dejan pasar una cierta cantidad de aire a gran velocidad. De inmediato, debido a la acción de un factor aerodinámico denominado ***efecto Bernoulli***, los pliegues vocales vuelven a cerrarse, y el proceso comienza de nuevo. La vibración producida de este modo en las cuerdas genera una onda acústica, el ***tono laríngeo***, que es ***compleja*** porque está compuesta, a su vez, por un cierto número de ondas o ***armónicos*** que abarcan un amplio rango de frecuencias. El tono laríngeo presenta una ***frecuencia fundamental*** que puede ser mayor o menor dependiendo del número de veces que se repita el ciclo vibratorio en la unidad de tiempo considerada, normalmente el segundo. Un tono de alrededor de 120 ***hercios*** (o, lo que es igual, de 120 ciclos por segundo) es más propio de una voz masculina; un tono de, por ejemplo, 220 ***Hz*** resulta más frecuente en las voces femeninas, que son más altas o agudas.

Los hechos descritos, que tienen lugar en la laringe, constituyen a grandes rasgos el fenómeno conocido con el nombre de ***fonación***, que supone una ***fuente***, un origen de sonido para todos los segmentos ***sonoros***, como lo es la [a] y el resto de las vocales, por ejemplo (véase § 3). No obstante, este tipo de fuente ni interviene en la producción de todos los sonidos ni es la única fuente posible, como se explicará más adelante.

Una vez que ha tenido lugar la fonación necesaria para pronunciar una [a], el flujo de aire egresivo, ya en vibración, continúa su camino hacia las cavidades supraglóticas. Estas adoptan para los diversos sonidos una configuración distinta —que depende, lógicamente, de los movimientos que en cada caso se realizan con los órganos articulatorios— y actúan como cajas de resonancia del tono laríngeo; son, por ende, ***resonadores*** o ***filtros acústicos***. Tomando siempre como ejemplo la vocal [a], podría decirse que su caja de resonancia (es decir, la constituida por la cavidad oral indivisa, con las mandíbulas abiertas y la lengua alejada del velo del paladar, extendida en el hueco de la mandíbula inferior) conforma un filtro acústico que va a amplificar determinados grupos de armónicos (normalmente, los que tengan una frecuencia de entre 500 y 1100 Hz, y de entre 1200 y 1500 Hz) y, por el contrario, va a eliminar o amortiguar otros, en lo que se conoce también como ***función de transferencia*** (de filtrado). Los grupos de armónicos que se ven reforzados se denominan, en fonética, ***formantes***. Si, en lugar de una [a], nuestro ejemplo fuera una [e], los componentes de la onda glotal reforzados y debilitados serían otros, porque los resonadores tendrían otra configuración y responderían de distinto modo a las diversas frecuencias que les llegan. Esa es la razón última, precisamente, de que se produzcan y percibamos sonidos diferentes: la acción conjunta de una fuente —en los ejemplos mencionados hasta ahora, la fuente glotal— y un filtro —las cajas de resonancia constituidas para cada sonido por las cavidades supraglóticas.

En el caso de la consonante [b], y puesto que es también un sonido sonoro, la fuente glotal actúa del mismo modo: al igual que en la [a], existe vibración de las cuerdas vocales y a las cavidades supraglóticas llega también el tono laríngeo. Sin embargo, dado que se trata de una consonante y no de una vocal, la corriente de aire encuentra en algún punto del tracto vocal un obstáculo, creado, concretamente en la [b], por una ***oclusión***, el cierre de los labios. Cuando, por la presión del flujo detenido tras ellos, ese cierre se deshace bruscamente, se produce un ***ruido de explosión***, momentáneo o transitorio. Puede afirmarse, entonces, que en la [b], como ***oclusiva*** que es, se combinan dos fuentes de sonido: la fuente glotal y una fuente de ruido transitorio, la correspondiente a la disolución de su oclusión.

En otras consonantes, que no son sonoras, sino ***sordas***, no actúa la fuente glotal. La [p], por ejemplo, es también labial como la [b], pero en ella solo actúa la fuente de ruido transitorio. Por otra parte, si el obstáculo, en lugar de ser un cierre total, fuera un mero estrechamiento del tracto vocal, como sucede en la consonante sorda [s], el roce o ***fricción*** del flujo de aire al pasar por esa constricción constituiría la única fuente de sonido de la consonante, denominada por ello ***fricativa***. En todo caso, la función de los resonadores seguirá siendo siempre la misma: amortiguar o amplificar determinados componentes. Es decir, hay resonancia sea cual sea el tipo de fuente que origina el sonido. En la Tabla I de más abajo se resumen todas las posibilidades a las que se viene haciendo mención.

El resultado de la acción conjunta de la fuente o fuentes que generan el sonido y de los filtros o resonadores que lo modulan es una onda que alcanza nuestros oídos. En ellos empieza el proceso de ***audición***, que culmina en el cerebro, en donde se produce un complicadísimo tratamiento de la información cuyo resultado es la ***percepción*** de lo que escuchamos.

La onda correspondiente a la [a] o a la [b] llegaría, por tanto, al conducto auditivo externo (un nuevo resonador, en realidad) y de ahí a la membrana timpánica o ***tímpano***, que entra en vibración cuando le alcanzan las variaciones de presión que toda onda sonora conlleva. Sus oscilaciones en ambos sentidos se transmiten a la ***cadena de huesecillos*** que conecta con el oído interno y que transmite, a su vez, las vibraciones aéreas al líquido perilinfático del interior del ***caracol*** o ***conducto coclear***, de manera que las ondas que hasta ese punto eran aéreas pasan a ser líquidas. La ***perilinfa***, al vibrar, también transmite su oscilación a la ***membrana basilar***, cuya importancia reside en que es el soporte del ***órgano de Corti***, el conversor de la energía mecánica en energía eléctrica: las oscilaciones se transforman ahora en impulsos u ondas electroquímicas, que finalmente llegan al cerebro a través del nervio auditivo.

A partir de este momento, se desarrolla el proceso de percepción del habla, que es posible merced a la capacidad que los seres humanos poseen para segmentar y decodificar el continuo fónico reduciendo la variabilidad a la invariabilidad, o lo que es igual, asociando en categorías invariantes estímulos sonoros que son, tanto articulatoria como acústicamente,

Tabla I Las distintas fuentes de sonido que intervienen en los diversos tipos de segmentos

VOCALES	CONSONANTES			
	Sonoras		*Sordas*	
	Oclusivas	*Fricativas*	*Oclusivas*	*Fricativas*
Fuente glotal	Fuente glotal + Fuente de ruido transitorio	Fuente glotal + Fuente de ruido turbulento	Fuente de ruido transitorio	Fuente de ruido turbulento

muy variables. Retomando el ejemplo de la vocal [a], cualquier oyente hispanohablante identificará como tal vocal tanto la [a] que aparece en *palo*, como la que se articula en *manto*, así como cualquier otra que escuche en un contexto diferente, y lo hará con independencia de que las pronuncien un niño, una mujer adulta, un anciano u otro hablante cualquiera. Debido a las divergencias asociadas con el contexto, con el locutor, con el estilo de habla, etc., todas esas realizaciones se diferenciarán entre sí, lógicamente, en diversos rasgos acústicos y articulatorios, de los cuales, sin embargo, el oyente hará abstracción al percibirlas. Esto es, precisamente, lo que hace posible la comunicación humana.

4. La clasificacion articulatoria de los sonidos

Los sonidos, que también admiten la denominación de ***fonos***, se han dividido tradicionalmente en ***vocales*** y ***consonantes***. Ambos conceptos se asocian con un conjunto de propiedades articulatorias, acústicas, perceptivas y funcionales que permiten establecer una división entre ellos, como se resume en la Tabla II de la página siguiente. Si bien la mayor parte de los argumentos que se han aportado a lo largo de los años para justificar esta dicotomía, sintetizados en la tabla, han sido objeto de intenso debate, porque la frontera entre los dos tipos de sonidos no es en todos los casos tan nítida como cabría pensar, lo cierto es que en el ámbito de la disciplina se sigue aceptando esta primera gran división tradicional, aun conociendo los problemas que plantea si se examina con todo rigor.

Además, desde el punto de vista articulatorio, es posible clasificar las vocales en diversos tipos, según se muestra en la Tabla III, en tanto que las consonantes admiten las distinciones recogidas en la Tabla IV, ambas en la página 73–74. En ambas tablas se mencionan únicamente los parámetros relevantes para el español estándar, pero debe tenerse en cuenta que, en las diversas variedades y en los distintos contextos y estilos de habla del español, pueden documentarse de hecho otros sonidos, vocálicos o consonánticos, que harían precisos criterios clasificatorios y descriptivos adicionales, más exhaustivos: vocales ensordecidas o centralizadas, también vocales nasalizadas; consonantes uvulares o glotales, etc.

Conviene precisar que las propiedades fonoarticulatorias de las consonantes a menudo cambian en función del contexto en el que estas se ubican en la secuencia fónica. Así, por ejemplo, una consonante que es sorda, como la [s] intervocálica, se sonoriza cuando va situada ante otra consonante sonora, y una consonante alveolar, como lo es la [n] cuando va entre vocales, se puede velarizar, cuando va ante una consonante velar, o palatalizar ante una palatal.

5. El análisis articulatorio de los sonidos del habla

Según se acaba de exponer, los sonidos del habla, intervenga o no la fuente glotal en ellos, se generan mediante una serie de movimientos articulatorios, que conforman resonadores de distintas dimensiones y configuración en cada caso y, en consecuencia, originan resultados acústicos también diversos. Es evidente, pues, que en fonética la producción de los sonidos pueden investigarse y analizarse desde el punto de vista articulatorio o desde el punto de vista acústico.

Desde la perspectiva articulatoria, el análisis suele realizarse mediante medios instrumentales y procedimientos experimentales que proporcionan al especialista la información requerida. La palatografía estática y la electropalatografía son, a este respecto, técnicas ya bien conocidas en el campo. La primera es más antigua que la segunda, pero ambas van encaminadas a mostrar el lugar exacto de la cavidad oral en el que un sonido se articula: la

Tabla II Algunas características que oponen las consonantes a las vocales

Tipo de segmentos	*Características articulatorias*	*Características acústicas*	*Propiedades perceptivas*	*Rasgos funcionales*
Vocales	No presentan obstrucción a la salida del aire Se articulan con menor esfuerzo y menor gasto de aire En su articulación intervienen principalmente los músculos depresores Presentan una mayor estabilidad de las posiciones articulatorias	Son sonidos sonoros (aunque puedan ensordecerse excepcionalmente) La frecuencia de vibración de las cuerdas vocales es mayor en ellas que en las consonantes Son más intensas que las consonantes Son sonidos que apenas presentan ruidos aperiódicos Presentan una mayor estabilidad acústica	Las vocales son más perceptibles que las consonantes	Las vocales pueden constituir núcleo silábico
Consonantes	Presentan algún tipo de obstrucción a la salida de aire Su articulación requiere un mayor esfuerzo En su articulación intervienen principalmente los músculos elevadores Presentan menor estabilidad de las posiciones articulatorias	Son sonidos con ruido aperiódico, que a veces determina su identificación Su reconocimiento depende de los cambios frecuenciales en sus formantes o en los de las vocales vecinas Son menos intensas que las vocales	Las consonantes son menos perceptibles que las vocales	Solo algunas consonantes (las *sonantes*) pueden constituir núcleo silábico

palatografía estática, mediante la observación de la "huella" que el contacto de la lengua deja en un paladar artificial que el hablante se introduce en la boca cubierto con polvo oscuro; la electropalatografía, mediante la información proporcionada por los electrodos que conlleva un paladar especial que también se coloca el locutor en la boca y que son sensibles a los contactos que la lengua establece con ellos durante la articulación del sonido en cuestión.

Más recientemente, han comenzado a emplearse otras técnicas muy prometedoras en el estudio articulatorio de los sonidos. Por ejemplo, para el análisis de la configuración anatómica precisa a la que responde cada uno de ellos se hace uso de las imágenes aportadas o bien por la resonancia magnética (MRI, véase la Figura 5 en la página 74) o bien por otras técnicas de imagen, como la ecografía; para reflejar la coordinación y la co-variación de los

Tabla III Clasificación articulatoria de las vocales en español

Parámetros	*Denominación*
Modo de articulación Grado de abertura establecido a partir de la elevación de la parte más alta de la lengua	Vocales *abiertas* o *bajas*: [a] Vocales *cerradas* o *altas*: [i], [u] Vocales *medias*: [e], [o]
Lugar de articulación Localización de la zona más alta de la lengua en el eje antero-posterior de la cavidad oral	Vocales *anteriores* o *palatales*: [i], [e] Vocales *posteriores* o *velares*: [o], [u] Vocales *centrales*: [a]
Acción de los labios Disposición redondeada o no de los labios	Vocales *labializadas* o *redondeadas*: [o], [u] Vocales *no labializadas o no redondeadas*: [i], [e], [a]

Tabla IV Clasificación articulatoria de las consonantes del español

Parámetros	*Denominación*	*Descripción*	*Ejs.*
Fonación Presencia o ausencia de vibración en las cuerdas vocales	*Consonantes sordas*	La fuente glotal no interviene en su producción; responden únicamente a una fuente de ruido transitorio o a una de ruido turbulento (o a ambas).	**[k]** **[x]**
	Consonantes sonoras	En su producción interviene la fuente glotal, además de la fuente de ruido consonántico, sea este transitorio o turbulento.	**[l]** **[d]**
Modo de articulación Disposición particular presentada por los órganos articulatorios en la zona en que se produce el sonido	*Consonantes oclusivas*	En su articulación se establece un contacto completo de los articuladores, que cierran momentáneamente el canal vocal.	**[p]** **[g]**
	Consonantes fricativas	En su articulación, el canal vocal se estrecha en algún punto, lo que genera una fricción al paso del flujo aéreo por dicha constricción.	**[s]** **[f]**
	Consonantes aproximantes	En su articulación, también se forma un estrechamiento del canal en algún punto, pero no lo suficientemente angosto como para que se llegue a producir ruido de fricción al paso del aire.	**[β̞]** **[ð̞]**
	Consonantes africadas	Su articulación consta de dos fases, una oclusiva inicial y otra, posterior, fricativa.	**[ʤ]** **[ʧ]**
	Consonantes róticas	El ápice o punta de la lengua obstruye y abre el paso al flujo de aire rápidamente, en los alveolos, una o más veces.	**[r]** **[ɾ]**
	Consonantes laterales	La lengua toma contacto con el órgano articulador pasivo o fijo en alguna zona del conducto vocal, pero solo en la parte central, de modo que el flujo de aire sale por los lados del obstáculo.	[l] **[ʎ]**
	Consonantes nasales	Se articulan con el paso a la cavidad nasal abierto, debido al descenso de la úvula, y con una oclusión simultánea en algún lugar de la cavidad oral.	**[n]** **[ɲ]**

Cont.

Tabla IV Continuación

Parámetros	*Denominación*	*Descripción*	*Ejs.*
Lugar o punto de articulación Zona del tracto vocal en la que se articulan los distintos sonidos	*Consonantes labiales*	En ellas intervienen los dos labios, que se cierran momentáneamente para después abrirse bruscamente.	**[p]** **[b]**
	Consonantes labiodentales	El labio inferior se acerca a los incisivos superiores dando lugar a un estrechamiento del canal por el que sale el aire con fricción.	**[f]**
	Consonantes interdentales	El ápice de la lengua se sitúa entre los incisivos inferiores y superiores, y el aire sale produciendo ruido de fricción.	**[θ]**
	Consonantes dento-alvelolares (o *dentales*)	El ápice o el predorso de la lengua se apoya contra la cara interna de los incisivos superiores y el comienzo de los alveolos.	**[t̪]** **[d̪]**
	Consonantes alveolares	El ápice o el predorso de la lengua toca o se acerca a las protuberancias (alveolos) en las que se insertan los incisivos superiores.	**[s]** **[l]**
	Consonantes postalveolares (o *alveolo-palatales*)	El dorso de la lengua toca o se acerca a la parte del paladar que linda directamente con los los alveolos.	**[ʧ]**
	Consonantes palatales	El dorso de la lengua toca o se acerca al centro del paladar.	**[ʝ]**
	Consonantes velares	El posdorso de la lengua toca o se acerca a la zona pospalatal o plenamente velar del paladar.	**[x]** **[k]**

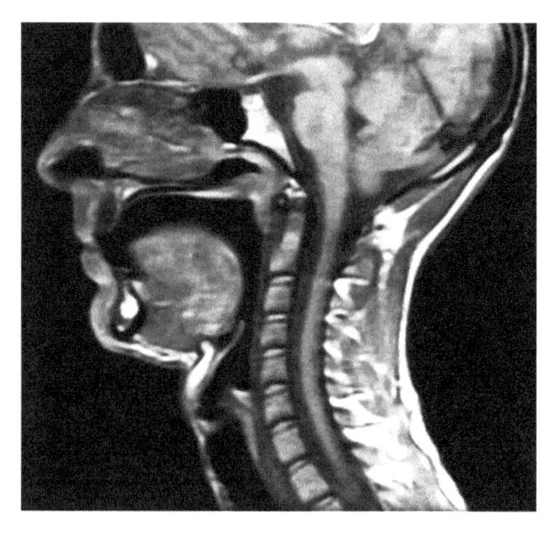

Figura 5 Imagen de la articulación de la consonante [p] obtenida mediante resonancia magnética [imagen reproducida de http://web.udg.edu/labfon/]

movimientos de los distintos articuladores (lengua, mandíbula, labios, etc.) se dispone de la articulografía electromagnética (EMMA); finalmente, con la electromiografía (EMG) se puede medir el grado de corriente eléctrica producida por los músculos implicados en los diferentes movimientos articulatorios.

6. El análisis acústico de los sonidos del habla

El análisis acústico de los sonidos del habla, por su parte, tiene como objetivo dar cuenta de la estructura acústica que presentan los distintos tipos de segmentos que se suceden en el decurso fónico. Según quedó dicho en el § 3, las ondas sonoras correspondientes a los sonidos del habla son ondas complejas, compuestas por otras ondas o armónicos. También se vio cómo la generación de un sonido resulta de la acción conjunta de una(s) fuente(s) y de un(os) filtro(s) o resonador(es). Teniendo todo ello en cuenta, se puede entender lo que se muestra en la Figura 6 de la página 76: en su parte superior se representa (muy simplificada e idealizadamente) el ***espectro*** del tono glotal, en el que se pueden apreciar sus ondas componentes o armónicos, con su amplitud en decibelios (dB) en el eje de ordenadas y su frecuencia en Hz en el de abcisas; y en la parte inferior se observa, en cambio, cómo la intervención de los resonadores, cuyas frecuencias de resonancia se muestran en la imagen central, ha modificado los componentes iniciales.

Al fonetista que realiza un análisis acústico le interesa, pues, comprobar cómo se distribuye la energía en cada sonido y dónde están localizadas las zonas de mayor intensidad en cada uno de ellos, qué tipo de fuente los ha generado, si el filtro que ha actuado en los distintos casos ha modificado su propia forma durante la producción del sonido en cuestión o ha permanecido invariable, dónde pueden establecerse los límites de cada segmento, qué duración alcanzan, etc. Para estudiar todos estos factores, el investigador puede llevar a cabo varios análisis complementarios: el de la forma de la onda, que nos proporcionará su ***oscilograma***, o el espectrográfico (véase la Figura 7 en la página 77), entre otros.

En el espectrograma de la parte superior de la Figura 7, puede observarse cómo los formantes (o zonas de resonancia) presentan una distribución diferente en las tres vocales de la palabra *petaca*. Los espacios en blanco que aparecen entre ellas corresponden a las fases de oclusión de las consonantes intercaladas [p t k], muy apreciables también en la forma de onda de la parte inferior. En el caso del espectrograma, en el eje de ordenadas se recogen las frecuencias (en Hercios, Hz), mientras que en el de abcisas se marca el tiempo (en segundos o milisegundos). Por otro lado, en el oscilograma, en el eje de ordenadas se precisa la amplitud (esto es, la intensidad en términos perceptivos) de cada sonido, expresada en decibelios (dB), en tanto que el eje de abcisas sigue indicando el tiempo.

7. La transcripción fonética y los alfabetos fonéticos

La transcripción fonética es la representación escrita de los sonidos que se pronuncian, y su finalidad es reflejar gráficamente los rasgos y los matices que distinguen a estos sonidos entre sí. Para llevarla a cabo los expertos disponen de diversos alfabetos fonéticos, como se explica más adelante, con los que pueden realizar transcripciones más o menos detalladas. En las del primer tipo, las denominadas ***transcripciones estrechas***, se intenta recoger la mayor cantidad posible de información fonética, lo que en ocasiones implica incorporar a los símbolos que los alfabetos proporcionan algunos nuevos ***signos diacríticos*** especiales, destinados a reflejar las peculiaridades propias de los distintos sonidos. En las del segundo tipo, menos minuciosas y conocidas, por ello, como ***transcripciones amplias***, solo se anotan los

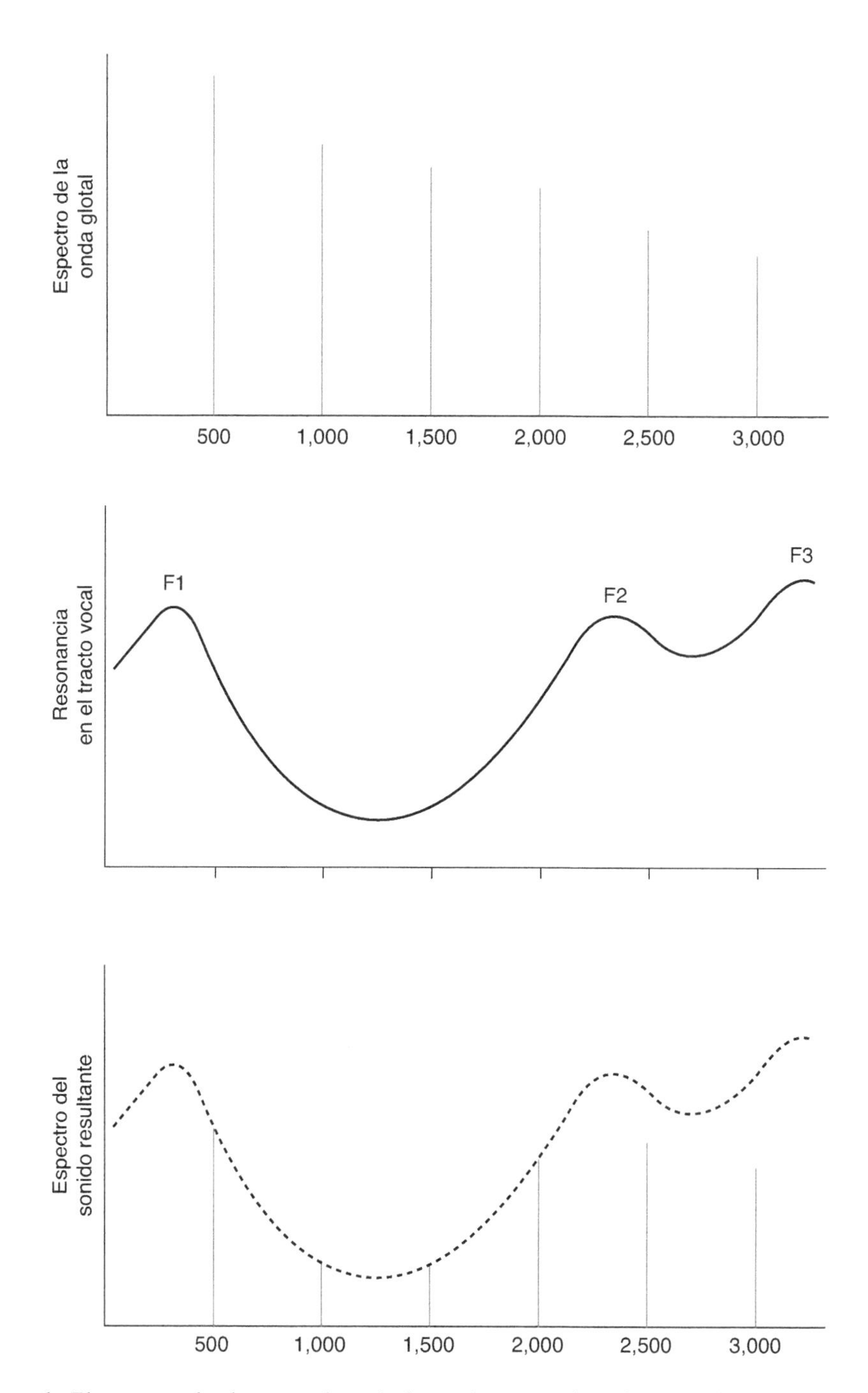

Figura 6 El espectro glotal antes y después de que los resonadores hayan realizado su función de filtrado o de transferencia

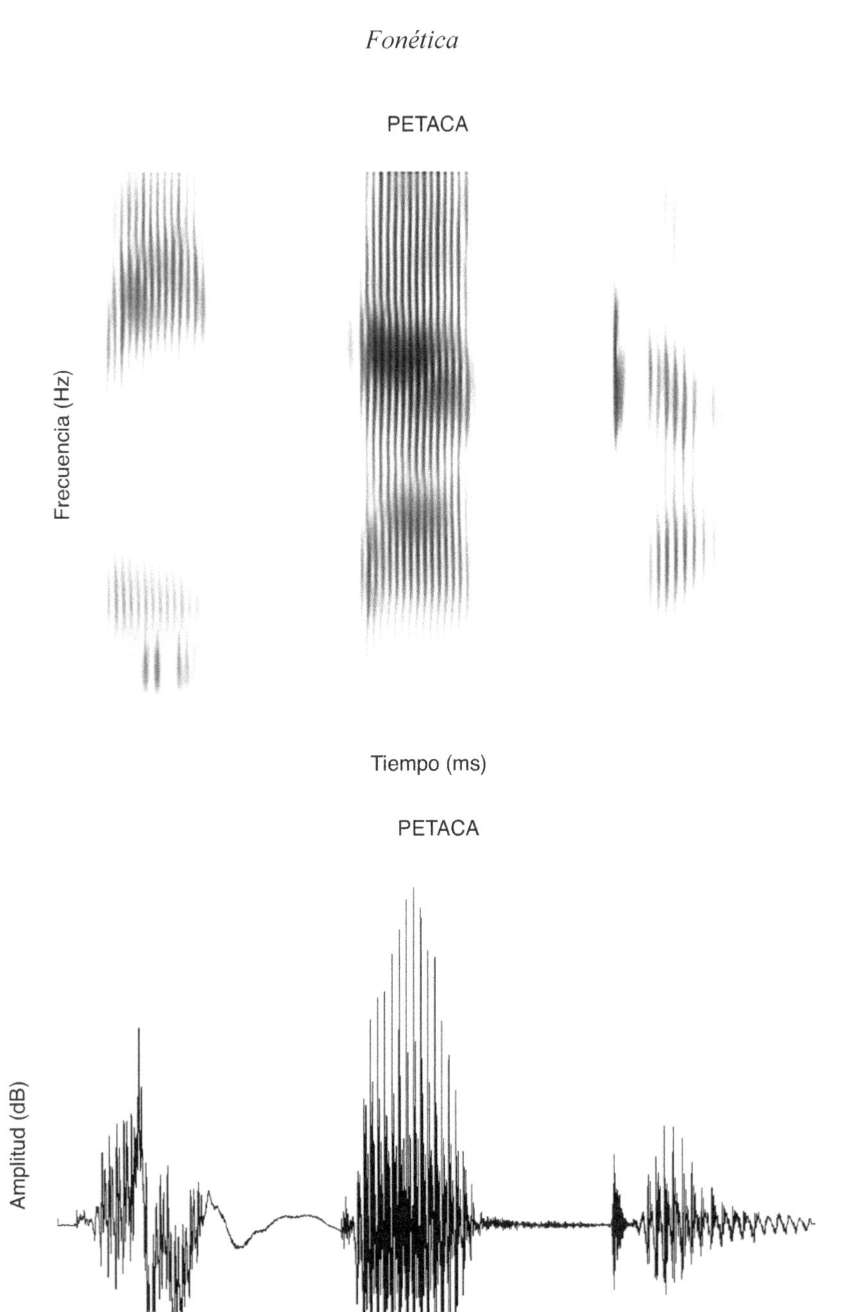

Figura 7 Espectrograma (parte superior) y oscilograma o forma de onda (parte inferior) de la palabra petaca, pronunciada por la autora

rasgos fónicos necesarios para diferenciar los sonidos entre sí, sin incorporar mayores precisiones.

En puridad, la transcripción fonética, que pretende dar cuenta de la naturaleza física de los sonidos y aspira a aproximarse a ella lo más posible, conlleva un considerable grado de abstracción en sí misma, porque parte de la base de que el habla puede segmentarse en una secuencia de sonidos discretos, con límites nítidos, representados por los diferentes símbolos empleados, universalmente válidos. La realidad, por el contrario, es que los segmentos individuales no se emiten separadamente unos de otros, sino que la cadena hablada es un continuo en el que los sonidos ubicados en el interior de los fragmentos comprendidos entre pausas, es decir, en el interior de los ***grupos fónicos***, no admiten delimitaciones claras y con frecuencia se solapan. De hecho, los segmentos adyacentes en la cadena se producen de acuerdo con pautas de coordinación de los gestos articulatorios que dan lugar al fenómeno de la ***coarticulación.*** En la palabra española *por*, por ejemplo, la consonante [p] se articula con un cierre absoluto del canal oral, pues, como ya se ha dicho, es una oclusiva labial. La lengua, durante esta oclusión en los labios, toma ya la posición de la articulación siguiente, la [o], de forma que el parámetro articulatorio que podría denominarse "posición de la lengua" no sirve para fijar la frontera entre la [p] y la [o]. Sin embargo, el parámetro "acción de los pliegues vocales" sí señala el límite entre estos dos sonidos, puesto que la [p] es sorda y la [o], sonora.

Con todo, a pesar de estos reparos que pueden hacérsele y que han dado lugar a no pocos debates, la transcripción fonética sigue empleándose como un método de representación válido desde el punto de vista científico, que se vincula en cierta medida con un nivel de representación situado a medio camino entre el plano de las realizaciones puramente físicas y el plano fonológico, más abstracto.

El ***Alfabeto Fonético Internacional*** (conocido como Alfabeto AFI por sus siglas en español, o como IPA Alphabet por sus siglas en inglés; disponible en la página web https://www.internationalphoneticassociation.org/content/full-ipa-chart) es el más difundido en la actualidad, tanto en trabajos de índole fonética como en estudios de carácter fonológico. Fue creado en 1889 y es revisado —a intervalos de tiempo irregulares— por la International Phonetic Association. Aunque los elementos que contiene no agotan todas las posibilidades que el aparato fonoarticulatorio humano ofrece, los sonidos más distintivos y más habituales en las lenguas del mundo sí están representados. Las consonantes aparecen separadas en dos grandes bloques, que oponen las pulmonares a las no pulmonares, y todas ellas se distinguen de otros sonidos más complejos y de las vocales, que se muestran en la parte central del cuadro. Finalmente, en su zona inferior se presentan los diacríticos más frecuentemente empleados y los signos asociados con los rasgos suprasegmentales.

La clasificación descriptiva de consonantes y vocales se realiza haciendo uso de los parámetros articulatorios de los que ya se habló en el § 3. Por ejemplo, el sonido [m] se ubica en la celda correspondiente a los sonidos bilabiales y nasales, lo que indica que pertenece a estas dos clases de segmentos; además, al ser un sonido sonoro, aparece situado en el lado derecho de la casilla, al igual que lo hacen todos los restantes elementos sonoros en sus celdas correspondientes. Los símbolos utilizados son, en su mayor parte, grafías latinas, si bien ocasionalmente se recurre al alfabeto griego, en particular cuando se pretende diferenciar dos sonidos emparentados y muy próximos acústicamente.

En el mundo hispanohablante, por otra parte, se ha venido utilizando durante muchos años el llamado ***Alfabeto de la Revista de Filología Española (RFE)***, denominado así porque fue propuesto por la RFE en 1915, basándose en el alfabeto empleado de forma general por los romanistas europeos. Este es el alfabeto que Tomás Navarro Tomás, por ejemplo, usó en su clásico *Manual de pronunciación española* (1918). Hoy en día, sin embargo, incluso los investigadores que desarrollan su trabajo en el ámbito hispánico prefieren manejar, en las obras de carácter fonético general, el AFI, por su alcance más universal, mientras que el alfabeto de la RFE se reserva preferentemente para los estudios relacionados con el análisis de las variedades dialectales del español.

Un investigador del Instituto Caro y Cuervo de Bogotá (Colombia), Alejandro Correa, ha realizado una muy útil tabla de equivalencias entre los símbolos de los dos alfabetos mencionados (disponible en http://www.bibliodigitalcaroycuervo.gov.co/962/). En ella aparecen también reflejados los símbolos correspondientes a un tercer alfabeto, el X-SAMPA, que es una variante extendida y perfeccionada, aplicable a cualquier lengua, del Alfabeto SAMPA (siglas correspondientes a Speech Assessment Methods Phonetic Alphabet). Este alfabeto fue desarrollado en Europa durante los años ochenta y tiene la peculiaridad de que es legible por el ordenador mediante los caracteres del código ASCII de 7 bits. Además, en dicha tabla se precisan los comandos necesarios para implementar el AFI en el programa de análisis fonético PRAAT, al que ya se hizo mención anteriormente (§ 2.2.).

Conviene insistir, antes de concluir, en que la transcripción fonética no es, en todo caso, más que un medio del que se sirve el fonetista para realizar su trabajo. En consecuencia, es bastante habitual que los distintos autores introduzcan convencionalmente en sus trabajos ciertos símbolos nuevos —o ciertas modificaciones en los ya existentes— que les son necesarios para realizarlos. El único requisito al que se deben atener para sentirse totalmente libres de hacerlo consiste en precisar muy claramente al lector el sentido último de sus innovaciones.

Lecturas complementarias

a) Introducciones generales a la fonética

Clark, J., Yallop, C. y Fletcher, J. (2007) *An introduction to phonetics and phonology*, Oxford: Blackwell.
Ladefoged, P. y Johnson, K. (2010) *A course in phonetics*, Boston: Wadsworth Cengage Learning.
Laver, J. (1994) *Principles of phonetics*, Cambridge: Cambridge University Press.

b) Introducciones generales a la fonética del español

Gil, J. (2007) *Fonética para profesores de español: de la teoría a la práctica*, Madrid: Arco Libros.
Martínez Celdrán, E. y Fernández Planas, A. M. (2007) *Manual de fonética española*, Barcelona: Ariel.
Navarro Tomás, T. (1918) *Manual de pronunciación española*, Madrid: CSIC.

c) Sobre la transcripción fonética

Face, T. L. (2008) *Guide to the phonetic symbols of Spanish*, Somerville, MA: Cascadilla Press.
International Phonetic Association (1999) *Handbook of the International Phonetic Association. A guide to the use of the International Phonetic Alphabet*, Cambridge: Cambridge University Press.
Pullum, G. K. y Ladusaw, W. A. (1986) *Phonetic symbol guide*, Chicago: The University of Chicago Press.

d) Fonética articulatoria

Catford, J. C. (1988) *A practical introduction to phonetics*, Gloucester: Clarendon Press.
Fletcher, S. G. (1992) *Articulation. A physiological approach*, San Diego: Singular Publishing Group.

e) Fonética acústica

Kent, R. D. y Read, Ch. (2002) *Acoustic analysis of speech*, Nueva York: Delmar Thomson Learning.
Quilis, A. (1981) *Fonética acústica de la lengua española*, Madrid: Gredos.

f) Fonética perceptiva

Johnson, K. (2003) *Acoustic and auditory phonetics*, Oxford: Blackwell.

g) Metodología de la investigación en fonética

Llisterri, J. (1991) *Introducción a la fonética: el método experimental*, Barcelona: Anthropos.

h) Universales fonéticos

Maddieson, I. (2006) "In search of universals", en Mairal, R. y Gil, J. (eds.) *Linguistic universals*, Cambridge: Cambridge University Press, pp. 80-100.

Entradas relacionadas

acento; consonantes; entonación; fonología; vocales

FONOLOGÍA

Joan Mascaró

1. La fonología dentro de la gramática generativa: el modelo SPE

Una gramática generativa de una lengua L da cuenta de la competencia de los hablantes de L para producir y comprender un número infinito de pares de sonido y significado. Asigna, por ejemplo, a una frase *¿Quién pasará?* una representación fonética y un significado a partir de los elementos léxicos que componen la frase. En particular, el componente fonológico de esta gramática interpreta las propiedades fonológicas del conjunto de elementos léxicos organizados secuencialmente y estructuralmente por la morfología y la sintaxis, es decir, les asigna una representación fonética. En la frase anterior los elementos léxicos son *quién*, la raíz verbal *pas-*, los elementos de la desinencia *-a-* y *ra* y una melodía entonativa interrogativa. La morfología y la sintaxis organizan estos elementos léxicos y la fonología, a partir de las propiedades fonológicas de los elementos léxicos establece su pronunciación, en este caso [kjèmpasará] con una entonación asociada. Determina, por ejemplo, la posición y prominencia de los dos acentos, la pronunciación de la /n/ final de *quién* como [m] por asimilación a la [p] posterior, y la distribución del patrón entonativo sobre toda la secuencia. La mejor forma de ver cómo procede el componente fonológico para interpretar fonéticamente expresiones gramaticales es verlo dentro del modelo estándar desarrollado por Chomsky y Halle en su monumental *The Sound Pattern of English* (Chomsky y Halle 1968), conocido en forma abreviada como SPE. En § 2-4, en que presentaremos las modificaciones posteriores al modelo, veremos como muchos de los supuestos analíticos de SPE fueron substituidos por otros, mientras que otros se mantuvieron.

Si partimos de una expresión lingüística bien sencilla, como la respuesta *La sal.*, a la pregunta *¿Qué me has pedido?*, podríamos pensar que la representación fonética es idéntica a la concatenación sintáctica de las representaciones fonológicas léxicas de las dos palabras, básicamente /la/, /sal/ → [lasál]. Pero incluso en un caso sencillo como éste hay diferencias entre las dos representaciones. *La* es un clítico y *sal* es un sustantivo, y por ello la fonología asigna un acento al segundo pero no al primero. El patrón entonativo aseverativo ascendente y descendente, además, se reparte sobre la secuencia de una forma específica; básicamente es ascendente sobre *la* y sobre la primera parte de *sal* y desciende en la segunda parte de *sal*. Si la respuesta hubiera sido *La salsa* ([lasálsa]), la sílaba acentuada [sál] hubiera tenido una representación entonativa diferente. En la mayoría de las expresiones lingüísticas los elementos segmentales, las vocales y las consonantes, también experimentan cambios. Todo ello significa que tiene que haber un componente gramatical, la fonología, que dé cuenta de estas discrepancias. Consideremos, por ejemplo, cómo se realiza fonéticamente el prefijo negativo *in-*; en los ejemplos siguientes se indican en transcripción fonética sólo la nasal final del prefijo y el segmento siguiente:

(1) i[ne]xacto
i[mp]ar
i[ɱf]eliz
i [n̪t]ratable
i[ns]eguro
i[ɲt͡ʃ]upable
i[ŋk]orrecto

Si nuestra representación léxica mental fuera directamente la representación fonética, tendríamos que almacenar las formas /in/, /iɱ/, /in̪/, /iɲ/, /iŋ/, con especificación, además, de los contextos en que cada una aparece. Por ello la fonología generativa recurre al concepto de representación subyacente o léxica, que en el caso del prefijo *in-*, como en la mayoría de los casos, es única, /in/, y deriva las formas de (1) a través de la fonología propiamente dicha, o componente fonológico de la gramática. En la representación subyacente se incluye toda aquella información fonológica que es idiosincrática y que por tanto no es posible predecir a partir de las regularidades que constituyen el componente fonológico. Podemos entender este componente como una función cuyo dominio son las expresiones organizadas estructuralmente por la morfología y por la sintaxis y que contienen las formas subyacentes de los morfemas de dichas expresiones. Tal función asigna a cada expresión del dominio una forma fonética (o más de una en el caso de variación libre). Cuando las variaciones fonéticas que experimenta un morfema responden a una regularidad fonológica, asignamos una única representación fonológica, es decir un *morfo*, a dicho morfema y derivamos las formas fonéticas en cada contexto a través de uno o varios procesos o *reglas fonológicas*. En el caso de *impar*, tal función asigna a /in-paɾ/ la representación fonética [im-páɾ], a través de una serie de operaciones entre las cuales hay la que cambia /n/ por [m]:

(2) Representación subyacente Representación superficial o fonética
/in-paɾ/ (reglas fonológicas) → [im-páɾ]

Esta operación describe una regularidad fonológica que la fonología generativa expresa formalmente a través de una *regla fonológica*, que provisionalmente expresaremos informalmente en (3):

(3) Las consonantes nasales (m, n, ɲ, etc.) adoptan el punto de articulación de una consonante inmediatamente posterior.

El componente fonológico es, pues, un conjunto de reglas fonológicas como (3) que derivan las formas fonéticas de los morfemas según el contexto en que aparecen. El conjunto de reglas fonológicas es un conjunto ordenado, o parcialmente ordenado: unas reglas se aplican antes que otras. La aplicación de una regla da lugar a una forma intermedia de la derivación a la cual se aplica la regla siguiente. Veámoslo a través del análisis de otra alternancia:

(4)	n[jé]va	n[e]var
	fr[jé]go	fr[e]gamos
	pl[jé]gan	pl[e]gaban
	alm[wé]rcen	alm[o]rzaran
	c[wé]nta	c[o]ntamos
	p[wé]blen	p[o]blar

En las formas verbales observamos una alternancia entre [jé] y [e] y entre [wé] y [o] que está determinada por el carácter tónico o átono de la sílaba. Cuando la sílaba final de la raíz verbal tiene acento es [jé] o [wé], pero cuando es átona aparece [e] u [o]. Casos como estos se tratan ordenando las reglas fonológicas, en este caso las reglas de asignación de acento, de desacentuación y de diptongación (presentamos tan solo un análisis simplificado del fenómeno). La primera regla asigna acento a una de las sílabas de los morfemas tónicos, la segunda elimina todos los acentos de una palabra excepto el último y la última establece, en las sílabas acentuadas, los cambios fonológicos de diptongación é → jé y ó → wé. Como se puede ver en los ejemplos siguientes de (5), si aplicamos primero Acentuación, después Desacentuación y finalmente Diptongación (además de otros procesos) se obtienen las formas fonéticas de (5a). Si cambiamos el orden a Asignación de acento - Diptongación - Desacentuación obtenemos un resultado anómalo, (5b). Como veremos más adelante esto es lo que sucede, por otras razones, en los derivados, como en el caso de p[wé]blo -p[we]blito. En (5) indicamos con '-' sólo el límite de morfema entre raíz y desinencia.

(5)				
	a	*Forma subyacente*	/pobl-en/	/pobl-aɾ/
		Asignación de acento	póblen	póbl-áɾ
		Desacentuación	—	pobl-áɾ
		Diptongación	pwéblen	pobl-áɾ
		Forma fonética	[pwéβlen]	[poβláɾ]
	b	*Forma subyacente*	/pobl-en/	/pobl-aɾ/
		Asignación de acento	póblen	póbl-áɾ
		Diptongación	pwéblen	pwébl-áɾ
		Desacentuación	—	pwebl-áɾ
		Forma fonética	[pwéβlen]	*[pweβláɾ]

Hay sin embargo casos en que una alternancia fonética que presenta un morfema no es atribuible a ningún proceso fonológico. En el caso del prefijo negativo mencionado antes, en ciertos casos, como delante de raíz con [l] inicial, no encontramos [in], sino [i]: i-[l]egible, i-[l]ícito, i-[l]ógico, y no *i[n-l]egible, *i[n-l]ícito, *i[n-l]ógico. Pero no podemos suponer que en estos casos el morfo de este prefijo es también /in/ y atribuir la elisión de la /n/ a una regla fonológica, puesto que la secuencia [nl] es posible en español, tanto dentro de un morfema, como a través de límite de morfema o de palabra: fi[nl]andés, circu[n-l]oquio, e[n-l]atar, déje[n-l]o, cie[n##l]istas. En estos casos hablamos de alomorfía, es decir, de presencia en la representación léxica de dos o más formas fonológicas. En este caso, el prefijo *in-* tiene dos formas subyacentes, /in/ e /i/.

Los segmentos, como las consonantes [m], [n], [ŋ], que hemos visto en ejemplos anteriores, no se consideran elementos atómicos, sino que están compuestos por unidades menores: un segmento es un conjunto de propiedades simultáneas que denominamos *rasgos distintivos*. En (6) las consonantes españolas se definen, de forma simplificada, a través de un conjunto de propiedades de carácter básicamente articulatorio.

(6)

	p	b	t	d	k	g	t͡ʃ	f	s	x	h	m	ɱ	n	ɲ	ŋ	l	ʎ	ɾ	r	w	y
silábico	–	–	–	–	–	–	–	–	–	–	–	–	–	–	–	–	–	–	–	–	–	–
consonante	+	+	+	+	+	+	+	+	+	+	+	+	+	+	+	+	+	+	+	+	–	–
sonante	–	–	–	–	–	–	–	–	–	–	+	+	+	+	+	+	+	+	+	+	+	+
continuo	–	–	–	–	–	–	+	+	+	+	+	+	+	+	+	+	+	+	+	+	+	+
sonoro	–	+	–	+	–	+	–	–	–	–	–	+	+	+	+	+	+	+	+	+	+	+
nasal	–	–	–	–	–	–	–	–	–	–	–	+	+	+	+	+	–	–	–	–	–	–
labial	+	+	–	–	–	–	–	–	–	–	–	+	+	–	–	–	–	–	–	–	+	–
posterior	–	–	–	–	+	+	–	–	–	+	+	–	–	–	–	–	+	–	–	–	+	–
alto	–	–	–	–	+	+	+	–	–	+	–	–	–	–	+	+	–	+	–	–	+	+

Si representáramos los segmentos de forma atómica, el proceso de asimilación nasal habría que formularlo a través de un extenso conjunto de reglas, una para cada uno de los cambios posibles de (2); mostramos algunas de ellas en (7). Cada regla corresponde a una operación formalizada de acuerdo con el esquema A → B / C ___ D por la que el elemento A de la representación a la que se aplica se sustituye por B, pudiéndose indicar el contexto en el que deba hallarse B, es decir precedido de C y/o seguido de D.

(7)

Reglas	Cambios que introducen		
n → m /___ p, b, m	i/n-p/osible	→	i[m-p]osible
n → ɲ /___ tʃ, ɲ, ʎ	i/n-tʃ/upable	→	i[ɲt͡ʃ]upable
n → ŋ /___ k, g, x	i/n-k/orrecto	→	i[ŋ-k]orrecto

La adopción de rasgos permite una formulación más natural de la regla, que se corresponde mejor con la formulación descriptiva anterior en (3). En (8) indicamos con A, B, C los componentes de la regla para facilitar la explicación posterior.

(8)

$$\underset{\text{A}}{\begin{bmatrix}\text{+consonante}\\ \text{+nasal}\end{bmatrix}} \rightarrow \underset{\text{B}}{\begin{bmatrix}\alpha\text{labial}\\ \beta\text{posterior}\\ \gamma\text{alto}\end{bmatrix}} \;/\; \_\_\_ \underset{\text{C}}{\begin{bmatrix}\text{+consonante}\\ \alpha\text{labial}\\ \beta\text{posterior}\\ \gamma\text{alto}\end{bmatrix}}$$

(8) se interpreta de la siguiente manera: cualquier segmento consonántico nasal (A), seguido de una consonante con determinados valores (+ o –) para los rasgos *labial*, *posterior* y *alto* (C), adopta estos mismos valores (B). Es decir, un segmento que contenga, entre otros, los valores [+consonante, +nasal] cambia los valores que tenga para [±labial], [±posterior], [±alto] para adoptar los valores que tenga la consonante siguiente. En el caso de una /n/ seguida de una consonante velar (i/n-k/orrecto), que tendrá los rasgos [–labial, + posterior, +alto], se convertirá en [–labial, + posterior, +alto], es decir en [ŋ] (→ i[ŋ-k]orrecto).

En el marco SPE se incluye también información sintáctica y morfológica, en particular a través de límites o junturas, como la de morfema '+' (aquí recurriremos a '-', actualmente más usual), o la de palabra, '##'. Así, en la regla de que convierte una /ɾ/ inicial de sílaba en la vibrante [r] está limitada a los contextos posconsonántico e inicial de palabra ('.' indica límite de sílaba): ##[r]as.ca##, ##hon.[r]a##, pero ##ho.[ɾ]a##, ##de.ja.[ɾ]á)##.

2. Fonología no lineal

El modelo inicial de SPE de Chomsky y Halle ha ido sufriendo a través del tiempo modificaciones diversas, aunque muchos de los supuestos iniciales, como la existencia de una representación subyacente y de una representación fonética, el carácter formal y explícito del modelo y el uso de rasgos, se han mantenido. Los cambios de modelo han afectado a las representaciones fonológicas (fonologías autosegmental, métrica y prosódica), que han pasado de tener el carácter lineal del modelo estándar de SPE a estructuras no lineales más complejas, pero también han afectado a la interacción de los procesos (fonología y morfología léxicas) y al modelo general (teoría de la optimidad).

2.1. Las representaciones autosegmentales

Los primeros cambios, que se desarrollaron a finales de la década de los setenta y principios de los ochenta, afectaron sobre todo a las representaciones fonológicas. Fenómenos fonológicos como el tono en las lenguas tonales, el acento, o la estructura silábica se habían codificado representacionalmente a través de rasgos, pero pronto se vio que requerían sistemas representacionales propios, que a menudo se extendieron a fenómenos fonológicos distintos de las que habían provocado el cambio representacional. La llamada teoría autosegmental (Goldsmith 1976) supone una independización de los rasgos distintivos, que pasan a representarse en gradas (*tiers*) independientes junto con una grada especial, el esqueleto, que representa las unidades temporales. Cada grada consta de una sucesión de rasgos (autosegmentos) con valores opuestos, y estos autosegmentos se conectan con el esqueleto o grada temporal a través de líneas de asociación. Un elemento temporal determinado, una C por ejemplo, se interpreta fonéticamente como un elemento consonántico con las propiedades designadas por los autosegmentos a los que está asociada. Cada conjunto formado por el esqueleto y una grada autosegmental define un plano (en (9) sólo se representan dos de los planos). Consideremos los rasgos [±continuo] y [±nasal] en la representación de una palabra como *chimenea*, fonéticamente [t͡ʃimẽnéa]:

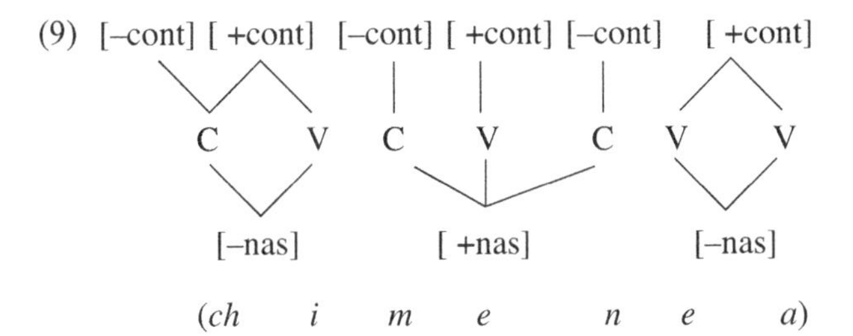

Si nos fijamos en el primer elemento temporal de (9), C, vemos que está asociado a dos autosegmentos sucesivos, [–cont][+cont]; la teoría autosegmental permite dar una representación adecuada a las africadas como [t͡ʃ] que son un solo segmento (una unidad temporal C) pero que está asociado a dos propiedades sucesivas de la grada [±cont] una [–cont] y la otra [+cont]. También permite dar cuenta de forma más satisfactoria de los procesos de asimilación, como es el caso de la nasalización de la vocal /e/ cuando se encuentra entre dos consonantes nasales (/men/ → [mẽn]).

Un desarrollo posterior de la teoría autosegmental lo constituye la denominada geometría de rasgos. Los rasgos continúan siendo autónomos, pero no están directamente asociados a la grada temporal, sino que, conectados entre ellos, se organizan en una estructura jerárquica. Así, por ejemplo, los rasgos que definen el punto de articulación, como [±labial], [±posterior], [±alto], etc., están dominados por un nodo etiquetado como *Punto de articulación* (para facilitar la comparación con la teoría anterior hemos mantenido los rasgos del sistema SPE). Los rasgos dominados pueden entrar en procesos individualmente ([+alto] puede entrar en procesos de palatalización, por ejemplo), pero el nodo dominante también puede intervenir en procesos, como el de asimilación de nasales examinado anteriormente. En el cambio i/n-k/orrecto → i[ŋ-k]orrecto ya mencionado la representación de las dos consonantes para la grada temporal y el nodo de punto de articulación (PA) es la de (10a) para la representación subyacente. El proceso de asimilación elimina el nodo PA de la primera consonante y asocia a esta consonante el nodo PA de la segunda consonante con el resultado de (10b).

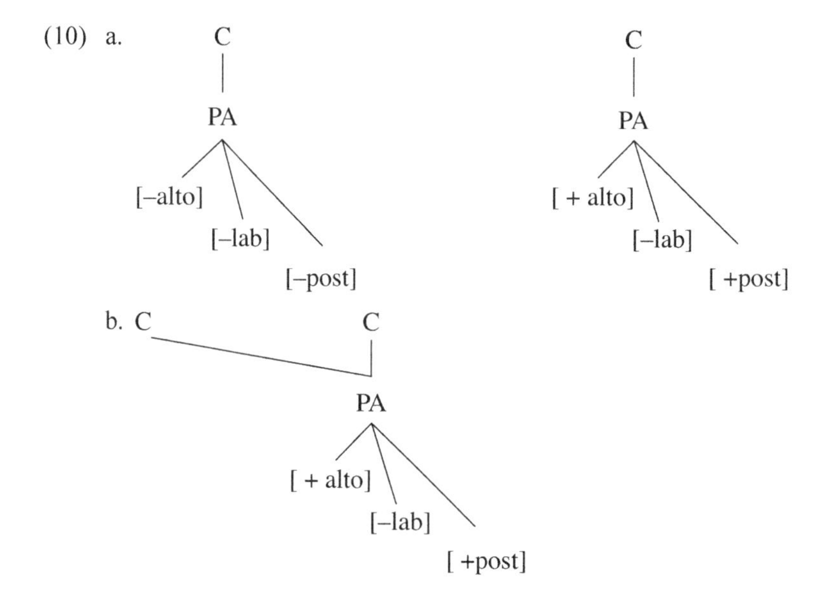

Otro proceso más permite ilustrar las propiedades de la teoría autosegmental. Como los rasgos y los nodos que los dominan son autónomos, pueden estar sujetos a procesos de inserción y de elisión. Así, en la centralización de nasales y laterales en español que da cuenta de alternancias como islá[m]ico - Isla[n], desde[ɲ]ar - desdé[n], e[ʎ]-a - é[l], se elide el nodo PA asociado a la primera C en posición de coda y se le da un punto de articulación por defecto, el valor no marcado, que es el alveolar.

2.2. *La sílaba, el acento y la jerarquía prosódica*

El concepto tradicional de sílaba no se incluyó en la fonología generativa hasta bien entrados los años setenta. Aunque existen propuestas diversas, es bastante general la concepción de la sílaba como una estructura de constituyentes en la que el nodo *sílaba*, representado por 'σ', domina inmediatamente dos constituyentes, el ataque (A) y la rima (R); esta última a su vez domina el núcleo (N) y la coda (C); en (11a) se da esta estructura, para *plan*, como diagrama arbóreo y en (11b) a través de parentización etiquetada:

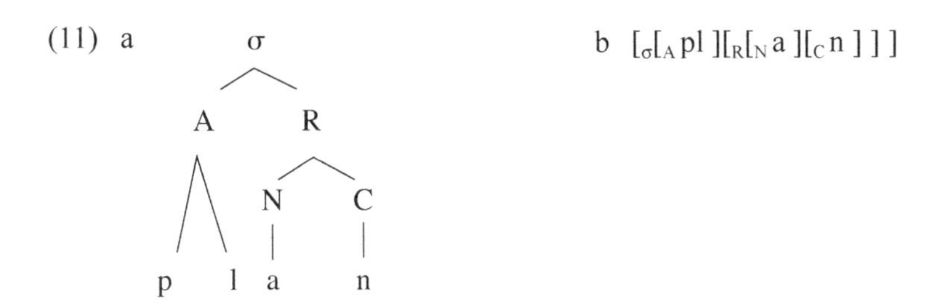

Las reglas fonológicas pueden referirse a estos constituyentes silábicos. En la asimilación de nasales, la nasal ha de ocupar la posición de coda y la consonante a la cual se asimila la de ataque, ya que hay asimilación de la /n/ en [$_\sigma$eɲ][$_\sigma$je][$_\sigma$sáɾ], pero no en la de [$_\sigma$gaɾ][$_\sigma$dé][$_\sigma$nja].

El acento es otro fenómeno que no puede describirse adecuadamente en un marco representacional como el de SPE, que lo incluía en el sistema de rasgos distintivos como un rasgo más, [±acento]. Pero el acento tiene propiedades muy distintas a las de los demás rasgos. El acento es gradual (puede ser primario, secundario, terciario), cosa que no ocurre con rasgos como [±posterior], [±sonoro], que son estrictamente binarios. Además es culminativo, es decir, existe un acento por palabra o por unidad acentual, y no encontramos representaciones con dos acentos idénticos adyacentes. Además se distribuye rítmicamente y se distingue no por valores absolutos sino relativos: una sílaba acentuada lo es porque existen sílabas adyacentes menos prominentes. La estructura métrica incluye un constituyente superior a la sílaba, el pie métrico, constituido por una o dos sílabas. La tipología básica comprende dos tipos de pies, yambos y troqueos. Un yambo está formado por una única sílaba pesada (P) o por dos sílabas ligeras (L) y prominencia a la derecha: ($\sigma_L\acute{\sigma}_L$), ($\acute{\sigma}_P$). Hay dos tipos de troqueos, según sean o no sensibles al peso silábico. El troqueo silábico no es sensible al peso silábico y está formado por dos sílabas, ligeras o pesadas, con prominencia a la izquierda: ($\acute{\sigma}\sigma$). En la formación de hipocorísticos, por ejemplo, se trunca la parte inicial del nombre propio y el resultado coincide con un troqueo silábico: dos sílabas que tanto pueden ser ligeras como pesadas: *Lo.li* (ta), *Mag.da* (lena), *A.sun* (ción). El troqueo moraico está formado por dos sílabas ligeras, con prominencia a la izquierda, o por una sílaba pesada: ($\acute{\sigma}_L\sigma_L$), (L$\acute{\sigma}_P$). En latín, por ejemplo, la regla de acentuación construye un troqueo moraico a la derecha de la palabra, ignorando la última sílaba que se considera extramétrica. Cuando encontramos dos sílabas ligeras se construye un pie bisilábico: pa(cífi)<cus>; cuando encontramos una sílaba pesada, es decir con vocal larga o con sílaba trabada por consonante, se construye un pié monosilábico: for(tú:)<na>, ma:(tér)<nus>.

De la misma manera que, como ya hemos visto, las sílabas se organizan en constituyentes superiores, los pies, existen otras unidades prosódicas superiores. El conjunto de todas estas unidades constituyen la llamada *jerarquía prosódica* (Selkirk 1984). La raíz de la estructura de constituyentes es E, la *emisión* (utterance) y siguen, jerárquicamente, el sintagma entonativo (SE), el sintagma fonológico (φ), la palabra fonológica (PF). Se han propuesto otras categorías, como el grupo clítico (GC), y es una cuestión debatida la posibilidad de que una unidad de un determinado nivel pueda dominar otra del mismo nivel (como el pie en [$_P$ [$_P$tí te] [re]]). En (12) se muestra un ejemplo, en el que se han omitido los constituyentes correspondientes a pies y estructura silábica:

(12)

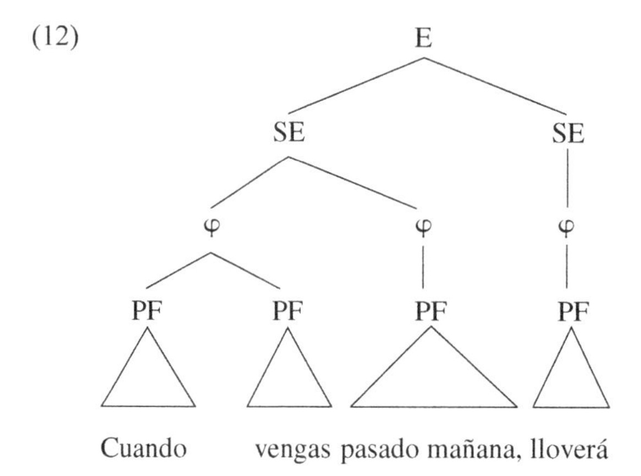

3. Fonología léxica

La mayor parte de los cambios en la teoría fonológica generativa que hemos examinado hacen referencia a las representaciones fonológicas, es decir, la estructura subyacente, la estructura fonética y las representaciones intermedias, pero ha habido desde los inicios de la teoría propuestas que se han centrado más en la forma en que hay que formular los procesos que relacionan estos niveles. En SPE y desarrollos posteriores, por ejemplo, se ha propuesto que un subconjunto de reglas fonológicas se aplican de forma cíclica, es decir, se aplican primero a los constituyentes (definidos sintácticamente y morfológicamente) más internos, después a los que dominan a éstos, y así sucesivamente. En el caso de la subordinación acentual, que hace que una frase como *Quiere poco aceite* se pronuncie con un acento primario sobre *aceite*, otro secundario sobre *Quiere* y un acento terciario sobre *poco*, estas diferencias de prominencia acentual se explicaban a través de un proceso de debilitamiento de todos los acentos de un dominio cíclico excepto el último. Representando el grado acentual numéricamente, siendo 1 el acento más prominente, y dada la estructura sintáctica ((Quiere)((poco) (aceite))), la derivación procede de la forma siguiente. En el primer ciclo se asigna el acento a cada dominio cíclico (cada palabra) y no se produce debilitamiento porque hay un sólo acento en cada dominio cíclico; el resultado es por tanto el de (13a), con un acento principal por palabra. En el segundo ciclo hay un dominio cíclico ((poco)(aceite)) con los dos acentos asignados en (13a), por lo tanto el primero se reduce a grado 2. Finalmente, en el último ciclo, que abarca toda la frase, se parte del contorno acentual 1 2 1 del ciclo anterior; se mantiene el acento final y los dos precedentes se debilitan un grado, resultando el contorno final 2 3 1 de (13c):

```
(13) a    1       1      1
        (Quiere) (poco) (aceite)
     b     2       1
        ( (poco) (aceite) )
     c      2        3       1
        ( (Quiere) ( (poco) (aceite) ) )
```

Basándose en la distinción tradicional entre fonología de la palabra y fonología de la frase y en desarrollos recientes en fonología generativa, Paul Kiparsky (1982) propuso su teoría de la fonología y la morfología léxicas a principios de los años ochenta. En esta teoría las reglas fonológicas se dividen en reglas posléxicas, de tipo alofónico y sin excepciones, y reglas léxicas, que suelen ser de neutralización, pueden tener excepciones y se organizan en niveles (estratos). Al mismo tiempo la fonología interactúa con la morfología, puesto que los procesos morfológicos (afijación, composición, etc.) se organizan también en estratos, de manera que después de cada conjunto de procesos morfológicos de un determinado estrato se aplican las reglas fonológicas del estrato correspondiente y se procede al estrato siguiente. Se derivaban de este modo muchos de los efectos que se habían conseguido anteriormente a través de la aplicación cíclica. En la diptongación, por ejemplo, que produce alternancias como las de (14), algunas vocales medias que en posición inacentuada aparecen como [e] y [o] (14a), en posición tónica se realizan como [je] i [we], respectivamente (14b).

(14)	a.	b.	c.
	n[e]vada	n[jé]ve	n[je]vecita
	pl[e]gamiento	pl[jé]gue	pl[je]guecito
	alm[o]rzar	alm[wé]rcen	alm[we]rcito
	b[o]ndad	b[wé]na	b[we]naza

Los ejemplos de (13c) presentan sin embargo un problema: la vocal está en posición átona pero aparece la forma diptongada. Pero si suponemos que ciertos sufijos de flexión y la mayoría de los de derivación se afijan en estratos anteriores al estrato correspondiente al sufijo diminutivo *(ec)it* y a algún otro sufijo evaluativo como *-az*, y que el proceso de diptongación corresponde a un estrato anterior a éste, la derivación procederá, para el último ejemplo, de la forma siguiente. Primeramente se añadirá el sufijo *-dad* a la raíz y se procederá a aplicar la fonología correspondiente al estrato, acentuación, desacentuación y diptongación, esta inaplicable en posición átona: *bon* → *bon-dad* → *bón-dád* → *bon-dád* → (no se aplica la diptongación) *bon-dád.* Para *buen*, en que no puede haber desacentuación por la existencia de un solo acento, tendremos *bon* → *bón* → *bwén*. Finalmente, en el caso de *buenaza*, en los estratos iniciales tendremos la derivación parcial *bon* → *bón* → *bwén*, y en un estrato posterior se sufijará *-az* y la desacentuación se producirá sobre la vocal ya diptongada: *bwén* → *bwén-áθ-a* → *bwen-áθ-a.*

También hubo, en la década de los noventa, otras propuestas que suponían un cambio importante, como la fonología de la rección (Government Phonology) propugnada por Kaye, Lowenstamm y Vergnaud (1990), en que se trasladaban a la fonología conceptos de la teoría sintáctica coetánea y se sustituían los rasgos por elementos atómicos.

4. La teoría de la optimidad

Una de las características de la teoría fonológica clásica es su carácter derivacional. Los procesos se aplican de forma sucesiva dando lugar cada uno de ellos a una estructura intermedia y sólo la estructura final es la que corresponde a la representación fonética. Una consecuencia de ello es que se producen muchas instancias de opacidad: la generalización expresada por un proceso se cumple en un nivel intermedio pero no aparece en la representación fonética. Así, la regularidad expresada por la regla de diptongación, según la cual la vocal de la raíz *nev-* és [e] en posición átona (*nevada*, *nevar)* y [je] en posición tónica (*nieves*, *nieva)* no se cumple en *nievecita* [njeβeθíta], en que aparece [je] en posición átona. A partir de un cierto momento se vio que los casos de opacidad no eran tantos y que en cambio muchas regularidades había que expresarlas directamente sobre la representación fonética. Estas inquietudes cristalizaron en 1993 en un largo manuscrito, publicado once años más tarde (Prince y Smolensky 1993 [2004]) y que tuvo inmediatamente un enorme impacto en el campo de investigación. La Teoría de la Optimidad abandona totalmente las reglas y las representaciones intermedias múltiples; existen tan sólo la forma subyacente y la forma fonética y un conjunto de principios universales denominados *restricciones* (constraints). Los principios universales no son absolutos (si lo fueran no podría haber variación fonológica), sino que entran en conflicto o competición; la prevalencia de una restricción sobre otra dará un resultado y la prevalencia inversa dará un resultado diferente. Esta prevalencia viene determinada por la posición relativa de la restricción dentro de la ordenación jerárquica del conjunto de restricciones. El funcionamiento básico del modelo es el siguiente. A una representación subyacente se le aplica la función GEN (por *generator*, generador), que genera un conjunto de *candidatos* cada uno de los cuales consiste en un conjunto, posiblemente nulo, de modificaciones de la forma subyacente. Así, si consideramos la obtención de [tjénd-a-s] a partir de la representación subyacente /tend-a-s/, GEN se aplicará a esta última y generará un conjunto de candidatos, entre los cuales tendremos *ténd-a-s*, *tend-á-s*, *tjénd-a-s*, *tjénð-a-s*, *tjénd-a*, *ténd-ə-s*, *tẽ́nd-ɐ-ʃ*, etc. Una segunda función EVAL (por *evaluator*, evaluador) selecciona entre los candidatos el candidato más *harmónico* o candidato ganador, la representación fonética gramatical que corresponde a la representación subyacente. En nuestro ejemplo el candidato ganador es *tjénd-a-s*. Como el conjunto de restricciones es universal, la selección del candidato es el resultado de una particular ordenación de las restricciones. Una ordenación distinta hubiera seleccionado por ejemplo, *ténd-ə-s* o *tẽ́nd-ɐ-ʃ*, que son las que obtenemos, a partir de la misma forma subyacente, en lenguas como el catalán y el portugués, respectivamente. De la misma manera, otra ordenación de las restricciones daría como resultado las formas fonéticas que resultan en otros dialectos españoles, como [tjénd-a-h] o [tjɛ́nd-æ].

Existen, básicamente, dos tipos de restricciones: las de marcaje, que favorecen estructuras menos marcadas, y las de fidelidad a la forma subyacente, que se oponen a discrepancias de un tipo determinado entre la representación fonética y la representación subyacente. Esta distinción permite relacionar las restricciones de marcaje con factores de tipo funcional: se dice que una restricción está fundamentada funcionalmente en condiciones de procesamiento, de facilitación de la articulación o de la percepción. Una restricción que actúa contra las obstruyentes sonoras en posición de coda, por ejemplo, está fundamentada en el hecho de que en posición de ataque existen mayores indicios fonéticos para identificar el punto de articulación de la obstruyente.

Veamos el funcionamiento de la evaluación con un ejemplo. En español existen condiciones sobre las consonantes que pueden aparecer en posición final absoluta. En español castellano sólo pueden aparecer en esta posición [s, θ, ð, n, l, ɾ] (otras variedades admiten más o menos consonantes). La imposibilidad de aparición de otras consonantes se atribuye a las restricciones de *condición de coda* que prohíben cualquier consonante, o una clase determinada de consonantes, en posición de coda silábica si el nodo de punto de articulación no está asociado a otro segmento; prohíbe por tanto *[iz.lám], *[páɾ.kiŋ], pero no [rúm.bo], [báŋ.ko] en que el nodo que domina los rasgos de punto de articulación está asociado tanto a [m] como a la [b] siguiente en el primer caso y a [ŋ] y a [k] en el segundo. La restricción CONDICIÓN DE CODA (–Coronal) (CONDCOD(–Cor) abreviadamente) afecta solamente a las consonantes no coronales (no alveolares), mientras que CONDICIÓN DE CODA (CONDCOD) afecta a todas las consonantes. Estas restricciones de marcaje entran en conflicto con la restricción de fidelidad MAX-consonante (MAX-C), que prohíbe que cualquier consonante que esté presente en la forma subyacente no esté presente en la forma fonética (prohíbe por tanto, la elisión consonántica). Si la ordenación de las restricciones es CONDCOD(–Cor) >> MAX-C

>> CONDCOD, en caso de conflicto, es decir, cuando dos restricciones dan preferencia a candidatos distintos, prevalece la que se encuentra antes en la ordenación. Formalmente la evaluación de candidatos se representa a través de una tabla denominada *tableau* como en (15) y (16), en que la forma subyacente aparece en la primera casilla de la primera columna y los candidatos generados por GEN aparecen debajo. En la primera fila, después de la forma subyacente, aparecen las restricciones ordenadas según la jerarquía de la lengua en cuestión, en este caso CONDCOD(–Cor) >> MAX-C >> CONDCOD. El resto de las casillas corresponden a la evaluación de cada candidato por cada restricción; cuando la casilla está en blanco el candidato satisface la restricción, cuando aparece '*' el candidato viola la restricción.

(15)

/izlam/	CondCod(–Cor)	Max-C	CondCod
izlám	*!		*
☞ izlán			*
izlá		*!	

(16)

/sultan/	CondCod(–Cor)	Max-C	CondCod
☞ sultán			*
sultám	*!		*
sultá		*!	

Consideremos el primer tableau. Para evaluar los candidatos de /izlam/ empezamos por la columna correspondiente a la restricción ordenada en primer lugar. El primer candidato mantiene la /m/ final originaria y no satisface la restricción ordenada en primer lugar, CONDCOD(–Cor) y queda por tanto eliminado ('!' indica la eliminación). Seguimos con los dos candidatos restantes y vemos si les es aplicable la siguiente restricción. Lo es al último candidato, que queda por tanto eliminado. Puesto que el segundo candidato es el único restante, será el candidato ganador, aunque viole la última restricción. Como se puede ver en el segundo tableau (16), si la palabra termina en /n/ final el candidato mejor evaluado es el que coincide con la forma subyacente. El lector puede comprobar que si cambiamos la ordenación a MAX-C >> CONDCOD(Cor) >> CONDCOD el resultado es el mismo. ¿Qué ocurre si tenemos, en cambio, la ordenación CONDCOD(Cor) >> CONDCOD >> MAX-C ?

(17)

/izlam/	CondCod(–Cor)	CondCod	Max-C
izlám	*!	*	
izlán		*!	
☞ izlá			*

Con esta ordenación las restricciones de condición de coda eliminan a los dos primeros candidatos y resulta ganador el tercero; la forma subyacente /izlam/ se interpreta fonéticamente como [izlá]. Esta ordenación nos predice la situación que se da, por ejemplo, en palenquero, una lengua criolla de base léxica española hablada en Colombia (Piñeros 2003). En esta lengua puede haber consonantes en coda silábica cuando están asimiladas en punto de articulación a la consonante siguiente, pero en posición final absoluta no encontramos consonantes: *semblá* 'sembrar', *sebbésa* 'cerveza', *siŋko ŋgusáno* 'cinco gusanos'.

Si bien la Teoría de la Optimidad resuelve en gran parte el problema del excesivo poder descriptivo de las teorías derivacionales y facilita las explicaciones de tipo funcional, uno de los problemas que ha de afrontar es la existencia de casos de opacidad ya que, en principio, predice que no existen. Una de las propuestas recientes que solucionan este problema es la variante mixta, derivacional y paralela, propuesta por McCarthy (2010), el Serialismo Harmónico.

Bibliografía

Chomsky, N. y Halle, M. (1968) *The sound pattern of English*, Nueva York: Harper and Row.

Goldsmith, J. (1976 [1990]) *Autosegmental phonology*, tesis doctoral, Massachusetts Institute of Technology. Publicada en Nueva York: Garland.

Kaye, J., Lowenstamm, J. y Vergnaud, J. R. (1990) "Constituent structure and government in phonology", *Phonology* , 7, pp. 193-232.

Kiparsky, P. (1982) "From cyclic phonology to lexical phonology", en van der Hulst, H. y Smith, N. (eds.), *The structure of phonological representations, part I*, Dordrecht: Foris, pp. 131-175.

McCarthy, J. J. (2010) "An introduction to harmonic serialism", *Language and Linguistics Compass*, 4, 10, pp. 1001-1018. DOI: 10.1111/j.1749-818X.2010.00240.x.

Piñeros, C. E. (2003) "Accounting for the instability of Palenquero voiced stops". *Lingua*, 113, 2, pp. 1185-1222.

Prince, A. y Smolensky, P. (1993 [2004]) *Optimality theory: Constraint interaction in generative grammar*, report no. RuCCS-TR-2. New Brunswick, NJ: Rutgers University Center for Cognitive Science. Publicado en Cambridge: Blackwell.

Selkirk, E. O. (1984) *Phonology and syntax: The relation between sound and structure*. Cambridge, MA: The MIT Press.

Lecturas complementarias

Kenstowicz, M. (1994) *Phonology in generative grammar*, Oxford: Blackwell.

McCarthy, J. J. (2001) "Nonlinear phonology", en Smelser, N. J. y Baltes, P. B. (eds.), *International encyclopedia of the social and behavioral sciences*, Oxford: Pergamon, pp. 11392-11395.

McCarthy, J. J. (2002) *A thematic guide to optimality theory*, Cambridge: Cambridge University Press.

McCarthy, J. J. y Prince, A. (1993) *Prosodic morphology I: Constraint interaction and satisfaction*. Technical Report #3, Rutgers University Center for Cognitive Science [en línea]. Accesible en http://works.bepress.com/john_j_mccarthy/53.

Scheer, T. (2011) *A guide to morphosyntax-phonology interface theories*, Berlín/Nueva York: De Gruyter-Mouton.

Entradas relacionadas

fonema; fonética; gramática generativa; morfemas

GRAMÁTICA ACADÉMICA

Ignacio Bosque

1. Introducción. Tres siglos de gramáticas

La Real Academia Española (en adelante, RAE) fue fundada para construir un nuevo diccionario del español, tarea que llevó a cabo exitosamente entre 1713 y 1739. Los estatutos fundacionales encomendaban, además, a la institución las tareas de redactar una Gramática, una Poética y una Historia de la lengua. La primera se publicó en 1771 y ha conocido más de 30 ediciones; las otras dos obras nunca llegaron a elaborarse. La institución publicó asimismo una Ortografía (1741), que ha conocido varias revisiones y adaptaciones. Las dos más recientes son las de 1999 y 2010.

La historia de la gramática académica (en adelante, GRAE) se conoce hoy bastante bien gracias al amplio conjunto de estudios historiográficos que se le han dedicado. Solo mencionaré aquí los más recientes, ya que a partir de ellos el lector puede localizar los anteriores: Gómez Asencio (2011a, b), Garrido Vílchez (2010, 2011), Sarmiento González y Hernando García-Cervigón (2011), Sánchez Lobato y Hernando García-Cervigón (2010), González Ollé (2011). Véanse también Sarmiento González (1984a,b), Rojo (2001) y Bosque (2012, 2013). En cuanto a los textos gramaticales mismos, en el CD compilado por Gómez Asencio (2001) se incluye el texto íntegro de GRAE-1771, GRAE-1796, GRAE-1854, GRAE-1858, GRAE-1870 y GRAE-1920, junto al de otras muchas gramáticas clásicas (no académicas) de la lengua española.

El proyecto que dio lugar a la primera edición se escribió en 1741. El que la redacción de esta obra, relativamente breve, exigiera 30 años a los académicos, más tiempo que la construcción de su monumental Diccionario de Autoridades, puede parecer hoy poco justificado. No lo es tanto, sin embargo, si consideramos que ante la corporación se abrían múltiples opciones, a cuál más insegura. Había que estudiar todas o casi todas las gramáticas anteriores y decidir la estructura de la obra, la forma de abordar cada una de sus partes, las unidades de análisis, las fuentes de datos y el tono expositivo, así como pensar en el lector medio al que habría que dirigirse y en otras variables que habrían de orientar todo el proyecto. En concreto, la RAE debía elegir entre abordar la disciplina en tanto que ciencia (gr. *epistéme*) o más bien como arte (gr. *techné*). Tal como hoy sucede, en el primer caso corresponde al científico formular leyes o principios que den cuenta de los usos observados y que predigan otros posibles; en el segundo no se formulan leyes, sino más bien instrucciones, ya que el hablante pasa a ser el usuario de cierto instrumento, de sutil manejo y compleja constitución, con el que habrá de familiarizarse. Si se elige esta segunda opción, se le mostrarán ciertas reglas basadas en el uso, en la costumbre y en los textos de los mejores escritores, llamados *autoridades* en la tradición académica.

La RAE eligió la segunda opción, pero consideró en la práctica que ambas eran compatibles. Ciertamente, los académicos buscaban generalizaciones e intentaban dar cuenta de las excepciones que encontraban, pero cuando los textos de los escritores reconocidos no se ajustaban a ellas, recomendaban ceder al uso, aunque ello implicara dejar de lado la razón (se respeta en la cita la ortografía original): «De aquí se infiere, que aunque el uso [...] parezca algunas veces arbitrario, é indiferente, se funda por lo comun en alguna razon de conveniencia; y que para hablar bien es necesario seguir este uso fundado en razon y autoridad, ó á lo menos en autoridad quando no se encuentra razón» (GRAE-1771, II parte, capítulo III, artículo I).

Se hace difícil distinguir entre ediciones y reimpresiones de las gramáticas académicas, ya que la propia RAE nunca estuvo demasiado interesada en separar unas de otras. Contando las versiones que incluyen cambios menores, son 36, según los cómputos de Gómez Asencio y Garrido Vílchez (2005) y Gómez Asencio (2011a), las ediciones que la RAE ha publicado desde la primera edición (1771), a las que hay que añadir la última (NGLE-2009), escrita en coautoría con las demás academias de la lengua. Aun así, explican estos autores que los modelos, o textos fundamentales, son solo 7: los correspondientes a las ediciones de 1771, 1796, 1854, 1870, 1880, 1917 y 2009. Quiere esto decir que (con excepción de la última edición, todavía no reimpresa) cada una de estas ediciones da lugar a versiones en las que se perciben modificaciones menores, que pueden llegar a la adición o la supresión de un capítulo, pero no a un cambio de estructura (*planta* en el lenguaje académico) o a una renovación sustancial de contenidos o de principios. Aunque los historiadores de la gramática académica no lo suelen hacer, a estos modelos debería en realidad añadirse el *Esbozo de una nueva gramática de la lengua española* (GRAE-1973, en adelante, *Esbozo*), aunque solo fuera porque, a pesar de su carácter de obra provisional (véase más adelante), tuvo mayor influencia en la enseñanza y en la investigación que muchas de las ediciones anteriores.

Los autores de la GRAE-1771 tardaron, pues, en tomar sus decisiones, pero las tomaron, y —según se piensa hoy generalmente— unas fueron más acertadas que otras. Así, la GRAE-1771 dividía la gramática en dos partes, Analogía y Sintaxis, pero se corrigió en GRAE-1796 y adujo que las partes de la gramática son cuatro: Ortografía, Analogía, Sintaxis y Prosodia. Aun así, se dejó la Ortografía para un libro aparte, y se pospuso la redacción de la Prosodia, término que abarcaba todo lo que hoy corresponde a la Fonética y la Fonología. El término *analogía* no cubre en las gramáticas académicas el contenido que corresponde hoy a la *morfología*, ya que a lo abordado por esta añade el estudio de los criterios sintácticos que permiten obtener las clases y las subclases de palabras. Este desajuste no se soluciona con el simple cambio de nombre. La GRAE-1973 denominaba, en efecto, *morfología* a lo que era *analogía* en las obras anteriores. Los lectores atentos del *Esbozo* (y probablemente algunos de los muchos millares de alumnos que, con mayor o menor atención, hubieron de estudiarlo como libro de texto) se sorprendían, pues, de que en las casi 200 páginas que esta obra dedicaba a la morfología fueran tan abundantes las informaciones sintácticas.

Los primeros gramáticos de la RAE no siempre respetaron en todos sus extremos los acuerdos a los que la corporación había llegado, lo que tuvo, paradójicamente, algunas consecuencias positivas. Como se ha explicado, la RAE entendía que la gramática es arte (el «arte de hablar bien»: GRAE-1771, p. 1), en lugar de ciencia, pero en algunas ediciones de los siglos XIX y XX (notablemente, GRAE-1870 y GRAE-1917, pero también ocasionalmente en GRAE-1854) no se percibe exactamente la actitud esperable en un instructor para con los discípulos a los que adoctrina, sino más bien la disposición indagadora propia del científico que sabe plantearse las preguntas naturales que los datos suscitan. Como contrapartida, no es menos cierto que la RAE dedica a menudo considerable espacio a cuestiones especulativas, luego de anunciar que se va a centrar en las más prácticas, tal como señala Borrego Nieto (2008). En cuanto al destinatario, la RAE aseguraba dirigir la GRAE-1771 casi exclusivamente a los jóvenes. No sabemos cuánto aprendieron de ella los jóvenes de aquella época, pero sí sabemos que fue examinada con atención por muchos adultos, y que, junto con las ediciones posteriores, tuvo notables repercusiones en las obras de otros gramáticos.

2. Espíritu indagador junto a venerable rutina

Con matices que no son ahora esenciales, los historiadores de la lingüística parecen coincidir en que en las primeras gramáticas académicas influyen dos corrientes de pensamiento racionalista, a su vez parcialmente solapadas en algunos de sus principios. Corresponde a la primera el conjunto de autores que, sin remontarse necesariamente a los *modistae*, incluye en nuestra tradición nombres como El Brocense, Gonzalo Correas o Benito de San Pedro, a los que siguieron otros muchos, años después, como Gómez Hermosilla en el siglo XIX. Tal vez sea demasiado duro González Ollé cuando sostiene (2011: 721) que la GRAE-1771 es una obra «carente de cualquier novedad metodológica», pero entiendo que acierta plenamente cuando explica que esta gramática se inserta en la tradición «especulativa, basada en la interpretación del mundo extralingüístico y de las categorías establecidas para él. De esta forma se desvelan las supuestas conexiones entre los conceptos naturales y lógicos, por una parte, y, por otra, los gramaticales, forjados como reflejos de aquellos».

En lo fundamental, los principios que subyacen a esa forma de mirar la lengua no están en contradicción con los que se proponen en la segunda de las corrientes racionalistas a las que he hecho referencia: el conjunto de gramáticas herederas de la *Grammaire générale et raisonnée* publicada por A. Arnauld y C. Lancelot en 1660, poderosamente influida por la filosofía cartesiana. Esta obra se caracteriza, en concreto, por la búsqueda de sustentos racionales —*cognitivos* diríamos hoy— para cada distinción que la lengua pone de manifiesto.

Pero la búsqueda de un fundamento cognoscitivo para cada estructura, y de un correlato extralingüístico para cada distinción gramatical, puede ser loable o aventurada en función de múltiples factores. Lo cierto es que el texto de la GRAE-1771 contiene muestras de este principio rector que resultan notablemente ingenuas, vistas desde la actualidad. Nadie defendería hoy, por ejemplo, que «hay un orden natural de colocar las palabras, que se funda en la naturaleza misma de las cosas» (GRAE-1771, parte II, cap. 1). De hecho, sorprende que la RAE mantenga a lo largo de no pocas ediciones algunas de las consecuencias sintácticas que extrae de esta discutible afirmación. Si fuera cierto que el orden natural «pide que el sustantivo se anteponga al adjetivo, porque antes es la cosa que su calidad» (GRAE-1821, p. 243), ¿habríamos de concluir que en las numerosas lenguas en las que el adjetivo precede siempre al sustantivo, la calidad es «antes que la cosa»? A la vista de estos supuestos, no sorprende demasiado el que las primeras gramáticas académicas dediquen especial atención a analizar los sustantivos que no deberían tener plural, ya que designan cosas únicas. Si solo hay un mundo, se preguntaban sus autores, ¿por qué tiene plural el sustantivo *mundo*? Y respondían: «Pudiera darse razon de este uso diciendo, por exemplo, que el plural *mundos* se usa despues del descubrimiento de la América, llamada por su gran extension, nuevo mundo» (GRAE-1781, p. 19).

Como se ve, ha de ser la realidad la que proporcione el referente adecuado de nuestras denominaciones, ya que —a diferencia de lo que hoy haríamos— no parecía entonces suficiente la simple suposición de que con la lengua no solo describimos la realidad, sino que creamos cuantas realidades seamos capaces de imaginar, sean o no compatibles entre sí ante nuestros ojos.

Aunque de manera más indirecta, el marcado interés por determinar el número de «partes de la oración» es consecuencia de la estricta correspondencia que se desea entre las categorías lingüísticas (sustantivos, adjetivos, verbos, etc.) y las categorías del pensamiento (personas, cosas, cualidades, acciones, procesos, etc.). Como cabría esperar, los académicos se veían forzados en ocasiones a establecer tales correspondencias de manera no poco alambicada: «El verbo es una parte principal de la oracion que sirve para significar la esencia, la exîstencia, la accion, pasion, y afirmacion de todas las cosas animadas, é inanimadas, y el exercicio de qualquiera facultad que tienen estas cosas, ó se les atribuye.» GRAE-1771, Parte I, cap. VI, artículo 1).

Vista desde la actualidad, la polémica clásica sobre el número de «partes de la oración», en la que intervinieron un gran número de gramáticos occidentales dentro y fuera de las academias, posee un interés menor. Por un lado, entre los miembros de algunas clases de palabras, notablemente los adverbios y los adjetivos, se establecen diferencias tan marcadas como las que oponen las clases mayores entre sí. Por otro lado, los primeros académicos, al igual que otros gramáticos, mostraban escaso interés por analizar las numerosas analogías transcategoriales que entre ciertas clases de palabras se pueden establecer, como hoy sabemos.

Junto a las consecuencias forzadas que se siguen de aplicar a rajatabla principios discutibles, las gramáticas académicas contienen aciertos notables, especialmente cuando se percibe en sus redactores mayor interés en comprender los usos comunes que en censurar los que se tienen por inapropiados. Con escasas excepciones, el tono didáctico que ponen de manifiesto las gramáticas académicas suele ser siempre cercano al lector. Las descripciones de las propiedades morfológicas de las palabras fueron sumamente precisas desde las primeras ediciones. Asimismo, la extensa lista de voces que introducen complementos preposicionales, suprimida injustificadamente en GRAE-1973, estaba confeccionada meticulosamente, y era revisada edición tras edición. En esa misma línea, son sumamente interesantes las páginas que la GRAE-1870 y las ediciones basadas en ella consagran al concepto de régimen, estudiadas por Rojo (2001) y Garrido Vílchez (2010).

Los párrafos que se dedican en GRAE-1854 (pp. 36 y ss.) a la alternancia entre *él* y *sí* en contextos preposicionales desaparecieron de las ediciones que siguen el modelo de GRAE-1917, pero planteaban en sus justos términos un problema gramatical auténtico, aun cuando la solución que ofrecían fuera insatisfactoria, vista con ojos actuales. La GRAE-1973 es, por otra parte, la primera edición que rompe con la distinción académica clásica entre *sintaxis natural* y *sintaxis figurada*, heredera directa de las gramáticas generales (Chevalier 1968, 1986; véanse también Domínguez Caparrós 1976, Rojo 2001 y Sarmiento González y Hernando García-Cervigón 2011 en relación con este punto). Aunque la distinción no sea aceptable actualmente en los términos en que allí se planteaba, no está de más recordar que la idea de que existen procesos sintácticos básicos, a los que se agregan otros más complejos de desplazamiento o supresión, es uno de los fundamentos de las teorías gramaticales actuales de base formal.

Existen otros muchos aciertos en las gramáticas académicas, que, al igual que los anteriores, deben ser juzgados a la luz de los conocimientos gramaticales de cada período. A la vez, no deja de llamar la atención del lector actual el que la GRAE mantuviera en ciertos casos

—edición tras edición, año tras año— análisis y distinciones que hoy percibimos como errados al examinarlos a primera vista. Así, todavía en GRAE-1962 se considera (p. 12) que los géneros del español son seis: masculino, femenino, neutro, epiceno, común y ambiguo. Tuvieron que transcurrir once años más (GRAE-1973) para que la RAE comprendiera que los términos *epiceno*, *común* y *ambiguo* designan clases de sustantivos, no variedades del género. Aunque es posible encontrar otros ejemplos similares, habrá que conceder, en cualquier caso, que no siempre es fácil deslindar los análisis que, según entendemos hoy, la tradición arrastra por venerable rutina, de los juicios que podemos avanzar desde la posición privilegiada que la investigación actual nos otorga. Es más que probable que, siguiendo esta misma lógica, en los años venideros se detecten errores gruesos en algunos de los planteamientos comúnmente aceptados en la gramática contemporánea.

3. Renovación de la gramática académica. La *Nueva gramática* (2009)

La *Nueva gramática de la lengua española* es la última de las gramáticas académicas. Como las anteriores, también esta es una obra colectiva, pero lo es en un sentido diferente, ya que no fue elaborada exclusivamente por la RAE, sino por las comisiones designadas por las 22 academias que constituyen hoy la ASALE (Asociación de Academias de la Lengua Española), y que corresponden a otros tantos países hispanohablantes. No usaré, en consecuencia, la abreviatura "GRAE-2009" para referirme a esta edición, sino la que proporcionan sus siglas: NGLE-2009.

Exceptuadas las reimpresiones, entre la GRAE-1931 y la GRAE-1973 transcurrió un período de largo silencio académico en lo relativo a la renovación de la GRAE, pero también transcurrió la guerra civil española, además de una dilatada posguerra. En 1951 se fundó ASALE, pero la cooperación entre academias que se inició entonces no fructificó en obras de autoría común. En 1961, la RAE encomendó a S. Fernández Ramírez y a S. Gili Gaya el primer borrador de la edición que habría de sustituir a la GRAE-1931, que mientras tanto seguía reimprimiéndose. Estos dos gramáticos presentaron su borrador en el VI Congreso de la ASALE (1972). A la espera de que las academias lo estudiaran con detalle y enviaran sus observaciones, lo que hicieron en los años siguientes, la RAE lo publicó bajo la autoría de su Comisión de Gramática y con la reserva que sugiere el término *Esbozo* (= GRAE-1973). Lo hacía en la seguridad de que pronto estaría en condiciones de sacar a la luz la nueva edición que este texto anticipaba. Pero, como ocurre con ciertas obras de ingeniería que se levantan provisionalmente a la espera de otras definitivas que tardan decenios en culminarse, el *Esbozo* permaneció durante 36 años en los estantes de las librerías y en los pupitres de los alumnos. La RAE comprobó pronto que su texto quedaba anticuado desde el punto de vista teórico o doctrinal, especialmente en los años en los que las investigaciones gramaticales sobre el español conocieron una verdadera eclosión (décadas de 1970 y 1980), y también constató que la escasa presencia que en el *Esbozo* tenía el español americano constituía una de sus más notables carencias.

La corporación optó por encargar a otro académico, E. Alarcos, un nuevo borrador de su más que demorada obra. Estudió el texto que Alarcos le presentó a principios de los años noventa y juzgó que constituía una gramática demasiado personal, por lo que decidió que se publicara como obra de autor (por tanto, no como obra de la corporación), en lugar de enviarla a las academias americanas para ser estudiada y revisada.

El proyecto de la gramática académica no fue retomado por la ASALE hasta 1998. En el XI congreso de la Asociación, se acordó que la gramática académica debería ser elaborada conjuntamente por todas las academias de la lengua, en función de las comisiones de especialistas que se establecieran. Se decidió también que la obra habría de prestar particular atención a la variación geográfica y social del español en todas las áreas en las que se habla. Así pues, en lugar de proseguir la vía de la GRAE-1973, o las continuaciones de la GRAE-1917 que culminan en la GRAE-1962, la ASALE optó por volver al principio y redactar un nuevo texto en el que el español de América estuviera justamente representado.

El primer resultado de ese acuerdo fueron los dos primeros volúmenes (Morfología y Sintaxis) de la NGLE, publicados en 2009. Su contenido íntegro es hoy de libre acceso en la página web de la RAE (www.rae.es). En 2011 se publicó el tercer volumen (Fonética y Fonología), junto con un DVD que recoge las numerosas variedades de la pronunciación española en todas las áreas lingüísticas. En 2010 se publicó una versión compendiada de los dos primeros volúmenes en un solo tomo (*Manual*), y en el año siguiente apareció una versión escolar muy sucinta (*Gramática básica*) de ese mismo material en formato de bolsillo. Al igual que en GRAE-1973, pero a diferencia de las ediciones anteriores, la RAE y la ASALE hicieron públicos los nombres de los coordinadores de cada una de estas obras: I. Bosque (volúmenes de Morfología y Sintaxis), J. M. Blecua (volumen de Fonética y Fonología), A. Di Tullio y J. Borrego (versión compendiada de los dos primeros volúmenes) y S. Gutiérrez Ordóñez (versión escolar de esos mismos textos). La sección de Fonética y Fonología no ha sido todavía compendiada.

La NGLE-2009 fue concebida como una descripción general del español que pudiera usarse como *gramática de referencia* (concepto relativamente extraño en nuestra tradición) para profesores y estudiantes de varios niveles académicos. No solo es la gramática académica más extensa publicada hasta la fecha, sino también la gramática de autoría única (RAE y ASALE) más detallada de cuantas existen sobre el español. La *Gramática descriptiva de la lengua española*, publicada también por la RAE (= Bosque y Demonte 1999), es una obra colectiva en un sentido distinto, ya que cada autor invitado se responsabilizó del capítulo que se le había encomendado, de acuerdo con las indicaciones generales que proporcionaron los directores del proyecto.

La NGLE-2009 no es una gramática teórica, pero tampoco es una gramática exclusivamente tradicional en el uso de términos y conceptos. Es, en efecto, inevitable que cada obra intelectual refleje en alguna medida las corrientes de pensamiento de la época a la que corresponde, de modo que poco tiene de particular el que en esta última edición se perciba el influjo de conceptos, términos y análisis propios de las orientaciones formal y funcional que caracterizan la lingüística contemporánea, o que se preste especial atención a cuestiones que se abordan por extenso en las diversas orientaciones actuales de la pragmática y de la gramática del discurso. Se trata quizá de una influencia paralela a la que pudo tener la herencia de Port Royal y de la tradición especulativa en las primeras gramáticas académicas, y también de la que el espíritu positivista pudo ejercer sobre las gramáticas académicas de finales del siglo XIX y principios del XX, sin duda las que ofrecen una casuística más pormenorizada y presentan clasificaciones más precisas.

El español americano apenas había tenido presencia en las gramáticas académicas. La GRAE-1973 quiso disculpar la «aparente falta de atención» que reconocía prestarle, atribuyéndola «a la información insuficiente en cuanto a su extensión y aceptación en las distintas zonas» (p. 5). La justificación es atendible en un sentido, pero no tanto en otro. La RAE venía trabajando en sus gramáticas desde 1741, de modo que posee escasa justificación el que en ninguna de las ediciones que publicó a lo largo de 232 años se reflejaran adecuadamente los usos americanos, más allá de alguna mención ocasional. Parece, en efecto, que casi un cuarto de milenio es tiempo sobrado para reunir al menos una parte de la información que en 1973 se juzgaba «insuficiente». La disculpa de la RAE es, en cambio, parcialmente atendible si se piensa en las dificultades que la comunicación intercontinental presentaba en los años sesenta (del pasado siglo), y también en el hecho cierto de que algunos estudios de morfología y sintaxis del español americano estaban anticuados, otros no eran fiables y muchos eran difícilmente accesibles.

El español americano está ampliamente representado en la NGLE-2009. En la nómina de esta gramática, publicada 36 años después del *Esbozo*, se mencionan 1842 obras diferentes de 1258 autores americanos. La proporción en que aparecen estos últimos es todavía inadecuada, en comparación con los 1060 autores procedentes de España de cuyas obras se extraen ejemplos, si bien entre estos últimos están incluidos los escritores medievales y todos los del periodo clásico que representan la tradición común de todos los hispanohablantes.

La NGLE-2009 no adopta la distinción «español de España vs. español de América», sino la más apropiada «español común vs. español diferencial». Los usos comunes se ejemplifican con textos del español europeo o del americano, mientras que los particulares se adscriben al área lingüística que correspondan (a veces España, ya que las opciones del español europeo son en ocasiones minoritarias). Esta forma de proceder permite comprender al lector hispanohablante que ciertos usos comunes en su entorno inmediato pueden ser desconocidos en otras muchas áreas. Aunque se mencionan a menudo regiones y países específicos, la NGLE-2009 hace numerosas referencias a las áreas lingüísticas características del español en el mundo, las mismas que estaban representadas en la Comisión Interacadémica que supervisó la elaboración de todo el texto: México y Centroamérica, Antillas, Caribe Continental, Área Andina, Chile, Río de la Plata y España.

A partir de GRAE-1917, las gramáticas académicas combinaron los ejemplos construidos *ad hoc* con otros extraídos de textos, hasta entonces poco numerosos en ellas. La NGLE-2009 mantuvo esta práctica, también adoptada por A. Bello, V. Salvá y otros muchos gramáticos clásicos. Así, la mitad aproximadamente de los 40.000 ejemplos que contiene la NGLE-2009 proceden de citas extraídas de 3767 obras (literarias, ensayísticas, científicas o de otra naturaleza), a los que hay que agregar las 3381 citas que se extraen de periódicos o revistas de todos los países hispanohablantes. La RAE y la ASALE han declarado en varias ocasiones que sin las nuevas tecnologías (corpus informatizados, bases de datos, buscadores, indexadores, correo electrónico, Internet, etc.) el proyecto que permitió la renovación de la gramática académica no podría haberse realizado.

La NGLE-2009 introduce por primera vez en la tradición académica la distinción, hoy general, entre *secuencias agramaticales* (no atestiguadas, pero relevantes por razones heurísticas y metodológicas) y *secuencias incorrectas* (atestiguadas, pero desaconsejadas por alguna razón). De hecho, el punto de vista adoptado sobre las cuestiones normativas constituye otra de las novedades más notables de esta última edición. En efecto, la controversia entre descripción y prescripción es una de las constantes de la tradición gramatical académica (cf. Bosque 2013 y las referencias allí consignadas). Así, en las ediciones de la segunda mitad del siglo XIX se acentúa notablemente la orientación normativa de la RAE, mientras que en las que corresponden a la primera mitad de ese mismo siglo predomina una actitud netamente más teórica (Gómez Asencio 2011a) que enlaza con la de las primeras ediciones.

Entre GRAE-1880 y GRAE-1962, las gramáticas académicas incorporaron un capítulo en el que se censuraban los «vicios de dicción», con un tono que chocaba a menudo marcadamente con el del resto de la obra. Así, la GRAE-1962 condenaba inmisericorde (cap. XXV) los «dislates» que «por ignorancia [...] y torpeza escriben y estampan muchos», el «descuido» y la «vanidad» de algunos traductores, la «caprichosa e injustificada colocación de los miembros de un período» por parte de ciertos hablantes, el «desdichadísimo» empleo de determinados vocablos que algunos «usan intempestivamente», mientras que otros no solo dejan «rotas y menospreciadas las más obvias leyes de la concordancia», sino que permiten «que lastimosa y neciamente se pierda y destruya el caudal de un idioma». La GRAE-1973 atemperó notablemente el chasquido del látigo, pero todavía se lo oía resonar cuando condenaba la «afectación pedantesca» (p. 427) de una construcción o —en la misma página— el «solecismo plebeyo» de otra.

Nada quedó de este tono apocalíptico en las recomendaciones normativas de la NGLE-2009. Más aún, estas recomendaciones dejaron de fundamentarse en la autoridad de las instituciones que las proponen, y pasaron a apoyarse en las diferencias de prestigio que reconocen objetivamente los hablantes cultos o escolarizados en sus respectivas comunidades. Como se sabe, estas diferencias son universalmente aceptadas por los sociolingüistas, existan o no academias de la lengua en los países a las que se aplican. Así, donde un sociolingüista diría «Esta construcción está desprestigiada y es propia de hablantes de bajo nivel de escolarización», la NGLE-2009 mantiene este mismo juicio, pero añade «...por lo que se recomienda evitarla». De hecho, la obra declara expresamente que interpreta la norma como una «variable de la descripción» (NGLE, p. XLIII). La aplicación de este criterio no descarta, como es lógico, que puedan hallarse errores ocasionales en la apreciación del prestigio o el desprestigio de las formas lingüísticas, como en cualquier otro juicio estimativo. Aun así, es obvio —y no siempre lo fue en la tradición— que el posible descrédito social de una expresión nunca se extiende en la actualidad a la dignidad de los hablantes que pudieran emplearla.

En lugar de proseguir el eterno debate sobre cuál de las dos orientaciones enfrentadas, la descriptiva y la prescriptiva, debería prevalecer en la gramática académica, la ASALE entiende hoy que la primera apunta al conocimiento y la segunda lo hace a la educación, dos ámbitos que ninguna institución relacionada con el idioma puede considerar excluyentes. Desde este punto de vista, las gramáticas académicas no pueden dejar de analizar las estructuras gramaticales en su riqueza, su variedad y su objetiva complejidad en función de las herramientas que la lingüística postula en cada etapa de su desarrollo (vertiente científica). Tampoco pueden dejar de recomendar —en un tono adecuado y respetuoso— los usos que consideran asentados y prestigiosos, por oposición a los que carecen de tal predicamento en la conciencia lingüística de los hablantes escolarizados (vertiente social). Pesa especialmente en estas recomendaciones el hecho de que el manejo ágil, matizado y fluido del idioma por parte de los jóvenes sea hoy uno de los primeros objetivos a que aspira cualquier sistema educativo, pero también un requisito de la promoción social allá donde se reconoce la igualdad de oportunidades.

En lo relativo a los contenidos, la NGLE-2009 muestra una distribución de materias relativamente clásica: una sección de Morfología (flexión, derivación, composición) y otra de Sintaxis. En esta última se dedican 21 capítulos a la sintaxis de las clases de palabras, 8 más a las funciones sintácticas (sujeto, objeto directo, etc., pero también a las llamadas *funciones informativas*) y otros 8 a las construcciones sintácticas fundamentales (clases de oraciones simples o compuestas). Esta distribución tradicional contrasta en cierta medida con el gran número de novedades en el análisis de cuestiones apenas tratadas en las gramáticas clásicas, académicas o no, en particular en lo relativo a las estructuras cuantificativas, el aspecto léxico o modo de acción, los predicados inacusativos, los complementos predicativos, los actos de habla o las construcciones comparativas, entre otras muchas materias. De hecho, el difícil objetivo que se propuso la NGLE-2009 fue el de intentar conjugar los mejores logros de la tradición gramatical hispánica con las principales aportaciones de la lingüística contemporánea en lo que afecta a la gramática del español.

4. Perspectivas de futuro

La RAE y la ASALE han anunciado que publicarán, en fecha todavía no decidida, una versión revisada de la NGLE-2009. No puede ocultarse, en cualquier caso, al considerar el posible futuro de las gramáticas académicas, que los tratados comprensivos (a diferencia de los manuales y de los libros de texto) han desaparecido prácticamente en muchas ciencias, sean naturales, humanas o sociales, en las que están siendo sustituidos por las monografías, los libros colectivos y otras obras de conjunto. La investigación, cada vez más parcelada y difícil de abarcar, se realiza hoy en artículos publicados en revistas especializadas y se presenta en congresos. Las revisiones periódicas corresponden a las compilaciones colectivas mencionadas, de forma que el concepto de "tratado" va quedando anticuado como género científico en un gran número de disciplinas. La gramática del español se ve afectada, como es lógico, por esta tendencia, que se pone de manifiesto en obras colectivas tales como Holtus *et al.* (1992), Bosque y Demonte (1999), Cano (2004), Company (2006-), Hualde *et al.* (2012) o esta misma enciclopedia. El italiano, el catalán, el holandés, el portugués o el vasco, entre otras lenguas, cuentan también —al igual que el español— con gramáticas colectivas elaboradas en los últimos años por grupos de investigadores que se distribuyen los contenidos y aplican un plan de trabajo común.

Conviene recordar que las gramáticas clásicas no reflejaban el trabajo de grupos de investigadores, sino más bien la labor aislada de unos pocos estudiosos que se enfrentaban a arduas cuestiones con un bagaje conceptual y empírico que hoy consideramos limitado. A todo ello se agrega el que las gramáticas académicas estén concebidas como obras institucionales. Repárese en que el concepto de «gramática oficial» no deja de ser controvertido. La GRAE-2009 recuerda en su prólogo (p. XLVI) que «los objetos de conocimiento no están sometidos en ninguna disciplina a análisis oficiales, sino a discusiones abiertas en las que se valora libremente el peso de los argumentos que pueden apoyar cada opción». A diferencia de sus predecesoras, esa obra deslindaba las recomendaciones normativas que realizan las academias —y que en ciertos países no hispanohablantes corresponden a editoriales de prestigio o a otras instituciones— de los contenidos teóricos y descriptivos (o, en general, analíticos) que, casi por definición, carecen por completo de naturaleza institucional alguna.

En los medios periodísticos es habitual entender que la RAE ha renovado tantas veces su *Gramática* porque la lengua cambia a gran velocidad. De hecho, suele tener escasa acogida en ellos la opción contraria, mucho más cierta: aquella según la cual las gramáticas se renuevan porque cambiamos nosotros, los lingüistas que tratamos de entender el idioma. De hecho, la velocidad a la que la lengua se modifica o se diversifica es muy inferior a la velocidad con la que los estudiosos mejoran su conocimiento de ella, afinan sus descripciones y su comprensión del sistema en el que los usos encajan, o descubren instrumentos nuevos para comprenderlo mejor. Sea cual sea el futuro de las gramáticas académicas, parece difícil imaginar que los que hayan de decidirlo puedan escapar a todos estos factores.

Bibliografía

Gramáticas citadas

GRAE-1771. *Gramática de la lengua castellana, compuesta por la Real Academia Española*, Madrid: Joachin de Ibarra, 1771. Cito por la edición facsímil de Ramón Sarmiento, Madrid: Editorial Nacional, 1984. Incluida en Gómez Asencio (comp.) (2001).

GRAE-1781. *Gramática de la lengua castellana compuesta por la Real Academia Española*, Madrid: Joaquin de Ibarra, 1781. Accesible en Google Books.

GRAE-1796. *Gramática de la lengua castellana compuesta por la Real Academia Española*, Quarta edición corregida y aumentada, Madrid: Viuda de Don Joaquin de Ibarra, 1796. Incluida en Gómez Asencio (comp.) (2001).
GRAE-1821. *Gramática de la lengua española por la Real Academia Española*, Quinta edición corregida y aumentada, Madrid: Librería de Teófilo Barrois hijo, 1821. Accesible en Google Books.
GRAE-1854. *Gramática de la lengua castellana, por la Real Academia Española*, Nueva edición, Madrid: Imprenta Nacional, 1854. Incluida en Gómez Asencio (comp.) (2001).
GRAE-1858. *Gramática de la lengua castellana, por la Real Academia Española*, Madrid: Imprenta Nacional, 1858. Incluida en Gómez Asencio (comp.) (2001).
GRAE-1870. *Gramática de la lengua castellana, por la Real Academia Española*, Nueva edición, corregida y aumentada. Madrid: Imprenta y estereotipia de M. Rivadeneyra, 1870. Incluida en Gómez Asencio (comp.) (2001).
GRAE-1880. *Gramática de la lengua castellana por la Real Academia Española*, Nueva edición, Madrid: Gregorio Hernando, 1880.
GRAE-1917. *Gramática de la lengua castellana por la Real Academia Española*, Nueva edición reformada, Madrid: Perlado, Páez y Compañía, 1917.
GRAE-1920. *Gramática de la lengua española por la Real Academia Española*, Nueva edición reformada, Madrid: Perlado, Páez y Compañía, 1920. Incluida en Gómez Asencio (comp.) (2001).
GRAE-1931. Academia Española, *Gramática de la lengua española*, Nueva edición reformada, Madrid, Barcelona: Espasa-Calpe.
GRAE-1962. Real Academia Española, *Gramática de la lengua española*, Nueva edición reformada, de 1931, Madrid: Espasa-Calpe.
GRAE-1973. Real Academia Española: *Esbozo de una nueva gramática de la lengua española*, Madrid: Espasa-Calpe.
NGLE-2009. Real Academia Española y Asociación de Academias de la Lengua Española: *Nueva gramática de la lengua española. Morfología y Sintaxis*, Madrid, Espasa, dos vols. Se agrega en 2011 el vol. de Fonética y Fonología. La edición compendiada en un volumen de los dos primeros tomos se publica en 2010 (*Nueva gramática de la lengua española. Manual*); la edición escolar aparece en 2011 (*Nueva gramática básica de la lengua española*), todas en la misma editorial.

Otras referencias

Borrego Nieto. J. (2008) "La norma en las gramáticas de la Real Academia Española", *Lingüística Española Actual*, 30, 1, pp. 5–36.
Bosque, I. (2012) "La *Nueva gramática de la lengua española*. Historia del proyecto y características de la obra", en *El español en el mundo. Anuario del Instituto Cervantes 2010–2011*, Madrid: Instituto Cervantes, pp. 255–269.
Bosque, I. (2013) "Las gramáticas de la Academia: el difícil equilibrio entre el análisis y la norma", en *La lengua y la palabra. Trescientos años de la Real Academia Española*, Madrid: RAE, pp. 237–244.
Bosque, I. y Demonte, V. (dirs.) (1999) *Gramática descriptiva de lengua española*, Madrid: Espasa, 3 vols.
Cano, R. (coord.) (2004) *Historia de la lengua española*, Barcelona: Ariel.
Chevalier, J. C. (1968) *Histoire de la syntaxe. Naissance de la notion de complément dans la grammaire française (1530–1750)*, Ginebra: Droz.
Chevalier, J. C. (1986) "Qu'entendre par grammaire traditionnelle", *Revue québécoise de linguistique*, 15, 2, pp. 289–296.
Company, C. (2006-) *Sintaxis histórica de la lengua española*, México: Fondo de Cultura Económica. Obra en curso; publicados hasta el momento los volúmenes 1.1 (2006), 1.2 (2009), 2.1 (2006), 2.2 (2009), 3.1 (2014), 3.2. (2014) y 3.3. (2014).
Domínguez Caparrós, J. (1976) "La Gramática de la Academia del siglo XVIII", *Revista de Filología Española*, 68, pp. 81–108.
Garrido Vílchez, G. B. (2010) *Las Gramáticas de la Real Academia Española: teoría gramatical, sintaxis y subordinación (1854–1924)*, Salamanca: Ediciones Universidad de Salamanca (Colección VÍTOR). Accesible en Internet.
Garrido Vílchez, G. B. (2011) "Las gramáticas de la Real Academia Española de 1713 a 1796", en Gómez Asencio (2011b), pp. 195–224.

Gómez Asencio, J. J. (comp.) (2001) *Antiguas gramáticas del castellano*, Madrid: Fundación Histórica Tavera/Digibis, CD-ROM.
Gómez Asencio, J. J. (2011a) *Los principios de las gramáticas académicas (1771–1962)*, Berna: Peter Lang.
Gómez Asencio, J. J. (ed.) (2011b) *El castellano y su codificación gramatical. De 1700 a 1835*, Burgos: Instituto Castellano y Leonés de la Lengua.
Gómez Asencio, J. J. y Garrido Vílchez, G. B. (2005) "Las gramáticas de la RAE en números", en L. Santos Río *et al.* (eds.), *Palabras, norma, discurso. En memoria de Fernando Lázaro Carreter*, Salamanca: Universidad de Salamanca, pp. 593–604
González Ollé, F. (2011) "Las gramáticas de la RAE en el siglo XVIII", en Gómez Asencio (2011b), pp. 717–766.
Holtus, G. *et al.* (eds.) (1992) *Lexicon der Romanistischen Linguistik*, vol. VI, I: *Aragonés/Navarro, Español, Asturiano, Leonés*, Tubinga: Max Niemeyer Verlag.
Hualde, J. I. *et al.* (eds.) (2012) *The handbook of Hispanic linguistics*, Oxford: Wiley-Blackwell.
Rojo, G. (2001) *El lugar de la sintaxis en las primeras gramáticas de la Academia*, Discurso de ingreso en la Real Academia Española, Madrid.
Sánchez Lobato, J. y Hernando García-Cervigón, A. (2010) *Esbozo y Gramática de la Lengua Española de Emilio Alarcos. Análisis de dos proyectos de gramática académica*, Madrid: Editorial Complutense.
Sarmiento González, R. (1984a) "Introducción" a la edición facsímil de la *Gramática de la lengua castellana compuesta por la Real Academia Española,* Madrid: Editora Nacional.
Sarmiento González, R. (1984b) "The grammatical doctrine of the Real Academia Española (1854)", *Historiographia Linguistica*, 11, 1–2, pp. 231–261.
Sarmiento González, R. y Hernando García-Cervigón, A. (2011) "Nueva lectura de la sintaxis académica del siglo XVIII", en Gómez Asencio (2011b), pp. 695–716

Entradas relacionadas

gramática normativa y tradicional; ideologías lingüísticas; políticas lingüísticas

GRAMÁTICA CATEGORIAL

Teresa Solias Arís

1. Orígenes de la gramática categorial

La gramática categorial tiene el honor de ser uno de los formalismos lingüísticos lexicalistas más antiguos y, desde luego, el más antiguo de los que se usan actualmente. La primera formulación de dicha gramática categorial se la debemos al lógico polaco Kazimier Ajdukiewicz en un artículo publicado en 1935, aunque aquella idea inicial ha sufrido diversas ampliaciones en el devenir del tiempo. En realidad la denominada gramática categorial está formada por una familia de formalismos íntimamente relacionados entre sí que comparten unos planteamientos esenciales.

La gramática categorial clásica está formada por la unión de las propuestas de Kazimier Ajdukiewicz, Yehoshua Bar-Hillel y Joachim Lambek. Esta primera propuesta retoma algunas de las ideas fundamentales elaboradas en la Teoría de Categorías de Husserl y de la distinción entre elementos categoremáticos y sincategoremáticos. Asimismo, la influencia del concepto de saturación de Frege es muy clara en la Gramática Categorial.

La propuesta originaria formulada por Ajdukiewicz se centraba más en presentar la nueva concepción de la gramática que en desarrollar gramáticas particulares de las lenguas. Fue Bar-Hillel (1953) quien introdujo una importante modificación, que veremos más adelante, para poder dar cuenta del orden de palabras particular de cada lengua. Pocos años después Lambek desarrolló un cálculo lógico, denominado Cálculo Lambek, con el que se podían derivar las cadenas bien formadas que podía reconocer la gramática.

Estas cadenas bien formadas tanto podían ser ristras de expresiones que correspondían a oraciones gramaticales como a fragmentos de estas. Los fragmentos que más llamaron la atención a lingüistas como Emmon Bach, David Dowty o Richard Oehrle, entre otros, fueron los que revelaban regularidades estructurales. Estas regularidades combinatorias que eran recurrentes en las oraciones de las lenguas acabaron formulándose como reglas independientes del cálculo y se utilizaron en la década de los ochenta del siglo XX como reglas de lo que se ha denominado gramática categorial generalizada para dar cuenta de estructuras bastante complejas de las lenguas humanas.

Ya en la década de los noventa y hasta la actualidad, la gramática categorial ha desembocado en dos formulaciones alternativas que pueden dar cuenta de la mayor parte de las estructuras lingüísticas, aunque todavía están en progreso. Por un lado, la denominada gramática categorial combinatoria promovida por Mark Steedman (1988), que, esencialmente, añade operadores combinatorios inspirados en la Lógica Combinatoria de Haskell Curry a la gramática categorial generalizada. Y, por otra parte, se encuentra la Gramática Categorial Multimodal concebida en los trabajos de Michael Moortgat, y desarrollada primordialmente en los de Glyn Morrill, que parte del Cálculo Lambek primigenio para formular cálculos paralelos utilizando nuevos modos de combinación, en particular el modo discontinuo (que será útil para el tipo de estructuras que Chomsky ha analizado clásicamente con reglas de movimiento, como las estructuras de relativo, las interrogativas, etc.). En este artículo presentaremos las aportaciones fundamentales de estas corrientes de la gramática categorial.

2. Conceptos fundamentales de la gramática categorial

2.1. *El lexicalismo y el concepto de categoría o tipo*

Decíamos al inicio de este artículo que la gramática categorial puede considerarse la teoría lingüística lexicalista de origen más antiguo de las que se usan en la actualidad. Un formalismo es lexicalista cuando toda la complejidad gramatical se resuelve en el nivel léxico y se da cuenta de la sintaxis por medio de un conjunto exiguo de reglas que combinan las entradas léxicas, expresadas en términos de categorías que expresan la complejidad sintáctica.

En la gramática categorial durante mucho tiempo solo hubo dos reglas combinatorias, y en origen solo fue una, aunque recientemente se han añadido algunas más para dar cuenta de toda la complejidad sintáctica de las lenguas humanas de una forma más explicativamente adecuada. La operación fundamental de la gramática categorial se denomina aplicación funcional y establece que la combinatoria sintáctica se fundamenta en las propiedades sintagmáticas del léxico, de manera que una palabra se asocia con un 'tipo sintáctico' (que podría entenderse intuitivamente como una descripción sintáctica) que define sus necesidades combinatorias. La designación especializada 'tipo sintáctico' a menudo es sustituida en contextos informales de la propia gramática categorial por la designación más genérica 'categoría sintáctica', aunque en el contexto de la gramática categorial tendría una interpretación más restringida, técnica y precisa de lo que generalmente se entiende por ella, como veremos.

En términos intuitivos, en la gramática categorial, un tipo o categoría se define a partir de lo que le falta combinatoriamente hablando para formar una categoría más compleja. Así, siguiendo con la aproximación intuitiva adoptada por ahora, un predicado debe combinarse con un sujeto para formar una oración. Es decir, adoptando una terminología lingüística ampliamente extendida, un SV debe combinarse con un SN sujeto para dar como resultado una oración. Imaginemos ahora que para dar cuenta de una estructura transitiva tuviéramos que partir exclusivamente de las propiedades léxicas: ¿Qué haría un categorialista? Pues bien simple: un categorialista definiría toda la construcción en función de la combinatoria sintagmática del verbo transitivo. En estos términos, la categoría de un verbo transitivo no estaría constituida solo por la insustancial etiqueta VT sino que iría mucho más allá y expresaría las propiedades combinatorias generales de los verbos transitivos. Es decir, desde un punto de vista categorialista, los verbos transitivos son categorías que deben combinarse con una categoría nominal (el objeto directo en este caso) para dar como resultado una categoría compleja (que correspondería a lo que suele denominarse SV). A su vez, dicha categoría verbal compleja (el predicado en términos generales) necesitaría combinarse con otro SN (el sujeto esta vez) para dar como resultado una oración. En realidad se trata de funciones encadenadas, por eso se ha denominado 'aplicación funcional' a la operación básica categorialista.

Es de esperar que ahora empiece a hacerse claro lo que la gramática categorial quiere decir cuando afirma que un tipo o categoría se define a partir de lo que le falta combinatoriamente hablando con el objeto de formar una categoría más compleja. Un aspecto muy importante de dicha concepción de las categorías gramaticales en término de tipos sintácticos es que el número de categorías sintácticas, o tipos, no está cerrado ni está acotado en la gramática categorial. La complejidad de tipos sintácticos se puede aumentar tanto como lo requieran las estructuras sintácticas de las lenguas naturales por medio de un mecanismo recursivo muy simple. Para ello hay que partir de un conjunto base de categorías o tipos básicos y formar el resto de las categorías o tipos de las lenguas naturales por medio de una regla recursiva de formación de nuevas categorías gramaticales o tipos sintácticos.

Así pues, todas las categorías se definen a partir de unas pocas categorías básicas combinándolas recursivamente por medio de operadores muy simples. En las versiones más esencialistas de la gramática categorial las categorías básicas son simplemente 'o', categoría oracional, y 'n', categoría nominal. En las versiones de la gramática categorial generalizada y de la gramática categorial combinatoria, por comodidad y economía, suelen utilizarse categorías procedentes de la gramática sintagmática, como por ejemplo SN, SV, P (preposición), Adj (adjetivo), Adv (adverbio), entre otras, pero es una cuestión puramente notacional ya que en esencia se persigue la misma concepción de las categorías como formadas por funtores que toman argumentos de forma recursiva, igual que en el resto de las versiones de la gramática categorial. Por ahora vamos a mantenernos fieles a las versiones más esencialistas, en las que solo se contemplan las categorías básicas 'o' y 'n' para formar el resto de las categorías sintácticas. Esta concepción correspondería a la que todas las versiones de la gramática categorial reconocerían como tal, y luego ya podremos ir introduciendo las abreviaturas notacionales, si nos resulta más cómodo.

Así pues, una gramática categorial define las categorías gramaticales a partir de la combinatoria sintagmática y les asigna una categoría. Una categoría o tipo en gramática categorial tiene la forma 'A a la que le falta un B'. En la primera formulación de la gramática categorial, desarrollada por Ajdukiewicz (1935), este autor se limitaba a expresar los requisitos combinatorios universales de las categorías gramaticales sin comprometerse en el orden de palabras particular de cada lengua, por lo que utilizaba un único operador de cancelación de la categoría argumento independientemente de que este apareciera por la derecha o por la izquierda. La cuestión del orden no quedaba especificada en el tipo sintáctico, se trababa de tipos universales de categorías. No obstante Bar-Hillel (1953), interesado en la traducción automática y en otras aplicaciones de las gramáticas formales a la lingüística computacional, sintió la necesidad de expresar el orden de palabras básico de las construcciones lingüísticas a través de dos operadores que diferenciaran la búsqueda del argumento o bien por la derecha o bien por la izquierda de la categoría que se estaba definiendo.

La introducción de los operadores que permitían expresar el orden de búsqueda relativo entre las categorías sintagmáticas representó un avance cualitativo muy importante para la gramática categorial. Se trataba del operador de búsqueda a la derecha notado con el símbolo de una barra inclinada hacia la derecha '/', denominado *aplicación funcional a la derecha* o *aplicación funcional hacia adelante*, y el operador de búsqueda a la izquierda notado con una barra inclinada hacia la izquierda '\', denominado *aplicación funcional a la izquierda* o *aplicación funcional hacia atrás*. Aplicando recursivamente estos dos operadores a las categorías básicas podremos formar todas las categorías sintácticas que permiten generar y analizar multitud de construcciones sintácticas que se dan habitualmente en las lenguas humanas. En particular nos permiten enfrentarnos al mismo tipo de construcciones que una gramática independiente de contexto, es decir que una gramática sintagmática de tipo 2 de la jerarquía de Chomsky. Para el resto de las construcciones que Chomsky ha analizado a través de reglas transformacionales (como el movimiento) o a través del procedimiento de copia, la gramática categorial ha añadido otro tipo de operadores al sistema de producción de categorías.

La definición recursiva de categorías que nos va a permitir construir tantas categorías como necesitemos para el análisis de las lenguas del mundo es la siguiente:

a) Si A es una categoría básica, entonces A pertenece a CAT, el conjunto de categorías
b) Si A y B pertenecen a CAT entonces A/B pertenece a CAT
c) Si A y B pertenecen a CAT, entonces B\A pertenece a CAT

Esta definición garantiza un número potencialmente infinito de categorías. En la práctica esto simplemente quiere decir que podremos construir tantas categorías o tipos categoriales como necesitemos para dar cuenta de las lenguas naturales. El conjunto básico de categorías suele ser {n, sn, o}. Al principio se utilizaba solo la categoría ‘n’, pero luego se vio la necesidad de distinguir entre un nominal y un nominal modificado, que corresponderán respectivamente a la categoría ‘n’, y un SN completo, que ya está totalmente especificado y no admite más alteraciones en su estructura sintáctica y/o semántica y que se notará como ‘sn’.

Así, del conjunto de categorías básicas {o, n, sn} podremos construir categorías como ‘sn\o’ usando la cláusula c) de la definición y postulando que A = o y B = sn, y tomando a su vez la categoría compleja ‘sn\o’ como expresión A de la cláusula b) y postulando ‘sn’ como B entonces podremos formar la categoría ‘(sn\o)/sn’ (que es el tipo que se corresponde con un verbo transitivo, como explicaremos inmediatamente). Con esta definición recursiva podríamos a su vez tomar el tipo ‘(sn\o)/sn’ como instancia de la expresión A o B y formar una categoría más compleja que la contuviera como funtor o argumento, si es que necesitáramos hacer tal cosa para dar cuenta de los hechos lingüísticos.

2.2. Las reglas de aplicación funcional. La concatenación de categorías

Retomando el ejemplo del verbo transitivo, tal y como hemos explicado, desde el punto de vista de la gramática categorial es una categoría que para formar un SV debe combinarse con un argumento SN, y a su vez un SV es una categoría que para formar una oración debe combinarse con un SN —el sujeto—. Por lo tanto, transcrita esta explicación intuitiva a la formalización categorial que acabamos de explicar, la categoría del verbo transitivo sería ‘(sn\o)/sn’, es decir el verbo transitivo es una categoría que primero debe cancelar un ‘sn’ a su derecha (el objeto) y luego otro ‘sn’ a su izquierda (el sujeto). Una vez realizadas estas combinaciones se habrá formado una oración ‘o’.

Para llevar a cabo la fusión de las categorías en nuevas categorías la gramática categorial postula reglas de combinación o cancelación de los argumentos, lo que expresado de una forma un poco más general sería algo así como que una categoría A se funde con una categoría B para dar como resultado una categoría de tipo C, que coincide plenamente con la formulación actual de la regla combinatoria básica denominada ‘fusión’ que se utiliza en el modelo minimista del Paradigma Chomskyano, tal y como se argumenta con detalle en Solias (2010).

Para llevar a cabo la cancelación direccional de los argumentos Bar-Hillel (1953) propuso dos reglas de combinación de tipos sintácticos. Son muy simples. Sencillamente dicen formalmente que se cancela una categoría hacia adelante cuando aparece el operador ‘/’ y que se cancela una hacia atrás cuando aparece el operador ‘\’. La operación de cancelación de argumentos a la derecha se denomina *regla de aplicación funcional a la derecha* y, consecuentemente, la del operador '\' se denomina *regla de aplicación funcional a la izquierda.* A continuación se muestran las formulaciones habituales de tales reglas:

> Regla de aplicación funcional hacia delante (>)
> A/B B = A

Es decir, un tipo con la forma A/B (que se lee: una categoría que busca cancelar un B hacia adelante para formar una categoría A) si se da el caso de que tiene un tipo B hacia adelante, entonces lo puede cancelar y formar una categoría de tipo A. Eso es lo que sucede en la cancelación del argumento de la categoría '(sn\o)/sn'. En este caso A sería igual a 'sn\o', que es la categoría correspondiente a un SV en una lengua SVO porque necesita cancelar un SN por la izquierda para formar una oración. B debe ser un 'sn' o, si no, no se podría llevar a cabo la cancelación. En el caso de que a la derecha de '(sn\o)/sn' aparezca efectivamente un 'sn', se producirá la fusión de ambas categorías cancelándose el 'sn' y dando como resultado el predicado 'sn\o'.
Coherentemente, la regla de aplicación funcional hacia atrás tendría la siguiente forma:

> Regla de aplicación funcional hacia atrás (<)
> B B\A = A

En este caso el argumento se cancela por la izquierda. Es decir, ahora A puede instanciarse por 'o' y B por 'sn'. Así pues, si aparece un 'sn' a la izquierda de 'sn\o' entonces la fusión de ambas categorías por medio de la cancelación del argumento 'sn' dará como resultado el tipo 'o', oración.

Seguidamente mostraremos un ejemplo de análisis utilizando las categorías y las reglas introducidas hasta aquí. La siguiente derivación (o análisis) parte de los tipos léxicos puesto que el análisis es lexicalista, como ya habíamos advertido. Asimismo cada paso se señala indicando con un símbolo en el extremo de una línea qué regla se ha aplicado. Así (>) indica Regla de aplicación funcional hacia delante y (>) indica Regla de aplicación funcional hacia atrás. En esta derivación partimos de los tipos habituales '(sn\o)/sn' para el verbo transitivo, 'n' para el nombre común y 'sn/n' para los determinantes (el determinante es una categoría que cancela un nominal sin especificar para dar como resultado un SN ya especificado):

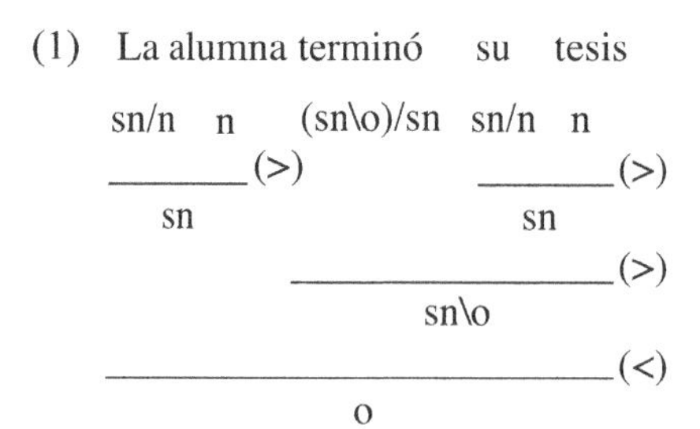

2.3. Las reglas de elevación y composición: orden semilibre de palabras

Para el español este orden tan rígido de cancelación de argumentos no es del todo conveniente, puesto que no solo es una lengua de sujeto nulo (*pro-drop*) y por lo tanto habrá oraciones que estarán constituidas simplemente por un SV conjugado, sino que además el sujeto a menudo puede aparecer pospuesto al SV, como por ejemplo en las siguientes oraciones:

(2) Ha venido tu hermana

(3) Solo irán a México de viaje de fin de curso los alumnos de último curso

(4) Trajo unos bombones belgas la amiga que vino a cenar

Aunque si bien es verdad que en todos los casos se puede proferir el sujeto en posición antepuesta, también es posible hacerlo en posición pospuesta como vemos en los ejemplos (2) al (4). Para estos casos Solias y Moreno-Torres (1988) propusieron utilizar un operador bidireccional anteriormente propuesto por Bach (1981) para este tipo de fenómenos de orden semilibre. Es posible que algún lector atento haya pensado que para ello podría utilizarse el sistema de Ajdukiewicz, pero entonces no podríamos expresar que hay otros casos en los que sí hay orden de palabras. Necesitamos un sistema que a la vez permita expresar estos casos de orden semilibre por un lado y, por otro, el orden de palabras estricto entre un artículo y un nombre, que siempre es determinante+nombre y nunca podrá ser en español nombre+determinante. Por ese motivo Solias y Moreno-Torres (1988) utilizan una gramática categorial donde, además de disponer de los operadores clásicos operador de aplicación funcional hacia adelante '/' y operador de aplicación funcional hacia atrás '\', se dispone del operador bidireccional '|', que es capaz de cancelar el argumento tanto hacia adelante como hacia atrás ya que puede optar entre utilizar la regla de cancelación hacia adelante o la regla de cancelación hacia atrás, dependiendo del orden de palabras de la emisión real que se quiera analizar. Así, el tipo para el verbo transitivo en aquel sistema era '(sn|o)/sn', donde el tipo cancela primero un SN objeto hacia adelante y luego puede cancelar tanto hacia adelante como hacia atrás un SN sujeto.

Esta idea de ampliar el poder expresivo de la gramática categorial clásica añadiendo nuevos operadores y/o nuevas reglas se desarrolló en la década de los ochenta del siglo XX en lo que se ha venido a denominar gramática categorial generalizada. En este contexto muchos autores trabajaron para aumentar el poder expresivo de la gramática categorial y conseguir analizar con ella las mismas oraciones que Chomsky analizaba con reglas transformacionales. Para entender cómo se añadieron nuevas reglas a la gramática categorial clásica hay que hablar del Cálculo Lambek. Lambek (1958) había propuesto un elegante cálculo deductivo para los operadores de aplicación funcional hacia adelante y hacia atrás. De este cálculo se podían deducir como teoremas una serie de reglas combinatorias que utilizaban tipos formados con los operadores '/' y '\', pero que permitían expresar posibilidades muy interesantes de la gramática categorial de una forma bastante más simple que con el cálculo lógico. Así se añadieron nuevas reglas a las dos de aplicación funcional, reglas que se derivaban como teoremas del cálculo Lambek pero que permitían evitar la complejidad formal que entraña el uso del cálculo directamente. Algunos ejemplos de tales reglas y de sus posibilidades expresivas se muestran a continuación:

Regla de elevación de tipo hacia adelante (T>)
$X = Y/(X\backslash Y)$

Esta regla permite hacer que una categoría destinada a ser el argumento de una función pase a ser el funtor, cancelando precisamente al funtor que le buscaba. En términos intuitivos se trata de darle la vuelta al análisis predeterminado por los tipos no marcados. Por ejemplo, Mark Steedman (1991) utilizó la Regla de Elevación de tipo hacia delante combinada con la Regla de Composición de Funciones, que también puede ser derivada del cálculo Lambek, para ofrecer un análisis incremental de las oraciones. La regla de composición de funciones es:

Regla de composición hacia adelante (C>)
X/Y Y/Z = X/Z

Esta regla expresa una simple composición de funciones: si un elemento X busca como argumento una expresión Y y ese Y a su vez busca como argumento a Z, entonces podemos fundir ambos tipos componiendo sus funciones de manera que X busque directamente a Z. Vamos a ver el mismo ejemplo anterior analizado en términos de análisis incremental por medio de la sucesión de la regla de Elevación de tipo (T>) y la Regla de Composición (C>).

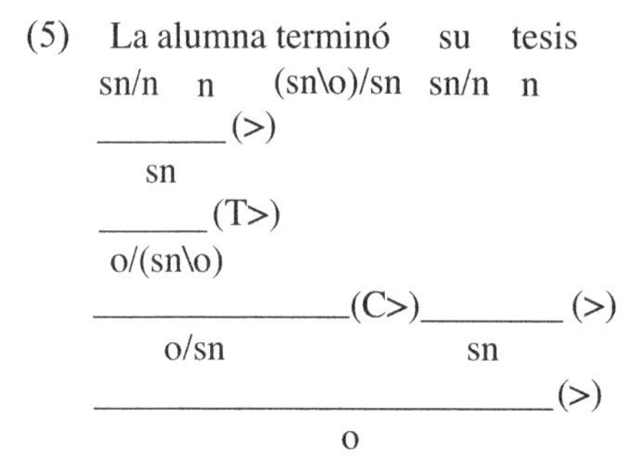

En esta derivación se muestra cómo se podría efectuar el análisis incremental de izquierda a derecha. Primero el determinante cancelaría el nombre formando un SN. A continuación la categoría 'sn' serviría de entrada para la Regla de Elevación de tipo hacia adelante, instanciando la variable X de la Regla y se elevaría el tipo postulando 'o' como Y. A continuación se aplicaría la Regla de Composición hacia adelante sobre el tipo resultante de haber elevado el tipo del sujeto (que ahora sería una categoría que para formar una oración debe cancelar un SV, es decir 'o/(sn\o)') y el tipo de verbo transitivo. Esto nos daría una categoría que para formar una oración debe cancelar un SN objeto, es decir 'o/sn'. Y por último esta categoría cancelaría al 'sn' y daría como resultado la oración procesada por medio de un análisis incremental.

3. Corrientes recientes de la gramática categorial

La gramática categorial generalizada produjo en la década de los ochenta del siglo XX muchos más análisis interesantes utilizando estas y otras reglas y operadores novedosos. Para su profundización remito al lector interesado a la bibliografía o, más en particular, al manual de gramática categorial Solias (1996). Ya en la década de los noventa tomaron fuerza las dos corrientes a las que hemos aludido al inicio de este artículo. Por un lado ya desde finales de los 80 Mark Steedman propuso la gramática categorial combinatoria que intentaba confeccionar un modelo de gramática categorial extendido a los fenómenos de análisis lingüístico con dependencias de larga distancia y dependencias cruzadas que tan difíciles eran de analizar para todas las teorías gramaticales y que requerían una reformulación elegante de la teoría categorial y no una simple adición de reglas y/o operadores sin coherencia alguna.

Contemporáneamente, Michael Moortgat (1988) propuso un modelo teórico basado en operadores discontinuos que pretendía lo mismo: realizar una extensión coherente y elegante de la gramática categorial clásica para dar cuenta de la complejidad de las estructuras de las lenguas humanas.

La gramática categorial combinatoria ha supuesto una de las propuestas más interesantes y productivas de extensión de la gramática categorial clásica. Parte de las reglas de aplicación funcional como base de su modelo y les añade operadores y reglas extraídas de la lógica combinatoria de Curry. En concreto ha añadido el operador de Composición, aunque cumple la misma función que la regla que se deduce del cálculo Lambek, y una serie de operadores combinatorios extraordinariamente potentes y útiles para dar cuenta de los fenómenos del lenguaje natural que Chomsky ha resuelto tradicionalmente por medio de transformaciones. En particular es especialmente útil el combinador de Permutación, ya que permite dar cuenta de las dependencias de larga distancia, así como los de Duplicación, Sustitución, Identidad y Cancelación. Este modelo de la gramática categorial sería excesivamente potente si se usara de forma no acotada pero Steedman ha tenido la maestría de controlar su aplicación por medio de formulaciones de reglas categoriales muy determinadas que permiten especificar la forma de los tipos y el contexto sintagmático de aplicación de las reglas. Con este modelo Steedman ha ofrecido interesantes análisis para los huecos parásitos, las dependencias cruzadas, la coordinación con elisión, el análisis incremental y los cuantificadores generalizados, entre otros análisis relevantes.

La gramática categorial multimodal parte de la propuesta de Michael Moortgat de adición de operadores de discontinuidad a los operadores de aplicación funcional de la gramática categorial clásica, y con el mismo procedimiento se podrían añadir tantos operadores como fuera necesario aunque es conveniente mantenerse lo más austero posible para no complicar innecesariamente la teoría gramatical. Moortgat retorna a los modelos formulados en cálculos deductivos, como el original de Lambek, y a imagen y semejanza de aquel intenta formular un cálculo de discontinuidad. No obstante Moortgat no consigue formular el cálculo completo para tales operadores, pero a partir de la propuesta de cálculo completo de Solias (1992, 1996) realizada en español, Morrill (1995) formula un cálculo para los operadores de discontinuidad que ha sido aceptado por la comunidad científica internacional.

A diferencia de otros modelos, en general, la GC no pretende ser un modelo de la competencia o de los procesos mentales específicos. No obstante, Steedman (2007: 606) afirma que la gramática categorial combinatoria (CCG), que en su formulación final es bastante más compleja y completa de lo que hemos mostrado aquí, podría considerarse un modelo computacional para las teorías con pretensiones psicolingüísticas: "CCG thus offers not only a theory of the Computation in the sense of Marr and Chomsky, but also a way in which it can actually be practically computed" (Steedman 2007: 606). Asimismo Solias (1998) ya defendía que sería plausible que el componente mental contuviera las dos operaciones básicas universales de combinación por concatenación y por discontinuidad que conforman el núcleo de la gramática categorial multimodal. Sin embargo su modelización a través de sistemas deductivos corresponde a la manera en que los lingüistas formalizamos estas ideas y no pretende tener realidad psicológica.

Bibliografía

Ajdukiewicz, K. (1935) "Die Syntaktische Konnexität", *Studia Philosophica*, 1, pp. 1–27.
Bach, E. (1981) "Discontinous constituents in generalized categorial grammars", *Actas de NELS*, 11, pp. 1–12.
Bar-Hillel, Y. (1953) "A quasi-arithmetical notation for syntactic description", *Language*, 29, pp. 47–58.
Lambek, J. (1958) "The mathematics of sentence structure", *American Mathematical Monthly*, 65, pp. 154–172.
Moortgat, M. (1988) *Categorial investigations*, Dordrecht: Foris.
Morrill, G. (1995) "Discontinuity in categorial grammars", *Linguistics and Philosophy*, 18, 2, pp. 175–219.
Solias, T. y Moreno-Torres, I. (1989) "Categorías de las lenguas románicas", *Actas Lenguajes Naturales y Lenguajes Formales*,6, pp. 971–985.
Solias, T. (1992) *Gramática categorial, coordinación generalizada y elisión*, Madrid: UAM.
Solias, T. (1996) *Gramática categorial. Modelos y aplicaciones*. Madrid: Síntesis.
Solias, T. (1998) "La gramática categorial como gramática universal", *Revista Española de Lingüística*, 28, 1, pp. 89–113.
Solias, T. (2010) "Chomsky meets Lambek", *Linguistic Analysis*, 36, pp. 193–224.
Steedman, M. (1988) "Combinators and grammars", en Oehrle, R. *et al.* (eds.) *Categorial grammar and natural language structures*, Dordrecht: Reidel, pp. 417–442.
Steedman, M. (1991) "Structure and intonation", *Language*, 67, pp. 260–296.
Steedman, M. (2007) "The Computation", en Ramchand, G. y Reiss, C. (eds.) *Oxford handbook of linguistic interfaces*, Oxford: Oxford University Press, pp. 575–611.

Entradas relacionadas

gramática generativa; semántica; sintaxis

GRAMÁTICA ESTRUCTURAL

Edita Gutiérrez Rodríguez

1. Orígenes del estructuralismo en los estudios hispánicos

En 1916 se publica póstumamente el *Curso de lingüística general* de Ferdinand de Saussure. Esta obra puso las bases del estructuralismo lingüístico, teoría del lenguaje dominante en Europa desde los años treinta del siglo XX hasta los años sesenta y setenta del mismo siglo, cuando las primeras publicaciones de Noam Chomsky pusieron en el centro de interés de los lingüistas el enfoque generativo de base cognitiva, primero en la lingüística americana y posteriormente en la europea.

Las escuelas lingüísticas estructuralistas, que presentan gran diversidad de enfoques, comparten algunas de las ideas centrales del *Curso de lingüística general*. Entre estas ideas se hallan las siguientes:

a. Separación del estudio sincrónico del diacrónico.
b. Diferenciación entre lengua y habla.
c. Consideración de la lengua como un sistema de relaciones.

En primer lugar, a partir de Saussure se establece una separación clara entre el estudio lingüístico sincrónico y el diacrónico. La lingüística sincrónica se centra en un estadio concreto de una lengua, a menudo el actual. La lingüística diacrónica, en cambio, estudia la evolución de la lengua en el tiempo. La lingüística del siglo XIX fue fundamentalmente diacrónica, mientras que Saussure proclama la preponderancia de la sincronía sobre la diacronía.

En segundo lugar, se establece la diferencia entre la lengua (fr. *langue*) y el habla (fr. *parole*). La lengua es una abstracción supraindividual, social, que subyace al habla, la realización concreta de cada individuo. El objeto de estudio de la lingüística es la lengua.

Por último, Saussure considera la lengua como un sistema de relaciones en el que las unidades se definen no de manera absoluta sino en contraste con otras unidades. Los fonemas se identifican por oposición a otros fonemas, los morfemas por oposición a otros morfemas, etc.

La teoría del lenguaje de Saussure tuvo sus primeros frutos en el campo de la fonología, con la Escuela de Praga y, en particular, con la obra de Nikolai Trubetzkoy. Emilio Alarcos, introductor del estructuralismo en España, da a conocer la fonología de la Escuela de Praga con la obra *Fonología española*, de 1950. El análisis de las unidades lingüísticas a base de rasgos distintivos y el modo de trabajar de la fonología se exportó posteriormente al ámbito de la morfología y, finalmente, al de la sintaxis.

La gramática estructural abarca numerosas corrientes y escuelas que beben de las enseñanzas de Saussure. Se incluye entre las corrientes estructuralistas el distribucionalismo de Bloomfield, que se desarrolló en América en los años cincuenta del siglo pasado y es el antecedente directo de la gramática generativa. Esta escuela se diferencia de otras corrientes estructuralistas europeas en que adopta un análisis de la oración en constituyentes inmediatos y considera fundamental en el análisis sintáctico el concepto de estructura y nivel jerárquico. El distribucionalismo tuvo poco peso en la lingüística española (Brucart 1997: 117), aunque su influjo sí puede rastrearse en los trabajos de la importante escuela funcionalista argentina, de la que hablaremos más adelante.

Otra corriente estructuralista cuyo origen está en las enseñanzas de Saussure es la glosemática de Hjelmslev, introducida en España por Emilio Alarcos en su obra *Gramática estructural (según la Escuela de Copenhague y con especial atención a la lengua española)*, publicada en 1951. Las ideas lingüísticas de Hjelmslev han tenido una importancia fundamental en la configuración del pensamiento de Emilio Alarcos, en particular en su búsqueda del formalismo y en la poca consideración del significado en el análisis gramatical.

Las escuelas de Tesnière y Martinet (cuyo órgano principal de expresión es la revista *La Linguistique*) están también muy vinculadas con la teoría gramatical de Alarcos. Del primero Alarcos toma, por ejemplo, la noción de *transposición*, central en los estudios de gramática funcional española, de la que nos ocuparemos en el apartado 6.

Los estudios de la Nueva Escuela de Praga (Firbas, Danes), que se centraron en las funciones informativas, etc., tuvieron una influencia especial en la escuela estructuralista española de Santiago.

En los siguientes apartados repasaremos el concepto de *funcionalismo*, haremos un somero repaso de las escuelas y autores españoles más importantes y analizaremos algunos conceptos básicos del enfoque funcionalista español, como función, categoría o transposición. Veremos que bajo la etiqueta de funcionalismo se esconden diversas teorías y enfoques. Dado que no podemos en tan corto espacio abarcar todas ellas, nos centraremos en las escuelas funcionalistas de Oviedo y León, porque quizá sean estas las que hayan tenido más influencia en la lingüística española.

2. Gramática estructural y gramática funcional

2.1. Funcionalismo y formalismo

La gramática estructural europea se suele incluir entre las gramáticas de orientación funcional, aunque el funcionalismo se entiende, como veremos a continuación, de una manera diversa según los enfoques y escuelas.

El término *funcional* —como *función* y *funcionalismo*— tiene en lingüística diversos sentidos. En el sentido que predomina en los enfoques actuales, *funcional* se opone a *formal*. En el enfoque funcional se considera que las lenguas son básicamente instrumentos de comunicación. Por tanto, no tiene sentido estudiar una lengua sin preguntarse por su “función”: el propósito con el que se emplea, las circunstancias en las que se utiliza o los participantes que la usan.

La idea básica del enfoque funcional en el estudio del lenguaje es que la forma lingüística está tan condicionada por el significado que transmite, el contexto discursivo en el que se emplea y el procesamiento que no tiene sentido describir la distribución de los elementos formales a través de un conjunto de principios o reglas independientes.

La estructura sintáctica, desde el punto de vista funcional, tiene relación directa con la intención comunicativa de los hablantes. Por ello, el componente pragmático es el fundamental en este enfoque; el semántico, depende del pragmático; y el sintáctico, a su vez, del semántico. En resumen, la gramática funcional no se limita a estudiar el sistema lingüístico sino que se ocupa de la situación comunicativa y explica el sistema gramatical en función de esta.

Una gramática formal, en cambio, es aquella que caracteriza la forma independientemente del significado o de la función, de manera que se considera que es posible estudiar al menos una parte de la gramática por sí misma, sin necesidad de hacer referencia a principios externos al sistema, como la función que un enunciado tiene en un contexto comunicativo. Un gramático formal trata de caracterizar las relaciones formales entre los elementos gramaticales sin hacer referencia a las propiedades semánticas o pragmáticas de estos. El ejemplo prototípico de gramática formal es la gramática generativa.

En la teoría gramatical moderna se puede trazar una separación básica entre las gramáticas de base funcional y las gramáticas de base formal (Newmeyer 1998; Darnell *et al.* 1999; Carnie y Mendoza-Denton 2003, entre muchos otros).

2.2. La gramática estructural española como una gramática funcional

Hemos visto que las teorías funcionales del lenguaje consideran que la función principal de este es la comunicación y que, por tanto, no tiene sentido estudiar la estructura lingüística sin hacer referencia al acto de comunicación y sus elementos.

La gramática estructural española, caracterizada por sus autores principales como una gramática funcional, destaca por la ausencia casi absoluta en sus análisis, al menos en sus orígenes, del componente pragmático, lo que ha hecho que no sea considerada como una gramática funcional fuera de España (Rojo 1994: 12), dado que el predominio del enfoque pragmático se considera el factor definitorio para incluir un enfoque lingüístico dentro del funcionalismo.

Entre los objetivos de los estudios de Emilio Alarcos, autor que puso los cimientos de la gramática estructural en España, no está la descripción de las funciones semánticas o comunicativas, aunque otros autores abogan por un desarrollo de la descripción funcionalista en todos los niveles: funciones sintácticas, semánticas e informativas (Rojo 1994; Gutiérrez 1995: 549). En los últimos años de desarrollo de la gramática funcional en España se ha procurado trascender el ámbito oracional e incorporar valores comunicativos y pragmáticos, ampliando el ámbito de análisis de la sintaxis a los enunciados y la sintaxis conversacional (García 2007: 110).

La pregunta que surge naturalmente es en qué sentido es *funcional* la gramática estructural española. La respuesta es triple. En primer lugar, es funcional en el sentido de que se concibe la lengua básicamente como un instrumento de comunicación. Como señala Alarcos (1977: 2), "toda lengua es una estructura porque, en su conjunto y en sus partes constitutivas, funciona adecuadamente; esto es, cumple el fin para el que ha sido instituida: permitir la comunicación entre los humanos de una misma comunidad. Tanto vale así hablar de 'lingüística estructural' como de 'lingüística funcional' ".

Si bien esta concepción no implica, en efecto, que se tenga que hacer referencia a la intención comunicativa del hablante en cada enunciado que se analiza, sí se podía reprochar, en este punto, la ausencia del componente pragmático en los análisis de la gramática estructural española (Rojo 1994: 17). Como señalábamos antes, esta ausencia se ha paliado en los últimos años con la incorporación del componente pragmático, en particular en las escuelas de León y Santiago.

En segundo lugar, toda gramática estructural es funcional en el siguiente sentido. Para Saussure, el *valor* de un elemento lingüístico se halla no tanto en lo que es en sí sino en la relación que se establece entre ese elemento y el sistema en el que se integra, es decir, en la función que ese elemento desempeña en el sistema, en la forma en que se opone a los otros elementos del sistema. Un rasgo distintivo, un fonema o un morfema realizan funciones de distinta naturaleza porque son elementos de distintos niveles de la estructura lingüística. Nótese que empleamos aquí un significado diferente del término *función*, que no equivale a función comunicativa, y que, por tanto, es perfectamente posible elaborar una gramática funcional en este sentido sin hacer referencia en ningún momento a la intención comunicativa. Se trata de nuevo del predominio de la función sobre la forma, pero no de la función comunicativa sino de la función que un elemento desempeña en el sistema.

En tercer lugar, la gramática estructural española es funcional por la importancia que se da al concepto de *función sintáctica*, que es un primitivo del análisis y que articula toda la gramática. En la versión más ortodoxa de esta gramática, las categorías gramaticales se definen según las funciones que pueden contraer. Por ejemplo, se considera sustantivo todo elemento que puede desempeñar funciones como sujeto o complemento directo, independientemente de su estructura interna. Por tanto, es la función la que determina la categoría gramatical, y no a la inversa. Una gramática funcional, en el sentido de que la función es un primitivo del análisis, se presenta como opuesta a la gramática categorial, o de constituyentes (Rojo y Jiménez 1989: 56; Gutiérrez Ordóñez 1994c: 470).

3. La gramática funcional española: escuelas y autores

La gramática funcional española tiene en Emilio Alarcos Llorach el autor más influyente. Alarcos puede ser considerado el primer lingüista del siglo XX en España, pues introduce y consolida el empleo en la lingüística de un modelo teórico explicativo, frente al modelo preponderante en la primera mitad de este siglo en la Península, fundamentalmente descriptivo y basado en la gramática tradicional.

Sin embargo, este gramático no se prodigó en presentaciones teóricas de su doctrina gramatical. Su obra más influyente (Alarcos 1970) no es una gramática concebida en su totalidad sino una recopilación de artículos. Posteriormente salió a la luz su gramática (Alarcos 1994), que para algunos autores no es un reflejo directo de su pensamiento teórico, pues se trata de un encargo para la Real Academia Española.

Para conocer los principios teóricos del funcionalismo español, se puede acudir a Martínez 1994a —perteneciente a la escuela de Oviedo, como veremos más adelante—, o bien a Gutiérrez Ordóñez 1997 —escuela de León—. En este último libro se repasan los principales conceptos de este marco teórico, en la versión de la teoría de la escuela de León. No es, sin embargo, un manual introductorio que presente con detalle y de manera ordenada la teoría funcionalista española, pues se trata de una recopilación de artículos de diversas épocas que cubren diferentes temas.

Como se señala en García (2007: 107), se puede diferenciar entre varias escuelas funcionalistas en sus planteamientos, métodos y aplicaciones al lenguaje. Todas comparten, sin embargo, un principio metodológico común: la idea de que las funciones son centrales para explicar la lengua.

Por un lado, destaca el núcleo original de la Universidad de Oviedo, en torno a Emilio Alarcos Llorach y José Antonio Martínez, entre otros. También se desarrolló una corriente funcionalista inicialmente más cercana al pensamiento de Alarcos en la Universidad de León (Salvador Gutiérrez Ordóñez, Manuel Iglesias Bango). En La Laguna, Ramón Trujillo se centró en el estudio de la semántica. Otros autores destacados del funcionalismo hispánico son Antonio Narbona Jiménez (Universidad de Sevilla), José M.ª García Miguel (Universidad de Vigo) o Emilio Ridruejo y César Hernández (Universidad de Valladolid). Por último, la llamada escuela de Santiago, de la que hablaremos más abajo, se separó desde sus inicios del pensamiento alarquiano más ortodoxo.

La corriente funcionalista más cercana al pensamiento de Alarcos, la más desarrollada en la Península, ha sufrido la influencia de las grandes escuelas funcionalistas europeas (Praga, Copenhague, Martinet, Tesnière), además de la tradición gramatical española, como se señala en Martínez (1994a: 15). En particular, el pensamiento maduro de Alarcos resulta de una fusión de los puntos de vista de Martinet y Helsmlev (Rojo 1994: 15).

Por otro lado, el grupo de Santiago, con Guillermo Rojo a la cabeza, construye su teoría a partir de la doctrina de Alarcos, combinada con aportaciones de la Nueva escuela de Praga, la tagmémica, la gramática sistémica de Halliday o el funcionalismo de Dik. Se exponen los principios y conceptos básicos de esta escuela en Rojo 1978, 1983 o en Rojo y Jiménez Juliá 1989.

Una diferencia fundamental entre el funcionalismo de la escuela de Santiago y el de la escuela ovetense es el empleo de la noción de estructura en la corriente asociada a Guillermo Rojo. La estructura se emplea en otras aproximaciones estructurales a la gramática, como el distribucionalismo americano, que maneja la noción de sintagma y la segmentación de la oración en constituyentes. Sin embargo, el estructuralismo europeo, en particular la escuela de Martinet, prescinde de la idea de estructura y establece relaciones entre elementos que están todos al mismo nivel. A propósito de esta cuestión, Rojo (1994: 19) señala que no todos los gramáticos funcionalistas aceptan la ausencia de estructura propia de la concepción de la escuela de Oviedo-León, ni la definición de las categorías gramaticales como clases funcionales que describiremos más adelante: "Muchos funcionalistas no adscritos a la rama ortodoxa hacen una distinción más radical entre las unidades y las relaciones lingüísticas, de tal modo que las unidades son definidas por su configuración interna, por la estructuración funcional existente en su interior. Así, *el congreso* es una frase nominal y *congreso* un sustantivo tanto en *El congreso se divierte* como en *Los organizadores del congreso.* Lo que cambia, por supuesto, es la función que realiza y la unidad con respecto a la cual la desempeña". Otra diferencia importante entre la escuela de Oviedo y la de Santiago es que la segunda incorpora a su teoría las dependencias semánticas y las funciones pragmáticas.

Por último, dentro del ámbito de la lingüística hispánica no se ha de olvidar la importante escuela funcionalista argentina (Ana María Barrenechea, Mabel Manacorda de Rosetti, Ofelia Kovacci, etc.). El origen de los estudios funcionalistas en Argentina se puede situar con la llegada del filólogo Amado Alonso a la dirección del instituto de Filología y Literaturas Hispánicas de la Facultad de Filosofía y Letras de la Universidad de Buenos Aires (Giammatteo y Albano 2007: 113). Amado Alonso había adoptado tempranamente las enseñanzas de Saussure, cuyo *Curso de lingüística general* traduce en 1945, y forma en torno al instituto un conjunto de discípulos que imponen y generalizan en el país el enfoque estructuralista y lo exportan a otros países de Latinoamérica. La cátedra de Gramática de la Universidad de Buenos Aires, ligada al instituto, tiene una orientación teórica estructuralista y sus intereses se centran en la sintaxis y en las clases de palabras, sobre las que Barrenechea (1963) publica uno de sus trabajos más importantes. A partir de 1966 la cátedra queda a cargo de Ofelia Kovacci (Giammatteo y Albano 2007: 114).

Para un estado de la cuestión sobre el funcionalismo español en sus diversas etapas, se puede consultar, en orden cronológico, en primer lugar la reseña de Narbona 1985 sobre la *Gramática funcional del español* de César Hernández Alonso; en segundo lugar, Rojo 1994;

por último, en García 2007 se recogen las impresiones de cinco lingüistas funcionalistas (Antonio Narbona, Guillermo Rojo, José Antonio Martínez, Manuel Iglesias y Salvador Gutiérrez) sobre el estado del funcionalismo en la actualidad.
En los apartados siguientes presentaremos algunos de los conceptos fundamentales de esta corriente funcionalista española, como la función sintáctica, las categorías gramaticales y la transposición, así como el modo en que se han aplicado en la gramática española.

4. Las funciones sintácticas

Vamos a examinar a continuación algunos conceptos fundamentales de la gramática funcional española, empezando por el de *función sintáctica.* En lingüística se habla de *función* para hacer referencia a tres conceptos distintos:

(1) a. Funciones sintácticas: sujeto, complemento directo, complemento indirecto, complemento de régimen preposicional, etc.
b. Funciones semánticas: agente, paciente, destinatario...
c. Funciones informativas: tema, rema, foco...

Nos vamos a ocupar aquí de las funciones sintácticas que son, en este modelo lingüístico, primitivos del análisis. El estructuralismo europeo dio sus primeros frutos en el estudio de los niveles fonológico y morfológico. En esta tradición, el acercamiento a la sintaxis, que llegó más tarde, fue fundamentalmente funcional, es decir, el objetivo de los gramáticos estructurales europeos es describir el sistema lingüístico centrándose en las funciones que los elementos lingüísticos desempeñan en el sistema. Por esta razón, el término *gramática estructural* se hace equivaler a menudo a *gramática funcional.*

Como se explica en Brucart 1997, el hecho de que no se emplee la noción de estructura en la gramática funcional europea y, por otra parte, que se considere la función sintáctica como elemento primitivo tiene que ver con el intento de extender a la sintaxis los métodos estructuralistas de análisis de la fonología y la morfología.

Mientras que en fonología y morfología se pueden establecer tanto relaciones sintagmáticas (entre dos o más elementos presentes en la cadena hablada) como paradigmáticas (entre un elemento presente y otros ausentes que podrían aparecer en ese mismo lugar), en el ámbito de la oración aparentemente todas las relaciones son sintagmáticas. Por ello, parecía difícil emplear en el ámbito oracional los mismos procedimientos de segmentación, conmutación y análisis que habían dado tan buenos resultados en fonología y morfología.

Una forma de subsanar este problema es la del distribucionalismo americano, cuyo análisis sintáctico se basa en el sintagma y no en la oración. Un sintagma es una unidad que puede establecer tanto relaciones sintagmáticas como paradigmáticas. En este modelo, sí existen las nociones de categoría y nivel, y la función se deriva de estas.

El otro camino es el que adopta el funcionalismo europeo, en el que se considera que lo fundamental de una unidad sintáctica es el haz de relaciones que establece con otros elementos de la oración. La función sintáctica es la noción que vincula la palabra y la oración, y para determinar la función basta estudiar ciertas marcas sintácticas que establecen la dependencia entre dos elementos. En esta concepción no se proponen niveles o estratos jerárquicos, no hay estructura, solo relaciones de dependencia entre elementos que pertenecen al mismo nivel.

Las funciones sintácticas se definen como "datos lingüísticos de naturaleza abstracta que se concretan en sintagmas de la lengua" (Gutiérrez 1984: 125). Las funciones son roles que ordenan la estructura jerárquica de la secuencia, casillas vacías que han de ser ocupadas por sintagmas concretos. Las funciones imponen a los segmentos que las ocupan dos tipos de restricciones (Gutiérrez 1991a: 96):

(2) a. De orden categorial. Por ejemplo, la función de sujeto o la de implemento debe ser desempeñada por la categoría sintáctica sustantivo, y no puede serlo, por ejemplo, por las categorías sintácticas adjetivo o adverbio.
  b. De orden formal. Por ejemplo, la función de complemento (complemento indirecto) exige la preposición *a* y el suplemento (complemento de régimen) exige una preposición (la que seleccione el verbo).

En cambio, una función sintáctica no impone requisitos semánticos, de manera que una misma función, como la de sujeto, puede ser desempeñada por sintagmas de significados muy diferentes.

Una función que requiere la categoría nominal, como la de sujeto, podrá ser desempeñada por un sustantivo y por un pronombre, pero también por otras palabras como adjetivos o adverbios si estas cambian previamente de categoría, mediante el mecanismo sintáctico denominado *transposición*, que estudiaremos con detalle más adelante.

Las funciones se reconocen por hechos lingüísticos formales como la concordancia, las posibilidades de conmutación (sustitución de un elemento de la oración por otro equivalente) o la presencia de índices funcionales como ciertas preposiciones. Así, la función de sujeto se reconoce por las desinencias flexivas del verbo, la de implemento (complemento directo) por la sustitución por los pronombres clíticos de acusativo, la de complemento (complemento indirecto) por la sustitución por los pronombres de dativo, etc. Otras funciones oracionales son el suplemento (complemento preposicional regido), el atributo, el atributivo del sujeto o del implemento (complemento predicativo del sujeto o del complemento directo) y el aditamento (complemento circunstancial). Aunque tradicionalmente el estudio de las funciones se ha centrado en el ámbito oracional, entre el verbo y otros elementos de la oración, también se reconocen funciones no oracionales, como la de *adyacente* en el ámbito nominal, adjetival o adverbial.

5. Las categorías gramaticales

Se diferencian en sintaxis funcional dos tipos de categorías gramaticales: las morfológicas o sintagmémicas y las sintácticas o funcionales (Gutiérrez 1984: 140 y ss.).

Las categorías morfológicas se definen por rasgos formales de las palabras y son las categorías gramaticales tradicionales: sustantivo, adjetivo, pronombre, adverbio, etc. Cada una de ellas se define por rasgos formales (no de distribución), como [+léxico], [+género], [+número], [+tiempo], etc.

Las categorías sintácticas o funcionales se definen por las funciones que las palabras pueden desempeñar. Una categoría funcional agrupa "todas aquellas magnitudes de un decurso que estén capacitadas para contraer una(s) misma(s) función(es) sintáctica(s) abstracta(s)" (Gutiérrez 1994a: 163). Un pronombre, por ejemplo, es una categoría morfológica que se caracteriza por tener rasgos de género, número, persona y caso; sin embargo, no constituye por sí mismo una categoría sintáctica, pues realiza las mismas funciones que los sustantivos; por tanto, pertenece a la categoría sintáctica sustantivo.

Hay cuatro categorías sintácticas: nombre, adjetivo, verbo y adverbio. El resto de las categorías morfológicas son elementos que indican una función o están destinados a posibilitarla. Veamos un ejemplo. Si se define la categoría sintáctica *sustantivo* como 'Aquella que puede contraer las funciones abstractas de *sujeto*, *implemento*, etc.', pertenecen a esta categoría todos los elementos que aparecen entre llaves en (3):

(3) Me encanta {Juan/ese chico/él/que llegues pronto/el que te dije}

Entre estos elementos, hay secuencias simples, como el sustantivo *Juan*, y secuencias complejas que pueden contener un nombre, como *ese chico*, o que no lo contienen, como *que llegues pronto* o *el que te dije.*

En este modelo, entre categorías y funciones existe una relación necesaria. Las funciones preceden a las categorías sintácticas y estas se definen en virtud de las funciones que pueden contraer. Las funciones sintácticas son, por tanto, primitivos en esta teoría lingüística, mientras que las categorías se definen en función de estas. Así, pertenecen a la categoría *sustantivo* todas las secuencias que pueden realizar la función de sujeto, implemento, complemento o suplemento.

Una categoría sintáctica como sustantivo se denomina así no porque la categoría sea previa a la función sino porque el elemento que puede desempeñar autónomamente la función que la define, como la de sujeto, es el sustantivo.

Explicar por qué secuencias complejas funcionan como las simples, y aislar y describir los mecanismos que lo posibilitan conducen a la teoría de la transposición, que veremos a continuación.

6. La transposición

6.1. Definición

La transposición es el mecanismo sintáctico mediante el cual se transfiere una palabra o un conjunto de palabras de una categoría sintáctica a otra. La transposición produce cambio de categoría sintáctica, no de función. Los cambios de función son consecuencia de la variación efectuada sobre la categoría (Gutiérrez 1984: 152).

Este mecanismo fue definido inicialmente por Tesnière (1969: 364), que lo denominó *traslación* (fr. *translation*), y se aplica en la teoría funcionalista más influyente en España (escuela de Oviedo-León) para explicar que determinadas palabras desempeñan ciertas funciones que en principio no están capacitadas para desempeñar. Por ejemplo, un adjetivo no puede desempeñar la función de sujeto, pero si se opera un cambio de categoría, o transposición, de adjetivo a sustantivo ya puede realizar tal función:

(4) a. *Azul me gusta.
    b. El azul me gusta.

El artículo es, en este caso, el mecanismo transpositor que transforma la categoría sintáctica de adjetivo a sustantivo y, por tanto, legitima a la secuencia *el azul* para desempeñar la función de sujeto.

6.2. Condiciones de la transposición

Gutiérrez (1984: 155; 1991b: 198) enumera las condiciones que se tienen que dar para que la transposición se produzca:

a. No toda categoría puede contraer cualquier función, y una función solo puede ser contraída por una o unas categorías concretas.
b. Siempre tiene que haber un mecanismo formal al que se asigna la responsabilidad del cambio de categoría. Este mecanismo puede tener expresión fonemática, como una preposición, o puede ser otro factor de orden formal, como el orden de palabras, una pausa, etc. Por ejemplo, la preposición *de* funciona como transpositor para convertir un sustantivo en un adjetivo y el relativo *que* transforma la secuencia de (7b) en un adjetivo:

(7) a. chocolate (sust.) → de chocolate (adj.)
 b. Juan trajo ayer → que Juan trajo ayer (adj.)

Una vez transformados en adjetivos, los grupos de palabras situados a la derecha de la flecha en (7) pueden realizar funciones adjetivales como la modificación nominal:

(8) a. *tarta chocolate
 b. tarta de chocolate

(9) a. *el regalo Juan trajo ayer
 b. el regalo que Juan trajo ayer

c. El mecanismo transpositor debe producir siempre los mismos efectos en las mismas circunstancias. Por ejemplo, si la preposición ante un nombre transforma el nombre en adjetivo, ha de ser así en todos los casos.
d. Una vez se ha producido la transposición, el segmento resultante debe comportarse siempre como miembro de la categoría a la que pertenece.
e. La categoría de origen y la categoría final han de ser diferentes. Este requisito explica que la preposición se analice en ocasiones como un transpositor y otras veces como un índice funcional. Por ejemplo, la función de implemento exige una categoría nominal que la realice:

(10) a. Veo películas
 b. Las veo
 c. Veo a María

En (10c) la preposición no puede ser un transpositor porque la categoría inicial ya es sustantivo (*María*), y la categoría final también ha de serlo (*a María*). Por ello, esta preposición se analiza como un requisito funcional destinado a diferenciar la función de sujeto de la de implemento.

Todas las transcategorizaciones producen estructuras exocéntricas, es decir, estructuras que carecen de núcleo, pues la categoría resultante de la transposición no coincide categorialmente con ninguno de los componentes del segmento:

(11) [$_{\text{Sust.}}$ [$_{\text{Art.}}$ los] [$_{\text{Adj.}}$ simpáticos]]

Como reflexión final sobre el mecanismo de la transposición, que existan categorías sintácticas, además de las morfológicas, permite captar una generalización: el hecho de que determinados elementos pueden realizar una misma función sintáctica.

Lo que para muchos no resulta tan evidente es si este mecanismo puede servir para ir más allá de esta primera generalización, en el sentido de que identificar categorialmente una oración subordinada sustantiva (*Dijo que venía*) y una oración de relativo con antecedente implícito (*Quiero al que te vio*), por ejemplo, no parece ayudar a comprender su diferente distribución (Bosque 1989: 44–45) o su constitución interna. Por ello, quizá las generalizaciones que se ganan por un lado al unificar elementos tan dispares en una misma categoría sintáctica, se pierden por otro.

7. El artículo como transpositor. La nominalización

Veremos a continuación cómo se aplica la teoría de la transposición a un ejemplo concreto, la nominalización. Una de las cuestiones que más polémica ha suscitado en los últimos años en la gramática española es la naturaleza categorial del artículo, que se analiza como un morfema, como una clase de palabras independiente, como un subtipo de determinante o como un pronombre personal, según los autores.

La gramática funcional analiza el artículo definido como un morfema nominal cuya función básica es nominalizar. Se trata de dos cuestiones independientes. La primera hipótesis es que el artículo no se puede considerar una parte de la oración porque no desempeña nunca un papel en la estructura oracional. Por ello se analiza como un morfema que expresa género y número, y convierte un nombre clasificador (sin artículo) en identificador (con artículo): *ropa de niño* frente a *ropa del niño* (Alarcos 1970: 233).
La segunda hipótesis es que el artículo nominaliza, es decir, "transpone a función nominal los segmentos que originariamente desempeñan otra función" (Alarcos 1970: 233):

(12) a. [$_{\text{SUST.}}$ el de París]
b. [$_{\text{SUST.}}$ el malo]
c. [$_{\text{SUST.}}$ los que vengan]

Los segmentos de (12) se analizan como sustantivos sintácticos porque pueden desempeñar funciones propias de un sustantivo (13b), coordinarse con sustantivos (14b) o conmutarse por un pronombre (15b).

(13) a. *Vio de París
b. Vio el de París

(14) a. *La niña y baja
b. La niña alta y la baja

(15) a. Tomó el de piña
b. Lo tomó

La naturaleza nominal de la secuencia completa se acepta en todos los análisis que se proponen de estas estructuras. La cuestión polémica es, más bien, de dónde proviene esa naturaleza y la respuesta de la gramática funcional es que el artículo nominaliza, frente a otros análisis que consideran que hay un núcleo nominal vacío, o bien que el determinante/pronombre es el núcleo de la construcción y le da sus características "nominales".

En Gutiérrez Ordóñez (1994b: 237–243) se presentan las principales críticas a la hipótesis de la nominalización:

(16) a. La nominalización da lugar a construcciones exocéntricas (Bosque 1989: 185).
b. El artículo nominalizador obliga a la recategorización de proyecciones sintácticas. Si se acepta que todos los sintagmas son endocéntricos, en un sintagma como *el de París*, se haría necesario recategorizar *de París* para obtener un sustantivo núcleo del sintagma nominal (Hernanz y Brucart 1987: 195).
c. Si los adjetivos sustantivados funcionasen como sustantivos, no serían compatibles con adverbios modificadores, puesto que los sustantivos no aceptan este tipo de adverbios (cf. *el extremadamente bueno*; **el extremadamente hombre*). Por otro lado, los adjetivos sustantivados tampoco funcionan como sustantivos respecto de la regla que reemplaza el artículo *la* por *el* ante sustantivos que comienzan por *a* tónica (cf. *el ala/la alta*) (Luján 1981: 118).
d. No solo el artículo puede nominalizar, el resto de los determinantes también parecen hacerlo: *uno de matemáticas, este de aquí, algunos cercanos, tres de lengua* (Hernanz y Brucart 1987: 196–197; Bosque 1989: 184).

Gutiérrez 1994b refuta los argumentos anteriores de la manera que se expone a continuación:

(17) a. Es cierto que la nominalización da lugar a construcciones exocéntricas. Esta no es una característica específica de las nominalizaciones sino propia de cualquier transposición, como señalábamos más arriba. La endocentricidad no se asume como un presupuesto básico de la gramática funcional, frente a otros modelos teóricos que sí lo hacen.
b. El artículo nominalizador solo obligaría a la recategorización de proyecciones sintácticas si asumimos la endocentricidad. En un ejemplo como *el rojo*, si consideramos que todos los sintagmas han de tener núcleo, habría que asumir que *rojo* se recategoriza como sustantivo. Pero si se considera que no todos los sintagmas tienen núcleo, la objeción desaparece.
c. Lo que se está afirmando no es que *de París*, *malo* o *que vengan* sean sustantivos sino que todo el conjunto, incluido el artículo, lo es. El adjetivo *malo* en *el malo* no deja de ser adjetival y por ello puede recibir, por ejemplo, modificación adverbial (cf. *el extremadamente malo*). Por la misma razón, no se aplica el cambio del artículo *la* por *el* ante /a/ tónica.
d. En todos los ejemplos de (16d) hay pronombres, que pueden ser representantes de todo el sintagma, a diferencia del artículo (*Buscaba* {*uno/alguno/tres/muchos/*el*}). Por tanto, la naturaleza nominal del conjunto proviene, en este caso, del pronombre que lo encabeza. En cualquier caso, aduce Gutiérrez, el hecho de que existan otros sustantivadores no es prueba en contra de que el artículo lo sea.

Frente a la sustantivación, en otros marcos teóricos se propone la presencia de una categoría vacía nominal, o bien el análisis del artículo como un pronombre personal. En nuestra opinión, la presencia de una categoría vacía, cuyo contenido se recupera del contexto permite explicar cuáles son los rasgos morfológicos y semánticos asociados con ese núcleo vacío. Así, en *Dame el bolígrafo azul y el* e *rojo*, el sustantivo vacío representado como *e* tiene los rasgos de género masculino y número singular y sus otros rasgos categoriales y semánticos provienen del elemento con el que se relaciona anafóricamente.

En la teoría de la transposición, en cambio, no está claro de dónde proviene esa información, si no se asume un sustantivo nulo, pues el artículo es un mero transpositor y, por tanto, no puede tener valor pronominal y anafórico. De la misma manera, no es evidente de dónde provienen los rasgos de género y número del artículo pues, como es sabido, se trata de rasgos que en el artículo se adquieren por concordancia. ¿Con qué sustantivo concuerda el artículo? ¿Y el adjetivo con el que va, en ejemplos como el que estamos tratando? Parece que habría que dar un tratamiento distinto a los morfemas de género y número y a los mecanismos de concordancia en *el niño alto* y *el alto*, cosa que no parece rentable desde un punto de vista explicativo.

Para concluir, quizá los diferentes análisis de estas construcciones que se proponen en marcos teóricos diversos den resultados similares. El principal problema de las críticas al análisis del artículo como nominalizador es que estas se hacen desde teorías gramaticales con principios teóricos, como el endocentrismo, que el funcionalismo no asume, y extraer un análisis para criticarlo de la teoría en la que se inserta hace que en ocasiones la crítica pierda fuerza.

8. La gramática estructural en la lingüística hispánica

Resulta difícil juzgar una teoría lingüística sin la perspectiva que da el paso del tiempo. Es evidente que la gramática estructural española, que aquí hemos estudiado a partir de determinados conceptos ligados a la concepción más "ortodoxa" del conjunto de teorías que se engloban bajo la etiqueta de "gramática funcional", ha tenido una importancia fundamental en la historia de la lingüística hispánica.

En esta teoría lingüística, que se enseña en los departamentos de lengua española de numerosas universidades españolas y americanas, se han formado y se siguen formando generaciones de lingüistas. Tiene, por tanto, poder de captación de nuevos investigadores, aunque quizá no como antaño.

La gramática estructural española disfruta de un reconocimiento en el entorno científico y social que, como señala Gutiérrez Ordóñez (1994c: 471), es una de las señales de que una orientación metodológica goza de buena salud. No es tanto, sin embargo, el reconocimiento internacional, que algunos gramáticos explican por la preponderancia de la lingüística anglosajona hoy en día, y que también se podría atribuir al hecho de que en la teoría funcionalista española, frente a la mayoría de las teorías funcionalistas, las funciones sintácticas son primitivos del análisis.

La hegemonía de este enfoque en los departamentos de lengua española de la universidad española ha ido cediendo en los últimos años, al tiempo que la gramática generativa u otras teorías gramaticales como la gramática cognitiva iban ganando influencia. A la vez, la tradicional oposición en España entre los seguidores de la gramática estructural y de la gramática generativa se ha suavizado con el tiempo, y hoy existe una voluntad de cooperación entre ambas teorías que no existía hace unos años. Se trata quizá de un acercamiento paralelo al que se ha producido entre el modelo de análisis funcional y el formal en la lingüística.

Por último, es de destacar que la gramática estructural ha sobrepasado el ámbito universitario y sus fundamentos básicos se han extendido a los demás niveles educativos. Como señala Gutiérrez Ordóñez (1994c), autor de manuales de enseñanza secundaria de gran influencia, a través de estas obras en apariencia menores se llega no solo a los alumnos sino también a un conjunto de profesores cuya fuente de renovación científica se reduce en ocasiones a los libros de texto.

Bibliografía

Alarcos Llorach, E. (1950) *Fonología española*, Madrid: Gredos.
Alarcos Llorach, E. (1951) *Gramática estructural. Según la escuela de Copenhague y con especial atención a la lengua española*, Madrid: Gredos.
Alarcos Llorach, E. (1970) *Estudios de gramática funcional del español*, Madrid: Gredos.
Alarcos Llorach, E. (1977) "Metodología estructural y funcional en lingüística", *RSEL*, 7, 2, pp. 1–16.
Alarcos Llorach, E. (1994) *Gramática de la lengua española*, Madrid: Real Academia Española, Espasa-Calpe.
Barrenechea, A. M. (1963) "Las clases de palabras en español como clases funcionales", *Romance Philology*, 17, 2, reed. en Barrenechea, A. y Manacorda de Rosetti, M. (1970) *Estudios de gramática estructural*, Buenos Aires: Paidós, pp. 9–26.
Bosque, I. (1989) *Las categorías gramaticales*, Madrid: Síntesis.
Brucart, J. M. (1997) "Veinticinco años de sintaxis española", en Bargalló, M. y Garriga, C. (eds.) *25 años de investigación en la lengua española*, Tarragona: Universitat Rovira i Virgili, pp. 111–188.
Carnie, A. y Mendoza-Denton, N. (2003) "Functionalism is/n't formalism: An interactive review of Darnell *et al.* (1999)", *Journal of Linguistics*, 39, 2, pp. 373–389.
Darnell, M. *et al.* (1999) *Functionalism and formalism in linguistics*, Amsterdam/Filadelfia: John Benjamins.
García González, C. (2007) "Estado actual del funcionalismo español. Una primera aproximación", *Contextos* XXV-XXVI/49–52, 2007–2008, pp. 103–122.
Giammatteo, M. y Albano, H. (2007) "Los estudios lingüísticos en Argentina: un breve panorama", *Hispanic Issues on Line*, 10, pp. 113–120.
Gutiérrez Ordóñez, S. (1984) "Sobre las categorías, las clases y la transposición", recogido en Gutiérrez Ordóñez, S. *Principios de sintaxis funcional*, Madrid: Arco Libros, pp. 123–160.
Gutiérrez Ordóñez, S. (1991a) "Las funciones sintácticas", recogido en Gutiérrez Ordóñez, S. *Principios de sintaxis funcional*, Madrid: Arco Libros, pp. 93–122.
Gutiérrez Ordóñez, S. (1991b) "La transposición sintáctica (Problemas)", en *Lecciones de lingüística y didáctica del español*, 10, Logroño: Gobierno de la Rioja, cit. por Gutiérrez Ordóñez, S. *Principios de sintaxis funcional*, Madrid: Arco Libros, pp. 189–228.
Gutiérrez Ordóñez, S. (1994a) "Problemas en torno a las categorías funcionales", en Hernández Aparicio, F. (ed.) *Perspectivas sobre la oración* (Grammaticalia, 1), Zaragoza: Universidad de Zaragoza, cit. por Gutiérrez Ordóñez, S. *Principios de sintaxis funcional*, Madrid: Arco Libros, pp. 161–188.
Gutiérrez Ordóñez, S. (1994b) "El artículo sí sustantiva", en Alonso, A., Garza, B. y Pascual, J. A. (eds.) *Encuentro de lingüistas y filólogos de España y México*, Salamanca: Junta de Castilla y León, Universidad de Salamanca, cit. por Gutiérrez Ordóñez, S. *Principios de sintaxis funcional*, Madrid: Arco Libros, pp. 229–255.
Gutiérrez Ordóñez, S. (1994c) "Gramática funcional: Visión prospectiva", *Actas del Congreso de la Lengua Española, Sevilla, 1992*, Madrid: Instituto Cervantes, cit. por Gutiérrez Ordóñez, S. *Principios de sintaxis funcional*, Madrid: Arco Libros, pp. 468–485.
Gutiérrez Ordóñez, S. (1997) *Principios de sintaxis funcional*, Madrid: Arco Libros.
Hernanz, M. L. y Brucart, J. M. (1987) *La sintaxis*, Barcelona: Crítica.
Herrera Caso, C. (2007) "Algunas cuestiones sobre la oración compuesta por subordinación en Alarcos: Diferencias y similitudes con respecto a la gramática tradicional", *Revista de Filología*, 25, pp. 325–335.
Luján, M. (1981) *Sintaxis y semántica del adjetivo*, Madrid: Cátedra.
Martínez, J. A. (1994a) *Propuesta de gramática funcional*, Madrid: Istmo.
Narbona, A. (1985) "Hacia una gramática histórico-funcional (A propósito de la *Gramática funcional del español* de C. Hernández Alonso", *Alfinge: Revista de Filología*, 3, pp. 61–114.
Newmeyer, F. (1998) *Language form and language function*, Boston, MA: The MIT Press.
Rojo, G. (1978) *Cláusulas y oraciones*, Santiago: Universidad de Santiago.
Rojo, G. (1983) *Aspectos básicos de sintaxis funcional*, Málaga: Librería Ágora.
Rojo, G. (1994) "Estado actual y perspectivas de los estudios gramaticales de orientación funcionalista aplicados al español", *Verba*, 21, pp. 7–23.

Rojo, G. y Jiménez Juliá, T. (1989) *Fundamentos del análisis sintáctico funcional*, Santiago de Compostela: Universidad de Santiago de Compostela.
Saussure, F. de (1916) *Curso de lingüística general*, Buenos Aires: Losada, 2005.
Tesnière, L. (1969) *Éléments de Syntaxe Structurale*, París: Klincksieck.

Lecturas complementarias

Barrenechea, A. M. y Manacorda de Rosetti, M. (1970) *Estudios de gramática estructural*, Buenos Aires: Paidós.
Coseriu, E. (1995) "Principios de sintaxis funcional", *Moenia*, 1, pp. 11–46.
Hernández Alonso, C. (1996) *Gramática funcional del español*, Madrid: Gredos.
Kovacci, O (1999) "La gramática en la Argentina en el último medio siglo", *II Congreso Internacional de Historiografía Hispánica*, Gijón, 5–8 de abril de 1999.
Martínez, J.A. (1994b) "Transpositores y coordinadores frente a 'elementos de relación" en *Funciones, categorías y transposición*, Madrid: Istmo.
Martinet, A. (1975) *Estudios de sintaxis funcional*, Madrid: Gredos, 1978.
Martinet, A. (1985) *Sintaxis general*, Madrid: Gredos, 1987.
Matthews, P. (2001) *A short history of structural linguistics*, Cambridge: Cambridge University Press.
Robins, R. H. (1967) *Breve historia de la lingüística*, Madrid, Paraninfo, 1987.

Entradas relacionadas

gramática categorial; gramática funcional; gramática generativa; pragmática; sintaxis

GRAMÁTICA FUNCIONAL

Javier Rivas

1. Principios básicos

La gramática funcional concibe el lenguaje fundamentalmente como un sistema de comunicación. Desde esta perspectiva, el lenguaje es un fenómeno social que se crea en la interacción entre los individuos de una comunidad. La gramática emerge del uso lingüístico y está motivada por patrones cognitivos y discursivos tales como el ensamblaje de la información, la iconicidad (relaciones unívocas entre forma y función) y la economía. La sintaxis no es autónoma; las construcciones gramaticales contienen información fonológica, morfosintáctica y semántico-pragmática. La oposición estructuralista *langue* (el sistema, el código) y *parole* (el uso concreto de la lengua) se difumina; gramática y uso están estrechamente relacionados y aquella surge de la experiencia del hablante con la lengua (Bybee 2010). Por este motivo, la frecuencia de las formas lingüísticas así como sus contextos de uso desempeñan un papel central en la convencionalización de las estructuras gramaticales.

Este enfoque en el uso lingüístico como moldeador de la gramática revela que el lenguaje es una entidad dinámica, a la que son inherentes los procesos de variación y cambio. Se rompe de este modo otra dicotomía del estructuralismo: la división entre sincrónia (estadio de lengua estático) y diacrónia (cambio lingüístico a través del tiempo). Se acepta la existencia de una sincronía dinámica en la que los hablantes comparten patrones de uso similares pero son capaces también de innovar, de modificar dichos patrones. De ahí surge la variación inherente a la lengua, la cual no es caótica, sino que está estructurada y condicionada por factores lingüísticos y extralingüísticos. En aquellos casos en los que las innovaciones triunfan, se convencionalizan y de este modo surge el cambio lingüístico.

Como resultado de este enfoque, un análisis funcional requiere el uso de corpus de datos. Toma especial relevancia el lenguaje oral, particularmente el género conversacional, por ser este el modo de interacción más básico entre los individuos. Además, los análisis funcionales hacen uso de métodos tanto cuantitativos como cualitativos para mostrar que la variación inherente del lenguaje está estructurada: las formas lingüísticas presentan una distribución *sesgada*, lo cual explica la variación que se da en la lengua en un estadio sincrónico así como los procesos de cambio lingüístico.

El enfoque en el uso lleva también a cuestionar los límites entre categorías, dado que el lingüista frecuentemente encuentra ejemplares que no encajan bien en ninguna de las clases preestablecidas. Este hecho conlleva la introducción de modelos no discretos para el análisis gramatical (Moure 1996); las categorías lingüísticas se consideran clases abiertas, con límites difusos y la pertenencia a una categoría es una cuestión de grado. En los modelos no discretos se organizan los ejemplares en gradaciones, jerarquías y prototipos, dependiendo del grado de pertenencia y representatividad con respecto a una categoría determinada. Las siguientes páginas pretenden ahondar en los principios de la gramática funcional esbozados en las líneas anteriores, haciendo especial hincapié en trabajos centrados en el español.

2. Uso y gramática

El uso lingüístico juega un papel fundamental en el diseño de la gramática. La gramática emerge de la repetición de patrones discursivos (Hopper 1987) que aparecen en la interacción lingüística entre los individuos. El estudio del lenguaje en contexto, es decir, en el discurso, es primordial para entender cómo tiene lugar la gramaticalización de elementos lingüísticos, la cual se concibe como un proceso gradual a través del que un elemento léxico o una construcción adquiere una función gramatical en contextos específicos de uso (Hopper y Traugott 2003). Dicho proceso conlleva una serie de cambios semánticos y estructurales entre los que se incluyen *reanálisis*, *descategorización*, *desgaste semántico* y *reducción fonológica*.

Al estudiar los patrones de uso discursivo de los hablantes en la conversación se pueden identificar procesos de gramaticalización emergente, como es el caso de las construcciones hendiádicas (Sánchez-Ayala 1999; Hopper 2002; Sánchez-Ayala y Rivas 2015). El origen de estas construcciones son dos cláusulas coordinadas a través de la conjunción *y*, como se puede ver en el siguiente fragmento de conversación de español peninsular:

(1) (DISCOS)
1 PEPE: ... me dice ^uno
2 Oye sal ^corriendo
3 porque **ha cogido ^el teléfono**
4 **.. y va a llamar ^a la guardia.**
5 ^A los guardias de por ahí.

En (1), las cláusulas *ha cogido el teléfono* (línea 3) y *va a llamar a la guardia* (línea 4) aparecen unidas a través de la conjunción *y*. Cada una de estas cláusulas hace referencia a un evento diferente. La función de estas construcciones es resaltar un punto climático en la narración, en este caso *llamar a la guardia*, el cual se retrasa a través de la construcción [*coger* + OBJETO DIRECTO] + [*y*] + [VERBO] para aumentar el suspense.

Junto con estas construcciones, en las que *coger* mantiene su significado originario de 'agarrar' y las características morfosintácticas típicas de un verbo, se encuentran otras como en (2), con la misma función retórica que en (1):

(2) (TEXTO)
1 B: .. Bueno,
2 además,
3 .. que sabes que=,
4 ... <@ me pongo la blusa @>
5 ... A la blusa,
6 .. se le había descosido una hombrera

7 .. no ?
8 ... Entonces,
9 ... **cogí,**
10 .. **y la cosí.**

En (2) la hablante, que ya llega tarde, se da cuenta al ponerse la blusa de que una de las hombreras está descosida. El punto climático de la narración es *coser la hombrera* (línea 10) y este punto climático se retrasa a través de *cogí y*. En este caso, sin embargo, *coger* pierde propiedades verbales: al carecer de objeto directo, su estructura argumental se ve reducida. Además, aunque todavía es posible evocar su significado original de 'agarrar', *coger* comienza también a sufrir un proceso de desemantización.

Dicho proceso es todavía más claro en (3), en el que *coger y* simplemente funciona como un mecanismo para retrasar un punto climático contrario a las expectativas: *meterse en El Corte Inglés a mangar discos* (líneas 10 a 12):

(3) (DISCOS)
1 PEPE: Nada,
2 ^al final no me pillaron.
3 Me meto ^al metro
4 ... y me libré.
5 Bueno,
6 ... primera hazaña.
7 .. Es ^en un mismo día ^todo,
8 eh?
9 .. Después **cogimos**
10 **y nos metimos ^en El Corte Inglés**
11 .. ^a mangar disco-
12 discos.

En las líneas 9 a 12 de (3) tenemos un ejemplo de una construcción hendiádica. La construcción coordinada original [*coger* + OBJETO DIRECTO] + [*y*] + [VERBO] de (1) sufre un proceso de reanálisis a través del cual [*coger y*] se convierte en una sola unidad que funciona como *adjunto gramatical* (Hopper 2002: 154) del segundo verbo. *Coger* experimenta un proceso de descategorización verbal: se reduce su estructura argumental al no llevar objeto directo y además su sujeto coincide necesariamente con el del segundo verbo de la construcción. Al contrario que la construcción coordinada ejemplificada en (1), la construcción hendiádica hace referencia a un único evento. *Coger* pierde significado referencial y adquiere significados subjetivos (relacionados con el hablante) e intersubjetivos (relacionados con el oyente).

El análisis del discurso natural del español muestra que la construcción hendiádica [*coger y*] + [VERBO] emerge en un contexto discursivo muy concreto con la función de retrasar un punto climático inesperado en la narración. Es en este contexto en el que se pueden observar diferentes grados de convencionalización de la construcción que apuntan hacia un proceso de gramaticalización. La gramaticalización surge de patrones de uso en contextos discursivos específicos y el resultado de este proceso constituye la gramática de una lengua. Sin embargo, dado que el lenguaje no es estático, la gramática es una idealización creada por los especialistas. Los hablantes comparten una serie de patrones de uso en los que podemos identificar diferentes grados de convencionalización o gramaticalización pero que no son estables sino que están en variación y cambio continuos.

3. El método variacionista

Uno de los principales objetivos de la lingüística funcional es el estudio de la variación y el cambio lingüísticos. Los análisis basados en el uso muestran que la variación no es caótica sino que está condicionada por factores lingüísticos y extralingüísticos. Para explicar la variación y el cambio, se recurre al método variacionista porque permite determinar qué patrones de uso de un determinado fenómeno lingüístico son recurrentes en el discurso. Desde esta perspectiva, Brown y Rivas (2011) estudian el orden de palabras en las construcciones interrogativas parciales en español puertorriqueño. En esta variedad, se observa en el uso la alternancia de dos tipos de construcciones: interrogativas S(ujeto)V(erbo) e interrogativas VS, como se puede ver en (4) y (5), respectivamente:

(4) Entrevista 6, 41
1 ...¿qué **tú piensas** de todo esto que ha pasado en Estados Unidos, allá en Nueva York
2 con las torres y todo ese tipo de cosas?

(5) Entrevista 1, 24
1 ¿Oye, P, y... qué **piensas tú**? ¿Tú crees que Puerto Rico es un país bilingüe?

Tenemos por lo tanto una asimetría entre forma y función: el español puertorriqueño dispone de dos formas lingüísticas para expresar la función 'hacer preguntas': interrogativas SV e interrogativas VS. En otras palabras, existe una variable lingüística (la expresión de las construcciones interrogativas) con dos variantes: SV y VS. Estas dos construcciones lingüísticas se neutralizan en el discurso (Sankoff 1988), es decir, en determinados contextos se utilizan alternativamente para expresar la misma función.

Siguiendo el principio de responsabilidad (Labov 1972), se incluyen en el análisis no solamente aquellas construcciones en las que aparece la interrogativa SV, típica del español caribeño, sino también aquellas en las que el hablante podría haber utilizado una interrogativa SV pero utiliza en su lugar una interrogativa VS. Cada una de las oraciones se analiza de acuerdo con una serie de factores lingüísticos y los datos se someten al programa estadístico Varbrul (Rand y Sankoff 2001), diseñado específicamente para trabajar con datos lingüísticos.

Los resultados de este estudio muestran los patrones de uso recurrentes de las interrogativas SV a través de los factores lingüísticos que Varbrul selecciona como significativos para estas construcciones. Las interrogativas SV se combinan con sujetos pronominales de primera y segunda persona y además su función se aleja del significado prototípico de las interrogativas ('buscar información'), al aparecer en preguntas retóricas o citativas (en las que el hablante está repitiendo las palabras de otra persona). Además, a pesar de que el uso de las interrogativas SV es probablemente el rasgo gramatical más llamativo del español caribeño, los datos muestran que aparecen solamente en el 25 % de todas las preguntas con sujeto expreso que se extraen del corpus.

La metodología variacionista se ha utilizado también para analizar los procesos de gramaticalización de marcadores de tiempo, modo y aspecto en español. Schwenter y Torres-Cacoullos (2008) y Copple (2011) estudian el presente perfecto (*he comido*) y pretérito (*comí*) como alternativas para la expresión del aspecto perfectivo y destacan la importancia de las construcciones con referencia temporal indeterminada en la gramaticalización del presente perfecto; Torres-Cacoullos (2012) explica cómo el presente progresivo (*estoy comiendo*) se ha ido especializando gradualmente frente al presente simple (*como*) a lo largo de la historia del español para expresar duración limitada y Aaron (2010) realiza un análisis diacrónico del futuro sintético (*comeré*) y el futuro perifrástico (*voy a comer*) como alternativas para expresar tiempo futuro. Este trabajo revela que el análisis de los contextos en los que las variantes no alternan puede contribuir de manera decisiva a explicar los patrones de uso que se observan en los contextos de variación. La forma del futuro sintético ha incorporado en su polisemia significados epistémicos en convivencia con sus usos temporales, como se puede ver en (6) en el que *hará* es equivalente a "probablemente hace":

(6) Aaron (2010: 7)
1 **Hará** un par de años o así.

Aaron (2010) muestra que existe una correlación entre los contextos en los que surge y se desarrolla el futuro sintético como marcador epistémico (verbos estativos, construcciones interrogativas y adverbios temporales) y la generalización en esos mismos contextos de la forma perifrástica como marcador de tiempo futuro.

4. El papel de la frecuencia

La frecuencia de uso es uno de los parámetros que contribuye de manera decisiva a los procesos de variación y cambio lingüísticos. Bybee (2001: 10–11) distingue dos tipos de frecuencia: la *frecuencia textual* y la *frecuencia de tipo*. La frecuencia textual se corresponde con el número de veces que una unidad lingüística (un morfema, una palabra, un patrón sintáctico) aparece en los textos. Por ejemplo, la frecuencia textual del patrón sintáctico [*estar* + GERUNDIO] —10175 veces en la sección oral del *Corpus del español* (Davies 2002-)— es más alta que la del patrón sintáctico [*andar* + GERUNDIO], que solamente aparece en 107 ocasiones. En este mismo corpus, la forma verbal *estuve* se encuentra 751 veces, mientras que el número de veces que se usa *permanecí* se reduce a 5.

La frecuencia de tipo, por su parte, la determina el número de diferentes elementos léxicos o clases gramaticales que se puede aplicar a un determinado patrón lingüístico. Por ejemplo, la frecuencia de tipo del morfema de pretérito *-í* es alta, dado que aparece en la mayoría de los verbos de la segunda y tercera conjugación (por ejemplo: *permanecí, comí, bebí, corrí, perdí, escribí, partí, viví, salí*). Por otra parte, la frecuencia de tipo del morfema de pretérito *-uve* es muy baja; solamente algunos verbos irregulares utilizan este morfema en el pretérito (*estuve, tuve, anduve*). De igual modo, la frecuencia de tipo de [*estar* + GERUNDIO] es más alta que la de [*andar* + GERUNDIO]. Torres-Cacoullos (1999: 29) señala que en su corpus de español mexicano [*estar* + GERUNDIO] aparece con 162 tipos de verbos diferentes, mientras que el uso de [*andar* + GERUNDIO] se restringe a 67. Además, la clase semántica de verbos con la que se combina el patrón sintáctico [*estar* + GERUNDIO] es más variada que la de [*andar* + GERUNDIO], el cual nunca aparece con verbos de estado.

Las palabras de alta frecuencia textual tienden a experimentar reducción fonética y por lo tanto son más proclives al cambio. Sin embargo, lo que provoca la reducción fonética no es la frecuencia textual de la palabra en conjunto, sino la frecuencia de uso de dicha palabra en determinados contextos discursivos. Los procesos de reducción fonética están, por lo tanto, condicionados por la experiencia previa del hablante con dicha palabra. Brown y Raymond (2012: 140) denominan *frecuencia en un contexto favorable* (FCF) a la frecuencia de uso de una palabra en un contexto favorable a la reducción. La FCF es un factor determinante en la reducción variable de [s] en español de Nuevo México. La FCF de reducción de [s] inicial de sílaba o palabra es una vocal no alta (/e, a, o/) en el contexto inmediatamente anterior, como en *la **h**eñora* (*señora*). Dado que *señora* tiende a aparecer en contextos favorables a la reducción (*la señora, una señora*), la variable reducida se fortalece, con lo cual el hablante accede a ella más fácilmente y, como consecuencia de esto, aumenta la posibilidad de que la forma reducida se elija para la producción. Por lo tanto, es más probable que el hablante reduzca la [s] inicial en secuencias como *no señora*, que en secuencias como *no señor*, dado que *señor* tiende a aparecer en contextos que no favorecen la reducción (*el señor*, *un señor*). El factor de FCF promueve también el proceso de reducción de [f] > [h] > Ø en la historia del español (Brown y Raymond 2012). La [f] desaparece en aquellas palabras que aparecen en el discurso más frecuentemente en un contexto favorable a la reducción (*hablar*, *hacienda*) y se mantiene en las palabras que se usan más frecuentemente en contextos que no favorecen la reducción (*fino*, *falso*).

Los trabajos sobre la reducción fonológica provocada por la frecuencia de uso muestran que la representación léxica de las palabras en la memoria incluye información fonológica. Además, los resultados de Brown y Rivas (2012) sugieren que en el lexicón se almacena también información gramatical, que viene determinada por las probabilidades de uso de una palabra en una función sintáctica dada. En español puertorriqueño, el verbo existencial *haber* aparece en construcciones impersonales como (7), en la que la frase nominal argumental (*fiestas patronales*) funciona como objeto directo, y en una construcción más innovadora en la que *haber* concuerda en número con su único argumento (*fiestas*), como se puede ver en (8):

(7) Entrevista 1, 9
1 I: A Utado fui en,... hombre hace tiempo que no voy. Y este año no **hubo fiestas**
2 **patronales**.

(8) Entrevista 16, 80
1 Hubieron fi-, **hubieron fiestas** en todos los pueblos menos en ese.

Brown y Rivas (2012) muestran que la expansión del proceso de pluralización de *haber* está condicionada por la probabilidad de que el nombre que actúa como su único argumento funcione como sujeto en el uso general de la lengua. Los nombres que tienen una mayor probabilidad de uso en función de sujeto en el discurso (por ejemplo *maestros*) favorecen la regularización de *haber*, mientras que los nombres que presentan una probabilidad baja en función de sujeto (por ejemplo *abogados*) la desfavorecen. Este tipo de probabilidad sintáctica (la probabilidad de que un nombre aparezca en función de sujeto) es acumulativa, es decir, está basada en la experiencia total que tiene el hablante con estos nombres en su lengua. Cuanto más frecuente es el uso de un nombre en función de sujeto en español, mayor es la probabilidad de que, cuando dicho nombre funciona como el único argumento de *haber*, el verbo aparezca en plural.

Además de su efecto reductor, otra consecuencia de la frecuencia textual alta es su efecto conservador. Las palabras de alta frecuencia tienden a resistirse al cambio lingüístico. La razón de este hecho es que, al ser muy frecuentes, el hablante puede acceder a ellas muy fácilmente, con lo cual se fortalece la representación léxica de las mismas en la memoria del individuo. El efecto conservador de la frecuencia explica la existencia en español actual de formas irregulares como *tuve* o *estuve*, reductos de una clase más amplia a la que en la época medieval pertenecían otros verbos como *creer* (**cruve* < *crove*) o *atrever* (**atruve* < *atrove*). Estas formas verbales, de baja frecuencia, sufrieron un proceso de regularización analógica (*creí*, *atreví*). De hecho, *anduve*, al tener una frecuencia textual menor que *tuve* o *estuve* —en la sección oral de Davies (2002-) aparece en 13 ocasiones frente a los 751 casos de *estuve* y los 703 de *tuve*— a veces se regulariza a *andé* en español actual.

Cuando dos o más palabras se utilizan juntas frecuentemente, el hablante comienza a acceder a ellas de manera holística y eso hace que pierdan composicionalidad (el significado del conjunto no se puede predecir completamente del significado de sus componentes) y por lo tanto que aumente su autonomía (Bybee 2010: 48), constituyéndose en *expresiones prefabricadas*. Estas expresiones no son marginales a la gramática, sino que están altamente integradas; de hecho desempeñan un papel central en los procesos de variación y cambio lingüísticos. Los resultados de Bybee y Eddington (2006) sugieren que las expresiones prefabricadas sirven como miembros centrales de la categoría y atraen a los otros miembros de la misma a través de similitudes semánticas. Estos autores analizan la distribución de adjetivos con verbos que indican cambio de estado, tales como *ponerse*, *volverse*, *quedarse* y *hacerse* y muestran que los adjetivos se pueden clasificar en diferentes categorías basadas en afinidades semánticas con el ejemplar más frecuente. Por ejemplo, alrededor de *quedarse solo* aparecen otros adjetivos como *aislado*, *compuesto y sin novia*, *soltera* o *a solas* (Bybee y Edington 2006: 332). Además, indican que los hablantes rechazan las construcciones de baja frecuencia con adjetivos cuyo valor semántico es diferente al de las construcciones prefabricadas.

En esta misma línea, Bybee y Torres-Cacoullos (2009) estudian el papel de las expresiones prefabricadas en la gramaticalización de [*estar* + GERUNDIO] como marcador de aspecto progresivo. Dichas expresiones promueven el avance de la gramaticalización de la construcción porque, al procesarse de manera holística, el verbo conjugado sufre desgaste semántico, lo cual contribuye a su auxiliarización. Además, dichas construcciones atraen a otros verbos de la misma clase semántica. Cuando estas clases tienen una alta frecuencia de tipo (por ejemplo, *estar hablando* atrae a otros verbos de la misma clase semántica como *alabar*, *demandar*, *explicar*, *gritar*, *murmurar*, *razonar*, *rogar*), las expresiones prefabricadas contribuyen a un esquema más general y por lo tanto a una mayor productividad de la construcción.

5. Las motivaciones discursivas de la gramática

La gramática está también moldeada por factores pragmático-discursivos relacionados con el ensamblaje de la información, es decir, la carga informativa que transmite cada uno de los constituyentes de la cláusula. En esta línea, se ha identificado una serie de parámetros entre los que se incluyen *estado de activación*, *identificación* y *generalidad*. El estado de activación (Chafe 1994) distingue *información conocida* e *información nueva*. La información conocida está activa en la mente del oyente, bien porque ha sido mencionada en el discurso inmediatamente anterior bien porque forma parte de la situación comunicativa (por ejemplo, referencias al interlocutor por medio del pronombre *tú*). La información nueva es aquella que se menciona por primera vez en el discurso, con lo cual está inactiva en la mente del oyente. En directa relación con esta diferenciación está la categoría *identificación* (Du Bois 1980) a través de la cual se distingue información *identificable* y *no identificable*, dependiendo de si el receptor puede reconocer o no el concepto al que se refiere. Existe una correlación entre la categoría pragmática *identificable* y la categoría gramatical *definido*, en la que se incluyen los nombres propios y aquellos introducidos por un artículo definido (*el*, *la*) o un posesivo (*mi*), así como entre *no identificable* e *indefinido*. Sin embargo, las lenguas tienden a extender sus categorías gramaticales más allá de las motivaciones comunicativas que las moldean. Así, por ejemplo, en español se utiliza el artículo definido con sustantivos de referencia genérica, en los cuales se neutraliza la diferencia entre identificable y no identificable.

La información conocida es generalmente identificable, como se muestra en (9):

(9) COREC <cinta 023 ACON023A.ASC>
1 <H1> <fático=duda> lo vamos a preguntar, si se puede. Si se puede, pues en junio
2 pondremos a Teresa...
3 <H3> Claro.
4 <H1> En te<palabra cortada>... y luego ya te ponemos a ti.
5 <H3> Y si no, pues cuando se vaya **Teresa** yo uso su pase.

En la línea 5 de (9), *Teresa* transmite información conocida, dado que se menciona en la línea 2, e identificable (aparece expresada a través de un nombre propio).

Sin embargo, la información nueva puede ser identificable o no identificable. En la línea 2 de (10), *Michele* es información nueva, dado que no se menciona en el discurso anterior ni forma parte de la situación comunicativa, pero su referente se presenta como identificable para el interlocutor:

(10) COREC <cinta 006, ACON006D.ASC>
1 <H3> Es que yo creo que en todos sitios las coca-colas son grandes. Aquí las
2 pequeñitas esas... cuando vino **Michele** se pedía de 2 en 2.

Por otra parte, en (11) tenemos un caso de información nueva no identificable. *Unas fotos muy bonitas* es una frase nominal con el indefinido *unas* que se menciona por primera vez en el discurso:

(11) COREC <cinta 019, ccon019a.asc>
1 <H5> Venían **unas fotos muy bonitas** en la lata...

La distinción *identificable/no identificable* se aplica solamente a las frases nominales que son *particularizadoras*, es decir, aquellas que hacen referencia a entidades (seres humanos o cosas) únicas, que no son intercambiables, como por ejemplo *al niño* en la línea 1 de (12):

(12) COREC <cinta 029, ccon029a.asc>
1 H2: Y me pone además en el papel, cuando te dan las notas que le había dicho **al niño**
2 varias veces que fuéramos a hablar con él.

Las frases nominales particularizadoras se oponen a las frases nominales *generalizadoras*, que son aquellas que se refieren a una clase cuyos elementos son intercambiables, como se puede ver en (13) con *al niño* (línea 5):

(13) COREC <cinta 012:ACON012A.ASC>
1 H1: ... Un buen puericultor es un tío que sabe dominar todos los aparatos del niño. No
2 No sabe... <todos> <ininteligible>
3 H2: Es que es un médico de medicina general pero de niños.
4 H1: Poniendo para ello, poniendo para ello eh... no aprenderse las cuatro leches que
5 puedes dar **al niño** y las cuatro papillas.

Estas distinciones pragmáticas (información conocida/información nueva, identificable/no identificable, particularizador/generalizador) influyen en los mecanismos gramaticales a través de los que se codifican los constituyentes de la cláusula. La información nueva se codifica a través de frases nominales léxicas (*el niño*), mientras que los pronombres tónicos (*él*), los clíticos (*le*) y la concordancia verbal se utilizan para transmitir información conocida. Además, el análisis del discurso natural muestra que existen correlaciones entre los estados pragmáticos y las funciones sintácticas. A este respecto, se ha demostrado que existe una estructura argumental preferida (Du Bois 2003) por la cual se tienden a evitar los sujetos transitivos léxicos y que transmiten información nueva. Esta estructura argumental preferida, que tiene validez interlingüística, también se aplica al español (Ashby y Bentivoglio 2003). Por otra parte, la distinción particularizador/generalizador tiene su reflejo gramatical en la codificación de objeto directo como marcado con o sin la preposición *a* (e. g., Schwenter 2011).

Los factores pragmáticos determinan también la posición de los constituyentes en la cláusula. La información conocida tiende a aparecer en posición preverbal, mientras que la información nueva aparece en posición postverbal, tal y como muestran Bentivoglio y Weber (1986) para los sujetos y Silva-Corvalán (2001: 172) para los objetos directos. Estas tendencias pueden alterarse cuando la frase nominal cumple además una función pragmática adicional, como por ejemplo si actúa de foco de contraste o si expresa un evento contrario a las expectativas (Ocampo 1995). En lo que respecta a la posición del sujeto, Rivas (2008) indica también que la posposición del sujeto al verbo en español cumple a veces la función de indicar un cambio de escena local o temporal así como la conclusión de un episodio temático.

6. Observaciones finales

La aproximación funcional revela que los componentes del análisis gramatical (uso y gramática; fonología, sintaxis y semántica; gramática y léxico) están interconectados; no es posible separarlos. El uso lingüístico da forma a la gramática; la representación léxica de las palabras incluye información fonológica, morfosintáctica y semántica y las expresiones prefabricadas, a medio camino entre la gramática y el léxico, se constituyen en modeladoras de los procesos de variación y cambio lingüísticos. La variación afecta de este modo al lenguaje en todas sus dimensiones. El recorrido, necesariamente incompleto, por los estudios que se han realizado desde la gramática funcional en el ámbito de la lingüística hispánica muestra un modelo fructífero que enriquece nuestro conocimiento sobre el español y el lenguaje en general.

Agradecimientos

Quisiera agradecer los comentarios de Esther Brown, Oliva Díaz e Ivo Sánchez-Ayala a una primera versión de este trabajo. A lo largo de estas páginas se presentan muestras de lenguaje oral tomadas de diferentes corpus. Las muestras (1)–(3) están tomadas de un corpus de conversación informal de español peninsular recogido por Ivo Sánchez-Ayala (para una descripción, véase Sánchez-Ayala y Rivas 2015). Este corpus está transcrito siguiendo el método de transcripción de Du Bois *et al.* (1993), donde se utilizan las siguientes convenciones:

^ acento primario
- entonación truncada
<XX> ininteligible
.. pausa
<@ @> risa
= alargamiento del sonido precedente

Las muestras (4), (5), (7) y (8) pertenecen a un corpus de conversación de español puertorriqueño recogido por Mayra Cortés-Torres (para una descripción, véase Brown y Rivas 2012) y los fragmentos (9)–(13) pertenecen a un corpus oral de español peninsular (Marcos Marín 1994).

Bibliografía

Aaron, J. (2010) "Pushing the envelope: Looking beyond the variable context", *Language Variation and Change*, 22, pp. 1–36.

Ashby, W. y Bentivoglio, P. (2003) "Preferred argument structure across time and space: A comparative diachronic analysis of French and Spanish", en Du Bois, J., Kumpf, L. y Ashby, W. (eds.) *Preferred argument structure. Grammar as architecture for function*, Amsterdam/Filadelfia: Benjamins, pp. 61–80.

Bentivoglio, P. y Weber, E. (1986) "A functional approach to subject word order in spoken Spanish", en Jaeggli, O. y Silva-Corvalán, C. (eds.) *Studies in romance linguistics*, Dordrecht: Foris, pp. 23–40.

Brown, E. y Raymond, W. (2012) "How discourse context shapes the lexicon. Explaining the distribution of Spanish *f-/h-* words", *Diachronica*, 29, pp. 139–161.

Brown, E. y Rivas, J. (2011) "Subject-verb word-order in Spanish interrogatives: A quantitative analysis of Puerto Rican Spanish", *Spanish in Context*, 8, pp. 23–49.

Brown, E. y Rivas, J. (2012) "Grammatical relation probability: How usage patterns shape analogy", *Language Variation and Change*, 24, pp. 317–341.

Bybee, J. (2001) *Phonology and language use*, Cambridge: Cambridge University Press.

Bybee, J. (2010) *Language, usage and cognition*, Cambridge: Cambridge University Press.

Bybee, J. y Eddington, D. (2006) "A usage-based approach to Spanish verbs of 'becoming", *Language*, 82, pp. 323–355.

Bybee, J. y Torres-Cacoullos, R. (2009) "The role of prefabs in grammaticization. How the particular and the general interact in language change", en Corrigan, R., Moravcsik, E., Ouali, H. y Wheatley, K. (eds.) *Formulaic language*, vol. 1, Amsterdam/Filadelfia: Benjamins, pp. 187–217.

Chafe, W. (1994) *Discourse, consciousness and time*, Chicago: University of Chicago Press.

Copple, M. (2011) "Tracking the constraints on a grammaticalizing perfect(ive)", *Language Variation and Change*, 23, pp. 163–191.

Davies, M. (2002-) *Corpus del español (100 million words, 1200s-1900s)* [en línea]. Accesible en http://www.corpusdelespanol.org [29/11/2013].

Du Bois, J. (1980) "Beyond definiteness: The trace of identity in discourse", en Chafe, W. (ed.) *The Pear Stories. Cognitive, cultural and linguistic aspects of narrative production*, Norwood, NJ: Ablex Publishing Corporation, pp. 203–274.

Du Bois, J. (2003) "Argument structure. Grammar in use", en Du Bois, J., Kumpf, L. y Ashby, W. (eds.) *Preferred argument structure. Grammar as architecture for function*, Amsterdam/Filadelfia: Benjamins, pp. 11–60.

Du Bois, J., Schuetze-Coburn, S., Cumming, S. y Paolino, D. (1993) "Outline of discourse transcription", en Edwards, J. y Lampert, M. (eds.) *Talking data: Transcription and coding in discourse research*, Hillsdale, NJ: Erlbaum, pp. 45–89.

Hopper, P. (1987) "Emergent grammar", *Proceedings of the Annual Meeting of the Berkeley Linguistics Society*, 13, pp. 139–157.

Hopper, P. (2002) "Hendiadys and auxiliation in English", en Bybee, J., Haiman, J. y Noonan, M. (eds.) *Complex sentences in grammar and discourse: A festschrift for Sandra Thompson*, Amsterdam/Filadelfia: Benjamins, pp. 145–173.

Hopper, P. y Traugott, E. (2003) *Grammaticalization*, 2.ª ed., Cambridge: Cambridge University Press.

Labov, W. (1972) *Sociolinguistic patterns*, Filadelfia: University of Philadelphia Press.

Marcos Marín, F. (1994) *Corpus oral de referencia del español contemporáneo* [en línea]. Accesible en www.lllf.uam.es/~fmarcos/informes/corpus/corpusix.html [29/11/2013].

Moure, T. (1996) *La alternativa no discreta en lingüística. Una perspectiva histórica y metodológica*, Universidade de Santiago de Compostela: Servizo de Publicacións.

Ocampo, F. (1995) "The word order of two-constituent constructions in spoken Spanish", en Downing, P. y Noonan, M. (eds.) *Word order in discourse*, Amsterdam/Filadelfia: Benjamins, pp. 425–447.

Rand, D. y Sankoff, D. (2001) *GoldVarb: A variable rule application for Macintosh*, Toronto: University of Toronto.

Rivas, J. (2008) "La posición del sujeto en las cláusulas monoactanciales del español: una aproximación funcional", *Hispania*, 91, pp. 888–903.

Sánchez-Ayala, I. (1999) *English pseudo-coordination*, manuscrito, UCSB.

Sánchez-Ayala, I. y Rivas, J. (2015) "Null direct objects in Spanish conversation", *Hispanic Research Journal*, 16, pp. 107–126.
Sankoff, D. (1988) "Sociolinguistics and syntactic variation", en Newmeyer, F. (ed.) *Linguistics: The Cambridge Survey*, vol. 4, Cambridge: Cambridge University Press, pp. 140–161.
Schwenter, S. (2011) "Variationist approaches to Spanish morphosyntax: Internal and external factors", en Díaz-Campos, M. (ed.) *The handbook of Hispanic sociolinguistics*, Oxford/Cambridge, MA: Blackwell, pp. 123–147.
Schwenter, S. y Torres-Cacoullos, R. (2008) "Defaults and indeterminacy in temporal grammaticalization: The 'perfect' road to perfective", *Language Variation and Change*, 20, pp. 1–39.
Silva-Corvalán, C. (2001) *Sociolingüística y pragmática del español*, Washington, DC: Georgetown University Press.
Torres-Cacoullos, R. (1999) "Variation and grammaticization in Spanish progressives *-ndo* constructions", *Studies in Language*, 23, pp. 25–59.
Torres-Cacoullos, R. (2012) "Grammaticalization through inherent variability. The development of a progressive in Spanish", *Studies in Language*, 36, pp. 73–122.

Lecturas complementarias

Bybee, J. y Hopper, P. (eds.) (2001) *Frequency and the emergence of linguistic structure*, Amsterdam/Filadelfia: Benjamins.
Clements, C. y Yoon, J. (eds.) (2006) *Functional approaches to Spanish syntax. Lexical semantics, discourse and transitivity*, Nueva York: Palgrave Macmillan.
Company Company, C. (ed.) (2006-), *Sintaxis histórica de la lengua española*, 3 vols., México: Fondo de Cultura Económica.
Travis, C. (2005) *Discourse markers in Colombian Spanish. A study in polysemy*, Berlín: Mouton de Gruyter.
Veiga Rodríguez, A. (2002) *Estudios de morfosintaxis verbal española*, Lugo: Tris Tram.

Entradas relacionadas

gramaticalización; gramaticalización y cambio sintáctico; lingüística de corpus; sociolingüística; variación sintáctica

GRAMÁTICA GENERATIVA

Guillermo Lorenzo

1. Introducción: la centralidad de la sintaxis en la gramática generativa

El carácter de una teoría lingüística lo establece en gran medida el aspecto o propiedad que antepone a los demás como especialmente caracterizador de su objeto de estudio. En el caso particular de la gramática generativa la propiedad que tradicionalmente ha ocupado tal posición ha sido *el carácter creativo del uso del lenguaje*, es decir, el hecho de que el número de frases u oraciones que es posible componer en cualquier lengua resulta ser infinito. De ahí que, de manera algo más técnica, se haya fijado la denominación de "infinitud discreta" para hacer referencia a dicha propiedad: da a entender, por un lado, que cualquier expresión lingüística se compone de un número determinado de piezas diferenciables las unas de las otras, todas ellas tomadas de un inventario estable y en mayor o menor medida común a los miembros de una comunidad de habla; por otro lado, y crucialmente, que el número de expresiones que resulta así posible componer no conoce límite numérico. Se sigue de lo anterior, además, que el número máximo de unidades que tienen cabida en una expresión lingüística en particular tampoco está fijado de ningún modo.

Noam Chomsky destacó la importancia de todos estos hechos para la caracterización científica del lenguaje desde sus primeros escritos, pero la trató monográficamente en una las secciones de *Lingüística cartesiana*, donde expuso que se trata de una propiedad negligentemente dejada de lado por las corrientes lingüísticas pre-generativistas del siglo XX, a pesar de la atención que mereció con anterioridad por parte de autores como René Descartes, Wilhem von Humboldt, y otros (Chomsky 1966). De hecho, la denominación misma de "infinitud discreta" se inspira en la obra del último, quien, en un sentido acaso no del todo coincidente con el chomskyano, escribió:

> La lengua se enfrenta en el sentido más genuino con un dominio infinito y sin fronteras, el conjunto de todo lo pensable. Eso le obliga a hacer un uso infinito de medios finitos, cosa que le es posible en virtud de la identidad de la fuerza que engendra las ideas y el lenguaje (Humboldt 1836: 131).

La infinitud discreta es obviamente un rasgo formal del lenguaje interesante en sí mismo. Su interés se acrecienta, además, por las consecuencias que se siguen de localizarlo en el centro mismo de atención de la lingüística generativa. Dos especialmente importantes son las siguientes.

En primer lugar, la lingüística generativa es un enfoque "internista" sobre el lenguaje, en marcado contraste con las corrientes estructuralistas que la precedieron tanto en Europa como en América (Matthews 2001). Si la principal propiedad del lenguaje tiene que ver con su infinitud, no podemos entonces conformarnos con caracterizarlo, como fue común en Europa durante el apogeo del estructuralismo, como un sistema estable en el que las unidades se definen o identifican por oposición a las demás y que se supone común a los componentes de una comunidad de habla, su verdadera localización o depositaria. Tal estructura será cerrada o finita, su formalización no nos clarificará la propiedad crucial del lenguaje que interesa comprender. Tampoco podemos conformarnos con la visión común entre los estructuralistas americanos, que identificaron las lenguas con conjuntos de emisiones (o proferencias) y se esforzaban por identificar la organización interna subyacente a ellas. Tal concepción conjuntística nos deja una vez más ante una realidad finita (las emisiones proferidas por los hablantes), en la que por tanto tampoco se hace manifiesta la propiedad clave que se persigue esclarecer. Así pues, ni localizando las lenguas en los grupos sociales en que se consideran habladas, ni localizándolas en las emisiones que efectivamente producen los hablantes (dos variantes de a lo que Chomsky se refiere al hablar de "lenguaje externo"; Chomsky 1986), conseguimos centrar el estudio del lenguaje de tal modo que podamos dar cuenta de su propiedad formal más singularizadora. La alternativa, de acuerdo con la gramática generativa, consiste en la adopción de una perspectiva centrada en lo que Chomsky denomina "lenguaje interno" (Chomsky 1986), consistente en la atribución al individuo de una estructura de conocimiento y habilidades cognitivas asociadas, activas en el ejercicio del habla, en la cual poder localizar el equivalente (o variante natural) de un dispositivo combinatorio (o "sistema computacional") capaz de seleccionar elementos y combinarlos sin límite alguno, aunque con las constricciones propias de las gramáticas particulares (obviamente una parte de tal estructura mental).

En segundo lugar, la lingüística generativa es un enfoque "sintactocéntrico" sobre el lenguaje, en contraposición con otros enfoques funcionalistas o cognitivistas asimismo activos actualmente (Croft y Cruse 2004). Frente a estos, la gramática generativa sitúa en un segundo plano, o directamente renuncia a estudiar, cuestiones que tienen que ver con la manera como la experiencia modela la cognición y esta las categorías de que hace uso el lenguaje, o como estas últimas a su vez organizan la cognición y su traducción en conducta. En cierto modo, la lingüística generativa adopta un punto de partida en que cuestiones como estas se toman "como" resueltas. Obviamente, un dispositivo capaz de dar lugar a un número infinito de expresiones lingüísticas (que, en primer término, no son otra cosa que representaciones mentales internas), cada una de ellas de una complejidad potencial asimismo ilimitada, es un potenciador capaz de empujar el pensamiento hasta límites insospechables. Pero el interés del generativismo se centra en la caracterización formal y, eventualmente, biológica del dispositivo mental capaz de actuar de tal modo sobre el pensamiento, no en sus concreciones particulares y su eco en el comportamiento. Tal dispositivo mental, al que arriba ya denominamos "sistema computacional", no es otra cosa que el gestor de lo que más tradicionalmente llamamos "sintaxis", es decir, las relaciones de contacto, infinitamente extensibles, entre las unidades discretas que componen nuestro conocimiento de una lengua. La sintaxis es, en definitiva, el componente de las lenguas en que más radicalmente se localiza la infinitud discreta que las caracteriza a todas y, por tanto, el que ha recibido una mayor y más pormenorizada atención por parte de la gramática generativa a lo largo de su desarrollo histórico.

La centralidad de la sintaxis para la gramática generativa tiene un claro reflejo en la posición que le reserva dentro del modelo de organización arquitectónica del lenguaje, entendido desde la perspectiva internista aclarada arriba, que con determinados ajustes viene asumiendo desde finales de los años sesenta. De acuerdo con este modelo, a veces denominado "modelo-T", la sintaxis se corresponde con un componente diferenciado dentro de tal arquitectura, con una vía de acceso al léxico (suele representarse en sentido vertical) y otras dos vías independientes de acceso a los sistemas sensomotrices encargados de la realización y captación de las señales exteriorizadas y a los sistemas de pensamiento que elaboran o interpretan los conceptos e intenciones que tales señales expresan (suelen representarse como dos extensiones en horizontal del componente sintáctico). En estas dos últimas vías median los sistemas de contacto (o, más técnicamente, de "interfaz") que se corresponden con lo que comúnmente entendemos por fonología y con los aspectos lógico-semánticos de las expresiones. El esquema resultante es una suerte de "T" invertida (Figura 1), que reserva un amplio espacio de autonomía funcional a la sintaxis (véase van Riemsdijk y Williams 1986 sobre el desarrollo histórico del modelo).

De acuerdo con esta imagen, la sintaxis aporta al lenguaje un conjunto de procedimientos aptos para la elaboración de expresiones capaces de contener pensamientos complejos a partir de los bloques constructivos fijados en el léxico. Una de las conclusiones más relevantes de la gramática generativa es que la complejidad estructural que tales expresiones pueden alcanzar resulta posible a partir de procedimientos de una relativa simplicidad, cuya gestión parece asociada, no obstante, a un tipo de organización cerebral excepcional y, para muchos, específicamente humana (Hauser, Chomsky y Fitch 2002; pero véase Balari y Lorenzo 2013).

2. La caracterización formal del componente sintáctico de las lenguas: estructura de frase y transformaciones

Un dato clave para comprender el modo de funcionamiento propio de la sintaxis lingüística viene dado por el hecho de que la creatividad con que se asocia no se obtiene de una manera puramente acumulativa y lineal. Por una parte, aunque la sintaxis nos permite extender sin límite cualquier expresión imaginable, no cualquier extensión imaginable es una extensión posible. Así, tomando como punto de partida el ejemplo (1a), (1b) resulta ser una expansión posible a partir de él, pero no sucede lo mismo con cualquiera de las variantes de (1c):

(1) a. Sabía que vendrías
    b. Sabía que vendrías hoy o mañana
    c. *Sabía que vendrías hoy o/*Sabía que vendrías o mañana

Lo que tales ejemplos ilustran es que la expansión de cualquier frase u oración no puede basarse en la simple inserción de unidades tomadas del léxico, sino de constituyentes

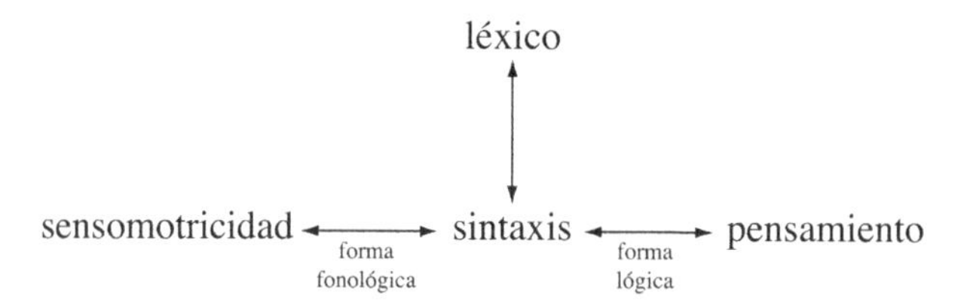

Figura 1 Modelo-T

reconocibles como tales por la propia sintaxis (*vendrías*, *hoy*, *mañana*, *hoy o mañana*, *vendrías hoy o mañana*, etc., pero no **hoy o*, **o mañana*, ni por tanto **vendrías hoy o*, o **vendrías o mañana*, etc.).

Por otra parte, la inserción de unidades no responde a una pauta de concatenación lineal de tales constituyentes, aunque en muchos casos el análisis parezca no requerir de nada más complejo. Lo podemos verificar en ejemplos en que la inserción de un constituyente, como en la expansión de (2a) como (2b), se realiza al margen de cualquier vínculo entre el nuevo constituyente y el que lo precede inmediatamente:

(2) a. María dijo que vendrías
    b. María dijo que vendrías con voz emocionada

Dada la interpretación en que la voz emocionada pertenece a María, observamos efectivamente que el constituyente *con voz emocionada* no establece un vínculo sintáctico directo con *vendrías*, sino con *dijo*. Tal hecho se interpreta formalmente suponiendo que los constituyentes no se limitan a sucederse linealmente los unos a los otros, sino que se organizan conforme a un patrón de organización jerárquica en que constituyentes de nivel superior contienen constituyentes de rango inferior, de los que puede decirse que se incrustan en los primeros, a menudo creando discontinuidades en ellos. Así, el análisis que mejor refleja la organización de una oración como (2b) será (3b), en que un constituyente está incrustando en otro discontinuo de rango superior. Puesto que el supuesto más razonable es que la sintaxis opera haciendo sistemáticamente uso de los mismos principios constructivos, tal modelo de análisis es extensible a oraciones como (2a), dando lugar a representaciones como las de (3a):

(3) a. $[_1$ María dijo $[_2$que vendrías $_2]$ $_1]$
    b. $[_1$ María dijo $[_2$ que vendrías $_2]$ con voz emocionada $_1]$

Llegamos así a la conclusión de que la sintaxis se concreta en algún tipo de procedimiento que manipula constituyentes (no unidades o conjuntos de unidades cualesquiera), organizándolos jerárquicamente (en lugar de linealmente). Esta es la razón por la que la gramática generativa asumió originalmente que la sintaxis se sirve de un procedimiento basado en "reglas de rescritura", como las que se ejemplifican en (4). En estas reglas, los símbolos nombran, por su parte, tipos de constituyentes reconocibles por el sistema (oración, sintagma nominal, sintagma verbal, nombre, etc.); el símbolo "→", o símbolo de rescritura, sirve por la suya para representar las relaciones de contención o incrustación:

(4) a. O → SN SV
    b. SN → N
    c. SV → V O SPrep
    d. O → Comp SV
    e. SV → V
    f. SPrep → Prep SN
    g. SN → N SAdj
    h. SAdj → Adj

La interpretación de esta serie de reglas consiste en tomar la secuencia de símbolos que aparecen a la derecha del símbolo de rescritura como una especificación de la composición interna (o una de las posibles composiciones internas) del símbolo que aparece a la izquierda. Cada regla se corresponde con una pauta de estructura frástica reconocida como válida por el sistema. Una secuencia particular de reglas, como (4a-f), da cuenta por tanto, de manera minuciosa y exhaustiva, del recorrido que el sistema debe realizar por su "libro de reglas" (Turing 1950) hasta reconocer una secuencia, como (2b), como correcta. Es interesante recordar que Chomsky asocia el sentido de la palabra "generativo" que nombra a esta teoría lingüística con el carácter "explícito" de las formalizaciones atribuidas a las secuencias bien formadas (véase, entre otros lugares, Chomsky 1988: 56).

Las reglas de rescritura resultan interesantes, sobre todo, porque permiten captar formalmente la propiedad que se considera especialmente definitoria de la sintaxis, es decir, su carácter infinito. Es fácil entenderlo si apreciamos que una secuencia de reglas como (4a-f) sirve para formalizar correctamente la oración (2b), pero también cumple, con un pequeño ajuste, la misma función con relación a las oraciones que aparecen en (5):

(5) a. María dijo que creía que vendrías con voz emocionada
    b. María dijo que creía que dijiste que vendrías con voz emocionada
    c. María dijo que creía que comentaron que dijiste que vendrías con voz emocionada

La diferencia en la formalización de todas esas oraciones radica básicamente en el número de veces que se recurre a la regla (4d), es decir, la que desarrolla el símbolo oracional que consiste en un complementizador (*que*) y un sintagma verbal (más la introducción de una regla en la que un sintagma verbal se desarrolla como un verbo seguido de una oración, es decir, una variante de (4c), sin el símbolo añadido del sintagma preposicional). En la medida en que el propio sistema de reglas no introduce restricciones sobre el número de veces que reglas como esa pueden repetirse, se sigue que la expresividad del sistema es infinita (con cualquier limitación derivable de cuestiones de atención, memoria, etc., o de las necesidades concretas de cada emisión; véase Chomsky 1965: 5ss).

Aunque adecuado para dar cuenta de la infinitud de la sintaxis, un sistema de reglas de rescritura como el que se ejemplifica en (4) resulta sin embargo insuficiente como procedimiento riguroso para el reconocimiento de la buena formación de las expresiones. Lo prueban ejemplos como los que aparecen en (6), ambos incorrectos a pesar de que se atienen rigurosamente al análisis especificado en (7):

(6) a. *María desea que vienes hoy
    b. *María cree que vengas hoy

(7) a. O → SN SV
    b. SN → N
    c. SV → V O
    d. O → Comp SV
    e. SV → V SAdv
    f. SAdv → Adv

Estas reglas son efectivamente incapaces de identificar el problema de esas dos oraciones, que concretamente reside en que en ellas se incumple un requisito que el verbo principal impone sobre el verbo subordinado, al que obliga a aparecer en un modo (subjuntivo e indicativo, respectivamente) en particular. Es decir, en ambos casos se ha ignorado una constricción gramatical establecida entre elementos estructuralmente distantes (en este caso particular, localizados en niveles oracionales diferentes). Es decir, el vínculo que se explicita en (8) mediante coindización no ha sido respetado del modo establecido por la gramática:

(8) a. *[$_{O1}$ María desea$_i$ [$_{O2}$ que vienes$_i$ hoy $_{O2}$] $_{O1}$]
 b. *[$_{O1}$ María cree$_i$ [$_{O2}$ que vengas$_i$ hoy $_{O2}$] $_{O1}$]

Con observaciones como estas llegamos a la conclusión de que la sintaxis se basa en un segundo tipo de relaciones, además de las de contención estructural que captan las "reglas de estructura de frase" como las presentadas en (4) y en (7), el cual tiene que ver con vínculos entre elementos copresentes, aunque eventualmente distantes, que a menudo se cruzan con los establecidos en términos estructurales, como se aprecia en (8). La representación de estos vínculos requiere de un formalismo de reescritura especial, conocido como "reglas transformacionales". Su característica diferenciadora, frente a las reglas de estructura de frase, es que a la izquierda del símbolo de reescritura aparece una especificación de los símbolos entre los que se establece la constricción de que se trate, y a su derecha una especificación del efecto en que concretamente se traduce, acompañada del contexto en que se aplica. Por ejemplo, la regla (9) establece que en una secuencia en que concurren un verbo principal y uno subordinado (secuencia obviamente resultante de la aplicación previa de una secuencia de reglas de estructura de frase), el segundo adopta la forma del "subjuntivo" en el contexto de un verbo principal que exprese "deseo" (la constricción que concretamente se incumple en 6/8a):

(9) $\ldots V_1 \ldots \text{que} \ldots V_2 \rightarrow V_2^{\text{subjuntivo}}/V_1^{\text{deseo}}$

El principal interés de este recurso formal es que resulta aplicable a un conjunto muy numeroso de fenómenos basados en diferentes tipos de relación a distancia entre unidades (concordancias, correferencias, etc.), que de otro modo obligarían a complicar extraordinariamente el sistema de reglas de estructura frástica. Ejemplarmente, el recurso permite formalizar uno de los fenómenos lingüísticos más intrigantes: el hecho de que determinados elementos (como los pronombres interrogativos, por citar un caso particular bien conocido), se realicen en una determinada posición oracional (típicamente encabezándola y actuando en ella como un operador lógico, en el caso de tales pronombres) pero se encuentren asimismo activos en otra a ciertos efectos (los pronombres interrogativos pueden aparecer considerablemente distantes con relación al verbo del que con todo son argumento y al que complementan). Se representa en (10), donde el símbolo "Ø" ocupa la posición con la que el pronombre interrogativo efectivamente pronunciado se relaciona a distancia:

(10) ¿[Cuándo$_i$ desea María [que vengas Ø$_i$]]?

La regla transformacional correspondiente deberá reflejar que una palabra interrogativa, activa en dos posiciones diferenciadas en la estructura de frase y semánticamente interpretada en ambas, solo recibe interpretación fonológica en la primera de ellas ("primera" en el sentido de orden lineal resultante), así como que en tal contexto el orden canónico entre el sujeto y verbo principales se invierte. Es fácil captar que se trata de constricciones gramaticales asociadas a la relación a distancia entre las dos instancias del pronombre interrogativo en una representación de partida.

Lo anterior permite además comprender el carácter multi-estratificado que la gramática generativa tradicionalmente atribuye a la sintaxis: el sistema combinatorio opera sobre símbolos, dando lugar a representaciones sobre las que el mismo sistema actúa modificándolas en diferentes sentidos (ajustando los símbolos, desplazándolos o eliminando algunos de ellos, por ejemplo, como en los casos comentados arriba). De este modo, se generan representaciones que resultan sucesivamente manipuladas hasta alcanzar una configuración accesible y conforme a las interfaces (Figura 1).

3. La simplificación formal del componente sintáctico de las lenguas: pasos hacia un procedimiento computacional unificado

La simplificación de las formulaciones teóricas es una máxima generalmente asumida en cualquier ámbito científico. En parte tiene que ver con la elegancia de tales formulaciones, entendiendo por tal propiedad la que muestran aquellas que consiguen dar cuenta de un determinado fenómeno con un menor número de supuestos o enunciados, relativamente a otras con el mismo alcance empírico. Pero el principio de simplicidad tiene, además de esta vertiente directamente metodológica, otra, tal vez más importante, con implicaciones asimismo ontológicas: un acontecimiento es tanto más probable cuanto más simple, de modo que conviene inclinarse por las explicaciones que simplifican la realidad misma como opciones teóricas por defecto. En el caso de la modelización generativista de la estructura de conocimiento y habilidades cognitivas que subyacen a la sintaxis, esta aspiración hacia las formulaciones teóricas más simples tiene una motivación añadida: una formulación máximamente simplificada de la sintaxis contará directamente como explicación de la naturalidad con que los hablantes la manejan y, sobre todo, con que los niños la asimilan (Chomsky 1986: cap. 3).

En este sentido, resulta claro que los sistemas de reglas como los planteados en la sección anterior se alejan demasiado de este ideal, son demasiado ricos por diferentes motivos: contienen muchas reglas diferentes, las reglas contienen muchos símbolos categoriales diferentes, distinguen las reglas de estructura de frase de las transformacionales, etc. De entrada, son concebibles sistemas más simples: con menos reglas, todas de un mismo tipo y que manejen menos símbolos. Pero existen además buenas razones empíricas que invitan a adoptarlos (Chomsky 1972: cap. 1; Chomsky 1981). Es muy evidente, por ejemplo, que las frases, independientemente de su categoría, tienen formas muy semejantes, como se aprecia en (11) (el formato de tabla trata de hacer más visible el paralelismo):

(11)

María	investiga	sobre células madre
su	investigación	sobre células madre

Esto significa que, en lugar de plantear reglas descriptivamente ricas y específicas para cada caso, resulta preferible postular otras de alcance más general y mucho más esquemáticas, como la que aparece en (12):

(12) SX → SY X SZ

Su lectura sería la siguiente: un sintagma de cualquier categoría (SX) se compone de un núcleo de esa categoría (X), precedido y seguido por sintagmas de otras categorías (SY, SZ). La misma regla es por tanto relacionable con frases como las de (13), lo que confirma la generalidad de sus aplicaciones:

(13)

muy	interesado	en política
bastante	a	la izquierda

Obviamente, frases como las que se aparecen en (14) también son correctas, pero no desafían la formulación (12) si entendemos que los componentes de la frase que acompañan al núcleo son opcionales:

(14) a. María investiga
b. su investigación
c. interesado en política
d. a la izquierda

Conviene precisar que "opcional" significa aquí que la propia regla no impone la introducción de los correspondientes elementos, que sin embargo pueden ser obligatorios por razones independientes (la transitividad o el régimen preposicional impuestos por el núcleo, por ejemplo).

El formato de estas reglas puede simplificarse aún más. Por ejemplo, si asumimos que solo introducen dos símbolos de cada vez, en lugar de los tres que aparecen en (12), en la especificación de la descomposición de los de rango superior que aparecen a la izquierda. El resultado es algo así como lo que se representa en (15):

(15) i. $X' \rightarrow X\ SZ$
ii. $X'' \rightarrow SY\ X'$

Estas representaciones implican una suerte de escalonamiento interno en la estructura de la frase que, además del deseado efecto simplificador sobre el formato de las reglas, encuentra justificación empírica en asimetrías como las que se ejemplifican en (16), las cuales hacen evidente que las posiciones a uno y otro lado del núcleo no se sitúan en igualdad de rango estructural:

(16) a. [$_{ii}$ María [$_{i}$ [investiga] [sobre sí misma] $_{i}$] $_{ii}$]
b. *[$_{ii}$ Sí misma [$_{i}$ [investiga] [sobre María] $_{i}$] $_{ii}$]

Se obtiene una simplificación aún más radical si asumimos, además, que las variables que las especifican no se corresponden exactamente con los símbolos categoriales que convenga en cada caso, sino directamente con las piezas léxicas correspondientes (Chomsky 1995: cap. 3). Se representa en (17), que añade, con relación a (16a), la idea de que cada nuevo nivel de estructura es una expansión del núcleo:

(17) [$_{\text{investiga}}$ [María] [$_{\text{investiga}}$ [investiga] [sobre sí misma]]]

Obviamente, la frase que complementa a *investiga* en este ejemplo se habrá generado haciendo uso del mismo procedimiento, de modo que una representación más completa de la expresión será (18):

(18) [$_{\text{investiga}}$ [María] [$_{\text{investiga}}$ [investiga] [$_{\text{sobre}}$ [sobre] [sí misma]]]]

El resultado es un sistema combinatorio extremamente simple, en realidad una operación de "ensamblaje" muy elemental que recurre al léxico y va componiendo las frases, realizando combinaciones binarias que ordenada y sucesivamente dan lugar a expresiones bien formadas. Una especificación más detallada del *modus operandi* de este mecanismo sintáctico mínimo para la expresión anterior sería como sigue (las itálicas representan los elementos que se toman directamente del léxico; los corchetes señalan los elementos sobre los que ya ha operado la sintaxis):

(19) i. (*sobre, sí misma*) $_{ensamblaje}$ →
[$_{sobre}$ sobre [sí misma]]
ii. ([$_{sobre}$ sobre [sí misma]], *investiga*) $_{ensamblaje}$ →
[$_{investiga}$ investiga [$_{sobre}$ sobre [sí misma]]]
iii. ([$_{investiga}$ investiga [$_{sobre}$ sobre [sí misma]]], *María*) $_{ensamblaje}$ →
[$_{investiga}$ María [$_{investiga}$ investiga [$_{sobre}$ sobre [sí misma]]]]

El sistema ofrece además la posibilidad de simplificar aún más el modelo de partida, eliminando la distinción entre los dos formatos de reglas vistos arriba (estructurales y transformacionales). Se consigue simplemente permitiendo que la operación de ensamblaje pueda aplicarse tanto sobre nuevas piezas léxicas, como sucede en cada una de sus aplicaciones en (19), como sobre piezas ya incorporadas en una aplicación previa de la operación, por tanto ya presentes en la expresión generada hasta ese momento. En el primer caso hablaremos de "ensamblaje externo" y en el segundo de "ensamblaje interno" (Chomsky 2004). Para ilustrarlo retomaremos el ejemplo (10), cuya conformación respondería a la siguiente serie de operaciones (el subrayado indica, a partir del paso v., los elementos que se toman de la propia expresión ya derivada):

(20) i. (*vengas, cuándo*) $_{ensamblaje}$ →
[$_{vengas}$ vengas [cuándo]]
ii. ([$_{vengas}$ vengas [cuándo]], *que*) $_{ensamblaje}$ →
[$_{que}$ que [$_{vengas}$ vengas [cuándo]]]
iii. ([$_{que}$ que [$_{vengas}$ vengas [cuándo]]], *desea*) $_{ensamblaje}$ →
[$_{desea}$ desea [$_{que}$ que [$_{vengas}$ vengas [cuándo]]]]
iv. ([$_{desea}$ desea [$_{que}$ que [$_{vengas}$ vengas [cuándo]]]], *María*) $_{ensamblaje}$ →
[$_{desea}$ María [$_{desea}$ desea [$_{que}$ que [$_{vengas}$ vengas [cuándo]]]]]
v. ([$_{desea}$ María [$_{desea}$ desea [$_{que}$ que [$_{vengas}$ vengas [cuándo]]]]], desea) $_{ensamblaje}$ →
[$_{desea}$ desea [$_{desea}$ María [$_{desea}$ desea [$_{que}$ que [$_{vengas}$ vengas [cuándo]]]]]]
vi. ([$_{desea}$ desea [$_{desea}$ María [$_{desea}$ desea [$_{que}$ que [$_{vengas}$ vengas [cuándo]]]]]],
cuándo) $_{ensamblaje}$ →
[$_{cuándo}$ cuándo [$_{desea}$ desea [$_{desea}$ María [$_{desea}$ desea [$_{que}$ que [$_{vengas}$ vengas [cuándo]]]]]]

Concluida la derivación sintáctica, la interfaz semántica se encarga de interpretarla como expresión de una fórmula "operador-variable" de tipo interrogativo (21a) y la interfaz fonológica de eliminar las unidades duplicadas en el proceso para obtener tal efecto (22b):

(22) a. *Qu*, x | x, tiempo | María desea que vengas en x
b. ¿cuándo desea María ~~desea~~ que vengas ~~cuándo~~?

Por lo que se refiere a los efectos transformacionales que no implican la repetición de elementos, como las relaciones de concordancia, *consecutio temporum* o *modorum*, correferencia, etc., la asunción más razonable es que el procedimiento incorpora un sistema de búsqueda que permite identificar los elementos implicados y dar así lugar a la verificación de si contienen las especificaciones requeridas por las constricciones correspondientes (en el caso de las concordancias, por ejemplo, acaso como una imposición de la forma fonológica y en el de las *consecutio* y correferencias de la forma lógica).

4. El "libro de reglas": ¿dónde está la gramática?

Desde el punto de vista desarrollado en la sección anterior, acorde a desarrollos recientes del Programa Minimalista (Chomsky 1995 y trabajos subsiguientes), la sintaxis se corresponde con un dispositivo de computación que se limita a introducir piezas en la composición de expresiones, disponiéndolas de tal modo que automáticamente quedan fijadas entre ellas relaciones de rango jerárquico relativo, y a mantenerlas activas en una memoria de trabajo, que las conserva accesibles para ulteriores manipulaciones. El procedimiento facilita así la verificación de las diferentes constricciones a que las piezas empleadas están sujetas, razonablemente consumada en los niveles de interfaz. Una cuestión aún pendiente de dilucidar es la de la localización de tales constricciones, es decir, los requisitos o condiciones que las unidades presentes en las expresiones generadas deben satisfacer. Llamémosles "gramática".

La perspectiva minimalista, por una parte, favorece la diferenciación entre la "sintaxis", como dispositivo generador de expresiones, y la "gramática", en el sentido del párrafo anterior, como libro de reglas (Turing 1950) que deben cumplirse en tales expresiones. Favorece asimismo la idea de que la primera es universalmente uniforme (Chomsky 2001), mientras que en la segunda se concentra la diversidad observable entre las lenguas (Balari y Lorenzo 2013). Favorece, finalmente, una suerte de postura eliminacionista con relación a la propia idea de "gramática", en el sentido de que las constricciones serían una parte constitutiva de las propias piezas computadas (por tanto, codificadas léxicamente), conformes a expectativas de la forma fonológica o de la forma lógica. Es decir, lo que tradicionalmente entendemos por "gramática" se encontraría en realidad distribuido en los diferentes componentes limítrofes con la sintaxis (ver Figura 1), de tal modo que no habrá que reservarle un espacio o localización propios. Intentaré aclarar tal idea recuperando una ilustración del apartado anterior.

Volvamos, por ejemplo, la oración (16a)/(17), repetida ahora como (23):

(23) María investiga sobre sí misma

El reflexivo *sí misma* está sujeto a una serie de constricciones que debemos considerar inherentes a su propia caracterización léxica. En primer lugar, debe (obligatoriamente) correferir con una expresión referencial, característica que precisamente se corresponde con su categorización tradicional en gramática generativa como una "expresión anafórica". Además, la expresión con la que contrae la relación de correferencia debe encontrarse en una posición superior en términos estructurales o jerárquicos, que además debe ser mínimamente distante en los mismos términos. La incidencia de todas estas constricciones la revelan ejemplos como los que aparecen en (24), cada uno de los cuales vulnera una u otra:

(24) a. *Hay que investigar sobre sí misma$_?$
(comentario: la anáfora no se relaciona con ninguna expresión referencial)
b. *Propusieron a sí misma$_i$ una investigación sobre María$_i$
(comentario: la expresión referencial no tiene superioridad jerárquica sobre la anáfora)

c. *María$_i$ propuso que investigasen sobre sí misma$_i$
(comentario: la expresión referencial se encuentra demasiado distante de la anáfora)

De acuerdo con el planteamiento avanzado, resulta razonable entender que *sí misma* se encuentra léxicamente codificada como una "anáfora" (en lugar de como un "pronombre" o como una "expresión referencial"), lo que actúa como una instrucción sobre la interfaz lógica, que debe fijarle un antecedente dentro de un fragmento de la expresión generada. En este caso, también parece razonable entender que los pormenores que debe cumplir en términos de estructura tal fragmento forman parte del libro de reglas o instrucciones manejado por la propia interfaz para sancionar una relación de correferencia. Se cumple, además, que tales instrucciones son en parte específicas de cada sistema lingüístico (por ejemplo, existen lenguas en que el requisito de la proximidad estructural no se cumple para algunas unidades de referencia obligatoria).

A todo lo anterior debemos añadir que la anáfora está sujeta a un requisito suplementario, que la obliga a concordar con la expresión referencial que le sirve de antecedente. No se trata de un requisito semántico, ya que los rasgos en cuestión se interpretan semánticamente a partir del antecedente (en el ejemplo planteado, es la identidad de *María* la que introduce una tercera persona, femenina y singular). La anáfora se limita a replicar los rasgos, los que sean en cada caso, del antecedente. A efectos semánticos, la inexistencia de dichos rasgos en asociación con el sistema de anáforas no interferiría en la aplicación de las operaciones de forma lógica comentadas en el párrafo anterior. Por tanto, la vigilancia de tales concordancias puede considerarse razonablemente localizada en la interfaz fonológica, que contendrá las instrucciones (extremamente variables interlingüísticamente) relativas a su buena formación.

En resumen, las instrucciones que inciden en la interpretación/sanción de las expresiones anafóricas no se encuentran codificadas en una especie de unidad gramatical central, íntimamente ligada a la sintaxis, conforme a una idea tradicional que la gramática generativa concluye que debe ser eliminada. En su lugar, se persigue extender a la generalidad de los diferentes "efectos" que inspiran la idea de gramaticalidad el modelo muy esquemáticamente presentado aquí con relación a las unidades de correferencia obligatoria.

5. Consideraciones finales

Las ventajas de minimizar la sintaxis han sido comúnmente puestas en relación con la oportunidad que así se abre para desarrollar todo un programa de reducción de la gramática a principios altamente generales, seguramente aplicables tanto a la cognición lingüística como a la cognición en general e, idealmente al menos, tanto al estudio de la cognición como al de otros ámbitos de la vida. Es claramente razonable suponer que la búsqueda de soluciones máximamente simples y eficientes sea un fenómeno omnipresente en cualquier esfera tanto de lo orgánico como de lo inorgánico ("minimalismo ontológico"), de modo que también resulta razonable orientar de entrada nuestras opciones explicativas a soluciones con tales propiedades ("minimalismo metodológico"; ver Martin y Uriagereka 2000 acerca de esta distinción). Curiosamente, la "visión de consenso" (Hornstein, Nunes y Grohmann 2005) dentro del Programa Minimalista consiste en que el problema que plantea la adquisición infantil del lenguaje a la teoría lingüística, el llamado Problema de Platón (Chomsky 1986), quedó resuelto desde el momento en que la gramática generativa deslindó aquellos aspectos de las lenguas a los que cabe suponer universales y presumiblemente innatos de aquellos otros abiertos claramente a variación interlingüística, de modo que se viene entendiendo que las preocupaciones minimalistas no tocan realmente la cuestión del aprendizaje. La posición es muy discutible (Longa y Lorenzo 2008; Lorenzo y Longa 2009), ya que el minimalismo plantea la posibilidad de explicar la naturalidad con que los niños adquieren su lengua materna a partir de la propia simplicidad de los mecanismos y principios de funcionamiento en que se basa, en lugar de confiar la explicación al conocimiento a priori, fuertemente motivado por los genes, de los universales del lenguaje por parte del recién nacido. Además, la simplificación de la sintaxis, y con ella de la facultad lingüística en su conjunto, facilita el establecimiento de puentes evolutivos entre la cognición humana y la de otras especies (Longa, Lorenzo y Uriagereka 2011), que acaso hagan uso de dispositivos mentales homólogos, aunque dedicados a otros efectos (cognición espacial, social, constructiva, etc.) y tal vez con un potencial computacional en general más limitado (Balari y Lorenzo 2013).

Bibliografía

Balari, S. y Lorenzo, G. (2013) *Computational phenotypes. Towards an evolutionary developmental biolinguistics*, Oxford: Oxford University Press.

Chomsky, N. (1965) *Aspectos de la teoría de la sintaxis* [versión en castellano de C. Pelegrín Otero], Barcelona: Gedisa, 1999.

Chomsky, N. (1966) *Lingüística cartesiana. Un capítulo de la historia del pensamiento racionalista* [versión en castellano de E. Wulff], Madrid: Gredos, 1972.

Chomsky, N. (1972) *Sintaxis y semántica en la gramática generativa* [versión en castellano de C. Pelegrín Otero], México: Siglo XXI, 1979.

Chomsky, N. (1981) *Lectures on government and binding*, Dordrecht: Foris.

Chomsky, N. (1986) *El conocimiento del lenguaje. Su naturaleza, origen y uso* [versión en castellano de E. Bustos Guadaño], Madrid: Alianza, 1989.

Chomsky, N. (1988) *El lenguaje y los problemas del conocimiento* [versión en castellano de C. Alegría y D.J. Flakoll], Madrid: Visor, 1988.

Chomsky, N. (1995) *El programa minimalista* [versión en castellano de J. Romero Morales], Madrid: Alianza, 1999.

Chomsky, N. (2001) "Derivation by phase", en Kenstowicz, M. (ed.), *Ken Hale: a life in language*, Cambridge, MA: The MIT Press, pp. 1–52.

Chomsky, N. (2004) "Beyond explanatory adequacy", en Belletti, A. (ed.) *Explanatory adequacy. Structures and beyond. The cartography of syntactic structures*, vol. 3, Oxford: Oxford University Press, pp. 104–131.

Croft, W. y Cruse, D. A. (2004) *Lingüística cognitiva* [versión en castellano de A. Benítez Burraco], Madrid: Akal, 2008.

Hauser, M. D., Chomsky, N. y Fitch, W. T. (2002) "The faculty of language: What is it, who has it, and how did it evolve?", *Science*, 298, pp. 1569–1579.

Hornstein, N., Nunes, J. y Grohmann, K. (2005) *Understanding minimalism*, Nueva York: Cambridge University Press.

Humboldt, Wilhelm von (1836) *Sobre la diversidad de la estructura del lenguaje humano y su influencia sobre el desarrollo espiritual de la humanidad* [versión en castellano de A. Agud], Barcelona: Anthropos, 1990.

Longa, V. M. y Lorenzo, G. (2008) "What about a (really) minimalist theory of language acquisition?", *Linguistics*, 46, pp. 541–570.

Longa, V. M., Lorenzo, G. y Uriagereka, J. (2011) "Minimizing language evolution. The Minimalist Program and the evolutionary shaping of language", en Boeckx, C. (ed.) *The Oxford handbook of linguistic minimalism*, Oxford: Oxford University Press, pp. 595–616.

Lorenzo, G. y Longa, V. M. (2009) "Beyond generative geneticism: Rethinking language acquisition from a developmentalist point of view", *Lingua*, 119, pp. 1300–1315.

Martin, R. y Uriagereka, J. (2000) "Introduction: Some possible foundations of the Minimalist Program", en Martin, R., Michaels, D. y Uriagereka, J. (eds.) *Step by step. Essays on minimalist syntax in honor of Howard Lasnik*, Cambridge, MA: The MIT Press, pp. 1–29.

Matthews, Peter (2001) *Breve historia de la lingüística estructural* [versión en castellano de A. Benítez Burraco], Madrid: Akal, 2009.
Riemsdijk, H. van y Williams, E. (1986) *Introducción a la teoría gramatical* [versión en castellano de L. Guerra Salas y P. Martín Butragueño], Madrid: Cátedra, 1990.
Turing, A. (1950) "Computing machinery and intelligence", *Mind*, 59, pp. 433–460.

Lecturas complementarias

Bosque, I. y Gutiérrez-Rexach, J. (2009) *Fundamentos de sintaxis formal*, Madrid: Akal.
Carnie, A. (2012) *Syntax*, Boston: Wiley.
Eguren, L. y Fernández-Soriano, O. (2004) *Introducción a una sintaxis minimista*, Madrid: Gredos.
Fernández Lagunilla, Marina y Anula Rebollo, Alberto (1995) *Sintaxis y cognición. Introducción al conocimiento, procesamiento y los déficits sintácticos*, Madrid: Síntesis.
Hernanz, M. Ll. y Brucart, J. M. (1997) *La sintaxis. 1. Principios teóricos: la oración simple*, Barcelona: Crítica.
Lorenzo, G. y Longa, V. M. (1996) *Introducción a la sintaxis generativa. La teoría de principios y parámetros en evolución*, Madrid: Alianza.
Radford, A. (1997) *Syntax. A minimalist introduction*, Cambridge: Cambridge University Press.

Entradas relacionadas

adquisición del español como lengua materna; biología del lenguaje; fonología; semántica; sintaxis; variación sintáctica

GRAMÁTICA NORMATIVA Y TRADICIONAL

Edita Gutiérrez Rodríguez

1. La gramática normativa

1.1. Definición

Se denomina *gramática normativa* o *prescriptiva* aquella que dicta la norma de una lengua. Como es sabido, entre las distintas opciones lingüísticas o variedades que una lengua presenta existen una o más variedades que tradicionalmente se consideran prestigiosas. Se llama *norma* al conjunto de preferencias lingüísticas vigentes en una comunidad de hablantes, adoptadas por consenso y consideradas como modelo de buen uso. La norma coincide con la variedad culta de nivel formal.

La norma, por tanto, no la dicta una institución arbitrariamente sino que instituciones como las academias de la lengua, la universidad, los medios de comunicación, etc., recogen los usos presentes en la comunidad lingüística.

En el ámbito de la lengua española, la Real Academia Española (RAE) y el resto de las academias de la lengua de los países americanos y de Filipinas, agrupadas en la Asociación de Academias de la Lengua Española (ASALE), se encargan de exponer la norma, a través de sus distintas obras: *Diccionario panhispánico de dudas* (DPD), *Nueva gramática de la lengua española* (NGLE) y *Ortografía de la lengua española* (OLE).

Se puede observar una evolución en la caracterización de la norma de la lengua española, desde la forma tradicional, hispanocéntrica, en la que se hacía equivaler la norma culta con el dialecto hablado en el centro de la península Ibérica, hasta la norma actual, caracterizada como *panhispánica.* Como se señala en el prólogo de la *Nueva gramática* (RAE-ASALE 2009: XLII), la norma del español debe tener carácter policéntrico, lo que quiere decir, por un lado, que la valoración social de algunas construcciones puede no coincidir en las diferentes áreas lingüísticas y, por otro, que no se presenta el español de un país o región como modelo único panhispánico.

1.2. Los términos 'gramática normativa' y 'gramática tradicional'

Existe un segundo sentido del término *gramática normativa,* en el cual esta equivale no a gramática prescriptiva sino a gramática tradicional. Se consideran gramáticas tradicionales aquellas que describen y proporcionan datos sobre una lengua pero no se apoyan en una teoría explícita para explicar estos datos. Estas gramáticas suelen presentar una vertiente prescriptiva, razón por la cual en ocasiones se emplean los términos *gramática normativa* y *gramática tradicional* como equivalentes.

En esta entrada nos ocuparemos, en el § 2, de las principales cuestiones gramaticales estudiadas por la gramática normativa o prescriptiva, como el empleo de los pronombres átonos, la concordancia o el dequeísmo. En el § 3, en cambio, veremos cuáles son las gramáticas tradicionales del español y nos ocuparemos con más detalle de dos de ellas: la de Andrés Bello y la de Salvador Fernández Ramírez.

2. Principales problemas de gramática normativa

Vamos a analizar en este apartado los principales problemas tratados por las gramáticas normativas en el nivel morfosintáctico. El enfoque normativo tradicional considera que los fenómenos que estudiaremos a continuación —leísmo, dequeísmo, problemas relacionados con la concordancia, etc.— representan desviaciones de la norma y son, por tanto, patrones que se deben evitar. Aquí intentaremos, por un lado, presentar los juicios normativos que la RAE-ASALE ofrece sobre estas construcciones en la *Nueva gramática de la lengua española;* por otro lado, trataremos de mostrar que estos fenómenos tienen un origen histórico y una adscripción dialectal sistemática específica, y que se puede buscar una solución teórica que vaya más allá del enfoque normativo/descriptivo.

2.1. Los pronombres átonos de acusativo y dativo. Leísmo, laísmo y loísmo

El sistema de pronombres átonos del español mantiene la diferencia entre el acusativo y el dativo en los pronombres de tercera persona *lo, la, los, las* (acusativo) y *le, les* (dativo), mientras que se emplea la misma forma para acusativo y dativo en el resto de las formas pronominales (*me, te, se, nos, os*). El pronombre de acusativo se emplea si este realiza la función de complemento directo (*La manzana la comió asada*), mientras que al de dativo le corresponde la función de complemento indirecto (*Le dieron un regalo*).

La reducción de las formas pronominales con diferencia de caso se produjo en la evolución del latín al español, a la vez que desaparece el sistema casual nominal. Los fenómenos conocidos como leísmo, laísmo y loísmo se pueden considerar una continuación del proceso de reducción de formas que se inició con el paso del latín al español y que dejó los casos pronominales como el único residuo del sistema de casos. El nuevo sistema romance marca las diferencias entre las funciones con otros procedimientos como el orden de palabras y el empleo de preposiciones.

La reducción de las formas de acusativo a favor de las de dativo es el fenómeno más habitual de los tres mencionados y se denomina *leísmo*. Así, en *A Pedro le vieron* el pronombre *le* realiza la función de complemento directo y, por tanto, debería ser *lo* en lugar de *le*. También es leísmo el fenómeno por el cual el pronombre masculino retoma un referente femenino (*A ella le vi*), mucho menos habitual. Por último, se produce en menor medida este trasvase de formas si el objeto directo no es animado: *El libro le leí.* El leísmo por el que se emplea el pronombre dativo en singular para el complemento directo de persona es el más habitual en España, mientras que es infrecuente en América. En España ha pasado a la lengua culta, lo han empleado grandes escritores clásicos y modernos y está admitido como forma correcta por la RAE. El empleo de la forma plural está menos extendido y la RAE no recomienda emplearla para sustituir al pronombre *los*.

El fenómeno inverso, por el cual las formas de acusativo se emplean en lugar de los pronombres de dativo, es menos habitual. Se denomina *laísmo* el empleo del acusativo femenino (*la, las*) en lugar del pronombre de dativo (*le, les*), como en *La preocupa su enfermedad*, donde *la* es complemento indirecto. El loísmo, en cambio, es el uso del acusativo masculino (*lo, los*) en lugar del pronombre de dativo (*le, les*), como en *Los dije que se callaran.* Tanto el laísmo como el loísmo se consideran fenómenos incorrectos, por lo que la RAE recomienda evitarlos.

En la *Nueva gramática* (RAE-ASALE 2009: § 16.8) se repasan algunas de las hipótesis que tratan de dar cuenta de estos fenómenos. Sin embargo, como allí se indica, ninguna de ellas es capaz de explicar satisfactoriamente todas las cuestiones relacionadas con los pronombres átonos, su irregular distribución geográfica y su diferente valoración social. Algunas hipótesis explican el leísmo/loísmo/laísmo como una neutralización de la distinción de caso a favor de la distinción persona/cosa, o bien a favor de una distinción de género. También se ha propuesto la hipótesis de la diferenciación morfológica máxima y se ha ofrecido una explicación histórica relacionada con la confusión entre acusativo y dativo al reponer la vocal del pronombre, que en español medieval se podía apocopar.

Por último, es importante señalar que en ocasiones el empleo del pronombre de dativo por el de acusativo no es un verdadero ejemplo de leísmo sino de alternancia en el régimen verbal. Así por ejemplo, el verbo *creer* se construye con acusativo en español de España (*A María la creyeron*) y con dativo en español de América (*A María le creyeron*). En el segundo caso, sin embargo, la construcción pasiva correspondiente (*María fue creída por todos*) no es posible, lo que hace pensar que no se trata de un caso de leísmo sino de alternancia en el régimen del verbo, que en América exige dativo en lugar de acusativo (RAE-ASALE 2009: § 16.9a). Casos semejantes de alternancia de régimen se dan con verbos como *ayudar, obedecer* o *escuchar*, o con los verbos psicológicos. La dificultad del complemento que se retoma con el pronombre de dativo para convertirse en sujeto de una pasiva refleja (??*Se obedecen las personas*) o de aparecer con infinitivos de interpretación pasiva (??*Jefes difíciles de obedecer*) hace pensar, como se señala en la *Nueva gramática*, que en ejemplos como *A sus jefes les obedecen* no se produce leísmo sino alternancia en el régimen del verbo, que puede construirse con acusativo y con dativo.

2.2. El dequeísmo y el queísmo

El dequeísmo es el empleo de la preposición *de* ante oraciones subordinadas sustantivas, normalmente en posición posverbal, cuando el verbo matriz no lo requiere:

(1) a. Es probable de que venga.
 b. Me dijo de que iba a recuperar ese tema.

Se trata de un fenómeno extendido, especialmente en la lengua oral, en todas las zonas del español. Las gramáticas normativas lo consideran incorrecto y recomiendan evitarlo. Se han sugerido numerosas hipótesis para dar cuenta de este fenómeno. Una primera posible explicación es la alternancia en el régimen verbal, del estilo de la que se da en los ejemplos de (2) frente a (3):

(2) a. Marta *[sujeto]* se alegró de que viniese *[complemento de régimen].*
 b. Marta *[sujeto]* se alegró de su venida *[complemento de régimen].*

(3) a. Le *[complemento indirecto]* alegró que viniese *[sujeto]*.
b. Le *[complemento indirecto]* alegró su venida *[sujeto]*.
c. *Le *[complemento indirecto]* alegró de que viniese *[sujeto (dequeísmo)]*.

Los hablantes que emplean construcciones dequeístas como (3c) no mantienen la preposición *de* si el sujeto o el complemento directo constituyen un sintagma nominal en lugar de una oración (cf. (3b)), lo que muestra que en la oración de (3c) no hay un cambio en el régimen verbal. Sin embargo, cambios de régimen verbal semejantes a los señalados arriba sí pueden producir vacilaciones en el hablante y, por tanto, se pueden considerar una posible razón del dequeísmo (Gómez Torrego 1999: 2129).

La mayoría de los estudiosos del dequeísmo lo explican como una creación por analogía con los complementos nominales, de manera que a partir de secuencias como *la {creencia/ esperanza} de que llegaría tarde* se formarían oraciones con dequeísmo como *Creía de que llegaría tarde* o *Espero de que llegara tarde* (Gómez Torrego 1999: 2124). También se ha propuesto que la causa del dequeísmo es la ultracorrección frente al queísmo —que explicaremos más adelante—. Una hipótesis de naturaleza formal, en cambio, alude a razones de caso, de manera que la preposición sería una marca de caso por la naturaleza "nominal" de las oraciones que introduce. Sin embargo, el hecho de que la preposición aparezca en contextos de no asignación de caso oblicuo, como la posición de sujeto, resta fuerza a esta última hipótesis. Otra explicación es que la preposición *de* es en estas construcciones un elemento subordinante que marca evidencialidad, es decir, señala la medida en que el hablante se compromete con la verdad del enunciado. La construcción dequeísta, según esta hipótesis (Demonte y Fernández Soriano 2010), indica un menor compromiso con la verdad de la subordinada que los casos en que *de* no aparece. Sin embargo, Silva-Villar y Gutiérrez-Rexach (2012: 20) señalan que esta explicación no puede dar cuenta del hecho de que el dequeísmo se produzca con verbos factivos, que presuponen la verdad de su complemento (*Lamentó de que viniese*), y con adverbios y adjetivos que denotan certeza, como *evidentemente, ciertamente, es obvio, es cierto*, etc. Estos autores relacionan la aparición de la preposición *de* con la condición de foco de estas estructuras en hablantes dequeístas.

El queísmo consiste en la supresión de una preposición con predicados que la exigen. Este fenómeno se atestigua con más frecuencia que el dequeísmo en la lengua escrita y está percibido, desde el punto de vista normativo, como una anomalía menor que el dequeísmo. Como señalan Silva-Villar y Gutiérrez-Rexach (2012: 10), queísmo y dequeísmo se deben analizar de manera independiente. Entre las razones que señalan estos autores se hallan las siguientes: en primer lugar, los dos fenómenos se dan en hablantes diferentes; en segundo lugar, el queísmo está más extendido y mejor considerado que el dequeísmo; además, el queísmo afecta a otras preposiciones aparte de la preposición *de*, como *a, con, en* o *por* (*Confío (en) que vendrá; Me apuesto lo que sea (a) que no gana*); por último, los dos fenómenos afectan a estructuras sintácticas distintas.

Como se indica en la *Nueva gramática* (RAE-ASALE 2009: § 43.6ñ), el queísmo es particularmente habitual en locuciones verbales, así como en construcciones con verbos de apoyo y sustantivos que exigen la preposición, como *darse cuenta (de) que, tener la impresión (de) que, tener la seguridad (de) que*, etc. También se da con adjetivos que rigen la preposición *de*, como en *estar {seguro/convencido} (de) que vendría.* En cambio, la preposición aparece de manera sistemática si el complemento es un sintagma nominal en lugar de una oración: *Juan se dio cuenta que venía/*Juan se dio cuenta su venida.*

No es queísmo el empleo del predicado sin *que* con un significado diferente del que tiene con la preposición, como en *responder que* 'contestar que', frente a *responder de que* 'asumir la responsabilidad de que'. Tampoco se produce queísmo en casos como (4a) o (5a), pues el verbo en estos ejemplos presenta dos regímenes distintos, uno en el que la oración subordinada sustantiva es sujeto o complemento directo, y otro en el que la subordinada es complemento de régimen:

(4) a. Juan lamentó que viniera *[complemento directo].*
 b. Juan se lamentó de que viniera *[complemento de régimen].*

(5) a. Me alegró que viniera *[sujeto].*
 b. Se alegró de que viniera *[complemento de régimen].*

Gómez Torrego (1999: 2134) señala diversas hipótesis para explicar el queísmo. Una de ellas es la redundancia de nexos, es decir, la presencia de dos elementos subordinantes juntos (la preposición y la conjunción). Una segunda explicación es la interferencia de otras lenguas como el catalán, que no presenta preposición delante de *que* (*el fet que* 'el hecho de que', *Estic segur que* 'estoy seguro de que'), en hablantes de lengua catalana cuando emplean el español. Otra posible razón de la desaparición de la preposición *de* es la fonética sintáctica, pues la /d/ se relaja y elimina frecuentemente en la lengua hablada. La analogía, como en el caso del dequeísmo, explicaría que a partir de *Concluyó que no acudiría a la cita* se cree la formación *Llegó a la conclusión que no acudiría a la cita* (*la conclusión de que*). Por último, se puede señalar la ultracorrección, en el sentido de que el temor de caer en el dequeísmo, más censurado normativamente, provoca la supresión de la preposición *de.*

2.3. La concordancia

Uno de los problemas tradicionales de la gramática prescriptiva es el del estudio de las alternancias en la concordancia. Se trata de un conjunto de fenómenos muy amplio y diverso, por lo que solo esbozaremos los fenómenos más básicos, centrándonos en la concordancia de número entre sujeto-verbo. Sin embargo, también se producen alternancias en la concordancia de persona entre sujeto y verbo (*Los profesores {somos/sois/son} a veces muy pesados*), y alternancias en la concordancia de género y número en el ámbito nominal entre determinante, nombre y modificadores adjetivales.

Se produce alternancia en la concordancia de número sujeto-verbo si el sujeto contiene un sintagma partitivo (*muchos de los niños*), un sintagma pseudopartitivo (*un montón de niños*) o una coordinación (*un niño y una niña*).

Cuando un sintagma partitivo o pseudopartitivo es el sujeto, se puede producir alternancia en la concordancia de número (RAE-ASALE 2009: § 33.8–9):

(6) a. La mayoría de los niños {estaba/estaban} allí.
 b. Un grupo de jóvenes {protestaba/protestaban} por los recortes.

Tanto en las construcciones partitivas como en las pseudopartitivas aparecen dos sustantivos, y la oscilación en la concordancia se produce porque se concuerda con el primer sustantivo o con el segundo. En la variación en la concordancia influyen diversos factores que no podemos considerar en detalle: que el sintagma sea partitivo o pseudopartitivo, el tipo semántico de nombre (cuantificativo como *kilo*, *brizna* o *grupo* o clasificativo como *tipo* o *clase*) que aparece en primer lugar o el tipo de modificadores que llevan los dos sustantivos.

Si el elemento cuantificativo que introduce la construcción partitiva es un determinante o pronombre de cantidad en singular (*uno*, *alguno*, *ninguno*, *cada uno*), la concordancia de número se produce mayoritariamente en singular:

(7) a. Uno de los niños vino.
    b. *Uno de los niños vinieron.

En cambio, si el elemento cuantificativo es un nombre que en singular puede denotar un conjunto la concordancia se produce en singular o plural:

(8) a. El resto de los niños {se acercó/se acercaron}.
    b. La mayoría de los turistas {es/son} de París.

En cuanto a la explicación de esta alternancia, una posibilidad que se ha explorado en la bibliografía es la del reanálisis, mediante el cual se analiza el primer sustantivo no como núcleo de una construcción nominal que selecciona un complemento sino como núcleo funcional que desempeña una función semejante a la de un cuantificador (*una docena de (los) niños/doce de los niños*); por tanto, se considera que el segundo sustantivo es el verdadero núcleo léxico de la construcción y, por ello, se realiza opcionalmente la concordancia con él (*Una docena de (los) niños {vino/vinieron}*).

También se producen alternancias en la concordancia sujeto-verbo si el sujeto contiene una coordinación. Normalmente, los sintagmas nominales coordinados concuerdan con el verbo en plural (*Juan y Pedro {llegaron/*llegó} tarde*). Sin embargo, existen distintos factores gramaticales (RAE-ASALE 2009: § 33.7) que influyen en la concordancia de un sujeto coordinado y que permiten la concordancia en singular de un sujeto que contiene una coordinación.

El primer factor es el número de referentes del sintagma nominal. Si el sintagma nominal tiene un referente único se produce la concordancia en singular; si tiene un referente múltiple, se concuerda en plural, a menos que los referentes se consideren como una unidad, en cuyo caso la concordancia se puede realizar en singular o en plural. En la determinación de la existencia de un referente único o múltiple influyen a su vez varios factores: la presencia o ausencia de determinante, el hecho de que haya uno o dos determinantes, la presencia de un adjetivo en plural, la naturaleza semántica de la conjunción o la naturaleza semántica de los sustantivos coordinados. Puede considerarse que un SN coordinado tiene un referente único si contiene un único determinante:

(9) a. Su amiga y amante fue su principal apoyo.
    b. El vasco o eusquera se habla en el norte de España.

Sin embargo, incluso con dos determinantes la concordancia se produce a veces en singular si se considera que semánticamente los dos sintagmas tienen unidad semántica o refieren a una sola idea; si, en cambio, se produce la concordancia en plural, se considera que se habla de dos entidades diferenciadas:

(10) La desilusión y la desgana se {ha/han} instalado en nuestra vida.

Si la conjunción es *o* y su valor es incluyente, como en el ejemplo ya citado del vasco o eusquera, la única posibilidad es la concordancia en singular, pues en plural implicaría que se trata de dos lenguas distintas. La ausencia de determinantes o el hecho de que los nombres sean abstractos y no contables en lugar de concretos y contables también influyen en la determinación de la concordancia. Si un adjetivo en plural modifica al SN coordinado, la concordancia se produce en plural:

(11) La novela y cuento cervantinos presentan rasgos estilísticos comunes.

Otro factor que influye en la concordancia, y que se combina con los anteriores, es la posición del sujeto respecto del verbo. Si el sujeto está antepuesto al verbo, es más frecuente la concordancia en plural, excepto en los casos en que está claro que hay un único referente. Si el sujeto está pospuesto al verbo, se produce mayor alternancia entre singular y plural.

(12) a. Un hombre o una mujer entraron en la tienda.
b. {Entró/entraron} en la tienda un hombre o una mujer.

2.4. Construcciones adverbiales con posesivos pospuestos

Los posesivos tónicos (*mío, tuyo, suyo...*) alternan con complementos preposicionales con la preposición *de* en algunas construcciones nominales: *el libro {de ellos/suyo}.*

Los adverbios de lugar llamados *identificativos* o *de ubicación* (*cerca, lejos, delante, detrás*, etc.) toman, igual que los sustantivos, complementos con la preposición *de*: *cerca de tu casa, lejos del cine, detrás de los arbustos.* Se diferencian en esta cuestión de los adverbios de lugar denominados *direccionales* (*arriba, adelante, adentro*, etc.), que no toman complementos preposicionales: *delante de la casa/*adelante de la casa* (en muchos países americanos, sin embargo, es habitual utilizar los adverbios direccionales con complemento para denotar ubicación).

En todas las áreas del español está extendido el empleo de los adverbios de ubicación con el posesivo pospuesto en lugar de un sintagma preposicional con un pronombre personal (*detrás suyo, delante mío*) (RAE-ASALE 2009: § 18.4). El posesivo, en la variante más extendida en el mundo hispanohablante, está en masculino: *detrás de nosotros/detrás nuestro; cerca de ella/cerca suyo;* también existe una variante menos extendida con el posesivo en femenino: *cerca suya, detrás suya.*

La posibilidad que tienen los adverbios de ubicación de ser modificados por un posesivo pospuesto tiene que ver, como se señala en la *Nueva gramática* (RAE-ASALE 2009: § 30.5), con la naturaleza de los adverbios identificativos, que se asemejan a los adverbios demostrativos (*aquí, ahí, allí...*) en que son referenciales porque identifican lugares. Su naturaleza semántica los acerca a los sustantivos, con los que comparten algunas propiedades, como aparecer de término de una preposición (*desde cerca, hacia delante*, etc.), admitir relativas explicativas (*Ponte delante, donde veas bien*) o ser modificados por adjetivos posesivos, como acabamos de ver.

En cuanto a la norma, en la *Nueva gramática* (RAE-ASALE 2009: § 18.4) se señala que lo más recomendable es no utilizar el posesivo con estos adverbios. Sin embargo, aunque la opción con el posesivo masculino es parte de la lengua coloquial y es percibida como no recomendable por los hablantes cultos, su empleo se está extendiendo a otros registros, pues aparece en la lengua escrita de autores consagrados, en particular en el área rioplatense, aunque también se registra en otras áreas. En cambio, la variante con el posesivo en femenino está peor considerada desde el punto de vista normativo.

2.5. El empleo de la forma posesiva 'cuyo'. El quesuismo

El relativo *cuyo* es, con el cuantificador *cuanto*, el único determinante relativo del español y, como tal, se sitúa delante del sustantivo y concuerda en género y número con él:

(13) a. los días cuyas horas parecen más largas
b. el mejor de cuantos amigos tuvo

Este relativo se diferencia del resto no solo en que es un determinante sino también en que no concuerda en género y número con su antecedente, como hacen otros relativos (*Los estudiantes con los que va*), sino con el sustantivo al que modifica, que denota la entidad poseída:

(14) a. los estudiantes *[masc. pl.]* con los que *[masc. pl.]* va
b. el niño *[masc. sing]* cuyas *[fem. pl.]* amigas *[fem. pl.]* conozco

El relativo *cuyo* casi ha desaparecido de la lengua oral y se emplea mucho más en el discurso culto escrito. Por ello, en la lengua coloquial se sustituye a menudo por el relativo *que* seguido de un pronombre posesivo que se suele analizar como un pronombre reasuntivo (RAE-ASALE 2009: § 44.9): *El niño que su madre es María.* De la aparición del *que* seguido del posesivo *su* proviene el nombre de *quesuismo* que a veces se da a este fenómeno. En Brucart (1992: 131) se atribuye la creciente sustitución del relativo *cuyo* por el *que* más el posesivo al aislamiento paradigmático del relativo posesivo.

En la *Nueva gramática* se desaconseja el empleo de esta construcción y se recomienda sustituirla por variantes con la preposición *de* y los relativos complejos *el que* y *el cual: el libro cuyo dueño.../el libro {del que/del cual} el dueño...*, en el caso de que el empleo de *cuyo* sea percibido por los hablantes como perteneciente a un registro formal (RAE-ASALE 2009: § 22.5).

3. La gramática tradicional

3.1. Definición

El término *gramática tradicional* tiene en la actualidad dos significados distintos aunque relacionados. En el primer sentido, hace referencia a las gramáticas que describen y proporcionan datos sobre una lengua pero no se apoyan en una teoría explícita para organizar y explicar estos datos.

Estas gramáticas se caracterizan por emplear la terminología, categorías de análisis y métodos de la gramática clásica. Analizan fundamentalmente la lengua culta y se ocupan más de la lengua escrita que de la lengua oral. Además, toman como modelo el uso lingüístico de "autoridades", es decir, de escritores y personas cultas. Por último, se trata de gramáticas "completas", en el sentido de que pretenden abarcar todo el sistema gramatical de una lengua, frente a la atomización que se produce en la actualidad y que es una exigencia natural del estudio detallado de los fenómenos gramaticales.

En la lingüística hispánica actual, el término *gramática tradicional* se opone, empleado en este sentido, a *gramática cognitiva, gramática estructural, gramática funcional* o *gramática generativa*, entre otros. Es decir, se considera gramática tradicional aquella que no se inserta en el marco de un modelo lingüístico teórico actual y pone el énfasis en la descripción.

En las obras gramaticales tradicionales, las unidades no se hacen explícitas sino que se asumen y se van desarrollando con la obra. El hecho de que no haya tras las gramáticas tradicionales una teoría gramatical explícita que las sustente hace que se perciban, desde el punto de vista actual, como una acumulación de datos y propiedades que no parecen deducirse de principios generales. Esta ausencia puede producir una sensación de subjetividad y de falta de explicitud. Sin embargo, es importante recordar que son gramáticas anteriores al desarrollo que se produjo en la lingüística en la segunda mitad del siglo XX y, por tanto, no deberían ser juzgadas con los parámetros que se exigen en los estudios gramaticales actuales.

En el segundo sentido, *gramática tradicional* se considera un término sinónimo de *gramática normativa*, pues las llamadas gramáticas tradicionales suelen presentar una tendencia normativa o prescriptiva y didáctica. Por ello, en ocasiones los términos *gramática normativa* y *gramática tradicional* se consideran equivalentes.

En las gramáticas de Andrés Bello o de Salvador Fernández Ramírez, por ejemplo, aparece la necesidad de usar correctamente la lengua oral y escrita, el principio de autoridad idiomática de los mejores escritores en lengua española, la preocupación de que la lengua se fraccione o el interés didáctico, propios de la gramática prescriptiva. Sin embargo, estas gramáticas no se limitan a tratar las cuestiones que suponen un problema normativo, del tipo de las estudiadas en el § 2, y ponen más énfasis en la descripción y el análisis teórico de los fenómenos que en la prescripción. Tanto el planteamiento como el tono de estas gramáticas se alejan de la prescripción estricta y, en este sentido, resulta más adecuado calificarlas de *gramáticas tradicionales* que de *gramáticas normativas.*

3.2. Gramáticas tradicionales del español

Se puede considerar que la primera gramática tradicional del español es la *Gramática sobre la lengua castellana* de Antonio de Nebrija, publicada en 1492. Entre las gramáticas tradicionales del español, ciñéndonos a los siglos XIX y XX, destacan la *Gramática de la lengua castellana según ahora se habla* (1830) de Vicente Salvá, la *Gramática de la lengua castellana* (1847) de Andrés Bello, *La oración y sus partes* (1920) de Rodolfo Lenz, las diversas obras gramaticales de la Real Academia Española, como la *Gramática* de 1931 o el *Esbozo de una nueva gramática de la lengua española* (1973), la *Gramática castellana* (1938) de Amado Alonso y Pedro Henríquez Ureña, el *Curso superior de sintaxis española* (1943) de Gili Gaya, la *Gramática española* (1951) de Salvador Fernández Ramírez, la *Gramática esencial del español* (1972) de Manuel Seco y la *Gramática española* (1975) de Juan Alcina y José Manuel Blecua.

A esta larga lista se puede añadir, aunque no sea propiamente una gramática, el *Diccionario de construcción y régimen de la lengua castellana* de Rufino José Cuervo. Su autor solo publicó en vida los dos primeros tomos aunque dejó trazado el plan de la obra, que se cerraría finalmente en 1995. Se trata de un diccionario especial, no se ocupa de todo el léxico porque es un diccionario sintáctico que se centra en el modo en que se combinan las palabras. Además de la descripción del comportamiento sintáctico, incluye una historia de las palabras que lo convierte en una obra excepcional.

Finalmente, se podría incluir en este elenco la *Nueva gramática de la lengua española* (2009) de la RAE-ASALE, pues no se enmarca explícitamente en ninguna teoría lingüística, cubre toda la gramática del español, incluye recomendaciones normativas y emplea terminología tradicional; por otro lado, el empleo de instrumentos de análisis actuales y el peso del análisis teórico en esta gramática la alejan de una gramática tradicional al uso.

Dado que resulta imposible repasar todas estas obras en tan corto espacio, nos centraremos en las dos que por su visión gramatical, la amplitud de su alcance y sus novedosas aportaciones han tenido más repercusión en la gramática actual: las obras de Andrés Bello y Salvador Fernández Ramírez.

3.3. *La gramática de la lengua castellana de Andrés Bello*

Andrés Bello fue un humanista venezolano que vivió en la primera mitad del siglo XIX. Entre las razones que le mueven a escribir su gramática está la idea de que los nuevos países independientes tienen una responsabilidad respecto de la lengua que emplean. La preocupación de Bello por fomentar la educación lingüística de los americanos se halla en toda su obra. Aunque su gramática estaba "dedicada al uso de los americanos", Bello no pretende la separación de la lengua americana de la española. Sin embargo, sí quiere que los usos propios de los americanos participen, en igualdad de condiciones con los peninsulares, en la configuración de la lengua culta común. En ese sentido, su defensa de que los usos peculiares americanos son igual de válidos que los de Aragón o Andalucía, siempre que encajen en los esquemas lingüísticos de nuestra lengua, le adelanta a su tiempo y le acerca a la concepción actual de la norma policéntrica.

Bello ofrece una descripción detallada con gran abundancia de material lingüístico pero, además, cuenta con una teoría en la que se asienta su descripción de los hechos lingüísticos. El gramático venezolano destaca en la historia de la gramática española por su gran capacidad teórica y su doctrina gramatical, sistemática y coherente. Como se señala en Brucart (2000: 113), la revalorización de Andrés Bello en la gramática del español tiene mucho que ver con el hecho de que Bello fue consciente de la necesidad de elaborar teorías complejas capaces de explicar con propiedad los fenómenos lingüísticos.

Entre las aportaciones de A. Bello a la gramática del español querríamos destacar los siguientes (A. Alonso 1972; Cartagena 2000: 28–29):

a. El sistema de los tiempos verbales.
b. Su doctrina sobre el artículo como pronombre demostrativo, así como el análisis del pronombre *él* como la forma sustantivada del artículo, de manera que la relación *el/él* es la misma que se establece entre, por ejemplo, el demostrativo *este* como determinante y como pronombre.
c. Los valores temporales del participio de los verbos de estado, el de *ser* que marca coexistencia (cf. *La casa fue edificada*) y el de *estar* que indica anterioridad (cf. *La casa estuvo edificada*).
d. El estudio de las oraciones condicionales de negación implícita (cf. *Si lo hubiera sabido habría venido*).
e. La distinción entre verbos desinentes —delimitados o télicos— y permanentes —o atélicos—.

Nos vamos a ocupar aquí solamente de un ejemplo de esta capacidad teórica del gramático, con su explicación del sistema temporal del español. Bello propuso un sistema de gran coherencia interna que, por su modernidad, ha sido comparado con el del filósofo Reichenbach, si bien este último hace una propuesta teórica que no está destinada a una lengua en particular, mientras que la teoría de Bello describe los tiempos de la conjugación del español.

Bello emplea nombres y fórmulas para hacer referencia a las formas verbales que ofrecen una definición completa y transparente de sus significados temporales. Su sistema temporal, igual que el de Reichenbach, se basa en el empleo de tres elementos: el "acto de habla" —o tiempo del habla—, el "atributo" o significado radical del verbo y lo que llama "cosa", un punto de referencia temporal. La relación entre el atributo y la cosa se nombra con los prefijos *co-* 'simultaneidad', *ante-* 'anterioridad' y *post-* 'posterioridad', mientras que la relación entre la cosa y el acto de la palabra se nombre con los términos *presente*, *pasado* y *futuro*. Así, el pretérito imperfecto de indicativo (*amaba*) se denomina en su sistema *copretérito*, lo que quiere decir que el atributo coexiste con una cosa pasada. En este sistema es fundamental la relación, por un lado, del atributo con la cosa y, por otro, la relación de la cosa con el acto de la palabra (Carrasco 2000).

La gramática de Bello no ha creado escuela en España ni ha dado inicio a una nueva corriente de investigación, a pesar de haber sido un gramático original e influyente.

3.4. La Gramática española de Salvador Fernández Ramírez

El primer volumen de la *Gramática española* de Salvador Fernández Ramírez se publicó en 1951 en la *Revista de Occidente*. Contenía lo referente a *Los sonidos, el nombre y el pronombre*. Aunque su idea era que la obra constara de tres volúmenes más y cubriera toda la gramática del español, lo cierto es que no publicó en vida ningún otro volumen. Dejó numerosos materiales inéditos que se publicaron póstumamente en la editorial Arco Libros (1985–1987). Esta obra contiene toda la información de la primera más una serie de textos nuevos y consta de cinco volúmenes: *1. Prolegómenos*, *2. Los sonidos*, *3.1 El nombre*, *3.2 El pronombre*, *4. El verbo y la oración* y *5. Bibliografía, nómina literaria e índices*. La gran novedad de esta edición es la aparición del volumen dedicado al verbo y la oración, elaborado por Ignacio Bosque a partir de los materiales que Salvador Fernández Ramírez había dejado.

Como se señala en Seco (1983), la gramática de Salvador Fernández Ramírez tiene cuatro características principales: perspectiva sincrónica, concepción unitaria de la gramática, criterio formal y método inductivo. En primer lugar, Salvador Fernández Ramírez se propone estudiar el español de su época de manera sistemática, aunque en su gramática se incluyen también notas diacrónicas, pues considera que un sistema lingüístico engloba en sí mismo los sistemas anteriores y, por ello, ofrece justificaciones históricas para fenómenos contemporáneos. En segundo lugar, se propone estudiar el sistema lingüístico del español en su totalidad. En tercer lugar, trata de manejar criterios rigurosamente formales. Por último, emplea el método inductivo; para ello se basa en su propio corpus de datos, una recopilación de materiales escritos, de procedencia muy variada aunque con poca representación del español americano. Reunió casi 100.000 fichas gramaticales procedentes de textos contemporáneos, que posteriormente han sido ordenadas y publicadas en el Archivo Gramatical de la Lengua Española (AGLE), cuya edición digital está accesible en red.

A todo lo anterior se puede añadir la apertura de nuestro gramático a escuelas teóricas y autores diversos, como Jespersen, Bühler, Bally, Hjelmslev o Bloomfield (Brucart 2000; Polo 1998: 121), a pesar de que la gramática está concebida como una obra fundamentalmente descriptiva.

Como se señala en Bosque 1997, en la visión de la gramática de Salvador Fernández Ramírez destaca la estrecha relación entre la sintaxis y la semántica, que se refleja en su análisis de numerosos fenómenos gramaticales. El estudio de la relación entre el significado de los sustantivos y los complementos que estos toman anticipa la teoría de los papeles semánticos o temáticos. Su análisis de las clases léxicas de predicados permite explicar de un modo novedoso la alternancia modal, a lo que se suma la delimitación de los factores semánticos y discursivos que determinan la variación modal en la subordinación relativa y adverbial. Entre otros conceptos de la semántica moderna, señala Bosque 1997, Salvador Fernández Ramírez intuyó el de genericidad, la diferencia entre tipo y ejemplar, la diferencia entre identidad de sentido y de referencia, etc. También se ocupó extensamente del concepto de deixis y de la relación entre el artículo y los demostrativos.

La misma preocupación por la relación entre forma y significado le lleva a delimitar los factores pragmáticos que influyen en el análisis sintáctico, adelantándose así a la gramática de su tiempo, que no siempre tomaba en consideración factores discursivos en el análisis de los fenómenos gramaticales. Así, en el estudio de las oraciones interrogativas incluye factores discursivos que influyen en su forma e interpretación, y lo mismo ocurre en el análisis de las exclamaciones sin verbo o de la posesión inalienable.

Por último, destaca el gran detalle y minuciosidad de su estudio, y su sagacidad para tratar los problemas gramaticales, lo que convierte a Salvador Fernández Ramírez en el gramático más fino en el análisis de los matices de numerosos fenómenos gramaticales, muchos de los cuales no habían sido estudiados antes. Su gramática dedica páginas enteras a cuestiones que no habían sido apenas tratadas en otras gramáticas de su tiempo y por ello sigue siendo hoy un punto de referencia fundamental de la gramática hispánica.

Bibliografía

Alcina, J. y Blecua, J. M. (1975) *Gramática española*, Barcelona: Ariel.

Alonso, A. (1972) "Introducción a los estudios gramaticales de Andrés Bello", en Bello, A., *Gramática de la lengua castellana*, Caracas-Venezuela: Ediciones del Ministerio de Educación.

Alonso, A. y Henríquez Ureña, P. (1938) *Gramática castellana*, Buenos Aires: Losada.

Bello, A. (1847) *Gramática de la lengua castellana destinada al uso de los americanos*, ed. de R. Trujillo, Madrid: Arco Libros, 1988.

Bosque, I. (1997) *La búsqueda infinita. Sobre la visión de la gramática en Salvador Fernández Ramírez*, discurso de ingreso en la Real Academia Española.

Brucart, J. M. (1992) "Some asymmetries in the functioning of relative pronouns in Spanish", *Catalan Working Papers in Linguistics*, pp. 113–143.

Brucart, J. M. (2000) "25 años de sintaxis española (1970–1995)", en Bargalló, M. y Garriga, C. (eds.) *25 años de investigación en la lengua española*, Tarragona: Universitat Rovira i Virgili.

Carrasco, A. (2000) "Los sistemas temporales de Andrés Bello y Hans Reichenbach", en Schmitt, C. y Cartagena, N. (eds.) *La gramática de Andrés Bello* (1847–1997). *Actas del congreso homenaje celebrado con motivo del 150 aniversario de la Gramática*, Bonn: Romanistischer Verlag.

Cartagena, N. (2000) "Modernidad de la gramática de Andrés Bello (1847–1997)", en Schmitt, C. y Cartagena, N. (eds.) *La gramática de Andrés Bello* (1847–1997). *Actas del congreso homenaje celebrado con motivo del 150 aniversario de la Gramática*, Bonn: Romanistischer Verlag.

Demonte, V. y Fernández Soriano, O. (2010) "El *que* romance y la periferia oracional. Variación inter e intralingüística", *Autour de QUE/el entorno de QUE*, Albert-Ludwigs-Universität Freiburg, Romanisches Seminar, 18–19 de febrero 2010.

Fernández Ramírez, S. (1951) *Gramática española*, Madrid: Revista de Occidente, reedición crítica y ampliada de Polo, J., Bosque, I. y Palomo, B., Madrid, Arco Libros, 1985–1987.

Gili Gaya, S. (1943) *Curso superior de sintaxis española*, Madrid: Bibliograf, 1969.

Gómez Torrego, L. (1999) "La variación en las subordinadas sustantivas: dequeísmo y queísmo", en Bosque, I. y Demonte, V. (dirs.) *Gramática descriptiva de la lengua española*, Madrid, Espasa, pp. 2105–2148.

Lenz, R. (1920) *La oración y sus partes*, Madrid: Centro de Estudios Históricos, 1935.

[RAE] Real Academia Española (2005) *Diccionario panhispánico de dudas*, Madrid: Santillana.

[RAE-ASALE] Real Academia Española y Asociación de Academias de la Lengua Española (2009) *Nueva gramática de la lengua española*, Madrid: Espasa.

Salvá, V. (1847) *Gramática de la lengua castellana*, Madrid: Arco Libros, 1988.

Seco, R. (1953) *Manual de gramática española*, Madrid: Aguilar.

Seco, M. (1972) *Gramática esencial del español*, Madrid: Aguilar.

Silva-Villar, L. y Gutiérrez-Rexach, J. (2012) "Predication, complementation and the grammar of dequeísmo structures", en González-Rivera, M. y Sessarego, S. (eds.) *Current formal aspects of Spanish syntax and semantics*, Cambridge: Cambridge Scholars Publishing.

Lecturas complementarias

Abad Nebot, F. (1980) *Lengua española e historia de la lingüística. Primer estudio sobre Andrés Bello*, Madrid: SGEL.

Bosque, I. (2013) "Las gramáticas de la Academia: el difícil equilibrio entre el análisis y la norma", en *La lengua y la palabra. Trescientos años de la Real Academia Española*, Madrid: RAE, pp. 237–244.

Calero Vaquera, M. L. (1986) *Historia de la gramática española (1847–1920). De A. Bello a R. Lenz*, Madrid: Gredos.

Demonte, V. y Fernández Soriano, O. (2005) "Features in COMP and syntactic variation. The case of (de)queísmo in Spanish", *Lingua*, 115, 8, pp. 1063–1082.

Fernández Ordóñez, I. "Leísmo, laísmo y loísmo", en Bosque, I. y Demonte, V. (1999) (dirs.) *Gramática descriptiva de la lengua española*, Madrid: Espasa, pp. 1319–1390.

Fernández Ramírez, S. (1997–2014) *Archivo gramatical de la lengua española (AGLE)* [en línea]. Accesible en http://cvc.cervantes.es/lengua/agle/.

Gómez Torrego, L. (2011) *Hablar y escribir correctamente. Gramática normativa del español actual*, Madrid: Arco Libros.

Instituto Cervantes (2012) *El libro del español correcto*, Madrid: Instituto Cervantes, Espasa.

Lázaro Mora, F. (1981) *La presencia de Andrés Bello en la filología española*, Salamanca: Ediciones Universidad de Salamanca.

Lapesa, R. (1983) "Salvador Fernández Ramírez (1896–1983)", *BRAE*, LXIII, pp. 15–28.

Polo, J. (1998) *En torno a la obra científica de Salvador Fernández Ramírez*, Cáceres: Universidad de Extremadura.

Portolés, J. (1986) *Medio siglo de filología española (1896–1952)*, Madrid, Cátedra.

Real Academia Española y Asociación de Academias de la Lengua Española (2013) *El buen uso del español*, Madrid: Espasa.

Seco, M. (1961) *Diccionario de dudas y dificultades de la lengua española*, Madrid: Espasa-Calpe.

Entradas relacionadas

clíticos; coordinación; gramática académica; políticas lingüísticas; tiempo gramatical: tiempos compuestos; tiempo gramatical: tiempos simples

LEXICOGRAFÍA

Antonia Mª. Medina Guerra

1. Introducción

1.1. Definición

Durante muchos siglos la lexicografía fue concebida como 'el arte o técnica de componer diccionarios' (lexicografía práctica), pero a partir de la segunda mitad del siglo XX, gracias al auge y desarrollo de un importante soporte teórico, se comienza a consolidar como ciencia, como disciplina lingüística. Se distingue entonces entre una lexicografía práctica y una lexicografía teórica o metalexicografía (historia de la lexicografía, la teoría general de la lexicografía, la investigación sobre el uso del diccionario, la crítica de los diccionarios, y el carácter cultural y comercial del diccionario).

Hoy en día, para muchos autores, esta distinción entre lexicografía práctica y lexicografía teórica está superada (nosotros la mantendremos aquí solo por razones didácticas), por lo que se suele definir la lexicografía como la disciplina de la lingüística aplicada que se ocupa de la realización y estudio de los diccionarios, tanto desde una perspectiva sincrónica como diacrónica.

2. La lexicografía práctica en el ámbito hispánico (obras claves)

La historia de la lexicografía práctica del español puede abordarse desde dos concepciones distintas:

a) una más restringida, en la que solo tienen cabida los diccionarios con entradas en lengua española y en la que, por tanto, se establece como punto de inicio el *Vocabulario español-latín* (Salamanca, ¿1495?) de Antonio de Nebrija;
b) otra más amplia, en la que se considera cualquier repertorio lexicográfico con el español y, en consecuencia, se estima que el devenir de nuestra lexicografía comienza con el *Universal vocabulario en latín y en romance* (Sevilla, 1490) de Alfonso Fernández de Palencia.

En cualquier caso, y con independencia de que se parta de una o de otra perspectiva, hay acuerdo en aceptar a los diccionarios de Nebrija y de Covarrubias, y al *Diccionario de autoridades*, con el que se inicia la labor emprendida por la Real Academia, como los grandes hitos de la lexicografía española. De hecho, la obra de Palencia, anclada en la tradición medieval, fue pronto eclipsada por la fama de los diccionarios de Antonio de Nebrija.

2.1. Los diccionarios de Nebrija

A Antonio de Nebrija le debemos el *Lexicon hoc est dictionarium ex sermone latino in hispaniensem* o *Diccionario latino-español* (Salamanca, 1492) y el *Dictionarium ex hispaniensi in latinum sermonem* o *Vocabulario español-latín* (Salamanca, ¿1495?), de unas 28.000 y 22.500 entradas, respectivamente. En estos repertorios, a diferencia del de Palencia, se prescinde de todo contenido no sustancial a lo que debe ser un artículo lexicográfico consiguiendo un extraordinario dominio de la equivalencia que le confiere modernidad y lo convierte en modelo de la lexicografía bilingüe posterior en Europa y en América. La influencia de Nebrija se deja sentir, entre otros, por ejemplo, en el *Vocabulario en lengua castellana y mexicana* (México, 1555) y el *Vocabulario en lengua castellana y mexicana, y mexicana y castellana* (México, 1571) de Alonso de Molina; el *Lexicon o Lengua general del Perú* (Valladolid, 1560) de Fray Domingo de Santo Tomás; el *Vocabulario de la lengua castellana y mixteca* (México, 1593) de fray Francisco de Alvarado; el *Vocabulario de las lenguas toscana y castellana* (Sevilla, 1570) de Cristóbal de Las Casas; *A Dictionarie in Spanish and English* (Londres, 1599) de John Minsheu; el *Tesoro de las dos lenguas francesa y española* (París, 1607) de Cesar Oudin; o el *Vocabulario italiano e spagnolo* (Roma, 1620) de Lorenzo Franciosini. También resulta evidente su huella en la lexicografía multilingüe europea de los siglos XVI y XVII, pues, como destaca Annamaria Gallina (1959: 111), la parte española del famoso diccionario de Ambrogio Calepino tiene mucho que ver con la obra de Nebrija, aunque no se trate de una simple copia (Becarés 1994). Con todo, y sin que ello menoscabe su importancia, hay que reconocer que en el ámbito de la lexicografía con el latín y el español, la labor emprendida por Nebrija no fue del todo entendida (Alvar Ezquerra 2002) y, a pesar de que sus diccionarios siguieron publicándose hasta muy avanzado el siglo XIX gracias a las adiciones y correcciones, entre otros, de López Rubiños o Eugenio Ceballos, en esta parcela nuestra lexicografía se muestra, en algunos aspectos, deudora de la italiana. Muchos de los lexicógrafos españoles se inspiran en las obras de Giovanni Bernardo da Savona, Ambrogio Calepino, Mario Nizzoli o Egidio Forcellini, porque los repertorios nebrisenses carecen de citas y ejemplos, elementos imprescindibles para cumplir la función didáctica con la que nacen las obras, por ejemplo, de Rodrigo Fernández de Santaella (*Vocabularium ecclesiasticum,* Sevilla, 1499), Diego Jiménez Arias (*Lexicon ecclesiasticum*, Salamanca, 1566), Alonso Sánchez de la Ballesta (*Dictionario de vocablos castellanos aplicados a la propiedad latina*, Salamanca, 1587), Bartolomé Bravo (*Compendium Marii Nizolii sive Thesauri Marci tulii Ciceronis [...]*, Valladolid, 1619) o Manuel de Valbuena (*Diccionario universal latino*-español, Madrid, 1793 y *Diccionario universal español-latino*, Madrid, 1822).

2.2. El Tesoro de Sebastián de Covarrubias

A comienzos del siglo XVII se publica el que es considerado como el primer diccionario monolingüe extenso de una lengua europea, el *Tesoro de la lengua castellana o española* (Madrid, 1611) de Sebastián de Covarrubias. Este repertorio de más de 11.000 entradas fue concebido por su autor con un fin principalmente etimológico. El afán acumulativo y totalizador de Covarrubias se deja sentir tanto en la macroestructura como en la microestructura de su obra. Así, en la nomenclatura, junto al léxico de uso general, se recogen arcaísmos, dialectalismos (por ejemplo, indoamericanismos, como los señalados por Lope Blanch 1977) o términos de especialidad, mientras que en la microestructura, en una disposición anárquica y asistemática, se mezclan en la mayoría de los artículos las informaciones lingüísticas con las de carácter enciclopédico. Este marcado enciclopedismo entronca con las *Etimologías* de San Isidoro de Sevilla, en quien reconoce inspirarse.

El enciclopedismo es aún mayor en el *Suplemento al Tesoro de la lengua española o castellana*, en el que Covarrubias comenzó a trabajar inmediatamente después de que se imprimiera su diccionario, entre finales de 1611 y 1612. Del *Suplemento* se conserva un manuscrito en la Biblioteca Nacional de Madrid, pues no llegó a publicarse, aunque ha sido editado modernamente (Crespo Hidalgo 1991; Dopico y Lezra 2001). En cambio, sí vio la luz una segunda edición del *Tesoro* (1673–1674) con las adiciones y correcciones (de escaso interés lingüístico) de Benito Remigio Noydens. Actualmente disponemos de una edición integral e ilustrada en la que se incluye el texto del *Suplemento* en la edición prínceps de 1611 (Arellano y Zafra 2006).

La influencia del *Tesoro* en la lexicografía plurilingüe del XVII ha sido puesta de manifiesto en numerosas ocasiones (Gallina 1959, Cooper 1960 o Lépinette 1989). La obra de Covarrubias fue utilizada por Cesar Oudin en la segunda edición del *Thresor de deux Langues François et Spagnole* (París, 1616), por John Minsheu en su *Ductor in lenguas. The guide into tongues. Cum illarum harmonia* [...] *in ómnibus his undecim linguis* (Londres, 1617) o por Lorenzo Franciosini en el *Vocabulario Italiano e Spagnolo* (Roma, 1620); pero, sin duda, el gran mérito de Covarrubias fue el de servir de referencia para el primer diccionario de la Real Academia Española, el llamado *Diccionario de autoridades* (Madrid, 1726–1739), en el que, además del merecido reconocimiento en el prólogo, figura como el lexicógrafo más citado (Seco 1988: 390).

2.3. La lexicografía académica

Con la publicación del *Diccionario de autoridades*, cuyo título completo es el de *Diccionario de la lengua castellana, en que se explica el verdadero sentido de las voces, su naturaleza y calidad, con las phrases o modos de hablar, los proverbios o refranes, y otras cosas convenientes al uso de la lengua*, se inicia la hegemonía en la actividad lexicográfica de la institución académica. Desde su fundación, la Academia nace con el objetivo de redactar, a imitación de las academias italiana y francesa, el diccionario más copioso posible, ilustrado con la cita de los autores más prestigiosos, de ahí que fuese conocido con el nombre de *Diccionario de autoridades*. La originalidad del texto académico con respecto a sus modelos italiano (el *Vocabolario degli accademici della Crusca* [1612, 1623 y 1691]) y francés (el *Dictionnaire de l'Académie Française* [1694 y 1718]) reside no solo en unos criterios menos restrictivos de selección del léxico lematizado (entre las más de 40.000 entradas se hallan numerosos dialectalismos, arcaísmos, neologismos, tecnicismos, voces jergales...), sino también en la organización de las informaciones recogidas en la microestructura de los artículos, entre las que tienen gran importancia, además de las citas de autoridades, las fuentes diversas para documentar la entrada (Freixas Alás 2010: 95–135, 267–399).

El repertorio académico fue bien acogido por lo que pronto se comenzará a trabajar en una segunda edición, corregida y aumentada, de la que se publicó un primer tomo (A-B) en 1770; pero, ante la perspectiva de que el proyecto se prolongase durante años, se decidió editar una versión reducida sin autoridades. Este compendio vio la luz por primera vez en 1780 con el título de *Diccionario de la lengua castellana, reducido a un tomo para su más fácil uso* y se convirtió en el primero de una dinastía (Bajo Pérez 2000: 100–116; Azorín 2000: 273–302). La edición de 1780 es la que ha servido de base para las sucesivas salidas del diccionario académico (*DRAE*): trece ediciones con el título de *Diccionario de la lengua castellana* (1783, 1791, 1803, 1817, 1822, 1832, 1837, 1843, 1852, 1869, 1884, 1899 y 1914) y nueve con el de *Diccionario de la lengua española* (1925, 1936 [1939], 1947, 1956, 1970, 1984, 1992, 2001 y 2014), pues desde 1925 se decide prestar una mayor atención a todas las regiones lingüísticas del ámbito hispánico lo que se refleja no solo en el aumento de voces marcadas diatópicamente, sino también en el cambio del título de la obra. Esta visión panhispánica recibió un nuevo impulso con la constitución en 1965 de la Comisión Permanente de la Asociación de Academias de la Lengua Española y se ha consolidado definidamente con la publicación de las últimas obras académicas, entre ellas, el *Diccionario de americanismos* (Lima, 2010). Este diccionario se presenta como dialectal, diferencial, descriptivo, usual, descodificador y actual, y su aparición afecta, como indica Fajardo Aguirre (2010: 352–353), de manera directa al *DRAE* que tendrá que decantarse por continuar seguir siendo visto como un diccionario "español" o convertirse en la referencia del "español general". A pesar de que no puede cuestionarse que la publicación del *Diccionario de americanismos* supone un importante logro para la lexicografía española, hay que reconocer que algunos aspectos deben ser revisados, entre ellos, los señalados por Luis Fernando Lara (2012), como la falta de ejemplos o la inclusión de variantes festivas.

2.4. La lexicografía no académica

La huella del *Diccionario de autoridades* se deja sentir no solo en la lexicografía académica posterior, sino también en la no académica. De este modo, para la redacción de su *Diccionario castellano con las voces de ciencias y artes y sus correspondientes en las tres lenguas francesa, latina e italiana* (Madrid, 1786–1793) Esteban de Terreros y Pando toma como referencia al primer diccionario académico, al que pretende enriquecer y mejorar. El repertorio de Terreros cataloga unas 20.000 entradas más que el primer diccionario académico debido en buena medida a que, como se indica en el título, incorpora numerosas "voces de ciencias y artes", lo que, sin duda, constituye una de las aportaciones más importantes del jesuita a la lexicografía española. Además en el último tomo se incluyen, a modo de apéndices, tres diccionarios: uno italiano-español (que contiene unas 35.000 entradas), otro francés-español (aproximadamente 45.000 entradas) y, finalmente, uno latín-español (alrededor de 26.000 entradas).

La labor emprendida por Terreros será retomada en el siglo XIX por autores como Manuel Núñez de Taboada, Juan Peñalver, Vicente Salvá o Ramón Joaquín Domínguez. Más aún, al margen del interés por la incorporación de los tecnicismos, en esta centuria serán muchos los autores que partan de la edición vigente del diccionario académico con el fin de corregirla y aumentarla. Esta intención se hace obvia incluso en los títulos de algunas de estas obras como, por ejemplo, el *Diccionario de la lengua castellana para cuya composición se han consultado los mejores vocabularios de esta lengua, y el de la Real Academia Española últimamente publicado en 1822; aumentado con más de 5000 voces o artículos que no se hallan en ninguno de ellos* (París, 1825) de Manuel Núñez de Taboada o el *Nuevo diccionario de la lengua castellana, que comprende la última edición íntegra, muy rectificada y mejorada del publicado por la Academia Española, y unas veinte y seis mil voces, acepciones, frases y locuciones, entre ellas muchas americanas* (París, 1846) de Vicente Salvá. Este último diccionario se inspira en la edición académica de 1843; sin embargo, las aportaciones del lexicógrafo valenciano son tantas y tan diversas que, en opinión de Manuel Alvar

Ezquerra (1992: 20), bien puede considerarse como un repertorio original. Entre las muchas voces añadidas por Salvá se hallan un buen número de americanismos que, por primera vez en la historia de nuestra lexicografía, se catalogan de forma masiva y se convierten en unas de las características más relevantes y novedosas de esta obra.

La edición de 1843 del *Diccionario* académico también fue tomada como referencia para el primer diccionario enciclopédico editado en España, el *Diccionario nacional o gran diccionario clásico de la lengua española, el más completo de los publicados hasta el día. Contiene más de 4.000 voces usuales y 86.000 técnicas de ciencias y artes que no se encuentran en los demás diccionarios de la lengua [...]* (Madrid, 1846–1847) de Ramón Joaquín Domínguez, inspirado en el *Dictionnaire universal de la langue française* (París, 1834) de Boiste-Nodier y *Dictionnaire nacional ou grand dictionnaire critique de la langue française* (París, 1843) de Bescherelle. El repertorio de Domínguez, del que vieron la luz numerosas ediciones —"diecisiete en poco más de cuarenta años" (Seco 1987: 157)—, gozó de un gran éxito y, sin duda, influyó en el *Diccionario enciclopédico de la lengua española, con todas las voces, frases, refranes y locuciones usadas en España y las Américas Española [...]*, editado por Gaspar y Roig (Madrid, 1853–1855).

En el siglo XIX no son pocos los diccionarios especializados tanto en un subconjunto determinado de unidades léxicas (característicos de este siglo son, por ejemplo, los diccionarios de provincialismos) como en una función específica por lo que abundan los diccionarios etimológicos, de la rima, de sinónimos, ideológicos o gramaticales. Entre estos últimos, merecen especial atención el *Diccionario de construcción y régimen de la lengua castellana* de Rufino José Cuervo, obra de la que en vida del autor solo se publicaron dos tomos (el primero [A-B], en 1886 y el segundo [C-D], en 1893), pero fue concluida en 1994 gracias a los esfuerzos del Instituto Caro y Cuervo, creado para tal fin en 1942. El objetivo que se propuso Cuervo con su repertorio es el análisis de los vocablos que poseen alguna peculiaridad de tipo sintáctico (Cruz Espejo 2003).

Los inicios de la lexicografía regional del español de España y del español de América coinciden en el tiempo, ya que en 1836 se publican, a uno y otro lado del Atlántico, los dos primeros repertorios de este tipo: el *Diccionario provincial de voces cubanas* de E. Pichardo y el *Ensayo de un diccionario aragonés-castellano* de M. Peralta (Ahumada Lara 2000: 19). En el XIX, la publicación de diccionarios de provincialismos resulta especialmente fecunda en América, donde, a pesar de la independencia política, el modelo sigue siendo el español peninsular por lo que muchas veces los repertorios de provincialismos y barbarismos se funden en uno solo como, por ejemplo, el *Diccionario de barbarismos y provincialismos de Costa Rica* (San José [Costa Rica], 1892) de Carlos Gagini, o *Vicios del lenguaje y provincialismos de Guatemala* (Guatemala, 1892) de Antonio Batres Jáiregui (Haensch 1997: 220). Esta tendencia irá cambiando a medida que avance el siglo XX, especialmente a partir de los años ochenta, gracias a los cambios metodológicos de lo que se ha venido a llamar "la nueva lexicografía del español de América".

Durante buena parte del siglo XX —aunque ven la luz repertorios tan importantes como el *Diccionario ideológico* (Barcelona, 1942) de Julio Casares o el *Diccionario de uso del español* (Madrid, 1966–1967) de María Moliner, y nacen verdaderas "familias" de diccionarios como las de VOX, Larousse o SM—, la hegemonía académica y, en consecuencia, la dependencia de la lexicografía española del *DRAE*, siguen siendo evidentes. Sin embargo, en las últimas décadas de este siglo, la incorporación a la práctica lexicográfica de las herramientas informáticas hace que sean muchos y de distintos tipos los diccionarios del español que se publiquen (Haensch 1997), pues se abre todo un mundo de posibilidades, como la revisión y actualización de obras lexicográficas ya editadas, la producción de diccionarios en formato electrónico, por ejemplo, en CD-ROM o DVD (muchos de los cuales también pueden consultarse "en línea" a través de Internet) o la confección de corpus que permite, entre otras opciones, la creación de diccionarios de "nueva planta" como, por ejemplo, el *Diccionario del español actual* (Madrid, 1999) de Manuel Seco, Olimpia Andrés y Gabino Ramos. Esta tarea de elaborar corpus textuales también se emprende en varios países americanos, gracias a lo cual se redactan obras como el *Diccionario ejemplificado de chilenismos* (Santiago de Chile, 1984–1987) de Félix Morales o el *Diccionario de venezolanismos* (Caracas, 1983–1993) de M.ª Josefina Tejera. Además, en América se supera la concepción prescriptiva y la falta de rigor metodológico propios del siglo anterior, lo que trae consigo la aparición, desde finales del siglo XX, de diccionarios de gran calidad. Estos diccionarios, según el método de selección del léxico (Fajardo Aguirre 2010), se agrupan en *integrales o descriptivos* (recogen el léxico que es usual de un área con independencia de que lo sea o no de otras zonas del español) y en *diferenciales* (catalogan únicamente el léxico que no es propio del español de España o del español general). Entre los primeros, se encuentran, por ejemplo, los que han surgido a partir del proyecto "Diccionario del español de México", dirigido por Fernando Lara, como el *Diccionario fundamental del español de México* (México, 1982), el *Diccionario básico del español de México* (México, 1986), el *Diccionario del español usual en México* (México, 1996) o el *Diccionario del español de México* (México, 2010); entre los segundos, los de los proyectos "Nuevo diccionario de americanismos" y "Diccionarios contrastivos del español de América" de la Universidad de Augsburgo, bajo la dirección de Günther Haensch y Reinhold Werner como el *Nuevo diccionario de colombianismos* (Bogotá, 1993), el *Nuevo diccionario de argentinismos* (Bogotá, 1993), el *Nuevo diccionario de uruguayismos* (Bogotá, 1993), el *Diccionario del español de Argentina* (Madrid, 2000) o el *Diccionario del español de Cuba* (Madrid, 2000); pero, sobre todo, entre los diccionarios diferenciales, hay que destacar el *Diccionario de americanismos* (Lima, 2010) de la Asociación de Academias de la Lengua Española, dirigido por Humberto López Morales, al que ya hemos hecho alusión.

3. La lexicografía teórica en el ámbito hispánico (obras claves)

Junto a la fecunda proliferación de diccionarios, en la segunda mitad del siglo XX, se inicia la producción de obras de carácter teórico o metalexicográfico. En el ámbito hispánico, hay aportaciones de gran interés como las debidas, entre otros, a Ramón Menéndez Pidal (1945), Julio Casares (1950), Humberto López Morales (1971) o Fernando Lázaro Carreter (1971, 1972, 1973); pero, puesto que se tiende a asociar el nacimiento de la metalexicografía como disciplina lingüística con los intentos de clasificación de los repertorios lexicográficos, se suele considerar el libro *Problemas de lexicografía actual* (Bogotá, 1974) de Julio Fernández-Sevilla como el verdadero punto de partida de estos estudios teóricos en nuestra lengua (Ahumada Lara 2006a: 1–2). En esta obra se plantean cuestiones tan relevantes como, por ejemplo, el concepto de lexicografía y su delimitación de la lexicología; la tipología de los diccionarios; la definición y sus tipos, y la importancia de los ejemplos para ilustrarla; las relaciones entre la lexicografía y la geografía lingüística, y se destaca la utilidad del método geográfico-lingüístico para establecer y ordenar acepciones; las dificultades que plantea el vocabulario científico y técnico; y, por último, se esboza un breve recorrido por la historia de nuestros diccionarios.

Después, como señala Manuel Alvar Ezquerra (1993: 18), se suceden los trabajos hasta que a partir de 1978 se produce una intensificación de las publicaciones que, como ponen de manifiesto las distintas salidas del *Diccionario bibliográfico de la metalexicografía del español*, dirigido y editado por Ahumada Lara, no ha cesado todavía.

En los años ochenta y noventa hay contribuciones tan importantes como, por ejemplo, *La lexicografía. De la lingüística teórica a la lexicografía práctica* (Madrid, 1982) de Günther Haensch, Lothar Wolf, Stefan Ettinger y Reinhold Werner; *Estudios de lexicografía española* (Madrid, 1987) de Manuel Seco; *Aspectos de lexicografía teórica. Aplicaciones al* Diccionario de la Real Academia Española (Granada, 1989) de Ignacio Ahumada Lara; *Dimensiones de lexicografía. A propósito del español del* Diccionario del español de México (México, 1990) de Luis Fernando Lara; *La lexicografía descriptiva* (Barcelona, 1993) de Manuel Alvar Ezquerra o *Aspectos de lexicografía contemporánea* (Barcelona, 1994) de Humberto Hernández Hernández (coord.). Desde el punto de vista terminológico, resulta de gran utilidad el *Diccionario de lexicografía práctica* (Barcelona, 1995) de José Martínez de Sousa, pues recoge, por orden alfabético, voces del entorno lexicográfico que se acompañan de una minuciosa explicación y referencias bibliográficas de interés.

En estos años también ve la luz la obra *Los diccionarios del español en el umbral del siglo* XXI (Salamanca, 1997) de Günther Haensch, en la que en un extenso y pormenorizado tercer capítulo ("Los distintos tipos de diccionarios", pp. 45–236) se establece una clasificación de las obras lexicográficas del español profusamente ejemplificada con comentarios y valoraciones sobre muchas de ellas. En 2004 apareció una segunda edición muy aumentada, bajo el título *Los diccionarios del español en el siglo* XXI, de la que es coautor Carlos Omeñaca. En ambas ediciones se retoman las cuestiones tratadas por Haensch en "Tipología de las obras lexicográficas", capítulo incluido en la obra, ya citada, *La lexicografía. De la lingüística teórica a la lexicografía práctica*, y que se convirtió durante mucho tiempo en el único manual con el que pudieron contar los universitarios españoles hasta que a comienzos del siglo XXI se publican otros textos, como el de José Álvaro Porto Dapena, *Manual de técnica lexicográfica* (Madrid, 2002), concebido con el objetivo de familiarizar al alumnado con los principios generales que rigen tanto el arte de hacer diccionarios como el análisis de una obra lexicográfica concreta, o los de Bajo Pérez (2000), Anglada Arboix (2003) o Medina Guerra (2003). En estos últimos, no falta una parte referida a los principales diccionarios del español a lo largo de la historia, lo que hubiera sido impensable sin la abundante bibliografía que en torno a la historia de la lexicografía del español ha visto la luz en los últimos años. En este sentido cabe destacar la labor emprendida por Manuel Alvar Ezquerra, a quien le debemos numerosas publicaciones al respecto como las recogidas en el volumen *De antiguos y nuevos diccionarios del español* (Madrid, 2002), o la de algunos de sus discípulos, entre ellos, Dolores Azorín Fernández, quien, por ejemplo, en *Los diccionarios del español en su perspectiva histórica* (Alicante, 2000) ofrece una buena visión de conjunto al aproximarnos a algunos de los hitos más importantes de nuestra lexicografía.

También en el campo de la *lexicografía pedagógica* las publicaciones se han sucedido en los últimos años. Entre otras muchas, merece señalarse, por ejemplo, *Los diccionarios de orientación escolar. Contribución el estudio de la lexicografía monolingüe española* (Tubinga, 1989) de Humberto Hernández Hernández, en la que una cuidada y coherente exposición teórica deja paso al análisis crítico de los diccionarios escolares españoles de distintas editoriales. Tampoco han faltado los trabajos destinados a analizar las características esenciales de los diccionarios para la enseñanza del español como segunda lengua, como *El diccionario en la enseñanza del español* (Madrid, 1999) de Josefa Martín García, o los que proponen algunos de los muchos ejercicios que en los distintos niveles de enseñanza pueden hacerse con el diccionario, como *El uso del diccionario en el aula* (Madrid, 1998) de Concepción Maldonado González; *El diccionario en el aula* (Granada, 2000) de Carmen Ávila Martín; *La enseñanza del léxico y el uso del diccionario* (Madrid, 2003) de Manuel Alvar Ezquerra; o *El diccionario y su uso en el aula. Estrategias y actividades* (Granada, 2009) de Josefina Prado Aragonés.

Por el contrario, otros ámbitos, como la *crítica de diccionarios*, cuentan con menor representación en la metalexicografía hispánica, aunque no han faltado interesantes aportaciones, como la segunda parte del libro *Lexicología y lexicografía. Guía bibliográfica* (Salamanca, 1983) de Manuel Alvar Ezquerra, en la que se valoran, entre otros, algunos de los diccionarios generales más representativos de la lexicografía española del siglo XX, por ejemplo, los de Julio Casares o María Moliner, o, el ya citado *Los diccionarios de orientación escolar* de Humberto Hernández Hernández, del que hay que destacar el capítulo VI, en el que el autor lleva a cabo un pormenorizado estudio crítico de los diccionarios escolares SOPENA, EVEREST, VOX-BIBLIOGRAF, ANAYA y el *Diccionario fundamental del español de México*, dirigido por Luis Fernando Lara. Las críticas de Hernández contribuyeron a cambiar la orientación de este tipo de repertorios y a que se subsanaran muchas de sus deficiencias. También, como ya se ha dicho, en *Los diccionarios del español en el umbral del siglo XXI* (Salamanca, 1997) de Günther Haensch se recogen valoraciones sobre muchos de los diccionarios allí citados (véase, además, Haensch y Omeñaca 2004).

Bibliografía

Ahumada Lara, I. (2000) *Estudios de lexicografía regional del español*, Jaén: Universidad Nacional de Educación a Distancia. Centro asociado de la provincia de Jaén.

Ahumada Lara, I. (2006a) "Lexicografía y metalexicografía", en Ahumada Lara, I. (dir./ed.) *Diccionario bibliográfico de la metalexicografía del español (orígenes-2000)*, Jaén: Universidad de Jaén, pp. 1–17.

Ahumada Lara, I. (2006b) (dir./ed.) *Diccionario bibliográfico de la metalexicografía del español* (orígenes-2000), Jaén: Universidad de Jaén.

Ahumada Lara, I. (2009) (dir./ed.) *Diccionario bibliográfico de la metalexicografía del español* (2001), Jaén: Universidad de Jaén.

Alvar Ezquerra, M. (1992) "Tradición en los diccionarios del español", *Revista de la Sociedad Española de Lingüística*, 22, 1, pp. 1–23.

Alvar Ezquerra, M. (1993) "La lexicografía en los últimos veinte años", *Lexicografía descriptiva*, Barcelona: Biblograf, pp. 13–37.

Alvar Ezquerra, M. (2002) "Nebrija, ¿comprendido?", *De antiguos y nuevos diccionarios del español*, Madrid: Arco Libros, pp. 132–142.

Alvar Ezquerra, M. (2003) *La enseñanza del léxico y el uso del diccionario*, Madrid: Arco Libros.

Anglada Arboix, E. (2003) *Lexicografía española* (Textos Docents, 272), Barcelona: Edicions Universitat de Barcelona.

Arellano, I. y Zafra, R. (2006) Edición integral e ilustrada del *Tesoro de la lengua española castellana* de Sebastián de Covarrubias Horozco, Madrid: Iberoamericana.

Azorín Fernández, D. (2000) *Los diccionarios del español en su perspectiva histórica*, Alicante: Universidad.

Bajo Pérez, E. (2000) *Los diccionarios. Introducción a la lexicografía del español*, Gijón: TREA.

Becarés Botas, V. (1994) "El Calepino y Nebrija", *Voces*, 5, pp. 111–117.

Casares, J. (1950) *Introducción a la lexicografía moderna*, Madrid: CSIC.

Cooper, L. (1960) "Sebastian de Covarrubias: una de las fuentes principales del *Tesoro de las dos lenguas francesa y española* (1616) de César Oudin", *Bulletin Hispanique*, 62, 4, pp. 365–397.

Crespo Hidalgo, J. (1991) Edición y estudio del Suplemento al Tesoro de la lengua española castellana de Sebastián de Covarrubias, Málaga: Universidad de Málaga [tesis doctoral, edición en microfichas].

Cruz Espejo, E. (2003) "La lexicografía no académica en el siglo XX y principios del XXI", en Medina Guerra, A. M.ª (coord.) *Lexicografía española*, Barcelona: Ariel, pp. 281–306.

Dopico, G. y Lezra, J. (2001) Edición del *Suplemento al Tesoro de la lengua española castellana* de Sebastián de Covarrubias Horozco, Madrid: Polifemo.

Fajardo Aguirre, A. (2010) "La lexicografía del español de América. Parte primera. Evolución, tipología y metodología", en Aleza Izquierdo, M. y Enguita Utrilla, J. M.ª (coords.) *La lengua española en América: normas y usos actuales*, Valencia: Universitat de València, pp. 317–353 [en línea]. Accesible en www.uv.es/aleza.

Freixas Alás, M. (2010) *Planta y método del Diccionario de Autoridades. Orígenes de la técnica lexicográfica de la Real Academia Española (1713–1739)*, Anexos Revista de Lexicografía, 14, La Coruña: Universidade da Coruña.
Gallina, A. (1959) *Contributi alla storia della lexicografía italo-spagnola dei secoli XVI e XVII*, Florencia: Leo S. Olschi.
Haensch, G. (1997) *Los diccionarios del español en el umbral del siglo XXI*, Salamanca: Ediciones Universidad de Salamanca.
Haensch, G. y Omeñaca, C. (2004) *Los diccionarios del español en el siglo XXI*, Salamanca: Ediciones Universidad de Salamanca.
Lara, L. F. (2012) Reseña al *Diccionario de americanismos* (2010) de la Asociación de Academias de la Lengua Españolas, *Pance@*, 13, 36, pp. 352–355.
Lázaro Carreter, F. (1971) "Transformaciones nominales y diccionario", *Revista Española de Lingüística*, 1, pp. 371–379.
Lázaro Carreter, F. (1972) *Crónica del* Diccionario de autoridades *(1713–40)*, discurso leído el día 11 de junio de 1972 en el acto de recepción pública en la Real Academia Española, Madrid: Real Academia Española, pp. 17–101.
Lázaro Carreter, F. (1973) "Pistas perdidas en el diccionario", *Boletín de la Real Academia Española*, 53, 199, pp. 249–259.
Lépinette, B. (1989) "Contribution a l'étude du *Tesoro de la Lengua Española o Castellana* (1611) de Sebastián de Covarrubias", *Historiographica Lingüística*, 16, 3, pp. 258–310.
Lope Blanch, J. M. (1977) "Los indoamericanismos en el *Tesoro* de Covarrubias", *Nueva Revista de Filología Hispánica*, 26, pp. 269–315.
Lopez Morales, H. (1971) "Contribución a la historia de la lexicografía en Cuba: observaciones prepichardianas", *Estudios sobre el español de Cuba*, New Cork: Las Américas Publishing Co, pp. 88–106.
Menéndez Pidal, R. (1945) "El diccionario que deseamos", en Gili Gaya, S. (dir.), *Diccionario general e ilustrado de la lengua española*, Barcelona: Biblograf, pp. XIII-XXIX.
Medina Guerra, A. M.ª (coord.) (2003) *Lexicografía española*, Barcelona: Ariel.
Seco, M. (1987) "Ramón Joaquín Domínguez", *Estudios de lexicografía española*, Madrid: Paraninfo, pp. 152–164.
Seco, M. (1988) "Covarrubias en la Academia", *Anales Cervantinos*, 25–26, pp. 387–398.

Lecturas complementarias

Martínez de Sousa, J. (1995) *Diccionario de lexicografía práctica*, Barcelona: Biblograf.
Porto Dapena, J.-Á. (2002) *Manual de técnica lexicográfica*, Madrid: Arco Libros.

Entradas relacionadas

diccionarios; gramática normativa y tradicional; lexicología

LEXICOLOGÍA

Elena de Miguel

1. Definición y objeto de estudio

La lexicología es la disciplina que estudia el **significado** de las **unidades léxicas** de una lengua y las **relaciones sistemáticas** que se establecen entre ellas en virtud de su significado. Tiene como objetivos básicos: describir el significado de las palabras y elaborar propuestas sobre cómo se codifica; explicar los casos en que una misma secuencia de sonidos (y grafías) tiene más de un significado; establecer y analizar las relaciones de significado que mantienen las palabras y las clases léxicas que conforman; y dar cuenta de los procesos que desencadenan cambios en el significado de las palabras.

2. La constitución de la lexicología como disciplina lingüística

El establecimiento de la *lexicología* como disciplina lingüística independiente es relativamente reciente, lo que explica la tardía aparición y escasa presencia del término en enciclopedias, diccionarios especializados, manuales y monografías sobre el estudio del significado. Sí se encuentra, no obstante, en 1976, en la *Gran Enciclopèdia Catalana* dirigida por Joan Carreras y Martí, donde se define como el estudio sincrónico de la significación de las palabras, que se consideran elementos interdependientes de una estructura de carácter social.

Esta definición es heredera de la concepción de George Matoré, quien fijó de forma explícita los límites de la disciplina en *La Méthode en Lexicologie* de 1953 y defendió la independencia de su método, sustentado en los principios del estructuralismo europeo. Para Matoré, la lexicología constituye un estudio teórico, vinculado a la sociología y la historia, que analiza los grupos de palabras desde una perspectiva nocional y sincrónica y contribuye a explicar la vida social de una comunidad lingüística en un determinado momento histórico, formulación que no se corresponde con la concepción más extendida hoy en día.

La labor del lexicólogo ha ido variando a lo largo de la historia de los estudios lingüísticos, en consonancia con el área de estudio atribuida, en función de las unidades y los fenómenos que ha considerado objeto de su interés, y fundamentalmente, como consecuencia de los principios en que ha fundado su estudio y los métodos que ha utilizado para llevarlo a cabo.

2.1. Los primeros temas de la lexicología: etimología, cambio léxico y semántico, y variación

Antes de que la lingüística se constituyera como disciplina científica, el estudio del léxico se ocupaba fundamentalmente del origen de las palabras, y de cómo surgen nuevas palabras y nuevos significados en la historia de las lenguas: en el siglo XIX la lexicología constituía una aproximación diacrónica a la etimología, el cambio léxico y el cambio semántico.

Un **cambio léxico** es un cambio en el volumen del léxico de una lengua. El vocabulario disminuye si se produce una **pérdida léxica**, esto es, si una palabra deja de usarse por completo (*exir* 'salir', verbo del castellano antiguo) o pervive como un uso arcaico, literario o restringido a una zona geográfica (*doblón* 'moneda antigua de oro'). El léxico aumenta si se produce una incorporación o **neología**, es decir, si se crea una nueva palabra por medio de un proceso de formación de palabras propio de la lengua (*internauta* 'que navega por Internet', 'usuario habitual de Internet') o si se toma de otra lengua, con adaptación fonética y ortográfica (*voleibol*) o sin ella (*baguette*) (Álvarez de Miranda 2009).

Un **cambio semántico** es un cambio en el significado de una palabra, que adopta un significado nuevo (*navegar* 'viajar por un medio acuático o aéreo' > 'desplazarse por una red informática') o pierde uno previo (*cebo*, del latín *cibus* 'alimento' > 'alimento para animales' > 'alimento con que se atrae a los peces' y 'persona o cosa que se utiliza para atraer de manera engañosa o inducir a una acción'). Cuando una palabra cambia de significado porque adopta uno nuevo no pierde por lo general el que tenía previamente, de modo que muchas palabras son polisémicas (como *navegar*).

Un cambio semántico se suele producir por la necesidad de designar una nueva realidad o concepto (así, *coche*, inicialmente 'vehículo tirado por caballos', se usa ahora como sinónimo de *automóvil* en español europeo); para evitar palabras desagradables (*aseo*, *servicio*, *lavabo* y *baño* significan hoy lo que *letrina* y *retrete*, en desuso); y también por causas internas a la propia lengua, como la semejanza fonética entre palabras (*aterrar*, originariamente 'derribar, echar por tierra', y posteriormente 'abatir, consternar', pasa a significar 'aterrorizar' por su proximidad con *terror*) (Espinosa 2009).

El cambio que experimentan las palabras en el espacio se conoce cono **variación dialectal** (*coche, carro* y *auto* designan el mismo vehículo en distintas variedades del español); **variación diastrática** es la que manifiesta el léxico en los distintos niveles socioculturales y, típicamente, en los lenguajes especializados (*amigdalitis* es el término especializado de la medicina para la enfermedad que en la lengua estándar se denomina *anginas*) y **variación diafásica** es la que se observa en los distintos registros (*obsoleto* es una palabra de registro más elevado que *anticuado* y ambas son más formales que *viejuno*, palabra reciente y juvenil que no está recogida en el Diccionario de la RAE y ASALE).

Los estudios sobre cambio y variación léxica constituyen el área más clásica del trabajo lexicológico y se han abordado tradicionalmente desde una perspectiva descriptiva; de hecho, no interesaron a la primera lexicología teórica. Sin embargo, en las últimas décadas la lexicología ha recuperado la cuestión del cambio y la variación con nuevos enfoques y herramientas. En concreto, la investigación sobre el cambio semántico se ha desarrollado considerablemente ligada al estudio de la metáfora (*se me puso la piel de gallina*) y la metonimia (*en nuestro grupo musical, mi primo era el batería y yo el bajo*), mecanismos de creación de significado fundamentales para la semántica cognitiva. Y los trabajos sobre variación dialectal y sociolectal se han orientado definitivamente en línea con la sociolingüística y avanzan vinculados a los presupuestos y los métodos de la sociología: es el caso de los estudios sobre disponibilidad léxica, integrados en el ámbito del español en el marco general del *Proyecto panhispánico de disponibilidad léxica* dirigido por Humberto López Morales.

2.2. La constitución de la lexicología como disciplina teórica: el enfoque de inspiración estructural

Con la aparición del estructuralismo en el panorama de la lingüística europea, el estudio del léxico adquiere un estatus nuevo durante la primera mitad del siglo XX. Sus presupuestos y métodos configuran una disciplina teórica autónoma, bautizada por Coseriu como *lexemática estructural.*

La unidad del léxico es ahora el **lexema**, que se materializa en el habla como **palabra** —en correspondencia con la distinción [fonema/sonido]—: así, *comió* y *comía* son dos palabras que materializan un único lexema *comer*. El lexema consta de rasgos distintivos: los **semas**, elementos mínimos de contenido que permiten establecer oposiciones entre unidades léxicas: p. ej., el sema [±CON BRAZOS] opone *sillón* y *silla* y el sema [±RESPALDO] opone *silla* y *taburete.*

Sobre la base de las oposiciones de semas se construye la noción de *campo léxico*, fundamental en la semántica moderna; el concepto, que puede retrotraerse a Trier (1931) —aunque ha recibido distintas formulaciones, entre otras, las de Pottier y Coseriu; cf. Villar 2009—, se sigue del presupuesto saussureano según el cual el significado de una unidad léxica depende del significado de las otras unidades con las que se relaciona en el sistema. Los lexemas forman grupos o campos en virtud de esas relaciones. Un **campo léxico** es el conjunto de lexemas relacionados por un contenido común y opuestos por rasgos distintivos mínimos o semas. Se llama **archilexema** al lexema que representa todo el contenido de un campo léxico.

Los lexemas que componen un archilexema son miembros de un campo léxico diferenciados por la especificación de sus rasgos; p. ej., el campo léxico del archilexema [ASIENTO] contiene, entre otros, los lexemas *silla, sillón, taburete, puf* y *sofá*, que pueden definirse en términos de seis rasgos distintivos (Pottier 1963: 111–7):

Silla: [+para sentarse, +con patas, +para una persona, +con respaldo, –con brazos, +de material rígido]
Sillón: [+para sentarse, +con patas, +para una persona, +con respaldo, +con brazos, +de material rígido]
Taburete: [+para sentarse, +con patas, +para una persona, -con respaldo, -con brazos, +de material rígido]
Sofá: [+para sentarse, +con patas, –para una persona, +con respaldo, +con brazos, +de material rígido]
Puf: [+para sentarse, –con patas, +para una persona, –con respaldo, –con brazos, –de material rígido]

2.3. La categorización en términos de rasgos binarios frente a la categorización en función de prototipos: categorías discretas y categorías borrosas

El análisis componencial de la lexicología estructural se encontró con dificultades derivadas de la naturaleza de su objeto de estudio (Ullman 1962: cap. 9):

a) los lexemas que integran un campo léxico son seleccionados en función de sus rasgos distintivos, pero el léxico, a diferencia del sistema fonológico de las lenguas, no cuenta con un inventario finito de unidades (ni de lexemas ni de rasgos léxicos distintivos); los rasgos propuestos para [ASIENTO] solo sirven para oponer los miembros de ese campo léxico; los rasgos necesarios para dar cuenta de la totalidad de los campos léxicos constituyen un inventario inabarcable;

b) para algunos campos léxicos es muy difícil proponer cuáles serían sus rasgos distintivos: piénsese por ejemplo en la dificultad que implica descomponer en semas los nombres de ruidos (*murmullo*, *susurro*, *chirrido*, *chasquido*) o los de sentimientos y emociones (*alegría*, *esperanza*, *temor*, *inquina*, *rencor*);
c) las relaciones de significado son difíciles de expresar en términos de oposición binaria: *pájaro* se define como [+AVE] y *ave* como [+ANIMAL AVIARIO], lo que no es suficiente sino circular;
d) la definición en términos de rasgos que oponen los miembros de un campo obliga a asignar los miembros no prototípicos a una clase a la que pueden no pertenecer en el mundo real: p. ej., un asiento con respaldo y brazos se considera dentro de la clase SILLÓN, aunque en el mundo real esté categorizado como SILLA.

Aun defendiendo la independencia de la lengua respecto del mundo, estos casos necesitan recibir una explicación; si la definición de *silla* deriva en parte de la especificación negativa del rasgo [± CON BRAZOS], hay que dar cuenta de por qué se usa para referirse a un objeto que no se ajusta a esa definición; y si proponemos que el rasgo puede neutralizarse y el lexema *silla* puede estar, en ciertos casos, especificado positivamente para el rasgo [±CON BRAZOS], hay que explicar entonces en qué se diferencia de *sillón*, al que se opone exclusivamente en función de ese rasgo. El problema afecta a todos los miembros del campo: la definición de *sofá* en términos de los rasgos [+PARA SENTARSE, +CON PATAS, –PARA UNA PERSONA, +CON RESPALDO, +CON BRAZOS, +DE MATERIAL RÍGIDO] sirve igualmente para *banco*. Para distinguirlos, es preciso algún rasgo más: quizá [±MULLIDO], contenido que parece una característica del objeto en el mundo exterior más que un rasgo abstracto de la lengua que permita clasificar la realidad y resulte productivo para distinguir tipos de nombres de asiento.

La introducción del mundo perturba la explicación del significado en los términos sistemáticos de estructura estrictamente lingüística perseguidos por esta primera lexicología teórica. El propio Coseriu se plantea pronto en qué medida los semas propuestos son realmente lingüísticos y en qué medida es ajeno a la lengua el material con que se fabrica un sofá, información que parece más relacionada con la cultura, la moda, las costumbres (Villar 2009). Aunque el objetivo de la lexicología estructural es analizar exclusivamente aquello que pertenece al dominio lingüístico, excluyendo todo elemento dependiente del conocimiento del mundo, ello no permite solventar el que se considera el principal problema del modelo, consecuencia de haber sido importado de la fonología: la categorización en términos de oposición binaria.

Frente a la organización de las palabras en categorías cerradas, discretas y uniformes, la semántica cognitiva plantea un tipo de categorización por prototipos, que permite superar algunos de los problemas del análisis estructural. La propuesta parte de la comprobación de que son muy pocos los campos léxicos organizados mediante oposiciones binarias de sus miembros (tal vez el de los colores, o el de las relaciones familiares); lo más frecuente es que la pertenencia de un miembro a una categoría se determine por su grado de aproximación a un **prototipo**, entendido este como el mejor ejemplo de la categoría: un conjunto de atributos, ni necesarios ni suficientes, que permite caracterizar una palabra como perteneciente a una categoría. Las categorías así concebidas **son borrosas y heterogéneas**, e incluyen miembros centrales, próximos al prototipo, y miembros periféricos, alejados del prototipo: p. ej. la categoría AVE incluye *pájaro*, que es un ejemplar central, y *pingüino*, bastante alejado de la imagen del prototipo y muy próximo a la idea de PEZ, puesto que es un ave marina que nada y no vuela; aunque no vuele, *pingüino* pertenece a la categoría AVE, puesto que [VOLAR] no es un atributo necesario de la categoría —al igual que [NADAR] no es un atributo suficiente de la categoría PEZ—, pero se define como un miembro periférico. De igual modo, si un objeto del mundo real que identificamos con una silla tiene brazos, puede no ser una silla prototípica, pero no por ello deja de ser miembro de la categoría a la que nos referimos en la lengua con la palabra *silla*.

Las definiciones basadas en las nociones de atributo difuso y esquema prototípico plantean también problemas: algunas categorías complejas resultan difíciles de identificar con un prototipo; se suele citar el caso de *guppy*, *lebistes* o *pez millón*, que no responde a la imagen de miembro prototípico de la categoría PEZ, en la que incluimos como miembros centrales *trucha* o *dorada*. Se trata de un pez muy conocido en el mundo de la acuarofilia, muy frecuente en los acuarios domésticos, pero tampoco es un miembro central de la categoría MASCOTA, que asociamos prototípicamente con *perro* o *gato*. Sin embargo, sí es prototípico de la categoría PEZ MASCOTA, categoría compleja a la que es difícil asignar prototipo. La dificultad aumenta cuando el significado de la palabra que constituye una categoría compleja no se deduce de las palabras que contiene (*pasamontañas*), es decir, cuando es idiomática, caso en que parece difícil asignarla a un determinado prototipo, ni como miembro central ni como periférico; la idiomaticidad representa un punto débil de la teoría de los prototipos (Mairal (coord.) 2010).

En suma, existen dos posturas bien diferenciadas respecto de cómo se organiza el léxico de una lengua: la de los análisis de tipo componencial, que postulan que el significado surge de la combinación de componentes básicos, abstractos y de naturaleza lingüística, que estructuran el vocabulario de una lengua en categorías discretas; y la de la semántica cognitiva, que considera que el significado es el resultado de un proceso mental complejo de categorización en términos de prototipos, cuyos atributos son tangibles y extralingüísticos, y organizan el léxico en categorías borrosas. Ahora bien, esta segunda aproximación no se puede denominar lexicológica en un sentido propio del término, dado que se asienta en una concepción del lenguaje en la que el léxico no constituye un componente independiente de la gramática sino que forma con ella un *continuum* de emparejamientos de forma y significado; el estudio de la interpretación de las palabras y expresiones en este modelo consiste en establecer cómo operan ciertos procesos cognitivos de carácter general, y no en analizar propiedades, relaciones y operaciones específicas del léxico y sus unidades. Por tanto, dentro de los límites de la lexicología en sentido estricto, los presupuestos cognitivistas no permiten superar las dificultades del análisis componencial del estructuralismo.

Los problemas de la lexicología estructural permanecen sin resolver e impiden el desarrollo de una teoría explicativa (en el sentido de predictiva). Ello contribuyó a su paulatino abandono a lo largo de la segunda mitad del siglo XX, aunque algunos de sus presupuestos y sus temas perviven en otros modelos (Geeraerts 2010).

2.4. La herencia de la lexicología estructural

La huella de la lexicología estructural se encuentra en distintos modelos de corte funcional, que basan sus análisis en la descomposición en rasgos primitivos y que defienden la concepción de la lengua como un sistema en el que las unidades léxicas se definen en función de sus relaciones con otras: p. ej., el modelo lexemático funcional de Martín Mingorance y otras propuestas de corte funcionalista de las que se encuentra un panorama en Mairal y Cortés (2009) y Mairal (coord.) (2010), y la Teoría Sentido-Texto (TST) de Mel'čuk.

La descomposición léxica del estructuralismo está también en la base del análisis componencial de la primera semántica generativa y de propuestas posteriores de modelos de corte generativo, incluido el Lexicón Generativo (LG) de Pustejovsky. En la misma línea se incluye la semántica conceptual de Jackendoff, que postula, desde una perspectiva cognitiva, que el significado de una palabra es un compuesto formado por una determinada combinación de conceptos atómicos representados en la mente: los *primitivos semánticos*, cuyo inventario más significativo es el propuesto por Wierzbicka y Goddard (cf. Goddard y Wierbicka (eds.) 2002).

Asimismo, persiste en la investigación sobre el léxico una cuestión fundamental para el estructuralismo: el estudio de las relaciones sistemáticas de las palabras en el paradigma y en el sintagma. Las **relaciones paradigmáticas** son el fundamento del concepto de campo léxico: cada uno de los miembros de un campo (p. ej., *sofá* < ASIENTO*)* forma parte de una red asociativa con los demás miembros (p. ej., *taburete*), con los que mantiene relaciones de implicación y de oposición en el léxico mental. Las **relaciones sintagmáticas** son las combinaciones que establecen entre sí las palabras en virtud de su significado: *sofá* se asocia con *tirarse* y *disfrutar*; *taburete* con *tambalearse* y *caerse*; por ello, *me tiré en el sofá y disfruté de él un buen rato* y *el taburete se tambaleó y se cayó cuando me senté en él* son combinaciones más naturales que #*me tiré en el taburete y disfruté de él un buen rato* y #*el sofá se tambaleó y se cayó cuando me senté en él*[1]. De hecho, el estudio de estas relaciones es el gran tema de la investigación lexicológica en el siglo XXI (De Miguel 2009a), reformulado en términos de **combinaciones** (relaciones sintagmáticas), como las de *sofá* con *tirarse* y *taburete* con *tambalearse*, que derivan de las **redes** que establece la palabra (relaciones paradigmáticas), y ha inspirado importantes proyectos lexicográficos como el *Diccionario de colocaciones del español* (DiCE) (Alonso Ramos 2014) y el *Diccionario combinatorio del español contemporáneo* (*REDES*) (Bosque 2004).

También constituye un debate abierto el asunto de la distinción entre lo que corresponde a la lengua y lo que pertenece al mundo real en el estudio del léxico. Los modelos de inspiración estructural (incluidos los funcionales y generativistas) defienden un estudio del significado léxico centrado en definir las palabras y no los objetos o eventos del mundo a los que se refieren, punto básico de discrepancia con los semantistas cognitivos, para quienes la lengua, como una manifestación más de la cognición, incorpora el mundo en sus conceptualizaciones. En el momento actual, son muchos los modelos, funcionales y formales, que integran lo lingüístico y lo ontológico en mayor o menor grado: es el caso de la semántica conceptual de Jackendoff o del Lexicón Generativo (LG) de Pustejovsky, que almacena en el léxico cierta cantidad de información que muchos considerarían enciclopédica.

2.5. La revolución lexicista: la lexicología avanza junto a la sintaxis. Lexicología como semántica léxica

La lingüística norteamericana de la primera mitad del siglo XX —el distribucionalismo norteamericano y la primera gramática generativa (GG)— descartó el estudio teórico del significado de las palabras, por considerarlo idiosincrásico, heterogéneo e inabarcable, y propició una etapa de "eclipse del significado léxico" (Marconi 1997). A mediados de los sesenta, la semántica generativa, una escisión de la GG, puso en cuestión esta tendencia y mostró la necesidad de recurrir a la información semántica para dar cuenta de restricciones que las reglas gramaticales no explican: **las ideas verdes cuelgan furiosas hasta los árboles* es una oración inaceptable porque infringe varios requisitos semánticos: a) *ideas* es un nombre abstracto del que no se puede predicar la propiedad *verdes*; b) *colgar* es un verbo de locación que requiere como sujeto un nombre concreto e *ideas* no lo es, y como complemento locativo uno que indique dónde está ubicado el sujeto que cuelga (p. ej. *unas zapatillas colgaban* *de los cables de la luz*) y *hasta los árboles* no lo es; y c) *furiosas* es un predicado que exige un sujeto animado e *ideas* no lo es.

La información aportada por las palabras se incorpora a la investigación sintáctica generativa en forma de **rasgos de selección** (*colgar* 'selecciona' un sujeto [+CONCRETO]) y **reglas de subcategorización** (*colgar* 'subcategoriza' un complemento [LOCATIVO]). La inclusión en las explicaciones gramaticales de rasgos como [±ANIMADO], [±CONCRETO] o contenidos del tipo [LOCATIVO] inaugura una nueva vía para los análisis componenciales: los rasgos que organizan los campos léxicos estructurales se sustituyen por otros de naturaleza abstracta y metalingüística, cuyo papel se considera determinante en la aceptabilidad de las construcciones sintácticas.

Hoy en día cualquier modelo de estudio gramatical (formal, funcional o cognitivo) asume, en mayor o menor medida, que sus análisis han de tomar en consideración el significado de las palabras; p. ej., la agramaticalidad de una pasiva perifrástica como **un coche ha sido tenido por Juan* se atribuye al significado aspectual de *tener* (De Miguel 1999). El reconocimiento de la importancia del léxico para la gramática (conocido en la bibliografía lingüística con los nombres de *revolución, "boom"* o *giro lexicista*) ha favorecido el desarrollo de la lexicología y ha contribuido de manera crucial a la elaboración de teorías más complejas, especialmente a lo largo de las dos últimas décadas del siglo XX y en lo que llevamos del siglo XXI.

Desde la nueva perspectiva, el significado de una unidad léxica es el resultado de la combinación de sus rasgos léxicos, pero estos son **primitivos semánticos** que forman parte de la **competencia léxica** del hablante (esto es, de lo que el hablante de una lengua conoce cuando conoce el significado de una palabra) y constituyen un inventario finito y universal. Las diferencias en los significados de las palabras en las distintas lenguas se basan no en los rasgos, sino en las distintas combinaciones de rasgos.

En función de esos rasgos básicos se configuran las **clases léxicas** o **campos semánticos**, que agrupan palabras de distinta categoría gramatical: así, el concepto [EVENTO] puede ser expresado por un nombre (*la **entrada** será a las 10*), un verbo (*entrar*) o una preposición (*entró* ***{a/en/por}*** *un sitio*).

La hipótesis de que los rasgos léxicos primitivos cruzan categorías supone una revisión del concepto estructuralista de relación paradigmática, en la medida en que las clases léxicas resultantes incluyen miembros que, al no pertenecer a la misma categoría gramatical, no comparten la distribución sintáctica: así, la clase de los *predicados psicológicos* incluye nombres, verbos y adjetivos que no aparecen en los mismos contextos pero establecen relaciones semánticas similares (*dolor repentino* ≈ *doler de repente* ≈ *repentinamente dolorido*).

Los miembros de una clase también comparten parte de su comportamiento sintáctico: p. ej., el rasgo [± HOMOGÉNEO] agrupa a los nombres no contables y a los verbos imperfectivos; una unidad léxica está especificada positivamente para [± HOMOGÉNEO] si una parte del objeto o evento al que se refiere o denota es igual al todo, como *agua* y *andar* (una parte de *agua* es *agua* y una parte de *andar* es *andar*); está especificada negativamente para el rasgo la palabra que alude a una entidad cuyas partes no son idénticas al todo, como *coche* y *nacer* (una parte de *un coche* no es *un coche* y una parte de *nacer* no es *nacer*). Pues bien, la cuantificación de las palabras especificadas positivamente para el rasgo [±HOMOGÉNEO] coincide, sean nombres o verbos (***mucha** (cantidad de) agua, andar (alguien)* ***mucho*** *(rato)*), y se opone a la de las palabras especificadas negativamente (**mucha cantidad de coche*, **nacer (alguien) mucho rato*).

En suma, los nuevos modelos de estudio del léxico —tanto la lexicología funcional como la de inspiración generativa, y el trabajo dentro de ciertos modelos cognitivos— siguen haciendo uso de inventarios de rasgos cuya especificación distingue los significados de las unidades léxicas, pero estos se establecen ahora en términos metalingüísticos y resultan más generales y abarcadores. En función de los nuevos rasgos se postulan también nuevas clases de palabras o **tipos lingüísticos**: p. ej. *nombre de evento* y *nombre de objeto*. En el marco del LG, Pustejovsky propone las categorías *tipo complejo*, *tipo funcional* y *tipo natural*. La palabra de **tipo complejo** designa de manera simultánea dos entidades; p. ej., *comida*, nombre de evento (*la comida fue a las dos*) y de objeto (*la comida estaba en el frigorífico*). La palabra de **tipo funcional** contiene información crucial en su definición sobre el fin al que está destinada una entidad, p. ej. *raqueta* (por eso *una raqueta antigua* se interpreta como 'una raqueta que 'antiguamente se usaba para jugar al tenis'). Son **tipos naturales** las palabras que carecen de información funcional, p. ej. *hierba* (de ahí que *#una hierba antigua* no se interprete como 'una hierba que antiguamente se usaba como tal, un objeto que antes era hierba').

Los estudios sobre el léxico adquieren, a partir de la segunda mitad del siglo XX, un grado de formalización cada vez mayor y giran en torno a nuevos conceptos básicos. En primer lugar, el léxico, entendido bien como un nivel de la descripción lingüística, bien como un módulo o componente de la mente, deja de concebirse como el almacén de las palabras de una lengua (el *vocabulario*) para ser el *locus* donde se ubican las unidades léxicas (afijos derivativos, lexemas y locuciones) con su definición, donde se establecen las redes y relaciones de las palabras, y donde operan los principios y mecanismos que rigen la formación de nuevas palabras y la interpretación de nuevos significados.

La lexicología actual se ocupa fundamentalmente de reproducir la información contenida en el **léxico mental**, para lo cual propone sistemas de **representación léxica** que intentan recoger los rasgos mínimos de contenido de la definición de las palabras, a menudo organizados en diferentes niveles o estructuras: muchas propuestas incluyen, por ejemplo, un nivel de **estructura argumental** (con información sobre el número y tipo de argumentos de un predicado) y otro de **estructura eventiva** (con información sobre el tipo de evento denotado), datos sobre la palabra pero con evidente repercusión sintáctica.

La separación entre lo que corresponde al estudio del significado en el marco de la palabra, y lo que se adscribe a un ámbito superior a la palabra, está en la base de la distinción entre *semántica léxica* y *semántica oracional* o *composicional*, y de la identificación entre *lexicología* y *semántica léxica*; se formula en estos términos en obras de diferente inspiración teórica de la bibliografía en español: Gutiérrez Ordóñez (1989: 12), Bosque y Gutiérrez-Rexach (2009: 15), RAE y ASALE (2009: § 1.1d) y en Espinal (coord.) (2014: 7).

Al identificar *lexicología* con *semántica léxica* se entiende la primera en un sentido restringido. Existen otros enfoques que le atribuyen un campo mucho más amplio (p. ej. Otaola 2004). En concreto, está muy extendida la concepción de la lexicología como un estudio global de la palabra y sus relaciones, que abarca la **forma de las unidades léxicas** (el ámbito de la morfología léxica) y las **relaciones entre el léxico y la sintaxis**: así es en Cabré y Rigau (1986), revisión de las bases teóricas de la disciplina en los años ochenta; en los trabajos clásicos de Lipka (1990) y Niklas-Salminen (1997); y en los volúmenes colectivos coordinados por De Miguel (ed.) (2009) y García Pérez (dir.) (2014), panorámicas actualizadas de la lexicología en España.

En resumen, la lexicología evolucionó desde un primer estudio descriptivo, interesado por la etimología y el cambio, hacia un estudio teórico propiciado por la incorporación de los conceptos básicos del estudio fonológico estructural. Este nuevo enfoque supuso una revolución en la manera de entender la investigación sobre el léxico pero las limitaciones del método frenaron su continuidad. No obstante, algunas de sus hipótesis inspiraron otros modelos que asumen la concepción del significado de la palabra como la suma de componentes primitivos y que han alcanzado un importante grado de desarrollo teórico.

3. Tendencias actuales en el estudio del léxico

Los fenómenos que interesan al lexicólogo reciben distintos tratamientos según los modelos y escuelas, pero pueden identificarse ciertas tendencias que caracterizan la lexicología actual.

3.1. Descomposición y composicionalidad del significado léxico

Muchas propuestas de representación léxica analizan la palabra como una entidad compleja dotada de **estructura interna**. Este supuesto se ve confirmado por la sintaxis, que tiene acceso a distintas partes del significado de una palabra; por eso *ocultarse* admite combinarse con un sintagma preposicional puntual (*el sol se ocultó **a las seis***) y con un sintagma preposicional durativo (*el sol se ocultó **durante horas***). La contradicción se explica si se asume que la estructura interna de *ocultarse* incluye un componente que alude a la culminación del evento denotado por el verbo (que ocurre *a las seis*) y otro que alude al estado subsiguiente a la culminación del evento (que se mantiene *durante horas*) (Pustejovsky 1995 y De Miguel 2009b). Desde esta perspectiva, el significado de una palabra es producto de los rasgos o componentes de su estructura interna o subléxica y se refleja en su comportamiento sintáctico, presupuestos que asumen *mutatis mutandis* numerosos enfoques.

Existe otra tendencia del estudio lexicológico que hace depender la interpretación de una palabra del contexto en que aparece; más en general, considera que el significado de una expresión compleja es una función de los significados de las unidades que la integran y del modo en que se combinan: así, *la profesora envió un libro a un colega* no se interpreta igual que *la profesora le envió un libro a un colega* porque el clítico *le* desvía el foco de interés de la trayectoria ([PROFESORA → COLEGA]) a la meta ([EL COLEGA DE LA PROFESORA]). Desde esta perspectiva, el significado de la estructura impone condiciones; en este caso, excluye un argumento meta que no sea compatible con el contenido que aporta *le*: *la profesora (le) envió un libro a Oxford* no es aceptable si se entiende que *le* se refiere a *a Oxford* (*la profesora (*le$_j$) envió un libro a Oxford$_j$*) y solo lo es si se interpreta que *le* se refiere a un constituyente distinto de *a Oxford*, recuperable por el contexto o la situación, como *a Luis* en *la profesora (le$_i$) envió (a Luis$_i$) un libro a Oxford$_j$*.

La hipótesis de que **la construcción aporta significado a la interpretación** de las palabras inspira, con diversas formulaciones, las teorías sintácticas construccionistas o neoestructuralistas en el marco de la gramática generativa, y la gramática de construcciones de Goldberg.

Los presupuestos de la **descomposición** y la **composicionalidad** no son incompatibles; la investigación lexicológica actual suele asumir la existencia de un núcleo estable e indispensable de significado que define a la palabra y de cierto grado de moldeabilidad de ese contenido mínimo por parte del contexto. Lo ilustra de manera representativa el LG de Pustejovsky, que postula la construcción mental del significado como resultado de la interacción entre la información contenida en la estructura interna de la palabra y el contexto en el que esta entra.

En este modelo, los sentidos de las palabras se generan composicionalmente pero solo si están contenidos potencialmente en su definición. Sobre la definición infraespecificada de una palabra operan ciertos mecanismos, cuando entra en combinación con otras; se produce entonces una especificación hacia un único sentido. Así, la definición infraespecificada del adjetivo *ligera* le permite combinarse con el significado de *maleta*, nombre de objeto [CONTENEDOR] con peso y volumen: *una maleta* es *ligera* si 'pesa poco'. También puede combinarse con *comedia*, pero predica una propiedad distinta, relacionada con la densidad del [CONTENIDO]: *una comedia* es *ligera* si 'se {lee/ve} con facilidad'. En cambio, no se puede combinar con *laguna*, excepto como vulneración propia del lenguaje poético: #*una laguna ligera*. Las definiciones infraespecificadas de *laguna* y de *ligera* no incluyen una posibilidad en que ambas palabras resulten compatibles y se produce lo que se ha llamado un *colapso interpretativo* (De Miguel 2009b). Por tanto, aunque el contexto contribuye a especificar los sentidos de una palabra, estos han de estar incluidos en su definición infraespecificada. Para el LG, la información léxica determina el significado, pero no en exclusiva, y el contexto determina el significado, pero solo si el léxico lo permite.

3.2. Relaciones de significado entre las palabras: polisemia y homonimia

La **polisemia** es el fenómeno por el cual una palabra cuenta con varios significados, que suelen recogerse en el diccionario como acepciones de una misma entrada: *ratón*, 'mamífero roedor' y 'pequeño aparato informático'. La **homonimia** es el fenómeno por el cual una misma secuencia de sonidos (y grafías) cuenta con significados distintos que se consideran palabras diferentes y se incluyen en los diccionarios en entradas distintas: *llama* 'mamífero rumiante' y 'masa gaseosa en combustión'. El estudio de la polisemia y la homonimia supone una cuestión central para la lexicología y se aborda desde diversas perspectivas según la postura que se adopte sobre cómo se construye el significado (cf. Cruse 2004; Murphy 2010).

Los análisis componenciales que consideran que los distintos significados de una palabra constituyen distintas especificaciones contextuales de su definición, adoptan una perspectiva **monosémica**. Así, para el LG, los distintos significados de *ligera* (combinado con *maleta* 'que pesa poco' y combinado con *comedia* 'que se {lee/ve} con facilidad') derivan de rasgos incluidos en la definición de *maleta y comedia* y de un mecanismo que permite que *ligera* se predique de uno u otro rasgo del contenido de los nombres. Puesto que la polisemia de *ligera* se sigue de principios generales, no es preciso enumerar en el léxico sus diferentes interpretaciones: el enfoque monosémico es "aglutinador", recoge de manera elegante la relación predecible entre los distintos sentidos de una palabra, y ofrece una explicación más sencilla para los procesos de adquisición y procesamiento del léxico. En cambio, no permite explicar la polisemia tradicional (*me gusta este ratón* {'mamífero'/'aparato'}), que no se sigue de principios generales que operan en un determinado contexto; desde esta perspectiva, *ratón* 'mamífero' y *ratón* 'aparato' son palabras homónimas; sin embargo, entre ellas existe una relación evidente, puesto que el significado de la segunda constituye una extensión metafórica del de la primera, mientras que entre las palabras homónimas como *llama* 'animal' y *llama* 'masa gaseosa en combustión' no se puede establecer ningún vínculo.

Por su parte, los modelos composicionales defienden una perspectiva **polisémica**, según la cual los diferentes sentidos de una palabra conforman unidades léxicas distintas y se representan de forma separada en la mente. Para los enfoques polisémicos cada sentido de una palabra tiene una representación semántica en el léxico: p. ej., *beber* con el significado de 'beber bebidas alcohólicas' se consigna como una unidad léxica diferente de *beber* con el significado de 'ingerir cualquier líquido'. Así lo defiende la TST: desde su perspectiva, *ligera* tiene una entrada léxica distinta cuando significa 'que pesa poco' y cuando significa 'que se {lee/ve} con facilidad', lo que explica que no se puedan coordinar: **me compré una maleta y una comedia ligeras*.

Este tipo de aproximación es de interés especial para la práctica lexicográfica porque explica los casos de polisemia que no es sistemática sino esporádica: p. ej., la que motiva que *ratón* pase de 'mamífero roedor' a 'aparato informático' a través de una metáfora. En cambio, no permite predecir los sentidos que una palabra puede adquirir de forma sistemática por pertenecer a cierto tipo, tiene dificultades para establecer todas las interpretaciones posibles de una palabra, y multiplica el volumen del lexicón mental.

3.3. Significado literal y significado figurado

El lexicólogo se interesa especialmente por explicar los procesos de extensión y vaciado del significado de una palabra que generan: a) los usos tradicionalmente llamados "figurados", en los que la palabra aparentemente añade un significado a su contenido básico o literal; así se analizan los **usos metafóricos** —p. ej., el verbo *salir* en *salir de la crisis*, que no denota un evento de movimiento en el mundo físico, como en *salir del ascensor*— y los **usos metonímicos** —p. ej., el nombre *plato* en *comer un plato*, que no se refiere a un objeto, como en *romper un plato*, sino a su contenido— y b) los **usos funcionales** de las palabras léxicas —p. ej., los verbos de movimiento como auxiliares de perífrasis en español: *ir* en ***voy** a comer* o *andar* en ***andan** diciendo que pronto saldremos de la crisis*—.

Los modelos que atribuyen a la definición infraespecificada de la palabra su capacidad para entrar en un contexto, y especificarse en un sentido, no distinguen entre significado literal y figurado: este no constituye una creación nueva sino la especificación de una potencialidad. Por el contrario, para los modelos en los que el significado de una unidad léxica se considera una función del contexto en que entra, la aparición de una palabra en un contexto diferente implica necesariamente su pertenencia a una unidad léxica distinta (aunque esté vinculada). Ese nuevo sentido, en la medida en que se aparta del considerado canónico, se puede interpretar como figurado, metafórico o idiomático. Para la semántica cognitiva, por su parte, no existe distinción entre significados literales y figurados, puesto que unos y otros forman parte de un *continuum*, representado por miembros más o menos alejados del prototipo que los categoriza.

3.4. Las relaciones paradigmáticas: implicación y oposición de significado

Han sido siempre objeto del interés del lexicólogo las relaciones paradigmáticas de:

a) **hiponimia**, que se mantiene entre el significado de una palabra y el de otra que la incluye; los rasgos del hipónimo están incluidos en su **hiperónimo**, que tiene menos intensión y por tanto abarca mayor número de referentes: *gato* es hipónimo de *felino*, que es hiperónimo de *gato* y también de *tigre* o *guepardo*. Es una relación de implicación asimétrica, puesto que *gato* implica *felino* pero *felino* no implica *gato*.
b) **hiponimia simétrica** o **sinonimia**, que se da entre dos palabras que se implican mutuamente, como *can* y *perro*. Pocas veces los sinónimos pueden intercambiarse en cualquier contexto (p. ej., *malaria* y *paludismo*); por lo general existen diferencias diacrónicas, dialectales, sociolectales o de registro que determinan una distinta distribución. Es muy habitual que una unidad léxica comparta con una palabra polisémica uno de sus sentidos, por lo que pueden intercambiarse en un contexto —p. ej., *aseo* y *servicio* en *pregunté al camarero dónde estaban los {**aseos/servicios**}*— pero no en todos —*el **aseo** (≠ **servicio**) del camarero era inmejorable* o *el **servicio** (≠ **aseo**) de esta cafetería es inmejorable*—.
c) **antonimia**, oposición de significado, en diversos grados, en función de si los miembros que se oponen forman un par o una serie; si forman un par, los rasgos que se oponen pueden ser contrarios y graduables (*ancho/estrecho*), complementarios y contradictorios

(*vivo/muerto*) o expresar una relación de inversión (*encima/debajo*); si la relación de oposición se da entre lexemas de un conjunto con más de dos miembros, estos son mutuamente incompatibles (*primavera/verano/otoño/invierno*).

d) **meronimia**, o relación entre una parte y el todo en que se integra: *brazo* es merónimo de *cuerpo*; la relación entre la palabra que alude al todo y las partes que la componen es la de **holonimia**: *orquesta* es holónimo de *músicos*.

El estudio de estas relaciones se aborda fundamentalmente desde dos perspectivas, en función de cómo se concibe la organización del léxico mental. Para los enfoques monosémicos y componenciales, como el LG, las relaciones semánticas entre las palabras se deducen de los rasgos que comparten o las diferencian y no necesitan representarse en el léxico, lo que resulta económico y predictivo; sin embargo, no permite explicar los casos en que la elección de un antónimo o un sinónimo depende del registro (*can* frente a *perro*), tipo de información que no suele recogerse en los rasgos subléxicos de las definiciones. Por su parte, los enfoques polisémicos y composicionales, como el TST, sí recogen en el léxico las relaciones semánticas; la entrada de una palabra incluye vínculos con otras entradas léxicas en términos de antonimia, sinonimia o hiponimia. Del presupuesto estructuralista según el cual el significado de una unidad léxica se deduce por oposición a los significados de otras unidades, se llega, en una versión extrema, a la negación de la existencia de definiciones en el léxico. Este tipo de enfoque tiene problemas, por tanto, para establecer la diferencia de significado entre *andar* y *saltar*, que no se deduce de sus relaciones paradigmáticas: ambos son hipónimos de [MOVIMIENTO] y opuestos entre sí, información insuficiente para distinguirlos. De ahí que los modelos de este tipo suelan incluir en sus propuestas tanto definiciones como relaciones.

De hecho, es lo más probable que las operaciones en el léxico mental tengan en consideración tanto los rasgos de la definición como el comportamiento relacional. Por ello, los lexicólogos toman en cuenta ambas informaciones, en una u otra medida, para obtener representaciones semánticas completas de las palabras.

Nota

1 El símbolo de sostenido o almohadilla (#) indica que la expresión es poco natural, extraña o inaceptable desde la perspectiva de los requisitos léxicos de las palabras, aunque puede recibir una interpretación adecuada en determinados contextos, p. ej., como una vulneración del lenguaje poético o humorístico. Se diferencia del asterisco (*), que se reserva para cuando la infracción de los requisitos léxicos desencadena agramaticalidad: **La pared trabajó la impresora mañana* es una oración imposible porque el verbo *trabajar* es intransitivo y coaparece con un complemento, selecciona un sujeto agente y *la pared*, como inanimado, no puede serlo, y el adjunto temporal *mañana* es incompatible con la flexión de pasado.

Bibliografía

Alonso Ramos, M. (dir) (2014) DiCE: *Diccionario de colocaciones del español* [en línea]. Accesible en http://www.dicesp.com/paginas.

Álvarez de Miranda, P. (2009) "Neología y pérdida léxica'" en De Miguel, E. (ed.) *Panorama de la lexicología*, Barcelona: Ariel, pp. 1331–58.

Bosque, I. (2004) *REDES. Diccionario combinatorio del español contemporáneo*, Madrid: SM.

Bosque, I. y Gutiérrez-Rexach, J. (2009) *Fundamentos de sintaxis formal*, Madrid: Akal.

Cabré, M. T., y Rigau, G. (1986) *Lexicologia i semàntica*, Barcelona: Enciclopèdia Catalana.

Carreras y Martí (dirs.) (1976) *Gran Enciclopèdia Catalana*, Barcelona: Enciclopèdia Catalana, vol. 9.

Cruse, D. A. (2000) [2004] *Meaning in language. An introduction to semantics and pragmatics*, Oxford: Oxford University Press.

De Miguel, E. (1999) "El aspecto léxico", en Bosque, I. y Demonte, V., *Gramática descriptiva de la lengua española*, Madrid: Espasa, vol. 2, pp. 2982–2983.
De Miguel, E. (2009a) "Introducción", en De Miguel, E. (ed.) (2009) *Panorama de la lexicología*, Barcelona: Ariel, pp. 132–1.
De Miguel, E. (2009b) "La Teoría del Lexicón Generativo', en De Miguel, E. (ed.) *Panorama de la lexicología*, Barcelona: Ariel, pp. 3373–68.
De Miguel, Elena (ed.) (2009) *Panorama de la lexicología*, Barcelona: Ariel.
Espinal, M. T. (coord.) (2014) *Semántica*, Madrid: Akal.
Espinosa, M. R. (2009) "El cambio semántico", en De Miguel, E. (ed.) *Panorama de la lexicología*, Barcelona: Ariel, pp.1591–88.
García Pérez, R. (dir.) (2014) *La lexicologie en Espagne. De la lexicographie à la lexicologie*, número monográfico de *Cahiers de Lexicologie*, 104.
Geeraerts, D. (2010) *Theories of lexical semantics*, Oxford: Oxford University Press.
Goddard, C. y Wierzbicka, A. (eds.) (2002) *Meaning and universal grammar: Theory and empirical findings*, Amsterdam: John Benjamins, 2 vols.
Gutiérrez Ordóñez, S. (1989) *Introducción a la semántica funcional*, Madrid: Síntesis.
Lipka, L. (1990) *An outline of English lexicology*, Tubinga: Niemeyer.
López Morales, H. (dir.) (2014) *Proyecto panhispánico de disponibilidad léxica* [en línea]. Accesible en http://www.dispolex.com/.
Marconi, D. (1997) [2000] *La competencia léxica*, Madrid: Antonio Machado Libros.
Mairal, R. y Cortés, F. (2009) "Modelos funcionales", en De Miguel, E. (ed.) *Panorama de la lexicología*, Barcelona: Ariel, pp. 2472–79.
Mairal, R. (coord.) (2010) *Teoría lingüística: métodos, herramientas y paradigmas*, Madrid: Centro de Estudios Ramón Areces.
Matoré, G. (1953) *La Méthode en Lexicologie*, París: Marcel Didier.
Murphy, M. L. (2010) *Lexical meaning*, Cambridge: Cambridge University Press.
Niklas-Salminen, A. (1997) *La lexicologie*, París: Armand Colin.
Otaola, C. (2004) *Lexicología y semántica léxica*, Madrid: Ediciones Académicas.
Pottier B. (1963), *Recherches sur l'analyse sémantique en linguistique et en traduction mécanique*, Nancy: Université de Nancy.
Pustejovsky, J. (1995) *The generative lexicon*, Cambridge, MA: The MIT Press
[RAE y ASALE] Real Academia Española y Asociación de Academias de la Lengua Española (2009) *Nueva gramática de la lengua española*, Madrid: Espasa, 2 vols.
[RAE y ASALE] Real Academia Española y Asociación de Academias de la Lengua Española (2014) *Diccionario de la lengua española* [en línea]. Avance de la 23.ª ed.. Accesible en http://www.rae.es/obras-academicas/diccionarios/diccionario-de-la-lengua-espanola.
Trier, J. (1931) *Der deutsche Wortschatz im Sinnbezirk des Verstandes: Die Geschichte eines sprachlichen Feldes*, Heidelberg: Bandl.
Ullmann, S. (1962) [1991] *Semántica. Introducción a la ciencia del significado*, Madrid: Taurus.
Villar Díaz, M. B. (2009) "Modelos estructurales", en De Miguel, E. (ed.) *Panorama de la lexicología*, Barcelona: Ariel, pp. 220–246.

Lecturas complementarias

Behrens, L., y Zaefferer, D. (eds.) (2002) *The lexicon in focus. Competition and convergence in current lexicology*, Fráncfort del Meno: Peter Lang.
Cruse, D. A. (1986) *Lexical semantics*, Cambridge: Cambridge University Press.
Escandell, M. V. (2007) *Apuntes de semántica léxica*, Madrid: UNED.
Espinal, M. T. y Mateu, J. (2002) "Lexicologia I. La informació semàntica de les unitats lèxiques", en Espinal, M. T. (coord.) (2002) *Semántica. Del significat del mot al significat de l'oració*, Barcelona: Ariel, cap. 2.
Peeters, B. (2000) "Setting the scene: Some recent milestones in the lexicon-encyclopedia debate", en Peeters, B. (ed.) *The lexicon-encyclopedia interface*, Oxford: Elsevier, pp. 22.

Entradas relacionadas

diccionarios: lexicografía; semántica; sintaxis

LINGÜÍSTICA APLICADA

Manel Lacorte

1. Introducción

Definida en principio como un campo de estudio autónomo que conecta el conocimiento sobre el lenguaje con la toma de decisiones prácticas en el mundo real (Simpson 2011), la lingüística aplicada constituye una disciplina bastante reciente en comparación con el estudio del lenguaje desde perspectivas filológicas o teóricas (véase p. ej., Munteanu 2013). En el caso concreto de la lingüística aplicada del español, su significativo desarrollo reciente podría venir motivado por una combinación de factores demográficos, socioeconómicos, culturales y académicos. En primer lugar, en las últimas décadas se ha producido un sustancial crecimiento de la población hispanohablante en el mundo, con un número próximo a los quinientos millones actualmente (Fernández Vítores 2015). El español es el segundo idioma con mayor número de hablantes nativos tras el mandarín, pero mantiene un alto grado de homogeneidad lingüística, una sólida tradición cultural y literaria, y un estatus de lengua oficial en 21 países (Moreno Fernández y Otero 2007). La labor investigadora y profesional de la lingüística aplicada no se ha limitado a los hablantes monolingües de español, sino que ha mostrado gran interés en analizar y ofrecer respuestas a las necesidades de individuos y comunidades multilingües o multiculturales que usan el español en diversos contextos sociales. El peso demográfico del idioma español ha supuesto una mayor importancia de las llamadas "industrias de la lengua", es decir, actividades económicas directamente vinculadas al uso del español como, por ejemplo, los servicios de traducción e interpretación, las nuevas tecnologías para la comunicación o la información, el trabajo editorial y publicitario y, sobre todo, la enseñanza del español como lengua segunda o extranjera. La demanda de personal cualificado en estos u otros ámbitos laborales ha provocado a su vez una notable oferta de programas o cursos a nivel universitario con docentes que cuentan no sólo con una sólida formación teórica en lingüística, sino también conocimiento práctico sobre diversas áreas profesionales relacionadas con la lengua española. Por último, el mismo campo de la lingüística general ha concedido en los últimos años una mayor importancia al estudio de los hechos lingüísticos "reales", en parte a causa de la propia evolución interna de la disciplina: "después de una fase de crecimiento hacia la abstracción y la conceptualización, viene la fase realista de atención a los fenómenos naturales" (Fernández Pérez 1999: 243).

Las siguientes secciones presentarán, primero, una panorámica histórica con especial consideración al mundo hispanohablante, y algunas definiciones agrupadas en torno a dos perspectivas: "los caminos viejos y los nuevos" y el contraste entre "aplicaciones de la lingüística" y "lingüística aplicada". A continuación, describiremos los rasgos generales que distinguen esta disciplina de otras dedicadas también al estudio del lenguaje, y después nos centraremos en el estado actual de la lingüística aplicada del español y en varias líneas de posible desarrollo en el futuro.

2. Perspectiva histórica

Aunque no resultaría difícil encontrar referencias a las propiedades "prácticas" del lenguaje en textos anteriores de carácter más teórico o filológico, Howatt (2004) indica que la primera mención concreta al término "lingüística aplicada" aparece en 1948 como parte del título de la revista *Language Learning. A Quarterly Journal of Applied Linguistics*, publicada por la Universidad de Michigan, en Estados Unidos. Otros tres acontecimientos relevantes para el desarrollo del campo a nivel internacional son: la fundación en 1956 de la School of Applied Linguistics en la Universidad de Edimburgo (en la actualidad, Department of Linguistics and English Language); la creación en 1957 del Center for Applied Linguistics (CAL) en Washington, DC, y la constitución de la Association Internationale de Linguistique Appliquée (AILA) en noviembre de 1963. Strevens (1992) subraya que la razón básica para la aparición de estas instituciones en Gran Bretaña y Estados Unidos reside en el interés oficial por promover la enseñanza y aprendizaje del inglés como parte de la "diplomacia cultural" impulsada después de la Segunda Guerra Mundial (1939–1945).

Ya en el ámbito hispanohablante, podría sugerirse que los pasos previos hacia el establecimiento de la disciplina se tomaron en 1964 con la fundación de la Asociación de Lingüística y Filología de América Latina (ALFAL) debido, por un lado, a su empeño por impulsar una variedad de programas de investigación en lingüística, dialectología, lenguas indígenas y filología, y por el otro, su vínculo al Programa Interamericano de Lingüística y Enseñanza de Idiomas (PILEI) entre 1966 y 1981. Sin embargo, el término en sí aparece por vez primera en 1971 al crearse el Centro de Lingüística Aplicada (CLA), parte del Instituto de Literatura y Lingüística de La Habana hasta 1990, año en que se estableció como unidad de investigación y formación académica autónoma. En la actualidad, el CLA consta de dos secciones: lingüística aplicada y lingüística computacional. En 1978, se fundó el Departamento de Lingüística Aplicada (DAL) en la Universidad Autónoma Nacional de México (UNAM), con el propósito inicial de realizar investigación en el campo de la enseñanza de lenguas extranjeras, diseño de cursos y materiales, evaluación y formación docente. Ahora, las áreas de estudio del DAL abarcan el desarrollo curricular, los estudios del discurso, la traducción, la psicolingüística, la sociolingüística, la lexicografía y la formación de profesores e investigadores. Este es un enfoque similar al propuesto por la Asociación Mexicana de Lingüística Aplicada (AMLA), instaurada en 1986, cuya página de internet subraya la importancia del "conocimiento científico de las lenguas y su manejo y difusión en todas las cuestiones de lengua que interesan a una sociedad". Por su parte, el nacimiento de la lingüística aplicada como disciplina autónoma en España se produjo en 1982, año en que varios profesores universitarios constituyeron la Asociación Española de Lingüística Aplicada (AESLA), cuya misión presente es "fomentar las aplicaciones del estudio del lenguaje en todos los ámbitos establecidos a tal efecto por la comunidad científica" (http://www.aesla.org.es/es/saludo-presidente).

Como se aprecia en estos párrafos, la evolución de la lingüística aplicada del español muestra, en general, unas pautas similares a lo ocurrido en el mundo anglosajón, es decir, un interés casi exclusivo por cuestiones vinculadas a la enseñanza y aprendizaje de otras lenguas ("segundas" o "extranjeras") en sus primeros pasos, a los que sigue una gradual atención teórica y práctica hacia otras áreas de aplicación lingüística. En este sentido, Marcos Marín (2004) indica que ya a partir de finales de los años cincuenta y principios de los sesenta del siglo pasado, el campo se extendió a lo relacionado con la traducción por ordenador (conocida también por las siglas MT, del inglés *Machine Translation*), debido a las crecientes necesidades de comunicación a nivel internacional. A ello se le unió pronto el trabajo asociado con la política y planificación lingüística en las numerosas comunidades indígenas de las Américas, las autonomías históricas españolas con lengua propia y, sobre todo a partir de los años noventa, instituciones como el Instituto Cervantes (IC), la Real Academia Española (RAE) y la Asociación de Academias de la Lengua Española (ASALE). Asimismo, el gran progreso tecnológico en los últimos veinte o veinticinco años ha permitido una rápida incorporación de los computadores y otros instrumentos en la enseñanza y aprendizaje de idiomas, el procesamiento electrónico de la lengua natural y los medios de difusión cultural y de comunicación, entre otros.

3. Definiciones y características generales

La breve descripción histórica anterior sugiere un primer continuo de posibles definiciones para la lingüística aplicada, en torno a lo que Marcos Marín y Sánchez Lobato (1988) califican como "los caminos viejos y los nuevos" de esta disciplina. Los "viejos" hacen referencia a un campo vinculado principalmente a áreas de estudio con una mayor tradición, como la enseñanza y aprendizaje de lenguas, la traducción, la interpretación y la lexicografía, mientras que los "nuevos" perciben la lingüística aplicada como un espacio más amplio donde se procura encontrar respuestas a cuestiones de carácter lingüístico en diversos contextos sociales y profesionales: lingüística computacional, política y planificación lingüística, bilingüismo y multilingüismo, trastornos del habla y el lenguaje, etc.

De manera paralela, otro continuo interesante para definir la lingüística aplicada, planteado por Davies (1999) y, con algunos matices, Davies y Elder (2004), se centra en la consideración de esta disciplina o bien como una más de las posibles "aplicaciones de la lingüística" (*linguistics applied*) al mismo nivel que otras ramas como la descriptiva, la histórica, la sistémica o la comparativa, o bien como "lingüística aplicada" (*applied linguistics*), o sea, un campo de estudios plenamente autónomo con el fin de "explicar y resolver problemas institucionales relacionados con el lenguaje, no promover una teoría lingüística determinada" (Davies 1999: 6, mi traducción). Incluimos a continuación algunos ejemplos de definiciones más cercanas al primero de los extremos del continuo:

- "The creation of applied linguistics as a discipline represents an attempt to find practical applications for 'modern scientific linguistics'" (Mackey 1966: 247).
- "The application of linguistic knowledge to some object — or applied linguistics, as its name implies — is an activity. It is not a theoretical study. It makes use of the findings of theoretical studies" (Corder 1973: 10).
- "A branch of linguistics where the primary concern is the application of linguistic theories, methods and findings to the elucidation of language problems which have arisen in other areas of expertise" (Crystal 1980: 28–29).
- "Applied linguistics has been considered a subset of linguistics for several decades, and it has been interpreted to mean the applications of linguistics principles to certain more or less practical matters" (Brown 1987: 147).

Por su parte, las definiciones al otro lado del continuo resultan por lo general más recientes y apuntan a una mayor diversidad de áreas profesionales:

- "Applied linguistics is a multidisciplinary approach to the solution of language-related problems" [in language education, language policy and planning, speech-communication research, specialized occupational languages, speech therapy, lexicography and dictionary-making, translation and interpreting, and language and the professions] (Strevens 1992: 17–22).
- "A practice-driven discipline that addresses language-based problems in real-world contexts" (Grabe 2002: 10).
- "[Applied linguistics is] the theoretical and empirical investigation of real-world problems in which language is a central issue" (Brumfit 1995: 27). [Se suele considerar esta definición como la más comúnmente aceptada entre los expertos del campo.]

Resulta posible extraer una serie de puntos en común de ambos grupos de definiciones, que nosotros apreciamos como características generales de la lingüística aplicada. En primer lugar, cabe destacar su compromiso de analizar y solventar *aspectos prácticos y reales* asociados al lenguaje, lo cual no implica falta de atención a cuestiones teóricas, tal como puntualiza Pastor Cesteros (2004): "dicha vertiente práctica no obsta para que la lingüística aplicada parta a su vez de unos presupuestos teóricos (procedentes tanto de la lingüística como de las demás disciplinas implicadas)" (p. 21). Por lo tanto, se han de tener en cuenta los diversos procesos de *mediación* que, implícita o explícitamente, se desarrollan entre cuestiones teóricas y prácticas en el momento de enfrentarse con uno u otro "reto" de tipo lingüístico (Lacorte 2007). Tal como señalamos en la sección sobre historia del campo, la lingüística aplicada no ha cesado de dar pasos hacia la *multidisciplinariedad*, es decir, la consideración de una variedad de disciplinas útiles para la resolución de problemas relacionados con el lenguaje y las lenguas. En cuarto lugar, debe destacarse la importancia de la *comunicación* como elemento imprescindible para afrontar temas derivados de la práctica e interacción lingüística (Pastor Cesteros 2004), en especial a partir de la significativa relevancia que campos como la pragmática, la sociolingüística y el análisis del discurso han tenido para la lingüística aplicada en los últimos años. Por último, se espera que las personas responsables de analizar y solucionar problemas lingüísticos mantengan una determinada *conducta profesional* respecto a los individuos o colectivos culturales, profesionales o sociales que forman parte de la esencia de cualquier situación lingüística real (Lacorte 2007).

4. Estado actual de la disciplina

En relación con las definiciones anteriores, podríamos afirmar que los expertos en la disciplina se muestran ahora menos interesados por la lingüística aplicada *al* español —con el conocimiento teórico sobre el lenguaje y las lenguas como principal referente— y más comprometidos con la lingüística aplicada *del* español —la descripción, análisis y resolución de cuestiones de índole lingüística como principal referente—. En una contribución particularmente valiosa al campo —por su concisión y claridad—, Payrató (2003) propone la siguiente lista de áreas de trabajo para la lingüística aplicada en el presente, extraída de Slama-Cazacu (1984):

- Elaboración y desarrollo teórico y metodológico de las bases de la lingüística aplicada. Medios de organización y de desarrollo del dominio y de la colaboración interdisciplinaria.

- Enseñanza de lenguas extranjeras y educación de la lengua materna y de la comunicación en lengua materna.
- Aspectos lingüísticos (codificación y estandarización gráfica, etc.) del aprendizaje y la enseñanza de la lectura y la escritura (transliteración, sistemas de escritura, ortografía, etc.).
- Aplicaciones de la investigación lingüística en materias de lexicografía, estilística y dialectología.
- Resolución de problemas lingüísticos en relación con la actividad de la traducción.
- Problemas lingüísticos a nivel de comunidad o Estado.
- Aspectos lingüísticos de los medios de comunicación de masas.
- Aspectos lingüísticos de la comunicación en las empresas y, en general, en la actividad productiva.
- Aspectos lingüísticos del diagnóstico y de la terapia de los trastornos del lenguaje.
- Aspectos lingüísticos de la relación médico-paciente, o psicólogo-paciente, o psicólogo-sujeto experimental.
- Aspectos lingüísticos de la transmisión mecánica de la comunicación.
- Aplicación en diversos dominios de las técnicas de análisis mecánico del habla.
- Desarrollo de medios matemáticos formalizados y técnicos destinados a resolver problemas de lingüística aplicada o que involucren a la lingüística aplicada.
- La lingüística aplicada y el dominio jurídico.
- Aspectos lingüísticos de taquimecanografía, imprenta, corrección, etc.

Payrató (2003) recoge también otras listas de temas a partir de las áreas y los temas tratados en varios congresos desde el I Coloquio Internacional de Lingüística Aplicada celebrado en Nancy (Francia) en 1964. Sin embargo, en los últimos años organizaciones como AILA prefieren elaborar listas más "dinámicas" en función de los intereses de sus socios, en vez de las pautas dispuestas por grupos cerrados de expertos. Así, algunas de las redes de investigación (ReNs, siglas en inglés para *Research Networks*) que AILA presenta en su página de Internet a principios de 2014 son: publicaciones y presentaciones académicas en un contexto global, escritura académica del inglés como lengua extranjera, aprendizaje integrado de contenidos e idiomas, comunicación en contextos especializados, complejidad y aprendizaje de lenguas segundas, corpus lingüísticos y tecnología, lingüística de los medios de comunicación, teoría sociocultural y emergentismo, adquisición de lengua en programas de estudio en el extranjero y educación y desarrollo profesional de profesores de lengua.

Los recursos académicos y profesionales con que puede contar un lingüista aplicado en cualquiera de estas áreas de trabajo dependerán del país o región en que desarrolle su actividad, así como de la lengua que constituya su objeto de estudio. En general, la lingüística aplicada sigue evolucionando bajo la influencia de parámetros establecidos por el denominado sistema académico "BANA" (*Britain, Australasia, North America*: 'Gran Bretaña, Estados Unidos, Canadá, Australia y Nueva Zelanda'). Tal como señalan Makoni y Meinhof (2004), "las revistas 'prestigiosas' en lingüística aplicada y ciertamente en la mayoría de las disciplinas científicas se publican en inglés y proceden del 'mundo occidental'" (p. 96, mi traducción).

No obstante, a medida que el español ha ido tomando conciencia de su importante posición como idioma global, mundial o internacional, se ha involucrado cada vez más en la resolución de diversas cuestiones de tipo educativo, tecnológico, económico y sociopolítico. Lacorte (2007) presenta un listado —no exhaustivo— de publicaciones especializadas (libros y revistas), unidades y programas académicos, instituciones, asociaciones y congresos que parece corroborar la solidez actual de la lingüística aplicada del español. Algunos recursos electrónicos útiles para mantenerse al día sobre las novedades editoriales, académicas y profesionales del campo son:

- Infoling (http://infoling.org/home.php), una lista de correo con anuncios e información sobre lingüística española coordinada por investigadores en Europa y las Américas.
- Centro Virtual Cervantes (http://cvc.cervantes.es/), un sitio de Internet creado y mantenido por el Instituto Cervantes de España donde se encuentran recursos para estudiantes, profesores y otros profesionales que trabajan con la lengua española.
- Dialnet (http://dialnet.unirioja.es/), una plataforma de recursos y servicios documentales de acceso libre puesta en marcha por la Universidad de La Rioja (España) en 2001 y con casi un millón de usuarios en 2012.
- Portal del Hispanismo (http://hispanismo.cervantes.es/), un sitio de Internet mantenido también por el Instituto Cervantes que recoge información sobre publicaciones, librerías especializadas, programas académicos, empleo, becas y ayudas, tesis doctorales y redes de investigación, entre otras opciones.
- Todoele.net (http://www.todoele.net/index.html), un espacio para profesores de español como lengua segunda con todo tipo de información, materiales y recursos pedagógicos y profesionales.

En otra revisión más reciente de programas universitarios relacionados con la lingüística aplicada en el mundo hispanohablante, Lacorte (2012) encuentra algunas diferencias según la región geográfica donde se ubican estos programas. En Estados Unidos, la disciplina parece continuar especialmente interesada en la aplicación de teorías lingüísticas a determinadas áreas como la adquisición del español o su enseñanza como lengua segunda o de herencia, mientras que otras áreas vinculadas a los "nuevos caminos" de la lingüística aplicada suelen no formar parte de la oferta académica de la mayoría de los departamentos universitarios de español —sobre todo a un nivel de maestría o doctorado—. La situación en España resulta bastante diferente, pues aparte de que un significativo número de programas sí incluye "lingüística aplicada" en su título, la tendencia ha sido desarrollar un número más amplio de áreas de estudio ligadas no tanto a teorías lingüísticas concretas, sino más bien a una variedad de actividades profesionales y sociales a las que los alumnos podrán dedicarse una vez concluidos sus estudios. Véase, por ejemplo, este fragmento de la descripción del Instituto Universitario de Lingüística Aplicada (IULA) de la Universitat Pompeu Fabra (España): "[el Instituto] está especializado en discurso general, discurso especializado, ingeniería lingüística, lingüística computacional, léxico, terminología, lexicografía, variación y cambio lingüísticos, lingüística forense, comunicación científica y representación del conocimiento". Por último, la lingüística aplicada en América Latina ofrece menos programas a nivel de doctorado, pero una muy interesante pluralidad de programas de maestría donde se alternan las perspectivas teóricas y prácticas del campo para, por ejemplo, investigar la situación de comunidades indígenas desde diferentes enfoques lingüísticos, educativos y antropológicos, o analizar el discurso institucional, social o político. Por otra parte, la escasez de recursos que afecta a la disciplina en Latinoamérica acarrea una menor producción investigadora y editorial en relación a la de España y Estados Unidos. Con ello, se podría sugerir la existencia de una coyuntura parecida a la descrita antes con respecto al sistema BANA para los países anglohablantes, pero en este caso con otro sistema al que se podría denominar "SUS" (por las siglas en inglés de *Spain* y *United States*) o "ESEEUU" (por adaptación de las siglas en español de los mismos países).

5. Líneas de desarrollo futuro para el campo

Tal como indicamos en la introducción para esta entrada, la lingüística general a principios del siglo XXI parece mostrarse mucho más interesada por analizar la dinámica del lenguaje no sólo desde posiciones teóricas o estrictamente cognitivas, sino también como una actividad social con múltiples y complejas facetas. Una perspectiva "ecológica" del lenguaje implica una mayor conciencia sobre las relaciones entre el ambiente físico, biológico y social de las lenguas y sus hablantes. Y en este contexto, la lingüística aplicada contemporánea se siente especialmente cómoda por su enraizada capacidad de emplear conceptos y métodos de análisis procedentes de diversos campos científicos, ya sean modelos psicológicos como la Teoría Sociocultural o el Emergentismo, modelos matemáticos como los de la Teoría de la Complejidad o la Teoría del Caos, o modelos filosóficos como los vinculados al postmodernismo o el post-estructuralismo (Li Wei 2011). ¿De qué manera influirán estas tendencias recientes de la lingüística aplicada a las características generales que apuntamos anteriormente, es decir, el compromiso de resolver aspectos prácticos y reales, la mediación entre teoría y práctica, la multidisciplinariedad, la importancia de la comunicación para el análisis de la interacción lingüística y la conducta profesional respecto al análisis de cualquier situación lingüística?

En primer lugar, la *resolución de cuestiones prácticas y reales* deberá ahondar en el análisis crítico de, entre otros, los aspectos sociopolíticos del aprendizaje y enseñanza de otras lenguas; los temas de competencia e identidad lingüística y cultural en los múltiples contextos donde se usan esas lenguas, y las prácticas lingüísticas en ámbitos profesionales, institucionales o políticos. Esta orientación crítica resulta asimismo esencial para potenciar aún más la *habilidad de mediación* que posee la disciplina con respecto a "conflictos (teóricos y prácticos) propios de un mundo global-local (*glocal*), complejo y multilingüe" (Payrató 2012: 35). A un nivel más concreto, la lingüística aplicada deberá hacerse más visible en esos procesos de resolución (en la enseñanza de lenguas, la formación de profesorado, la planificación y política lingüísticas, las nuevas tecnologías, el tratamiento de trastornos lingüísticos, el análisis del discurso, etc.) para llegar a promover un debate realmente público sobre temas de índole lingüística: "la cuestión estriba en que los problemas no se resuelven hablando sobre ellos en congresos de lingüística aplicada; las soluciones deben ser llevadas al mundo de los usuarios de una u otra lengua" (Li Wei 2011: 9, mi traducción).

Tercero, nuestra disciplina ha demostrado en los últimos años una muy interesante orientación no sólo hacia la *multidisciplinariedad* —consideración de diversas áreas científicas para la resolución de diversas cuestiones lingüísticas—, sino también la interdisciplinariedad —colaboración de especialistas en diversas disciplinas para encontrar soluciones a una cuestión concreta ligada al lenguaje, como el trabajo realizado por lingüistas, sociólogos, antropólogos y especialistas en educación para alcanzar una comprensión más precisa sobre la enseñanza de español en Estados Unidos a distintas comunidades— y la transdisciplinariedad —creación de nuevas formas de análisis más temáticas que disciplinarias, como ocurre con la reciente aproximación al estudio del desarrollo de lenguas segundas vistas como sistemas complejos y dinámicos (véanse p. ej., Bastardas 2009; Larsen-Freeman 2012; Ortega 2013)—.

El análisis de la *comunicación humana* constituye sin duda un ámbito especialmente destacado de la lingüística aplicada actual. Al estudio de fenómenos asociados, por ejemplo, a la variabilidad y los préstamos, las interferencias y la alternancia lingüísticos se une ahora un gran interés por los procesos de multilingüismo y multiculturalidad que definen la sociedad presente, incluida la de nuestro mundo hispanohablante. Cada vez más, la comunicación humana se entiende y se estudia como un conjunto de procesos multimodales en los que participan la voz o el habla, la escritura, los gestos, los ojos u otros movimientos en numerosas esferas individuales, sociales o virtuales: "textos y discursos que atraviesan el espacio y el tiempo en la pantalla a los que podemos acceder para mezclar ahí recursos semióticos que incluyen una multiplicidad de lenguas" (Lotherington y Jenson 2011: 226, mi traducción).

El análisis de estos procesos supone una conceptualización particularmente amplia de los métodos de recogida y análisis de datos en la lingüística aplicada. Por ello, junto a la tradicional y siempre útil distinción entre aproximaciones cuantitativa y cualitativa, se proponen términos como análisis "sistemático" —ordenado, metódico, preciso, organizado— o "basado en sólidos principios" —teóricos y prácticos—, que sirvan para diseñar y poner en marcha cualquiera de los métodos de investigación existentes: experimentos, cuestionarios, entrevistas, conversaciones, grupos de discusión, observaciones, diarios, autobiografías, historias orales, documentos, etc. (Lacorte 2007). Debido a la naturaleza de los recursos y datos con los que suele trabajar, la *conducta profesional* del investigador en la lingüística aplicada deberá estar regida por un sólido marco ético, una comprensión adecuada de los aspectos teóricos relacionados con el tema que se desea resolver y una buena dosis de responsabilidad y sentido crítico con respecto al individuo o comunidad a quienes vamos a dar consejo o soluciones de perfil lingüístico.

Bibliografía

Bastardas, A. (2009) "Complejidad y emergencia en lingüística y ciencias de la comunicación", *Glossa. An Ambilingual Interdisciplinary Journal*, 4, 2, pp. 312–330.

Brown, H. (1987) *Principles of language learning and teaching*, Englewood Cliffs, NJ: Prentice Hall.

Brumfit, C. (1995) "Teacher professionalism and research", en Cook, G. y Seidlhofer, B. (eds.) *Principle and practice in applied linguistics*, Oxford: Oxford University Press, pp. 27–42.

Corder, S. (1973) *Introducing applied linguistics*, Hardmondsworth: Penguin.

Crystal, D. (1980) *A first dictionary of linguistics and phonetics*, Londres: Deutsch.

Davies, A. (1999) *An introduction to applied linguistics*, Edimburgo: Edinburgh University Press.

Davies, A. y Elder, C. (eds.) (2004) *The handbook of applied linguistics*, Londres: Blackwell.

Fernández Pérez, M. (1999) *Introducción a la lingüística*, Barcelona: Ariel.

Fernández Vítores, D. (2015) *El español: una lengua viva. Informe 2013*, Madrid: Instituto Cervantes [en línea]. Accesible en http://eldiae.es/wp-content/uploads/2015/06/espanol_lengua-viva_20151.pdf [28/10/2015].

Grabe, W. (2002) "Applied linguistics: An emerging discipline for the twenty-first century", en Kaplan, R. (ed.) *The Oxford handbook of applied linguistics*, Oxford: Oxford University Press, pp. 3–12.

Howatt, A. (2004) *A history of English language teaching*, 2.ª ed., Oxford: Oxford University Press.

Lacorte, M. (2007) "Lingüística aplicada del español. Consideraciones generales", en Lacorte, M. (ed.) *Lingüística aplicada del español*, Madrid: Arco Libros, pp. 17–46.

Lacorte, M. (2012) "Applied linguistics in the Spanish-speaking world: Mapping out the road", ponencia presentada en la 2012 American Association for Applied Linguistics Conference, Boston, MA.

Larsen-Freeman, D. (2012) "Complex, dynamic systems: A new transdisciplinary theme for applied linguistics?", *Language Teaching*, 45, 2, pp. 202–214.

Lotherington, H. y Jenson, J. (2011) "Teaching multimodal and digital literacy in L2 settings: New literacies, new basics, new pedagogies", *Annual Review of Applied Linguistics*, 31, pp. 226–246.

Mackey, W. (1966) "Applied linguistics: Its meaning and use", *English Language Teaching*, 20, 1, pp. 197–206.

Makoni, S., y Meinhof, U. (2004) "Western perspectives in applied linguistics in Africa", en Gass, S. y Makoni, S. (eds.) *World applied linguistics*, Amsterdam: John Benjamins, pp. 77–104.

Marcos Marín, F. (2004) "Aportaciones de la lingüística aplicada", en Sánchez Lobato, J. y Santos Gargallo, I. (dirs.) *Vademécum para la formación de profesores*, Madrid: SGEL, pp. 25–42.

Marcos Marín, F. y Sánchez Lobato, J. (1988) *Lingüística aplicada*, Madrid: Síntesis.
Moreno-Fernández, F. y Otero, J. (2007) *Atlas de la lengua española en el mundo*, Barcelona: Ariel.
Munteanu, D. (2013) *Breve historia de la lingüística románica*, 2.ª ed., Madrid: Arco Libros.
Ortega, L. (2013) "SLA for the 21st century: Disciplinary progress, transdisciplinary relevance, and the bi/multilingual turn", *Language Learning*, 63, s1, pp. 1–24.
Pastor Cesteros, S. (2004) *Aprendizaje de segundas lenguas. Lingüística aplicada a la enseñanza de idiomas*, Alicante: Publicaciones de la Universidad de Alicante.
Payrató, Ll. (2003) *De profesión, lingüista*, 2.ª ed., Barcelona: Ariel.
Payrató, Ll. (2012) "Local/global, teoría/praxis, textual/multimodal... La lingüística aplicada como mediación y análisis crítico", en Llanes Baró, A., Astrid Ciro, L., Gallego Balsà, L. y Mateu Serra, M. (eds.) *La lingüística aplicada en la era de la globalización*, Lleida: Edicions de la Universitat de Lleida, pp. 35–47.
Simpson, J. (2011) "Introduction", en Simpson, J. (ed.) *The Routledge handbook of applied linguistics*, Nueva York: Routledge, pp. 1–7.
Slama-Cazacu, T. (1984) *Linguistique appliquée: une introduction*, Brescia: La Scuola.
Strevens, P. (1992) "Applied linguistics: An overview", en Grabe, W. y Kaplan, R. (eds.) *Introduction to applied linguistics*, Nueva York: Addison-Wesley, pp. 13–31.
Wei, L. (2011) "From pedagogical practice to critical enquiry. An introduction to applied linguistics", en Wei, L. (ed.) *The Routledge applied linguistics reader*, Londres: Routledge, pp. 1–13.

Lecturas complementarias

Hall, C., Smith, P. and Wicaksono, R. (2011) *Mapping applied linguistics. A guide for students and practitioners*, Londres: Routledge.
Lacorte, M. (ed.) (2007) *Lingüística aplicada del español*, Madrid: Arco/Libros.
Lacorte, M. (ed.) (2014) *The Routledge handbook of Hispanic applied linguistics*, Londres: Routledge.
Pastor Cesteros, S. (2004) *Aprendizaje de segundas lenguas. Lingüística aplicada a la enseñanza de idiomas*, Alicante: Publicaciones de la Universidad de Alicante.
Payrató, Ll. (2003) *De profesión, lingüista*, 2.ª edición, Barcelona: Ariel.

Entradas relacionadas

adquisición del español como segunda lengua: factores generales; bilingüismo; enseñanza del español como lengua extranjera; español en los medios de comunicación; ideologías lingüísticas; lexicología; lexicografía; lingüística computacional; lingüística de corpus

LINGÜÍSTICA CLÍNICA

Elena Garayzábal Heinze

1. Introducción

El lenguaje es una capacidad humana específica que constituye un fenómeno social, cultural e histórico. Se manifiesta en forma de conducta observable consistente en signos verbales o de otro tipo, como los gestuales; tiene una doble naturaleza, por un lado social (cultural, simbólica y sociológica) y, por otro, biológica (neuronal y psicológica). Todo ello hace que las perspectivas desde las que se estudia el lenguaje sean multidisciplinares y debieran ser interdisciplinares.

El lenguaje es un sistema representacional y comunicativo que está relacionado con el funcionamiento del cerebro. La capacidad para usar este sistema parece requerir de una organización específica de los mecanismos del sistema nervioso que se considera única en el ser humano. Desde una perspectiva neurolingüística, a finales del siglo XIX los estudios de Broca y Wernicke mostraron que las funciones del lenguaje se producen básicamente en un hemisferio del cerebro. Aunque no queda claro en cuál (derecho o izquierdo) se produce la dominancia cerebral para el lenguaje, el hemisferio izquierdo podría ser dominante para la producción y comprensión del habla y estaría implicado en el proceso sintáctico y procesamiento semántico; en este hemisferio se procesarían los aspectos formales del lenguaje (fónicos y gramaticales). Los aspectos funcionales y pragmáticos (comprensión y producción de elementos paralingüísticos del habla y aspectos extralingüísticos) estarían procesados en el hemisferio derecho. A pesar de ello, hoy día sabemos que los centros de Broca (lóbulo frontal inferoposterior izquierdo) y Wernicke (lóbulo temporal superior posterior izquierdo) no son específicos, necesarios, ni suficientes para el habla; sus funciones y capacidades van más allá del conocimiento y ejercicio del lenguaje (Lieberman 2000). La organización funcional del cerebro, en relación con el procesamiento lingüístico y su especialización histológica correlativa, está aún lejos de ser definitiva, dado que están implicadas las estructuras corticales y las subcorticales. La plasticidad cerebral que permite la transferencia y asunción de tareas cerebrales, así como el papel de estructuras subcorticales, como los ganglios basales, tálamo, globo pálido, entre otras, es igual o más importante que las propias áreas y hemisferios tradicionalmente vinculados al lenguaje y contribuyen al desarrollo comunicativo y lingüístico del hombre. Gracias a los avances en la investigación en el ámbito neurocientífico la descripción de la localización de los centros lingüísticos se ha ido ampliando y se sabe que existen circuitos neurales que posibilitan la actividad lingüística e implican a regiones cerebrales que tradicionalmente se encargaban de tareas no lingüísticas. A pesar de los avances científicos, aún estamos lejos de poder establecer relaciones claras entre circuitos neurales específicos, actividades cognitivas concretas y comportamientos lingüísticos determinados que permitan, cada uno de ellos, establecer y afirmar claramente la existencia de los otros.

Desde una perspectiva psicolingüística, el lenguaje es una conducta verbal específica del ser humano, es observable, medible y evaluable, a la vez que constituye un proceso cognitivo complejo que tiene en cuenta cómo el hombre produce y comprende su lengua. Vinculados al procesamiento de la producción y la comprensión hay factores cognitivos como la atención, memoria, razonamiento, aprendizaje y percepción estrechamente ligados a estos procesos.

Cuando observamos, analizamos y evaluamos el lenguaje, lo hacemos partiendo de los diferentes niveles lingüísticos. Para llegar a una mejor comprensión del lenguaje como sistema de comunicación y sus manifestaciones, solemos disociar las habilidades y los procesos, pero no debemos perder de vista las diferentes relaciones entre los mismos, pues con ello limitamos la integración de nuestras observaciones en un marco más amplio y comprehensivo que unifica diferentes tipos de datos y permite el desarrollo y enriquecimiento de un debate teórico y empírico que pone en relación la lingüística con otros campos de la ciencia cognitiva.

2. La lingüística clínica

2.1. Marco histórico y definiciones

La aparición del lenguaje oral en el hombre se remonta a unos 50.000 años (Lieberman 2007). Desconocemos muchos aspectos de estos estadios iniciales en la prehistoria lingüística del ser humano y más incógnitas todavía suscitan sus alteraciones.

Las limitaciones para el habla, la lengua y la comunicación, tanto en su producción como en su comprensión, siguen constituyendo un gran desafío hoy en día, dado que su estudio resulta complicado y resbaladizo, en buena parte porque el fenómeno del lenguaje y sus alteraciones es variado y variable, su metodología diversa, las bases o marcos teóricos de los que se parte para su estudio son heterogéneos y los objetivos que se persiguen son múltiples.

Tradicionalmente la medicina y la psicología han sido las disciplinas que se han ocupado más exhaustivamente del estudio de las patologías del lenguaje. Sin embargo, recientemente una nueva disciplina está contribuyendo a la investigación y descripción de las alteraciones lingüísticas, la lingüística clínica (de ahora en adelante, LC).

La LC es una disciplina de la lingüística que aplica con fines resolutivos el conocimiento lingüístico a las dificultades de la lengua, el habla y la comunicación y da cuenta de ciertos hechos lingüísticos que desde otros campos resultan difíciles de explicar. La importancia que se otorga a la lingüística en relación con las patologías del lenguaje surge oficialmente en el Reino Unido en los años setenta, gracias al reconocimiento de la lingüística en el estudio de los trastornos de la comunicación. En 1972 la lingüística se consolida en Reino Unido cuando se reconoce la obligatoriedad de su estudio en los programas de logopedia, gracias al informe Quirk, elaborado por el *Comité de Investigación Gubernamental sobre Servicios de Terapia del Habla* (Government Committee of Inquiry into Speech Therapy Services) y dirigido por Randolf Quirk. En el informe se apoyaba la incorporación de la lingüística como conocimiento básico en la formación de los logopedas, quienes debían poseer un bagaje lingüístico suficiente y necesario para poder comprender y aplicar este conocimiento a la intervención de los pacientes con alteraciones del habla y la lengua (HMSO 1972).

No obstante, la investigación lingüística aplicada a los trastornos del habla y la lengua es muy anterior, muestra de ello fue la fundación de la ASHA (American Speech language-Hearing Association) en 1925 y The Royal College of Speech and Language Therapists, fundado en 1945 (Cummings 2008). Ya en 1920 el profesor Daniel Jones desarrolló una línea de investigación fonética en terapia del habla británica (Grunwell 1988: 36–37). Pero no es hasta el año 1981 que se habla específicamente de la LC. David Crystal en su libro *Clinical linguistics* (1981: 1) fue el primero en acuñar el término de esta disciplina emergente que definió y redefinió en años posteriores (1984: 30–31; 1994: 412) como la aplicación de la ciencia lingüística, teorías y metodología al estudio de aquellas situaciones en las que se diagnostican limitaciones del lenguaje hablado, escrito o signado, y se intervienen en ellas.

Después, diferentes autores cuya investigación se centraba en la LC contribuyeron a delimitar el campo. De este modo, Ball y Kent (1987) resaltaron la importancia de incluir los datos clínicos para la evaluación de la actuación lingüística y para contribuir a la revisión y una mayor precisión y redefinición de las teorías lingüísticas. Por su parte, Perkins y Howard (1995: 11) consideraron que el campo de la LC consiste en la aplicación teórica y descriptiva de la lingüística a las patologías del habla y la lengua, y su rehabilitación. Cummings (2008: 1) definió la LC como el estudio de cómo la capacidad humana para el lenguaje puede verse afectada como resultado de la alteración de procesos mayores implicados en la transmisión y recepción de la lengua, incluyendo todos los trastornos con que se encuentran los terapeutas del habla y la lengua en diferentes contextos clínicos (también Cummings 2013). De igual modo, Garayzábal (2009: 143) considera que la LC se caracteriza por adoptar un enfoque integrador y multidisciplinar que intenta dar cuenta de los problemas que conciernen a la forma y función comunicativa del ser humano que impiden o limitan su interacción con los demás, por inhibición, ausencia, distorsión, divergencia o deterioro de su habilidad lingüística. Además debe aportar herramientas lingüísticas para su evaluación, proporcionar pautas de interpretación lingüística de los datos clínicos y facilitar materiales a los profesionales responsables de la rehabilitación de los trastornos del habla, la lengua y la comunicación.

En el ámbito internacional el interés por la LC se ha concretado en una publicación periódica: *Clinical Linguistics and Phonetics* (Taylor y Francis), y en un foro bianual donde especialistas de todo el mundo exponen sus investigaciones dentro este campo: International Clinical Linguistics and Phonetic Association (ICPLA). También existen dos másteres internacionales específicos de LC: *European Master in Clinical Linguistics (EMCL)* y el *Máster en LC* (Lisboa, Portugal) de reciente implantación (año académico 2013/2014). En Reino Unido existe la BACL –British Association of Clinical Linguistics.

La LC no posee una teoría propia, sino que aglutina y filtra muchos marcos teóricos que permiten plantear y analizar el problema. La variedad de aproximaciones, temas y orientaciones metodológicas amplían la perspectiva del estudio lingüístico y su aplicación a las alteraciones lingüísticas y comunicativas, que enriquecen la clasificación de los datos lingüísticos y su explicación.

Se necesita la teoría para dar respuesta a preguntas relacionadas con la organización y representación del lenguaje en el cerebro; la manera en que producimos y comprendemos el lenguaje; las relaciones, diferencias y distanciamientos que existen entre el lenguaje patológico y la norma por medio de la comparación de normas lingüísticas descriptivas válidas para el grupo en el que se enmarca el paciente; la identificación de lo que se ha perdido y necesita ser recuperado; el establecimiento de las formas y funciones que se necesitan adquirir; y el orden, en casos de trastorno del desarrollo (Perkins y Howard 1995: 12).

2.2. *Objetivos de la lingüística clínica*

El objetivo de un lingüista dedicado a la clínica es analizar y describir un problema de naturaleza lingüística para ayudar en su avance y mejoría. El lingüista clínico no se dedica a la rehabilitación del paciente; esta es competencia del logopeda. Así las cosas, la LC debe suponer un soporte básico y un referente para todos aquellos especialistas que trabajen con personas con problemas de lenguaje; su labor debe estar orientada a la mejora terapéutica, de tal modo que desde el conocimiento lingüístico los logopedas, en conjunto con lingüistas especializados en patologías lingüísticas, puedan disponer e incluso desarrollar un amplio abanico de herramientas orientadas a la rehabilitación de la comunicación, la lengua y el habla (Brumfitt 2004). El conocimiento de la teoría lingüística aplicado a situaciones de compromiso lingüístico y comunicativo permite guiar la toma de decisiones tanto en el proceso de evaluación como de intervención (Black y Chiat 2003; Moreno-Torres 2004; Bray *et al.* 2006; Garayzábal y Capó 2006) y constituye una herramienta útil para los terapeutas del lenguaje. El conocimiento lingüístico que debe poseer toda persona interesada en las alteraciones del habla, la lengua y la comunicación está relacionado con los diferentes niveles de análisis lingüístico. Los resultados que se desprendan de la evaluación y del análisis de los mismos permitirán crear un perfil lingüístico del paciente a partir de una muestra representativa de su habla en la que se reflejarán las habilidades y las dificultades; de igual modo, facilitará el análisis y clasificación de las diferentes descripciones lingüísticas que facilitará la creación de los trastornos del lenguaje desde un punto de vista lingüístico, a la vez que favorecerá diagnósticos diferenciales. Un conocimiento lingüístico robusto posibilitará adoptar una visión crítica en torno a la validez y representatividad de teorías y modelos que permitan explicar los datos en un camino de ida y vuelta, de los datos a la teoría —en este sentido interesa la teoría como base para el uso clínico—; y de la teoría a los datos, centrando la investigación en los datos en cuanto permiten falsar o no las teorías sobre la naturaleza del lenguaje. En último lugar, el conocimiento lingüístico, junto con la descripción de las patologías del lenguaje, podría ayudar a establecer relaciones entre los planos cognitivo, neurológico y lingüístico.

2.3. *Aspectos metodológicos en lingüística clínica*

Hablar de metodología y aspectos metodológicos supone responder a preguntas tales como ¿qué queremos ver?, ¿cómo obtenemos los datos?, ¿cómo los analizamos?, ¿de quién los obtendremos?, ¿para qué los queremos?, ¿qué cantidad de datos necesitamos? Dos son las perspectivas metodológicas que permiten dar respuesta a estas preguntas: la perspectiva cuantitativa y la perspectiva cualitativa.

La metodología cuantitativa permite cuantificar los datos de un corpus en un sentido puramente estadístico y en sí constituye una herramienta básica de ayuda a la investigación que podremos utilizar de forma cuantitativa o cualitativa.

En lingüística prima la perspectiva fenomenológica que favorece el análisis de datos descriptivos (metodología cualitativa) y sigue una perspectiva integradora en un contexto naturalista. El paradigma sociolingüístico es el que mejor se adapta, pues permite analizar la producción comunicativa en situaciones naturales de interacción. Los principales métodos desarrollados con aplicación concreta en LC adoptan la perspectiva etnográfica e interaccional y el análisis del discurso y conversacional (Codesido 1997; Damico *et al.* 1999; Simmons-Mackie y Damico 2001; Perkins 2005; Müller *et al.* 2008; Griffiths *et al.* 2011; Wilkinson 2013).

Ambos enfoques se aplican al campo de la investigación de las patologías del lenguaje y se complementan.

2.4. Los datos lingüísticos

Los datos lingüísticos son la base sobre la que se crearán perfiles lingüísticos, individuales o grupales. Antes de su recogida es conveniente determinar qué aspectos de la lengua nos interesan y en cuáles debemos fijarnos: ¿Aspectos formales o funcionales? ¿Qué nivel de análisis: fonético, fonológico, morfológico, sintáctico, léxico, semántico, pragmático? ¿Qué proceso: comprensivo o productivo?

Los datos lingüísticos obligan al acceso a personas. La creación y definición de perfiles lingüísticos patológicos vendrá determinado por los recursos humanos de que dispongamos. Hay varios factores o variables importantes en relación con la selección de la muestra: la cantidad de personas (vendrá determinado en gran medida por el tipo de patología que se quiere estudiar, más o menos común), la edad (adultos o niños), naturaleza de los datos y su tipología (básicamente niveles de análisis lingüístico o dimensión formal/funcional). Otras variables que en un primer momento pueden resultar secundarias son el sexo, el nivel sociocultural, el nivel educativo, la procedencia del hablante (raza y etnia) y situaciones de bilingüismo (Moreno 2005; Garayzábal 2006).

Una vez tenemos la muestra procederemos a la recogida de los datos; estos pueden obtenerse por medio de la simple observación de la conducta comunicativa (Milroy 1987), para lo que habrá que planificar y determinar previamente lo que queremos observar. Si no sistematizamos previamente la observación, nos resultará más complejo precisar y establecer lo que queremos encontrar una vez comience la recogida de los mismos. La observación como técnica tiene algunos inconvenientes: que en el momento de la observación no obtengamos los datos que queremos, que no sea suficiente el tiempo dedicado, o que no sea el momento adecuado para el paciente (por sus circunstancias personales).

También podemos obtener muestras de habla espontánea por medio de entrevistas con preguntas abiertas dirigidas al paciente, de tareas específicas como contar un cuento o recordar un suceso o una película, o por medio de cuestionarios que, aunque no se consideran medidas válidas, dado que la información que proporcionan es subjetiva, nos permiten obtener información.

La recogida de muestras puede realizarse por medio de grabaciones de audio, video o recogida manual de información. Independientemente del soporte que utilicemos, lo que conseguiremos es un corpus cuyo análisis dependerá de las variables que queramos estudiar. El corpus en sí mismo constituye una herramienta en bruto. ¿Qué podemos hacer con un corpus? Podemos recurrir a las transcripciones. Si nos queremos centrar en cuestiones de pronunciación, utilizaremos la trascripción fonética y fonológica para lo que recurriremos a las normas de la IPA (International Phonetic Alphabet) que además contempla una ampliación para el habla patológica (Duckworth *et al.* 1990); podemos utilizar los signos fonéticos publicados por la Revista de Filología Española (1915) y Navarro (1966–1967), para la transcripción de sonidos y fonemas específicos de la lengua española.

La transcripción ortográfica emplea la ortografía convencional para la representación de las palabras y suele atender a necesidades de carácter discursivo: turnos, pares adyacentes, solapamientos, silencios, coherencia, relevancia, entre otros.

Con un corpus también podemos proceder a clasificar los elementos. Esta acción permite llevar a cabo diferentes análisis en función de cuál sea nuestro objeto de estudio. Así, podemos marcar morfemas, lexemas y estructuras. Ello permitirá, en última instancia, cuantificar los datos. Un etiquetado léxico, por ejemplo, nos permite ver la frecuencia de una palabra, su co-ocurrencia, su distribución. Un etiquetado gramatical facilitará información en torno a las diferentes combinaciones estructurales dentro de un sintagma o de una oración, por ejemplo.

De igual modo, un corpus ayuda a determinar la longitud media de emisión (LME) (Brown 1973). Se trata de una técnica de análisis que permite registrar el aumento de la complejidad gramatical. Las puntuaciones que aporta permiten interpretar las emisiones lingüísticas en términos evolutivos.

Los corpus lingüísticos han permitido el desarrollo de diversas herramientas de gran utilidad clínica. Por mencionar un par de ellas destacamos:

El LARSP (*Language Assessment Remediation and Screening Procedure*) (Crystal, Fletcher y Garman 1976) constituye el primer gran registro de perfiles lingüísticos y permite su creación. A partir de la recogida de muestras de habla que han de transcribirse en emisiones individuales, se completan datos referidos al tipo de oraciones, nivel de cláusulas y frases, nivel de palabra, entre otros. En la hoja de registro del perfil se atribuye un nivel con respecto a una edad y al final se registra claramente dónde existen problemas y dónde no en relación con las estructuras de la lengua. Hoy en día existen perfiles lingüísticos del LARSP para numerosas lenguas, entre ellas el español (Codesido, Coloma, Garayzábal *et al.* 2012).

El Protocolo Pragmático (Prutting y Kirchner 1983) funciona como un listado de control de ciertas conductas que suelen producirse durante la grabación. Contiene 30 parámetros pragmáticos que se agrupan en torno a tres grandes aspectos: verbal, paralingüístico y no verbal. Se registran los datos en términos de adecuación o inadecuación de la conducta pragmática.

El resultado final del tratamiento de una alteración por parte del profesional especializado es su mejoría o su restablecimiento. No resulta difícil pensar que para corregir un problema del habla, de la lengua o de la comunicación hay que evaluar, y para evaluar hay que analizar, y para analizar hay que describir. Por tanto el punto de partida es la descripción.

Una vez recogidos los datos, se describen, organizando y sistematizando la realidad lingüística que tenemos frente a nosotros, para crear perfiles lingüísticos. A partir de los perfiles lingüísticos es posible crear taxonomías de rasgos lingüísticos patológicos, viendo lo que es común y lo que es diferente, para, idealmente, poder crear criterios diagnósticos de base lingüística. También se pueden aportar datos relevantes para el desarrollo de pruebas para la evaluación del lenguaje de corte lingüístico. Estos datos se obtienen sobre muestras de habla reales recogidas en contextos naturales y no creadas sobre una gramática ideal, pero irreal.

El análisis de los datos, la creación de perfiles lingüísticos y la elaboración de taxonomías lingüísticas facilitan la elaboración de materiales lingüísticos de apoyo específico y general, que constituyen una herramienta más al servicio de la rehabilitación del habla, la lengua y la comunicación.

3. La lingüística clínica en españa

La importancia de la lingüística aplicada a las patologías del lenguaje está relativamente reconocida en nuestro país. Constituye un conocimiento obligatorio desde 1991 en los grados de Logopedia y en Maestro Especializado en Audición y Lenguaje; sin embargo, el número de créditos destinados a impartir esta disciplina es variable (entre 9 y 6 créditos), y los contenidos no siempre están ajustados a las necesidades reales de estos futuros profesionales. La lingüística es una disciplina básica (no auxiliar) para el estudio del lenguaje en todas sus dimensiones, pero no todo conocimiento lingüístico es necesario en estas titulaciones. Por otro lado, no todos los profesores que imparten los contenidos de lingüística están especializados o tienen conocimientos suficientes en patologías del lenguaje, como se refleja en los descriptores del programa de la asignatura de lingüística de las universidades que imparten Logopedia y Magisterio en Audición y Lenguaje (Garayzábal 2008). Ello en sí constituye ya una limitación importante. Los conocimientos, indudablemente, deben estar específicamente orientados al estudio de las alteraciones del lenguaje. Es justo reconocer que la formación lingüística del profesor orientada a los trastornos del lenguaje es, en la mayoría de los casos, autoformativa; muy pocos se han formado a la vez en lingüística y logopedia, por lo que en muchas ocasiones la aportación y relevancia de los conocimientos aplicados queda bastante diluida.

Pero si el panorama de la lingüística como área de conocimiento en titulaciones como las mencionadas es limitado, la LC como área de conocimiento reconocida está lejos de constituirse en una aplicación autónoma de la lingüística en nuestro país (Garayzábal 2004). Académicamente, los contenidos de la LC en la universidad española no forman parte de los requisitos generales educativos dentro del conocimiento lingüístico de los grados en los que tendría que estar presente. Muy pocas universidades ofrecen la LC como asignatura optativa de grado. En los postgrados y Tercer Ciclo la LC se contempla en algunas universidades.

Por lo que concierne a la investigación en España, el escaso marco de estudios en LC que existen se ha fijado más en los aspectos de producción que de recepción y, dentro de los primeros, las afasias y la adquisición del lenguaje siguen siendo el centro predominante de la investigación. Poco a poco empiezan a apuntar otras tendencias en la investigación que incluyen, por ejemplo, el trastorno por déficit de la atención (TDAH), síndromes de dificultades de aprendizaje no verbal y demencias tipo Alzheimer.

Existen diferentes grupos de investigación en LC en nuestro país, los principales son: el Grupo Koiné (Universidad de Santiago de Compostela), centrado en aspectos de adquisición del lenguaje; el Grupo de Investigación en Neurolingüística y LC (Universitat de València), muy orientado al estudio de las afasias y recientemente al TDAH; el *Grupo MOC* (Universidad de Málaga), centrado en aspectos de sordera e implantes cocleares; además del trabajo de Faustino Diéguez-Vide y Jordi Peña (Universitat de Barcelona), que centran su investigación en cerebro y lenguaje (afasias, Alzheimer). Dada la poca fuerza y visibilidad de la LC en nuestro país, corremos el riesgo de trabajar en algo caduco en sí mismo, pues una vez deje de contemplarse la LC en el ámbito académico o vayan finalizando los proyectos hoy en día vigentes, el panorama para el reconocimiento de esta disciplina no será precisamente favorable.

Las colaboraciones con especialistas tanto nacionales como internacionales de otras áreas están dando sus frutos y están enriqueciendo el panorama de la LC en nuestro país. Actualmente puede observarse un mayor número de publicaciones, ya generales, ya específicas, dentro del campo de la LC (Marrero 2000; Hernández y Serra 2002; Moreno 2004; Gallardo y Veyrat 2004; Garayzábal 2005, 2006; Diéguez-Vide y Peña 2012, por mencionar algunas publicaciones de carácter general). También en los últimos años han aflorado diversos foros centrados en la LC, como el I Congreso Nacional de LC (Valencia 2006); el II y el III Congreso Internacional de LC (Madrid 2009; Málaga 2012, respectivamente, ambos continuidad del I Congreso Nacional de LC) y el IV Congreso Internacional de LC (Barcelona 2015).

En un plano más profesional, en España no se cuenta apenas con la presencia de lingüistas en equipos interdisciplinares; ni siquiera son una figura a la que se recurra en la creación de pruebas de evaluación, ni en el proceso de evaluación e intervención. La colaboración entre lingüistas y logopedas es prácticamente inexistente. El conocimiento lingüístico sigue siendo un gran desconocido y una importante carencia en todos aquellos estudios interdisciplinares que describen, analizan e intervienen en las alteraciones del lenguaje, y no se aprecia lo que desde la LC puede aportarse a los especialistas logopedas, médicos y psicólogos. En parte esto puede ser debido o a que las fronteras disciplinarias no están claramente diferenciadas, o bien a un desconocimiento de las mismas, lo que lleva en un primer lugar a un mal entendido intrusismo, que va en detrimento del enriquecimiento entre las diferentes disciplinas; y en segundo lugar, lleva a confusiones terminológicas importantes. Pero una limitación aún más importante que limita el alcance de la LC y le impide visibilidad es el hecho de que desde la propia lingüística esta especialización, y su contribución al ámbito lingüístico, pasa desapercibida o se ningunea en favor de otras ramas de la lingüística establecidas tradicionalmente, como son la psicolingüística y la neurolingüística.

Bibliografía

Ball, M. J. y Kent, R. (1987) "Editorial", *Clinical Linguistics and Phonetics*, 1, pp. 1–5.

Black, M. y Chiat, S. (2003) *Linguistics for clinicians: A practical introduction*, Londres. Hodder Arnold.

Bray, M., Ross, A. y Todd, C. (2006) *Speech and language: Clinical process and practice*, Londres. Whurr.

Brown, R. (1973) *A first language. The early stages*, Cambridge, MA: Harvard University Press.

Brumfitt, S. (2004) *Innovations in professional education for speech and language therapy*, Londres. Whurr.

Codesido, A. I. (1997) "Aproximación desde la etnografía del habla al proceso de enseñanza-aprendizaje de una lengua materna", *Reale*, 7, pp. 9–18.

Codesido, A. I., Coloma, C., Garayzábal, E., Marrero, V., Mendoza, E., y Pávez, M. T. (2012) "Spanish acquisition and the development of PERSL", en Ball, M., Crystal D. y Fletcher P. (eds.) *Assessing grammar: The languages of LARSP, UK, Multilingual Matters*, pp. 245–281.

Crystal, D. (1981) *Clinical linguistics*, Vienna: Springer Verlag.

Crystal, D. (1984) *Linguistic encounters with language handicap*, Oxford: Blackwell.

Crystal, D. (1994) *An encyclopedic dictionary of language and languages*, Cambridge: Cambridge University Press.

Crystal, D., Fletcher, P. y Garman, M. (1976) *The grammatical analysis of language*, Londres: Edward Arnold.

Cummings, L. (2008) *Clinical linguistics*, Edimburgo: Edinburgh University Press.

Cummings, L. (2013) "Clinical linguistic: State of the art", *International Journal of Language Studies*, 7, 3, pp. 1–32.

Damico, J., Oelschlaeger, M. y Simmons-Mackie, N. (1999) "Qualitative methods in aphasia research: conversation analysis", *Aphasiology*, 13, 9–11, pp. 667–679.

Damico, J. y Simmons-Mackie, N. (2003) "Qualitative research and speech-language pathology: A tutorial for the clinical realm", *American Journal of Speech-Language Pathology*, 12, 2, pp. 131–143.

Diéguez-Vide, F. y Peña-Casanova, J. (2012) *Cerebro y lenguaje: sintomatología neurolingüística*, Madrid: Panamericana.

Duckworth, M., Allen, G., Hardcastle, W. y Ball, M. (1990) "Extension to the International Phonetic Alphabet for the transcription of atypical speech", *Clinical Linguistics and Phonetics*, 4, pp. 273–280.

Gallardo, B. y Veyrat, M. (coords.) (2004) *Estudios de lingüística clínica: lingüística y patología*, Valencia: AVaLCC.

Garayzábal, E. (2004) "Las alteraciones del lenguaje desde una perspectiva lingüística: el estado de la cuestión", *Revista de Logopedia, Foniatría y Audiología*, 24, 4, pp. 169–177.

Garayzábal, E. (2005) *El síndrome de Williams. Materiales y análisis pragmático*, Valencia: Publicaciones de la Universidad de Valencia.

Garayzábal, E. (ed.) (2006) *Lingüística clínica y logopedia*, Madrid: Ediciones Antonio Machado.
Garayzábal Heinze, E. (2008) "Formación lingüística para terapeutas del lenguaje", en *Actas del VIII Congreso de Lingüística General*, Madrid; Universidad Autónoma de Madrid, pp. 763–782.
Garayzábal, E. (2009) "Lingüística clínica: teoría y práctica. Investigaciones lingüísticas en el siglo XXI", en Jiménez Ruiz, J. L. y Timofeeva, L. (eds.) *Estudios de lingüística: investigaciones lingüísticas en el siglo XXI*, Alicante: Universidad de Alicante, pp. 131–168.
Garayzábal, E. y Capó, M: (2006) "El papel del lingüista en las pruebas de evaluación del lenguaje: el componente fonológico y gramatical", *Actas del I Congreso de Lingüística Clínica. Vol. II: Lingüística y evaluación del lenguaje*, Valencia: Universidad de Valencia, pp. 111–121.
Griffiths, S., Barnes, R., Britten, N. y Wilkinson, R. (2011) "Everyday interaction in Parkinson's disease: The potential benefits of a conversation analytic approach". *International Journal of Language and Communication Disorders*, 46, 5, pp. 497–509.
Grunwell, P. (1988) *Applied linguistics in society*, Londres: CILTR.
Hernández, C. y Serra, E. (coord.) (2002) *Estudios de lingüística clínica*, Valencia: Nau Libres.
Lieberman, P. (2000) *Human language and our reptilian brain*, Cambridge, MA: Harvard University Press.
Lieberman, P. (2007) "The evolution of human speech", *Current Anthropology*, 48, 1, pp. 39–66.
Marrero, V. (2000) *Introducción a la lingüística aplicada a fines clínicos*, Madrid: UNED.
Milroy, L. (1987) *Observing and analysing natural language: A critical account of sociolinguistic method*, Oxford: Blackwell.
Moreno, A., Madrid, G., Alcántara, M., Gonzalez, A., Guirao, J. M. y Torre, R. (2005) "The Spanish corpus", en Cresti, E. y Moglia, M. (eds.) *C-ORAL-ROM Integrated reference corpora for spoken Romance languages*, Amsterdam: John Benjamins, pp. 135–161.
Moreno Fernández, F. (2005) *Principios de sociolingüística y sociología del lenguaje*, Madrid: Ariel.
Moreno Torres, I. (2004) *Lingüística para logopedas*, Málaga: Aljibe.
Müller, N., Guendouzi, J. y Wilson, B. (2008) "Discourse analysis and communication impairment", en Ball, M., Perkins, M., Müller, N. y Howard, S. (eds.) *The handbook of clinical linguistics*, Oxford: Blackwell Publishing, pp. 3–31.
Perkins, M. y Howard, S. (1995) *Case studies in clinical linguistics*, Londres: Whurr.
Perkins, M. (2007) *Pragmatic impairment*, Cambridge: Cambridge University Press.
Prutting, C. y Kirchner, D. (1983) "Applied pragmatics", en Gallagher, T. y Prutting, C. (eds.) *Pragmatic assessment and intervention issues inl*, San Diego: College-Hill Press, pp. 29–64.
Quirk, R. (1972) *Speech therapy services*, Londres: HSMO.
Wilkinson, R. (2013) "Conversation analysis and communication disorders", en Chapelle, C. A. (ed.) *The encyclopedia of applied linguistics*, Malden, MA: Wiley-Blackwell, pp. 962–967.

Lecturas complementarias

Centeno, R. T. Anderson, y L. Obler (eds.) (2007) *Communication disorders in Spanish speakers: Theoretical, research and clinical aspects*, Clevedon: Multilingual Matters.
Damico, J. y Ball, M. (2008) "Clinical sociolinguistics", en Ball, M., Perkins, M., Müller, N. y Howard, S. (eds.) *The handbook in clinical linguistics*, Oxford: Blackwell Publishing, pp. 107–129.
Grundy, K. (ed.) (1989) *Linguistics in clinical practice*, Londres: Whurr.
Obler, L. y Gjerlow, K. (2000) *Language and the brain*, Cambridge: Cambridge University Press.
Lesser, R. y Milroy, L. (1993) *Linguistics and aphasia: Psycholinguistic and pragmatic aspects of intervention (Language in social life)*, Londres: Routledge.

Entradas relacionadas

lingüística aplicada; psicolingüística; sociolingüística

LINGÜÍSTICA COMPUTACIONAL

Antonio Moreno Sandoval

1. Introducción

La lingüística computacional (LC) se ocupa de la creación de programas informáticos que simulan parcialmente el comportamiento verbal humano. Es un campo multidisciplinar que fusiona conceptos y métodos de la lingüística, la computación, la lógica, la psicología y la estadística. La LC es parte de la inteligencia artificial (IA) (Russell y Norvig 2010: 16). Los dos aspectos esenciales son el conocimiento lingüístico y el procesamiento informático de dicho conocimiento. Lo que suele dar mejores resultados es que los lingüistas se encarguen de lo primero y los informáticos de lo segundo, pero esto ha generado siempre una tensión sobre qué es lo más importante. La historia de la LC se divide en ciclos según sea predominante el criterio científico (conocer y replicar la facultad cognitiva del lenguaje humano, probando teorías lingüísticas mediante la simulación por ordenador) o el criterio aplicado (conseguir programas comerciales que resuelvan problemas de comunicación lingüística, como la traducción automática o el reconocimiento de voz). Al primer enfoque lo denominaremos LC teórica (ver § 2) y al segundo LC aplicada.

Esta particularidad multidisciplinar ha generado diferentes términos equivalentes a LC, como procesamiento del lenguaje natural (PLN, más popular entre los informáticos) o ingeniería lingüística, tecnologías del lenguaje humano (preferidos por los ingenieros y la industria del software). Todos ellos se refieren esencialmente a lo mismo.

La Tabla 1 presenta un resumen de las principales aplicaciones desarrolladas en la LC, agrupadas por áreas. Algunas están enfocadas a la lengua hablada, mientras otras se centran en textos escritos. Desde los orígenes, las aplicaciones más desarrolladas han sido los sistemas de ayuda a la traducción y los de gestión de la información. La LC también tiene un amplio campo de acción como herramienta para la investigación lingüística, literaria y la enseñanza de lenguas.

2. Modelos

En LC se entiende que el lenguaje es un proceso comunicativo donde emisor y receptor procesan determinada información en función de un conocimiento lingüístico y del mundo (pragmático) compartidos. La perspectiva individual e introspectiva no tiene cabida en un

Tabla 1 Aplicaciones de la lingüística computacional

Áreas	*Aplicaciones*
Tecnologías del habla	Reconocedores y sintetizadores de voz: sistemas de dictado de mensajes, transcripción y subtitulado. Sistemas de diálogo hombre-máquina, aplicaciones en automóviles. Tutores de pronunciación en aprendizaje de lenguas por ordenador. Búsqueda de contenido en audio y vídeo. Lectura sintetizada de texto.
Gestión de la información	Recuperación de información: consulta a bases de datos e Internet. Extracción de información: identificación de información relevante en documentos; resúmenes de contenido. Clasificación automática de documentos. Análisis de opinión en redes sociales.
Traducción	Traducción automática. Traducción asistida por ordenador (memorias de traducción). Extractores y gestores terminológicos. Diccionarios de traducción.
Investigación lingüística	Herramientas para el manejo de corpus: anotación, etiquetado, alineamiento. Análisis estadísticos de textos. Diccionarios electrónicos.
Enseñanza y aprendizaje de lenguas	Sistemas virtuales de aprendizaje con un tutor no humano inteligente. Pruebas que se adaptan al nivel del aprendiz.
Ayudas a la escritura	Correctores ortográficos y correctores gramaticales. Diccionarios. Detección de plagios.
Investigación literaria y humanística	Análisis cuantitativos de textos literarios. Detección de autoría y localización cronológica. Normalización diacrónica y búsqueda de variantes. Ayuda a la edición crítica: colación automática de variantes textuales.
Informática en biomedicina	Normalización y extracción de información de registros médicos. Análisis y clasificación de textos científicos.

sistema PLN, cuyo objeto es resolver una interacción comunicativa, ya sea proporcionar una traducción, establecer un diálogo con un interlocutor humano o extraer la información solicitada. Para ello, es necesario crear un modelo tanto de la competencia como de la actuación lingüística, incluyendo los factores extralingüísticos. El enfoque computacional presupone un modelo matemático previo de la lengua en cuestión. Básicamente, hay dos tipos de modelos matemáticos del lenguaje, que se describen a continuación.

2.1. *El modelo simbólico*

Son sistemas formales compuestos por reglas. Intentan reflejar la estructura lógica del lenguaje y los ejemplos más conocidos son las gramáticas generativas, las gramáticas categoriales y las gramáticas de dependencias. Ha sido el paradigma predominante en lingüística, especialmente a partir de que Chomsky introdujera su teoría gramatical. Las consecuencias más importantes para la LC han sido:

(1) la concepción de lengua como un conjunto infinito de oraciones generadas por una gramática, definida esta como un sistema formal constituido por unidades y reglas de buena formación. Este mecanismo gramatical puede concebirse como un autómata que genere todas y solo aquellas oraciones gramaticales de una lengua. La recursividad y la

composicionalidad explican el carácter eminentemente creativo del lenguaje natural: con medios finitos conseguimos producir y entender infinitos mensajes;

(2) la jerarquía de gramáticas generativas, como base de la teoría de las lenguas formales y los autómatas (Tabla 2). Existen varios tipos de gramáticas generativas en función del tipo de reglas que contengan. Cada gramática genera un tipo de lengua determinado y es reconocida por el tipo de autómata correspondiente. La jerarquía se organiza de acuerdo con el poder generativo débil (el tipo de oraciones que puede reconocer la gramática). Toda gramática generativa debe conjugar dos propiedades: expresividad (ser lo suficientemente poderosa como para abarcar todas las construcciones posibles de las lenguas naturales) y no sobregeneración (estar lo suficientemente restringida para no permitir construcciones agramaticales);

(3) la ausencia de interés por estudiar la probabilidad de las unidades lingüísticas para construir un modelo de la competencia. Como una lengua está formada por infinitas oraciones, por definición, ningún corpus está completo ni contiene ejemplos de todas las construcciones gramaticales posibles. En consecuencia, no sirve para definir lo que es gramatical o no: para eso se requiere una gramática. La frecuencia y el uso quedan fuera del ámbito de interés de la lingüística teórica (LT).

Curiosamente, la experimentación con gramáticas computacionales fue relegando las gramáticas transformacionales de la escuela chomskiana a favor de otras teorías formales. Las dos más empleadas actualmente son HPSG (Sag y Wasow 1999) y las gramáticas de dependencias (Nivre 2006). Por otra parte, los autómatas de estados finitos son muy empleados para tareas sencillas por su simplicidad de construcción y la eficiencia de procesamiento (Roark y Sproat 2007).

Los principales limitaciones de los modelos simbólicos son:

(1) La dificultad para resolver la ambigüedad: para cualquier oración que sea gramatical, un sistema PLN tiene que seleccionar el análisis tanto semántica como pragmáticamente

Tabla 2 Jerarquía de Chomsky

Tipo	*Gramáticas*	*Restricciones a la forma de las reglas*	*Lenguas*	*Autómatas*
0	Irrestrictas	Ninguna $\alpha_1 \ldots \alpha_z \rightarrow \beta_{;} \ldots \beta_z$	Enumerables recursivamente	Máquinas de Turing
1	Dependientes del contexto	La parte derecha contiene como mínimo los símbolos de la parte izquierda: $\alpha \rightarrow \beta$ / X_Y o alternativamente: $x\ \alpha\ z \rightarrow x\ \beta\ z$	Dependientes del contexto	Autómatas linealmente finitos
2	Independientes del contexto	La parte izquierda solo puede tener un símbolo: $\alpha \rightarrow \beta$	Independientes del contexto	Autómatas PDS (Push Down Store)
4	Regulares o de estados finitos	La regla solo puede tener estas dos formas: $\alpha \rightarrow t\beta$ $\alpha \rightarrow t$	Regulares	Autómatas finitos

correcto de entre un número (a veces, grande) de análisis sintácticos posibles. Un ejemplo son los sintagmas preposicionales, la coordinación, las oraciones relativas y los adjuntos oracionales. Para desambiguar, las dos técnicas más empleadas son la especificación detallada del contexto de aplicación de la regla mediante información semántica y la estrategia heurística de decidir un análisis de antemano. Ambas son insuficientes en los casos de textos generales que no pertenecen a un dominio temático concreto, donde se pueda acotar semántica y pragmáticamente la ambigüedad.

(2) La cobertura incompleta: cuando un modelo no proporciona al menos un análisis para cada oración gramatical hablamos de infrageneración. Esto limita la *robustez* del sistema, pues, si no hay análisis, no se procesa esa información que puede ser muy relevante para la tarea (traducir, recuperar un documento, etc.). Este problema es frecuente cuando la gramática se aplica a un texto con sintaxis compleja y aumenta con la longitud de la oración.

Desde principios de los sesenta hasta finales de los ochenta predominaron los sistemas formales, tanto en LC como en IA. Sin embargo, las preferencias cambiaron a partir de los noventa a favor de los modelos estadísticos.

2.2. El modelo estadístico

También conocido como probabilístico o estocástico, se ha desarrollado a partir de la teoría de la información. Estos sistemas tratan las lenguas como un conjunto de sucesos que presentan una determinada frecuencia: cada fonema, cada palabra, cada categoría sintáctica, cada significado o cada traducción posible tienen una cierta probabilidad de aparecer en un contexto determinado. Conociendo esa información, se puede predecir cuál es la siguiente palabra en la oración, sin necesidad de recurrir a reglas gramaticales explícitas.

Los modelos estadísticos son especialmente útiles para tomar decisiones y aprender a partir de los datos. Sus puntos fuertes son:

(1) Tratan cualquier dominio lingüístico sin restricción de tamaño de los datos (son robustos).
(2) Resuelven la ambigüedad de forma eficiente ordenando las opciones según su probabilidad en un contexto dado.
(3) Son capaces de inferir automáticamente las reglas a partir de datos, buscando patrones regulares.

En un primer momento, el éxito de los modelos estadísticos frente a las gramáticas formales se debió a que, sin llegar a resultados comparables con la actuación humana, al menos producían resultados utilizables con un menor esfuerzo. Todo ello se basó en la posibilidad de acceder a grandes volúmenes de datos digitales con la expansión de Internet a partir de mediados de los noventa.

Los modelos probabilísticos se emplean para resolver todo tipo de ambigüedades, planteadas como "dadas N opciones para un *input* ambiguo, elige la más probable" (Jurafsky y Martin 2008). Para el cálculo de la probabilidad, se necesita disponer de un corpus y contar las unidades asociadas a cada opción. Por ejemplo, la palabra *sobre* presenta tres categorías sintácticas: *sobre*/Prep, *sobre*/N y *sobre*/V, cada una con una frecuencia de aparición diferente en el corpus. Con este dato (la frecuencia relativa en el corpus) asociado al contexto de la palabra anterior, tenemos un criterio de decisión para elegir la etiqueta más probable. Esta es la versión más simple de la estimación de probabilidad, pero siempre se combina con alguna técnica estadística como la Ley de Bayes, n-gramas, modelos ocultos de Markov (HMM), árboles de decisión, etc. Manning y Schütze (1999) y Jurafsky y Martin (2008) son los manuales de referencia para estas técnicas.

En la última década, la investigación se ha volcado en el aprendizaje automático y en concreto en la inferencia de gramáticas. Los modelos más básicos son los de aprendizaje supervisado y, en concreto, los autómatas de estados finitos probabilísticos (HMM), que se tomaron prestados de la investigación en reconocimiento de habla. Un autómata HMM pasa de un estado al siguiente guiado por unos pesos que se han asignado estadísticamente. Es el modelo computacional más sencillo y eficiente que se conoce, pues combina el determinismo de los estados finitos con la decisión estadística (ver Figura 1). Sin embargo, solo se puede aplicar a tareas como el reconocimiento de palabras habladas o al análisis morfosintáctico. Métodos más sofisticados de aprendizaje supervisado son las redes neuronales o las máquinas de vectores de soporte (SVM en inglés). Estas aproximaciones consideran que un corpus de textos contiene un conjunto de rasgos significativos, cado uno de los cuales tiene asignado un peso, y que cada texto se representa por un conjunto de tales rasgos. Una vez construido el modelo, el trabajo consiste en optimizar los pesos y los parámetros mediante nuevos datos. Un *clasificador* es un programa que utiliza el modelo estadístico desarrollado para analizar nuevos casos.

Los métodos de aprendizaje supervisados requieren de la anotación manual o el etiquetado previo de los datos, una tarea lenta y costosa, por lo cual se han desarrollado otros métodos. El aprendizaje semisupervisado combina un pequeño conjunto de datos etiquetados y otro mayor de datos sin anotar. Con los datos anotados se construye un clasificador que etiqueta los datos en bruto. Se escogen las anotaciones con más confianza de acierto y se repite el proceso de auto-aprendizaje. De esta manera, con información parcial e incompleta pueden llegar a resultados comparables a los métodos supervisados pero reduciendo el coste de anotación.

La apuesta más radical es al aprendizaje no supervisado a partir de enormes cantidades de textos (Halevy, Norvig y Pereira 2009). No hay datos etiquetados por lingüistas, sino miles de millones de datos (tomados de Internet) y se trabaja con la hipótesis de que contienen suficiente detalle para reconocer atributos. Lógicamente, los grandes proveedores de datos, que mantienen los principales buscadores, defienden esta estrategia. Sin embargo, solo parece eficiente para tareas de modelado acústico o de clasificación semántica léxica, como reconocimiento de entidades o búsqueda de términos y sinónimos.

La principal limitación de los modelos probabilísticos es que todo se reduce básicamente a escoger entre distintas unidades (ya sean fonemas, palabras, oraciones, traducciones o

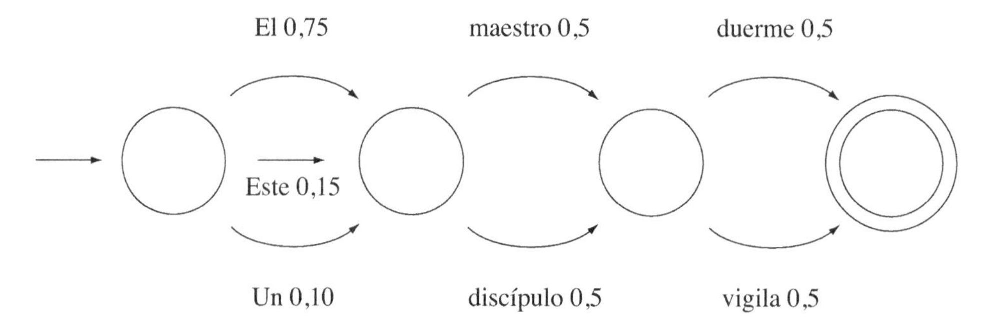

Figura 1 Autómata de estados finitos probabilístico

sentidos) o en clasificar palabras, mensajes o textos en categorías. Es un procedimiento de aprendizaje dirigido por esas dos tareas. Son excelentes para reconocer patrones estructurales pero no dan explicación de por qué se dan las regularidades. En palabras de M. Kay (2005), las estadísticas están para las cuestiones en las que no tenemos un modelo computacional explícito y por tanto se pueden considerar el "modelo de la ignorancia". Otra limitación importante es la sensibilidad del modelo estadístico al corpus de entrenamiento: los recuentos de frecuencias relativas reflejan propiedades específicas del corpus que pueden ser muy diferentes a las de otros conjuntos de datos, y cuanto mayor sea esa diferencia, peores serán los resultados producidos por el modelo estadístico. Finalmente, existe el problema de la falta o escasez de datos (*sparse data*) que no aparecen en el corpus de entrenamiento (y por tanto tienen probabilidad 0 en el modelo) o también los que aparecen con una frecuencia muy baja.

2.3. El modelo híbrido

El modelo híbrido combina ambos métodos para superar las limitaciones mencionadas. La base suele ser una gramática simbólica inducida mediante aprendizaje automático, de manera que se convierte en una gramática probabilística (Tabla 3) (Roark y Sproat 2007). En ella, las reglas tienen pesos ordenados por frecuencias extraídas de un corpus de entrenamiento (un *treebank*). El problema es que se necesita un conjunto muy grande de datos y que estos estén coherentemente anotados. El objetivo final sería construir un sistema que analice texto no restringido cumpliendo los requisitos de *robustez* (al menos un análisis por oración), *desambiguación* (solo un análisis por oración) y *precisión* (que el análisis sea correcto). La robustez y la desambiguación se consiguen con el método estadístico y la precisión con un buen modelo gramatical.

2.4. El papel de los lingüistas: de escritores de gramáticas a anotadores de recursos lingüísticos

Los lingüistas son los responsables de la modelización del conocimiento lingüístico. En los sistemas clásicos, se encargan de escribir la gramática según un formalismo dado y de depurar los análisis estableciendo restricciones a la aplicación de las reglas gramaticales. En los modelos estadísticos, los lingüistas anotan las unidades y las estructuras (o bien validan las anotaciones automáticas) en el corpus de entrenamiento. Para ello es esencial que el conjunto de etiquetas sea apropiado y completo para la tarea y que la anotación sea coherente. Si hay contradicciones o errores en el etiquetado de una estructura, el aprendizaje automático de las reglas será insatisfactorio. El modelo inferido siempre refleja la calidad de los datos anotados. En otras palabras, los modelos estadísticos no prescinden del conocimiento lingüístico sino que lo recogen a través de las anotaciones.

La fiabilidad de los métodos estadísticos descansa tanto en la abundancia de datos de entrenamiento como en la calidad y cantidad de la anotación manual de los lingüistas. La motivación de los modelos no supervisados es ahorrarse el coste de la anotación manual, pero con ello no consiguen buenos resultados en tareas complejas.

3. Procesamiento por niveles

3.1. Procesamiento de habla y procesamiento de texto

El procesamiento del habla consiste en transcribir palabras a partir de una señal acústica (reconocimiento) o en generar una señal acústica a partir de un texto (síntesis). Durante décadas, las investigaciones en habla y texto estuvieron separadas con modelos completamente diferentes. Las investigaciones en habla se basaban en la teoría de la información de Shannon, radicalmente desechadas por los métodos formales. A mediados de los setenta, IBM empezó a utilizar autómatas guiados estadísticamente. En pocos años se convirtieron en el método único en reconocimiento automático de habla, compuesto de:

(1) Análisis acústico de la señal
(2) Conocimiento lingüístico:
  a. Inventario de fonemas
  b. Lexicón fonológico (transcripción en fonemas de palabras)
  c. Modelo de lengua (generalmente basado en n-gramas)
(3) Módulo estadístico de maximización

La tarea es elegir la oración más probable de todas las oraciones posibles de la lengua *L* dada una determinada entrada acústica. Aplicando la ley de Bayes, el problema se divide en dos partes: la probabilidad del modelo acústico (para el reconocimiento de fonemas) y la probabilidad del modelo lingüístico (para las palabras).

Hace 25 años, los mejores sistemas reconocían un vocabulario de 5.000 palabras aisladas. En la actualidad, pueden tratar más de 100.000, en un contexto natural y espontáneo, con diferentes locutores. Ejemplos son los reconocedores incorporados en los teléfonos móviles inteligentes o en los automóviles.

La estructura clásica de un sistema PLN aplicado a textos se compone de los siguientes módulos secuenciales:

(1) Toquenización: preprocesamiento que segmenta el texto en *tokens* (palabras, números, signos de puntuación) y en oraciones.
(2) Análisis morfosintáctico: se procesa cada palabra para reconocer su estructura morfológica y su información léxica.
(3) Análisis sintáctico: se establece la estructura oracional, a partir del reconocimiento de sintagmas.
(4) Análisis semántico: a partir de la estructura sintáctica se determina el significado de la oración.
(5) Análisis pragmático-discursivo: implica resolver las relaciones discursivas e incorporar el conocimiento del mundo y del dominio.

3.2. Sonidos y fonemas

La primera fase del procesamiento de la señal consiste en digitalizar la fuente. Las bases de datos acústicas (también llamados diccionarios de pronunciación) contienen múltiples ejemplos de palabras digitalizadas con su transcripción fonética y se utilizan tanto en reconocimiento como en síntesis. Por otra parte, los corpus orales transcritos también son una fuente valiosa para construir modelos computacionales de la variación alofónica en contextos reales.

Las reglas fonológicas tuvieron una temprana implementación computacional en la forma de transductores. La morfología en dos niveles (Koskenniemi 1983) representa las reglas fonológicas como restricciones en un autómata de estados finitos que relaciona las formas léxica y superficial. En las últimas décadas se han desarrollado modelos computacionales para la silabificación, así como para el aprendizaje automático de reglas fonológicas.

3.3. Morfología

Los analizadores morfosintácticos (etiquetadores o *PoS taggers*) reciben una palabra y devuelven su estructura interna descompuesta en categoría sintáctica, lema y rasgos gramaticales. La mayor parte de los sistemas son también capaces de generar un paradigma completo de formas a partir de un lema. El procesamiento morfológico es esencial para cualquier aplicación PLN, en especial en lenguas con rica morfología flexiva. El estado actual de la tecnología está en torno al 95 % de acierto para la mayoría de las lenguas, aunque hay divergencia en cuanto a recursos disponibles, pues depende del tamaño del lexicón y de la variación superficial de las formas (por ejemplo, una misma forma en árabe puede aparecer con o sin vocales). El enfoque predominante es el uso de autómatas de estados finitos aumentados con pesos estadísticos (HMM). Aunque no sean modelos teóricos válidos, los autómatas de estados finitos son suficientes para la descripción morfológica (Roark y Sproat 2007). Un tema básico es la elección del conjunto de etiquetas (*tagset*) pues el entrenamiento de desambiguación se verá directamente influido por el tamaño del etiquetario. En general, se debe buscar el tamaño mínimo que proporcione la información que necesite la tarea. Uno de los problemas que tiene cualquier etiquetador son las palabras desconocidas que no están en su diccionario. Por ejemplo, nombres propios, acrónimos, neologismos, variantes dialectales, etc. Los etiquetadores suelen tener un módulo que asigna provisionalmente la categoría de la palabra y el lema a través de reglas de descomposición en morfemas.

3.4. Sintaxis

El análisis sintáctico es el territorio donde dominan los métodos simbólicos desde el comienzo de la LC. El enfoque favorito son las gramáticas independientes del contexto con restricciones en forma de rasgos (conocidas también como gramáticas de unificación). Las gramáticas de estados finitos también tienen popularidad para las tareas donde el conjunto de oraciones es restringido. Su determinismo y simplicidad las hacen muy apropiadas para algunas aplicaciones sencillas, a pesar de que es conocido que no pueden tratar algunas estructuras de las lenguas naturales. Las gramáticas de dependencias están gozando recientemente de bastante interés, sobre todo en lenguas donde el orden de los constituyentes no es rígido. En este tipo de gramáticas, la noción central es la relación gramatical entre núcleo y dependiente: el verbo es el elemento raíz de la oración (frente a la visión estructural binaria entre SN sujeto y SV predicado de las gramáticas de constituyentes).

Todos los modelos gramaticales pueden ser complementados con modelos estadísticos para mejorar la resolución de las estructuras ambiguas. En estos casos, las reglas tienen asociados pesos (gramáticas probabilísticas, Tabla 3). La probabilidad de cada análisis es el producto de todas las reglas empleadas en la construcción del árbol. Para la estimación de las frecuencias de los constituyentes, se emplean *treebanks*, corpus analizados sintácticamente (Abeillé 2003). Estos recursos han sido muy populares desde la creación del Penn Treebank a principios de los noventa. También se emplean para la inducción automática de reglas gramaticales.

Tabla 3 Un ejemplo de gramática probabilística

Regla $\alpha \rightarrow \beta$	*Recuento de* α	*Recuento de* β	*Probabilidad de la regla*	*Probabilidad del constituyente*
O → SN SV	100	62	0,62	O : 1
O → SV	100	38	0,38	
SN → DET N	127	99	0,78	SN : 1
SN → PRO	127	28	0,22	
SV → V	100	45	0,45	
SV → V SN	100	30	0,30	SV : 1
SV → V SP	100	25	0,25	
SP → P SN	25	25	1	SP : 1

3.5. Semántica y discurso

La meta última de un sistema PLN es entender el significado de las oraciones, que depende del análisis sintáctico previo de la información léxica y del contexto. Para ello es necesario tener algún tipo de representación o modelo semántico del dominio. Los enfoques más empleados son la lógica de predicados, la Teoría de Representación del Discurso (*Discourse Representation Theory*, DRT), el Lexicón Generativo de Pustejovsky o la Metalengua Semántica Universal, de Wierzbicka.

Por otra parte, el significado léxico requiere grandes diccionarios. Las ontologías son la fuente fundamental de representación de conocimiento, donde las palabras y los sentidos están relacionados en estructuras jerárquicas conceptuales (básicamente, las relaciones *ser_un_tipo_de* y *ser_parte_de*). Su uso se ha extendido a partir de WordNet (principios de los noventa). Hay ontologías para distintas lenguas y dominios (por ejemplo, SNOMED-CT para la medicina). Otro tipo de recursos muy empleados son los bancos de datos con relaciones predicado-argumento o papeles temáticos, como FrameNet, PropBank o NomBank.

Un problema recurrente son las grandes diferencias semántico-léxicas entre lenguas, que son especialmente significativas en las palabras subjetivas y más relacionadas con la cultura propia, y que además son muy frecuentes en el habla coloquial y social. Estos recursos solo pueden ser elaborados manualmente por especialistas, y ahí se presenta una buena perspectiva para los lingüistas.

4. Contribución de la lingüística computacional

4.1. Historia y evolución de la disciplina

El año 1962 se fundó la Association for Computational Linguistics (ACL), sociedad científica internacional que agrupa a la mayor parte de los investigadores de la disciplina. En sus más de 50 años de historia, la LC ha mantenido una estrecha relación con las ciencias del lenguaje y la computación. Los avances de la Lingüística y la Informática se han incorporado rápidamente a los formalismos y algoritmos de la LC. Como no podía ser de otra manera, los requerimientos de los sistemas de PLN han motivado nuevos lenguajes de programación o formalizaciones de fenómenos antes no estudiados.

Así, el informe ALPAC (1966) sobre el uso de ordenadores en Traducción y Lingüística tuvo un fuerte impacto sobre el desarrollo de ambas disciplinas, al reclamar una fuerte inversión en la investigación sobre las lenguas antes de seguir con el empeño en la Traducción Automática. Esto supuso un retraso de 15 años para la financiación de la LC, pero un gran empuje para la investigación en teorías lingüísticas y recursos fundamentales como diccionarios (generales y especializados, monolingües y bilingües) y gramáticas descriptivas y formalizadas de numerosas lenguas. El resultado de todo ello fue que a principios de los ochenta hubo un resurgir de los modelos lingüísticos formales en la forma de las gramáticas de unificación y lenguajes de programación declarativos (p. ej. Prolog). El conocido como modelo clásico o simbólico fue mayoritario entre los sesenta y los ochenta y sus fundamentos se pueden consultar en los manuales de Grishman (1986; 1991) y Gazdar y Mellish (1989). Buena parte de los avances en estas tres décadas se debieron a desarrollos teóricos y prácticos en Informática: ordenadores más potentes, lenguajes de programación de alto nivel, estilo modular de los componentes del sistema y algoritmos de análisis sintáctico (*parsing*) más eficientes. En el lado lingüístico, la contribución más importante fueron las gramáticas de unificación y rasgos, una variante de las gramáticas generativas con un poder formal menor que las gramáticas transformacionales. Las nuevas gramáticas permiten definir descripciones computacionales más eficientes.

Los años noventa supusieron un cambio de modelo, el estadístico, que ha dominado las dos últimas décadas. Las causas del cambio fueron de nuevo una combinación de factores teóricos y técnicos. El desarrollo de gramáticas computacionales complejas hizo evidentes las limitaciones del método simbólico. Las necesidades de la industria y la presión de las instituciones que subvencionaban las investigaciones empezaron a exigir programas eficaces que trataran casos reales de uso, coincidiendo con la expansión de Internet. Las gramáticas escritas por los lingüistas no podían responder a las exigencias comerciales. Paralelamente, los modelos probabilísticos habían experimentado un tremendo desarrollo en el campo del reconocimiento automático de habla. Los ingenieros del habla empezaron en los setenta a trabajar en modelos estadísticos para sustituir a las reglas fonológicas y a mediados de los ochenta ya habían desbancado totalmente a los modelos lingüísticos. Animados por el éxito, en 1988 un grupo dirigido por Jelinek en IBM comenzó a aplicar la metodología estadística a la traducción automática. A mediados de los noventa, la TA estadística conseguía resultados similares a la TA simbólica, representada en el sistema Systran, basado en diccionarios y reglas, con una trayectoria de más de 20 años de desarrollo. La mayoría de la TA actual es estadística y aunque su calidad está lejos de ser satisfactoria en muchos contextos, lo cierto es que ha permitido desarrollar numerosas parejas de traducción en un tiempo relativamente corto. La metodología se ha extendido a todas las aplicaciones de PLN.

Como la LC es una obra de ingeniería muy compleja, se requiere el uso combinado de toda técnica disponible. Por ello, muchos sistemas en la actualidad incorporan una mezcla de conocimiento declarativo y conocimiento estadístico para mejorar las limitaciones inherentes a cada modelo.

4.2. La relación entre lingüística computacional y lingüística teórica

La relación entre ambas ha tenido momentos de acercamiento y alejamiento. En estos momentos, las dos disciplinas se encuentran en su punto más distante en cuanto a problemas y métodos. Los lingüistas computacionales a menudo muestran gran desinterés por cuestiones sutiles que preocupan a los lingüistas teóricos, y que los primeros consideran "patológicas" (Grishman 1991) por su rareza estadística. Por su parte, los lingüistas teóricos no se dejan fácilmente impresionar por los argumentos computacionales sobre la eficiencia de determinado modelo formal o la irrelevancia estadística de ciertas construcciones. En los últimos años, con la expansión de la lingüística de corpus, esta situación está cambiando: la disponibilidad de enormes y variadas fuentes de datos lingüísticos está cuestionando la validez empírica de muchas afirmaciones teóricas, así como dejando en evidencia la simplicidad de los algoritmos de aprendizaje automático. Tanto la LT como la LC tienen mucho que aprender una de la otra, especialmente cuando llevan dos décadas muy distanciadas y evolucionando por su cuenta. La revista *Linguistic Issues in Language Technology* dedicó el volumen 6, de 2011, al tema de la interacción entre la lingüística y la lingüística computacional, con autores representativos de ambas tendencias.

4.3. Resumen y perspectivas futuras

La LC es ya una disciplina madura con un enfoque teórico y otro aplicado. La rama fundamental está aportando cada vez más a la LT no solo en conceptos y herramientas de experimentación con teorías formales, sino también en métodos cuantitativos para estudiar fenómenos de variación. La fonética experimental está claramente interconectada con el procesamiento del habla. Por otra parte, la rama práctica está contribuyendo a la lingüística aplicada de diversas maneras: con programas que ayudan a la traducción, a los terminólogos y lexicógrafos, a los lingüistas forenses, a los sociolingüistas y a los psicolingüistas. La enseñanza de lenguas por ordenador es otro de los campos que se ha beneficiado de los avances de la LC.

Hasta la fecha no se ha podido demostrar que exista un método universal para el tratamiento automático de las lenguas naturales, ya sea basado en gramática o en estadística. Los métodos simbólicos no resuelven satisfactoriamente la ambigüedad estructural. Los métodos estadísticos son estrictamente dependientes de las relaciones locales y de los dominios temáticos, cada uno de los cuales es una sublengua de potencialmente infinitas oraciones. La LC actual está demostrando que las representaciones lingüísticas y las probabilidades no son incompatibles y que los mejores resultados los producen aquellos sistemas que combinan ambas aproximaciones. También hay un acuerdo amplio en que se necesitan mejorar los recursos semánticos y pragmáticos (conocimiento del mundo). Aunque el ámbito de trabajo de la LC sea la actuación, no la competencia, es evidente que necesita de los modelos teóricos para avanzar en la resolución de los problemas mencionados. El futuro de las ciencias del lenguaje está en la apertura metodológica y conceptual a las aportaciones de diferentes especialidades y la LC proporciona excelentes ejemplos de colaboración multidisciplinar.

Bibliografía

Abeillé, A. (ed.) (2003) *Treebanks: Building and using parsed corpora*, Dordrecht: Kluwer.

ALPAC (1966) *Language and machines: Computers in translation and linguistics*, Washington, DC: National Academy of Sciences.

Gazdar, G. y Mellish, C. (1989) *Natural language processing in PROLOG: An introduction to computational linguistics*, Wokinghan: Addison-Wesley.

Grishman, R. (1991) *Introducción a la lingüística computacional*, Madrid: Visor. Versión original: *Computational linguistics: An introduction*, Cambridge: Cambridge University Press, 1986.

Halevy, A., Norvig, P. y Pereira, F. (2009) "The unreasonable effectiveness of data", *IEEE Intelligent Systems*, marzo-abril, pp. 8–12.

Jurafsky, D. y Martin, J. H. (2008) *Speech and language processing: An introduction to natural language processing, computational linguistics and speech recognition*, 2.ª ed., Upper Sadler River, NJ: Prentice-Hall.

Kay, M. (2005) "A Life of Language", *Computational Linguistics*, 16, 1, pp. 1–13.

Koskenniemi, K. (1983) *Two-level morphology: A general computational model for Word-form recognition and production*, Helsinki: University of Helsinki.

Manning, C. D. y Schütze, H. (1999) *Foundations of statistical natural language processing*, Cambridge, MA: The MIT Press.
Nivre, A. (2006) *Inductive dependency parsing*, Dordrecht: Springer.
Roark, B. y Sproat, R. (2007) *Computational approaches to morphology and syntax*, Oxford: Oxford University Press.
Russell, S. y Norvig, P. (2010) *Artificial intelligence: A modern approach*, 3.ª ed., Upper Sadler River, NJ: Prentice-Hall.
Sag, I. y Wasow, T. (1999) *Syntactic theory: A formal approach*, Stanford: CSLI Publications.

Lecturas complementarias

Bender, E. y Langendoen, T. (2010): "Computational linguistics in support of linguistic theory", *Linguistic Issues in Language Technology*, 3, pp. 1–31.
Bird, S., Klein, E. y Loper, E. (2009) *Natural language processing with Python*, Sebastopol, CA: O'Reilly.
Indurkhya, N. y Damerau, F. (eds.) (2010) *Handbook of natural language processing*, 2.ª ed., Boca Ratón, FL: Chapman & Hall/CRC.
Moreno Sandoval, A. (2001) *Gramáticas de unificación y rasgos*, Madrid: A. Machado Libros.
Wilks, Y. (2009) *Machine translation: Its scope and limits*, Nueva York: Springer.

Entradas relacionadas

lingüística aplicada; lingüística de corpus

LINGÜÍSTICA DE CORPUS

Iker Zulaica Hernández

1. ¿Qué es la lingüística de corpus?

Podemos definir de manera sintética la lingüística de corpus como la disciplina o metodología, de orientación claramente empírica, que hace uso de los datos provenientes de un corpus con el objetivo de analizar, describir y/o explicar los fenómenos lingüísticos. Esta definición es, sin duda, incompleta por diversos motivos que analizaremos a lo largo de esta entrada y que, en conjunto y una vez desarrollados, nos proporcionarán una visión profunda de las ventajas, problemáticas, aspectos técnicos y teóricos de la lingüística de corpus así como de su presente, futuro y su aplicación al estudio del español.

Aunque no están muy claros sus orígenes, probablemente el origen de la lingüística de corpus se remonta al Estructuralismo americano de los años cuarenta y cincuenta que daba una importancia capital al corpus como la fuente de datos ideal en la investigación de lenguas. Pero el gran auge como disciplina surge en los años ochenta y noventa del siglo pasado debido a tres factores fundamentales (Sampson 2011: 198–199): el gran desarrollo y auge de la tecnología informática; un cambio de dirección en la lingüística y el declive de la intuición como fuente de datos en la investigación lingüística. En cuanto al primer punto, el aumento de las capacidades de cálculo de los equipos informáticos, el aumento exponencial de la memoria disponible, el desarrollo de técnicas de anotación (etiquetado de categorías gramaticales y lematización, entre otros) así como el desarrollo de arquitecturas cliente-servidor a las que es posible acceder mediante explorador web han facilitado enormemente el desarrollo y acceso a los corpus lingüísticos. El cambio de dirección mencionado se produce con el advenimiento de la lingüística generativa, momento a partir del cual el *centro de gravedad* intelectual cambia de la fonología (hasta los años sesenta) a la sintaxis. Los corpus textuales nunca han sido de gran ayuda para los fonólogos pero son ideales para buscar regularidades sintácticas. Finalmente, se va produciendo de manera progresiva un cambio de las técnicas basadas en la intuición del investigador como fuente de datos, propias de la lingüística generativa, hacia un reconocimiento creciente de los datos naturales de hablantes nativos recogidos en los corpus como fuente constatable de datos.

Hoy en día la lingüística de corpus goza de muy buena salud. Los estudios basados en corpus son multitud y han ido apareciendo con el paso de los años revistas científicas de alcance internacional cuyo foco son los estudios basados en corpus (*Corpus Linguistics and*

Linguistic Theory; *International Journal of Corpus Linguistics*; *Corpus Linguistics*), asociaciones nacionales e internacionales de lingüística de corpus (Asociación Española de Lingüística de Corpus-AELINCO), congresos, así como innumerables estudios monográficos sobre distintos aspectos de la lingüística de corpus (Baker 2009; Biber *et al.* 1998; McEnery y Hardy 2012, entre otros). Asimismo, cada vez existen más corpus disponibles en diferentes lenguas y abarcando diferentes registros por lo que el número de preguntas que los investigadores pueden abordar es cada vez mayor.

Prácticamente sin excepción, todas las subdisciplinas de la lingüística se benefician de los corpus lingüísticos para sus investigaciones. Tanto la sintaxis, la morfología o la lexicografía (Halliday *et al.* 2004) como la semántica (Stubbs 2001) y la pragmática (Romero-Trillo 2008) hacen uso de los datos naturales provenientes de hablantes nativos, sin olvidarnos de subdisciplinas como la sociolingüística (Baker 2010; Mair 2009), la lingüística histórica, el análisis del discurso (Baker 2006; Connor y Upton 2004) o los estudios sobre enseñanza y adquisición de segundas lenguas (Aijmer 2009, Hunston 2002). Además cada vez son más numerosos los estudios de psicolingüística y lingüística cognitiva basados en datos de corpus (Gries 2006; Stefanowitsch y Gries 2006).

Con el paso del tiempo la lingüística de corpus ha madurado metodológica y conceptualmente. Hasta hace no mucho tiempo, los trabajos basados en corpus eran fundamentalmente descriptivos, por lo que simplemente se incluían frecuencias de aparición de elementos. Hoy, los estudios basados en corpus son cada vez más exigentes y el lingüista de corpus necesita tener unos conocimientos de estadística que le permitan analizar las frecuencias observadas de manera más sofisticada. Si los estudios basados en corpus aspiran por definición a ser empíricos, es totalmente necesario que el investigador sea capaz de extraer, analizar e interpretar sus datos de la manera más científica posible y esto se logra utilizando la ciencia que mejor nos permite manejar los datos distribucionales: la estadística. El lingüista de corpus, como otros científicos sociales, debe poder demostrar que las pautas o usos observados son estadísticamente significativos, es decir, no debidos a la simple aleatoriedad de los datos. Para ello se utilizan coeficientes de correlación (por ej. el Coeficiente de Correlación de Pearson), comparación de medias por grupos (por ej. ANOVA de una via, Test-t) o comparación de las frecuencias observadas por medio del test Chi-Square. Sobre el uso de la estadística en lingüística de corpus véase el trabajo de Gries (2009).

Junto a la introducción del componente estadístico para el tratamiento de los datos, los estudios de corpus meramente descriptivos se combinan cada vez con mayor frecuencia con teorías lingüísticas con el fin de explicar el porqué de las observaciones. Se produce una alimentación en dos direcciones. Por un lado, las diferentes subdisciplinas de la lingüística compatibles con la utilización de métodos empíricos y cuantitativos necesitan los corpus, y por otro lado la lingüística de corpus se enriquece gracias a la inyección de contribuciones teóricas y aproximaciones explicativas.

2. El corpus como fuente de datos

Como hemos mencionado, la lingüística de corpus utiliza los datos de un corpus con el fin de analizar, describir y explicar los fenómenos lingüísticos, pero ¿qué es un corpus?, y más específicamente, ¿qué es un corpus lingüístico? A grandes rasgos, un corpus lingüístico son muestras de la lengua hablada y escrita durante un determinado periodo de tiempo, muestras que pretenden ser lo más representativas posibles de cómo hablan y escriben los hablantes nativos de una determinada lengua en un período de tiempo determinado; es decir, de cómo usan la lengua los hablantes. Las muestras recogidas en un corpus pueden proceder de diversas fuentes. Así, generalmente nos encontramos con corpus orales (de lengua hablada) y escritos (de lengua escrita) y las muestras o textos que componen tales corpus pueden haber sido recogidas de diferentes maneras (e. g. mediante grabaciones, transcripciones de textos literarios, periodísticos, etc.). Dentro de cada categoría básica (oral o escrita) nos podemos encontrar con textos de diversa procedencia clasificados por género (ficción, discurso académico, periodístico, etc.) y tipo de texto (revista, correo electrónico, novela, etc.)

Hoy en día, los corpus son electrónicos, es decir, tales muestras se transcriben y guardan en formato electrónico, suelen ser de libre acceso para el público e incluso pueden consultarse en línea. Sin embargo, aunque la idea que hoy tenemos de un corpus es la de una compilación grande de textos en formato electrónico a la que podemos acceder fácilmente desde un ordenador mediante una conexión a Internet, cualquier conjunto de datos lingüísticos independientemente de su soporte puede considerarse un corpus. Así por ejemplo sería posible investigar la frecuencia de uso de clíticos de tercera persona en una obra de ficción contemporanea cualquiera y compararla con la frecuencia de uso de clíticos en una novela del siglo XIX con el fin de determinar si existe una variación temporal en el uso de clíticos de tercera persona en la lengua escrita. Otra cuestión es si semejante estudio sería significativo, apropiado, interesante o bien diseñado estadísticamente, pero la cuestión fundamental es que en principio nada impide que cualquier conjunto de datos lingüísticos sea susceptible de ser utilizado como fuente de datos empíricos para un estudio de carácter lingüístico.

Los corpus lingüísticos pueden variar en tamaño desde cientos de miles de palabras hasta cientos de millones, y pueden estar anotados o no anotados. La anotación consiste en la anexación de información adicional, generalmente gramatical, a las palabras que componen el corpus. Esta información adicional (metadatos) nos puede indicar, por ejemplo, a qué categoría gramatical pertenece cada palabra (etiquetado de categoría gramatical), rasgos de tipo semántico (animado o no animado), información sintáctica (si determinado elemento funciona como sujeto o complemento), etc. Los corpus electrónicos modernos incluyen interfaces de búsqueda que permiten al usuario acceder rápidamente a los datos de interés para su estudio, pudiendo aplicar filtros de búsqueda por palabras, categoría gramatical, etc. Los corpus anotados representan una gran ventaja para los investigadores pues les permiten acceder directamente a ciertos datos de naturaleza gramatical que de otro modo deberían ser buscados y analizados de manera individual por el investigador.

3. La lingüística de corpus como metodología

Una cuestión interesante es si considerar que la lingüística de corpus constituye una disciplina lingüística de pleno derecho, como lo son la sintaxis, la fonética o la semántica, o si se trata de un método determinado de recabar los datos necesarios para la investigación. En líneas generales parece existir un consenso bastante unánime en considerar la lingüística de corpus como una metodología más que una rama independiente de la lingüística. Desde este punto de vista, se trataría de una manera de hacer lingüística, de orientación claramente empírica, basada en el análisis e interpretación de las frecuencias encontradas en los corpus y relevante para campos de la lingüística tales como la pragmática, la semántica, la morfología, el léxico y la lingüística histórica. Podríamos trazar una analogía con el uso del microscopio electrónico en biología. Seguramente a ninguno de nosotros se nos ocurriría pensar en una disciplina denominada "biología de microscopio" para diferenciarla de la microbiología, la biología celular, o la neurobiología. Por el contrario pensamos en el microscopio como un recurso, una herramienta o un método utilizado por esas diferentes disciplinas para investigar ciertos fenómenos biológicos. En este sentido, los corpus serían a la lingüística lo que el microscopio es a la biología.

En síntesis, la lingüística de corpus sería el estudio del lenguaje basado en datos de corpus. Por tanto, parece razonable considerar a la lingüística de corpus como un método que nos permite comprobar o refutar hipótesis de manera rápida y eficaz y sin perjuicio de otros modos de aproximación a los fenómenos lingüísticos como, por ejemplo, los estudios de carácter exclusivamente teórico.

4. Empirismo versus introspección

Al utilizar los corpus, los lingüistas basan sus investigaciones sobre aspectos gramaticales en la evidencia empírica que suministran los datos extraídos de dichos corpus, y aunque la fuerza de la lingüística de corpus parece residir en este punto esta no es obviamente la única manera de hacer investigación lingüística y tampoco es aceptada de manera universal. Para la lingüística generativa, que nace con Chomsky, los corpus y los datos basados en frecuencias provenientes de los mismos no sirven para investigar los fenómenos lingüísticos. Esto se debe a que, para la lingüística generativa, nuestra facultad del lenguaje es innata. Los niños nacen con un conocimiento innato de las estructuras sintácticas (su competencia lingüística), una habilidad cognitiva o propiedad mental, que se opone al uso comunicativo de tal propiedad, o producción de oraciones (la actuación lingüística). Dado que para la lingüística generativa el estudio del lenguaje se debe centrar en ese conocimiento innato o propiedad mental (la competencia), el uso de la introspección como fuente de datos, y no la observación externa, es el método apropiado.

La mayor parte de los generativistas consideran que los corpus pueden ser adecuados para estudiar la actuación lingüística por los datos de tipo sociolingüístico que nos puede ofrecer pero nunca nos permitirán acceder a estructuras de tipo mental.

El que acabamos de presentar es un debate de gran calado pues la lingüística generativa sigue teniendo una influencia muy importante en la lingüística moderna. Dada la estrecha conexion entre la cognicion y el lenguaje y dadas las premisas de la gramática generativa acerca del innatismo de este ultimo, la actitud negativa por parte de muchos generativistas hacia la utilización de los corpus es coherente. Cierto es que a partir de los textos o grabaciones de los corpus no podemos observar de manera directa ningún tipo de estructura, regla o proceso mental. En otras palabras, no podemos encontrar ninguna conexión directa entre lo que observamos en los textos (la lengua producida por el hablante) y lo que pasa por la mente de los hablantes al producir o interpretar dichos datos. En todo caso, de los corpus podemos obtener pautas acerca del uso comunicativo del lenguaje que nos sirvan para comprobar o refutar nuestras hipótesis elaboradas a partir de un determinado marco teórico. En contra de la introspección como fuente de datos podríamos decir que tampoco nos garantiza un acceso directo a las estructuras o procesos mentales de caracter abstracto que supuestamente residen en nuestra mente.

Finalmente, no debemos olvidar que la consideración de la lingüística como ciencia cognitiva es hoy plenamente aceptada y que las disciplinas que estudian la relación lenguaje-cerebro en el sentido más amplio de la palabra van más allá de la lingüística generativa. Así, por ejemplo, la lingüística cognitiva y la psicolingüística utilizan los corpus cada vez con más frecuencia, lo que realmente parece no invalidar el uso de los corpus para el estudio del lenguaje como disciplina cognitiva.

5. Problemas de la lingüística de corpus

Los problemas que presenta el campo de la lingüística de corpus son en buena medida los derivados de las limitaciones de los propios corpus. Uno de los problemas más relevantes es el de la representatividad y equilibrio del corpus. El ideal es que un corpus sea una representación lo más fiel posible de la comunidad lingüística que pretende identificar, por lo tanto debe contener muestras de todos los segmentos de dicha comunidad, entendiendo por segmento las distintas variedades o dialectos de la lengua en cuestión, género (por ej. literario, periodístico, etc.), subgénero, etc. Por otro lado, los tamaños de las muestras de dichos segmentos deben ser proporcionales a las proporciones de los segmentos de población que el corpus representa. Por tanto, el investigador debe siempre hacerse a priori la pregunta ¿es representativo y proporcional el corpus que voy a utilizar? Generalmente, los corpus no suelen ser ni totalmente representativos ni equilibrados. En primer lugar, el porcentaje de lengua escrita que suele incluirse en los corpus es muy superior al de lengua hablada. Por otro lado, ciertas tipologías textuales y/o registros suelen estar muy poco representados en los corpus. Por ejemplo, los corpus de lengua escrita suelen incluir de forma masiva textos periodísticos y de ficción, pero muy poco texto procedente de correos electrónicos cuando el correo electrónico probablemente es el método de comunicación escrita más generalizado en la actualidad. Qué duda cabe que conseguir una representatividad total es una tarea muy complicada por cuestiones de diversa naturaleza (por ej. cuestiones de derechos de autor o "copyright", cuestiones técnicas relacionadas con la transcripción de textos orales, entre otras). Mención aparte merecen los corpus históricos, en los que la representatividad del corpus no es ya complicada sino directamente imposible (por ejemplo, prácticamente no existen registros orales antes del siglo XX). En líneas generales podemos decir que los corpus más específicos son los más representativos.

Otro de los problemas de los corpus es la falta de cierta información contextual o situacional inherente a los mismos. Si bien hemos dicho que la gran ventaja de los corpus es que son muestras del uso natural de la lengua por hablantes nativos y en consecuencia los textos que contienen han sido creados en situaciones y contextos altamente naturales, la propia naturaleza de los corpus actuales los hace ser transcripciones electrónicas de textos de diversa tipología, exentos casi por completo de valiosa información situacional. Así por ejemplo, los gestos de los hablantes, la información prosódica, el lenguaje no verbal, o cierta información espacial, constituyen datos valiosísimos que no es posible rescatar de un corpus y que constituye un obstáculo importante para disciplinas, como por ejemplo la pragmática, en las que la información contextual puede resultar determinante para explicar ciertos usos o pautas lingüísticas. El estudio de los demostrativos del español nos puede servir como ejemplo para ilustrar alguna de estas limitaciones. Si, dado el caso, quisiéramos estudiar las diferencias referenciales en el uso del demostrativo medio *ese* y compararlo con el uso del demostrativo distal *aquel* no podríamos acceder a información esencial como la distancia a la que se encuentra el objeto señalado por el demostrativo del hablante. Esta problemática es de difícil solución hasta que quizás en el futuro se desarrollen completos corpus multidimensionales en los que se recojan no solo textos, sino imágenes y sonido.

Otra problemática de los estudios de lingüística de corpus se debe a las actuales limitaciones de anotación lingüística. Este no es un problema insalvable sino que se debe, en muchos casos, a la propia falta de consenso entre lingüistas sobre cómo anotar ciertos elementos, a la dificultad teórica de anotarlos o bien a lo costosa que resulta (en tiempo y recursos) la anotación exhaustiva de grandes cantidades de texto. En concreto la falta de anotación lingüística constituye un obstáculo para ciertas disciplinas como la lingüística del discurso.

Así por ejemplo, la noción de tópico del discurso es un concepto ampliamente utilizado en estudios de pragmática, semántica y discurso pero, desafortunadamente, no existe un consenso definido entre los investigadores sobre cómo identificar y, mucho menos, anotar los tópicos del discurso. En ocasiones, el tópico del discurso puede identificarse con un elemento individual, de cierta categoría gramatical, como el sujeto. Sin embargo, a veces el tópico puede ser una idea, un concepto complejo elaborado a partir de fragmentos de texto de longitud variable. La anotación del tópico del discurso es una tarea enormemente compleja.

6. La lingüística de corpus aplicada al estudio del español

Los estudios basados en corpus han aumentado exponencialmente durante los últimos diez o quince años y el español no ha sido una excepción en este sentido. Es por ello que las diferentes aplicaciones de los datos de corpus a los fenómenos del español y los estudios derivados de ellas cubren la práctica totalidad del estudio de la gramática. El objetivo de esta sección es presentar una pequeña muestra de las diferentes investigaciones que se han llevado a cabo en los últimos años y de las enormes posibilidades de aplicación de la lingüística de corpus al análisis de fenómenos lingüísticos, pero siendo conscientes de que, en el camino, nos veremos obligados por cuestiones de espacio a omitir numerosos estudios de gran valor.

Quizás porque ambas comparten un interés común por los estudios basados en análisis empíricos y cuantitativos, la sociolingüística es probablemente la disciplina que más se ha beneficiado de los corpus lingüísticos en las últimas décadas. Se han llevado a cabo estudios de gran interés en los que se analiza cómo diversas variables sociales determinan el uso del español en distintas comunidades de habla, así como la influencia del contacto de lenguas y el bilingüismo. Véanse como muestra el trabajo de Díaz-Campos (2002) sobre la adquisición de la estructura fonológica en el habla de los niños venezolanos; el trabajo de Enbe y Tobin (2007) sobre la variación en la entonación del español de Buenos Aires; el trabajo de Lapidus y Otheguy (2005) sobre el uso del pronombre *ellos* en el español de Nueva York y el trabajo de Smead y Halvor (1996) sobre la influencia de los calcos del inglés en el español chicano.

El campo de la pragmática es uno de los más prolíficos en cuanto al uso de corpus. Existen multitud de estudios que analizan el uso de diferentes elementos del español aplicando las teorías más ampliamente aceptadas en este campo, pero también encontramos multitud de estudios multidisciplinares en los que se combina el análisis pragmático con alguna otra disciplina de la lingüística. Como muestra véanse el estudio de Myslin y Gries (2010) sobre la ortografía del español en Internet, el estudio de García-Vizcaíno (2006) sobre la función pragmática de los marcadores del discurso *eso es* y *efectivamente* en español peninsular y el estudio sobre el uso de las preguntas dislocadas en español de Rivas y Brown (2010).

En semántica cabe destacar los trabajos de Von Heusinger (2008) sobre el desarrollo histórico de la 'a personal' en español; Vega *et al.* (2002) sobre la semántica de las oraciones locativas y el trabajo de Cornillie (2010) sobre la semántica y funciones discursivas de los adverbios epistémicos.

También abundan los estudios sobre el orden de palabras en español en los que se adoptan diversas perspectivas teóricas, pero todos con el denominador común de utilizar los corpus como fuente principal de datos. Véanse, como muestra, los trabajos de Mayoral-Hernández (2004) sobre adverbios de frecuencia; Palancar (2001) sobre construcciones reflexivas y Aranovich (2013) sobre el doblado de clíticos.

Por lo que respecta a los estudios lexicográficos destacamos los trabajos de López-Ferrero (2011) sobre verbos existenciales; Eddington (2002) sobre verbos de cambio de estado y el estudio de Porta-Zamorano *et al.* (2011) sobre el diseño y desarrollo de un corpus terminológico de español científico.

En lingüística histórica se han llevado a cabo numerosos estudios con corpus históricos del español. Véanse como muestra los estudios sobre la evolución de las estructuras causativas (Davies 1995) y del ascenso de sujeto en español (Davies 1997), el trabajo de Wanner (2006) sobre la analogía en las formas irregulares de primera persona, y el trabajo de Sitaridou (2009) sobre la aparición de los infinitivos personales en español.

En el campo de la lingüística clínica cabe destacar el corpus Perla (percepción, lenguaje y afasia) del Grupo de Investigación en Lingüística Clínica y Patologías del Lenguaje de la Universidad de Valencia y las numerosas investigaciones de él derivadas. Véanse a modo de muestra el análisis pragmático sobre lesiones del hemisferio derecho (Gallardo-Paúls *et al.* 2011) o sobre el déficit de atención y/o hiperactividad (Gallardo-Paúls 2009).

Asimismo destacamos algunos estudios del Grupo de Investigación Koiné sobre adquisición del lenguaje (Fernández-López y Cano-López 2011; González-Pereira *et al.* 2011; Prego-Vázquez *et al.* 2011), todos basados en el banco de datos del mismo nombre.

7. El futuro de la lingüística de corpus

Como no podía ser de otro modo el futuro de la lingüística de corpus está estrechamente unido a la evolución de los corpus desde el punto de vista técnico. Como hemos mencionado, los nuevos avances en tecnología informática irán produciendo corpus cada vez más completos que integrarán texto, sonido e imagen y quién sabe si, como vaticina Scott (2011: 217), incluso texturas y olores. Una vez que estos corpus multimedia sean una realidad, aumentará la gama de investigaciones derivadas de los mismos. Asistiremos muy probablemente a nuevos avances y extensiones en las técnicas de anotación de corpus y a un mayor refinamiento en las técnicas de búsqueda y filtrado de datos.

Otro punto importante quizás más a corto plazo será el de utilizar las técnicas de minería de datos (ing. *text data mining*) con el fin de organizar y dotar de estructura a los grandes corpus de textos desestructurados ya existentes en la red. Nos referimos, por ejemplo, a enormes bases de datos textuales como Google books, y similares.

Finalmente, es posible que el uso de los corpus electrónicos como fuente empírica de datos lingüísticos se generalice de tal modo que acabe convirtiéndose en la manera natural de hacer investigación lingüística, pero para que ello sea posible y todas las disciplinas lingüísticas sin excepción puedan beneficiarse de los corpus estos todavía deberán experimentar mejoras técnicas.

Bibliografía

Aijmer, K. (ed.) (2009) *Corpora and language teaching*, Amsterdam/Filadelfia: John Benjamins.

Aranovich, R. (2013) *Optional agreement and grammatical functions: A corpus study of dative clitic doubling in Spanish*, tesis doctoral, Pittsburgh: University of Pittsburgh.

Baker, P. (2006) *Using corpora in discourse analysis*, Londres: Continuum.

Baker, P. (2009) *Contemporary corpus linguistics*, Londres: Continuum.

Baker, P. (2010) *Sociolinguistics and corpus linguistics*, Edimburgo: Edinburgh University Press.

Biber, D., Conrad, S. y Reppen, R. (1998) *Corpus linguistics: Investigating language structure and use*, Cambridge/Nueva York: Cambridge University Press.

Connor, U. y Upton, T. (eds.) (2004) *Discourse in the professions: Perspectives from corpus linguistics*, Amsterdam/Filadelfia: John Benjamins.

Cornillie, B. (2010) "On conceptual semantics and discourse functions", *Review of Cognitive Linguistics*, 8, 2, pp. 300–320.
Davies, M. (1995) "The evolution of the Spanish causative construction", *Hispanic Review*, 63, pp. 57–77.
Davies, M. (1997) "The history of subject raising in Spanish", *Bulletin of Hispanic Studies*, 74, pp. 399–411.
Díaz-Campos, M. A. (2002) *Acquisition of phonological structure and sociolinguistic variables: A quantitative analysis of Spanish consonant weakening in Venezuelan children's speak*, tesis doctoral, The Ohio State University.
Eddington, D. (2002) "Disambiguating Spanish change of state verbs", *Hispania*, 85, 4, pp. 921–929.
Enbe, C. y Tobin, Y. (2007) "Sociolinguistic variation in the intonation of Buenos Aires Spanish", *Sociolinguistic Studies*, 1, 3, pp. 347–382.
Fernández-López, I. y Cano-López, P. (2011) "La adquisición del componente fonológico: estudio de los procesos de mayor incidencia", en Fernández-Pérez, M. (coord.) *Lingüística de corpus y adquisición de la lengua. Explotación del banco de datos 'Koiné'*, Madrid: Arco Libros, pp. 37–86.
Gallardo-Paúls, B. (2009) *Trastorno por déficit de atención y/o hiperactividad: materiales y análisis pragmático*, Valencia: Universitat/AVaLCC.
Gallardo-Paúls, B., Moreno-Campos, V. y Pablo-Manuel, V. del R. (2011) *Lesionados de hemisferio derecho: Materiales y análisis pragmático*, Valencia: Universitat/AVaLCC.
García-Vizcaíno, M. J. (2006) "Pragmatic functions of *eso es* and *efectivamente*", *Spanish in Context*, 3, 2, pp. 215–237.
González-Pereira, M., Fernández-López, I. y Cano-López, P. (2011) "Características construccionales y emergencia de la gramática", en Fernández-Pérez, M. (coord.) *Lingüística de corpus y adquisición de la lengua. Explotación del banco de datos 'Koiné'*, Madrid: Arco Libros, pp. 87–147.
Gries, S. (2006) *Corpora in cognitive linguistics: Corpus-based approaches to syntax and lexis*, Berlín: Mouton de Gruyter.
Gries, S. (2009) *Quantitative corpus linguistics with R: An introduction*, Nueva York: Routledge.
Halliday, M. A. K., Teubert, W. y Yallop, C. (2004) *Lexicology and corpus linguistics: An introduction*, Londres: Continuum.
Hunston, S. (2002) *Corpora in applied linguistics*, Cambridge: Cambridge University Press.
Lapidus, N. y Otheguy, R. (2005) "Overt non-specific *ellos* in Spanish in New York", *Spanish in Context*, 2, 2, pp. 157–174.
López-Ferrero, C. (2011) "Grammatical patterns in Spanish: verbs of existence and appearance", *Corpora*, 6, 2, pp. 179–199.
Mair, C. (2009) "Corpus linguistics meets sociolinguistics: the role of corpus evidence in the study of sociolinguistic variation and change", en Renouf, A. y Kehoe, A. (eds.) *Corpus linguistics: Refinements and reassessments*, Amsterdam/Nueva York: Rodopi, pp. 7–33.
Mayoral-Hernández, R. (2004) "On the position of frequency adverbs in Spanish", *USC Working Papers in Linguistics*, 2, pp. 1–15.
McEnery, T. y Hardie, A. (2012) *Corpus linguistics: Method, theory and practice*, Cambridge/Nueva York: Cambridge University Press.
Myslin, M. y Gries, S. (2010) "Ke dixez? A corpus study of Spanish Internet orthography", *Literary and Linguistic Computing*, 25, 1, pp. 85–104.
Palancar, E. L. (2011) "Oblique reflexives in Spanish: A constructional account of *sí* and *sí mismo*", *Probus*, 23, 1, pp. 57–103.
Porta-Zamorano, J., Rosal-García, E. del y Ahumada-Lara, I. (2011) "Design and development of Iberia: a corpus of scientific Spanish", *Corpora*, 6, 2, pp. 145–158.
Prego-Vázquez, G., Souto-Gómez, M. y Dieste-Quiroga, B. (2011) "El desarrollo pragmático: intenciones y acción comunicativa en edad temprana", en Fernández-Pérez, M. (coord.) *Lingüística de corpus y adquisición de la lengua. Explotación del banco de datos 'Koiné'*, Madrid: Arco Libros, pp. 149–205.
Rivas, J. y Brown, E. (2010) "Spanish cleft interrogatives: How are they used?", *Southwest Journal of Linguistics*, 29, 2, pp. 75–95.
Romero-Trillo, J. (ed.) (2008) *Pragmatics and corpus linguistics: A mutualistic entente*, Berlín: Mouton de Gruyter.
Sampson, G. (2011) "A two-way exchange between syntax and corpora", en Viana, V., Zyngier, S. y Barnbrook, G. (eds.) *Perspectives on corpus linguistics*, Amsterdam/Filadelfia: John Benjamins, pp. 197–212.

Scott, M. (2011) "The technological aspect of corpus linguistics", en Viana, V., Zyngier, S. y Barnbrook, G. (eds.) *Perspectives on corpus linguistics*, Amsterdam/Filadelfia: John Benjamins, pp. 213–220.
Sitaridou, I. (2009) "On the emergence of personal infinitives in the history of Spanish", *Diachronica*, 26, 1, pp. 36–64.
Smead, R. y Halvor, C. (1996) "English calques in Chicano Spanish", en Roca, A. y Jensen, J. (eds.) *Spanish in contact: Issues in bilingualism*, Sommerville, MA: Cascadilla, pp. 123–130.
Stefanowitsch, A. y Gries, S. (eds.) (2006) *Corpus-based approaches to metaphor and metonymy*, Berlín: Mouton de Gruyter.
Stubbs, M. (2001) *Words and phrases: Corpus studies of lexical semantics*, Oxford: Wiley-Blackwell.
Vega, M., Rodrigo, M. J., Ato, M., Dehn, D. y Barquero, B. (2002) "How nouns and prepositions fit together: An exploration of the semantics of locative sentences", *Discourse Processes*, 34, 2, pp. 117–143.
Virtanen, T. (2009) "Discourse linguistics meets corpus linguistics: Theoretical and methodological issues in the troubled relationship", en Renouf, A. y Kehoe, A. (eds.) *Corpus linguistics: Refinements and reassessments*, Amsterdam/Nueva York: Rodopi, pp. 49–67.
Heusinger, K. von (2008) "Verbal semantics and the diachronic development of DOM in Spanish", *Probus*, 20, 1, pp. 1–31.
Wanner, D. (2006) "An analogical solution for Spanish *soy*, *doy*, *voy* and *estoy*", *Probus*, 18, 2, pp. 267–308.

Lecturas complementarias

Garside, R., Leech, G. y McEnery, T. (eds.) (1997) *Corpus annotation: Linguistic information from computer text corpora*, Londres/Nueva York: Longman.
Hundt, M., Nesselhauf, N. y Biewer, C. (eds.) (2007) *Corpus linguistics and the web*, Amsterdam/Nueva York: Rodopi.
Oakes, M.P. (1998) *Statistics for corpus linguistics*, Edimburgo: Edinburgh University Press.
O'Keeffe, A. y McCarthy, M. (eds.) (2010) *The Routledge handbook of corpus linguistics*, Londres/Nueva York: Routledge.
Sánchez, A. y Almela, M. (eds.) (2010) *A mosaic of corpus linguistics: Selected approaches*, Fráncfort: Peter Lang.
Taylor, J. R. (2012) *The mental corpus: How language is represented in the mind*, Nueva York: Oxford University Press.
Viana, V., Zyngier, S. y Barnbrook, G. (eds.) (2011) *Perspectives on corpus linguistics*, Amsterdam/Filadelfia: John Benjamins.

Entradas relacionadas

corpus textuales del español; gramática generativa; lingüística histórica; semántica; sintaxis

LINGÜÍSTICA FORENSE

Elena Garayzábal Heinze

1. Introducción: los ámbitos forenses

Llevar a cabo una investigación policial o estar inmersos en un proceso judicial implica, en muchas ocasiones, disponer de peritos forenses especializados en diversas materias. La proliferación de libros, películas y series de televisión centradas en la investigación de delitos donde el impulso criminal es concomitante y se investigan crímenes violentos y a criminales con características psicopatológicas determinadas, nos ha acostumbrado al término de *forense*, básicamente circunscrito al ámbito médico, psicológico y antropológico. Sin embargo, el término está también asociado a la criminología y a la criminalística.

Todo aquello relacionado con *lo forense* está muy presente en nuestra realidad diaria y los tribunales están repletos de causas donde especialistas *forenses* tienen una importante participación y protagonismo.

Pero ¿qué significa *forense*? La palabra *forense* etimológicamente proviene del latín *forum-forī*, que significa plaza, mercado, espacio público, plaza principal de una ciudad. En esta plaza se encontraban los principales edificios públicos, entre ellos los tribunales de justicia. La derivación de *forum* en *forense* se relaciona directamente con los conceptos de justicia o tribunal, pues *forēnsis* se refiere a la persona que actuaba como abogado, defensor, jurisperito, legalista o licenciado. Por ello, es fácil deducir que el significado de ciencia forense tiene que ver con la ciencia al servicio de la ley y de los tribunales y que colabora en la resolución de crímenes utilizando una metodología específica, que dependerá del área de aplicación. Los profesionales de las ciencias forenses elaboran informes periciales que podrán ser defendidos y ratificados en sede judicial, si así fuesen requeridos para ello tanto por parte de la defensa como por parte de la acusación o incluso por parte del propio juez. Las ciencias forenses son variadas y su aplicabilidad amplia, unas interactúan más entre ellas que otras, pero, en definitiva, todas tratan de aportar evidencias sobre una causa criminal dada y un proceso legal determinado.

Los distintos ámbitos de la ciencia forense son el médico (incluye disciplinas como la medicina legal o la toxicología), el bioquímico (p. ej. biología forense), las nuevas tecnologías (p. ej. informática, telecomunicaciones), la antropología (antropología, arqueología y antropología cultural forenses) y la psicología.

A pesar de la variabilidad y aplicabilidad de las ciencias forenses y la gran cantidad de disciplinas relacionadas con ellas, existe un vacío notable en relación con otra de las áreas forenses implicadas, que es la lingüística forense (LF). Vemos en diferentes referencias bibliográficas que bajo el nombre de *Ciencias Forenses* se incluyen los ámbitos arriba mencionados, pero poco o nada se menciona en relación con el estudio legal de la lengua y el habla (Gutiérrez 1999; Fuertes 2007; Amadón, 2010).

2. La lingüística forense

¿Pueden las palabras ayudar a resolver crímenes, delitos, disputas legales...?

La LF ha sido definida como aquella disciplina que estudia la interrelación entre lengua y derecho (International Association of Forensic Linguists-IAFL, 2005). En sí misma la definición es amplia y, quizá, algo ambigua, pero no cabe duda de que alude a un ámbito que conjuga el conocimiento de diferentes disciplinas y toma en cuenta las perspectivas de profesionales afines o ajenos a la lingüística para completar y complementar sus estudios. Si bien se recogen definiciones previas de esta disciplina (Crystal 1987; Black's Law Dictionary 1997, 6.ª ed.), tal vez sean las definiciones de Robert Leonard (2005), Roger Shuy (2006) y John Olsson (2008) las que nos ayuden a concretar mejor esta disciplina.

Según Leonard, la LF da cuenta de cuestiones legales en las que la lengua está implicada. Shuy, por su parte, la define como el uso del conocimiento lingüístico en casos legales donde los datos sirven como evidencia. Olsson, de forma algo más extensa, describe el campo de actuación de la LF como la aplicación del conocimiento lingüístico y diversas técnicas orientadas a examinar el lenguaje en casos legales, procesos judiciales o litigios privados entre las diversas partes, que desembocan en acciones legales (2008, 4).

Sin embargo, como bien nos hace ver Shuy (2008, 5) los lingüistas no son expertos en leyes ni en el contexto legal, pero los datos que se les proporcionan dentro de este contexto son datos reales de la lengua, usada por personas concretas. Estos datos, pues, presentan problemas lingüísticos existentes que hay que resolver. Sin embargo, sin ser expertos en el conocimiento legal, sí que conviene que estén familiarizados con el lenguaje judicial y el ámbito legal, dado que facilitará el trabajo y la comprensión bidireccional de la defensa de sus informes periciales y el lenguaje judicial (Tiersma 2008).

Como una ciencia forense más, la LF puede ayudar a determinar la culpabilidad o inocencia de las personas encausadas en diversos delitos en los que los aspectos lingüísticos, orales o escritos, en todas sus dimensiones —fónicos, gramaticales, semánticos y pragmáticos—, podrían ser determinantes para una toma de decisión judicial a la hora de incriminar o absolver al presunto autor de la comisión de un delito. Como otros profesionales del ámbito forense, el lingüista experto en este área estudia las huellas lingüísticas que las personas dejan, tanto en sus textos escritos como en sus conversaciones espontáneas, la mayoría de las veces de forma inconsciente. Estas huellas son rasgos en los que se apoya el lingüista para poder obtener evidencias lingüísticas, que pueden llegar a constituir una prueba más en el proceso judicial, y como tal se valora en conjunto con el resto de las pruebas aportadas desde otros ámbitos.

La LF constituye una rama de la lingüística aplicada dado que hace uso de las teorías y el conocimiento lingüístico con fines resolutivos; el lingüista forense aplica los planteamientos de las diferentes teorías y metodologías de la lingüística al estudio de evidencias del uso de la lengua oral y escrita con el fin de defender ante los organismos de la administración de la justicia sus conclusiones como expertos en procesos civiles (p. ej. difamación, conflictos entre compañías, incumplimientos de contrato, entre otros) y criminales (p. ej. amenazas, falsificaciones) en forma de informes periciales o dictámenes. El desarrollo de la investigación y el servicio de peritaje en LF ofrecen evidencias de base lingüística en la investigación de crímenes y delitos. Aunque las pruebas periciales lingüísticas ni determinan ni son concluyentes, sí ayudan y complementan otras evidencias en torno al caso. En algún proceso las evidencias lingüísticas por sí solas han resuelto un caso o han permitido ganar una alegación en un juicio, pero no es lo habitual (Coulthard 2004).

Shuy (2006) señala que para ser considerado un perito en lingüística forense deben cumplirse los siguientes requisitos: en primer lugar, ser lingüista; en segundo lugar, ser un lingüista experto, lo que no supone ser experto en cuestiones legales, dado que "The language is the language, regardless of how the law views it" (p. 11); finalmente, aprender a trabajar y realizar informes periciales y defenderlos en los tribunales como lingüistas expertos (recomendamos Coulhart y Johnson 2007, capítulo 10).

Varios son los hitos más relevantes en el impulso de la lingüística forense:

> La promulgación de la Ley Miranda en Estados Unidos (1966). En 1963 Ernesto Miranda fue acusado de robo con intimidación. Se apeló la sentencia basándose en que no había comprendido su derecho a permanecer en silencio o a tener abogado. En 1966 fue revocada. Esta ley consiste en la lectura de los derechos del acusado antes del interrogatorio (advertencia Miranda), y previene de la autoincriminación en el momento del arresto. El acusado debe ser informado y, además, debe entender cuáles son sus derechos.

En 1989 Peter French defiende en Reino Unido el primer informe como lingüista experto en un juicio por asesinato. Consigue demostrar que una declaración incriminatoria que la fiscalía afirmó que era enteramente de uno de los acusados pertenecía a uno de los policías que participó en el registro, cuestionando de este modo la autenticidad de las declaraciones policiales, que venían objetándose desde hacía tiempo en otros casos y que ponían en duda las tomas de declaración de los detenidos por parte de la policía.

Carol Chaski es requerida en 1992 para determinar la autoría de las notas de suicido escritas en el ordenador del supuesto suicida. Por medio de análisis sintácticos y estilísticos determinó que las notas de suicidio fueron escritas por otra persona que finalmente confesó el crimen (Chaski, 1997).

En 1995, J. Fitzgerald, agente del FBI, investiga el caso de T. J. Kaczynski, conocido como el *Unabomber*, que enviaba cartas bomba a universidades y aerolíneas (Un-A-Bom (er)). Prometió cesar sus ataques terroristas a cambio de que se publicase su manifiesto. El estilo de escritura y las ideas desarrolladas en el manifiesto permitieron que el hermano del terrorista contactara con el FBI, que atrapó y condenó a Kaczynski (Fitzgerald 2004).

3. Objetivos de la lingüística forense

Los principales objetivos de estudio de la ciencia lingüística aplicada al ámbito forense se encuentran recogidos en la página de la IAFL y son los que a continuación se describen:

- El discurso legal y judicial (documentos legales, administrativos, policiales, discurso en la sala de juicios…).
- El uso de la evidencia lingüística en el análisis de atribución de autoría, plagio, identificación de locutores, comparación de voces y perfiles lingüísticos.
- El estudio de la lengua como evidencia en casos civiles, por ejemplo la difamación, el engaño, las marcas registradas, los conflictos contractuales, la violación de los derechos de autor, la responsabilidad civil por la fabricación de productos, las prácticas comerciales engañosas, entre otros.

- La interpretación y traducción legal, judicial y de apoyo en contextos multilingües.
- La práctica, la mejora y la ética del testimonio experto, la presentación de la evidencia lingüística.
- La mejora del entendimiento público en las interacciones entre la lengua y el derecho.

Como puede verse, los objetivos son ambiciosos y más o menos susceptibles de ser aplicados en la práctica real. Están especialmente determinados por la voluntad de asunción de los mismos en los diferentes países y en sus respectivos sistemas judiciales. En este sentido, los países anglosajones, como se ha visto anteriormente, han logrado muchos de ellos, mientras que en España estamos aún bastante lejos de alcanzar algunos de ellos.

4. Ámbitos de trabajo en lingüística forense

La labor básica del lingüista experto en este área consiste en determinar la presencia de patrones lingüísticos consistentes y resaltar las inconsistencias en los mismos en documentos de carácter oral o escrito que puedan constituir pruebas en un caso legal, en un juicio o en una investigación policial. Las aportaciones desde la LF son una herramienta más a la que se recurre dentro del proceso y abarcan áreas de interés como son:

- Identificación de locutores (acústica y fonética forense). Consiste en identificar y determinar con un alto grado de certeza si una persona ha emitido un determinado mensaje. En estos casos se examinan las emisiones de una voz dubitada (de la que no se conoce su emisor) surgidas en el marco de una investigación y que posteriormente es posible cotejar con la voz indubitada (de las que sí se conoce el emisor) del sospechoso. Esta área de trabajo no está exenta de dificultad, dado que la voz se puede enmascarar y las condiciones del audio en el ámbito forense suelen ser muy deficientes. Como señala Delgado (2001, 5) la identificación de locutores es un área multidimensional donde el conocimiento de la fonética acústica, junto con conocimientos provenientes de otras disciplinas, como la física, constituye un "conjunto de técnicas científicas de investigación judicial cuyo principal objeto de estudio son los registros sonoros y/o sus elementos afines (soportes y medios de grabación, transmisión, reproducción, almacenamiento, etc.)".
- Detección de plagio. El plagio, en un sentido muy general, consiste en la apropiación y uso de las palabras o ideas de otros, cambiando las palabras o su orden o parafraseando el sentido general de una idea sin citar las fuentes de origen, con el consiguiente perjuicio para el autor del texto original y sus derechos. En la detección de plagio hay dos campos lingüísticos que se tienen especialmente en cuenta, tal y como nos hace notar Turell (2008), la sociolingüística y la pragmática, dado que cuando un escritor produce un texto utiliza marcas lingüísticas únicas e idiosincráticas que lo hacen irrepetible. Las personas tienden a utilizar palabras o expresiones de las que ni siquiera ellas son conscientes, pero que constituyen su estilo. Por medio del análisis estilístico detallado y programas específicos, el plagio puede ser detectado (recomendamos Barrón-Cedeño, Vila y Rosso 2010).
- Atribución y determinación de autoría de textos. Se trata de un área de gran utilidad en casos en los que se sospecha que un texto en cuestión (literario, notas de suicido, amenazas) no ha sido escrito por el presunto autor, sino por alguna otra persona, o existen varios autores sospechosos. Se trata de especificar si un texto dubitado ha sido elaborado por una persona determinada partiendo del cotejo de este con textos indubitados. Para llegar a conclusiones fiables es preciso llevar a cabo un prolijo análisis lingüístico

a partir de la mayor cantidad posible de textos indubitados que permitan comparar el texto anónimo y cuantificar los datos expresados en escalas de opinión (Coulthard 1992) para llegar a una toma de decisiones sobre la certeza de que el autor del texto dubitado sea o no el mismo que el del texto indubitado. Como en el plagio, la atribución de autoría parte también del concepto de idiolecto, según el cual cada hablante selecciona de un modo particular y único diversos elementos lingüísticos que componen su expresión oral y escrita, que constituirían sus huellas lingüísticas y permitirían su identificación (Coulthard 2004). Fitzgerald (2010) desarrolla dos casos muy interesantes sobre autoría de textos y notas de suicido en crímenes violentos.

- Análisis del discurso legal y judicial, esto es, del lenguaje del procedimiento judicial: ¿son todas las partes implicadas en un proceso judicial capaces de comprender el discurso que en este ámbito se desarrolla? ¿Hasta qué punto son vulnerables y posibles víctimas de este tipo de discurso aquellas personas ajenas a él?
- Análisis del discurso: intencionalidad criminal y valoración de amenaza. Se puede determinar cuál es el potencial de la amenaza, si existe evidencia suficiente de que el autor de la amenaza la lleve a cabo o no. El análisis del discurso puede ayudar también a identificar al desconocido que amenaza y es relevante en los casos de interrogatorios policiales, entre otros.
- Traducción e interpretación legal y judicial. Las personas dedicadas a las tareas de traducción e interpretación son fundamentales para procurar la igualdad de condiciones para todos los ciudadanos cuando se encuentran inmersos en procedimientos legales, donde se impone la necesidad de estudiar y analizar en detalle las condiciones contextuales en que se producen y situacionales, en función del tipo de interpretación realizada.
- Transcripción en la investigación criminal. Queda patente que no existen normas de transcripción o codificación unificadas ni entre los propios cuerpos de seguridad del estado, ni en el ámbito privado o académico, lo que lleva en muchos casos a malinterpretrar las transcripciones de unos y otros. Tanto las convenciones de criterios adoptados como el contenido de lo que se transcribe pueden diferir bastante y claramente pueden tener importantes repercusiones en el proceso judicial.
- Todas estas áreas permiten, por ejemplo, el uso de las evidencias lingüísticas en los juicios; la facilitación de la comunicación entre agentes de la ley y los testigos, los sospechosos y las víctimas; la interpretación y traducción en el contexto judicial; la comprensión de las declaraciones policiales al sospechoso antes de tomarle declaración; la lectura comprensiva de documentos legales (contratos, convenios, instrucciones judiciales, etc.); ayudar a conducir exploraciones a menores y entrevistas a las víctimas dentro del sistema legal; la determinación de la atribución de autoría de documentos orales o escritos (plagio, cartas de amenaza, suicidio, chantaje, injurias...); la identificación de la variación fonológica y léxica de un documento dubitado (oral/escrito).

5. La lingüística forense en el mundo

5.1. Cuándo y cómo surge la lingüística forense

Se recoge en la bibliografía que el primer lingüista requerido ante los tribunales para dar su opinión de experto en un caso de asesinato fue Svartvik en 1966, que analizó las declaraciones ante la policía de un hombre acusado de asesinar a su mujer e hijo. A partir del estudio lingüístico de las declaraciones del encausado, pudo determinar que algunas de las mismas no fueron realizadas por el acusado, por lo que este salió absuelto del doble crimen, aunque bastantes años después de haber sido colgado por el asesinato. En la publicación del caso (1968), el mismo Svartvik admite la inexistencia de una disciplina que él mismo denomina LF y resalta dos motivos por los que la considera de interés: el primero es que su contribución resulta útil a la sociedad; el segundo es que la LF ha permitido resaltar el conocimiento de cómo se usa el lenguaje en diferentes situaciones, favoreciendo el conocimiento sociolingüístico que, según él, estaba en clara desventaja en comparación con otras ramas de la lingüística (1968, 4).

Sin embargo, no es hasta los años noventa del siglo XX que la LF comienza a desarrollarse como un área de interés cada vez mayor, especialmente en los países anglosajones, interés que vino dado desde los propios tribunales que comenzaron a contar con la figura del lingüista experto que contribuía en el proceso judicial aportando evidencias lingüísticas a los casos en los que estas podían ser relevantes.

Desde entonces, la LF ha experimentado un gran auge y el conocimiento lingüístico, así como los servicios de los lingüistas expertos, han sido tenidos en cuenta cada vez más.

Existen muchos profesionales que individualmente trabajan en cuestiones relacionadas con la LF y que colaboran con grupos ya asentados de lingüistas con una trayectoria más sólida en este campo. Es en el ámbito anglosajón donde la LF comienza su andadura. En 1991 se crea la International Association for Forensic Phonetics and Acoustics (IAFPA) y en 1993 la International Association of Forensic Linguists (IAFL). En 1994, la IAFL editó su propia revista *International Journal of Speech, Language and the Law*, previamente denominada *Forensic Linguistics* (Coulhart y Johnson 2007: 6). La IAFL apoya el desarrollo y la creación de nuevos centros y asociaciones dedicados al estudio y promoción de la LF, como la recién creada ALIDI (Association for Language and Law for Speakers of Portuguese) en Brasil en el año 2013.

Desde 1984 existe en China el National Research Center for Linguistics and Applied Linguistics (CLAL) que desde el 2002 apuesta fuerte por la LF. En 1999 se constituyó la Asociación China de Lingüística Forense y en la Universidad de Guandong de Estudios Extranjeros se ubica el Instituto de Lingüística Forense.

En Europa existen tres universidades que ofrecen másteres en LF que son: las Universidades de Cardiff, Aston y Pompeu Fabra. Además, otras universidades ofrecen cursos específicos en esta disciplina.

En Estados Unidos es conocida la Brooklyn Law School de Nueva York por sus profesionales dedicados a la docencia e investigación en LF y también la Universidad de Hofstra, que ofrece un grado en LF. También en este país, en Georgetown, se encuentra el Instituto de la Evidencia Lingüística, dirigido por Carol Chaski, cuyos méritos en este campo son incuestionables.

Como curiosidad, y redundando en la clara interdisciplinaridad entre todas las disciplinas que estudian el lenguaje, cabe mencionar que en octubre del año 2013 se puso en marcha el primer curso de perfeccionamiento de fonoaudiología forense en São Paulo.

5.2. La lingüística forense en España

A pesar de la evidente utilidad de todos y cada uno de los distintos campos, que queda más que demostrada si nos fijamos en los datos de otros países, en España todavía no se ha prestado suficiente atención a esta disciplina. La Universidad Pompeu Fabra de Barcelona es la única de toda España que hasta ahora ofrecía un máster específico en LF. Otros estudios de postgrado especializados en Ciencias Forenses ni siquiera toman en cuenta la importancia de la LF y su acercamiento al análisis de los datos lingüísticos. Evidentemente aún estamos lejos de conseguir que desde diversos ámbitos se valoren las aportaciones de los lingüistas al campo judicial y policial que ya en los años sesenta, setenta y ochenta se demandó en Estados Unidos y Canadá y a partir de los años noventa en Reino Unido.

En España, el experto en lingüística forense es una figura a la que tanto abogados, como fiscales y jueces recurren en pocas ocasiones. Lo cierto es que tímidamente se va reconociendo la figura del lingüista experto y poco a poco se otorga valor a la evidencia lingüística, principalmente en determinadas áreas como son el plagio y la atribución de autoría. Una excepción la constituye la identificación de locutores, es el único área de la LF que lleva ayudando a la justicia en España más de 25 años.

Las reticencias a valorar la evidencia lingüística tienen mucho que ver con los datos lingüísticos y su análisis. La metodología que se utiliza es fundamentalmente cualitativa, los resultados se analizan en función de escalas de probabilidad y no en forma de porcentajes o medidas de significatividad estadística, lo que hace que los jueces consideren la evidencia lingüística más elucubrativa que real. La metodología cualitativa se complementa con la cuantitativa, pues el lingüista forense utiliza corpus lingüísticos obtenidos de bases de datos con poblaciones de referencia, contabiliza datos y usa software estadístico.

Algunos hitos que han contribuido al desarrollo de la Lingüística Forense en nuestro país han sido:

- En 1988 la creación del laboratorio de Acústica Forense de la Comisaría General de Policía Científica, pionero en la identificación de locutores en nuestro país.
- En 2009 la puesta en marcha del ForensicLab, en el que se realizan peritajes lingüísticos de diversa índole (plagios, determinación y atribución de autoría, perfiles lingüísticos, entre otros).
- También en el año 2009 el Consejo de Ministros creó una Comisión de Expertos para la Modernización del Lenguaje Jurídico, 3 de sus 8 miembros eran lingüistas/filólogos. Las recomendaciones pueden verse en Internet y puede observarse que son excesivamente generales y básicas y apelan al sentido común.
- Desde el año 2010 la Universidad Autónoma de Madrid organiza las *Jornadas (In) formativas de Lingüística Forense*, que van ya por su tercera edición. Dirigidas por E. Garayzábal, y organizadas junto con M. Reigosa y M. Jiménez; se trata de un foro de gran aceptación donde teoría y práctica se ponen al servicio de estudiantes y profesionales de diferentes ámbitos y donde los ponentes, provenientes de diferentes ámbitos, contribuyen a dar visibilidad a esta disciplina en nuestro país.
- Actualmente ha sido noticia el hecho de que la Asociación Española para la Calidad en la Edificación (ASECE) haya encargado a expertos lingüistas el análisis del texto del Real Decreto 235/2013, para la Certificación Energética de los Edificios con el fin de determinar lo que dice y lo que debe interpretarse a partir del análisis gramatical y léxico-semántico (Portal de Peritos Judiciales y Tasadores, 21 de agosto de 2013).

Reconocimientos

Quiero expresar mi más sincero agradecimiento a mi compañera y amiga Mercedes Reigosa, miembro del Cuerpo Nacional de Policía y especialista del Laboratorio de Acústica Forense de la Policía Científica, quien me contagió con su entusiasmo y me introdujo en el apasionante mundo de la lingüística forense. El proyecto LF en Madrid no hubiera sido posible sin ella.

Bibliografía

Amadón Baselga, M. J., y Robledo Acimas, M. M. (coords.) (2010) *Manual de criminalística y ciencias forenses. Técnicas forenses aplicadas a la investigación criminal*, Madrid: Tébar.

Baron-Cedeño, A., Vila, M. y Rosso, P. (2010) "Detección automática de plagio: de la copia exacta a la paráfrasis", en Garayzábal, E., Jiménez, M. y Reigosa, M. (eds.) *Lingüística forense: la lingüística en el ámbito legal y policial,* Madrid: Euphonia Ediciones, pp. 37–55.

Black, H. C. (1891) *Black's Law Dictionary*, Minnesota: West Publishing, 6.ª ed., 1990.

Chaski, C. (1997) "Who wrote it? Steps toward a science of author identification", *National Institute of Justice Journal*, 23, 3, pp.15–22

Coulthard, M. (1992) "Forensic discourse analysis", en Coulthard, M. (ed.) *Advances in spoken discourse analysis*, Londres: Routledge, pp. 242–258.

Coulthard, M. (2004) "Author identification, idiolect, and linguistic uniqueness", *Applied Linguistics*, 25, 4, pp. 431–447.

Coulthard, M. y Johnson, A. (2007) *An introduction to forensic linguistics. Language in evidence*, Londres/Nueva York: Routledge.

Crystal, D. (1987) *The Cambridge encyclopedia of language*, Cambridge: Cambridge University Press.

Delgado, C. (2001) *La identificación de locutores en el ámbito forense,* tesis doctoral no publicada, Universidad Complutense de Madrid.

Fitzgerald, J. R. (2004) "Using a forensic linguistic approach to tracking the Unabomber", en Campbell, J. y DeNevi, D. (eds.) *Profilers: Leading investigators take you inside the criminal mind,* Nueva York: Prometheus Books.

Fitzgerald, J. (2010) "Atribución de autoría y supuestas notas de suicidio: análisis lingüístico forense y su papel en los tribunales penales estadounidenses en dos crímenes violentos ocurridos en 2007", en Garayzábal, E., Jiménez, M. y Reigosa, M. (eds.) *Lingüística forense: la lingüística en el ámbito legal y policial*, Madrid: Euphonia Ediciones, pp. 19–38.

Fuertes Rocañín, J. C., Cabrera Forneiro, J. y Fuertes Iglesias, C. (2007) *Manual de las ciencias forenses*, Madrid: Arán Ediciones.

Gibbons, J. (2003) *Forensic linguistics: An introduction to the language in the justice system*, Oxford: Blackwell.

Gutiérrez Chávez, A. (1999) *Manual de ciencias forenses y criminalística*, México: Trillas.

Leonard, R. (2005) "Forensic linguistics. Applying the scientific principles of language analysis to issues of the law", *International Journal of the Humanities*, 3, pp. 3–7.

Olsson, J. (2004) *Forensic linguistics: An introduction to language, crime and the law*, Londres: Continuum.

Olsson, J. (2006) *Forensic linguistics*, 2.ª ed., Nueva York: Continuum International Publishing Group.

Shuy, R. (2006) *Linguistics in the courtroom. A practical guide*, Oxford: Oxford University Press.

Shuy, R. (2008) *Fighting over words. Language and civil law cases,* Oxford: Oxford University Press.

Svartvik, J. (1968) *The Evans Statements. A case for forensic linguistics*, Gotemburgo: Elanders Boktryckeri Aktiebolag.

Tiersma, P. (2008) "The nature of legal language", en Gibbons, J. y Turell, M. T. (eds.) *Dimensions of forensic linguistics,* Amsterdam/Filadelfia: John Benjamins Publishing Company, pp. 7–25.

Turell, M. T. (2008) "Plagiarism", en Gibbons, J. y Turell, M. T. (eds.) *Dimensions of forensic linguistics*, Amsterdam/Filadelfia: John Benjamins Publishing Company, pp. 265–299.

Lecturas complementarias

Alcaraz, E. (2005) "La lingüística legal: el uso, el abuso y la manipulación del lenguaje jurídico", en Turell, M. T. (ed.) *Lingüística forense, lengua y derecho: conceptos, métodos y aplicaciones,* Barcelona: Publicacions de l'Institut Universitari de Lingüística Aplicada, pp. 49–66.

Arciuli, J., Mallard, D. y Villar, G. (2010) "Um, I can tell you're lying. Linguistic markers of deception versus truth-telling in speech", *Applied Psycholinguistics*, 31, pp. 397–411.

Berk-Seligson, S. (1990) *The bilingual courtroom: Court interpreters in the judicial process*, Chicago: University of Chicago Press.

Garayzábal, E., Jiménez, M. y Reigosa, M. (eds.) *Lingüística forense: la lingüística en el ámbito legal y policial*, Madrid: Euphonia Ediciones.
Gibbons, J. (ed.) (1994) *Language and the law*, Londres: Longman.
Hollien, H. (1990) *The acoustics of crime. The new science of forensic phonetics*, Nueva York: Kluwer Academic-Plenum Publishers.
Love, H. (2002) *Attributing authorship. An introduction*, Nueva York: Cambridge University Press.
McMenamin, G. (2002) *Forensic linguistics: Advances in forensic stylistics*, Boca Ratón, FL: CRC Press.
Shuy, R. (1981) "Can linguistic evidence build a defense theory in a criminal case?", *Studia Lingüistica*, 35, pp. 33–49.
Shuy, R. (2005) *Creating language crimes: How law enforcement uses and misuses language*, Nueva York: Oxford University Press.
Solan, L. y Tiersma, P. (2005) *Speaking of crime: The language of criminal justice*, Chicago: University of Chicago Press.

Entradas relacionadas

análisis del discurso; fonética acústica; morfología; pragmática; semántica; sintaxis

MORFOLOGÍA

Elena Felíu Arquiola

1. Introducción

Habitualmente, la morfología se define como la parte de la gramática que estudia la relación entre la forma de las palabras y la información gramatical y semántica que contienen, en dos sentidos fundamentales: por una parte, las distintas formas que puede adoptar una misma palabra (1a), lo que se conoce como morfología flexiva o flexión; por otra, las relaciones formales y semánticas que se establecen entre distintas palabras (1b), lo que recibe el nombre de morfología léxica o formación de palabras:

(1) a. gato, gata, gatos, gatas; fundar, fundaron, fundarán
    b. gato, gatera, gatear; fundar, fundador, refundar, fundación, refundación

A esta caracterización tradicional habría que añadir, además, otros aspectos que son igualmente objeto de estudio de la morfología. Así, atañen también a este ámbito de la gramática cuestiones como las siguientes:

a) Las propiedades gramaticales que caracterizan a las distintas clases de palabras y que intervienen en procesos sintácticos como la concordancia, tengan o no manifestación formal en la palabra en cuestión. Nos referimos, por ejemplo, al rasgo de género femenino de un nombre como *cárcel*, sin exponente o marca formal en dicho sustantivo pero sí en los determinantes y en los adjetivos que concuerdan con él (*la cárcel oscura*).
b) La contribución gramatical o la función gramatical de los distintos constituyentes de una palabra. En este sentido, no solo concierne a la morfología el estudio de elementos que contribuyen al significado gramatical (1a) o léxico (1b) de las palabras, sino también el análisis de segmentos carentes de significado, pero que desempeñan un papel en la estructura de la palabra, como la vocal final de *casa*, denominada desinencia, marca segmental o marca de palabra, o la vocal temática de los verbos, presente en diversas formas del paradigma (*fundar*, *fundaron*, *fundarán*) y en determinadas formaciones deverbales (*fundador*, *fundación*).
c) Las relaciones formales y semánticas que se establecen entre los constituyentes morfológicos de las palabras léxicamente complejas (1b). Así, es tarea de la morfología determinar la relación que se establece entre los elementos constitutivos de una palabra como

refundación, pues distintas relaciones jerárquicas pueden asociarse con diferentes significados: $[[\text{re } [\text{funda}]_V]_V \text{ ción}]_N$ 'acción de refundar' vs. $[\text{re } [[\text{funda}]_V \text{ ción}]_N]_V$ 'nueva fundación'.

d) Las reglas, los patrones o los principios que rigen la formación de nuevas palabras, así como las restricciones que intervienen en ellos. Por ejemplo, los hablantes de español sabemos que podemos formar con el prefijo *re-* un verbo como *refundar*, pero no un verbo como **reestar*. En este sentido, la morfología estudia la competencia morfológica de los hablantes, esto es, el conocimiento que los hablantes tienen sobre la estructura de las palabras de su lengua y sobre los principios de formación de nuevas palabras (Varela, 1990).

El hecho de que se defina la morfología en torno al concepto de palabra tiene dos implicaciones fundamentales. Por una parte, la dificultad de caracterizar esta unidad empleando criterios que sean válidos desde una perspectiva inter- e intralingüística, según se mostrará en el § 2, conlleva que el estatuto de la morfología como disciplina autónoma dependa en gran medida de la concepción teórica sobre la palabra que se adopte. Por otra, dado que en la palabra confluye información léxica, fonológica, sintáctica y semántica, la morfología se convierte en un componente de interficie o de punto de contacto entre diversos componentes gramaticales.

El término *morfología*, formado a partir del griego μορφή, empezó a emplearse inicialmente en relación con la biología a finales del siglo XVIII, en concreto, en textos de Goethe. Su utilización en el terreno de la lingüística se debe a August Schleicher a mediados del siglo XIX. La relativa juventud del término, sin embargo, no se corresponde con la práctica efectiva de la descripción y la clasificación morfológica de las palabras, muy desarrolladas ya en la tradición gramatical de la India antigua, especialmente en los escritos de *Pāṇini* sobre el sánscrito.

Aunque durante parte del siglo XX la morfología perdió protagonismo en favor de la fonología y la sintaxis, tal como se detalla en el § 3, actualmente es una disciplina firmemente establecida, que cuenta con manuales clásicos como los de Matthews (1974, 1991), Spencer (1991), Katamba (1993) o, más recientemente, Booij (2005). Igualmente existen obras de referencia generales como son los volúmenes de Spencer y Zwicky (1998), Booij, Lehmann y Mugdan (2000/2004), Štekauer y Lieber (2005) y Lieber y Štekauer (2009, 2013). En cuanto a las publicaciones periódicas, hay que mencionar dos revistas dedicadas íntegramente a la morfología: *Morphology* (hasta el año 2006, *Yearbook of Morphology*) y *Word Structure*. Finalmente, se celebran con regularidad congresos internacionales dedicados a esta área de la lingüística: *International Morphology Meeting*, *Mediterranean Morphology Meeting*, *American International Morphology Meeting*.

En lo que respecta al ámbito hispánico, existen diversos repertorios bibliográficos, de los que mencionaremos dos, Rainer (1993a) y García-Medall (1995), centrados básicamente en la formación de palabras. Contamos igualmente con varios artículos en los que se esbozan panoramas generales sobre la investigación morfológica en España y en Hispanoamérica (Varela 2000; Pena 2003; Morales 2003; Pazó, Gil y Cano 2011). En cuanto a las obras de referencia, además del ya clásico capítulo de Bosque (1983) o de manuales como los de Varela (1990, 2005), Almela (1999) y Fábregas (2013), hay que señalar la monografía de Rainer (1993b) sobre formación de palabras y la de Ambadiang (1994) sobre flexión, los trece capítulos de morfología de la *Gramática descriptiva de la lengua española*, dirigida por Bosque y Demonte (1999), así como los diez capítulos de la *Nueva gramática de la lengua española* de la RAE y ASALE (2009). Para finalizar, desde el año 2005 se celebra anualmente el Encuentro de Morfólogos Españoles, vinculado a la Red Temática de Morfología (RETEM).

2. Caracterización de los datos: tipos de unidades y tipos de procedimientos

2.1. Tipos de unidades

Las unidades fundamentales del análisis morfológico son el morfema y la palabra. La definición de ambas resulta problemática, como se mostrará a continuación. También son relevantes en la descripción morfológica del español las nociones de tema, base y paradigma, concepto este último que se definirá en el § 2.2.

Desde el estructuralismo se concibe el morfema como el signo lingüístico mínimo, esto es, la combinación más pequeña posible de forma y significado, que se identifica por su recurrencia en distintas palabras complejas. Así, en las formaciones de (2) es posible reconocer diversos segmentos con una contribución semántica constante: por una parte, afijos como *-ción*, sufijo que forma sustantivos deverbales de acción, y *re-*, prefijo aspectual que indica 'volver a'; por otra, el segmento compartido por los miembros de cada una de las series, que constituye la raíz y aporta el significado léxico básico (*fund-* en 2a, *elabor-* en 2b y *grab-* en 2c):

(2) a. fundar, fundación, refundar
 b. elaborar, elaboración, reelaborar
 c. grabar, grabación, regrabar

La identificación de los morfemas que constituyen una palabra compleja se denomina segmentación morfológica. En ocasiones, los morfemas presentan variantes formales, denominadas alomorfos, como es el caso de *-ción* (*fundar* > *fundación*), *-sión* (*incluir* > *inclusión*), *-ión* (*confesar* > *confesión*).

Sin embargo, la noción de morfema entendida como combinación mínima de forma y significado se encuentra con diversos problemas. Así, por ejemplo, existen segmentos morfológicos sin significado asociado, como la vocal temática en los ejemplos de (2) (*fundar*, *fundación*, *refundar*, etc.), que sí tiene, en cambio, función gramatical, pues indica el carácter verbal de *funda-* junto con su clase conjugacional. Por otra parte, en determinados cultismos (*re-stitu-ir*, *con-stitu-ir*, *su-stitu-ir*, por ejemplo) no es posible atribuir a los segmentos morfológicos un significado constante. Fenómenos como estos han llevado a muchos investigadores, desde Aronoff (1976) en adelante, a preferir una caracterización del morfema como "unidad gramatical mínima".

Por otra parte, el análisis morfológico de las lenguas flexivas o fusionantes se encuentra con numerosas dificultades. Así sucede, por ejemplo, en el caso de las formas verbales del español, donde son frecuentes los casos de exponencia cumulativa (expresión de varios significados en un único constituyente morfológico, como en *cant-a-se-s*, donde *-se-* expresa modo subjuntivo y tiempo pasado) y de exponencia múltiple o extendida (expresión de un significado mediante varias manifestaciones formales simultáneas, como en *saber* > *sabes*, *sepas*, donde el subjuntivo se marca mediante el constituyente *-a-* y mediante el alomorfo de la raíz, *sep-*). Por este motivo, muchos lingüistas rechazan el morfema como unidad de análisis, como se detalla en el § 4.

La raíz y los afijos son los tipos fundamentales de morfemas que se distinguen en el análisis morfológico de una lengua como el español. Muchas raíces son formas ligadas, esto es, no pueden aparecer de manera independiente (3a); otras, en cambio, son formas libres, es decir, pueden constituir palabra por sí mismas (*sal* en 3b):

(3) a. gat-o, gat-era, gat-ear
    b. sal, sal-ero, sal-ar

Las raíces que son formas ligadas se combinan con otros segmentos morfológicos que marcan la categoría gramatical de la formación. Así, en (4a) tenemos la combinación de la raíz *rem-* con una desinencia o marca de palabra, elemento estructural que identifica una raíz como sustantivo y determina la clase flexiva a la que pertenece. En (4b) la misma raíz aparece seguida de la vocal temática, que dota a la formación de la categoría de verbo y lo adscribe a la primera conjugación. Estas combinaciones de raíz y marca de palabra (4a) o raíz y vocal temática (4b) reciben la denominación de tema (tema nominal en el caso de 4a y tema verbal en el caso de 4b). También se denomina tema a la unidad que resulta de eliminar los morfemas flexivos (véase Pena 1999). Así, en (4c) la raíz *rem-* se combina con un sufijo derivativo, formando el tema derivado *remer-*, que requiere de una desinencia o vocal final vinculada en este caso con una alternancia flexiva (forma masculina *remero* y forma femenina *remera*) que permite designar a personas de distinto sexo:

(4) a. un rem-o
    b. rem-a
    c. un rem-er-o

Además, el término tema culto, tema neoclásico o tema grecolatino se emplea para denominar aquellas raíces procedentes del griego o del latín que no pueden formar palabras por sí mismas y necesitan combinarse con otros elementos morfológicos para constituir palabras plenas: afijos (5a), otros temas grecolatinos (5b) o palabras patrimoniales (5c):

(5) a. fóbico, ácromo
    b. logopeda, quiromancia
    c. quiromasaje, musicólogo

Junto con el morfema, como decíamos, la segunda unidad de análisis fundamental en morfología es la palabra. Sin embargo, pese a tratarse de un concepto intuitivo, resulta difícil formular una definición de palabra que resulte válida en términos interlingüísticos e incluso para una sola lengua (véase Piera 2009 para una revisión relativamente reciente de esta cuestión). Entre los criterios que habitualmente se emplean se encuentran los siguientes:

a) Criterio ortográfico: la palabra sería la unidad delimitada por dos espacios en la escritura. Su relevancia es escasa, pues no es aplicable a las lenguas sin escritura. En lo que respecta a las que sí poseen un sistema de representación gráfica, este criterio se encuentra sujeto a las convenciones ortográficas, que son cambiantes y en ocasiones arbitrarias. Los pronombres átonos del español, por ejemplo, se escriben de forma independiente cuando son proclíticos (*se lo di*) pero no cuando son enclíticos (*dáselo*).
b) Criterio fónico: la palabra se definiría como una secuencia que constituye una unidad de pronunciación y está delimitada en un enunciado entre dos pausas. Sin embargo, según este criterio, *la casa* tendría que tratarse como una única palabra, mientras que las formaciones complejas en las que existe más de un acento, como *tranquilamente*, podrían entenderse como dos palabras.
c) Criterio combinatorio: las palabras se caracterizan por la posibilidad de insertar otras palabras entre ellas. Así, atendiendo a este criterio, la secuencia *la casa* está constituida por dos palabras, pues entre ellas podemos insertar una tercera: *la espaciosa casa*.

d) Criterio distribucional: la palabra se concibe como una forma libre mínima, esto es, la unidad más pequeña que puede aparecer de forma independiente. Atendiendo a este criterio, no serían palabras en español las preposiciones, las conjunciones, los artículos, los posesivos átonos, los pronombres átonos o determinados adverbios como *muy*, pues carecen de la posibilidad de aparecer de forma autónoma.

e) Criterio léxico: la palabra sería una unidad listada en nuestro léxico, memorizada. Este criterio, sin embargo, no distingue entre distintos tipos de unidades almacenadas en el léxico, como pueden ser los afijos (*-dor*), las expresiones complejas de significado no composicional (*estirar la pata*) o incluso los refranes (*Perro ladrador, poco mordedor*). Por otra parte, las palabras complejas de significado composicional no necesariamente se encuentran almacenadas en el léxico de los hablantes; de hecho, en morfología se maneja el concepto de palabra posible pero no existente, esto es, palabra que podría crearse mediante la aplicación de las reglas de formación de palabras que operan en una lengua. Por ejemplo, sobre un neologismo reciente como *tuitear* podríamos formar *autotuitearse*, verbo prefijado de significado composicional que los hablantes de español podrán comprender sin necesidad de que forme parte previamente de su léxico.

f) Criterio morfológico: la palabra se caracterizaría por la inseparabilidad de los elementos que la forman, así como por el hecho de que sus constituyentes se combinan en un orden fijo. En español, sin embargo, la característica de la inseparabilidad no se da en el caso de los 'prefijos separables' (*pre-* y *postelectoral*). En cambio, el orden fijo de los constituyentes morfológicos se cumple de forma más general. Así, por ejemplo, los prefijos preceden a su base (*regrabar*), mientras que los sufijos se posponen a ella (*grabación*), y los sufijos derivativos preceden a los sufijos flexivos (*rem-er-o-s*).

Además de este tipo de criterios descriptivos, en ciertos estudios sobre teoría morfológica la palabra se ha caracterizado como un dominio distinto al configurado por sintagmas y oraciones, el dominio de las operaciones morfológicas, de manera que las palabras complejas poseerían propiedades distintas de aquellas que caracterizan a las estructuras sintácticas y constituirían átomos para la sintaxis. Como se verá en los apartados siguientes, se trata de una cuestión ampliamente debatida desde los años setenta, que sigue de actualidad.

Pese a las dificultades de definir la unidad palabra, desde un punto de vista descriptivo resulta un instrumento básico en la caracterización morfológica de una lengua como el español. Junto con las unidades mencionadas hasta el momento, resulta también relevante en morfología el concepto de base, empleado fundamentalmente en morfología léxica. Así, se entiende por base la unidad a la que se le aplica un proceso de formación de palabras. Esta noción de base es un concepto relativo: en una palabra compleja podremos distinguir tantas bases como procesos de formación de palabras hayan tenido lugar. Si tomamos el caso del adjetivo *saleroso* (6), podremos distinguir *salero* como base del sufijo *-oso* y *sal* como base del sufijo *-ero*. En cambio, la raíz es única para cada palabra compleja (*sal-* en el ejemplo anterior).

(6) sal > salero > saleroso

2.2. *Tipos de procedimientos*

En la Introducción se ha establecido sucintamente una distinción entre la morfología flexiva y la morfología léxica o formación de palabras, cuyos procedimientos fundamentales en español son la derivación (*remo > remero*, *fundar > refundar*), la parasíntesis (*botella > embotellar*, *largo* > *alargar*) —que en ocasiones se entiende como un subtipo de la derivación— y la composición (*agridulce*, *lavaplatos*, *coche bomba*).

La flexión y la derivación comparten determinados procesos formales, como por ejemplo la adición de sufijos (*cantábamos*, *fundación*); sin embargo, también presentan diferencias, la mayoría de las cuales son válidas para distinguir la morfología flexiva de la morfología léxica en general. Así, la flexión no crea palabras nuevas, esto es, no da lugar a formaciones que constituyan nuevas entradas en un diccionario, a diferencia de la derivación, y de la morfología léxica en general. La flexión se aplica a todos los elementos de una determinada clase de palabras, que se agrupan en paradigmas flexivos, es decir, sistemas o conjuntos cerrados de las formas que una misma palabra puede adoptar para expresar distintas categorías gramaticales. Sin embargo, en la derivación, aunque también se emplee en ocasiones la noción de paradigma, son muy frecuentes las excepciones o los huecos léxicos. Además, no todos los procedimientos de formación de palabras son igualmente rentables en la lengua, esto es, su productividad es restringida y gradual.

También se distinguen la flexión y la formación de palabras por el hecho de que las palabras flexionadas son semánticamente regulares, mientras que las palabras derivadas y compuestas pueden tener un significado composicional y, por tanto, predecible, o no composicional e incluso lexicalizado. Flexión y derivación se diferencian igualmente en el hecho de que la primera no implica cambio categorial de la base ni tampoco cambios en su significado léxico, a diferencia de lo que sucede en la derivación, que sí puede alterar la categoría de la base así como su significado léxico. Finalmente, cabe señalar que a través de la flexión se manifiestan en español determinadas relaciones sintácticas (por ejemplo, mediante la concordancia del verbo con el constituyente que funciona como sujeto, o del adjetivo con el núcleo dentro de un sintagma nominal), por lo que la flexión depende en gran medida del contexto gramatical, algo que no sucede en el caso de la morfología léxica.

Los procedimientos de formación de palabras se encuentran sujetos a distintos tipos de restricciones, que suelen afectar a la base pero que también pueden actuar sobre la forma resultante o *output*. Dichas restricciones pueden ser fonológicas, morfológicas, categoriales, sintácticas y semánticas. Como ejemplo de restricción fonológica puede mencionarse la formación de compuestos $[NiA]_A$, cuyo primer elemento más la vocal de enlace deben formar un constituyente fonológico de dos sílabas (*paticorto*, *narilargo* pero **naricilargo*) (Fábregas 2004). Por su parte, la prefijación de *auto-* a bases nominales se encuentra regulada por una restricción de tipo semántico. Así, este prefijo se combina con nombres asociados al menos con dos argumentos o participantes semánticos (*autogol*, *autocaricatura*), pero no con otro tipo de bases nominales (**automesa*).

3. Desarrollo histórico y perspectivas teóricas

Como se ha señalado en el § 1, la descripción y clasificación morfológica se remonta a la tradición gramatical de la India y, posteriormente, a la tradición grecolatina. Durante muchos siglos, las descripciones gramaticales se centraban fundamentalmente en la morfología, que en la tradición gramatical hispánica recibía la denominación de "analogía" y abarcaba básicamente la flexión, mientras que la formación de palabras se encontraba relegada a un segundo plano en la mayoría de las gramáticas. El primer tratado dedicado íntegramente a la formación de palabras en español es el de Alemany Bolufer (1920).

Con el estructuralismo se producen significativos avances en el terreno de la morfología general. Se establece el concepto de morfema y, especialmente en el estructuralismo norteamericano, se desarrollan los criterios de identificación de este tipo de unidades, así como los procedimientos de segmentación morfológica. En el ámbito hispánico, entre los estudios de morfología sincrónica enmarcados en el estructuralismo o en el funcionalismo de raíz estructuralista destacan los trabajos de Emilio Alarcos sobre la flexión verbal y los trabajos de Félix Monge sobre los valores semánticos de los sufijos así como, posteriormente, los de Jesús Pena tanto sobre los verbos derivados y los sustantivos deverbales como sobre las unidades de análisis morfológico. En el marco de la semántica estructural, hay que mencionar los estudios desarrollados por Eugenio Coseriu y sus discípulos, como Jens Lüdtke o Brenda Laca en sus primeros trabajos.

Con el desarrollo de la gramática generativa a partir de los años sesenta, la morfología perdió su papel central en favor de la fonología y la sintaxis. Sin embargo, a partir de los años setenta, con la publicación de los *Prolegomena* de Halle (1973), la morfología pasa a concebirse como un subcomponente —dentro del componente léxico— en el que se formarían todas las palabras complejas, que posteriormente serían insertadas en la sintaxis. Esta perspectiva, conocida como lexicalismo, que se desarrolla durante los años setenta y ochenta, se basa en gran medida en la noción de Regla de Formación de Palabras. Su influjo en el ámbito hispánico se debe en parte a la traducción al español del libro de Scalise (1984) *Generative morphology*, según señala Pena (2003), así como a la publicación del libro de Varela (1990) *Fundamentos de morfología.*

A finales de los años ochenta y, sobre todo, en las décadas siguientes, se abre paso una concepción diferente de la morfología en el seno de la gramática generativa. Así, la investigación sobre las categorías funcionales pone de manifiesto la relevancia de la morfología flexiva en la configuración de la estructura sintáctica, por lo que la flexión pasa a formar parte de la derivación sintáctica. Dicha sintactización de la morfología alcanza igualmente a la formación de palabras en propuestas como la de Lieber (1992), para quien las palabras derivadas y compuestas se derivan mediante las mismas operaciones que generan las estructuras sintácticas; la morfología distribuida (Halle y Marantz 1993), modelo en el que las palabras complejas se crean mediante operaciones sintácticas y la morfología pasa a ser un componente interpretativo de carácter postsintáctico; o la nanosintaxis, teoría en la que las palabras se derivan en la sintaxis y todos los fenómenos considerados morfológicos en otros modelos se explican mediante propiedades fonológicas, sintácticas o semánticas (véase Starke 2009 para una introducción a esta teoría). Numerosos fenómenos morfológicos del español se han estudiado desde este tipo de propuestas teóricas. Mencionaremos, a modo de ejemplo, la aplicación de la morfología distribuida al análisis del sistema verbal del español en el trabajo de Oltra-Massuet y Arregi (2005).

Por otra parte, desde una perspectiva funcionalista del lenguaje, hay que señalar el desarrollo desde principios de los años ochenta de la denominada morfología natural, a partir de los trabajos de Wurzel y Dressler, entre otros. En esta corriente teórica, se investigan las preferencias morfológicas universales, que se hacen derivar de las funciones del lenguaje así como de condicionamientos extralingüísticos, al tiempo que se busca identificar la realidad psicológica de los fenómenos morfológicos. Así, 'natural' equivale a no marcado, cognitivamente simple, fácilmente accesible y por ello universalmente preferido (véase Dressler 2000 para una síntesis de los presupuestos de la morfología natural). En el caso del español, las investigaciones en el seno de la morfología natural se han centrado en el estudio de la formación de diminutivos infijados (*Víctor* > *Victítor*), entre otros fenómenos (véase, por ejemplo, Méndez Dosuna y Pensado 1990).

En lo que respecta a la morfología histórica, en el ámbito hispánico se han desarrollado investigaciones que atañen a dos ámbitos, como destaca Pujol Payet (2006): por una parte, a las relaciones entre morfología y sintaxis, en concreto, a la evolución del sistema flexivo nominal y verbal; por otra, a la morfología léxica, aunque en este caso los estudios son mucho menos numerosos. En este último ámbito de trabajo hay que destacar sin duda la aportación, dentro de un enfoque estructuralista, del hispanista Yakov Malkiel y su escuela durante la segunda mitad del siglo XX, junto con la monografía de Alvar y Pottier (1983), que contiene cuatro capítulos sobre formación de palabras. Posteriormente, el interés de los investigadores en morfología histórica del español ha comenzado a centrarse en los procesos de gramaticalización, siguiendo la estela iniciada por Bybee (1985) desde una perspectiva tipológica, así como en los procesos de lexicalización.

4. Modelos de análisis

Tal como se señaló en el § 2.1 al tratar el concepto de morfema, una cuestión previa que condiciona los análisis morfológicos tiene que ver con el tipo de unidad mínima de análisis que se reconozca. Desde el artículo de Hockett (1954), se distinguen tres modelos o métodos de análisis morfológico fundamentales: el modelo Unidad y Disposición (*Item and Arrangement*), el modelo Unidad y Proceso (*Item and Process*) y el modelo Palabra y Paradigma (*Word and Paradigm*), a los que añadiremos un modelo basado en la noción de construcción.

El modelo Unidad y Disposición surge con la morfología estructuralista y tiene el morfema como unidad básica de análisis, que se considera una asociación de forma y significado. Su objetivo fundamental es la segmentación de las palabras complejas en morfemas así como la descripción de sus alomorfos. Así, por ejemplo, en el caso de la formación del plural del nombre en español, el morfema abstracto plural se representaría con los alomorfos *-s* (*casa-s*), *-es* (*papel-es*) y -Ø (*crisis*-Ø). Pueden adscribirse al modelo Unidad y Disposición no solo la morfología estructuralista, sino también propuestas nacidas en el seno de la gramática generativa que consideran que los morfemas se combinan en estructuras sintácticas, como la Word Syntax de Selkirk (1982), el modelo de Lieber (1992) o la morfología distribuida.

Por otra parte, en el modelo Unidad y Proceso las palabras complejas no se analizan como una combinación de morfemas, sino como el resultado de la aplicación de determinadas reglas o funciones a una forma básica o subyacente, que podría ser el lexema, la raíz o la palabra. Estas reglas o procesos modificarían tanto el contenido como la forma de las bases. Así, para el caso que veíamos antes del plural nominal en español, la aplicación del proceso de formación del plural recibiría una marcación distinta dependiendo de condicionamientos fonológicos, en concreto, de la configuración fónica de la base: afijación de *-s* en *casas*, afijación de *-es* en *papeles* y ausencia de marcación o afijación cero en *crisis*. A este modelo pueden adscribirse las propuestas de Aronoff (1976, 1994), Corbin (1987), Anderson (1992) y Beard (1995), entre otros. Este tipo de modelo de análisis morfológico se revela útil especialmente a la hora de dar cuenta de los casos de morfología no concatenante, esto es, de aquellos casos en los que no se da la adición de constituyentes morfológicos (modificación de la base, reduplicación, conversión, etc.).

En tercer lugar, hay que mencionar el modelo de Palabra y Paradigma, desarrollado en los trabajos de Matthews (1974, 1991) y Stump (2001), y que se remonta al estudio morfológico de las lenguas clásicas. En esta propuesta, concebida fundamentalmente para dar cuenta de la morfología flexiva, la palabra es la unidad básica de análisis y no se reconocen constituyentes internos en las palabras complejas. Todas las formas de un paradigma se relacionan entre sí, de manera que se trata de un modelo no derivacional, a diferencia de Unidad y Proceso, en el que las palabras se relacionan dos a dos (una forma base o subyacente y una forma que resulta tras la aplicación de un proceso). En el modelo de Palabra y Paradigma, cada forma de un paradigma constituiría una 'palabra morfosintáctica' que manifestaría un conjunto diferente de propiedades gramaticales. Así, por ejemplo, *gatos* materializa el conjunto de propiedades gramaticales masculino plural, propiedades que no se asocian con ningún segmento morfológico ni con ningún proceso concreto, sino con la palabra en su totalidad.

Finalmente, junto con estos tres enfoques del análisis morfológico, hay que señalar una cuarta perspectiva teórica desarrollada a lo largo de los últimos años en el seno de la gramática de construcciones: se trata de la morfología de construcciones (*Construction morphology*) (Booij 2010, entre otros), para la que los patrones morfológicos pueden representarse como construcciones —esto es, emparejamientos de forma y significado— que expresan generalizaciones sobre conjuntos de palabras complejas existentes y que sirven de modelo para la formación de nuevas palabras. Estas construcciones o esquemas, que presentarían distintos grados de abstracción, se encontrarían almacenados jerárquicamente en el léxico y darían cuenta de propiedades de las palabras complejas que no se pueden derivar de sus constituyentes. Para el caso del español, por ejemplo, se ha propuesto tratar en el marco de la morfología de construcciones las reduplicaciones léxicas nominales del tipo *café café* (cf. Felíu Arquiola 2011).

5. Temas de investigación

En el ámbito hispánico podemos distinguir dos grandes temas de investigación: de un lado, la descripción y el análisis de procedimientos concretos; de otro, el estudio de los límites de la morfología. En lo que respecta a la primera cuestión, muchos son los procedimientos concretos y los afijos particulares que han recibido atención en la tradición hispánica. Históricamente, como hemos señalado, predominaban los estudios sobre morfología flexiva, aunque en la actualidad son más abundantes los trabajos sobre morfología léxica. En este terreno, entre los temas estrella pueden mencionarse la formación de diminutivos, las nominalizaciones deverbales, los compuestos del tipo *lavaplatos*, la prefijación, entre otros. Remitimos al lector interesado a las distintas entradas de esta obra en las que se aborda cada uno de estos aspectos.

En el resto de este apartado nos centraremos en el segundo tema de investigación señalado: la indagación sobre los límites de la morfología, tanto internos (límites entre tipos de unidades, límites entre tipos de procesos, § 5.1) como externos (límites entre la morfología y otros componentes de la gramática, § 5.2).

5.1. Límites internos

Los límites internos de la morfología atañen, por una parte, a tipos de unidades y, por otra, a tipos de procedimientos. En relación con la primera cuestión, en la tradición hispánica se han debatido por extenso los límites entre prefijos y preposiciones, por una parte, y entre afijos y temas grecolatinos, por otra. En lo que respecta a los límites entre tipos de procesos, se ha discutido la inclusión de la prefijación en la composición, punto de vista tradicional, o en la derivación, perspectiva más reciente. Otra área interesante de investigación son las fronteras entre derivación y flexión, menos nítidas de lo que se desprende de la caracterización esbozada en el § 2.2. Así, los diminutivos en español presentan características tanto de la morfología derivativa (por ejemplo, el valor semántico que aportan, de tipo evaluativo) como de la flexiva (por ejemplo, el hecho de que no cambien la categoría de la base y de que no creen una palabra nueva). También resulta problemática en este sentido la formación del femenino en nombres como *poeta* ~ *poetisa* o *alcalde* ~ *alcaldesa*.

5.2. Límites externos

Como se dijo en la Introducción, la morfología constituye un componente de interficie o de punto de contacto entre distintos componentes de la gramática. Por este motivo, entre los principales temas de investigación se encuentran precisamente los límites de la morfología con la fonología, la sintaxis y la semántica.

En lo que respecta a los límites entre fonología y morfología, destacan los estudios sobre la alomorfia, esto es, el estudio de las variantes formales de los morfemas. La morfofonología (véase Pensado 1999) se ocupa del estudio de los fenómenos fonológicos que afectan a la morfología de una lengua. También se han explorado las relaciones entre morfología y fonología desde la perspectiva de la morfología prosódica, que investiga cómo la estructura prosódica condiciona los procesos morfológicos. En este marco se han estudiado la formación de diminutivos en español o la formación de acortamientos, entre otros fenómenos.

Sin duda los límites entre morfología y sintaxis constituyen un amplio terreno de investigación que abarca muchos temas, entre los que podemos señalar los siguientes (Piera y Varela 1999): la identificación de las clases de palabras mediante criterios morfológicos; la marcación mediante morfología flexiva de relaciones sintácticas como la reacción o la concordancia; las relaciones estructurales que se establecen entre los constituyentes morfológicos de las palabras complejas, esto es, la gramática de la palabra compleja; la proyección sintáctica de las palabras derivadas, que depende en gran medida de propiedades heredadas de la base (herencia de la estructura argumental, de la información eventiva, etc.); las diferencias entre los compuestos sintagmáticos y los sintagmas, entre otros aspectos. Finalmente, mencionaremos el debate existente desde hace más de tres décadas en torno a la denominada Hipótesis de la Integridad Léxica, que establece que la sintaxis no puede manipular los constituyentes de las palabras complejas, por lo que se trataría de un principio teórico básico para la definición de la palabra como unidad y de la morfología como componente autónomo, independiente de la sintaxis. Por ejemplo, una parte de una palabra compleja no puede ser extraída por una operación sintáctica como la formación de oraciones interrogativas, como se observa en (7):

(7) a. María ha comprado un lavaplatos
    b. *¿[Qué]$_i$ ha comprado María un [lava [*t*]$_i$]?

Entre los temas de investigación relacionados con los límites de la morfología cabe señalar igualmente los estudios que abordan la formación de palabras desde una perspectiva semántica. Además de describir los valores semánticos de afijos concretos, proceder habitual en la morfología de corte tradicional, se estudian fenómenos como la polisemia o la homonimia afijal y se investiga la composicionalidad semántica de las palabras derivadas y compuestas, empleando para ello estructuras léxico-conceptuales o plantillas léxico-semánticas (véase Martín García 1998, entre otros).

Finalmente, debido a que los procedimientos de formación de palabras están implicados en la creación léxica en general y en la formación de neologismos en particular, en la tradición hispánica ha sido frecuente tratar la formación de palabras dentro de la lexicología. Sin embargo, en la actualidad se tiende a considerarla como un dominio a medio camino entre el léxico y la gramática. En el ámbito de la teoría morfológica, se manejan nociones como las de bloqueo o productividad, vinculadas con la función de los procedimientos de formación de palabras como recurso de creación léxica. Los patrones morfológicos que pueden emplearse sistemáticamente para la formación de nuevas palabras complejas se consideran productivos. El bloqueo, por su parte, daría cuenta de aquellos casos en los que una palabra compleja no resulta aceptable debido a la existencia de una forma simple con igual significado y función. Por ejemplo, la formación de **furiosidad* a partir del adjetivo derivado *furioso* se vería bloqueada por la existencia del nombre *furia*.

Bibliografía

Alemany Bolufer, J. (1920) *Tratado de la formación de palabras en la lengua castellana*, Madrid: Librería General de Victoriano Suárez.

Almela Pérez, R. (1999) *Procedimientos de formación de palabras en español*, Barcelona: Ariel.

Alvar, M. y Pottier, B. (1983) *Morfología histórica del español*, Madrid: Gredos.

Ambadiang, T. (1994) *La morfología flexiva*, Madrid: Taurus.

Anderson, S. (1992) *A-morphous morphology*, Cambridge: Cambridge University Press.

Aronoff, M. (1976) *Morphology in generative grammar*, Cambridge, MA: The MIT Press.

Aronoff, M. (1994) *Morphology by itself*, Cambridge, MA: The MIT Press.

Beard, R. (1995) *Lexeme-morpheme base morphology: A general theory of inflection and word formation*, Albany: SUNY Press.

Booij, G. (2005) *The grammar of words*, Oxford: Oxford University Press (2.ª ed., 2007).

Booij, G. (2010) *Construction morphology*, Oxford: Oxford University Press.

Booij, G., Lehmann, Ch. y Mugdan, J. (eds.) (2000/2004), *Morphologie/Morphology. Ein internationales Handbuch zur Flexion und Wortbildung/An international handbook on inflection and word formation*, 2 vols., Berlín: De Gruyter.

Bosque, I. (1983) "La morfología", en Abad, F. y García Berrio, A. (eds.) *Introducción a la lingüística*, Madrid: Alhambra, pp. 115–153.

Bosque, I. y Demonte, V. (dirs.) (1999) *Gramática descriptiva de la lengua española*, Madrid: Espasa, caps. 66–78.

Bybee, J. L. (1985) *Morphology: A study of the relation between meaning and form*, Amsterdam: John Benjamins.

Corbin, D. (1987) *Morphologie dérivationnelle et structuration du lexique*, 2 vols., Tubinga: Max Niemeyer Verlag.

Dressler, W. (2000) "Naturalness", en Booij, G., Lehmann, Ch. y Mugdan, J. (eds.) (2000), *Morphologie/Morphology. Ein internationales Handbuch zur Flexion und Wortbildung/An international handbook on inflection and word formation*, vol. 1, Berlín: De Gruyter, pp. 288–296.

Fábregas, A. (2004) "Prosodic constraints and the difference between root and word compounding", *Lingue e Linguaggio*, 2, pp. 303–339.

Fábregas, A. (2013) *La morfología. El análisis de la palabra compleja*, Madrid: Síntesis.

Felíu Arquiola, E. (2011) "Las reduplicaciones léxicas nominales en español actual", *Verba*, 38, pp. 95–126.

García-Medall, J. (1995) *Casi un siglo de formación de palabras del español (1900–1994). Guía bibliográfica*, Valencia: Universidad de Valencia.

Halle, M. (1973) "Prolegomena to a theory of word formation", *Linguistic Inquiry*, 4, 1, pp. 3–16.

Halle, M. y Marantz, A. (1993) "Distributed morphology and the pieces of inflection", en Hale, K. y Keyser, S. J. (eds.) *The view from Building 20. Essays in linguistics in honor of Sylvain Bromberger*, Cambridge, MA: The MIT Press, pp. 111–176.

Hockett, Ch. (1954) "Two models of grammatical description", *Word*, 10, pp. 210–234.

Katamba, F. (1993) *Morphology*, Londres: Macmillan Press (2.ª ed., 2006).

Lieber, R. (1992) *Deconstructing morphology*, Chicago: University of Chicago Press.

Lieber, R. y Štekauer, P. (eds.) (2009) *Oxford handbook of compounding*, Oxford: Oxford University Press.

Lieber, R. y Štekauer, P. (eds.) (2013) *Oxford handbook of derivation*, Oxford: Oxford University Press.

Martín García, J. (1998) *La morfología léxico-conceptual: las palabras derivadas con* re-, Madrid: Ediciones de la Universidad Autónoma de Madrid.

Matthews, P. (1974) *Morphology*, Cambridge: Cambridge University Press (2.ª ed., 1991) [trad. esp.: Madrid: Paraninfo, 1980].

Méndez Dosuna, J. y Pensado, C. (1990) "How unnatural is Spanish *Víctor --> Vict-it-or*? Infixed diminutives in Spanish", en Méndez Dosuna, J. y Pensado, C. (eds.), *Naturalists at Krems*, Salamanca: Acta Salmanticensia, pp. 89–106 [trad. esp. en Varela, S. (coord.) (1993) *La formación de palabras*, Madrid: Taurus, pp. 316–335].
Morales, A. (2003) "Acercamiento a los estudios morfológicos sobre el español en Hispanoamérica", *Lingüística Española Actual*, 25, 1–2, pp. 39–70.
Oltra-Massuet, I. y Arregi, K. (2005) "Stress-by-Structure in Spanish", *Linguistic Inquiry*, 36, 1, pp. 43–84.
Pazó, J., Gil, I. y Cano, M. Á. (2011) "Diez años de teoría morfológica en España", en Pazó, J., Gil, I. y Cano, M. Á. (eds.) *Teoría morfológica y morfología del español*, Madrid: UAM Ediciones, pp. 19–58.
Pena, J. (1999) "Partes de la morfología. Las unidades del análisis morfológico", cap. 66 en Bosque, I. y Demonte, V. (dirs.) *Gramática descriptiva de la lengua española*, Madrid: Espasa, pp. 4305–4366.
Pena, J. (2003) "Los estudios de morfología del español en España durante los últimos 25 años (1979–2003)", *Lingüística Española Actual*, 25, 1–2, pp. 7–38.
Pensado, C. (1999) "Morfología y fonología. Fenómenos morfofonológicos", en Bosque, I. y Demonte, V. (dirs.) *Gramática descriptiva de la lengua española*, Madrid: Espasa, pp. 4423–4504.
Piera, C. (2009) "Una idea de la palabra", en Miguel, E. de (ed.) *Panorama de la lexicología*, Barcelona: Ariel, pp. 25–49.
Piera, C. y Varela, S. (1999) "Relaciones entre morfología y sintaxis", en Bosque, I. y Demonte, V. (dirs.) *Gramática descriptiva de la lengua española*, Madrid: Espasa, pp. 4367–4422.
Puyol Pajet, I. (2006) "La morfología histórica del español: estado de la cuestión", en Felíu Arquiola, E. (ed.) *La morfología a debate*, Jaén: Universidad de Jaén, pp. 93–118.
Rainer, F. (1993a) "Setenta años (1921–1990) de investigación en la formación de palabras del español moderno: bibliografía crítica selectiva", en Varela, S. (ed.) *La formación de palabras*, Madrid: Taurus, pp. 30–70.
Rainer, F. (1993b) *Spanische Wortbildungslehre*, Tubinga: Niemeyer.
[RAE-ASALE] Real Academia Española y Asociación de Academias de la Lengua Española (2009) *Nueva gramática de la lengua española*, Madrid: Espasa, caps. 2–11.
Scalise, S. (1984) *Generative Morphology*, Dordrecht: Foris. [Trad. esp.: *Morfología generativa*, Madrid: Alianza, 1987].
Spencer, A. (1991) *Morphological theory*. Oxford: Blackwell.
Spencer, A. y Zwicky, A. M. (eds.) (1998) *The handbook of morphology*, Oxford: Blackwell.
Starke, M. (2009) "Nanosyntax: A short primer to a new approach to language", *Nordlyd*, 36, 1, pp. 1–6.
Štekauer, P. y Lieber, R. (eds.) (2005) *Handbook of word-formation*, Dordrecht: Springer.
Varela, S. (1990) *Fundamentos de morfología*, Madrid: Síntesis.
Varela, S. (2000) "25 años de morfología española: la formación de palabras (1970–1995)", en Bargalló, M. y Garriga, C. (eds.) *25 años de investigación en la lengua española*, Tarragona: Universitat Rovira i Virgili, pp. 81–110.
Varela, S. (2005) *Morfología léxica: la formación de palabras*, Madrid: Gredos.

Lecturas complementarias

Bosque, I. (1983) "La morfología", en Abad, F. y García Berrio, A. (eds.) *Introducción a la lingüística*, Madrid: Alhambra, pp. 115–153.
Fábregas, A. (2006) "Historia de un problema: la morfología desde 1985 hasta hoy", en Felíu Arquiola, E. (ed.) *La morfología a debate*, Jaén: Universidad de Jaén, pp. 63–92.
Fábregas, A. (2013) *La morfología. El análisis de la palabra compleja*, Madrid: Síntesis.
Felíu Arquiola, E. (2009) "Palabras con estructura interna", en Miguel, E. de (ed.) *Panorama de la lexicología*, Barcelona: Ariel, pp. 51–82.
Pena, J. (1999) "Partes de la morfología. Las unidades del análisis morfológico", en Bosque, I. y Demonte, V. (dirs.) *Gramática descriptiva de la lengua española*, Madrid: Espasa, pp. 4305–4366.
Piera, C. y Varela, S. (1999) "Relaciones entre morfología y sintaxis", en Bosque, I. y Demonte, V. (dirs.) *Gramática descriptiva de la lengua española*, Madrid: Espasa, pp. 4367–4423.

Varela, S. (1990) *Fundamentos de morfología*, Madrid: Síntesis.
Varela, S. (2005) *Morfología léxica: la formación de palabras*, Madrid: Gredos.

Entradas relacionadas

aumentativos, diminutivos; clíticos; composición; género y número; derivación morfológica; historia del español: morfología; lexicografía; lexicología; morfemas; prefijos y sufijos

POÉTICA Y LINGÜÍSTICA

Enrique Mallen

1. Perspectiva histórica

El análisis del lenguaje poético se remonta a la retórica clásica, pero la estilística moderna tiene sus raíces en el "formalismo ruso" y la "escuela de Praga" de comienzos del siglo XX. En 1909, el *Tratado de estilística francesa* de Charles Bally había promovido la estilística como una disciplina académica diferente y complementaria a las teorías lingüísticas propuestas por Ferdinand de Saussure. Para Bally, la lingüística saussureana no alcanzaba a describir el lenguaje poético. El programa formulado por él, por el contrario, coincidía con las propuestas defendidas por la escuela de Praga, que partiendo de las ideas del formalismo ruso, había desarrollado la noción de "elevación a primer plano", por el que el lenguaje literario resaltaba del trasfondo del lenguaje ordinario mediante la desviación de las normas o el uso de concatenaciones y paralelismos. Según la escuela de Praga, la lengua base no queda fija de forma permanente, y la relación entre los lenguajes poético y ordinario se halla en continua fluctuación. Una corriente paralela, conocida como "la nueva crítica", llegó a dominar los estudios literarios norteamericanos a mediados del siglo XX. Bajo la influencia de autores como T. S. Eliot y I. A. Richards, el movimiento tomó su nombre del libro de John Crowe Ransom publicado en 1941. En él se enfatizaba una lectura atenta del texto, particularmente de la poesía, con el propósito de descubrir cómo funciona una obra literaria, entendida esta como un objeto estético independiente y autorreferencial.

El lingüista Roman Jakobson logró combinar ideas del formalismo ruso con las de la nueva crítica en su conferencia magistral sobre estilística de 1958 en la Universidad de Indiana. Publicada como *Lingüística y poética* en 1960, la ponencia de Jakobson ha sido reconocida como la primera formulación coherente de la nueva estilística. En ella se propone que el estudio del lenguaje poético debía entenderse como una rama más de la lingüística. La "función poética" sería simplemente una de las seis funciones generales del lenguaje que él detalla en el texto.

Desde que Jakobson presentara sus propuestas, la lingüística ha pasado por lo que podríamos denominar una revolución científica. De hecho ha habido una radical discontinuidad entre la contribución de la lingüística hasta los años sesenta, aproximadamente, y los trabajos aparecidos con posterioridad a esa fecha. Con algunas excepciones, los primeros trabajos pueden caracterizarse como pertenecientes a la escuela de la lingüística "estructuralista", mientras que los trabajos posteriores se enmarcan en la escuela "generativa o transformacional". El germen de la gramática generativa y transformacional se encuentra en el libro *Estructuras sintácticas* de Noam Chomsky aparecido en 1957, aunque este carecía aún de la radical trascendencia psicológica que adquiriría posteriormente. Para cuando aparece el modelo de *Aspectos de la teoría de la sintaxis* (1965), la concepción de la gramática había sufrido un radical proceso de psicologización. Chomsky distingue entre "adecuación descriptiva" y "adecuación explicativa". Aplicada a la literatura, la teoría busca satisfacer ambos tipos de adecuación generando el lenguaje poético a partir de operaciones y restricciones lingüísticas que hallan una motivación independiente en el lenguaje ordinario.

2. Tópicos y asuntos críticos

Como apunta John Lipski, al enfrentarse con las "variantes" que se hallan en la lengua poética, la lingüística generativa ha adoptado varias estrategias. En algunos casos se describen meramente los puntos de diferencia entre "expresiones desviadas" y "expresiones normales", como queda ejemplificado en la obra de Samuel Levin. En su libro fechado en 1963, el autor define la desviación como "una agramaticalidad", añadiendo que una "estructura desviada" puede caracterizarse describiendo el tipo y número de reglas gramaticales que han sido violadas. Para acomodar las desviaciones, las reglas deben ser modificadas. Por lo tanto, "el grado de gramaticalidad de cualquier oración desviada se puede interpretar como una función del número de consecuencias no deseadas que genera una regla una vez ha sido revisada". Ahora bien, para ir más allá de esta descripción meramente taxonómica y acercarnos a la cuestión fundamental del papel de la desviación en la expresión poética, es necesario algo más que modificar la gramática estándar para acomodar ejemplos concretos desviados. En una diferente aproximación propuesta por Thorne (1970), se asume que el poeta trabaja bajo las restricciones de "reglas autoimpuestas"; esto es, reglas que no forman parte de la gramática de una lengua natural, por lo que las reglas "normales" no tienen que verse alteradas. No obstante, esto supone construir una gramática adicional que genere directamente las secuencias desviadas requeridas, no con relación a una gramática estándar, sino como una lengua independiente. El poeta crearía, de hecho, una nueva lengua, y la tarea del lector se asemejaría a la de adquirir una nueva lengua. Ya Richard Ohmann, en su artículo "Gramáticas generativas y el concepto del estilo literario", había propuesto que se puede alcanzar un mayor entendimiento de lo que constituye el estilo literario al considerar el modo característico en que un autor introduce "variaciones" en su lenguaje. Ahora bien, las conclusiones a las que llegan ambos autores son necesariamente limitadas, ya que el número y gama de variantes disponibles a un escritor en lo que concierne a las reglas gramaticales son pocos cuando se comparan con la enorme cantidad de opciones presentes en el léxico, por ejemplo. Es más, como apunta Fowler (1971), el poeta no hace más que explotar las posibilidades sintácticas que el lector tiene igualmente a su disposición. Lo que queda claro es que no importa lo severas que sean las desviaciones que se observan en el lenguaje poético, el lector va a interpretarlo lo mejor posible utilizando el único modelo lingüístico que le es disponible: su lengua nativa (y la del poeta). La importancia de la participación del autor/lector se tiene también en cuenta en las propuestas de Fowler (1969). Ahora bien, según este investigador, el lector no procesa simplemente los datos lingüísticos del mismo modo que lo hace en la adquisición de un lenguaje, sino que establece ciertas relaciones simultáneas con la gramática que ya conoce. Se propone un único "mecanismo interpretativo" para todas las expresiones agramaticales, el cual es independiente de la competencia lingüística. La interpretación de las expresiones desviadas sería esencialmente una "capacidad de actuación".

El lector comienza con una serie de oraciones ordinarias, a las cuales aplica reglas de transferencia que llevan a las expresiones desviadas en cuestión. Harweg (1973) habla de una distinción entre "gramática de la competencia" y "gramática de la actuación", esta última aplicada a textos literarios determinados. El lenguaje poético supondría la transición de unas estructuras gramaticales subyacentes a estructuras literarias de superficie que se hallan en textos concretos.

Culler (1975) propone igualmente un importante papel para el lector. El objeto de estudio sería ya no las estructuras literarias mismas, sino el "lector estructurante". Se trataría, pues, de una teoría de la práctica de la lectura. Partiendo de una crítica de los análisis poéticos de Jakobson y de la semántica estructural de Greimas, el crítico concluye que el punto inicial de todo análisis deben ser los efectos producidos por el texto. La lingüística estructural puede ser útil para explicar estos efectos, al ofrecer un modelo para las configuraciones que se elaboran mediante la actividad estructurante del lector. Ahora bien, "tanto el autor como el lector traen al texto más que un conocimiento del lenguaje, y esta experiencia o expectativa adicional sobre las formas de la organización literaria —los modelos implícitos de estructuras literarias, la práctica en la formación y comprobación de hipótesis sobre las obras literarias— son los elementos que finalmente guían al lector en la percepción y construcción de patrones relevantes. Descubrir la naturaleza y la forma de este conocimiento suplementario sería la tarea de la poética. En un principio, Culler describe la gramática poética como una lista de principios que definen el conjunto de posibles interpretaciones del lector: las reglas literarias no delimitarían eventos de lectura, sino que predecirían las diferentes lecturas. Con frecuencia, sin embargo, va asociando reglas sintácticas con las selección/decisión del lector, de modo que los componentes formales de la gramática no entran en juego; sino que es el lector el que analiza el texto en unidades discretas, asignándoles una descripción e interpretación estructurales. En definitiva, la "gramática literaria" permite al lector identificar las secuencias verbales como "estructuras literarias". En otras palabras, el lector competente de Culler es él mismo un "texto" —una estructuración de las convenciones y reglas que ha aprendido y que son pertinentes para la lectura—. Con ello, la poética no será una suma de interpretaciones, sino un estudio de las condiciones del discurso que permiten las posibles lecturas del texto. Aplicado a los textos poéticos, las limitaciones sobre la buena formación se enfrentan inevitablemente con el rasgo central de la interpretación literaria —que cualquier texto, sin importar lo "desviado" que sea, puede resultar coherente, permitiéndole tener significado—. Ahora bien, si una gramática literaria supuestamente delinea los principios por los que el lector lee los textos, ¿cómo pueden entonces juzgarse ciertas lecturas como inaceptables por violar principios de la producción literaria?

La postura de Culler puede que aparente localizar el objetivo de la poética exclusivamente en la respuesta del lector al texto, cayendo con ello en el psicologismo del primer I. A. Richards, o más recientemente de Norman Holland. No obstante, esta no parece ser su intención; reconoce más bien que deben ser las convenciones y operaciones del lenguaje literario las que deben ser estudiadas, ya que estas establecen las "condiciones para la existencia del texto mismo". Culler propone que uno debe elaborar una poética con una relación hacia la literatura similar a la de la lingüística con el lenguaje. En la práctica, esto significa que la poética debe ser la investigación sistemática de por qué los textos crean ciertas configuraciones de significantes que llevan al lector a significados concretos al enfrentarse a un texto. El concepto fundamental es la "competencia literaria", un principio operativo que resalta la activación de convenciones y expectativas dentro de un sistema donde participan tanto el texto como el lector. Tal planteamiento tiene la ventaja de introducir operaciones transformadoras que pueden poner a prueba posibles hipótesis de significado. El estudio del sistema lingüístico se hace teóricamente coherente cuando dejamos de pensar que nuestra meta es especificar las propiedades de objetos en un corpus y nos concentramos, en su lugar, en la tarea de formular la competencia internalizada que permite que los objetos tengan las propiedades que tienen para aquellos que han dominado el sistema.

La gramática generativa ofrece, pues, un ejemplo metodológico para construir "la gramática literaria", que se entiende ahora no solo como un modelo de la lectura del texto literario, sino como una descripción también de la crítica literaria como institución. La nueva poética va a depender de las respuestas intuitivas de un lector idealizado similar al "hablante/oyente nativo" del modelo chomskiano que asume de igual forma una "comunidad de habla homogénea". Para poner a prueba la eficacia de tal modelo, Culler sugiere una adaptación de los conceptos de "aceptabilidad" y "gramaticalidad" propuestos por Chomsky. Al igual que los modelos sintácticos se verifican según "juicios de gramaticalidad" por parte de los hablantes, el crítico puede comprobar las hipótesis sobre las operaciones interpretativas consultando una variedad de obras literarias, teniendo en cuenta lo que "el lector ideal debe saber implícitamente para poder leer e interpretar obras de forma aceptable y de acuerdo con la tradición". Todo esto lleva a una redefinición del canon literario (como una variable dependiente del acuerdo general entre los lectores); una concienciación de cierta variabilidad en las convenciones y propiedades de la interpretación literaria; una apertura a múltiples lecturas para cualquier texto; una integración de lenguaje literario y lenguaje ordinario (como dependientes de las actitudes locales del lector hacia el texto); una identificación de todos los actos de lectura como inmediatamente interpretativos más que neutrales; y una reformulación de la obra literaria como objeto mental que debe ir acompañado de alguna explicación lingüística sobre cómo se produce de forma consistente.

Aunque Stanley Fish invoca la gramática generativa con menos exclusividad, utiliza igualmente la terminología chomskiana para describir la finalidad general de una teoría literaria. La mente del lector, explica, puede describirse como "un repositorio de las respuestas (potenciales) que un texto dado puede generar", al igual que los hablantes en la lingüística incluyen todos los principios productivos de su lengua nativa en las áreas de semántica, sintaxis y fonología; la tarea del crítico, por lo tanto, es reconstruir un modelo de "competencia literaria", una gramática literaria que describa las propiedades del discurso literario "que un lector debe haber internalizado". La teoría lingüística le ofrece al crítico un importante ejemplo de consistencia y estabilidad interpretativas —un conjunto común de normas literarias—. Aunque el significado literario es, en última instancia, libre de toda dependencia del texto mismo, no caería, por otra parte, en un total caos interpretativo.

Es evidente que todo texto poético está compuesto en parte de lenguaje ordinario, y en la mayoría de los casos, el texto es continuo con aquel. Sin embargo, en la larga historia de los estudios literarios, el interés por el lenguaje poético (o "lenguaje literario") se ha concentrado típicamente en el modo en que este difiere del "lenguaje ordinario" con el fin de entender qué hace que el primero sea especial o distintivo. Ahora bien, la idea de que el lenguaje literario pueda ser radicalmente diferente del lenguaje ordinario ha sido cuestionada por muchos teóricos de la literatura. En su libro *Lengua peculiar* (1988), Derek Attridge discute algunos de los intentos de racionalizar el rasgo de "desviado" del lenguaje poético: "si la literatura es un uso distintivo del lenguaje con sus propios códigos y prácticas especiales e inusuales, fuera solo accesible a aquellos que estuvieran en la posición de adquirir familiaridad con esos códigos y prácticas, sería, en el mejor de los casos, elitista y en el peor de los casos solipsista".

La literatura es algo especial, según Attridge (2004), ya que requiere lo que él denomina "invención", más allá de la presencia de creatividad u originalidad. La creatividad se define como el hacer cosas nuevas —a diferencia de hacer que las cosas parezcan nuevas—, aunque sean muy parecidas a las ya existentes. La originalidad, por su parte, es la facultad de innovación, haciendo algo que rete las normas o el modo usual de hacer las cosas; el producto resultante sería nuevo no solo para el que lo lleva a cabo —como en la creatividad— sino también para todo el entorno cultural. En lo que respecta a la invención, sin embargo, y en particular lo que atañe a la literatura, Attridge asume que nos encontramos no solo con un reto efímero a las normas, como promueve la originalidad, sino más bien con un reto permanente: la literatura no se deteriora o debilita con el tiempo (en su capacidad de afectar, inspirar o incluso sorprender después de múltiples lecturas), de modo que en este sentido la significación del texto literario es libre comparativamente hablando (aunque no trasciende sus límites). Attridge niega que su teoría suponga una trascendencia de ningún tipo (en el escritor, el texto o el lector) de las fuerzas controladoras y conformadoras de la historia (que pueda llevar a que los textos no puedan explicarse de forma comprensible mediante un análisis histórico), pero tampoco requieren un análisis histórico por parte del lector como prerrequisito para su comprensión o reconocimiento. Ahora bien, el responder a una obra literaria como inventiva es compartir algo de la inventividad por la que surgió.

La paradoja, no obstante, es que la singularidad y originalidad de las obras literarias se basan preferentemente en la repetición. En un sentido "externo", la repetición es crucial en cuanto que el texto literario supone una relectura, una reactuación, una reinterpretación, y una absorción intertextual de otras obras sin que por ello lleve necesariamente a un desgaste. En un sentido "interno", el texto literario tiende a valerse, dentro de sí, de más tipos de repeticiones que otros textos. Claro que no hace exclusivamente esto, ya que también "expresa algo", poniendo de manifiesto una idea o imagen, por así decir. Pero incluso en su invención, el texto literario está orientado a la repetición, enlazando, por ejemplo, una frase o verso con otros, consiguiendo con ello un enfoque formal que es atípico al discurso no literario. Aunque Jakobson no había identificado la repetición como algo definitorio del arte verbal, sí había señalado que este surgía donde la función poética era dominante y que uno podía reconocer la función poética como promotora de la "palpabilidad de los signos", al enfocarse en el mensaje de por sí. "La función poética proyecta el principio de equivalencia del eje de la selección al eje de la combinación". Aquí la palabra fundamental es "proyecta": las unidades están co-seleccionadas en el mismo sintagma como si fueran equivalentes aunque no lo sean completamente (si lo fueran, no habría "proyección").

3. Contribuciones recientes

Volviendo a la gramática generativa, hemos visto que explicaba las desviaciones del lenguaje poético mediante una "extensión" de la gramática normal, lo que llamaban una "gramática poética". Sin embargo, en el "minimismo", la gramática se constituye esencialmente de condiciones impuestas sobre los dos interfaces existentes entre el sistema conceptual-intencional y el sistema articulatorio-perceptual: la forma lógica (LF) y forma fonética (PF), respectivamente. Una propuesta menos conflictiva es la de O'Neil (2001), quien plantea que el lenguaje poético pudiera interpretarse como la utilización de reglas ya disponibles en la gramática universal con el fin de generar las estructuras relevantes. No obstante, como señala Thoms (2010), las construcciones poéticas son demasiado inusuales y diversas para ser concebidas como el resultado de operaciones sintácticas universales, al menos si se conciben estas como parte de una teoría sintáctica restrictiva como la desarrollada bajo el minimismo. Es más, la teoría asume que las formas generadas por la poesía involucran al poeta (y al lector) haciendo uso de una parte "subyacente" o "potencial" de la capacidad lingüística para de esa forma producir e interpretar textos poéticos. Ahora bien, bajo la perspectiva minimista, el hablante adquiere su lengua a partir de los datos que experimenta, y esta guía es la gramática universal, la cual consiste en un conjunto de parámetros, un inventario de rasgos morfosintácticos, unos pocos componentes sintácticos nucleares, y unos interfaces que solo permiten el desarrollo de gramáticas con ciertas propiedades. Entonces, ¿por qué difieren de las reglas de la lengua ordinaria? ¿Por qué se dan ciertos tipos de reglas y no otras en los textos literarios? En otras palabras, el mismo problema de adquisición que se le presentaba a la teoría de la gramática poética transformacional hace problemática la propuesta de O'Neil. En definitiva, debemos concluir que es imposible que la gramática poética sea una gramática en el sentido propuesto por el minimismo.

Otra propuesta, llamada de la optimalidad, es planteada por Fitzgerald (2006). El crítico asume que la lengua poética genera desviaciones al permitir que las restricciones sintácticas y métricas interactúen directamente. Bajo la teoría de la optimalidad de Prince y Smolensky (1993), la gramática se compone de una serie de de restricciones clasificadas por rango. Las formas que se generan son las que se clasifican como candidatos "óptimos" para un grupo determinado de restricciones. Las restricciones son parte de la gramática universal, un legado universal, y la clasificación por rangos se desarrolla durante el proceso de adquisición, donde cada lengua consiste en una clasificación diferente. Mientras que, en el minimismo, la gramaticalidad se define por la satisfacción simultánea de todas las restricciones de la gramática universal, en la teoría de la optimalidad una oración gramatical puede violar un número de restricciones, siempre y cuando no haya otra alternativa que viole menos de ellos. Aplicando estas propuestas a la sintaxis y la métrica, Fitzgerald formula una tesis para la inversión poética, por ejemplo, en la que el orden de las palabras cambia de determinadas maneras para producir versos que están bien formados métricamente. Asume que la gramática poética involucra la clasificación de las oraciones dentro de un rango de restricciones métricas que está por encima de las restricciones sintácticas. Desde esta perspectiva, la gramática poética es aquella donde las restricciones métricas interactúan con restricciones sintácticas en la clasificación de rangos.

Vemos, pues, que la idea de una "gramática poética" es incompatible técnica y teóricamente con la lingüística generativa moderna, esto es, con la sintaxis minimista. Ante esta situación, Fabb (2010a) examina una posible integración de la lengua poética bajo el minimismo. Según este autor, el lenguaje de la poesía tiene rasgos tanto lingüísticos como no lingüísticos. Los modos no lingüísticos de organización del lenguaje poético incluyen características que son específicas a la poesía: fragmentos atípicos a la lingüística (tales como versos), agrupaciones de elementos contabilizados, repeticiones con función enfática, frecuentes fragmentaciones, así como desviaciones tanto sintácticas como léxicas. Dadas estas diferencias, Fabb propone que la gramática del lenguaje poético se conforma y regula desarrollando solo las reglas y restricciones de la facultad del lenguaje, mientras que otros aspectos específicos del lenguaje poético pueden entenderse mejor como no lingüísticos. La tesis de Fabb se hace eco de propuestas anteriores que asignaban estrategias no lingüísticas (o prelingüísticas) a la interpretación de las expresiones poéticas. Así, para Neisser (1967), el ritmo del poema ofrece una estructura adicional que va más allá de la sintaxis de las oraciones. Las oraciones que se observan en el poema pueden entenderse, aunque no son generadas por la gramática estándar. Su interpretación se debe a varios "mecanismos prelingüísticos", basados en la formación de hipótesis. Bever (1970), de igual forma, propone que las relaciones básicas en la oración poética se asignan principalmente a partir de probabilidades semánticas temporales o genéricas, o según estrategias no lingüísticas que parten de un análisis heurístico dependiente de categorizaciones rítmicas y semánticas.

Bajo la propuesta de Fabb, la estructura conceptual no está pre-planificada en la composición del poema, sino que más bien emerge de la interpretación posterior de una concatenación de expresiones hecha al azar. El resultado puede a continuación ser revisado y editado por el poeta.

En contraste con Fabb, Thoms propone que, si bien la lengua poética no se comporta de la misma forma que la lengua ordinaria, las construcciones poéticas pueden aun generarse lingüísticamente. Teniendo esto en cuenta, hay dos estrategias posibles por las que el lenguaje puede organizarse en el texto poético. Una es construir el poema mediante una lengua ya generada (la prosa) y después reeditar esa prosa en forma de verso. Una segunda estrategia es componer los versos directamente, pero por mecanismos diferentes a los utilizados en la producción de la lengua estándar. Ahora bien, como ya apuntábamos, los versos suelen componerse mediante concatenaciones lineales de material lingüístico, escogido al azar. Es más, mientras que en el uso ordinario del lenguaje la estructura conceptual regula el proceso generativo, en la poesía la estructura conceptual no suele ser la fuerza reguladora; a veces la estructura conceptual emerge del mismo texto, cuya composición va determinada por otros requisitos formales, tales como los requeridos por la métrica. Sin embargo, si los versos están compuestos de esa manera, evadiendo los procesos sintácticos, debemos entonces enfrentarnos a dos incógnitas. Primero, ¿por qué, a pesar de ello, tiene el texto un ordenamiento léxico que en general es equiparable a los que genera la sintaxis? Segundo, ¿cómo consigue el texto su interpretación si no tiene una estructura sintáctica, ya que esta última es la que provee a la oración de LF, que es la base de la interpretación?

Ambas preguntas podrían contestarse quizás si tratáramos la composición poética desde el ángulo del análisis sintético tomado del modelo de reconocimiento de habla de Halle/ Stevens (1962). En su propuesta, el oyente analiza los datos entrantes sintetizando un equivalente para ellos: en otras palabras, generan un texto tácito, y lo equiparan con el texto que oyen. Una solución similar podría estipularse para la poesía; el poeta necesitaría ser hablante y oyente al mismo tiempo. Como "hablante" produciría los versos mediante concatenación (en lugar de mediante la sintaxis ordinaria). Pero el poeta le da sentido a lo que él mismo "habla" al actuar simultáneamente como "oyente", generando sintácticamente un equivalente tácito a la concatenación verbal; el equivalente generado opera como una restricción sobre el texto concatenado, y si no son suficientemente equivalentes, el texto concatenado es rechazado. Esto acerca el texto a lo que la sintaxis habría producido, pero con variaciones que dependen de lo estricto que deba ser el emparejamiento. Al asignar un equivalente bien formado sintácticamente al texto elaborado por versos concatenados, también se le asigna una LF al texto.

Para Thoms, el lenguaje poético es fundamentalmente diferente del lenguaje ordinario ("hipótesis de no uniformidad"), y por lo tanto la teoría de la lengua estándar es incapaz de ofrecer una explicación válida para la lengua poética. Lo que el lingüista propone es una "teoría fonológica de la lengua poética", en la que las derivaciones que observamos en la sintaxis del lenguaje poético son el resultado de diferentes procesos que se aplican a la rama de PF de las derivaciones, lo que él denomina "derivaciones no económicas de PF". En breve, los fenómenos de agramaticalidad que hallamos en los textos poéticos pueden describirse como "agramaticalidad de PF", las cuales no afectan a la posible interpretación en LF. Para componer el poema, se comenzaría con una numeración conteniendo las entradas léxicas básicas de la derivación. Algunas de estas entradas se fusionarían en frases en la sintaxis estrecha, siguiendo los métodos usuales; esto significa que las frases estarían bien formadas en términos de estructura interna, cada una con una representación de LF o PF. A estos pares de LF–PF, Thoms los denomina "piezas". Las representaciones de PF pasan por un proceso de "concatenación de PF", que supone la combinación fortuita en objetos lineales que se corresponderían con los versos del poema. Este mecanismo es similar al proceso de concatenación propuesto por Fabb (2010b). Las representaciones de LF, por su parte, pasarían por un proceso de "combinación de LF", en que las partes separadas se combinan al azar para formar representaciones de LF. Si una combinación dada produce una única representación de LF bien formada que se corresponda a una oración, esta combinación genera el significado de la oración del lenguaje poético.

Nótese que si la "fusión" normalmente integra las entradas léxicas en una estructura sintáctica que se alinea en una única entidad al nivel de PF, las piezas del lenguaje poético se ordenan independientemente, y la organización entre ellas va determinada solo por el orden fortuito de la concatenación de PF, que no es igual al algoritmo de alineación que determina la representación de PF de las estructuras sintácticas normales. La estructura en LF de las diferentes piezas puede, no obstante, asociarse en el componente de LF por procedimientos combinatorios usuales. Como resultado, la producción de la oración del lenguaje poético evade la sintaxis estrecha, ya que no depende de operaciones de la sintaxis usual para producir una LF. Esta condición lleva a Thoms a referirse a su propuesta del lenguaje poético como "teoría de la evasión", ya que es esta evasión la que separa la derivación del lenguaje poético de la del ordinario. La lengua poética se genera mediante la concatenación en PF de piezas de estructura sintáctica independientemente formadas, sorteando la generación de una estructura sintáctica completa.

La teoría de la evasión se sigue de las propuestas del minimismo. El supuesto esencial de la aproximación minimista es que la sintaxis es el sistema óptimo para emparejar sonido y significado. La sintaxis hace esto combinando un conjunto completo de unidades léxicas por medio de un conjunto de operaciones esenciales, esto es, fusión, re-fusión, selección. Se sigue por lo tanto que producir un emparejamiento de sonido y significado de cualquier otro modo, donde no todas las unidades léxicas se integran en la sintaxis, resultaría en derivaciones posibles, aunque no óptimas, y por ello menos preferidas. Queda, por lo tanto, la cuestión de cómo se permite que estas derivaciones surjan siquiera. Thoms propone que el poema se genera tomando como punto de partida una "expectativa de resultado" que establece que la forma de la expresión poética debe quedar distorsionada por concatenación de PF, manteniendo, no obstante, una estructura semántica inteligible. El producir una expresión poética supondría, en definitiva, colocar los componentes de una oración en una configuración inusual, que es paralela a la sintaxis ordinaria, lo que Mallen (2002, 2008) denomina "con/figuración sintáctica". Las condiciones que determinan esta con/figuración se aplican sobre el resultado de la sintaxis, seleccionando una determinada configuración formal a partir de un cierto parecido con otros objetos identificados también como "desviados".

Bibliografía

Attridge, D. (1988) *Peculiar language: Literature as difference from the Renaissance to James Joyce*, Ithaca, NY: Cornell University Press.

Attridge, D. (2004) *The singularity of literature*, Londres: Routledge.

Bally, C. (1909) *Traité de stylistique française*, París: Klincksieck.

Bever, T. (1970) "The cognitive basis for linguistic structures", en Hayes, J.R. (ed.) *Cognition and the development of language*, Nueva York: Wiley, pp. 279–362.

Chomsky, N. (1957) *Syntactic structures*, Nueva York: Mouton.

Chomsky, N. (1965) *Aspects of the theory of syntax*, Cambridge, MA: The MIT Press.

Chomsky, N. (1995) "Language and Nature", *Mind, New Series*, 104, 413, enero, pp. 1–61.

Culler, J. (1975) *Structuralist poetics: Structuralism, linguistics, and the study of literature*, Ithaca, NY: Cornell University Press.

Culler, J. (1976) "Beyond interpretation: The prospects of contemporary criticism", *Comparative Literature*, 28, 3; Contemporary Criticism: Theory and Practice, verano, pp. 244–256.
Culler, J. (1981) *The pursuit of signs: Semiotics, literature, deconstruction*, Ithaca, NY: Cornell University Press.
Eliot, T. S. (1957) *On poetry and poets*, Nueva York: Farrar, Straus & Giroux.
Fabb, N. (2010a) "Is literary language a development of ordinary language?", *Lingua*, 120, pp. 1219–1232.
Fabb, N. (2010b) "The non-linguistic in poetic language: A generative approach", *Journal of Literary Theory*, 4, 1, pp. 1–18.
Fish, S. (1973) "What is stylistics and why are they saying such terrible things about it?", en Chatman, S. (ed.) *Approaches to poetics*, Nueva York: Columbia University Press, pp. 109–153.
Fish, S. (1980) *Is there a text in this class? The authority of interpretive communities*, Cambridge, MA: Harvard University Press.
Fitzgerald, C.M. (2006) "An optimality treatment of syntactic inversions in English verse", *Language Sciences*, 29, pp. 203–217.
Fowler, R. (1969) "On the interpretation of nonsense strings", *Journal of Linguistics*, 5, pp. 75–83.
Fowler, R. (1971) *The languages of literature*, Nueva York: Barnes & Noble.
Fowler, R. (1986) *Linguistic criticism*, Nueva York: Oxford University Press.
Goodrich, R. (1997) "On poetic function: Jakobson's revised 'Prague' thesis", en *Literature and Aesthetics*, pp. 54–66.
Greimas, A. J. (1966) *Sémantique structurale: Recherche de méthode*, París: Larousse.
Halle, M. y Stevens, K. (1962) "Speech recognition: A model and a program for research", *IEEE Transactions on Information Theory*, 8, pp. 155–159.
Harweg. R. (1973) "Text grammar and literary texts: Remarks on a grammatical science of literature", *Poetics*, 9, pp. 65–91.
Hayes, J. R. (ed.) (1970) *Cognition and the development of language*, Nueva York: Wiley.
Henkel, J. (1990) "Linguistic models and recent criticism: Transformational-generative grammar as literary metaphor", *PMLA*, 105, 3, Special Topic: The Politics of Critical Language, mayo, pp. 448–463.
Holland, N. (2009) *Literature and the brain*, Gainesville, FL: Psy-Art Foundation.
Jakobson, R. (1968) "Poetry of grammar and grammar of poetry", *Lingua*, 23, pp. 597–609.
Jakobson, R. (1986) "Closing statement: Linguistics and poetics", en Innis, R. E. (ed.) *Semiotics: An introductory reader*, Londres: Hutchinson, pp. 150–156.
Jakobson, R. (1987) "Linguistics and poetics", en Sebeok, T. A. (ed.) *Style in language*, Cambridge, MA: The MIT Press, pp. 350–377.
Katz, J. J. (1964) "Semi-sentences", en Katz, J. J. y Fodor, J. A. (eds.) *The structure of language*, Englewood Cliffs: Prentice Hall, pp. 400–416.
Katz, J. J. (1981) *Language and other abstract objects*, Totowa: Rowman.
Lester, M. (1969) "The relation of linguistics to literature", *College English*, 30, 5, febrero, pp. 366–375.
Levin, S. (1962) *Linguistic structures in poetry*, La Haya: Mouton & Co.
Lipski, J. (1977) "Poetic deviance and generative grammar", *PTL: A Journal for Descriptive Poetics and Theory of Literature*, 2, pp. 241–256.
Lyons, J. (1981) *Language and linguistics*, Cambridge: Cambridge University Press.
Mallen, E. (2002) *Con/figuración sintáctica: Poesía del des/lenguaje*, Santiago de Chile: Red Internacional del Libro Editores.
Mallen, E. (2008) *Poesía del lenguaje: De T. S. Eliot a Eduardo Espina*, México, DF.: Editorial Aldus.
Neisser, U. (1967) *Cognitive Psychology*, Nueva York: Appleton-Century, Crofts.
Newmeyer, F. (1983) *Grammatical theory: Its limits and its possibilities*, Chicago: University of Chicago Press.
Ohmann, R. (1964) "Generative grammars and the concept of literary style", *Word*, 20, pp. 423–439.
O'Neil, W. (2001) "Grammar games: Unscrambling skaldic syntax", en Kenstowicz, M. (ed.) *Ken Hale: A life in language*, Cambridge, MA: The MIT Press, pp. 339–354.
Prince, A. y Smolensky, P. (1993) *Optimality theory: Constraint interaction in generative grammar*, Indianápolis, IN: Blackwell Publishers.
Ransom, J. C. (1941) *The new criticism*, Nueva York: New Directions.

Richards, I. A. y Ogden, C. K. (1923) *The meaning of meaning: A study of the influence of language upon thought and of the science of symbolism*, Nueva York: Kegan, Paul, Trench, Trubner & Co Ltd.
Thoms, G. S. (2010) *Poetic language: A minimalist theory*, tesis doctoral, University of Strathclyde.
Thorne, J. P. (1965) "Stylistics and generative grammars", *Journal of Linguistics*, 1, 1, abril, pp. 49–59.
Thorne, J. P. (1970) "Generative grammars and stylistic analysis", en Lyons, J. (ed.) *New horizons in linguistics*, Penguin Books, pp. 185–197.
Waugh, L. R. (1980) "The poetic function in the theory of Roman Jakobson", *Poetics Today*, 2, 1a, Roman Jakobson: Language and Poetry, otoño, pp. 57–82.
Werth, P. (1976) "Roman Jakobson's verbal analysis of poetry", *Journal of Linguistics*, 12, 1, marzo, pp. 21–73.

Entradas relacionadas

ironía; lenguaje literario; metáfora

PRAGMÁTICA

Victoria Escandell-Vidal

1. Lengua y comunicación verbal

La pragmática suele definirse como la disciplina que se ocupa del uso de la lengua en la comunicación (Levinson, 1983: 5), y más específicamente, de todos aquellos aspectos de la interpretación que dependen de la identidad de los interlocutores, la situación comunicativa y el contexto, y aspectos en los que el conocimiento estrictamente lingüístico resulta insuficiente para recuperar el mensaje que el emisor quiso transmitir. El enfoque pragmático es complementario con respecto al enfoque gramatical (Leech 1983: 4).

Efectivamente, aunque es frecuente concebir la comunicación verbal como un proceso en el que el emisor traduce la información a una señal convencional que el destinatario descodifica, hay muchos fenómenos que no se pueden explicar apelando solo a la existencia de un código común.

1.1. La recuperación de los contenidos implícitos

Considere el diálogo de (1), que corresponde a un intercambio real:

(1) [Clienta a empleado] A: ¿Es bueno este jamón?
    [Empleado a clienta] B: Solo vendemos lo mejor, señora.

La clienta interpreta de inmediato que el jamón en cuestión es bueno. Esto no es, sin embargo, lo que el empleado ha codificado: en vez de una respuesta directa, ha hecho una afirmación general sobre los productos que vende, con la intención de que ella infiera lo que él quiere transmitirle de manera implícita. Para ello, la clienta necesita acceder a ciertos supuestos de fondo (*background assumptions*), que se presumen compartidos, para conectar entre sí las dos intervenciones del diálogo y convertirlas en partes coherentes de una misma situación. Los supuestos adicionales aparecen en versalitas en (2):

(2) a. Todos los productos que vendemos son de la mejor calidad.
    b. VENDEMOS ESTE JAMÓN.
    c. ESTE JAMÓN ES DE LA MEJOR CALIDAD.
    d. LOS PRODUCTOS DE BUENA CALIDAD SON BUENOS.

Todos estos supuestos añadidos y la conclusión obtenida (ESTE JAMÓN ES BUENO) son contenidos implícitos (implicaturas, *implicatures*), que se comunican de manera conjunta con el contenido expreso, pero son diferentes de él.

Los contenidos implícitos no son propiedades de las expresiones lingüísticas, sino resultado de su interacción con otros datos contextuales. De hecho, el conjunto particular de contenidos implícitos de (2) emerge solo en esta situación comunicativa concreta. Si (1B) se hubiera producido como respuesta a una pregunta diferente (por ejemplo, *¿No tiene otro jamón más barato?*), los contenidos implícitos asociados habrían sido muy diferentes: LOS PRODUCTOS DE BUENA CALIDAD SON CAROS > NO VENDEMOS PRODUCTOS BARATOS > NO TENEMOS OTRO JAMÓN MÁS BARATO.

1.2. La especificación contextual del significado

La necesidad de recurrir a información extralingüística no se limita a los casos en los que se transmite un contenido de manera implícita. Considere ahora este otro ejemplo:

(3) Las dejó antes aquí.

En (3), el conocimiento del código resulta de nuevo claramente insuficiente. Para empezar, no permite identificar a la persona de la que se predica la acción de dejar; tan solo indica que es una tercera persona, y no varias. La determinación de la referencia concreta requiere acceder a información situacional. El conocimiento de la lengua tampoco permite saber a qué entidad se refiere el pronombre *las*; solo que debe tratarse de una entidad (o conjunto) que se puede designar por medio de una palabra de género gramatical femenino y número plural. De nuevo, solo el conocimiento de la situación extralingüística hará posible determinar de cuál se trata. Asimismo, el conocimiento lingüístico es responsable de que entendamos que las expresiones *antes* y *aquí* aluden respectivamente a un momento temporal anterior a otro (sea el de habla u otro contextualmente definido) y a un lugar vagamente coincidente con el de emisión o señalado en un mapa, pero hay que acudir a conocimientos extralingüísticos para establecer las coordenadas específicas en una ocasión particular. Estas mismas coordenadas serán las encargadas de fijar el momento temporal en que tiene lugar el evento de dejar. Si no se especifican y se precisan todas estas variables, es imposible saber a qué se refiere la oración o determinar si es verdadera o falsa.

Todos estos hechos muestran, pues, que muchas unidades lingüísticas son altamente sensibles al contexto: entre ellas se encuentran los elementos deícticos (demostrativos) y anafóricos (anáfora) implicados en la identificación de la referencia nominal, y también las categorías flexivas que intervienen en la determinación de la referencia verbal. La investigación ha puesto de relieve la necesidad de distinguir entre el *carácter* y el *contenido* de una expresión (Kaplan, 1989). El carácter es la indicación que una expresión codifica sobre cómo identificar a su referente; es una propiedad lingüística y se mantiene constante en los diversos usos de una expresión. El contenido, por su parte, es la especificación contextual de la entidad a la que se quiere hacer referencia; está en función del contexto particular de emisión, y puede cambiar, por tanto, de un uso a otro. El conocimiento lingüístico permite recuperar solo el carácter, no el contenido de una expresión.

Pero la contribución de la información extralingüística en la especificación contextual del significado va aún más allá. Siguiendo con el mismo ejemplo, es fácil notar que solo el conocimiento de la situación hace posible decidir cuál de los diversos significados de la palabra *dejar* es el que quería comunicar el emisor en cada ocasión concreta. El resultado es que una misma expresión lingüística puede emplearse para transmitir un número altísimo de contenidos diferentes, algunos de los cuales se recogen en (4):

(4) a. {Puso/olvidó} {las gafas/llaves/tijeras…} {a las 8:45 h./a las 20:10 h.…} {encima de la mesa/en el coche…}
  b. {Acompañó/abandonó} {a las niñas/a sus amigas} {a las 8:45 h./a las 17:00 h.} {en la parada del autobús 3/a la puerta de su casa}

La resolución de la ambigüedad de las unidades léxicas concede también un papel fundamental a la información extralingüística. En todo caso, estas especificaciones constituyen una parte de lo que el emisor quiso comunicar explícitamente y, aunque no se obtengan por descodificación, no pueden considerarse contenidos implícitos.

Los ejemplos de (5) ilustran nuevos fenómenos en los que el contenido explícito de un enunciado desborda el conocimiento del código:

(5) a. Quiero algo bueno para los mosquitos.
  b. Los candidatos llegarán a las nueve.

En (5a) hace falta decidir si lo *bueno para los mosquitos* es algo que los mata o, por el contrario, algo que los hace crecer y multiplicarse. El calificativo *bueno* requiere la identificación de un marco de referencia con respecto al cual evaluar la bondad de algo. Si se pide algo bueno para las uñas, se espera que las haga crecer fuertes y sanas, no que las haga caer. Es, por tanto, el conocimiento del mundo, y no el de la lengua, el que permite especificar y restringir el contenido de las expresiones vagas.

(6) Quiero algo bueno para {ELIMINAR /ALIMENTAR A} los mosquitos.

En (5b), además de establecer la identidad de los candidatos, identificar el punto de destino o determinar si las nueve corresponden a la mañana o a la tarde, es preciso acudir a información de tipo extralingüístico para identificar la intención global de un enunciado (es decir, su fuerza ilocutiva, *illocutionary force*) y el tipo de acción verbal (acto de habla, *speech act*) que realiza: si se presenta como una pieza de información nueva, o es más bien una conjetura, o la expresión de un compromiso, o el dictado de una norma:

(7) a. TE COMUNICO QUE los candidatos van a llegar A LA SALA 2 A LAS 21:00 H.
  b. Supongo que los candidatos van a llegar a la sala 4 a las 21:00 h.
  c. Me comprometo a que los candidatos lleguen a la sala 4 a las 9:00 h.
  d. Se establece que los candidatos lleguen a la sala 2 a las 9:00 h.

Los contenidos en versalitas en (6) y (7) corresponden, de nuevo, a información añadida a partir de conocimientos extralingüísticos.

Los ejemplos comentados en esta sección ponen de manifiesto, pues, que la información situacional y contextual es necesaria también para determinar el contenido que el emisor pretendía comunicar explícitamente. Al desarrollar, completar y especificar la información codificada con información extralingüística se obtiene como resultado una representación evaluable en términos de condiciones de verdad (es decir, una representación de la que ya se puede decir si es verdadera o falsa). Hay discrepancias entre los investigadores sobre si este nivel híbrido, en el que se combina el significado obtenido por descodificación lingüística con información contextual, corresponde al ámbito de la semántica o de la pragmática. Los enfoques de tradición filosófica suelen decantarse por la primera opción (Stalnaker 1972); los de orientación cognitiva tienden a preferir la segunda, y proponen denominaciones como explicatura (*explicature*; Sperber y Wilson, 1986/1995; Carston 2002) o implicitura (*impliciture*; Bach 1994) para distinguir este nivel del de las implicaturas.

2. Las claves de la explicación pragmática

2.1. Objetivos de la teoría pragmática

Todos estos hechos muestran por qué es necesario un enfoque pragmático: en la comunicación humana, la señal codificada está lejos de contener la totalidad de lo que el emisor quiso comunicar y lo que el destinatario interpreta. La posibilidad de obtener interpretaciones diferentes a partir de un mismo estímulo lingüístico, el establecimiento de la referencia de las expresiones deícticas y anafóricas, el enriquecimiento de expresiones vagas, la resolución de las ambigüedades léxicas o la identificación de la intención comunicativa son fenómenos que requieren la integración de datos lingüísticos y situacionales. El resultado es que no hay enunciados cuyo contenido comunicativo se agote totalmente en el mensaje que codifican.

Esto no supone, sin embargo, un obstáculo para nuestro desempeño comunicativo ordinario: la mayor parte de las veces, identificamos acertadamente las intenciones comunicativas de los otros, y somos capaces de gestionar de manera extraordinariamente rápida y eficaz la complejidad de los datos del entorno. Más allá de las reglas de la gramática, debe haber otro conjunto de principios sistemáticos que regule la comunicación y permita dar respuesta a preguntas como las siguientes: ¿Cómo se salva la distancia entre la representación semántica y la interpretación a la que llega el destinatario? ¿Cómo se descubre la intención del emisor? ¿Cómo se seleccionan los supuestos contextuales? El objetivo de la teoría pragmática es proporcionar una explicación adecuada a los interrogantes anteriores.

2.2. Enfoque gramatical y enfoque pragmático

Hay, pues, una diferencia esencial entre la lengua como sistema combinatorio y la lengua como instrumento de comunicación. Esta distinción puede servir de fundamento a un reparto de tareas entre teoría gramatical y teoría pragmática. La gramática puede concebirse como una teoría sobre el mecanismo recursivo que permite generar un conjunto potencialmente infinito de expresiones complejas a partir de un conjunto finito de elementos básicos. Las explicaciones pragmáticas, por su parte, tratan de descubrir las regularidades que hay tras nuestros intercambios comunicativos. Y, dado que en la producción e interpretación de enunciados no intervienen solo los aspectos estructurales del significado tal y como los prevé el sistema lingüístico, sino también, y de manera decisiva, el conjunto de circunstancias que configuran el acto comunicativo, es necesario establecer una distinción básica entre el significado y la interpretación.

El significado (*meaning*) es la representación semántica que proviene exclusivamente de la descodificación lingüística, es decir, de las representaciones semánticas que cada lengua atribuye a las unidades simples y a las relaciones sintácticas que se establecen entre ellas. El significado es una propiedad de las expresiones (palabras, sintagmas y oraciones) en cuanto entidades abstractas (*types*); es sistemático, constante e independiente del contexto y de la situación.

La interpretación (*interpretation*) es el conjunto de representaciones que el destinatario recupera a partir de un enunciado. Un enunciado (*utterance*) es la realización concreta (*token*) de una expresión lingüística por parte de un emisor concreto en una situación comunicativa concreta. La interpretación de los enunciados se obtiene a partir del significado lingüístico y de las informaciones que derivan de los factores situacionales y los conocimientos de naturaleza extralingüística, por lo que es variable y dependiente del contexto. La interpretación trata de recuperar el significado del emisor (*speaker's meaning*). Dentro de la interpretación se incluyen tanto los contenidos implícitos recuperados (implicaturas) como las representaciones enriquecidas que constituyen el contenido explícito y que se obtienen como desarrollo de los significados codificados (explicaturas).

La diferencia entre un enfoque gramatical y uno pragmático no estriba, pues, en el tipo de fenómenos que cada una de estas disciplinas analiza, sino en la perspectiva desde la que lo hace. No hay temas gramaticales y temas pragmáticos, sino que cualquier fenómeno se puede abordar desde dos perspectivas diferentes: la gramatical considera solo los aspectos estructurales y constitutivos de la lengua; la pragmática añade, además, las vertientes propias de la actividad comunicativa.

2.3. *La búsqueda de generalizaciones*

La comunicación se produce entre individuos concretos, en un espacio concreto, en un momento determinado y en unas circunstancias particulares; y estos hechos se explotan de manera sistemática en la comunicación para transmitir un conjunto de representaciones más rico y más específico de lo que cualquier lengua puede codificar. Es esta explotación sistemática la que requiere una explicación. Pero, para que una teoría pragmática pueda cumplir sus objetivos de manera satisfactoria, hace falta primero que encuentre una solución al problema del estatuto de los datos: cada intercambio comunicativo es único e irrepetible, de modo que no resulta posible predecir a partir solo de la forma lingüística cuál será la interpretación de un enunciado. ¿Cómo hallar un nivel de abstracción que permita obtener generalizaciones significativas, tal y como se demanda a las explicaciones científicas?

La búsqueda de generalizaciones constituye, pues, el principal reto al que se enfrenta la pragmática. La solución puede encontrarse a partir de las siguientes consideraciones. Es cierto que la interpretación de un enunciado concreto emitido en unas circunstancias concretas depende del contenido específico de la información contextual, y este es difícilmente predecible en todos sus extremos. Ello no quiere decir, sin embargo, que el proceso por el que se obtiene la interpretación sea totalmente aleatorio y asistemático. Las explicaciones pragmáticas, para lograr un nivel de generalización adecuado, deberían moverse no en el nivel de los resultados y las interpretaciones concretas, sino en el de los procesos que conducen a dichas interpretaciones y las condiciones a las que dichos procesos están sometidos.

Dos son las vías por las que se ha intentado alcanzar este objetivo: la de orientación universalista y cognitiva, y la de orientación social. Los modelos de orientación cognitiva tratan de descubrir los aspectos universales de la actividad comunicativa, es decir, las regularidades que emergen del comportamiento observable y las propiedades de los mecanismos cognitivos que les sirven de base. Los modelos de orientación social tratan de identificar los condicionantes sociales a los que está sometida la actividad comunicativa en las diferentes culturas. La orientación social puede verse, por ejemplo, en Verschueren, Östman y Blommaert (eds.) (1995).

Estas dos rutas definen, efectivamente, los principales enfoques alrededor de los cuales se organizan las investigaciones actuales en pragmática. Estos enfoques no son contradictorios ni incompatibles entre sí, ya que cada uno examina una vertiente de la comunicación. Este capítulo examina preferentemente la ruta cognitiva, pero presentará también el modo en que se incluyen los aspectos sociales en este enfoque.

3. La vertiente universal (i): lenguaje y acción

Las primeras teorías pragmáticas contemporáneas surgen en el ámbito de la filosofía del lenguaje. El problema que querían resolver los filósofos era el de cómo salvar la distancia entre lo que se codifica y lo que se comunica. Su enfoque se centra en las relaciones entre lenguaje y acción.

Austin (1962) observó que los enunciados no solo describen realidades externas, sino que con ellos se realizan diferentes tipos de acciones verbales, tales como pedir, agradecer, prometer o disculparse; algunas de estas acciones requieren, incluso, un respaldo institucional, como bautizar, inaugurar o dictar sentencia. La realización de estos actos, como la de cualquier acto humano, queda sometida a las condiciones generales que regulan las actividades correspondientes, de modo que identificar cuáles son las condiciones de adecuación (*felicity conditions*) de los diferentes actos verbales supone un avance en la comprensión de las pautas que regulan la actividad comunicativa.

Searle (1969, 1975) y Searle y Vanderveken (1985) dan un paso más en esta dirección, y presentan la comunicación como una actividad sistemáticamente sometida a conjuntos de reglas convencionales, con diferentes tipos de condiciones precisas de adecuación, que afectan tanto a los contenidos de lo que se comunica, como a la forma en que se hace o a los estados mentales que se presumen en los interlocutores. Estas condiciones determinan el tipo de acción verbal realizada y se convierten en las bases de la lógica propia de los actos de habla (*illocutionary logic*). La forma lingüística de la expresión se halla entre tales condicionantes y contiene indicadores explícitos que restringen la posible fuerza ilocutiva (esto es, la intención comunicativa global) de un enunciado. Desde la perspectiva de estos autores, la fuerza ilocutiva es un componente básico del significado. Uno de los objetivos prioritarios de este enfoque consiste en identificar las condiciones necesarias y suficientes para que se realice un determinado acto de habla: por ejemplo, los requisitos para que un enunciado cuente como una pregunta incluyen una cierta estructura lingüística, el desconocimiento por parte del emisor, el supuesto de que el destinatario está en disposición de responder, etc.

Las propuestas de Austin y Searle tienen en común su interés por buscar generalizaciones en las relaciones entre lenguaje y acción. La actividad comunicativa no es sino un caso particular de acción, de modo que la lógica comunicativa se apoyará en las condiciones generales que regulan la actividad humana.

4. La vertiente universal (ii): principios y máximas

4.1. La comunicación como actividad colaborativa

Son seguramente las propuestas de Grice (1975, 1989) las que han influido de manera más decisiva en el desarrollo de la pragmática contemporánea. Grice parte también del supuesto de que la comunicación es una forma de actividad; pero en vez de buscar las invariantes en los diferentes tipos de acción, las busca en el carácter colaborativo de la comunicación. Su propuesta es que los participantes en cualquier forma de comportamiento interactivo racional (incluida la comunicación) se comportan como si aceptaran de manera tácita un principio general, el Principio de Cooperación (*Cooperative Principle*):

> Haga que su contribución a la conversación sea, en cada momento, la requerida por el propósito o la dirección del intercambio comunicativo en el que usted está involucrado. (Grice 1975: 45)

El Principio de Cooperación se desarrolla en cuatro máximas:

> Cantidad:
> a) Haga que su contribución sea todo lo informativa que requiera el propósito del diálogo.
> b) No haga su contribución más informativa de lo necesario.
>
> Cualidad:
> a) No diga algo que cree falso.
> b) No diga algo de lo que no tenga pruebas suficientes.
>
> Relación: Sea pertinente.
> Manera:
> a) Evite la obscuridad de expresión.
> b) Evite la ambigüedad.
> c) Sea breve (no sea innecesariamente prolijo).
> d) Sea ordenado.
>
> (Grice 1975: 45–46)

El principio y las máximas legitiman la recuperación de contenidos adicionales (implicaturas). En el diálogo de (1), es la presunción de que el hablante B está siendo cooperativo lo que induce la búsqueda de un conjunto de supuestos adicionales que hagan patente la relación entre la pregunta y la respuesta. Es la presunción de que se está siguiendo la primera submáxima de cantidad la que nos autoriza a inferir (8b) a partir de (8a). De haber querido comunicar algo más específico, el emisor lo habría hecho de manera más directa:

(8) a. He visto a Juan con una mujer.
  b. Esa mujer no es la esposa, la madre, la hija…

Y es la cuarta submáxima de manera la que explica por qué a partir de (9a) entendemos (9b), no (9c):

(9) a. Conoció al hombre de su vida y se casó.
  b. PRIMERO conoció a UN hombre QUE ERA EL HOMBRE de su vida y DESPUÉS se casó CON ÉL.
  c. #Primero se casó con un hombre y después conoció a otro, que era el hombre de su vida.

El Principio de Cooperación coloca en primer plano las intenciones del emisor; la tarea del destinatario en la interpretación consiste precisamente en identificar las intenciones de su interlocutor a base de calcular los efectos que los factores contextuales pueden tener sobre los significados transmitidos. El objetivo de Grice es, pues, buscar la lógica subyacente a la manera en que se recupera el significado que quería comunicar el emisor: una lógica que permite calcular las interpretaciones a partir del supuesto de que el principio y las máximas están activos durante la conversación. De esta manera, se consigue explicar la vertiente no convencional del significado (es decir, la que depende de las intenciones del emisor) apelando a principios de carácter universal.

4.2. Heurísticas

Varias de las propuestas recientes de inspiración griceana han seguido buscando las invariantes en máximas similares, pero centrándose en los aspectos de la interpretación más directamente determinados por la forma lingüística y, en consecuencia, menos sensibles a las particularidades del contexto (Horn 1984; Levinson 2000). Por ejemplo, mientras que en el caso de (1B) hay que conocer la intervención previa y la situación comunicativa para poder inferir el sentido que el emisor quería dar a sus palabras, en (8a)–(9a), en cambio, no parece necesario tener un contexto concreto para extraer las conclusiones interpretativas señaladas. Se habla, en estos últimos casos, de implicaturas generalizadas (*generalized implicatures*).

La idea básica es que estas implicaturas surgen de manera sistemática en el uso común y tienden a mantenerse constantes de una situación a otra sin necesidad de recurrir a conocimientos situacionales específicos, por lo que representan aspectos invariantes de la interpretación. Levinson (2000) propone tres patrones legítimos de inferencia pragmática orientados hacia el destinatario (heurísticas):

> Q [cantidad]: Suponga que el hablante ha hecho la afirmación más fuerte coherente con lo que sabe.
> M [manera]: Lo que se expresa de manera anormal indica una situación no normal.
> I [informatividad]: Si algo se expresa de manera simple es que está instanciado de manera estereotípica.

La interpretación de (10a) como (10b) constituye un ejemplo de la aplicación de la heurística Q: si el emisor hubiera querido decir que todos aprobaron, lo habría dicho. La elección de un término más débil permite inferir la negación del más fuerte:

(10) a. Algunos estudiantes aprobaron el examen.
     b. NO TODOS los estudiantes aprobaron el examen.

La interpretación de (11a) como (11b) ilustra el funcionamiento de la heurística M. La manera poco habitual de expresar el significado 'cantar' legitima la inferencia de que la chica no cantaba de manera prototípica.

(11) a. Aquella chica produjo una serie de sonidos que recordaban la partitura de la famosa "Aria de las joyas".
     b. La chica cantaba muy mal.

Finalmente, la heurística I es la que explica que (9a) se interprete como (9b).

Las heurísticas directamente relacionadas con la forma lingüística (Q y M) tienen prioridad en su aplicación sobre la heurística I, que depende del conocimiento del mundo.

Las implicaturas generalizadas revelan, pues, aspectos invariantes de la interpretación. Esto sugiere que estamos ante un significado por defecto, que se materializa en un nivel intermedio entre el del significado abstracto de las oraciones y la interpretación concreta de los enunciados. En todo caso, estas propuestas persiguen las explicaciones universales identificando patrones de razonamiento heurístico comunes a todos los miembros de la especie humana.

5. La vertiente universal (y iii): mecanismos y procesos cognitivos

Entre los desarrollos recientes de la pragmática contemporánea se encuentran los que buscan las generalizaciones en los mecanismos y los procesos cognitivos que sirven de base a nuestra actividad comunicativa. La teoría de la relevancia (*relevance theory*) de Sperber y Wilson (1986/1995) suscribe de manera decidida los supuestos de las ciencias cognitivas. La idea central de este enfoque es que el modo en que está diseñado nuestro cerebro —y, por consiguiente, el modo en que funciona la cognición humana— determina de manera sistemática el funcionamiento de toda la actividad comunicativa. La pragmática pasa a entenderse como el estudio de los mecanismos y los procesos cognitivos que intervienen en la interpretación de enunciados. Y, dado que estas capacidades son parte de la dotación genética de nuestra especie, los avances obtenidos de manera independiente en ámbitos como la psicología o la inteligencia artificial proporcionan datos muy valiosos para entender los procesos cognitivos que sustentan la comunicación humana.

Estas generalizaciones afectan a tres facetas clave de la interpretación, que representan las preguntas centrales de una teoría pragmática: la identificación de las intenciones comunicativas del emisor, el proceso que combina informaciones lingüísticas y extralingüísticas, y el procedimiento por el que se selecciona la información contextual adecuada.

5.1. Atribución de intenciones, teoría de la mente y ostensión

La interpretación de enunciados requiere, como paso necesario, identificar las intenciones del emisor. Sin embargo, es evidente que los humanos no tenemos ni telepatía ni un acceso perceptivo directo a los pensamientos de los demás; entonces, si la intención no está codificada ¿cómo podemos descubrirla?

Consideremos una situación sencilla. Vemos que alguien se saca una llave del bolsillo, e inmediatamente pensamos que quiere abrir algo (digamos, una puerta): conectamos un hecho externo (sacar la llave) con el estado mental de otra persona (querer abrir la puerta). Postular la existencia de estados mentales que determinan la conducta es una manera de mantener las relaciones de causalidad necesarias para comprender el comportamiento voluntario de las personas. Efectivamente, en contra de lo que ocurre con el movimiento de los objetos, que está determinado por sus propiedades observables y sometido a las leyes físicas, el comportamiento humano no depende simplemente de fuerzas exteriores, sino de factores internos al individuo: sus conocimientos, creencias, deseos y actitudes, es decir, sus estados mentales. Los humanos, pues, actuamos impulsados "desde dentro".

Los psicólogos han mostrado de manera independiente cómo los humanos atribuimos estados mentales a otros y estimamos con acierto lo que perciben, saben, sienten o desean; somos capaces, asimismo, de explicar los comportamientos y de predecir conductas futuras. Esta capacidad se conoce bajo la denominación de 'teoría de la mente' (*theory of mind*; Leslie 1994; Carruthers y Smith [eds.] 1995; Apperly 2011): es una capacidad universal y presenta pautas de desarrollo homogéneas.

La capacidad de atribuir estados mentales permite entender por qué la comunicación no se reduce a un único proceso mecánico de intercambio de mensajes a través de un código lingüístico. En todos los ejemplos comentados, la señal lingüística desencadena procesos interpretativos que completan, enriquecen y desarrollan la representación codificada en busca de lo que el emisor quiso comunicar. Desde el punto de vista del emisor, la comunicación verbal consiste en utilizar señales codificadas como pistas o indicios de su intención comunicativa. El proceso de producción intencional de indicios con fines comunicativos se denomina ostensión (*ostension*; Sperber y Wilson 1986/1995: § 1.9–1.10): el emisor produce su señal desde la convicción de que lo que en ella codifica será suficiente para que en la mente del destinatario se origine un conjunto de representaciones semejantes a las que él quiso transmitirle; es más, lo que un emisor comunicará expresamente y lo que dejará implícito estará en función de cuál sea su estimación sobre el destinatario, su grado de conocimiento previo y sus capacidades interpretativas. Los procesos de ostensión dependen del contexto, ya que implican la selección de la forma lingüística que presumiblemente resultará más adecuada a las variables situacionales del intercambio comunicativo.

5.2. Mecanismos inferenciales: abducción y deducción

Desde el punto de vista del destinatario, las expresiones lingüísticas que le proporciona intencionalmente su interlocutor son una invitación a construir una hipótesis sobre lo que este intentaba transmitirle, tanto en lo que comunica explícitamente como en lo que deja implícito. Los procesos que combinan la información lingüística con otros datos de procedencia extralingüística son procesos de inferencia (*inference*; Sperber y Wilson 1986/1995: § 2), y tienen como objetivo construir una interpretación plausible y acorde con lo que presumiblemente quiso comunicar el emisor.

¿Cómo funcionan estos procesos? Imagine que alguien le proporciona la siguiente información:

(12) La luz de la casa está encendida.

A partir de este dato, es fácil acceder a un contenido implícito, como el de (13):

(13) Hay alguien en la casa.

Esta interpretación, que parece altamente plausible, no tiene, sin embargo, garantías lógicas: en un sentido algo más técnico, se dice que es una inferencia revocable (*defeasible*), no-demostrativa. Efectivamente, la conclusión a la que se ha llegado seguramente resultará correcta muchas veces, pero no es la única posible. Esto muestra que la conclusión no se ha alcanzado siguiendo un patrón de inferencia deductiva (que produce siempre conclusiones irrefutables). El proceso corresponde, más bien, a una inferencia abductiva (*abductive reasoning*; Lipton 2008): una inferencia intuitiva, rápida y automática, que trata de establecer una explicación coherente para un hecho observado a partir de la información disponible (que puede ser incompleta).

Dado que la información manejada es parcial, es relativamente fácil invalidar la hipótesis alcanzada. Tan pronto como se añaden otros conocimientos de fondo (por ejemplo, que el dueño de la casa es muy despistado, o que ha comprado un temporizador), la explicación cambia:

(14) a. Juan se ha vuelto a olvidar de apagarla.
b. Ya han instalado el temporizador.

Así pues, tomados en sentido global, los procesos de inferencia que se ponen en marcha en la comunicación humana son de tipo abductivo y revocable: dan lugar de manera eficaz a hipótesis plausibles, pero pueden no ser ciertas. Esto no quiere decir, sin embargo, que los patrones deductivos no tengan un lugar en la interpretación. De hecho, es posible encontrar patrones deductivos encadenados (por ejemplo, cuasi-silogismos), como se muestra en (15)–(16):

(15)	a. Todos nuestros productos son de la mejor calidad.	(Premisa mayor)
	b. Este jamón es nuestro.	(Premisa menor)
	c. Este jamón es de la mejor calidad.	(Conclusión)

(16)	a. Los productos de buena calidad son buenos.	(Premisa mayor)
	b. Este jamón es de la mejor calidad. (=8c)	(Premisa menor)
	c. Este jamón es bueno.	(Conclusión)

Todo ello indica, pues, que la comunicación verbal, además del proceso simbólico de codificación/descodificación, pone en marcha también procesos inferenciales, que tratan de recuperar, mediante un razonamiento abductivo, la conexión natural entre lo codificado y lo que el emisor quiso comunicar. En la comunicación humana las expresiones simbólicas se usan como indicios de la intención comunicativa.

5.3. La selección del contexto y las heurísticas acotadas

No parece haber límites a la cantidad y al tipo de información extralingüística que un individuo puede utilizar para interpretar un enunciado; y, sin embargo, como acabamos de ver, las inferencias abductivas trabajan sobre la información disponible. ¿Cómo se delimita ese conjunto reducido de datos? Dicho de otro modo, ¿cómo se restringe la cantidad de información que se maneja?

Desde la Inteligencia Artificial y la Psicología se han propuesto modelos basados en la idea de que la nuestra es una racionalidad acotada (*bounded rationality*; Simon 1982). Los humanos disponemos de herramientas cognitivas que nos permiten hacer inferencias y tomar decisiones de manera "rápida y frugal", intuitiva, casi instintiva (Gigerenzer y Todd 1999; Gigerenzer 2007). Hemos desarrollado, a lo largo de la evolución, una estrategia que nos revela dónde buscar la información, y cuándo hay que detener la búsqueda. Para ello, nuestra mente explota dos factores favorables: la organización de los datos del entorno y la existencia de expectativas de satisfacción.

Por una parte, la información circundante no aparece como un caos para la mente humana, sino que se organiza en estructuras de conocimiento que establecen redes de relaciones semánticas entre agentes, objetos, eventos y situaciones. Esta organización se ha explicado computacionalmente en términos de marcos, esquemas o guiones (*frames*, *schemata*, *scripts*; Shank y Abelson 1977; Rumelhart 1980). Estas estructuras permiten tener expectativas precisas sobre las entidades y el curso de los acontecimientos. Por otro lado, la toma de decisiones es una actividad dirigida a un objetivo, y ese objetivo genera aspiraciones de satisfacción ('satisficing'; Simon 1956): es decir, todos tenemos expectativas acerca de qué tipo de decisión resultaría satisfactoria y suficiente, aunque no fuera necesariamente la mejor posible.

Pues bien, parece que la interpretación puede explicarse por medio de una heurística de racionalidad acotada. De hecho, este es el enfoque adoptado por Sperber y Wilson (1986/1995): el contexto no es un conjunto de supuestos fijo y dado de antemano, sino que la información que se utilizará para completar inferencialmente los contenidos lingüísticamente codificados se selecciona de manera dinámica sobre la marcha; esta selección sigue las estrategias propias de una heurística "rápida y frugal":

I. Al computar los efectos cognitivos se sigue la ruta del mínimo esfuerzo. Las hipótesis interpretativas (desambiguación, resolución de referencia, reajustes léxicos, implicaturas, etc.) se comprueban en orden de accesibilidad.
II. El procesamiento se detiene cuando las expectativas del sujeto se ven satisfechas (Sperber y Wilson 2002: 13).

En este procedimiento la acotación del espacio de búsqueda en los procesos de comprensión queda definida en términos de accesibilidad: solo la información inmediatamente accesible entra a formar parte del conjunto inicial de supuestos que se toman en consideración. La accesibilidad de los supuestos está determinada, a su vez, por su grado de activación en la memoria a corto plazo; y este grado de activación depende tanto de la situación comunicativa (que lógicamente activa la información relacionada con ella) como de los conceptos mismos codificados en la formulación lingüística. En este punto entra en juego la organización de la información: una situación o un concepto no solo activan su propio contenido, sino todo el esquema general al que pertenecen, lo cual trae también a primer plano el resto de las entidades que forman el esquema, y las expectativas y las predicciones que lo acompañan.

El enfoque cognitivo ha representado un paso adelante en la búsqueda de generalizaciones universales sobre la actividad comunicativa. Ha supuesto, asimismo, un cambio sustancial en la manera de entender la pragmática y sus relaciones con otras disciplinas. Las investigaciones de interfaz entre los mecanismos computacionales de la gramática y los mecanismos responsables de la interpretación ganan un nuevo protagonismo. La contribución de la forma lingüística se examina desde una perspectiva nueva: lo codificado aporta representaciones conceptuales, pero también instrucciones de procesamiento para los otros mecanismos implicados en la interpretación (Wilson y Sperber 1993). Se sientan, asimismo, las bases para investigaciones experimentales en colaboraciones sistemáticas con psicólogos y neurocientíficos (Happé, 1993; Sperber, Cara y Girotto 1995; Sperber y Noveck 2004).

6. La vertiente específica: lengua y cultura

Los enfoques anteriores buscan generalizaciones en los aspectos universales de la comunicación. Pueden encontrarse también regularidades —esta vez, en forma de tendencias estadísticas, no de leyes o principios— si se analizan todos aquellos aspectos del uso de la lengua que están determinados por factores de tipo social y cultural. Los miembros de cada grupo tienden a mostrar patrones comunes en su comportamiento, incluido el comportamiento de tipo verbal. Estas similitudes derivan del hecho de que todos ellos comparten en gran medida un modo de representarse el mundo y las relaciones humanas. Los comportamientos adquiridos en el medio social tienden a estabilizarse y a difundirse, y dan lugar a patrones recurrentes de interacción que se perciben como normas sociales.

El ejemplo más claro de este tipo de enfoque es el que subyace a las investigaciones sobre cortesía (*politeness*). Parece haber patrones de interacción culturalmente determinados, que explican las diferencias entre unas culturas y otras. Por ejemplo, hacer una petición por medio de una pregunta sobre la capacidad del destinatario de realizar una determinada acción, como en (17), resulta normal en la cultura española o en la anglosajona, pero no en otras culturas orientales, como la tailandesa, donde se interpreta que el emisor está poniendo en duda las capacidades de su interlocutor:

(17) ¿Puedes pasarme la sal?

Consideradas en su conjunto, las diferencias entre una cultura y otra definen estilos comunicativos y de interacción propios con sus propias claves: si no se conocen, pueden dar lugar a malentendidos en la comunicación intercultural (variación pragmática).

La atención a los aspectos de la interpretación social y culturalmente determinados no es incompatible, sin embargo, con un enfoque universalista. Los hablantes interiorizan ciertos patrones de comportamiento como resultado de su exposición a una cultura, generalizando las pautas observadas en un elevado número de situaciones. La frecuencia de un tipo de patrón concreto en una situación concreta tiende a incrementar su peso tanto en la producción como en la interpretación. Esto sugiere, por tanto, que la especificidad cultural puede integrarse en un modelo cognitivo como parte de las estructuras de conocimiento que encauzan los procesos interpretativos al traer a primer plano y hacer más accesibles ciertas interpretaciones (Escandell-Vidal 2004). La integración de lo universal y lo específico proporciona, así, una imagen más completa de la comunicación humana.

Bibliografía

Apperly, I. (2011) *Mindreaders. The cognitive basis of "Theory of Mind"*, Hove: Psychology Press.

Austin, J.L. (1962) *How to do things with words: The William James Lectures delivered at Harvard University in 1955* (ed. J. O. Urmson), Oxford: Clarendon.

Bach, K. (1994) "Conversational impliciture", *Mind and Language*, 9, pp. 124–162.

Carruthers, P. y Smith, P. (eds.) (1995) *Theories of theory of mind*, Cambridge: Cambridge University Press.

Carston, R. (2002) *Thoughts and utterances. The pragmatics of explicit communication*, Oxford: Blackwell.

Escandell-Vidal, V. (2004) "Norms and principles. Putting social and cognitive pragmatics together", en Márquez-Reiter, R. y Placencia, M. E. (eds.) *Current trends in the pragmatics of Spanish*, Amsterdam: John Benjamins, pp. 347–371.

Gigerenzer, G. (2007) *Gut feelings: The intelligence of the unconscious*, Nueva York: Viking Press.

Gigerenzer, G. y Todd, P. M. (1999) "Fast and frugal heuristics. The adaptative toolbox", en Gigerenzer, E. G., Todd, P. M. y ABC Group, *Simple heuristics that make us smart*, Nueva York: Oxford University Press, pp. 3–34.

Grice, H. P. (1975) "Logic and conversation", en Cole, P. y Morgan, J. L. (eds.) *Syntax and semantics*, vol. 3: *Speech acts*, Nueva York: Academic Press, pp. 41–58.

Grice, H. P. (1989) *Studies in the way of words*, Cambridge: Harvard University Press.

Horn, L. (1984) "A new taxonomy for pragmatic inference: Q-based and R-based implicature", en Schiffrin, D. (ed.) *Meaning, form and use in context* (GURT '84), Washington, DC: Georgetown University Press, pp. 11–42.

Leech, G. (1983) *Principles of pragmatics*, Londres: Longman.

Levinson, S. C. (1983) *Pragmatics*, Cambridge: Cambridge University Press.

Levinson, S. C. (2000) *Presumptive meanings: The theory of generalized conversational implicature*, Cambridge, MA: The MIT Press.

Lipton, P. (2008) "Inference to the best explanation", en Psillos, S. y Curd, M. (eds.) *The Routledge Companion to the Philosophy of Science*, Londres: Routledge, pp. 193–202.

Rumelhart, D. E. (1980) "Schemata: The building blocks of cognition", en Spiro, R. J. *et al.* (eds.) *Theoretical issues in reading comprehension*, Hillsdale: Erlbaum, pp. 33–58.

Shank, R. y Abelson, R. (1977) *Scripts, plans, goals and understanding*, Hillsdale: Erlbaum.

Searle, J. R. (1969) *Speech acts: An essay in the philosophy of language*, Cambridge: Cambridge University Press.

Searle, J. R. (1975) "Indirect speech acts", en Cole, P. y Morgan, J. L. (eds.) *Syntax and semantics*, vol. 3: *Speech acts*, Nueva York: Academic Press, pp. 59–82.
Searle, J. R. y Vanderveken, D. (1985) *Foundations of illocutionary logic*, Cambridge: Cambridge University Press.
Sperber, D., Cara, F. y Girotto, V. (1995) "Relevance theory explains the selection task", *Cognition*, 57, pp. 31–95.
Sperber, D. y Noveck, I. (eds.) (2004) *Experimental pragmatics*, Basingstoke: Palgrave Press.
Sperber, D. y Wilson, D. (1986/1995) *Relevance. Communication and cognition*, Oxford: Blackwell.
Sperber, D. y Wilson, D. (2002) "Pragmatics, modularity and mind-reading", *Mind & Language*, 17, pp. 3–23.
Stalnaker, R. (1972) "Pragmatics", en Davidson, D. y Harman, G. (eds.) *Semantics of natural language*, Dordrecht: Reidel, pp. 380–397.
Verschueren, J., Östman, J.-O. y Blommaert, J. (eds.) (1995) *Handbook of pragmatics*, Amsterdam: John Benjamins.
Wilson, D. y Sperber, D. (1993) "Linguistic form and relevance", *Lingua*, 90, pp. 1–25.

Lecturas complementarias

Escandell-Vidal, V. (1996/2006) *Introducción a la pragmática*, Barcelona: Ariel.
Escandell Vidal, V. (2014) *La comunicación verbal. Lengua, cognición y sociedad*, Madrid: Akal.
Portolés, J. (2004) *Pragmática para hispanistas*, Madrid: Síntesis.
Reyes, G. (1995) *El ABC de la pragmática*, Madrid: Arco Libros.

Entradas relacionadas

actos de habla; cortesía y descortesía; implicatura y presuposición; relevancia; semántica; sintaxis

PSICOLINGÜÍSTICA

Anna Gavarró Algueró

1. Introducción

La psicolingüística tiene por objeto el estudio del procesamiento del lenguaje. Aunque sus antecedentes son anteriores al surgimiento de la lingüística y de la aproximación chomskiana, el campo empírico de la psicolingüística se puede asociar a la actuación lingüística, por oposición a la competencia (los conceptos chomskianos de *performance* y *competence* respectivamente). Mientras la competencia permanece inalterada en la vida sana de un adulto, la actuación está sujeta a variaciones en el mismo individuo ligadas al momento y las circunstancias de las enunciaciones. La psicolingüística se centra en los procesos de acceso léxico y de análisis de las frases (o: *parsing*) que llevan a cabo los hablantes en tiempo real, y los errores y dificultades que puedan producirse durante el procesamiento. La premisa de la que parte el psicolingüista es que todos estos fenómenos pueden informarnos sobre la organización del procesamiento del lenguaje y, por lo tanto, pueden contribuir a la construcción de una teoría del lenguaje psicológicamente plausible.

Este artículo esboza los temas empíricos tratados desde el principio de la psicolingüística hasta la actualidad, junto con algunos métodos y propuestas teóricas presentados en la bibliografía especializada (§ 2). En § 3 se presenta la investigación más reciente, relacionada con las técnicas de neurolingüística. En la última sección, se resumen algunos trabajos de psicolingüística hispánica, aunque sin ánimo de detallar exhaustivamente los trabajos publicados. En particular, no se comentan los estudios sobre bilingüismo.

2. Estudios conductuales: de los datos anecdóticos a la experimentación

La relación entre cerebro y lenguaje empezó a estudiarse especialmente para dar cuenta de las patologías adquiridas del lenguaje (las afasias) a la largo del siglo XIX, en los trabajos de Gall, Broca y Wernicke, entre otros. En este contexto se recogieron los primeros casos de errores del habla sistemáticos, los conocidos como spoonerismos, ejemplificados en (1), y malapropismos.

(1) You have tasted the whole worm.
    Tú has probado la entera lombriz. 'Has probado la lombriz entera'
    por: You have wasted the whole term. 'Has desaprovechado el semestre entero.'

No será hasta la segunda mitad del siglo XX cuando se dará una interpretación teórica a estos datos anecdóticos recogidos en el siglo XIX. La psicología cognitiva de finales del siglo XIX anticipa la idea de que una teoría del uso del lenguaje requiere tomar en consideración los estados mentales de les sujetos: véanse, por ejemplo, los *Principles of psychology* [Principios de psicología] de James (1890). El dominio posterior del conductismo en psicología y la perspectiva estructuralista en la emergencia de la lingüística supusieron un freno a la investigación psicolingüística. De Saussure considera el estudio del lenguaje como sistema abstracto susceptible de ser estudiado científicamente, pero sin referencia a los estados cognitivos del hablante. La aportación de Chomsky a la lingüística en la segunda mitad del siglo XX representa la integración teórica de la lingüística en la psicología: por primera vez el lenguaje se considera indisociable del individuo y sus facultades mentales (Chomsky 1957 *et sequentia*). Este es el contexto conceptual necesario para indagar sobre el uso del lenguaje (y la competencia lingüística) en el individuo. Chomsky postula, además, un módulo de la mente, la facultad del lenguaje, con lo cual el comportamiento lingüístico puede tener propiedades distintas de otros módulos de la mente (Fodor 1983). Se considera que la psicolingüística moderna se inicia a finales de los años cincuenta y en los años sesenta (en 1962 aparece la revista *Journal of Verbal Learning and Verbal Behavior* y poco después Miller y Chomsky 1963).

En las páginas siguientes, en la presentación de cada uno de los temas que han sido tratados por la psicolingüística, consideraremos también algunos de los métodos experimentales utilizados. Es habitual distinguir entre dos grandes tipos de técnicas: las técnicas *off-line*, que miden el resultado del procesamiento (por ejemplo: si el hablante es capaz de detectar una ambigüedad o no) y las técnicas *on-line*, que caracterizan el comportamiento lingüístico en el tiempo (por ejemplo, cuando se calcula el tiempo de reacción requerido para una decisión léxica). La metodología de la psicolingüística se ha hecho más sofisticada a lo largo de los años, sobre todo en época reciente, pero no debe olvidarse que la experimentación ha sido fundamental desde principios de la gramática generativa: así, pedir a un hablante que emita un juicio de gramaticalidad es llevar a cabo un experimento *off-line*.

2.1. Acceso léxico y errores del habla

Ya hemos visto cómo en el siglo XIX se recogieron datos espontáneos de errores del habla; en el campo de la psicolingüística, este interés se ha ampliado a las pausas, interrupciones y dudas que el hablante produce esporádicamente. La suposición subyacente a todos estos estudios es que tanto errores como vacilaciones e interrupciones nos proporcionan información sobre el funcionamiento regular del lenguaje. En efecto, se ha observado que no todos los errores son posibles: los hablantes los producen en mayor o menor grado, pero los errores siguen un patrón. La ausencia de cierto tipo de errores es indicativa de la arquitectura del procesamiento del lenguaje. (Sobre pausas e interrupciones, véase Clark 2006).

La tipología de los errores del habla es muy variada y puede afectar todos los niveles de representación lingüística, desde las unidades fonológicas (rasgos fonológicos, sílabas) a las unidades léxicas o a los sintagmas. En los spoonerismos de (1), las unidades afectadas son las consonantes en la obertura de la primera sílaba de una palabra, aunque el resto de la secuencia lingüística se conserva. En los malapropismos, la alteración es léxica. Estos errores consisten en la sustitución de una pieza léxica por otra (*dame un libro* por *dame un lápiz*); otros errores son los intercambios léxicos (*dime el lugar del nombre* por *dime el nombre del lugar*) y los cambios fonológicos anticipatorios (*un paso de pisco* por *un vaso de pisco*).

Si bien los primeros errores recogidos en la bibliografía son anecdóticos, durante la segunda mitad del siglo XX se han desarrollado técnicas experimentales de elicitación que permiten además poner a prueba hipótesis sobre la causa de estos errores. Estos experimentos involucran la lectura, y elicitan producciones orales, pero los resultados obtenidos no difieren de los datos de corpus, con lo cual parece que la modalidad oral/escrita no afecta, en este caso, al procesamiento. La tarea de los sujetos consiste normalmente en producir pares de palabras lo más rápidamente posible y, en un número relativamente alto de casos, se induce a un error. De acuerdo con el modelo de Levelt (1989), la producción del habla incluye: (i) la planificación sintáctica, (ii) la lexicalización, y (iii) su ejecución, incluida la planificación articulatoria. Los errores de producción pueden darse, en principio, en todos estos estadios. Por hipótesis los errores se dan cuando, en un mismo nivel de procesamiento, encontramos dos elementos activados al mismo tiempo. El error consiste en no seleccionar el elemento óptimo.

Se ha observado que los errores de tipo fonológico se producen en contextos locales y no a larga distancia, mientras los errores de inserción léxica, por ejemplo los intercambios, pueden producirse en sintagmas distintos, es decir a distancia. En el modelo teórico de Garrett (1980) la razón de esta restricción es que la especificación fonológica se da en el último estadio, cuando la inserción léxica ya se ha producido y cuando la distribución del léxico (el orden de palabras) ya está determinada; por lo tanto, los problemas son locales.

En los errores de inserción léxica debemos distinguir entre categorías léxicas y categorías funcionales; las primeras incluyen N (Nombres), V (Verbos) y P (Preposiciones) (*piedra*, *correr*, *entre*), las segundas, auxiliares y C (Complementadores) (*han*, *que*); la observación que los investigadores han hecho es que el vocabulario léxico y el funcional no se intercambian en ningún caso (en nuestro ejemplo, *dime el lugar del nombre* por *dime el nombre del lugar*, pero nunca *dime el nombre lugar de*).

Entre los errores de acceso léxico se ha distinguido (Fay y Cutler 1977) entre los de base fonológica y los de base semántica (sustituir *lápiz* por *papel* tiene una base semántica, mientras sustituir *poner* por *poder* tiene su origen en un cambio fonológico). (Además, la semejanza fonológica hace los errores semánticos más probables: *lápiz* facilita la producción de *libro* más que la de *papel*). Los dos tipos de errores ponen de manifiesto que el léxico está ordenado fonológicamente (se accede a palabras fonológicamente semejantes al mismo tiempo) y el acceso léxico también activa palabras semánticamente relacionadas (*lápiz* y *papel*, en el nivel de selección léxica, están activadas simultáneamente). Los errores no son pues aleatorios sino claramente restringidos e indican la ruta de producción del lenguaje también en circunstancias normales, ausentes de errores.

Por último, la psicolingüística también se ha ocupado del fenómeno conocido como *tip-of-the-tongue* (tener una palabra en la punta de la lengua), cuando el hablante tiene la impresión de saber qué palabra busca, pero no consigue encontrarla. En algunos casos el hablante consigue acceder a la pieza léxica, en otros no. En los primeros trabajos experimentales en que se intentó crear el contexto para tener una palabra en la punta de la lengua se pedía al sujeto que proporcionara la palabra que se correspondía con una definición que el experimentador leía. Con este procedimiento muchos hablantes no conseguían encontrar la palabra que buscaban, aunque a menudo encontraban palabras fonológica y semánticamente relacionadas. El fenómeno se producía más a menudo con palabras de baja frecuencia que con palabras de alta frecuencia (Harley y Brown 1998). La interpretación que se ha dado a este fenómeno (Fay y Cutler 1977) es que la fase de lexicalización se subdivide en dos procesos: en el nivel semántico, se selecciona un ítem (con propiedades sintácticas y semánticas) de una red semántica; en el siguiente nivel, se accede a las propiedades fonológicas del ítem seleccionado. Según este modelo, el hablante tiene una palabra en la punta de la lengua cuando la segunda parte del proceso de lexicalización falla, aunque no la primera.

Otros métodos para investigar el acceso léxico, que nos informa sobre la estructura del diccionario mental, miden el tiempo de reacción del hablante para encontrar una palabra. La tarea más simple consiste en pedir al sujeto que proporcione el nombre correspondiente a un objeto representado gráficamente (el método conocido como *picture naming*). La elicitación de palabras también se produce en experimentos en que se proporciona al sujeto otra palabra, distinta de la palabra buscada, que se relaciona con ella en mayor o menor grado; son los experimentos denominados de *priming*, en los que puede observarse que la presencia de palabras que comparten secuencias fonológicas con la palabra buscada hace más rápido el acceso léxico. Por ejemplo, se pide al sujeto que memorice pares de palabras y después se le proporciona el primer elemento del par: cuando comparten la primera sílaba (*zanahoria/ zapato*) los hablantes acceden a la segunda palabra más rápidamente que cuando no comparten la primera sílaba (*zanahoria/libreta*). El mismo tipo de experimento se ha realizado para evaluar el *priming* semántico y se ha observado que palabras semánticamente relacionadas incrementan la velocidad de acceso a la pieza léxica (*león/tigre* por oposición a *zapato/ tigre*). (La técnica del *priming* también se utiliza en el estudio de la producción de frases).

2.2. La percepción del habla

Hasta ahora hemos considerado la producción del habla. Por otro lado, un tema investigado desde los inicios de la psicolingüística es la percepción del habla. El problema que plantea la percepción es que cualquier secuencia lingüística de más de una palabra es un continuo fonético; en consecuencia, la primera cuestión que tiene que resolver el hablante es la segmentación de ese continuo en unidades discretas (palabras, morfemas). En el caso de los niños que todavía no han adquirido la lengua, el problema es todavía más complejo puesto que no conocen las unidades (palabras) incluidas en este continuo y, por lo tanto, deben encontrar los límites entre palabras para empezar a discernir el orden de palabras de su lengua materna. Además, hay otro factor de complejidad en la percepción del habla: la variación en las producciones de hablantes distintos (en función de la variedad dialectal que hablen, de su edad, sexo, etc.) o incluso de un mismo hablante (según el registro que emplee, etc.).

En la adquisición hay numerosos estudios que indican que los bebés son sensibles a las propiedades fonológicas (es decir, a los contrastes derivados de valores distintos de un rasgo fonológico, por ejemplo la distinción entre *p* y *b*, que es de sonoridad) desde las primeras semanas de vida y que pueden distinguir la que será su lengua materna de las otras. Entre los seis y los nueve meses, la capacidad del bebé para distinguir sonidos distintos se restringe progresivamente a los contrastes presentes en su lengua materna (mientras las distinciones no relevantes en la lengua materna pasan a ser ignoradas) (véanse Werker y Pegg 1992; Jusczyk 1997, 2006; Kuhl 2004; Kuhl *et al.* 1992). También hay trabajos experimentales que muestran que en edades muy tempranas pueden identificar secuencias de sílabas que se producen repetidamente y distinguirlas de las que raramente se producen —las primeras serían candidatas a unidades (es decir, a palabras), mientras que las segundas transiciones indicarían límites entre palabras—. Estas computaciones se dan en los primeros meses de vida de los bebés (Christophe *et al.* 2001; Shukla *et al.* 2007) y se acepta la hipótesis de que los bebés son capaces de segmentar en parte gracias a la habilidad innata de calcular las transiciones probabilísticamente.

En la percepción adulta, uno de los modelos más aceptados de reconocimiento del habla es el de Marslen-Wilson, el *Cohort Model* (Marslen-Wilson 1989). En este modelo, un hablante adulto, cuando oye el primer elemento fónico de una palabra, activa todas las palabras de su diccionario mental que empiezan con ese segmento (el *cohort* o lista de palabras candidatas a ser seleccionadas). A medida que la información acústica posterior es procesada, el hablante reduce el número de palabras activadas hasta que la lista se reduce a una sola palabra. Hay un punto en que una sola palabra de las conocidas por el hablante/oyente es consistente con la información acústica; este punto puede darse antes que la palabra sea pronunciada en su totalidad. Por ejemplo, para la palabra del español *titiritero*, los dos primeros sonidos *ti-* son compatibles con *timón, tinta, tilo, tiritar*, etc.; *titirite-* ya es solo compatible con *titiritero*, así que el oyente no tiene que oír la última sílaba de la palabra para identificarla. Este modelo explicaría la rapidez con que los hablantes son capaces de identificar palabras. También es cierto que los hablantes a menudo no pronuncian las palabras con toda claridad, por lo cual se supone, en versiones revisadas del Cohort Model, que las palabras activadas en el acceso léxico permanecen activadas de forma latente incluso cuando ya han sido excluidas. Las informaciones sintáctica, semántica y contextual contribuyen a la selección de la pieza léxica, aunque es más controvertido en qué punto de la selección esta información es accesible al hablante.

Uno de los métodos más utilizados para evaluar hipótesis de comprensión de las palabras es el *priming* en más de una modalidad (*cross-modal priming*), en que el sujeto oye una frase que incluye una palabra y simultáneamente ve una palabra escrita; la cuestión es si la palabra escrita ayuda a tomar decisiones léxicas más rápidamente o no. Se hipotetiza que si una palabra ayuda a acceder a otra es porque se encuentran igualmente disponibles en el procesador mental del hablante. En el caso de palabras ambiguas, parece que la aparición en una pantalla de un sinónimo de cualquiera de las interpretaciones de la palabra (por ejemplo, *banco* junto a *mueble* o *edificio*) hace que el sujeto responda más rápidamente, por lo cual se concluye que las dos interpretaciones (la de *banco* como 'mueble' y la de *banco* como 'edificio') se activan durante el procesamiento. Otro de los métodos utilizados es la técnica de 'destapar' progresivamente en una pantalla una palabra (técnica conocida como *gating* en inglés) con la intención de determinar cuándo esa palabra puede ser reconocida (véase por ejemplo Zwitserlood 1989). Se le presentan al hablante secuencias cada vez más largas de la palabra que se busca identificar y se mide la rapidez con que el hablante la encuentra (en nuestro ejemplo anterior, *ti- titi-*, *titiri-*, *titirite-*, etc.).

Comprender una frase requiere más que comprender las palabras que la integran: el significado se deriva parcialmente de la forma como las palabras se combinan (principio de composicionalidad). Gran parte de la investigación psicolingüística ha versado sobre el procesamiento de las frases. A él dedicamos la siguiente subsección.

2.3. El procesamiento de las frases

Por procesamiento de las frases nos referimos tanto a los procesos necesarios para comprender una frase como a los procesos para producir una frase. Aunque el tema está sujeto a debate, a priori no hay ninguna razón para excluir que unos mismos mecanismos subyacentes sirvan para uno y otro proceso; en esta subsección nos centraremos en la comprensión. Una de las observaciones más sólidas de este campo de investigación es que la comprensión es incremental (es decir: el hablante no espera a haber oído una frase entera para empezar a analizarla, sino que empieza a interpretarla antes, y lo hace a medida que va recibiendo información lingüística). Este proceso se ilustra claramente con frases como la de (2) (Bever 1970), llamadas *garden path*.

(2) The horse raced past the barn fell.
El caballo correr-prt pasada la valla cayó
'El caballo que corría más allá de la valla cayó.'

Si las palabras se presentan de una en una, la interpretación que primero se presenta a un hablante del inglés es la de (3).

(3) The horse raced past the barn.
el caballo corrió pasada la valla
'El caballo corrió hasta más allá de la valla.'

donde *raced* es el pasado del verbo *race* 'correr'. *Raced*, por otro lado, puede ser un participio del mismo verbo como en (2), puesto que el verbo es *fell* 'cayó'. La interpretación incremental hace que el hablante interprete *raced* como verbo principal: un análisis que debe rechazar cuando lee el verbo *fell*, que de otro modo no podría integrarse en la frase.

En la medida en que las lenguas varían en sus características morfosintácticas, también dan lugar a frases con efectos *garden path* diferentes. En español la frase equivalente de (2) no es *garden path*. Sí lo es la frase (4) (Gilboy y Sopena 1996):

(4) El hombre le dijo a la mujer que tenía dos hijas que la invitaba a cenar.

Inicialmente, *que tenía dos hijas* se interpreta como complemento de *dijo*, un verbo que puede tener un complemento oracional (SC). Cuando se llega al segundo complementante *que* (*que la invitaba a cenar*), el primer *que* y su complemento tienen que ser reanalizados como cláusula de relativo, complemento de *mujer*. Entonces *que la invitaba a cenar* puede ser el complemento SC de *dijo*.

El procesamiento de las frases con efectos *garden path* y de las frases ambiguas ha inspirado varios modelos de procesamiento de las frases. En el modelo de Frazier (1979), llamado precisamente modelo de *garden path*, el hablante construye un análisis sintáctico. Este análisis se construye a partir del principio de simplicidad sintáctica (el analizador favorece análisis con menos nodos sintácticos) y ni el contexto ni la frecuencia tienen ningún impacto en la preferencia de un análisis sobre otro. En el caso de las frases ambiguas, en consecuencia, se espera que una de las interpretaciones se presente más fácilmente a los hablantes (y este es el caso). Esta aproximación presupone dos estadios de análisis, porque implica la interpretación en fases sucesivas. Cuando una interpretación no es consistente con la información lingüística que aparece a continuación (por ejemplo, en el momento de oír el segundo *que* en [4]), el reanálisis se manifiesta como una dificultad de procesamiento.

En contraposición al modelo *garden path*, los modelos basados en restricciones como el de MacDonald *et al.* (1994) (también denominados modelos interactivos) postulan varios análisis simultáneos de las secuencias lingüísticas (análisis en paralelo), en que cada análisis lleva asociada información no solo sintáctica sino también pragmática, contextual, léxica y de frecuencia. Sobre la base de todos estos factores, el análisis preferible es seleccionado.

Estos dos tipos de aproximaciones han tenido sus partidarios y sus detractores a lo largo de los años noventa y los primeros años del siglo XXI, aunque los modelos interactivos han ganado aceptación en los últimos años; por otro lado, la lingüística computacional ha permitido formalizar propuestas específicas sobre el procesamiento de las frases: véase, por ejemplo, Gibson (1998), que incorpora a su modelo la consideración de los efectos de la memoria a corto plazo en el procesamiento.

Uno de los métodos utilizados en la investigación sobre comprensión de frases es la monitorización del movimiento de los ojos; la suposición teórica en que se basa es que los humanos tienden a dirigir la mirada hacia los objetos/representaciones de que se está hablando; una forma de acceder a la interpretación, por lo tanto, es determinar a dónde dirige la mirada el oyente (*eye-tracking*). En todos estos experimentos, el sujeto oye una frase y simultáneamente ve una imagen. Para ilustrarlo, consideremos la frase de (5).

(5) Put the frog on the napkin in the box.
Pon la rana sobre el pañuelo de/en la caja.

Se ha observado que los oyentes fijan la mirada en la rana que hay sobre el pañuelo por más tiempo si hay dos ranas que si solo hay una rana; esto es así porque entonces el sintagma [the frog on the napkin] designa a una de las dos ranas; respecto al procesamiento, este resultado revela que la imagen ayuda a desambiguar el sintagma (en principio *Put the frog on the napkin* podría interpretarse como 'Pon la rana sobre el pañuelo', donde *on the napkin* es complemento de *put*).

3. Estudios de neurolingüística y perspectivas de futuro

Hasta la emergencia de los estudios neurofisiológicos, el cerebro tenía que estudiarse como un problema de caja negra: no había acceso directo a la funciones cognitivas y el investigador tenía que formular hipótesis sobre la base del comportamiento; los métodos neurofisiológicos iniciados en los años ochenta, en cambio, han permitido acceder a la actividad cerebral directamente e informan sobre los correlatos anatómicos y funcionales que acompañan el procesamiento del lenguaje. El presupuesto de todos estos trabajos es que regiones distintas del cerebro están especializadas en funciones específicas (y que regiones distintas están conectadas con otras, formando redes).

Entre estas nuevas técnicas, los potenciales relacionados con eventos (*event-related brain potentials*, ERP) miden la actividad eléctrica cerebral (detectable por ejemplo en las ondas encefalográficas). Mediante esta técnica se miden pequeñas variaciones en la actividad eléctrica detectada en varios puntos del cráneo y se crea un 'mapa' de la activación eléctrica antes y después que se presente un estímulo al sujeto. El estímulo puede consistir en una palabra o en una frase. El resultado del ERP es una onda con picos y descensos de actividad eléctrica que pueden asociarse a características del estímulo. En la bibliografía se identifican dos patrones: el N400 y el P600. El N400 es un pico de actividad eléctrica que se da aproximadamente 400 milisegundos después del estímulo (se denomina componente negativo o N, porque aparece en la curva como un descenso, ya que los picos se representan por convención como descensos) y es indicativo del procesamiento o la integración semántica (Kutas y Hillyard 1980). Así, una frase semánticamente anómala, del tipo *El libro era muy líquido*, daría lugar a una mayor actividad N400 que la frase *El libro era muy largo*. El P600 es un componente positivo que se produce 600 milisegundos después del estímulo; se corresponde con un descenso de la actividad eléctrica y se asocia con el procesamiento sintáctico (Neville *et al.* 1991; Friederici *et al.* 1993). Una frase sintácticamente anómala, como **Decido a la niña a saltar*, da lugar a un P600 mayor que la frase sintácticamente bien formada *Veo a la niña saltar*, y este contraste se relaciona con el hecho de que la primera frase no respeta la subcategorización del verbo *decidir*, mientras la segunda sí respeta la subcategorización de *ver*. Las técnicas ERP permiten identificar la variación temporal con exactitud (es decir, tienen buena resolución temporal) mientras se considera que tienen menor resolución espacial.

Las técnicas de imagen por resonancia magnética funcional (IRMf, o *functional magnetic resonance imaging*, fMRI) y la tomografía de emisión de positrones (*positron emission tomography*, PET), en contraposición, tienen peor resolución temporal, pero mejor resolución espacial. La resonancia magnética funcional mide los niveles de sangre oxigenada en el cerebro, sobre la base de que un incremento en la actividad cerebral conlleva un incremento en el flujo sanguíneo. En concreto, el IRMf mide la llamada señal BOLD (dependiente del nivel de oxígeno en la sangre, *blood oxygen level dependent*); a mayor actividad cerebral, mayor señal BOLD —aunque el cambio en señal BOLD debido a la actividad cerebral es detectable después de 5 a 15 segundos—.

Un ejemplo reciente de investigación psicolingüística utilizando la técnica del IRMf se debe a Santi y Grodzinsky (2010), en el que estudian los correlatos de dos construcciones lingüísticas que podemos englobar bajo el término de complejidad: la subordinación y el movimiento; en particular, estudian la supresión de la señal IRMf como resultado de la repetición de un tipo de estímulo (partiendo de la base de que un mismo tipo de estímulo resulta en una señal IRMf 'atenuada', denominada IRMf adaptada). A partir de frases como la de (6) (análogas a las del experimento realizado en inglés), estos autores constatan que el movimiento sintáctico que se postula en el análisis de (6) (representado aquí con una copia del mismo constituyente [el chico]) tiene efectos en la parte anterior del área de Broca (en el área de Brodman BA45), mientras otros tipos de complejidad, como la subordinación, tienen efectos en otras áreas del cerebro.

(6) El chico que la chica alta persigue ~~el chico~~ es Derek.

Este tipo de estudio tiene, pues, el potencial de identificar activación cerebral asociada a operaciones sintácticas específicas.

La tomografía de emisión de protones (PET) mide los niveles de metabolismo aeróbico de la glucosa, propios de un incremento en la actividad neuronal, mediante la administración de fluoro-deoxi-glucosa a los sujetos. Mientras los sujetos son sometidos a pruebas cognitivas, se llevan a cabo series de escáneres que permiten realizar un mapa de actividad cerebral.

Además de los problemas de resolución temporal o espacial que tienen estas técnicas, hay otro problema que el investigador tiene que afrontar: la imposibilidad de reducir la actividad cerebral a la actividad cognitiva que se investiga, puesto que los sujetos mantienen la actividad cerebral por mucho que se limiten sus movimientos durante la experimentación; el investigador tiene que eliminar el 'ruido' que todas las actividades mentales simultáneas conllevan. Los datos recogidos mediante las técnicas de neuroimagen se traducen a información sobre unidades de volumen de tejido cerebral, llamadas vóxels, y la información obtenida se somete antes de ser analizada a múltiples reajustes que hacen posible la comparación de imágenes sucesivas y de imágenes de sujetos distintos (con cerebros de anatomía ligeramente distinta); a esto se suma el tratamiento estadístico de los resultados correspondientes a cada vóxel. Por lo tanto, es necesaria una gran manipulación de los datos para poder inferir una relación entre la ejecución de una actividad cognitiva y la activación de una región cerebral, y muchos de los pasos involucrados dan lugar a controversia, con lo cual las técnicas de neuroimagen no pueden adoptarse de forma acrítica ni mecánica (véase Grodzinsky 2002 para una consideración crítica del uso de estas técnicas).

El reto que plantea el uso de la neuroimagen en psicolingüística es en realidad el mismo que se plantea en la disciplina en general: disponemos de muchas fuentes de información sobre el procesamiento del lenguaje, algunas técnicamente complejas, y por el momento no se da la convergencia esperable entre unas y otras. Además, más allá de la psicolingüística, la lingüística aporta análisis detallados y formula hipótesis sobre las propiedades de las gramáticas mentales (tanto en lo que se refiere a principios universales como a propiedades variables entre lenguas). La pregunta que hay que abordar es: ¿cuál es la correlación entre procesos lingüísticos y procesos neuronales? Hoy en día disponemos de los instrumentos para empezar a responderla.

4. Estudios de psicolingüística del español

Para ilustrar alguno de los trabajos que se realizan en psicolingüística y en particular los estudios sobre el procesamiento de frases en español, los métodos utilizados y las conclusiones que se pueden extraer de ellos, tomaremos en consideración los trabajos de Pablos (2006) y Stroud y Phillips (2012).

Pablos (2006) asume un analizador *left-corner* (Johnson-Laird 1983; Abney y Johnson 1991; Stabler 1994, entre otros) en el que la estructura se construye a partir de la información que el oyente recibe paulatinamente en las palabras que oye; el analizador construye estructura sintáctica de forma incremental de acuerdo con las características de la lengua. Dentro de este marco general, se consideran dos modelos de analizador en el procesamiento del lenguaje: un modelo en el que el oyente busca activamente los núcleos de los sintagmas para establecer un análisis (*head-driven*, Pritchett 1992) y un modelo en el que la información lingüística que el oyente recibe se incorpora inmediatamente a un análisis y por lo tanto el oyente no espera a oír un núcleo para anticipar un análisis (Sturt y Crocker 1996). El primer modelo ha tenido un éxito notable en el estudio del procesamiento de las lenguas de núcleo inicial, en las que el núcleo de cada sintagma aparece en primera posición (o precedido por el sujeto) —pero es problemático en lenguas de núcleo final (como el vasco o el japonés), en las que el núcleo es el último constituyente del sintagma—. Pablos considera datos del vasco y del gallego, pero aquí nos centraremos en uno de sus experimentos, realizado para el español. El español, aun siendo de núcleo inicial, presenta construcciones potencialmente problemáticas para el modelo *head-driven*. Una de estas construcciones es la llamada dislocación a la izquierda con clítico (CLLD, *clitic left dislocation*), ejemplificada en (7).

(7) A María, Pedro la quiere con locura.

Aquí *la* y *a María* son correferenciales, y hay además una relación sintáctica a larga distancia entre el clítico pronominal *la* y el sintagma *a María*. Esta es por hipótesis la misma relación sintáctica que se da en (8) entre el elemento interrogativo *qué* y la posición donde el complemento directo suele aparecer (aunque en este caso la relación sintáctica se da entre *qué* y un elemento fonéticamente vacío):

(8) ¿Qué dices ~~qué~~?

En los dos casos tenemos una dependencia estructural a distancia. El procesamiento de casos como el de (8) han sido estudiados en la bibliografía (Frazier 1987), no así los de (7). Se asume normalmente que, para (8), el analizador, después de encontrar el elemento interrogativo *qué* busca en el input siguiente un elemento vacío con función de objeto directo. La pregunta que se plantea Pablos es si el mecanismo que se da en el procesamiento de (7) es el mismo que el subyacente a (8). Para ello, diseña un experimento de lectura a ritmo propio (*self paced reading task*) y compara pares de frases como los de (9):

(9) a. A esas chicas, mi hermana mayor más tarde les dijo que ya lo cree que las conoce desde hace tiempo.
b. A esas chicas, mi hermana mayor más tarde dijo que ya lo cree que las conoce desde hace tiempo.

Los participantes en el experimento hacen aparecer las palabras de la frase en una pantalla a medida que las van leyendo; el procedimiento requiere que los sujetos respondan a una pregunta al final, para garantizar su atención al realizar la tarea. La diferencia crucial entre (9a) y (9b) es que en la primera el clítico asociado al sintagma dislocado *a esas chicas* aparece junto al primer verbo (*dijo*), mientras que en (9b) se tiene que esperar al verbo de la frase subordinada (*las conoce*) para que el asociado de *a esas chicas* se produzca. La diferencia entre los dos tipos de frases tendrán impacto en el procesamiento si el analizador es activo incluso en ausencia de un núcleo; en un modelo *head-driven*, la diferencia no debería tener ningún efecto en el procesamiento, puesto que el SN aparece mucho antes que el núcleo verbal. El efecto en el procesamiento se mide en términos de velocidad de reacción: un análisis no esperado conlleva un mayor tiempo de reacción.

Los resultados indican que la segunda de las frases se lee más lentamente que la primera, en particular en la región el verbo *dijo*: en (9b) la expectativa de encontrar un clítico se ha visto defraudada (temporalmente), mientras que en (9a) el clítico esperado aparece antes y la velocidad de lectura es mayor. El comportamiento del oyente indica que intenta construir un análisis parcial a partir del primer SN y anticipa así la presencia de un clítico pronominal. La búsqueda de este clítico asociado es compatible con un modelo en el que el núcleo no es necesario para iniciar el análisis; en cambio es incompatible con un modelo *head-driven*. Además, Pablos argumenta que el resultado de su experimento es el mismo que se encuentra con dependencias remotas con movimiento como las de (8); por lo tanto, puede concluir que el contraste clítico/pronombre vacío no afecta a los resultados en lo que al procesamiento se refiere, y que el procesamiento se inicia mucho antes de hallar el núcleo.

Entre los trabajos de neurolingüística, Stroud y Phillips 2012 es un estudio basado en la técnica del ERP que replica un contraste conocido en otras lenguas para el español de América Latina (por razones de espacio, dejamos de lado otros resultados del artículo). El procedimiento requería que los sujetos leyeran las frases en un monitor y respondieran después si la frase que habían leído era aceptable en español. Los autores encontraron un componente N400 motivado por una anomalía semántica (*enfadado* en (10a) no es un adjetivo apropiado para modificar *carro*, *lujoso* en (10b) sí lo es):

(10) a. El chófer estaba limpiando el carro enfadado, cuando Juan chocó con una moto contra la puerta del garaje.
b. El chófer estaba limpiando el carro lujoso, cuando Juan chocó con una moto contra la puerta del garaje.

Igualmente, Stroud y Phillips encontraron un componente P600 asociado a la anomalía sintáctica, por ejemplo de (11a) —por contraposición a (11b), que es bien formada:

(11) El ladrón estaba desconectando...
a. **el hilos* de la alarma antirrobo cuando llegó la policía.
b. *los hilos* de la alarma antirrobo cuando llegó la policía.

La anomalía sintáctica de (11a) se deriva de la ausencia de concordancia entre determinante y nombre (**el hilos*). Resultados semejantes en los que se ha detectado una respuesta P600 en casos de falta de concordancia de número y género entre nombres y adjetivos aparecen en Barber y Carreiras (2005), Martín-Loeches *et al.* (2006) and Wicha *et al.* (2004). Además de los trabajos citados, hay un número cada vez mayor de publicaciones de psicolingüística del español. Son muy activos los laboratorios de la Universitat de Barcelona, la Universidad del País Vasco y la Universitat Pompeu Fabra, entre otros. Remitimos al lector a las lecturas complementarias.

Reconocimientos

La autora agradece la ayuda de Ernest Marcos, Oriol Valentín y, muy especialmente, Leticia Pablos. Cualquier error es responsabilidad exclusiva de la autora.

Bibliografía

Abney, S. P. y Johnson, M. (1991) "Memory requirements and local ambiguities of parsing strategies", *Journal of Psycholinguistic Research*, 20, pp. 233–250.

Barber, H. y Carreiras, M. (2005) "Grammatical gender and number agreement in Spanish: An ERP comparison", *Journal of Cognitive Neuroscience*, 17, pp. 137–153.

Bever, T. G. (1970) "The cognitive basis for linguistic structure", en Hayes, J. R. (ed.) *Cognition and development of language*, Nueva York: John Wiley, pp. 270–362.

Chomsky, N. (1957) *Syntactic structures*, La Haya: Mouton.

Christophe, A., Sebastian-Gallés, N. y Mehler, J. (2001) "Perception of prosodic boundary correlates by newborn infants", *Infancy*, 2, pp. 385–394.

Clark, H .H. (2006) "Pauses and hesitations: Psycholinguistic approach", *Encyclopedia of language and linguistics*, Nueva York: Elsevier, pp. 244–248.

Fay, D. y Cutler, A. (1977) "Malapropisms and the structure of the mental lexicon", *Linguistic Inquiry*, 8, pp. 505–520.

Fodor, J. (1983) *Modularity of mind*, Cambridge, MA: The MIT Press.

Frazier, L. (1979) *On comprehending sentences: Syntactic parsing strategies*, West Bend: Indiana Universities Linguistic Club.

Frazier, L. (1987) "Syntactic processing: evidence from Dutch", *Natural Language and Linguistic Theory*, 5, pp. 519–560.

Friederici, A. D., Pfeifer, E. y Hahne, A. (1993) "Event-related brain potentials during natural speech processing: Effects of semantic, morphological, and syntactic violations", *Cognitive Brain Research*, 1, pp. 183–192.

Garrett, M. F. (1980) "Levels of processing in sentence production", en Butterworth, B. (ed.) *Language production 1: Speech and talk*, Londres: Academic Press.

Gibson, E. (1998) "Linguistic complexity: Locality of syntactic dependencies", *Cognition*, 68, pp. 1–76.

Gilboy, E. y Sopena, J. M. (1996) "Segmentation effects in the processing of complex noun pronouns with relative clauses", en Carreiras, M., García-Albea, E. y Sebastian, N. (eds.) *Language processing in Spanish*, Hillsdale, NJ: Erlbaum, pp. 191–206.

Grodzinsky, Y. (2002) "Neurolinguistics and neuroimaging: Forward to the future, or is it back?", *Psychological Science*, 13, pp. 189–193.

Harley, T. A. y Brown, H. (1998) "What causes a tip-of-the-tongue state? Evidence for lexical neighbourhood effects in speech production", *British Journal of Psychology*, 89, pp. 151–174.

Johnson-Laird, P. N. (1983) *Mental models: Towards a cognitive science of language, inference, and consciousness* (Cognitive Science Series, 6), Cambridge, MA: Harvard University Press.

Jucszyk, P. W. (1997) *The discovery of spoken language*, Cambridge, MA: The MIT Press.

Jucszyk, P. W. (2006) "Phonology and phonetics, Acquisition of", *Encyclopedia of cognitive science*, Londres/Nueva York/Tokio: Nature Publishing Group, pp. 645–650.

Kuhl, P. K. (2004) "Early language acquisition: Cracking the speech code", *Nature Reviews Neuroscience*, 5, pp. 831–843.

Kuhl, P. K., Williams, K. A., Lacerda, F., Stevens, K.N. y Lindblom, B. (1992) "Linguistic experience alters phonetic perception in infants by 6 months of age", *Science*, 255, pp. 606–608.

Kutas, M. y Hillyard, S. A. (1980) "Reading senseless sentences: Brain potentials reflect semantic incongruity", *Science*, 207, pp. 203–205.

Levelt, W. J. M. (1989) *Speaking: From intention to articulation*, Cambridge, MA: The MIT Press/ Bradford.

MacDonald, M., Perlmutter, N. y Seidenberg, M. (1994) "Lexical nature of syntactic ambiguity resolution", *Psychological Review*, 101, pp. 676–703.

Marslen-Wilson, W. (1989) "Access and integration: Projecting sound into meaning", en Marslen-Wilson, W. (ed.) *Lexical access and representation*, Cambridge, MA: Bradford, pp. 3–24.

Martín-Loeches, M., Nigbur, R., Casado, P., Hohlfeld, A. y Sommer, W. (2006) "Semantics prevalence over syntax during sentence processing: A brain potential study of noun adjective agreement in Spanish", *Brain Research*, 1093, pp. 178–189.

Miller, G. A. y Chomsky, N. (1963) "Finitary models of language users", en *Handbook of mathematical psychology*, vol. 2, Hoboken, NJ: John Wiley, pp. 419–491.

Neville, H., Nicol, J. L., Barss, A., Forster, K. I. y Garrett, M. F. (1991) "Syntactically based sentence processing classes: Evidence from event-related brain potentials", *Journal of Cognitive Neuroscience*, 3, pp. 151–165.

Pablos, L. (2006) *Pre-verbal structure building in Romance languages and Basque*, tesis doctoral, University of Maryland.

Pritchett, B. (1992) *Grammatical competence and parsing performance*, Chicago: University of Chicago Press.

Santi, A. y Grodzinsky, Y. (2010) "fMRI adaptation dissociates syntactic complexity dimensions", *NeuroImage*, 51, pp. 1285–1293.

Shukla, M., Nespor, M. y Mehler, J. (2007) "An interaction between prosody and statistics in the segmentation of fluent speech", *Cognitive Psychology*, 54, 1, pp. 1–32.

Stabler, E. P. (1994) "The finite connectivity of linguistic structure", en Clifton, C., Frazier, L. y Rayner, K. (eds.) *Perspectives on sentence processing*, Hillsdale, NJ: Hillsdale, pp. 303–336.

Stroud, C. y Phillips, C. (2014) "Examining the evidence for an independent semantic analyzer: An ERP study in Spanish", *Brain and Language*, 120, pp. 107–126.

Sturt, P. y Crocker, M. (1996) "Monotonic syntactic processing: A cross-linguistic study of attachment and reanalysis", *Language and Cognitive Processes*, 11, pp. 449–494.

Werker, J. F. y Pegg, J. E. (1992) "Infant speech perception and phonological acquisition", en Ferguson, C., Menn, L. y Stoel-Gammon, C. (eds.) *Phonological development: Models, research, implications*, Timonium, MD: York Press, pp. 285–311.

Wicha, N. Y. Y., Moreno, E. M. y Kutas, M. (2004) "Anticipating words and their gender: An event-related brain potential study of semantic integration, gender expectancy and gender agreement in Spanish sentence reading", *Journal of Cognitive Neuroscience*, 16, pp. 1272–1288.

Zwitserlood, P. (1989) "The locus of the effects of sentential-semantic context in spoken word processing", *Cognition*, 32, pp. 25–64.

Lecturas complementarias

Carreiras, M. y Clifton, C. E. (eds.) (2004) *The on-line study of sentence comprehension: Eyetracking, ERP and beyond*, Hove: Psychological Press.

Costa, A. y Sebastian-Gallés, N. (2014) "How does the bilingual experience sculpt the brain?", *Nature Reviews Neuroscience*, 15, pp. 336–345.

Cuetos, F. y Mitchell, D. C. (1988) "Cross-linguistic differences in parsing: Restrictions on the use of the Late Closure strategy in Spanish", *Cognition*, 30, pp. 73–105.

Demestre, J., Meltzer, S., García Albea, J. E. y Vigil, A. (1999) "Identifying the null subject: evidence from event-related brain potentials", *Journal of Psycholinguistic Research*, 28, pp. 293–312.

Jurafsky, D. y Martin, J. H. (2000) *Speech and language processing: An introduction to natural language processing, computational linguistics, and speech recognition*, Upper Saddle River, NJ: Prentice Hall.

Martin, A. E., Nieuwland, M. S. y Carreiras, M. (2012) "Event-related potentials index cue-based retrieval interference during sentence comprehension", *NeuroImage*, 59, pp. 1859–1869.

Rodríguez-Fornells, A., Rotte, M., Noesselt, T., Heinze, H. J. y Münte, T. F. (2002) "Brain potential and functional MRI evidence for how to handle two languages with one brain", *Nature*, 415, pp. 1026–1029.

Sebastian-Gallés, N. (2010) "Bilingual language acquisition: Where does the difference lie?", *Human Development*, 53, pp. 245–255.
Wolf, F. y Gibson, E. (2003) "Parsing: Overview", *Encyclopedia of cognitive science*, Londres/Nueva York/Tokio: Nature Publishing Group, pp. 465–476.

Entradas relacionadas

adquisición del español como lengua materna; bilingüismo; biología del lenguaje; lingüística computacional

SEMÁNTICA

Helena López Palma

1. Introducción

La semántica es la ciencia del hombre que estudia el significado que expresamos mediante el lenguaje natural. Es una parte de la gramática que investiga el modo como se proyectan los objetos y situaciones del mundo en el código de la lengua. Su objeto primario de estudio es la capacidad innata de los hablantes, que les permite desplazar los objetos del mundo en expresiones codificadas en un lenguaje simbólico natural, y que constituye su competencia semántica. Su objetivo es construir un modelo parcial que abstraiga alguna de las propiedades del objeto. La explicación semántica podría concebirse como un modelo que simula el saber semántico innato de los hablantes. Una vez construido y adecuado a los datos empíricos, el modelo nos permitirá experimentar el funcionamiento dinámico de este conocimiento en distintas situaciones de evaluación y hacer predicciones sobre la conducta potencial de los agentes representados. El método empleado en semántica formal es el método científico. El modelo se codifica usando el lenguaje formal de las matemáticas y de la lógica. Se expresa así en un lenguaje no ambiguo que permite verificar o refutar el alcance de las conjeturas cuando se despliega en la realidad y se valora su poder explicativo y predictivo.

Existen diversas aproximaciones a la semántica, entre las que están la semántica cognitiva, la semántica léxico-conceptual, o los modelos generativos del léxico. La semántica cognitiva estudia los procesos de codificación y decodificación del significado de las expresiones lingüísticas desde el punto de vista de los procesos mentales que experimentan el hablante y el oyente. Parte de la observación de que el significado de una expresión lingüística no se corresponde necesariamente con su valor de verdad en un mundo posible, sino con el concepto mental que subyace a la comprensión de la expresión lingüística. Incluye modelos como los Esquemas Semánticos (Fillmore, Langacker y Lakoff); la teoría de la categorización lingüística de la realidad en niveles jerárquicos (Rosch); la teoría de los Espacios Mentales (Fauconnier). Jackendoff propone estructuras articuladas en categorías conceptuales primitivas universales, obtenidas por descomposición semántica de los predicados. Pustejovsky propone un modelo generativo del léxico articulado en niveles (la estructura eventiva, la estructura argumental, la *qualia* y la estructura heredada).

En este capítulo presentamos el modelo semántico composicional que partió de la teoría denotativa del significado iniciada por Tarski (1944) y formalizada por Davidson (1967),

Montague (1973), Lewis (1986) y Partee (2004). En la actualidad, este modelo ha desarrollado una sólida teoría del significado del lenguaje natural y cuenta con trabajos especializados de gran importancia. En primer lugar veremos cuáles son los aspectos del significado que constituyen la competencia semántica de los hablantes y cuáles son las propiedades características de este conocimiento. Después trataremos de la arquitectura de un modelo semántico que simule estas habilidades y permita predecir cómo codificamos e interpretamos el significado que expresamos mediante el lenguaje.

2. La competencia semántica del hablante

¿En qué consiste el saber de un hablante sobre el significado que expresa e interpreta por medio del lenguaje natural? ¿Cuáles son las habilidades semánticas innatas de los hablantes? Usamos nuestras habilidades semánticas para proyectar el mundo en un código lingüístico. El lenguaje nos permite construir nuestras propias representaciones y percepciones de la realidad y compartirlas con los demás. Un aspecto crucial es nuestra habilidad de relacionar el significado de distintas expresiones por medio de inferencias. En este apartado veremos la naturaleza de estas destrezas semánticas.

2.1. Un hablante relaciona expresiones simples con referentes del mundo

La capacidad de proyectar el mundo en un código simbólico se basa en la propiedad del "desplazamiento" (Donald 1999). El hablante crea un vínculo que relaciona un objeto del mundo y una expresión simbólica. Este mecanismo asociativo le permite sustituir el objeto real por el símbolo asociado y referirse al objeto en ausencia del mismo. La asociación de un objeto del mundo con una expresión del código puede hacerse mediante el señalamiento, la asociación directa o la descripción (García Carpintero 1996; López Palma 2004; Perry 1979). En la asociación por señalamiento se emplean determinantes demostrativos o expresiones deícticas que pueden acompañarse de gestos:

(1) a. Aquellos acantilados.
    b. ¡María! Ven aquí, por favor.

La asociación directa es un procedimiento de etiquetado que codificamos mediante nombres propios:

(2) San Andrés de Teixido.

(3) Artabria.

En la asociación por señalamiento o por referencia directa, el significado de la expresión se define e identifica por su extensión; es decir, por su referente o denotación (Frege 1892). La referencia por descripción la efectúan los nombres comunes:

(4) Los acantilados más altos de Europa.

(5) a. El cormorán moñudo.
    b. Phalacrocorax aristotelis.

En la asociación descriptiva, el hablante generaliza, mediante un mecanismo de inferencia, la extensión de un ejemplar a la de la clase o especie (5) de individuos que comparten alguna propiedad característica, y la codifica mediante un nombre común o un verbo. La expresión descriptiva es definida en el código por su intensión; es decir, como un modo de presentación, un concepto (Frege 1892).

2.2. Un hablante usa reglas composicionales para obtener significados complejos

El hablante construye e interpreta el significado de expresiones complejas composicionalmente, aplicando a otras expresiones operaciones que le permiten calcular los significados complejos. Este modo operacional de obtener significados ha sido explicado como la propiedad de la Composicionalidad. Citamos a continuación la definición de esta propiedad que da Partee:

(6) El Principio de Composicionalidad
El significado de una expresión compleja es una función del significado de sus partes. (Partee, Ter Meulen y Wall 1990: 316).

El algoritmo que empleamos para componer el significado de expresiones complejas es recursivo.

2.3. Un hablante asocia una expresión compleja con sus condiciones de verdad

Una de las propiedades del significado de las oraciones es la de expresar pensamientos informativos. Usamos el lenguaje para describir y fijar nuestra comprensión del mundo y transmitir nuestro conocimiento en el tiempo. El vínculo que relaciona una oración y alguna situación constituye su referencia extensional. La siguiente oración describe este vínculo:

(7) La oración del latín *Cameli habent gibbos* significa que los camellos tienen gibas.

En este caso, "significa" quiere decir 'denota la correspondencia con' uno de los aspectos que caracteriza a la especie de los camellos. El significado de la oración es el valor de verdad de su denotación.

No siempre tenemos un conocimiento directo de fenómenos u objetos del mundo cotidiano. En realidad, es poco frecuente que podamos experimentar directamente los hechos que fundamentan nuestro conocimiento (Russell 1911). La mayor parte de lo que sabemos parece construirse a partir de experiencias indirectas y de inferencias basadas en relaciones de causalidad. Por ejemplo, es difícil que nuestro interlocutor conozca el valor de verdad de la oración (8), en la que yo expreso un estado de percepción, o de la oración (9), en la que yo describo una situación que permanece físicamente velada a los ojos de mi interlocutor, o que conozcamos la referencia extensional de oraciones futuras que expresan predicciones, como (10):

(8) Tengo frío.

(9) Tengo las llaves del garaje en el bolsillo.

(10) Mañana nevará. No lo dudes.

Pero a pesar de que nuestro interlocutor no pueda verificar el valor verdadero o falso de la extensión de un enunciado, sí puede comprender su significado porque sabe cómo sería el mundo si la información que describe la oración se correspondiera con un estado de cosas en alguna situación. Este modo de acceder a la verdad de lo denotado por una oración se basa en nuestra capacidad de inferir relaciones entre ideas. Suplimos la ausencia de un conocimiento directo por un razonamiento bicondicional, que nos permite inferir cuáles son las condiciones que hacen verdadera una oración y cuáles la hacen falsa. Este tipo de definición del significado de una oración como sus condiciones de verdad, no vinculado a una experiencia directa, es su intensión.

2.4. Un hablante crea relaciones entre pensamientos e ideas

La caracterización del significado de una oración como su denotación, definida intensionalmente como sus condiciones de verdad, nos permite comparar el significado de distintas oraciones e identificar cuándo una oración es ambigua en su significado, o cuándo dos oraciones denotan las mismas condiciones de verdad o son contradictorias. También nos permite formar cadenas de inferencias entre pensamientos e ideas que articulen nuestro sistema de conocimientos en estructuras de razonamiento natural verificables o falsables por el mundo.

Un hablante puede identificar la ambigüedad semántica en oraciones que admiten dos interpretaciones. La duplicidad de interpretaciones puede ser desencadenada por una solo expresión léxica o por la construcción sintáctica. En el primer caso se produce cuando una expresión léxica se asocia con dos o más interpretaciones. En el segundo caso está desencadenada por una duplicidad estructural:

(11) María no está en la lista de aprobados porque cuando se examinó no estaba lista.
(Ambigüedad de la palabra *lista*).

(12) El juez tomó declaración a Carmen y a Pedro.
(Ambigüedad en el número de eventos).

(13) María vio a su marido comiendo con Carmen.
(Ambigüedad del antecedente del agente de *comiendo*).

La ambigüedad semántica de una oración puede ser deshecha por medio de paráfrasis que nos ayuden a precisar los distintos significados.

(14) María no estaba preparada.

(15) El juez tomó declaración a Carmen y a Pedro por separado.

(16) María vio a su marido cuando ella y Carmen estaba comiendo juntas.

Una oración expresa un significado contradictorio con respecto de otra cuando una y otra denotan condiciones de verdad incompatibles. Los siguientes pares de oraciones ilustran la relación de contradicción:

(17) a. Algún asiento de la primera fila está vacío.
b. Ningún asiento de la primera fila está vacío.

(18) a. Todos los asientos de la primera fila están ocupados.
b. Algún asiento de la primera fila no está ocupado.

Las oraciones (17a) y (17b) son contradictorias. Pues si es el caso que lo que (17a) afirma es cierto y hay algún asiento vacío en la primera fila, no puede ser cierto que en esa misma fila no haya ni un solo asiento vacío, como se afirma en (17b). También son contradictorias las oraciones (18a) y (18b). La oración (18b), que afirma que es el caso que la propiedad de estar ocupada no se cumple para algún asiento, contradice lo que se afirma en la oración (18a), que declara que esta propiedad la cumplen todos los asientos. Las oraciones (17b) y (18a) contienen cuantificadores de significado opuesto. *Ningún* es un cuantificador con una denotación contraria a *todos*. Sin embargo, las oraciones (17b) y (18a) expresan condiciones de verdad equivalentes porque los predicados *vacío* y *ocupado* son a su vez términos contrarios.

La implicación o consecuencia lógica ($\models$) es una relación entre un conjunto de oraciones (las premisas) y una oración, que es la consecuencia que se extrae de las premisas. Estas relaciones entre pensamientos son esquemas de razonamiento natural. Difieren de los esquemas de razonamiento lógico en que estos últimos pueden ser preceptivos, mientras que el razonamiento natural no es aprendido sino que es una habilidad innata. Podemos expresar formalmente la relación "$\{p\}$ implica lógicamente q" como:

(19) $\{p\} \models q$

La fórmula anterior dice que de las premisas expresadas por el conjunto de proposiciones $\{p\}$ se sigue la consecuencia lógica expresada por la proposición q. El conjunto de premisas $\{p\}$ implica o entraña lógicamente la conclusión q solo si toda interpretación que satisface las premisas satisface también la conclusión. Las siguientes pruebas nos permiten verificar la relación de implicación:

(20) $\{p\}$ implica lógicamente $q :=_{def}$
a. Si $\{p\}$ son verdaderas, entonces q es verdadera.
b. La afirmación que declara q está incluida en la que se declara en $\{p\}$.
c. La coordinación de $\{p\}$ y $no(q)$ es contradictoria.

Veamos a continuación algunos ejemplos que ilustran la relación de consecuencia lógica entre oraciones. Las oraciones (21a) y (21b) son las premisas y (21c) es la consecuencia lógica:

(21) a. Todos los estudiantes leyeron *Las ideas, las palabras y las cosas*.
b. María es una estudiante.
c. María leyó *Las ideas, las palabras y las cosas*.

Si la oración (21a) es verdadera y si María es una estudiante, entonces la oración (21c) tiene que ser también verdadera. Podemos comprobar este hecho porque la negación de (21c) es contradictoria con las premisas.

(22) María no leyó *Las ideas, las palabras y las cosas*.

Construyamos ahora la misma oración con el sujeto *la mayoría de los estudiantes*:

(23) a. La mayoría de los estudiantes leyeron *Las ideas, las palabras y las cosas.*
  b. María es una estudiante.
  c. María leyó *Las ideas, las palabras y las cosas.*

La oración (23c) no es una consecuencia lógica que podamos inferir de las oraciones (23a)–(23b). La negación de (23c) no contradice las premisas:

(24) Maria no leyó *Las ideas, las palabras y las cosas.*

La relación de implicación se da entre oraciones declarativas que pueden ser afirmadas, negadas o interrogadas. Pero un mensaje puede transmitir información de un modo encubierto, no declarada explícitamente. Todo depende de cuál sea nuestra intención al codificar el mensaje. El tipo de relación entre los pensamientos denotados en un mensaje está en función, por tanto, de la modalidad discursiva empleada. Nuestra estrategia para codificar la información del mensaje variará si lo que queremos es declarar alguna información o asumirla como una información ya sabida o insinuarla mediante pistas.

En resumen, el saber semántico innato del hablante incluye las siguientes habilidades:

- La capacidad de relacionar expresiones simbólicas (de significado constante, variable, particular o genérico) con objetos y situaciones del mundo.
- La capacidad de componer expresiones complejas a partir de otras expresiones simples o complejas usando algún tipo de algoritmo recursivo.
- La capacidad de inferir relaciones entre los significados de distintas expresiones.

En el siguiente apartado veremos cuál puede ser un modelo que represente las habilidades semánticas del hablante.

3. El modelo semántico

Las habilidades semánticas de los hablantes de una lengua natural son de naturaleza computacional. Por tanto, un modelo que simule el saber semántico del hablante debe tener la arquitectura de un mecanismo de cálculo. ¿Cuál es la operación crucial que permite el cálculo semántico en este modelo? ¿Cuáles son las categorías semánticas invariables sobre las que opera?

3.1. Operaciones del cálculo semántico: la función interpretativa

La relación entre una expresión de un código simbólico y algún objeto del mundo parece tener las propiedades de una función: a cada expresión no ambigua le corresponde un único referente (particular o genérico) del mundo. Podemos representar la relación semántica entre una expresión lingüística y el mundo como una función interpretativa [[...]] que toma una expresión ξ y da como valor su denotación δ en una situación comunicativa *s*:

(25) Función interpretativa:
$[[\xi]]^{s} := \delta$

En la fórmula anterior, la expresión lingüística ξ es el dominio de aplicación de la función interpretativa, y el referente denotado δ es el valor semántico de la expresión en una situación *s*, que resulta de aplicar la función a un argumento. La función interpretativa nos permite recuperar el referente del mundo que ha sido desplazado por una expresión codificada en un lenguaje simbólico. El significado de una expresión es el resultado que se obtiene aplicando la función interpretativa a esta expresión.

3.2. Categorías semánticas invariables: funciones y argumentos

Las categorías semánticas invariables sobre las que opera la función interpretativa son de dos tipos: (a) Categorías que expresan un significado saturado, como los nombres propios que denotan entidades, o las oraciones, que denotan condiciones de verdad. (b) Categorías con un significado incompleto, como los predicados, que seleccionan posiciones argumentales vacías que deben ser saturadas para poder ser interpretadas. Las categorías con significado saturado son categorías primarias. Las categorías con significado incompleto son categorías secundarias que obtienen su denotación mediante el cálculo.

3.2.1. Categorías con significado saturado: entidades y valores de verdad

Los nombres propios son categorías del tipo semántico de las entidades *e*. Son expresiones directamente referenciales que obtienen su significado asociando la expresión con una denotación constante por medio de la función interpretativa:

(26) $[[\textbf{María}]]^{s} := \text{María}$

La fórmula anterior dice que la función interpretativa aplicada al nombre propio *María* da como valor el propio individuo María, que es su denotación en una situación comunicativa *s*.

Las oraciones declarativas denotan también una categoría semántica primaria: su referente es su valor de verdad, interpretado intensionalmente como sus condiciones de verdad, una categoría que simbolizamos como *t*. En el modelo denotativo (Tarski 1944; Davidson 1967), una oración como *Cameli habent gibbōs* denota un significado verdadero solo si se corresponde con uno de los aspectos que caracterizan a los camellos, el tener gibas, en la realidad:

(27) La oración	*Cameli habent gibb s*	es verdadera solo si	los camellos tienen gibas
	nombre	=1	BICOND referente

Podemos codificar este significado relacional en un lenguaje formal no ambiguo como una función de interpretación. La aplicación de la función interpretativa a un argumento oracional Ω, en una situación comunicativa entre un hablante y un oyente *s*, y da como resultado el valor verdadero 1 si se cumplen las condiciones necesarias para que la proposición expresada por la oración sea verdadera:

(28) $[[\Omega]]^{s} := 1 \leftrightarrow p.$

Traducimos, ahora, a nuestro lenguaje formal el significado expresado en (27):

$[[\textbf{Cameli habent gibbos}]]^{s} := 1 \leftrightarrow \text{los camellos tienen gibas.}$

Esta definición del significado de la oración satisface (Tarski 1944) el concepto de verdad (es materialmente adecuada y formalmente correcta).

3.2.2. Categorías con significado incompleto: funciones

Una oración expresa un pensamiento completo y denota unas condiciones de verdad, pero no es un elemento atómico de significado. El elemento mínimo indispensable para construir una oración es el predicado, pero este expresa un significado incompleto. Un predicado está formado de un elemento constante y alguna posición vacía subcategorizada por el predicado, que puede ser ocupada por una variable:

(29) *x* nada.

(30) *y* quiere *x*.

(31) *z* da *x y*.

Las expresiones anteriores no son interpretables porque están incompletas. La composición semántica consiste en la saturación de las posiciones argumentales abiertas que subcategoriza el predicado:

(32) María nada.

(33) Juan quiere a María.

(34) María da *El País* a Carmen.

La saturación de las variables de un predicado se realiza mediante la aplicación funcional. El predicado se interpreta como una función proposicional que al aplicarse a sus argumentos completa su significado y da como resultado una oración cuyas condiciones de verdad pueden ser interpretadas. En el caso del predicado "*nada* (x)":

(35) [[**María nada**]] ≔ [[**nada**]]([[**María**]]) = 1 solo si María nada.

La función se aplica cada vez a un argumento en pasos jerárquicos, previstos en la sintaxis, hasta reducir a cero la valencia del verbo:

(36) [[**quiere**]]([[**María**]]) = quiere a María
[[**quiere a María**]]([[**Juan**]]) = Juan quiere a María.

(37) [[**da**]]([[***El País***]]) = da El País
[[**da *El País***]]([[**Carmen**]]) = da *El País* a Carmen
[[**da *El País* a Carmen**]]([[**María**]]) = María da *El País* a Carmen.

La composición del significado de la oración mediante la aplicación funcional nos permite calcular automáticamente el tipo semántico de las categorías no primarias. Un verbo intransitivo denota una función de tipo ⟨*e, t*⟩, que proyecta una entidad en un valor de verdad. El tipo semántico de un verbo transitivo es una función que se aplica a una entidad y da como resultado el tipo de un verbo intransitivo ⟨*e, et*⟩. Un verbo ditransitivo denota una función de tipo ⟨*e*⟨*e, et*⟩⟩, que se aplica a una entidad y da como resultado un verbo transitivo. El proceso de composición procede de modo automático. En cada paso, una función se combina con un argumento de una categoría compatible.

3.3. Definición de las funciones

¿Cómo podemos definir formalmente la entrada léxica de las funciones? Es posible hacerlo de dos modos: (a) Dando una definición contextual, codificada en el lenguaje de la teoría de conjuntos. (b) Dando una definición intensional, usando el cálculo lambda. A continuación veremos la definición contextual de un verbo intransitivo y un verbo transitivo.

3.3.1. Definición contextual

Una definición contextual de la entrada léxica del verbo intransitivo *nadar* expresada en el lenguaje de la teoría de conjuntos podría ser:

(38) $[[\textbf{nada}]]^s := f: D_e \rightarrow \{1, 0\}$ tal que para todo $x \in D_e$, $\boxed{f(x) = 1}$ solo si x nada.

Esta fórmula dice que *nada* es una función $f_{\langle e,t \rangle}$, que toma como argumento a las entidades de un dominio D_e y da el valor verdadero si se corresponde con la realidad en una circunstancia de evaluación s y falso en caso contrario. Consta de las siguientes partes:

a) La definición de la función:

$$f: D_e \rightarrow \{1, 0\}$$

b) La condición del dominio de aplicación de la función:

$$\forall x \in D_e$$

c) La expresión de la función en forma de igualdad:

$$f(x) = 1$$

d) Las condiciones de verdad del resultado expresadas como un bicondicional "solo si"

$\leftrightarrow x$ estudia

Esta definición del significado de *nada* es materialmente adecuada (se corresponde con lo que intuitivamente sabemos de la verdad) y formalmente correcta (se expresa en un lenguaje formal no ambiguo), y cumple, así, el requisito de satisfacción (Tarski 1944).

El nombre común *nadadora* en (39) también denota una función que aplicada al argumento María da un valor de verdad. Tiene, por tanto, la misma definición semántica que el verbo intransitivo *nadar:*

(39) María es nadadora.

El verbo *nadar* o el nombre común *nadadora* denotan una función que caracteriza a los individuos del dominio de aplicación de la función. Una función que es satisfecha por cada uno de los individuos de un conjunto se denomina la función característica.

La composición del significado de la oración *María nada*, en (35), mediante la A(plicación) F(uncional) podría ser:

1) AF:
[[**María nada**]]^s := [[**nada**]]^s([[**María**]]^s) =

2) Sustitución de las entradas léxicas por su denotación:
= [f: $D \rightarrow \{1, 0\}$tal que para todo $x \in De$, $f(x) = 1$ solo si x nada](María) =

3) Valor que resulta de la función:
= Verdadero si x nada.
= Falso si no es el caso que x nada.

La denotación de los verbos transitivos y ditransitivos se construye aplicando recursivamente la función interpretativa cada vez a un solo argumento. El significado de una oración con un verbo transitivo, como *Juan quiere a María*, se compone mediante dos funciones unarias: la función del predicado intransitivo *quiere a María*, de tipo semántico ⟨*e, t*⟩, que proyecta un dominio de entidades en un valor de verdad, y la función de un predicado transitivo *quiere*, que proyecta un dominio de entidades en un predicado intransitivo, de tipo semántico ⟨*e, et*⟩:

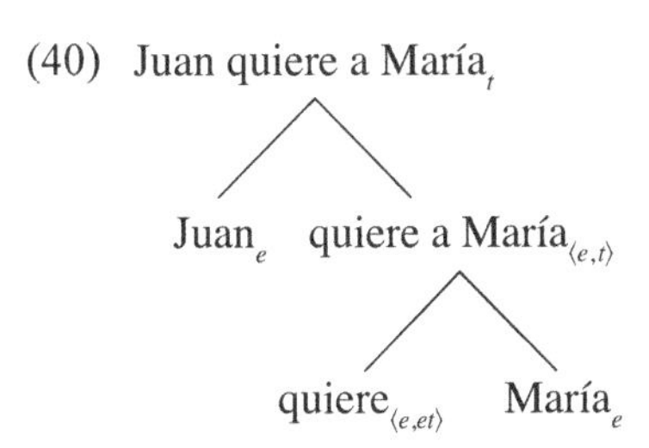

Una definición contextual, expresada en el lenguaje de la teoría de conjuntos, del significado de la función *quiere* podría ser la siguiente:

(41) [[**quiere**]] := f: $D \longrightarrow \{g: D \longrightarrow \{0, 1\}\}$
Para todo $x \in D, f(x) = g_x: D \longrightarrow \{0, 1\}$
Para todo $y \in D$, $g_x(y) = 1 \leftrightarrow y$ quiere x

Un problema de la definición contextual de las funciones es la complejidad que puede llegar a tener la derivación de una oración con un verbo transitivo o ditransitivo. El cálculo semántico con este tipo de predicados puede agilizarse considerablemente si en lugar de definir la entrada léxica de los verbos como funciones contextuales la definimos mediante el operador lambda.

3.3.2. Definición de las funciones mediante el operador-λ

El cálculo lambda es un sistema de operaciones que nos permite definir intensionalmente una función y operar con ella sin aplicar la función a un argumento particular. El operador usado en este cálculo es el operador lambda, simbolizado por la letra griega λ. El operador-λ construye predicados a partir de fórmulas abiertas que contienen variables libres. La función describe, entonces, una propiedad con validez general, y no específicamente aplicada a un individuo particular. Recordemos el ejemplo mal formado (29), repetido a continuación como (42a):

(42) a. x nada.
b. nada(x)(maria) = María nada.

(43) λx.nada(x).

La expresión (42a) no es interpretable. El verbo describe una función con una posición no saturada a la que no se le ha asignado ningún valor. Para poder ser interpretada, la función necesita aplicarse a un argumento, por ejemplo, María (42b). Pero en (42b) las condiciones de verdad del predicado *nada* quedan limitadas al individuo María, por lo que no tiene validez general.

Veamos ahora (43). La variable está ligada por el operador-λ. A diferencia de (42a), la fórmula (43) sí es interpretable. Significa:

(44) 'la propiedad de nadar'.

El predicado *nada* ha adquirido un significado general, dado que la posición que ocupa la variable x puede ser sustituida por un individuo cualquiera que cumpla esta función característica. La definición-λ de la función es intensional: se da la propiedad que debe cumplir cualquier individuo que instancie el argumento al que se aplica la propiedad para ser verdadera.

La conversión de una función cerrada a una función intensional se realiza mediante la regla de Abstracción-λ. Partee, Ter Meulen y Wall (1990: 339, ej. 13–24) definen la sintaxis de la regla de "Abstracción-λ" del siguiente modo:

(45) **Regla de Abstracción-λ**
Si u es una variable de tipo a y α es una expresión de tipo b, entonces "$\lambda u.\alpha$" es una expresión de tipo $\langle a,b \rangle$.

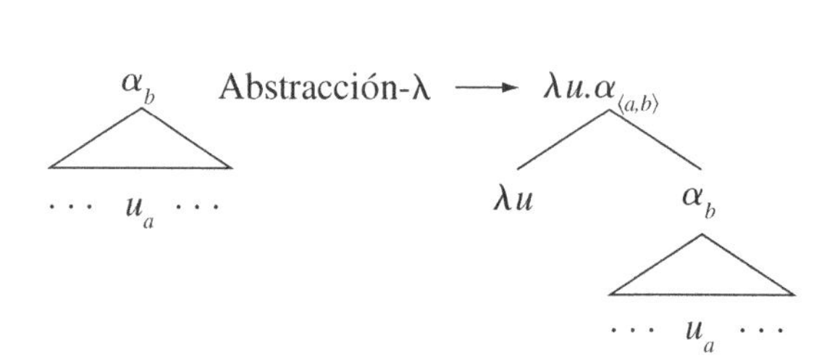

La definición de una función por medio del cálculo lambda tiene importantes ventajas con respecto de una definición con notación de conjuntos. Entre ellas están: El cálculo del significado de las oraciones con verbos transitivos y ditransitivos se hace más ágilmente, sin perder poder descriptivo. Además, podemos operar con funciones abiertas que no han sido aplicadas a un argumento en particular. A continuación compararemos ambos tipos de definiciones con el verbo intransitivo *estudiar:*

(46) [[**estudiar**]] $:= \lambda x : x \in D.$*estudia*$(x) = 1$ solo si x estudia.
'La función que proyecta todo x incluido en D en el valor 1 si x estudia y en el valor 0 en los demás casos'.

La notación-λ de la función es equivalente a la definición en notación de conjuntos:

(47) [[**estudiar**]] $\coloneqq f: D \rightarrow \{1, 0\}$ tal que $\forall x \in D, f(x) = 1$ solo si x estudia.
'La función que proyecta un dominio D en un conjunto de valores de verdad, tal que para todo x del dominio, la función f aplicada a x da el valor verdadero si x estudia y falso en cualquier otro caso'.

En el siguiente cuadro resumimos comparativamente la representación de la función denotada por el verbo intransitivo *estudiar* en la notación de conjuntos y en la notación lambda:

Cuadro 1: Definición de la función [[**estudia**]]

verbo	función	dominio	AF	valor	condición	mundo
[[**estudia**]] $\coloneqq$	$f: D \rightarrow \{1, 0\}$	$\forall x \in D_e$	$f(x)$ $f(x)$	$= 1$ $= 0$	si si	x estudia x no estudia
[[**estudia**]] $\coloneqq$		$\lambda x \in D_e$	estudia(x) estudia(x)	$= 1$ $= 0$	si si	x estudia x no estudia

Igual que hacíamos con la notación de conjuntos, si aplicamos la función *estudiar* de la expresión-λ a un argumento tenemos:

(48) [[**estudia**]]([[**Carmen**]]) $\coloneqq [\lambda x : x \in D.$estudia$(x)]$(Carmen) =
= 1 si Carmen estudia, y
= 0 si Carmen no estudia.

El operador-λ contribuye a la expresión-λ ligando una variable, argumento de una función. El operador-λ aísla la variable de una posible interferencia con otros elementos (operadores, antecedentes).

A continuación vamos a componer la denotación de la oración con un verbo transitivo *Juan quiere a María*. Lo haremos aplicando las reglas Abstracción-λ y Aplicación Funcional dos veces:

Primero abstraemos-λ los dos argumentos seleccionados por el verbo *querer:*

(49) Abstracción-λ

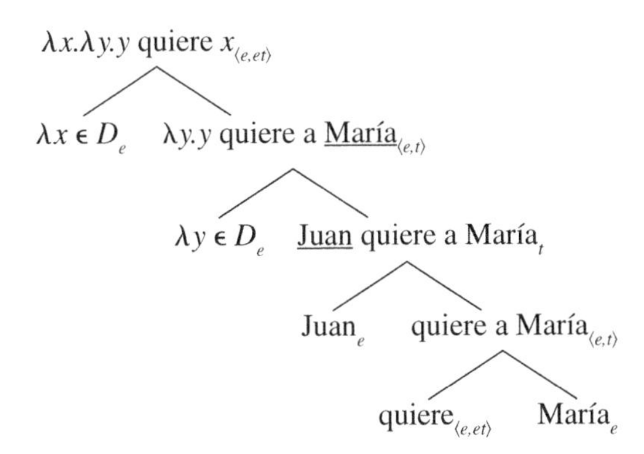

Entradas léxicas:

(50) [[**quiere**]] $\coloneqq [\lambda x \in D. [\lambda y \in D. y$ quiere $x]]$

'La función que proyecta todo x incluido en D en la función que proyecta todo y de D en el valor verdadero solo si y quiere x'.

(51) Dominio de entidades:
[[**María**]] $:=$ María
[[**Juan**]] $:=$ Juan

Ahora combinamos las entradas léxicas mediante aplicación funcional.

(52) a. Aplicación funcional:
[[**quiere**]]([[**María**]]) $:=$
b. Sustituimos las entradas léxicas por su denotación:
$= [\lambda x \in D. [\lambda y \in D\,.\, y \text{ quiere } x]]$ (María) =
c. Sustituimos la variable x por la denotación "María" y reducimos la función "y quiere x", de tipo semántico $\langle e, et\rangle$, a la función "y quiere a María", de tipo semántico $\langle e, t\rangle$:
$= \lambda y \in D. y$ quiere a María.

(53) a. Aplicación funcional:
$[\lambda y \in D.\ y$ quiere a María] (Juan)
b. Reducimos la función "y quiere a María", de tipo semántico (e, t), a la denotación de una oración, de tipo semántico t:
$[\lambda y \in D.\ y$ quiere a María] (Juan) = Juan quiere a María =
= 1 si Juan quiere a María.
= 0 si Juan no quiere a María.

La concisión y elegancia de la notación del cálculo-λ lo hacen muy potente para definir funciones que tienen como valor otra función, como es el caso de los verbos transitivos, de tipo $\langle e, et\rangle$, o ditransitivos $\langle e, \langle e, et\rangle\rangle$.

3.4. La denotación de los SD

Hasta ahora hemos ilustrado el funcionamiento del modelo composicional combinando funciones no saturadas con nombres propios, que expresan entidades con significado completo. Pero al sustituir el nombre propio por un SD, surgen nuevos problemas.

Un SD no denota una entidad constante. A diferencia de los nombres propios, los SD que se interpretan como descripciones (in)definidas (*la reina, una colmena*) o cuantificadas (*toda abeja, alguna obrera*) no hacen referencia a una entidad constante (cf. entrada "cuantificadores y determinantes"). En nuestro modelo composicional, asignamos una denotación a las entradas léxicas, que combinamos mediante la regla de aplicación funcional, guiada por el criterio de saturación de significados incompletos. Por tanto, para calcular el significado de un SD necesitamos saber cuál es la denotación del determinante. Sin embargo, no es sencillo decidir cuál es la contribución semántica de un determinante, dado que el significado del SD que resulta es variable, incluso con un mismo determinante. Una descripción definida puede denotar una entidad de referencia constante, igual que un nombre propio. Aunque, a diferencia del nombre propio, no es directamente referencial:

(54) El autor de Las Meninas.
Picasso.

Pero, además, también puede tener un uso atributivo en el que no denota un referente constante:

(55) El autor del cuadro, quienquiera que fuera, es un gran pintor.

Una descripción indefinida puede interpretarse como una expresión referencial, o cuantificacional, o como una función de elección o incluso como un nombre común:

(56) a. María conoce a un pintor cubista que ha firmado todos los cuadros y Juan también lo conoce.
b. Unas hormigas rodean el pastel.

(57) a. Pablo es un pintor cubista.
b. Pablo es pintor cubista.

¿Cuál es el aspecto común del significado de los distintos determinantes? Los determinantes tienen en común el convertir un predicado nominal de tipo $\langle e, t\rangle$ en una función de segundo orden, que toma como entrada la denotación de un predicado intransitivo, de tipo semántico $\langle e, t\rangle$, y da como resultado un valor de verdad t. Es decir, el SD es una función de tipo semántico $\langle \underline{et}, t\rangle$. A partir de la denotación del SD se obtiene el significado de un *D* cualquiera, como una relación entre dos conjuntos: el conjunto descrito por el nombre común y el conjunto descrito por el predicado de la oración. Es decir, como una función de tipo semántico $\langle \underline{et} \langle et, t\rangle\rangle$. El árbol que sigue representa gráficamente la composición del significado de una oración con un SD sujeto y un verbo intransitivo:

(58)

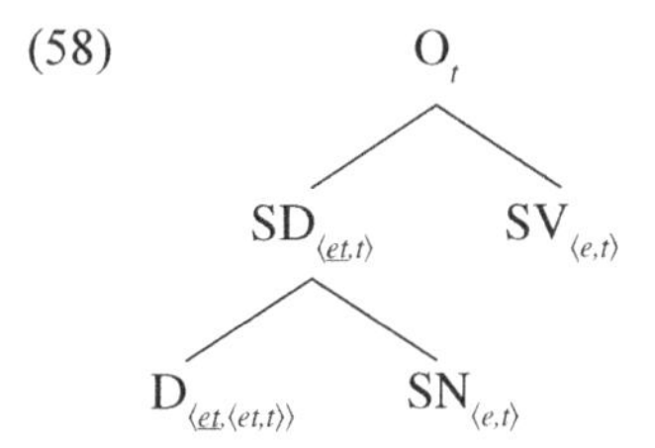

En resumen, los determinantes denotan una función de segundo orden que expresa una relación entre dos conjuntos: el conjunto denotado por el nombre común determinado y el conjunto denotado por el predicado principal de la oración. El significado que diferencia a los determinantes entre sí se define como una propiedad de las relaciones entre el predicado nominal y el predicado verbal, que dé como verdadero el significado de la oración.

3.5. Incompatibilidad composicional de tipos semánticos

Hasta aquí hemos visto un modelo que representa la naturaleza computacional de la competencia semántica de los hablantes por medio de la función interpretativa. Los predicados denotan conceptos incompletos que se interpretan como funciones. La aplicación recursiva de la función a un argumento cada vez satura de una en una las posiciones argumentales incompletas en el predicado, hasta que se compone una proposición con un valor de verdad.

En este modelo, que parte de la teoría formalizada por Montague (1973), se asume que existe un homomorfismo entre categorías sintácticas y tipos semánticos. Y ello permite que la composición semántica se siga automáticamente del valor funcional de las expresiones que se componen en cada paso como resultado de la operación de aplicación funcional. Un verbo intransitivo denota una función de tipo ⟨*e*, *t*⟩ y se combina con un argumento de tipo *e*. Un verbo transitivo denota una función de tipo ⟨*e*, *et*⟩ y se satura al combinarse con un argumento de tipo *e*. Un SD denota una función de tipo ⟨*et*, *t*⟩ (un cuantificador generalizado) y se aplica a un argumento de tipo ⟨*e*, *t*⟩. Es decir, es una función de segundo orden que selecciona predicados como argumento.

Sin embargo, un problema para este modelo es que algunas categorías son susceptibles de interpretarse bien como función bien como argumento. La ausencia de homomorfismo categoría sintáctica-tipo semántico produce desajustes que impiden que la operación de aplicación funcional sea automática, o que sea la única operación en el cálculo del significado. Sucede en casos como los ilustrados a continuación:

(59) Fue encontrado petróleo.
(Bosque 1996)

(60) María considera la película una obra de arte.
(Partee 1987)

En estas oraciones hay una incompatibilidad entre las funciones con denotación no saturada y los tipos semánticos de los sintagmas susceptibles de ser argumentos. En (59), el nombre común escueto *petróleo*, sujeto de la pasiva, pertenece a un tipo semántico inapropiado ⟨*e*, *t*⟩ para combinarse con un verbo intransitivo ⟨*e*, *t*⟩. En (60), el SD indefinido *una obra de arte* es un modificador de *la película*. Pero el modificador tiene el tipo semántico de un SD indefinido (un cuantificador generalizado) ⟨*et*, *t*⟩ que no es compatible con el tipo semántico del SD *la película*, también ⟨*et*, *t*⟩. Si interpretamos el cuantificador generalizado ⟨*et*, *t*⟩ como una función de segundo orden que selecciona un predicado de tipo semántico ⟨*e*, *t*⟩, no puede aplicarse al argumento del verbo transitivo ⟨*e*, *et*⟩. Y si consideramos que es el verbo la función ⟨*e*, *et*⟩ y el SD el argumento, tampoco son compatibles los tipos semánticos.

Para reparar las incompatibilidades de tipo se ha propuesto o bien desplazar los tipos incompatibles o bien aumentar las operaciones de composición.

Sistemas de desplazamiento de tipo. Se cambia el tipo semántico de una de las categorías incompatibles en la combinación por medio de un operador de desplazamiento. Las categorías que desplazan su tipo pueden ser los SN o los predicados. Entre los modelos que desplazan el tipo del SN se encuentran los propuestos por Partee (1987) y por Chierchia (1998). Partee elabora una importante teoría que modela la variabilidad denotativa de los SN. Propone que los SN denotan tipos flexibles. Los SN pueden desplazar libremente su denotación no marcada de cuantificador generalizado ⟨*et*, *t*⟩ mediante operadores de ascenso y descenso, englobados en una estructura de denotaciones conmutativa. Chierchia propone los operadores Nominalizador y Predicativizador, que emplea para explicar la variabilidad interlingüística de argumentos denotados por nombres escuetos con interpretación de especie.

Se introducen nuevas reglas de composición. Se amplían las operaciones de composición que, además de la aplicación funcional, se extienden para incluir la restricción de predicados (Chung y Ladusaw 2003), el cierre existencial de variables no saturadas (Heim y Kratzer 1998; Gutiérrez-Rexach 2001; Chung y Ladusaw 2003), o el desplazamiento de tipo mediante una función de elección (Reinhart 1997; Winter 1997; Gutiérrez-Rexach 2003; López Palma 2007).

4. Conclusiones

El uso de la función interpretativa y la noción de saturación como procedimiento de composición del significado nos permiten representar en el modelo la naturaleza operacional de la competencia semántica del hablante. El hablante no tiene memorizada una larga lista de pares de expresiones y denotaciones, sino que calcula los significados complejos aplicando recursivamente la función interpretativa a una lista finita de expresiones más simples. El motor que guía el cálculo es la saturación de las categorías que denotan un significado incompleto por medio de la aplicación funcional. Los problemas de incompatibilidad de tipos semántico que bloquean el cálculo funcional automático pueden solucionarse o bien aplicando a la categoría incompatible algún operador de desplazamiento de tipo o bien incluyendo nuevas reglas en el cálculo semántico.

5. Futuras líneas de investigación

La semántica es un campo de investigación con mucha vitalidad y auge que tiene abiertas un número considerable de líneas de investigación. Muchas de estas líneas cuentan con importantes trabajos especializados en lenguas particulares, como la pluralidad, la cuantificación, los indefinidos, la especificidad, el tiempo, el aspecto, los pronombres, los demostrativos, la modalidad, la negación, la interrogación, las oraciones de relativo, la relación entre el léxico y la sintaxis. Sin embargo, son necesarios trabajos en español que investiguen sobre estos y otros nuevos temas y aporten la vitalidad de nuevas ideas y perspectivas.

Bibliografía

Cann, R. (1993) *Formal semantics: An introduction*, Cambridge: Cambridge University Press.

Chierchia, G. y MacConnell-Ginet, S. (2000) *Meaning and grammar: An introduction to semantics*, Cambridge, MA: The MIT press.

Davidson, D. (1967) "Verdad y significado", en Valdés Villanueva, L. (ed.) *La búsqueda del significado: lecturas de filosofía del lenguaje*, Madrid: Tecnos, 2000, pp. 339–358.

Donald, M. (1999) "Human cognitive evolution", en Corballis, M. y Lea, S. (eds.) *The descent of mind*, Oxford: Oxford University Press, pp. 138–154.

Frege, G. (1892) "Sobre sentido y referencia", en *La búsqueda del significado: lecturas de filosofía del lenguaje*, Madrid: Tecnos, 2000, pp. 27–48.

Gamut, L. (1991) *Logic, language and meaning. Vol. II: Intensional logic and logical grammar*, Chicago: University of Chicago Press.

García Carpintero, M. (1996) *Las palabras, las ideas y las cosas: una presentación de la filosofía del lenguaje*, Barcelona: Ariel.

Heim, I. y Kratzer, A. (1998) *Semantics in generative grammar*, Oxford: Blackwell Publishers Ltd.

Larson, R. K. y Segal, G. (1995) *Knowledge of meaning*, Cambridge, MA: The MIT Press.

Lewis, D. K. (1986) *On the plurality of worlds*, Cambridge: Cambridge University Press.

López Palma, H.C. (2004) *La deixis. Lecturas sobre los demostrativos y los indiciales*, Lugo: Axac.

Montague, R. (1973) "The proper treatment of quantification in ordinary English", en *Approaches to natural language*, Nueva York: Springer, pp. 221–242.

Partee, B. (2004) *Compositionality in formal semantics. Selected papers of Barbara Partee*, Oxford: Blackwell Publishers Ltd.

Partee, B. H., Ter Meulen, A. G. y Wall, R. E. (1990) *Mathematical methods in linguistics*, Nueva York: Springer.

Perry, J. (1979) "El problema del indicial esencial", en López Palma, H. (ed.) *La deixis. Lecturas sobre los demostrativos y los indiciales*, Lugo: Axac, 2004.

Russell, B. (1911) "Knowledge by acquaintance and knowledge by description", en *Mysticism and logic and other essays* (1918), Longmans: Green and Co., pp. 209–232.

Tarski, A. (1944) "La concepción semántica de la verdad y los fundamentos de la semántica", en Valdés, L. (ed.) *La búsqueda del significado: lecturas de filosofía del lenguaje*, Tecnos (2000), pp. 301–338.

Lecturas complementarias

Bosque, I. (1996) *El sustantivo sin determinación: la ausencia del determinante en la lengua española*, Madrid: Visor.
Chierchia, G. (998) "Reference to kinds across languages", *Natural Language Semantics*, 6, 4, pp. 339–405.
Chung, S. y Ladusaw, W. (2003) *Restriction and saturation*, Cambridge, MA: The MIT Press.
Gutiérrez-Rexach, J. (2003) *La semántica de los indefinidos*, Madrid: Visor Libros.
López Palma, H. (2007) "Plural indefinite descriptions with *unos* and the interpretation of number", *Probus*, 19, pp. 235–266.
Partee, B. (1987) "Noun phrase interpretation and type-shifting principles", en J. Groenendijk *et al.* (eds.) *Studies in discourse representation theory and the theory of generalized quantifiers*, Dordrecht: Foris, pp. 115–143.
Reinhart, T. (1997) "Quantifier scope: How labor is divided between QR and choice functions", *Linguistics and Philosophy*, 20, pp. 335–397.
Winter, Y. (1997) "Choice functions and the scopal semantics of indefinites", *Linguistics and Philosophy*, 20, 4, pp. 399–467.

Entradas relacionadas

cuantificación; demostrativos; determinantes y artículos; pragmática; sintaxis

SINTAXIS

Javier Gutiérrez-Rexach

1. La sintaxis: caracterización y delimitación

La sintaxis es el estudio de la combinatoria de las palabras y de los significados a los que dan lugar estas combinaciones. Dicho estudio incluye, por tanto, las palabras y las secuencias de palabras que forman unidades o constituyentes de mayor complejidad. Tradicionalmente se ha tomado la palabra como unidad mínima de análisis sintáctico, frente a la morfología, que estudia la estructura de las palabras, sus componentes y sus relaciones internas. Sin embargo, varias tendencias recientes han borrado esta barrera entre morfología y sintaxis y entienden que las operaciones por las que se forman las palabras y las que luego se usan para formar grupos mayores son parte de un continuo.

La sintaxis se centra sobre todo en este aspecto combinatorio. No interesa solo hacer un inventario de las clases y secuencias de palabras posibles sino sobre todo estudiar cómo las secuencias más complejas se van formando a partir de las más simples. Un hablante que memorice listas de palabras o diccionarios enteros no conocerá un idioma determinado. Para conocer dicho idioma hace falta conocer cómo se combinan los elementos u objetos sintácticos más simples dando lugar a otros de complejidad mayor. La sintaxis, pues, toma como unidad mínima de análisis la palabra y estudia cómo se combinan las palabras para formar unidades superiores, y cómo a su vez dichas unidades superiores dan lugar a unidades aún mayores. La mayoría de los enfoques sobre la sintaxis estudia no solo las unidades (simples o complejas) sino también los elementos que las combinan. Dichos elementos combinatorios que construyen unidades cada vez más complejas se conocen como reglas, operaciones o computaciones sintácticas. La sintaxis tradicional y normativa entiende dichas reglas como el resultado de convenciones cristalizadas de origen histórico determinado cuyo uso responde a factores sociales como el prestigio, la variación dialectal, etc. La sintaxis estructural se centra en las unidades y sus relaciones con otros elementos por los que son sustituibles o conmutables (relaciones paradigmáticas) así como en las relaciones con otros elementos dentro del mismo constituyente o sintagma (relaciones sintagmáticas). La sintaxis generativa toma la intuición combinatoria como pilar básico, en tanto que se entiende que dichas operaciones sobre constituyentes son las que permiten a los hablantes generar y entender las secuencias de una lengua. Este enfoque ha sido y es el predominante en los estudios sintácticos desde los años sesenta del siglo pasado, aunque en esta enciclopedia se presentan varios enfoques alternativos.

Normalmente se entiende que la unidad máxima de análisis sintáctico es la oración, por lo que el campo de análisis de la disciplina suele reducirse a la sintaxis oracional. Es verdad que hay también una sintaxis supraoracional o sintaxis del discurso, que estudia cómo las distintas oraciones se combinan para dar lugar a unidades mayores. Estos procedimientos combinatorios supraoracionales o intraoracionales pueden ser a veces distintos de los considerados en el nivel oracional, aunque hay otros que permanecen constantes. Por ejemplo, los tiempos verbales condicionan aspectos oracionales (combinatoria con objetos o adverbios) pero también otros discursivos como la denominada 'concordancia de tiempos'.

Las relaciones entre sintaxis y semántica son obvias pero también controvertidas. A comienzos de la segunda mitad del siglo pasado, el lingüista norteamericano Noam Chomsky formuló el denominado PRINCIPIO DE AUTONOMÍA DE LA SINTAXIS (Chomsky 1957). Dicho principio se ha entendido a veces desde una visión un tanto reduccionista, en el sentido de que la sintaxis debe limitarse al estudio de las propiedades de buena formación de las combinaciones de objetos sintácticos y debe excluir cualquier aspecto conceptual o interpretativo. Sin embargo, esto no parece siempre posible ya que las alteraciones en la posición de las unidades van acompañadas casi siempre de cambios en el significado asociado. Es obvio, por ejemplo, que *hombre pobre* y *pobre hombre* no significan lo mismo, y tampoco *alumna inglesa de sintaxis* y *alumna de sintaxis inglesa*, ya que en el primer caso la propiedad de ser inglés se aplica a la alumna (nacionalidad) y en el segundo a la sintaxis (materia o contenido). Es posible darle la vuelta al principio de autonomía de la sintaxis y entenderlo como un criterio de amplitud: la sintaxis debe dar cuenta de lo que es pertinente sintácticamente y debe dar una explicación autónoma, es decir sintáctica, de ello. Por tanto, es legítimo incorporar los aspectos del significado que sean relevantes y, al hacerlo, la teoría debe estar concebida de tal manera que la explicación que se proporcione sea autónoma. Debe por tanto asociar los cambios en el significado observables a la regla u operación sintáctica que los hace posibles. En la actualidad, hay un acuerdo casi general sobre el hecho de que es tarea esencial de la sintaxis explicar lo que significan las combinaciones de palabras. Para hacerlo, debe establecer mecanismos específicos que nos permitan obtener el significado de las secuencias de palabras a partir del contenido de cada una de ellas, de la posición que ocupan y de otras relaciones que las palabras establecen entre sí.

2. Los juicios de gramaticalidad

Las secuencias u objetos sintácticos que constituyen el campo de estudio de la sintaxis son como se ha dicho el resultado de unos procesos que los originan. En muchas ocasiones, para investigar qué procesos u operaciones están detrás de un determinado objeto se utiliza como procedimiento de investigación el contraste de secuencias con respecto a la propiedad de gramaticalidad. Decimos que una secuencia es gramatical cuando se ha construido de acuerdo con las reglas o pautas de la sintaxis. Como hablantes tenemos una intuición clara de que dicha secuencia pertenece a nuestro idioma. Por contra, decimos que una secuencia es agramatical cuando no se ha formado siguiendo dichas pautas. Marcamos que una secuencia es agramatical anteponiéndole un asterisco (*). Por ejemplo, las secuencias de (1) ilustran un contraste de gramaticalidad. La segunda secuencia es agramatical porque el verbo *reunirse* selecciona un complemento introducido por la preposición *con*.

(1) a. Me he reunido con Pepe.
    b. *Me he reunido Pepe.

No debe confundirse la gramaticalidad de una secuencia con su corrección. Una secuencia es correcta si se ajusta a las pautas de uso establecidas por una norma determinada. Por ejemplo, tutear a una persona desconocida en una posición de autoridad (*tú no me entiendes*, en lugar de *usted no me entiende*) podrá violar la norma de uso de *tú/usted*, pero no da lugar a secuencias agramaticales. A veces lo que puede ser agramatical en varios dialectos, puede resultar gramatical en otros. Muchos hablantes insertan *de* ante ciertos complementos oracionales que no lo requieren, fenómeno conocido como dequeísmo (*Pienso de que saldrá*). Estas secuencias son incorrectas, de acuerdo con la norma estándar, pero son gramaticales en la variedad pertinente. Estos usos normativos vienen a veces dictados por la Real Academia Española (RAE), las gramáticas escolares o los manuales de estilo. A su vez estas instituciones u obras pueden basar el criterio normativo en un argumento de autoridad: por ejemplo, si se afirma que los usos de los autores clásicos son más correctos que los que se pueden encontrar en las manifestaciones de la lengua escrita actual (en prensa, Internet, etc.).

Tampoco debe confundirse la gramaticalidad con la adecuación en el contexto. Por ejemplo a la pregunta *¿Tienes dinero?* puedo responder *Mañana lloverá*. Esta respuesta es perfectamente gramatical, pero no será adecuada contextualmente como respuesta informativa apropiada a la pregunta, aunque puede que lo sea como respuesta irónica. La gramaticalidad es también distinta de la verosimilitud o adecuación semántica. La oración *La piedra laboriosa se quejaba* carece de sentido en el mundo real, pero es una secuencia perfectamente gramatical que sería apropiada en el discurso poético.

3. Las clases de palabras y las operaciones con constituyentes

Las palabras se agrupan en función de la categoría gramatical a la que pertenecen. Hay un inventario finito de tales clases o categorías:

- Nombres: *perro*, *mesa*, *avaricia*, etc.
- Adjetivos: *inteligente*, *alto*, *azul*, etc.
- Verbos: *comer*, *gastar*, *parecer*, etc.
- Adverbios: *muy*, *lentamente*, *quizás*, etc.
- Determinantes: *el*, *todo*, *estas*, etc.
- Pronombres: *yo*, *me*, *aquello*, etc.
- Preposiciones: *en*, *hasta*, *hacia*, etc.
- Conjunciones: *y*, *cuando*, *aunque*, *porque*, etc.

Una distinción importante que se establece entre categorías es la que separa las categorías léxicas de las categorías funcionales. Nombres, verbos y adjetivos se consideran categorías léxicas, mientras que los determinantes, las preposiciones o las conjunciones son categorías funcionales. Las primeras se denominan así porque poseen significados denotativos, inventariables en un diccionario. Podemos asociar sus miembros con objetos, propiedades o eventos. En cambio, el significado de la conjunción *y* es puramente combinatorio o gramatical. Las categorías léxicas constituyen además inventarios abiertos y flexibles: con el tiempo van apareciendo nuevos nombres o verbos y otros caen en desuso. Palabras como *desempleo*, *sonotone* o *televisor* se originan y usan en el siglo XX, mientras que *gregüesco*, *bacía* o *talabarte* son características del Siglo de Oro pero han caído en desuso hace ya bastante tiempo. Las categorías funcionales constituyen por el contrario inventarios cerrados y relativamente estables. No es previsible que aumente el número de conjunciones o determinantes que usamos o que el determinante *cada* caiga en desuso, aunque ciertos elementos que compiten con otros en expresar la misma función pueden hacerlo; es el caso del cada vez menos usado *sendos* frente al más común *uno cada uno (de los dos)*. Por último, las categorías léxicas suelen ser prosódicamente fuertes, mientras que las gramaticales son prosódicamente débiles o dependientes. En *tu libro* el determinante *tu* es átono o débil, y el acento principal de la secuencia recae sobre el elemento léxico *libro*.

Las palabras se combinan por concatenación en secuencias. Dichas secuencias no son arbitrarias sino que forman grupos o constituyentes sintácticos. A veces se usan ciertas operaciones con constituyentes como pruebas de detección de constituyentes:

– Coordinación: Solo los constituyentes, que además tengan la misma función, pueden coordinarse:

(2) a. Compré [[el libro de poesía] y [la revista]].
 b. *Compré el libro de y poesía la revista.

(3) a. Regalé [[un libro] y [una revista]] a Pepe.
 b. *Regalé un libro y a Pepe.

– Elisión: Solo las secuencias que sean constituyentes pueden elidirse u omitirse:

(4) a. Pepe compró [dos libros de poesía] y Marta también.
 b. Pepe compro dos [libros de poesía] y Marta tres.
 c. *Pepe compró dos libros de y Marta también de poesía.

– Desplazamiento: Solo los constituyentes pueden desplazarse o preponerse a la periferia izquierda oracional:

(5) a. [El libro de sintaxis], pásamelo.
 b. [Un litro de vino] bebió Pepe con su hermano.

(6) a. *El libro de, pásamelo sintaxis.
 b. *Un litro bebió Pepe con su hermano de vino.

– Sustitución pronominal: Ciertos constituyentes pueden pronominalizarse:

(7) Puso el libro [sobre la mesa]; Puso el libro [allí]

4. Los sintagmas y su representación estructural

Las secuencias de palabras se articulan en sintagmas. Por tanto, los sintagmas son constituyentes sintácticos con una estructura interna específica. Este término de origen griego es el más común en la lingüística hispánica, aunque ciertos autores prefieren usar el término *grupo* y en la tradición anglosajona es común hablar de *frases*. Los sintagmas fundamentales son los que se articulan en torno a un nombre, un adjetivo, un verbo y una preposición. Denominaremos sintagma nominal (SN) al constituyente que se agrupa o articula en torno a un nombre; sintagma adjetival (SA) al que se articula en torno a un adjetivo; sintagma preposicional (SP) al que se articula en torno a una preposición; y sintagma verbal (SV) al que se articula en torno a un verbo. He aquí algunos ejemplos de sintagmas que presentan diversos grados de complejidad interna:

(8) Sintagmas nominales
  a. Pepe.
  b. El libro.
  c. El libro que más me gusta.
  d. Algunos de estos otros diez o doce espantosos libros de terror que me han regalado.

(9) Sintagmas adjetivales
  a. Sucio.
  b. Totalmente opuesto a que cambien al profesor.
  c. Absolutamente fiel a sus principios hasta el final.

(10) Sintagmas preposicionales
  a. Para mí.
  b. Con dos trajes de boda.
  c. Desde Londres a Nueva York.

(11) Sintagmas verbales
  a. Paseaba.
  b. Escribía una carta.
  c. Ponía el jarrón sobre la mesa.
  d. Sacando la cabeza de debajo de la almohada.
  e. Tenía pocas ganas de pasear.

Los sintagmas son expansiones de un elemento central o nuclear, en torno al que se articulan modificadores y complementos. En lugar del término *expansión*, se suele utilizar el de *proyección*. Los sintagmas son siempre proyecciones o expansiones de algún núcleo, lo que se conoce como *principio de endocentricidad*. Los sintagmas, pueden estar también constituidos por una sola palabra, si carecen de modificadores o complementos. La gramática sintagmática o de reglas nos permite formular las siguientes generalizaciones sobre la estructura de los distintos sintagmas, donde los paréntesis indican que los constituyentes son opcionales:

(12) a. SN → Det + N + (SA) + (SP)
  b. SN → N_{propio}
  c. SA → (Adv_{cuant}) + Adj + (SP)
  d. SP → P + SN
  e. SV → V + (SN) + (SP)
  f. O → SN + SV

Los ejemplos a continuación serían por tanto generados por aplicación de dichas reglas. La regla (12a) nos permitiría generar (13a), la regla (12b) genera (13b), y así sucesivamente:

(13) a. El perro (grande) de Paquita
  b. Juan
  c. (muy) dispuesto (a todo)
  d. en la casa
  e. comió (manzanas) (al anochecer)
  f. Juan comió manzanas al anochecer

A partir de los años cincuenta del siglo pasado se observó que los diagramas arbóreos son un instrumento idóneo para representar la derivación sintáctica de una secuencia partiendo de un número finito de reglas u operaciones sintácticas. Por ello se les llama *árboles de análisis estructural o representaciones estructurales*. La conversión de reglas a árboles es bastante sencilla. Sea G una gramática que contiene una regla con la forma 'X→Y+Z'. La representación arbórea de esta regla es un árbol A donde el conjunto de constituyentes o *nudos* de A es {X, Y, Z} y X es el nudo que está por encima o *domina* los nudos Y y Z. Por ejemplo, la regla 'SN→DET+N' se asocia con el árbol siguiente:

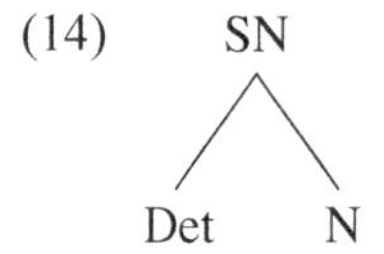

La regla 'SP→P+SN' se asocia con el árbol de análisis de (15):

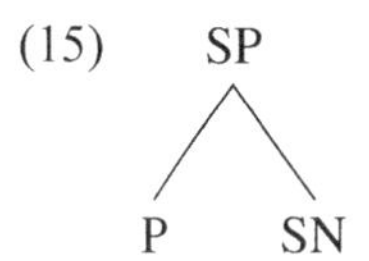

Si aplicamos estas reglas de forma sucesiva generamos el siguiente árbol, que sería la representación estructural correspondiente a un SP como *en el coche*:

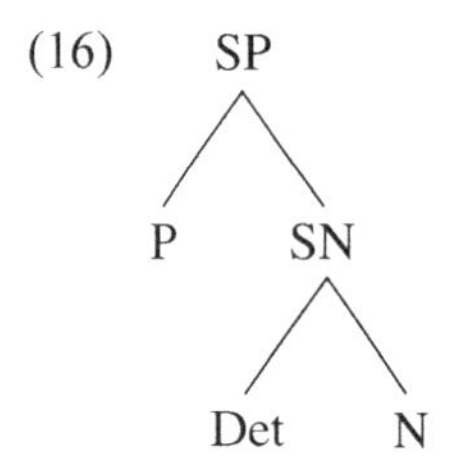

Obsérvese que ese mismo esquema correspondería a cualquier SP (*desde tu casa*, *por la mañana*, *con mi sobrina*, etc.). La intuición relevante es que todas estas secuencias, y un sinnúmero de otras equivalentes, tienen la misma estructura porque se han generado a partir de una única regla (16). Dentro de una representación arbórea como (16) pueden definirse varias relaciones sintácticas. Decimos que un nudo domina a otro si hay un camino descendente que los conecta. Decimos que lo domina inmediatamente si ningún otro nudo se interpone entre ellos. La relación de hermandad es una relación entre nudos que están al mismo nivel mientras que la relación de precedencia es una relación entre palabras (también denominadas *elementos terminales* de forma técnica). Puede usarse también la convención equivalente de las estructuras encorchetadas etiquetadas en lugar de los árboles para ahorrar espacio. De hecho este tipo de representaciones encorchetadas son las más comunes en la literatura especializada, y se requiere solo un poco de práctica para acostumbrarse a ellas. Así, representamos la estructura de la oración (17) como (18):

(17) a. El político muy corrupto de Miami metió el sobre en su maleta.
b. [$_{\text{SN}}$ [$_{\text{Det}}$ el] [$_{\text{N}}$ político] [$_{\text{SA}}$ [$_{\text{Advcuant}}$ muy] [$_{\text{A}}$ corrupto]] [$_{\text{SP}}$ [$_{\text{P}}$ de] [$_{\text{SN}}$ [$_{\text{Npropio}}$ Miami]]]] [$_{\text{SV}}$ [$_{\text{V}}$ metió] [$_{\text{SN}}$ [$_{\text{Det}}$ el] [$_{\text{N}}$ sobre]] [$_{\text{SP}}$ [$_{\text{P}}$ en][$_{\text{SN}}$ [$_{\text{Det}}$ su] [$_{\text{N}}$ maleta]]]]

Un problema con reglas como las de (12) es que no capturan una uniformidad fundamental, Chomsky (1970), Jackendoff (1977) y Stowell (1981) observan que todas las proyecciones sintácticas están constituidas de manera similar, en lo que se denominó *hipótesis o teoría de la X con barra*. Ese patrón se ilustra en (18), donde X indica cualquier categoría:

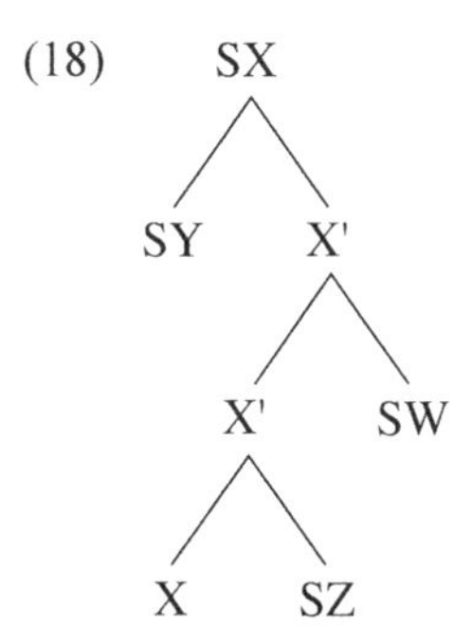

A los lugares de aparición de los constituyentes en este esquema se los denomina *posiciones estructurales*. Se distinguen varias de ellas (especificador, complemento y adjunto) y todas son definibles en términos de relaciones arbóreas. El especificador de una proyección SX es el constituyente SY que tiene como padre a SX (y, por tanto, está inmediatamente dominado por ese constituyente) y que tiene como hermano al nudo X′. En el sintagma *tan deseoso de venir*, el adverbio *tan* ocupa la posición de especificador del núcleo (*deseoso*) del SA.

El complemento del núcleo X de una proyección SX es el constituyente SZ que aparece como nudo hermano de X. El adjunto de un nudo cualquiera (X′ en 18) es el constituyente SW que tiene como nudos padre y hermano a nudos de la misma categoría (X′). En (19) decimos que Y es un adjunto a o se ha adjuntado a Y:

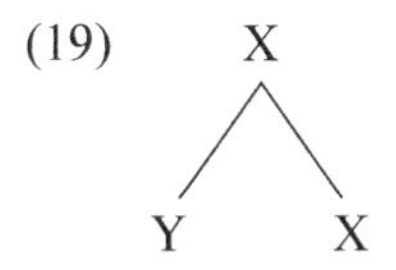

Por tanto, en el SV *compró un libro rojo por la tarde* el SN *un libro rojo* es estructuralmente un complemento del verbo *comprar*, mientras que el SN *la tarde* es un complemento de la preposición *por* en el SP *por la tarde*. Se suele decir que los complementos tienden a aparecer en una posición determinada y son seleccionados por el núcleo mientras que los adjuntos tienen una mayor libertad de posición y suelen ser opcionales. Los adverbios y adjetivos suelen ser adjuntos y por tanto desempeñar funciones como modificadores del verbo y el nombre. Esta sería la función de *rojo* con respecto a *libro rojo* o del SP adjunto *por la tarde* (denominado complemento circunstancial en la tradición gramatical) con respecto al SV.

5. El desarrollo de las categorías funcionales

La representación del constituyente 'Oración' generada por reglas como la de (12f) de más arriba es la única exocéntrica o no endocéntrica que quedaba a partir de la adopción de la teoría de la X con barra. A partir de Chomsky (1981), y hasta el desarrollo del programa minimista (Chomsky 1995), se cambia esta situación al desarrollarse la hipótesis que sitúa a la flexión como núcleo, entendiéndose que el verdadero núcleo oracional es la información flexiva (temporal) contenida en el verbo. Por tanto, una oración sería en realidad un Sintagma Tiempo (ST) (también denominado SFlex en las versiones iniciales de esta hipótesis):

(20)
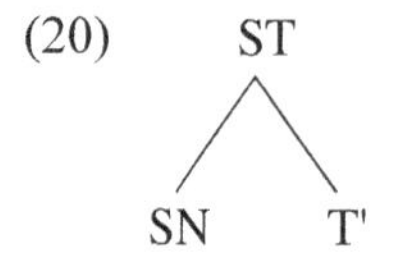

El verbo se generaría dentro del SV y debería ascender para cotejar los rasgos de tiempo y concordancia pertinentes. Dicho movimiento se denomina técnicamente *incorporación* (Baker 1986) y consistiría en la adjunción del nudo V a T:

(21)
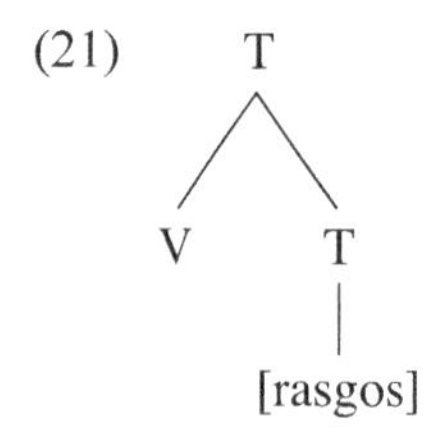

La derivación de la estructura correspondiente a una oración como *Juan sonrió* conllevaría la asociación del verbo con dos posiciones: una posición originaria dentro del SV y otra desplazada como adjunto a T. Por convención, se denomina a esa asociación *movimiento* y al lugar originario la huella (*h*) o copia de dicho movimiento:

(22)
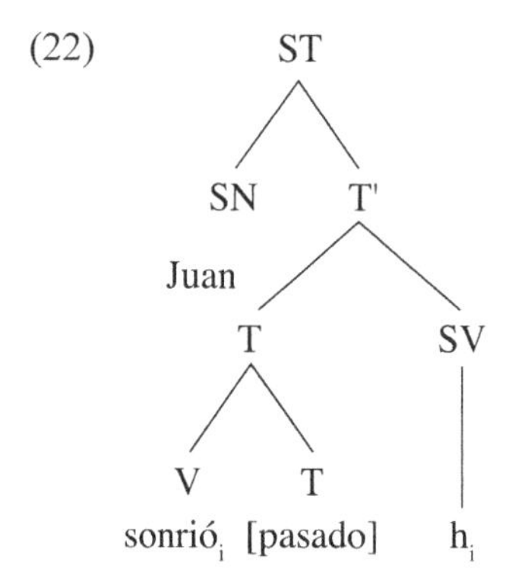

El tratamiento de las oraciones subordinadas también se desplazó hacia una consideración endocéntrica. Bresnan (1970) propuso que los complementantes deben tratarse como una categoría funcional independiente (Comp), y que las oraciones subordinadas son en realidad proyecciones del nudo O, de manera que podemos postular la siguiente regla:

(23) O' → Comp + O

La estructura de (24a) sería por tanto (24b), donde se recoge de forma adecuada el hecho de que el verbo *decir* selecciona un complemento oracional (un constituyente O'):

(24) a. Pepe dijo que el profesor exige mucho.
b. [$_O$ [$_{SN}$ Pepe] [$_{SV}$ dijo [$_{O'}$ que [$_O$ [$_{SN}$ el profesor] [$_{SV}$ exige mucho]]]]]

La estructura de (24b) sigue siendo deficiente en parte porque O no es un núcleo. La extensión del razonamiento basado en la ampliación de la endocentricidad puede aplicarse al nudo Comp (Chomsky 1986). Por tanto, las oraciones subordinadas serían una proyección de la conjunción subordinante o complementante (Comp):

(25) 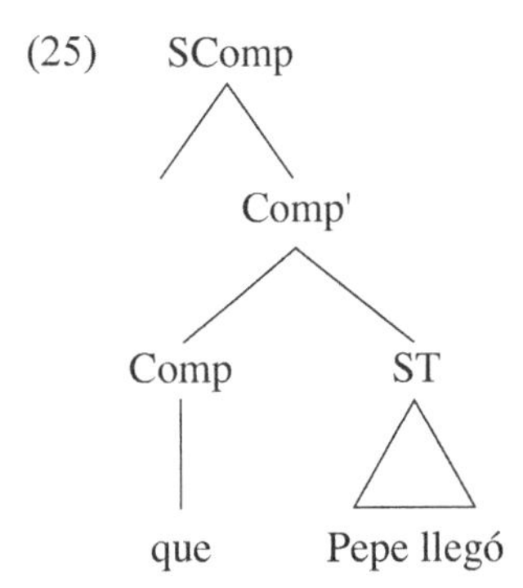

En las construcciones en las que un verbo selecciona una oración como su complemento, el complementante está determinado por el verbo. Por ejemplo, los verbos *prometer* y *aseverar* seleccionan complementos oracionales de categoría SComp encabezados por el complementante declarativo *que* [–int] pero no toman complementos encabezados por *si*. En cambio, el verbo *preguntar*(*se*) selecciona complementos encabezados por *si* [–int] pero no por *que*. Por último, *saber* o *decir* pueden seleccionar ambos complementantes:

(26) a. Pepe promete {que/*si} Luis vendrá.
b. Pepe asevera {que/*si} Luis vendrá.
c. Pepe se pregunta {si/*que} Luis vendrá.
d. Pepe no sabe {que/si} Luis vendrá.
e. Pepe nos dirá {que/si} Luis vendrá.

La estructura del SComp dentro del esquema de la X-con-barra habilita una posición estructural no solo para su complemento, sino también para un especificador. Esta posibilidad hace que podamos analizar las oraciones interrogativas como SComp, es decir como sintagmas complementantes. En las oraciones interrogativas directas o matrices, la palabra o sintagma interrogativo (SQu) se desplaza obligatoriamente al principio de la oración:

(27) a. ¿*Qué* compraste?
b. ¿*Cómo* has leído la carta?
c. ¿*Cuándo* llegará?

En la representación correspondiente, la palabra o constituyente interrogativo se desplaza al especificador de SComp, dejando tras de sí una huella o copia de movimiento. Se dice también que el elemento desplazado y su huella/copia forman una "cadena de movimiento".

(28) $[_{SComp}\ SQu_i\ [_{Comp'}\ [_{ST} \ldots h_i \ldots]]]$

El movimiento de las palabras que llevan el rasgo [+qu] está motivado por la necesidad de cotejar rasgos, de igual forma que el movimiento del núcleo verbal a T se activaba por igual motivo. Tal cotejo se produce entre el especificador del SComp y el núcleo de dicha proyección que lleva el rasgo [+int/+qu]. En las interrogativas subordinadas hay también movimiento al SComp:

(29) a. Pregunta quién vendrá.
b. Sabe cómo abrir la lata.

Se ha postulado que la posición de especificador del SComp puede estar ocupada por un $SX_{[+qu]}$ nulo. Dicho elemento es un SQu sin rasgos fonológicos. Pese a ello, el especificador de $SComp_{[+qu]}$ está ahora ocupado por un $SX_{[+qu]}$ que coteja el rasgo relevante.

(30) Pregunta $[_{SComp[+qu]}$ Op $[_{Comp'}$ $[_{C}$ $si_{[+qu]}]$ $[_{SFlex}$ vendrás]]]

La extensión del principio de endocentricidad y la investigación de las categorías funcionales llevó también a la propuesta de que los denominados sintagmas nominales están en realidad encabezados por el determinante (Abney 1987), que pasa de ser analizado como especificador del SN a ser analizado como el núcleo de su propia proyección Sintagma Determinante (SDet). Si aceptamos la hipótesis del SDet, entonces el análisis estructural de la secuencia *el libro de cuentos* sería la que mostramos en (31):

(31)
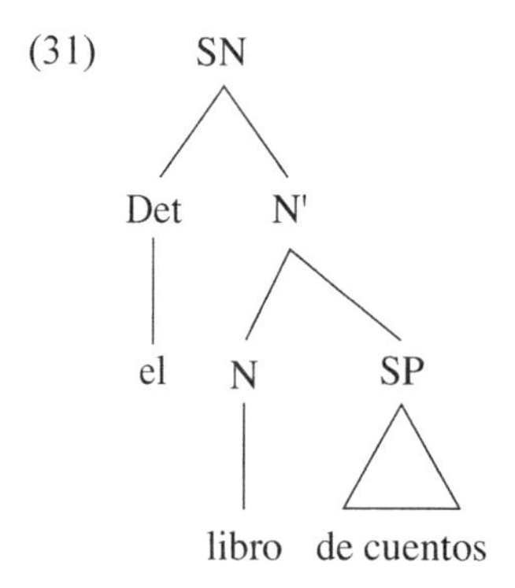

De esta manera se explica por qué las distintas clases de determinantes imponen sus propiedades sobre el resto del sintagma. Se ha postulado también que la negación encabeza su propia proyección (Laka 1990) así como otros elementos funcionales como el aspecto. A finales de la década de los ochenta y durante los años noventa del siglo pasado se especuló también con la posibilidad de que los elementos concordantes de la flexión verbal encabezasen su propia proyección (y se hablaba de proyecciones de concordancia de sujeto y objeto). Sin embargo, la llegada del programa minimista (Chomsky 1995) llevó a una eliminación de este tipo de proyección, ya que la concordancia se concibe como una operación sintáctica independiente y no como una categoría funcional sustantiva. El Sintagma Tiempo se considera la proyección en la que se satisfacen los requisitos de caso y concordancia. Algunos autores, comenzando con el mencionado Chomsky (1995), postulan también una proyección adicional por encima del SV, denominada S*v*, en la que se cotejarían rasgos relacionados con la transitividad y agentividad. Otros desarrollos recientes incluyen el análisis de la periferia izquierda dentro del SComp (Rizzi 1997), en el sentido de que elementos relacionados con la estructura informativa (como el tópico/tema y el foco de una oración) se asocian cuando se desplazan a lugares predeterminados dentro del SComp.

6. Las extracciones

Una de las áreas que más se han trabajado en el análisis sintáctico desde los años sesenta es el estudio de las extracciones o desplazamiento de constituyentes, sobre todo el movimiento de los SQu. En español solo un SQu se desplaza al especificador de SComp en las denominadas preguntas múltiples:

(32) a. ¿Qué dijo quién cuándo?
b. *¿Quién qué cuándo dijo?

Se producen también los llamados efectos de superioridad, consistentes en que cuando hay dos SQu que pueden desplazarse a SComp es el jerárquicamente superior el que lo hace:

(33) a. Me pregunto quién dijo qué
b. *Me pregunto qué dijo quién

El movimiento del SQu es cíclico, en el sentido de que si hay varios niveles de incrustación, el elemento extraído debe pasar por los SComp intermedios. Consideremos la oración (34a) y su análisis en (34b):

(34) a. ¿Qué crees que dijo María?
b. $[_{\text{SComp}}$ Qué$_i$ $[_{C^\circ}$ [∅] $[_{\text{SFlex}}$ crees $[_{\text{SComp}}$ h$_i$ $[_{C^\circ}$ [que] $[_{\text{SFlex}}$ dijo h$_i$ María]]]]]]

El SQu *qué*, el cual se genera como complemento del verbo *decir*, deja una huella de movimiento intermedia en su ascenso al SComp matriz. Este análisis nos permite explicar que el número de oraciones subordinadas no impedirá el movimiento *qu*. Las limitaciones no vendrán impuestas por la estructura sintáctica, sino por nuestra memoria o nuestra capacidad de procesamiento, como en *¿Qué crees tú que pensaba el tonto de Pepe que había dicho de nosotros el profesor?* Esta oración es gramatical, pero es poco aceptable, en el sentido de que nos exige un esfuerzo adicional para procesarla. Estructuralmente, sin embargo, la oración es impecable, ya que el complemento directo de *había dicho* se desplazaría hasta el comienzo de la oración dejando huellas intermedias en los SComp que aparecen intercalados (movimiento de Comp a Comp):

(35) $[_{\text{SComp}}$ Qué$_i$ $[_{C^\circ}$ [∅] $[_{\text{SFlex}}$ crees tú $[_{\text{SComp}}$ h$_i$ $[_{C^\circ}$ [que] $[_{\text{Sflex}}$ pensaba el tonto de Pepe $[_{\text{SComp}}$ h$_i$ $[_{C^\circ}$ [que] $[_{\text{SFlex}}$ había dicho h$_i$ de nosotros el profesor]]]]]]]]]

Ya desde los años sesenta se observó que la extracción a través de nudos intermedios no era completamente libre. Ross (1967) formuló una serie de restricciones en cuanto a los dominios de los que se podía extraer y que denominó *islas sintácticas*.

– Restricción de la oración coordinada: No es posible extraer de una estructura coordinada:

(36) *[Las novelas]$_i$ que leiste [las revistas y h$_i$]

– Restricción del SN complejo: No es posible extraer del complemento oracional de un nombre:

(37) *[Las novelas]$_i$ que ignoro el hecho [de que leíste h$_i$]

- Restricción del adjunto oracional: No es posible extraer desde una oración en posición adjunta (como por ejemplo una oración adverbial no seleccionada):

(38) *[El examen]$_i$ que el profesor se enfadó [porque todos los estudiantes suspendieron h$_i$]

La teoría sintáctica trató de unificar las condiciones de Ross y otras restricciones sobre las extracciones primero a través de la noción de subyacencia (una restricción sobre el número de nudos límite oracionales que pueden atravesarse), los dominios de extracción o las condiciones sobre la identificación de las huellas o posiciones originarias del movimiento (véase Bosque y Gutiérrez-Rexach 2009). El trabajo de Torrego (1984) puso de relieve la importancia de la inversión sujeto-verbo en este proceso. Autores como Rizzi (1990) resaltaron el hecho de que hay dominios que son sensibles a cualquier extracción (islas fuertes) mientras que otros lo son cierto a cierto tipo de SQus (islas débiles). En el programa minimista se intentan unificar las distintas restricciones bajo la condición del eslabón mínimo (Chomsky 1995), que legitima el movimiento más corto.

7. Desarrollos recientes

La teoría de principios y parámetros de los años ochenta era una teoría modular, que incluía varios módulos o dominios sobre los que se formulaban principios independientes. Existían así los siguientes módulos: (i) la teoría temática, que versa sobre los papeles o roles temáticos asociados con los participantes verbales ('Agente', 'Tema', etc.), su asignación y proyección en la sintaxis; (ii) la teoría del movimiento, de la cual hemos visto varias muestras en la sección anterior; (iii) la teoría del caso, sobre la identificación de los SN/SDets mediante marcas explícitas o abstractas de caso (nominativo, acusativo, etc.); (iv) la teoría del ligado, sobre la interpretación de pronombres y anáforas, etc. Se postulaban también varios niveles de representación: estructura profunda, superficial, forma lógica y forma fonética. La llegada del programa minimista simplifica esta estructura modular complicada y la sustituye por una atención a las condiciones sobre las interficies o "interfaces", en especial la interface entre sintaxis y semántica. Por ello, los problemas relacionados con este aspecto, en especial el análisis de la interpretación de los sintagmas nominales (la cuantificación) y los sintagmas verbales han experimentado un desarrollo considerable en la última década, así como una revisión simplificadora de las propuestas sobre la estructura sintagmática.

Ha habido también una convergencia entre enfoques sintácticos que se consideraban anteriormente como radicalmente opuestos. La adopción del monoestratalismo por la escuela chomskyana, es decir de la hipótesis de que hay un único estrato o nivel de representación estructural, permite que se establezcan convergencias con marcos como la gramática categorial o la gramática sintagmática nuclear (Sag, Bender y Wasow 2003), que tenían concepciones similares. Otros puntos de convergencia son la simplificación de las operaciones sintácticas (fusión o ensamblaje) y situar los rasgos gramaticales y su interacción como motor del ensamblaje de unidades.

Hoy en día la teoría sintáctica avanza en varios frentes. Por un lado se encuentran los desarrollos puramente teóricos en varios marcos o paradigmas sintácticos, así como en sus conexiones con otros dominios como la morfología o la semántica. Por otra parte, ha habido numerosos avances en la aplicación de dichas teorías, sobre todo la propiamente generativa, o en su refinamiento a partir de la consideración de datos de las lenguas románicas, del español y de sus dialectos. Por último, dentro de la lingüística aplicada se toman numerosas generalizaciones sintácticas como punto de partida para estudiar la adquisición y desarrollo de las propiedades sintácticas, su variación en distintas variedades tanto geográficas como sociales, y también la implementación de herramientas de procesamiento, computación y enseñanza de la sintaxis.

Bibliografía

Abney, S. (1987) *The English noun phrase in its sentential aspect*, tesis doctoral, MIT.
Baker, M. (1986) *Incorporation*, Chicago: University of Chicago Press.
Bosque, I. y Gutiérrez-Rexach, J. (2009) *Fundamentos de sintaxis formal*, Madrid: Akal.
Bresnan, J. (1970) "On complementizers: Towards a syntactic theory of complement types", *Foundations of Language*, 6, pp. 297–321.
Chomsky, N. (1957) *Syntactic structures*, La Haya: Mouton [trad. esp.: *Estructuras sintácticas*, México, Siglo XXI, 1975].
Chomsky, N. (1970) "Remarks on nominalizations", en Jacobs, R. y Rosenbaum, P. (eds.) *Readings in English transformational grammar*, Waltham, MA: Ginn & Co, pp. 184–221.
Chomsky, N. (1981) *Lectures on government and binding*, Dordrecht: Foris.
Chomsky, N. (1986) *Barriers*, Cambridge, MA: The MIT Press.
Chomsky, N. (1995) *The minimalist program*, Cambridge, MA: The MIT Press [trad. esp.: *El programa minimalista*, Madrid, Alianza].
Jackendoff, R. (1977) *X'-Syntax*, Cambridge, MA: The MIT Press.
Laka, I. (1990) *Negation in syntax: On the nature of functional categories and projections*, tesis doctoral, MIT.
Rizzi, L. (1990) *Relativized minimality*, Cambridge, MA: The MIT Press.
Rizzi, L. (1997) "The fine structure of the left periphery", en Haegeman, L. (ed.) *Elements of grammar*, Dordrecht: Kluwer, pp. 281–338.
Ross, J. (1967) *Constraints on variables in syntax*, tesis doctoral, MIT [publicada como *Infinite syntax!*, Norwood, NJ: ABLEX, 1986].
Sag, I., Bender, E. y Wasow, T. (2003) *Syntactic theory: A formal introduction*, Stanford CA: CSLI Publications.
Stowell, T. (1981) *Origins of phrase structure*, tesis doctoral, MIT.
Torrego, E. (1984) "On inversion in Spanish and some of its effects", *Linguistic Inquiry*, 15, pp. 103–129.

Lecturas complementarias

Bosque, I. (1989) *Las categorías gramaticales*, Madrid: Síntesis.
Bosque, I. y Demonte, V. (1999) *Gramática descriptiva de la lengua española*, Madrid: Espasa.
Carnie, A. (2002) *Syntax. A generative introduction*, Oxford: Blackwell.
D'Introno, F. (2001) *Sintaxis generativa del español: evolución y análisis*, Madrid: Cátedra.
Demonte, V. (1989) *Teoría sintáctica: de las estructuras a la rección*, Madrid: Síntesis.
Eguren, L. y Fernández Soriano, O. (2004) *Introducción a una sintaxis minimista*, Madrid: Gredos.
Fernández Lagunilla, M. y Anula Rebollo, A. (2004) *Sintaxis y cognición. Introducción a la gramática generativa*, Madrid: Síntesis.
Hernanz, M. L. y Brucart, J. M. (1987) *La sintaxis I. Principios teóricos. La oración simple*, Barcelona: Crítica.
Lorenzo, G. y Longa, V. (1996) *Introducción a la sintaxis generativa*, Madrid: Alianza.
Napoli, D.J. (1994) *Syntax: Theory and problems*, Oxford: Oxford University Press.
Poole, G. (2002) *Syntactic theory*, Nueva York: Palgrave.
Radford, A. (1988) *Transformational grammar*, Cambridge: Cambridge University Press.
Zagona, K. (2002) *The syntax of Spanish*, Cambridge: Cambridge University Press [trad. esp.: *Sintaxis generativa del español*, Madrid: Visor, 2006].

Entradas relacionadas

gramática categorial; gramática generativa; morfología; semántica

SOCIOLINGÜÍSTICA

Francisco Moreno Fernández

1. Definición

La sociolingüística es un conjunto de teorías y métodos que se interesan por el modo y las consecuencias de la relación entre la lengua y el entorno sociocultural en que se manifiesta. Los límites de este conjunto vienen fijados más por los objetos de estudio que por las teorías y métodos que permiten llegar a su conocimiento. Esos objetos de estudio son principalmente de naturaleza lingüística, pero también pueden ser psicológicos, culturales y sociales, entendiendo lo psicológico como lo relativo a la mente y al hablante como persona, lo cultural como lo relativo a los objetos y saberes que caracterizan a un hábitat determinado y lo social como el producto de las relaciones entre individuos de un grupo, entre grupos de una comunidad y entre comunidades. La sociolingüística es un enfoque, una perspectiva desde la que pueden interpretarse todos los rasgos y usos de las lenguas naturales, puesto que cualquier manifestación lingüística se produce en un contexto y dentro de un entorno sociocultural.

La sociolingüística representa una propuesta interdisciplinaria que enlaza diferentes intereses y que ofrece un punto de vista desde el que entender la relación entre la lengua y el entorno sociocultural, de modo que una y otro pueden ser tratados mediante conceptos, métodos y técnicas que reflejan énfasis distintos (Villena 2009). En general, cuando la figura es la lengua y el fondo lo sociocultural (énfasis lingüístico), la lengua se concibe como un conjunto de elementos variados, variables y en evolución, cuya forma y dinámica responden a la influencia de unos factores socioculturales (Labov 1996–2006); cuando la figura es la sociedad y el fondo la lengua (énfasis social o antropológico), la sociedad se concibe como un entramado de estructuras, normas y tendencias con capacidad de influir sobre las personas y sus usos lingüísticos (Fishman 1975; Hymes 1974).

2. Disciplinas sociolingüísticas

Las relaciones entre lengua, sociedad y cultura se manifiestan de múltiples maneras, formando realidades de fronteras borrosas en cuanto a su contenido. La distribución social de los usos lingüísticos dentro una comunidad, los modos en que se fijan las relaciones sociales a través de la comunicación, los procedimientos de adecuación de los discursos a las características de un entorno sociocultural o la manera en que una lengua evoluciona en el tiempo, en una comunidad o en una geografía son solo algunos de los asuntos que configuran la realidad lingüística y sociocultural; esto es, la realidad sociolingüística. Para abordar su análisis e interpretación no suele encontrarse una exacta adecuación entre un tipo de hecho sociolingüístico y un tipo específico de propuesta teórico-metodológica, sino que a menudo unas mismas manifestaciones lingüísticas reciben tratamientos analíticos diferentes. Podemos decir que la sociolingüística funciona como una superestructura de investigación que delimita subjetivamente unas realidades amplias y difusas y que las enmarca sin más justificación que sus propias restricciones conceptuales o de método.

La sociolingüística puede desarrollarse desde diversas disciplinas que, a su vez, suelen encontrarse muy cerca de otras disciplinas que ya no se consideran sociolingüísticas, como la gramática histórica o la geografía lingüística, por el lado lingüístico, y la historia o la psicología social, por el lado sociológico. Las distintas disciplinas o formas de hacer sociolingüística reciben denominaciones como las siguientes, que acompañamos de una simplicísima caracterización:

Sociolingüística variacionista: estudio de las correlaciones entre unos hechos variables de lengua y unos rasgos sociales variables dentro de una comunidad.
Dialectología social: caracterización lingüística de un territorio atendiendo a rasgos sociales de sus hablantes.
Lingüística histórica: estudio de la evolución interna de una variedad lingüística condicionada por factores sociales.
Análisis de la conversación: estudio de los intercambios conversacionales.
Análisis del discurso (social): estudio de la forma y la función de los discursos en un entorno social.
Estudio de lenguas en contacto: análisis de la forma y las consecuencias de los contactos entre variedades lingüísticas.
Sociología de la lengua: estudio de la distribución y la función social de las variedades lingüísticas.
Estudio del bilingüismo: análisis de los hablantes y las comunidades bilingües.
Etnografía de la comunicación/Sociolingüística etnográfica: estudio de las interacciones comunicativas de un grupo o una comunidad.
Estudio de las actitudes lingüísticas: análisis de las opiniones y creencias sobre las variedades lingüísticas.
Historia social de la lengua: estudio de la evolución social de una lengua dentro de una comunidad.

Las denominaciones de estas disciplinas son las más usuales, pero ni son las únicas ni presuponen la autonomía absoluta de cada una de ellas. Así, los estudios de la conversación podrían incluirse, como lo fueron en su origen, dentro de la etnografía de la comunicación, en una sociolingüística interaccional o incluso en la pragmática. Las actitudes lingüísticas podrían perfectamente adscribirse a la psicosociolingüística, junto al estudio de las formas de tratamiento, por ejemplo, y la etnografía de la comunicación cambiaría su denominación por la de *sociolingüística etnográfica*, para hacer más claro su interés por todo tipo de grupos o comunidades, no solo los indígenas. Al mismo tiempo, la mayor parte de estas aproximaciones permiten tratar los hechos con una proyección macroscópica o microscópica: el bilingüismo, por ejemplo, se puede abordar desde su ordenación en los sistemas jurídicos o desde su plasmación en la vida cotidiana de las familias mixtas. Para presentar las formas más destacadas de hacer sociolingüística, recurriremos a una matriz de rasgos en la que cada una de estas disciplinas queda caracterizada de acuerdo con cuatro criterios epistemológicos, que son los siguientes:

1. Énfasis lingüístico (frente a énfasis sociológico)
2. Perspectiva correlacional (frente a perspectiva interaccional). El concepto de correlación se refiere a la búsqueda de correspondencia entre variables lingüísticas y variables no lingüísticas (sociales, geográficas, culturales)
3. Perspectiva sincrónica (frente a perspectiva diacrónica o evolutiva)
4. Naturaleza cuantitativa del estudio (frente a naturaleza cualitativa o interpretativa)

	1	**2**	**3**	**4**
Sociolingüística variacionista	+	+	+	+
Dialectología social	+	+	+	–
Lenguas en contacto	+	+	+	–
Lingüística histórica	+	+	–	+
Análisis de la conversación	+	–	+	–
Análisis del discurso	+	–	+	–
Sociología de la lengua	–	+	+	–
Bilingüismo	–	–	+	–
Etnografía de la comunicación	–	–	+	–
Actitudes lingüísticas	–	–	+	+
Historia social de la lengua	–	–	–	–

Matriz de disciplinas sociolingüísticas, según cumplimiento de criterios epistemológicos: 1. +: Lingüístico / –: Sociológico. 2. +: Correlacional / –: Interpretativo. 3. +: Sincrónico / –: Diacrónico. 4. +: Cuantitativo / –: Cualitativo.

Como ocurre en todas las matrices de rasgos que se expresan en términos positivos o negativos, tras esta caracterización quedan ocultos muchos matices y soluciones intermedias, que se sacrifican en beneficio de la claridad de unos conceptos fundamentales. En la matriz se observa que hay disciplinas lingüísticas que comparten criterios, lo que obliga a establecer otras diferencias: la dialectología social y los análisis de contactos se diferencian por el objeto de estudio que refleja su propio nombre; el análisis de la conversación y del discurso se diferencian por eso mismo y por el peso que tienen las ideologías sobre el discurso; los estudios sobre el bilingüismo bien podrían incluirse dentro de la sociología de la lengua, si no fuera porque en muchos casos reflejan mayor preocupación por las interacciones comunicativas en ámbitos reducidos.

3. Breve e incompleta historia de la sociolingüística hispánica

El interés por las diferencias lingüísticas de origen social ha existido desde las descripciones más antiguas de la lengua española. El *Diálogo de la lengua*, de Juan de Valdés, escrito en 1535, ya hacía referencias a formas de hablar cortesanas y vulgares; los misioneros hispanos en América hicieron, durante los siglos XVII y XVIII, infinidad de alusiones a la incidencia de los factores sociales y culturales sobre las lenguas que describían (Ostler 2004) y los trabajos de historia de la lengua española de Ramón Menéndez Pidal (1962) estaban también repletos de referencias sociales. Por otro lado, la lingüística de Ferdinand de Saussure (1916) ya proponía, desde finales del XIX, una concepción sociológica del lenguaje y la lingüística francófona dedicó importantes trabajos a la vida social de las lenguas (Bally 1913). Sin embargo, la sociolingüística, en el sentido actual del término, no comenzó a cultivarse hasta la segunda mitad del siglo XX y, en el mundo hispánico, hasta los años setenta; y lo hizo, por un lado, como prolongación de los estudios geolingüísticos realizados por los dialectólogos (Alvar 1972) y, por otro lado, como eco de las contribuciones que se hacían desde los Estados Unidos (Garvin y Lastra 1974). Pensemos que los estudios fundacionales de la sociolingüística, como materia ordenada de estudio, se publicaron en los años sesenta en los Estados Unidos y que los trabajos de William Labov se divulgaron de forma internacional a partir de 1972 (Moreno-Fernández 1988).

En la consolidación de la sociolingüística como materia autónoma de investigación dentro del ámbito hispanohablante, fue decisiva la publicación de los trabajos de Henrietta Cedergren sobre Panamá (1973) y de Humberto López Morales sobre San Juan de Puerto Rico (1983), ambos decididamente adscritos a una línea variacionista, urbana, correlacional y cuantitativa, seguidora de las propuestas de Labov. Estos estudios sobre la lengua española abanderan a otros muchos realizados con unos planteamientos iguales o afines en comunidades como Bahía Blanca (Argentina), Santiago de los Caballeros (República Dominicana), Buenos Aires (Argentina), Las Palmas de Gran Canaria (España), Cartagena de Indias (Colombia), Caracas (Venezuela), Lima (Perú), Santiago de Chile, Monterrey (México) o en varias ciudades de Andalucía (España). La sociolingüística hispánica se consolidó, pues, como una materia caracterizada por el análisis cuantitativo de la variación. Esta línea de estudios urbanos tuvo continuidad desde los años noventa en el *Proyecto para el estudio sociolingüístico del español de España y de América* (PRESEEA), desarrollado en una treintena de comunidades hispánicas y que ha dado lugar a numerosas investigaciones cuantitativas, especialmente en España, México y Colombia (Moreno-Fernández 2005a).

En paralelo a este variacionismo cuantitativo, las dos últimas décadas del siglo XX conocieron una progresiva ampliación de los intereses sociolingüísticos. Los estudios de actitudes lingüísticas, con mayor o menor nivel de cuantificación, tuvieron cultivadores tan notables como Manuel Alvar (1986) o Antonio Quilis (1983), mientras Germán de Granda trabajaba sobre bilingüismo y contacto de lenguas afroamericanos (1978) o Alberto Escobar hacía aportaciones fundamentales sobre las consecuencias sociolingüísticas del bilingüismo en el Perú (1978). La sociología de la lengua venía cultivándose en España a propósito de las relaciones entre el español y el catalán singularmente desde los años setenta, en una formulación denominada *sociolingüística del conflicto* (Ninyoles 1969). Por otra parte, la sociolingüística más antropológica, etnográfica y sociológica de las grandes áreas indígenas fue estudiada desde los años setenta por investigadores como Bartomeu Meliá (guaraní) (1973), Rodolfo Cerrón-Palomino (quechua, aymara) (1976), Miguel León-Portilla (náhuatl) (1979), Yolanda Lastra (náhuatl) (1986) o Guillermina Herrera (maya) (1990).

A partir del nuevo siglo, la sociolingüística hispánica, como la aplicada sobre otras lenguas, diversificó aún más sus objetivos. Los estudios sobre variación lingüística se generalizaron a todos los niveles de la lengua; la pragmática se consolidó como complemento de la sociolingüística en el estudio del discurso de la cortesía y de la interacción comunicativa; las comunidades bilingües hispánicas fueron objeto de serios análisis en lo que se refiere a su sociología y antropología; las actitudes lingüísticas recibieron el tratamiento cuantitativo más completo, los contextos escolares fueron abordados con procedimientos etnográficos; la historia social de la lengua abrió toda una línea de estudio y se buscaron caminos para el análisis de la variación y el cambio lingüístico combinando adecuadamente las dimensiones estilística, geográfica y social. Asimismo, la generalización de la investigación sociolingüística sobre el español en los Estados Unidos comenzó a generar nuevos desarrollos teóricos y promovió el acercamiento a objetos de estudio derivados de la complejidad de los contextos estadounidenses.

En la actualidad, los estudios de sociolingüística han venido a ocupar, en la formación universitaria hispánica, el espacio que en los años setenta tenían los estudios de dialectología, compatibilizando en ocasiones ambos contenidos. Para ello se dispone de obras de referencia y de manuales de difusión internacional, en lengua española (López Morales 1989; Blas Arroyo 2005; Moreno-Fernández 2009; Díaz Campos 2011 (ed.)), que han ayudado a superar uno de los obstáculos existentes en los años setenta y ochenta: la falta de obras introductorias con una ejemplificación basada en la lengua española. Asimismo, como resultado de la diversificación de los objetos de estudio, de la incorporación de la materia en los estudios universitarios y de la puesta a punto de importantes recursos de investigación, la sociolingüística se ha convertido en una de las especialidades que reciben mayor atención dentro de la lingüística hispánica. De hecho, la base de datos *Lingmex. Bibliografía lingüística de México desde 1970* revelaba en 2012 que la sociolingüística es la segunda área de investigación lingüística con más referencias en México (Barriga Villanueva 2012 *apud* Martín Butragueño 2012), tan solo algo por detrás de la "morfosintaxis" y muy por encima del número de fichas bibliográficas de la categoría "lingüística y educación". Bajo el rubro "sociolingüística", la base *Lingmex* incluye trabajos de actitudes, bilingüismo, alfabetización y políticas lingüísticas, reflejo de la heterogeneidad propia de este campo; sin embargo constituyen categoría aparte la "etnolingüística" y la "dialectología y geografía lingüística", al tiempo que las publicaciones sobre "variación lingüística" podrían hallarse subsumidas en otras categorías, como la "lingüística histórica". En cualquier caso, la bibliografía actual, en un país tan destacado como México, refleja el peso creciente que los estudios sociolingüísticos han adquirido dentro de la lingüística hispánica.

4. Los objetos de estudio sociolingüístico

Desde los años setenta hasta la actualidad, la sociolingüística hispánica se caracteriza fundamentalmente por la continua atención prestada a la variación. Dentro de las manifestaciones variables de la lengua española, las que más han preocupado han sido las de naturaleza sociofonética, especialmente en el consonantismo. El sistema vocálico del español moderno, con solo cinco elementos, permite cierto juego de variabilidad sin que la comprensión corra peligro, a diferencia de lo que ocurre en el inglés, por ejemplo, donde las mutaciones vocálicas vertebran buena parte de las variaciones y cambios sustanciales de la lengua. De hecho, la sociolingüística variacionista del inglés encuentra en el estudio de la variación y el cambio vocálico uno de sus temas más representativos.

La variación sociofonética en el consonantismo del español viene condicionada, primordialmente, por su configuración fonológica general y por la distribución de los segmentos fónicos en la cadena hablada. El inventario fonológico del español puede variar en función de dos tipos de procesos históricos: 1. la distinción de los fonemas /s/ y /θ/ en el orden dentoalveolar, frente a la no distinción, denominada *seseo* (*lazo // laso* 'lazo'); 2. la distinción de dos fonemas en el orden palatal (central y lateral), frente a la no distinción, denominada *yeísmo* (*seyo // sello* 'sello'). En el caso del seseo, las diferentes formas de articulación de *ese*, su convivencia o alternancia con la distinción y su dinámica histórica suelen estar correlacionadas con factores sociales (junto a los geográficos). En el caso de yeísmo, su generalización o su convivencia con la distinción palatal central-palatal lateral, por un lado, y los distintos tipos de articulación de la palatal central (desde la vocalización —*raia* 'raya'— hasta el rehilamiento *rasha*) también se correlacionan con variables sociales, como la educación recibida o la edad. A estos dos procesos sociolingüísticos, se añaden otros, que pueden comportarse de forma diferente según cada área geográfica: el grado de tensión con que se pronuncia la consonante velar /x/-/h/ (en *caja*, por ejemplo), la asibilación de la consonante vibrante múltiple y de los grupos *tr-* y *dr-* (*casro* 'carro'; *trses* 'tres') o la tensión con que se pronuncia la palatal (*leche* / *leshe* 'leche') son algunos de los elementos variables más estudiados en el ámbito hispanohablante.

Por otro lado, se producen variaciones de las consonantes del español según sean su distribución o combinación en la cadena hablada. Existen, a este respecto, dos contextos de especial interés: la posición intervocálica y la posición final de sílaba. En la primera, los elementos fónicos se someten a un proceso general de *lenición*, que los debilita y tiende a eliminarlos, como ocurre con la *-d-* intervocálica, sobre todo en las terminaciones en *-ado* (> *-ao*) (p.e. *acabao*). Pero, sin duda alguna, el contexto que más caminos abre para la variación y el cambio fónico en español es el final de sílaba (distensión silábica), donde podemos hallar realizaciones trocadas, debilitadas, asimiladas o aspiradas para conjuntos de varios fonemas consonánticos (orales y nasales). Entre todos ellos, destaca el caso de /s/, que frecuentemente se manifiesta como aspirada y a menudo se pierde (*doh* 'dos'; *lah casa* 'las casas'; *lo árbole* 'los árboles'), con la implicación de factores tanto lingüísticos (naturaleza del sonido siguiente, carácter tónico o átono, carga de significado, entre otros), como extralingüísticos (sociales y estilísticos). El tratamiento de /s/ en la distensión silábica muestra unas posibilidades de variación fonética muy grandes, que se manifiestan de modo muy diverso según la región y según la interacción de muy diversos factores externos. En general, la sociolingüística hispánica distingue áreas de consonantismo innovador, donde la distensión consonántica es aceptada de forma abierta en el uso social, y áreas de consonantismo conservador, con articulaciones más tensas, donde los debilitamientos de las consonantes intervocálicas y finales suelen correlacionarse con los grupos socioculturales más bajos y los estilos más espontáneos o descuidados.

En el plano gramatical, Pedro Martín Butragueño (1994) propuso una tipología de la variación que distinguía variables de tipo morfológico, de tipo categorial, de tipo funcional y de tipo posicional. Las *variables de tipo morfológico* afectan sobre todo a la morfología gramatical, cuya variación suele verse determinada por factores tanto sociolingüísticos y estilísticos, como históricos y geográficos. Serían variables de tipo morfológico el uso de *-mos*/*-nos* como terminación verbal (*fuéramos*/*fuéranos*); el uso de *-ste*/*-stes* como terminación verbal (*quisiste*/*quisistes*), de *-ra*/*-se* como terminación verbal (*quisiera*/*quisiese*), el uso de *-ría*/*-ra* como terminación verbal (*si pudiera, lo haría*/*si pudiera, lo hiciera*; *si vendrías*/*si vinieras*) o el valor funcional o referencial de *le*, *la* y *lo* (*no le has dado las gracias*/ *no la has dado las gracias*).

Las *variables de tipo categorial* no siempre vienen determinadas por factores sociolingüísticos, estilísticos, históricos y geográficos, pero existen muestras suficientes de ello, como el uso de subjuntivo o de infinitivo con *para* (*me llaman para que yo redacte el informe* / *me llaman para (yo) redactar el informe*) o como el uso de adjetivo o de adverbio (*ella subió las escaleras muy rápida*/*ella subió las escaleras muy rápido*). Las *variables de tipo funcional*, sin embargo, que afectan a la sintaxis, a menudo resultan determinadas por factores históricos, geográficos, sociolingüísticos y estilísticos, como en los siguientes fenómenos: queísmo (*me alegro que vengas*) y dequeísmo (*pienso de que estás bien*); sujeto pronominal presente o ausente (*entonces yo decidí que sí*/*entonces decidí que sí*); personalización de *haber* (*ha habido muchos problemas*/*han habido muchos problemas*); uso de *lo* o *los* (*se lo advertí a ustedes/se los advertí a ustedes*); presencia o ausencia de duplicación de pronombre átono (clítico) (*me alegré cuando lo conocí a Luis/me alegré cuando conocí a Luis*) (Bentivoglio y Sedano 2011; Sedano y Bentivoglio 1996–1997). Las variables *de tipo posicional* no están correlacionadas con factores históricos, geográficos ni sociolingüísticos, salvo excepciones, como el uso de los modificadores en el sintagma nominal: *la, esta, su casa/la casa suya/la su casa.*

Como se ha dicho, los estudios de la variación sociofonética y, en alguna medida, de la variación sociogramatical han sido una constante en la investigación sociolingüística de la lengua española, con singular protagonismo para el comportamiento del segmento /s/ cuando aparece en posición final de sílaba. Sin embargo, la sociolingüística hispánica no solo no se ha limitado a ello, sino que ha ido ampliando progresivamente su campo conforme han ido interesando nuevas realidades sociolingüísticas y según los límites de la disciplina se han ido acercando a otros campos de estudio. Aún en el nivel fónico, desde los años noventa se ha multiplicado el interés por la sociolingüística de la prosodia, a propósito, por ejemplo, de la entonación circunfleja de las hablas mexicanas (elevación tonal que culmina en la sílaba nuclear, seguida de un descenso hasta el final de una emisión declarativa), que se correlaciona, entre otros, con el nivel de estudios y con el sexo.

Asimismo, resulta muy interesante la progresión de los estudios sociolingüísticos dedicados a cuestiones de cortesía, de discurso (p.e. partículas y marcadores discursivos) y de interacción conversacional (p.e. atenuación). En este campo llaman la atención los análisis de las formas y fórmulas de tratamiento en todo el mundo hispánico, que han dado lugar a numerosos trabajos monográficos y a una obra colectiva de gran dimensión y alcance, coordinada por Hummel, Kluge y Vázquez (2010). Como muestra de la importancia de este campo, por la multiplicidad de manifestaciones que el tratamiento ofrece, mencionaremos solamente el desarrollo de los estudios sobre *tú*, *vos* y *usted* en el área del Río de la Plata, de las implicaciones gramaticales del *voseo* (uso de *vos* para la cercanía) en toda América, del *ustedeo* en Centroamérica o de la distribución de *vosotros* y *ustedes* en distintas áreas dialectales de España.

El estudio sociolingüístico del léxico ha estado preferentemente vinculado a la recopilación de unidades por grupos o áreas de actividad social (léxicos profesionales, vocabulario juvenil, diferencias léxicas basadas en el sexo), a menudo desde un terreno a mitad de camino entre la dialectología y la etnografía lingüística (Casado 1998). Para encontrar estudios de enfoque sociolingüístico en los que predomine una metodología sociológica y cuantitativa, hay que acudir al campo de la disponibilidad léxica (López Morales 1993). El léxico disponible viene conformado por las unidades con que los hablantes cuentan en su lexicón mental y cuyo uso está condicionado por el tema concreto de la comunicación. El análisis de la disponibilidad busca averiguar qué palabras sería capaz de usar un hablante a propósito de determinados temas de comunicación. En esa búsqueda, se distingue el léxico disponible, potencial o no actualizado, del léxico realmente utilizado, que puede ser objeto de análisis de frecuencia. El enfoque sociolingüístico se adopta cuando los sujetos cuya disponibilidad se estudia se seleccionan de acuerdo con determinadas variables extralingüísticas (edad, sexo, barrio, nivel sociocultural) o en contextos, como los bilingües, donde la selección léxica es indicadora de posiciones y dinámicas sociales diferentes.

Finalmente, los estudios dedicados al bilingüismo, las lenguas indígenas, los desplazamientos de lenguas, las variedades criollas o las lenguas en contacto, a pesar de tener referentes tan antiguos como los trabajos de José Pedro Rona sobre el dialecto fronterizo del Uruguay (1965), no han alcanzado la intensidad de cultivo de la línea variacionista, si bien su presencia también ha ido creciendo de forma llamativa y ofreciendo publicaciones relevantes en el panorama internacional. En el caso de los estudios indigenistas, el monumental volumen *Lenguas indígenas de Colombia* (González de Pérez y Rodríguez de Montes 2000) es una referencia de primer orden; en el caso de las lenguas en contacto (Palacios 2008), destacan los trabajos de Germán de Granda en África y América (1978) o los estudios sobre el contacto entre el español y el inglés en los Estados Unidos, con sus mezclas y alternancias (Silva-Corvalán 1994, 2001, 2014), así como sobresalen los estudios teóricos que atienden a los criollos hispánicos en cuanto a su origen y a sus múltiples formas (McWorther 2000).

5. Métodos de investigación

La diversidad de disciplinas que conforma la sociolingüística, tanto la general como la hispánica, justifica la existencia de varias formas de plantear su metodología. Partiendo de la idea de que la sociolingüística siempre trabaja con datos procedentes de una realidad contextualizada, lo que supone ya una orientación metodológica común, lo cierto es que el abanico de posibilidades para abordar la investigación de la realidad lingüística y sociocultural en cada comunidad es muy variado y abarca desde el estudio de casos —en los trabajos de corte etnográfico— hasta el análisis de macrourbes, como la ciudad de México; y desde la aplicación de técnicas puramente inductivas —como en la descripción de situaciones de lenguas en contacto— a la práctica hipotético-deductiva, como en los análisis probabilísticos que, en los años ochenta, buscaban la formulación de reglas variables de contenido sociolingüístico. Recordemos que la sociolingüística no se reconoce por la aplicación de una metodología determinada, sino por la naturaleza de la realidad analizada y por el enfoque social desde el que se contemplan los hechos lingüísticos.

Esto no es óbice, sin embargo, para que se reconozcan unos procedimientos de investigación más prototípicamente sociolingüísticos que otros (Hernández Campoy y Almeida 2005). Así, se supone que cualquier sociolingüista concede un lugar privilegiado en sus argumentaciones a los conceptos de "realidad", "situación", "contexto", "uso", "variación" y "frecuencia". Consecuentemente, es habitual la aplicación de técnicas estadísticas, descriptivas o de inferencias. En el trabajo de campo, resulta obligada la delimitación de universos sociolingüísticos, la selección de variables socioculturales explicativas, la preparación de muestras representativas, la elección de informantes dentro de una comunidad, la recogida de materiales *in situ*, la ordenación y almacenamiento de los materiales reunidos y su cuantificación. En el proceso de recogida de materiales, las técnicas empleadas son también muy diversas y ofrecen distinto grado de estructuración: se consideran técnicas muy estructuradas aquellas que se elaboran y aplican preseleccionando qué tipo de variantes o hechos sociolingüísticos se pretende reunir, como ocurre cuando se aplican *cuestionarios*, sobre todo si son de elección múltiple; se consideran técnicas poco estructuradas aquellas que recogen materiales cuya naturaleza no es necesariamente conocida por los investigadores, como ocurre cuando se aplican *entrevistas*, sobre todo si son entrevistas libres o no dirigidas.

La técnica de recogida de materiales de lengua hablada que se considera sociolingüística por antonomasia es la *entrevista semidirigida*. Consiste en una interacción entre investigador e informante, mediante la cual se obtienen datos de habla continua, de espontaneidad relativa pero suficiente, y que requiere el manejo de unos recursos que van orientando la conversación sin forzar al hablante a que diga lo que no es producto de su propio discurso ni a alejarse en exceso de su más personal manera de dialogar. Entre esos recursos se encuentran las preguntas acerca de la infancia o de situaciones de riesgo o peligro, el tratamiento de módulos de contenidos que aseguren que se va a hablar de temas distintos, con alternativas discursivas (descripción, narración, argumentación, exposición) y mediante estilos diferentes (espontáneo, cuidado, casual) o incluso la lectura de textos. Estas técnicas semidirigidas buscan la consecución de un habla espontánea y cercana al *vernacular*, entendido este como la forma más natural de expresarse de cada hablante. No obstante, es grande la dificultad que supone la *paradoja del observador*, por la cual la aplicación de estas técnicas, aun cuando buscan la espontaneidad, impide en sí misma la aparición de un lenguaje espontáneo, al sentirse observado el informante. De ahí que muchos de los recursos utilizados en las entrevistas tengan como fin precisamente evitar o minimizar la paradoja del observador.

Por otro lado, la metodología sociolingüística contemporánea cuenta con unos instrumentos de excepcional valor para el estudio de las variedades y la variación, entre otros fines: los corpus de lengua hablada. A muchos de ellos se accede mediante recursos informáticos rápidos y capaces (Martín Butragueño 2011). Como más relevantes caben mencionar el macrocorpus de la norma culta del español (Samper, Hernández y Troya 1998), el gran corpus configurado por las muestras de las comunidades incluidas en el proyecto PRESEEA (preseea.linguas.net) o el corpus oral que se integra en los corpus académicos de referencia: *Corpus de referencia del español actual* (CREA) y *Corpus del español del siglo XXI* (CORPES XXI) (www.rae.es).

6. Direcciones futuras de la sociolingüística

Si los límites del conjunto de disciplinas que configuran la sociolingüística vienen fijados más por sus objetos de estudio que por sus métodos, en la medida en que vayan surgiendo nuevos objetos o vayan evolucionando los tradicionales, cabe esperar que la sociolingüística vaya adoptando formas innovadoras y aportando nuevos conocimientos sobre la realidad sociocultural de las lenguas. Al ser dinámica y no estática la vida social de las lenguas, al renovarse los entornos sociales en que se manejan, la sociolingüística se revela como una materia inagotable, con aportes continuamente actualizados y perspectivas en constante reubicación. En cierto modo, el futuro de la sociolingüística hispánica dependerá del futuro de las comunidades hispanohablantes y de sus procesos de comunicación.

Entre los centros de interés que han de ocupar a la sociolingüística del porvenir, sin duda estarán las multiformes dinámicas que la lengua española, en contacto con el inglés y con otras lenguas, conocerá en los Estados Unidos (Lacorte y Leeman 2009). Ya son una realidad las investigaciones dedicadas a aspectos como la enseñanza —y, en general, el tratamiento— del español como *lengua de herencia* o preocupadas por la emergencia de nuevas variedades del español estadounidense, que se construyen a partir de los procesos de nivelación y acomodación característicos de las situaciones de *dialectos en contacto*; sin embargo, su desarrollo ha de ser aún mayor en el futuro.

A esta esfera de interés se sumará, sin duda, una *sociolingüística de la globalización* (Coupland 2010; Blommaert 2010), que se ocupará de los fenómenos derivados de la movilidad poblacional, de la organización de las comunidades en redes, de la convivencia de grupos etnolingüísticamente diversos, de los repertorios y paisajes lingüísticos de las macrourbes o *ciudades globales* del futuro, de las políticas sociales y educativas que podrán desplegarse para facilitar la comunicación en contextos complejos. Y, en el caso de las lenguas internacionales, como la española, habrá de tener un tratamiento especial el manejo público y transnacional de sus variedades, las implicaciones ideológicas de las *políticas lingüísticas* normativas, globales e institucionales, así como sus consecuencias.

La sociolingüística del futuro seguirá reservando un lugar destacado para el estudio de la variación y el cambio lingüístico, en su origen y difusión, pero ocupándose con más claridad de los grandes procesos en los que se implica lo sociocultural con lo geográfico y lo pragmático. Y aún habrá lugar para el cultivo y desarrollo de perspectivas más recientes o innovadoras, todavía minoritarias, como la *sociolingüística cognitiva* (Moreno-Fernández 2012) o como el estudio de la *historia social de las lenguas* de todos los territorios que constituyen la hispanofonía (Burke y Porter 1987; Moreno-Fernández 2005b).

Bibliografía

Alvar, M. (1972) *Niveles socioculturales en el habla de Las Palmas de Gran Canaria*, Las Palmas: Cabildo Insular de Gran Canaria.
Alvar, M. (1986) *Hombre, etnia, estado. Actitudes lingüísticas en Hispanoamérica*, Madrid: Gredos.
Barriga Villanueva, R. (ed.) (2012) *Lingmex. Bibliografía lingüística de México desde 1970*, 13.ª ed., México: El Colegio de México. Accesible en www.lingmex.colmex.mx.
Bally, Ch. (1913) *Le langage et la vie*, Ginebra: Atar.
Barriga, R. y Martín Butragueño, P. (2010) *Historia sociolingüística de México*, 2 vols., México: El Colegio de México.
Bentivoglio, P. y Sedano, M. (2011) "Morphosyntactic variation in Spanish-Speaking Latin America", en Díaz Campos, M. (ed.) *The handbook of Hispanic sociolinguistics*, Oxford: Wiley-Blackwell, pp. 168–186.
Blas Arroyo, J.L. (2005) *Sociolingüística del español. Desarrollos y perspectiva en el estudio de la lengua en contexto social*, Madrid: Cátedra.
Blommaert, J. (2010) *The sociolinguistics of globalization*, Cambridge: Cambridge University Press.
Burke, P. y Porter, R. (eds.) (1987) *The social history of language*, Cambridge: Cambridge University Press.
Casado, M. (1998) *Lenguaje y cultura. La etnolingüística*, Madrid: Síntesis.
Cedergren, H. (1973) *The interplay of social and linguistic factors in Panama*, tesis doctoral, Cornell University.
Cerrón-Palomino, R. (1976) *Diccionario Quechua de Junín-Huanca-Castellano y viceversa*, Lima: Ministerio de Educación del Perú.
Coseriu, E. (1981) "La socio- y la etnolingüística: sus fundamentos y sus tareas", *Anuario de Letras*, 19, pp. 5–29.
Coupland, N. (ed.) (2010) *The handbook of language and globalization*, Oxford: Wiley-Blacwell.
Díaz Campos, M. (ed.) (2011) *The handbook of Hispanic sociolinguistics*, Oxford: Wiley-Blackwell.
Díaz Campos, M. (2012) *Introducción a la sociolingüística hispánica*, Oxford: Wiley-Blackwell.
Escobar, A. (1978) *Variaciones sociolingüísticas del castellano en el Perú*, Lima: Instituto de Estudios Peruanos.
Fishman, J. (1995) *Sociología del lenguaje*, Madrid: Cátedra.
Garvin P. L. y Lastra, Y. (1974) *Antología de estudios de etnolingüística y sociolingüística*, México: Universidad Nacional Autónoma de México.
González de Pérez, M. S. y Rodríguez de Montes, M. L. (2000) *Lenguas indígenas de Colombia*, Bogotá: Instituto Caro y Cuervo.
Granda, G. de (1978) *Estudios lingüísticos hispánicos, afrohispánicos y criollos*, Madrid: Gredos.
Hernández Campoy, J. M. y Almeida, M. (2005) *Metodología de la investigación sociolingüística*, Málaga: Comares.
Herrera, G. (1990) "Las lenguas indígenas de Guatemala: Situación actual y futura", en England, N. y Elliott, S. R. (comps.) *Lecturas sobre la lingüística maya*, La Antigua, Guatemala: Centro de Investigaciones Regionales de Mesoamérica, pp. 27–50.
Hummel, M., Kluge, B. y Vázquez Laslop, M. E. (2010) *Formas y fórmulas de tratamiento en el mundo hispánico*, México: El Colegio de México; Katl Franzens; Universität Graz.
Hymes, D. (1974) *Foundations in sociolinguistics: An ethnographic approach*, Filadelfia: University of Pennsylvania Press.
Labov, W. (1972) *Sociolinguistic patterns*, Oxford: Blackwell.
Labov, W. (1996–2006) *Principios del cambio lingüístico. I. Factores internos; Principios del cambio lingüístico. II. Factores sociales*. Madrid: Gredos.
Lacorte, M. y Leeman, J. (2009) *Español en Estados Unidos y otros contextos de contacto*, Madrid/Fráncfort: Iberoamericana/Vervuert.

Lastra, Y. (1986) *Las áreas dialectales del náhuatl moderno*, México: UNAM.

Lastra, Y. (1992) *Sociolingüística para hispanoamericanos. Una introducción*, México: El Colegio de México.

León-Portilla, M. (1979) *La multilingüe toponimia de México: sus estratos milenarios*, México: Centro de Estudios de Historia de México.

López Morales, H. (1983) *Estratificación social del español de San Juan de Puerto de Rico*, México: El Colegio de México.

López Morales, Humberto (1989) *Sociolingüística*, Madrid: Gredos.

López Morales, H. (1993) "Los estudios de disponibilidad léxica: pasado y presente", *Boletín de Filología de la Universidad de Chile*, 35, pp. 245–259.

McWorther, J. (2000) *The missing Spanish creoles: Recovering the birth of plantation contact languages*, Los Ángeles: University of California Press.

Martín Butragueño, Pedro (1994) "Hacia una tipología de la variación gramatical en sociolingüística del español", *Nueva Revista de Filología Hispánica*, 42, pp. 29–75.

Martín Butragueño, P. (2011) "Estratificación sociolingüística de la entonación circunfleja mexicana", en Martín Butragueño, P. (ed.) *Realismo en el análisis de corpus orales. Primer coloquio de cambio y variación*, México: El Colegio de México, pp. 93–121.

Martín Butragueño, P. (ed.) (2011) *Realismo en el análisis de corpus orales. Primer coloquio de cambio y variación*, México: El Colegio de México.

Martín Butragueño, P. (2012) "Variación y cambio lingüístico en el español mexicano", en Moreno Fernández, F. (ed.) *Panorama de la sociolingüística hispánica*, volumen monográfico de *Español Actual*, 92, pp. 11–38.

Meliá, B. (1973) *La agonía de los Aché-Guayakí: historia y cantos*, Asunción: CEADUC.

Menéndez Pidal, R. (1962) "Sevilla frente a Madrid: algunas precisiones sobre el español de América", en *Miscelánea homenaje a André Martinet: estructuralismo e historia*, vol. III, La Laguna: Universidad de La Laguna, pp. 99–165.

Moreno-Fernández, F. (1988) *Sociolingüística en EE.UU. Guía bibliográfica crítica (1975–1985)*, Málaga: Ágora.

Moreno-Fernández, F. (2004) "Cambios vivos en el plano fónico del español", en Cano, R. (coord.) *Historia de la lengua española*, Barcelona: Ariel, pp. 973–1010.

Moreno-Fernández, F. (2005a) "Corpus para el estudio del español en su variación geográfica y social: el corpus PRESEEA", *Oralia*, 8, pp. 123–140.

Moreno-Fernández, F. (2005b) *Historia social de las lenguas de España*, Barcelona: Ariel.

Moreno-Fernández, F. (2009) *Principios de sociolingüística y sociología del lenguaje*, 4.ª ed., Barcelona: Ariel.

Moreno-Fernández, F. (2012) *Sociolingüística cognitiva*, Madrid/Fráncfort: Iberoamericana/Vervuert.

Ninyoles, R. (1974) *Cuatro idiomas para un Estado*, Madrid: Cambio 16.

Ostler, N. (2004) "The social roots of missionary linguistics", en Hovdhaugen, E. y Zwartjes, O. (eds.) *Proceedings of the First International Conference on Missionary Linguistics*, Amsterdam: John Benjamins, pp. 33–46.

Quilis, A. (1983) "Actitud de los ecuatoguineanos ante la lengua española", *Lingüística Española Actual*, 5, pp. 269–275.

Palacios, A. (coord.) (2008) *El español en América. Contactos lingüísticos en Hispanoamérica*, Barcelona: Ariel.

Rona, J. P. (1965) *El dialecto fronterizo del norte del Uruguay*, Montevideo: Adolfo Linardi.

Samper, J. A., Hernández, C. y Troya, M. (1998) *Macrocorpus de la norma lingüística culta de las principales ciudades del mundo hispánico (MC-NLCH)*, Las Palmas de Gran Canaria: Servicio de Publicaciones de la Universidad de Las Palmas de Gran Canaria-ALFAL.

Saussure, F. de (1945 [1916]) *Cours de linguistique générale*, Buenos Aires: Losada.

Sedano, M. y Bentivoglio, P. (1996–97) "En torno a una tipología de la variación gramatical", *Anuario de Lingüística Hispánica*, 12, pp. 997–1011.

Silva-Corvalán, C. (1994) *Language contact and change: Spanish in Los Angeles*, Oxford: Clarendon Press.

Silva-Corvalán, C. (2001) *Sociolingüística y pragmática del español*, Washington, DC: Georgetown University Press.

Silva-Corvalán, C. (2014) *Bilingual language acquisition. Spanish and English in the first six years*, Cambridge: Cambridge University Press.

Lecturas complementarias

Bengoechea Bartolomé, M. (2009) "Spain and Portugal", *Sociolinguistics around the world: A handbook*, Nueva York: Routledge, pp. 341–358.

Moreno-Fernández, F. (ed.) (2012) *Panorama de la sociolingüística hispánica*, vol. monográfico de *Español Actual*, 98, Madrid: Arco Libros.

Samper Padilla, J. A. (2004) "La investigación sociolingüística en España durante los últimos veinticinco años", *Lingüística Española Actual*, 26–22, pp. 125–149.

Villena Ponsoda, J.A. (2009) "Sociolingüística: corrientes y perspectivas", en Reyes, R. (dir.) *Diccionario crítico de ciencias sociales*, Madrid-México: Plaza y Valdés [en línea]. Accesible en http://pendientedemigracion.ucm.es/info/eurotheo/diccionario/S/sociolinguistica.htm [4/11/2013].

Entradas relacionadas

bilingüismo; contacto lingüístico; cortesía; dialectología y geografía lingüística; espanglish; hablantes de herencia; ideologías lingüísticas; lingüística de corpus; políticas lingüísticas

TERMINOLOGÍA

Judit Freixa

1. El término en su contexto: el texto especializado

La terminología se ocupa del estudio de los términos, las unidades léxicas propias de los textos especializados, así que para contextualizar ambos conceptos (*terminología* y *término*) es pertinente referirse en primer lugar al entorno comunicativo donde se producen.

La *comunicación especializada* es la que se da entre un emisor, necesariamente especialista en la materia, y un receptor que puede tener distintos grados de conocimiento de la misma pero que, en cualquier caso, espera obtener una información fiable. Cuando el receptor es también especialista en la materia, el texto que se produce es un texto de elevada especialización, y también cuando el receptor es un especialista en situación de aprendizaje superior (como un estudiante universitario). El texto continúa siendo especializado cuando el receptor es un lego en la materia si el objetivo del emisor es transmitir una información científica sobre su conocimiento. En cambio, el texto se considera divulgativo cuando no está escrito por un especialista (aun tratándose de una materia especializada) o cuando la finalidad principal del texto es más llamar la atención que difundir una información científica. En esta gradación encontramos un producto intermedio, el texto de divulgación científica, cuando el emisor es especialista o se comporta como si lo fuese y pretende difundir a un público amplio un conocimiento especializado.

En los *textos especializados* es propio el uso de un "lenguaje" específico llamado *lenguaje de especialidad* aunque también se usan las formas *lenguajes especializados*, *lenguas especializadas* o de *especialidad*. En realidad, en español es preferible el uso de *lenguaje* porque *lengua* suele utilizarse para referirse a una lengua concreta entendida como idioma. Aun así, en contextos profesionalizadores se ha preferido el término *lengua especializada* y es muy recurrente también el uso de *español con fines específicos* (con la sigla *EFE*) a partir de la forma inglesa *language for special purposes*.

Los textos especializados pueden clasificarse desde distintos puntos de vista como su temática, su función y su nivel de especialización. Se consideran textos científicos aquellos que ocupan el grado superior en la escala de especialización, es decir, los que se dirigen a especialistas, como los artículos científicos y las tesis doctorales. Se trata mayormente de textos escritos pero para algunos de ellos existen las versiones orales, algo distintas de las escritas: conferencias, ponencias y comunicaciones en eventos científicos. Teniendo en cuenta su función, los manuales universitarios serían ejemplos de textos de alta especialización dirigidos a aprendices de especialistas y con una función pedagógica. Pero se consideran también textos especializados los informes técnicos, los artículos de revistas de divulgación científica y todos los demás textos que cumplan el objetivo de transferir conocimiento especializado a receptores con mayor o menor formación en ese tema.

Al redactar un texto especializado, el especialista asume implícitamente la responsabilidad de transmitir sus conocimientos de forma objetiva, aunque es inevitable un margen de subjetividad porque el especialista, como todo hablante, está sujeto a sus propias convicciones e intenciones. Además de objetivo, suele considerarse que el lenguaje especializado debe ser preciso, conciso y sistemático. Y, para que un texto especializado reúna estas condiciones, el especialista tiende al uso de determinadas estrategias discursivas, sintácticas, léxicas y formales que caracterizan los lenguajes de especialidad.

En el nivel léxico es donde resultan más notorias estas estrategias: se hace un uso recurrente de los términos propios de la materia empleados en consenso por sus especialistas. Estas unidades dotan al texto de precisión y objetividad aunque, según el grado de especialización del texto, y de acuerdo con la gradación que hemos establecido al inicio, varían las características del lenguaje especializado, ya que el texto debe adaptarse a las características del receptor.

Así, por ejemplo, en un texto de elevada especialización se suelen usar los términos de forma sintética y con poca variación; en cambio, el uso de paráfrasis analíticas y sinónimos es más frecuente en el texto que se dirige a un público menos especializado para conseguir que el léxico no resulte demasiado opaco cognitivamente.

2. Definición de término y de terminología

Podemos definir el *término* como la unidad léxica que denomina un concepto especializado, y la *terminología* como la disciplina que se ocupa de su estudio. Pero *terminología* es una palabra polisémica que recubre otros significados, ya que se usa también para referirse al conjunto de términos de una temática, un autor o una escuela ("la terminología de la música"), y también a la práctica de elaborar vocabularios o diccionarios especializados, que recibe asimismo el nombre específico de *terminografía*.

Hoy en día se considera la terminología una interdisciplina, es decir, una disciplina que encuentra su campo de estudio y sus conceptos fundamentales en la intersección de otras disciplinas como la lingüística, la ciencia cognitiva o la comunicación. Así, la terminología se ocupa del estudio de las características lingüísticas de los términos (¿cómo son?, ¿qué tipos de formaciones morfológicas son más propias y más frecuentes de una temática que de otra?, etc.), de sus tendencias en el uso social, de su valor semántico y pragmático, pero también de su función cognitiva e informativa.

Además de su vertiente teórica, la terminología tiene su vertiente aplicada. Por un lado está la terminografía —la práctica de la elaboración de vocabularios especializados—, mucho más antigua que la propia disciplina teórica ya que, como en otras disciplinas, la reflexión teórica surgió después de siglos de trabajo práctico. En realidad, la terminografía responde a una necesidad mucho más primaria que la reflexión sobre los términos. Desde el punto de vista aplicado, la terminología da respuesta a otras necesidades sociales y profesionales, como veremos más adelante.

3. Los orígenes de la terminología

Se considera que Eugen Wüster fue el padre de la terminología moderna y que la elevó al estatus de disciplina autónoma. En la Escuela de Viena, el ingeniero Wüster escribió en 1930 su tesis doctoral sobre las normas técnicas internacionales de electrotecnia y en 1968 publicó *The machine tool*, un trabajo terminográfico donde recogía las conclusiones de su investigación. A título póstumo se publicó en 1979 su obra *Einführung in die allgemeine Terminologielehre und terminologische Lexikographie*, traducida al español como *Introducción a la Teoría General de la Terminología.*

Según esta teoría, el concepto existe con independencia de las lenguas, es decir, con independencia de su uso. El concepto es universal y estático, y son los especialistas quienes tienen, por su dominio del conocimiento científico, una estructuración sistemática de los conceptos que conforman un campo de conocimiento. El término es solamente la denominación del concepto, de ahí el enfoque onomasiológico; y el sistema conceptual es previo a los términos, que son meros símbolos arbitrariamente asignados al concepto.

En coherencia con su entorno, Wüster tenía una visión prescriptiva de la terminología: además del positivismo lógico imperante en la época, el contexto de Wüster era la normalización internacional de la terminología. Por esta razón, la *teoría general de la terminología* defendía la biunivocidad de los términos, meras etiquetas denominativas establecidas por consenso entre los especialistas para asegurar la eficacia de la comunicación evitando todo tipo de ambigüedades. Si bien Wüster reconocía que la polisemia era un mal necesario, consideraba que la sinonimia era la peor de las perturbaciones lingüísticas, ya que inducía a error y cargaba la memoria innecesariamente. Desde esta concepción idealizada, los términos son "puros", ya que no están contaminados por el uso social ni por connotaciones afectivas o por variables como el tiempo o el espacio.

Además de Wüster, en los orígenes de la terminología hay que mencionar al ingeniero D. S. Lotte, que desarrolló sus trabajos en la antigua Unión Soviética también en los años treinta y en un contexto semejante de estandarización de conceptos y términos.

4. Nuevos enfoques terminológicos

La terminología tradicional, en especial la Teoría General de la Terminología, fue el paradigma imperante en terminología durante muchos años. Así, el trabajo terminológico teórico y aplicado durante décadas estuvo empañado por una visión normativista en contextos donde nada justificaba esta opción: sí era justificable en contextos de normalización científica para la comunicación internacional, pero no en entornos de descripción lingüística. Poco a poco empezaron a surgir voces críticas que, al cabo de los años, desembocaron en los enfoques terminológicos alternativos que veremos en esta sección. Se trata de propuestas teóricas cuyo objetivo no era poner en crisis la teoría wüsteriana, sino avanzar hacia planteamientos que se adaptaran mejor a las nuevas necesidades.

La crítica fundamental a la terminología tradicional fue la confusión entre deseo y realidad (Cabré 1999). Si bien puede considerarse que algunos de los principios de la opción terminológica clásica son aceptables en un contexto de normalización, es innegable que la realidad es mucho más compleja que lo defendido por Wüster y sus seguidores. Esta complejidad se observa especialmente en la diversidad de tipos de textos en los que aparecen los términos y en la gran variación que presentan los términos según la situación comunicativa en que aparecen. Pero además, la concepción universalista de los conceptos terminológicos entra en contradicción con los planteamientos de la lingüística y de las ciencias cognitivas.

4.1. Socioterminología

El término *socioterminología* fue usado por primera vez en 1982 por el autor quebequés Jean-Claude Boulanger, y al inicio de los años noventa los lingüistas franceses Louis Guespin, Yves Gambier y François Gaudin de la Université de Rouen lo utilizaron para dar nombre a su propuesta teórica (Gaudin publicó en 1993 y en 2003 las obras que constituyen el aparato teórico de la Socioterminología). La socioterminología es entonces presentada como la alternativa necesaria, un planteamiento terminológico que toma sus bases de la sociolingüística, la epistemología, la sociología de la ciencia y la glotopolítica, y que se define como una terminología fundamentada en la observación del funcionamiento del lenguaje y en el estudio de las condiciones de circulación de los términos. Se trata, pues, de describir la terminología en el uso real de la lengua.

Una de las mayores críticas que la Socioterminología ofrece a la terminología clásica es la de la biunivocidad, ya que la observación de la circulación real de los términos en los textos demuestra decididamente que la biunivocidad no es más que un ideal que ni siquiera en una situación de normalización terminológica debiera defenderse. La eliminación de sinónimos deja de ser un objetivo, la gestión de la variación ocupa su lugar y la polisemia se observa y analiza como un fenómeno propio y natural.

Además, el conocimiento especializado no se concibe a partir de dominios de especialidad segmentados con límites precisos, sino como el fruto de las interrelaciones entre los agentes implicados. Finalmente, cabe destacar como otro de los aportes de este enfoque terminológico el interés por el estudio diacrónico de la terminología.

4.2. Teoría Comunicativa de la Terminología

En 1999 apareció *La terminología. Representación y comunicación*, un volumen que reúne los textos escritos por Cabré mayoritariamente durante la década de los noventa, y que conforman la Teoría Comunicativa de la Terminología (TCT). En ellos, la autora sienta los principios de su enfoque teórico.

En primer lugar, se considera la terminología una materia interdisciplinar en oposición a Wüster, quien, como hemos visto, le atribuía un carácter de disciplina autónoma. Según Cabré, la terminología integra aportaciones de la *teoría del conocimiento*, relativas a los tipos de conceptualización de la realidad y a la relación de los conceptos entre sí y con sus posibles denominaciones; de la *teoría de la comunicación*, relacionadas con los tipos de situaciones en que pueden producirse y con la explicación de las características, posibilidades y límites de los diferentes sistemas de expresión de un concepto y de sus unidades; y de la *teoría del lenguaje*.

El objeto de estudio de esta disciplina son los términos, también llamados unidades terminológicas (UT), unidades que forman parte del lenguaje natural y que pueden describirse como módulos de rasgos asociados a las unidades léxicas. Los términos se describen como unidades denominativo-conceptuales, dotadas de capacidad de referencia, que pueden ejercer funciones distintas y que, integradas en el discurso, constituyen bien núcleos predicativos, bien argumentos de los predicados. Estas unidades, que no son inicialmente ni palabras ni términos sino sólo potencialmente términos o no términos, pueden pertenecer a ámbitos distintos. El carácter de término se activa en función de su uso en un contexto y situación determinados.

Además, desde esta opción teórica se considera que los términos son unidades de forma y contenido en las que el contenido es simultáneo a la forma. Un contenido puede ser expresado con mayor o menor rigor por otras denominaciones (más allá de los términos, el concepto se puede expresar a través de paráfrasis o denominaciones explicativas no fijadas como términos) del sistema lingüístico, que constituyen nuevas unidades lingüísticas de contenido especializado relacionadas semánticamente con la primera, o por denominaciones de otros sistemas simbólicos, que conforman unidades no lingüísticas de contenido especializado. Como se puede ver, este planteamiento se aleja irremediablemente del carácter definitivo y único que la Teoría General de la Terminología atribuía a las denominaciones.

En el plano conceptual se considera que los conceptos de un mismo ámbito especializado mantienen entre sí relaciones de diferente tipo, y que el conjunto de estas relaciones constituye la estructura conceptual de la materia. Este principio es muy relevante, ya que, entonces, el valor de un término se establece por el lugar que ocupa en la estructuración conceptual.

En cuanto al objetivo teórico, se considera que es la descripción formal, semántica y funcional de las unidades que pueden adquirir valor terminológico, explicar cómo lo activan y qué relaciones mantienen con otros tipos de signos del mismo o distinto sistema. La finalidad aplicada de la terminología es la recopilación y el análisis de las unidades de valor terminológico usadas en un ámbito; se trata de una finalidad muy diversa que permite muchas aplicaciones. En todas ellas se activa la doble función de los términos: la representación del conocimiento especializado y su transferencia, aunque en grados y modos distintos, y en situaciones también diversas.

Si bien la representación del conocimiento no se vehicula necesariamente a través de los términos, ya que otras unidades sirven para expresarlo y representarlo, sí lo hacen de forma más precisa, porque los términos se corresponden con nodos cognitivos de un dominio de especialidad. Pero además, las unidades terminológicas sirven también para la transmisión de este conocimiento, es decir, son unidades de comunicación especializada que responden siempre al esquema comunicativo de un emisor-especialista, si bien se puede diversificar sus destinatarios, como vimos más arriba, al hablar de la comunicación especializada.

El principio de la variación se desprende de los principios presentados por la Teoría Comunicativa de la Terminología. Contrariamente a la visión de Wüster, los conceptos dejan de considerarse universales y aislados de las lenguas naturales y, al estar sujetos a ellas, participan de su ambigüedad. Además, como hemos visto, el conocimiento especializado no se representa por etiquetas únicas, sino que estas son dependientes del contexto en el que aparecen y se utilizan: los términos circulan, en el plano horizontal, por distintas disciplinas, distintos acercamientos a una misma disciplina y distintos tipos de texto. En el plano vertical, circulan entre emisores con intenciones distintas, que se dirigen a públicos con diferentes grados de conocimiento de la materia, y que proceden de épocas, lugares y entornos sociales diferentes.

Para describir toda la variación que puede afectar a los términos (Freixa 2002) es necesario tener en cuenta todas las variables mencionadas, ya sean dialectales, funcionales o temáticas. Además hay que tener en cuenta las necesidades estilísticas propias de cualquier persona que escribe un texto (aunque sea un texto especializado) y los mecanismos cognitivos por los que distintos individuos o grupos pueden conceptualizar la realidad de distinto modo y, en consecuencia, denominarla también de formas distintas.

4.3. Otros enfoques terminológicos

Más allá de la Socioterminología y de la Teoría Comunicativa de la Terminología, a partir de los años noventa han surgido otras propuestas teóricas que, de una manera u otra, tratan de superar la terminología tradicional desde distintos enfoques.

La lingüística del texto y la terminología propuesta por Ciapuscio, pretende contribuir a la comprensión y explicación de la naturaleza, y el comportamiento del término en relación con el texto. Por su lado, Diki-Kidiri, con su terminología cultural, propone un nuevo método de investigación basado en un enfoque cultural de la terminología que pueda permitir a lenguas de tradición oral, como algunas lenguas africanas, ser aptas para expresar todas las realidades del mundo moderno.

Otro enfoque alternativo a la terminología clásica es el de Temmerman (2000) con su Teoría Sociocognitiva de la Terminología, basada en la semántica cognitiva, que defiende, como hemos visto en las propuestas anteriores, que los principios terminológicos que surgen del trabajo de normalización de conceptos y términos no deben considerarse los propios para cualquier descripción terminológica. También aporta la idea de "unidades de comprensión" (*understanding units*), segmentos de comprensión del mundo a través de marcos cognitivos que, contrariamente a los conceptos de Wüster, no se pueden calificar de objetivos ni universales. Los marcos cognitivos son idealizaciones que los hablantes usan para organizar su espacio mental y para relacionar las unidades entre sí.

Para terminar esta rápida revisión de enfoques teóricos alternativos a la terminología clásica debemos citar la propuesta de Faber y su equipo: la Terminología Basada en Marcos se asemeja al modelo anterior por el enfoque cognitivo utilizando aspectos de la semántica de marcos. En este caso, se parte de la idea de que la conceptualización de un dominio especializado está orientada según el objetivo, y depende, en cierto grado, de la tarea que se va a desarrollar.

5. La terminología en el mundo organizativo y profesional

La terminología cuenta con un gran desarrollo organizativo: existen redes y asociaciones creadas con fines cooperativos, de realización de trabajos conjuntos, de formación o simplemente de difusión. A nivel europeo, la organización más representativa es la EAFT (European Association for Terminology), y para las lenguas iberoamericanas, la red de referencia es RITERM (Red Iberoamericana de Terminología), que cuenta ya con 25 años de existencia. Para las lenguas latinas existe REALITER (Red Panlatina de Terminología) y para las lenguas latinas minoritarias existe LINMITER. Por otro lado, INFOTERM (International Information Center for Terminology) es un centro que cuenta con una gran experiencia y reputación, y cuyo director fue, hasta su muerte, Eugen Wüster.

En el ámbito español existe la Asociación Española de Terminología (AETER), creada en 1997 con los objetivos de desarrollar y promover la terminología como disciplina, estimular la elaboración de recursos terminológicos necesarios y difundir los recursos existentes. Dentro del territorio español, hay otras lenguas que cuentan con asociaciones de terminología (SGAT: Sociedade Galega de Terminoloxía, SCATERM: Societat Catalana de Terminologia) e importantes centros de producción terminológica (UZEI: Terminologia eta Lexikografiako Zentroa, TERMCAT: Centre de Terminologia de Catalunya).

De igual modo, y centrándonos en el panorama europeo, todas las lenguas cuentan con una asociación de terminología y/o un centro de producción terminológica: ASS.I.TERM (Associazione Italiana per la Terminologia), CTB (Centre de Terminologie de Bruxelles), DIT (Deutsches Institut für Terminologie), SFT (Société Française de Terminologie), ELETO (Helenic Society for Terminology) y un largo etcétera.

A nivel profesional, la terminología se hace presente en una gran diversidad de escenarios. Siempre se ha subrayado la fuerte conexión de la terminología con la traducción y la documentación, en el nivel aplicado. Si bien es cierto que la terminología está presente en todas las áreas de conocimiento, porque todas ellas necesitan de la terminología para expresarse, también es cierto que la traducción y la documentación tienen un vínculo más estrecho con ella. Para la *traducción* especializada, el traductor debe poseer una buena formación en terminología para reconocer las unidades terminológicas y saber cómo tratarlas. También para conocer los recursos donde encontrar los equivalentes de esos términos y, finalmente, para poder lanzar propuestas denominativas cuando la situación lo requiera. Por otro lado, los documentalistas necesitan la terminología en un sentido distinto: los términos son las unidades que los profesionales de la *documentación* necesitan para indizar documentos que permitan su posterior recuperación.

La *terminografía* o *lexicografía especializada* es sin duda la actividad más conocida en relación con la terminología. Nos referimos a la confección de glosarios, vocabularios y diccionarios sobre los distintos temas de especialidad, ya sean de carácter descriptivo del uso, ya sean de carácter prescriptivo, para orientar el uso de los hablantes en relación a los términos. En este segundo caso, la actividad está más relacionada con la *normalización terminológica* que se realiza en organismos (nacionales o internacionales) que cuentan con el soporte y la autoridad para tomar las decisiones lingüísticas oportunas.

Desde un punto de vista tecnológico no se puede dejar de lado la *terminótica*, entendida como la rama de la ingeniería lingüística que desarrolla herramientas terminológicas para los trabajos más o menos directamente relacionados con la terminología. Solamente por citar una par de herramientas, cabe mencionar los extractores automáticos de terminología, que han demostrado ser muy útiles para una gran variedad de actividades (terminografía, normalización terminológica, estudio de una disciplina, etc.), y los gestores de terminología, que sirven para la creación de bases de datos terminológicos y que son hoy en día indispensables para el trabajo terminográfico.

Bibliografía

Arntz, R. y Picht, H. (1989) *Einführung in die Terminologiearbeit*, Hildesheim: Georg Olms Verlag. Versión castellana: *Introducción a la terminología*, Madrid: Fundación Germán Sánchez Ruipérez, 1995.

Cabré, M. T. (1993) *La terminología. Teoría, metodología, aplicaciones*, Barcelona: Antàrtida-Empúries.

Cabré, M. T. (1999) *La terminología: representación y comunicación* (Sèrie Monografies, 3), Barcelona: Institut Universitari de Lingüística Aplicada, Unievrsitat Pompeu Fabra.

Ciapuscio, G. E. (2003) *Textos especializados y terminología* (Sèrie Monografies, 6), Barcelona: Institut Universitari de Lingüística Aplicada, Universitat Pompeu Fabra.

Diki-Kidiri, M. (1999) "Terminologie pour le developpement" en *Terminología y modelos culturales*, Barcelona: Institut Universitari de Lingüística Aplicada, Universitat Pompeu Fabra.

Faber, P., Márquez, C. y Vega, M. (2005) "Framing terminology: A process-oriented approach", *META. Journal des traducteurs*, 50, 4.

Freixa, J. (2002) *La variació terminològica: anàlisi de la variació denominativa en textos de diferent grau d'especialització de l'àrea de medi ambient* (Sèrie Tesis, 3), Barcelona: Institut Universitari de Lingüística Aplicada, Universitat Pompeu Fabra.

Gaudin, F. (2003) *Socioterminologie. Une approche sociolinguistique de la terminologie*, Bruselas: Duculot.

Guerrero, G. y Pérez Lagos, F. (eds.) (2002) *Panorama actual de la terminología*, Granada: Comares.

Rey, A. (1979) *La terminologie: noms et notions*, París: Presses Universitaires de France, Que sais je? (2a. ed. correg. 1992).

Rondeau, G. (1983) *Introduction à la terminologie*, Chicoutimi (Québec): Gaëtan Morin.

Sager, J.-C. (1990) *A practical course in terminology processing*, Amsterdam/Filadelfia: John Benjamins. Versión castellana: *Curso práctico sobre el procesamiento en terminología*, Madrid: Fundación Germán Sánchez Ruipérez, 1993.

Temmerman, R. (2000) *Towards new ways of terminology description: The sociocognitive-approach*, Amsterdam/Filadelfia: John Benjamins.
Wright, S. E. (1997) *Handbook on terminology management*, Amsterdam: John Benjamins.
Wüster, E. (1979) *Einführung in die allgemeine Terminologielehre und terminologische Lexikographie*. Teil 1–2, Viena: Springer-Verlag. Versión castellana: *Introducción a la Teoría general terminológica y a la lexicografía terminológica*, Barcelona: IULA, 1998.

Entradas relacionadas

análisis del discurso; lingüística aplicada; semántica

TIPOLOGÍA LINGÜÍSTICA

Juan Carlos Moreno Cabrera

1. Conceptos básicos de tipología lingüística

La tipología lingüística es la disciplina que se encarga de estudiar los diversos tipos de lenguas humanas que pueden encontrarse. Dentro de la enorme variedad de lenguas, hay dos tipos de lengua natural humana fundamentales: las lenguas orales y las lenguas de señas. Ambas son lenguas humanas naturales, obedecen a los mismos principios universales de organización (*Universales del lenguaje*) y presentan una apreciable diversidad condicionada por unos pocos principios estructurales. Pero vamos a ver en este capítulo que muchos criterios tipológicos son aplicables a ambos tipos de lenguas.

Un tipema es un rasgo lingüístico que puede servir para clasificar las lenguas en diferentes tipos.

Los tipemas pueden ser simples y complejos. Por ejemplo, podemos clasificar las lenguas de acuerdo con un determinado tipema como la existencia de vocales nasales o la existencia de artículo. Son las *tipologías unidimensionales*. De esta manera creamos dos tipos de lengua: las que tienen el tipema (es decir, lenguas con vocales nasales o con artículos como el portugués o el francés) y las que no lo tienen (lenguas sin vocales nasales y sin artículos como el ruso y el croata). Mucho más interesantes son las tipologías que implican tipemas complejos, que constan de más de un rasgo lingüístico tipológicamente pertinente cuando esos tipemas están relacionados entre sí. De esta manera, podemos establecer una relación de implicación entre la existencia de vocales orales y nasales notada $V^n \rightarrow V$, que significa que si una lengua tiene vocales nasales también las tendrá orales pero no viceversa. Lo mismo podemos decir de la implicación ART → DET, que establece que si una lengua tiene artículos también tendrá determinantes pero no necesariamente al revés. Esta relación condicional da lugar a los denominados *universales implicativos*, que originan tipologías de cuatro tipos. Tal como podemos comprobar en el siguiente cuadro:

$V^n \rightarrow V$
$+V^n, +V$; portugués, francés
$-V^n, +V$; español, catalán
$+V^n, -V$; $\varnothing$
$-V^n, -V$; imposible

ART→DET
+ART, +DET; portugués, español
–ART, +DET; ruso, croata
+ART, –DET; ∅
–ART, –DET; imposible

Como vemos, un universal implicativo de tipo A→B excluye el tipo [+A, –B] y permite el tipo [–A, –B]. En los dos casos que hemos visto, hemos podido comprobar que, en efecto, no se ha encontrado ninguna lengua con vocales nasales y sin vocales orales o con artículos y sin determinantes (esto se indica mediante el símbolo ∅) . Sin embargo tampoco encontraremos nunca el tipo último, lógicamente posible, pero no atestiguado debido a dos universales lingüísticos: todas las lenguas tienen vocales y determinantes. Por eso conviene distinguir el caso tercero, que es una posibilidad lógicamente excluida y no atestiguada empíricamente, lo que tiene un claro componente heurístico, del caso cuarto donde tenemos una posibilidad lógica que no se puede realizar por dos propiedades universales de las lenguas humanas.

Las tipologías que acabamos de ejemplificar son unidimensionales porque implican un único nivel de la lengua. Pero también las hay *pluridimensionales*, que abarcan varios niveles de las lenguas tales como, por ejemplo, la sintaxis y la morfología, un ejemplo típico que veremos más adelante es la tipología lingüística del parámetro OV/VO.

2. Tipología de las lenguas orales

2.1. Tipología de los sistemas fonológicos

Si comparamos los sistemas fonológicos de las diversas lenguas del mundo con el objetivo de encontrar elementos que se repitan de modo recurrente y sistemático, podemos llegar a la conclusión de que los fonemas más frecuentes son los que se indican a continuación:

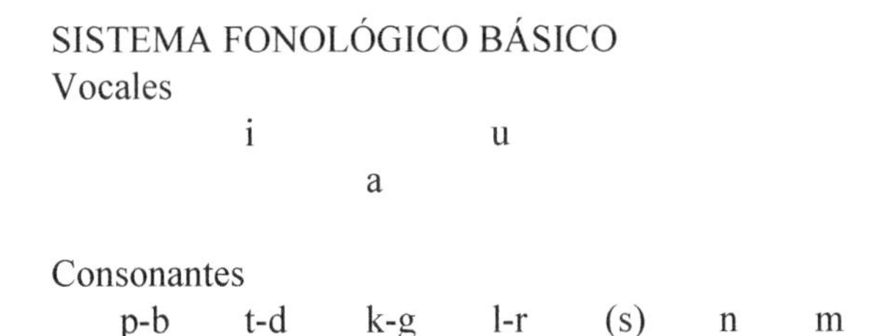

Crothers (1978: 115) y Aitchison (1996: 82) afirman que *a, i, u* son vocales universales. Podemos considerar que estos tres sonidos constituyen los extremos de lo que se puede denominar *espacio de variación vocálico*, expresado mediante <i, a, u>, es decir, el ámbito fuera del cual ya no pueden articularse sonidos puramente vocálicos. Las vocales en cuestión sirven de delimitación de ese espacio de variación vocálica en el sentido de que vocales más cerradas que la *i* o que la *u* originan sonidos muy próximos a las consonantes y, de hecho, se suelen consonantizar muy a menudo. Por otro lado, la *a*, al originarse con la lengua en su posición de reposo, la posición más baja posible, nos establece la cota inferior del sonido vocálico. Esta observación puede dar lugar al establecimiento de tipemas complejos tales como E→A (que se puede comprobar en español) o Ü→U (que se puede comprobar en francés).

Retomando el ejemplo que vimos en la introducción y que hace referencia a las vocales nasales en el que enunciamos el tipema complejo: $V^n \rightarrow V$, que indica que las vocales nasales son más marcadas tipológicamente que las orales, podemos establecer la siguiente generalización tipológica:

Si una lengua tiene vocales nasales también tiene vocales orales

Esto indica que las vocales nasales son más marcadas que las orales y por tanto, que, cuando las lenguas son del primer tipo y por consiguiente tienen tanto vocales nasales como orales, éstas son más marcadas que aquellas. Es decir, el número de vocales nasales de una lengua es siempre igual o menor que el número de vocales orales, ya que la resonancia nasal puede enmascarar las diferencias de timbre en las que se basan las vocales. Veamos una tabla en la que se registra el número de vocales nasales y orales de algunas lenguas (Parkinson 1990: 132; Harris 1990: 210; Green 1990: 428):

NÚMERO DE VOCALES NASALES Y ORALES EN ALGUNAS LENGUAS

Lengua	*Vocales Nasales*	*Vocales Orales*
Haitiano	5	7
Mauriciano	3	5
Francés	4	12
Portugués	5	9

En cuanto al sistema de consonantes que se considera básico o no marcado también encontramos los extremos que definen el espacio de variación de las producciones articulatorias consonánticas más común: el que tiene lugar en la cavidad bucal. De hecho, la *p* y la *k*, constituyen dos puntos extremos dentro de la cavidad bucal para la interrupción de la corriente de aire proveniente de la glotis, que se usa para producir sonidos. La oclusión de los labios representa el punto más anterior de la boca donde se puede detener la corriente de aire y la *k* representa uno de los puntos más posteriores (existen oclusivas algo más posteriores como las postdorso-uvulares, poco frecuentes en las lenguas. Sobre la tipología de las uvulares y velares véase Moreno Cabrera 2004: 124–129). Por tanto, ambos sonidos (*p* y *k*) sirven para establecer los límites dentro de los cuales se articulan la mayoría de las demás consonantes, pues, en las lenguas el número de consonantes bucales es superior al de las no bucales (como las faringales y laringales, por ejemplo). Por su parte, la *m* no es otra cosa que una versión nasalizada de la *p* (es decir una versión en la que además de la oclusión labial se permite el acceso de la corriente de aire a la cavidad nasal y además vibran las cuerdas vocales) y la *n* sería la versión nasal de la *t* (consonante producida dentro del espacio de variación <p, k>). Se puede establecer la siguiente generalización tipológica:

Toda lengua tiene más consonantes articuladas dentro del espacio de variación <p, k> que fuera de él.

De aquí se deduce que el número de consonantes bucales será siempre mayor que el número de consonantes no bucales, es decir, que se articulan fuera del espacio de variación <p, k>.

Por ejemplo, el árabe clásico, una lengua rica en consonantes no bucales, tiene 24 consonantes bucales (articuladas dentro del espacio de variación <p, k>), frente a tan solo cuatro no bucales: dos faringales y dos glotales.

Hasta ahora hemos visto la organización paradigmática de la estructura fónica de una lengua: es decir, los diversos fonemas que se oponen *in absentia* entre sí para poder construir unidades significativas diferentes. Por otro lado, la organización sintagmática del componente fónico de una lengua se organiza a través de la sílaba, en donde se establecen relaciones *in praesentia* entre los diversos elementos fónicos que forman las palabras de una lengua; es lo que se denomina *fonotáctica.*

Toda sílaba consta de al menos un centro silábico ocupado por una vocal o diptongo y de una cabeza y coda silábicas que están constituidas por una o varias consonantes. Por ejemplo en español [pan] consta de una sílaba (σ) con cabeza (Ca) simple (una [p]), núcleo vocálico ([a]) y coda (Co) simple [n]. Estructuralmente se mantiene que el núcleo (N) y la coda forman un constituyente denominado *rima* (R) que puede ser precedido por la cabeza. De esta manera la sílaba que hemos puesto de ejemplo se analiza así:

$[_{\sigma}[_{Ca}p]][_{R}[_{N}a]\ [_{Co}n]]$

Hay dos generalizaciones sobre la estructura silábica de las lenguas:

En toda lengua una vocal sola puede constituir una sílaba
El núcleo silábico es más abierto que la cabeza y coda silábicas

Las consonantes y vocales se pueden disponer según su grado de abertura, de modo que la combinación de consonantes y vocales tiene que hacer posible la transición explosión/implosión.

Se pueden disponer los sonidos de cualquier lengua en una jerarquía de abertura que puede tener el siguiente aspecto.

VOCALES > SONANTES > FRICATIVAS > OCLUSIVAS

Las sonantes agrupan las líquidas y las nasales.

La estructura más simple que puede tener una sílaba viene dada por la fórmula V (vocal). A continuación, tenemos la sílaba con cabeza constituida por una sola consonante, notada CV (consonante vocal), que es el tipo de sílaba más simple existente y que tienen todas las lenguas.

La secuencia CV es más natural que la secuencia VC. La prueba puede verse en el hecho de que las consonantes que pueden aparecer en posición de coda silábica (consonantes implosivas) son siempre menos que las que pueden aparecer en cabeza silábica (consonantes explosivas). Por ejemplo, en español ni la *ñ*, ni la *m*, ni la *g*, ni la *rr* pueden aparecer en esa posición y sí en la de cabeza silábica. Se puede, por tanto, establecer la siguiente generalización tipológica:

$VC \rightarrow CV$
si una lengua tiene la sílaba VC también tendrá la sílaba CV

Las cabezas pueden ser compuestas de más de una consonante, es decir, puede haber sílabas como CCV o C2V (esp. *tres*) o incluso C3V (inglés *sprint*). En ruso tenemos posibilidad de C4V; por ejemplo *vzgliad* 'mirada, ojeada'. Excepcionalmente podemos encontrar C5V o incluso C6V. El georgiano (Hewitt 1995: 20) nos proporciona los siguientes ejemplos *bdgvriali* 'resplandecer' y *p*^{h}*rtsk*^{h}*vna* 'pelar'

Tenemos entonces la siguiente generalización tipológica implicativa:

Si una lengua tiene $C^{n}V$ también tendrá C^{n-1} V, para $n \geq 1$

En donde $C^{n}V$ nota una cabeza silábica de n consonantes y C^{n-1} V es una cabeza silábica con n – 1 consonantes. Si $C^{n} = 5$, $C^{n-1} = 4$.

2.2. La tipología morfosintáctica

El romanista alemán G. Bossong (2004) ha propuesto unos parámetros para clasificar las lenguas según su estructura morfosintáctica que mejora de modo sustancial la clasificación tradicional en lenguas aislantes (como el chino), aglutinantes (como el turco) y flexivas (como el latín y el griego).

Para explicar esta propuesta hay que distinguir dos tipos de unidades significativas en las lenguas. Los lexemas son elementos significativos con denotación extralingüística. Por ejemplo unidades como <casa>, <libro> tanto en las lenguas habladas como en las lenguas señadas. Por su parte, los gramatemas son unidades significativas que tienen función gramatical. Por ejemplo, el morfema de tiempo o aspecto tanto en las lenguas habladas como en las lenguas señadas. En las lenguas encontramos elementos como artículos, preposiciones o conjunciones, que también son gramatemas.

Un parámetro dentro de la tipología de Bossong es el grado de fusión morfológica de los gramatemas con los lexemas. La determinación de este grado se obtiene a partir de la mayor o menor imbricación o integración morfológica entre los dos elementos. El gramatema puede solaparse en mayor o menor medida con el lexema o puede no solaparse con él en absoluto. Por ejemplo, en castellano, el gramatema de diminutivo *-it-* está más integrado con el lexema que el gramatema de plural, dado que este aparece después de la vocal temática (identificada habitualmente como morfema de género) y aquél aparece antes: [gat-ít-o-s]/ <gatitos>.

Un segundo parámetro tipológico es el de la posición de los gramatemas respecto de los lexemas. Es decir, los gramatemas que determinan o rigen gramaticalmente un lexema pueden anteponerse o posponerse a él. Por ejemplo, en castellano el gramatema preposicional *de* se antepone al sustantivo que rige: [dekása]/ <de casa>.

Sobre la base de estos criterios Bossong establece la siguiente casuística lingüística:

- Uniformidad morfológica (UM)
  Todos los gramatemas nominales presentan el mismo grado de fusión con los lexemas; todos están en el mismo nivel morfológico.
- Biformidad morfológica (BM)
  Los gramatemas nominales muestran al menos dos grados de fusión con los lexemas. Hay al menos dos grados de imbricación lexema/gramatema.
- Uniformidad posicional (UP)
  Todos los gramatemas nominales aparecen en la misma posición dentro del sintagma nominal. O bien anteceden al lexema nominal o bien le siguen.

- Biformidad posicional (BP)
  Los gramatemas nominales aparecen a ambos lados de los lexemas nominales. Unos le preceden y otros le siguen.

A partir de esta casuística Bossong propone la siguiente tipología lingüística.

1. Lenguas totalmente uniformes (UM+UP): aquellos idiomas en los que hay uniformidad morfológica (UM) y posicional (UP). Un ejemplo es el japonés, lengua en la que existe solo un grado de fusión entre lexema y gramatema y en la que todos los gramatemas siguen a los lexemas.
2. Lenguas de biformes posicionales (UM+BP): aquellos idiomas en los que hay uniformidad morfológica (UM) pero biformidad posicional (BP). Es el caso del chino, que presenta un único grado de fusión entre lexema y gramatema y en el que algunos gramatemas preceden a los lexemas y otros les siguen. Por ejemplo en esta lengua tenemos tanto *qiáng-shàng* 'en la pared', donde *shàng* es un gramatema que indica lugar en donde y aparece después del nombre, como *gĕi háizi* 'al niño' donde *gĕi* es un gramatema que indica objeto indirecto y precede al sustantivo.
3. Lenguas biformes morfológicas (BM+UP). Estas lenguas tienen dos grados de fusión de los gramatemas con los lexemas pero son posicionalmente consistentes (el orden entre ambos elementos es siempre el mismo). Lenguas como el vasco, georgiano o hindi son de este tipo.
4. Lenguas totalmente biformes (BM+BP). Estas lenguas presentan al menos dos grados de fusión entre los gramatemas y los lexemas y además el orden entre unos y otros es variable. El latín, el ruso o el árabe clásico son lenguas de este tipo.

2.3. La tipología de la marcación de las relaciones sintácticas

Hemos comprobado hasta ahora que los predicados requieren una serie de argumentos. Las lenguas difieren en cómo se expresa formalmente ese requerimiento. La expresión de esa relación predicado–argumento puede hacerse a través de la yuxtaposición de los sintagmas que denotan los argumentos y los que denotan el predicado, sin que ni en uno ni en otro exista marca alguna de la misma (distinta del orden). Esto ocurre habitualmente en muchas lenguas de Asia oriental, tales como el chino o el vietnamita o en las lenguas malayo-polinesias. El esquema general es, pues, el más sencillo: el predicado (P) se encuentra rodeado, precedido o seguido de sus argumentos (X, Y, Z). X es el primer argumento (suele ser sujeto), Y es el segundo argumento (suele ser objeto directo) y Z (suele ser objeto indirecto) es el tercer argumento. Esquemas como Z Y Z P, P X Y Z o X P Y Z pertenecen a este tipo. Las lenguas que realizan esta posibilidad decimos que son del tipo *neutro*.

Una segunda posibilidad es que cada uno de los argumentos lleve una marca que indique que está relacionado y de qué manera con el predicado y que el predicado no presente marca alguna. Tendríamos un esquema como el siguiente: X^x, Y^y, Z^z P, donde X^x denota que el argumento X tiene algún tipo de marca que indica su función en la oración. El japonés y el coreano nos proporcionan dos ejemplos de este esquema. Las lenguas que marcan sus argumentos de este modo y dejan de marcar el predicado decimos que son de tipo *argumental*.

Una tercera posibilidad consiste en que sea el predicado el que lleve marcas para los argumentos y que los argumentos estén desprovistos de índice alguno. Varios esquemas posibles son X Y Z P^x, X Y Z P^{xy}, X Y Z P^{xyz}. En el primer caso, el predicado lleva una marca que hace referencia al argumento X; en el segundo caso, el predicado lleva una marca que hace referencia al argumento X y al argumento Y y, en el tercer caso, lleva una marca que hace referencia a los argumentos X, Y, Z. Un ejemplo de este tipo es la lengua caucásica abjaso (Abkhaz). En español si consideremos que los clíticos son marcas aglutinadas con el verbo, la forma verbal *diómelo* es de tipo P^{xyz}, dado que en el verbo (P) se marcan los tres participantes señalados según su función: sujeto (*-o*), objeto indirecto (*me*) y objeto directo (*lo*). Los idiomas que marcan los argumentos en el predicado pero que no señalan los argumentos mismos decimos que pertenecen al tipo *predicativo*.

La cuarta posibilidad es una combinación de las dos anteriores y se puede simbolizar de la siguiente manera X^x, Y^y, Z^z P^{xyz}. Es decir, cada argumento lleva marca de caso y a su vez el verbo lleva un índice morfológico por cada uno de esos argumentos. El vasco es un buen ejemplo de este tipo. Decimos que esta lengua es de tipo *mixto*. He aquí un ejemplo ilustrativo del vasco: *Ni-k Patxi-ri oparia eman diot* 'Yo le he dado un regalo a Patxi'. En esta oración los argumentos llevan una marca que indica su función en la oración. De este modo *ni* 'yo' lleva marca de agente (*-k*), Patxi lleva la marca de dativo (*-ri*). Por su parte *oparia* no lleva marca alguna de caso ya que es paciente y el paciente no se marca en esta lengua, y el auxiliar verbal *diot* se analiza como *-o-* (dativo de tercera persona del singular), *-t-* (agente de primera persona del singular) y *d—* (paciente de tercera persona del singular). Por tanto, el esquema que realiza este ejemplo es X^x $Y^{\varnothing}$ Z^z P^{yzx}.

Una misma lengua puede participar de alguno de estos tipos en mayor o menor medida. Si analizamos la oración española *le di el libro a Pedro*, observamos que en el verbo se marca morfológicamente solo un argumento: el del sujeto (y también el objeto indirecto si consideramos *le* como parte morfológica del verbo con un grado de fusión morfológica menor que la terminación de persona). Por su parte, se señala morfológicamente solo el argumento *Pedro* mediante la preposición *a*. Tenemos entonces este esquema: X Y Z^z P^x o bien X Y Z^z P^{xz}, si consideramos que *le* es parte del verbo; en el caso de *se lo di a Pedro* tendremos X Y Z^z P^{xyz} si consideramos *se lo di* como una única palabra.

2.4. La tipología OV/VO

Las tipologías *multidimensionales* se basan en dos o más criterios para establecer la clasificación. Cuando estos criterios están lingüísticamente relacionados es cuando podemos caracterizar un tipo lingüístico determinado. Por ejemplo, las lenguas que presentan el orden *objeto directo + verbo* utilizan de modo no marcado posposiciones (es decir, construcciones en las que primero aparece el nombre y luego la posposición, como, por ejemplo, el vasco *bakearen alde* 'en favor de la paz', en donde *alde* es la posposición que significa 'en favor de' o 'por'). Estas lenguas suelen tener además el complemento del nombre antes del nombre o las conjunciones subordinantes después de las oraciones a las que afectan.

Vamos a ver, siguiendo a Lehmann 1978, los parámetros de variación que se observan si comparamos una lengua OV con una lengua VO. Lehmann lo ejemplifica con el cingalés y el irlandés; vamos a realizar una ejemplificación con el español y el vasco.

COMPARACIÓN MULTIDIMENSIONAL DEL ESPAÑOL Y EL VASCO

1. Orden VERBO + OBJETO frente a OBJETO + VERBO
   a) Español: Juan lee EL LIBRO
   b) Vasco: Jonek LIBURUA irakurtzen du

2. Orden ANTECEDENTE+ORACIÓN RELATIVA frente a ORACIÓN RELATIVA+ANTECEDENTE
   a) Español: EL LIBRO que lee Juan
   b) Vasco: Jonek irakurtzen due-n LIBURUA

3. Orden NOMBRE+COMPLEMENTO frente a COMPLEMENTO+NOMBRE:
   a) Español: El libro DE JUAN
   b) Vasco: JON-EN liburua

4. Orden DETERMINANTE+NOMBRE frente a NOMBRE+DETERMINANTE
   a) Español: UN libro; EL libro
   b) Vasco: liburu BAT; liburu-A

5. Orden MARCA DE CASO+NOMBRE frente a NOMBRE+MARCA DE CASO
   a) Español: Se lo di A Antonio
   b) Vasco: Andoni-RI eman nion

6. PREPOSICIONES frente a POSPOSICIONES
   a) Español: DETRÁS DEL libro
   b) Vasco: Liburuaren ATZEAN

7. Orden MARCADOR DEL SEGUNDO TÉRMINO DE LA COMPARACIÓN+SEGUNDO TÉRMINO DE LA COMPARACIÓN frente a SEGUNDO TÉRMINO DE LA COMPARACIÓN+MARCADOR DEL SEGUNDO TÉRMINO DE LA COMPARACIÓN
   a) Español: Ellos son más necios QUE nosotros
   b) Vasco: Haiek gu BAINO tentel-agoak dira (ellos nosotros QUE necios-más son)

8. Orden AUXILIAR+VERBO frente a VERBO+AUXILIAR
   a) Español: Juan se HA ido
   b) Vasco: Jon joan DA

9. Orden ORACIÓN PRINCIPAL+ORACIÓN SUBORDINADA frente a ORACIÓN SUBORDINADA+ORACIÓN PRINCIPAL
   a) Español: Juan quiere IR
   b) Vasco: Jonek JOAN nahi du

10. CONJUNCIÓN+SUBORDINADA frente a SUBORDINADA+CONJUNCIÓN
    a) Español: Dice que JUAN LEE UN LIBRO
    b) Vasco: JONEK LIBURU BAT IRAKURTZEN DUE-la esaten du

Como vemos, el parámetro de variación OV/VO conlleva la aparición de otros muchos rasgos gramaticales asociados a tal variación. Podemos decir que las lenguas OV pertenecen a un tipo lingüístico diferente del tipo a que pertenecen las lenguas VO. La clasificación que obtenemos no es genética, pues hay muchas lenguas VO y OV que no están directamente emparentadas.

Por otro lado, las lenguas pertenecen a un tipo lingüístico en el sentido de que se atienen de modo más o menos estricto a ese tipo. Sin embargo, las lenguas concretas no presentan exclusivamente las características de un tipo, también tienen otros muchos rasgos que provienen de otros factores: principalmente históricos y geográficos. Una lengua puede pertenecer al tipo OV, pero puede estar influida por una lengua vecina que pertenezca al tipo VO. Ello hará que una y otra se tomen prestados rasgos que hagan que ninguna de las dos ejemplifique de modo puro los tipos en cuestión.

3. Tipología de las lenguas de señas

Una vez establecida sin lugar a la menor duda la solidez de la idea de que las lenguas señadas son lenguas naturales plenas en las que se manifiesta de modo directo la facultad humana del lenguaje, no se puede dejar de lado a estas lenguas en ninguna tipología plausible de las lenguas del mundo. Es difícil hacer una tipología de las lenguas de señas porque estas lenguas llevan poco tiempo siendo estudiadas y la mayoría de ellas no se ha analizado de forma intensiva. Por ello, aquí solo pueden darse algunas pinceladas orientativas.

Como observan Wilcox y Wilcox (2010) en su trabajo sobre la tipología de las lenguas de señas, D. I. Slobin (2005) señala que las lenguas de señas estudiadas hasta el momento presentan dos características tipológicas que las diferencian de las lenguas habladas europeas. En primer lugar, las lenguas señadas son del tipo predicativo y no argumental desde el punto de vista de la marca de las relaciones sintácticas. Por ejemplo, si comparamos la oración en lengua señada americana *ella me miró* con la correspondiente oración en maya yucateco, se observa que ambas lenguas señalan en el verbo la función de los argumentos, más que en la expresión de los pronombres mismos. Ello hace que en algunas de las lenguas señadas investigadas la expresión de los argumentos es opcional tal como ocurre en lenguas habladas como el español.

El segundo rasgo tipológico que nota D. I. Slobin en el trabajo mencionado y citado por Wilcox y Wilcox (2010: 742) es que la mayoría de las lenguas señadas investigadas hasta el momento muestran una organización de la oración en términos de *tema-comentario* más que en términos de *sujeto-predicado*. Este tipo lingüístico se observa en las lenguas habladas en chino, en japonés y en coreano (Li y Thompson 1976). En estas lenguas primero aparece la expresión que denota aquello sobre lo que se habla y luego se enuncia algo sobre ello. En español coloquial también puede comprobarse esta estructuración cuando alguien dice *Juan, le gusta el tequila*, en donde *Juan* no es el sujeto sino el tema y no aparece sintácticamente integrado en la oración siguiente (si lo estuviera y dejara de ser tema se diría *A Juan le gusta el tequila*). Según señalan Wilcox y Wilcox (2010: 742) en la lengua señada americana el tema se indica mediante la elevación de las cejas y una basculación de la cabeza hacia atrás y, como el caso de algunas lenguas habladas, existe una pequeña pausa entre el tema y el comentario que, en el caso del español visto antes, se expresa en la escritura mediante una coma.

Una característica de las lenguas señadas es la utilización de clasificadores predicativos (Emmorey (ed.) 2003). Por ejemplo, en la lengua señada española, la oración *el libro está sobre la mesa* se expresa de la siguiente manera, en donde cada palabra en mayúsculas denota una seña manual de esta lengua:

LIBRO MESA CL_{LIBRO}/CL_{MESA}

La expresión CL_{LIBRO} es una forma manual que se utiliza para clasificar objetos rígidos y gruesos como los libros y la seña CL_{MESA} se utiliza para clasificar objetos planos, y rígidos, como una mesa. Cada una de estas señas clasificatorias, diferentes de las señas para señar *libro* y *mesa* respectivamente, se realiza con una mano distinta de forma que la mano que realiza la primera se pone sobre la que realiza la segunda. De esta manera se expresa que el libro está sobre la mesa. Si en vez de una mesa se hiciera referencia a un televisor la mano situada debajo adoptaría una forma distinta relativa a la denotación del televisor. Este fenómeno de clasificación verbal es muy frecuente en las lenguas señadas y se da, aunque menos frecuentemente, en las lenguas orales. Concretamente, está ampliamente atestiguado en las lenguas atabascas de América del Norte (Mithun 1999: 106–117). En la variedad atabasca de Bear Lake situada en el sureste de Canadá existen cinco formas distintas de decir *pásame el té* dependiendo del tipo de recipiente (Mithun 1999: 107):

1. Lidí seghání-chu (una sola caja o bolsa)
2. Lidí seghání-wa (cajas o bolsas)
3. Lidí seghání-hxo (un puñado)
4. Lidí seghání-hxe (un reciente hondo cerrado)
5. Lidí seghání-hge (un contenedor llano, abierto o una taza)

Como puede apreciarse en estos ejemplos, hay un sufijo verbal para cada tipo de recipiente. Esto es muy similar a lo que se da en las lenguas de señas, en las que existen diversas formas manuales clasificatorias que indican distintos tipos de contenedores a través de su forma y tamaño.

También en las lenguas señadas se encuentran expresiones gramaticales puramente funcionales, que tienen un uso similar a los gramatemas de las lenguas orales. Como ocurre en las lenguas orales, hay lexemas de las lenguas señadas que pueden gramaticalizarse en un uso puramente funcional. Por ejemplo (Muysken 2008: 156–157), la seña para *terminar* en la lengua de señas americana y en la lengua de señas italiana se gramaticaliza como un gramatema que indica aspecto completivo o perfectivo. De modo análogo, la seña que significa *dar* en la lengua de señas griega se gramaticaliza para indicar causatividad. Es lo que ha ocurrido en español en expresiones como *dar miedo* o *dar que hablar*.

En las lenguas de señas, determinados movimientos de las cejas o de la cabeza pueden ser utilizados también con función gramatical. Por ejemplo, una sacudida de la cabeza puede indicar negación en la lengua de señas alemana y en la lengua de señas americana. De forma análoga, la elevación de cejas indica, como ya se ha visto, el tema en diversas lenguas de señas (Muysken 2008: 158). Estos procedimientos gestuales, que se pueden considerar supra-segmentales, porque se producen a la vez que las señas manuales, se corresponden en buena medida con elementos supra-segmentales de las lenguas habladas tales como la entonación y el acento, que también pueden tener funciones gramaticales tales como la de denotar negación o tema así como diversas modalidades de frases (tales como las interrogaciones o las órdenes).

Como se ve, el estudio de la tipología de las lenguas señadas aporta muchos aspectos interesantes respecto de la tipología basada exclusivamente en las lenguas habladas. No cabe duda de que conforme se vayan estudiando mejor las diversas lenguas señadas se realizarán más aportaciones que nos permitirán tener un panorama de la tipología lingüística mucho más amplio y exacto que el que tenemos hasta ahora, basado casi exclusivamente en las lenguas habladas. Lo que queda claro es que hoy por hoy no se puede hacer tipología lingüística sin tener en cuenta las lenguas señadas.

Bibliografía

Aitchison, J. (1996) *The seeds of speech. Language origin and evolution*, Cambridge: Cambridge University Press.
Bossong, G. (2004) "Analytizität und Synthetizität. Kasus und Adpositionen im typologischen Vergleich", en Hinrichs, U. (ed.) (2004) *Die europäischen Sprachen auf dem Wege zum analytischen Sprachtyp*, Wiesbaden: Harrasowitz, pp. 431–452.
Crothers, J. (1978) "Typology and universals of vowel systems", en Greenberg, J. H. (ed.) *Universals of human language. Vol 2: Phonology*, Stanford: Stanford University Press, pp. 93–152.
Emmorey, K. (ed.) (2003) *Perspectives on Classifier Constructions in Sign Languages*, Mahwah, NJ: Lawrence Erlbaum.
Green, J. H. (1990) "Romance creoles", en Harris, M. y Vincent, N. (eds.) *The Romance languages*, Londres: Routledge, pp. 420–475.
Harris, M. (1990) "French" en Harris, M. y Vincent, N. (eds.) *The Romance languages*, Londres: Routledge, pp. 209–246.
Harris, M. y N. Vincent (eds.) (1990) *The Romance languages*, Londres: Routledge.
Lehmann, W. (1978) "The great underlying ground-plans", en Lehmann, W. (ed.) *Syntactic typology. Studies in the phenomenology of language*, Sussex: The Harvester Press, pp. 3–56.
Li, Ch. N. y Thompson, S. N. A. (1976) "Subject and topic: A new typology of language", en Li, Ch. N. (ed.) *Subject and topic*, Nueva York: Academic Press, pp. 459–489.
Mithun, M. (1999) *The languages of native North America*, Cambridge: Cambridge University Press.
Moreno Cabrera, J. C. (2004) *Introducción a la lingüística. Enfoque tipológico y universalista*, 2.ª ed., Madrid: Síntesis.
Muysken, P. (2008) *Functional categories*, Cambridge: Cambridge University Press.
Parkinson, S. (1990) "Portuguese" en Harris, M. y Vincent, N. (eds.) *The Romance languages*, Londres: Routledge, pp. 131–170.
Slobin, D. I. (2005) "Issues of linguistic typology in the study of sign language development of deaf children", en Schick, B., Marschark, M. y Spencer, P. E. (eds.) *Advances in the sign language development of deaf children*, Oxford: Oxford University Press, pp. 20–45.
Wilcox, B. Sh. y Wilcox, Ph. P. (2010) "The analysis of signed languages", en Heine, B. y Narrog, H. (eds.) *The Oxford handbook of linguistic analysis*, Oxford: Oxford University Press, pp.739–760.

Lecturas complementarias

Cristofaro, S. y Ramat, P. (1999) *Introduzione alla tipologia linguistica*, Roma: Carocci.
Croft, W. (2003) *Typology and universals*, Cambridge: Cambridge University Press.
Feuillet, J. (2006) *Introduction à la typologie linguistique*, París: Champion.
Meier, R. P., Cormier, K. y Quinto-Pozos, D. (eds.) (2002) *Modality and structure in signed and spoken languages*, Cambridge: Cambridge University Press.
Moreno Cabrera, J. C. (1995) *La lingüística teórico-tipológica*, Madrid: Gredos.
Pizzuto, E., Pietrandrea, P. y Simone, R. (eds.) (2007) *Verbal and signed languages. Comparing structures, constructs and methodologies*, Berlín: Mouton de Gruyter.
Shibatani, M. y Bynon, T. (eds.) (1995) *Approaches to language typology*, Oxford: Clarendon Press.
Song, J. J. (2001) *Linguistic typology. Morphology and syntax*. Londres: Longman.
Song, J. J. (ed.) (2011) *The Oxford handbook of linguistic typology*, Oxford: Oxford University Press.
Vilupillai, V. (2012) *An introduction to linguistic typology*, Amsterdam: John Benjamins.
Whaley, L. J. (1997) *Introduction to typology. The unity and diversity of language*, Thousand Oakes: SAGE.

Entradas relacionadas

universales del lenguaje

TRADUCCIÓN E INTERPRETACIÓN

Juan Antonio Albaladejo Martínez

1. Traductología

La traductología es la disciplina que se ocupa de los estudios de traducción e interpretación. La dicotomía "traducción e interpretación" hace referencia a las dos modalidades de transferencia básicas: a través del canal escrito (traducción) y oral (interpretación). También se habla de traducción escrita y traducción oral para diferenciar el tipo de traslación. La diferencia en la materialidad de una y otra modalidad, así como la mayor incidencia en el mundo profesional, explica la presencia preponderante de la primera en los planes de estudio y la desproporción en el número de trabajos de investigación dedicados a una y otra vertiente de la disciplina, razón que también motiva el mayor peso de la traducción escrita en el presente artículo. El término "traducción" cuenta con varias acepciones:

(1) Puede designar el proceso de transferencia de un texto —el original o texto fuente— a otra lengua y contexto cultural distintos, dando lugar al texto meta (TM) o de destino.

(2) También puede aludir al producto del proceso de transferencia, es decir al TM.

(3) Asimismo, sirve para referirse a la disciplina.

La necesidad de llevar a cabo procesos de transferencia interlingüística (intercultural) se explica por el anisomorfismo de las distintas lenguas y culturas, y el deseo de comunicación de personas que carecen de los correspondientes conocimientos lingüístico-culturales. A través de la intervención de traductores (intérpretes) se superan los obstáculos de comunicación.

La complejidad y heterogeneidad del hecho traductivo se manifiesta, entre otras cosas, en las numerosas modalidades de traducción existentes, de las que cabría destacar las siguientes:

(1) Traducción escrita
Un texto escrito es reexpresado de forma escrita en otro idioma. Es la modalidad que más ha sido investigada a lo largo de la historia. Viene marcada por el carácter histórico y el

condicionamiento sociocultural del texto original (TO) y de la traducción, lo que explica el hecho de que ambos envejezcan y que un texto ya traducido se vuelva a traducir pasado un tiempo.

(2) Interpretación simultánea
Un texto oral es reexpresado inmediatamente de forma oral en otro idioma. Es la clásica modalidad de las conferencias internacionales.

(3) Interpretación consecutiva
Un texto oral, tras ser pronunciado por el emisor, es reexpresado de forma oral en otro idioma. Existen submodalidades: se pueden expresar solo las ideas principales o el texto íntegro. La reproducción puede hacerse tras cada frase, tras ciertas pausas del orador o tras la presentación del texto completo. Si la modalidad es bidireccional se habla de interpretación de enlace (o bilateral), es decir que se traduce tanto hacia la lengua materna como a la extranjera. La consecutiva es la modalidad característica de la interpretación de tribunales.

(4) Traducción audiovisual
Las dos modalidades principales son la traducción para el doblaje y para la subtitulación. En el primer caso se traduce un texto oral (procedente de un guión escrito) y se realiza una versión escrita en otra lengua que posteriormente será adaptada al medio oral. En el segundo caso se trata de la traducción escrita, a menudo abreviada, de un texto oral (basado en un guión escrito) que se incorpora en el material audiovisual. La aparición de nuevos medios técnicos (programas, algunos de libre acceso) ha facilitado en gran medida la labor de los traductores audiovisuales (y ha propiciado el fenómeno de los *fansubs*, es decir la elaboración de subtítulos por parte de aficionados sin autorización de los propietarios de los materiales audiovisuales) y está contribuyendo a la implantación cada vez mayor de esta modalidad en los planes de estudio de la carrera (siendo además una de las más populares entre los estudiantes).

2. Caracterización de la traducción

2.1. Teoría vs. práctica

Una segunda dicotomía es la que diferencia la teoría de la práctica de la traducción. Así, el término "traductología" sirve para referirse a la reflexión teórica sobre el hecho traslativo, mientras que la voz "traductografía" apunta a la producción resultante de la práctica traslativa. A pesar de la larga historia con la que cuenta la actividad traslativa, y de que ya en la Antigüedad clásica se registran las primeras reflexiones teóricas en torno a la traducción, no se establece como disciplina académica hasta bien entrado el siglo XX. Snell-Hornby (1988) reclamaba en fechas todavía recientes la consideración de la especialidad como disciplina independiente, lo que apunta a que aún se percibe una marcada dependencia de otras especialidades (entre ellas la lingüística, los estudios literarios y los estudios culturales). El carácter interdisciplinario (Munday 2001: 1) y el hecho de que se trate de una habilidad, un saber hacer más que de un saber (Hurtado 2004: 25) explicarían la complejidad y dificultad a la hora de superar los planteamientos teóricos parciales, y de generar una teoría totalizadora.

Otra dualidad conceptual importante, aplicable a la vertiente interlingüística, es la que divide la práctica en traducción "directa" o "inversa". El criterio de división se basa en el sujeto traductor y su grado de conocimiento de las lenguas y culturas involucradas en el proceso traslativo. Se habla de traducción directa cuando la transferencia del texto se realiza a la primera lengua/cultura (materna) del traductor, mientras que la traducción inversa apunta a la traslación de un texto a la lengua/cultura extranjera del traductor. En la práctica, generalmente se traduce (interpreta) hacia la primera lengua del sujeto. Los organismos internacionales así lo establecen para su personal de intermediación (Beeby 2001: 64).

2.2. Herramientas de traducción y documentación

Uno de los elementos más dinámicos del proceso traslativo de las últimas décadas ha resultado ser el de las herramientas que emplea el traductor para llevar a cabo su cometido. Los vertiginosos avances tecnológicos han contribuido en gran medida a modificar sustancialmente la forma de trabajar de los profesionales del sector. El ordenador personal, los procesadores de texto, las bases de datos informatizadas, las obras de consulta en CD-Rom, Internet, los foros de dudas, los programas de gestión de memorias de traducción y la traducción automática han hecho que hoy en día se pueda traducir en mejores condiciones y más rápidamente. Debido a que el traductor generalmente no es un experto en la materia del texto, es imprescindible que supere los posibles problemas de comprensión y reexpresión mediante el uso de obras de consulta y, sobre todo, a través del empleo de textos paralelos (cumplen una función idéntica o similar en las dos lenguas y culturas, y comparten muchos rasgos, ya sean estructurales, de contenido o léxico-terminológicos).

2.3. Conceptos clave

(1) Competencia traductora
La habilidad que diferencia al auténtico traductor del mero hablante bilingüe se identifica con el concepto de "competencia traductora". Ésta se compone de una serie de subcomponentes tales como la lingüística (capacidad de comprensión y expresión), la extralingüística (el saber enciclopédico, cultural y temático), la translatoria (implica el saber realizar el proceso de transferencia en todas sus fases) y la competencia profesional-instrumental (dominar el mercado de la traducción, capacidad de documentación y uso de las herramientas de apoyo).

(2) Fidelidad
Ha constituido el núcleo de la reflexión y del debate teórico-práctico a lo largo de buena parte de la historia de la traducción. Tradicionalmente, la idea de fidelidad se ha ligado al principio de proximidad del texto meta respecto del original y se ha identificado con la recreación lo más literal posible del mismo (el extremo sería la traducción palabra por palabra). Se pueden distinguir dos posturas básicas y antagónicas (cf. Schleiermacher 2000 [1813]: 46–47): por una parte, los que consideran que debe primar ese principio de fidelidad (entendido como fidelidad formal) y los que piensan que ha de aspirarse a la recuperación del sentido por encima de cuestiones formales (san Jerónimo opta por la reexpresión "sentido por sentido"). De ello resulta la oposición entre traducción *literal* y traducción *libre*. En la segunda respuesta prima el respeto a las características específicas de la lengua de destino y las expectativas del receptor final por encima de los rasgos peculiares del texto original. Al respecto, cabe señalar que esta polémica se circunscribe, esencialmente, a las obras literarias y a los textos de carácter sacro, pues aquí se hace especialmente visible el autor, y la forma de expresarse adquiere una relevancia fundamental, unida al contenido: "The more important the language of the original or source language text, the more closely it should be

translated" (Newmark 1994: 34). Hoy en día, el principio de fidelidad se ha ampliado y resulta menos limitador debido a que puede aplicarse a la configuración formal, al sentido del enunciado, a la función textual, al efecto pretendido, etc., dependiendo de las prioridades del traductor o del encargo de traducción.

(3) Equivalencia
Es, probablemente, el concepto más polémico de la teoría de la traducción moderna. Para muchos autores es el principio esencial que define el proceso traslativo (cf. Rabadán 1991: 291).

Se entiende como una relación entre el TO y el TM que permite calificar al segundo de traducción del primero (Koller 2001: 188). La problemática en torno a este concepto reside en la definición del tipo de relación, pues existen varias posibilidades (equivalencia formal, del contenido, del efecto, de la función, etc.). Al tratar de obtener un tipo de relación, otro se puede ver comprometido. Esto se hace especialmente visible en el caso de la poesía. Así, la transferencia a otra lengua de, por ejemplo, un soneto puede preservar la configuración formal (sacrificando parte del contenido) o el contenido (sacrificando la elaboración formal).

El planteamiento teórico más interesante al respecto procede de los traductólogos bíblicos (Nida y Taber 1974: 12): "Translating consists in reproducing in the receptor language the closest natural equivalent of the source-language message, first in terms of meaning and secondly in terms of style". Los dos conceptos centrales son la "equivalencia formal" (reproducción lo más fiel posible de los rasgos estructurales de la lengua original) y la "equivalencia dinámica" (evocar en el receptor meta un efecto similar al que experimentaron los receptores originales). El principio que encierra el término de equivalencia dinámica ya se encuentra en Perrot d'Ablancourt, es decir en la reflexión traductológica del siglo XVII (cf. Vega 2005: 172–173). Otros autores, sin embargo, le restan importancia a la equivalencia o incluso la consideran equívoca (cf. Snell-Hornby 1988: 13–22).

(4) Estrategias (métodos) de traducción
A la hora de enfrentarse a la tarea de reexpresar el texto en lengua meta, el traductor debe adoptar un planteamiento global respecto del método de traducción que va a regir el proceso. Se distinguen, fundamentalmente, dos opciones estratégicas, la naturalización (domesticación) frente a la extranjerización, descritas por Schleiermacher (2000 [1813]). La primera supone la adaptación de los elementos textuales ligados a la cultura original al contexto de la cultura meta, mientras que la segunda trata de mantener, hasta cierto punto, los rasgos idiosincrásicos del original. Sirva de ejemplo el tratamiento de la voz hispanoamericana "telenovela" (Franco 2006 [1999]: 18): en la versión inglesa se opta por el real estadounidense "*soap opera*" (Franco 2004b: 15) y, por tanto, por la naturalización del culturema; por el contrario, en la traducción alemana (Franco 2004a: 18) se elige el préstamo como solución traslativa, lo que permite mantener los valores denotativos y connotativos del real original (siempre que se pueda dar por hecho que ese elemento lingüístico resulte transparente para los receptores del TM).

(5) Unidad de traducción
El traductor va procesando el TO por segmentos (unidades de traducción), tanto en la fase de comprensión como en la de reexpresión. Hoy en día se ha superado la antigua idea de la palabra como unidad de traducción, lo que se plasmaba en el principio de la traducción palabra por palabra, a favor de estructuras superiores (sintagma, frase, oración). Persiste, sin embargo, diversidad de opiniones acerca de si el concepto debe entenderse en un sentido estructural,

circunscribiéndose por ejemplo al nivel oracional (tal como suele ocurrir en los programas informáticos conocidos como "memorias de traducción"), o semántico, es decir una unidad significativa. Sigue, por tanto, sin definirse con precisión ni el carácter ni el alcance espacial de lo que ha de entenderse por unidad de traducción. Rabadán (1991: 300), por ejemplo, la define como el "segmento textual mínimo que ha de traducirse de modo unitario".

3. Teorías de la traducción e interpretación

James S. Holmes establece en su artículo "The name and nature of translation studies" (1972), considerado el texto fundacional de los estudios traductológicos, el mapa de la futura disciplina (cf. Venuti 2000: 172–185). Según él, los estudios traslativos incluyen una rama "pura" (estudios descriptivos y teóricos) y otra "aplicada" (didáctica de la traducción, herramientas y crítica de la traducción).

De acuerdo con la naturaleza interdisciplinaria de la materia, existen diversos planteamientos teóricos con enfoques distintos. La etapa moderna de la disciplina se inicia en los años 50 y 60 del siglo XX con estudios centrados principalmente en aspectos lingüísticos y que tienden a la descripción y comparación de las lenguas. Autores destacados de esta corriente investigadora son Vinay y Darbelnet (1958), Mounin (1963) y García Yebra (1982).

Desde entonces, un sinfín de estudios, elaborados a partir de los más diversos enfoques (textuales, comunicativos, cognitivos, socioculturales, desconstruccionistas, etc.), han contribuido a que la disciplina haya adquirido, en un plazo de tiempo relativamente breve, un grado de madurez considerable.

A continuación presentamos, a modo de ejemplo, algunas de las propuestas teóricas de mayor trascendencia para la disciplina.

3.1. Teoría del escopo

El planteamiento básico del funcionalismo, desarrollado por K. Reiß y H. J. Vermeer (1996 [1984]), es que un *translatum* (el texto meta) está condicionado por su *escopo* (la finalidad) en la cultura de destino. Al formar parte de la cultura meta, el *translatum* ha de responder a los condicionamientos propios de esta. La teoría del escopo supuso un cambio de enfoque fundamental: la atención se traslada del texto y cultura de partida hacia el texto y cultura de destino.

3.2. Teoría de los polisistemas

Desde finales de los 70 se produce el auge de los estudios descriptivos, impulsados en gran medida por los investigadores Even-Zohar (1990) y Toury (1995), de la Universidad de Tel Aviv. Estos autores se basan en la literatura contrastiva y el formalismo ruso. Plantean la idea de que la literatura nacional constituye un complejo y heterogéneo sistema de sistemas (un polisistema) que interactúa con otros polisistemas de la propia cultura y, a su vez, con otros polisistemas a nivel internacional. Por su parte, la literatura traducida formaría un polisistema propio, dentro del polisistema literario nacional, y mantendría con este relaciones de distinta índole. Los textos, de uno y otro sistema, se ubicarían en posiciones de centralidad (formarían el canon literario) o periferia, pudiendo sufrir cambios a lo largo del devenir histórico. Sin tensiones y movimientos dentro de un mismo polisistema (de la periferia al centro o a la inversa) que contribuyan a su renovación, se corre el riesgo de anquilosamiento del sistema literario.

3.3. *Teoría del sentido*

Procede del ámbito de la interpretación, en concreto fue planteada por Seleskovitch (1968) y Lederer (1981). El foco de atención está en el proceso traslativo y en las tres fases que se suceden en el cerebro del sujeto intérprete: comprensión, desverbalización y reexpresión. La primera fase constituye un acto interpretativo (de ahí que esta teoría también reciba el nombre de teoría interpretativa). Esa interpretación genera como resultado un sentido, una imagen mental no verbal. La segunda fase supone la desverbalización del mensaje a través del olvido del significante y la retención del significado englobado en la imagen mental. Finalmente, se lleva a cabo la reexpresión del sentido captado por el intérprete mediante el empleo de un significante en la otra lengua.

4. Sobre tipologías en traducción

4.1. *Tipología de los procesos traslativos*

Jakobson (1975: 69), empleando el concepto de traducción en un sentido amplio de la palabra, establece una división tripartita:

(1) Traducción interlingüística
Jakobson habla de *translation proper*, es decir, lo que comúnmente se entiende por traducción. Se trataría del proceso por el cual un texto redactado en un idioma se transfiere a otra lengua distinta.

(2) Traducción intralingüística
El *rewording* jakobsoniano consiste en la reexpresión de un texto redactado en una lengua mediante otro código lingüístico de esa misma lengua. Desde una perspectiva diacrónica, sería por ejemplo el caso de la traducción de un texto medieval a la variedad actual de la lengua. En sentido sincrónico se puede pensar en la transferencia a la lengua estándar de un texto escrito en dialecto (o a la inversa).

(3) Traducción intersemiótica
La *transmutation* implica la traslación de un sistema de signos a otro distinto. Ejemplos serían la transferencia del medio escrito al pictórico o al audiovisual (o a la inversa): la elaboración de una versión cinematográfica de un cuento, la descripción verbal de un cuadro, un audiolibro (la reproducción oral de un texto escrito), etc.

4.2. *Tipología textual*

Reiß (1983: 16), basándose en la triada funcional del lenguaje diseñada por Bühler (1934), elaboró, con un enfoque comunicativo, para el ámbito de la traducción una tipología textual que diferencia tres tipos básicos de textos: informativos, expresivos y operativos. Todo texto incluye las tres funciones a la vez, aunque hay una que destaca. Así, en los textos informativos predominaría la función representativa del lenguaje, mientras que en los textos expresivos primaría la forma de elaborar el material lingüístico, y en los textos operativos (apelativos) lo esencial sería la obtención de una reacción determinada del receptor. Cada uno de estos tipos lleva asociado una serie de géneros textuales (*Textsorten*, también se habla de clases de texto) o "modelos de elaboración textual" (cf. Reiß y Vermeer 1996), los cuales cumplen ciertas convenciones textuales, y requieren un método de traducción distinto. La traducción de un texto informativo aspira esencialmente a mantener el contenido, la de un texto expresivo pretende preservar por encima de todo la elaboración formal creada por el autor y, finalmente, la traslación de un texto operativo ha de recuperar el carácter apelativo.

4.3. Tipología de la traducción por campos

Se pueden diferenciar tres grandes grupos de textos:

(1) Textos de temática específica (habitualmente se habla de textos "especializados"): pertenecen a un campo del saber determinado (económico, jurídico, técnico, médico, etc.); aunque muy extendido, el término "especializado" puede confundirse con el grado de dificultad y generar una impresión equívoca.

(2) Textos generales: no vienen marcados por un campo de especialidad (textos periodísticos, publicitarios, etc.).

(3) Textos literarios: vienen marcados por una gran carga estética y el significante adquiere valor por sí mismo.

De acuerdo con esta distribución de los textos se puede establecer una clasificación de la traducción en:

(1) Traducción especializada

(2) Traducción general

(3) Traducción literaria

Tradicionalmente, la traducción de textos literarios ha centrado, a lo largo del devenir histórico, el interés de los traductores y traductólogos (los teóricos de la traducción). La reflexión teórica en materia traslativa también se apoyaba, hasta hace poco, principalmente en obras literarias. Al factor del prestigio superior de la literatura hay que sumar la mayor dificultad de su transferencia a otro ámbito lingüístico y cultural, así como el mayor reconocimiento social del que goza el texto literario traducido. Así, la ley de Propiedad Intelectual (LPI) reconoce al traductor (literario) derechos de autor de su versión, en calidad de obra derivada, y el derecho a que aparezca su nombre en la publicación del texto. El traductor de textos de un campo de especialidad, sin embargo, suele permanecer en el anonimato. En los últimos años, sin embargo, se observa un cierto desplazamiento del eje de gravitación en los estudios traslativos hacia los textos funcionales. Se debe también a su clara preponderancia cuantitativa en el mercado de la traducción: solo aproximadamente el 1 % de los textos traducidos son literarios, mientras que la gran mayoría de las traducciones se adscriben a algún campo de especialidad. Los textos de temática específica están marcados por tres variables:

(1) el campo temático

(2) la relación entre emisor y usuarios

(3) la situación comunicativa

El traductor, para abordar el proceso traslativo con garantías, debe contar con conocimientos temáticos y terminológicos, ha de estar familiarizado con los géneros en los que se materializan los textos del campo correspondiente. La capacidad de documentación es de fundamental importancia dado que los traductores, habitualmente, no superan el grado de semiexperto.

Por su parte, los textos literarios se caracterizan por una fuerte presencia de rasgos estéticos —procedimientos desautomizadores, centralidad del significante, gran frecuencia de figuras retóricas— y una clara tendencia hacia la poliinterpretabilidad (la ambigüedad se convierte aquí en un factor positivo de calidad, pues es muestra de la capacidad del texto de sugerir cosas nuevas, a diferencia de lo que ocurre con los textos especializados).

Bibliografía

Beeby, A. (2001) "Direction of Translation (Directionality)", en Baker, M. (ed.) *Routledge encyclopedia of translation studies*, Londres/Nueva York: Routledge, pp. 63–67.

Bühler, K. (1934) *Sprachtheorie. Die Darstellungsfunktion der Sprache*, Jena: Fischer. *Teoría del lenguaje*, 2.ª ed., Madrid: Alianza. Traducción de Javier Marías.

Even-Zohar, I. (1990) "Polysystem theory", *Poetics Today*, 11, 1, pp. 9–26.

Franco, J. (2006 [1999]) *Rosario Tijeras*, Barcelona: Mondadori.

Franco, J. (2004a) *Die Scherenfrau*, Zúrich: Unionsverlag. Traducción de Susanna Mende.

Franco, J. (2004b) *Rosario Tijeras*, Nueva York *et al.*: Seven Stories Press. Traducción de Gregory Rabassa.

García Yebra, V. (1982) *Teoría y práctica de la traducción*, Madrid: Gredos.

Holmes, J. S. (2000 [1972]) "The name and nature of translation studies", en Venuti, L. (ed.) *The translation studies reader*, Londres/Nueva York: Routledge.

Hurtado Albir, A. (2004) *Traducción y traductología*, Madrid: Cátedra.

Koller, W (2001) *Einführung in die Übersetzungswissenschaft*, 6.ª ed., Wiebelsheim: Quelle & Meier.

Jakobson, R. (1975) "On linguistic aspects of translation", en *Ensayos de lingüística general*, Barcelona: Seix Barral, pp. 67–77.

Lederer, M. (1981) *La traduction simultanée*, París: Minard.

Mounin, G. (1963) *Les problèmes théoriques de la traduction*, París: Gallimard.

Munday, J. (2001) *Introducing translation studies. Theories and applications*, Londres/Nueva York: Routledge.

Newmark, P. (1994) "A correlative approach to translation", en Martín Gaitero, R. (ed.) *V Encuentros Complutenses en torno a la Traducción*, Madrid: Editorial Complutense, pp. 33–41.

Rabadán, R. (1991) *Equivalencia y traducción: Problemática de la equivalencia translémica inglés-español*, León: Universidad de León.

Reiß, K. (1983) *Texttyp und Übersetzungsmethode. Der operative Text*, Heidelberg: Julius Groos Verlag.

Reiß, K. y Vermeer, H. J. (1996 [1984]) *Fundamentos para una teoría funcional de la traducción*, Madrid: Akal.

Schleiermacher, F. (2000 [1813]) *Sobre los diferentes métodos de traducir*, Madrid: Gredos.

Seleskovitch, D. (1968) *L'interprète dans les conférences internationales. Problèmes de langage et de communication*, París: Minard.

Snell-Hornby, M. (1988) *Translation studies. An integrated approach*, Amsterdam/Filadelfia: John Benjamins.

Toury, G. (1995) *Descriptive translation studies and beyond*, Amsterdam/Filadelfia: John Benjamins.

Vega, M. A. (ed.) (2005) *Textos clásicos de teoría de la traducción*, 2.ª ed., Madrid: Cátedra.

Vinay, J. P. y Darbelnet, J. (1958) *Stylistique comparée du francais et de l'anglais*, París: Didier.

Lecturas complementarias

Baker, M. (ed.) (2001) *Routledge encyclopedia of translation studies*, 2.ª ed., Londres/Nueva York: Routledge.
Delisle, J. y Woodsworth, J. (eds.) (1995) *Translators through history*, Amsterdam: Benjamins/UNESCO Publishing.
Hermans, T. (ed.) (1985) *The manipulation of literature. Studies in literary translation*, Londres: Croom Helm.
Lefevere, A. (ed.) (1992) *Translation/History/Culture: A sourcebook*, Londres/Nueva York: Routledge.
Snell-Hornby, M. (2006a) *The turns of translation studies: New paradigms or shifting viewpoints?*, Amsterdam/Filadelfia: John Benjamins.
Snell-Hornby, M. *et al.* (eds.) (2006b) *Handbuch Translation*, 2.ª ed., Tubinga: Stauffenburg.
Stolze, R. (2011) *Übersetzungstheorien. Eine Einführung*, 6.ª ed., Tubinga: Narr.
Venuti, L. (1995) *The translator's invisibility. A history of translation*, Londres: Routledge.
Vermeer, H. J. (1992) *Skizzen zu einer Geschichte der Translation*, Fráncfort del Meno: Verlag für Interkulturelle Kommunikation.

Entradas relacionadas

lingüística aplicada; lingüística computacional; poética y lingüística

PARTE II

GRAMÁTICA

ACENTO

Carlos-Eduardo Piñeros

1. Características generales

El acento es la prominencia de una sílaba con respecto a otras sílabas dentro de ciertos dominios fonológicos. Así, por ejemplo, al oír la palabra ***amigos*** se perciben tres sílabas ([a], [mi], [ɣos]), siendo la penúltima la portadora del acento: [a.ˈmi.ɣos]. Desde el punto de vista fonético, el acento es un fenómeno complejo porque tiene varios correlatos acústicos que no siempre convergen (Quilis 1971); la frecuencia fundamental, la duración y la intensidad permiten que ciertas sílabas se perciban como acentuadas, pero la contribución que hace cada uno de estos parámetros varía considerablemente según el contexto (Ortega-Llebaria y Prieto 2011). En las secciones subsiguientes veremos que, fonológicamente, el acento también muestra gran complejidad porque opera en múltiples niveles, sirve diversas funciones y puede estar condicionado de modo impredecible por la morfología.

1.1. El acento es suprasegmental y relacional

Mientras que propiedades como el lugar y el modo de articulación caracterizan fonos individuales (unidades segmentales), el acento es una propiedad que caracteriza grupos de fonos organizados alrededor de un núcleo (unidades suprasegmentales). Esto precisa que su marcación tenga cubrimiento sobre toda la sílaba. Para tal fin, se escriben aquí con negrita todas las letras correspondientes a la sílaba acentuada (p. ej. *a**mi**gos*) o se sigue la convención del AFI de ubicar el símbolo del acento al inicio de la sílaba acentuada (p. ej. [a.ˈmi.ɣos]).

La Figura 1.1 ilustra la disección de la estructura de sonido en un plano subsegmental y otro suprasegmental usando los segmentos como eje. En ambos planos, existen múltiples

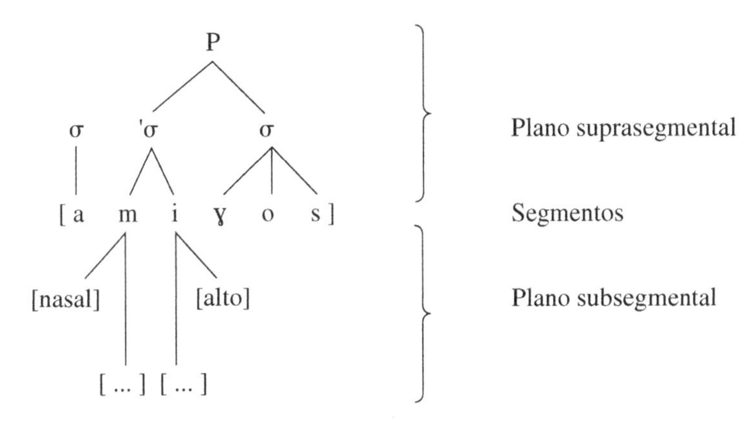

Figura 1.1 El acento pertenece al plano suprasegmental

niveles. Los niveles del plano subsegmental los constituyen los rasgos que dan sustancia a cada fono, tal como [nasal] en [m] y [alto] en [i], entre otros. Las sílabas (σ) y el pie prosódico (P) son algunas de las unidades del plano suprasegmental, el cual será el foco de la presente exposición. Nótese que, mientras que las sílabas agrupan segmentos, el pie prosódico agrupa sílabas e incluye la sílaba acentuada.

Sería desacertado asumir que, paralelamente a los rasgos subsegmentales, existe un rasgo suprasegmental para el acento porque la prominencia de las sílabas no emana de ellas mismas sino de su relación con las demás sílabas de su entorno. Esto se hace evidente al comparar *a**mi**gos* con *amig**a**bles* y *amigabili**dad***. Aquí se observa que, al cambiar la relación de la sílaba [mi] con respecto a las otras sílabas de la palabra, su estatus acentual cambia también. Es válido declarar, por ende, que, en vez de inherente, el acento es una propiedad relacional.

1.2. El acento es jerárquico, culminante y delimitante

Hay que reconocer que existen múltiples grados de prominencia. Así lo evidencia el enunciado de (1), donde la penúltima sílaba de *a**mi**gos* sobresale no solo con respecto a las sílabas inacentuadas de esa palabra sino también con respecto a las sílabas acentuadas de las demás palabras. Resulta que el acento de *a**mi**gos* es más prominente que el de *madru**ga**da* y que el de ***men**te*, los cuales son, a su vez, más prominentes que los de *Su**pues**ta*, ***es**ta* y ***lle**gan*. La superioridad de ciertos acentos sobre otros indica que esta es una propiedad jerárquica.

(1) Su**pues**ta**men**te, **es**ta madru**ga**da **lle**gan mis a**mi**gos.

Las diferencias de prominencia entre acentos se deben a su relación con diferentes dominios fonológicos, que coinciden con unidades suprasegmentales. Uno de estos dominios es el de la palabra fonológica, pero existen otras unidades suprasegmentales —tanto superiores como inferiores— que también funcionan como dominios acentuales. Por encima de la palabra fonológica, están los dominios del enunciado fonológico y de la frase entonativa y por debajo se encuentra el dominio del pie prosódico. El enunciado fonológico es la unidad máxima de sonido por producirse entre dos pausas largas, mientras que la frase entonativa constituye un nivel inferior por producirse entre dos pausas cortas. La palabra y el pie prosódico constituyen niveles aún más bajos. Para ilustrarlos todos, regresemos a (1).

Este ejemplo es un enunciado fonológico que consta de tres frases entonativas (*Su**pues**ta**men**te,→ **es**ta madru**ga**da↗ **vie**nen mis a**mi**gos↘*), la última de las cuales se consolida como el núcleo por ser la que se pronuncia con mayor prominencia. En el interior de cada una de estas frases también hay un núcleo, el cual es la palabra fonológica más prominente de ese nivel; a saber, ***men**te*, *madru**ga**da* y *a**mi**gos*. Además, ciertas palabras cuentan con un núcleo prosódico en su interior, o sea, un pie prosódico. En ***men**te*, ***es**ta* y ***lle**gan*, el pie y la palabra coinciden en extensión (p. ej. [(ˈmẽn̪.t̪e)], [(ˈes.t̪a)], [(ˈɟe.ɣan)]), pero no siempre es así. La palabra fonológica puede incluir más sílabas que las que participan en el pie, que es lo que encontramos en *Su**pues**ta*, *madru**ga**da* y *a**mi**gos*, cuyos pies prosódicos abarcan solamente la penúltima y la última sílaba: [su.(ˈpu̯es.t̪a)], [ma.ð̞ru.(ˈɣa.ð̞a)], [a.(ˈmi.ɣos)]. En cuanto al posesivo *mis*, hay que aclarar que este es un 'clítico' —una palabra que se apoya sobre otra adyacente por no tener su propio acento—. Así, *mis* no puede ser palabra fonológica porque carece de núcleo prosódico. Es importante enfatizar que el pie prosódico siempre alberga una sílaba acentuada, la cual funciona como su núcleo. De esto se desprende que el número de pies dentro de la palabra fonológica será igual al número de acentos que esta contenga. Los compuestos, que incluyen dos o más palabras simples, son las únicas palabras del español que poseen más de un acento y, por ende, más de un pie prosódico (p. ej. [[su.('pu̯es.t̪a)][('mẽn̪.t̪e)]]).

Habiendo llegado a este punto, podemos distinguir entre acento principal, acento de frase y acento léxico o de palabra. El primero identifica el núcleo del enunciado fonológico, el segundo señala el núcleo de la frase entonativa y el tercero indica el núcleo de la palabra fonológica. A esto hay que añadir que es posible que varios acentos converjan en una misma sílaba porque las sílabas pueden pertenecer simultáneamente a varios dominios. En el enunciado que estamos analizando, por ejemplo, la penúltima sílaba de *a**mi**gos* tiene simultáneamente acento principal, acento de frase y acento léxico, como se muestra en (2). No se discute aquí el denominado 'acento secundario' porque este es la manifestación de un fenómeno diferente: el ritmo.

Nivel del enunciado
Nivel de la frase
Nivel de la palabra

(2) Su**pues**ta**men**te, **es**ta madru**ga**da **lle**gan mis a**mi**gos.

El acento también se caracteriza por ser culminante y delimitante. El primer término se refiere a su función de indicar los puntos culminantes dentro del enunciado y el segundo a su función de delimitar ciertas unidades suprasegmentales. Dichas funciones se ilustran en (3). Las seis sílabas acentuadas con las que se pronuncia este enunciado son cumbres de prominencia que señalan los límites de diferentes dominios, algunos incluidos dentro de otros. (# = palabra fonológica, F = frase entonativa y E = enunciado fonológico)

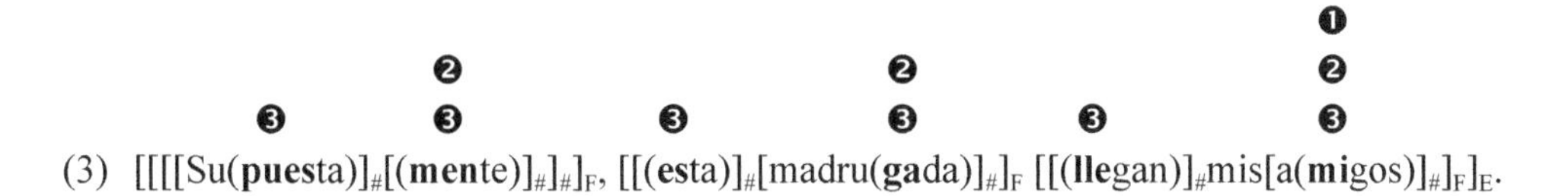

(3) [[[[Su(**pues**ta)]$_{\#}$[(**men**te)]$_{\#}$]$_{\#}$]$_{F}$, [[(**es**ta)]$_{\#}$[madru(**ga**da)]$_{\#}$]$_{F}$ [[(**lle**gan)]$_{\#}$mis[a(**mi**gos)]$_{\#}$]$_{F}$]$_{E}$.

Dado que el acento de frase y el acento principal coinciden regularmente con el último acento léxico dentro de la frase entonativa y dentro del enunciado fonológico, respectivamente, no hay mucho más que precisar sobre ellos. Es en el caso del acento léxico donde surgen numerosos asuntos intrigantes, por lo que será en este en el que nos enfocaremos.

2. Peculiaridades del acento léxico

Si bien hay lenguas que ubican el acento léxico en una posición fija y otras que permiten ubicarlo en cualquier sílaba de la palabra, el español no se adhiere estrictamente a ninguna de estas pautas. Los ejemplos de (4a) ilustran este aspecto. La ubicación del acento léxico se limita a la última, penúltima y antepenúltima sílaba, de donde se abstrae que existe una ventana de tres sílabas en la periferia derecha de la palabra: [... σ |σ σ σ|]. Los datos de (4b) evidencian que la distancia con respecto al margen izquierdo es irrelevante.

(4) a. especifi**có**
especi**fi**co
espe**cí**fico
*es**pe**cifico
***es**pecifico

b. **na**ce
na**cio**nes
nacio**na**les
naciona**lis**mo
internaciona**lis**mo

La movilidad del acento dentro de los límites de la ventana le permite tener valor distintivo. No solo existen pares mínimos como ***pa**pa/pa**pá*** y ***sá**bana/sa**ba**na*, sino también tripletes como ***lí**mite/li**mi**te/limi**té***, en los que el acento es la única propiedad que soporta la distinción de significados. Empero, no todas las posiciones de la ventana acentual tienen el mismo rendimiento. El acento oxítono (final) y el proparoxítono (antepenúltimo) son minoritarios frente al paroxítono (penúltimo), el cual abarca más del 60 % del inventario léxico (Núñez-Cedeño y Morales-Front 1998: 221). La penúltima sílaba se perfila así como la posición preferencial dentro de la ventana: $[\ldots \sigma \boxed{\sigma\ \boldsymbol{\sigma}\ \sigma}]$. Tal asimetría sugiere que el acento oxítono y el proparoxítono son producto de dislocaciones mínimas, o sea, de avanzar o retraer el acento no más que una sílaba. Es así cómo se explica que *especifi**có*** y *espe**cí**fico* alternan con *especi**fi**co*, pero **es**pe**cifico* y ****es**pecifico* no pueden hacerlo porque la dislocación acentual ya no sería mínima.

Son las idiosincrasias de ciertos morfemas las responsables del avance y retracción acentual. Resulta que, a pesar de ser una propiedad fonológica, el acento no depende exclusivamente de la fonología porque ha sufrido un grado considerable de morfologización. Algunos morfemas han adquirido la capacidad de atraer el acento, mientras que otros se han vuelto capaces de repelerlo. Considérense los datos de (5) y (6). El sufijo derivativo de (5a) es regular en el sentido de que no distorsiona la ubicación preferencial del acento, mientras que el de (5b) tiene la peculiaridad de atraerlo tirándolo así hacia la derecha: $[\ldots \sigma\ \sigma\ \boldsymbol{\sigma}\ \acute{\sigma}]$. Paralelamente, el sufijo derivativo de (6a) se comporta como un morfema regular, mientras que el de (6b) es inusual porque repele el acento empujándolo hacia la izquierda: $[\ldots \sigma\ \acute{\sigma}\ \boldsymbol{\sigma}\ \sigma]$.

(5) a. israe**l**+**it**+a
sefar**d**+**it**+a

b. israe**l**+**í**
sefar**d**+**í**

(6) a. to**n**+**ad**+a
car**n**+**ad**+a

b. **tón**+ic+o
cárn+ic+o

Otros ejemplos de sufijos que avanzan el acento son *-és* (***Malt**+a* > *mal**t**+**és***), *–dor* (***borr**+a* > *borr+a+**dor***) y *-ción* (***grab**+a* > *grab+a+**ción***). Ejemplos adicionales de sufijos que retraen el acento son *-ul* (***glob**+o* > ***glób**+ul+o*), *-id* (***morb**+o* > ***mórb**+id+o*) y *-fon* (***an**glo* > *an**gló**+fon+o*). Además, entre las raíces también hay algunas caracterizadas por tales irregularidades. Compárese, por ejemplo, *ji**raf**+a*, cuya raíz es regular, con *coli**brí*** y ***bú**fal+o*, cuyas raíces causan dislocación acentual.

Con relación a la función distintiva del acento, el análisis morfológico revela que, en los pares mínimos basados en esta propiedad, hay siempre una diferencia morfológica concomitante. Algunas palabras que muestran contrastes acentuales se segmentan morfológicamente en (7) y (8). Al examinar la estructura morfológica de las palabras de (7) se colige que el avance acentual es una idiosincrasia de las raíces *papá* y *mamá* (7b), y que la razón de que ese fenómeno no se verifique en (7a) es que las raíces *pap-* y *mam-* son regulares. Similarmente, la estructura morfológica de las palabras de (8) indica que la retracción acentual es una idiosincrasia del sufijo derivativo *-id* (8b), y que el motivo de que ese fenómeno no ocurra en (8a) es que los sufijos derivativos *-i* y *-d* son regulares. La homofonía —un accidente de la parte física del signo lingüístico— crea la impresión de que el acento es distintivo por sí solo; pero, en realidad, es la participación de diferentes morfemas lo que fundamenta tales distinciones.

(7) a. **pap**+a b. pa**pá**
mam+a ma**má**

(8) a. lu**c**+**i**+d+o b. **lúc**+id+o
va**l**+**i**+d+o **vál**+id+o

La infiltración de la morfología en la acentuación es particularmente obvia en el caso de los verbos dado que, como los paradigmas verbales son mucho más ricos que los nominales, las distorsiones causadas por ciertos morfemas son más recurrentes allí (p. ej. *pag+a+**rá***, *pag+a+**rá**+s*, *pag+a+**rá**+n*). Es más, existe una larga tradición según la cual la asignación del acento opera de manera diferente en verbos y no verbos porque se suele dar por descontado que el acento es netamente morfológico en aquellos pero esencialmente fonológico en estos (Harris 1969, 1975, 1983, 1995; Roca 1988, 1990, 1992, 2005, 2006). Los hechos indican, sin embargo, que tal dicotomía carece de fundamento puesto que todas las palabras acatan las mismas restricciones acentuales (Núñez-Cedeño 1985; Otero 1986; Harris 1989; Ohannesian 2004). En lo que respecta a la ventana, por ejemplo, verbos y no verbos se comportan idénticamente: el acento cae sobre la última, penúltima o antepenúltima sílaba, pero no más allá. Así lo confirman los datos de (9). Cabe agregar que formas como ***pá**gamelo* y ***pá**guesemelo* parecen quebrantar la ventana acentual pero, en realidad, la obedecen cabalmente. Estas son frases en las que varios clíticos se apoyan sobre una palabra prosódica, pero permanecen fuera de ella: *[[**pá**ga]$_{\#}$ melo]$_{F}$* y *[[**pá**gue]$_{\#}$ semelo]$_{F}$*.

(9) a. gana**rá** b. Para**ná**
ga**na**mos pa**ga**nos
ga**ná**bamos hipo**tá**lamos
***ga**nabamos *hi**po**talamos ~ ***hi**potalamos

Otra indicación de que la asignación del acento no discrimina clases gramaticales es que, en los verbos, el acento paroxítono también es el predominante: más del 60 % de las formas finitas de cada verbo son paroxítonas, siendo la presencia de ciertos morfemas lo que causa avance o retracción. En *gan+a+**rá***, por ejemplo, el sufijo *-rá* causa dislocación acentual hacia la derecha, mientras que, en *ga**n**+**á**+ba+mo+s*, el sufijo *-ba* hace lo mismo hacia la izquierda. Esto contrasta con *ga**n**+**a**+mo+s*, donde no hay dislocación acentual porque los morfemas involucrados son regulares. Evidentemente, la forma ****ga**nabamos* es imposible porque su obtención requeriría dislocar el acento más de una sílaba.

Es un hecho que, a pesar de emanar de la fonología, el acento léxico del español está condicionado por la morfología; sin embargo, la evidencia no apoya la aseveración de que el condicionamiento morfológico sea mayor en las formas verbales que en las no verbales. Si tal asimetría fuese verídica, el paralelismo que vemos en (9) no existiría. Uno de los retos que enfrentan los estudios futuros es, por tanto, identificar los principios que subyacen a la acentuación de ambos grupos de palabras.

3. Pautas del acento léxico

Describir las pautas del acento léxico presenta la dificultad de que su número y forma cambia drásticamente según sea la postura que se adopte con respecto al dominio relevante; o sea, según se niegue o se acepte que la palabra es el campo donde opera este tipo de acento. A continuación se discuten ambas perspectivas.

La caracterización más simple que se ha planteado es la de Hualde (2012), la cual está basada en el análisis de Hooper y Terrell (1976). El trabajo de Hooper y Terrell fue el primero en proponer que el dominio del acento léxico es el tema de la palabra, una postura que numerosos trabajos subsiguientes han adoptado. Se define el tema como la unidad morfológica que incluye todos los morfemas de la palabra excepto los flexivos, los cuales son siempre sufijos y forman la desinencia (p. ej. *za**pat**]o, zapa**ter**]os, zapate**rí**]as, **mes**], men**sual**]es, mensuali**dad**]*). La adopción de tal constituyente como el dominio del acento léxico le permite a Hualde reducir el número de pautas acentuales a tres: a) acento sobre la última vocal del tema (p. ej. *ameri**can**]o, universi**dad**], domi**nó**]*), b) acento retraído una sílaba (p. ej. ***hún**gar]o, a**pós**tol]*) y c) acento retraído dos sílabas (p. ej. ***Jú**piter]*). Así la asignación del acento sería bastante simple. Bastaría con identificar la última vocal del tema para acentuar la gran mayoría de las palabras y, para dar cuenta de las excepciones, solo se necesitaría postular dos tipos de retracción: una para los morfemas que retraen el acento una sílaba y otra para aquellos que lo retraen dos sílabas.

El problema con esta aproximación es que, en su afán de obtener simplicidad, sacrifica la precisión. Un primer desacuerdo con los hechos es que hay casos en los que la presencia de ciertas desinencias afecta la ubicación del acento. Esto se ilustra con verbos en (10a) y con nombres en (10b). El primer miembro de cada par de (10) lleva el acento en la sílaba proyectada por la primera vocal del tema, mientras que el segundo miembro lo lleva en la próxima sílaba a la derecha. El foco de interés es que el único factor al que se le puede atribuir la reubicación del acento es la presencia en el segundo miembro de cada par de una sílaba adicional, la cual es proyectada por una vocal perteneciente a la desinencia. Esto es prueba contundente de que el material fonológico provisto por los sufijos flexivos también es parte del dominio acentual.

(10) a. **lle**g+a]+s / lle**g+á**]+is   b. **ín**terin] / in**té**rin]+e+s
        salg]+o / sal**g+a**]+mo+s   **ré**gimen] / re**gí**men]+e+s

Otro obstáculo que enfrenta esta propuesta es que requiere postular más de un grado de retracción acentual, con lo cual resulta imposible explicar la ventana de las tres sílabas. El razonamiento es el siguiente. De aceptarse que la retracción del acento no tiene que ser mínima, nada restringiría el grado de dislocación, lo cual permitiría la existencia de morfemas capaces de retraer el acento cualquier número de sílabas. Aberraciones como ****ga**nabamos* e ****hi**potalamos* podrían derivarse entonces porque se podría argüir que sus morfemas retractores desplazan el acento varias sílabas hacia la izquierda. Está claro que ninguna caracterización del sistema acentual del español podría ser más desacertada.

Para colmo de males, la conflación de pautas que se propone carece de apoyo empírico. Los proponentes del tema como dominio acentual alegan que las palabras paroxítonas terminadas en vocal (p. ej. *ameri**can**]o*), las oxítonas terminadas en consonante (p. ej. *universi**dad**]*) y las oxítonas terminadas en vocal (p. ej. *domi**nó**]*) representan la acentuación regular y las recogen en un solo grupo. Es en este sentido que decimos que se reduce el número de pautas porque tradicionalmente se ha asumido que cada uno de estos tipos de palabra representa una pauta diferente. Para reducir el número de pautas aún más, asumen que las palabras proparoxítonas terminadas en vocal (p. ej. ***hún**gar]o*) y las paroxítonas terminadas en consonante (p. ej. *a**pós**tol]*) forman también un solo grupo. A primera vista, tales conflaciones parecen beneficiosas porque simplifican el panorama pero, en realidad, son perjudiciales porque encubren diferencias importantes que existen entre el acento oxítono, paroxítono y proparoxítono. Si bien todos ellos son lícitos, difieren grandemente en productividad. Los porcentajes de frecuencia obtenidos en una búsqueda electrónica de 91.000 palabras (Nuñez-Cedeño y Morales-Front 1998: 211) arrojan luz sobre este asunto.

(11)			
	Paroxítonas terminadas en V	57.911	63,64%
	Oxítonas terminadas en C	24.642	27,08%
	Proparoxítonas terminadas en V	7.327	8,05%
	Oxítonas terminadas en V	573	0,63%
	Paroxítonas terminadas en C	512	0,56%
	Proparoxítonas terminadas en C	35	0,04%
	TOTAL	91.000	100.00%

Como se observa en (11), las palabras paroxítonas terminadas en vocal son decididamente la norma, por lo que su agrupación con las oxítonas terminadas en consonante —que no alcanzan ni siquiera la mitad de la frecuencia de aquellas— no se justifica. Todavía más cuestionable es la combinación de estos dos tipos con el de las oxítonas terminadas en vocal dado que estas son una de las tres pautas más infrecuentes. A la luz de estos datos, es difícil aceptar que tres tipos acentuales tan dispares puedan tener el mismo origen. Su combinación en un solo grupo es claramente forzada. A esa misma conclusión se llega cuando se examina la otra conflación propuesta. Los resultados de (11) muestran que, a pesar de ser una minoría, las palabras proparoxítonas terminadas en vocal están bien representadas en el léxico, por lo que su combinación con las paroxítonas terminadas en consonante —que son uno de los grupos más escasos— también es infundada.

Una caracterización fiel a los hechos ha de reconocer que hay tres pautas acentuales principales: las palabras paroxítonas son la norma, las oxítonas forman una robusta minoría y las proparoxítonas representan un residuo. Pero estos tipos tienen que matizarse con pautas colaterales porque, según el tipo fonológico y morfológico del segmento final, las tendencias generales pueden resultar desfavorecidas (Figura 1.2). Tenemos que, aunque son predominantes cuando terminan en vocal o consonante flexiva (p. ej. *ve**cin**]a], ve**cin**]as], me**cen**]as]*), las paroxítonas se tornan minoritarias cuando terminan en consonante no flexiva (p. ej. *ca**ní**bal]*). Por otro lado, aunque las oxítonas son exiguas cuando terminan en vocal no flexiva (p. ej. *domi**nó**]*), se revitalizan notablemente cuando terminan en consonante no flexiva (p. ej. *mira**dor**]*). Finalmente, las proparoxítonas, que siendo residuales alcanzan un rendimiento relativamente alto cuando terminan en vocal o consonante flexiva (p. ej. ***rí**gid]o], **rí**gid]os], **té**tan]os]*), escasean cuando terminan en consonante no flexiva (p. ej. ***ó**micron]*). Tal sensibilidad a la clase fonológica y morfológica del segmento final ratifica que el acento tiene índole morfofonológica en español. (Los símbolos + y – se usan en la Figura 1.2 para indicar mayor y menor frecuencia, respectivamente.)

Estas pautas son el soporte empírico de la ventana de las tres sílabas, cuya ubicación sería diferente si el dominio relevante fuera inferior o superior a la palabra. Pares como ***di**gan/di**ga**mos* y ***dí**ganmelo/di**gá**moselo* son informativos a este respecto. Si el dominio fuera el tema (12a) o la frase (12c), el desplazamiento del acento léxico de una sílaba a otra sería un misterio porque su ubicación dentro de esas unidades es asistemática. Si se admite, en

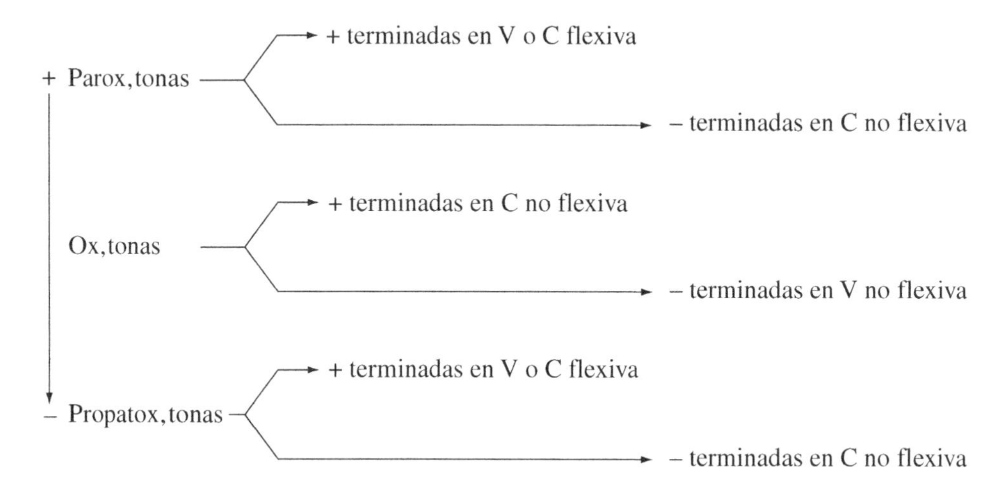

Figura 1.2 Pautas acentuales principales y colaterales

cambio, que dicho acento se asigna dentro de la palabra, surge una explicación natural. Los desplazamientos hacia la derecha son necesarios para mantener una distancia constante con respeto al fin de ese constituyente (12b y 4b). Por esta y las demás razones dadas arriba, es sensato concluir que el dominio del acento léxico no puede ser otro que la palabra.

(12) a. **di**ga]n b. **di**gan] c. **dí**ganmelo]
diga]mos digamos] digámoselo]

4. La cuestión del peso silábico

Otro aspecto polémico sobre la materia es si el español es sensible a la cantidad, es decir, si hay diferencias de peso silábico que afecten la ubicación del acento. Se sabe que, en las lenguas sensibles a la cantidad, ciertas sílabas llamadas 'pesadas' atraen el acento, mientras que otras llamadas 'livianas' no lo hacen. En Harris (1983, 1992, 1995) se arguye que el español es sensible a la cantidad porque hay sílabas que reducen el tamaño de la ventana acentual en virtud de su mayor peso. Las sílabas que se consideran pesadas son aquellas cuya rima (núcleo más coda) consta de una de las siguientes secuencias: VV̯ (p. ej. [ai̯] en ***vai**na*), V̯V (p. ej. [u̯e] en ***pue**rro*) o VC (p. ej. [al] en ***pal**ma*). Se presume que son livianas, en cambio, las sílabas cuya rima no contiene más que una vocal: V (p. ej. [a] en ***ca**ma*). La diferencia se suele representar apelando a la 'mora' (μ), que sirve como unidad de peso silábico. Las sílabas de los tipos (13a–c) serían pesadas por contener dos moras, mientras que las del tipo (13d) serían livianas por contener una sola. Se ignoran las consonantes ubicadas en el margen izquierdo de la sílaba (ataque) porque estas no contribuyen peso.

(13)

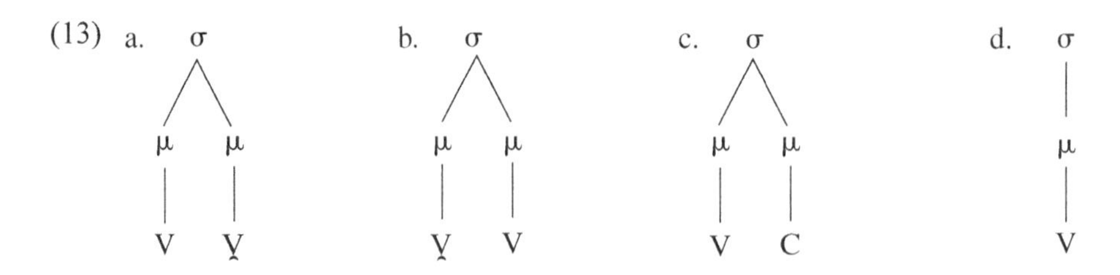

Las prohibiciones ilustradas en (14) y (15) son la evidencia que se aduce para postular sílabas pesadas. Según Harris, la presencia de cualquier tipo de sílaba pesada en la penúltima posición descarta el acento proparoxítono. Es decir que, en tales casos, la ventana se reduce de tres sílabas a dos (14a–c). En fin de palabra, por otro lado, se presentan dos efectos diferentes. Si la rima de la sílaba pesada y final es del tipo VV̯, tanto el acento paroxítono como el proparoxítono se declaran ilícitos (15a); pero si la rima de dicha sílaba es del tipo V̯V o VC, solamente el acento proparoxítono queda vetado (15b–c). Esto constituye un inconveniente porque lo que se esperaría es que la ventana se redujera a una sola sílaba siempre que la sílaba pesada fuese final.

(14)	Penúltima:	a. Rima VV̯:	Ja**mai**ca	(***Ja**maica)
		b. Rima V̯V:	No**rie**ga	(***No**riega)
		c. Rima VC:	a**lar**ma	(***a**larma)

(15)	Última:	a. Rima VV̯:	sibo**ney**	(*si**bo**ney ~ ***si**boney)
		b. Rima V̯V:	ca**ri**cia	(***ca**ricia)
		c. Rima VC:	ca**ní**bal	(***ca**nibal)

La inconsistencia con la que las sílabas pesadas atraen el acento es la debilidad de esta propuesta. Resulta que, además de (15b–c), hay otros casos en los que el acento esquiva tales sílabas. De hecho, ninguna de las pautas que Harris declara ilícitas es realmente inexistente (Ohannesian 2004). Los ejemplos de (17) y (18) muestran que hay casos en los que la ventana no se reduce a pesar de haber una sílaba pesada en la penúltima o última posición.

(17)	Penúltima:	a. Rima VV̯:	**vó**leibol
		b. Rima V̯V:	**Tó**cuaro (localidad de México)
		c. Rima VC:	**Fró**mista (localidad de España)

(18)	Última:	a. Rima VV̯:	**ho**ckey ~ ***Tem**perley (localidad de Argentina)
		b. Rima V̯V:	al**tí**locuo
		c. Rima VC:	**ó**micron

Por tratarse de topónimos, préstamos y cultismos, algunos autores excluyen este tipo de evidencia; sin embargo, otros arguyen que, siendo formas aceptadas por los hablantes nativos, tales contraejemplos también deben tenerse en cuenta (Roca 1988, 1990; Ohannesian 2004). La conclusión que emerge cuando se incluye la totalidad de los hechos es que, más que imposibilidades, las prohibiciones sugeridas en (14) y (15) son preferencias. Eso también es lo indicado por varios estudios experimentales que han utilizado palabras inventadas para investigar el asunto. Bárkányi (2002: 21) encontró, por ejemplo, que los hablantes toleran las violaciones a las pautas prohibidas bastante bien. Como se observa en (19) y (20), la objeción a las violaciones es bastante débil dado que, en el mejor de los casos, apenas sobrepasa el 50 %.

(19)			Sí	Raro	**No**
	Penúltima:	a. Rima VV̯:	19%	28%	**53%**
		b. Rima V̯V:	16%	45%	**39%**
		c. Rima VC:	31%	42%	**27%**

(20) Última:	a. Rima VV̯:	19%	32%	**49%**
	b. Rima V̯V:	24%	39%	**37%**
	c. Rima VC:	39%	42%	**19%**

El uso que el español hace de la duración tampoco encaja con el perfil de las lenguas sensibles a la cantidad, las cuales aprovechan la posibilidad de acomodar múltiples moras dentro de una misma sílaba para contrastar segmentos largos con cortos. En tales lenguas se distingue entre vocales largas —portadoras de dos moras (p. ej. $/e^{\mu\mu}/$ > [eː])— y vocales cortas —portadoras de una mora (p. ej. $/e^{\mu}/$ > [e])— o entre consonantes geminadas —portadoras de una mora (p. ej. $/k^{\mu}/$ > [kː]) y consonantes simples —privadas de mora (p. ej. /k/ > [k]). El inventario fonémico del español carece, sin embargo, de tales contrastes. Otra indicación de su insensibilidad a la cantidad es que el español tampoco cuenta con procesos fonológicos típicos de las lenguas sensibles a la cantidad, tal como el alargamiento compensatorio, una estrategia que rescata una mora desligada del segmento que la portaba originalmente (p. ej. $V^{\mu}.V^{\mu}$ > $\text{V̯}V^{\mu\mu}$).

En suma, la pregunta de si el español es sensible a la cantidad tiene que responderse en negativo porque el surgimiento de sílabas pesadas desprovistas de acento es perfectamente posible (p. ej. *justicia, alcázar, **prócer**, **útil***). Además, por carecer de contrastes de duración, el sistema no provee evidencia independiente de que varias moras puedan coexistir dentro de una misma sílaba. Debido a que las sílabas acentuadas pueden tener cualquier tipo de rima (p. ej. *de**lei**te, a**cuo**so, mili**tan**te, far**ma**cia*), no hay una base sólida para suponer que la complejidad de la rima y el peso de la sílaba estén correlacionados. Lo que la evidencia sugiere es, más bien, que todos los tipos silábicos son igualmente aptos para portar el acento, que es lo que se espera si el máximo número de moras por sílaba es uno. Entonces, aunque las representaciones de (13a–c) son válidas para aquellas lenguas que consistentemente acentúan esos tipos de sílaba, las alternativas propuestas en (21a–c) son más apropiadas para el español.

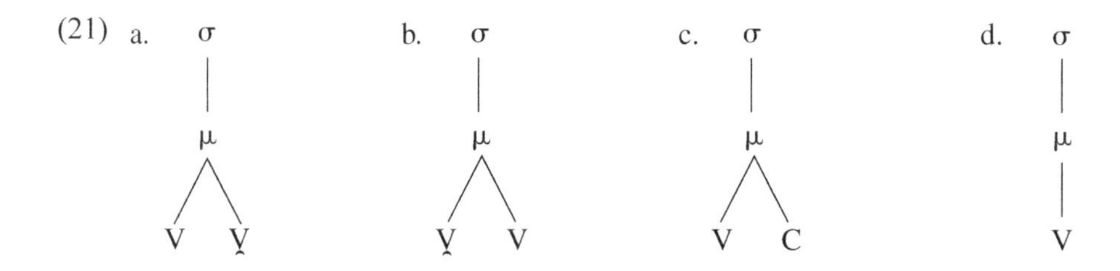

5. Factores fonológicos

Se recordará que más del 60 % de las formas verbales y no verbales son paroxítonas terminadas en vocal o consonante flexiva (p. ej. ***camis**]a], **camis**]as], **camin**]e], **camin**]en]*). Además de su prevalencia, esta pauta acentual es notable por ser la única que se presta a una explicación basada exclusivamente en principios fonológicos. Lo que la caracteriza es la construcción del pie prosódico sobre las dos últimas sílabas de la palabra: [ka.(ˈmi.sa)], [ka.(ˈmi.sas)], [ka.(ˈmĩ.ne)], [ka.(ˈmĩ.nẽn)]. Tal configuración es el resultado de respetar cabalmente tres de las restricciones universales que gobiernan la construcción de pies prosódicos, a saber, Final, Binario y Trocaico (22–24). Final está motivada por la función delimitante del acento, Binario por su naturaleza relacional (una unidad suprasegmental ha de estar en relación con otra menos sobresaliente para poder percibirse como prominente) y Trocaico es una de las dos opciones lógicas para ubicar el núcleo del pie prosódico.

(22) Final El pie prosódico debe estar en el fin de la palabra.

(23) Binario: El pie prosódico debe constar de dos unidades suprasegmentales.

(24) Trocaico: El pie prosódico debe tener su núcleo a la izquierda.

Con la adopción de estos principios, la abundancia de formas proparoxítonas recibe una explicación natural. La penúltima sílaba se consolida como la mejor ubicación para el acento por ser la que permite que el pie pueda ser final, binario y trocaico simultáneamente: [... σ (σ σ)]. Dada la simplicidad de esta estructura, no es extraño que la lengua la favorezca.

La incapacidad de las oxítonas y proparoxítonas para satisfacer uno de los tres principios fonológicos sería la razón de su escasez. Las oxítonas podrían analizarse como construcciones que quebrantan bien Binario (p. ej. [... σ σ (**σ**)]) o bien Trocaico (p. ej. [... σ (σ **σ**)]), aunque la primera opción es la más plausible porque existe evidencia independiente de que los pies del español pueden ser unarios (p. ej. [(ˈfe)] y [(ˈt̪u)]) y de que su núcleo se ubica sistemáticamente a la izquierda (p. ej. [iɣ.(ˈna.si̯o)] > [(ˈiɣ.na)] ~ [(ˈna.ʧo)]). La situación de las proparoxítonas es menos transparente. Tradicionalmente, se han analizado como violaciones de Final (p. ej. [... (**σ** σ) σ]); pero también podrían analizarse como violaciones de Binario (p. ej. [... (**σ** σ σ)]). El primer punto de vista es objetable porque presenta el inconveniente de que tanto el tema como la palabra serían dominios acentuales, mientras que si se asume que Binario es el principio quebrantado la palabra se mantiene como el dominio constante.

En la actualidad, está bien establecido que ciertos morfemas son los responsables de tales distorsiones, pero lo que aún no se ha logrado desvelar es cómo esas unidades interactúan con las unidades fonológicas para inducir avance o retracción mínima del acento.

6. Conclusión

Ha quedado demostrado que el acento es una propiedad suprasegmental (superior al segmento), relacional (entre sílabas), jerárquica (de diferentes niveles), culminante (forma cumbres de prominencia) y delimitante (indica la terminación de unidades suprasegmentales). También se ha visto que el acento de frase y el acento principal coinciden regularmente con el último acento léxico dentro de la frase entonativa y dentro del enunciado fonológico, respectivamente, mientras que la ubicación del acento léxico oscila entre las tres últimas sílabas de la palabra fonológica. A pesar de esto, la penúltima sílaba es la ubicación preferencial del acento léxico —más del 60 % de las palabras lo tienen—, lo cual se deriva de principios estrictamente fonológicos. Es la presencia de ciertos morfemas en la periferia derecha de la palabra lo que causa avance o retracción mínima del acento, pero todavía se ignora cuáles son las propiedades estructurales que habilitan a esos morfemas para inducir tales distorsiones.

La diferencia entre sílabas pesadas y livianas es inmaterial en español. Así lo indica el hecho de que, aunque la ventana acentual contenga sílabas con rima compuesta, el acento puede caer sobre una sílaba cuya rima sea simple. Los hechos tampoco apoyan la propuesta de que el tema sea el dominio del acento léxico porque solo el margen derecho de la palabra permite definir precisamente el tamaño de la ventana acentual. Por último, la segregación de verbos y no verbos, que se ha asumido tradicionalmente, es insostenible porque las pautas acentuales son las mismas para las palabras fonológicas de cualquier clase gramatical.

Bibliografía

Bárkányi, Z. (2002) "Primary stress in Spanish", en Satterfield, T., Tortora, C. y Cresti, D. (eds.) *Current issues in Romance languages*, Amsterdam: John Benjamins, pp. 17–31.
Harris, J. (1969) *Spanish phonology*, Cambridge, MA: The MIT Press.
Harris, J. (1975) "Stress assignment rules in Spanish", en Milan, W., Staczek, J. y Zamora, J. (eds.) *1974 Colloquium on Spanish and Portuguese Linguistics*, Washington, DC: Georgetown University Press, pp. 56–83.
Harris, J. (1983) *Syllable structure and stress in Spanish: A nonlinear analysis*, Cambridge, MA: The MIT Press.
Harris, J. (1989) "How different is verb stress in Spanish", *Probus*, 1, 3, pp. 241–258.
Harris, J. (1992) *Spanish stress: The extrametricality issue*, Bloomington, IN: Indiana University Linguistics Club.
Harris, J. (1995) "Projection and edge marking in the computation of stress in Spanish", en Goldsmith, J. (ed.) *The handbook of phonological theory*, Cambridge, MA/Oxford: Blackwell, pp. 867–887.
Hooper, J. y Terrell, T. (1976) "Stress assignment in Spanish: A natural generative approach", *Glossa*, 10, pp. 64–110.
Hualde, J. (2012) "Stress and rhythm", en Hualde, J., Olarrea, A. y O'Rourke, E. (eds.) *The handbook of Hispanic linguistics*, Chichester, West Sussex: Wiley-Blackwell, pp. 153–171.
Núñez-Cedeño, R. (1985) "Análisis métrico de la acentuación verbal en español", *Revista Argentina de Lingüística*, 1, 1, pp. 108–132.
Núñez-Cedeño, R. y Morales-Front, A. (1998) *Fonología generativa contemporánea de la lengua española*, Washington, DC: Georgetown University Press.
Ohannesian, M. (2004) *La asignación del acento en castellano*, tesis doctoral, Universitat Autònoma de Barcelona.
Ortega-Lleberia, M. y Prieto, P. (2011) "Acoustic correlates of stress in Central Catalan and Castilian Spanish", *Language and Speech*, 54, 1, enero, pp. 73–97.
Otero, C. (1986) "A unified metrical account of Spanish stress", en Brame, M., Contreras, H. y Newmeyer, F. (eds.) *A Festschrift for Sol Saporta*, Seattle: Noit Amrofer, pp. 299–332.
Quilis, A. (1971). "Caracterización fonética del acento español", *Travaux de Linguistique et de Littérature*, 9, pp. 53–72
Roca, I. (1988) "Theoretical implications of Spanish word stress", *Linguistic Inquiry*, 19, pp. 393–423.
Roca, I. (1990) "Diachrony and synchrony in word stress", *Journal of Linguistics*, 26, pp. 133–164.
Roca, I. (1992) "On the sources of word prosody", *Phonology*, 9, pp. 267–287.
Roca, I. (2005) "Saturation of parameter settings in Spanish", *Phonology*, 22, pp. 345–394.
Roca, I. (2006) "The Spanish stress window", en Martínez-Gil, F. y Colina, S. (eds.) *Optimality-theoretic studies in Spanish phonology*, Philadelphia, PA: John Benjamins, pp. 239–277.

Lecturas complementarias

Den Os, E. y Kager, R. (1986) "Extrametricality and stress in Spanish and Italian", *Lingua*, 69, pp. 23–48.
Lipski, J. (1997) "Spanish word stress: The interaction of moras and minimality", en Martínez-Gil, F. y Morales-Front, A. (eds.) *Issues in the phonology and morphology of the major Iberian languages*, Washington, DC: Georgetown University Press, pp. 559–593.
Oltra-Massuet, M. y Arregi, K. (2005) "Stress-by-structure in Spanish", *Linguistic Inquiry*, 36, pp. 43–84.
Roca, I. (1997a) "There are no 'glides', at least in Spanish: An optimality account", *Probus*, 9, pp. 233–265.
Roca, I. (1997b) "On the role of accent in stress systems: Spanish evidence", en Martínez-Gil, F. y Morales-Front, A. (eds.) *Issues in the phonology and morphology of the major Iberian languages*, Washington, DC: Georgetown University Press, pp. 619–664.

Entradas relacionadas

fonología; sílaba; gramática generativa; morfología; morfemas; flexión verbal; historia del español; sonidos

ADJETIVO

Alberto Pastor

1. Introducción

La categoría adjetivo se compone de palabras que modifican a expresiones nominales, por medio de las cuales se adscribe una propiedad o un conjunto de propiedades a los objetos o individuos denotados por estas. En posición atributiva (1), esto es, en el interior de un sintagma nominal, funcionan como modificadores del nombre, bien restringiendo la clase denotada por el nombre cuando aparece en posición posnominal (1a); o bien matizando un rasgo o rasgos constitutivos de la clase nominal cuando precede al nombre (1b).

(1) a. Solo aprobaron [los alumnos *avispados*].
    b. [Los *avispados* alumnos de Juan] hallaron todas las respuestas.

Como modificador nominal, el adjetivo se une al nombre y a sus complementos para formar un sintagma nominal, que después se inserta en un sintagma determinante. Dentro del sintagma determinante el adjetivo ha de concordar en género y número con el nombre modificado y sus determinantes y cuantificadores: **los alumnos avispadas*; **los alumnos avispado*. (Por razones expositivas, a lo largo de este trabajo nos referiremos al dominio nominal extendido como sintagma nominal).

Los adjetivos también pueden aparecer en posición predicativa cuando ocupan la posición de predicado de una oración copulativa (2a) o como complemento predicativo (2b). En ambos casos los adjetivos *guapa* y *simpática* modifican al sintagma nominal *la novia de Pedro* y se predican del individuo designado por el mismo.

(2) a. La novia de Pedro es guapa.
    b. Considero a la novia de Pedro simpática.

La característica fundamental de los adjetivos que los distingue de los nombres es que denotan propiedades y por ello pueden aplicarse a múltiples objetos: *libro verde, niño verde, árbol verde* (Demonte 1999: 134). Por el contrario, los sustantivos condensan un conjunto de condiciones necesarias y suficientes para definir clases de individuos, dentro de las cuales se seleccionan e identifican referentes en el discurso por medio de los determinantes y cuantificadores.

Este contraste se refleja en la posibilidad de ser modificados por marcadores de identidad como *mismo*. Los nombres aceptan dicha marca (3a), pero no así los adjetivos (3b).

(3) a. El mismo Juan/La misma tarde
 b. *El mismo feliz

(Demonte 1999: 134)

A pesar de la existencia de una serie de características formales e interpretativas específicas que tienen en común los adjetivos y que nos permiten tratarlos en conjunto como una categoría gramatical, los adjetivos también manifiestan diferencias notables en cuanto a su significado intrínseco, a las relaciones semánticas que establecen con el nombre y un número variado de propiedades formales. De esta manera, y solo por mencionar algunos contrastes, hay adjetivos que pueden ser graduados (*Juan es muy alto/delgado/elegante*), mientras que otros rechazan modificación de grado (**un tren muy eléctrico/*un barco bastante pesquero*); algunos adjetivos pueden alternar su posición en torno al nombre (*una mujer hermosa*; *una hermosa mujer*), otros solo admiten la posición prenominal (*una mera formalidad/*una formalidad mera*) o únicamente la posición posnominal (*un tren eléctrico/*un eléctrico tren*); y otros, además, tienden a ser agramaticales como predicados de oraciones copulativas (**el debate es presidencial*).

Por otro lado, los adjetivos pueden asignar cualidades consustanciales con los objetos (*este plan es/*está idóneo*), o se referirse a estados transitorios de las entidades (*el vaso *es/está lleno*); según se apliquen solo al referente de la expresión nominal (*Juan es un médico bueno* = 'Juan es médico y es bueno como persona'), o incidan en las clases de cosas con las que se cruza la entidad designada por el sustantivo (*Juan es un buen médico* = 'Juan es bueno como médico'); así como en función de si restringen la clase de objetos designados por el sustantivo (*la nieve blanda/dura/polvo*) o no lo hacen (*la blanca nieve*).

En este capítulo nos ocuparemos de estas y otras características de los adjetivos en el siguiente orden de exposición. Comenzaremos clasificando los adjetivos según su significado intrínseco: adjetivos calificativos, relacionales (§ 2) y adverbiales (§ 3). Seguiremos en el § 4 con las clases propuestas de adjetivos según las relaciones semánticas que establecen con los nombres: adjetivos individuales y episódicos; adjetivos intersectivos y subsectivos; y adjetivos restrictivos y no restrictivos. Posteriormente, en el § 5 trataremos la cuestión de la posición relativa del adjetivo con respecto al nombre al que modifica. Terminaremos en el § 6 dirigiendo brevemente nuestra atención al interior del sintagma adjetivo (modificadores y complementos del adjetivo).

2. Adjetivos calificativos y adjetivos relacionales

Una primera clasificación de adjetivos basada en criterios semánticos y sintácticos nos permite distinguir entre adjetivos calificativos y relacionales. Dentro de los calificativos encontramos adjetivos como *rojo*, *alto*, *tímido* y *áspero* (4a). Ejemplos de adjetivos relacionales son, por su parte, *marítimo*, *lechero*, *aéreo* y *campestre* (4b).

(4) a. el coche rojo/el niño alto/la mujer tímida/la piel áspera
 b. el paseo marítimo/la vaca lechera/el transporte aéreo/la vida campestre

Para dar cuenta de la diferencia entre adjetivos calificativos y relacionales con respecto a las relaciones semánticas que establecen con el nombre al que modifican, se han propuesto diferentes explicaciones, las cuales no son necesariamente incompatibles entre sí. Para Demonte (1999) (que desarrolla ideas de Bhat 1994 y Kamp 1975), ambos tipos de adjetivos funcionan como expresiones asignadoras de propiedades, pero se distinguen en el número de propiedades que aplican al nombre modificado. Los adjetivos calificativos expresan una sola propiedad. Los relacionales, en cambio, se caracterizan por expresar varias propiedades. De esta manera, los adjetivos calificativos de (4a) se refieren a un rasgo constitutivo del nombre al que modifican, rasgo que exhiben o caracterizan a través de una única propiedad: el color, el tamaño, el carácter o la textura, por ejemplo. Por otro lado, los adjetivos relacionales de (4b) se refieren a un conjunto de propiedades y las vinculan a las del nombre modificado. En concreto, todas las características que, en conjunto, definen a sustantivos como *mar*, *leche*, *aire* y *campo*.

Bosque (1993a) (siguiendo a Bolinger 1967, entre otros) caracteriza los adjetivos relacionales como categorías cuasi-nominales con forma adjetival. Los adjetivos relacionales no denotan cualidades o propiedades de los sustantivos, sino que establecen conexiones entre esas entidades y otros dominios o ámbitos externos a ellas, dando lugar a relaciones semánticas más complejas y variadas. Así, *un paseo marítimo*, *una vaca lechera* y *la vida campestre* en (4b) se interpretan respectivamente como 'un paseo junto al mar', 'una vaca que da leche' y 'la vida que tiene lugar en el campo'. En otros ejemplos, como *los datos científicos*, se establece una relación de origen (los datos que provienen de la ciencia); o una relación de posesión, como en *terrenos municipales* (terrenos que posee un municipio). Bartning (1980) distingue entre adjetivos relacionales correspondientes a una función gramatical (*masaje cardiaco*, 'masaje al corazón'; *decisión presidencial*, 'decisión del presidente'); adjetivos relacionales correspondientes a una función semántica adjunta (*vista aérea*, 'vista desde el aire'); y adjetivos relacionales de significado integrado en el nombre (*plan inmobiliario*; *águila imperial*). De manera parecida, Bosque y Picallo (1996) proponen una clasificación en la que los dos primeros tipos serían ejemplos de 'adjetivos relacionales argumentales' y el tercer caso se correspondería con 'adjetivos relacionales clasificatorios'.

Existen tres pruebas sintácticas que permiten distinguir los adjetivos calificativos de los relacionales (Schmidt 1972; Bartning 1980):

(a) la posibilidad de poder ser o no usado predicativamente:

(5) a. El coche es rápido./La niña es alta./El león es fiero.
    b. *El viaje es presidencial./*La política es municipal./*El diccionario es médico.

(b) el poder entrar en comparaciones y ser modificados por expresiones de grado:

(6) a. El coche es muy rápido./La niña es bastante alta./El león es más fiero que el gato.
    b. *El viaje es muy presidencial./*La política es bastante municipal./*El diccionario es más médico que el libro.

y (c) su capacidad para formar parte de sistemas binarios y ser, por tanto, términos de correlaciones de polaridad.

(7) a. el coche rápido – lento/la niña alta – baja/el león fiero – manso
    b. el viaje presidencial – *el viaje apresidencial/la política municipal
       – *la política inmunicipal/el diccionario médico
       – *el diccionario amédico

A tenor de las pruebas de (5)–(7), solo los calificativos pueden usarse predicativamente, entrar en comparaciones y ser términos de correlaciones de polaridad, pero no así los adjetivos relacionales.

Los adjetivos calificativos y los relacionales también contrastan en cuanto a la posición que ocupan en relación con el nombre al que modifican. En español los adjetivos de relación se posponen siempre al nombre (**el presidencial viaje/*el médico diccionario*). En cambio, los adjetivos calificativos alternan generalmente entre la posición prenominal (*la preciosa niña*) y posnominal (*la niña preciosa*), lo cual tiene efectos en el significado del sintagma nominal (véase § 5).

Más parecido es, no obstante, el comportamiento de los adjetivos calificativos y relacionales cuando se iteran adjetivos del mismo tipo. La regla general es que en español los adjetivos, estén coordinados o yuxtapuestos, no suelen acumularse. No obstante, cuando se incrustan unos adjetivos en otros sucesivamente el orden entre ellos se establece según relaciones de alcance que proceden de derecha a izquierda, tal como se ilustra en *política comunitaria española* y *política española comunitaria*, donde la interpretación del sintagma nominal cambia según como se sucedan los adjetivos relacionales clasificatorios *española* y *comunitaria*. Así, en el primer ejemplo entendemos 'política de la UE con respecto a España' y en el segundo 'política de España respecto de la UE' (Bosque 1993). De manera similar, pueden también sucederse iterados los adjetivos calificativos pospuestos de forma y color (*una mesa cuadrada azul/una mesa azul cuadrada*), y los participios adjetivales y perfectivos (*un árbol replantado quemado/ un árbol quemado replantado*), dando lugar a relaciones de alcance de la misma forma que los adjetivos relacionales clasificatorios. Por otro lado, el orden relativo entre los adjetivos es fijo cuando hay dos adjetivos relacionales temáticos (esto es, adjetivos que introducen un argumento del predicado nominal): el correspondiente al objeto precede siempre al correspondiente al sujeto (*invasión iraquí estadounidense*); y cuando concurren un adjetivo relacional clasificatorio y uno temático: el clasificatorio está siempre adyacente al sustantivo y precede al temático: *reforma laboral española*, **reforma española laboral* (Bosque y Picallo 1996).

3. Adjetivos adverbiales

Existe una serie de adjetivos, denominados 'adverbiales' (8), que aun compartiendo algunas características con los adjetivos calificativos, se distinguen de estos en que no son propiamente expresiones asignadoras de propiedades, en el sentido de que por medio de los adjetivos adverbiales no se adscribe una propiedad al individuo u objeto designado por el nombre. Por el contrario, estos adjetivos modifican la denotación del nombre.

(8) a. el presunto asesino/el posible acuerdo/el falso amigo/el supuesto estafador/un verdadero cantante/la mera alusión/una determinada medida/el único jugador
b. el futuro alcalde/el próximo viaje/el antiguo hotel/el siguiente vagón/unas cortas vacaciones/una larga narración/una violenta discusión/una agradable conversación/ una constante queja/una frecuente visita

Esta clase de adjetivos se denomina 'adverbial' en alusión al hecho de que en la mayoría de los casos en que modifican nombres deverbales equivalen a adverbios en la construcción verbal equivalente. Así, *Juan es el presunto asesino* y *la posible subida de precios* se interpretan, respectivamente, como 'Juan presuntamente asesinó a alguien' y 'posiblemente subirán los precios'. De manera parecida, en *nuestro próximo viaje* entendemos que 'viajaremos próximamente'.

Los adjetivos adverbiales se subdividen en dos tipos fundamentales: 'adjetivos intensionales' y 'adjetivos circunstanciales'. Ejemplos de adjetivos intensionales son *presunto, posible, falso, supuesto, verdadero, mero, determinado* o *único* (8a). Por medio de esta clase de adjetivos se indica la manera como el concepto o intensión de un nombre se aplica a un determinado referente. Estos adjetivos no guardan relación con la extensión de los nombres (esto es, con el objeto mentado o referente), sino únicamente con su intensión, es decir, con el concepto aludido (el conjunto de características que definen la clase denotada por el nombre). Cuando decimos que alguien es *un falso amigo,* no estamos adscribiendo a un cierto individuo la propiedad de ser falso, sino que lo que estamos afirmando en realidad es que el significado de 'amigo' no se aplica al referente en concreto de esta expresión en un contexto dado. De manera similar, los adjetivos *supuesto* y *posible* en *un supuesto estafador* y *el posible acuerdo* indican que las características que componen el significado de 'estafador' y 'acuerdo' se adscriben de forma hipotética al objeto mentado. Por el contrario, en *un verdadero amigo, una mera provocación, un completo desastre, un puro cuento, un claro error* o *una simple equivocación* el contenido descriptivo de los nombres se aplica al referente en su totalidad. Otros adjetivos como *determinado, único, mismo, propio, específico* o *exacto* en, por ejemplo, *una determinada medida, el único jugador, la misma persona, mi propio hijo, la específica pregunta* o *la exacta respuesta,* dirigen la interpretación hacia la unicidad, singularidad y especificidad del referente, obteniéndose así una lectura restrictiva.

Por lo que respecta a los adjetivos circunstanciales, nótese que los adjetivos de (8b) modifican a los nombres de manera similar a como los adverbios modifican a los predicados verbales en las oraciones plenas. En concreto, los adjetivos *futuro, próximo, antiguo* y *siguiente* en *el futuro alcalde, el próximo viaje, el antiguo hotel* y *el siguiente vagón* sirven para ubicar al objeto mentado de acuerdo a coordenadas espacio-temporales. Además, con los nombres que incluyen un componente de evento en su denotación, puede haber adjetivos que modifiquen el evento expresado por el nombre indicando su duración (*unas cortas vacaciones, una larga narración*); modo o manera, como en *una violenta discusión* o *una agradable conversación,* que equivalen respectivamente a 'discutieron violentamente' y 'conversaron agradablemente'; o incluso modificando la estructura interna del evento (*una constante queja, una frecuente visita*).

4. Clases de adjetivos según las relaciones semánticas que contraen con los nombres

4.1. Adjetivos individuales y adjetivos episódicos

En función de la estructura interna de la propiedad asignada por el adjetivo, se pueden distinguir dos clases de adjetivos: adjetivos 'individuales' (9a) y adjetivos 'episódicos' (9b).

(9) a. maniático, generoso, útil, capaz, inepto
b. lleno, sucio, seco, suelto, cansado, roto, preparado

Los adjetivos individuales (9a) predican situaciones estables, que permanecen en el tiempo y en el espacio, y sirven para caracterizar a un individuo u objeto en cuanto a tal. Por su parte, los adjetivos 'episódicos' (9b) son predicados que se refieren a estadios, esto es, a situaciones y propiedades transitorias, que conllevan cambio y que están acotadas en el tiempo y en el espacio. Son predicados episódicos casi todos los adjetivos calificativos derivados de participios (*lleno, sucio, seco, suelto, descalzo, contento, frío, caliente*, etc.), así como todos los participios adjetivales (*cansado, roto, preparado, asustado*, etc.).

En español la distinción entre adjetivos individuales y adjetivos episódicos resulta especialmente relevante, ya que en esta lengua esta diferencia en el significado de los adjetivos se refleja explícitamente en la sintaxis (a diferencia de otras muchas lenguas donde este contraste se observa solo en el nivel interpretativo). Efectivamente, en español se predican con *ser* las propiedades individuales y con *estar* las situaciones episódicas (véanse, entre otros, Luján 1980: 21–40 y Marín 2004):

(10) a. Juan es/*está maniático, generoso, útil, capaz, inepto.
b. El vaso *es/está lleno, sucio, seco, suelto, caliente, roto.

Los predicados de estadio se caracterizan también por funcionar como complementos predicativos en construcciones en las que son seleccionados simultáneamente por un nombre y por el verbo principal:

(11) a. Juan nadó vestido.
b. *Juan nadó gordo.

Algunos adjetivos relacionales pueden usarse en ciertos casos en posición predicativa, como en *la revista es mensual* o *la comedia es musical*. Cuando esto ocurre, se predican únicamente con *ser* (*la revista *está mensual* o *la comedia *está musical*), lo cual parece indicar que la pertenencia a una clase, que es lo que se designa por medio de los adjetivos relacionales, cuando se expresa predicativamente, se concibe lingüísticamente como un predicado individual (Demonte 1999: 142–143).

No obstante, frente a estos dos casos claros de correspondencia entre interpretación individual y episódica que representan los adjetivos participiales y perfectivos, por un lado, y algunos adjetivos relacionales, por otro, la realidad es que la mayoría de los adjetivos calificativos pueden interpretarse como propiedades individuales y episódicas según el contexto. De ahí que puedan predicarse con *ser* y con *estar*, y resulte natural encontrar alternancias como *Juan es alto* y *Juan está alto* o *Juan es soltero* y *Juan está soltero*. La propiedad de 'ser alto', aplicada a una persona, es una propiedad individual, que describe a un individuo, y esperamos que no cambie con el tiempo. Sin embargo, bajo ciertas circunstancias, por ejemplo, si Juan es un niño, el 'ser alto' puede representar una fase en el crecimiento de una persona, y, por lo tanto, pasaría a significar una propiedad transitoria (*Juan está alto*). De manera parecida, el adjetivo *soltero* describe un estado, pero puede usarse para identificar o definir una persona en particular (*Juan es soltero*) si no se espera que vaya a cambiar de estado civil. En otras palabras, la mayoría de los adjetivos calificativos no son en sí mismos predicados individuales o episódicos, sino que obtienen un tipo de denotación u otro dependiendo del nombre del que se predican siguiendo principios pragmáticos. Así, el adjetivo *rojo* puede expresar una propiedad individual si se aplica, por ejemplo, a un coche (12a), dado que el color típicamente forma parte de las características definitorias de un coche y no se espera que cambien. En cambio, el mismo adjetivo *rojo* cuando se aplica a las hojas de un roble en otoño (12b), se interpreta de forma episódica, ya que representa un estadio pasajero de las hojas en dicha estación, como se comprueba por la predicación con *estar*.

(12) a. Mi coche es rojo.
b. Las hojas del roble están rojas.

4.2. Adjetivos intersectivos y adjetivos subsectivos

Obsérvese que en *el conejo es blanco* y en *el conejo es grande* las relaciones semánticas que se establecen entre el nombre *conejo* y los adjetivos *blanco* y *grande* son diferentes. En el primer ejemplo, el adjetivo *blanco* se usa de forma intersectiva o absoluta. Dicha oración se interpreta como la intersección entre la clase de los conejos y la clase de las entidades blancas en un mundo dado. Esto es, se establece un subconjunto dentro del conjunto de los conejos. De esta manera, en este ejemplo nos referimos a un animal que además de ser un conejo es una entidad blanca. En cambio, no podemos afirmar que en *el conejo es grande* el referente de la expresión nominal *el conejo* pertenezca a la clase de los objetos grandes. De hecho, los conejos se definen como animales pequeños. En este caso, interpretamos el adjetivo de manera subsectiva o relativa: la propiedad de ser grande se aplica solo al conjunto de los conejos y, en consecuencia, se obtiene la lectura de que el animal mentado es 'grande como conejo'. De manera similar, *una bailarina hermosa* se puede referir a una persona que sea hermosa como bailarina, pero poco agraciada físicamente (Larson 1998).

Existen dos pruebas para distinguir entre adjetivos intersectivos y subsectivos (Siegel 1976): la primera es la posibilidad o imposibilidad de aceptar la paráfrasis [Adjetivo como N]:

(13) a. Este animal es un ratón grande. – Este animal es grande como ratón.
b. Este líquido es leche blanca. – *Este líquido es blanco como leche.

La segunda es la posibilidad de ser sensible a la negación (esto es, incurrir o no en contradicción) cuando esta se aplica al segundo miembro de una clase a la que también pertenece el nombre modificado.

(14) a. Este animal es un ratón grande. – Este animal, que no es grande, es un ratón grande.
b. Este líquido es leche blanca. – #Este líquido, que no es blanco, es leche blanca.

Sobre la base de estas pruebas, se puede afirmar que solo los adjetivos calificativos pueden tener usos intersectivos y no intersectivos propiamente dichos. Sin embargo, los adjetivos relacionales resultan ser por defecto intersectivos y se comportan como tales en las pruebas correspondientes: *un tren eléctrico* no puede ser solo eléctrico como tren, ni es posible ser tren eléctrico y no pertenecer a la clase de los objetos que funcionan con electricidad.

4.3. Adjetivos restrictivos y no restrictivos

La distinción entre adjetivos 'especificativos' o 'restrictivos' y adjetivos 'explicativos' o 'no restrictivos' se remonta en los estudios de gramática del español a Bello (1847). Este autor ya observaba la relación entre estos dos tipos de significados y el lugar que ocupe el adjetivo respecto del nombre. Con el adjetivo en posición posnominal, en un sintagma nominal como, por ejemplo, *mis alumnos inteligentes*, el adjetivo restringe la clase denotada por el nombre y de esta manera dicho sintagma nominal se refiere a un subconjunto determinado de individuos, que se destacan en un universo discursivo dado en el que se presuponen otros alumnos, los cuales no son inteligentes. En cambio, en *mis inteligentes alumnos*, el adjetivo en posición prenominal no conlleva restricción alguna, solo se destaca un rasgo de los individuos mencionados. Dicho rasgo se interpreta como consustancial con la clase de objetos denotada por el nombre de la misma manera que los adjetivos *fiero* y *blanco* se anteponen cuando se aplican a los nombres *león* y *nieve* (*los fieros leones, la blanca nieve*), ya que denotan propiedades que se asumen intrínsecas a la clase de los leones y la nieve. Desarrollaremos más estas ideas en el próximo apartado.

5. Adjetivos antepuestos y adjetivos pospuestos

Desde el trabajo inicial de Bello (1847) son un tema de estudio clásico en la gramática del español las relaciones semánticas entre el nombre y el adjetivo en función de la posición de este en torno al nombre. Véanse, entre otros, Penadés (1988), Lago (1986) y Demonte (1999) para una revisión bibliográfica sobre este tema. De estos trabajos se desprende que los adjetivos posnominales modifican el referente o extensión del nombre (el objeto o conjunto de objetos designados por el nombre), mientras que los adjetivos prenominales son modificadores de la referencia, la intensión o concepto (el conjunto de propiedades que caracterizan la clase denotada por el nombre). En su función restrictiva un adjetivo calificativo en posición posnominal como *inteligente* en la frase *mis alumnos inteligentes* modifica la extensión del nombre, en el sentido de que de la restricción de la clase nominal que conlleva la modificación adjetiva sale un nuevo referente (los alumnos inteligentes son un subconjunto de los alumnos). De forma alternativa, en posición prenominal (*mis inteligentes alumnos, los fieros leones, la blanca nieve*) los adjetivos calificativos suelen ser un modificador del concepto, de la intensión del nombre en su totalidad, para evaluar y destacar una propiedad en relación con el conjunto de características que definen al nombre en cuestión, y ayudar así a determinar el individuo que es el referente de la expresión. En estos casos, con la modificación adjetiva el referente (la extensión) es el mismo que sin dicha modificación. Así, en mis *inteligentes alumnos* estoy predicando de todo el conjunto de mis alumnos la propiedad de ser inteligente y no distingo entre algunos que son inteligentes y otros que no lo son. Además, al ubicar el adjetivo en posición prenominal la propiedad de ser *inteligente* se presenta como relevante y destacada en el conjunto de mis alumnos, obteniéndose una lectura evaluativa de grado alto (Bosque 1996; Pastor 2011).

En otras palabras, el adjetivo pospuesto colabora en la determinación y referencialidad del sintagma nominal, mientras que el adjetivo antepuesto deja intacta la referencia y añade nuevas notas para la identificación del referente. Esta distinción está detrás de la incompatibilidad de los adjetivos pospuestos con nombres propios (**María bella*). Los nombres propios son expresiones máximamente referenciales, por lo que no suelen admitir complementos o adjetivos pospuestos que sirvan para escoger el referente (sí sería posible *la María bella* en un contexto en el que hubiera dos individuos con el mismo nombre y fuera necesario distinguirlos por medio de una propiedad que uno de los individuos tiene y el otro no). Los adjetivos antepuestos, sin embargo, son posibles con los nombres propios: *la bella María*. En este caso el adjetivo no tiene la función de restringir la clase denotada por el nombre, sino destacar y evaluar una propiedad del referente.

Los adjetivos antepuestos tienden a tener una interpretación no intersectiva, mientras que los pospuestos pueden ser tanto intersectivos como subsectivos. Sirvan como ilustración los adjetivos que varían su significado como consecuencia de la anteposición y la posposición como, por ejemplo, *bueno*, *viejo* y *pobre* (Demonte 1982; Siegel 1976). En los casos de ambigüedad entre una interpretación intersectiva y subsectiva como, por ejemplo, en *un médico bueno* (donde podemos interpretar tanto que 'alguien es bueno como médico' como que 'alguien es médico y pertenece a la clase de las personas buenas'), dicha ambigüedad desaparece cuando el adjetivo se antepone al nombre: *un buen médico* solo puede interpretarse de forma subsectiva o relativa. De manera parecida, *un amigo viejo* se refiere a una persona de avanzada edad, mientras que en *un viejo amigo* entendemos que alguien es 'viejo como amigo', aunque se trate de una persona joven. Igualmente, si nos referimos a alguien como *una persona pobre* estamos indicando que es una persona de escasos recursos económicos, pero si decimos *una pobre persona*, se tratará de una persona que da lástima como persona, a pesar de que pudiera poseer una fortuna.

Los adjetivos adverbiales intensionales (*presunto*, *posible*, *falso*, *supuesto*, *verdadero*, *mero*, *determinado* o *único*) siempre van antepuestos, como cabe esperar de su naturaleza modificadora del concepto o intensión del nombre. Por su parte, los adjetivos adverbiales circunstanciales de tiempo (*futuro*, *antiguo*), lugar (*siguiente*, *anterior*) o manera (*agradable*, *violenta*), así como los calificativos (*alto*, *inteligente*, *bueno*, *blanco*) pueden anteponerse o posponerse (*una antigua casa/una casa antigua*, *un buen hombre/un hombre bueno*), relacionándose esas dos posiciones con las interpretaciones semánticas arriba comentadas (modificador de la referencia o modificador del referente). Son una excepción los adjetivos que denotan grado extremo o elativos (*altísimo*, *enorme*, *grandioso*, *magnífico*), que pueden anteponerse o posponerse sin que se modifique su relación semántica con el nombre (véanse Bosque 2001 y Pastor 2008). Por otro lado, no alternan su posición los adjetivos relacionales y los participios adjetivales, cuyas propiedades semánticas y sintácticas específicas hacen que se pospongan obligatoriamente y se interpreten como modificadores del referente (véanse Bosque 1993a y Bosque y Picallo 1996 sobre los adjetivos relacionales; véase Demonte 1999:189 sobre los adjetivos perfectivos).

Por último, la naturaleza individual o episódica del adjetivo modificador afecta también a la posición del adjetivo en el sintagma nominal. Los adjetivos que solo admiten lectura episódica, esto es, los que denotan cambio de estado, como los adjetivos participiales o perfectivos, aparecen siempre pospuestos:

(15) a. un vaso lleno/*un lleno vaso
b. un cable suelto/*un suelto cable

6. Complementos y modificadores del adjetivo

Los adjetivos pueden tener complementos. Cuando el adjetivo lleva complemento, se manifiesta por medio de un sintagma preposicional. Tal es el caso de adjetivos del tipo *alérgico*, *feliz* y *leal* en (16), cuya denotación exige un argumento interno como participante de la situación descrita.

(16) a. Un atleta [alérgico al polen]
b. Una persona [feliz con su trabajo]
c. Un ministro [leal a su presidente]

A estos adjetivos que pueden seleccionar argumentos, hay que añadir también los adjetivos deverbales, los cuales pueden heredar complementos argumentales (17) o complementos adjuntos (18):

(17) a. Un estudiante [aficionado al arte]
b. Un joven [adicto a las drogas]
c. Una mujer [enamorada de su jefe]

(18) a. Un cuadro [roto por las esquinas]
b. Un niño [perdido en el parque]
c. Una mujer [casada desde hace un año]

Los adjetivos graduables, esto es, aquellos que denotan dimensiones (*alto, bajo, gordo, delgado, frío, caliente*), pueden tener un complemento preposicional denominado 'complemento de proporción' (Sánchez 1995) que indica el parámetro respecto del cual se mide la cualidad denotada por el adjetivo:

(19) a. Un niño [alto para su edad]
b. Un día [frío para ser verano]

Los adjetivos graduables pueden también estar modificados por adverbios como *muy, bastante, demasiado, algo, poco, un poco, bien, increíblemente*, etc., que cuantifican o miden el grado con el que se posee la propiedad denotada por el adjetivo en una escala ordenada pragmáticamente. Otras expresiones de grado como los comparativos *más, menos* y *tan* abren un intervalo entre el grado en el que se posee la propiedad denotada por el adjetivo y otro grado de referencia. Dicho intervalo puede ser a su vez medido por cuantificadores de grado: *mucho/bastante/increíblemente más alto* (sobre la cuantificación de grado en dominio adjetival en español véanse Pastor 2008, 2010, 2011 y Eguren y Pastor 2014).

Otros modificadores adjetivales se aplican sobre los componentes de tiempo, aspecto y modo que pueden estar incluidos en la denotación de algunos adjetivos, tal como se ilustra en los siguientes ejemplos:

(20) a. Un equipo antes competitivo
b. Enfermos todavía convalecientes
c. Una propuesta cuidadosamente discutida

El adverbio *antes* en (20a), por ejemplo, ubica en el pasado la aplicación de la propiedad de ser competitivo al objeto denotado por el nombre. Por medio de *todavía* en (20b) se modifica la estructura del estado descrito por el adjetivo convaleciente, que adquiere un aspecto imperfecto (está en desarrollo). Por último, el adverbio *cuidadosamente* en (20c) indica la manera como se discutió la propuesta.

Bibliografía

Bartning, I. (1980) *Remarques sur la syntaxe et la sémantique des pseudo-adjectifs dénominaux en français*, Estocolomo: Almqvist & Wiksell.

Bello, A. (1847) *Gramática de la lengua española destinada al uso de los americanos*, Santiago de Chile: Imprenta del Progreso.

Bhat, D. (1994) *The adjectival category*, Amsterdam: John Benjamins.

Bolinger, D. (1967) "Adjectives in English: Attribution and predication", *Lingua*, 18, pp. 1–34.

Bosque, I. (1993) "Sobre la diferencia entre los adjetivos relacionales y los calificativos", *Revista Argentina de Lingüística*, 9, pp. 9–48.

Bosque, I. (1996) "On specificity and adjective position", en Gutiérrez-Rexach, J. y Silva-Villar, L. (eds.) *Perspectives on Spanish linguistics*, Los Ángeles: UCLA, pp. 1–13.

Bosque, I. (2001) "Adjective position and the interpretation of indefinities", en *Current issues in Spanish syntax and semantics*, Guitérrez-Rexach, J. y Silva-Villar, L. (eds.) Nueva York: Mouton De Gruyter, pp. 17–37.

Bosque, I. y Picallo, C. (1996) "Postnominal adjectives in Spanish DPs", *Journal of Linguistics*, 32, pp. 349–385.

Demonte, V. (1999) "El adjetivo: clases y usos. La posición del adjetivo en el sintagma nominal", en Bosque, I. y Demonte, V. (eds.) *Gramática descriptiva de la lengua española*, Madrid: Espasa, pp.129–215.

Eguren, L. y Pastor, A. (2014) "Measure phrases with bare adjectives in Spanish", *Natural Language and Linguistic Theory*, 32, 2, pp. 459–497.
Kamp, J. A. W. (1975) "Two theories about adjectives", en Keenan, L. (ed.), *Formal semantics of natural languages*, Cambridge: CUP, pp. 123–155.
Lago, J. (1986) "La acumulación de adjetivos calificativos en la frase nominal del francés contemporáneo", Anejo 26 de *Verba*, Universidad de Santiago.
Larson, R. K. (1998) "Events and modification in nominals", en Strolovitch, D. y Lawson, A. (eds.), *Proceedings from Semantics and Linguistic Theory VIII*, Ithaca, NY: Cornell University Press, pp. 145–168.
Luján, M. (1980) *Sintaxis y semántica del adjetivo*, Madrid: Cátedra.
Marín, R. (2004) *Entre ser y estar*, Madrid: Arco Libros.
Pastor, A. (2008) "Split Analysis of Gradable Adjectives in Spanish", *Probus*, 20, 2, pp. 257–299.
Pastor, A. (2010) "Predicative Degree Constructions in Spanish", *Probus*, 22,1, pp. 27–71.
Pastor, A. (2011) "Sobre las interferencias entre el grado, la (in)definitud y la (in)especificidad", *Revista Española de Lingüística*, 41, 2. pp. 117–145.
Penadés, I. (1988) *Perspectivas de análisis para el estudio del adjetivo calificativo en español*, Cádiz: Universidad de Cádiz.
Sánchez, C. (1995) "Construcciones concesivas con 'para'", *Revista Española de Lingüística*, 25, 1, pp. 99–123.
Siegel, M (1976) *Capturing the adjective*, tesis doctoral, University of Massachusets, Amherst.
Schmidt, R. (1972) *L'adjective de relation en français, italien, anglais et allemande*, Göppingen: Alfred Kümmerle.

Lecturas complementarias

Bosque, I. (1999) "El sintagma adjetival. Modificadores y complementos del adjetivo. Adjetivo y participio", en Bosque, I. y Demonte, V. (eds.) *Gramática descriptiva de la lengua española*, Madrid: Espasa, pp. 217–310.
Sánchez, C. (2006) *El grado de adjetivos y adverbios*, Madrid: Arco Libros.
[RAE-ASALE] Real Academia Española y Asociación de Academias de la Lengua Española (2009) *Nueva gramática de la lengua española*, Madrid: Espasa, caps. 7, 12, 13, 37 y 38.

Entradas relacionadas

aumentativos y diminutivos; comparativos y superlativos; cuantificadores; determinantes y artículos; género y número; prefijos y sufijos; sustantivo; *ser* y *estar*; sintagma nominal

ADVERBIO

Sergi Torner

1. Caracterización

El adverbio es una clase de palabras que se incluye de forma general en todas las gramáticas tanto del español como de otras lenguas. Sin embargo, se trata de una categoría muy heterogénea, cuya caracterización resulta conflictiva desde diversos puntos de vista, ya sea en lo relativo a la definición del concepto mismo de adverbio y a la tipología adverbial (§ 1.1 y 1.2), a su descripción morfológica (§ 2) o a su sintaxis (§ 3).

1.1. El concepto de adverbio

A pesar de que el concepto de adverbio goza de una larga tradición, la definición de esta clase de palabras resulta conflictiva. Los criterios que se utilizan para definirlo, heredados de la tradición latina, se basan fundamentalmente en un rasgo formal: los adverbios son palabras invariables. De hecho, se aduce que su carácter invariable permite distinguir los adverbios de otras categorías homónimas que presentan variación de flexión. Así, por ejemplo, se propone que las unidades destacadas en (1) son adverbios, a pesar de estar formados a partir de adjetivos que, como tales, son flexivos:

(1) hablar *alto*, hilar *fino*, andar *rápido*

El análisis de estos ejemplos, no obstante, no está exento de polémica, tal como se discute en el § 2.2.

Las definiciones tradicionales añaden a este rasgo formal otro funcional: los adverbios son, generalmente, modificadores no seleccionados del verbo, esto es, complementos adjuntos. El criterio funcional, sin embargo, es el más discutido en la bibliografía reciente (cf. RAE 2009: 30.2), puesto que es en último término el responsable de la heterogeneidad de esta categoría (cf. § 1.2). En rigor, de la aplicación de criterios funcionales se obtendrían varias categorías gramaticales distintas, que la tradición agrupa bajo la etiqueta común de adverbio. Así parece colegirse de las posibilidades de coaparición de los adverbios: como norma general, las reglas de la gramática no permiten la formación de sintagmas con diversos miembros de una misma categoría; sin embargo, es posible formar un sintagma adverbial con más de un adverbio:

(2) a. siempre más allá
b. únicamente algo más cerca
c. también bastante eficazmente

1.2. La tipología de adverbios

Una segunda cuestión sobre la que la bibliografía todavía no ha alcanzado un consenso es la de los criterios que deben aplicarse para establecer una tipología de adverbios. Tres son las principales aproximaciones que se han adoptado (RAE 2009: 30.2): los adverbios se pueden clasificar nocionalmente, según su naturaleza gramatical o según su sintaxis.

Las clasificaciones nocionales son las que adopta prioritariamente la gramática tradicional, que establece subclases de adverbios según su significado. Aunque las clasificaciones propuestas son parcialmente distintas, suelen distinguir al menos los siete grupos siguientes:

Tabla 1 Clasificación nocional de los adverbios

Tipo de adverbio	*Ejemplos*
De tiempo	*hoy, mañana, mientras, entonces, siempre, recientemente, todavía, ya,* etc.
De modo	*así, bien,* etc., y la mayoría de los acabados en *-mente*
De lugar	*aquí, allá, lejos, cerca, encima, detrás,* etc.
De cantidad	*mucho, poco, nada, casi, bastante, demasiado,* etc.
De afirmación	*sí, ciertamente, también, naturalmente, evidentemente,* etc.
De negación	*no, tampoco, nada,* etc.
De duda	*quizá(s), acaso, posiblemente, probablemente, seguramente,* etc.

El principal problema que presenta este tipo de clasificaciones es que agrupa en una misma subclase unidades con un comportamiento gramatical diverso. Por ejemplo, se consideran adverbios de tiempo unidades muy dispares, como *hoy* o *mañana*, con valor deíctico —es decir, su interpretación está ligada al momento de enunciación—; *frecuentemente* o *siempre*, con valor cuantificativo —indican la repetición de un evento en el tiempo—; y *brevemente* o *temporalmente*, que indican duración. En cambio, se tratan como pertenecientes a grupos distintos unidades que participan de propiedades gramaticales comunes. Por ejemplo, adverbios de lugar como *aquí* y *allí* y de tiempo como *hoy* y *mañana* comparten su carácter deíctico y ciertas propiedades pronominales.

Por ello, los estudios recientes suelen acudir a clasificaciones basadas en propiedades formales (cf. Kovacci 1999: 707). El criterio que parece resultar menos polémico es el de la naturaleza gramatical (el "modo de significar" según Alcina y Blecua 1975). Según ello, se distinguen dos grandes grupos: los adverbios de base léxica y los adverbios gramaticales (también llamados funcionales). Los primeros poseen significado léxico pleno y comprenden la gran mayoría de adverbios en *-mente* y algunos adverbios no derivados, como *bien, deprisa* o *temprano.* Los segundos aportan un significado gramatical o funcional. Entre ellos se cuentan los adverbios relativos *(cuando, como,* etc.) y los interrogativos y exclamativos *(cuándo, cómo,* etc.). Además, los pertenecientes a las subclases siguientes:

- Demostrativos o deícticos: *aquí, allí; hoy, mañana; delante, detrás,* etc. Tienen interpretación deíctica —ligada al acto enunciativo— o anafórica —dependiente del texto previo (anáfora en sentido estricto) o posterior (catáfora)—; además, tienen algunas

propiedades pronominales, como el hecho de poder funcionar como término de una preposición: *por aquí, de ahora, hacia detrás*, etc.
- Cuantificativos o de grado: *muy, sumamente, demasiado, considerablemente*, etc. Entre ellos, hay numerosos adverbios en *-mente*: *increíblemente, enormemente*, etc. (González 2009). Se discute si también se incluyen algunos pronombres indefinidos fijados en la forma de masculino singular (*está algo cansado, duerme bastante*, etc.), si bien se ha propuesto que en estos casos son auténticos pronombres (RAE 2009: 30.4g). También son cuantificadores la mayoría de los adverbios aspectuales, como *siempre* o *frecuentemente*.
- De foco: *no, también, tampoco*; *precisamente, concretamente*, etc. Su interpretación tiene propiedades de alcance, es decir, realzan un constituyente de la oración, que constituye su foco. Así, en la oración *el gato se comió solamente unas sardinas*, el adverbio *solamente* tiene alcance sobre *unas sardinas*, que es su foco.

Finalmente, los adverbios se pueden clasificar según sus propiedades sintácticas (Barrenechea 1979; Kovacci 1999; Rodríguez Ramalle 2003, entre otros). Estas clasificaciones son, tal vez, las más extendidas actualmente. De acuerdo con ello, los adverbios se clasifican según el constituyente al que modifican; se distinguen así grupos como los adverbios adjuntos al SV (*camina lentamente*) o diversos grupos de adverbios con modificación oracional, como los de enunciación (*sinceramente*) o los emotivos (*afortunadamente*). Volveremos sobre ello en el § 3.

2. La morfología del adverbio

Morfológicamente, los adverbios se dividen en tres grupos nítidamente diferenciados:

- unidades simples, como *aquí* o *bien*;
- adverbios en *-mente*, como *obviamente* o *lentamente*;
- adjetivos adverbializados, como *claro* en *hablar claro* o *sano* en *comer sano*.

La distinción de estos tres grupos no presenta problemas descriptivos. Tampoco es problemática la caracterización morfológica del primero de ellos. De hecho, en él se incluyen algunas unidades que etimológicamente son derivadas, como *detrás* (de *tras*) o *encima* (de *cima*), pero que sincrónicamente se comportan como unidades simples y no conservan rasgos gramaticales como herencia del proceso derivativo. Por otro lado, este grupo constituye una clase cerrada —pese a contar con alguna incorporación reciente, como el adverbio de grado *tope*, propio de la lengua oral en España—, por lo que en este sentido su caracterización tampoco resulta problemática.

En cambio, el análisis morfológico de los dos últimos grupos es una cuestión todavía abierta en la bibliografía especializada.

2.1. Los adverbios en -mente

Los adverbios en *-mente* constituyen el grupo más numeroso de adverbios en español. Se forman mediante un proceso morfológico altamente productivo a partir de adjetivos, generalmente calificativos, fijados en la forma de femenino singular. Dos son las cuestiones principales que siguen abiertas en relación con su morfología. Por un lado, la bibliografía discute sobre cuál es su naturaleza morfológica. Por otro, no se han identificado aún los principios que permiten predecir qué adjetivos pueden formar adverbios en *-mente*.

Como es sabido (cf. Karlsson 1981), el actual proceso de formación de adverbios en español, paralelo al que existe en otras lenguas románicas, es el resultado de la gramaticalización de un procedimiento sintáctico del latín, lengua en la que se usaba con un valor próximo al de los adverbios de modo actuales un sintagma nominal formado por el sustantivo *mens*, *mentis* ('mente') precedido de un adjetivo calificativo. La aparente flexión interna del adverbio, que requiere que el adjetivo tome la forma femenina, es herencia de este proceso sintagmático.

En las diversas lenguas que lo han heredado, este proceso de formación de adverbios presenta grados de gramaticalización diversos. En español, muchas de las dificultades que supone el análisis morfológico de los adverbios en *-mente* son consecuencia de una gramaticalización incompleta. Debido a ello, resulta difícil determinar cuál es la naturaleza morfológica de este proceso de formación de palabras. Aunque son varias las propuestas existentes (cf. Fábregas 2007), el debate gira fundamentalmente en torno a dos posibilidades: los adverbios en *-mente* se pueden tratar bien como compuestos, bien como derivados. Sin embargo, ambas hipótesis presentan problemas y los datos aportan argumentos tanto a favor como en contra de ambas (cf. Arpiazu 2000).

La hipótesis de la composición ha sido defendida entre otros por Bosque (1987), Zagona (1990) y Kovacci (1999). A su favor se aducen fundamentalmente datos formales:

a) Los adverbios en *-mente* poseen doble acentuación, ya que presentan una sílaba tónica tanto en *-mente* como en el adjetivo. En español, las palabras derivadas tienen siempre una única sílaba tónica, bien en el sufijo, si este es tónico (*-ción*, *-miento*, *-áceo*), bien en la base, cuando es átono (*-ble*). En cambio, se documentan casos de compuestos con doble acentuación (p. ej. *franco-prusiano*, *teórico-práctico*).
b) En la coordinación de dos o más adverbios, es posible elidir *-mente* en todos los miembros salvo el último:

(3) *rápida-Ø* y *eficazmente*

La elisión es posible también con la coordinación adversativa y en las comparaciones (Kovacci 1999: 709):

(4) a. *directa-Ø* o *indirectamente*
b. tanto *teórica-Ø* como *prácticamente*

En contraste con estos datos, en español los sufijos no se pueden elidir en las coordinaciones:

(5) *un rasgo *identifica-Ø y analizable* (por 'identifica*ble* y analiza*ble*')

En cambio, en la coordinación de compuestos endocéntricos es posible elidir el núcleo del primero de los términos, que se recupera catafóricamente gracias a la presencia del mismo en el siguiente término:

(6) a. *pre-Ø* y *postvacacional*
b. relaciones *intra-Ø* e *interdepartamentales*
c. datos *macro-Ø* y *microeconómicos*

c) Como se ha señalado, *-mente* aparece tras la marca de flexión del adjetivo. De tratarse de un derivado, se violaría una regla general en la formación de palabras en español: los sufijos flexivos ocupan siempre el último lugar de la palabra. En este mismo sentido, Saporta (1990: 181) señala que el superlativo del adverbio se forma a partir de la forma de superlativo del adjetivo, y no añadiendo el afijo correspondiente al adverbio:

(7) $[_{\text{Adv}}[_{\text{Adj-superlat}}$ *clarísima*]*mente*] (frente a **claramentísimo*)

Frente a esta aproximación, algunos autores han defendido que los adverbios en *-mente* son derivados (entre otros, Karlsson 1981; Bosque 1989; Rainer 1996). En síntesis, los autores que defienden este análisis aducen los datos siguientes:

a) *-mente* carece de significado léxico. Aunque etimológicamente está emparentado con el sustantivo *mente*, sincrónicamente no guarda ninguna relación semántica con él. Se ha propuesto que *-mente* indica 'manera', pues es este el significado de muchos de los adverbios así formados (*claramente*, *sucintamente*, *amablemente*, etc.). Sin embargo, en muchas ocasiones, el adverbio resultante no indica manera. Así ocurre, por ejemplo, en *primeramente*, *económicamente* o *prácticamente* (con el valor de 'casi'). Parece, por tanto, que *-mente* tiene únicamente un valor gramatical: recategoriza adjetivos en adverbios. Este tipo de significado gramatical es propio de los afijos derivativos, pero no se da en los procesos compositivos. Además, como nota Fábregas (2007), los adverbios en *-mente* no son unidades nominales, como cabría esperar de ser compuestos endocéntricos con un núcleo nominal.
b) Los adverbios heredan sus propiedades gramaticales del adjetivo a partir del cual se forman, lo que contradice la hipótesis de que son compuestos con núcleo nominal. En concreto, los adverbios heredan la estructura argumental de las bases adjetivas (Bosque 1989; Cifuentes 2002):

(8) paralelo *a*/paralelamente *a*; simultáneo *a*/simultáneamente *a*

Torner (2005b, 2007) y Rodríguez Ramalle (2003) señalan, asimismo, que el significado del adjetivo determina el tipo de adverbio que se puede formar con él. Por ejemplo, los adjetivos relacionales (como *económico*) forman adverbios de dominio y los adjetivos que indican el modo de actuar de un agente (como *inteligente*) forman adverbios orientados hacia el agente.

Del mismo modo, las restricciones de selección léxica de un adverbio dependen también del significado del adjetivo. Por ejemplo, *alfabéticamente* se predica de verbos como *ordenar* o *listar* porque *alfabético* se predica de nombres como *orden* o *lista*.

c) La formación de adverbios en *-mente* está constreñida por restricciones léxicas (cf. *infra*). De hecho, depende directamente de las propiedades de los adjetivos de base, de forma que *-mente* impone restricciones a las bases con las que se combina; este tipo de restricciones son habituales en los procesos derivativos, pero no se dan en los procesos compositivos.

En conclusión, el proceso de formación de adverbios en *-mente* presenta un comportamiento híbrido entre la composición y la derivación. Por ello, algunos autores han propuesto análisis alternativos (cf. Torner 2005a; Fábregas 2007), pero ninguna de las propuestas formuladas hasta el momento está exenta de problemas.

El segundo de los problemas planteados por el análisis morfológico de los adverbios en *-mente* tiene que ver con las restricciones que presenta este proceso de formación de palabras. Como se ha señalado (Egea 1993; Carcía Page 1991; Kovacci 1999), no todos los adjetivos forman adverbios en *-mente*. Los diversos estudios publicados hasta el momento han establecido listados de grupos de adjetivos que no los forman; a grandes rasgos, son los siguientes:

- La mayoría de los adjetivos pronominales (excepto algunos numerales, como *primeramente*, *doblemente*, *triplemente*, y algunos otros, como *mismamente* o *talmente*).
- Los adjetivos relacionales que denotan origen o pertenencia (**francésamente*) o cargo (**presidencialmente*).
- Los adjetivos calificativos que denotan propiedades físicas (**verdemente*), a no ser que reciban una interpretación metafórica (*claramente* o *duramente*, cuando no refieren a objetos físicos).
- La mayoría de adjetivos derivados con *-ble*, *-do* y *-nte* en su forma afirmativa, aunque algunos sí los forman si llevan un prefijo negativo (**explicablemente*, pero *inexplicablemente*).

Sin embargo, estos listados, además de ser en muchos casos incompletos, tienen el defecto de que no poseen capacidad explicativa; es decir, no responden a la pregunta de por qué es posible formar adverbios en *-mente* a partir de determinados adjetivos pero no es posible formarlos a partir de otros. La respuesta a estas cuestiones parece que pasa por un análisis más refinado de la semántica de las bases adjetivas (Torner 2005b, 2007; Fábregas 20007), que debe ser compatible con la gramática adverbial.

2.2. Los adverbios adjetivales

Los adverbios adjetivales (también llamados adverbios cortos o adjetivos desnudos) son adverbios formados a partir de un adjetivo fijado en la forma de masculino singular (*trabajar duro*, *apostar fuerte*, *volar alto*). Es este un proceso de formación adverbial poco productivo, con mayor vitalidad en el español de América (RAE 2009: 30.3c), donde se documentan formas como *hablar bonito* o *cantar lindo*, extrañas al español de España.

La bibliografía especializada ha puesto en duda que los adverbios adjetivales sean auténticos adverbios, a tenor de las fuertes restricciones, tanto léxicas como gramaticales, que presentan (Bosque 1989). En cuanto a las restricciones léxicas, se ha señalado que solo unos pocos adjetivos los pueden formar (cf. RAE 2009: 30.3f). Por ejemplo, frente a *moverse lento* o *hablar claro*, no existen **moverse torpe* o **hablar sabio* (en contraste con *moverse torpemente* o *hablar sabiamente*). Asimismo, en muchas ocasiones estos adverbios se integran en el predicado para formar un predicado complejo —*trabajar duro*, *hablar claro*—, a veces con significado metafórico —*hilar fino*, *pisar firme*, *irle a uno bonito*— (Kovacci 1999; Di Tuillo y Suñer 2011). Finalmente, la gran mayoría de los adjetivos adverbializados tienen restringida su aparición a la modificación de un número muy restringido de verbos (cf. Kovacci 1999: 712–14):

(9) a. *comer sano*, pero **alimentarse/*beber/*nutrirse sano*
    b. *mirar fijo*, pero **observar/*ver fijo*

Solo unos pocos adverbios, como *rápido* o *temprano*, parecen estar libres de estas restricciones.

En cuanto a las restricciones sintácticas, se ha discutido la relación de estos adverbios con los complementos predicativos (Di Tuillo 2001; Di Tuillo y Suñer 2011). Por un lado, salvo unas pocas excepciones —en general, los mismos adverbios que no restringen léxicamente el verbo al que modifican, como *rápido*—, tienen que ser inmediatamente contiguos al verbo:

(10) a. pisar *firme*/*firmemente* en la vida
b. pisar en la vida *firmemente*/**firme*

Por otro, muchos adverbios adjetivales son incompatibles con un complemento directo expreso; cuando este aparece, es necesario utilizar un adjetivo en función de complemento predicativo concordado con el complemento directo:

(11) a. comprar *barato*
b. comprar los alimentos *baratos*
c. *comprar *barato* los alimentos

Ello parece indicar que estas unidades no son de hecho adverbios, sino adjetivos usados como complementos predicativos de un complemento directo implícito. Sin embargo, contra esta hipótesis se aduce que no todos los adverbios adjetivales se pueden interpretar como predicativos de un complemento directo tácito (RAE 2009: 30.3j):

(12) apostar *fuerte*, agradecer *infinito* un regalo, resolver *fácil* los problemas

3. Sintaxis adverbial

En las últimas décadas, el mayor esfuerzo en la descripción de los adverbios, tanto en español como en otras lenguas, se ha dedicado al estudio de su sintaxis. La investigación reciente ha proporcionado caracterizaciones muy refinadas sobre el comportamiento gramatical de los adverbios, que han tenido como consecuencia la distinción de una serie de funciones de modificación adverbial que incrementa el abanico de funciones que reconocía la gramática tradicional.

En efecto, tal como se señalaba en el § 1, la gramática tradicional suponía que el adverbio tenía la función primordial de modificar el predicado verbal. Sin embargo, muchos estudios recientes han mostrado que numerosos adverbios pueden usarse como modificadores externos al sintagma verbal (Hernanz y Brucart 1987). Así, por ejemplo, *astutamente* puede modificar el sintagma verbal —la predicación, en (13a)—, pero también la oración en su conjunto —la situación que denota o, más precisamente, el hecho de que esta se produzca, en (13b)—:

(13) a. Se sacudió el problema de encima *astutamente*.
b. *Astutamente*, se sacudió el problema de encima.

En lo que sigue, se presentan las líneas maestras que sigue el extenso debate existente sobre estas cuestiones, que aún sigue abierto.

3.1. Las funciones de los adverbios

Las distintas funciones de los adverbios son consecuencia de la unidad a la que modifican (Kovacci 1999: 11.3; RAE 2009: 30.2). Muy sucintamente, los adverbios pueden modificar un adjetivo —(14)—, el predicado verbal —ya como adjuntos, en (15a), ya como argumentos, en (15b)— o la oración o el enunciado como un todo —(16)—. Además, pueden tener funciones textuales diversas como marcadores discursivos —(17)—:

(14) El libro es *francamente* bueno.

(15) a. Ha respondido *correctamente*.
  b. Viste *elegantemente*.

(16) Afortunadamente, nos hemos dado cuenta a tiempo.

(17) a. El precio del piso era muy alto. Consiguientemente, decidimos no comprarlo.
  b. [Tras un largo discurso]. *Finalmente*, expongo las conclusiones de lo dicho antes.

Los usos de los adverbios como marcadores discursivos son infrecuentes en español, pues para ellos se suelen emplear sintagmas preposicionales (*en primer lugar*, *en consecuencia*, etc.). La mayoría de los usos del adverbio se concentra, pues, en los tres primeros casos.

La bibliografía reciente se ha dedicado, fundamentalmente, a distinguir entre los diversos usos de modificación oracional. En todos ellos, el adverbio es externo al significado de la proposición; esto es, no se interpreta en relación con la predicación, sino que modifica la oración tomada como un todo. Estos usos constituyen un conjunto heterogéneo que comprende diversas subclases, que se resumen en la Tabla 2.

Tabla 2 Adverbios oracionales

Adverbios evaluativos:
a) Emotivos: *(des)afortunadamente*, *felizmente*, etc.; *naturalmente*, *sorprendentemente*, etc.
b) Orientados hacia el agente: *inteligentemente*, *hábilmente*, etc.; *deliberadamente*, *(in)voluntariamente*, etc.

Adverbios de dominio o de punto de vista: *socialmente*, *técnicamente*, etc.

Adverbios de modalidad:
a) Operadores modales:
- De modalidad epistémica: *seguramente*, *posiblemente*, etc.
- De modalidad deóntica: *necesariamente*, *inevitablemente*, etc.

b) Reforzadores y restrictivos del valor de verdad:
- Intensionales (restrictivos del valor de verdad): *supuestamente*, *presuntamente*, etc.
- Evidenciales (reforzadores del valor de verdad): *obviamente*, *evidentemente*; *incuestionablemente*, *indudablemente*, etc.

Adverbios de enunciación:
a) Orientados hacia el hablante: *sinceramente*, *francamente*, etc.
b) Orientados hacia el código o el mensaje: *textualmente*, *literalmente*; *sucintamente*, *resumidamente*, etc.

Muy sucintamente, las características de cada uno de estos grupos son las que se resumen a continuación. Los adverbios evaluativos, en primer lugar, introducen una evaluación por parte del emisor sobre lo expresado en la proposición; fundamentalmente:

a) Los adverbios emotivos evalúan la situación que describe la proposición (Meléndez 2008; Torner 2005b, 2007), indicando que esta se considera (des)favorable —(18a)—, o bien evaluando el desarrollo de la acción en relación con lo esperable en la situación descrita —(18b)—:

(18) a. *Desafortunadamente*, no pudimos resolver el problema a tiempo.
b. *Sorprendentemente*, nos hemos equivocado en las respuestas más fáciles.

b) Los adverbios orientados hacia el agente evalúan el hecho de que el agente de la acción actúe como se indica —(19a)—; un subconjunto de ellos indica voluntad por parte del agente —(19b)—:

(19) a. *Generosamente*, donó todos sus libros a la biblioteca de la Universidad.
b. *Deliberadamente*, los investigadores no han tenido en cuenta estos datos.

Los adverbios de dominio, en segundo lugar, indican el dominio nocional en el que la proposición es cierta. Así, en (20) la proposición *la película es magistral* solo es cierta en lo relativo a la técnica, pero la película puede ser mediocre en relación con otros aspectos:

(20) *Técnicamente*, la película es magistral.

Los adverbios modales, en tercer lugar, se relacionan con la expresión de la modalidad. Entre ellos, se cuentan los operadores de modalidad, bien de modalidad epistémica —adverbios de probabilidad, en (21a)— o deóntica —adverbios de necesidad y obligación, en (21b)—.

(21) a. *Probablemente*, tú tienes razón.
b. *Necesariamente*, dos más dos son cuatro.

También son modales los adverbios que refuerzan o restringen el valor de verdad de la proposición. Por un lado, los intensionales (Torner 2005b, 2007) modifican la intensión de la oración, indicando que la relación entre lo descrito en la proposición y la realidad es solo supuesta:

(22) *Presuntamente*, lo han asesinado.

Por otro, los evidenciales (Rodríguez Ramalle 2003; Torner 2005b, 2007) refuerzan el valor de verdad de oraciones aseverativas, indicando que lo dicho se concluye de un conocimiento compartido, bien en la situación de enunciación —(23a)—, bien porque forma parte del conocimiento del mundo —(23b)—:

(23) a. *Obviamente*, no me he explicado con claridad.
b. *Indiscutiblemente*, el tráfico de armas es un negocio muy rentable.

Finalmente, los adverbios de enunciación modifican aspectos relativos al acto de habla. Por un lado, los adverbios orientados hacia el hablante (Kim 2012) indican la actitud con que el emisor emite su enunciado:

(24) *Sinceramente*, creo que no has estado acertado.

Pueden orientarse también catafóricamente hacia la respuesta del receptor:

(25) *Sinceramente*, ¿qué opinas?

Por otro, los adverbios orientados hacia el código indican el modo como se usa la lengua al emitir el enunciado. Incluyen diversos subgrupos con distintos valores semánticos (Torner 2005b, 2007): en (26a) el grado de fidelidad a la fuente citada y en (26b) el hecho de que el fragmento discursivo es un resumen, entre otras posibilidades:

(26) a. Afirmó, *literalmente*, que éramos unos incompetentes.
b. *Resumidamente*, los adverbios oracionales modifican el *dictum*.

En conclusión, los adverbios pueden usarse con un amplio abanico de funciones. La bibliografía especializada suele considerar que dichas funciones se corresponden con otras tantas subclases adverbiales. Sin embargo, se ha señalado (Torner 2007, por ejemplo) que de hecho estas funciones no permiten *per se* distinguir subclases adverbiales, puesto que en múltiples ocasiones un mismo adverbio puede usarse con más de una función. Por ejemplo, *honestamente* es un adverbio de enunciación en (27a), evaluativo orientado hacia el agente en (27b), modificador del SV en (27c) y modificador del adjetivo en (27f).

(27) a. *Honestamente*, no te entiendo.
b. *Honestamente*, el profesor dijo que no lo sabía.
c. Debes responder *honestamente*.
f. El trabajo tiene un carácter *honestamente* documental.

3.2. La distinción de las funciones adverbiales y la configuración sintáctica oracional

El reconocimiento de las diversas funciones adverbiales descritas en el epígrafe anterior se basa en una serie de pruebas formales ampliamente debatida en la literatura. Cuatro son fundamentalmente las que se han utilizado. En primer lugar, el alcance de la negación (Hernanz y Brucart 1987): los modificadores del SV quedan bajo el alcance de los operadores negativos —(28a)—, mientras que los modificadores oracionales, no —(28b)—:

(28) a. No ha contestado *inteligentemente* (sino de forma estúpida/*sino que se ha quedado callado).
b. *Inteligentemente*, no ha contestado (*sino de forma estúpida/sino que se ha quedado callado).

En segundo lugar, la compatibilidad con modalidades oracionales no aseverativas: los adverbios evaluativos y de modalidad presentan gran resistencia a aparecer en enunciados no aseverativos, frente a los adverbios de dominio, que pueden aparecer en enunciados interrogativos, y los de enunciación, que son además compatibles con enunciados imperativos (RAE 2009: 30.11c; Fuentes Rodríguez 1991, 1994):

(29) a. ??*Inteligentemente*, ¿no ha contestado a la pregunta?
b. ??*Afortunadamente*, vuelve pronto.

(30) a. *Morfológicamente*, ¿cómo se analizan estos ejemplos?
d. ??*Morfológicamente*, analiza estos ejemplos.

(31) a. *Sinceramente*, ¿qué opinas?
b. *Sinceramente*, cállate.

En tercer lugar, la factitividad. Se considera que un adverbio es factitivo cuando su omisión no altera el valor de verdad de la proposición, es decir, cuando presupone la verdad del enunciado. Los operadores de modalidad epistémica y los adverbios intensionales no son factitivos, frente a la gran mayoría de los demás subtipos de adverbios, que sí lo son:

(32) a. Probablemente, ha llegado.
b. $\not\Rightarrow$ Ha llegado.

(33) a. Presuntamente, ha llegado.
b. $\not\Rightarrow$ Ha llegado.

(34) a. *Obviamente*, ha llegado.
b. $\Rightarrow$ Ha llegado.

(35) a. Ha llegado *temprano*.
b. $\Rightarrow$ Ha llegado.

En español, la factitividad está estrechamente relacionada con la elección del modo verbal, pues los adverbios modales epistémicos, que no son factitivos, permiten el modo subjuntivo:

(36) a. *Probablemente*, haya llegado.
b. **Obviamente*/**Presuntamente*/**Afortunadamente* haya llegado.

Finalmente, el orden de palabras (Hernanz y Brucart 1987). En este sentido, los datos son complejos y existe una extensa bibliografía al respecto, que no vamos a revisar aquí en profundidad. El dato más significativo es que los modificadores del sintagma verbal aparecen en una posición sintáctica baja, mientras que los adverbios oracionales ocupan posiciones sintácticas altas —posiciones parentéticas, separados mediante pausas— y tienen una gran libertad posicional:

(37) a. **Inteligentemente* el pintor ha combinado muchos colores.
b. *El pintor *inteligentemente* ha combinado muchos colores.
c. El pintor ha combinado *inteligentemente* muchos colores.
d. El pintor ha combinado muchos colores *inteligentemente*.

(38) a. *Inteligentemente*, el pintor ha combinado muchos colores.
b. El pintor, *inteligentemente*, ha combinado muchos colores.
c. El pintor ha combinado, *inteligentemente*, muchos colores.
d. El pintor ha combinado muchos colores, *inteligentemente*.

Los resultados de estas pruebas apuntan hacia una determinada configuración sintáctica de los adverbios. En las teorías sintácticas más extendidas, se considera que los adverbios ocupan la posición de especificador de diversos nudos funcionales. La discusión sobre estos aspectos sigue en gran medida abierta y depende de las diversas propuestas sobre la configuración oracional que se formulan desde la lingüística teórica, especialmente en la gramática generativa. En español, Rodríguez Ramalle (1999, 2003) ha propuesto una configuración sintáctica que a grandes rasgos se resume del siguiente modo:

a) Adverbios modales epistémicos: ocupan la posición de especificador del Sintagma Modo, bajo SComp. Ello da cuenta tanto de la selección modal como de su capacidad de aparecer en oraciones interrogativas.
b) Adverbios evaluativos, intensionales y evidenciales: ocupan la posición de especificador de SComp. Por ello son incompatibles con la modalidad interrogativa, pues ocupan la misma posición que los operadores interrogativos.
c) Adverbios de dominio: dada su interpretación como tópicos oracionales (RAE 2009: 30.10j), se sitúan en la posición de especificador del Sintagma Tópico, como todos los elementos tematizados.
d) Adverbios de enunciación: aparecen en las posiciones más periféricas de la oración; en concreto, son especificadores del llamado Sintagma Fuerza, que se vincula con la expresión de la fuerza ilocutiva. Ello explica su compatibilidad con oraciones interrogativas.

Asimismo, diversos tipos de modificadores del predicado verbal, así como los modales deónticos, ocupan distintas posiciones dentro del SV, según cuál sea su significado.

Es la configuración oracional que ilustra el siguiente esquema (simplificado):

(39) [$_{\text{SFuerza}}$ Adv. de enunciación [$_{\text{STópico}}$ Adv. de dominio [$_{\text{SComp}}$ Adv. evaluativos, intensionales y evidenciales [$_{\text{SModo}}$ Adv. modal epistémico [$_{\text{SV}}$ … Advs. modificadores del predicado]]]]]

Bibliografía

Alcina, J. y Blecua, J. M. (1975) *Gramática Española*, Barcelona: Ariel.

Arpiazu, S. (2000) *Los adverbios en* -mente *en español y la formación adverbial en alemán: estudio morfológico-comparativo de esp.* -mente *y al.* -weise, tesis doctoral, Universidad de León.

Barrenechea, A. M. (1979) "Operadores pragmáticos de actitud oracional: los adverbios en *-mente* y otros signos", en Barrenechea, A. M. *et al.* (eds.) *Estudios lingüísticos y dialectológicos. Temas hispánicos*, Buenos Aires: Hachette, pp. 39–59.

Bosque, I. (1987) "Constricciones morfológicas sobre la coordinación", *Lingüística Española Actual*, 9, pp. 83–100.

Bosque, I. (1989) *Las categorías gramaticales*, Madrid: Síntesis.

Cifuentes, J. L. (2002) "Sobre la gramaticalización preposicional de los adverbios en *-mente*", en R. M. Castañer R. M. y Enguita, J. M. (eds.) *In memoriam Manuel Alvar*, Zaragoza: Institución Fernando el Católico, pp. 325–337.

Di Tuillio, A. (2001) "Adverbios con forma adjetival o adjetivos sin flexión", en Arnoux. E. y Di Tullio, A. (eds.) *Homenaje a Ofelia Kovacci*, Buenos Aires: Eudeba, pp. 171–188.

Di Tuillio, A. y Suñer, A. (2011) "Adjetivos desnudos y sintagmas nominales sin determinación", en Escandell, M. V., Leonetti, M. y Sánchez, M. C. (eds.) *60 problemas de gramática: dedicados a Ignacio Bosque*, Madrid: Akal.
Egea, E. R. (1993) "Restricciones lexicológicas en el uso de los adverbio en *-mente*", en Varela, S. (ed.) *La formación de palabras*, Madrid: Taurus, pp. 282–299.
Fábregas, A. (2007) "Adverbios en *-mente* y la estructura del adjetivo en español", *Estudios de Lingüística*, 21, pp. 103–124.
Fuentes Rodríguez, C. (1991) "Adverbios de modalidad", *Verba*, 18, pp. 275–321.
Fuentes Rodríguez, C. (1994) "Los adverbios en el entorno pregunta-respuesta", *Anuario de Lingüística Hispánica*, 10, pp. 131–161.
García Page, M. (1991) "El adverbio en *-mente*. Motivación contextual en formaciones léxicas 'anómalas'", *Anuario de Estudios Filológicos*, 14, pp. 149–181.
González, R. (2009) *La polaridad positiva en español*, tesis doctoral, Universidad Complutense de Madrid.
Hernanz, M. L. y Brucart, J. M. (1987) *La sintaxis. I Principios teóricos. La oración simple*, Bacelona: Crítica.
Karlsson, K. E. (1981) *Syntax and Affixation. The evolution of MENTE in Latin and Romance*, Tubinga: Max Niemeyer.
Kim, S. Y. (2012) "Una explicación formal de la orientación y distribución de los adverbios de actos del habla", *Revista Española de Lingüística*, 42, 2, pp. 127–152.
Kovacci, O. (1999) "El adverbio", en Bosque I. y Demonte, V. (eds.) *Gramática descriptiva de la lengua española*, Madrid: Espasa, pp. 705–786.
Meléndez, C. (2008) *Contribución al estudio de los adverbios disjuntos de valoración afectivo-emotiva en español actual*, tesis doctoral, Universidad de Zaragoza.
[RAE] Real Academia Española (2009) *Nueva gramática de la lengua española*, Madrid: Espasa.
Rainer, F. (1996) "Inflection inside derivation: Evidence from Spanish and Portuguese", en Booij, G. y van Marle, J. (eds.) *Yearbook of Morphology 1995*, Amsterdam: Kluwer, pp. 83–91.
Rodríguez Ramalle, M. T. (1999) *Algunos aspectos de la sintaxis y la semántica de los adverbios y de ciertas expresiones adverbiales*, tesis doctoral, Universidad Autónoma de Madrid.
Rodríguez Ramalle, M. T. (2003) *La gramática de los adverbios en* -mente *o cómo expresar maneras, opiniones y actitudes a través de la lengua*, Madrid: Universidad Autónoma de Madrid.
Saporta, S. (1990) "The status of Spanish forms in *-mente*", *Hispanic Linguistics*, 4, 1, pp. 181–183.
Torner, S. (2005a) "On the Morphological Nature of Spanish Adverbs", *Probus*, 17, 1, pp. 113–142.
Torner, S. (2005b) *Aspectos de la semántica de los adverbios de modo en español*, tesis doctoral, Universitat Pompeu Fabra.
Torner, S. (2007) *De los adjetivos calificativos a los adverbios en* -mente: *semántica y gramática*, Madrid: Visor.
Zagona, K. T. (1990) "*Mente* adverbs, compound interpretation and the projection principle", *Probus*, 2, 1. pp. 1–30.

Lecturas complementarias

Cinque, G. (1999) *Adverbs and functional heads. A crosslinguistic perspective*, Oxford: Oxford University Press.
Ernst, T. B. (2002) *The syntax of adjuncts*, Cambridge: Cambridge University Press.
Greenbaum, S. (1969) *Studies in English adverbial usage*, Londres: Longman.
Haumann, D. (2007) *Adverb licensing and clause structure in English*, Amsterdam/Filadelfia: John Benjamins.

Entradas relacionadas

adjetivos; composición; derivación morfológica; gramática generativa; gramaticalización; historia del español; prefijos y sufijos; semántica; sintaxis

ASPECTO GRAMATICAL

Alicia Cipria

1. Introducción

Dentro de una larga tradición que se remonta a Aristóteles, la terminología en el campo de los estudios aspectuales es abundante, diversa y confusa. Muchas veces, el aspecto no ha sido diferenciado claramente del tiempo, y otras veces no ha habido claras distinciones entre el aspecto gramatical y el aspecto léxico. Este último se detalla en otro capítulo pero nos referimos brevemente a él en el § 2.1, en cuanto a su interacción con el aspecto gramatical.

El presente apartado trata del aspecto gramatical, que en el español se expresa mediante la morfología flexiva como, por ejemplo, en los sufijos de pretérito perfecto simple (PRET), como en (1a) con aspecto perfectivo, y del pretérito imperfecto (IMPERF), como en (1b) con aspecto imperfectivo. Existe otra forma de expresar aspecto gramatical que no es estrictamente flexiva sino perifrástica, como en la frase verbal que expresa aspecto progresivo, es decir *estar* + gerundio (*-ndo*), en el ejemplo (1c), y la perífrasis con *haber* + participio (*-do*) que expresa aspecto perfectivo (1d):

(1) a. Laura trabajó en la biblioteca.
b. Laura trabajaba en la biblioteca.
c. Laura está trabajando en la biblioteca.
d. Laura ha trabajado en la biblioteca.

Las formas verbales que se ilustran en (1a-d) son las que analizaremos en más detalle en relación al aspecto gramatical.

2. El aspecto gramatical

Si bien nos concentramos en la parte aspectual del IMPERF y PRET, estas también son formas temporales. La categoría gramatical de tiempo coloca la situación que describe en un punto temporal con respecto al tiempo de referencia (*reference time*), que puede ser el momento de habla u otro momento, e indica si la situación es pasada, presente o futura con respecto al momento de referencia (relación deíctica). En el presente capítulo no haremos hincapié en las diferencias entre el tiempo de referencia o del evento (según la nomenclatura de

Reichenbach), y simplemente nos referiremos al *momento de evaluación* de forma muy amplia y no particularmente técnica.

El aspecto no cambia la relación del momento de habla con la situación que describe un predicado, sino que permite diferentes formas de ver una misma situación con similares ejes temporales. En el caso del PRET y el IMPERF, estas formas expresan temporalidad pasada, además de la manera en que el hablante mira esa situación pasada. Es por eso que tradicionalmente se describe el aspecto gramatical como una forma de "ver una situación", idea que aparece implícita en el término del inglés *viewpoint aspect* (que emplea Smith 1983, entre otros autores). La definición más ampliamente aceptada y en la que nos basamos en parte es la de Comrie (1976), quien describe el aspecto como diferentes modos de ver la estructura temporal interna de una situación. Para Comrie, el aspecto perfectivo ve la situación desde fuera, mientras que el imperfectivo ve la situación desde dentro. El aspecto perfectivo, según Comrie, presenta una situación en su totalidad, sin referirse a su estructura temporal interna. Así, si aplicamos lo que dice Comrie al ejemplo (1a), el PRET ejemplifica el aspecto perfectivo al presentar una situación como completa, como un todo indivisible, con el comienzo, medio y fin de la situación incorporados bajo un todo integrador, y el aspecto imperfectivo del ejemplo (1b), mediante el IMPERF, describe una porción "interna" del proceso de trabajar de Laura, sin referirse al comienzo o final del proceso de trabajar. Asimismo, Comrie identifica subcasos (que se ilustran en (2)) para el aspecto imperfectivo; el habitual y el continuo, y este último a la vez incluye los casos progresivo y no progresivo (lo que nosotros llamamos "imperfectivo propiamente dicho", como explicamos en el § 4) (Comrie 1976: 25):

(2)

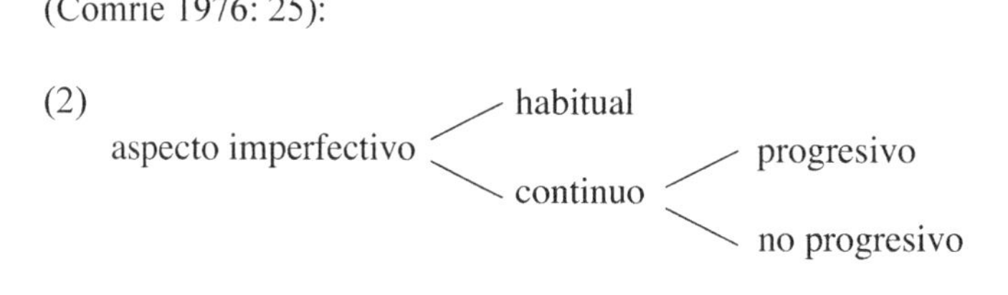

Klein (1994) ofrece un análisis temporal-relacional que considera el aspecto gramatical como el resultado de las diferentes relaciones entre un Tiempo de Foco (que es el tiempo que focaliza cada aspecto) y un Tiempo de Situación (durante el cual se desarrolla un evento). Klein identifica los siguientes tipos de aspecto gramatical que se obtienen según el tipo de relación que se establezca entre el Tiempo de Foco y el Tiempo de Situación: perfectivo, perfecto, imperfectivo y prospectivo. Asimismo, García Fernández (2000) postula una clasificación basada en modificaciones de la propuesta por Klein, como se muestra en los ejemplos en (3): perfectivo o aoristo (ejemplificado por el pretérito perfecto simple (a) y el compuesto (b)), perfecto (como en el pluscuamperfecto (c) y el perfecto compuesto (d)), imperfecto (como en el IMPERF y el presente), prospectivo (como en (e)) y neutral (como en el futuro (f) y el condicional (g), ya que pueden ser interpretados como imperfecto o aoristo).

(3) a. Anoche, la orquesta tocó en el paraninfo.
b. La noticia nos ha impactado.
c. El violinista había tenido dificultades.
d La orquesta ya ha regresado de su gira.
e. Hasta ayer, iba a salir a celebrar mi cumpleaños pero hoy decidí quedarme en casa.
f. La orquesta tocará (cuando la contratemos).
g. La orquesta tocaría si la contratáramos.

En estudios pedagógicos de origen cognitivo-perceptual (Lunn 1985 y las referencias que ahí se encuentran) se discute el IMPERF y el PRET en términos de la "lente aspectual", el punto de vista (físico o cognitivo) que asume el hablante para describir una situación. Así, el PRET se usa cuando la narración "hace foco" en una situación (zoom), y el IMPERF se usa cuando la narración no hace foco en ninguna situación en particular (ni en ninguna parte específica de la misma).

En el campo de la narrativa discursiva se ha asociado el PRET con la figura (*foreground*) y el IMPERF con el fondo (*background*) (Hopper 1979; Silva Corvalán 1983). Así, por ejemplo, se presenta el PRET como la forma que avanza el tiempo narrativo, y el IMPERF como el que provee la escena o marco para la narración. En realidad, estos efectos se dan principalmente como resultado de la combinación del aspecto gramatical (perfectivo/imperfectivo) con el aspecto léxico dentro de un mismo predicado (véase Cipria y Roberts 2001, para más detalles, y los ejemplos del (4) al (7)).

Dado que el aspecto es morfológico en el PRET y el IMPERF, estas formas verbales son las mejores candidatas para ilustrar la diferencia entre el aspecto perfectivo e imperfectivo, respectivamente, y nos concentramos en ellas sin dejar de hacer referencia a otras formas imperfectivas como el presente simple (véase § 6).

En este trabajo, entonces, nos limitaremos a identificar las siguientes clases abarcativas de aspecto gramatical flexivo: perfectivo e imperfectivo. El imperfectivo tendrá los subcasos imperfectivo propiamente dicho, habitual y progresivo (véase § 4). Con respecto a la expresión de progresividad, la encontraremos expresada de manera flexiva o morfológica por los subcasos de formas imperfectivas (o sea tanto del IMPERF como del presente simple (PRES)) y de manera estructural o sintáctica por medio de las perífrasis con *estar* + gerundio (presente y pasado). Antes de concentrarnos en las formas mencionadas pasamos a clarificar algunas nociones relacionadas con cuestiones aspectuales que tradicionalmente se han presentado de forma poco transparente, en relación con el aspecto gramatical.

2.1. El aspecto léxico y el aspecto gramatical

A grandes rasgos, se puede decir que el aspecto léxico (también llamado aktionsart o accionalidad por algunos autores) es aquel que surge de la clase léxica según lo propuso Vendler (1957), es decir: estados (*saber*, *querer*, *vivir*), procesos o actividades (*correr*, *llover*, *escuchar*), logros (*ganar un concurso*) y realizaciones (*escribir la tesis*). En lo que resta del capítulo, asumiremos esta definición y emplearemos la palabra *situación* para referirnos tanto a eventos (actividades, logros, realizaciones) como a estados.

2.2. Aspecto gramatical y aktionsart

Nos basamos en Cipria y Roberts (2001) para la distinción entre las categorías de Vendler (aspecto léxico) y el aktionsart (modo o cualidad de acción), que es un concepto semántico relacionado con una situación que describe un predicado en su totalidad incluyendo, entre otros elementos, complementos, expresiones adverbiales, y la morfología perfectiva o imperfectiva del verbo principal. Es decir, el aspecto léxico (tipos de verbos como los clasificó Vendler) y el aspecto gramatical son solo dos de los elementos que deben considerarse en la computación del aktionsart total de un predicado. Hay dos tipos generales de aktionsart relacionados con predicados: télicos (del griego *telos* 'final') (logros y realizaciones) y atélicos (estados y actividades). La propiedad del subintervalo es lo que caracteriza la atelicidad, según la definición formal de Dowty (1987), y nos referimos a ella aquí porque se relaciona estrechamente con la definición del IMPERF que se presenta más adelante.

Resumiendo la definición informalmente, si un estado o actividad se da en un cierto intervalo de tiempo, también es verdad en cualquier subintervalo de ese intervalo. Por ejemplo, si sé algo en el intervalo de una hora, también es verdad que lo sé en cada subintervalo de ese intervalo (propiedad distributiva: "sé algo" es verdad en cada subintervalo). De igual manera, si sé algo en el intervalo de una hora es muy posible que esto sea verdad en un intervalo mayor, de dos horas, por ejemplo (propiedad cumulativa: "sé algo" es verdad en un superintervalo). Asimismo, si la actividad de *cantar en el teatro* es verdad en (4a), también lo es en (4b), mostrando así la propiedad distributiva de la atelicidad:

(4) a. Teresa cantó en el teatro de 7 a 8.
    b. Teresa cantó en el teatro de 7 a 7:30.

Al mismo tiempo, si Teresa canta durante el período de 7 a 8 y de 8 a 9, también es verdad que canta de 7 a 9, indicando cumulatividad. La propiedad del subintervalo no se da con el aktionsart télico ya que si un evento télico es verdad en un intervalo, ninguno de los subintervalos que contiene puede ser el mismo tipo de evento. En el § 4 mostramos cómo nos valemos del concepto de la propiedad del subintervalo para relacionarlo a la expresión del aspecto imperfectivo, ejemplificado por el imperfecto.

3. El pretérito como ejemplo de aspecto perfectivo

El pretérito perfecto simple (también llamado pretérito indefinido) confluye con el pretérito perfecto compuesto (*haber* + participio) en cuanto a la expresión de perfectividad dentro del sistema gramatical del español. Sin embargo, los usos particulares de esas dos formas perfectivas pueden no coincidir en todos los dialectos del mundo hispanohablante (Rodríguez Louro 2009; Schwenter y Torres Cacoullos 2008; Howe 2006), y compárese también con la clasificación perfectivo/aoristo de García Fernández (2000) mencionada anteriormente.

Son escasos los fundamentos formales que han apoyado la terminología tradicional relacionada con el PRET, lo que intentaremos clarificar aquí. La cualidad terminativa que generalmente se atribuye al PRET nos indica que las situaciones que describe esta forma verbal se perciben como si tuvieran un fin, una suerte de límite temporal superior. Así, el uso del pretérito en (5a) indica que la situación relacionada con el viaje ha culminado con la llegada del tren a algún lugar (el final del viaje). Cuando se dice que el PRET presenta una situación como un todo o definida tal vez se refiera al hecho de que el PRET describe un evento entero, y no una parte o fracción (subparte) indefinida de ese evento. En el ejemplo (5b), entonces, vemos que el PRET describe el evento completo del cantar de Teresa en el teatro, al mismo tiempo que muestra (por deducción) el evento como terminado (de donde surge la característica terminativa que se asocia tradicionalmente con el PRET). Es decir la culminación natural de la situación hace que se vea como terminada, aunque, estrictamente podríamos llamarla "culminada". La idea de que se "ve" como terminada es precisamente lo que se quiere decir cuando nos referimos al aspecto de "punto de vista".

(5) a. Llegó el tren.
    b. Teresa cantó en el teatro.

En cuanto a los sentidos puntual y definido que se atribuyen tradicionalmente al PRET, mantenemos que estos son significados que surgen de la interacción del significado del PRET con el aspecto léxico y otros elementos en el predicado. Es decir, no siempre el PRET va a marcar una situación como puntual o definida, ya que esto solo ocurre con los logros o culminaciones, como (6a), donde hay una culminación combinada con el PRET, lo que da como resultado una situación que aparece como puntual y télica simple (en comparación con las situaciones télicas complejas, es decir, las realizaciones). Pero (5b) no describe necesariamente una situación puntual ni télica, y esto se debe a que el PRET está combinado con un verbo de actividad o proceso, por lo que la situación asociada al predicado se presenta como atélica. Por lo tanto, vemos que el PRET puede ser parte de predicados cuyo aktionsart total es télico (*Laura escribió un poema*) o atélico (*Teresa cantó en el teatro*). Es decir, no hay nada en el significado del PRET que haga que la situación que se describe aparezca como puntual, aun cuando combinemos el PRET con elementos que generalmente inducen telicidad para todo el predicado. Así, en (6a) un complemento directo que es un sintagma nominal contable como *un poema* por lo general induce telicidad, en combinación con ciertos predicados, como en (6a), pero la situación que describe el predicado es télica compleja (es decir, no puntual, una realización). (6b), sin embargo, es atélico por efecto del IMPERF, que induce atelicidad para todo el predicado, cancelando así el efecto del inductor de telicidad (sintagma nominal contable).

(6) a. Laura escribió un poema
    b. Laura escribía un poema

La capacidad combinatoria que tiene el PRET para participar tanto de situaciones télicas como atélicas también repercute en el ámbito de la narrativa discursiva. Como habíamos expuesto anteriormente, se describe tradicionalmente el PRET como la forma que avanza el tiempo narrativo, y el IMPERF como el que provee la escena o marco para la narración. En realidad, estos efectos se dan principalmente como resultado de la combinación del aspecto gramatical (perfectivo/imperfectivo) con el aspecto léxico dentro de un mismo predicado (véase Cipria y Roberts 2001, para más detalles). En el siguiente trozo narrativo se asume que (7a-d) son oraciones contiguas, aunque se presentan de forma separada para su mejor visualización:

(7) a. Los guerreros se enfrentaron.
    b. Corrió mucha sangre.
    c. Los victoriosos quemaron la fortaleza.
    d. Fue una tragedia.

Todas las oraciones en (7) tienen un verbo en PRET pero podemos ver que el tiempo narrativo avanza, es decir se introduce un nuevo tiempo de referencia al discurso, solo en el caso de las oraciones (a) y (c). Nótese que si bien estamos hablando de referencia temporal, la interacción del aspecto gramatical con el aspecto léxico es la que permite que la narrativa se desarrolle de determinada manera. (a) y (c) indican situaciones télicas y (b) y (d), atélicas. Los contrastes que surgen de estos ejemplos ilustran la compatibilidad del PRET tanto con aktionsart télico como atélico, y demuestran que se establece un nuevo momento de referencia (*reference time*) solo en el caso de las situaciones télicas. Y es precisamente en esas situaciones télicas cuando el pretérito se interpreta como puntual: el incendio de la fortaleza ocurrió luego del enfrentamiento, mientras que el correr de la sangre se interpreta como simultáneo con dicho enfrentamiento, al mismo tiempo que la tragedia se refiere a la totalidad de la batalla. Por lo tanto, el carácter puntual del pretérito no aparece en todos los contextos en que participa, lo que nos lleva a asumir que lo puntual no es parte intrínseca de su significado, sino que, como hemos visto, surge cuando la situación que describe el predicado total en el que participa el PRET se percibe como télica simple.

En resumen, la mayor parte de las descripciones tradicionales que se han hecho del PRET (o al aspecto perfectivo, como en Comrie 1976) se pueden atribuir a su interacción con otros elementos que se encuentran dentro del predicado que encabeza (por ejemplo, el aspecto léxico, y complementos nominales o adverbiales que inducen telicidad o atelicidad) y no surgen necesariamente de un significado inherente de esta forma perfectiva. De hecho, la presencia obligatoria de un "punto terminativo inherente" en la formalización semántica del PRET que ofrecen Cipria y Roberts (2001) puede llegar a considerarse innecesaria, a la luz de las interacciones de la forma perfectiva con otros elementos en el predicado. Cabe preguntarnos qué nos queda entonces, si todas las características son atribuibles a efectos de interacción con el contexto predicativo. Una respuesta razonable es, a nuestro entender, simplemente la de "ver una situación como un todo integrado" (*à la* Comrie 1976). Es decir, como manifestamos anteriormente en relación a la aplicación de las definiciones de Comrie (1976) al pretérito: el PRET ejemplifica el aspecto perfectivo al presentar una situación como entera (pero no necesariamente completa, ya que completa equivale a decir "télica"), como un todo indivisible, con el comienzo, medio y fin de la situación incorporados bajo un todo integrador.

4. El imperfecto como ejemplo de aspecto imperfectivo

4.1. Introducción

Otras denominaciones tradicionales para esta forma verbal son pretérito imperfecto (como en García Fernández y Camus Bergareche 2004) o co-pretérito según Andrés Bello (1847 y ediciones posteriores).

A grandes rasgos, el aspecto imperfectivo (representado, entre otras formas, por el IMPERF) se ha definido tradicionalmente en referencia a una situación progresiva, iterativa, habitual, durativa (frente a lo puntual del PRET), continuativa (frente a la característica terminativa del PRET), e indefinida, en el sentido de que la forma verbal no hace referencia a ninguna subparte específica de la situación que describe, a diferencia del PRET, que hace referencia a una situación completa. Se puede decir que el atributo de continuo se refiere a que no debe haber huecos o espacios en la situación que describe el IMPERF. Nuestro análisis asume que hay tres significados principales representados por el IMPERF y que las demás características que se le han atribuido son derivadas de estos tres. Estos nos remontan a las características propuestas por Comrie (1976) mencionadas anteriormente para el aspecto imperfectivo. De hecho, gran parte de la caracterización que presentamos para el IMPERF se puede trasladar al presente simple, otra forma imperfectiva (véase § 6) (nótense las referencias tradicionales al IMPERF como el "presente en el pasado"). Otros autores, como Bertinetto (1986) han propuesto similares caracterizaciones para el IMPERF, aunque con formalizaciones diferentes.

4.2. Los tres significados principales del imperfecto

Identificamos tres significados o lecturas centrales (como en Cipria y Roberts 2001): el significado imperfectivo común o propiamente dicho (8a–c), el progresivo (10a) y el habitual (10b), además de un subcaso de la interpretación progresiva que es el de intención en el pasado (según la terminología de Cipria 1996), como en (10c). El ejemplo (9) (de Cipria y Roberts 2001) tiene, potencialmente, las interpretaciones que se muestran en (10a–c).

La subordinada adverbial temporal en (10a) hace que se destaque la interpretación progresiva, el adverbio *los domingos* en (10b) hace evidente la interpretación habitual, y en (10c) se ve claramente el significado de "intención en el pasado", que consideramos como un subcaso del progresivo:

(8) a. Tenía 20 años.
 b. Llevaba una bufanda.
 c. El colegio quedaba cerca de casa.

(9) Íbamos a la playa.

(10) a. Íbamos a la playa cuando nos encontramos con Miguel.
 b. Íbamos a la playa los domingos.
 c. Hasta ayer, íbamos a la playa de vacaciones pero hoy Pepa dijo que no hay dinero para eso.

Todos los significados del IMPERF que se han ilustrado comparten dos características principales: referencia a una situación en el pasado y la propiedad del subintervalo. Aunque el concepto de atelicidad se asocia con el aktionsart de los predicados, seguimos el enfoque de Cipria y Roberts (2001), que toman el concepto de la propiedad del subintervalo (o, más específicamente, la subsituación) y lo aplican para describir el significado central del IMPERF, conjuntamente con tres casos relacionados con diferentes posibilidades de interpretación según el contexto. Así, en este enfoque, el IMPERF es múltiplemente ambiguo (como se ve en (9), sin ningún contexto adicional), con la base común de subintervalo que unifica a todas las interpretaciones (véase Cipria y Roberts 2001 para el análisis formal completo).

El caso imperfectivo propiamente dicho o común (como en 8a–c) se refiere simplemente a situaciones pasadas con la propiedad del subintervalo.

La interpretación habitual (10b) se asocia al concepto de situaciones características, para usar un término que introduce Comrie (1976). Esto se refiere a aquellas situaciones que son representativas o típicas de lo que alguien ha hecho, o que son normales o usuales en cierto sentido, según el significado del enunciado y el contexto que lo rodea (como el adverbio en (10b)). A nuestro entender, la propiedad del subintervalo (o subsituación) para esas situaciones es la misma que en los otros casos, es decir que lo que es verdadero para una situación característica, también lo es para sus subsituaciones. Esta denominación es un tanto vaga porque no podemos precisar cuándo una situación se convierte en característica (más de dos, tres, etc.). En este sentido podemos equiparar este concepto con frases como ***varios*** *artistas*, o ***la mayoría de*** *los artistas*, cuya vaguedad es una realidad en la lengua natural. Nótese, igualmente, que la idea de repetición o iteración en el pasado no describe exactamente lo mismo que una situación característica.

La interpretación progresiva se basa en la idea de inercia (Dowty 1979; Portner 1998, entre otros). El concepto de inercia nos sirve para visualizar la idea de que las situaciones que describe el IMPERF van a continuar más allá del momento de evaluación, aunque nunca se haga referencia a la culminación. Así, la idea de inercia nos permite imaginarnos lo que podría haber pasado si las cosas hubieran continuado como venían desarrollándose hasta el momento de evaluación.

Nos serviremos de la estructura de eventos en (11) propuesta por Moens y Steedman (1988) para ilustrar la ausencia de referencia específica a la culminación de un evento. Asimismo, esta estructura nos permitirá ilustrar, por un lado, el subcaso de futuridad de la lectura progresiva y, por otro, la diferencia entre lecturas progresivas de formas simples (como el imperfecto y el presente simple) y de formas compuestas (como las perífrasis de presente y pasado con *estar*+gerundio) (véase § 7). La estructura representada en (11) incluye una etapa llamada proceso preparatorio, que es una subparte de un evento que precede la culminación o cambio de estado, durante el cual se completan los preparativos para que ocurra dicho evento. Así, el proceso preparatorio se describe como en curso al momento de evaluación y, además, según estos autores, "se despoja" a todo el evento de su culminación; es decir, sin hacer referencia a si el logro o realización fue completada, ni tampoco al estado resultante de ese cambio de estado. Por ejemplo, en *María cruzaba la calle*, solo hay referencia a lo que vemos en desarrollo en el momento de evaluación, ya que puede haber sido atropellada por un camión y no haber llegado al otro lado.

(11) "Núcleo" (Moens y Steedman 1988: 18), estructura interna de un evento (todo lo que no es estado)

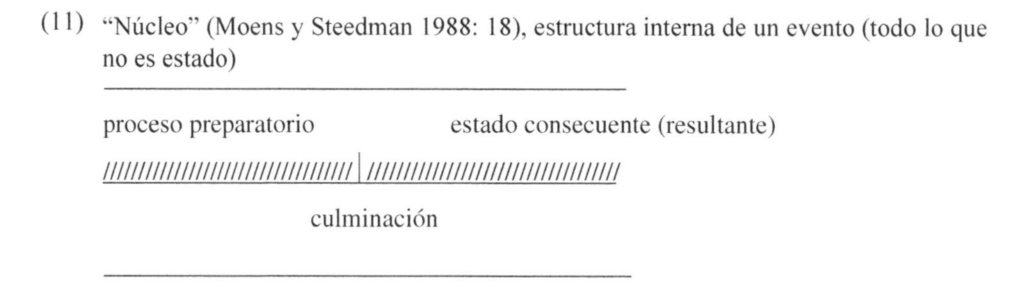

El significado progresivo (tanto en el subcaso del IMPERF como en el caso de la perífrasis con *estar*) solo se puede dar con verbos dinámicos (todo lo que no es estado) y, más específicamente, con aquellos verbos dinámicos que se refieren a situaciones relacionadas con cambios de estado, cuando el cambio de estado está en curso pero no del todo completo.

Como se mencionó anteriormente, el subcaso progresivo del IMPERF tiene una posible lectura de intención o futuridad, porque si incluimos el período durante el cual tenemos la intención de realizar algo como parte de la fase preparatoria de un evento, podemos decir que ese evento ya está en curso durante la fase preparatoria. Así, la intención de ir a la playa (en (10c)) se da a lo largo de un intervalo y también a lo largo de cualquier subintervalo de ese intervalo. Es decir, cada subintervalo del intervalo pasado ejemplifica un caso de "tener la intención de ir a la playa". Describiremos en más detalle esta interpretación intencional en el § 7.

Para finalizar el apartado sobre el IMPERF, si bien la propiedad del subintervalo es un concepto relacionado con la atelicidad, sirve para dar cuenta de la intuición implícita en las afirmaciones de que el aspecto imperfectivo ve una situación "desde dentro", sin ser definido y sin cambio de estado o, dicho en relación a "la lente", que no "hace foco" en ninguna situación (o subparte) en particular.

5. El progresivo

La expresión de progresividad en el español constituye un caso especial dentro de la aspectualidad ya que, como vimos, puede aparecer expresada de manera morfológica (en tanto es un subcaso del significado imperfectivo de las flexiones de IMPERF y presente simple) y de manera sintáctica en el caso de las perífrasis con *estar*+gerundio (pasado y presente). Existen también otras perífrasis con gerundio (por ejemplo, *andar/ir/venir*+*-ndo*) con efectos similares, pero solo nos referimos a las que incluyen *estar* (cf. García Fernández (2006) y Torres Cacoullos (2002) para más detalles).

La estructura que se presentó en (11) es útil para describir la progresividad en general. Es decir, se aplica tanto a la lectura progresiva del IMPERF y el presente simple (PRES) como a las perífrasis con *estar*. A diferencia de las formas simples (IMPERF y PRES) las perífrasis (presente y pasado) solo pueden describir una situación en la fase de proceso, sin etapa de planificación ni de culminación (más detalles en § 7). Además, en el caso de la dimensión del presente, la situación descrita por la perífrasis debe incluir obligatoriamente el momento de habla (12). Así, Torres Cacoullos (2002: 222) se refiere a la situación descrita por la perífrasis presente como "visible, circunscrita en tiempo y espacio, y con participación intensa del sujeto" (mi traducción). Sin embargo, esta misma autora indica un cambio diacrónico en desarrollo en el que la perífrasis presente se está extendiendo a la expresión de habitualidad (13), además del significado progresivo, mientras que el presente simple muestra tendencia a especializarse en la expresión de formas no progresivas (2002: 224), a las que nos referimos brevemente en el siguiente apartado.

(12) Manuel está bailando.

(13) Manuel está bailando con otro grupo ahora. (ahora =/= momento de habla)

6. El presente simple

Si bien el PRES ofrece una variedad de usos especiales (performativo, histórico, entre otros), solo nos ocuparemos de esta forma en cuanto a su imperfectividad y a sus diferencias con la perífrasis presente de progresivo, especialmente en lo que se refiere a la posibilidad de lecturas prospectivas o de futuridad, las que abordamos en la siguiente sección. El PRES (14 a–c) también ejemplifica el aspecto imperfectivo y puede recibir todas las interpretaciones que se postularon para el IMPERF; es decir, el imperfectivo común (14a), el progresivo (14b) (con el subcaso del intencional: (14d)), y el habitual (14c).

(14) a. Manuel baila.
b. Manuel baila (= está bailando).
c. Manuel baila en el ballet de Julio.
d. Manuel baila en el Colón mañana.

7. Las lecturas prospectivas de las formas imperfectivas

Las lecturas que en inglés se denominan *futurate* se pueden llamar prospectivas (Gili Gaya 1961, entre otros) o de intención (como en Cipria y Roberts, 2001). En lugar de postular un aspecto prospectivo por separado, mantenemos que este tipo de interpretaciones con matiz de futuro surgen a partir del subcaso progresivo de las formas imperfectivas simples (es decir, el IMPERF y el PRES) (véase la elaboración teórica de Cipria y Roberts 2001). En general las formas perifrásticas con *estar* (presente y pasado) no reciben esta interpretación de futuridad en el español y mantenemos que esto se debe a que la perífrasis solo puede describir una situación en la fase de proceso, sin etapa de planificación ni de culminación. Ilustramos estas diferencias con la estructura propuesta por Cipria y Roberts (2001) en (15), que es una modificación de la estructura de Moens y Steedman (1988) que se presentó en (11). Para Moens y Steedman, el proceso preparatorio puede tener diferentes características según el contexto y efectos pragmáticos. Por ejemplo, el proceso preparatorio puede incluir el comienzo mismo de un cambio de estado (*Íbamos a la playa cuando nos encontramos con Miguel*), o puede ir asociado a una suerte de fase de planificación (*Hasta ayer íbamos a la playa de vacaciones pero hoy Pepa dijo que no hay dinero para eso*).

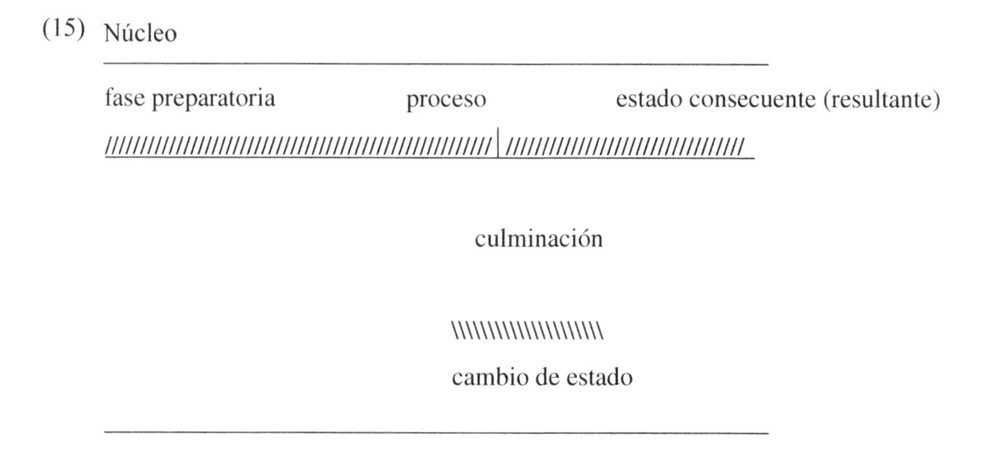

Según Cipria y Roberts (2001), como en la fase preparatoria no hay ningún indicio concreto que lleve al cambio de estado, el pasado progresivo (*estaba -ndo*) requeriría que la fase del proceso esté en curso, luego de la fase preparatoria, y solo puede referirse a la porción preculminativa del cambio de estado (que, en la dimensión presente, incluiría el momento de habla). De ahí que las perífrasis de progresivo con *estar* del español (en el presente y pasado) sean el resultado de haber despojado a un evento tanto de su culminación como de su fase preparatoria, dejando solamente el proceso, como la intuición nos indica y como se ha considerado en descripciones tradicionales. Por otra parte, la lectura prospectiva del IMPERF y del PRES solo se referiría a la fase preparatoria propiamente dicha, es decir, a la fase de planificación de un evento. Nótese que la fase preparatoria no necesita estar relacionada con las intenciones de ningún agente planificador, sino que simplemente indica que todo está en marcha para que el evento se realice, como en (16).

(16) Eran las 6. Los campesinos comenzaron a preparar el fuego. El sol se ponía a las 6:50.

A pesar de que hemos marcado la diferencia entre las formas simples y las perífrasis en cuanto a la expresión de futuridad, hay dialectos en los que la lectura prospectiva ha comenzado a aparecer ocasionalmente en el discurso oral con la perífrasis de presente, especialmente cuando existe certeza total del plan que se desarrollará posteriormente al momento de habla, y con verbos de movimiento, como en (17a). Nótese que (17b), sin verbo de movimiento, resulta, como mínimo, extraño.

(17) a. Estamos saliendo para el campo mañana. (Arg.)
b. ??Manuel está bailando en el Colón mañana.

En lo que respecta a la dimensión pasada la diferencia entre la perífrasis de pasado con *estar* y el IMPERF, se ve mucho más claramente en (18) (basados en ejemplos del inglés, de Dowty (1979) para el progresivo):

(18) a. Laura iba a Radcliffe hasta que Parsons la aceptó.
b. Laura estaba yendo a Radcliffe hasta que Parsons la aceptó.
c. Laura iba a ir a Radcliffe hasta que Parsons la aceptó.

(18a) ilustra la ambigüedad entre los dos significados (progresivo e intención en el pasado). (18b), con la perífrasis progresiva *estar -ndo*, es sinónima de la interpretación progresiva de (18a), mientras que (18c), con el futuro perifrástico *ir a*, tiene el mismo significado que la interpretación prospectiva de (18a). El que (18b) y (18c) no sean sinónimos se puede ver en el caso en que una de las oraciones es cierta, mientras la otra no lo es. Por ejemplo, para que (18b) sea verdad debe darse el hecho de que Laura ya es una alumna en la universidad de Radcliffe cuando recibe la noticia de que Parsons la aceptó, pero esto no es necesario para que (18c) sea verdad, ya que (18c) solo focaliza la fase preparatoria de la situación relacionada con la asistencia a Radcliffe (como se vio en relación a (10c), (15) y (16)). La perífrasis con *estar* solo se puede referir a cuando el cambio de estado está efectivamente en curso, pero no del todo finalizado. Cabe acotar que para algunos investigadores es muy importante la perífrasis *ir a* como ejemplo de aspecto prospectivo (véase Bravo 2008 para los fundamentos de esta postura). Aquí asumiremos que *ir a* es una forma perifrástica de expresión de futuridad que, especialmente en Latinoamérica y en la lengua hablada, ha comenzado a preferirse para expresar temporalidad por sobre el futuro morfológico (*hablaré*), cuyo valor modal (epistémico, de probabilidad) está cobrando mayor visibilidad que su valor temporal (Sedano 1994; Sedano 2006; Lastra y Butragueño 2010). En los estudios mencionados, que están específicamente abocados a los usos americanos, no se hace referencia alguna a la aspectualidad prospectiva.

El tema de las lecturas prospectivas y el de la extensión de significado juntamente con la tendencia al cambio de especialización entre las subvariedades del imperfectivo (como vimos en el caso de la progresividad y la habitualidad en § 5) son, a nuestro entender, algunas de las cuestiones más importantes que deben explorarse en futuras investigaciones dentro del campo de la imperfectividad.

Bibliografía

Bello, A. (1847) *Gramática de la lengua castellana*, con notas de R. J. Cuervo, ed. de N. Alcalá Zamora y Torres, Buenos Aires: Sopena, 1945.
Bertinetto, P. (1986) *Tempo, aspetto e azione nel verbo italiano*, Florencia: Accademia della Crusca.
Bravo, A. (2008) *La perífrasis "ir a+ infinitivo" en el sistema temporal y aspectual del español*, tesis doctoral, Universidad Complutense de Madrid.
Cipria, A. (1996) *The interpretation of tense in Spanish complement clauses*, tesis doctoral inédita, The Ohio State University.
Cipria, A. y Roberts, C. (2001) "Spanish *imperfecto* and *pretérito*: Truth conditions and aktionsart effects in a situation semantics", *Natural Language Semantics*, 8, 4, pp. 297–347.
Comrie, B. (1976) *Aspect: An introduction to the study of verbal aspect and related problems*, Cambridge: Cambridge University Press.
Dowty, D. (1979) *Word meaning and Montague grammar*, Dordrecht: Reidel.
Dowty, D. (1987) "Aspect and aktionsart", ms. The Ohio State University.
García Fernández, L. (2000) *La gramática de los complementos temporales*, Madrid: Visor.
García Fernández, L. y Camus Bergareche, B. (eds.) (2004) *El pretérito imperfecto*, Madrid: Gredos.
García Fernández, L. (dir.) (2006) *Diccionario de perífrasis verbales*, Madrid: Gredos.
Gili Gaya, S. (1961) *Curso superior de sintaxis española*, Barcelona: Bibliograf.
Hopper, P. (1979) "Aspect and foregrounding in discourse", en Givón, T. (ed.) *Discourse and syntax*, Nueva York: Academic Press, pp. 213–241.
Howe, Ch. (2006) *Cross-dialectal features of the Spanish Present Perfect: A typological analysis of form and function*, tesis doctoral, The Ohio State University.

Lastra, Y. y Butragueño, P. M. (2010) "Futuro morfológico y futuro perifrástico en el *Corpus sociolingüístico de la ciudad de México*", *Oralia*, 13, pp. 145–171.
Lunn, P. (1985) "The aspectual lens", *Hispanic Linguistics*, 2, pp. 49–61.
Moens, M. y Steedman M. (1988) "Temporal ontology and temporal reference", *Computational Linguistics*, 14, pp. 15–28.
Portner, P. (1998) "The progressive in modal semantics", *Language*, 74, 4, pp. 760–787.
Rodríguez Louro, C. (2009) *Perfect evolution and change: A sociolinguistic study of preterite and present perfect usage in contemporary and earlier Argentina*, tesis doctoral, University of Melbourne.
Schwenter, S. y Torres Cacoullos, R. (2008) "Defaults and indeterminacy in temporal grammaticalization: The 'perfect' road to perfective", *Language Variation and Change*, 20, 1, pp. 1–39.
Sedano, M. (1994) "El futuro morfológico y la expresión *ir a + infinitivo* en el español hablado en Venezuela", *Verba*, 21, pp. 225–240.
Sedano, M. (2006) "Importancia de los datos cuantitativos en el estudio de las expresiones de futuro", *Revista Signos*, 39, 61, pp. 283–296.
Silva-Corvalán, C. (1983) "Tense and aspect in oral Spanish narrative: Context and Meaning", *Language*, 50, 4, pp. 760–780.
Smith, C. (1983) "A speaker-based approach to aspect", *Linguistics and Philosophy*, 9, pp. 97–115.
Smith, C. (1997) *The parameter of aspect*, 2.ª ed., Dordrecht: Kluwer.
Torres Cacoullos, R. (2000) *Grammaticization, synchronic variation, and language contact: A study of Spanish progressive -ndo constructions*, Amsterdam: John Benjamins.
Vendler, Z. (1967) *Linguistics in philosophy*, Ithaca, NY: Cornell University Press.

Lecturas complementarias

Binnick, R. (1991) *Time and the verb: A guide to tense and aspect*, Nueva York: Oxford University Press.
Declerck, R. (1979) "Aspect and the bounded/unbounded (telic/atelic) distinction", *Linguistics*, 17, pp. 761–94.
Depraetere, I. (1995) "On the necessity of distinguishing between (un)boundedness and(a)telicity", *Linguistics and Philosophy*, 18, pp. 1–19.
Guitart, J. M. (1978) "Aspects of Spanish aspect: A new look at the preterite/imperfect distinction", *Contemporary Studies in Romance Linguistics*, pp. 132–168.
Kenny, A. (1963) *Action, emotion, and will*, Londres: Routledge & Kegan Paul.
King, L. (1992) *The semantic structure of Spanish*, Amsterdam: John Benjamins.
Marchand, H. (1955) "On a question of aspect: A comparison between the progressive forms in English and that in Italian and Spanish", *Studia Linguistica*, pp. 45–52.
Partee, B. (1984) "Nominal and temporal anaphora", *Linguistics and Philosophy*, 7, pp. 243–286.
Slabakova, R. (2002) "Recent research on the acquisition of aspect: An embarrassment of riches?", *Second Language Research*, 18, 2, pp. 172–188.
Squartini, M. (1998) *Verbal periphrases in Romance: Aspect, actionality and grammaticalization*, Berlín: Mouton de Guyter.
Verkuyl, H.J. (1972) "On the compositional nature of the aspects", *Foundations of Language*, Supplementary Series, 15, Dordrecht: Reidel.
Zagona, K. (2012) "Tense and aspect", en Hualde, J. I., Olarrea, A., y O'Rourke, E. (eds.) *The handbook of Hispanic linguistics*, Chichester, West Sussex: Blackwell Publishing Ltd., pp. 355–372.

Entradas relacionadas

aspecto léxico; perífrasis verbales; tiempo gramatical

ASPECTO LÉXICO

María J. Arche

1. Definición

"Aspecto léxico" es una forma tradicional de referirse a las propiedades de los eventos lingüísticos; esto es, a las propiedades de las estructuras de lengua que representan lo que sucede. La denominación de "léxico" se debe a que tales propiedades se han entendido como propiedades asociadas al contenido descrito en la raíz léxica típicamente de los verbos, dado que estos son la parte de la oración cuyo contenido enciclopédico describe situaciones —esto es, acciones o estados en los que los individuos participan— (v. gr., *correr*, *temer*). Otros nombres generalmente utilizados para hacer referencia a las propiedades de los eventos son "maneras de acción" (*aktionsarten* en alemán, donde se acuñó el término, *apud* Agrell 1908) o "aspecto de situación" (Smith 1991). Autores como Verkuyl (1993) hablan de "aspecto interno" para diferenciarlo del "aspecto externo" o "gramatical", el cual hace relación a contrastes del tipo imperfectivo/perfectivo, los cuales codifican las interpretaciones de si la situación está en marcha (v. gr., *Isabel estaba dibujando en la pared*) o ha terminado (v. gr., *Isabel dibujó en la pared*).

La caracterización de las situaciones en tanto su aspecto léxico se realiza en torno a dos parámetros fundamentales, ya identificados por Aristóteles en su obra *Metafísica*: la dinamicidad y lo que intuitivamente se ha llamado 'término' o 'necesidad de culminación', que puede tener una situación o no para substanciarse. Así, se distingue principalmente entre situaciones no dinámicas o estados, aquellas en el trascurso de las cuales no se produce ningún cambio mientras se dan (v. gr., *ser blanco*, *temer*) y situaciones dinámicas o eventos propiamente dichos. (Para aludir a todos los tipos de eventos, incluyendo los estados, el término a veces utilizado es el de eventualidad de Bach (1986)). Los eventos dinámicos se dividen en aquellos que no necesitan llegar a ningún término o meta concreta dentro del desarrollo de la acción para que se den, como *pasear*, *vagar o nadar*, y los que necesitan alcanzarlo para poder afirmar con veracidad que han ocurrido, como *caminar un kilómetro* o *esbozar un retrato*, donde debe alcanzarse el final del kilómetro o del retrato, respectivamente. El término 'aspecto léxico' sigue utilizándose como comodín para referirse al aspecto de la situación, si bien ya se entiende que las propiedades son producto de todo el predicado, del cual el verbo es tan solo un elemento.

2. Tipos de aspecto léxico y sus diagnósticos

Una de las primeras taxonomías de aspecto léxico es la de Artistóteles, la cual se extendió en la filosofía y lingüística del siglo XX a través de los trabajos de Ryle (1949), Kenny (1963), Vendler (1957) y Dowty (1979). Estos autores profundizaron en la caracterización de los tipos de eventualidades y propusieron pruebas lingüísticas para diagnosticar sus clases. La clasificación más influyente ha sido la cuatripartita propuesta por Vendler (1957), la cual divide las eventualidades en "actividades", "realizaciones" "logros" y "estados".

Actividades: eventos dinámicos sin punto final inherente.
Nadar, llorar, amasar el pan, acariciar a la niña.
Realizaciones: eventos dinámicos con un punto limitativo.
Nadar 200 metros, dibujar un castillo, leer un mensaje.
Logros: eventos instantáneos que denotan un punto culminante.
Llegar, reconocer a alguien, explotar, despertarse.
Estados: eventualidades no dinámicas.
Ser verde, estar enfermo, pertenecer, amar, detestar.

Un grueso importante de la bibliografía sobre aspecto léxico ha versado sobre las pruebas existentes para diagnosticar la pertenencia de los predicados a cada una de estas clases. Las pruebas suelen consistir en comprobar la compatibilidad del predicado con un adverbio o con una forma verbal que expresen explícitamente la propiedad que se está diagnosticando. A lo largo de los años numerosos autores han discutido el carácter diferenciador de muchas de ellas, y conviene señalar el carácter meramente indicativo que poseen en buena parte de los casos.

2.1. Dinamicidad: eventividad frente estatividad

La propiedad de dinamicidad se ha descrito en términos de cambio, y la presencia o ausencia de este se considera que separa eventos de estados. Las pruebas lingüísticas más utilizadas para discernir la presencia de cambio son la compatibilidad con la forma aspectual progresiva y la interpretación en tiempo presente.

Como se ve en los contrastes de (1), las actividades y las realizaciones producen oraciones bien formadas en combinación con el progresivo, (1a) y (1b), pero los logros y los estados no dan resultados uniformes. Mientras el logro de (1c) se considera una oración anómala, la oración del ejemplo (2) es buena. La compatibilidad de los logros con el progresivo se ha explicado tradicionalmente aludiendo a su naturaleza compleja, consistente en una fase que corresponde a una actividad más un punto culminante (v. gr., Pustejovsky 1988). Así, si *llegar* nombra el punto en el que la actividad de haberse encaminado a un sitio ha alcanzado la meta, el progresivo se supone que opera sobre la primera fase de actividad. En cuanto a los estados, aunque la generalización tradicionalmente aceptada es que no producen oraciones bien formadas en combinación con el progresivo (1d), varios autores, como Dowty (1979) o Kearns (1991), han señalado que no es completamente imposible, como muestran los ejemplos de (3).

(1) a. Isabel estaba pintando en la pared. (actividad)
b. Isabel estaba pintando un castillo. (realización)
c. *Isabel estaba estallando de alegría. (logro)
d. *Isabel estaba estando en Londres. (estado)

(2) Isabel estaba llegando (cuando llamé).

(3) a. Me está gustando mucho esta película.
b. Isabel está temiendo la llegada de las notas.

Otra prueba común para identificar eventividad frente estatividad es la basada en la observación de Kenny (1963) para el inglés, según la cual solo los estados obtienen en presente una interpretación no-habitual. Es decir, solo los estados se pueden referir (en presente) al momento del habla. En español los eventos en presente sí pueden referirse al momento del habla, aunque hay gran variación. Por ejemplo, podemos entrar en una habitación y preguntarle a alguien en presente *¿Qué haces?*, y se entenderá que nos referimos no a qué hace habitualmente sino a qué está haciendo en ese momento; a su vez, la persona aludida puede respondernos diciendo *Pinto lo que me queda del cuadro*. Sin embargo, en otras ocasiones esa interpretación no es sobresaliente y el uso del presente simple no resulta natural, como muestra (4), una conversación por el (manos libres del) móvil.

(4) A: ¿Qué haces?
B: #Aparco el coche.

Hechas estas salvedades, la generalización que surge es que para los eventos hay dos lecturas posibles, la que emerge de la referencia al momento del habla (más o menos natural según los casos) y la habitual, mientras que para los estados la lectura habitual no es posible y tan solo existe la que hace referencia al momento del habla. Los ejemplos de (5) ilustran este punto. Esto no significa que los estados no puedan ser interpretados de manera habitual, sino que, para obtener dicha interpretación, los estados necesitan de un adverbio explícito (v. gr., *normalmente*) que exprese habitualidad, tal y como se ve en (6).

(5) a. Isabel pinta en la pared. (actividad) (lectura habitual posible)
b. Isabel pinta un castillo. (realización) (lectura habitual posible)
c. Isabel llega (a tiempo). (logro) (lectura habitual posible)
d. Isabel está en Londres. (estado) (lectura habitual no posible)

(6) a. Isabel está en Londres normalmente.
b. Isabel teme la llegada de las notas normalmente.

Además de estas pruebas, de Miguel (1999) mostró que en español la compatibilidad con *parar de* separa actividades y realizaciones de estados y logros, como se recoge en (7). Hechos de este tipo son sintomáticos de las propiedades estativas atribuidas a los logros por Vendler (1957).

(7) a. Isabel paró de pintar en la pared. (actividad)
b. Isabel paró de pintar un castillo. (realización)
c. *Isabel paró de llegar. (logro)
d. *Isabel paró de estar en Londres. (estado)

2.2. Telicidad y atelicidad

La dicotomía que se articula en torno a la noción de meta (telos) o término, debida a Garey (1957), separa estados y actividades de realizaciones y logros en la taxonomía de Vendler (1957) y es, para muchos, la única codificada en la gramática (v. gr., Reinhart 2000). La telicidad se ha entendido como el producto de la presencia de ciertos rasgos diacríticos en el predicado (v. gr., [± límite]) o como relaciones mereológicas (Mourelatos 1978; Krifka 1998). Los predicados atélicos son predicados homogéneos donde una parte tiene las mismas propiedades del todo; los télicos son predicados heterogéneos, cuyas partes no tienen las mismas propiedades del todo. Los predicados son homogéneos cuando poseen, según Krifka, la doble propiedad de ser acumulativos y divisibles. Ambas propiedades aparecen definidas debajo.

(8) Acumulación
P es acumulativo si $\forall x, y[P(x) \,\&\, P(y) \rightarrow P(x \cup y)]$.
P es acumulativo si para todo x e y con la propiedad P, la unión de x e y también tiene la propiedad P.

(9) Divisibilidad
P es divisible si $\forall x[P(x) \rightarrow \exists y[P(y) \& y < x] \& \forall x, y[P(x) \& P(y) \& y < x \rightarrow P(x-y)]]$.
P es divisible si para todo x con la propiedad P, hay una parte propia y de x tal que también tiene la propiedad P, y para todo x e y con la propiedad P, si y es una parte propia de x, entonces la substracción de y de x también tiene la propiedad P.

Dado que solo los predicados heterogéneos pueden tener un telos, es común utilizar los términos télico y heterogéneo indistintamente, aunque la justificación subyacente a cada etiqueta sea distinta. De las pruebas normalmente utilizadas para diagnosticar la atelicidad mencionaré dos: la basada en las implicaciones de perfecto a partir del progresivo y la compatibilidad con el modificador temporal "*en*+x tiempo". La prueba de las implicaciones semánticas del progresivo (Kenny 1963) se suele aplicar a aquellos tipos de evento donde el progresivo resulta natural, por lo que se utiliza sobre todo para distinguir entre actividades y realizaciones. Tan solo de los predicados homogéneos (atélicos) se puede decir que el evento se ha producido en cualquier punto del desarrollo de la acción, ya que carecen de un punto final privilegiado. Así, es lícito establecer (10b) como una implicación de (10a) si la acción se interrumpe, mientras que (10d) no es una implicación lícita de (10c). Los predicados heterogéneos o télicos han ocurrido solo cuando ha sido alcanzado un punto en el que se pueda considerar que el evento se ha substanciado, pero no cuando están en marcha. En cuanto a los logros, aquellos casos en los que el progresivo resulta natural y se puede aplicar, demuestran comportarse claramente como télicos.

(10) a. Isabel está pintando en la pared.
b. Isabel ha pintado en la pared.
c. Isabel está pintando un castillo.
d. #Isabel ha pintado un castillo.
e. Isabel está llegando a la estación.
f. #Isabel ha llegado a la estación.

Respecto de la limitada, pero posible, compatibilidad de los estados con el progresivo, se puede ver que se comportan como atélicos: si se puede decir de Isabel en el momento del habla algo como (11a), será verdad decir (11b):

(11) a. Isabel está temiendo la llegada de las notas.
b. Isabel ha temido la llegada de las notas.

Otra prueba esencial para diagnosticar la telicidad es la compatibilidad del predicado en cuestión con complementos adverbiales "*en*+x tiempo". Estos modificadores refieren al periodo de tiempo que lleva completar un determinado evento, razón por la cual son compatibles sólo con eventualidades que impliquen un punto delimitador. Si no lo hay, la combinación no resulta posible. Los ejemplos siguientes muestran el contraste entre actividades (12a) y estados (12d) frente a realizaciones (12b) y logros (12d) a la luz de este modificador temporal:

(12) a. *Isabel pintó en la pared en diez minutos. (actividad)
b. Isabel pintó un castillo en diez minutos. (realización)
c. Isabel llegó en diez minutos. (logro)
d. *Isabel estuvo en Londres en diez minutos (estado)

La compatibilidad con "*en*+x tiempo" suele refrendarse en paralelo con la del modificador encabezado por *durante*. Comúnmente se ha esgrimido la anomalía de ejemplos como *Isabel construyó una casa durante 3 años* como prueba de que los complementos de *durante* no se combinan con realizaciones. Sin embargo, hay multitud de casos que dan resultados gramaticales tanto con "*en*+x tiempo" como con "*durante*+x tiempo", como se ve en (13b). La interpretación de (13b) es que Isabel estuvo pintando la pared durante diez minutos, posiblemente se cansó y la dejó sin terminar de pintar. Muchos verbos deadjetivales, como el ejemplificado en (14), producen oraciones gramaticales con ambos tipos de modificadores.

(13) a. Isabel pintó en la pared durante diez minutos. (actividad)
b. Isabel pintó la pared durante diez minutos. (realización)
c. *Isabel llegó durante diez minutos. (logro)
d. Isabel estuvo en Londres durante diez minutos. (estado)

(14) Isabel enfrió el biberón en un minuto/durante un minuto.

Por tanto, parece que los complementos "*durante*+x tiempo" dan combinaciones gramaticales con eventos atélicos siempre, pero pueden dar oraciones gramaticales y naturales con bastantes télicos. Esto nos lleva a pensar que o la combinación con complementos encabezados por *durante* no es prueba suficiente para demostrar la atelicidad (Arche 2014) o que estos predicados no son télicos forzosamente. La pregunta de fondo es si la telicidad es una propiedad variable en los predicados. Esta dualidad no se restringe al caso de los inergativos que pueden ser transitivos (v. gr., *caminar* frente a *caminar un kilómetro*); en el terreno de los verbos intransitivos la alternancia entre atelicidad y telicidad con un mismo verbo ha sido ampliamente observada (y su explicación ampliamente discutida) en numerosas lenguas, incluido el español. Por ejemplo, Mendikoetxea (1999) y Pérez-Jiménez y Moreno Quibén (2005) señalan que verbos de movimiento que se consideran generalmente atélicos como (15a) se comportan como télicos en otros casos, al añadírseles un complemento preposicional de meta (15b).

(15) a. La moneda rodó por el suelo (*en un momento).
b. La moneda rodó al lado de la puerta (en un momento).

Abordar la cuestión de la naturaleza variable del aspecto léxico pasa por establecer el lugar de la gramática y la manera precisa en que se codifican las características de las situaciones, lo cual constituye el objetivo último de la investigación acerca del aspecto interno. La sección siguiente presenta las líneas generales de las posturas principales al respecto.

3. La representación gramatical del aspecto léxico

El hecho de que no parezca que las propiedades aspectuales se puedan codificar directamente en la entrada léxica verbal, ya que el verbo es idéntico en todos los casos pero el comportamiento diferente, ha llevado a pensar que las distintas clases de aspecto léxico son resultado de una combinación de elementos más primitivos que pueden ser provistos por distintas piezas del grupo verbal. En este sentido, en líneas generales se pueden distinguir dos grandes líneas de estudio: una basada en las propiedades de la entrada léxica verbal y su descomposición en unidades semánticas menores (distintas versiones de la llamada Estructura Léxico Conceptual, ELC) y otra en la que las entradas verbales no se descomponen sino que se consideran unidades neutras que se fusionan a distintos esquemas sintácticos, siendo las categorías funcionales presentes en ellos los que deciden las propiedades interpretativas de los predicados.

Los trabajos dentro de la línea de la ELC se dividen, a su vez, en dos grupos. Para unos (e. g., Dowty 1979; Jackendoff 1990; Levin y Rappaport Hovav 1995, 2005; Hale y Keyser 1993; Mateu 2002; Morimoto 2001) los elementos primitivos son, fundamentalmente, los traídos de la lógica de predicados como "causa", "acción" o "cambio" y "cambio de estado", y otros como "manera", "trayectoria" o "límite". Para estos autores, son estos elementos de los predicados los que les permiten dar lugar a una u otra estructura eventiva. Para otros (v. gr., Ramchand 2008) las unidades menores tiene un carácter eventivo en sí mismas y corresponden a los subeventos que se pueden reconocer intuitivamente dentro de un evento dado como "causa", "proceso", "resultado". Los distintos tipos de unidades se consideran organizados jerárquicamente; para unos dicha descomposición se encuentra en el léxico (Levin y Rappaport Hovav 1995, 2005), mientras para otros son representaciones sintácticas y se rigen por principios sintácticos (Hale y Keyser 1993; Mateu 2002; Ramchand 2008). Dentro de esta línea se suele considerar que la variabilidad aspectual es una consecuencia de la variación posible con respecto a los elementos presentes en la estructura léxica del verbo. Por ejemplo, el primitivo de "cambio" se considera subyacente a la dinamicidad y el de "cambio de estado" o "resultado" o "meta" (v. gr., *caminar hasta el parque*) da lugar a telicidad. Recientemente, algunos autores (Hay *et al.* 1999; Kennedy y McNally 2005; Kennedy y Levin 2008) se han centrado en las propiedades de un tipo de cambio, el escalar, y argumentan que el tipo de escala proveniente del significado del verbo (o del adjetivo del que derivan) determina la (a)telicidad del verbo. Por ejemplo, según estos autores, los adjetivos que se consideran graduables de escala abierta (sin un valor máximo, v. gr., *largo*) producen predicados atélicos, mientras que los adjetivos de escala cerrada (con un valor máximo, v. gr., *lleno*) producen predicados télicos. Los ejemplos de debajo muestran la (a)telicidad haciendo uso de las pruebas introducidas arriba. Mientras que es lícito afirmar (16b) a partir de (16a), si se interrumpe la acción, parece dudoso en el caso de (17).

(16) a. María está alargando los pantalones.
     b. María ha alargado los pantalones.

(17) a. María está llenando el vaso.
     b. María ha llenado el vaso.

Sin embargo, ambos predicados producen oraciones igualmente bien formadas en combinación con complementos temporales indicadores de telicidad. Tanto el predicado derivado de un adjetivo de escala abierta (18) como el derivado de uno de escala cerrada (19) dan resultados buenos en combinación con el modificador "*en*+x tiempo". Incluso la implicación de perfecto a partir del progresivo parece posible (20):

(18) María alargó el pantalón en cinco minutos.

(19) María llenó el vaso en un momento.

(20) a. María estaba llenando el globo de aire.
b. María ha llenado el globo de aire.

A diferencia de los trabajos recién mencionados, la línea llamada neoconstruccionista (v. gr., Borer 2005; Ritter y Rosen 2000; Travis 2000) defiende que las propiedades aspectuales están determinadas en la estructura sintáctica en sí; más en concreto, a través de proyecciones funcionales a las que se fusionan las entradas (verbales) neutras y los argumentos. Para Borer, por ejemplo, uno de los núcleos fundamentales es el de naturaleza cuantitativa, que convierte los predicados, los cuales se consideran por defecto homogéneos (atélicos), en heterogéneos (télicos). Asimismo, vincular la distribución de argumentos con núcleos aspectuales hace que fenómenos sintácticos como la inergatividad y la inacusatividad resulten derivados de propiedades semánticas aspectuales. En este sentido es necesario mencionar las correlaciones de Dowty (1991) entre inergavitidad y atelicidad e inacusatividad y telicidad. En español estas correlaciones han sido discutidas pero parecen darse también. Pérez-Jiménez y Moreno Quibén (2005) defienden que los verbos de movimiento inergativos son siempre atélicos. Por ejemplo, el predicado *rodar por el suelo* es de naturaleza atélica, como demuestra la implicación de perfecto derivada del progresivo en (21), y de naturaleza inergativa, como demuestra su imposibilidad de aparición en cláusulas absolutas (22a), lo cual, según Mendikoetxea (1999) y Pérez-Jiménez (2008), en español es posible solo con los verbos transitivos (22b) y los intransitivos inacusativos (22c).

(21) a. La moneda estaba rodando por el suelo.
b. La moneda ha rodado por el suelo.

(22) a. *Una vez rodada la moneda por el suelo, ...
b. Una vez enjuagada la camisa, ya se puede tender.
c. Una vez llegado el tren, todos respiraron tranquilos.

4. El aspecto léxico y la interpretación argumental

Existen correlaciones entre los tipos de eventualidades y la interpretación posible de los argumentos. Por ejemplo, la interpretación agentiva parece restringida a cierto tipo de predicados tan solo, en concreto a las actividades y a las realizaciones; los sujetos de logros y estados no se interpretan como agentes. Este hecho aparece comprobado en los ejemplos de (23), donde se aprecia la diferente viabilidad de los predicados en combinación con adverbios tipo *deliberadamente*, los cuales, al hacer explícita alusión a la voluntad, precisan de eventos dinámicos que puedan llevarse a cabo. Debido a estas correlaciones, la interpretación agentiva del sujeto se utiliza a veces como prueba subsidiaria para discernir propiedades de aspecto léxico.

(23) a. Isabel ha empujado el carro deliberadamente. (actividad)
b. Isabel ha corrido el maratón deliberadamente. (realización)
c. *Isabel ha encontrado la aguja deliberadamente. (logro)
d. *Isabel ha detestado la charla deliberadamente. (estado)

Asimismo, los contrastes en los que se observa que la presencia del objeto y sus propiedades repercuten en el tipo de situación aspectual, como se muestra en (24), llevaron a autores como Tenny (1994) y van Voorst (1988) a proponer que la interpretación de los argumentos está filtrada por propiedades aspectuales y que los verbos no asignan papeles temáticos entendidos de manera tradicional (v. gr., agente, tema) sino papeles eventivos, donde el agente se concibe como originador del evento y el tema como delimitador del evento, por ejemplo. Por este motivo, para estos autores, así como para Verkuyl (1993), las propiedades de los grupos nominales de objeto pueden originar variación en las propiedades aspectuales. La oración de (24b), con un nominal cuantificado, contrasta en telicidad con la de (24c), con un plural desnudo. En suma, la telicidad está codificada, para estos autores, en las propiedades de los argumentos.

(24) a. Isabel pintó en la pared (*en dos minutos).
b. Isabel pintó un castillo en la pared en dos minutos.
c. Isabel pintó castillos en la pared (??en dos minutos).

Para autores como Borer (2005) o Ritter y Rosen (2000), la (a)telicidad no se deriva directamente de la naturaleza cuantificada o no de los argumentos, sino de la posición sintáctica que ocupan. Dentro de un marco sintáctico neoconstruccionista, estos autores defienden que los argumentos se fusionan en proyecciones funcionales, las cuales son de naturaleza aspectual. La interpretación de los argumentos se deriva, por tanto, de la posición sintáctica en la que aparecen. Si se fusionan en la proyección cuantitativa que determina la telicidad (AspQ), por ejemplo, en el marco de Borer, el argumento se interpretará como el equivalente al delimitador del evento. Así, es la proyección funcional en sí la que produce ciertas propiedades aspectuales y una determinada interpretación de los argumentos, no el verbo el que asigna papeles temáticos o eventivos. La desvinculación entre las propiedades de los argumentos (v. gr., si son cuantificados o no) y la (a)telicidad permite captar la atelicidad de estructuras con objetos cuantificados (v. gr., **empujar tres carros en dos minutos*). Además de en la interpretación argumental, las proyecciones funcionales aspectuales están también involucradas en los mecanismos de caso, unificándose así los fenómenos sintácticos con los semántico-aspectuales (Rosen 1999; Ritter y Rosen 2000; Borer 2005).

En los marcos de ELC, la distribución y las restricciones de los papeles eventivos se explican como consecuencia de los elementos derivables de la entrada léxica. Por ejemplo, el papel de agente o iniciador estará disponible en presencia del primitivo "causa".

5. Aspecto léxico y aspecto gramatical

La relación entre el aspecto léxico y el otro nivel aspectual tradicionalmente reconocido, el aspecto gramatical (también llamado aspecto de punto de vista o aspecto externo) ha sido abordado de manera recurrente en la bibliografía, ya que se ha considerado que existe cierta solidaridad entre la información que aportan ambos niveles. El aspecto gramatical confiere información sobre si la situación está terminada (perfectivo) o en marcha (progresivo, imperfectivo), y la opinión está dividida acerca de la vinculación entre estas nociones y la de culminación (o su ausencia), pertenecientes al ámbito del aspecto léxico. Para algunos (Mourelatos 1978; Hinrichs 1986; Kamp y Rohrer 1983), el aspecto gramatical es la marca morfológica de aspecto léxico, y han establecido correspondencias entre el imperfectivo y las eventualidades atélicas (v. gr., estados) y entre el perfectivo y las télicas. Dentro de esta línea de pensamiento, de Swart (1998) defendió que el aspecto gramatical puede desencadenar mecanismos de coacción que alteren las propiedades de aspecto léxico. Por ejemplo, según esta autora, los predicados télicos pueden convertirse en estativos en virtud de su combinación con el aspecto iterativo o habitual. Una de las pruebas de la coacción en estados que esgrime de Swart es la posible combinación de un evento heterogéneo como *tocar la sonata* con un modificador encabezado por *durante*. Sin embargo, como hemos visto arriba, esta prueba es problemática en sí misma.

(25) Isabel tocó la sonata durante ocho horas.

Para otros autores (Verkuyl 1993; Bertinetto 2001; Arche 2006, 2014) los dos niveles aspectuales son independientes y tienen sus propias unidades de análisis. En español en general no se observan restricciones entre la (a)telicidad de los predicados y la (im)perfectividad, pudiendo aparecer cualquier predicado en cualquier forma de aspecto gramatical con la salvedad del progresivo y los estados, como hemos indicado arriba. Por otro lado, es interesante señalar que la propiedad de heterogeneidad de los predicados es independiente de la perfectividad. El ejemplo de (25) muestra la viabilidad del complemento "*en*+x tiempo", indicativo de telicidad, con una forma aspectual distinta del perfectivo, en concreto, el imperfectivo de tipo continuo-disposicional.

(25) Antonio escribe un artículo en una tarde.

Bibliografía

Agrell, S. (1908) "Aspektänderung und Aktionsatbildung beim polnishen Zeitworte: Ein Beitrag zum Studium der indogermanischen Präverbia und ihrer Bedeutungsfunktionen", *Lunds Universitets Arsskrift*, I, iv.2.
Arche, M. J. (2014) "The construction of viewpoint aspect: The imperfective revisited", *Natural Language and Linguistic Theory*, 32, pp. 791–831.
Arche, M. J. (2006) *Individuals in time: Tense, aspect, and the individual/stage distinction*, Amsterdam: John Benjamins.
Bach, E. (1986) "The algebra of events", *Linguistics and Philosophy*, 9, pp. 5–16.
Bertinetto, P. M. (2001) "On a frequent misunderstanding in the temporal – aspectual domain: The 'perfective – telic' confusion", en Cecchetto, C., Chierchia, G. y Guasti, M. T. (eds.) *Semantic interfaces: Reference, anaphora and aspect*. Stanford: CSLI, pp. 177–210.
Borer, H. (2005) *Structuring Sense*, Oxford y Nueva York: Oxford University Press.
Bosque, I. (1990) *Las categorías gramaticales*, Madrid: Síntesis.
Dowty, D. (1991) "Thematic proto-roles and argument selection", *Language*, 67, pp. 547–619.
Dowty, D. (1979) *Word meaning and Montague grammar*, Dordrecht: Reidel.
Garey, H. B. (1957) "Verbal aspects in French", *Language*, 33, pp. 91–110.
Grimshaw, J. (1990) *Argument structure*, Cambridge, MA: The MIT Press.
Hale, K. y Keyser, S. J. (1993) "On argument structure and the lexical expression of syntactic relations", en Hale K. y. Keyser, S. J. (eds.) *The view from Building 20*, Cambridge, MA: The MIT Press, pp. 53–109.
Hay, J., Kennedy, C. y Levin, B. (1999) "Scalar structure underlies telicity in 'degree achievements", en Mathews, T. y Strolovitch, D. (eds.) *Proceedings of Semantics and Linguistic Theory*, IX, pp. 127–144.
Hinrichs, E. (1986) "Temporal anaphora and discourses of English", *Linguistics and Philosophy*, 9, pp. 63–82.

Jackendoff, R. (1990) *Semantic Structures*, Cambridge, MA: The MIT Press.
Kamp, H. y Rohrer, C. (1983) "Tense in texts", en Bäerle, R., Schwarze, C. y von Stechow, A. (eds.), *Meaning, use, and interpretation of language*, Berlín: De Gruyter, pp. 250–269.
Kearns, K. (1991) *The semantics of the English progressive*, tesis doctoral, MIT, Cambridge.
Kennedy, C. y Levin, B. (2008) "Measure of change: The adjectival core of degree achievements", en McNally, L. y Kennedy, C. (eds.) *Adjectives and adverbs: Syntax, semantics and discourse*, Oxford: Oxford University Press, pp. 156–182.
Kennedy, C. y McNally, L. (2005) "Scale structure, degree modification, and the semantics of gradable predicates", *Language*, 81, pp. 345–381.
Kenny, A. (1963) *Action, emotion and will*, Londres: Routledge & Kegan Paul.
Krifka, M. (1998) "The origins of telicity", en Rothstein, S. (ed.), *Events and grammar*, Dordrecht: Kluwer, pp. 197–235.
Levin, B. y Rappaport-Hovav, M. (1995) *Unaccusativity. At the syntax-lexical semantics interface*, Cambridge, MA: The MIT Press.
Levin, B. y Rappaport-Hovav, M. (2005) *Argument realization*, Cambridge: Cambridge University Press.
Mateu, J. (2002) *Argument structure. Relational construal at the syntax-semantics interface*, tesis doctoral, Bellaterra, Barcelona: Universidad Autónoma de Barcelona. Accesible en http://www.tesisenxarxa.net/TDX-1021103-173806/.
Mendikoetxea, A. (1999) "Construcciones inacusativas y pasivas", en Bosque, I. y Demonte, V. (eds.) *Gramática descriptiva de la lengua española*, Madrid: Espasa, pp. 1575–1629.
Miguel, E. de (1999) "El aspecto léxico", en Bosque, I. y Demonte, V. (eds.) *Gramática descriptiva de la lengua española*, Madrid: Espasa, pp. 2977–3061.
Morimoto, Y. (2001) *Los verbos de movimiento*, Madrid: Visor Libros.
Mourelatos, A. P. (1978) "Events, processes and states", *Linguistic and Philosophy*, 2, pp. 415–434.
Pérez-Jiménez, I. (2008) *Las cláusulas absolutas*, Madrid: Visor Libros.
Pérez-Jiménez, I. y Moreno-Quibén, N. (2005) "¿Son todos los verbos inacusativos aspectualmente télicos en español? El papel de la telicidad en la interficie léxico-sintaxis", en *Actas del VI Congreso de Lingüística General*, Madrid: Arco Libros, pp. 508–520.
Pustejovsky, J. (1988) "The geometry of events", en Tenny, C. (ed.), *Studies in generative approaches to aspect. Lexicon project Working Papers*, 24, Cambridge, MA: The MIT Press, pp. 19–39.
Ramchand, G. (2008) *Verb meaning and the lexicon: A first-phase syntax*. Cambridge: Cambridge Univeristy Press.
Reinhart, T. (2000) "The theta system: Syntactic realization of verbal concepts", *UiL OTS Working papers*, University of Utrecht.
Ritter, E. y Rosen, S. (2000) "Event structure and ergativity", en Tenny, C. y Pustejovsky, J. (eds.), *Events as grammatical objects*, Stanford, California: CSLI, pp. 187–238.
Rosen, S. T. (1999) "The syntactic representation of linguistic events: State of the Article", *GLOT International*, 4, 2, pp. 3–11.
Ryle, G. (1949) *The concept of mind*, Londres: Barnes and Noble.
Smith, C. 1991. *The parameter of aspect*, Dordrecht: Kluwer.
Swart, H. de (1998) "Aspect Shift and Coercion", *Natural Language and Linguistic Theory*, 16, pp. 347–385.
Tenny, C. (1994) *Aspectual roles and the syntax-semantics interface*, Dordrecht: Kluwer.
Travis, L. (2000) "Event structure in syntax", en Tenny, C. y Pustejovsky, J. (eds.) *Events as grammatical objects*, Stanford, California: CSLI, pp. 145–185.
Vendler, Z. (1957) "Verbs and times", *The Philosophical Review*, 66, pp. 143–160.
Verkuyl, H. (1993) *A theory of aspectuality: The interaction between temporal and atemporal structure,* Cambridge: Cambridge University Press.
Voorst, J. G. van (1988) *Event structure*, Amsterdam: John Benjamins.

Lecturas complementarias

Beavers, J. (2011) "On affectedness", *Natural Language and Linguistic Theory*, 29, 2, pp. 335–370.
Caudal, P. y Nicolas, D. (2005) "Types of degrees and types of degree structures", en Maienborn, C. y Wallstein-Leisten, A. (eds.), *Event arguments: Foundations and applications*, Tubinga: Niemeyer.

Davidson, D. (1967) "The individuation of events", en Reschler, N. (ed.), *Essays in Honor of C.G. Hempel*, Dordercht: Reidel, pp. 216–234.
Duguine, M. S. Huidobro y Madariaga, N. (eds.) (2010) *Argument structure and syntactic relations*. Amsterdam: John Benjamis.
Filip, H. y Rothstein, S. (2005) "Telicity as a semantic parameter", en Lavine, J. *et al.* (eds.) *Formal approaches to Slavic Linguistics (FASL) XIV. The Princeton University Meeting*, Ann Arbor: University of Michigan Publications, pp. 139–159.
Filip, H. (2000) "The quantization puzzle", en Tenny, C. y Pustejovsky, J. (eds.), *Events as grammatical objects*, Stanford, California: CSLI, pp. 39–96.
van Hout, A. (2008) "Acquiring telicity crosslinguistically: on the acquisition of telicity entailments associated with transitivity", en Boweerman, M. y Brown, P. (eds.) *Crosslinguistic perspectives on argument structures: Implications for learnability*, Hillsdale: Erlbaum, pp. 255–278.
MacDonald, J. (2008) *The syntactic nature of inner aspect. A minimalist perspective*, Amsterdam: John Benjamins.
Parsons, T. (1990) *Events in the semantics of English*, Cambridge, MA: The MIT Press.
Piñón, C. (2000) "Happening gradually", *Proceedings of the Berkeley Linguistic Society*, 26: Berkeley: University of California.
Piñón, C. (1995) *A mereology for aspectuality*, tesis doctoral, Stanford University.
Taylor, B. (1977) "Tense and continuity", *Linguistics and Philosophy*, 1, pp. 199–220.
Zwarts, J. (2005) "Prepositional aspect and the algebra of paths", *Linguistics and Philosophy* 28, 6, pp. 739–779.

Entradas relacionadas

aspecto gramatical; sintagma verbal; variación sintáctica

AUMENTATIVOS Y DIMINUTIVOS

Josefa Martín García

1. Consideraciones generales

Los conceptos diminutivo y aumentativo aluden a las palabras formadas por medio de un sufijo diminutivo o aumentativo, el cual confiere a la palabra derivada un significado apreciativo relacionado con la aminoración o la intensificación del significado de la base (*perrito/ perrazo*). Los sufijos diminutivos y aumentativos aparecen tratados en las gramáticas y manuales de morfología dentro del apartado dedicado a la derivación apreciativa, dado que tales elementos morfológicos pueden aportar a la palabra derivada distintos contenidos determinados por la apreciación o valoración que el hablante hace de una realidad. Así, la consideración de *librito* como 'libro pequeño' depende de la categorización que el hablante haga de la clase *libro* en una situación comunicativa concreta. Además, con el diminutivo *librito* se puede expresar afecto, ironía, ofensa, entre otras muchas posibilidades.

La formación de aumentativos y diminutivos está marcada por la variación geográfica existente en la selección tanto de los sufijos como de sus variantes alomórficas. Así, frente a *-ito*, con gran productividad en todo el ámbito hispanohablante, hay algunos sufijos con una productividad limitada a determinadas zonas: por ejemplo, *-ico* se utiliza más en la parte nororiental y meridional de España; *-ín* se prefiere en la zona noroccidental de la Península Ibérica, *-ingo* se extiende en las zonas andinas, entre otros casos (NGRALE § 9.1 j–l). Por otro lado, en los diminutivos es posible encontrar palabras formadas con distintas variantes en el español de América y en el español europeo (*pancito/panecito*).

En los apartados siguientes, se analizan las características de la formación de diminutivos y aumentativos en español (§ 2) y las características semánticas que presentan las formaciones con estos sufijos (§ 3).

2. Características morfológicas

2.1. Proceso morfológico

La formación de diminutivos y aumentativos es considerada como un proceso derivativo de sufijación; no obstante, suele diferenciarse entre la sufijación apreciativa (diminutivos y aumentativos) y la sufijación no apreciativa (el resto de los sufijos), teniendo en cuenta las siguientes características:

a) Los sufijos apreciativos no están marcados con una categoría gramatical, por lo cual mantienen la categoría de la base a la que se adjuntan (*crema*$_{N}$ > *cremita*$_{N}$; *triste*$_{Adj}$ > *tristón*$_{Adj}$; *cerca*$_{Adv}$ > *cerquita*$_{Adv}$), frente a los sufijos no apreciativos, que imponen su categoría y, en consecuencia, pueden modificar la categoría gramatical de la base (*crema*$_{N}$ > *cremoso*$_{Adj}$; *triste*$_{Adj}$ > *tristeza*$_{N}$; *cerca*$_{Adv}$ > *cercano*$_{Adj}$), aunque no siempre sea así, como en los sufijos colectivos (*árbol*$_{N}$ > *arboleda*$_{N}$). Tal caracterización impide considerar como aumentativos y diminutivos ciertos sufijos con un contenido despectivo como *-udo* (*barrigudo*), *-esco* (*oficinesco*), *-ero* (*dominguero*) o con significados de abundancia como *-oso* (*caldoso*), dado que tales sufijos fuerzan un cambio en la categoría de la base. Tampoco se consideran aumentativos los sustantivos y adjetivos deverbales formados con el sufijo *-ón* (*empujón*, *llorón*) ni los adjetivos denominales (*barrigón* = 'que tiene la barriga grande'), puesto que en tales procesos opera también un cambio de categoría.

b) Los sufijos apreciativos mantienen el significado de la base, añadiendo solo contenidos valorativos o afectivos que no inciden en su significado intensional (§ 3). Este hecho contrasta con el comportamiento de los sufijos no apreciativos, en cuanto que tales elementos morfológicos siempre dan lugar a una forma con un significado diferente de lo denotado por la base, incluso en los sufijos derivativos que no cambian la categoría gramatical (*cuchara* > *cucharada*).

   El modo de significar de los aumentativos y diminutivos permite excluir de este proceso determinadas formaciones como los sustantivos en *-azo* que denotan golpe (*codazo*, *botellazo*) o acontecimientos bruscos (*patinazo*, *frenazo*). Quedan descartadas, asimismo, las formaciones sufijadas que, conservando la categoría de la base, denotan intensificación (*feoso* = 'muy feo') o desprecio (*infantiloide* = 'que tiene características propias de los niños'), pero carecen del contenido valorativo presente en las palabras con aumentativos y diminutivos (*feote*, *infantilón*). Más compleja resulta la relación entre los sufijos apreciativos y los prefijos valorativos y cuantificativos (*super-*, *mega-*, *mini-*, *re-*...). Como los apreciativos, tales prefijos no cambian la categoría gramatical y pueden graduar o intensificar el contenido de la base; a diferencia de los sufijos apreciativos, los prefijos aportan contenidos denotativos además de la valoración y apreciación: por ejemplo, una *minifalda* es un tipo de falda que se caracteriza por ser corta; una *faldita*, en cambio, es una falda considerada pequeña en algún sentido, sin necesidad de que sea corta (*una faldita larga*). Las formaciones con sufijos apreciativos carecen de un significado denotativo, el cual solo se manifiesta en las palabras lexicalizadas una vez que desaparece el contenido connotativo (*bolsillo*, *mantón*) (§ 3).

c) Con sustantivos, los diminutivos conservan el género del sustantivo originario porque carecen de información flexiva (masculino: *librito*, *camioncito*, *muchachote*; femenino: *mesita*, *cancioncita*, *muchachota*), a diferencia de los sufijos nominales, los cuales confieren a la palabra resultante el género del sufijo (*maíz*$_{masc}$ > *maizal*$_{fem}$; *arena*$_{fem}$ > *arenal*$_{fem}$). En algunos casos, los sufijos diminutivos permiten recuperar la marca de palabra regular (*mano*$_{fem}$ > *manita*$_{fem}$), pero no en otros (*problema*$_{masc}$ > *problemita*$_{masc}$) (§ 2.2). Los sufijos aumentativos no siempre se atienen a esta constante, como el sufijo *-ón*, que da lugar a sustantivos masculinos aunque la base sea femenina: *sorpresón* (vs. *sorpresita*), *novelón* (vs. *novelita*). El sufijo *-azo*, por su parte, puede crear sustantivos masculinos a partir de bases femeninas (*bromazo*, *gripazo*) o sustantivos que conservan el género de la base (*bocaza*, *madraza*/*ojazo*, *padrazo*).

d) Los procesos derivativos presentan alternancias de diptongación en las vocales medias según la naturaleza tónica o átona de la sílaba (*cuerpo* > *corporal*, *diente* > *dental*). Los sufijos aumentativos y diminutivos, por el contrario, mantienen en estos casos el diptongo de la base, aunque la sílaba sea átona (*cuerpecito, cuerpazo, dientecito, dientazo*), si bien es posible encontrar alguna excepción (*viejito, viejete/vejete*).

e) A diferencia de los sufijos derivativos, los cuales no pueden reduplicarse (**nadador-dor*) ni pueden aparecer sufijos de la misma categoría semántica en derivaciones sucesivas (**planteamiento-ción*), los sufijos aumentativos y diminutivos pueden hacerse recursivos (*chiquitito*) y combinarse de distintos modos: diminutivo-diminutivo (*chiquitillo, chiquitín*), diminutivo-aumentativo (*guapetón, pobretón*), aumentativo-aumentativo (*cobardonazo*), despectivo-aumentativo (*vozarrón, vejarrón*), despectivo-despectivo (*tiparraco*) (Lang 1990). Ello es debido a que los sufijos apreciativos no crean palabras con un significado nuevo, por lo cual es posible la recursividad del sufijo para marcar mayor intensidad del contenido de la base, como ocurre en algunas variedades del español (*grandotote, lejotote, amigazazo*).

f) Los sufijos diminutivos y aumentativos son posteriores a los sufijos derivativos (*sombrerito, jugadorcito*); solo pueden ser seguidos por el sufijo *-mente* (*baratitamente, limpitamente*) y el sufijo *-ísimo* (*baratitísimo, limpitísimo*), aunque son procesos poco productivos.

Teniendo en cuenta las características precedentes, es posible considerar como diminutivos, entre otros posibles, los sufijos *-ete* (*discursete, guapete*), *-ico* (*bolsico, malico*), *-illo* (*calorcillo, dificililllo*), *-ín* (*besín, guapín*), *-ito* (*librito, baratito*), *-uelo* (*mozuelo, pequeñuelo*). Son aumentativos los sufijos *-azo* (*jefazo, buenazo*), *-ón* (*memorión, inocentón*), *-ote* (*amigote, grandote*), entre otros.

Además de los sufijos mencionados, existe un grupo de sufijos, más numeroso pero con una productividad más reducida, que indican una simple apreciación, generalmente negativa, del contenido de la base: entre otros, *-acho* (*poblacho*), *-aco* (*libraco*), *-ajo* (*hierbajo, pequeñajo*), *-arro* (*trozarro, pequeñarro*), *-ejo* (*bichejo, malejo*), *-orro* (*vinorro, anchorro*), *-ucho* (*animalucho, debilucho*), *-ujo* (*papelujo, pequeñujo*).

2.2. *Naturaleza morfológica de los diminutivos*

Los sufijos diminutivos presentan distintas formas determinadas por la configuración fonológica de la base (número de sílabas, consonantes finales, diptongos, posición del acento). La forma *-ito/-a* se prefiere en las palabras terminadas en vocal *-o*, *-a* y en las palabras de más de dos sílabas en *-e* (*gatito, tacita, chocolatito*); en estos casos, la vocal final de la base se elide con la adjunción del sufijo (*gat(o)+ito*). También llevan *-ito* las palabras con las consonantes finales *-l* (*arbolito*), *-z* (*naricita*), *-s* (*compasito*) o *-j* (*relojito*), y en palabras con diptongo final —elidido con la adjunción del sufijo (*iglesita*)— o hiato (*rociito*), manteniendo la vocal tónica. La forma *-cito/-a* se adjunta preferentemente a bases con las consonantes finales *-n* (*camioncito*), *-r* (*calorcito*) y con vocal final tónica (*sofacito, purecito, ahicito*). La variante *-ecito/-a* aparece con los monosílabos (*solecito, panecito, crucecita*), con las palabras bisílabas acabadas en *-e* (*cochecito*) y con palabras con diptongo en la penúltima sílaba (*tiempecito*). La forma *-cecito* se da en muy pocas formaciones y alterna con la variante *-cito* (*piececito/piecito, tececito/tecito*). La variación formal mencionada se produce también con otros sufijos diminutivos: *bes-ico, camión-cico, sol-ecico*; *pajar-illo, canción-cilla, pec-ecillo*; *libr-uelo, doctor-zuelo, pec-ezuelo*; *discurs-ete, joven-cete*. Los aumentativos, por el contrario, carecen de variantes: *cochazo, calorazo, solazo*.

Las tendencias generales descritas presentan cierta variación y dan lugar a dobletes. Así, las palabras bisílabas terminadas en vocal *-o* o *-a* con diptongo en la sílaba tónica forman generalmente el diminutivo en *-ito* en el español de América (*tiempito, cuellito*) y en *-ecito* en el español peninsular (*tiempecito, cuellecito*). Lo mismo ocurre con los monosílabos, que tienden a adoptar la variante *-cito* en gran parte del español americano (*solcito, florcita*) y la forma *-ecito* en el español peninsular (*solecito, florecita*). En otros casos, la distribución de las formas es más difícil de fijar dado que aparecen tanto en el español peninsular como en el español americano (*bebecito/bebito, papacito/papaíto*).

La existencia de variantes en los sufijos diminutivos plantea varios problemas, cuya solución condiciona la descripción morfológica del proceso. En primer lugar, las variantes pueden considerarse como alomorfos o bien como el resultado de añadir el interfijo *-c-* o *-ec-* a la forma básica *-ito*. Ambas posibilidades dan lugar a estructuras morfológicas distintas: por ejemplo, para el sustantivo *camioncito*, la segmentación será *camion-cito*, si se asume que la terminación *-cito* es un alomorfo del sufijo *-ito*, o *camion-c-ito*, si *-c-* es un interfijo que se inserta entre la base y el sufijo. La primera solución ha sido defendida en la tradición gramatical y en trabajos más recientes (Lang 1990; Ambadiang 1997; NGRALE, entre otros), fundamentada en el hecho de que la misma variación alomórfica se encuentra en distintos sufijos diminutivos. En el segundo análisis (González Ollé 1962; Lázaro Mora 1999, entre otros), se asume que la existencia de interfijos permite mantener el esquema acentual de la base.

En segundo lugar, la distribución de las variantes ha sido explicada desde la fonología (por ejemplo, Jaeggli 1980) y desde la morfología (Colina 2003; Stephenson 2004; Ambadiang y Camus 2012, entre otros). Los análisis fonológicos privilegian una variante básica a partir de la cual se obtienen otras variantes mediante reglas de inserción y borrado. En las propuestas morfológicas, por el contrario, las variantes son seleccionadas por las bases según su configuración fonológica y morfológica. En estos análisis, se asume la importancia de los factores morfológicos, como las clases morfológicas de sustantivos y los elementos terminales, junto con los condicionamientos fonológicos.

En tercer lugar, algunas formaciones como *azuquítar*, *lejitos* o *planetita* presentan el diminutivo *-it-* insertado en la raíz: *azúcar* > *azuqu-it-ar*. En el caso de *planetita*, no se reproduce el género de la base como ocurre en otros sustantivos (*lechecita*$_{fem}$, *cochecito*$_{masc}$), sino que se impone la marca final de palabra (*planeta*$_{masc}$ > *planet-it-a*$_{masc}$). El mismo hecho se observa en distintas formaciones: nombres propios (*Milagritos, Osquítar*), adverbios (*lejitos, cerquita*), plurales inherentes (*gafitas*) o compuestos (*cortauñitas*). Para algunos autores (Jaeggli 1980), en tales formaciones el constituyente *-it-* opera como un infijo, por lo que habrá dos unidades en la formación de diminutivos: el infijo *-it-* y el sufijo *-(c)ito*. En otras propuestas (Ambadiang 1997), se asume la existencia de un único sufijo *-ito* con alomorfos, que se une a palabras o raíces y toma el género canónico de la base sustantiva (*librito, mesita, cochecito, lechecita*) o bien copia el final de la base (*lej(os)* > *lejit-os, planet(a)* > *planetit-a*).

2.3. Restricciones

Los sufijos diminutivos y aumentativos son categorialmente neutros, lo que les permite una mayor libertad en la selección de las bases. Pueden unirse a distintas categorías gramaticales: sustantivos (*librillo, padrazo*), adjetivos (*baratito, tristón*), adverbios (*cerquita, lejazo*), participios (*dormidito, colocadito*), gerundios (*callandito, tirandillo*), pronombres (*yocito, ellita*), cuantificadores (*todito, muchito*) o posesivos (*miito, suyito*). No obstante, la selección categorial de la base no es igual en todas las variedades del español y, a diferencia de los diminutivos, los aumentativos presentan más restricciones de combinación, pues solo se unen a las tres primeras categorías señaladas, las únicas productivas en este proceso.

En el caso de los participios, solo admiten el diminutivo aquellos que pierden sus propiedades verbales y funcionan como adjetivos: no se dan en los tiempos compuestos (**Han colocadito los libros*) ni en la pasiva (**Los libros han sido colocaditos por Juan*), pero algunos pueden aparecer con adverbios aspectuales que incidan en el estado resultante denotado por el participio adjetival (*Los libros están {recién/completamente} colocaditos*). Los gerundios con diminutivo son muy poco productivos y la mayoría presenta un significado lexicalizado como adverbio: *Llegó corriendito en coche*. Los pronombres, cuantificadores y posesivos con diminutivos están restringidos al español americano.

Los sufijos tratados son muy productivos con sustantivos comunes y con sustantivos de distinta naturaleza: nombres propios (*Anita*, *Marianico*, *Angelón*), nombres derivados (*empujoncito*, *jugadorcito*), nombres compuestos de varias clases (*altavocito*, *sacacorchitos*, *patita de gallo*). A pesar de la alta productividad con sustantivos, existen ciertas restricciones semánticas. Por ejemplo, los nombres que denotan nociones abstractas (*oscuridad*, *blancura*, *justicia*) suelen resistirse a llevar sufijos diminutivos y aumentativos (Fernández Ramírez 1962; Lang 1990; Lázaro Mora 1999); no obstante, son posibles algunas formaciones construidas sobre acepciones de nombre concreto (*tonteriitas* = 'dichos o hechos tontos', *amorcito* = 'persona'). Tampoco admiten dichos sufijos los nombres deverbales de acción (**la decoracioncita duró varios días*), pero sí los que indican objeto (*poner una decoracioncita*). Los nombres no contables pueden llevar diminutivos y aumentativos (*tiempecito*, *calorazo*, *lechecita*), si bien son los contables los más productivos con estos sufijos.

En cuanto a los adjetivos, quedan descartados de este proceso de sufijación los relacionales (*mental*, *cárnico*). Los gentilicios admiten los sufijos diminutivos y aumentativos en su lectura como sustantivos de persona (*un españolito*). Los adjetivos calificativos son muy productivos con estos sufijos, incluso aquellos, como los elativos, que no suelen intensificarse al expresar grados extremos (**muy inmenso/inmensito*), o los adjetivos comparativos (**muy mejor/mejorcito*). En estos casos, el sufijo no supone una gradación de la cualidad, sino que aporta a la formación un contenido afectivo. Los adjetivos deverbales en *-ble* no suelen admitir los diminutivos, aunque haya alguna excepción (*agradabilito*/*agradablito*, *amabilito*/*amablito*); el rechazo de tales sufijos puede deberse a su configuración morfológica, como pone de relieve la vacilación en las formas existentes, dado que los adjetivos en *-ble* son semánticamente compatibles con el diminutivo.

Los adverbios que denotan una gradación admiten la sufijación con diminutivos y aumentativos (*cerquita*, *lejote*, *despacito*). Se descartan de este proceso los adverbios en *-mente*, aunque alguno pueda intensificarse (*muy emocionadamente*). Ello es debido a que *-mente* es un sufijo de cierre, por lo que los adverbios así formados no pueden constituirse como base de nuevas formaciones. Algunos adverbios deícticos se combinan con sufijos diminutivos, sobre todo en el español americano (*ahorita*, *yaíto*), para intensificar el contenido deíctico (*ahorita* = 'ahora mismo'). También en el español de América, algunos adverbios no graduables aparecen con los diminutivos para expresar distintos contenidos afectivos (*jamasito*, *apenitas*, *despuesito*).

3. Características semánticas

Los sufijos diminutivos y aumentativos mantienen el significado de la base (§ 2.1), añadiendo contenidos relacionados con la dimensión y la apreciación en la palabra resultante.

Tales significados connotativos, motivados desde la situación comunicativa y desde la propia intención del hablante, reducen la extensión significativa de la base.

Los contenidos aportados por los sufijos diminutivos y aumentativos pueden agruparse en dos nociones generales: la dimensión y la apreciación. Ambos significados suelen darse a la vez en una misma formación y en los mismos sufijos. Una de las cuestiones que suscita tal ambigüedad significativa es determinar cuál de los dos contenidos es el básico, a partir del cual se producen los desplazamientos semánticos. Dos han sido las soluciones propuestas: bien el significado prioritario es el apreciativo o emocional, del que se derivan los sentidos dimensionales (Alonso 1935), bien la noción básica es la dimensión y los contenidos apreciativos son secundarios (Fernández Ramírez 1962). En la primera idea se asume que la apreciación es más frecuente, razón por la cual suelen usarse otros modificadores para marcar la dimensión (*cochecito pequeño*). La segunda propuesta se basa en la orientación de los desplazamientos semánticos: así, el concepto de lo pequeño está más ligado a la delicadeza o a la compasión, frente a la noción de lo grande que determina lo bruto o grotesco. Una tercera posibilidad es considerar la simultaneidad de ambos contenidos (Lázaro Mora 1999), que se fijarán según la naturaleza léxica de la base: por ejemplo, *docenita* o *semanita* expresan contenidos apreciativos, dado que el referente de la base no puede variar el tamaño.

La noción de dimensión puede interpretarse en el sentido físico o figurado. En el primer caso, se alude al tamaño de una entidad (*perrito* = 'perro pequeño'; *perrazo* = 'perro grande'); en el segundo, por el contrario, a la intensificación (*abogadillo* = 'abogado mediocre'; *partidazo* = 'partido extraordinario'). Con sustantivos concretos que denotan un tamaño susceptible de ser modificado, los sufijos inciden sobre este contenido (*perrito/perrazo*). La intensificación se da con sustantivos, adjetivos y adverbios para denotar la cuantificación de un rasgo semántico gradual en dos sentidos: refuerzo (*grandón* = 'muy grande', *pequeñito* = 'muy pequeño') y atenuación (*tristón* = 'medio triste', *facilito* = 'un poco fácil'). En los sustantivos, la intensificación refiere a alguna de las propiedades prototípicas de la base sin afectar a la dimensión de la entidad: *partidazo* no significa que la duración del partido haya sido superior a la normal, sino que el partido ha sido bueno. En otros casos, el sustantivo puede presentar cierta ambigüedad, dado que es posible la interpretación referida al tamaño de la entidad o a alguna característica de su contenido (*pisazo* = 'piso grande', 'piso estupendo').

En los adjetivos calificativos, la intensificación incide sobre la propiedad que denota la base; con los adverbios graduables, los sufijos orientan el significado hacia una grado mayor (*cerquita* = 'muy cerca'). Tanto el refuerzo como la atenuación de una propiedad indican siempre un grado positivo, superior al sentido neutro de la base, pero en distinta cantidad. En algunos casos, es posible marcar el diferente grado mediante la oposición de los sufijos (*facilito/facilón*, *feíto/feote*); en otros, solo se da una de las posibilidades (*pequeñito/*pequeñón*). Esta imprecisión semántica diferencia los diminutivos y aumentativos del sufijo *-ísimo*, que marca el grado máximo de una propiedad sin ningún otro matiz, es decir, las formaciones con superlativo son composicionales. Así, la diferencia entre *facilón* y *facilísimo* radica en que la ponderación del aumentativo puede darse en distintos grados, pero nunca en su grado máximo como *-ísimo*, lo que favorece que el aumentativo tenga menores restricciones (*persona facilona/*facilísima*).

Los sufijos diminutivos y aumentativos pueden exhibir contenidos apreciativos junto con la noción de dimensión; otros sufijos, denominados generalmente peyorativos (*-aco*, *-ajo*, *-ucho*...), expresan solo apreciación. Dicha noción engloba distintos matices positivos y negativos (ironía, afecto, ofensa, cortesía...), los cuales pueden estar orientados desde el propio sufijo: por ejemplo, la cortesía y el eufemismo son más propios de los diminutivos (*culito*) y la ofensa, de los aumentativos y peyorativos (*culazo*, *cularro*). Algunos sufijos pueden diferenciarse, precisamente, por la distinta valoración: así, *-ete* es menos peyorativo que *-uelo* al marcar la ironía y la complicidad (*landroncete/landronzuelo*); *-illo* es más despectivo que *-ito*, pero menos que el peyorativo *-orro* (*vinito/vinillo/vinorro*) (Lázaro Mora 1999).

Por último, varias formaciones con diminutivos y aumentativos acaban lexicalizándose: *chaquetón/chaqueta*. Dicho proceso puede darse con cualquier sufijo (*botellín, cubito, azucarillo, clarinete*...) y es muy activo con sufijos como *-illo*. La lexicalización puede fijar uno de los contenidos de la base (*botellín* = 'tipo de botella'), crear entidades contables a partir de sustancias (*azucarillo, jaboncillo*) o bien dar lugar a contenidos nuevos a partir de extensiones metafóricas (*lechón* = 'cochinillo que mama'). Dado que las palabras lexicalizadas aluden a entidades nuevas, pueden constituirse en base para nuevas derivaciones (*mosca* > *mosquito* > *mosquitera*).

Bibliografía

Alonso, A. (1935) "Noción, emoción y fantasía en los diminutivos", en *Estudios de Lingüística. Temas españoles*, Madrid: Gredos, 1954, pp. 195–229.

Ambadiang, T. (1997) "Las bases morfológicas de la formación de diminutivos en español", *Verba*, 24, pp. 99–132.

Ambadiang, T. y Camus, B. (2012) "Morfofonología de la formación de diminutivos en español: ¿reglas morfológicas o restricciones fonológicas?", en Fábregas, A. *et al.* (eds.) *Los límites de la morfología*, Madrid: UAM Ediciones, pp. 55–77.

Colina, S. (2003) "Diminutives in Spanish: A morpho-phonological account", *Southwest Journal of Linguistics*, 22, pp. 45–88.

Fernández Ramírez, S. (1962) "A propósito de los diminutivos españoles", *Strenae*, 16, pp. 185–192.

González Ollé, F. (1962) *Los sufijos diminutivos en castellano medieval, Revista de Filología Española*, anejo 75.

Jaeggli, O. (1980) "Spanish diminutives", en Nuessel, F. (ed.) *Contemporary studies in Romance languages*, Bloomington: Indiana University Linguistics Club, pp. 142–158.

Lang, M. F. (1990) *Spanish word formation*, Londres: Routledge.

Lázaro Mora, F. (1999) "La derivación apreciativa", en Bosque, I. y Demonte, V. (dirs.) *Gramática descriptiva de la lengua española*, Madrid: Espasa, pp. 4645–4682.

NGRALE: Real Academia Española y Asociación de Academias de la Lengua Española (2009) *Nueva gramática de la lengua española*, Madrid: Espasa.

Stephenson, T. (2004) "Declensional-type Classes in Derivational Morphology: Spanish Diminutives Revisited", *Phonology/Morphology general papers*, Cambridge, MA: The MIT Press. Accesible en http://sites.google.com/site/taminastephenson/work.

Lecturas complementarias

Faitelson-Weiser, S. (1980) *Les suffixes quantificateurs de l'espagnol*, París: Éditions Hispaniques.

Gooch, A. (1967) *Diminutive, augmentative and pejorative suffixes in modern Spanish*, Oxford: Pergamon Press.

Horcajada, B. (1987) "Morfonología de los diminutivos formados sobre bases consonánticas monosílabas", *Revista de Filología Románica*, 5, pp. 55–72.

Montes Giraldo, J. J. (1972) "Funciones del diminutivo en español: ensayo de clasificación", *Thesaurus*, 27, pp. 71–88.

Entradas relacionadas

derivación morfológica; género y número; morfema; morfología; prefijos y sufijos

CLÍTICOS

Olga Fernández Soriano

1. Introducción

El término *clítico* se refiere a ciertos elementos que se asemejan a las palabras pero que carecen de su independencia característica y son, por ello, dependientes de los elementos adyacentes. Las propiedades generales de lo que se incluye en la categoría de clítico varían según la lengua e incluso la unidad particular específica analizada. Desde Zwicky (1977) se distingue entre *clíticos simples* y *clíticos especiales*. Los primeros son elementos no acentuados y fonológicamente debilitados, normalmente con contenido puramente gramatical o funcional, como la conjunción QUE del latín o los auxiliares reducidos del inglés (*'ll< will, 'd< had, 's< is/has*). Los clíticos especiales presentan, además, propiedades específicas que no aparecen en su correspondiente forma plena, si la hay (Spencer y Luís 2012; Mascaró y Rigau 2002). Una de esas propiedades es la de estar especializados para la categoría a la que se adjuntan. A este segundo tipo es al que pertenecen los pronombres átonos del español.

Centrándonos, pues, en el español, llamamos *clíticos* a los pronombres átonos de objeto no acentuados, que se unen a los verbos, de los que dependen fonológicamente. Se trata de las formas *me, te, lo(s), la(s), le(s), nos, os* (en los dialectos en que existe la forma *vosotros*), y el reflexivo *se*. Solo en el caso de la tercera persona se conserva la distinción entre objeto directo (acusativo *lo/la*) e indirecto (dativo *le*):

	Reflexivo	Acusativo	Dativo
3P	se	lo/la, los/las	le, les
2P	me, nos		
1P	te, (os)		

Por lo que se refiere al origen latino de los pronombres átonos, los de primera y segunda personas proceden de los correspondientes pronombres tónicos (ME/MIHI, TE/TIBI), y los de tercera del demostrativo (ILLE-ILLA-ILLUD). El clítico acusativo de tercera persona puede proceder tanto del demostrativo masculino ILLUM como del neutro ILLUD; es el *lo* neutro de casos como:

(1) a. **Lo** sabía (que ibas a venir).
b. Es guapa/**lo** es/*la es.
c. Coge eso y pon**lo** ahí.

Si el clítico se une al verbo por la izquierda, como ocurre con las formas conjugadas (*la quieres, te convencerás, nos hayas visto*), estamos ante un caso de *proclisis*. En la *enclisis*, que se da con infinitivos, gerundios e imperativos afirmativos, los clíticos aparecen unidos por la derecha: *quererla, haciéndolo, convéncete*. En español, los participios no admiten clíticos (**hecholo*/**lo hecho*).

Las restricciones que regulan la posición de los clíticos con respecto al verbo no han sido siempre las que acabamos de describir. En español medieval los clíticos podían aparecer con los participios, y la alternancia entre formas enclíticas y proclíticas estaba regulada por principios que hoy le son ajenos, como la ley de Tobler Mussafia, que impide la aparición de proclisis en posición inicial por razones de distribución del acento.

Además, en español actual la relación entre el clítico y la forma verbal es de estricta adyacencia: solo otro clítico puede intervenir entre ambos (*Te lo han entregado* vs. **Lo no sabía*, **Te ahora llamaremos*). Esto tampoco era así en otras épocas del español, donde existía la posibilidad de 'interpolación' de elementos entre el clítico y el verbo (*Que lo assi fizieron*, CORDE). Lo que ello indica, entre otras cosas, es que las propiedades de los clíticos los asemejaban más a las palabras independientes (a los sintagmas nominales) y que esa situación ha ido evolucionando hasta la actualidad.

2. La naturaleza de los clíticos. Morfemas o palabras

En español, los clíticos presentan muchas de las propiedades que se asocian a las unidades subléxicas, a los morfemas. En primer lugar, a diferencia de las palabras independientes, los clíticos no pueden recibir marcas distintivas o de contraste, formar parte de una coordinación ni ser elididos por identidad:

(2) a. —#¿Lo viste o la viste?
—*Lo vi.
b. *Juan lo y la trajo.
c. *El regalo, María lo compró y luego ∅ envolvió cuidadosamente.
d. *Quiero imprimir y leerlo/*quiero imprimirlo y leer.

Estas propiedades, no obstante, pueden deberse simplemente al carácter átono de los clíticos, dado que se extienden a otros elementos no acentuados como ciertos determinantes, las preposiciones, etc. Pero los clíticos presentan además otras características que solo comparten con los morfemas ligados. Son capaces, por ejemplo, de desencadenar procesos fonológicos en el verbo al que se adjuntan: ya en español antiguo y medieval (hasta mediados del siglo XVII) eran frecuentes en la enclisis los casos de asimilación: *serville* = "servirle", *tornase* = "tornarse", y de metátesis: *dalde* = "dadle", *dandos* = "dadnos" (Menéndez Pidal 1904: 253–256). Algunos de estos fenómenos se mantienen aún en el habla popular. En español estándar actual se da elisión, en el imperativo, de la *-d* de la segunda persona y la *-s* de la primera persona del plural, cuando se une el clítico *(sentados, vámonos)*. Otra prueba clara de la unión íntima entre el clítico y el verbo al que se adjunta es que en ciertos registros del habla coloquial la desinencia verbal de tercera persona plural en el imperativo se añade detrás del enclítico (que se interpreta, así, como parte de palabra): *dígamelon, siéntesen*.

Fenómenos como los descritos han llevado a muchos gramáticos a hablar de "pronombres afijos" e incluso de "conjugación objetiva" (véase Fernández Soriano 1993 para un resumen).

Dentro del marco de la lingüística teórica hay dos líneas de análisis: una de ellas supone que los clíticos se generan como Sintagmas Determinantes (o parte de ellos) en posición argumental, y se adjuntan posteriormente al verbo o a una categoría funcional de la oración (Kayne 1975, 1989). Otras líneas de investigación defienden, por el contrario, que los clíticos se generan en la posición en que aparecen (Suñer 1988; Fernández Soriano 1993), y que encabezan su propia proyección (funcional) especializada (Sportiche 1996). La hipótesis defendida depende en cierta medida del tipo de datos de los que se parta. Así, el hecho de que los clíticos no siempre aparezcan adjuntos al verbo al que lógicamente pertenecen (la "subida de clíticos", véase § 4), favorece la idea del movimiento desde una posición argumental. Sin embargo, la existencia de estructuras de "doblado" (véase § 5), en que el clítico coaparece con el complemento en posición canónica, indica que aquel se comporta más bien como un elemento funcional, una marca de caso/concordancia. Hay asimismo posturas intermedias que, basándose en la distinta génesis de los pronombres átonos de primera y segunda personas frente a los de tercera, les atribuyen un análisis distinto. Para ello, llevan hasta sus últimas consecuencias el origen común y las similitudes morfofonológicas entre los pronombres átonos de tercera persona y el artículo (definido). En esta línea, se ha propuesto (Urigereka 1995) que los clíticos son determinantes referenciales cuya posición depende de factores como la especificidad. En concreto se supone que el sintagma argumental relacionado con un clítico de tercera persona (el elemento doblado) es el especificador de un Sintagma Determinante cuyo núcleo es ese clítico y cuyo complemento es un pronombre nulo (*pro*):

(3)

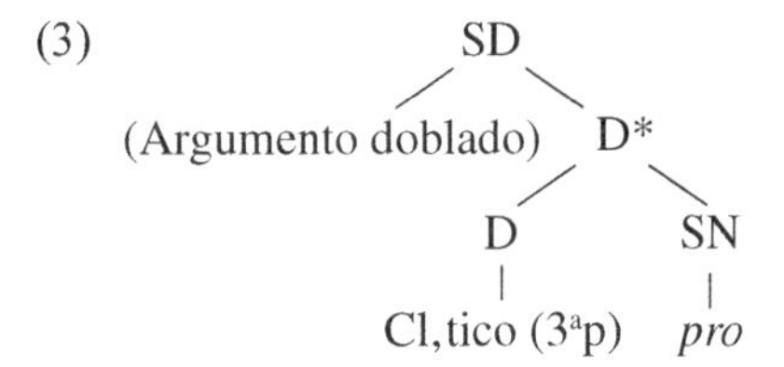

El clítico se desplaza posteriormente desde esa posición a una categoría funcional por encima del sintagma verbal.

Dentro de este marco, para los clíticos de primera y segunda personas se propone un análisis en línea con la idea minimista de que son categorías híbridas entre los núcleos y las proyecciones máximas, en tanto que no poseen estructura interna y, a la vez, pueden funcionar como sintagmas:

(4)

SD

(Argumento doblado) SD/D

Cl,tico (1ª/2ªp)

Esta doble caracterización está sustentada, entre otras cosas, por el comportamiento que presentan las secuencias de más de un clítico (Uriagereka 1995). De ello nos ocupamos en el siguiente apartado.

3. La secuencias de clíticos

3.1. El orden de los clíticos

Los clíticos se ajustan a un orden muy rígido de persona; en concreto, los de segunda han de preceder a los de primera (5a), y estos, a su vez, preceden a los de tercera (5b). La forma *se*, por su parte, siempre debe ser inicial en una secuencia de clíticos (5c).

(5) a. Te {me/nos} fuiste.
 b. {Me/te} lo/la presentaron.
 c. Se {me/te/le} perdieron.

Esta propiedad de formar grupos o amalgamas con una ordenación específica es más propia de los afijos que de las palabras plenas. Los clíticos, en primer lugar, respetan un orden estricto de persona, que responde al siguiente esquema (adaptado del inicialmente propuesto por Perlmutter 1970):

(6) SE 2ª p. 1ª p. 3ª p.

Esto es, la forma *se* (sea reflexivo, de verbo pronominal, espurio o impersonal/pasivo) debe preceder a todas las demás; los pronombres de segunda persona preceden a los de primera, y los de tercera cierran siempre la secuencia. Además, en (6) no puede repetirse ningún elemento (*se_{imp} se_{ref} sienta aquí*), y debe especificarse también que las secuencias de más de tres clíticos están prohibidas. Pero (6) no recoge todas las restricciones que regulan las secuencias de clíticos: a la ordenación según el criterio de persona gramatical, se superponen otras que tienen que ver con el caso/papel temático. Así, los clíticos de acusativo deben necesariamente seguir a los de dativo (*Me lo presentaron*) y los clíticos de dativo destinatario siempre siguen a los beneficiarios (y a los llamados éticos): *Me le arreglaron la moto*. Los reflexivos, ya sean argumentales o los que aparecen con verbos pronominales, deben siempre iniciar la secuencia (**Te me escapé* vs. *Te me escapaste*), en todos los dialectos y variedades. Hay, pues, otra ordenación paralela que puede formularse como en (7) (véanse Fernández Soriano 1993; Ordóñez 2012 y referencias allí citadas):

(7) reflexivo $\text{dativo}_{\text{Ben/Ét}}$ $\text{dativo}_{\text{Dest}}$ acusativo

Esta ordenación da cuenta de las secuencias de clíticos del español (estándar). Otras lenguas romances presentan órdenes distintos (aunque igualmente rígidos): por ejemplo, en francés, los clíticos dativos de tercera persona siguen a los acusativos (*Je le_{AC} lui_{DT} donne*).

Una cuestión importante es que el hecho de que (6) y (7) deban respetarse simultáneamente impide la formación de ciertas secuencias lógicamente posibles. Se trata de casos de clíticos dativos de tercera persona en combinación con otro de primera o segunda. De acuerdo con (6), el de tercera debería ser el último, pero de acuerdo con (7), el acusativo sigue al dativo, de modo que secuencias como **Me/Te_{AC} le_{DT} acerqué* (vs. *Te/Me lo acerqué*) son imposibles. Esta restricción, conocida como 'restricción ME LUI' (*ME LUI constraint*), es universal y opera sobre todas las secuencias de morfemas marcadores de caso objetivo, sean clíticos o afijos (Bonet 1991).

El orden lineal de los clíticos no puede, pues, determinarse solo sobre la base de mecanismos sintácticos, como ocurre con las palabras independientes. Autores como Bonet (1991) suponen por ello que los clíticos constituyen estructuras jerárquicas de rasgos (persona, argumento, caso oblicuo, etc.) cuya ordenación se establece en el componente morfológico mediante la transferencia a una plantilla (*template*). Otros autores, como Ordóñez (2002), suponen que los clíticos tienen distinta composición morfológica y dan cuenta de su ordenación por medios estrictamente sintácticos. Tal afirmación se sustenta en la observación de que hay diferencias en la ordenación de los clíticos dependiendo crucialmente del entorno sintáctico. Ordóñez nota, por ejemplo, que el orden *me/te se* propio de ciertas variantes solo se da en la proclisis (*Me se hizo* frente a *Va a hacérseme*/**hacérmese*) y supone que los clíticos pueden insertarse en plantillas pero también responder a la adjunción sintáctica, dando así lugar a variación.

3.2. Efectos morfofonológicos y restricciones sobre las secuencias de clíticos

Los clíticos, cuando aparecen en secuencia, forman una unidad morfológica que no puede separarse (**Lo puede darme*, **Me puede darlo* frente a *Me lo puede dar/Puede dármelo*). Esta unidad es lo suficientemente fuerte como para que dentro de ella tengan lugar procesos fonológicos "internos a la palabra", como la disimilación. Es el caso del llamado *se* 'espurio'. Este clítico es el resultado del paso de *le(s)* a *se* (con la consiguiente pérdida del rasgo de número), si va seguido del acusativo de tercera persona (*lo*, *la*, *los*, *las*) (Fernández Soriano 1993; Ordóñez 2012 y referencias allí citadas):

(8) Le enseño el coche→*Se* lo enseño.

El *se* espurio da lugar, además, a un fenómeno de variación dialectal que corrobora la idea de la unidad morfológica esbozada. Cuando *se* refiere a un dativo plural, en la mayoría de los dialectos de Hispanoamérica es habitual colocar la marca *-s* (que no aparece en el *se*) detrás del acusativo (*lo/la*). Estos *plurales parasíticos* (Ordóñez 2012) se explican si la secuencia de clíticos se interpreta como una unidad léxica, con el morfema flexivo *-s* en la periferia:

(9) a. Les enseñé el dibujo a los niños>Se los enseñé.
    b. Ya les expliqué a ustedes el problema>Ya se lo*s* expliqué.

En cuanto a las restricciones que deben respetar las secuencias de clíticos acusativo-dativo, la primera es que en si un verbo rige un argumento en dativo y otro en acusativo no es posible cliticizar solo el segundo:

(10) a. (Le) di a María el regalo/*Lo di a María/Se lo di (a María).
     b. (Le) hice a Juan preparar el pastel/*Lo hice preparar a Juan/Se lo hice preparar (a Juan).

Además, en las secuencias de clíticos no puede producirse solapamiento referencial, esto es, un pronombre átono no puede ser parcialmente correferente con otro de la misma secuencia (11a). Es este un fenómeno de mayor alcance, que afecta a los elementos pronominales en general, y por tanto también a las relaciones entre el clítico y el pronombre de sujeto (11b), y a clíticos que no forman secuencia, como en las construcciones causativas (11c):

(11) a. *Me nos entregó.
     b. *Nosotros me vemos./*Vosotros te veis.
     c. *Os hizo oírte cantar toda la noche./*Te hizo oíros cantar toda la noche.

Por último, se dan también restricciones de coaparición entre el *se* impersonal y los clíticos de acusativo. La generalización básica, para el español peninsular (tanto en sus variedades leístas como no leístas), es que el *se* impersonal no puede ir seguido del acusativo masculino singular *lo.* Son, sin embargo, aceptables las secuencias de *se* impersonal seguido de acusativo femenino y en algunos dialectos de acusativo masculino plural (Gómez Seibane 2012 y referencias allí citadas):

(12) a. *Cuando el niño/el monedero desapareció, se lo buscó por todos lados.
b. Cuando la cartera/la niña desapareció, se la buscó por todos lados
c. ?A los niños/los libros no se los debe maltratar.

La estrategia a la que se recurre en estos casos es sustituir la forma *lo(s)* por la correspondiente de dativo *le(s)* (*Se le buscó*). Lo interesante de este fenómeno es que se da también en dialectos no leístas, como veremos más adelante.

4. La posición de los pronombres átonos en estructuras complejas. La subida de clíticos

A pesar de su naturaleza semi-afijal, los clíticos no siempre aparecen adjuntos al verbo al que lógicamente pertenecen: en ciertas combinaciones de verbo finito seguido de infinitivo o gerundio, como las de (13), los clíticos tienen la opción de "ascender" desde la forma no personal que los selecciona y aparecer como proclíticos del verbo conjugado. Este fenómeno se conoce como 'Subida de Clíticos'. Lo ejemplificamos en (13):

(13) a. {Debo/Puedo/Voy a} pedírselo>Se lo {puedo/debo/voy a} pedir.
b. Quiero seguir explicándotelo>Quiero seguírtelo explicando > Te lo quiero seguir explicando.

Para que este proceso tenga lugar es necesario que haya una estrecha fusión entre las formas verbales implicadas: solo ciertas preposiciones y la partícula *que* de la perífrasis obligativa pueden aparecer entre ellas:

(14) a. Lo vamos a terminar/Se lo acabo de decir/Te tienes que arreglar.
b. *Te cuento con ver/*Lo estoy por arreglar/*Lo quiere no hacer.

Además, la clase de verbos que admiten subida de clíticos está limitada a los auxiliares y modales, los aspectuales y otros perifrásticos (13), los causativos (15a) y alguno cuyo sujeto es correferente con el del verbo incrustado (15b). No admiten clíticos pertenecientes a sus complementos, sin embargo, los verbos de 'comunicación', 'creencia' o 'conocimiento' (16a), los llamados 'factivos' (16b) o los impersonales (16c):

(15) a. Se lo hizo prometer.
b. Me intenta ayudar.

(16) a. {Cree/afirma} habértelo dicho / *Te lo {cree/afirma} haber dicho.
b. Lamento rechazarlo/*Lo lamento rechazar.
c. {Hay que/Conviene} hacerlo/*Lo {hay que/conviene} hacer.

Por otro lado, como vimos arriba, de aparecer más de un clítico, la secuencia debe funcionar como un bloque; no es posible que solo uno aparezca junto al verbo conjugado, dejando atrás al resto:

(17) *Me quiere darlo/*Lo quiere darme. (vs. Me lo quiere dar/Quiere dármelo.)

Además, en los casos en que el verbo conjugado alberga un clítico dativo, no podrá en general acoger los clíticos procedentes de su complemento (18a), con la posible excepción de los verbos causativos (18b):

(18) a. Te aconsejo terminarlo/*Te lo aconsejo terminar.
b. Me {hicieron/dejaron} repetirlo/Me lo {hicieron/dejaron} repetir.

Teniendo presentes los datos precedentes y los que indican que no puede intervenir ningún elemento entre el verbo del complemento y el receptor del clítico, se ha supuesto que hay algún proceso de *restructuración* o formación de un verbo complejo. Alternativamente, se ha postulado también la idea de una estructura distinta ("plana", frente a una jerárquica) para los casos de subida de clíticos (véanse Spencer y Luís 2012; Ordóñez 2012 para una visión general de las distintas hipótesis). El resultado, en cualquier caso, es que los clíticos complemento del verbo principal (no conjugado) aparecen como complementos de todo el complejo, sin que sea necesario postular un proceso de movimiento sintáctico del objeto.

5. La redundancia pronominal o reduplicación/doblado de clíticos

Una propiedad muy estudiada de los clíticos del español, que singulariza a nuestra lengua con respecto a otras del ámbito romance, es que pueden coaparecer en la misma oración con un sintagma correferente en posición canónica de objeto. Este fenómeno se conoce como 'redundancia pronominal' o '(re)duplicación/doblado de clíticos' y tiene unas restricciones particulares. Antes de entrar en ellas, es necesario distinguir las construcciones de doblado de las llamadas de 'dislocación' (en que un complemento ha sido desplazado a una posición extraoracional), que requieren siempre la presencia de un clítico que retome ese argumento desplazado. Este fenómeno no es específico del español, ni afecta solo a los clíticos: la aparición de un pronombre en el interior de la oración es característica de los procesos de dislocación izquierda (19a) o derecha (19b) y en casos de lo que se conoce como *tópico colgado*, puede aparecer un pronombre tónico (19c), por lo que no podemos hablar de doblado en sentido estricto:

(19) a. Ese libro ya lo he leído.
b. Yo no lo conozco de nada, a ese individuo.
c. Eso, dice que no quiere ni pensar en ello.

Nos centraremos, pues, en las construcciones que suponen la coaparición de un clítico con el argumento correspondiente en posición canónica y no consideraremos doblado los casos de anteposición. La reduplicación es un fenómeno general del español, si bien hay variación entre los distintos dialectos por lo que se refiere a las construcciones redundantes que se permiten y las restricciones a que están sometidas. Vayamos primero a las propiedades generales.

En primer lugar, el doblado tiene en cuenta la naturaleza del objeto canónico. Si este es un pronombre, la aparición del clítico es obligatoria, tanto en el caso de los objetos directos como indirectos:

(20) a. María *(me) llamó a mí.
b. Yo *(le) di el regalo a ella.

Mención aparte merece la forma *usted*, que se distingue del resto de los pronombres en que no requiere estar siempre reduplicado por un clítico. Podemos, así, encontrar ejemplos como (21). El neutro *ello* supone también una excepción, ya que no requiere estar reduplicado (22):

(21) a. Para servir a usted.
b. Es cuanto tenemos que decir a usted, señor presidente. (CREA, España, 1996)
c. La EMT agradece a usted la utilización de sus autobuses.

(22) Dedicaré a ello el siguiente capítulo.

En cuanto a las restricciones que tienen que ver con la función del elemento doblado, los objetos indirectos (OOII) se reduplican en todos los dialectos del español; en algunos casos lo hacen potestativamente (si bien la opción del doblado es, con mucho, la preferida) y en otros de forma obligatoria. Al analizar los contrastes con detenimiento, lo que se observa es que el doblado de OOII está directamente relacionado con el papel semántico. En concreto, puede afirmarse que la aparición del clítico es (relativamente) opcional en las construcciones propiamente ditransitivas, en que el OI recibe el papel de meta o destinatario (23a), y es obligatoria en el caso de los dativos experimentantes (23b), beneficiarios (23c), o si se le agrega el papel de posesor (inalienable) (23d):

(23) a. María (le) entregó el paquete a su dueño.
b. Nunca *(le) gustó realmente el cine a María.
c. María *(le) hizo los deberes al niño.
d. Aquí *(le) rompieron la pierna a Juan.

En contraste con la situación descrita, el doblado de objetos directos no pronominales no se da en general, en la variedad estándar:

(24) *Lo vi a Juan/*La tengo la solución. (variedad estándar)

Esta restricción afecta solo a los clíticos de acusativo de tercera persona: el OD canónico puede estar reduplicado por un clítico de primera o segunda persona en casos como (25). Es también general el doblado de ciertos casos de *lo* neutro del tipo de (26a, b), así como de OODD precedidos por cuantificadores, en especial cuando el objeto directo es humano (26c):

(25) Nos vieron a los estudiantes/Os quieren solo a los elegidos.

(26) a. Ya lo {creo/sé} que le gusta.
b. Lo sé todo.
c. Las conozco a las cuatro.

En la variedad estándar, no se permiten otros casos de doblado de OODD, pero esta no es la situación general. Algunos dialectos, como el hablado en la zona del Río de la Plata, permiten el doblado de objetos directos mediante el clítico acusativo *lo/la*. Son, pues, habituales construcciones como:

(27) a. Lo vimos a Juan.
b. La encontré a mi hija.

Se ha señalado también que el doblado se da en ciertas variedades del habla de Madrid, incluso en el dialecto *leísta* (véase *infra*). Así lo señalan, entre otros, Suñer (2009) y también Gutiérrez-Rexach (2000). Los dialectos con leísmo generalizado como el hablado en Quito (Ecuador) admiten asimismo doblado tanto de animados como de inanimados ((28) tomados de Suñer 2009):

(28) a. No le he oído a ese señor. (Quilis et al. 1985: 101 apud Suñer 2009)
b. Le conoció a mamá/Les calentara a los pollitos/Le contrataré al taxi.

Conviene precisar que los ejemplos anteriores constituyen casos de doblado de clíticos y no de dislocación, en este caso, a la derecha. Esta se distingue claramente por la prosodia: hay una pausa entonativa que separa el elemento dislocado del resto de la oración. Por otro lado, al igual que su contrapartida a la izquierda (véase *supra*) la dislocación a la derecha obedece ciertas condiciones, como la de admitir sintagmas nominales desnudos (singulares o plurales) y otros cuantificadores, que claramente no pueden entrar en construcciones de doblado. Estas obedecen a restricciones específicas, como veremos inmediatamente.

Centrándonos en el dialecto rioplatense, se ha visto una generalización detrás del fenómeno del doblado que lo relaciona con la aparición de la preposición *a* delante del objeto (directo) personal. Favorece esta idea el hecho de que en la variedad rioplatense la preposición puede preceder también a OODD no animados (doblados) en ciertos casos:

(29) a. ...**lo** estoy levantando **al curso**.
b. ...**lo** dejé así **al asunto**, ¿no?
c. ...**lo** vamos a empujar **al ómnibus**.
d. **Lo** quiero mucho **a este arbolito** porque me lo regaló mamá. (Suñer 1988)

Trabajos sustentados por baterías amplias de datos han mostrado, sin embargo, que tal generalización no se cumple de modo estricto. Silva Corvalán (1981) y Suñer (1988) toman del dialecto bonaerense ejemplos como:

(30) a. A veces hay que verlas las cosas para aprenderlas.
b. Me la fabriqué la prueba objetiva.
c. Uno los ve los problemas, digamos, reducidos en su dimensión.

Lo que muestran esos estudios es que la restricción que opera en el doblado de acusativo tiene que ver no con la condición de humano/animado (marcada por la preposición *a*) del OD sino con otros factores, como su especificidad que, según Suñer (1988), distingue los clíticos acusativo de los clíticos dativo. Ello explica la imposibilidad, en el dialecto estudiado, de ejemplos como (31), de Suñer (1988):

(31) a. *No lo oyeron a ningún ladrón.
b. *La buscaban a alguien que los ayudara.
c. *¿A quién lo condecoraron?

Otros autores relacionan el doblado con nociones discursivas como la topicalidad: los SSNN específicos tendrían más tendencia a ser tópicos y, por tanto, a estar doblados por un clítico (Silva Corvalán 1981, entre otros).

Suñer (2009) sostiene que los SSDD definidos pueden introducir información nueva en el discurso y pueden ser doblados o no, dependiendo de su interpretación: solo si son específicos, identificables y parte de la presuposición pueden doblarse, como muestra el siguiente contraste (tomado de la autora):

(32) a. Te (#lo) presento a Luis, un amigo de mi infancia.
b. Sí, Mariana me lo acaba de presentar a Luis.

En esto, según Suñer, los objetos doblados se identifican con los que se interpretan fuera del sintagma verbal, como los sometidos al proceso de Subida del Objeto (*Object Shift*), típica de las lenguas germánicas. La identificación de la reduplicación de clíticos con la subida del objeto se había propuesto para el doblado de dativos: Demonte (1995) muestra que las construcciones de doblado de dativos son equivalentes a las construcciones llamadas de 'doble objeto' del inglés (*I gave John a book* vs. *I gave a book to John*), con movimiento dentro de un SV estratificado, pero formadas en el componente léxico.

Desde el punto de vista de la semántica formal, Gutiérrez-Rexach (2000) analiza las construcciones de doblado de acusativo de una variedad no leísta hablada en Madrid que admite el doblado. El punto de partida es que el doblado de acusativo es marcado y supone un aporte semántico, mientras que el de dativo es semánticamente inerte (es puramente un marcador sintáctico de concordancia). Dentro del marco de la teoría de la Cuantificación Generalizada, este autor muestra que entre el clítico acusativo y su cuantificador asociado hay una dependencia semántica sujeta a restricciones precisas. Los clíticos acusativo son funciones de cuantificadores generalizados restringidas a un conjunto contextual (*context set*) que en las construcciones de doblado se determina a partir del SN cuantificador al que duplica. Tal mecanismo está sometido a condiciones independientes, que restringen su denotación y afectan a la presuposición y la dependencia del contexto. Los dativos, por el contrario, pueden doblar la extensión dativa de cualquier cuantificador generalizado, dado que no se asocian a ninguna restricción semántica.

Las construcciones de doblado, en general, no se dan en la mayoría de las lenguas romances y parecen indicar que los clíticos tienen un estatus de morfema marcador de caso/concordancia. En lo que sigue veremos otros casos de variación dialectal relacionada con los clíticos de tercera persona.

6. Los clíticos de tercera persona. La variación dialectal

6.1. Laísmo, leísmo y loísmo. Sistema etimológico y sistema referencial

Como vimos en el segundo apartado, en su variante estándar, el sistema de pronombres de tercera persona en español, como en el resto de las lenguas romances, conserva la distinción de caso: para el dativo se usa la forma *le* y su plural *les*, y el acusativo se realiza como *lo(s)* para el masculino y *la(s)* para el femenino. Por otro lado, los clíticos de acusativo conservan una forma para el neutro, coincidente con la del acusativo singular masculino *lo*, que ha adquirido los valores de referencia a proposiciones y predicados (*lo sé, lo estamos*) y de referencia indeterminada. Esta situación representa lo que se conoce como sistema 'etimológico' o 'distinguidor'. Es conocido, sin embargo que, en especial en las variantes peninsulares, se han desarrollado sistemas alternativos, en los que se dan los siguientes fenómenos:

a) El pronombre *le* puede referirse a objetos directos: *leísmo.*
b) La forma *la(s)* puede utilizarse como pronombre de dativo: *laísmo.*
c) Aunque de modo más restringido, la forma *lo(s)* puede asumir la función de objeto indirecto: *loísmo.*

La situación es bastante compleja: existen verbos y construcciones que alternan en cuanto a su régimen, esto es, que admiten tanto acusativo como dativo. Gómez Seibane (2012) señala, por ejemplo, los verbos psicológicos del tipo de *asombrar*, los que pueden omitir su OD como *servir*, otros como *obedecer* o *ayudar*, y construcciones del tipo de *ordenar/invitar a* + infinitivo, así como las construcciones causativas (*Le hizo comer*) y con verbos de percepción (*Le vi hacer un gesto*). A ello hay que añadir las construcciones ya mencionadas de *se* impersonal seguido de acusativo masculino (*Se le busca* vs. *Se lo busca*) y el llamado *le* "de cortesía", asociado al tratamiento (*Le saluda atentamente*...). Es lo que se ha llamado 'leísmo aparente', que se da en zonas etimológicas (véase Fernández Ordóñez 1999).

En cuanto al origen de la variación, la idea más extendida es que hay que buscarlo en el leísmo de persona (el que primero se documenta y el más abundante en los textos castellanos antiguos (Lapesa 1968)), que inicia un sistema que hace depender el pronombre utilizado de las propiedades del referente y no de la función sintáctica y que, en principio, reproducía la distinción tripartita (masculino-femenino-neutro) propia de los pronombres tónicos y los demostrativos.

Por otro lado, en ciertas zonas en que el español convive con otras lenguas se han desarrollado sistemas alternativos. Así, se ha señalado que las variedades del español andino, en contacto con el quechua y el aimara, se caracterizan por la reorganización de las distinciones de caso y persona/número. En concreto, ciertas hablas ecuatorianas generalizan la forma *le(s)* como único pronombre de tercera persona para objetos animados y, paralelamente, los objetos (directos) inanimados no tienen realización fonética, esto es, existen objetos nulos definidos y específicos (*Ese libro ya te ∅ di*). En el español de Perú, Bolivia y noroeste de Argentina el paradigma se simplifica aún más, conservando solo la distinción de caso (*lo* para el acusativo y *le* para el dativo, con independencia del género y el número). Este sistema se caracteriza también por el doblado generalizado de objetos directos. En el español hablado en zonas en contacto con el guaraní, se eliminan asimismo las distinciones de caso y se generalizan los objetos nulos (véase Gómez Seibane 2012, para una descripción general).

Dentro del ámbito peninsular, en el español hablado en contacto con el vasco la forma *le* se usa también para todos los referentes animados y se generalizan los objetos nulos (inanimados). En esta variedad se da también doblado de objetos directos (véase Landa 1995). Parece asimismo que la posibilidad de omisión del clítico de acusativo, esto es, de objetos nulos referenciales y definidos, depende del grado de bilingüismo (Fernández Ordóñez 1999). Son, pues, factores de muy diversa índole los que determinan la configuración del sistema de pronombres clíticos de tercera persona.

6.2. Otras alternancias en el uso de los clíticos de tercera persona: le *por* les. *Clíticos no asociados con argumentos*

Es un fenómeno muy extendido en español (fundamentalmente oral) la pérdida del rasgo de número en el pronombre de dativo, y el consiguiente uso de *le* por *les*. Este fenómeno se ha atestiguado, desde época medieval, tanto en casos de doblado como de dislocación a la izquierda. Parece, además, que el uso de *le* por *les* es más frecuente con referentes inanimados (33c):

(33) a. Dile a los niños que vengan.
 b. A los chicos no le digas nada.
 c. No le des importancia a esas cosas.

En el español de la zona andina, además, se ha señalado que los objetos directos plurales, tanto animados como inanimados, masculinos o femeninos, se reduplican con la forma singular *lo*:

(34) Y lo sacó a los cerdos del corral. (Fernández Ordóñez 1999)

Aparte de este caso, el fenómeno es común a variedades tanto peninsulares como americanas, incluso en el habla culta oral, y afecta solo a la marca de número del *le* dativo (que aparece en construcciones de doblado), esto es, no se da *le* por *les* complemento directo en los dialectos leístas, ni tampoco se han atestiguado casos de *la* por *las*:

(35) a. *A los niños le he visto.
 b. *Le he visto(,) a los niños.
 c. *La tiene miedo a las balas/a las chicas.

La eliminación del rasgo de plural en el clítico dativo se ha relacionado con la capacidad de este clítico de entrar en construcciones de doblado: parece claro que esta pérdida progresiva de los rasgos de los pronombres átonos va en paralelo con la pérdida de su capacidad referencial/anafórica y su caracterización como elementos funcionales de naturaleza afijal.

En relación con lo anterior, hay que señalar, por último, que hay casos en los que los clíticos no parecen referirse a ningún argumento. Existen construcciones con clíticos tanto de acusativo como de dativo aparentemente no asociados con posiciones de objeto seleccionadas por los verbos a los que se adjuntan, sino que forman parte de expresiones lexicalizadas:

(36) Arreglárselas, componérselas, habérsela(s), tenérselas, correrla, emprenderla, pasarlo/la {bien/mal}, pegársela, tomarla con, etc.

Kany (1945:175) registra también un uso de *le* "indefinido redundante" que se da en construcciones medias del tipo de (37a) del habla vulgar de Chile y Argentina, y otro de *la*, como en (37b,c):

(37) a. Se me le {cayó/olvidó/ocurrió/acabó/ perdió}.
 b. Mañana la duermo.
 c. ¿Cómo la vio?

En ciertas zonas de América, principalmente en el norte, se da además, en el habla familiar, un *le* "neutro", sin referente, generalmente con verbos de movimiento: *ándele*, *camínele*, *córrale* (Kany 1945: 161). En el habla mexicana, este uso no referencial del dativo se extiende a bases no verbales, en construcciones totalmente lexicalizadas, que funcionan como interjecciones: *híjole*, *órale*, *újule*, *úpale*.

La conclusión que podemos extraer de todo lo anterior es que los clíticos son elementos de naturaleza heterogénea, que además están en un proceso de evolución, sujetos a gran variación dialectal, y que no son susceptibles de recibir una caracterización unívoca.

Bibliografía

Bonet, E. (1991) *Morphology after syntax: Pronominal clitics in Romance*, tesis doctoral, MIT.

Demonte, V. (1995) "Dative alternation in Spanish", *Probus*, 7, pp. 5–30

Fernández Soriano, O. (ed.) (1993) *Los pronombres átonos*, Madrid: Taurus.

Fernández Soriano, O. (1999) "El pronombre personal. Formas y distribuciones. Pronombres átonos y tónicos", en Bosque, I. y Demonte, V. (dirs.) *Gramática descriptiva de la lengua española*, Madrid: Espasa, pp. 1209–1274.

Fernández-Ordóñez, I. (1999) "Leísmo, laísmo y loísmo", en Bosque, I. y Demonte, V. (dirs.) *Gramática descriptiva de la lengua española*, Madrid: Espasa, pp. 1317–1397.

Gómez Seibane, S. (2012) *Los pronombres átonos* le, la, lo *en español*, Madrid: Arco Libros.

Gutiérrez-Rexach, J. (2000) "The formal semantics of clitic doubling', *Journal of Semantics*, 16, 4, pp. 315–380.

Kayne, R. S. (1975) *French syntax*, Dordrecht: Foris.

Kayne, R. S. (1989) "Null subjects and clitic climbing", en Jaeggli, O. y Safir, K. (eds.) *The null subject parameter*, Dordrecht: Kluwer, pp. 239–262.

Landa, A. (1995) *Conditions on null objects in Basque Spanish and their relation to leísmo and clitic doubling*, tesis doctoral, University of Southern California.

Lapesa, R. (1968) "Sobre los orígenes y evolución del leísmo, laísmo y loísmo", en Baldinger, K. (ed.) *Festchrift Walter von Wanburg*, reimpreso en Fernández Soriano (ed.) 1993.

Leonetti, M. (2008) "Specificity in clitic doubling and in differential object marking", *Probus*, 20, 1, pp. 33–67.

Mascaró, J. y Rigau, G. (eds.) (2002) *The grammar of clitics. Catalan Journal of Linguistics*, 1, Barcelona: Universitat Autònoma de Barcelona.

Ordóñez, F. (2002) "Some clitic combinations in the syntax of Romance", *Catalan Journal of Linguistics*, 1, pp. 201–224.

Ordóñez, F. (2012) "Clitics in Spanish", en Hualde, J., Olarrea, A. y O'Rourke, E. (eds.), *The handbook of Hispanic linguistics*, Cambridge: Blackwell, pp. 423–451.

Permutter, D. (1970) *Deep and surface structure constraints in syntax*, Nueva York: Holt.

Silva Corvalán, C. (1981) "La función pragmática de la duplicación de pronombres clíticos", *Homenaje a Ambrosio Rabanales*, *BFUCh*, XXXI, pp. 561–570.

Spencer, A. y Luís, R. (2012) *Clitics. An introduction*, Cambridge: Cambridge University Press.

Sportiche, D. (1996) "Clitic constructions", en Rooryck, J. y Zaring, L. (eds.) *Phrase structure and the lexicon*, Dordrecht: Kluwer, pp. 213–277.

Suñer, M. (1988) "The role of agreement in clitic-doubled constructions", *Natural Language and Linguistic Theory*, 6, pp. 391–434.

Suñer, M. (2009) "Formal linguistics and the syntax of Spanish: Past, present and future", en Collentine, J. *et al.* (eds.) *Selected Proceedings of the 11th Hispanic Linguistics Symposium*, Somerville, MA: Cascadilla Proceedings Project, pp. 9–26.

Uriagereka, J. (1995) "Aspects of the syntax of clitic placement in Western Romance", *Linguistic Inquiry*, 26, 1, pp. 79–125.

Zwicky, A. (1977) *On clitics*, Bloomington, Indiana: IULC.

Bibliografía complementaria

Belloro, V. (2007) *Spanish clitic doubling: A study of the syntax-pragmatics interface*, tesis doctoral, State University of New York at Buffalo.

Cuervo, R. J. (1954) "Los casos enclíticos y proclíticos de pronombre de tercera persona en castellano", en *Obras*, Bogotá: Instituto Caro y Cuervo.

Gerlach, B. y Grijzenhout, J. (eds.) (2000) *Clitics in phonology, morphology and syntax*, Amsterdam: John Benjamins.

Harris, J. (1996) "The morphology of Spanish clitics", en Campos, H. y Kempchinsky, P. (eds.) *Evolution and revolution in linguistic theory*, Washington, DC: Georgetown University Press, pp. 168–197.

Entradas relacionadas

complementos y objetos; determinantes y artículos; dialectos del español de América; dialectos del español de España; estructura informativa; morfemas; pronombres; variación sintáctica

COMPARATIVOS Y SUPERLATIVOS

Luis Sáez

1. Introducción: definiciones y breve caracterización

1.1. Comparativos

Son 'comparativos' ciertos patrones formales de cuantificación que permiten expresar (des) igualdad entre magnitudes contrastando alguna propiedad asociada a ellas. Por ejemplo, la secuencia discontinua *más/menos … que* de (1) expresa desigualdad entre dos magnitudes, y las propiedades aquí contrastadas son "ser el número de piñas compradas por Ana" para la primera magnitud ('magnitud principal'), y "ser el número de peras compradas por Eva" para la segunda ('magnitud base').

(1) Ana compró *(**más/menos**) piñas **que** peras compró Eva.

Las secuencias que expresan las propiedades contrastadas se disponen, la una, a la izquierda (para la magnitud principal) y, la otra, a la derecha (para la base) de un 'conector' que forma con esta última lo que suele conocerse como 'coda comparativa'. En (1) (con conector *que*) tales secuencias son *Ana compró … piñas* y la cláusula … *peras compró Eva*, y se dice entonces que la coda es 'clausal' (*que peras compró Eva*); en (2) (con conector *como*), la segunda secuencia no es una cláusula, sino una simple frase, *Eva*, y se habla por tanto de coda 'frasal' (*como Eva*). En ocasiones se llama a esta frase 'segundo término de comparación', para diferenciarlo del 'primer término de comparación' (RAE-ASALE 2009: § 45.2b), es decir, su correlato funcionalmente idéntico externo a la coda (*Ana* en (2)).

(2) **Ana** compró (diez veces) tantas piñas como **Eva**.

La coda se conoce igualmente como 'complemento comparativo' (RAE-ASALE 2009: § 45.2d), pues la seleccionan adjetivos/adverbios graduadores (en adelante, AG) como *tan(to)*, *mismo*, *igual de*, *más* o *menos*. Como muestra el asterisco en (1), la presencia de la coda comporta la de su AG selector: *más/menos* selecciona el conector *que* ((1)) y evidencia la inferioridad/superioridad de la magnitud base respecto de la principal (se habla entonces de 'construcciones comparativas de desigualdad'); *tan(to)*, en cambio, selecciona el conector *como* ((2)), e impone igualdad entre magnitudes (se trata, pues, de 'construcciones comparativas de igualdad'); también la imponen *mismo/igual de*, pero esta vez seleccionando el conector *que* (*Tengo* ***igual de****/los* ***mismos*** *años* ***que*** *tú*). Este tándem AG+coda (con conector *que/como*) define el patrón formal comparativo (Bello 1981: § 1007/1012).

Las magnitudes comparadas pueden ser números ((1)–(2)), cantidades (*Bebí más vino que tú*) o grados (*Es más intransigente que yo*; *Corre más rápido que yo*) dependiendo de cuál sea el 'núcleo comparativo', o constituyente directamente modificado por el AG: será un nombre contable o no (*piñas/vino*) en los dos primeros casos ('comparativas cuantitativas'), y un adjetivo/adverbio (*intransigente/rápido*) en el tercero ('comparativas graduales'). Núcleo comparativo y AG forman una 'cabeza comparativa' (o 'grupo cuantificativo'; RAE-ASALE 2009: § 45.2c); *más/menos piñas* es la cabeza de (1). Como se ilustra en (3a), cuando emerge en coda clausal un pronombre relativo correlato de la cabeza (*las que*), *que* alterna con la preposición *de* (Bolinger 1950/1953; Plann 1984; Sáez y Sánchez López 2014: § 2); lo mismo sucede si, como en (3b), tal correlato es un artículo definido en coda frasal (*las*) seguido de ciertos adjetivos (*previsto/habitual/deseable*). (3c) ilustra cómo, cuando el núcleo es *bueno/malo/grande/pequeño*, la cabeza puede emerger como palabra única, es decir, en 'forma sincrética/sintética' (entre paréntesis); a estos casos parece sumarse el verbo *preferir* (=*querer* + *más*; (3d)), el adverbio *antes* (=*más* + *pronto*; (3e)) y algunos otros elementos, selectores todos del conector *que* indicio de construcción comparativa:

(3) a. Ana compró **muchas** más piñas **de/que las que** compró Eva.
b. Compré muchas más piñas **de/que las previstas**.
c. Este es **más bueno** (=**mejor**)/**más malo** (=**peor**)/**más grande** (=**mayor**)/**más pequeño** (**menor**) que ese.
d. **Prefiero** (=**más quiero**) ir a Francia que a Italia.
e. Ana vino **antes** (=**más pronto**) que tú.

En las comparativas de desigualdad puede preceder a la cabeza un 'diferencial' (*muchas* en (3a), así llamado porque remite a la diferencia existente entre las dos magnitudes comparadas. Obviamente, no pueden aparecer diferenciales ante *tan(to)*, pero sí 'multiplicativos': el de (2) (*diez veces*) permite deducir la magnitud principal multiplicando por diez la magnitud base (Sánchez López 2006: 43).

Ciertas construcciones ajenas a la comparación entre magnitudes, definitoria de las comparativas 'propias' arriba examinadas, comparten no obstante idéntico tándem AG + coda, por lo que en ocasiones se las denomina 'pseudo-comparativas' (Gutiérrez 1994). Estas pueden ser de diferente tipo: (i) 'aditivas' (incompatibles con *menos*), cuya 'coda' denota no una magnitud, sino un conjunto de entidades que *más* incrementa ((4a); Brucart 2003/2010); (ii) 'restrictivas/de exclusión', que vetan tal incremento mediante secuencias usualmente discontinuas como la de (4b) en negrita (con combinación de ítem negativo y *más* + *que*) a su vez conmutables por el adverbio *solamente* (Bolinger 1950: 30); (iii) 'correctivas/sustitutivas/metalingüísticas/de adecuación', donde se presenta como no ajustado a la verdad uno de los términos de la comparación (el primero con AG *menos* y el segundo con AG *más*, conmutable por *más bien*; Sáez y Sánchez López 2014: § 1.2.3); y (iv) 'numerales', posiblemente integrantes de un numeral cardinal complejo (Gutiérrez 1994: § 4) y con diferenciales severamente restringidos ((4d)). Tampoco las llamadas 'comparativas prototípicas/hiperbólicas/estereotipadas/elativas' ((4e)) entrañan auténtica comparación entre magnitudes; tan solo enfatizan lo extremo de una en particular (aquí, lo mucho que come Ana; Suñer 2014).

(4) a. Leí más(/***menos**) libros que *Nada* y *Niebla*.
b. **No** leí **más que** esto (=Leí **solamente** esto).
c. Pediría la beca más **(bien)** para Yale que para Harvard.
d. Compré (**bastantes**/***cinco**) **más de veinte** libros.
e. Ana come **más que un tornado**.

Por su capacidad para seleccionar codas con *que*, parecen también ajustarse al patrón comparativo tanto el AG de las 'comparativas correlativas/proporcionales' ((5a); Sánchez López 2010), como los adjetivos *diferente/otro/mismo* ((5b); Bolinger 1950: 29); estos últimos sugieren que los comparativos permiten expresar (des)igualdad no solo entre dos magnitudes, sino también entre dos 'entidades individuales', de nuevo contrastando alguna propiedad asociada a ellas (en (5b), "ser película vista por Luis" vs. "ser película vista por José").

(5) a. Cuanto **menos** dinero **del previsto** utilices, más beneficiarás a la empresa.
b. Luis vio **diferente/otra/la misma** película **que** José.

1.2. Superlativos

Son 'superlativos' esquemas de cuantificación como el de (6), donde cada miembro de una 'clase de comparación' (aquí la denotada por *todas esas chicas*) se asocia con una magnitud (un número *x* de libros) a través de una cierta propiedad ("comprar número *x* de libros"), destacándose aquel (Ana) superior/inferior a todos los demás merced al carácter máximo/mínimo de la magnitud asociada a él (Heim 1999):

(6) La que más/menos libros compró de (todas) esas chicas fue Ana.

Cada uno de tales ingredientes semánticos fundamentales emana de un componente específico del esquema superlativo (Bello 1981: § 1025; RAE-ASALE 2009: § 45.13c–f):

a) Un predicado expresión de propiedad relaciona la magnitud con el elemento del que aquel se predica (el 'primer término'; RAE-ASALE 2009: § 45.13c), el cual remite al miembro destacado de la clase de comparación. El predicado de (6) se predica de *la* (referido a Ana), y es oracional (la relativa *que más/menos libros compró*); no lo es en cambio el de (7), un simple adjetivo *alta* nuevamente predicado de *la*. Las construcciones superlativas con predicado oracional son 'complejas', y 'simples' las ilustradas en (7) (RAE-ASALE 2009: § 45.13n); además, son 'graduales' aquellas con magnitud medida en grados ((7)), y 'cuantitativas' las basadas en números ((6)) o cantidades (*La que más **vino** bebió fue Ana*).

(7) Ana es la más/menos **alta** de todas las chicas.

b) El carácter máximo/mínimo de la magnitud lo expresa un AG morfológicamente idéntico al comparativo (*más/menos*), y a veces envuelto en formas sincréticas o bien coincidentes con las comparativas (*mejor/peor/antes*: *Es la **mejor** de todas/Es el que **antes** vino de todos*), o bien diferentes (*Fue el **último/único** de todos en hacerlo*). A las similitudes con el comparativo se suma el que el AG superlativo entrañe comparación (Szabolcsi 1986), y a las diferencias, el que carezca de diferencial (*Soy el que (***dos libros**) más leyó*).

c) Cuando no está implícita, la clase de comparación suele expresarla una frase nominal (*todas esas chicas*) término de una preposición *de* u otras (*Es el más conocido* ***en*** *todo el mundo*). Su interpretación universal deriva de un cuantificador *todo/a(s)* a menudo implícito (cf. los paréntesis en (6)). Preposición y frase nominal integran la denominada 'coda superlativa' (o 'complemento restrictivo'; RAE-ASALE 2009: § 45.13f), la cual puede manifestarse alternativamente como adjetivo/oración relativa (*Es el mejor poeta* ***vivo/que hay***). Ello es obligatorio —y de forzoso carácter modal— en los superlativos simples cuantitativos (*Leed* ***las más posibles/que podáis***; Romero 2013).

d) Un artículo definido (*la* en (6)), ocasionalmente envuelto en un posesivo/pronombre relativo (*Es* ***su*** *mejor libro/****Quien*** *más libros compró fue Ana*), remite al miembro destacado de la clase de comparación (Ana). Su definitud armoniza con el carácter "familiar" de esta (Gutiérrez-Rexach 2010; Heim 1999), y pudiera evidenciar el 'carácter único' del miembro destacado respecto de los demás (carácter único que puede hacerse extensible a un conjunto: *Ellos son* ***los*** *más altos*). El artículo evidencia asimismo la presencia de un sintagma nominal, lo que explica el que la construcción simple no pueda formar predicado con *estar* (*Es/*está la más alta*) ni admitir conversión de su predicado en clítico *lo* en entornos copulativos (cf. la construcción comparativa ***Lo*** *es más que tú* con la superlativa *****Lo*** *es la más de todos*).

Que estos componentes fundamentales integran un bloque constructivo lo muestra el que la ausencia de alguno de ellos provoca agramaticalidad (**Es la __ alta de todas*; **Es __ más alta de todas*; **Es la más alta de* ***algunas****...*). Por lo pronto, suele aceptarse que la coda superlativa es complemento del AG y, por tanto, lo reclama (Heim 1985; Romero 2013) y será única, como lo es la comparativa (*Leí el capítulo más largo de todo el libro (*de toda la bibliografía)*).

Ahora bien, en ocasiones es un constituyente interrogativo o con foco (indicado este con mayúsculas en los ejemplos) el que remite al miembro destacado, en cuyo caso el artículo definido ni es necesario ((8a,b)) ni tiene por qué remitir a este: en (8c) remite a una montaña, pero puede persistir Juan como miembro destacado de una clase de comparación implícita de escaladores. Se conoce esta interpretación como 'lectura relativa/comparativa' (Szabolcsi 1986; Heim 1985) para diferenciarla de la 'absoluta', también posible en (8c), donde podría no destacar Juan sobre otros escaladores y sí cierta montaña sobre las demás, bajo una clase de comparación implícita de montañas. Numerosos factores hostiles a la lectura comparativa han sido señalados en la bibliografía (Gutiérrez-Rexach 2010); cabría añadir los entornos exclamativos (*#¡A qué sinvergüenza concedieron el mejor piso!*).

(8) a. (De todos ellos,) **JUAN** escaló más montañas
    b. (De todos ellos,) ¿**quién** escaló más montañas?
    c. **JUAN** escaló la montaña más alta.

Ajeno al hasta aquí caracterizado (el superlativo 'relativo/partitivo/de régimen'; Bello 1981: § 1025), existe en la bibliografía el término 'superlativo absoluto' (Bello 1981: § 219; Alcina y Blecua 1991: 575; RAE-ASALE 2009: § 7.4), referido a adjetivos cuyo grado, merced a sufijos como *-ísimo/-érrimo* (*alt****ísimo****/celeb****érrimo***), obtiene interpretación elativa (*alt-ísimo*, que no *el más alto de todos*, entraña gran altura).

2. Propiedades específicas y problemas fundamentales

2.1. Comparativos

Existen dos posibles hipótesis para la representación estructural de la cabeza comparativa mediante diagramas arbóreos. La más aceptada hoy en día, la 'Hipótesis del Núcleo Funcional' (Abney 1987; Corver 1997), queda ilustrada en (9b) para la cabeza de (9a) (en negrita); como se observa, según esta hipótesis la cabeza comparativa es una expansión del AG llamada 'Frase de Grado', la cual contiene la frase léxica que el AG gradúa (aquí, una frase adjetival). Por el contrario, la llamada 'Hipótesis del Núcleo Léxico' (Bresnan 1973; Jackendoff 1977), ilustrada en (9c) nuevamente para (9a), sostiene que la cabeza comparativa es la expansión del núcleo léxico (aquí, la frase adjetival). En ambas configuraciones la frase de grado y la adjetival, como toda frase, contienen una posición inicial llamada 'Especificador'. El de la frase de grado permite alojar eventuales frases medidoras (aquí diferenciales) como la frase cuantificativa *dos centímetros* de (9a); como el especificador receptor de frases medidoras es parte de la expansión de un AG en español, la ausencia de este provoca la de aquellas (*Es (*dos metros) alta*).

(9) a. Ella es (dos centímetros) **más alta** que él.

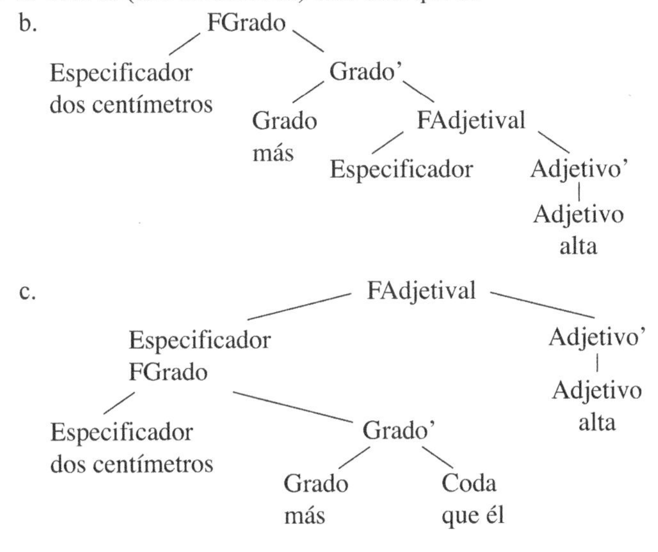

(9b) ofrece particulares ventajas: a) asumiendo la existencia de la 'incorporación', proceso independientemente atestiguado por el que un núcleo y el rector de su expansión pueden fusionarse como elemento único, formas sincréticas como *mejor* (=*más bueno*) podrían derivarse ahora por incorporación del adjetivo (*bueno*) al núcleo Grado, pues este rige en (9b) la expansión de aquel; b) asumiendo que la alteración del orden de palabras por focalización solo puede afectar frases, no realmente palabras, (9b) predice la imposibilidad de reubicar independientemente un *más* focal a inicio de cláusula, pues la frase de grado expansión de *más* incluye *alta* (**__MÁS__ era ella alta que él, no menos* vs. ***MÁS ALTA** era ella que él, no menos*); lógicamente, *dos centímetros*, siendo frase completa, sí admitirá reubicación independiente (***DOS CENTÍMETROS** era ella más alta que él, no cinco*).

Aunque ajena a tales predicciones, la configuración de (9c) sí puede expresar en cambio la relación de complemento de la coda con respecto al AG, pues este figura allí como rector de aquella. Ello, no obstante, predice un inexistente orden de palabras coda-*alta*, lo que obliga a estipular una operación de 'extraposición' que reubique la coda en la posición final realmente observada. En esta generan directamente la coda ciertos autores (Reinhart 1991) opuestos a la necesidad de una rección básica comúnmente asumida para representar complementos; ciertamente, comparativas de 'cabeza múltiple' como la de (10) la cuestionan, pues concurren en ellas una única coda y varios AG:

(10) **Más** chicas compraron **más** piñas de lo que pensaba.

Es frecuente proponer la inserción de una 'Frase Cuantificativa' (FCu) entre la frase de grado y la adjetival tanto para (9b) como para (9c) (cf. Bresnan (1973) y Corver (1997) respectivamente, en oposición a Jackendoff (1977)); según Pastor (2008), dada una cabeza comparativa como la de *Ella es* ***tan poco alta*** *como él*, dicha hipótesis permitiría ubicar *tan* bajo Grado y *poco* bajo Cu. Más aceptación recibe el FCu en la bibliografía en el caso de las comparativas cuantitativas; la cabeza de la de (11a) (en negrita) recibiría la configuración en (11b) bajo la Hipótesis del Núcleo Funcional:

(11) a. Comí **tan pocas manzanas** como tú.
b.

```
                    FGrado
                   /      \
     Especificador          Grado'
                           /      \
                      Grado        FCu
                        |         /    \
                       tan  Especificador  Cu'
                                          /    \
                                        Cu      FNominal
                                        |          |
                                      pocas     manzanas
```

El recurso estructural FCu ofrece algunas ventajas: a) brinda una estructura común para las comparativas graduales y cuantitativas; b) en casos como *Comí* ***más manzanas*** *que tú*, la presencia de Cu (esta vez no pronunciado) evita tener que reconocer que un adverbio (*más*) pueda estar incidiendo directamente sobre un nombre (*manzanas*), contraviniendo así los principios de combinatoria intercategorial; al contrario, aquí *más* estaría incidiendo más bien sobre un adjetivo nulo en Cu equivalente al inglés *many* de *too* ***many*** *apples* 'demasiadas manzanas', mera expresión del carácter numérico de la magnitud.

El que la coda sea complemento del AG la convierte en argumento semántico de este, el cual la selecciona como depositaria de la magnitud base y su propiedad asociada; a partir de la magnitud base, el diferencial vinculado al AG (y comúnmente tácito) construirá la principal, asociada a la propiedad aportada por la cláusula matriz. Resultará para (9a) la paráfrasis: "**existe** una magnitud=grado de altura de ella superior en dos centímetros a **la/toda/la máxima** magnitud=grado de altura de él", dependiendo las variantes en negrita de cómo se formalice la cuantificación sobre la magnitud base en la bibliografía (mediante operador 'iota' —Russell 1905—, 'universal' —Cresswell 1976— o 'maximizador' —von Stechow 1984— respectivamente).

Igualmente, el que la coda sea complemento del AG la convierte formalmente en 'oración subordinada' ('adverbial', según algunos autores); ello es congruente con la presencia de un pronombre relativo tras el conector (*Compré más libros que/de* ***los que*** *tú compraste*). No obstante, no emerge el relativo en codas con 'Elipsis Comparativa'; estas carecen de verbo (es decir, son 'frasales', no 'clausales') y meramente parecen integrarlas términos de comparación: el segundo término *él* de (12a) es correlato del primer término sujeto *ella*; el segundo término de (12b) es correlato del primer término objeto directo *libros*; el segundo término de (12c) es correlato del primer término núcleo comparativo *libros*; (12d) ilustra un caso de comparativa 'de término múltiple' (RAE-ASALE 2009: § 45.5l). Nótese que en ninguno de estos casos es posible la presencia de un pronombre relativo (entre paréntesis):

(12) a. Ella es más alta que (*lo que) **él**.
b. Más chicas compraron **libros** que (*las que) **cuadernos**.
c. Compré más **libros** que (*cuantos) **cuadernos**.
d. **Ella** regaló **libros** más veces que (*las que) **él cuadernos**.

Ciertos autores (Hankamer 1973; Napoli 1983) cuestionan el que deba suponerse una cláusula parcialmente elidida en tales codas, pudiendo ser *que* una simple preposición introductora de término frasal (frente a Bresnan (1973), defensora de un *que* complementante introductor de cláusula). Ello explicaría algunos fenómenos del español (Sáez y Sánchez López 2014: § 4.1): a) el *nadie* cuantificador universal de (13a) o el *quién* de la coda de (13b) son incompatibles con una versión clausal de esta; b) la identidad que todo segmento elidido reclama con otro manifiesto imposibilita considerar como elididas las secuencias en negrita de (13c-d), esenciales para una supuesta coda clausal subyacente:

(13) a. No cometí más errores que (***errores cometió**) **nadie**.
b. ¿Quién obtuvo más puntos que (***puntos obtuvo**) **quién**?
c. Conozco un libro con más capítulos que (capítulos **tiene**) este.
d. La venta de más armas a Irán que (armas **puedan venderse**) a Irak es concebible.

Parecería poder predecir la posibilidad de (13d) la propuesta de que existe un conector *que* coordinante (Napoli 1983), capaz de coordinar simples frases nominales como *Irán* e *Irak* (como hace *e* en *la venta de armas a **Irán e Irak***). Ello ofrecería otras ventajas: a) se predice el posible 'Perforado Homogéneo' de la reubicación focal del objeto en (14a) (idéntico al marcado con guiones en la coordinación *MUCHÍSIMOS LIBROS compró __ Ana en Quito y leyó __ Eva en Lima*); b) se predice la multiplicidad de correlatos en (12d), inviable con términos preposicionales y pareja a la de *Ella compró libros y **él cuadernos***; c) se predice que el *ella* de (14b), siendo sujeto por su coordinación con *Juan*, deba denotar un humano, como siempre sucede con el sujeto *ella* en español; d) existen paráfrasis coordinantes para la construcción comparativa en la bibliografía (Seuren 1973); para los casos con AG *más*, estas son del tipo "**hay** una magnitud que **no** es describible como en la coda y sí como en la oración matriz", con una negación implícita que explicaría la posible presencia de ítems de polaridad negativa en la coda (*Es más alta que **nadie***; Bosque 1980: § 3.2.2).

(14) a. MÁS LIBROS compró ___ Ana en Quito que leyó ___ Eva en Lima.
b. Era más alto Juan que ella (="Ana/*la mesa")

Deben distinguirse las codas con Elipsis Comparativa de aquellas otras con 'Borrado Comparativo'. Estas, clausales y carentes de correlato para la cabeza, las ilustra la variante con conector *como* de (15a); no así la variante con *cuantas*, o la de (15b) sin paréntesis, que exhiben un relativo (*cuantas/las que*) correlato de la cabeza; la variante de (15b) con paréntesis es agramatical, pues la comparación de desigualdad en español solo acepta Borrado bajo condiciones especiales (contraste antonímico/temporal entre predicados, por ejemplo: ***Gasta** más que **gana**/gastaba*; Piera 1982).

(15) a. Comí tantas peras **como/cuantas** me había vendido Ana.
b. Comí más peras *(de las) que me había vendido Ana.

A su vez, deben distinguirse las codas con Borrado de aquellas otras con 'Sub-borrado'. Estas son clausales, y exhiben un conector *como/que* (nunca *de*; (16a)), así como un correlato no relativo (*peras*) para el núcleo comparativo (*manzanas*); además, el correlato debe ser 'escueto' (por lo que no hay sub-borrado en (16b)) y seguir inmediatamente al conector (cf. la coda de (16a) con **...que vendí peras*):

(16) a. Compré más manzanas que/*de **peras** vendí.
b. Compré tantas manzanas **cuantas** peras vendí.

2.2. Superlativos

Algunos autores (Heim 1985, 1999; Szabolcsi 1986) intentan derivar el contraste entre lectura comparativa y lectura absoluta postulando procesos sintácticos abstractos (no manifestados fonéticamente); emergerá la primera si el AG se reubica abstractamente junto a *JUAN* en (8c), por ejemplo, y la segunda si lo hace junto a *la*, pues en cada caso surgirá un predicado diádico distinto (relacionando alturas con escaladores en el primer caso, y con montañas en el segundo).

Pese a su carácter comúnmente abstracto, en ocasiones sí parece hacerse visible tal reubicación en español. Así, la ambigüedad de (17a) se resuelve en clara lectura comparativa en (17b) una vez *mejor calificación* se reubica al inicio de la relativa (admite coda *de todos*, no *de todas*; el asterisco indica la necesaria desaparición de *la* resultante del proceso):

(17) a. Es JUAN el que obtuvo la mejor calificación.
b. Es JUAN el que (*la) mejor calificación obtuvo.

La adyacencia extrema entre el AG reubicado y el artículo referido al miembro destacado se consuma en ciertos dialectos del español; compárese (18) con *Es el que **más gente** vio* (Bosque y Brucart 1991):

(18) Es el **más gente** que vio. (Canarias, Antillas...)

Quizás avalaría también la hipótesis de una reubicación para el AG la distribución de la coda. Esta parece poder posicionarse a inicio de cláusula, alejada de su AG selector, solo allí donde pueda conjeturarse la correspondiente reubicación abstracta de este, que forzará lectura comparativa. Esta correlación se observa en (19a) (con clase de comparación "escaladores"); en cambio, la coda *del mundo* de (19b) rechaza tal posicionamiento inicial al estar vinculada a lectura absoluta (clase de comparación "coches"; Barbaud 1976: 144):

(19) a. **De todos los escaladores**, es JUAN el que escaló [la montaña más alta].
b. (***Del mundo**) tiene [el mejor coche (**del mundo**)].

Por otra parte, se ha señalado (Cinque 2010) que admiten lectura solo absoluta (como predirían Heim/Szabolcsi) superlativas simples con predicado adjetival como *¿Quién ha* *escalado* ***la más alta*** *montaña?*, con posición prenominal del adjetivo forzada por la adyacencia con el artículo obtenida por el AG.

Los autores que niegan una reubicación del AG como explicación del contraste entre lectura absoluta y comparativa ofrecen en cambio propuestas de naturaleza pragmática, semántica o sintáctico-semántica. Para Sharvit y Stateva (2002), surgirá en (8c) la absoluta seleccionando la mayor montaña a partir de un conjunto de "montañas en general", y la comparativa a partir de un conjunto de "montañas escaladas por los escaladores relevantes" (nunca a partir de un conjunto de escaladores); la obtención de uno u otro conjunto derivaría de factores pragmáticos. Idénticas clases de comparación emergen en Farkas y Kiss (2000), que codifican semánticamente el contraste entre lecturas asignando dos 'índices' al constituyente *montaña*, el uno interpretado como predicado "escalar" y el otro, bajo lectura comparativa, como "escaladores x, y, z…"; aquel asocia a cada escalador con una montaña, siendo la de Juan la más alta. Para Gutiérrez-Rexach (2010), el artículo *la* en (8c) codificaría semánticamente una clase de montañas apta para una lectura absoluta, pero ulteriores operadores y reajustes sintácticos generan la clase "montañas escaladas por Juan y escaladores alternativos" (lectura comparativa).

Para todos los autores examinados, la clase de comparación de (8c) la integrarían 'entidades individuales' (escaladores/montañas). Para Krasikova (2012) esto es cierto bajo lectura absoluta, pero no así bajo la comparativa, donde tal clase la integrarían conjuntos de grados que conforman alturas de montañas escaladas por los escaladores. Un operador 'iota', con significado "el único" y emanado del artículo *la*, seleccionará la máxima altura, generando *via* reubicación abstracta (*à la* Heim) la interpretación "la máxima altura de entre el conjunto de alturas de montañas escaladas, que además es única, es alcanzada por Juan". Asumiendo que los 'efectos de definitud' sean propiciados por artículos definidos referidos a entidades individuales, no a grados, el que el artículo remita a estos y no a aquellas bajo lectura comparativa explicaría su compatibilidad con ciertos casos del verbo *tener* sensibles a tales efectos (el *tener* de (20) rechaza tanto los objetos definidos como la lecturas absoluta; Szabolcsi 1986). Esta compatibilidad había forzado a Heim (1985, 1999) a caracterizar el artículo definido como mero expletivo bajo lectura comparativa:

(20) JUAN tiene la casa *(más grande).

Aun así, en datos del español como (8a,b) no aparece ningún artículo definido que pudiera codificar el operador iota, lo que sugiere que el carácter único que se interpreta para el miembro destacado emana aquí del AG (lo que proponía Heim (1999) para toda lectura).

El carácter único del miembro destacado no es incompatible con la interpretación universal (de indistinción) pragmáticamente inferida en construcciones superlativas 'generalizadoras' como *Oía* ***el más leve(=todo/cualquier)*** *ruido* (RAE-ASALE 2009: § 45.13w).

Bibliografía

Abney, S. (1987) *The English noun phrase in its sentential aspect*, tesis doctoral, MIT.

Alcina, J. y Blecua, J. M. (1991) *Gramática española*, 8.ª ed., Barcelona: Ariel.

Barbaud, Ph. (1976) "Constructions superlatives et structures apparentées", *Linguistic Analysis*, 2, 2, pp. 125–174.

Bello, A. (1981) *Gramática de la lengua castellana destinada al uso de los americanos*, ed. de Trujillo, R., Santa Cruz de Tenerife: Instituto Andrés Bello/Aula de Cultura de Tenerife.

Bolinger, D. (1950) "The comparison of inequality in Spanish", *Language*, 26, 1, pp. 28–62.

Bolinger, D. (1953) "Addenda to *The comparison of inequality in Spanish*", *Language*, 29, 1, pp. 62–66.

Bosque, I. (1980) *Sobre la negación*, Madrid: Cátedra.
Bosque, I. y Brucart, J. M. (1991) "QP-raising in Spanish superlatives", trabajo inédito: Universidad Complutense de Madrid/Universidad Autónoma de Barcelona.
Bresnan, J. (1973) "Syntax of the comparative clause construction in English", *Linguistic Inquiry*, 4, 3, pp. 275–343.
Brucart, J. M. (2003) "Adición, sustracción y comparación: un análisis composicional de las construcciones aditivo-sustractivas del español", en Sánchez Miret, F. (ed.) *Actas del XXIII Congreso Internacional de Lingüística y Filología Románica*, Tubinga: Max Niemeyer, pp. 11–60.
Brucart, J. M. (2010) "Patrones formales e interpretación: el funcionamiento de *más* en español", en Jiménez Ruiz, J. L. y Timofeeva, L. (eds.) *Estudios de Lingüística (Universidad de Alicante)*, núm. extra, pp. 13–44.
Cinque, G. (2010) *The syntax of adjectives: A comparative study*, Cambridge, MA: The MIT Press.
Corver, N. (1997) "The internal syntax of the Dutch extended adjectival projection", *Natural Language and Linguistic Theory*, 15, 2, pp. 289–368.
Cresswell, M. (1976) "The semantics of degree", en Partee, B. H. (ed.) *Montague grammar*, Nueva York: Academic Press, pp. 261–292.
Farkas, D. y Kiss, K. (2000) "On the comparative and absolute readings of superlatives", *Natural Language and Linguistic Theory*, 18, 3, pp. 417–455.
Gutiérrez Ordóñez, S. (1994) *Estructuras pseudocomparativas*, Madrid: Arco Libros.
Gutiérrez-Rexach, J. (2010) "Characterizing superlative quantifiers", en Cabredo-Hofherr, P. y Matushansky, O. (eds.) *Adjectives*, Amsterdam/Filadelfia: John Benjamins, pp. 187–232.
Hankamer, J. (1973) "Why there are two *than*'s in English?", en Corum, C., Smith-Stark, T. C. y Weiser, A. (eds.) *Chicago Linguistics Society*, 9, pp. 179–191.
Heim, I. (1985) "Notes on comparatives and related matters" [en línea]. Accesible en http://semanticsarchive.net/Archive/zc0ZjY0M/ [23/12/2004].
Heim, I. (1999) "Notes on superlatives" [en línea]. Accesible en http://semanticsarchive.net/Archive/TI1MTlhZ/ [22/12/2004].
Jackendoff, R. (1977) *X-bar syntax*, Cambridge, MA: The MIT Press.
Krasikova, S. (2012) "Definiteness in superlatives", en Aloni, M. *et al.* (eds.) *Logic, language and meaning. Lecture notes in computer science*, vol. 7218/2012, Dordrecht: Springer, pp. 411–420.
Napoli, D. J. (1983) "Comparative ellipsis: A phrase structure analysis", *Linguistic Inquiry*, 14, 4, pp. 675–694.
Pastor, A. (2008) "Split analysis of gradable adjectives in Spanish", *Probus*, 20, 2, pp. 257–300.
Piera, C. (1982) "Spanish comparatives, deletion and ECP", *Cornell Working Papers in Linguistics*, 4, pp. 185–199.
Plann, S. (1984) "The syntax and semantics of *más/menos...que* versus *más/menos de* in comparatives of inequality", *Hispanic Linguistics*, 1, pp. 191–213.
[RAE-ASALE] Real Academia Española y Asociación de Academias de la Lengua Española (2009) *Nueva gramática de la lengua española*, Madrid: Espasa Libros.
Reinhart, T. (1991) "Elliptic conjunctions – nonquantificational LF", en Kasher, A. (ed.) *The Chomskian turn*, Nueva York: Blackwell, pp. 360–384.
Romero, M. (2013) "Modal superlatives: A compositional analysis", *Natural Language Semantics*, 21, 1, pp. 79–110.
Russell, B. (1905) "On denoting", *Mind*, 14, 4, pp. 479–493.
Sáez, L. y Sánchez López, C. (2014) "Las construcciones comparativas. Estado de la cuestión", en Sáez, L. y Sánchez López, C. (eds.) *Las construcciones comparativas*, Madrid: Visor, pp. 13–174.
Sánchez López, C. (2006) *El grado de adjetivos y adverbios*, Madrid: Arco Libros.
Sánchez López, C. (2010) "Scalarité et corrélation: syntaxe et sémantique des corrélatives comparatives en Espagnol", en Hadermann, P. y Inkova, O. (eds.) *Approches de la scalarité*, Ginebra: Droz, pp. 135–168.
Seuren, P. (1973) "The comparative", en Kiefer, F. y Ruwet, N. (eds.) *Generative grammar in Europe*, Dordrecht: Reidel, pp. 538–564.
Sharvit, Y. y Stateva, P. (2002) "Superlative expressions, context, and focus", *Linguistics and Philosophy*, 25, 4, pp. 453–505.
Suñer, A., (2014) "Las comparaciones prototípicas", en Sáez, L. y Sánchez López, C. (eds.) *Las construcciones comparativas*, Madrid: Visor, pp. 337–369

Szabolcsi, A. (1986) "Comparative superlatives", en Fukui, N., Rapoport, T. y Sageby, E. (eds.) *MIT Working Papers in Linguistics*, 8, pp. 245–266.
von Stechow, A. (1984) "Comparing semantic theories of comparison", *Journal of Semantics*, 3, 1–2, pp. 1–77.

Lecturas complementarias

Beck, S. (2011) "Comparison constructions", en von Heusinger, K., Maienborn, C. y Portner, P. (eds.) *Semantics. An international handbook of natural language meaning*, vol. 2, Berlín: De Gruyter, pp. 1341–1390.
Corver, N. (2005) "Comparative deletion and subdeletion", en Everaert, M. y van Riemsdijk, H. (eds.) *The Blackwell companion to syntax*, Oxford: Blackwell, pp. 582–637.
Gutiérrez-Rexach, J. (2005) "Superlative quantifiers and the dynamics of context dependence", en von Heusinger, K. y Turner, K. (eds.) *Where semantics meets pragmatics*, Oxford/Nueva York: Elsevier Science, pp. 237–266.
Kennedy, Ch. (1999) *Projecting the adjective: The syntax and semantics of gradability and comparison*, Nueva York: Garland.
Sáez, L. (1999) "Los cuantificadores: las construcciones comparativas y superlativas", en Bosque, I. y Demonte, V. (dirs.), *Gramática descriptiva de la lengua española*, Madrid: Espasa, pp. 1129–1188.
Sáez, L. y Sánchez López, C. (eds.) (2014) *Las construcciones comparativas*, Madrid: Visor.

Entradas relacionadas

adjetivos; adverbios; coordinación; cuantificación; elipsis; morfología; negación; oraciones de relativo; oraciones adverbiales; preposiciones

COMPLEMENTOS Y OBJETOS

Héctor Campos

1. El concepto de predicado

Típicamente la noción de "predicado" evoca la distinción entre sujeto y predicado que aprendimos en nuestras primeras clases de gramática. Por esa razón asociamos "predicado" con la categoría "verbo". Sin embargo, el concepto de predicado se extiende más allá del verbo y aplica a categorías como sustantivos, adjetivos, adverbios y preposiciones. En general, un **predicado** es una categoría que designa un estado, acción, proceso, relación o propiedad y en el cual puede haber cero, uno o más participantes. Estos participantes se denominan **argumentos** o **actantes** del predicado. Llamamos **estructura argumental** de un predicado al conjunto de sus argumentos. De esta forma, el verbo *regalar* en *Ximena le regaló un cuadro a Maggie*, tiene tres argumentos: *Ximena, un cuadro* y *Maggie*. Por otra parte, el sustantivo *declaración* en la frase nominal *la declaración de guerra por parte de los Estados Unidos* tiene dos argumentos: *guerra* y *los Estados Unidos*.

2. Valencia y complementación de los predicados

Los predicados se clasifican según su **valencia**, es decir, por el número de argumentos que requieren. Así tenemos predicados **avalentes** (*llueve*); **monovalentes** (*Belén duerme, Gabriela es inteligente*); **bivalentes** (*Pablo estudia astronomía, el estudio de la astronomía por parte de Pablo, Pablo es loco por la astronomía*), **trivalentes** (*Claudio puso la torta en el refrigerador, Santiago está entre La Serena y Concepción, la petición de más becas al gobierno por parte de los estudiantes*) o **tetravalentes** (*tu viaje de Washington a Boston por Nueva York*). Todo argumento tiene una **realización categorial** (puede aparecer como sustantivo, adjetivo, adverbio, preposición, etc.), la cual está determinada o "regida" por el respectivo predicado. Por eso las gramáticas tradicionales utilizan la noción de "**régimen**" y la gramática generativa, el concepto de "**rección**". Se han generalizado estos dos términos al de "**complementación**". Los argumentos de un predicado se relacionan con el núcleo así como entre sí a través de diferentes **funciones sintácticas**. Diferentes exponentes gramaticales pueden marcar dichas funciones sintácticas. La concordancia verbal marca la función gramatical de **sujeto**; la presencia de la preposición "a" marca la función de **complemento indirecto**, la presencia de "a-personal" indica un **complemento directo** humano y específico; posiciones no canónicas o distintas curvas de entonación pueden indicar un **foco contrastivo** o antigua información (**tema**).

Siguiendo la clasificación de RAE-ASALE (2010), distinguiremos dos tipos de complementos en español: los **complementos argumentales** y los **complementos adjuntos o circunstanciales**.

Complementos argumentales son aquellos requeridos para completar el significado del predicado. Son **complementos argumentales** los **complementos directos**, **indirectos**, **subjetivos**, **objetivos**, **de régimen** y algunos **complementos predicativos**.

Se consideran **complementos adjuntos o circunstanciales** los adjetivos calificativos, las oraciones de relativo y modificadores preposicionales o adverbiales. Estos adjuntos expresan circunstancia, sea de tiempo, lugar, compañía, instrumento, cantidad, modo, finalidad o causa, entre otras. En este trabajo nos concentraremos en los complementos argumentales.

3. El complemento directo

La función sintáctica de complemento u objeto directo puede ser desempeñada por una frase nominal (*Belén invitó a Antonio*), un pronombre (*Belén lo invitó*) o una oración (*Belén quiere que Antonio la visite*).

Cuando el complemento directo es una frase nominal, esta aparece normalmente en caso acusativo, aunque este caso se manifiesta morfológicamente solo en los pronombres clíticos en español (los clíticos acusativos son: *me*, *te*, *lo*, *la*, *nos*, *os*, *los*, *las*). Cabe mencionar que solo los pronombres átonos de tercera persona tienen una forma exclusiva en el acusativo; los pronombres correspondientes a las otras personas tienen la misma forma en acusativo, dativo y reflexivo. Los verbos que llevan un complemento directo se denominan **verbos transitivos**.

3.1. ¿Es posible identificar el complemento directo?

Un primer criterio podría ser la función semántica del complemento directo, esto es, la manera en que este se interpreta respecto a la acción, relación o proceso expresado por el verbo. Sin embargo, es imposible generalizar la función semántica del complemento directo; incluso es difícil reducirla a unas pocas. Tradicionalmente se decía que complemento directo es aquel que "recibe la acción del verbo". Esta observación es correcta para aquellos verbos cuyo complemento directo resulta afectado por la acción del verbo. Aunque muchos verbos transitivos tienen esta propiedad, hay verbos de acción donde el complemento directo no resulta afectado: *pedir un deseo*. Tampoco resulta afectado el complemento cuando tenemos un estado o propiedad: *necesitar ayuda*. En la gramática generativa se ha generalizado el papel temático del complemento directo a TEMA o a PACIENTE, entendiendo que esto es, a lo más, una sobregeneralización.

Un segundo criterio para identificar el complemento directo podría ser la posición del complemento directo en una oración. Pero a diferencia de lenguas como el inglés, en español el complemento directo no siempre aparece inmediatamente después del verbo. Así, puede aparecer un adverbio o una frase proposicional entremedio (*Beso siempre a mi novia*). Incluso el sujeto puede aparecer entremedio: *Besó Belén a su novio antes de marcharse*. Cuando focalizamos el complemento directo, este puede aparecer al comienzo de la oración: *A Claudio lo vieron en la discoteca*. Por tanto, la posición en la oración tampoco sirve como criterio para identificar un complemento directo.

Otro criterio utilizado es la sustitución del complemento directo por un pronombre clítico acusativo equivalente: *Invité a Choche* = *Lo invité*. Sin embargo esta sustitución no es posible si el complemento directo es un complemento indefinido con interpretación no específica: cf. *Compré un/algún helado/*Lo compré, No compré nada/*No lo compré, Tiene demasiados compromisos/*Los tiene.* Típicamente, cuando el complemento directo constituye información antigua y está al comienzo de la oración, encontramos un pronombre clítico: *A Roberto lo vi en la discoteca.* Pero cuando el complemento directo no es específico, la prueba vuelve a fallar: *Un helado (*lo) compré en la tienda.* A veces también falla esta prueba incluso si el complemento directo es definido: *Solo cocinaré las berenjenas.* ≠ *Solo las cocinaré.* En el primer ejemplo cocinaré solo las berenjenas (no los zapallitos); en el segundo, solo las cocinaré (no las freiré). Esto se debe a que los pronombres clíticos no pueden servir como foco para adverbios como *solo.* Concluimos que la sustitución del complemento directo por un pronombre clítico tampoco es un criterio infalible.

Hay ciertas construcciones que solo afectan a los complementos directos. Una de ellas es la construcción pasiva perifrástica: *Cervantes escribió Don Quijote/Don Quijote fue escrito por Cervantes.* Pero inmediatamente encontramos contraejemplos como: *Claudio tiene una hermana/*Una hermana es tenida por Claudio.* Cabe mencionar que una pasiva refleja es posible en este caso: *Se tiene una hermana.* Otra prueba para detectar el complemento directo es el uso de adjetivos como *difícil/fácil de, imposible de,* los cuales requieren un verbo transitivo: *Estos ejemplos son difíciles de encontrar, Esa torta es fácil de hacer.* Pero nuevamente nos encontramos con contraejemplos: *Tengo dos hermanos. *Dos hermanos son fáciles de tener.* En conclusión, vemos que aunque hay pruebas para detectar un complemento directo en muchos casos, estas no están libres de contraejemplos y es preciso encontrar y entender mejor sus limitaciones.

3.2. Recuperación de los complementos directos

Es común omitir el complemento directo, lo cual produce una aparente alternancia entre verbo transitivo/intransitivo. La **recuperación o reintegración del complemento directo** se puede lograr mediante recursos sintácticos o procedimientos léxicos. Un recurso sintáctico de recuperación es el contexto, como en *Michel siempre hace ejercicio por las mañanas pero yo no hago.* En este caso se sobreentiende que yo no hago ejercicio. Esta reintegración es posible cuando el complemento directo es indefinido.

Procedimiento léxico, por otro lado, es aquel en que logramos reintegrar el complemento directo sin ayuda del contexto. Un verbo transitivo se puede usar intransitivamente, como en *Kiko está leyendo.* Este es el **uso absoluto de un verbo transitivo**. Podemos probar que hay complemento directo ya que podemos completar la oración con *pero no sé qué,* con lo cual entendemos que Kiko está leyendo algo. En este caso los objetos omitidos son **prototípicos**. Algunos análisis presuponen un complemento cognado para estos usos absolutos, así *cantar* implica 'cantar canciones', *comer* 'comer comida'. Sin embargo, en el caso de *beber* no entendemos 'beber bebida' sino 'beber alcohol'.

El discurso también nos ayuda a recuperar un complemento directo. Compárese: (i) *Paul todavía está durmiendo; bebió mucho anoche* con (ii) *Michel bebió mucho durante la carrera.* En (i) probablemente entenderemos que Paul bebió *alcohol,* mientras que en (ii) entendemos que Michel bebió *agua.*

Es común el uso absoluto con los verbos que indican actividad de profesión u oficio: un estudiante *estudia,* un profesor *enseña.* También con actividades habituales: un conductor *maneja.*

Es posible omitir el complemento directo con verbos de afección: *El ruido molesta, Las apariencias engañan.* En estos casos entendemos el complemento como "a uno", "a la gente en general". También es común su omisión con verbos de influencia: *La tormenta obligó a cancelar el evento.* Encontramos igualmente omisión en **contextos ostensivos**, típicamente en letreros u otras indicaciones escritas: *No estacionar*, *Empuje*, y en **imperativos**: *Repita*, *Escriba.*

3.3. Verbos con acusativo interno

Un verbo intransitivo se puede usar con un **complemento de acusativo interno**. En estos casos el complemento es afín al verbo: *Llorar lágrimas de alegría.* Se incluyen aquí también los **complementos cognados**: *Soñar un sueño imposible*, *Morir una muerte atroz.*

3.4. Verbos causativos

Con algunos verbos sobrentendemos una construcción causativa equivalente a "hacer + infinitivo", donde el complemento directo de la construcción causativa se interpreta como el sujeto del infinitivo: *Hirvieron el agua (hicieron que el agua hirviera)*, *Pararon el taxi (hicieron que el taxi parara).* En algunos casos los verbos tienen un correlato no causativo como en *matar/morir*, *sacar/salir*, *meter/entrar*: *Los mataron de hambre (hicieron que murieran de hambre).*

A veces un verbo causativo alterna con un verbo pronominal: *Secaron la ropa* (hicieron que la ropa se secara), *Durmieron al bebé* (hicieron que el bebé se durmiera).

Observamos variación en transitividad con las **construcciones factitivas**, en las cuales el sujeto no ejecuta la acción indicada por el verbo, sino que hace que otra persona la haga. Estas ocurren típicamente con verbos pronominales: *Mema se cortó y se tiñó el pelo en Maxie's (hizo que le cortaran y tiñeran el pelo).* No está claro que pertenezcan a este mismo grupo construcciones como *Obama ha construido muchas autopistas*, puesto que en estos casos Obama no recibe el beneficio de la acción indicada por el verbo.

3.5. Alternancias con verbos pronominales de régimen

Hay un grupo grande de verbos donde la variante transitiva alterna con una intransitiva, donde el verbo se ha hecho pronominal y cuyo complemento aparece como un complemento de régimen: *Olvidé tu nombre, Me olvidé de tu nombre*; *Contacté a Roberto / Me contacté con Roberto.* Por otra parte, hay verbos que no llevan una forma pronominal cuando sufren tal alternancia: *jugar fútbol/jugar al fútbol*; *pensar algo/pensar en algo.*

3.6. Locuciones verbales con verbos transitivos

Hay muchas locuciones verbales transitivas y hay mucha variación dialectal en el uso de estas construcciones. Algunas se utilizan sin artículo: *darse prisa.* Otras, con artículo: *meter la pata.* Algunas pueden llevar complemento indirecto: *llamar la atención (a alguien).*

Hay muchas locuciones verbales que se utilizan con pronombres clíticos, los cuales no se pueden determinar por el contexto: *pasarlo/la bien*, *arreglárselas*, *creérselo*, *embarrarla*, *jugársela(s)*, *sabérselas todas.*

Se deben distinguir las locuciones verbales de las **construcciones con verbo de apoyo**, las cuales se forman con verbos que pierden su sentido original y que llevan sustantivos que dan el significado principal a la expresión: *dar un paseo (pasear).* Otros ejemplos: *dar aviso/respuesta*; *hacer daño/mención*; *tener admiración/cariño*; *tomar fuerzas/velocidad*, *pedir disculpas/explicaciones*; *poner una multa/un castigo.*

4. El uso de *a*-personal con los complementos directos

Es típico del español el contraste entre los complementos directos humanos y no humanos, donde los primeros aparecen precedidos de *a* y los segundos no: *Visitamos *(a) Patricia, Visitamos (*a) la iglesia.* La **a-personal** tiene su origen en la construcción "*ad*+acusativo", la cual surgió en el latín vulgar, donde primero se empleó con los pronombres de complemento indirecto (*ad mihi*, en lugar de *mihi*) y luego se extendió a otros sintagmas nominales, principalmente a los complementos directos animados, especialmente humanos. Contribuyó a la expansión de *a*-personal el hecho de que algunos verbos que regían dativo en latín (verbos *auxiliāri* y *servīre*) se transformaron en verbos transitivos en español. Otra causa pudo haber sido el hecho de que la *a*-personal servía para distinguir el sujeto del complemento directo cuando este se encontraba en posición postverbal.

4.1. Uso obligatorio de la a-*personal*

Es obligatoria la *a*-personal con los pronombres tónicos. En esta construcción debe también aparecer un **clítico de doblado**: **Vi él, *Vi a él, Lo vi (a él)*. También aparece obligatoriamente la *a*-personal con los pronombres indefinidos: *No vi *(a) nadie, ¿Busca *(a) alguien?* Asimismo se requiere con los interrogativos y los exclamativos: *¿*(A) quién busca? *¡(A) quién lo amara Penélope!* Igualmente es obligatoria con los pronombres relativos de persona: *La mujer a quien amo*, así como con los relativos complejos de forma art + *que*: *La mujer a la que amo*. Aquí también es posible usar solo el relativo *que*, el cual no va precedido de la *a*-personal: *La mujer (*a) que amo.*

Es obligatorio el uso de la *a*-personal con nombres propios de animales, en cuyo caso podemos hablar de **personificación**: *¿No has visto *(a) Rosita? He buscado debajo de todas las camas y no la encuentro.* Cuando hay cercanía afectiva se puede también utilizar la *a*-personal: *Sacaré a pasear (a) la perra.* Se pueden personificar también nombres colectivos como *colegio*, *compañía*, *universidad*, etc., y en estos casos también aparece la *a*-personal: *¿Por qué estás siempre criticando (a) la universidad?* Con la *a*-personal nos referimos a una universidad en particular, sin la *a*-personal nos referimos a la universidad como institución u organismo. Favorecemos el proceso de personificación cuando usamos verbos que generalmente llevan complemento de persona (*amar*, *odiar*) o verbos que connotan formación de juicios: *Culparon *(a) los bancos de la crisis económica.*

Se utiliza *a*-personal con los nombres propios empleados metonímicamente: *Leer *(a) Cervantes.* Sin embargo, en el lenguaje de la música clásica, es común omitir la *a*-personal: *Interpretar (a) Mozart, Tocar (?*a) Mozart.* Cuando el nombre propio representa una obra en particular del artista, no se utiliza la *a*-personal: *¿En cuánto vendieron (*a) ese Dalí?*

En todos los ejemplos anteriores, utilizamos la *a*-personal cuando el complemento directo aparece con un determinante definido o es un nombre propio. Sin embargo, es obligatoria con un complemento directo indefinido cuando el verbo lleva un complemento predicativo: *Llevarán a juicio *(a) terroristas.*

4.2. Uso potestativo de la a-*personal*

Cuando tenemos un **sustantivo escueto** (un sustantivo sin determinante), generalmente se omite la *a*-personal: *Están contratando (*a) secretarias en esa empresa.* Si el sustantivo aparece modificado, se puede usar la *a*-personal: *Están contratando (a) secretarias bilingües en esa empresa.* Cuando coordinamos sustantivos escuetos es común que aparezca la *a*-personal: *Están contratando (a) traductores e intérpretes en esa empresa.*

Tradicionalmente se ha explicado la diferencia entre (i) *Estoy buscando a un amigo* y (ii) *Estoy buscando un amigo* como la diferencia entre una persona específica (i) y no específica (ii). Pero esta es una simplificación pues en la oración *Lo condenaron por haber matado a un hombre* o *Invitarán a tres profesores a la recepción*, en una de sus lecturas, no nos referimos a ninguna persona específica ni hacemos referencia a un individuo identificable. Se ha utilizado esta misma propiedad para explicar la relación entre el uso de la *a*-personal y el indicativo (iii), y la falta de *a*-personal con el subjuntivo (iv): (iii) *Están buscando a una secretaria que sabe albanés*, (iv) *Están buscando una secretaria que sepa albanés*, donde el uso de la *a*-personal pareciera indicar especificidad. Pero si decimos *Necesito *(a) alguien que sepa albanés*, es obvio que no nos referimos a alguien específico a pesar del uso obligatorio de la *a*-personal.

Hay verbos que cambian su significado dependiendo de la presencia de la *a*-personal: *Distinguieron (a) una empleada de la compañía.* Con la *a*-personal puede significar que la vieron o que la honraron; sin la *a*-personal solo significa que la percibieron. Con **verbos de creación** como *pintar*, *dibujar*: *Pintaron (a) una madre con su niño*, la presencia de *a*-personal indica la imagen que pintaron, sin la *a*-personal indica el objeto pintado. En el caso con la *a*-personal preguntaríamos *¿A quién pintaron?*, mientras que en el segundo preguntaríamos *¿Qué pintaron?* Con **cuantificadores indefinidos**: *Invitaron (a) 30 estudiantes a la recepción del Presidente*, la presencia de *a*-personal da énfasis a la lectura distributiva (invitaron a x, y, z...) en tanto que su ausencia da énfasis a la cantidad.

4.3. Cuando no se usa la a*-personal*

Cuando el complemento directo denota un tipo, es común omitir la *a*-personal: *Estamos buscando las personas con las mayores necesidades.* La pregunta pertinente para el ejemplo anterior se formularía con *qué* y no con *quién*: *¿Están buscando qué?* Estas construcciones típicamente contienen verbos intensionales, o verbos que inducen una lectura no específica sobre el complemento, verbos como *buscar*, *preferir*, *necesitar*. Facilitan estas construcciones adjetivos como *adecuado*, *ideal*, *perfecto*: *Todavía no ha encontrado la mujer ideal.*

Se omite la *a*-personal con verbos que permiten una **interpretación proposicional**: *El tornado dejó (*a) cien muertos.* Otros verbos como *dejar* son *causar*, *ocasionar*, *producir*. Al igual que con los ejemplos anteriores, observamos que la pregunta se formularía con *qué*: *¿Qué dejó el tornado?*

No se usa tampoco con los verbos *tener* y *haber*: *Tengo (*a) dos hermanas*, *Hay (*a) diez estudiantes en esa clase.* Sin embargo, se permite la *a*-personal cuando usamos *tener* en **construcciones presentativas**: *Aquí tenemos (a) una excelente profesora* o cuando enumeramos: *Teníamos en nuestro comité (a) dos estudiantes y (a) dos profesores.* Con un complemento predicativo también es posible usar la *a*-personal: *Tenemos (a) varios estudiantes trabajando en ese proyecto.*

5. El complemento indirecto

Llamamos **complemento** u **objeto indirecto** a la función sintáctica que llevan a cabo los sintagmas preposicionales encabezados por la preposición *a* que pueden ser reduplicados o remplazados por los pronombres átonos de dativo (*me, te, le, nos, os, les*): *Ximena (le) regaló un cuadro (a Tito).* Es muy típico que estas construcciones aparezcan con doblado **del pronombre átono**, especialmente en el registro coloquial. Típicamente el complemento indirecto es un receptor, destinatario, beneficiario o experimentador de una acción, proceso o situación.

En algunas gramáticas se consideran también complementos indirectos los sintagmas encabezados por *para*. Así, se interpretan como sinónimas las oraciones: *Te compré este regalo a ti* y *Te compré este regalo para ti*. Sin embargo, si decimos (i) *Le entregué el regalo a Denisse* y (ii) *Le entregué el regalo para Denisse*, podemos ver que solo en (i) le entregué el regalo directamente a Denisse, por lo cual concluimos que los sintagmas con las preposiciones *a* y *para* no son equivalentes y solo la primera es la preposición de complemento indirecto.

Hay dos tipos de complementos indirectos: los **complementos indirectos argumentales** (o seleccionados o actanciales) y los **complementos indirectos no argumentales** (o no seleccionados o no actanciales). En gramática generativa los complementos indirectos se han analizado como **construcciones aplicativas**.

5.1. Complementos indirectos argumentales

Según el punto de vista semántico, hay cinco tipos de **complementos indirectos argumentales**: (i) **destinatario**: *Le envié dinero a Paul*; (ii) **experimentador** o **experimentante**: *A Maggie le gusta cocinar*; (iii) **origen de acción o movimiento**: *A Denisse se le acercó un vagabundo*; (iv) **término de una acción**: *Le fue con un chisme a su novia*; (v) **ubicación**: *Le echó aceite a la ensalada*.

Implican un destinatario los **verbos de transferencia** (*dar*, *enviar*, *devolver*). También lo implican los **verbos de comunicación** (*decir*, *avisar*, *repetir*), así como los **verbos de demanda** (*pedir*, *exigir*, *preguntar*) y los de **intercambio** (*alquilar*, *comprar*, *vender*). También caen dentro de este grupo los **verbos de atribución** (*imputar*, *asignar*, *otorgar*).

Implican un experimentador o experimentante los **verbos de afección** o **verbos psicológicos** (*aburrir*, *agradar*, *encantar*). Se ha demostrado que los complementos indirectos de estos verbos se comportan como sujetos, ya que típicamente el sujeto, pero no así el complemento indirecto, se interpreta como el antecedente o referente de una subordinada con infinitivo. Así, en la oración *Belén le pidió dinero a Pablo para [ ] comprarse un iPod*, interpretamos el sujeto del infinitivo (indicado con corchetes) como Belén (el sujeto de la cláusula principal) y no como Pablo (el complemento indirecto de la cláusula principal). Sin embargo en la oración *A Pablo le gustaría [ ] obtener un doctorado en astronomía*, interpretamos el sujeto del infinitivo como *Pablo*, si bien Pablo aparece marcado como un complemento indirecto. Se comportan como los verbos de afección los **verbos de acaecimiento** (*pasar*, *suceder*), **de pertinencia** (*concernir*, *corresponder*), **de necesidad** (*bastar*, *faltar*), **de pertenencia** (*pertenecer*) y **de utilidad** (*servir*). Los argumentos de ciertos adjetivos también caen dentro de este grupo (***Le** es útil*, ***Les** es necesario*).

Los verbos que indican **dirección, destino o término** pertenecen a diferentes clases semánticas: **aproximación** (*acercar(se)*, *arrimar(se)*), **adición o contacto** (*unir(se)*, *juntar(se)*), **advenimiento, presencia** (*llegar*, *aparecer(se)*). Se ha de observar que en todos estos casos el doblado por el pronombre clítico es optativo: *Se (les) apareció a sus discípulos*.

Opuestos a los verbos de aproximación son los **verbos de separación**. Estos también aparecen con un clítico de complemento indirecto. Es interesante observar que en estos casos el clítico alterna con un complemento de régimen: *Se alejó del profesor – Se le alejó*, *Se opuso a sus padres – Se les opuso*.

Los **verbos de ubicación** también pueden alternar con un clítico de complemento indirecto: *Puse el mantel en la mesa – Le puse el mantel a la mesa*.

5.2. Complementos indirectos no argumentales

Se consideran complementos indirectos no argumentales los llamados **dativos de interés**. Estos indican individuos que son beneficiados o perjudicados por la acción del verbo y por lo tanto conllevan un significado afectivo: (i) *Le dejé los libros en la mesa a la profesora*, (ii) *Le puso un chicle en la silla a la profesora*. De allí que también se conozcan con el nombre de **dativos benefactivos** (i) **o malefactivos** (ii).

Otro tipo de complementos indirectos no argumentales son los **dativos de posesión o dativos simpatéticos**: *Guille le cortó el pelo a Vicente*. En la oración *Kati le lavó el auto a Mema*, el complemento indirecto *a Mema* puede ser un posesivo (el auto de Mema) o bien un benefactivo (Kati le hizo un favor a Mema, pero el auto no era necesariamente de Mema).

También se consideran complementos indirectos no argumentales los **dativos éticos**. Son **dativos éticos** los clíticos de complemento indirecto que se ven afectados indirectamente por la acción verbal: ¡*No te me vayas*! En algunos casos, el dativo ético está próximo en significado al dativo de procedencia: *¡No te me escaparás!* Es común que el dativo ético aparezca con otro complemento indirecto, típicamente con un dativo de posesión: *¡No me le saques la chaqueta al niño!* Puesto que el dativo ético puede aparecer junto a otro dativo, algunos lingüistas han postulado que el dativo ético no tiene caso propio. Los dativos éticos no pueden aparecer doblados por un pronombre enfático: **¡No te me vayas a mí!*, **¡No te me escaparás a mí!*

Finalmente, son complementos indirectos no argumentales los **dativos aspectuales**. A diferencia de los otros dativos, estos concuerdan con el sujeto y dan énfasis a la completitud de la acción: *Me comí toda la cena*. Un dativo ético puede aparecer junto a un dativo aspectual: *Finalmente se* (dativo aspectual) *me* (dativo ético) *comió todo el almuerzo*. Solo es posible usar un dativo aspectual cuando el evento es delimitado: *Se tomó el remedio*, **Se tomó remedio*. Los dativos aspectuales nunca aparecen doblados por un pronombre tónico: **Se tomó el remedio a sí mismo*. Para algunos investigadores el dativo aspectual es parte del verbo. Así, observamos una diferencia entre *saber algo* (conocer algo) vs. *saberse algo* (aprenderse), o *encontrar a alguien* (hallar a alguien) vs. *encontrarse a alguien* (dar con alguien).

5.3. Uso obligatorio y optativo del doblado del pronombre átono

Mencionamos anteriormente que el complemento indirecto puede aparecer sin un clítico de doblado. En general, esto es posible solo cuando tenemos un complemento indirecto argumental y cuando el complemento indirecto es un **destinatario**: *Mema (le) pidió ayuda al conserje*. La ausencia de doblado en estas construcciones se asocia con un registro más elevado.

En algunos casos, la ausencia de doblado puede tener consecuencias semánticas: (i) *Enseñó inglés a sus primos*. (ii) *Les enseñó inglés a sus primos*. Solo (ii) indica que ha tenido lugar necesariamente el aprendizaje.

Es obligatorio el doblado del clítico de complemento indirecto cuando el complemento indirecto aparece dislocado: *Al conserje *(le) pidió ayuda*. También es obligatorio el uso del pronombre clítico cuando utilizamos un pronombre tónico, esté este en posición canónica o dislocada: **(Le) pidió ayuda a él*, *A él *(le) pidió ayuda*. Es igualmente obligatorio en la mayoría de los dialectos el uso del pronombre clítico con los complementos indirectos no argumentales: **(Le) cortaron el pelo a Pipe*. *Bahía *(le) abrió la puerta a Omar*.

Cuando el complemento indirecto es un experimentador, el clítico típicamente está presente: *A Mema *(le) gustan los chocolates*. Pero cuando el complemento indirecto es un cuantificador, es posible omitirlo: *Sus palabras gustaron a todos*.

5.4. Otros usos del complemento indirecto

Hay muchas construcciones de complemento indirecto que se forman con los verbos *dar* y *hacer* como **verbos de apoyo o soporte**: *dar preferencia, prioridad; hacer una broma, un chiste*. Estas construcciones demuestran que no es el verbo el que selecciona dos argumentos, sino más bien que es el grupo verbo + complemento directo el que toma un complemento indirecto.

Es también común el uso de un complemento indirecto cuando usamos un verbo copulativo con un adjetivo: *El examen me fue fácil, Nos es práctico este iPad*. Como en los ejemplos anteriores, el verbo no selecciona el complemento indirecto en estos casos tampoco.

También hay locuciones verbales que llevan complemento indirecto. Hay locuciones que llevan tanto el complemento directo como el complemento indirecto fijos: *buscarle los tres/cinco pies al gato*. Otras locuciones tienen fijo solo el complemento directo: *echarle una mano (a alguien), darle la razón (a alguien)*. Y finalmente otras locuciones pueden contener otras variables sintácticas: *echarle (algo) en cara (a alguien)*.

6. Los complementos de régimen

Los **complementos de régimen** son frases preposicionales seleccionadas por el verbo, las cuales vienen a completar el significado del verbo: *Habló de su viaje a Nueva York, Se asomó a la ventana*. Los sustantivos y los adjetivos también pueden seleccionar una frase preposicional, especialmente aquellos que provienen de verbos con complemento de régimen: *preocuparse por algo, la preocupación por algo, preocupado por algo*. Algunos complementos de régimen repiten un prefijo que es parte del verbo: *colaborar con, desentenderse de, la colaboración con* (pero, *el desentendimiento con-por*).

6.1. Los complementos de régimen verbales

Los complementos de régimen verbales, al igual que los complementos directos e indirectos, pueden ser explícitos o pueden estar sobreentendidos: *¿Cuándo viajas?, Su viaje fue todo un éxito*.

Son compatibles con el complemento directo: *Invité a Tatiana a la casa*. Algunos verbos pueden llevar dos complementos de régimen: *Viajamos desde Hanoi a Saigón*. Algunos investigadores han analizado esta doble selección de complementos de régimen como una preposición con estructura compleja.

En las gramáticas tradicionales se llamaba **complementos circunstanciales** a los complementos de régimen. Hoy se utiliza esta denominación para las categorías que no son argumentos; también nos referimos a ellas con el nombre de **adjuntos**. Así se explica la ambigüedad de la oración *Roberto pensó en su cama*, en la cual la frase preposicional *en su cama* es un complemento de régimen si la cama es sobre lo cual pensó Roberto y es un adjunto cuando nos referimos al lugar donde Roberto pensó.

Los **complementos circunstanciales de ubicación** son una mezcla entre complementos de régimen y adjuntos. Se parecen a los complementos de régimen en que son seleccionados semánticamente por el verbo, pero a diferencia de los complementos de régimen puros, no son seleccionados únicamente. Así podemos decir *Puso el café sobre/encima/debajo/al lado de la mesa*. Necesitamos de la frase preposicional para completar el significado del verbo (por eso, **Puso el café*), pero cualquier preposición que implique ubicación puede satisfacer la selección del verbo. De hecho, ni siquiera es necesario tener una frase preposicional; podemos satisfacer la selección semántica del verbo con un adverbio: *Puso el café allí*.

Típicamente los verbos pronominales (los verbos que aparecen con el pronombre clítico -*se* en el infinitivo) aparecen con complemento de régimen: *encontrar* vs. *encontrarse con* y tienen un significado diferente del verbo no pronominal. En la mayoría de los casos hay cambios drásticos de significado: *fijar algo* vs. *fijarse en algo*, *despedir a alguien* vs. *despedirse de alguien*. Esto lleva a confusión a los hablantes con construcciones como *me alegra (*de) verte*, *me alegro de verte*, así como de las formas *recordar algo* y *acordarse de algo*, el cruce de las cuales llega a generar la forma *recordarse de algo*, que no es propia del habla culta.

Los verbos no pronominales también pueden alternar con un complemento de régimen. Con algunos verbos no se observa diferencia de significado: *Requerimos tu ayuda* vs. *Requerimos de tu ayuda*, *Respondí una llamada* vs. *Respondí a una llamada*. Con otros verbos es más sutil el cambio: *Habló francés toda la noche* vs. *Habló en francés toda la noche*, *Entiendo el asunto* vs. *Entiendo del asunto*.

6.2. Complementos de régimen de sustantivos

Muchos sustantivos derivados de verbos mantienen la preposición requerida por el verbo: *Viajó a Nueva York*, *el viaje a Nueva York*. Sin embargo hay algunos sustantivos derivados que exigen otra preposición: *Le interesa la astronomía*, *Se interesa en la astronomía*, vs. *su interés por/en la astronomía*.

Las frases preposicionales encabezadas por la preposición *de* no siempre son complemento de régimen. Son complemento de régimen solo cuando las requiere el verbo del que deriva el sustantivo. Así, compárese (i) *salir de la casa*, *la salida de la casa* con (ii) *enseñar español*, *la enseñanza de español*. Solo es complemento de régimen la frase preposicional en (i). En (ii) no lo es ya que la preposición de no aparece con el verbo primitivo. Estos complementos se conocen **complementos de genitivo objetivo** o **complementos objetivos**. Por la misma razón tampoco se consideran complementos de régimen los sujetos en (i) *el regreso de los soldados*, (ii) *las protestas de los estudiantes*. Estos son **genitivos subjetivos** o **complementos subjetivos**. Cuando un complemento indirecto (un complemento argumental) aparece introducido por la preposición *a* después de un sustantivo, este se considera un complemento de régimen, aunque no todos los lingüistas están de acuerdo con esta propuesta: *el envío de dinero a los estudiantes*, *la petición a la administración*. Esta preposición puede aparecer también con complementos pacientes de sustantivos (típicamente complementos directos del verbo), especialmente cuando el paciente es humano: *Nuestra visita a María*.

6.3. Complementos de régimen de los adjetivos

Los adjetivos también pueden introducir complementos preposicionales: *orgulloso de algo*, *escaso de algo*. Como en los sustantivos, se consideran complementos de régimen aquellas frases preposicionales que también aparecen con el verbo: (i) *carecer de dinero*, *carente de dinero*; (ii) *temer la oscuridad*, *temeroso de la oscuridad*. Solo es complemento de régimen la frase preposicional de (i) ya que también la encontramos con el verbo. La frase preposicional de (ii) es un **complemento objetivo**.

Al igual que con los verbos y con los sustantivos, hay ciertos adjetivos que siempre deben aparecer con su complemento de régimen: *propenso a*. Hay otros donde el complemento puede quedar implícito: *igual, fiel*.

7. Los complementos predicativos

Los complementos predicativos denotan propiedades o estados. Existen complementos predicativos del sujeto, del complemento directo o de otras funciones gramaticales.

7.1. Los complementos predicativos del sujeto

Los complementos predicativos del sujeto se predican a través de un verbo que no sea un verbo copulativo o semicopulativo. Pueden ser adjetivos, frases preposicionales u oraciones. *Claudio regresó agotado/con pena/que no quería hablar con nadie*. Estos complementos predicativos generalmente denotan estados circunstanciales y típicamente requieren el verbo *estar* en una oración copulativa.

Los adjetivos que sirven como complementos predicativos del sujeto típicamente se relacionan con adverbios orientados al sujeto: *Guillermo entró silencioso – Guillermo entró silenciosamente/de manera silenciosa*.

7.2. Los complementos predicativos con otros complementos

Los complementos predicativos de complemento directo pueden ser adjetivos (*Se bebió el café frío*), sustantivos (*Escogimos a Bachelet presidenta*), frases preposicionales (*Se toma su té con leche*), locuciones adjetivas o adverbiales (*Trajo al niño en brazos*), o incluso oraciones (*Vi a Kiko que se estaba comiendo una empanada de queso*).

Estos complementos predicativos se reemplazan por adverbios y no por pronombres átonos. Así tenemos: *Se bebió el café así (= frío)*, *Se toma su té así (= con leche)*. Cuando un adjetivo sigue al complemento directo se produce ambigüedad, pues el adjetivo puede ser un modificador del sustantivo o un complemento predicativo: *Se bebió el café frío*. Se elimina la ambigüedad si el complemento predicativo sigue al verbo: *Se bebió frío el café*.

No se puede usar un complemento predicativo de complemento directo si este no lleva determinante: *Bebió el café frío – Bebió frío el café*, vs. *Bebió café frío – *Bebió frío café*. En este último par de ejemplos el adjetivo *frío* solo modifica a *café* y no es un complemento predicativo.

Es menos común encontrar un complemento predicativo de complemento indirecto, pero se encuentran generalmente si el complemento indirecto indica posesión: *A Kiko le examinaron la panza recostado en el diván* vs. **A Choche le regalé una cafetera muy contento*.

También es posible encontrar complementos predicativos con complementos de régimen: *Se acordó de su pobre novia embarazada*.

7.3. Obligatoriedad y opcionalidad de los complementos predicativos

Típicamente son obligatorios los complementos predicativos de complementos directos que son seleccionados por **verbos de percepción y juicio**: *Encontré a Michel amargado*, *Considero brillante a Gabriela*.

Son también obligatorios los complementos predicativos con los **verbos de elección** (*elegir*, *proclamar*), **reconocimiento** (*declarar*, *confesar*), **denominación** (*nombrar*, *llamar*).

Son obligatorios igualmente cuando modifican al complemento directo del verbo ***hacer*** (*Hizo pedazos las cartas*), **verbos de voluntad o necesidad** (*Te necesito aquí a tiempo*), con los verbos ***tener, llevar, traer*** (*Llevo la camisa negra porque negra tengo el alma*). Caen dentro de este grupo las perífrasis con estos verbos: *Llevo escritas 20 páginas de ese trabajo*, aunque no están de acuerdo los lingüistas en el análisis de estas construcciones. En gramática generativa los complementos predicativos obligatorios se analizan como **cláusulas reducidas** en posición de complemento.

Con los verbos anteriores observamos una diferencia de significado en el verbo cuando no usamos el complemento predicativo: *Encontré a Michel* vs. *Encontré a Michel amargado*.

Con los complementos predicativos opcionales no hay tal variación de significado. El complemento predicativo opcional solo agrega información adicional: *Construyó la casa* vs. *Construyó de madera la casa*. De esta manera obtenemos distintos significados para el verbo *encontrar* dependiendo de si el complemento predicativo es opcional (*Encontré jadeante a Michel*) u obligatorio (*Encontré amargado a Michel*). En gramática generativa estas construcciones con complementos de predicado optativo se han analizado como **predicaciones secundarias** con una estructura de cláusula reducida en posición de adjunto.

De acuerdo con la tradición gramatical española así como en Bosque y Demonte (eds.) (1999), los complementos predicativos son analizados como complementos a la vez que se reconoce su estatus de predicados, según lo expuesto en el epígrafe 1 de este trabajo. Esta doble propiedad explica por qué los complementos predicativos pueden tomar argumentos (sujeto, complemento directo u otros complementos) a la vez que pueden ser seleccionados por otros predicados.

Agradecimientos

Agradezco los comentarios de Alexandra Martin y Jorge Méndez Seijas.

Bibliografía

Armstrong, G. (2011) *Two classes of transitive verbs. Evidence from Spanish*, tesis doctoral inédita, Georgetown University.

Bosque, I. y Demonte, V. (eds.) *Gramática descriptiva de la lengua española*, Madrid: Espasa.

Campos, H. (1986) "Indefinite object drop", *Linguistic Inquiry*, 17, pp. 354–359.

Campos, H. (1999) "Transitividad e intransitividad", en Bosque, I. y Demonte, V. (eds.) *Gramática descriptiva de la lengua española*, Madrid: Espasa, pp. 1519–1574.

Cano Aguilar, R. (1999) "Los complementos de régimen verbal", en Bosque, I. y Demonte, V. (eds.) *Gramática descriptiva de la lengua española*, Madrid: Espasa, pp. 1807–1854.

Cuervo, M. C. (2003) *Datives at large*, tesis doctoral inédita, MIT.

Cuervo, M. C. (2010) "Against ditransitivity", *Probus*, 22, pp. 151–180.

Delbecque, N. y Lamiroy, B. (1996) "Towards a typology of the Spanish dative", en van Belle, W. y van Langendonck, W. (comps.) *Case and grammatical relations across languages*, Amsterdam, John Benjamins, pp. 73–117.

Demonte, V. (1990) "Transitividad, intransitividad y papeles temáticos", en Demonte, V. y Garza Cuarón, B. (comps.) *Estudios de lingüística de España y México*, México: El Colegio de México/ UNAM, pp. 115–150.

Demonte, V. (1994) "La ditransitividad en español: léxico y sintaxis", en Demonte, V. (comp.) *Gramática del español*, México: El Colegio de México, pp. 431–470.

Demonte, V. (1994) "Datives in Spanish", en Brugè, L. y Dolci, R. (comps.) *University of Venice Working Papers in Linguistics*, 4, 1, pp. 71–96.

Demonte, V. y Masullo, P. (1999) "La predicación: los complementos predicativos", en Bosque, I. y Demonte, V. (eds.) *Gramática descriptiva de la lengua española*, Madrid: Espasa, pp. 2461–2523.

Fernández Soriano, O. (1999) "El pronombre personal. Formas y distribuciones. Pronombres átonos y tónicos", en Bosque, I. y Demonte, V. (eds.) *Gramática descriptiva de la lengua española*, Madrid: Espasa, pp. 1209–1273.
Fernández Soriano, O. (1999) "Datives in constructions with unaccusative *se*", en *Catalan Working Papers in Linguistics*, 7, pp. 89–105.
Franco, J. y Huidobro, S. (2008) "Ethical datives, clitic doubling and the theory of pro", en Bruhn de Garavito, J. y Valenzuela, E. (eds.) *Selected Proceedings of the 10th Hispanic Linguistics Symposium*, Somerville, MA: Cascadilla Proceedings Project, pp. 215–224.
Gutiérrez Ordóñez, S. (1999) "Los dativos", en Bosque, I. y Demonte, V. (eds.) *Gramática descriptiva de la lengua española*, Madrid: Espasa, pp. 1855–1930.
Mateu, J. (2012) "Structure of the verb phrase", en Hualde, J. I. *et. al.* (comps.) *The handbook of Hispanic linguistics*. Oxford: Blackwell, pp. 333–353.
Pensado, C. (1994) *El complemento directo con preposición*. Madrid: Visor.
Porto Dapena, J. A. (1992) *Complementos argumentales del verbo: directo, indirecto, suplemento y agente*, Madrid: Arco Libros.
[RAE-ASALE] Real Academia Española (2010) *Nueva gramática de la lengua española*, vols. I y II, Madrid: Espasa.
Roberge, Y. y Troberg, M. (2009) "The high applicative syntax of the dativus commodi/incommodi in Romance", en *Probus*, 21, pp. 249–289.
Strozer, J. (1981) "On the so-called 'dative of interest'", en *Hispania*, 61 1, pp. 117–123.
Strozer, J. (1986) *Clitics in Spanish*, tesis doctoral inédita, University of California, Los Angeles.
Torrego, E. (1998) *The dependencies of objects*, Cambridge, MA: The MIT Press.
Torrego, E. (1999) "El complemento directo preposicional", en Bosque, I. y Demonte, V. (eds.) *Gramática descriptiva de la lengua española*, Madrid: Espasa, pp. 1779–1805.

Entradas relacionadas

predicación; sintagma verbal; sintaxis; semántica; sujetos

COMPOSICIÓN

Antonio Fábregas

1. Los compuestos: delimitación

Se entiende por composición todo proceso morfológico en el que dos o más lexemas se unen dentro de la misma palabra (1).

(1) a. abre-cartas
 b. agri-dulce
 c. tel(a)-araña
 d. tío-vivo

Es necesario delimitar el concepto de 'lexema' en esta definición; lo haremos en el § 2. La composición, al igual que la DERIVACIÓN y frente a la FLEXIÓN, forma nuevas palabras; se distingue de la derivación porque esta combina lexemas con AFIJOS.

La distinción entre derivación y composición es polémica en algunos casos. Uno de ellos es el de los adverbios en *-mente* (2), ya que *-mente* se relaciona por su forma e historia con el sustantivo *mente*. Quienes apoyan un análisis de compuesto, notan que en estos adverbios los dos elementos combinados conservan su acento propio (§ 6); quienes apoyan el análisis de derivado argumentan que la conexión con el sustantivo se ha perdido; *bellamente* no significa 'con mente bella'. Otros gramáticos sugieren que la construcción debe tratarse como un sintagma, no una palabra, pues el adjetivo conserva su propia flexión —algo inusitado en los compuestos, § 6.1— y puede coordinarse a otro (3). Véase Zagona (1990) para un resumen.

(2) fiel-mente

(3) a. [clar-a]-mente vs. *[clar-o]-mente, *[clar]-mente
 b. [lisa y llana]-mente

Otra complicación viene de algunos prefijos que también funcionan como preposiciones. Cuando el prefijo tiene el mismo uso que la preposición homófona, algunos gramáticos entienden que no cabe hablar de derivación, sino de composición donde se une una preposición a un verbo o sustantivo (4).

(4) a. tras-tienda (aproximadamente, 'recinto tras una tienda')
b. sobre-volar (aproximadamente, 'volar sobre cierto lugar')

Dejando al margen estas complicaciones, analicemos las propiedades fundamentales de los compuestos en español y los problemas a los que dan lugar.

2. Clases de compuestos (1): por las unidades combinadas

Debemos ser más exactos acerca de qué entendemos por lexema. Es habitual tratar el lexema como una unidad compleja que se descompone en al menos dos partes: una RAÍZ y una MARCA DE CATEGORÍA. En (5), el lexema se descompone en un morfema que contiene significado conceptual 'producir sonidos melódicos' y un afijo que indica que tenemos un verbo —la VOCAL TEMÁTICA, que nos informa de la conjugación— Sabemos que cada una de las partes es independiente porque pueden aparecer por separado en otras palabras (5b,c).

(5) a. cant-a
b. cant-or, cánt-ico
c. bail-a, port-a, salv-a

La unión de la raíz con la marca de categoría se llama TEMA MORFOLÓGICO. Ahora podemos ser más precisos sobre la definición de compuesto: un compuesto es una palabra que contiene, al menos, dos raíces.

Ciertos compuestos se forman mediante la combinación de dos raíces (6). En (6a) no aparece el tema adjetival (6b), sino solo su raíz.

(6) a. [agri]-[dulce]
b. agri-o

Otros se forman combinando dos temas morfológicos (7).

(7) a. [sord-o]-[mud-o]
b. sord-o
c. mud-o

Otros se forman combinando una raíz o un tema morfológico con una PALABRA COMPLETA, que incluye morfemas flexivos. En el caso de (8), el sustantivo tiene número plural (8b), y se une a un tema verbal (8c).

(8) a. [salv-a]-[mantel-es]
b. mantel-es
c. salv-a

Junto a estas unidades morfológicas, se suele distinguir una cuarta: los TEMAS GRECOLATINOS.

(9) logo, filo, fobo, hidro, hemo, psico...

Estos lexemas son especiales no solo por su origen etimológico, sino también porque nunca pueden formar palabras por sí mismos (10a). Para ello, deben combinarse con otros morfemas no flexivos, sea un afijo derivativo (10b), otro tema grecolatino (10c) o un tema morfológico (10d). Las formas de (10c) y (10d) serían compuestos formados por temas grecolatinos.

(10) a. *el psico
b. psíqu-ico
c. psicó-logo
d. psico-terapia

3. Clases de compuestos (2): significado

Por su semántica, se distinguen tres tipos de compuestos: compuestos COORDINATIVOS (11a), SUBORDINATIVOS (11b) y ATRIBUTIVOS (11c) (cf. Bisetto y Scalise 2005).

(11) a. azulgrana, agridulce, reloj despertador, actor director
b. telaraña, rompeolas, carril bus, papel prensa
c. verde musgo, medianoche, pantalones campana, palabra clave

En los compuestos coordinativos, el significado de la palabra completa se obtiene combinando el de cada uno de sus miembros. Algo *azulgrana*, por ejemplo, es algo que es tanto azul como grana.

Los compuestos subordinativos denotan una subclase del concepto expresado por uno de sus dos miembros, y la función del otro es restringir o especificar lo significado por el primero. Una *telaraña* es un tipo de tela, concretamente la que produce una araña; un *rompeolas* es un lugar en el que rompe algo, las olas.

Los compuestos atributivos son aquellos en los que uno de los miembros aporta propiedades adicionales del otro, de la misma manera que, en los sintagmas, los adjetivos o los adverbios califican a los sustantivos o verbos. El *verde musgo* es un tono de verde que se asemeja al del musgo. Los *pantalones campana* son unos pantalones que tienen una propiedad común con las campanas: su forma ensanchada en la base.

Distintas pruebas formales muestran la conveniencia de distinguir entre estos tres tipos de compuestos. Los compuestos subordinativos y coordinativos son RECURSIVOS, no así los atributivos. La recursividad es una propiedad de algunas reglas, que permite que vuelvan a aplicarse al resultado que se obtuvo al aplicarlas por primera vez. Así, sobre un compuesto subordinativo, podemos formar un compuesto subordinativo más complejo combinándolo con otro lexema (12a); sobre un compuesto coordinativo, podemos formar también otro mayor del mismo tipo (12b).

(12) a. [para]+[brisas] > [limpia] + [[para][brisas]]
b. [café]+[teatro] > [bar] + [[café][teatro]]

En cambio, sobre un compuesto atributivo no se puede formar otro más complejo, también atributivo. Tenemos un compuesto (13a), que denota un hombre que comparte con las ranas su habilidad para nadar, y otro (13b), para designar a un tipo de rana que se asemeja al toro por su corpulencia, pero (13c) no es posible, en el significado de que es un hombre que comparte alguna propiedad con la rana toro.

(13) a. [hombre]+[rana]
b. [rana]+[toro]
c. *[hombre]+[[rana][toro]]

Por otro lado, los compuestos coordinativos exigen que sus miembros compartan la categoría gramatical (14), y se prefiere en ellos, cuando forman el plural, que la flexión aparezca en ambos elementos o, incluso, si se refieren a personas, que concuerden en género (15). Esto no se extiende a los compuestos atributivos o subordinativos, que suelen flexionar solo en uno de sus miembros, que, además, pueden pertenecer a categorías distintas (16).

(14) a. [A] + [A]: franco-canadiense
b. [V] + [V]: sub-i-baja
c. [N] + [N]: rey-filósofo

(15) a. unos actores directores vs. *unos actor directores, *unos actores director
b. una reina filósofa vs. *una rey filósofa, ??una reina filósofo

(16) a. hombres rana vs. ??hombres ranas
b. carriles bus vs. *carriles buses

La asociación entre los miembros de los compuestos coordinativos es tan estrecha que a veces, si contienen afijos de significado equivalente, uno de ellos se sobreentiende. Así, de (17a), donde cada miembro tiene un sufijo derivativo usado para expresar profesiones, podemos obtener (17b), donde el primer sufijo desparece, sin cambio evidente de significado.

(17) a. [canta-nte] + [aut-or]
b. [cant(a)] + [aut-or]

Por último, en los compuestos se observan a veces LEXICALIZACIONES, es decir, casos en que el significado de la palabra no puede predecirse a partir de la combinación de significados de sus miembros. Un ejemplo claro es el de (14b): su significado no es la acción que se caracteriza por subidas y bajadas, a intervalos, sino cierto artilugio usado por los niños en sus juegos, también llamado *balancín*.

4. La estructura interna de los compuestos

Normalmente, uno de los dos miembros del compuesto funciona como su NÚCLEO, es decir, el miembro, dentro de la estructura, que proyecta sus propiedades semánticas y formales al conjunto (cf. Scalise y Fábregas 2010). Esto se observa por su categoría gramatical, sus propiedades morfológicas y su significado. Tomemos el compuesto de (18a). Funciona como sustantivo, y se compone de un sustantivo y de un adjetivo. Esperamos que el núcleo sea el sustantivo (18b), ya que es, de los dos elementos, el que impone su categoría al conjunto. Esto se confirma secundariamente por otras propiedades, como la semántica: la palabra designa un tipo de humor, no una clase de mal.

(18) a. mal-humor
b.

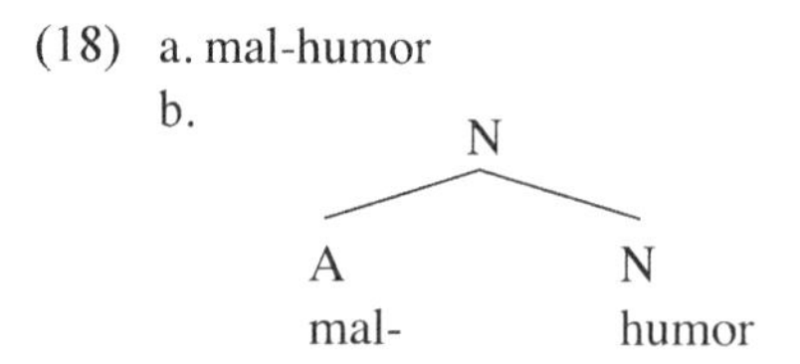

En otros casos, cuando ambas palabras pertenecen a la misma categoría, la identificación del núcleo se hace sobre criterios semánticos, a veces combinados con los morfológicos. En (19), donde ambas palabras son sustantivos, determinamos que el núcleo es *carril* porque la voz designa un tipo de carril, no un tipo de autobús.

(19) carril bus

Si los compuestos son coordinativos, el criterio semántico tampoco es de ayuda, ya que ambos miembros contribuyen igualmente su significado. En tales casos optamos por criterios morfológicos: de los dos miembros, ¿cuál es el que lleva la flexión que afecta al conjunto y, si esto es relevante, cuál transmite su información de género, número, conjugación, etc., a toda la palabra? Esto nos permite determinar que en (20), el segundo miembro es el núcleo, ya que cuando el compuesto concuerda, la flexión recae en él.

(20) a. [sord-o]-[mud-o]
b. [sord-o]-[mud-a-s]
c. *[sord-a-s]-[mud-o]

Podemos determinar que en (21) el núcleo es el primer miembro, porque es masculino y plural, al igual que el conjunto (21b); el segundo miembro no puede ser núcleo porque su información morfológica contiene las propiedades [femenino] y [singular], que el compuesto completo no comparte (21c).

(21) a. [pantalon-es] [campana]
b. unos [pantalon-es] [campana]
c. *una [pantalon-es] [campana]

Con todo, la identificación del núcleo es difícil si el compuesto, coordinativo, contiene miembros cuyas propiedades morfológicas son idénticas (22).

(22) poetas pintores

En tales casos, se han propuesto tres análisis que reflejan distintas formas de entender la coordinación. En el primero, se permite que la palabra tenga dos núcleos, ya que ambos miembros aportan información por igual; en el segundo, por analogía con otras formas, donde el miembro de la izquierda suele ser núcleo, se dice que el primer miembro funciona, aquí también, como núcleo, y fuerza sus rasgos al segundo elemento. En el tercero, se postula un elemento copulativo tácito —que en otros casos aparecería como elemento de enlace, § 4.3— que funcionaría como núcleo de la construcción (23).

(23)

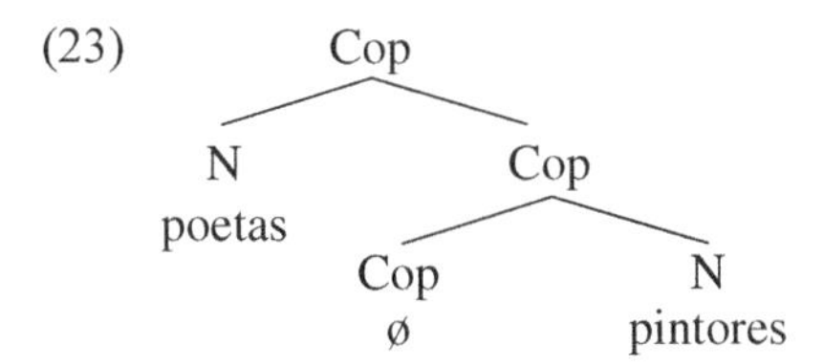

4.1. La posición del núcleo en español

En español, por defecto, los compuestos tienen el núcleo a la izquierda. En los compuestos de dos sustantivos de (24), regularmente el primer miembro impone su información morfológica y su significado a la palabra.

(24) a. barco fantasma
b. ciudad dormitorio
c. tren bala
d. peso pluma

No son habituales los compuestos con núcleo a la derecha, aunque se documentan. Algunos compuestos de adjetivo y sustantivo o adverbio y adjetivo o verbo tienen esta organización (25). También tienen esta estructura algunas formaciones subordinantes en las que un sustantivo funciona como un miembro dependiente de un verbo, adjetivo o sustantivo (26); se ha dicho que algunas de estas formas están inspiradas en formas inglesas contemporáneas (26a) —en inglés, el núcleo suele estar a la derecha en el compuesto, como en *ghost ship*, lit. fantasma barco, 'barco fantasma'— o proceden directamente de formas latinas (26b), donde el núcleo solía aparecer al final. Habitualmente en estos casos, el segundo miembro del compuesto está a su vez derivado de un verbo.

(25) a. [buena]-[ventura], [media]-[noche]
b. [mal]-[habla-do], [recién]-[llega-do]

(26) a. [drog]-[adicto], [vaso]-[dilata-dor], [radio]-[transmis-or], [narco]-[tráfico]
b. [terra]-[tenie-nte]

4.2. La exocentricidad

Algunos gramáticos entienden que hay compuestos sin núcleo, ya que las propiedades que exhibe la palabra no se pueden derivar de sus miembros. Consideremos los siguientes compuestos formados por verbo y nombre:

(27) [abre]-[botellas], [guarda]-[polvo], [para]-[sol], [rompe]-[olas]

Estos compuestos denotan un agente o instrumento cuya función característica es la que expresa el verbo con el sustantivo. Un *abrebotellas* es un instrumento para abrir botellas, no un tipo de acción de abrir o un tipo de botella. El compuesto funciona como sustantivo, lo cual impide que el verbo sea su núcleo, pero sus propiedades morfológicas no son las del segundo miembro: aunque *botellas* sea femenino y plural, *abrebotellas* es masculino y puede ser singular: *un abrebotellas*.

Similarmente, en (28) el sustantivo *relaciones* no puede ser núcleo, ya que el género y número de la palabra, usada como compuesto que designa cierta profesión, no coincide con el de ese miembro: singular masculino (28b) frente a plural femenino (28c).

(28) a. [relaciones] [públicas]
b. un relaciones públicas
c. #unas relaciones públicas

Esta situación se conoce como EXOCENTRICIDAD —ninguno de los miembros es núcleo—, y se opone a ENDOCENTRICIDAD —cuando uno de los miembros es núcleo—. No hay acuerdo acerca de si se debe admitir la exocentricidad en el análisis morfológico. Unos morfólogos entienden que sí, y que esto sucede cuando la palabra no ha sido formada morfológicamente, sino que se almacena, como una unidad indescomponible, en el léxico. La predicción sería que las formaciones exocéntricas deberían ser poco productivas, escasas y no formar patrones sistemáticos. Este análisis se ha adaptado generalmente para compuestos como los de (29), que no se construyen con patrones con los que los hablantes puedan formar productivamente nuevas voces.

(29) corre-ve-i-di-le, haz-me-reír, pésa-me, sabe-lo-todo, meto-m(e)-en-todo

Otros morfólogos entienden que este análisis no es aceptable en el análisis de los compuestos de verbo y nombre que siguen el patrón de *lava-platos*, ya que están entre los más productivos del español y muestran numerosas regularidades. Los análisis endocéntricos de los compuestos cuyos miembros no pueden ser núcleos generalmente implican postular algún morfema tácito, en algún punto de la estructura, que funcione como núcleo, y así explique las aparentes discordancias entre la estructura interna y el uso de la forma compleja (cf. Núñez Cedeño 1992); por ejemplo, el análisis de (28a) podría ser el de (30), donde el que parece su primer miembro (N2) no es núcleo, pero sí un sustantivo encubierto (N1) que tiene los rasgos morfológicos que se imponen a toda la estructura:

(30)

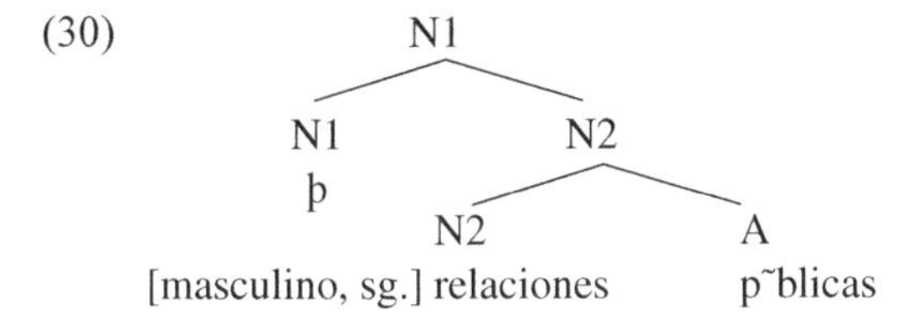

4.3. Los elementos de enlace

La postulación de estructura encubierta entre los miembros de un compuesto —recuérdese (23)— está apoyada parcialmente por la presencia ocasional de afijos adicionales. Los morfemas que aparecen entre los miembros del compuesto se conocen como ELEMENTOS DE ENLACE. Son frecuentes en los compuestos cuyo segundo miembro es un tema grecolatino; los de origen griego suelen ir acompañados del elemento de enlace *-o-* (31a), y los de origen latino, *-i-* (31b).

(31) a. músic(a) + logo = music-ó-logo
b. insect(o) + cida = insect-i-cida

En algunos compuestos formalmente coordinativos, aparece un elemento de enlace *-i-* que se ha relacionado —diacrónica o sincrónicamente— con la conjunción copulativa *y*.

(32) aj-i-sal, verd-i-blanco, sop-i-caldo, carr-i-coche, quita-i-pón

En otros, subordinativos, la vocal de enlace se puede relacionar, tal vez, con una marca genitiva latina, aunque parece claro que, de ser así, en español actual se ha reinterpretado como otro elemento, toda vez que se une a sustantivos que no flexionarían con *-i* en genitivo y expresa una variedad de relaciones no siempre subsumible bajo el genitivo latino.

(33) pel-i-rrojo, man-i-atar, terg-i-versar,

5. Algunos procesos compositivos del español

Atendiendo a la categoría del compuesto, la de sus miembros, y su forma y significado, estas son las estructuras compositivas principales del español:

a) Compuestos subordinativos [V]-[N] con valor de agente o instrumento. Estos compuestos designan generalmente una persona o cosa caracterizada por cierta función u actividad. La unión del verbo y el sustantivo funciona de manera similar a un predicado verbal; en estos compuestos, el sustantivo suele corresponder al complemento directo del verbo (*afila-lápices* vs. *afilar lápices*). Se admiten, empero, otras relaciones: en palabras como *gira-sol*, *pasa-calle* o *guarda-barros* el sustantivo expresa nociones que sintácticamente corresponden a complementos preposicionales, circunstanciales o no (*girar con el sol*, *pasar por la calle*, *guardar [algo] del barro*). No se aceptan en ellos verbos estativos (**sabe-cosas*) y suelen rechazarse como sustantivos los argumentos, agentes o no, que funcionen como sujetos (**nace-niños*). Hay, pese a todo, algunas irregularidades: se admite la forma *crece-pelo*, como instrumento que hace crecer el pelo, aunque el verbo *crecer* no tenga por sí solo significado causativo y con él, *pelo* funcione como sujeto. La mayoría de estos compuestos designan la persona o cosa que hace algo, pero algunos tienen un valor evaluativo y se usan más frecuentemente como predicados (*canta-mañanas*). Ocasionalmente pueden designar lugares (*rompe-olas*, *guarda-rropa*).

b) Compuestos [N]-i-[A]. En estos compuestos se destaca cierta propiedad que exhibe una parte del cuerpo de una persona o animal: *pel-i-rrojo*, *man-i-largo*, *pat-i-corto*. Suelen ser parafraseables por sintagmas adjetivales con un grupo preposicional que restringe el ámbito de aplicación del adjetivo: *rojo en cuanto al pelo*, *corto de patas*, etc. Aunque siempre pueden funcionar como adjetivos, es frecuente que se empleen también como sustantivos (*un pelirrojo*). Los sustantivos están limitados a nombres que designan partes del cuerpo y los adjetivos, a aquellos que designan propiedades físicas, especialmente dimensionales, como la longitud, la anchura, el tamaño, el color, etc. Esto hace imposible formaciones como **coch-i-verde*, porque el sustantivo no es una parte del cuerpo, o **car-i-estupendo*, porque el adjetivo es evaluativo. Algunas de estas formas están lexicalizadas y designan estados mentales más que físicos: *pat-i-difuso*, *car-i-acontecido*, *boqu-i-abierto*.

c) Compuestos [N][N]. Aunque son más restringidos que en inglés y otras lenguas germánicas, el español tiene un número amplio de compuestos de dos sustantivos, coordinativos (*mesa camilla*), subordinativos (*bocacalle*) o atributivos (*corbata mariposa*). Cuando son subordinativos, suelen ser parafraseables por sintagmas nominales con un grupo preposicional con *de*: *vaso-dilatador* > *dilatador de vasos (sanguíneos)*, *boca-calle* > *boca de la calle*.

d) Compuestos [A][A]. En las combinaciones de dos adjetivos suele preferirse la lectura coordinativa, tanto si los adjetivos son calificativos (*tont-i-loco*) como si son relacionales (*económico-político*).

e) Compuestos [A][N] o [N][A]. Cuando no hay vocal de enlace, la combinación de un sustantivo y un adjetivo suele dar un compuesto nominal: *pura-sangre*, *campo-santo*, *Noche-buena*, *agu(a)-ardiente*, *vana-gloria*. En estos casos se prefiere con fuerza la interpretación atributiva, si no hay lexicalización.
f) Compuestos verbales. En español no se suelen formar verbos compuestos. Nótese que pese a que existen formaciones como *mal-hablado* o *radio-transmisor*, donde se combinan adverbios o sustantivos con miembros que derivan de verbos, no existen los verbos compuestos **mal-hablar* y **radio-transmitir*. Hay, sin embargo, algunas formaciones, pero no se forman con procesos productivos y a menudo vienen heredadas del latín: *manu-scribir*, *terg-i-versar*. Sí es relativamente productivo el proceso que forma verbos compuestos con adverbios, sobre todo *mal*: *mal-herir*, *mal-criar*, *mal-tratar*, *mal-vender*.

El lector encontrará descripciones detalladas de estos procesos en Val Álvaro (1999), Kornfeld (2009), el capítulo 11 de RAE-ASALE (2009) y Moyna (2011).

6. Compuestos entre morfología y sintaxis

Resulta polémica la determinación de los límites entre compuestos y sintagmas, o entre morfología y sintaxis. Se pueden encontrar discusiones sobre este problema en Harley (2009) y el resto de los capítulos de la primera parte de Lieber y Stekauer (2009).

De hecho, muchos gramáticos entienden que deben distinguirse, junto a estas dos clases de agrupaciones de lexemas, categorías intermedias: COMPUESTOS SINTAGMÁTICOS y COMPUESTOS SINTÁCTICOS (cf. Piera y Varela 1999).

Los compuestos sintagmáticos son aquellos cuyos miembros, pese a integrarse en una palabra, mantienen su independencia acentual. Si comparamos un compuesto propio como (34a) con uno sintagmático como (34b), observamos una diferencia: (34a) se pronuncia /telaráɲa/, no /*télaráɲa/, es decir, el primer miembro, /téla/, ha perdido su acento propio. En cambio, la segunda voz se pronuncia /águaniébe/, con doble acento. Una prueba de que /água/ no ha perdido su acento es que el compuesto de (34b), pese a ser femenino, toma el artículo *el* (34c), que se emplea en aquellas voces femeninas que comienzan por /a/ tónica (34d).

(34) a. telaraña
b. aguanieve
c. el aguanieve (escasa)
d. el agua (escasa)

Se consideran compuestos sintácticos aquellos que, junto a los miembros del compuesto, contienen marcas gramaticales —como preposiciones, determinantes, etc.— y en los que cada uno de sus miembros conserva cierta independencia sintáctica. Se consideran compuestos, no sintagmas, porque muestran algún grado de lexicalización: su significado no es predecible y en ellos no es posible interpolar otros elementos o sustituir uno de sus miembros por un sinónimo. Para muchos lingüistas, el término 'compuesto sintáctico' es desafortunado, y dichas agrupaciones deberían ser tratadas como LOCUCIONES. Consideremos (35). En su significado impredecible de 'instrumento para guardar cosas de valor', (35a) no admite que se introduzcan modificadores entre sus miembros (35b), o que uno de ellos sea sustituido por un sinónimo más o menos próximo (35c).

(35) a. caja fuerte
b. *caja verdaderamente fuerte
c. #caja robusta

Ocasionalmente, tenemos pares de formaciones, una un compuesto propio y otra un compuesto sintáctico, como *telaraña* y *tela de araña*, en las que es posible rastrear cierta evolución histórica: la primera forma procede de la segunda, mediante un proceso de paulatina morfologización en que lo que empieza siendo un sintagma termina siendo una palabra.

6.1. Flexión externa, flexión interna y doble flexión

Una diferencia importante entre compuestos propios y compuestos sintácticos es su flexión. Cuando una estructura es un compuesto propio, suele rechazar la FLEXIÓN INTERNA: no pueden aparecer morfemas flexivos entre ambos miembros. En ellos la flexión es EXTERNA, periférica (36a), incluso si esto implica que el afijo sea adyacente al miembro que no designa la entidad que por su sentido debería aparecer en plural. En cambio, un compuesto sintáctico admiten la flexión interna (36b).

(36) a. [[tel]-[araña]] –> [[tel]-[araña]]-s
b. tela de araña –> tela-s de araña

En esto, los compuestos sintagmáticos funcionan igual a los propios:

(37) a. problema político-económico
b. *cuestiones polític-a-s-económic-a-s
c. cuestiones político-econímic-a-s

En cambio, cuando contienen adjetivos, los compuestos sintácticos (38b) suelen manifestar DOBLE FLEXIÓN: cada miembro exhibe flexión independientemente. Esto delata que, sintácticamente, cada miembro mantiene cierta independencia.

(38) a. caja fuerte
b. caja-s fuerte-s
c. *caja fuerte-s
d. *caja-s fuerte

6.2. Compuestos que contienen sintagmas

Otra cuestión importante es si en la estructura interna del compuesto hay sintagmas. En principio, se espera que los compuestos sintácticos admitan que el miembro que no funciona como un núcleo sea un sintagma:

(39) a. silla de ruedas
b. silla de [ruedas giratorias]

Los compuestos propios y sintagmáticos suelen rechazar que aparezcan, internamente al compuesto, marcas gramaticales como los determinantes. Esto no es así en los compuestos sintácticos.

(40) a. la manzana de [la discordia]
b. la cuadratura de[l círculo]

Sin embargo, también hay casos puntuales en los que algunos compuestos sintagmáticos contienen sintagmas. Muchos hablantes aceptan (41), donde *de porcelana* no modifica a todo el compuesto, sino solo a su segundo miembro, que, por tanto, es un sintagma. Nótese que el compuesto designa un producto para pintar uñas de porcelana, no un producto para pintar uñas, hecho de porcelana.

(41) un [pinta]-[úñas de porcelana]

Esto hace pensar a algunos lingüistas que la diferencia entre compuesto y sintaxis —y por ende, la que hay entre morfología y sintaxis— es gradual: esencialmente, ambas estructuras se construirían con las mismas reglas, y las diferencias vendrían de la cantidad de información gramatical que contengan sus miembros.

7. Investigaciones complementarias

La bibliografía sobre los procedimientos compositivos es enorme. El lector interesado en la descripción de los datos en español encontrará resúmenes útiles en las siguientes obras: Val Álvaro (1999), Piera y Varela (1999), el capítulo 11 de RAE-ASALE (2009), así como Bustos Gisbert (1986). Acerca de las distintas aproximaciones teóricas a la composición, recomendamos los capítulos 1, 3, 4, 5, 6, 7, 9, 10, 11, 12 y 16 de Lieber y Stekauer (2009). Aunque no se centra en el español, recomendamos Vogel (2010) para un resumen de los principales fenómenos fonológicos que afectan a los compuestos.

Bibliografía

Bisetto, A. y Scalise, S. (2005) "The classification of compounds", *Lingue e Linguaggio*, 4, pp. 319–332.

Bustos Gisbert, E. (1986) *La composición nominal en español*, Salamanca: Universidad de Salamanca.

Harley, H. (2009) "Compounding in distributed morphology', en Lieber y Stekauer (eds.), pp. 129–144.

Kornfeld, L. (2009) 'IE, Romance: Spanish', en Lieber, R. y Stekauer, P. (eds.) *The Oxford handbook of compounding*, Oxford: Oxford University Press, pp. 436–452.

Lieber, R. y Stekauer, P. (eds.) (2009) *The Oxford handbook of compounding*, Oxford: Oxford University Press.

Moyna, M. I. (2011) *Compound words in Spanish*, Amsterdam: John Benjamins.

Núñez Cedeño, R. (1992) "Headship assignment in Spanish compounds", en Laeufer, C. y Morgan, T. A. (eds.) *Theoretical analyses in Romance linguistics*, Amsterdam: John Benjamins, pp. 131–149.

Piera, C. y Varela, S. (1999) "Relaciones entre morfología y sintaxis", en Bosque, I. y Demonte, V. (dirs.) *Gramática descriptiva de la lengua española*, Madrid: Espasa, pp. 4367–4423.

[RAE-ASALE] Real Academia Española y Asociación de Academias de la Lengua Española (2009) *Nueva gramática de la lengua española*, Madrid: Espasa.

Scalise, S. y Fábregas, A. (2010) "The head in compounding", en Scalise, S. y Vogel, I. (eds.) *Cross-disciplinary issues in compounding*, Amsterdam: John Benjamins, pp. 109–127.

Val Álvaro, J. F. (1999) "La composición", en Bosque, I. y Demonte, V. (dirs.) *Gramática descriptiva de la lengua española*, Madrid: Espasa, pp. 4757–4841.

Vogel, I. (2010) "The phonology of compounds", en Scalise, s. y Vogel, I. (eds.), *Cross-disciplinary issues in compounding*, Amsterdam: John Benjamins, pp. 145–165.
Zagona, K. (1990) "-*Mente* adverbs, compound interpretation and the projection principle", *Probus*, 2, pp. 1–30.

Entradas relacionadas

derivación morfológica; morfología; morfemas y alomorfos

CONJUNCIONES

María Victoria Pavón Lucero

1. Introducción

Las conjunciones son palabras invariables, generalmente átonas, que establecen relaciones entre palabras o sintagmas de diverso tipo. Se trata de una clase gramatical heterogénea, pues incluye elementos sintácticos con propiedades en ocasiones muy dispares. Asimismo, los límites de la categoría *conjunción* resultan difusos, pues, por una parte, existen numerosas palabras cuya adscripción a esta clase es dudosa, y, por otra, las conjunciones presentan estrechas relaciones con otras clases de palabras.

En lo que sigue, comenzaremos describiendo las principales características de las conjunciones y su clasificación en diferentes subcategorías. A continuación, repasaremos brevemente algunas propuestas sobre la caracterización de las conjunciones llevadas a cabo desde diversos puntos de vista teóricos. Por último, nos centraremos en los motivos por los que, según hemos señalado, la clase de las conjunciones es controvertida y de límites difusos: nos referiremos, en concreto, a la controversia sobre su carácter nuclear, a la heterogeneidad de los elementos que conforman la clase y a sus relaciones con otras categorías gramaticales.

2. Clases de conjunciones

2.1. Las conjunciones coordinantes

Tradicionalmente, las conjunciones se dividen en coordinantes y subordinantes. Las conjunciones coordinantes enlazan palabras, sintagmas u oraciones sin establecer relaciones de dependencia entre ellos. El resultado es un constituyente sintáctico con las mismas características de los constituyentes enlazados. Típicamente, las expresiones relacionadas por una conjunción coordinante son equivalentes desde un punto de vista formal y funcional. Por lo general, se trata de palabras o sintagmas de la misma clase: nombres (*perros y gatos*), sintagmas nominales (*la chaqueta roja o el chaleco azul marino*), oraciones (*Sus padres salieron de vacaciones y él celebró una fiesta en casa*), etc.; es lo que se suele denominar coordinación homocategorial. Existe, asimismo, la coordinación heterocategorial, en la que los elementos enlazados no pertenecen a la misma categoría, si bien son susceptibles de desempeñar el mismo tipo de funciones sintácticas. Así, podemos encontrar coordinaciones de sintagmas preposicionales y adverbios (*ahora o por la noche*); adjetivos y sintagmas preposicionales (*simpático y con muy buen gusto*); sintagmas nominales y oraciones subordinadas sustantivas (*Dime [su dirección o dónde puedo localizarlo]*), etc.

RAE-ASALE (2009: § 31.1a) clasifica las conjunciones coordinantes en función de dos criterios: según se trate de unidades simples o no, y según el tipo de relación semántica que establezcan entre los elementos que enlazan. De este modo, tenemos en primer lugar un grupo de conjunciones simples, que se subdividen en copulativas (*y*, que presenta la variante *e* ante palabras que comienzan con *i-*, y *ni*), disyuntivas (*o*, que presenta la variante *u* ante palabras que comienzan con *o-*, y *ni*) y adversativas (*pero*, *sino*, *mas*). En segundo lugar, existe un grupo de conjunciones, a las que RAE-ASALE denomina compuestas, discontinuas o correlativas. Estas conjunciones, que preceden a cada uno de los segmentos coordinados, se subdividen a su vez en copulativas (*o... o...*; *ni... ni...*; *tanto... como...*; *tanto... cuanto...*; *así... como...*) y disyuntivas o distributivas (*sea... sea...*; *ya... ya...*; *ora... ora...*; *bien... bien...*). Algunas de ellas, como *tanto... como...*, solo pueden enlazar dos elementos *([Tanto sus amigos como sus enemigos] le tenían un gran respeto*); otras, sin embargo, no presentan restricciones en este sentido (*Sea por ignorancia, sea por falta de interés, sea por cualquier otra razón, seguimos sin solucionar nuestros problemas*).

2.2. Las conjunciones subordinantes

Las conjunciones subordinantes establecen una relación de dependencia de un constituyente sintáctico con respecto a otro: se suele entender, en concreto, que este tipo de conjunciones subordinan una oración a otra. La relación de subordinación se puede establecer básicamente de dos modos: o bien A es un constituyente de B, como refleja el diagrama (1a), o bien A y B forman un constituyente cuyo núcleo es B, como trata de reflejar el diagrama (1b):

Cuando la relación de subordinación se establece en los términos indicados en (1b), el orden puede ser el que refleja el diagrama, como sucede en (2a), o el inverso, como en (2b). En todo caso, ambas oraciones están separadas por una pausa (reflejada como una coma en la escritura) y constituyen grupos entonativos diferentes:

(2) a. Puesto que todos estaban de acuerdo, se decidió suspender las fiestas.
  b. Tuvo que tomar la decisión ella sola, puesto que sus hermanos decidieron no tomar cartas en el asunto.

Cuando la relación de subordinación se establece en los términos indicados en (1a), la oración A puede desempeñar diversas funciones en el interior de B. Así, por ejemplo, podría ser complemento de un sustantivo, como la oración adjetiva de (3a), o de un verbo, ya se trate de un complemento seleccionado, como la oración que en (3b) desempeña la función de complemento directo de *pidieron*, o de un adjunto, como la oración causal de (3c):

(3) a. Todavía no he terminado de leer el libro *que me prestaste.*
b. Le pidieron *que dejase de hacer ruido.*
c. Está ensayando *porque tiene un concierto la semana que viene.*

De las oraciones de (3), solo (3b) y (3c) están introducidas por conjunciones (*que* y *porque*, respectivamente). Las oraciones de relativo están introducidas por pronombres (como *que* en (3a)) o adverbios relativos.

RAE-ASALE (2009: § 31.1h) señala los siguientes tipos de conjunciones subordinantes (de las que se proporcionan algunos ejemplos entre paréntesis): completivas (*que* y *si* —cuando encabeza oraciones interrogativas indirectas, como en *Me pregunto si vendrá*—); condicionales (*si*, *como* —con subjuntivo, como en *Como no te abrigues, te vas a resfriar*— y locuciones como *en caso de que*); causales (*porque*, *como* —con indicativo, como en *Como no te abrigaste, te resfriaste*—, locuciones como *puesto que*, *dado que*, *ya que*, etc.); concesivas (*aunque*, *si bien*, locuciones del tipo de *a pesar de que*, etc.); ilativas (*luego*, *conque*, etc.); temporales (*luego que*, *mientras*, *ni bien*, etc.); consecutivas (*que*, como en *Estaba tan cansada que me tuve que tumbar*); comparativas (*que*, como en *Hace más frío que ayer*; *como*, en secuencias como *Hace tanto frío como ayer*) y exceptivas (*salvo*).

Al definir las conjunciones subordinantes hemos indicado que suelen subordinar una oración, a la que se denomina término de la conjunción, a otra. No obstante, algunas conjunciones subordinantes pueden admitir términos no oracionales. Típicamente lo hacen las comparativas y las exceptivas, y también admiten este tipo de términos las conjunciones *aunque* y *si bien* (RAE-ASALE: § 31.1n): *Es inteligente, aunque desordenado.* Para explicar este tipo de construcciones, se puede suponer la elipsis de una parte de la oración subordinada, o bien admitir que las conjunciones subordinantes no siempre tienen términos oracionales. En todo caso, el comportamiento de estas partículas es, en este sentido, atípico dentro de las conjunciones subordinantes.

2.3. Conjunciones y locuciones conjuntivas

Tradicionalmente se considera que las conjunciones constituyen una clase cerrada, lo cual está en relación con el hecho de que se trata de palabras invariables, para las que no existen mecanismos morfológicos de creación de nuevas palabras. Efectivamente, existen muy pocos elementos léxicos simples que puedan ser caracterizados como conjunciones subordinantes: las conjunciones *que* y *si*, las cuales introducen oraciones sustantivas, y, entre las que introducen oraciones subordinadas adverbiales, *si* (condicional), *como* (causal y condicional), y algunas partículas temporales, como *apenas*, *mientras*, etc. Sin embargo, existe una gran cantidad de locuciones conjuntivas, es decir, secuencias de dos o más palabras que, como resultado de un proceso de gramaticalización, presentan el funcionamiento de una unidad léxica, correspondiente a la categoría conjunción. Algunos ejemplos son las causales *dado que*, *puesto que*, etc., la concesiva *aun cuando*, las finales *de manera que*, *de modo que* y las temporales *una vez que*, *en tanto que*, etc.

3. Perspectiva histórica y teórica del estudio de las conjunciones

En este apartado vamos a revisar algunas de las propuestas más relevantes sobre el estatuto gramatical de las conjunciones, formuladas desde diferentes perspectivas teóricas. Comenzaremos por referirnos a la caracterización que esta clase de palabras ha recibido en la tradición gramatical, centrándonos en la tradición gramatical española; a continuación revisaremos dos propuestas encuadradas en el marco del estructuralismo lingüístico; por último, nos ocuparemos del tratamiento que han recibido las conjunciones según los supuestos teóricos de la gramática generativa.

3.1. La tradición gramatical española

Desde Nebrija (1492), se ha considerado que las dos propiedades definitorias de las conjunciones son su invariabilidad y su carácter de elementos de relación (pueden consultarse al respecto los trabajos de Ramajo Caño 1987, Gómez Asencio 1981 y Calero Vaquera 1986). La mayoría de los gramáticos han señalado que las conjunciones unen o bien palabras con palabras o bien oraciones con oraciones. Otros autores, el primero de los cuales es El Brocense, consideran que, en cualquier caso, la conjunción relaciona oraciones; cuando aparentemente no es así, habría que suponer la elipsis de una parte de la oración. Esto es algo que también han propuesto algunos autores desde supuestos teóricos más modernos, como Gleitman (1965). En cuanto a las nociones de coordinación y subordinación, no aparecen en la tradición gramatical española hasta los primeros años del siglo XX.

3.2. Preposición, conjunción y adverbio como una sola categoría

Jespersen (1924) considera que las conjunciones y los adverbios son diferentes subclases de preposiciones: los adverbios, que se caracterizan por no ir seguidos de un término, serían preposiciones intransitivas; las conjunciones, que se caracterizan por tener como término una oración, serían preposiciones oracionales (*sentence prepositions*). La propuesta de Jespersen es muy adecuada para describir el comportamiento de ciertas palabras de algunas lenguas, como el inglés. Así, por ejemplo, no habría por qué considerar que *before* ('antes') pertenece a tres categorías diferentes según aparezca sin término (*He had been there before*, 'Él había estado allí antes'), o bien lleve como término un sintagma nominal (*before breakfast*, 'antes del desayuno') o una oración (*Before he had breakfast*, 'Antes de que hubiera desayunado'). Más difícil es aplicar esta propuesta al español, pues las preposiciones canónicas no pueden aparecer sin término y, cuando este es una oración, debe tratarse de una oración de infinitivo, o ir encabezada por la conjunción *que* (*sin ruido/sin hacer ruido/ sin que nadie se enterara*). Se ha intentado explicar de esta manera el comportamiento de algunos adverbios, como *además*, que se puede emplear sin complemento, o bien con un sintagma nominal o una oración como término. No obstante, a diferencia de lo que ocurre con las preposiciones, en estos dos últimos casos el término debe ir precedido por la preposición *de* (*Además de un libro, compró varias revistas*; *Además de que es una persona muy competente, tiene el apoyo de su familia*).

Con respecto a la distinción entre conjunciones coordinantes y subordinantes, Jespersen considera que no hay razón para separarlas en dos clases de palabras, pues la diferencia conceptual entre ellas es tan pequeña que en numerosas ocasiones se traspasa la frontera que las separa. Para ilustrarlo, señala la proximidad semántica existente entre la conjunción *y* y la preposición *con* (en inglés, *and* y *with*, respectivamente). A esta cuestión nos referiremos en el § 5.1.

3.3. La teoría de la transposición

La teoría de la transposición fue propuesta por Bally (1950) y Tesnière (1959) y ha sido ampliamente desarrollada en la gramática funcional española (se puede consultar al respecto Martínez 1981). Esta teoría parte del establecimiento de una estrecha correspondencia entre funciones y categorías sintácticas; dentro de este supuesto, la transposición consistiría en el procedimiento mediante el cual un sintagma de una categoría pasa a desempeñar una función propia de otra categoría.

En este marco, las conjunciones formarían parte de clases diferentes en función de sus diversos cometidos. Por un lado, las conjunciones coordinantes relacionarían unidades homocategoriales para crear un nuevo elemento sintáctico de la misma categoría y función. Por otro lado, las conjunciones subordinantes serían transpositores, elementos que cambian la función de las categorías sintácticas con las que se relacionan.

3.4. La gramática generativa

La caracterización de las conjunciones dentro del marco teórico de la gramática generativa, sobre todo a partir del modelo de Principios y Parámetros, se sustenta en dos supuestos básicos: la endocentricidad de todos los sintagmas y la existencia de dos tipos de categorías gramaticales: léxicas y funcionales.

En el marco generativista, las conjunciones coordinantes eran inicialmente consideradas elementos acategoriales, encargados de unir constituyentes de idéntico rango gramatical para dar lugar a un nuevo constituyente con las mismas características. Actualmente, sin embargo, se considera que se proyectan igual que otras categorías, como núcleo de un sintagma conjuntivo (Collins 1988; Grootveld 1992; Johannessen 1998; Bosque 1994; Kayne 1994; Progovac 1998a, 1998b; Camacho 2003), cuestión esta a la que nos referiremos en el apartado siguiente.

En cuanto a las conjunciones subordinantes de la tradición gramatical, se admite de manera general que la conjunción subordinante *que* es un complementante, categoría funcional que toma obligatoriamente como complemento una proyección funcional de la oración cuyo núcleo son los rasgos de concordancia verbales, con la cual forma el sintagma complementante. En cuanto a las conjunciones que introducen oraciones subordinadas adverbiales, existen diferentes posturas. Para algunos autores, serían un tipo particular de complementantes, mientras que otros, como veremos en el § 5.1, consideran que se trata de preposiciones que subcategorizan obligatoriamente una oración.

4. El estatuto gramatical de las conjunciones

4.1. ¿Son núcleos las conjunciones?

Como hemos podido ver, existen básicamente dos posturas teóricas respecto a la entidad gramatical de las conjunciones. Según la primera de ellas, las conjunciones son meros elementos de relación, que no desempeñan un papel relevante en la determinación de las características de los elementos que relacionan o de los constituyentes sintácticos de los que forman parte. Según la segunda, defendida básicamente en el marco teórico de la gramática generativa, las conjunciones son núcleos.

Las conjunciones coordinantes, como núcleo, encabezarían sintagmas que, en aquellos casos en que se enlazan dos constituyentes, tendrían la estructura reflejada en (4); el segundo constituyente sería el complemento de la conjunción, y el primero, el especificador:

(4)

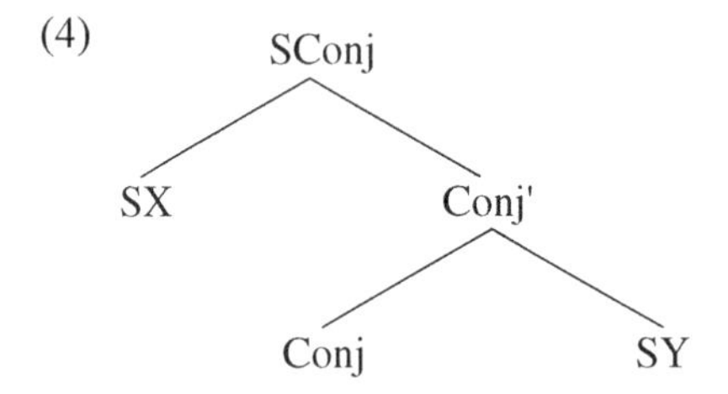

Para dar cuenta de los casos de coordinación múltiple, algunos autores proponen la existencia de recursividad en el complemento (Johannessen 1998; Zoerner 1995), mientras que otros consideran que hay recursividad en el especificador (Collins 1988).

Los autores que defienden el carácter nuclear de las conjunciones coordinantes alegan diferentes razones. Una de ellas es que ninguno de los elementos que forman el conjunto determina por sí solo las características morfosintácticas del conjunto. Así, por ejemplo, en español, un sintagma nominal en el que se coordinan un sustantivo masculino singular y un sustantivo femenino singular provoca la concordancia en masculino plural con el adjetivo, como podemos ver en *Juan y María fueron juntos al médico*. Los defensores del carácter nuclear de la conjunción destacan que, en casos como estos, lo que da coherencia al conjunto es la conjunción. Otro argumento a favor del carácter nuclear de las conjunciones coordinantes es que presentan propiedades de subcategorización: por ejemplo, *pero* impone a los elementos que coordina el que tengan algún tipo de significado adversativo. Por otra parte, los sintagmas encabezados por conjunciones coordinantes permiten satisfacer las propiedades de selección de ciertos predicados: así, solo los sintagmas nominales plurales o coordinados pueden ser sujeto de predicados simétricos, como *parecerse* o *ser viejos amigos*, en construcciones como *Pedro y su hijo se parecen* o *Juan y Luis son viejos amigos*; asimismo, un adverbio como *respectivamente* se predica de un sintagma coordinado: *A mi hija y a mi sobrina les regalé una muñeca y un juego de mesa, respectivamente*.

Los autores que rechazan el carácter nuclear de la conjunción señalan, entre otros argumentos, la dificultad de encajar la existencia de un sintagma conjuntivo con una serie de supuestos, como el de que los especificadores y complementos generalmente no comparten rasgos con los sintagmas en los que aparecen, el de que los sintagmas tienen un número finito de especificadores y complementos, o el de que tanto unos como otros han de ser proyecciones máximas (véase, por ejemplo, Borsley 2005).

Respecto al tipo de núcleos que serían las conjunciones coordinantes, se suele defender que se trata de núcleos funcionales, puesto que forman clases cerradas, son dependientes de su término desde el punto de vista fonológico y morfológico, son inseparables de este y carecen de contenido descriptivo.

Por lo que respecta a las conjunciones subordinantes, se asume, como hemos señalado, que el complementante *que* es el núcleo de la proyección sintagma complementante. En cuanto a las conjunciones subordinantes adverbiales, hay importantes razones para considerar que también son núcleos: posibilitan que la oración aparezca en posiciones no argumentales, poseen contenido léxico, y son el elemento fundamental que determina el tipo de relación que establece la oración subordinada con respecto al elemento al que se subordina. De este modo, en (5a) y (5b), una misma oración subordinada puede expresar causa o condición dependiendo de si va introducida por la conjunción *como* o por la conjunción *si*:

(5) a. Si no te portas bien, tus padres no te dejarán salir.
b. Como no te portas bien, tus padres no te dejarán salir.

Podemos añadir que, como otros núcleos léxicos, las conjunciones subordinantes adverbiales imponen restricciones a sus complementos y tienen un papel determinante en la elección del tiempo, el aspecto y el modo del verbo de la oración por ellas introducida. Así, la locución conjuntiva causal *puesto que* exige un indicativo (*No dijo nada, puesto que todos lo sabían*), mientras que la final *a fin de que* exige un subjuntivo (*No dijo nada, a fin de que nadie lo supiera*).

Respecto al tipo de núcleo que son las conjunciones subordinantes adverbiales, léxicos o funcionales, nos referiremos a esta cuestión en el § 5.1.

4.2. ¿Constituyen las conjunciones una clase gramatical?

En la clase de las conjunciones se recogen elementos que presentan importantes diferencias entre sí. En primer lugar, las conjunciones coordinantes y subordinantes se diferencian en que, mientras que las primeras enlazan elementos equivalentes desde un punto de vista sintáctico, las segundas subordinan una oración a otra o a un elemento de otra. Además, el término de las conjunciones subordinantes ha de ser siempre una oración, pero las coordinantes pueden enlazar diferentes tipos de unidades: oraciones, sintagmas de diverso tipo, palabras e incluso partes de palabras (*lisa y llanamente*).

Dentro de las conjunciones subordinantes, también hay importantes diferencias entre las que encabezan las oraciones subordinadas sustantivas, como *que* y *si*, y las conjunciones que introducen subordinadas adverbiales. Así, las segundas, pero no las primeras, tienen contenido léxico. Además, las construcciones encabezadas por uno y otro tipo de partículas aparecen en posiciones muy distintas dentro de la estructura sintáctica. Las proyecciones encabezadas por *que* o *si* deben aparecer en posiciones argumentales, como sujeto (6a), objeto directo (6b), o complemento de preposición (6c):

(6) a. *Que Juan esté aquí* significa que ha aprobado.
b. Creía *que no ibas a venir*.
c. El hecho de *que estés aquí*.
d. La razón de que esté aquí es *que está muy enfermo*.

Todas ellas son posiciones en las que puede aparecer un sintagma nominal. Las oraciones subordinadas adverbiales, sin embargo, funcionan como adjuntos. Por esta razón, como refleja (7), tienen una gran libertad de posición, comparable a la de los sintagmas preposicionales o los adverbios de (8), más que a la de construcciones encabezadas por *que*, según muestra la agramaticalidad de (9b) y (9c):

(7) a. María no vendrá a la fiesta *si tú no se lo pides*.
b. María, *si tú no se lo pides*, no vendrá a la fiesta.
c. *Si tú no se lo pides*, María no vendrá a la fiesta.

(8) a. María no vendrá a la fiesta *mañana*.
b. María, *mañana*, no vendrá a la fiesta.
c. *Mañana*, María no vendrá a la fiesta

(9) a. María cree que tú se lo vas a pedir.
b. * María, *que tú se lo vas a pedir*, (lo) cree.
c. ?? *Que tú se lo vas a pedir*, María *(lo) cree.

5. Los límites de las conjunciones

5.1. La relación entre preposiciones y conjunciones

En el § 3.2 nos hemos referido a una propuesta según la cual las conjunciones, y particularmente las que introducen oraciones subordinadas adverbiales, son una subclase de las preposiciones. Encontramos una propuesta similar en el marco de la gramática generativa, pues diversos autores, como Jackendoff (1977), Emonds (1985) y Larson (1990), han considerado que las conjunciones subordinantes adverbiales son un tipo de preposiciones que subcategorizan únicamente oraciones. Entre estos autores, algunos, como Emonds (1985), consideran que la oración complemento de estas conjunciones es una proyección funcional que no incluye al complementante. En inglés, existen muy pocas conjunciones subordinantes adverbiales con las que el complementante *that* aparezca explícito. Cuando es así, como en el caso de *now that* o *so that*, nos encontramos en realidad ante unidades léxicas compuestas, hecho que Emonds muestra con argumentos relativos a la cohesión interna de dichas unidades. Por otra parte, salvo los casos arriba mencionados, no existen otras construcciones en inglés donde una preposición aparezca seguida del complementante *that*. Para Larson (1990), sin embargo, la proyección funcional que toma como complemento una preposición tiene como núcleo al complementante, que debe ser elidido obligatoriamente.

Los datos del español muestran una diferencia importante con el inglés y otras lenguas. En inglés, ni las preposiciones ni las conjunciones subordinantes adverbiales pueden ir seguidas del complementante explícito. En cuanto al español, si una preposición toma un complemento oracional con un verbo en forma finita, el complementante *que* debe aparecer obligatoriamente (*Le informaron de *(que) tenía que marcharse*; *Entró sin *(que) nadie le oyera*); sin embargo, *que* no puede introducir el término de una conjunción subordinante adverbial (*Lo haré si (*que) me ayudas*). Por otra parte, las preposiciones admiten como término una oración con verbo en infinitivo; en tal caso, la oración no debe ir encabezada por *que* (*Contaba con (*que) tener dos semanas más para terminar el artículo*). Las conjunciones subordinantes, sin embargo, rechazan las oraciones de infinitivo como término.

Una propuesta que trata de conjugar las ventajas y los inconvenientes de las señaladas por Emonds y Larson es aquella según la cual las conjunciones subordinantes adverbiales son elementos híbridos, que combinan características de las preposiciones y del complementante *que*. Esta hipótesis ha sido defendida por diversos autores, como Haumann (1997: cap. 8), quien señala que este tipo de conjunciones, por un lado, tienen en común con las preposiciones el tener contenido léxico y estar asociadas a una estructura argumental; por otro lado, al igual que los complementantes, toman como complemento una proyección extendida del verbo.

También las conjunciones coordinantes se relacionan con las preposiciones. Así, algunas preposiciones presentan usos que se han señalado como coordinantes (véase Martínez 1977–1978; Cano 1982; Rigau 1990; Gutiérrez Ordóñez 1997: § 6; Camacho 1999: § 41.2.6; Pavón Lucero 1999: § 9.2.6). En español, se documentan construcciones, poco frecuentes en la lengua contemporánea, en que la preposición *con* parece comportarse como una conjunción copulativa. Así, en las oraciones siguientes, el sintagma nominal sujeto concuerda en plural con el verbo, aunque su núcleo (*padre*, *muerte*) es singular: *El padre con las fijas lloran de coraçón* (*Poema de Mío Cid*; tomado de RAE, 1973: 501); *[...] la muerte con todo su escuadrón volante volvieron a su carrera y siguieron su viaje* (Cervantes, *Quijote*; tomado de RAE, 1973: 501). En el español de América, así como en el español hablado en zonas de bilingüismo catalán-castellano, son habituales construcciones con sujeto elíptico del tipo de

Vamos a ir con mi hija al cine (con el significado de 'Mi hija y yo vamos a ir al cine'), en las que, aparentemente, lo que determina la concordancia en plural con el verbo es la presencia del sintagma preposicional encabezado por *con*. También se ha señalado un uso coordinante para la preposición *entre* en construcciones del tipo de *Entre Juan y yo subimos el piano*, entendiendo que, en ellas, el sujeto es *entre Juan y yo*.

5.2. La relación entre conjunciones subordinantes y adverbios

Otra categoría con la que las conjunciones subordinantes presentan estrechas similitudes son los adverbios relativos. Muchos autores han propuesto que las conjunciones subordinantes adverbiales son adverbios relativos; y no solo aquellas susceptibles de expresar el mismo tipo de relaciones que estos, como las temporales, sino cualquier otro tipo de conjunción subordinante adverbial. Así, por ejemplo, Haegeman (2007) considera que las conjunciones subordinantes condicionales son adverbios relativos, con argumentos basados en los orígenes morfológicos y etimológicos de las conjunciones condicionales del francés y el alemán.

No obstante, entre las conjunciones subordinantes adverbiales y los adverbios relativos existen importantes diferencias. Una de ellas es que los adverbios relativos, pero no las conjunciones, pueden encabezar perífrasis de relativo, como podemos comprobar si comparamos el relativo *cuando* con la conjunción temporal *apenas*: *Cuando aterrizó el avión fue a las 8 en punto/*Apenas {aterrizó/hubo aterrizado} el avión fue a las 8 en punto*. Por otra parte, los adverbios relativos pueden construirse con antecedente, pero las conjunciones subordinantes, no: *Ese fue el momento cuando algunos de ellos creyeron oír una explosión/*En el momento apenas oyes la explosión, no puedes reaccionar*. Una diferencia más es que las oraciones encabezadas por relativos pueden ser término de una preposición, pero no las encabezadas por conjunciones: *Este vestido es para cuando celebres tu cumpleaños/*Estas pastillas son para apenas te sientas mareada*.

Para terminar, señalaremos que también las conjunciones subordinantes se relacionan con los adverbios interrogativos. Así, algunos autores han señalado que la conjunción *si* que encabeza las oraciones subordinadas interrogativas es en realidad un adverbio interrogativo. Entre ellos está Bello (1847: § 415), quien pone esta partícula en relación con el *si* condicional (adverbio relativo para Bello) y el *sí* afirmativo (adverbio demostrativo modal para este autor). Bello establece un paralelismo entre estos tres adverbios y los locativos *dónde/donde/aquí*, que ilustra con los siguientes ejemplos:

(10) a. ¡Ay Dios! *¿Si* será posible que he ya hallado lugar que sirva de sepultura a la pesada carga de este cuerpo que tan contra mi voluntad sostengo? *Sí* será, *si* la soledad de estas selvas no me miente. (Cervantes, sin referencia; ejemplo tomado de Bello 1847: § 415)

b. *¿Dónde* tendrá al fin sepultura la pesada carga de este cuerpo? *Aquí* la tendrá sin duda, *donde* la soledad de estas selvas me la ofrece. (Ejemplo de Bello 1847: § 415)

Rigau (1984) señala asimismo que el *si* que encabeza subordinadas interrogativas en catalán es un adverbio interrogativo, y muestra argumentos que indican que se comporta de modo similar a otras palabras interrogativas, como *quan* ('cuando'), *que* ('qué') o *qui* ('quién'), y de forma diferente al complementante *que* ('that').

Bibliografía

Bally, C. (1950) *Linguistique générale et linguistique française*, 3.ª ed., Berna: A. Francke.
Bello, A. (1981 [1847]) *Gramática de la lengua castellana destinada al uso de los americanos*, ed. crítica de Ramón Trujillo, Tenerife: Cabildo Insular de Tenerife.
Borsley, R. D. (2005) "Against ConjP", *Lingua*, 115, pp. 461–482.
Bosque, I. (1994) "La negación y el principio de las categorías vacías", en Demonte, V. (ed.) *Gramática del español*, México: El Colegio de México, pp. 167–199.
Calero Vaquera, M. L. (1986) *Historia de la gramática española (1847–1920)*, Madrid: Gredos.
Camacho, J. (1999) "La coordinación", en Bosque, I. y Demonte, V. (dirs.) *Gramática descriptiva de la lengua española*, Madrid: Espasa, pp. 2635–2694.
Camacho, J. (2003) *The structure of coordination*, Dordrecht: Kluwer Academic Publishers.
Cano Aguilar, R. (1982) "Sujeto con preposición en español y cuestiones conexas", *Revista de Filología Española*, 62, pp. 211–258.
Collins, C. (1988) "Conjunction Adverbs", manuscrito, MIT.
Emonds, J. E. (1985) *A unified theory of syntactic categories*, Dordrecht: Foris.
Gleitman, L. (1965) "Coordinating conjunctions in English", *Language*, 41, pp. 260–293.
Gómez Asencio, J. J. (1981) *Gramática y categorías verbales en la tradición española (1771–1847)*, Salamanca: Ediciones de la Universidad de Salamanca.
Grootveld, M. (1992) "On the representation of coordination", en Bok-Bennema, R. y van Hout, R. (eds.) *Linguistics in the Netherlands 1992*, Amsterdam: John Benjamins, pp. 61–73.
Gutiérrez Ordóñez, S. (1997) *La oración y sus funciones*, Madrid: Arco Libros.
Jackendoff, R. (1977) *X-bar syntax: A study of phrase structure*, Cambridge, MA: The MIT Press.
Jespersen, O. (1924) *The philosophy of grammar*, Londres: Allen and Unwin.
Johannessen, J. B. (1998) *Coordination*, Oxford: Oxford University Press.
Kayne, R. S. (1994) *The antisymmetry of syntax*, Cambridge, MA: The MIT Press.
Larson, R. K. (1990) "Extraction and multiple selection in PP", *Linguistic Review*, 7, pp. 169–182.
Martínez, J. A. (1977–1978) "*Entre tú y yo*: ¿sujeto con preposición?", *Archivum*, 27–28, pp. 381–396.
Martínez, J. A. (1981) "Acerca de la transposición y el aditamento sin preposición", *Archivum*, 31–32, pp. 493–512.
Pavón Lucero, M. V. (1999) "Clases de partículas: preposición, conjunción y adverbio", en Bosque, I. y Demonte, V. (dir.), *Gramática descriptiva de la lengua española*, Madrid: Espasa, pp. 565–656.
Progovac, L. (1998a) "Structure for coordination. Part I", *Glot International*, 3, 7, pp. 3–6.
Progovac, L. (1998b) "Structure for coordination. Part II", *Glot International*, 3, 8, pp. 3–9.
Ramajo Caño, A. (1987) *Las gramáticas de la lengua castellana desde Nebrija a Correas*, Salamanca: Ediciones de la Universidad de Salamanca.
[RAE] Real Academia Española (1973) *Esbozo de una nueva gramática de la lengua española*, Madrid: Espasa Calpe.
[RAE-ASALE] Real Academia Española y Asociación de Academias de la Lengua Española (2009) *Nueva gramática de la lengua española*, Madrid: Espasa Calpe.
Rigau, G. (1984) "De com *si* no és conjunció i d'altres elements interrogatius", *Estudis gramaticals*, I, pp. 249–27 8.
Rigau, G. (1990) "The semantic nature of some romance prepositions", en Mascaró, J. y Nespor, M. (ed.), *Grammar in progress*, Dordrecht: Foris, pp. 363–373.
Tesnière, L. (1959) *Éléments de syntaxe structurale*, Paris: Klincksieck.
Zoerner, E. (1999) "One coordinator for all", *Linguistic Analysis*, 29, 3/4, pp. 324–341.

Lecturas complementarias

Bosque, I. (1989) *Las categorías gramaticales*, Madrid: Síntesis.
Cristofaro, S. (2003) *Subordination*, Oxford: Oxford University Press.
Fernández-Salgueiro, G. (2008) *Aspects of the syntax of (TP-) coordination, across-the-board extraction, and parasitic gaps*, tesis doctoral, University of Michigan.
Gómez Asencio, J. J. (1985) *Subclases de palabras en la tradición española (1771–1847)*, Salamanca: Ediciones de la Universidad de Salamanca.
Goodall, G. (1987) *Parallel structures in syntax*, Cambridge: Cambridge University Press.

Johannessen, J. B. (1996), 'Partial agreement and coordination', *Linguistic Inquiry*, 27, 4, pp. 661–676.
Kortmann, B. (1997) *Adverbial subordination. A typology and history of adverbial subordinators based on European languages*, Berlín/Nueva York: Mouton de Gruyter.
Martínez, J. A. (1994) *Funciones, categorías y transposición*, Madrid: Istmo.
Munn, A. (1993) *Topics in the syntax and semantics of coordinate structures*, tesis doctoral, University of Maryland.
Munn, A. (1999) "First conjunct agreement: Against a clausal analysis", *Linguistic Inquiry*, 30, 4, pp. 643–668.
Pavón Lucero, M. V. (2003) *Sintaxis de las partículas*, Madrid: Visor.
Pavón Lucero, M. V. (2010) "Why are there no locative conjunctions in Spanish?", *Catalan Journal of Linguistics*, 9, pp. 105–125.

Entradas relacionadas

adverbio; comparativos y superlativos; coordinación; locuciones; marcadores del discurso; oraciones de relativo; preposiciones; subordinación adverbial; subordinación sustantiva

CONSONANTES

Jorge M. Guitart

1. Introducción

Antes de entrar en la descripción de las consonantes hispánicas estimamos conveniente presentar ciertos datos y suposiciones que guiarán nuestro análisis. La pronunciación de toda consonante consiste en hacer *gestos* (normalmente inconscientes) utilizando ciertas partes del aparato fonador denominadas *articuladores móviles*. Por gesto se entiende precisamente el movimiento de un articulador móvil. Ejemplos de articulador móvil son la lengua y los labios. Los *gestos bucales* se hacen en la boca con uno o los dos labios y con la lengua. Los *gestos vélicos* se hacen con el velo o parte móvil del paladar blando, y son dos: con el velo descendido el aire espirado pasa a la cavidad nasal para los *fonos nasales*; con el velo alzado de modo que toque la pared faríngea, el aire espirado pasa únicamente a la cavidad bucal para los *fonos orales*. Hay también *gestos laríngeos*. Los que nos interesan para el consonantismo hispánico son el juntar las cuerdas vocales de manera que vibren, resultando una *consonante sonora*, y el acercarlas sin vibrar creándose una glotis estrecha, resultando una *consonante sorda*.

En la comunicación hablada, toda consonante hispánica es parte de una palabra. Lo normal es que una palabra no se pronuncie siempre igual y que en esta variabilidad no intervenga la autoconciencia. La pronunciación espontánea oscila entre dos tendencias inconscientes opuestas. Una es la tendencia a mantener el contraste entre fonos. La otra es la tendencia a simplificar la articulación para ahorrar energía si no peligra la comunicación. La alternancia es entre dos modos de pronunciar, que llamaremos *modo contrastivo* y *modo simplificativo*. Estos no están relacionados directamente con la velocidad del habla, ya que se puede ser contrastivo en el habla rápida (piénsese en el comportamiento de anunciadores de comerciales en la radio y la televisión) y simplificativo en el habla lenta (como cuando se experimenta un gran cansancio). El modo simplificativo se manifiesta en tres fenómenos diferentes. Uno es la *asimilación*, que consiste en 'copiar' las características de una consonante adyacente, resultando en que los articuladores se mueven menos. Otro es la *reducción*, que en lo temporal consiste en hacer más breve un gesto, y en lo espacial en no completarlo. Un tercero es la *supresión* de gesto, que consiste en no realizarlo en absoluto. La supresión de los gestos bucales (el no mover ni los labios ni la lengua), sin que se suprima ni el gesto vélico ni el laríngeo, se denomina *desbucalización* (tradicionalmente llamada "aspiración").

La supresión de todos los gestos se denomina *elisión*, pero esto no significa que la palabra se perciba como algo más breve. Al contrario: toda palabra tiene una forma mental invariable a la cual no le falta ninguna parte. Es su *forma subyacente*. Esa forma no es directamente observable pero se deduce de los hechos, ya que tanto la manifestación contrastiva como la manifestacion simplificativa de una palabra determinada se perciben como la misma palabra. La existencia de la escritura alfabética y de la transposición accidental de fonos en el habla (lapsus linguales) apoyan la suposición de que la forma mental de toda palabra se compone de *segmentos discretos*. Es esa forma la que se percibe, incluso cuando han tenido lugar *procesos de simplificación* que causan que su forma física —que denominaremos su *forma fonética*— tenga o menos segmentos o segmentos que no coinciden en sus características con los de su forma subyacente. Los segmentos de la forma subyacente se denominan *fonemas* y se transcriben entre líneas oblicuas. Ejemplo: el fonema /n/ es el primer segmento de la palabra *no*. Por contraste los segmentos de la forma fonética se denominan *alófonos*. Todo fonema tiene un *alófono fiel*, poseedor de las mismas características que el fonema, y tiene además uno o más alófonos infieles que difieren de su fonema en una o más características. Los alófonos se escriben entre corchetes: [n] es el alófono fiel de /n/. El fonema y su alófono fiel se representan siempre con el mismo símbolo en un alfabeto fonético. En nuestro caso es el Alfabeto Fonético Internacional (AFI). Cada palabra tiene una *forma citable*, constituida por alófonos fieles, y es la que aparece en el modo contrastivo. Por contraste es en el modo simplificativo donde aparecen los alófonos infieles a consecuencia de la asimilación, reducción o desbucalizacion. Si se suprime todo gesto laríngeo (como sucede en la respiración normal) el resultado es el silencio y no hay representación alofónica para el fonema. Ahora bien, es impropio decir que la asimilación y la supresión de gestos "afectan" a los fonemas, ya que la estructura de estos es invariable: *al fonema no le pasa nada.* En la frase *un año y un mes* la palabra *un* se pronuncia [un] la primera vez que ocurre pero [um] por asimilación la segunda vez. Sin embargo quien oye esa frase, percibe la palabra /un/ en los dos casos.

Los fonemas no son ni sonidos ni letras de un alfabeto mental. Son en realidad pares de conjuntos de informaciones. Para cada fonema uno de los conjuntos consiste en instrucciones dirigidas a los articuladores a que se dispongan de cierta manera exclusiva de cada sonido, lo cual lo hace físicamente distinto a los demás. El otro conjunto consiste en información acústica correspondiente a cada gesto. La informacion acústica proviene de la conversión en el oído interno de las vibraciones mecánicas (causadas por la articulación) en señales eléctricas que el nervio acústico conduce a la corteza acústica, surgiendo entonces en la mente la sensación que llamamos *sonido*. Cuando una persona repite exactamente una palabra, dicha por otra que domina la misma lengua, ha convertido la información acústica en la información articulatoria correspondiente. Suponemos además que existe un módulo neural que contiene una lista de instrucciones que guían los procesos de simplificación causantes de infidelidad y contiene además un conjunto de comparaciones que 'rescatan' las formas fonológicas para beneficio del oyente.

Volviendo a los dos modos de pronunciación, es importante destacar que cuando alternan en un mismo entorno (por ejemplo final de palabra o de sílaba) lo hacen precisamente en independencia del entorno en el que está el fonema. No es el entorno lo que gobierna el modo, sino la intención inconsciente del hablante de ser o fiel (preferir el contraste) o infiel (preferir la simplificación), siendo la elisión la infidelidad máxima.

2. La definición de consonante y un nuevo tipo de consonante

La tradición reconoce dos características que diferencian las consonantes hispánicas de otras clases de sonidos: a) no pueden ser núcleo de sílaba, apareciendo solamente en el ataque o en la coda; esto las distingue de las *vocales*; b) presentan un obstáculo al paso libre del aire espirado; esto las distingue de las *semivocales*. El obstáculo puede ser total o parcial. Si es parcial, es una estrechez significativa creadora de cierto grado de ruido. Es lo que sucede en los fonos llamados fricativos. El ruido es la consecuencia de la *aperiodicidad* o presencia de vibraciones irregulares (aperiódicas) en las ondas sonoras que se crean al establecerse un canal estrecho. Por contraste las vocales presentan un alto grado de *periodicidad*, o presencia de vibraciones regulares (periódicas). Como veremos, en ciertas consonantes, aunque hay predominio de aperiodicidad, hay también cierto grado de periodicidad.

Aquí nos apartaremos de la tradición con respecto a la segunda característica dada a las consonantes, siguiendo una propuesta del insigne fonetista británico (y profesor en Estados Unidos) Peter Ladefoged (1925–2006), aceptada por la AFI. Ladefoged descubrió que en ciertas lenguas existe dentro de la clase de fonemas laterales un contraste entre fricativas y no fricativas. En una lateral fricativa, la estrechez creada al alzarse los costados de la lengua crea la *aperiodicidad* característica de las fricativas. Pero la aperiodicidad está ausente del otro tipo de fonema lateral, simbolizado /l/, que Ladefoged coloca en una nueva categoría de consonantes denominadas *aproximantes*. En una aproximante la estrechez no es tan radical como la que ocurre en las fricativas y el grado de aperiodicidad es mínimo. El fonema /l/ del español se clasifica como *aproximante lateral*.

Ahora bien, en el español, como en otras lenguas, hay también aproximantes no laterales. Toda aproximante no lateral presenta una abertura mayor que la de una fricativa pero una abertura menor que la de las vocales menos abiertas (que en español son [i] y [u]). En el plano físico se observa que en el español existen dos aproximantes no laterales, que se simbolizan [j] y [w] en el AFI. Por ejemplo, [j] es el último fono de *estoy* y el penúltimo de *patio*; y [w] es el segundo fono de *Europa* y el penúltimo de *mutuo*. La mayoría de los investigadores en el campo de la fonología hispánica llaman *semivocales* a estas aproximantes y existe una polémica sobre su estatus fonológico: unos creen que son siempre alófonos de /i/ y /u/; otros creemos lo opuesto y vamos a defender nuestra postura aquí. Ladefoged (que no se refirió específicamente a [j] y [w] como fonos del español) concluyó que las semivocales deben clasificarse como consonantes, y así las clasificaremos nosotros. Ladefoged rechaza que existan fonos que consistan en un movimiento, lo cual hace impropio el término inglés *glide* (mal traducido al español como *deslizada*) para referirse a una categoría de fonos. Los fonos [j] y [w] no son producto del movimiento de una posición vocálica a otra. Por supuesto en un diptongo hay movimiento de una posición vocálica a otra pero el momento inicial en, por ejemplo, [ja] y [wa], y el momento final en, por ejemplo, [aj] y [aw], se perciben como un segmento y por tanto todo diptongo se compone de dos segmentos. La aproximante puede ser inicial o final.

Contrariando lo que piensan muchos, suponemos que [j] y [w] no son siempre alófonos infieles de /i/ y /u/. Lo son en la contracción silábica (ejemplos: [mja] y [twa] como primera sílaba de *mi amigo* y *tu amigo*, y [kaj] y [kaw] como primera sílaba de *caigo* y *causa*) pero son los alófonos fieles de los fonemas /j/ y /w/ en, por ejemplo, *pie* y *fue*, cuyas formas citables no son *[pi.ˈe] y *[fu.ˈe] sino [ˈpje] y [ˈfwe]. Por contraste [pi.ˈe] es la forma citable de *pié*, del verbo *piar*. La existencia de /j/ y /w/ la apoyan ciertos *pares mínimos*, es decir, dos palabras que se componen de los mismos fonemas menos uno. Uno de esos pares consiste en *notaria* (femenino de *notario*, cierto tipo de abogado/a) y *notaría* (la oficina de un notario o notaria); otro consiste en *individuo* (sustantivo) e *individúo* (primera persona singular del verbo *individuar*). En los dos pares el penúltimo fono ciertamente no representa al mismo fonema. Para distinguirlos de las vocales llamaremos a /j/ y /w/ *vocaloides* —es decir, semejantes a vocales pero no vocales—; y para distinguirlos del fonema lateral /l/, diremos que /j/ y /w/ son los fonemas *aproximantes vocaloidales*.

En resumen, en el español, las consonantes son los fonos que no pueden tener su propia sílaba, sin importar el grado de aperiodicidad que tengan, que es mínima en las aproximantes y tiene distintos grados en los demás tipos de consonantes.

3. Clasificación de las consonantes hispánicas

El sistema fonológico de toda lengua humana contiene un *inventario fonemático* o conjunto de sus fonemas. Este inventario hace posible la creación de palabras nuevas, e incluso de cadenas de fonos sin sentido. Hay un inventario de vocales y uno de consonantes. En el caso de las consonantes hispánicas es posible dar una descripción exclusiva de cada una combinando tres categorías: el gesto laríngeo, el llamado *modo de articulación* y el llamado *lugar de articulación*. Por el gesto laríngeo el fonema es o sonoro o sordo. Tanto el modo de articulación como el lugar de articulación hacen referencia a por lo menos un articulador móvil que ejecuta el gesto bucal y al velo como ejecutante del gesto vélico. Las distintas partes de la lengua actúan como articuladores móviles y en unos casos es más de una parte. Para las consonantes hispánicas nos interesan la corona de la lengua, que es la parte que sale de la boca sin esfuerzo, y el dorso, que es el resto de la lengua que actúa dentro de la cavidad bucal, y se divide en dorso delantero y dorso posterior. Para algunos fonos actúan al mismo tiempo la corona y el dorso delantero, por ejemplo para [j]). Y para [w] actúan al mismo tiempo los labios y el dorso posterior. El modo de articulación comprende el gesto vélico (el fonema es o nasal u oral), el tipo de obstáculo al paso del aire (total o parcial) y ciertas acciones de la corona de la lengua en relación con la *cresta alveolar*, o protuberancia rugosa que sigue a los *dientes superiores*. Hay que decir que los dientes y las distintas partes de la pared superior de la boca, incluyendo la cresta alveolar, el paladar duro y el paladar blando se consideran *articuladores inmóviles*. Es un mal nombre porque los articuladores móviles hacen algo pero los inmóviles no hacen nada.

Por el modo de articulación el alófono fiel de un fonema consonántico pertenece a una de estas clases:

- *Plosivo*: Los labios o la lengua crean un obstáculo total que se resuelve inmediatamente. Ejemplos: [p], [b], [k], [g].
- *Africado*: La lengua crea un obstáculo total que se resuelve gradualmente creándose una estrechez equivalente a la de un fono fricativo. Ejemplo: [tʃ] como en la única consonante en *hecho*.
- *Fricativo*: Se crea una estrechez radical en la cavidad bucal o acercando las cuerdas vocales sin vibrar; ejemplos [s] (como en *soy*) y [h] (como en el fono inicial de *jefe* en los dialectos antillanos).
- *Nasal*: Se crea un obstáculo total con los labios o la lengua al mismo tiempo que se hace descender el velo. Ejemplos: [m] y [ɲ] (la única consonante en *año*).
- *Vibrante simple*: El ápice o punta de la corona golpea rápida y levemente la cresta alveolar, abandonándola inmediatamente. Ejemplo: [ɾ], única consonante en *era*.

- *Vibrante múltiple*: el ápice de la corona se hace vibrar repetidas veces sin alejarse de la cresta alveolar. Ejemplo: [r], única consonante en *río*.
- *Aproximante lateral*: aunque se crea un obstáculo total adhiriendo el ápice de la corona a la cresta alveolar, los costados de la lengua descienden creándose una estrechez más abierta. Ejemplo: [l], primer sonido de *los* y último de *sol*.
- *Aproximante vocaloidal*: se crea un 'canal' entre cierta parte de la lengua y la pared superior de la boca, que es más abierto que el que se crea para las fricativas pero menos abierto que el de una vocal alta. Ejemplos son [j] y [w].

Los fonos plosivos, africados y fricativos se agrupan en la clase *obstruyentes*, donde se da un grado de aperiodicidad mayor que en los que no son miembros de esa clase. Ahora bien, dentro de los obstruyentes, los sordos como [p], [s] y [tʃ] son totalmente aperiódicos, tal como los ruidos emitidos por objetos no lingüísticos. Por contraste, los obstruyentes sonoros como [b], [d] y [g] tienen cierto grado de periodicidad debido a la vibración de las cuerdas vocales que acompañan a los gestos bucales. Por otra parte los fonos nasales, vibrantes y aproximantes se agrupan en la clase *resonantes* (llamada *sonantes* en España), donde se da un grado de aperiodicidad mucho menor que en los obstruyentes.

En relación con el lugar de articulación, es conveniente señalar que la mayoría de los fonos consonánticos se articulan en la parte superior de la cavidad bucal. A los dientes superiores sigue la cresta alveolar y a esta la sigue el paladar duro, llamado así por tener hueso detrás. A este a su vez lo sigue el paladar blando, también llamado velo, del cual ya hablamos en relación con la nasalidad. Del final del velo pende la carnosidad llamada la úvula. Por el lugar de articulación y el articulador o articuladores participantes, el alófono fiel de un fonema consonántico hispánico pertenece a una de estas categorías:

- *Bilabial*: los labios se unen. Ejemplos: [p] y [b].
- *Labiodental*: el labio inferior se acerca al filo de los dientes superiores. Ejemplo: [f].
- *Interdental*: la corona se acerca al filo de los dientes superiores, por ejemplo para [θ], primer fono de *zona* y *cero* en el dialecto estándar del español europeo.
- *Dental*: La corona se adhiere a la cara interior de los dientes superiores–por ejemplo para [t̪] en *tos* y para [d̪] en *dos*.
- *Alveolar*: La corona se adhiere (por ejemplo para [n] en *no*) o se acerca (por ejemplo para [s] en *sí*) a la cresta alveolar.
- *Alveopalatal*: La corona se adhiere (por ejemplo para [tʃ]en *chino*) o se acerca (por ejemplo para [ʃ] —véase a continuación) tanto a la parte más posterior de la cresta alveolar como a la región delantera del paladar duro. Nota: [ʃ] es la única consonante en *haya* y *halla* en el dialecto predominante de Buenos Aires, Argentina. (En inglés es el sonido inicial de, por ejemplo *show*).
- *Palatal*: La corona se adhiere (por ejemplo para [ɲ] en *año*) o se acerca (por ejemplo para el vocaloide [j] en *hoy*) a la región delantera del paladar duro al mismo tiempo que el dorso delantero toca o se acerca a la región posterior del paladar duro.
- *Velar*: El dorso posterior se adhiere (por ejemplo para [k] en *que*) o se acerca (por ejemplo para el vocaloide [w] en *deuda*) al paladar blando o región velar. En la mayoría de los dialectos hispánicos existe un fonema fricativo velar, /x/, que es el primer segmento de *jefe* y *gente*.
- *Uvular*: El dorso posterior se coloca debajo de la úvula sin adherirse a ella. Un ejemplo es [χ], que es el primer sonido de *jefe* y *gente* en ciertos dialectos del español europeo.

- *Glotal*: Las cuerdas vocales se acercan sin vibrar, creando una glotis (nombre dado al espacio entre ellas) más estrecha. Es el gesto de la sordez, como ya mencionamos y equivale a una fricativa que se simboliza [h]. En dialectos caribeños aparece en lugar de [x], siendo por tanto el primer sonido de *jefe* y *gente* en esos dialectos.

4. Rasgos distintivos de las consonantes hispánicas

En ciertas descripciones del sistema consonántico de una lengua determinada se apela a los *rasgos distintivos*, entendiéndose por rasgos las características articulatorias de los fonos. Existen tres rasgos denominados LABIAL, CORONAL y DORSAL. Como su nombre lo indica, un fonema es LABIAL si el articulador principal es uno o los dos labios; es CORONAL si se utiliza la corona de la lengua y es DORSAL si se utiliza el dorso. Los rasgos escritos en mayúscula se denominan unarios. Cada uno domina uno o más rasgos binarios. Los rasgos binarios se llaman así por tener dos valores: un valor positivo marcado con el signo de más de las matemáticas (+) y uno negativo marcado con el símbolo de menos (–). Los rasgos unarios tienen un solo valor, el positivo, que no se marca. El rasgo LABIAL domina un solo rasgo binario, denominado [Redondeado], que se abrevia [Red]. Si se redondean los labios, un LABIAL es [+Red]; si no se redondean es [–Red]. El fonema /b/ es [–Red] pero el fonema /w/ es [+Red]. CORONAL domina dos rasgos: Distribuido y Anterior. [–Dis] significa que la corona adopta una configuración puntiaguda; es el caso de /l/; [+Dis] significa que adopta una configuración laminar; como en /t̪/, /n/, /tʃ/ y /j/. [–Ant] significa que la corona está o en la región alveopalatal o en la region palatal; y [+Ant] que está en las regiones que preceden a la alveopalatal. Por su parte DORSAL domina tres rasgos: [Alto], [Bajo] y [Retraído]. Ninguna consonante es [+Baja] (que es un rasgo solo pertinente a las vocales). Nos interesan [Alt] y [Retra], que se refieren a si el dorso se alza o no y si se retrae o no. Los fonemas palatales son [+Alt] y [–Retra]; los velares son [+Alt] y [+Retra] y los uvulares son [–Alt] y [+Retra]. Nótese que ningún fonema puede tener al mismo tiempo los dos valores para un rasgo dominado. Sin embargo un fonema puede tener más de un rasgo unario, y esto da cuenta del fenómeno de la *coarticulación*. El fonema /w/ es a la vez LABIAL y DORSAL porque el movimiento de los labios es independiente de los movimientos del dorso y viceversa. Los fonemas palatales son a la vez CORONALES y DORSALES porque se utiliza en su articulación tanto la corona como el dorso. Por contraste los fonemas alveopalatales, alveolares, dentales e interdentales son solo CORONALES; y los fonemas velares y uvulares son solo DORSALES. Por último los fonemas bilabiales y labiodentales son solo LABIALES.

Existen rasgos binarios no dominados por rasgos unarios. Nos interesan particularmente dos: [Sonoro] y [Nasal]. Los fonemas sonoros son [+Son]; los sordos son [–Son]. Y los fonemas nasales son por supuesto [+Nas], y los demás son [–Nas]. Otro rasgo general es [Continuo]. Si hay un obstáculo total en la cavidad bucal el fonema es [–Cont]; de lo contrario es [+Cont]. Pero hay casos en los cuales el alófono fiel tiene dos fases, siendo la primera fase [–Cont] y la segunda [+Cont]. Esto sucede en todo africado y en todo vibrante simple. La primera fase de un africado equivale a una plosiva y la segunda a una fricativa. El leve golpe en un vibrante equivale a un plosivo y a continuación hay paso libre del aire. En cuanto al aproximante lateral /l/ es [–Cont] con respecto a la porción central de la lengua—el ápice de la corona se adhiere a la cresta alveolar—pero es [+Cont] con respecto a los costados de la lengua que descienden hasta un grado que permite al aire espirado salir sin turbulencia por los lados de la boca. Puede decirse que en la pronunciación de /l/ actúan a la vez dos articuladores móviles: la corona y los costados.

El análisis basado en rasgos distintivos sirve para describir claramente procesos de simplificación articulatoria tales como la asimilación y la desbucalización, pero creemos que para los que se inician en el estudio de la fonología hispánica resulta más pedagógica la descripción basada en los términos tradicionales indicativos de la manera y el lugar de articulación y a ellos volvemos en lo que sigue. Por otra parte la descripción en términos tradicionales tiene la desventaja de hacer creer que el fonema es un sonido y que es la unidad más básica del análisis fonológico, en vez de ser un 'haz' en el que están ligados inextricablemente lo articulatorio y lo acústico.

5. Del inventario consonántico más frecuente

Antes de entrar en la descripción de los fonemas consonánticos hispánicos conviene mencionar que la llamada *lengua española* no es de ningún modo una entidad biológica sino una abstracción de carácter geográfico, social e histórico. Es lo que se llama una *lengua externa.* Ningún hablante de un dialecto hispánico tiene almacenada en su cerebro la totalidad de los fonemas consonánticos clasificados como hispánicos. Aunque es posible poseer más de un *inventario consonántico*, lo normal es que se posea uno solo. El manual de la AFI de 1999 contiene muestras de inventarios consonánticos de 29 lenguas (ninguna de las cuales es el español). Como entre las lenguas escogidas no hay ninguna que tenga un solo dialecto, la muestra es siempre la de un dialecto determinado. El español tiene un gran número de dialectos. Sus inventarios consonánticos no difieren radicalmente unos de otros y tienen en común una mayoría de fonemas. Creemos útil partir de lo que estimamos es el inventario consonántico más frecuente entre los dialectos hispánicos. Es el de la mayoría de los dialectos hispanoamericanos. El inventario consonántico de una persona de habla española clasificada como nativohablante se compone de los fonemas consonánticos adquiridos en su niñez sin instrucción explícita. Dicha persona posee una *lengua interna.* Todo nativohablante adquirió en su niñez una lengua interna. Que la denominemos español es una conveniencia de carácter cultural.

En la Tabla 1, que presenta el inventario consonántico más frecuente, se sigue la convención de colocar los fonemas sordos cerca de la pared izquierda de la celda que los contiene y los sonoros cerca de la pared derecha. Nótese que /w/ aparece dos veces: como bilabial y como velar, por estar en esas dos categorías.

Tabla 1 Inventario consonántico hispánico más frecuente

	Bilabial	*Labio-dental*	*Dental*	*Alveolar*	*Alveo-palatal*	*Palatal*	*Velar*
Plosivo	p b		t̪ d̪			ɟ	k g
Africado					tʃ		
Fricativo		f		s			x
Nasal	m			n		ɲ	
Vibrante simple				ɾ			
Vibrante múltiple				r			
Aproximante lateral				l			
Aproximante vocaloidal	w					j	w

Siguen ejemplos de cada fonema. Subrayamos la letra o letras que lo representan en la escritura.

p: peso, mapa, apto
b: beso, sabe, vale, ave, club
f: fase, gafas, nafta, kenaf
s: si, cero, zona, mes
x: jamón, hijo, gente, giro
m: mes, cama, cataplum

t: tema, mate, otro, etnia
d: de, modo, padre, sed
ɟ: yo, mayo, llamo, ella
n: no, uno, sin
ɲ: ñandú, año
ɾ: caro, abre, mar

k: casa, queso, kilo
g: gas, pago, guerra, águila
tʃ: chino, ocho
r: rosa, carro, honra
l: lado, plano, mil
j: bien, patio, reina, hoy
w: fue, deuda

Por lo que se sabe, los inventarios consonánticos de todos los dialectos hispánicos contienen los siguientes fonemas:

- Los plosivos sordos /p, t, k/
- Los plosivos sonoros /b, d, g/
- El fricativo labiodental sordo /f/
- El fricativo alveolar sordo /s/
- El vibrante simple /ɾ/
- El aproximante lateral alveolar sonoro: /l/
- Los aproximantes vocaloidales, /j, w/.

6. Variacion fonemática en las consonantes hispánicas

Existe sin embargo en el dominio hispánico variación fonemática, es decir, inventarios que se apartan del más frecuente. La variación mayor se registra en los fonemas coronales no anteriores, es decir aquellos en los cuales parte de la corona o la corona en su totalidad está en la región palatal. En lugar del más frecuente plosivo palatal sonoro /ɟ/, aparece uno de los siguientes: el africado palatal sonoro /ɟʝ/ en por lo menos un dialecto del castellano centronorteño, el fricativo alveopalatal sonoro /ʒ/ en ciertos dialectos argentinos, el fricativo alveopalatal sordo /ʃ/ en ciertos otros dialectos argentinos (donde es preponderante sobre /ʒ/, y es el de la gente joven) y el africado alveopalatal sonoro /dʒ/ en paraguayo y en ciertos dialectos puertorriqueños, dominicanos y colombianos. En ciertos dialectos argentinos y peruanos se da el contraste entre /ɟ/, ortografiado *y*, y /dʒ/, ortografiado *ll.*

Con respecto a los fonemas fricativos sordos, el dialecto estándar del español europeo tiene un fricativo interdental sordo /θ/, ausente del inventario más frecuente. Se representa en la escritura con *c* delante de *e*/*i* y *z* en los demás casos. En ciertos dialectos de la región centronorteña de España el fonema alveolar sordo es retroflejo: el acercamiento fricativo es con la cara inferior de la corona en vez de con la cara superior. El símbolo es /s̺/. En ciertos dialectos andaluces, en vez tanto de /θ/ como de /s/ hay un fricativo *dental* sordo /s̪/, cuyo uso se denomina *ceceo*. Existe también el término *seseo*, acuñado originalmente para referirse a pronunciar [s] en vez de [θ] y no distinguir por ejemplo entre *ceso* y *seso*, *caza* y *casa*, *zumo* y *sumo*, etc. Hoy en día *seseo* significa simplemente tener /s/ en las palabras donde una minoría de los dialectos, incluyendo el dialecto europeo estándar, tienen /θ/. Los dialectos hispanoamericanos en su totalidad son seseantes, y lo son también algunos dialectos del español europeo.

En cuanto a los fricativos dorsales, en ciertos dialectos del español europeo, en vez del más frecuente /x/, aparece el uvular /χ/. Por último los dialectos caribeños y otros tienen /h/ en lugar de /x/.

La gran mayoría de los dialectos no tienen fricativos sonoros pero es notable la presencia de /v/ en el español de Chile, mostrando además tendencia a remplazar al plosivo /b/. El otro fricativo sonoro es el palatal /ʒ/ que aparece en lugar de /ɟ/ en ciertos lectos argentinos.

En cuanto a los fonemas nasales, la variabilidad es mínima. Empieza a notarse en dialectos argentinos el remplazo de /ɲ/ por la combinación /nj/, como en la pronunciación de año como [ˈa.njo]. También se oye [kom.pa.ˈni.a] por *compañía*.

En cuanto a la variación relativa a los fonemas vibrantes, en la comparación dialectal conviene utilizar el término *rótico* para referirse a los fonemas que se representan en la escritura con la letra *r* en las lenguas que utilizan el alfabeto latino. Entre ellas está el español. En el inventario más frecuente hay dos fonemas róticos: el vibrante simple /ɾ/ ("ere") y el vibrante múltiple /r/ ("erre"). Pero la variación fonemática comprende cuatro casos distintos en los cuales aparece un fonema no vibrante en vez del vibrante múltiple, a saber:

1. En dialectos de las regiones andinas de Ecuador, Perú, Bolivia y Chile el fonema rótico no vibrante es un fricativo alveolar retroflejo sonoro de gran estridencia simbolizado /z̺/. Por ejemplo *roto* se pronuncia [ˈz̺o.to]. En el mismo dialecto después de /t/ aparece su contraparte sorda [s̺] en lugar del vibrante simple. Por ejemplo *otro* se pronuncia [ˈo.ts̺o] y la combinación les recuerda a hablantes de otros dialectos el timbre del africado [tʃ]. Sin embargo los hablantes que usan [s̺] en vez de [ɾ] distinguen claramente entre *otro* y *ocho*.
2. En el español de Guatemala, el fonema rótico no vibrante es precisamente /s̺/. Por ejemplo, *ropa* se pronuncia [ˈs̺o.pa]. Los hablantes de dialectos europeos en los cuales el fricativo alveolar sordo es /s̺/ oyen *sopa* cuando un guatemalteco ha dicho *ropa*.
3. En el español de Costa Rica el fonema rótico no vibrante es un aproximante alveolar retroflejo, /ɹ/, prácticamente idéntico al primer fono de la palabra inglesa *red*, de manera que la palabra española *red* pronunciada por un costarricense les suena a hispanohablantes que saben inglés idéntica a la pronunciación incorrecta de esa palabra por anglohablantes que están aprendiendo español. Curiosamente en el mismo dialecto [ɹ] aparece en vez de [ɾ] en los grupos consonánticos de plosivo y rótico en el ataque. Por ejemplo *tres* se pronuncia [ˈtɹes], lo cual recuerda la pronunciación errónea de esa palabra por aprendientes anglófonos.
4. Entre hablantes puertorriqueños de bajo nivel educativo existe la tendencia a sustituir el vibrante múltiple por el fricativo velar sordo [x] y decir [ˈxo.to] en vez de [ˈro.to]. El fenómeno es variable. Al mismo tiempo el inventario fonemático del mismo dialecto contiene /h/ en lugar de /x/, pero /h/ nunca se pronuncia [x]. Por esa razón, *rojo* puede pronunciarse [ˈro.ho] o [ˈxo.ho], pero nunca [ˈxo.xo].

La variación fonemática comprende también el hecho de que, aunque en la mayoría de los dialectos hay un solo fonema aproximante lateral, ciertos lectos tienen dos, el alveolar /l/, común a todos, y el palatal /ʎ/. Llamémosle *lambda* por simbolizarse con la letra griega de ese nombre. Se representa en la escritura exclusivamente con *ll*, considerada una sola letra. Aparece exclusivamente en el ataque pero puede estar a principio de palabra, como en *lleno*, o en interior de palabra como en *ella*.

Son relativamente pocos los dialectos que tienen /ʎ/ y el grupo incluye tanto dialectos europeos como hispanoamericanos. /ʎ/ no es parte del inventario fonemático del dialecto estándar del español europeo aunque lo fue en el pasado. Existe el término *yeísmo* que en su origen se refirió al fenómeno de escribir este fonema con *y* en vez de con *ll*, por percibírsele como /ɟ/ por el hecho de tener los mismos rasgos de este último salvo la acción de los costados de la lengua. Es decir, /ɟ/ presenta un obstáculo total en el centro de la boca y es palatal y oral. Hoy en día *yeísmo* significa tener el plosivo /ɟ/ y no tener /ʎ/. Se usan los términos *ʒeísmo*, *ʃeísmo* y *dʒeísmo* para referirse respectivamente al fenómeno de tener, respectivamente, /ʒ/, /ʃ/ o /dʒ/ en lugar de /ɟ/.

En el pasado se ha entendido por *lleísmo* tener /ʎ/. Pero dado que *lleísmo* y *yeísmo* se pronuncian igual por la mayoría (por ser yeístas) se ha propuesto el término *elleísmo* para referirse a los casos en los cuales las letras *ll* y *y* representan fonemas distintos. Hay elleísmo con /ʎ/ y elleísmo sin /ʎ/. Cuando hay /ʎ/, éste se representa siempre por la letra *ll* y el otro por la letra *y*. En la mayoría de los lectos que tienen /ʎ/ el no lateral es /ɟ/. El dialecto paraguayo tiene /ʎ/ pero /dʒ/ en vez de /ɟ/. Entre los dialectos elleístas sin /ʎ/ resalta el de Iquitos, Perú (ciudad de la región amazónica de esa nación) donde curiosamente *ll* representa al africado /dʒ/ y *y* a /ɟ/.

7. Variacion en procesos conducivos a la infidelidad fonética

Aparte de la asimilación de nasal a la consonante que la sigue en el interior de palabra o frase, que es un fenómeno general, los dialectos hispánicos difieren con respecto a los procesos que conducen a la infidelidad fonética. Entre los más conspicuos están los siguientes.

- La aproximantización de plosivos sonoros: en el habla relajada /b, d̪ g/ se realizan respectivamente como los aproximantes [β̞], [ð̞] y [ɣ̞] en interior de palabra o frase menos si precede consonante nasal o /l/ en el caso de /d/. No es general: no se da en guatemalteco ni salvadoreño. No es correcto llamar a este fenómeno "espirantización", dado que *espirante* es sinónimo tradicional de *fricativo*.
- La desbucalización de /s/ y /f/ en la coda, resultando [h], característico de dialectos caribeños, pero no exclusivo de ellos.
- La elisión de /s/ en la coda en interior y final de palabra, frecuente en dialectos andaluces y caribeños.
- La elisión de /d̪/ final de palabra, como en: [mi.ˈta] por *mitad* en los mismos dialectos que suprimen /s/ final.
- La elisión de /d/ intervocálico, incluso en dialectos que no simplifican ni suprimen las consonantes codales. Ejemplo: [ka.mi.ˈna.o] por *caminado.*

Debe señalarse que un alófono infiel no es siempre el resultado de una simplificación. En dialectos centro-norteños de España y de la región central de México se da la realización de /d̪/ codal como el fricativo interdental [θ]. En España se oye [ma.ˈð̞riθ] por Madrid, en México [us.ˈteθ] por *usted.*

En ciertos dialectos de radicalismo codal en Andalucía y el Caribe se da la tendencia, no necesariamente simplificativa en lo articulatorio, de ir hacia un sistema en el que haya una sola clase de fonemas *líquidos* en posición codal. Los líquidos son la clase integrada por vibrantes y laterales. En Andalucía se prefiere /ɾ/ ([ˈaɾ.ma] por *alma*); en el Caribe se prefiere /l/ ([ˈal.ma]) por *arma*). Claramente simplificatoria es la tendencia presente en zonas rurales del norte de República Dominicana a realizar los fonemas líquidos como el aproximante vocaloidal [j]. Un ejemplo es [re.soj.ˈβ̞ej] por *resolver.*

Bibliografía

Campos-Astorkiza, R. (2012) "The phonemes of Spanish", en Hualde, J. I., Olarrea, A. y O'Rourke, E. (eds.) *The handbook of Spanish linguistics*, Malden, MA: Wiley-Blackwell, pp. 89–110.

Guitart, J. M. (2004) *Sonido y sentido: teoría y práctica de la pronunciación del español*, Washington, D.C: Georgetown University Press.

Hualde, J. I. (2005) *The sounds of Spanish*, Nueva York: Cambridge University Press.

International Phonetic Association (1999) *Handbook of the International Phonetic Association*, Nueva York: Cambridge University Press.

Ladefoged, P. y Disner S. F. (2012) *Vowels and consonants*, Malden, MA: Wiley-Blackwell.

Martínez-Gil, F. (2012) "Main phonological processes", en Hualde, J. I., Olarrea, A. y O'Rourke, E. (eds.) *The handbook of Spanish linguistics*, Malden, MA: Wiley-Blackwell, pp. 111–132.

Quilis, A. (1999) *Tratado de fonología y fonética españolas*, 2.ª ed. Madrid: Gredos.

[RAE-ASALE] Real Academia Española y Asociación de Academias de la Lengua Española (2009) *Nueva gramática de la lengua española. Fonética y fonología*, Madrid: Espasa.

Entradas relacionadas

fonema; fonética; fonología; procesos fonológicos; sílaba; variación fonética; vocales

COORDINACIÓN

José Camacho

1. Caracterización general

La coordinación es el proceso gramatical por el cual dos o más constituyentes sintácticos (los **coordinandos**) se unen con una conjunción formando una frase compleja (la **frase coordinada**). Normalmente, los coordinandos pertenecen a categorías idénticas y tienen las mismas funciones sintácticas. Por ejemplo, en (1a) se presenta un caso de coordinación de frases nominales con la conjunción copulativa *y*, en (1b) vemos dos frases adjetivales unidas por la conjunción disyuntiva *o*, y en (1c), dos oraciones asociadas con la conjunción adversativa *pero*.

(1) a. Pintaron [$_{\text{FN}}$ la mesa] y [$_{\text{FN}}$ la silla]
  b. Creo que el cuadro debería tener un fondo [$_{\text{FAdj}}$ muy amarillo] o [$_{\text{FAdj}}$ bastante azul]
  c. [$_{\text{Cláusula}}$ El avión aterrizó de emergencia] pero [$_{\text{Cláusula}}$ los pasajeros salieron]

1.1. Simetrías en las estructuras coordinadas

Los coordinandos de una frase coordinada son **simétricos** en varios sentidos. En primer lugar, los coordinandos son categorialmente iguales (**simetría categorial**); es decir, los ejemplos de (1) podrían cambiarse de orden (*la silla y la mesa*, *bastante azul o muy amarillo* y *los pasajeros salieron pero el avión aterrizó de emergencia* respectivamente) sin que la estructura gramatical se altere. En términos del significado, el valor de verdad de los ejemplos no se altera si se modifica el orden de los coordinandos, aunque puede haber ciertas diferencias en presuposición.

Un segundo aspecto de la simetría de los coordinandos se observa en el hecho de que sus rasgos contribuyen colectivamente a los rasgos de la frase coordinada. Por ejemplo, cuando dos frases nominales se coordinan como sujetos de un verbo, el verbo concuerda en plural, como vemos en (2a). La persona del verbo también depende de los rasgos de los coordinandos, aunque en este caso la 1ª persona predomina sobre las demás personas ((2b–c)), y la 2ª predomina sobre la 3ª ((2d)). El proceso de computar los elementos de los coordinandos se ha denominado **resolución de rasgos.**

(2) a. La ardilla y el gato se perseguía**n**
b. Tú y yo vam**os** a cocinar
c. Ella y yo vam**os** a cocinar
d. Tú y ella va**n**/va**is** a cocinar

La resolución de rasgos afecta también al género. Normalmente, la combinación de masculino y femenino produce una frase coordinada que concuerda en masculino, como vemos en (3).

(3) Vimos a [una ardilla y un gato] muy astut**os**

En tercer lugar, las funciones gramaticales de cada coordinando se mantienen como si fueran independientes (**independencia funcional**, Pullum y Zwicky 1986). Por ejemplo, en (4), cada uno de los pronombres mantiene el complemento preposicional que el verbo *depender* asigna (*de*, como vemos en (4a)), de modo que ambos coordinandos tienen que tener caso oblicuo (ver (4b)).

(4) a. Terminar este trabajo depende [de ti] y [de mí]
b. *Terminar esta tarea depende [de ti] y [yo]

Dicho de otra manera, los coordinandos no dependen gramaticalmente el uno del otro, sino de un núcleo independiente de la frase coordinada.

La conjunción misma muestra transparencia funcional. Normalmente, un núcleo sintáctico selecciona la categoría de sus complementos. Por ejemplo, una preposición selecciona una FN, una cláusula o una oración (como se ve en (5a–b)), pero no un adjetivo (como se muestra en (5c)). En cambio, las conjunciones como *y*, *o* no restringen el tipo de complemento que toman: es posible coordinar elementos de cualquier categoría (como vemos en (6)).

(5) a. La llegada de [$_{\text{FN}}$ los invitados]
b. La respuesta de [$_{\text{Cláusula}}$ que no hay recursos] es muy frecuente
c. *La llegada de [$_{\text{Adj}}$ supuesta]

(6) a. [$_{\text{FN}}$ La lluvia] y [$_{\text{FN}}$ la nieve] afectan el tráfico
b. Me gusta el edificio [$_{\text{FP}}$ de ladrillos] y [$_{\text{FP}}$ de ventanas verdes]
c. Los voluntarios distribuyeron la ayuda [$_{\text{FAdj}}$ urgente] y [$_{\text{FAdj}}$ necesaria]
d. [$_{\text{Cláusula}}$ La lluvia provocó inundaciones] y [$_{\text{Cláusula}}$ la nieve trajo heladas]
e. El empleado [$_{\text{V}}$ ordenó] y [$_{\text{V}}$ guardó] los productos de la tienda.

La independencia funcional está relacionada con que el hecho de que la conjunción no selecciona sus argumentos, sino que estos son seleccionados por un núcleo externo, como decíamos arriba. Esta característica explica que el número de coordinandos no tenga límite teórico, como vemos en (7): no hay ninguna relación de selección entre la conjunción y el coordinando, y por lo tanto no hay las restricciones que normalmente impone la selección. Se suelen eliminar todas las conjunciones menos la última por razones estilísticas, aunque también es posible dejarlas todas o quitarlas todas (en este último caso, la impresión de lista abierta es mucho mayor).

(7) Nos gustó [la ciudad], [la gente], [la comida], [los edificios], [la mezcla cultural]…

En cuarto lugar, se ha observado que no se pueden formular preguntas sobre una parte de una estructura coordinada (la llamada **restricción de estructura coordinada**). Por ejemplo, dada la oración de (8), se podría hacer la pregunta de (9a), donde la palabra interrogativa *quiénes* conecta con toda la frase coordinada (marcada en su lugar inicial con el símbolo ø), pero no las de (9b–c), donde se refiere a partes de la frase coordinada. Esta restricción se aplica también a otros tipos de transformaciones (relativas, etc.).

(8) Vimos [[a Nora] y [a Juana]]

(9) a. ¿A quiénes vimos ø? (*quiénes* = [Nora y Juana])
b. *¿A quién vimos [[ø] y [a Juana]]? (*quién* = [Nora])
c. *¿A quién vimos [[a Nora] y [ø]]? (*quién* = [Juana])

Del mismo modo, tampoco es posible la extracción de un elemento que está en el interior de una estructura coordinada, como vemos en la pregunta correspondiente (10a) que aparece en (10b).

(10) a. Marta compró los tomates y Pedro preparó la ensalada
b. *¿Qué [compró Marta [ø] y preparó Pedro la ensalada]? (*qué* = [los tomates])

Este tipo de extracción sí es legítima si afecta al mismo constituyente de los distintos coordinandos en paralelo. Por ejemplo, en una estructura coordinada como la de (11a), los complementos directos de las dos cláusulas son correferenciales (*los tomates*), y pueden extraerse en paralelo, como muestra (11b) (ver Williams 1978).

(11) a. [Marta compró los tomates] y [Pedro los cocinó]
b. ¿Qué [compró Marta ø] y [cocinó Pedro ø]?

1.2. Asimetrías en las estructuras coordinadas

Existen varias excepciones y contraejemplos a los distintos aspectos de la simetría. Por una parte, observamos situaciones en las que las categorías de los constituyentes no son idénticas. En (12a), por ejemplo, la conjunción aparece entre una cláusula y una frase nominal, con la estructura aparente de (12b).

(12) a. Le preguntó si tenía experiencia en el puesto y un par de cosas más
b. [$_{\text{Cláusula}}$ si tenía experiencia en el puesto] y [$_{\text{FN}}$ un par de cosas más]

Por otra parte, se ha observado que hay **asimetrías jerárquicas** entre los coordinandos (ver Munn 1993). Este tipo de asimetría se observa en el ejemplo de (13), en el que el cuantificador *cada* que aparece en el primer coordinando puede ligar a un pronombre en el segundo, pero no al revés. El primer ejemplo describe distintas situaciones en las que una niña y su propio perrito salieron a desfilar, pero en el segundo solo es compatible con una situación en que hay un único perrito (muy popular) que salió a desfilar con cada una de las niñas (esta interpretación también existe en (13a), pero es menos evidente). Puesto que las relaciones entre un cuantificador y un pronombre ligado requieren que el cuantificador esté jerárquicamente más alto que el pronombre en la estructura, este tipo de ejemplos sugiere que el primer coordinando está en una posición sintáctica más alta que el segundo, como se sugiere esquemáticamente en (13c).

(13) a. Cada niña y su perro salieron a desfilar. (pares de niña y perro)
b. Su perro y cada niña salieron a desfilar. (un único perro para todas las niñas)
c.

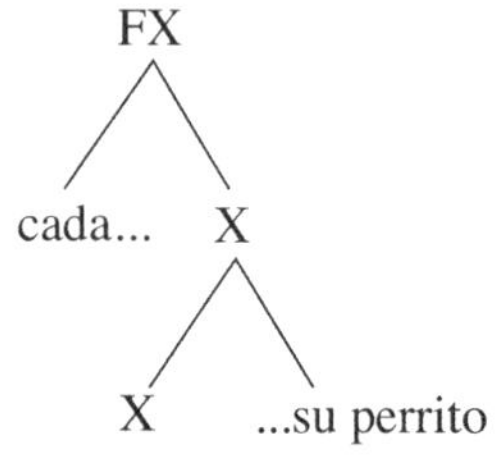

Un tercer tipo de asimetría afecta a las relaciones de concordancia cuando hay órdenes de palabras alternativos (**asimetrías de concordancia**, ver Camacho 2003). Como veíamos en (2), la resolución de rasgos regula qué aspectos de cada coordinando contribuyen a los rasgos de la frase coordinada; sin embargo, cuando la frase coordinada sigue al elemento con el que concuerda, algunos hablantes permiten **concordancia parcial** solo con el coordinando más cercano (ilustrada en (14a)).

La **concordancia total** con la frase coordinada también es posible en esos casos, como vemos en (14b), pero es obligatoria en el orden inverso (como se ilustra en (15)). Las posibilidades de concordancia se esquematizan en (16) y (17).

(14) a. Entró una clienta y su acompañante
b. Entraron una clienta y su acompañante

(15) a. Una clienta y su acompañante entraron
b. *Una clienta y su acompañante entró

(16) a. V [$_{FN\&}$[$_{FN}$ N] y [$_{FN}$N]] **(concordancia parcial posible)**
b. V [$_{FN\&}$[$_{FN}$ N] y [$_{FN}$N]] **(concordancia total posible)**

(17) a. [$_{FN\&}$[$_{FN}$ N] y [$_{FN}$N]] V **(concordancia parcial imposible)**
b. [$_{FN\&}$[$_{FN}$ N] y [$_{FN}$N]] V **(concordancia total obligatoria)**

La restricción de estructura coordinada también tiene excepciones interesantes, como ha observado Lakoff (1986). En ciertos contextos es posible extraer un elemento de uno solo de los coordinandos. Por ejemplo, la pregunta de (18a) afecta al complemento directo de solo la primera cláusula coordinada. El ejemplo correspondiente sin pregunta se ilustra en (18b). Los parámetros que delimitan estas excepciones a la restricción de estructura coordinada no están bien estudiados, pero se relacionan con la posibilidad de interpretar los dos eventos (beber y manejar) como íntimamente conectados.

(18) a. ¿Hasta cuánto [puedes beber ø] y [seguir manejando]?
b. [Puede beber **hasta una cerveza**] y [seguir manejando]

1.3. La coordinación y los elementos nulos

Existe una conexión muy fuerte entre las estructuras coordinadas y la posibilidad de elidir elementos sintácticos. En ese sentido, las cláusulas coordinadas de (19a) se pueden producir con parte de la segunda cláusula elidida, como vemos en (19b). Esta elisión no es posible si no hay una estructura coordinada, como vemos en (19c). Intuitivamente, el primer coordinando proporciona la información necesaria para recuperar el material elidido en el segundo.

(19) a. [La crisis golpeó a mucha gente] y [las tormentas también golpearon a mucha gente]
b. [La crisis golpeó a mucha gente] y [las tormentas también ø] (ø = *golpearon a mucha gente*)
c. *Las tormentas también ø

La elisión sintáctica en estructuras coordinadas tiene las siguientes características generales: primero, el material nulo es parcial o totalmente idéntico al del primer coordinando. El contenido léxico es obligatoriamente el mismo, por esta razón, tengo que interpretar *las tormentas también* en (19b) como «las tormentas también golpearon a mucha gente». Segundo, puede haber variación en los rasgos de persona y número cuando se elide un verbo. De esta manera, el verbo elidido en (19b), se interpreta como *golpearon* (3ª persona plural). La variación de tiempo es más restringida, como vemos en (20), donde los adverbios indican que el verbo elidido debería ser futuro, mientras que el verbo explícito es pasado y esto hace al ejemplo un tanto marginal.

(20) a. ??Pedro alquiló un piso ayer y yo ø un estudio mañana (ø = voy a alquilar)
b. ??Luis le regaló un abanico a María esta mañana y ø una pitillera a José la semana próxima (ø = *le va a regalar*)

La tercera propiedad es que la elisión ocurre siempre en el segundo coordinando, como vemos al comparar (19b) con (21).

(21) *[La crisis también ø] y [las tormentas golpearon a mucha gente]

Hay casos en los que el objeto directo puede elidirse en el primer coordinando, como se ve en (22). Estos ejemplos no son muy coloquiales en español, y tienen requisitos prosódicos especiales pero poco entendidos: cuanto más largo es el objeto, más aceptables son, y la pausa entre el primer verbo y la conjunción es bastante notoria.

(22) ?María pintó, y sus amigos admiraron, un gran cuadro celebrando el final de la guerra.

Existen distintos tipos de estructuras coordinadas elididas, como vemos en (23) (adaptados de la tipología de Merchant 2013; ver también Brucart 1987).

(23) a. Pedro sabe tocar algo, pero no sé qué ø (truncamiento, ø = sabe tocar)

b. Luisa sabe tocar la guitarra y Pedro también sabe ø (**anáfora de complemento nulo** ø = *tocar la guitarra*)

c. María sabe tocar cinco instrumentos, y Luisa sabe tocar seis ø (**elipsis de N'** ø = instrumentos)

d. Luis sabe tocar la guitarra y Pedro también (**'stripping'** ø = *sabe tocar la guitarra*)

e. Luis sabe tocar la guitarra y nosotros ø la flauta (**vaciado** ø = *sabemos tocar*)

Los ejemplos de (23) tienen propiedades distintas. En los tres primeros, el remanente de la elisión en el segundo coordinando selecciona cierto tipo de complementos: en el primer caso, *qué* selecciona una cláusula; en el segundo caso, el modal selecciona una frase verbal y en el tercer caso, el numeral selecciona un nombre.

En el segundo grupo de construcciones, las propiedades del remanente varían: si comparamos (23d) con (23e) notamos que son aparentemente similares, pero en cada caso se eliden elementos distintos (una frase verbal completa, *sabe tocar la guitarra*, frente a un fragmento de frase verbal, *sabemos tocar*).

2. Cuestiones analíticas fundamentales

El análisis de la coordinación ha tenido un lugar preminente en la historia de la lingüística debido al comportamiento atípico que hemos descrito en la sección anterior. Concretamente, los aspectos simétricos (la simetría categorial, la resolución de rasgos y la independencia funcional) son características únicas que distinguen a la coordinación de otras estructuras sintácticas, y que por lo tanto presentan un reto para cualquier teoría que pretenda incluirlas dentro de los mismos principios generales que regulan la sintaxis. Podemos destacar cuatro aspectos amplios en los que las estructuras coordinadas divergen de las estructuras no coordinadas: la estructura de constituyentes, cómo se legitima gramaticalmente cada coordinando, cómo operan las reglas de resolución de rasgos y cuál es la representación de las estructuras en las que hay elementos nulos.

En cuanto a la estructura de los constituyentes, se plantean dos preguntas básicas: si las frases coordinadas tienen el mismo tipo de estructura sintáctica que las frases no coordinadas, por ejemplo si son estructuras binarias o ternarias, y cuál es núcleo de estas construcciones.

En lo que se refiere a la estructura, también se plantea la relación entre los coordinandos y los núcleos que los legitiman. Normalmente se asume que las relaciones entre elementos sintácticos se dan en ciertas condiciones estructurales. Por ejemplo, un verbo selecciona a su complemento cuando el complemento está en el mismo ámbito estructural que el verbo, como se ilustra esquemáticamente en (24a). En el caso de las estructuras coordinadas, en cambio, la relación entre un verbo y su complemento coordinado es más compleja porque hay más estructura, como vemos en (24b).

(24) a Nos [comimos [$_{FN}$ unas peras]]

b Nos [comimos [$_{FN}$ [$_{FN}$ unas peras] y [$_{FN}$ unas manzanas]]]

En tercer lugar, como hemos visto, las coordinaciones nominales contribuyen en rasgos de persona y número a la frase coordinada (las reglas de resolución de rasgos), y por lo tanto es importante determinar cómo funciona esta contribución, qué rasgos son más importantes que otros, etc.

En esta misma línea, las estructuras nominales coordinadas producen elementos con referencia plural como vimos en el ejemplo de (15a). Esto sugiere que la frase coordinada tiene una identidad propia distinta de la de los coordinandos. En otras palabras, las reglas de resolución de rasgos no son solo reglas formales que determinan mecánicamente cómo deben concordar dos nombres con otro elemento, sino que la frase coordinada tiene una entidad semántica y sintáctica independiente que se parece bastante a la de los plurales.

Finalmente, la elisión en estructuras coordinadas combina dos aspectos distintos de la gramática: la estructura de la coordinación y los principios que regulan la posibilidad de tener elementos nulos. Como señala Merchant (2013), la elisión sintáctica plantea tres cuestiones: 1) si las estructuras nulas corresponden exactamente a estructuras sintácticas no pronunciadas; 2) si el contenido elidido se recupera o interpreta según reglas sintácticas o reglas semánticas; y 3) qué núcleos sintácticos permiten elipsis y bajo qué condiciones lo hacen. La primera y la tercera cuestión interactúan parcialmente con las propuestas sobre coordinación, puesto que las respuestas a esas dos preguntas deben ser compatibles con lo que se asuma sobre la representación de las estructuras coordinadas.

3. Propuestas analíticas

3.1. Estructura n-aria para las frases coordinadas

Los distintos aspectos simétricos de la coordinación, así como la independencia de los coordinandos, se reflejan en propuestas como las de (25), donde cada uno de los miembros de la estructura coordinada (A1, A2, A3) se asocia directamente con el nodo superior, que por tanto sería una Frase "A" (FA).

(25)

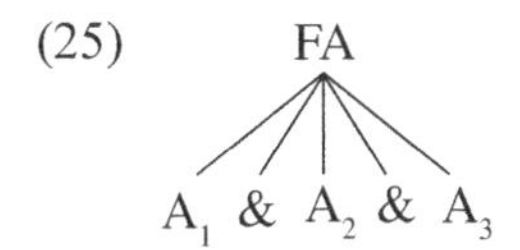

Esta estructura permite derivar varias de las propiedades observadas en la sección anterior:

1) No hay un único núcleo que determine la identidad categorial de la estructura coordinada ni que seleccione a los otros. Esto significa que la identidad categorial de FA depende de todos los coordinandos colectivamente. La contribución colectiva a la identidad de la frase coordinada puede explicar por qué la categoría de los coordinandos debe ser idéntica: si fueran distintas, sería imposible determinar la identidad de la frase coordinada. En una construcción no coordinada, en cambio, uno de los elementos actúa como núcleo, y proyecta su identidad y sus propiedades directamente al nodo superior.
2) En principio, los rasgos de cada coordinando se pueden transmitir al rasgo superior, de modo que cuando se unen dos frases nominales, la frase coordinada es plural. Las reglas de resolución de rasgos pueden imponer restricciones específicas adicionales (como las observadas respecto a la jerarquía de persona), pero estas restricciones son independientes de la estructura sintáctica.

3) El orden de los coordinandos no está determinado por la estructura: ninguno de los elementos coordinados depende del otro, ni gramaticalmente ni respecto al orden de palabras, por lo tanto si hay restricciones no son el resultado de la estructura sintáctica, sino de otros aspectos de la gramática (implicaturas, presuposiciones, etc.).
4) La estructura es potencialmente reiterativa.

Dada la naturaleza simétrica de la propuesta de (25), es más difícil explicar las propiedades asimétricas de la coordinación observadas más arriba. Por ejemplo, veíamos que el cuantificador tiene que preceder a un elemento ligado (ver los ejemplos de (13)), pero esto no se deriva de manera natural de la estructura de (25). Tampoco es fácil explicar con la estructura de (25) por qué se dan asimetrías en los patrones de concordancia (como vimos en los ejemplos de (14) y (15)), puesto que el primer y el último coordinando no se distinguen en términos estructurales.

Una posible solución para las asimetrías de concordancia relacionadas con el orden de palabras consiste en proponer dos estructuras distintas: cuando la concordancia es total, la estructura corresponde a dos frases nominales coordinadas, como vemos en (26a), mientras que para los casos de concordancia parcial, la coordinación combina dos cláusulas, con elementos elididos en la segunda, como se puede ver en (26b). En este caso, cada sujeto concuerda con un verbo independiente (por lo tanto en singular), pero el segundo verbo está elidido.

(26) a. $[_{\text{FN}}$ FN y FN] V / V $[_{\text{FN}}$ FN y FN] (concordancia total)
b. $[_{\text{Cláusula}}$ V FN] y $[_{\text{Cláusula}}$ V FN] (concordancia parcial)

Finalmente, la estructura de (25) entra en conflicto con dos presupuestos básicos de algunas teorías sintácticas: no hay un único núcleo y la ramificación no es binaria.

3.2. Estructura asimétrica para las frases coordinadas

Varias propuestas alternativas asumen que los constituyentes de la frase coordinada ocupan posiciones jerárquicamente distintas. Aunque hay distintas variantes del análisis que comparten la misma premisa, representamos la idea general en (27). En esta estructura, la conjunción (simbolizada como &) es el núcleo de la frase, y el primer coordinando es estructuralmente superior al segundo coordinando. Además, se asume que la estructura es binaria.

(27)

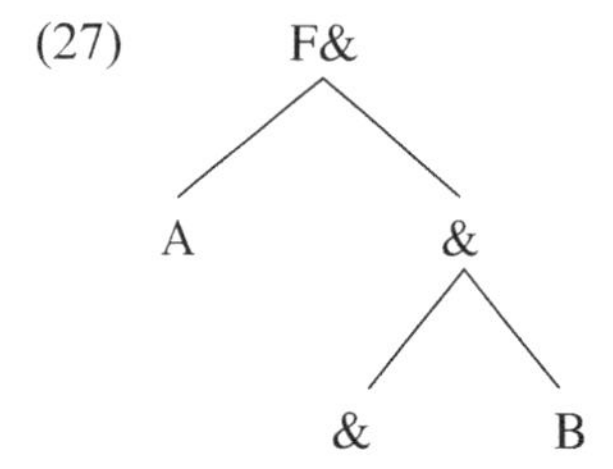

Como se puede suponer, la estructura de (27) se adapta mejor a algunos de los aspectos asimétricos de la coordinación. En primer lugar, los casos de ligamiento asimétrico por un cuantificador ilustrados en (13) se explican directamente: el cuantificador está estructuralmente más alto que el pronombre cuando puede ligarlo, pero más bajo cuando no puede ligarlo.

En segundo lugar, el hecho de que la conjunción siempre aparezca entre los dos coordinandos se sigue directamente de la estructura de (27), puesto que el primer coordinando precede siempre al núcleo.

En cambio, la estructura de (27) no deriva directamente por qué todos los coordinandos contribuyen a la identidad y las características de la frase coordinada, porque normalmente se asume que es el núcleo el que transmite la información categorial y de otro tipo a la frase, y en este caso los coordinandos no son el núcleo. De hecho, para explicar por qué los coordinandos transmiten sus rasgos a la frase, es necesario proponer mecanismos especiales.

Finalmente, nótese que en esta estructura la relación entre cada coordinando y las categorías externas a la frase coordinada (por ejemplo la flexión verbal, en el caso de la coordinación de sujetos) es indirecta. Es decir, la independencia funcional (el hecho de que cada coordinando tenga la misma función que si no estuviera coordinado) se deriva en dos pasos: primero, los coordinandos establecen una relación con el núcleo de la frase coordinada, que determina la identidad de la frase completa. Ésta, a su vez, es la que se relaciona con el núcleo externo, en el caso de (28), la Frase Flexiva (FFlex).

(28)

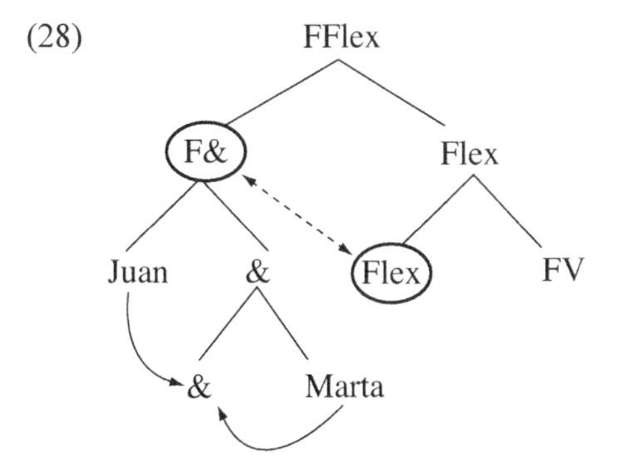

3.3. Estructuras clausales

El tercer tipo de análisis parte de la idea originaria de la tradición griega de que la coordinación une categorías proposicionales. Es decir, un ejemplo como (29a) se interpreta como (29b). En épocas más recientes, esta idea se ha manifestado de distintas maneras (Chomsky 1957; Ross 1967; Goodall 1987; Camacho 2003).

(29) a. El perro y el gato saltaron por el muro
b. El perro saltó por el muro y el gato saltó por el muro

Las dificultades que plantea este tipo de análisis parten del hecho de que no todas las interpretaciones de la coordinación de cláusulas muestran las mismas propiedades que las coordinaciones de FNs. Esta divergencia es especialmente obvia en casos de interpretación colectiva o recíproca del sujeto. Por ejemplo, la coordinación nominal de (30a) solo se puede interpretar como un evento colectivo de formación de aleaciones, cosa que no es posible en la variante clausal de (30b).

(30) a. El oro y la plata se combinan para formar una aleación
b. *El oro se combina para formar una aleación y la plata se combina para formar una aleación

Bibliografía

Brucart, J. M. (1987) *La elision sintáctica en español*, Bellaterra: Universidad Autónoma de Barcelona.
Chomsky, N. (1957) *Syntactic structures*, La Haya: Mouton.
Goodall, G. (1987) *Parallel structures in syntax*, Cambridge: Cambridge University Press.
Lakoff, G. (1986) "Frame semantic control of the CSC", en Farley, A. M. *et al.* (eds.) *CLS 22 part 2. Papers from the Parasession on pragmatics and grammatical relations*, Chicago: University of Chicago.
Lasersohn, P. (1995) *Plurality, conjunction and events*, Dordrecht: Kluwer Academic Publishers.
Merchant, J. (2013) *Ellipsis: A survey of analytical approaches*, [online]. Accesible en http:/home.uchicago.edu/%7Emerchant/pubs/ellipsis.formatted.pdf [28/06/2014].
Munn, A. (1993) *Topics in the syntax and semantics of coordinate structures*, tesis doctoral, University of Maryland.
Pullum, G. y Zwicky, A. (1986) "Phonological resolution of syntactic feature conflict", *Language*, 62, pp. 751–773.
Ross, J. R. (1967) *Constraints on variables in syntax*. tesis doctoral, MIT.
Williams, E. (1978) "Across-the-board rule application", *Linguistic Inquiry*, 9, pp. 31–43.

Lecturas complementarias

Bosque, I. (1987) "Constricciones morfológicas sobre la coordinación", *Lingüística Española Actual*, 9, pp. 83–100.
Camacho, J. (1999a) "How similar are conjuncts? Against asymmetric conjunction", en Authier, J.-M., Bullock, B. y Reed, L. (eds.) *Formal approaches to Romance syntax*, Amsterdam: John Benjamins.
Camacho, J. (199b) "La coordinación", en Bosque, I. y Demonte, V. (eds.) *Gramática descriptiva de la lengua española*, Madrid: Espasa.
Demonte, V. y Pérez-Jiménez, I. (2012) "Closest conjunct agreement in Spanish DPs. Syntax and beyond", *Folia Linguistica*, 46, 1, pp. 21–73.
Demonte, V. y Pérez-Jiménez, I. (2011) "Concordancia parcial de adjetivos pospuestos. Sintaxis y prosodia", en Camacho, J., Luján, M. y Sánchez, L. (eds.) *Cuadernos de ALFAL*, 3. *Estudios de gramática formal del español contemporáneo* [en línea]. Accesible en http://mundoalfal.org/sites/default/files/revista/03_cuaderno_008.pdf [28/06/2014].
Demonte, V., Fernández Alcalde, H. y Pérez-Jiménez, I. (2011) "On the nature of nominal features. Agreement mismatches in Spanish conjoined structures", en Herschensohn, J. (ed.) *Romance linguistics 2010. Selected papers from the 40th Linguistic Symposium on Romance Linguistics (LSRL)*, Amsterdam: John Benjamins, pp. 177–190.
Depiante, M. (2000) *The syntax of deep and surface anaphora*, tesis doctoral, University of Connecticut, Storrs.
Depiante, M. (2004). "Dos casos de elipsis con partícula de polaridad en español: evidencia a favor de una visión no uniforme de la elipsis", *Revista de la Sociedad Argentina de Lingüística*, 1, pp. 53–69.
Depiante, M. y Vicente, L. (2009) *Word order in ellipsis and information structure*, Paper presented at the LSA meeting, 2009 [en línea]. Accesible en http://www.luisvicente.net/linguistics/depiante-vicente-lsa09.pdf.
Gazdar, G., Klein, E., Pullum, G. y Sag, I. (1985) *Generalized phrase structure grammar*, Cambridge, MA: Harvard University Press.
Gleitmann, L. (1965) "Coordinating conjunctions in English", *Language*, 4, pp. 260–293.
Kaplan, R. y Maxwell, J. 1995 "Constituent coordination in lexical-functional grammar", en Dalrymple, M., Kaplan, R., Maxwell, J. y Zaenen, A. (eds.) *Formal issues in lexical-functional grammar*, Stanford: Center for the Study of Language and Information, pp. 199–211.
Johannessen, J. (1996) "Partial agreement and coordination", *Linguistic Inquiry*, 27, pp. 661–676.
Johannessen, J. (1998) *Coordination*, Oxford: Oxford University Press.
Link, G. (1983) "The logical analysis of plurals and mass terms: A lattice-theoretical approach", en Bäuerle, R., Schwartz, C. y Von Stechow, A. (eds) *Meaning, use and interpretation of language*, Berlín: Walter de Gruyter, pp. 302–323.

Progovac, L. (1997) "Slavic and the structure for coordination", en Lidseth, M. y Franks, S. (eds.) *Formal approaches to Slavic linguistics*, Ann Arbor, MI: Michigan Slavic Publications, pp. 207–223.
Ross, John R. (1970) "Gapping and the order of constituents", en Heidolph, K. (ed.) *Progress in linguistics*, La Haya: Mouton.
Schein, B. (1992) *Conjunction reduction redux*, manuscrito, University of Southern California.
Schein, B. (2001). "DP and DP", cap. 2 de *Conjunction reduction redux*, manuscrito, University of Southern California.
Zoerner, E. (1995) *Coordination: The syntax of &P*, tesis doctoral, University of California.

Entradas relacionadas

conjunciones; género y número

CUANTIFICACIÓN

Javier Gutiérrez-Rexach

1. ¿Qué es un cuantificador? El enfoque tradicional

El estudio de la cuantificación tiene la particularidad de que ha centrado la atención no solo de los gramáticos sino también de los filósofos y lógicos desde los orígenes del pensamiento griego. Desde el punto de vista gramatical su tratamiento no ha progresado hasta un periodo relativamente reciente debido a que los cuantificadores son una categoría semánticamente homogénea pero sintácticamente parecen no serlo. En otras palabras, expresiones pertenecientes a distintas clases o grupos de palabras como los sintagmas nominales (*todos los estudiantes*), adverbios (*siempre*) o pronombres interrogativos (*cuántos*) expresan todas un valor cuantificacional. Así que comenzaremos caracterizando la noción de cuantificador desde el punto de vista del significado para luego centrarnos en las distintas variedades en su expresión.

Los cuantificadores son expresiones que determinan o acotan una aserción como aplicable a cierto número de entidades, y puede decirse que casi todas las oraciones contienen una u otra forma de cuantificación. Esto puede hacerse de forma explícita o implícita, como muestra el siguiente contraste:

(1) a. Tres tigres comían trigo
    b. Hay pájaros en el tejado

En (1a), el sintagma nominal encabezado por el numeral claramente indica que nos referimos a una cantidad de tigres (tres); en cambio, en (1b) la expresión cuantificacional es menos concreta, ya que hacemos solamente indicación de la existencia de pájaros sin acotar su número de forma específica. En general, cuando un sintagma nominal contiene un determinante (*a*, *la*, *algunos*, *todos*, etc.), este elemento tiene un papel crucial en la expresión de la cuantificación. El contraste entre el significado de las oraciones de (2) se debe a la diferente naturaleza del determinante que expresa el número o la cantidad de individuos a las que se aplica la propiedad correspondiente.

(2) a. Alguna anciana camina despacio
    b. Todas las ancianas caminan despacio

Decimos, pues, que estas oraciones difieren en fuerza cuantificacional. La primera oración establece que hay (al menos) una anciana que camina despacio en la situación que se está describiendo. La segunda oración establece que todas las ancianas caminan despacio. Este contraste semántico se puede expresar como un contraste en una representación formal o *forma lógica*, como defendieron los filósofos Gottlob Frege y Bertrand Russell hace ya más de un siglo, en su estudio de los distintos tipos de sistemas lógicos (Heim y Kratzer 1998). La preocupación de entonces no era el estudio del lenguaje natural sino el de las herramientas de razonamiento y las leyes del pensamiento.

Surge entonces así la denominada *lógica de primer orden*, donde se introducen dos cuantificadores sobre entidades. El determinante *alguna* de más arriba se trataría como un cuantificador existencial (que significa 'hay al menos una persona para la que es verdadero que ...'), y el determinante *todas* como el cuantificador universal (que significa 'es verdadero para todas las personas que ...'). Una característica importante de los cuantificadores es que siempre ligan una variable en la representación o forma lógica mencionada. Esto explicaría el contraste entre los cuantificadores y los términos con referencia directa, como los nombres propios:

(3) Pepa camina despacio

Comparando (2b) con (3) nos damos cuenta de que en esta última oración el predicado *camina despacio* es verdadero de (se aplica solo a) quienquiera que sea la persona designada por *Pepa*. Por contra, (2b) no hace referencia a una única persona sino que dicho predicado es aplicable a cualquier anciana que estemos considerando. Por tanto, volviendo a las oraciones de (2), las paráfrasis de sus respectivas formas lógicas serían las siguientes:

(4) a. Hay por lo menos un individuo x tal que x es una anciana y x camina despacio
b. Para cada individuo x si x es una anciana entonces x camina despacio

2. Cuantificadores generalizados

El análisis de la lógica de primer orden sobre la cuantificación ha sido criticado por plantear que los constituyentes de un sintagma nominal (es decir, el determinante y el sustantivo) contribuyen independientemente al significado de una oración: el determinante cuantifica sobre toda la oración de la que el sustantivo es una parte. Esto va en contra del análisis lingüístico común de las expresiones oracionales. Otra limitación es que el análisis de la lógica de primer orden no está diseñado para analizar el contenido de la extensa variedad de determinantes de las lenguas del mundo, incluyendo por supuesto el español. Por ejemplo, se ha demostrado que el determinante *most* del inglés no es expresable en lógica de primer orden y lo mismo puede decirse de su correlato *la mayoría* en español. La oración

(5) La mayoría de los estudiantes son felices al principio del curso

no significa que la mayoría de las personas que estemos considerando son estudiantes y además son felices (significado lógico). Más bien significa que la mayoría de las personas que son estudiantes también son felices al comenzar el año académico. La teoría de cuantificadores generalizados se desarrolló durante la década de 1980, tras la aportación inicial del filósofo Richard Montague (Montague 1974), como un intento de mejorar las deficiencias de los análisis lógicos tradicionales de cuantificación en lenguaje natural (Barwise y Cooper

1981; Keenan y Stavi 1986). La naturaleza funcional de la relación sujeto-predicado que describimos anteriormente se invierte. Un predicado todavía expresa una propiedad, pero no se trata como una función que se aplica directamente al sujeto (su argumento). Más bien, se conceptualiza el sujeto como una expresión predicativa de orden superior que se aplica al predicado y lo toma como argumento o, equivalentemente, como un conjunto de propiedades. En general los sintagmas nominales expresan cuantificadores generalizados (conjuntos de propiedades). Podemos representar las oraciones siguientes composicionalmente:

(6) a. Algunos perros ladraron
 b. Todos los perros ladraron

de la siguiente manera:

(7) a. Algunos perros (ladraron)
 b. Todos los perros (ladraron)

Los cuantificadores generalizados asociados a *algunos perros* y *todos los perros* se interpretan, respectivamente, como el conjunto de propiedades que algunos perros o todos los perros tienen, y lo que la oración afirma es que ladrar es una de esas propiedades. La oración será verdadera o falsa dependiendo de si este es el caso o no.

El significado de un sintagma nominal tal como *algunos perros* también se puede determinar de una manera composicional. El sustantivo *perros* expresa o describe —más técnicamente *denota*— un conjunto de individuos, y el determinante *algunos* lo relaciona con otros grupos de entidades, a saber, los que denota *ladraron* (el conjunto de los seres que ladraron). En este sentido, se dice que el sustantivo actúa como un restrictor del dominio de cuantificación del determinante (von Fintel 1994) y el determinante como una función con dos argumentos (o una relación entre ellos). Esto produce la siguiente representación lógica:

(8) algunos (perros) (ladraron)

Dado el significado particular del determinante *algunos* —es decir, de la función determinante **algunos**—, la oración será verdadera si la intersección de los conjuntos denotados por *perros* y por *ladraron* tiene más de dos miembros, es decir, si hay al menos dos perros que ladraron. Otros significados se pueden caracterizar de una manera similar: **todos los (perros) (ladraron)** es verdadero si el conjunto denotado por *perros* es un subconjunto del conjunto denotado por *ladraron*; **ningún (perro) (ladró)** es verdadero si la intersección de los conjuntos denotados por *perro* y *ladró* está vacía; **más de tres (perros) (ladraron)** es verdadera si el número de individuos en la intersección de los conjuntos denotados por la restricción nominal y el predicado es superior a tres; **la mayoría de los (perros) (ladraron)** es verdadero si el número de individuos en la intersección de los dos conjuntos es mayor que el número de los individuos en la intersección de los conjuntos denotados por la restricción nominal y el complementario del predicado (los que no ladraron), es decir, el número de los perros que ladraron es mayor que el número de los que no ladraron; etc. En resumen, un determinante del español denota una función con dos argumentos. El primer argumento corresponde a la denotación de la restricción nominal (el sustantivo y sus modificadores) y el segundo argumento, al contenido del sintagma verbal. Esta visión semántica de los determinantes parece chocar con las intuiciones sintácticas sobre la estructura oracional. Sin embargo, el conflicto no es tal, ya que hay muchas propuestas sobre cómo derivar la estructura lógica a partir de la sintaxis patente, e incluso algunas proponen un nivel de representación en donde este proceso tiene lugar y que se denomina Forma Lógica (May 1985; Bosque y Gutiérrez-Rexach 2009: cap. 8):

(9) $[_{SN} \ldots][_{SV} \ldots] \rightarrow$ [Determinante: Restricción][Predicado] $\rightarrow$ determinate (restricción) (predicado)

3. Propiedades de la denotación de los determinantes

Los determinantes del español, y de cualquier otro idioma, también cumplen una serie de restricciones que los diferencian de sus contrapartes lógicas. Por ejemplo, todos los determinantes del lenguaje natural son conservadores o "viven en" su primer argumento. Esta propiedad motiva la intuición de que el determinante tiene un vínculo estrecho con el sustantivo. Por ejemplo, las oraciones de (9) son equivalentes:

(9) a. Algunos catamaranes naufragaron
 b. Algunos catamaranes son catamaranes que naufragaron.

Si sustituimos *algunos* por cualquier otro determinante en esta oración, la equivalencia se sigue manteniendo. El efecto de esta restricción es hacer que la cuantificación esté intrínsecamente restringida al primer argumento del determinante, es decir, a la restricción nominal de la que hemos estado hablando anteriormente. Por tanto, para comprobar si **algunos** (**catamaranes**) (**naufragaron**) es verdadera, no tenemos en cuenta las entidades o navíos que no sean catamaranes. Desde el punto de vista de su procesamiento, no computamos la verdad o falsedad de dicho aserto comprobando primero las entidades que naufragaron y luego determinamos si alguna de ellas son catamaranes; más bien, nos fijamos en los catamaranes pertinentes y determinamos si algunos de ellos naufragaron.

Los determinantes también se caracterizan por el tipo de inferencias que legitiman, a saber, inferencias de conjunto a subconjunto o inferencias de subconjunto a conjunto. Por ejemplo, la oración de (10a) implica lógicamente la de (10b):

(10) a. Ningún catamarán navegaba
 b. Ningún catamarán navegaba rápido

La propiedad denotada por *navegaba rápido* es un subconjunto de la propiedad denotada por *navegaba*, por lo que podemos concluir que la función denotada por el determinante *ningún* (i. e. la función **ningún**) legitima inferencias de conjunto a subconjunto en su predicado (o segundo argumento). Lo mismo es cierto para su primer argumento o restricción nominal, como demuestra el que la oración (11a) implique lógicamente (11b), donde la denotación de *catamarán francés* es obviamente un subconjunto de la denotación de *catamarán*:

(11) a. Ningún catamarán navegaba
 b. Ningún catamarán francés navegaba

La función determinante **algunos** tiene el patrón opuesto y legitima inferencias de subconjunto a conjunto en sus dos argumentos. Por lo tanto, podemos predecir que la oración (12) implica tanto (13a) como (13b):

(12) Algunos estudiantes cubanos fuman puros

(13) a. Algunos estudiantes fuman
b. Algunos cubanos fuman puros

Los cuantificadores también pueden clasificarse de acuerdo a si pueden aparecer en una construcción existencial, es decir, una oración que afirma la existencia de algo ('Hay ...'). Consideremos el patrón oracional de (14):

(14) Hay [Det estudiante(s)] en el aula

Los determinantes *algunos*, *tres*, *no*, *menos de cinco* y *muchos*, entre otros, pueden ocupar el lugar de Det en esta construcción, mientras que la presencia de determinantes como *cada*, *la mayoría* y *todos menos tres* haría que la oración no fuera gramatical. Esta restricción se conoce como *la restricción de in-definitud* (Reuland y ter Meulen 1987; Gutiérrez-Rexach 2003). Los determinantes que pueden aparecer en una construcción existencial son intersectivos (Keenan 1996), es decir, expresan una relación de intersección de sus dos argumentos. Por otra parte, los determinantes que no pueden aparecer en una construcción existencial se caracterizan por expresar una relación de inclusión, por ejemplo, *cada* o *todos*, o de proporcionalidad, tal como *la mayoría*. Los determinantes definidos, ya sean simples (*el*) o complejos (*las diez* ...), los determinantes demostrativos (*estos*) y posesivos (*mis*) no aparecen en las oraciones existenciales tampoco. Estos determinantes son intrínsecamente dependientes del contexto y por lo tanto presuponen o no afirman la existencia de entidades.

4. El ámbito de los cuantificadores

Cuando dos o más cuantificadores coinciden en una oración, se produce una forma de interacción semántica llamada ámbito o alcance. Por ejemplo, en la oración de (15a) solo aparece el SN *un estudiante* y no hay interacción de ámbito. En cambio, en (15b), aparecen dos SSNN y surge una interacción de ámbito.

(15) a. Un estudiante se desmayó
b. Un estudiante leyó cada libro

Las relaciones de ámbito vienen determinadas por el distinto orden de los cuantificadores en la representación semántica o forma lógica de una cláusula. La oración de (15b) es ambigua, ya que contiene dos cuantificadores: *cada* y *un*. Según una interpretación, un único estudiante lee cada uno de los libros de los que se habla (en la lista de lecturas de un curso, por ejemplo). En virtud de la segunda, no hay un único estudiante que lea cada libro sino que cada libro es leído por un estudiante distinto. Esta ambigüedad es una ambigüedad de ámbito genuina. En la primera lectura, el orden de ámbito de los cuantificadores es la que respeta el orden lineal de los sintagmas nominales; es decir, el sintagma nominal sujeto es más dominante o tiene ámbito (>) sobre el objeto: **un estudiante > cada libro**. El cuantificador existencial toma ámbito sobre el cuantificador universal. La segunda lectura es una interpretación de ámbito inverso en que el orden de los cuantificadores difiere del orden lineal en la superficie sintáctica. En esta lectura, el cuantificador universal toma ámbito sobre el existencial: **cada libro > un estudiante**.

Ha habido un extenso debate sobre qué cuantificadores permiten interacciones de ámbito y cuáles no. Los nombres propios y otros elementos con designación fija (los demostrativos por ejemplo) no dan lugar a interacciones de ámbito, o, visto de otro modo, siempre tienen ámbito amplio:

(16) Pepe/ese estudiante leyó tres libros

En (16) no surge la interpretación en que hablamos de tres individuos llamados Pepe o tres estudiantes diferentes que leyeran los libros en cuestión, es decir, una interpretación en que el nombre propio o el demostrativo tuvieran ámbito estrecho con respecto a *tres libros*. Se ha dicho también que hay términos que tienden siempre o casi siempre a tomar ámbito amplio, además de los términos de interpretación rígida o contextualmente fija. Tal es el caso de *cada*. Por contra, otros elementos tienden a tener ámbito estrecho, como los plurales escuetos:

(17) Dos estudiantes leían libros

Ciertos modificadores fijan la interpretación requerida. Así, en (18a), la aparición de *mismo* fija el ámbito estrecho del objeto directo, mientras que su sustitución por *diferente* le otorga ámbito amplio:

(18) a. Algunos estudiantes leían el mismo libro
b. Algunos estudiantes leían un libro diferente

Obsérvese que parece haber duplicidades aparentes en español, donde hay dos series de cuantificadores existenciales (*un/algún, unos/algunos*) y universales (*todos/cada/todo*). Esta duplicidad no es real, ya que estudios recientes han demostrado que tienen propiedades distintas. Así, *unos* se comporta como un indefinido de grupo o colectivizador (Gutiérrez-Rexach 2003); *algún* puede interpretarse como un determinante que expresa ignorancia o desconocimiento referencial (Alonso-Ovalle y Menéndez-Benito 2010); y *todo* se usa para marcar la genericidad (Gutiérrez-Rexach 2012). Estas propiedades se ilustran en los ejemplos siguientes:

(19) a. Hay unos muchachos aburridos en el patio
b. He leído algún libro de Freud
c. Todo insecto es siempre peligroso

En (19a) interpretamos que hay un grupo de muchachos aburridos en el patio, mientras que si sustituimos *unos* por *algunos* no se da dicha inferencia. De igual forma, en (19b) tendemos a enfatizar nuestra ignorancia o desconocimiento de cuál libro era ese que leímos, algo que no sucede si sustituimos *algún* por *un*. Por último en (19c) usamos *todo* para expresar una generalización o afirmación genérica sobre los insectos.

Otra propiedad que muestra la interacción de los SSNN con otros términos es la distinción entre distributividad y colectividad. Hay predicados que son intrínsecamente colectivos como el verbo *reunirse* o el adjetivo *numeroso*, que se aplican a SSNN que denotan grupos o colectivos:

(20) a. La familia se reunió con el juez
b. El gentío era numeroso

Por contra, otros se aplican solo a individuos (*vestirse*, *desayunar*, *ser alto*, etc.), y se los conoce como distributivos. Ciertos modificadores pueden desambiguar la interpretación del predicado. Así, *entre todos* fuerza la interpretación colectiva en (21a), mientras que *por separado* o *cada uno* se asocian con la interpretación distributiva de (21b):

(21) a. Los amigos comieron una pizza entre todos
b. Los amigos comieron una pizza por separado/cada uno

5. Cuantificadores no nominales

Hasta ahora hemos considerado sólo la cuantificación nominal, es decir, la cuantificación correspondiente al significado de los sintagmas nominales. Sin embargo, otros elementos también pueden contribuir a la fuerza cuantificacional de una oración. Los adverbios temporales como *siempre*, *a veces* y *muchas veces* no se comportan necesariamente como meros modificadores del parámetro temporal. En ciertos contextos, se comportan como cuantificadores sobre distintos tipos de entidades, por lo que se los ha denominado adverbios de cuantificación. Consideremos las oraciones de (22):

(22) Pepe siempre bebe café

El ejemplo (22) no significa que Pepe beba café en cada momento del día, sino que cada vez que Pepe bebe algo, lo que bebe es café. Examinemos ahora (23):

(23) Los taxistas de Nueva York son generalmente maleducados

En este caso *generalmente* se interpreta como indicando que la mayoría de los taxistas neoyorquinos son maleducados o que dichos taxistas son normalmente maleducados, es decir, como un cuantificador proporcional sobre entidades. A veces, la fuerza cuantificacional de una oración no puede ser asociada claramente a un elemento explícito dentro de ella. Consideremos ahora:

(24) Los madrileños son chulos

Para caracterizar las propiedades semánticas de esta oración, la existencia de elementos ocultos de diversa fuerza cuantificacional tiene que ser postulada. En el ejemplo considerado, habría un cuantificador oculto que proporciona fuerza genérica (Gen), por lo que la representación lógica de esta oración sería (25):

(25) Gen (madrileños) (chulos)

La cuantificación nominal y la adverbial pueden interactuar de forma aparentemente inesperada. Esta interacción surge principalmente cuando hay un indefinido en el ámbito de un adverbio de cuantificación en las construcciones relativas, condicionales, etc. Veamos (26):

(26) Todo estudiante que trae un ordenador a clase lo usa

En este ejemplo el indefinido carece de su fuerza existencial típica. La oración no significa que todos los estudiantes traen al menos uno de sus ordenadores a clase (es decir, la interpretación existencial con ámbito **todo estudiante** > **un ordenador**). Más bien, la interpretación correcta es que por cada par formado por un estudiante y un ordenador que trae a clase, es también el caso de que el estudiante usa dicho ordenador. El SN indefinido parece tener fuerza universal en este ejemplo, así que podemos concluir que el cuantificador universal *todo* se comporta como un cuantificador binario en dicha oración, y se asocia tanto con la restricción de la frase nominal (*estudiante*) y con el indefinido *ordenador*. El mismo patrón se observa en la oración siguiente:

(27) Siempre que un entrenador grita a un jugador lo enfada

En este caso, tanto el indefinido *un entrenador* como *un jugador* parecen heredar la fuerza universal del adverbio *siempre*, ya que la oración puede interpretarse como 'Los entrenadores siempre gritan a los jugadores'. Algunas teorías han concluido que los indefinidos carecen de fuerza cuantificacional propia y heredan su fuerza aparente de otros elementos cuantificacionales que aparecen también en la oración, algo que llevó a concebir los indefinidos como meras variables (Lewis 1975; Kamp 1981; Heim 1982). En general, se propone que los denominados como adverbios de cuantificación se caracterizan por transmitir su fuerza cuantificacional a todos los indefinidos que aparecen en su ámbito de aplicación. Este fenómeno se conoce como la *cuantificación no selectiva.*

Se consideran como cuantificadores generalizados interrogativos los pronombres como *quién*, *qué*, *dónde* y *cuáles*, y los SSNN interrogativos como *qué libro*, *cuán alto*, *cuál de ellos*, etc. En este último caso, podemos decir que *qué* en *qué libro* es un determinante interrogativo y *libro* es su restricción. Los determinantes interrogativos tienen muchas propiedades en común con los que usamos en las oraciones declarativas. Por ejemplo, son también conservadores. La oración interrogativa (28a) es equivalente a (28b):

(28) a. ¿Qué políticos son honestos?
b. ¿Qué políticos son políticos que son honestos?

Los determinantes interrogativos también son uniformemente intersectivos, porque el significado de un determinante interrogativo es una función de la intersección de sus dos argumentos (Gutiérrez-Rexach 1997). Por ejemplo, una respuesta completa a (28a) especificaría en la situación relevante la intersección del conjunto de los políticos y el conjunto de las personas honestas en esa situación. Los determinantes interrogativos y los determinantes existenciales como *algunos* comparten pues varias de sus propiedades. Desde este punto de vista, no es de extrañar que una proporción significativa de las lenguas del mundo use la misma expresión léxica para los determinantes/pronombres interrogativos y los existenciales.

Bibliografía

Alonso-Ovalle, L. y Menéndez-Benito, P. (2010) "Modal indefinites", *Natural Language Semantics*, 18, pp. 1–31.

Barwise, J. y Cooper, R. (1981) "Generalized quantifiers and natural language", *Linguistics and Philosophy*, 4, pp. 159–219.

Bosque, I. y Gutiérrez-Rexach, J. (2009) *Fundamentos de sintaxis formal*, Madrid: Akal Cambridge.

von Fintel, K. (1994) *Restrictions on quantifier domains*, tesis doctoral, University of Massachusetts.

Gutiérrez-Rexach, J. (1997) "Questions and Generalized Quantifiers'", en Szabolcsi, A. (ed.) *Ways of scope taking*, Dordrecht/Boston: Kluwer Academic Publishers, 1997, pp. 409–452.

Gutiérrez-Rexach, J. (2003) *La semántica de los indefinidos*, Madrid: Visor.

Gutiérrez-Rexach, J. (2012) "Quantification", en Hualde, J. I., Olarrea, A. y O'Rourke, E. (eds), *Handbook of Spanish linguistics*, Oxford: Blackwell, pp. 307–332.

Heim, I. (1982) *The semantics of definite and indefinite noun phrases*, Amherst, MA: University of Massachusetts dissertation.
Heim, I. y Kratzer, A. (1998) *Semantics in generative grammar*, Oxford: Blackwell.
Kamp, H. (1981) "A theory of truth and semantic representation", en Groenendijk, J. A. G., Janssen, T. M. V. y M. B. J. Stokhof (eds.), *Formal methods in the study of language*, Mathematical Centre Tracts 135, Amsterdam: Mathematical Centre, pp. 277–322.
Keenan, E. (1996) "The semantics of determiners", en Lappin, S. (ed.), *Handbook of contemporary semantic theory*, Oxford: Blackwell, pp. 41–64.
Keenan, E. y Stavi, J. (1986) "A semantic characterization of natural language determiners", *Linguistics and Philosophy*, 9, pp. 253–326.
Lewis, D. (1975) "Adverbs of quantification", en Keenan, E. (ed.), *Formal Semantics of Natural Language*, Cambridge: Cambridge University Press, pp. 3–15.
May, R. (1985) *Logical form*, Cambridge, MA: The MIT Press.
Montague, R. (1974) *Formal philosophy*, New Haven, CT: Yale University Press.
Reuland, E. y ter Meulen, A. (eds.) (1987) *The representation of (in)definiteness*, Cambridge, MA: MIT Press.

Lecturas complementarias

Escandell, V. (2004) *Principios de semántica composicional*, Barcelona: Ariel.
Gutiérrez-Rexach, J. (1998) *Semántica lógica y cuantificación nominal*, New Orleans: University Press of the South.
Gutiérrez-Rexach, J. (ed.) (2003) *Semantics: Critical concepts*, London: Routledge.
Keenan, E. y Westerståhl, D. (1997) "Generalized quantifiers in linguistics and logic", en van Benthem, J. y ter Meulen, A. (eds.), *Handbook of logic and language*, Nueva York: Elsevier.
Leonetti, M. (1990) *El artículo y la referencia*, Madrid: Taurus.
Leonetti, M., (1999) *Los determinantes*, Madrid: Arco Libros.
Leonetti, M. (2007) *Los cuantificadores*, Madrid: Arco Libros.
López Palma, H. (1999) *La interpretación de los cuantificadores. Aspectos sintácticos y semánticos*, Madrid: Visor Libros.
Peters, S. y Westerståhl, D. (2006) *Quantifiers in language and logic*, Oxford: Oxford University Press.
Sánchez López, C. (1999) "Los cuantificadores: clases de cuantificadores y estructuras cuantificativas", en Bosque, I. y Demonte, V. (eds.), *Gramática descriptiva de la lengua española*, Madrid: Espasa, pp. 1025–1128.
Szabolcsi, A. (1997) *Ways of scope taking*, Dordrecht: Kluwer.
Szabolcsi, A. (2010) *Quantification*, Cambridge: Cambridge University Press.

Entradas relacionadas

determinantes; semántica; sintaxis

DEMOSTRATIVOS

Iker Zulaica Hernández

1. Introducción

Lo primero que nos debemos preguntar es ¿en qué medida el estudio de los demostrativos es importante para las lenguas naturales? La respuesta es simple. Los demostrativos son universales por cuanto existen en todas las lenguas conocidas aunque su forma, función y significado varían enormemente. Además, los demostrativos son elementos deícticos, cuya interpretación depende de ciertos parámetros contextuales. Esta dependencia contextual hace del estudio de los demostrativos una tarea compleja que trasciende al ámbito del discurso como veremos más adelante. Finalmente, los estudios de adquisición del lenguaje señalan que los rasgos deícticos se aprenden o manifiestan en las fases tempranas del desarrollo lingüístico (Diessel 2006), lo que parece indicar que los demostrativos son elementos ciertamente esenciales en las lenguas naturales. Por todo ello los demostrativos han sido y son una piedra angular en los estudios de lingüística.

Los sistemas demonstrativos de las lenguas naturales varían en su grado de complejidad. Así, podemos encontrar sistemas binarios de dos elementos en una oposición básica como en el inglés (*this*, *that*); sistemas de tres elementos (*este*, *ese*, *aquel*) como en el caso del español, y otros sistemas de mayor complejidad. Ciertamente la característica definitoria de los demonstrativos, que los distingue de otros determinantes, es que son elementos deícticos; es decir, su interpretación depende de ciertos parámetros contextuales. Sin embargo, los parámetros de variación (forma, función, tipo de referencia) asociados con los demostrativos son tan numerosos que impiden una definición de los mismos concisa y totalmente uniforme. Incluso dentro de una misma lengua podemos encontrar gran variabilidad en los usos, formas y funciones de los demostrativos. Dadas las restricciones de espacio de esta enciclopedia nos es imposible dar cuenta de todos los aspectos relacionados con los demostrativos de las lenguas del mundo. Por ello nos centraremos en los que han sido más estudiados por la lingüística moderna y más controvertidos. Para el lector interesado en la tipología de los demostrativos recomendamos los excelentes trabajos de Diessel (1999) y Dixon (2003).

Aunque esta entrada se centra en los determinantes y pronombres demostrativos, también existen adverbios demostrativos (*aquí*, *ahí*, *allí*) que comparten con aquéllos ciertos rasgos fundamentales como el hecho de ser elementos deícticos, el poder ir acompañados de un gesto deíctico, y el depender de la distancia o posición del hablante para su interpretación.

Por tanto, desde el punto de vista de la morfosintaxis los demostrativos del español son un grupo de palabras englobadas generalmente dentro de la clase de los determinantes. Como tales, los demostrativos acompañan a un sustantivo dentro de un sintagma nominal, en posición pre-nominal como en (1) o en posición post-nominal como en (2). También existen pronombres demostrativos (3).

(1) Ese pájaro es un colibrí.

(2) El pájaro ese es un colibrí.

(3) Eso parece un colibrí.

Como ya hemos señalado, los demostrativos son elementos deícticos y, como tales, su interpretación depende de ciertos parámetros contextuales. Para la gramática tradicional estos parámetros contextuales son el hablante, el oyente y la mayor o menor distancia física de estos en relación al objeto referido o demostrado. En base a estos parámetros la definición gramatical más ampliamente aceptada es la que se ilustra en la Tabla 1.

2. Los demostrativos y la referencia

Aunque como ya hemos indicado existe gran variabilidad en cuanto a sus funciones referenciales, hay unanimidad en considerar los demostrativos expresiones referenciales, es decir, expresiones que sirven para referir a entidades del mundo. En nuestros ejemplos (1–3) el hablante tiene una entidad específica en su mente (el referente) y ha utilizado diferentes expresiones demostrativas para referirse a él (el colibrí). Compárese con el ejemplo (4), en el que el hablante no tiene ninguna entidad específica en mente y por ello utiliza el indefinido.

(4) Me gustaría ver un colibrí, nunca antes he visto uno.

2.1. La modalidad referencial: deixis y anáfora

Como expresiones referenciales, los determinantes y pronombres demostrativos presentan dos modos básicos de referencia que permiten al hablante referir a entidades en diferentes situaciones del discurso. En el modo deíctico, el hablante utiliza por lo general los demostrativos para referir a entidades físicas y concretas, presentes en el contexto de habla. En esta modalidad, el uso del demostrativo (frecuentemente acompañado de una señalización deíctica como una indicación del dedo índice, un movimiento de la cabeza, etc.) tiene el efecto

Tabla 1 Los demonstrativos del español (Bello 1892)

Este	+Proximidad +Hablante	Denota proximidad del objeto demostrado con respecto a la primera persona (el hablante).
Ese	+Proximidad +Oyente	Denota proximidad del objeto demostrado con respecto a la segunda persona (el oyente).
Aquel	–Proximidad	Denota que el objeto demostrado es distante tanto del hablante como del oyente.

comunicativo de dirigir la atención del interlocutor a una entidad específica del campo visual o perceptivo. Esto se consigue al destacar esa entidad específica de entre un conjunto de entidades a las que podríamos referir potencialmente. De este modo, tanto el hablante como el oyente centran su atención en la misma entidad, con lo que se consigue el efecto comunicativo deseado, que se conoce en la literatura psicolingüística como el *efecto de atención convergente* o 'joint attention effect' (Diessel 2006). A este uso en modo deíctico y referencia extralingüística también se le conoce como *referencia exofórica.* Un ejemplo lo tenemos en (5), en el que el hablante señala con su dedo índice a una casa determinada mientras pronuncia:

(5) Esta casa la compré el año pasado.

En estos usos exofóricos el gesto que acompaña al demostrativo suele ser esencial para su interpretación, ya que sirve para completar su significado y para, posiblemente, desambiguar la referencia. En el ejemplo anterior, la casa indicada podría estar rodeada de otras casas, en cuyo caso el uso del demostrativo sin indicación explícita no habría tenido el efecto deseado y el oyente no podría resolver la referencia. Por el contrario, si la casa mencionada estuviera aislada, en medio del campo y sin otras casas como posibles referentes, el uso explícito del gesto indicativo resultaría redundante o irrelevante, pues dicha casa ya sería lo suficientemente prominente para los interlocutores.

La segunda modalidad referencial es anafórica y mediante ella los demostrativos refieren a entidades del discurso hablado o escrito. Estos usos anafóricos son ya ampliamente aceptados por los investigadores (véanse, entre otros, Kleiber 1990; Maes & Noordman 1995; Diessel 1999). En su rol anafórico los demostrativos son correferenciales con una variada gama de elementos discursivos: sintagmas nominales (6), cláusulas subordinadas, oraciones completas (7) e, incluso, fragmentos completos de discurso. Desde un punto de vista semántico, las anáforas demostrativas pueden denotar individuos, eventualidades y proposiciones. A este uso en modo anafórico y referencia discursiva también se lo conoce como *referencia endofórica.*

(6) El monarca Alfonso VI fue el primer rey que acuñó moneda propia. **Este monarca** fundó una casa de la moneda en Toledo.

(7) Por fin Juan ha conseguido un trabajo. **Eso** me alegra.

Existe debate sobre si los tipos de referencia anafórica y deíctica mencionados deben considerarse modalidades de referencia independientes o si, por el contrario, constituyen diferentes grados de un espectro de procedimientos deícticos disponibles en las lenguas naturales. En este sentido, y dado que la referencia anafórica parece derivarse de la deixis (Lyons 1975, 1979), ambos tipos de referencia no se excluirían mutuamente, sino que sería de esperar cierto grado de solapamiento entre ambos (véanse Ehlich 1982; Cornish 2009, sobre estas cuestiones y sobre el modo de referencia discursiva a caballo entre la anáfora y la deixis denominado *anadeixis*). En nuestra opinión, la única diferencia entre los modos de referencia deíctico y anafórico reside en que la capacidad referencial del demostrativo se transfiere desde un contexto de habla real (deixis) a un dominio textual (anáfora). La función comunicativa continúa siendo la misma: la focalización de una entidad específica haciéndola prominente sobre el resto de las entidades. De este modo, el gesto explícito típico del demostrativo deíctico parece haberse convertido en una función pragmática a nivel puramente textual.

2.2. Los demostrativos como elementos de referencia directa

Uno de los máximos exponentes en el tratamiento de los demostrativos como elementos de referencia directa es Kaplan (1989). Kaplan desarrolla su teoría sobre las expresiones demostrativas que incluye los demostrativos típicos, pero también otros elementos que se pueden utilizar en ocasiones como demostrativos, por ejemplo los pronombres personales tónicos *él*, *ella*, etc. Un elemento de referencia directa o directamente referencial (también llamado designador rígido) es un elemento cuyo contenido fija de manera directa su extensión (su referencia). Por ejemplo, los nombres propios (Juan, Saturno, etc.) son elementos directamente referenciales, pues su contenido no es otro que su referente, es decir, la persona llamada Juan o el planeta Saturno. Para Kaplan los demostrativos son elementos directamente referenciales, pues el referente de un demostrativo no varía con las circunstancias. Toda vez que se utiliza un demostrativo junto con un gesto demostrativo (i. e. un dedo índice indicador) la referencia queda fijada de manera definitiva.

Para Kaplan los demostrativos se definen en base a dos niveles de interpretación: su *carácter* y su *contenido* (véanse también las propuestas de Nunberg (1993) y Recanati (2005) sobre demostrativos como elementos puramente referenciales). El *carácter* es una función de contextos de habla a contenidos. No olvidemos que los demostrativos son elementos deícticos y que, por tanto, los parámetros contextuales son clave en su interpretación. Dichos parámetros son el tiempo o momento en que se pronuncia el demostrativo (T), el hablante (H), el oyente (O) y el gesto deíctico (G) que acompaña al demostrativo. El *contenido* por otro lado se define como una función de mundos o circunstancias de evaluación a extensiones. De este modo, diferentes mundos o circunstancias de evaluación determinarán el contenido de la expresión, pero dado un contexto determinado el contenido del demostrativo será rígido.

Por tanto, los elementos no deícticos tendrán un carácter rígido, pues su contenido no varía aunque cambien los parámetros contextuales (por ejemplo, el sustantivo *casa* siempre tendrá el mismo contenido independientemente de quién sea el hablante que lo pronuncia o el momento en que se pronuncia).

2.3. Los demostrativos como cuantificadores

Sin embargo existen usos de los demostrativos que no se ajustan a las tesis sobre la referencia directa. En (8) es posible obtener una lectura no referencial del demostrativo. Por ejemplo, supongamos que el hablante lo único que conoce es que existe un cierto individuo que ha escalado varias veces el Everest porque se lo ha dicho su primo. Pero el hablante no ha visto a tal individuo, no conoce su rostro o su nombre, y ni siquiera sabe si su primo le ha mentido. Por tanto, en casos como estos no podemos decir que el hablante tiene un referente específico en mente cuando usa el demostrativo. Este demostrativo, para el que no hay un referente presente en el contexto de habla y que, además, no está acompañado de gesto deíctico, se asemejaría más a nuestro indefinido (no referencial) de (4); por ejemplo, el de una variable x a la que hay que asignar un valor.

(8) Ese escalador que subió siete veces al Everest debe ser un superhombre.

Las teorías de referencia directa no pueden explicar estos casos, y otros similares, de demostrativos en el discurso. Por ello, King (2001) propone considerar los demonstrativos como elementos cuantificacionales que cumplirían la función de ligar dicha variable atendiendo al dominio del discurso (las diversas entidades que lo componen) como campo de acción.

2.4. Los demostrativos como elementos definidos

Finalmente, muchos autores consideran los demostrativos como elementos definidos a la par con pronombres y artículos definidos, con los que compartirían una serie de rasgos comunes (véase Roberts 2002). Dichos rasgos comunes, de carácter presuposicional, serían la existencia del referente del elemento definido (el referente debe existir en el dominio del discurso), la familiaridad del referente (el referente debe ser conocido para el hablante), y la naturaleza única o unicidad del referente (el referente es singular y único para el hablante). Los demostrativos, además de estas características, se distinguirían de otros elementos definidos por incorporar en su semántica una demostración o gesto deíctico, también de naturaleza presuposicional, que acompañaría al demostrativo.

De este modo, cuando un hablante pronuncia (1) *Ese pájaro es un colibrí*, presupone que dicha entidad (el colibrí) *existe* en el dominio del discurso, que es la *única* entidad en el dominio del discurso que cumple con el contenido descriptivo del sintagma nominal (ser un pájaro), que es *familiar* para el hablante (pues ya ha sido introducido previamente en el discurso, o es perceptualmente prominente) y, además, el hablante lo *señala* con un gesto deíctico (la demostración propiamente dicha).

3. Investigación presente y futura sobre demostrativos en español

Los demostrativos han sido estudiados de manera intensa en español. Algunas de las contribuciones más destacables son las que se enumeran a continuación. En el ámbito de la sintaxis recomendamos el análisis derivacional de los determinantes demostrativos basado en rasgos de Silva-Villar y Gutiérrez-Rexach (2001), así como el trabajo de Taboada (2007) sobre las diferencias de estructura y significado entre los demostrativos pre y post-nominales del español.

Los trabajos en el ámbito de la pragmática, la semántica y el discurso son numerosos. Recomendamos el trabajo de Gutiérrez-Rexach (2001) sobre la semántica de los demostrativos, así como las tesis doctorales de Zulaica-Hernández (2008) sobre los pronombres demostrativos y de Alexander (2008) sobre los demostrativos post-nominales. Véanse también el trabajo de Zulaica-Hernández (2012) sobre las restricciones discursivas en el uso del demostrativo de lejanía y el trabajo de Zulaica-Hernández y Gutiérrez-Rexach (2011) sobre el uso como partículas de discurso de ciertas construcciones con demostrativos y su contribución a la estructura retórica del discurso. Véase García-Fajardo (2006) sobre el contraste implícito entre los demostrativos del español.

En el ámbito de los estudios diacrónicos destacamos el estudio de Terrado-Pablo (1990) sobre la evolución del latín al español moderno de los adverbios demostrativos de lugar, y el análisis diacrónico de Pomino y Stark (2009) sobre el rasgo de 'neutralidad' del sistema de demostrativos del español.

Con respecto a la investigación futura en materia de demostrativos, los pasos irán encaminados a esclarecer ciertos aspectos de los mismos, fundamentalmente a nivel de anáfora discursiva, para los que todavía no se han ofrecido explicaciones convincentes. De este modo, quedan por aclarar ciertas diferencias entre los demostrativos y otras expresiones referenciales tales como el determinante definido. En (9) ambas expresiones se utilizan para referir al mismo individuo, *Juan*, pero ¿qué diferencia a *el chico* de *este chico*?

(9) Juan ha vuelto a suspender. **El chico** se volverá a quedar sin vacaciones.
Juan ha vuelto a suspender. **Este chico** se volverá a quedar sin vacaciones.

También se necesita una explicación convincente que nos permita distinguir las diferencias —si las hay— semánticas y/o pragmáticas entre los demostrativos pre y post-nominales del español. En líneas generales, y trascendiendo el ámbito del español, la investigación futura girará en torno a la multifuncionalidad de los demostrativos en cuanto complementantes, pronombres relativos o marcadores de tópico y a cuál es su contribución exacta en los dominios nominal y oracional. Asimismo, todavía queda pendiente una caracterización completa de los demostrativos en términos de rasgos semánticos/pragmáticos y morfosintácticos (por ejemplo especificidad/definitud, anaforicidad, proximidad/lejanía, etc.)

Bibliografía

Alexander, D. (2008) *The Spanish postnominal demonstrative in synchrony and diachrony*, tesis doctoral, The Ohio State University.

Bello, A. (1892) [1981] *Gramática de la lengua castellana dedicada al uso de los americanos*, Tenerife: Aula de Cultura de Tenerife.

Cornish, F. (2009) "Indexicality by degrees: Deixis, *anadeixis* and (discourse) anaphora", ponencia presentada en el Simposio *Quel sense pour la linguistique?*, Université de Toulouse-Le Mirail, abril de 2009 [en línea]. Accesible en http://w3.erss.univ-tlse2.fr:8080/index.jsp?perso=cornish&subURL=web/Pap_Symp_Hon_J-Lyons_UTM.pdf.

Diessel, H. (1999) *Demonstratives: Form, function and grammaticalization* (Typological Studies in Language, 42), Amsterdam/Filadelfia: John Benjamins.

Diessel, H. (2006) "Demonstratives, joint attention and the emergence of grammar", *Cognitive Linguistics*, 17, 4, pp. 463–489.

Dixon, R. M. W. (2003) "Demonstratives: A cross-linguistic typology", *Studies in Language*, 27, 1, pp. 61–112.

Ehlich, K. (1982) "Anaphora and deixis: Same, similar, or different?", en Jarvella, R. y Klein, W. (eds.) *Speech, place and action. Studies in deixis and related topics*, Chichester: Wiley, pp. 315–338.

García-Fajardo, J. (2006) "The instruction to contrast in Spanish demonstratives", *Verba*, 33, pp. 175–186.

Gutiérrez-Rexach, J. (2001) "Demonstratives in context", en Gutiérrez-Rexach, J. (ed.) *From words to discourse. Trends in Spanish semantics and pragmatics*, Oxford/Nueva York: Elsevier, pp. 195–236.

Himmelmann, N. P. (1996) "Demonstratives in narrative discourse: A taxonomy of universal uses", en Fox, B. (ed.) *Studies in anaphora*, Amsterdam/Filadelfia: John Benjamins, pp. 205–254.

Kaplan, R. (1989) "Demonstratives. An essay on the semantics, logic, metaphysics and epistemology of demonstratives and other indexicals", en Almog, J., Perry, J. y Wettstein, H. (eds.) *Themes from Kaplan*, Oxford: Oxford University Press, pp. 481–566.

King, J. (2001) *Complex demonstratives: A quantificational account*. Cambridge, MA: The MIT Press.

Kleiber, G. (1990) "Sur l'anaphore démonstrative", en Charolles, M., Fisher, S. y Jayez, J. (eds.) *Le discours. Représentations et interprétations*, Nancy: Presses Universitaires de Nancy, pp. 243–263.

Lyons, J. (1975) "Deixis as the source of reference", en Keenan, E. (ed.) *Formal semantics of natural language*, Cambridge: Cambridge University Press, pp. 61–83. Reimp. como Cap. 8 en Lyons, J. (1991) *Natural language and universal grammar*, Cambridge: Cambridge University Press, pp. 146–165.

Lyons, J. (1979) "Deixis and anaphora", en Myers, T. (ed.) *The development of conversation and discourse*, Edimburgo: Edinburgh University Press, pp. 88–103. Reimp. como Cap. 9 en Lyons, J. (1991) *Natural language and universal grammar*, Cambridge: Cambridge University Press, pp. 166–178.

Maes, A. y Noordman, L. (1995) "Demonstrative nominal anaphors: A case of nonidentificational markedness", *Linguistics*, 33, pp. 255–282.

Nunberg, G. (1993) "Indexicality and deixis", *Linguistics and Philosophy*, 16, pp. 1–43.

Pomino, N. y Stark, E. (2009) "Losing the *neuter*: The case of the Spanish demonstratives", *Probus*, 21, 2, pp. 217–247.

Recanati, F. (2005) "Deixis and anaphora", en Szabo, Z. (ed.), *Semantics vs pragmatics*, Oxford: Clarendon, pp. 286–316.
Roberts, C. (2002) "Demonstratives as definites", en van Deemter, K. y Kibble, R. (eds.) *Information sharing: Reference and presupposition in language generation and interpretation*, Stanford, CA: CSLI Publications, pp. 89–196.
Silva-Villar, L. y Gutiérrez-Rexach, J. (2001) "Demonstratives in a feature-based theory of syntax", en Alexandrova, G. M. y Ardaunova, O. (eds.) *The minimalist parameter. Selected papers from the Open Linguistics Forum: Ottawa 21–23 March, 1997*, Amsterdam: John Benjamins, pp. 325–344.
Taboada, I. (2007) "Prenominal and postnominal demonstratives in Spanish: A [+/– Deictic] approach', *Anuario del Seminario de Filología Vasca Julio de Urquijo*, 41, 2, pp. 323–332.
Terrado-Pablo, X. (1990) "On the semantic evolution of Spanish demonstrative adverbs. Diachronic questions", *Sintagma*, 2, pp. 55–66.
Zulaica-Hernández, I. (2008) *Demonstrative pronouns in Spanish: A discourse-based study*, tesis doctoral, The Ohio State University.
Zulaica-Hernández, I. y Gutiérrez-Rexach, J. (2012) "A multidimensional semantics for discourse particles: Evidence from Spanish demonstrative pronouns", *International Review of Pragmatics*, 4, 1, pp. 29–57 [en línea]. Accesible en http://dx.doi.org/10.1163/187731012X632054.
Zulaica-Hernández, I. (2012) "Temporal constraints in the use of demonstratives in Iberian Spanish", *Borealis: An International Journal of Hispanic Linguistics*, 1, 2, pp. 195–234, [en línea]. Accesible en http://dx.doi.org/10.7557/1.1.2.2350.

Lecturas complementarias

Bühler, K. (1990) *Theory of language: The representational function of language*, Amsterdam: John Benjamins.
Eguren, L. (1999) "Pronombres y adverbios demostrativos. Las relaciones deícticas", en Bosque, I. y Demonte, V. (eds.) *Gramática descriptiva de la lengua española*, Madrid: Espasa, pp. 929–972.
Himmelmann, N. P. (1996) "Demonstratives in narrative discourse: A taxonomy of universal uses", en Fox, B. (ed.), *Studies in anaphora*, Amsterdam: John Benjamins.
Scott, K. (2013) "This and that: A procedural analysis", *Lingua*, 131, pp. 49–65.

Entradas relacionadas

semántica; pragmática; determinantes; cuantificación

DERIVACIÓN MORFOLÓGICA

Antonio Fábregas

1. Derivación frente a otros procesos morfológicos

En morfología, la derivación es el conjunto de procesos que, mediante afijos, construye nuevas palabras sobre lexemas. Para entender esta definición, tenemos que aclarar dos nociones que se han utilizado en ella: AFIJO y nueva palabra.

1.1. Derivación frente a composición

Definimos afijo (1), frente a lexema (2), así:

(1) Morfema con posición fija, incapaz de aparecer por sí solo y con significado relacional

(2) Morfema de posición libre, que a menudo puede aparecer solo y con significado no necesariamente relacional

Tomemos el ejemplo de (3), donde se distinguen dos morfemas.

(3) reloj-ero

Uno de ellos, *-ero*, es un afijo. Siempre aparece a la derecha de un lexema (*estanqu-ero, libr-ero, tor-ero*, nunca **ero-libro*). No puede aparecer por sí solo: **un -ero*. Su significado no está completo: aporta a la palabra el significado 'persona cuyo trabajo se relaciona con x', donde x es el lexema con el que se combina. Frente a esto, *reloj* es un lexema. Puede aparecer tanto a la derecha (*contra-rreloj*) como a la izquierda (*reloj-ería*) dentro de una palabra, o por sí solo (*un reloj*) y su significado carece de las variables que caracterizan a los afijos: 'cierto objeto usado para medir el tiempo'. Cuando se combinan dos lexemas o dos palabras que contienen cada una un lexema, como en *reloj despertador*, el proceso recibe el nombre de COMPOSICIÓN, no derivación.

1.2. Derivación frente a flexión

'Formar nuevas palabras' se opone en morfología a 'dar distintas formas de la misma palabra', que se aplica a los procesos flexivos.

(4) Hablamos de flexión si los afijos expresan distintos accidentes gramaticales (número, género, caso, tiempo…), necesarios para que la palabra funcione en cierto contexto sintáctico

(5) Hablamos de derivación si los afijos han alterado la categoría gramatical, el significado léxico u otros aspectos considerados centrales del lexema

La diferencia entre las palabras *perro* y *perros* es que en la segunda se ha añadido el morfema *-s*, que expresa [plural]. Que la palabra aparezca en plural puede ser una necesidad del contexto sintáctico, como en (6), donde para funcionar como complemento directo sin determinante un sustantivo contable debe ser plural. En los adjetivos, la necesidad sintáctica está aún más clara: en (7) el adjetivo debe aparecer en masculino plural porque el contexto sintáctico —que forme parte de un sintagma con el sustantivo *gatos*— impone esta condición.

(6) Vi perr-o-s ~ *Vi perr-o

(7) cuatro gat-o-s blanc-o-s ~ *cuatro gat-o-s blanc-a

Estos afijos no alteran ni la categoría gramatical de la palabra —que sigue siendo un sustantivo o un adjetivo— ni su significado: seguimos hablando del mismo animal o de la misma cualidad. Se consideran flexivos todos los procesos morfológicos que marcan la concordancia entre palabras, y además la expresión del NÚMERO y GÉNERO en sustantivos y pronombres, CASO y PERSONA en el pronombre, GRADO en el adjetivo y TIEMPO, ASPECTO y MODO en el verbo. Estas propiedades gramaticales producen PARADIGMAS —tablas que muestran todas las formas de una palabra, como la conjugación de un verbo—. En general, todos los miembros de una categoría gramatical poseen todas las formas de un paradigma.

Comparemos esto con un proceso derivativo, como una NOMINALIZACIÓN, el proceso que construye un sustantivo a partir de una palabra de otra categoría: *hermoso* > *hermos-ura*. El afijo *-ura* ha modificado la categoría de *hermoso* —de adjetivo a nombre—. Que un afijo cambie la categoría de la palabra con la que se combina se considera una propiedad suficiente para clasificarlo como derivativo: tenemos así nominalizaciones, ADJETIVIZACIONES (*pulga* > *pulg-oso*), VERBALIZACIONES (*tranquilo* > *tranquil-iza(r)*) y tal vez ADVERBIALIZACIONES (*clara* > *clara-mente*). Pero también se consideran derivativos los procesos que alteran cualquier propiedad considerada central del lexema, como su significado o sus criterios de selección semántica y categorial. Así, como *ante-brazo* designa un objeto distinto de *brazo*, se considera que *ante-* es un afijo derivativo; dado que *re-correr* necesita un complemento directo (*recorrer el parque*), se considera una palabra distinta de *correr* (**correr el parque*), y, por tanto, *re-* es derivativo.

Frente a la flexión, los procesos derivativos no se aplican a todos los miembros de una categoría gramatical, sino solo a un subconjunto de ellos —para muchos lingüistas, un subconjunto arbitrario—. Un adjetivo como *oriundo* no tiene ninguna nominalización, y muchos otros, que la tienen, rechazan *-ura*, aun si la base parece idéntica a otras que aceptan este sufijo (cf. *hermos-ura* con *bello* > *bell-eza*, **bell-ura*).

La siguiente tabla resume algunas de las diferencias entre los dos procesos (cf. Scalise 1983; Varela 1990).

Tabla 1 Diferencias entre flexión y derivación

Flexión	*Derivación*
Máximamente productiva; forma paradigmas	Productividad restringida arbitrariamente
No altera el significado de la base	Puede alterar el significado de la base
No altera la categoría de la base	Puede alterar la categoría de la base

Sin embargo, hay varios puntos discutibles en la distinción entre flexión y derivación. ¿Qué sucede cuando un sustantivo en masculino tiene un significado distinto del que adopta en femenino, como *manzan-o* y *manzan-a*? ¿Debemos considerar derivativo el género en estos casos? Otro problema es la productividad. Hay sustantivos sin forma singular —PLURALIA TANTUM, *víveres*— y sin forma plural —SINGULARIA TANTUM, *sed*—, y también verbos que no admiten formas de futuro o perfecto, como *soler*; sus paradigmas, pues, serían incompletos. Por ello, algunos lingüistas consideran que la división entre flexión y derivación es artificial y ambos procesos deben analizarse del mismo modo (como en MORFOLOGÍA DE PARADIGMAS, van Marle 1984; MORFOLOGÍA DISTRIBUIDA, Halle y Marantz 1993; o MORFOLOGÍA DE CONSTRUCCIONES, Booij 2010). Sea como fuere, en esta sección nos concentraremos en los procesos considerados típicamente derivativos y los problemas analíticos a los que han dado lugar.

2. Derivación mediante sufijos y prefijos: diferencias

Ya que los afijos tienen una posición fija dentro de la palabra, han sido tradicionalmente clasificados por este criterio: aquellos que van a la derecha del lexema se llaman SUFIJOS (8), y los que van a la izquierda, PREFIJOS (9). Se llaman INTERFIJOS los morfemas implicados en la derivación que forzosamente deben aparecer entre otros dos morfemas (10) (Portolés 1999), e INFIJOS los que aparecen insertos en el lexema (11). El estudio morfológico en español se ha concentrado en las dos primeras clases.

(8) a. clas(e)>clas-ifica(r)
b. Perú>peru-ano
c. move(r)>movi-miento
d. rosal>rosal-eda

(9) a. escribi(r)>re-escribi(r)
b. tienda>tras-tienda
c. posible>im-posible

(10) polv(o)>polv-ar-eda

(11) Víctor>Vict-ít-or

La contribución de los prefijos es más restringida que la de los sufijos. En español, los sufijos pueden cambiar la categoría de la palabra: verbalización en (8a), adjetivización en (8b), nominalización en (8c). Los prefijos nunca alteran la categoría de la base: en (9a) tenemos verbos en ambos casos; en (9b), sustantivos; en (9c), adjetivos. Hay alguna aparente excepción, como *alfabeto* (sustantivo) > *an-alfabeto* (adjetivo o sustantivo), pero no son procesos productivos.

Esto no quiere decir que los sufijos deban necesariamente cambiar la categoría de la base: (8d). Algunos sufijos se limitan a alterar propiedades semánticas de la base. La variedad de nociones semánticas que los sufijos pueden expresar es muy amplia. (8d) es un caso de sufijo COLECTIVO, que, a partir de un sustantivo individual, forma otro que denota el grupo formado por dichos individuos: una rosaleda es un conjunto de rosales (cf. también *arbol-eda*, y, con otros afijos, *alumn-ado, cristian-dad* o *cubert-ería*). Hay sufijos que expresan distintos grados de PARENTESCO (*hij-astro*), la CRÍA de un animal (*ballen-ato*), VALOR APROXIMADO (*amarill-ento*), ORDEN en una serie (*onc-eno*), o FRACCIÓN (*once-avo*), entre otros muchos valores (para una revisión aún actual, cf. Alemany Bolúfer 1920).

Por su parte, los prefijos solo pueden alterar las propiedades semánticas de la base. Algunos prefijos expresan LUGAR (*sobre-cama*), otros TIEMPO (*pre-guerra*), NEGACIÓN (*in-útil*), PRIVACIÓN (*a-morfo*), REVERSIÓN de una acción previa (*des-andar*), REPETICIÓN (*re-leer*), GRADO (*ultra-conservador*), o CANTIDAD (*bi-motor*), entre otras nociones. Sobre todo en combinación con verbos, se observa que a menudo estos cambios semánticos inciden sobre la clase y número de sus argumentos, o la función sintáctica que adoptan. El verbo *decir* toma un complemento directo (*Decir que María está enferma*), mientras que el verbo *des-decir* es forzosamente pronominal y toma complemento de régimen (*Des-decirse de que María estuviera enferma*); el verbo *co-escribir* supone forzosamente que la acción se efectúa por al menos dos personas en colaboración (*Co-escribir un libro con un colega*), algo que el verbo *escribir* no impone. El prefijo *auto-* impone una interpretación reflexiva al verbo: es imposible **Juan auto-destruye un documento* (Felíu 2003).

La distinta aportación de prefijos y sufijos ha atraído la atención de los investigadores. En algunas propuestas, los sufijos pueden ser núcleos de las estructuras morfológicas —imponiendo así sus rasgos a toda la palabra (12)—, mientras que los prefijos serían el equivalente a los especificadores o adjuntos (13).

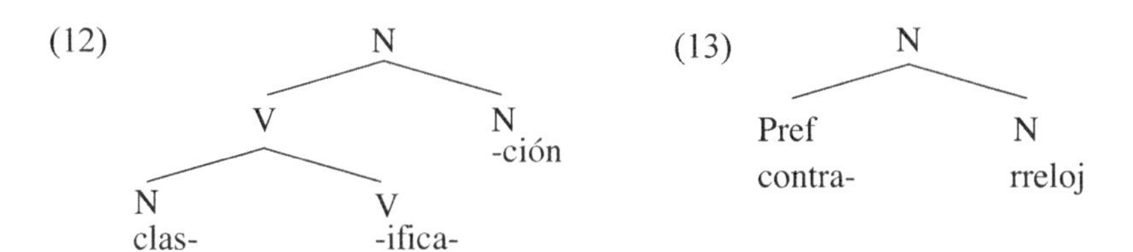

3. Parasíntesis

En ocasiones, para cambiar la categoría de un lexema es necesario añadir dos o más afijos, incluyendo siempre al menos un sufijo y un prefijo (14).

(14) gordo > en-gord-a(r); terror > a-terror-iza(r); fortuna > a-fortun-a-do

En estos ejemplos, parece que el prefijo y el sufijo se unen simultáneamente a la base porque el paso intermedio, en que solo uno de ellos se combina con el lexema, no existe en español actual: no tenemos ni el adjetivo **en-gordo* ni el verbo **gord-a(r)*; ni el sustantivo **a-terror* ni el verbo **terror-iza(r)*; ni el sustantivo *a-fortuna*, ni el verbo **fortun-a(r)*, ni, por tanto, el participio **fortun-a-do*. El problema analítico es que la interpretación literal de un proceso en que simultáneamente se combinan más de dos piezas daría lugar a una estructura no binaria, que se rechaza por motivos teóricos:

(15)
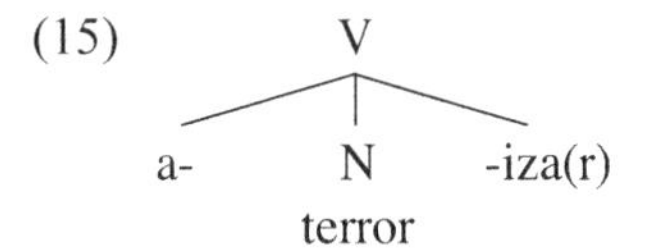

Para evitar esto, se ha dicho que los dos afijos son, en realidad, dos segmentos fonológicos distintos del mismo afijo, que sería un CIRCUNFIJO —un afijo que rodea al lexema—, y que por tanto la rareza de estos casos es fonológica (Eguren 1991). También se ha propuesto que aunque el paso intermedio (e. g., **terror-izar*) no es una palabra existente en español, debe considerarse una palabra posible, permitida por el sistema morfológico, ya que existen otras formas de estructura semejante sobre otros lexemas (e. g., *profet-izar*), y debe postularse como verbo (16).

(16)
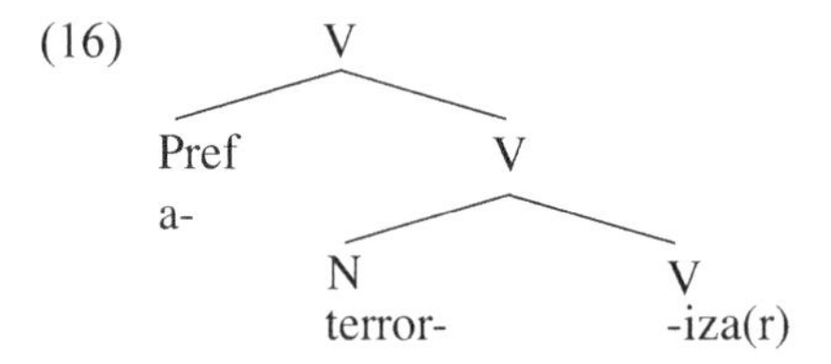

Serrano Dolader (1995) profundiza en estos datos y análisis.

4. Composicionalidad y lexicalización

Otra diferencia importante es la que se da atendiendo a si el significado de la palabra derivada se obtiene de la combinación de sus morfemas o no. Comparemos los adjetivos de (17).

(17) a. bigot-udo
b. corn-udo

(17a) obtiene el significado COMPOSICIONALMENTE, combinando el del lexema ('cierto adorno facial') con el del sufijo ('que tiene mucho N'), al igual que *barrig-udo, nerv-udo, cabez-udo, cej-udo* o *colmill-udo*. Sin embargo, (17b) no es la persona o cosa que luce una buena cornamenta, en sentido literal, sino que se usa para designar a alguien cuya pareja estable le ha sido infiel. Este significado, IMPREDECIBLE, NO MOTIVADO o NO COMPOSICIONAL, debe memorizarse independientemente del que poseen sus morfemas constitutivos. En este segundo caso hablamos de LEXICALIZACIÓN o DEMOTIVACIÓN DEL SIGNIFICADO: la palabra completa, y no sus morfemas constituyentes, reciben una interpretación. Existen dos planteamientos fundamentales para explicar la lexicalización. En uno de ellos, se propone que la palabra lexicalizada no se debe dividir en morfemas porque es, completa, una unidad léxica. En el segundo, la palabra se descompone internamente, pero —igual que sucede en las frases hechas y los modismos, como *darle cuartos al pregonero*— la secuencia de morfemas se asocia a un significado idiosincrásico.

Otro problema relacionado es la situación en que es posible reconocer morfemas dentro de una palabra, pero no es posible asignar significado separadamente a cada uno. Sucede a menudo con las palabras cultas de origen latino en español, como la serie de (18).

(18) in-stitui(r), con-stitui(r), re-stitui(r), pro-stitui(r), de-stitui(r)

No parece sencillo encontrar un valor común al morfema *-stitui(r)* en todos estos ejemplos. Estos morfemas sin significado fuera de la palabra han producido un intenso debate en las teorías morfológicas. Para algunos autores, son prueba de que la unidad de análisis debe ser la palabra, y no el morfema, porque los morfemas no adquieren propiedades hasta que no son parte de una palabra; el extremo de esta propuesta es la morfología de UNIDAD Y PROCESO o de PALABRA Y PARADIGMA, que niega que los morfemas existan y propone que todas las palabras carecen de estructura interna (cf. Aronoff 1976; Anderson 1992). Esta teoría se opone a la de UNIDAD Y DISPOSICIÓN, que descompone las palabras en morfemas y, en casos como este, sugiere que han tenido lugar procedimientos de lexicalización que hacen difícil identificar el significado de cada morfema (cf. Mendívil Giró 2010 para un resumen reciente del debate).

5. Polisemia y flexibilidad del significado

Otro problema que surge repetidamente es que el mismo morfema puede tomar significados distintos, y emplearse con funciones diferentes. Compárense las palabras de (19) y (20).

(19) a. barrig-ón, narig-ón, orej-ón
b. pel-ón
c. mir-ón, abus-ón, mat-ón
d. tont-ón, bob-ón

(20) a. clar-idad
b. mortal-idad
c. human-idad

El significado que el sufijo aporta en cada grupo de palabras es distinto. En (19a), *-ón* se puede glosar como 'persona que tiene un gran N'; en (19b), como 'persona que no tiene N'; en (19c), 'persona que se caracteriza por una tendencia a V'; en (19d), 'persona que exhibe la cualidad A en un grado alto'. La pregunta es si queremos decir que en cada caso tenemos un afijo distinto o no. A favor de proponer que hay un solo afijo *-ón* tendríamos que tres de los casos comparten parte de su significado —un valor de exceso o cualidad extrema—, y que en los cuatro casos el sufijo forma sustantivos valorativos, fácilmente empleados también como adjetivos en muchos casos. En contra tenemos que el afijo en cada caso toma bases pertenecientes a categorías gramaticales distintas —sustantivos en (19a, 19b), verbos (19c) y adjetivos (19d)— y que el significado de (19b) es el opuesto a (19a), 'persona que tiene poco pelo'. ¿Proponemos dos *-ón,* uno de exceso y otro de defecto, uno —que signifique 'tener X en cierto grado'— o cuatro?

Un problema parecido es el que tenemos en (20). En (20a) el sufijo *-idad* se puede glosar como 'cualidad de A'; en (20b), resulta más apropiada una glosa que incluye un valor de cantidad, 'cantidad de muertes', como en *La mortalidad infantil es demasiado alta,* lo cual sugiere que el derivado toma su significado del sustantivo *muerte* más que del adjetivo *mortal* (cf. § 6). En (20c), se admite el valor de cualidad, 'cualidad de humano', sobre el adjetivo *humano*, pero también un valor colectivo, 'conjunto de seres humanos', que parece derivado sobre *humano* como sustantivo.

Los casos pueden multiplicarse (cf. Martín García 2007 para otro ejemplo); el problema es si conviene postular afijos distintos, HOMÓNIMOS, o un solo afijo, POLISÉMICO O DE SIGNIFICADO VAGO, que adquiere distintos significados dependiendo de propiedades semánticas y categoriales de la base, o tal vez principios pragmáticos. Optar por la segunda solución tiene la complicación analítica de que se debe postular un significado muy abstracto para los afijos, que cubra todos sus usos, junto a un conjunto de operaciones semánticas y pragmáticas que concreten ese significado en función de propiedades de la base. Véase Rainer (1993) para un resumen de otros casos.

6. Doble base y paradojas derivativas

El caso de *mortalidad*, en (20b), nos ha permitido observar que a veces la forma de la palabra no se corresponde biunívocamente con su significado; la glosa requiere que supongamos el sustantivo *muerte* como base de derivación, pero la forma sugiere que la base es el adjetivo *mort-al*. Estos casos son PARADOJAS DERIVATIVAS donde debemos postular bases incompatibles para dar cuenta de distintos aspectos de la misma palabra. Un ejemplo es el PROBLEMA DE LA DOBLE BASE (21).

(21) modera-ción

(21) admite la interpretación 'propiedad de ser moderado' (no 'acción o efecto de moderar algo'), como en *Juan dio muestras de una gran moderación en sus costumbres*. Por el significado, esperamos que el sufijo *-ción* se una al adjetivo *modera-do*, pero es obvio que la palabra de (21) no se construye sobre ese participio, sino sobre el verbo *modera(r)*, que nunca significa 'ser moderado' (**Juan modera*). El análisis de estos casos no está claro, y para algunos morfólogos es un argumento a favor de las teorías de Unidad y Proceso. Las paradojas derivativas, en otros casos, se refieren al orden en que se unen los morfemas. Consideremos la palabra de (22).

(22) anti-febr-il

Por su forma, esperamos el orden derivativo *fiebre* > *febr-il* > *anti-febr-il*, pues no existe la palabra **anti-fiebre*. Pero por su significado, esperaríamos el orden *fiebre* > *anti-fiebre* > *anti-febr-il*, ya que un *anti-febr-il* es una sustancia contra la fiebre, no algo contra lo que tiene fiebre. En otras palabras, queremos que *anti-*, que expresa 'contra', se una al sustantivo *fiebre*, no al derivado *febril*, que significa 'con fiebre', aunque la combinación no sea una palabra posible. La solución a este problema no está clara. Algunos gramáticos dirían que la forma *anti-fiebre*, aunque no exista, es posible —recuérdese que la misma propuesta se hizo en el caso de la parasíntesis—, ya que tenemos *anti-arrugas, anti-aborto* y otras formaciones similares; otros, de nuevo, tomarían esto como un argumento contra descomponer la palabra en morfemas. Véase Fábregas (2013: cap. 3) para un resumen.

7. Selección de las bases y rivalidad de afijos

Ya hemos visto que algunos afijos seleccionan a sus bases, es decir, imponen requisitos a qué formas pueden combinarse con ellos. Los sufijos restringen, por lo general, los lexemas que toman como bases por su categoría gramatical: *-ción* se combina con verbos (*preocupa-ción, *perro-ción*), *-eza* con adjetivos (*grand-eza, *reloj-eza*), *-ero* con sustantivos (*perr-ero, *escrib-ero*). También son sensibles a otras propiedades semánticas de la base, a veces semánticamente esperables —como que el sufijo *-dor*, que forma nombres de agente a partir de verbos, solo sea compatible con verbos que toman un agente (*mata-dor* vs. **mori-dor*)—, pero otras veces no tan obvias —como que el sufijo *-nte*, que forma adjetivos a partir de verbos, vaya con bases atélicas, como *corrie-nte* vs. **llega-nte*—. Los prefijos, en cambio, no suelen seleccionar categorialmente sus bases —en correlación con su incapacidad general de alterar la categoría gramatical—: el prefijo temporal *ante-* puede ir con verbos (*ante-datar*) o sustantivos (*ante-proyecto*), a condición de que estas bases expresen nociones que puedan localizarse en el tiempo (**ante-perro*). El prefijo *des-* se combina con adjetivos (*des-leal*), sustantivos (*des-honor*) y verbos (*des-conocer*) igualmente, siempre que designen nociones que puedan tener un contrario.

A menudo parece necesario suponer también otras condiciones, muchas de ellas idiosincrásicas, para restringir la combinatoria de los afijos. Esto es visible cuando observamos que hay varios afijos que expresan, aparentemente, la misma relación y la combinación con sus bases parece arbitraria. Una buena ilustración son los sufijos que forman nominalizaciones de acción sobre verbos (23).

(23) a. movi-miento, *movi-ción, movi-da
     b. preocupa-ción, *preocupa-miento, #preocupa-da
     c. lava-do, *lava-ción, *lava-miento

Para dar el sustantivo que expresa cierta acción, el español tiene al menos tres sufijos productivos: *-ción*, *-miento* y *-da/-do*. Vemos que a veces, solo uno de ellos da una nominalización (23b, 23c), mientras que en otras ocasiones hay dos posibilidades (23a), que se diferencian por matices de significado —una *movi-da* es una forma lexicalizada que se refiere solo a situaciones problemáticas—. La cuestión es cómo dar cuenta de esta distribución. Algunos morfólogos han propuesto restricciones puramente morfológicas para ello: la base selecciona idiosincrásicamente los afijos que toma para cada proceso, cuando hay varios para elegir. El problema de esta propuesta es que la misma base puede tomar varios afijos, como en (23a), por lo que otros gramáticos entienden que son los afijos los que especifican idiosincrásicamente qué bases pueden tomar. Otros gramáticos, en cambio, entienden que este procedimiento es muy costoso para el léxico —habría mucha información almacenada en él— y consideran preferible tratar de buscar generalizaciones acerca de la forma y del significado de la base o la palabra derivada que delaten diferencias mínimas entre afijos que parecen iguales. Cuando se encuentran estas diferencias, pueden enunciarse reglas más abstractas —que aludirán directa o indirectamente a esas diferencias— para describir las alternancias entre afijos (cf. Embick 2010, que proporciona un resumen general).

Frecuentemente, esta misma situación se observa cuando un afijo determinado fuerza la presencia de otro: el sufijo verbalizador *-ece-* obliga a que la nominalización tome *-miento*, e *-ifica-* fuerza a que el nominalizador sea *-ción*.

(24) a. em-palid-eci-miento, em-bell-eci-miento, establ-eci-miento
     b. not-ifica-ción, mod-ifica-ción, test-ifica-ción

8. Conversión y sufijación cero

Por último, hay ocasiones en que no se emplea afijo alguno para cambiar la categoría gramatical de una base. La única diferencia entre las palabras de los pares de (25) es la marca categorial que contiene el lexema: los sustantivos y los adjetivos aparecen marcados con una desinencia nominal y los verbos contienen una marca de conjugación, la vocal temática (cf. Pena 1999 para un resumen detallado de las unidades morfológicas del español y, por ello, del estatuto de estas unidades).

(25) a. una compra ~ él compra
b. un viejo ~ hombre viejo

Estos procesos se conocen como CONVERSIÓN. La conversión ha sido analizada de dos modos. El primero es como sufijación cero, es decir, suponiendo que hay un sufijo que carece de representación fonológica (26).

(26)
```
         N
      /     \
    A         N
  viejo       ø
```

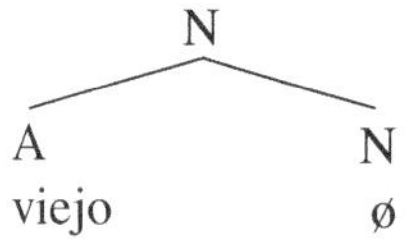

El problema del análisis es que a menudo en la conversión no está clara la direccionalidad del proceso —es decir, cuál es la base y cuál el derivado—: ¿es *una compra* el resultado de *comprar* o es *comprar* la acción de *hacer una compra*? Otros morfólogos prefieren, por ello, un análisis no direccional en que ambas formas coexisten en el léxico, sin derivar una de la otra, y se relacionan entre sí por reglas de redundancia que hacen innecesario repetir en ambas voces la información que comparten.

(27) [ ]N <– Reglas de redundancia –> [ ]A
– 'de mucha edad'
– pronunciado /biéxo/

El lector encontrará un resumen de estos análisis en Bauer y Valera (2005).

9. Investigación adicional

Son muchos los trabajos que han abordado el problema de la derivación morfológica en español. El lector encontrará descripciones detalladas de los procesos relevantes en Santiago Lacuesta y Bustos (1999) —para la derivación nominal—, Rainer (1999) —para la derivación adjetival—, Serrano-Dolader (1999) —para la verbal— y Varela y Martín García (1999) —para la prefijación—, así como en los capítulos 5, 6, 7, 8 y 10 de RAE-ASALE (2009). En lo que toca a los problemas teóricos relacionados con estos procesos, se puede encontrar una introducción relativamente exhaustiva en los capítulos 2, 4, 7, 8 y 9 de Lieber y Stekauer (2005), así como en el conjunto de artículos que componen Lieber y Stekauer (2014).

Bibliografía

Alemany Bolúfer, J. (1920) *Tratado de la formación de palabras en la lengua castellana*, Madrid: Librería general de Victoriano Suárez.

Anderson, S. (1992) *Amorphous morphology*, Cambridge: Cambridge University Press.

Aronoff, M. (1976) *Word formation in generative grammar*, Cambridge, MA: MIT Press.

Bauer, L. y Valera, S. (2005) *Approaches to conversion / zero-derivation*, Münster: Waxmann.

Booij, G. (2010) *Construction morphology*, Oxford: Oxford University Press.

Bosque, I. y Demonte, V. (dirs.) (1999) *Gramática descriptiva de la lengua española*, Madrid: Espasa.

Eguren, L. (1991) "Representaciones geométricas en la morfología del español: la parasíntesis", en C. Martín Vide (ed.) *Lenguajes naturales y lenguajes formales: actas del VI congreso de lenguajes naturales y lenguajes formales (Tarragona, 17–21 de septiembre de 1990)*, Taragona: PPU, pp. 479–492

Embick, D. (2010) *Localism vs. globalism in morphology and phonology*, Cambridge, MA: MIT Press.

Fábregas, A. (2013) *La morfología: el análisis de la palabra compleja*, Madrid: Síntesis.

Felíu Arquiola, E. (2003) "Morphology, argument structure, and lexical semantics: the case of Spanish *auto-* and *co-* prefixation to verbal bases", *Linguistics*, 41, 3, pp. 495–513.

Halle, M. y Marantz, A. (1993) "Distributed Morphology and the pieces of inflection", en Hale, K. y Keyser, S. J. (eds.), *The view from Building 20*, Cambridge, MA: MIT Press, pp. 111–176.

Lieber, R. y Stekauer, P. (2005) *The handbook of word formation*, Dordrecht: Springer.

Lieber, R. y Stekauer, P. (2014) *The Oxford handbook of derivation*, Oxford: Oxford University Press.

Martín García, J. (2007) "La definición de las palabras derivadas: los adjetivos en *-oso*", en Campos, M. *et al.* (eds.) *Reflexiones sobre el diccionario. Revista de Lexicografía* (anexo 6), pp. 253–263.

Mendívil Giró, J. L. (2010) "Por debajo de la palabra, silencio. La sintaxis como interfaz y la naturaleza del léxico", en Horno Chéliz, C. y Val Álvaro, J. F. (eds.), *La gramática del sentido*, Zaragoza: Prensas Universitarias, pp. 181–225.

Pena, J. (1999) "Partes de la morfología. Las unidades del análisis morfológico", en Bosque, I. y Demonte, V. (dirs.), *Gramática descriptiva de la lengua española*, Madrid: Espasa, pp. 4305–4367.

Portolés, J. (1999) "La interfijación", en Bosque, I. y Demonte, V. (dirs.), *Gramática descriptiva de la lengua española*, Madrid: Espasa, pp. 5041–5074.

[RAE-ASALE] Real Academia Española y Asociación de Academias de la Lengua Española (2009) *Nueva gramática de la lengua española*, Madrid: Espasa.

Rainer, F. (1993) *Spanische Wortbildungslehre*, Tubinga: Max Niemeyer.

Rainer, F. (1999) "La derivación adjetival", en Bosque, I. y Demonte, V. (dirs.) *Gramática descriptiva de la lengua española*, Madrid: Espasa, pp. 4595–4645.

Santiago Lacuesta, R. y Bustos Gisbert, E. (1999) "La derivación nominal", en Bosque, I. y Demonte, V. (dirs.) *Gramática descriptiva de la lengua española*, Madrid: Espasa, pp. 4505–4595.

Scalise, S. (1983) *Generative morphology*, Dordrecht: Foris.

Serrano Dolader, D. (1995) *Las formaciones parasintéticas en español*, Madrid: Arco Libros.

Serrano Dolader, D. (1999) "La derivación verbal y la parasíntesis", en Bosque, I. y Demonte, V. (dirs.) *Gramática descriptiva de la lengua española*, Madrid: Espasa, pp. 4683–4757.

Van Marle, J. (1984) *On the paradigmatic dimension of morphological creativity*, Dordrecht: Foris.

Varela, S. (1990) *Fundamentos de morfología*, Madrid: Síntesis.

Varela, S. y Martín García, J. (1999) "La prefijación", en Bosque, I. y Demonte, V. (dirs.) *Gramática descriptiva de la lengua española*, Madrid: Espasa, pp. 4993–5041.

Entradas relacionadas

morfología; morfemas y alomorfos

DETERMINANTES Y ARTÍCULOS

Manuel Leonetti

1. Los determinantes en el sintagma nominal

Las expresiones que tradicionalmente denominamos *sintagmas nominales* (en adelante, SSNN) se usan tanto para referirse a entidades (*ese vaso*) como para indicar qué cantidad de entidades debe tomarse en consideración (*tres pastillas*, *poco azúcar*) o, bajo ciertas condiciones, para expresar propiedades (*la mejor maestra de la escuela* en un contexto como *La consideramos la mejor maestra de la escuela*). Esta variedad de usos es posible por la combinación de dos componentes en la estructura del SN: un componente descriptivo, o conceptual, que aporta la descripción de la clase de entidades que se quieren mencionar, y un componente que podríamos llamar *funcional*, responsable de especificar las operaciones que han de realizarse sobre la clase de objetos denotada por el componente descriptivo. Este último está integrado por un nombre común y por complementos y modificadores del nombre (complementos preposicionales, adjetivos, subordinadas relativas o sustantivas, entre otros elementos). El componente funcional incluye a los determinantes, y en su defecto, en muchas lenguas, a otros elementos que determinan el tipo de interpretación del SN (marcas de caso, morfemas aspectuales, orden de palabras, partículas). De acuerdo con esto, los determinantes —tradicionalmente conocidos como *adjetivos determinativos*— son los elementos gramaticales que tienen como función indicar a cuáles y a cuántas entidades pretende aludir el hablante al usar el SN. Se trata, por tanto, de una categoría gramatical ligada a las operaciones de *referencia* y de *cuantificación*, es decir, las operaciones que conectan las expresiones lingüísticas con las entidades extralingüísticas representadas por ellas, los *referentes*. Todas las lenguas disponen de algún tipo de determinante, pero no todas recurren al mismo inventario. Es muy normal que una lengua disponga de demostrativos, o de numerales, pero no lo es tanto que posea un artículo definido. En español, la categoría de los determinantes incluye a los artículos, a los demostrativos, a los posesivos y a los cuantificadores. Aquí no se tratarán los elementos de este último grupo, salvo en alguna mención aislada.

La razón por la que existen determinantes en una lengua como el español es que los nombres comunes (*papel*, *agua*, *nube*) no son suficientes, en sí mismos, para referirse a entidades o para cuantificar sobre ellas (los nombres propios, en cambio, sí constituyen expresiones referenciales por sí mismas). Los nombres comunes simplemente denotan clases de entidades. Al combinarlos con los determinantes, creamos expresiones sintácticas capaces de referir y de expresar cuantificación.

En la organización interna del SN, los determinantes ocupan habitualmente posiciones externas al componente descriptivo, según un esquema como el de (1) —en español las posiciones son algo más libres, y son posibles determinantes postnominales (*el sitio aquel*) o situados entre un primer determinante y el nombre (*tus dos hermanas*):

(1) [[$_{\text{Funcional}}$ determinantes][$_{\text{Descriptivo}}$ nombre (complementos/modificadores)]]

Los ejemplos de (2) muestran algunas realizaciones concretas del esquema:

(2) a. [las [primeras [películas de Buñuel]]]
b. [algunas [novelas que te han gustado]]
c. [sus [muchas [habilidades]]]

Entre las características típicas de los determinantes destacan las siguientes (cf. Leonetti 1999b: 12–23):

- Forman clases cerradas, integradas por un número limitado de elementos (esto es especialmente evidente en los demostrativos, los posesivos y los indefinidos, aunque sea estrictamente falso en los numerales cardinales).
- Tienen en general la misma morfología flexiva que los adjetivos, con variación de género y número (si bien en español existen formas *neutras* de los determinantes, como *lo*, *esto*, *eso*, *aquello*, que no se encuentran entre los adjetivos).
- Pueden usarse como pronombres, sin combinarlos con un nombre común (*Esta es más cara*, *Falta una*). Los determinantes están claramente emparentados con los pronombres, y para muchos autores ambos pertenecen a la misma clase de palabras.

En las secciones siguientes se revisan las propiedades fundamentales de los artículos, los demostrativos y los posesivos en español.

2. Los artículos

2.1. Artículo y ausencia de artículo

Un artículo es un determinante definido o indefinido que ha desarrollado propiedades especiales que lo hacen virtualmente obligatorio en una serie de contextos sintácticos. Las lenguas que poseen artículos limitan drásticamente el uso de nombres comunes sin determinante, por lo menos en las posiciones sintácticas que corresponden a los argumentos del predicado, y a veces incluso en las posiciones en las que el nombre actúa como un predicado. En español la restricción más clara afecta a la posición de sujeto preverbal, que no admite nombres sin determinante, especialmente contables en singular, como se observa en (3); también hay restricciones que excluyen a los nombres sin determinante (*nombres escuetos*, en inglés, 'bare nouns') de otras posiciones, ejemplificadas en (4):

(3) *Paella está lista. (Cf. La paella está lista).

(4) a. *Admiro a voluntario(s). (Cf. Admiro a esos voluntarios).
b. *Le sorprendió la reacción de pariente(s). (Cf. Le sorprendió la reacción de sus parientes).

El uso de los nombres escuetos en español está condicionado por diversos factores (Laca 1999; Morimoto 2011). Destacamos la flexión de número, el carácter contable o no contable del nombre, y la posibilidad de que el nombre escueto pueda integrarse semánticamente en un predicado verbal (como en *beber cerveza*) o preposicional (como en *sin zapatos*). El número es importante porque los nombres en plural pueden ocupar posiciones que están vedadas para los nombres en singular, como muestra el contraste de (5a). Los nombres no contables o continuos (*pan, amor, agua*) pueden aparecer en singular en posiciones donde los contables solo pueden emplearse en plural, como se puede comprobar en (5b).

(5) a. Compró cigarros./*Compró cigarro.
 b. Compró {cerveza/mantequilla}.

En cuanto a la integración en un núcleo predicativo, se trata de una condición fundamental para la aparición de un nombre escueto: al no ser una expresión referencial independiente, un nominal escueto queda legitimado en la gramática si puede incorporarse al núcleo que lo selecciona o lo rige para formar un predicado complejo. El núcleo puede ser un verbo (*dar miedo, tener razón, surgir complicaciones, preparar tortillas*), una preposición (*por teléfono, en coche*), un nombre o un adjetivo (por medio de alguna preposición, como en *corrección de pruebas* o *harto de tonterías*). Por supuesto, no todos los núcleos permiten la integración (cf. **me encantan pizzas*).

En las lenguas que carecen de artículo, como el ruso o el chino, la distribución de los nombres escuetos es mucho más libre, ya que pueden usarse como expresiones referenciales sin que sea necesario añadir un determinante.

2.2. El artículo definido y la distinción definido/indefinido

El artículo definido del español, con sus formas *el, la, los, las* más la forma que por comodidad denominamos *neutra, lo*, deriva históricamente del demostrativo latino *ille, illa, illud*, y es la expresión más básica del rasgo semántico de *definitud*, que constituye su significado. Ello implica que el español es una lengua que marca explícitamente la distinción *definido/indefinido* en su sistema de determinantes. Esta distinción nos proporciona un criterio fiable para clasificar estos elementos en dos grupos: el artículo definido, los demostrativos y los posesivos —estos últimos de forma más indirecta— son determinantes definidos, mientras que la mayor parte de los cuantificadores, excluyendo a los llamados *universales* (*todo, cada, ambos*), son determinantes indefinidos (*algún, mucho poco, demasiado, bastante, varios*, o los numerales cardinales). La distinción es simple: los elementos definidos poseen un rasgo, la definitud, del que los indefinidos carecen.

¿En qué consiste la definitud? Hay dos formas de responder a esta pregunta, y corresponden a dos tradiciones de estudio que arrancan de principios del siglo XX. Lo que es común a ambas es que la definitud funciona como una instrucción abstracta sobre la forma en la que debe interpretarse un SN. De acuerdo con la primera de estas tradiciones, inspirada en las ideas de Bertrand Russell, la respuesta que aquí se considera más adecuada para caracterizar el significado del artículo definido en español es la que supone que la definitud es la indicación de que el referente del SN es identificable de forma unívoca (es decir, sin ambigüedad) para el receptor en el contexto de uso. Así, por ejemplo, el hablante que produce un enunciado como el de (6) presupone que el receptor podrá construir una representación adecuada del único objeto que satisface la descripción aportada por el SN en el contexto de uso (es decir, el escalón que se menciona).

(6) Tenga cuidado con el escalón.

Esta condición interpretativa es común a todas las expresiones definidas, y se denomina *Condición de Unicidad.* Hay diversas formas de satisfacer la condición de unicidad en el contexto de uso. Cada una de esas formas da lugar a uno de los usos o valores del artículo definido que las gramáticas suelen reflejar. Tales usos dependen de qué fuente de información proporcione los datos necesarios para justificar la unicidad (véanse Hawkins (1978) y Lyons (1999) para una lista clásica, y Leonetti (1999a) para una aplicación al español). Si los datos se toman de la situación de habla, compartida por hablante e interlocutor, tenemos usos deícticos o de *situación inmediata*, como el de (7a), donde la puerta mencionada es identificable para ambos participantes en la situación en la que se encuentran. Si los datos se toman del discurso previo, es decir, de entre las entidades que han sido ya mencionadas por los participantes, tenemos usos anafóricos, como el de (7b), donde el SN definido *la mascota* retoma un antecedente indefinido, y la condición de unicidad se cumple porque el referente es la única mascota que ha aparecido en el contexto discursivo. Si, por el contrario, los datos se toman del conocimiento enciclopédico —es decir, del conocimiento del mundo, más o menos compartido por los hablantes—, tenemos usos como el de (7c), donde no es necesario que se haya hablado anteriormente del verano para que los participantes puedan identificarlo sin problemas como el verano que corresponde al año en curso, simplemente porque forma parte del conocimiento general que todos los años tienen un verano. Los usos genéricos de las expresiones definidas, como el de (7d), también están basados en el conocimiento enciclopédico: en él se incluye el supuesto de que el orangután es una especie identificable de primate. Entre los usos basados en el conocimiento enciclopédico destaca el llamado *uso anafórico asociativo* (*bridging*, en la bibliografía en inglés; cf. Clark y Haviland 1977), ejemplificado en (7e): en él se combinan la relación anafórica del SN definido con algún tipo de antecedente (que se infiere por la relación entre *fotografiar* y *la cámara*) y el acceso a un vínculo conceptual entre las dos expresiones tomado del conocimiento enciclopédico (fotografiar implica usar una cámara, o algo similar); este proceso permite satisfacer el requisito de unicidad del artículo definido en *la cámara*, sin necesidad de que el referente se haya mencionado con anterioridad. Finalmente, los datos que sustentan la condición de unicidad pueden tomarse del contenido mismo del SN definido, en los usos *endofóricos*: concretamente, de su contenido descriptivo, como en (7f), donde el complemento del nombre permite entender de qué comienzo se habla (ya que es natural suponer que una temporada tiene un comienzo, y solo uno).

(7) a. Cierra [la puerta], por favor.
  b. Tenía una mascota, y [la mascota] era un hurón.
  c. Falta poco para [el verano].
  d. [El orangután] está en peligro de extinción.
  e. Intenté fotografiarlo, pero se me bloqueó [la cámara].
  f. Falta poco para [el comienzo de la temporada].

En definitiva, la condición de unicidad, que es la esencia de la definitud, permite explicar todos los usos e interpretaciones posibles de los SSNN encabezados por el artículo definido: el significado del artículo es invariable, pero la demanda de unicidad se satisface de diferentes formas al interpretar el SN en un contexto.

La segunda de las tradiciones de estudio mencionadas anteriormente para el concepto de definitud supone que la condición básica, en lugar de la unicidad o identificabilidad unívoca, es la de *familiaridad* o *información consabida*: de acuerdo con esta perspectiva, el artículo permite hacer referencia a entidades que ya están presentes en el universo del discurso, bien porque se han mencionado explícitamente, bien porque forman parte de la información consabida para los hablantes. Este enfoque es perfectamente adecuado para explicar los usos deícticos y anafóricos del artículo, y quizá una buena parte de los usos ligados al conocimiento del mundo. Sin embargo, hay razones para pensar que el significado del artículo definido en español corresponde más bien a la noción de unicidad: la familiaridad del receptor con el referente no es una condición necesaria para la definitud, especialmente en los usos llamados *de primera mención*, en los que se mencionan referentes introducidos por primera vez en el discurso. En (8) se reproducen varios usos de primera mención: los de (8a) y (8b) son endofóricos —es decir, en ellos la información que satisface la unicidad se encuentra expresada en el interior del SN—, y el de (8c) es un uso *inespecífico* en el que no se hace referencia a ningún referente determinado, sino a cualquiera que satisfaga la descripción, lo cual no es incompatible con la definitud.

(8) a. Entiendo [la decisión de ampliar el plazo].
  b. Ha salido [el número 22].
  c. Elige [el que más te guste].

Nótese que el enfoque basado en la unicidad en realidad engloba al enfoque inspirado en la familiaridad: la familiaridad con el referente es simplemente una forma contextualmente determinada de satisfacer la condición de unicidad. Mientras que la definitud en español parece corresponder a la noción más general de identificabilidad en el contexto de uso, hay lenguas (como el criollo mauriciano) cuyo artículo definido se describe mejor en términos de información consabida, e incluso otras que disponen de dos artículos definidos diferentes, uno especializado en usos anafóricos (para referentes familiares) y uno que cubre los restantes usos (para referentes no familiares), como muchos dialectos del alemán (Schwarz 2013).

La distinción entre determinantes definidos y determinantes indefinidos se manifiesta en un buen número de fenómenos gramaticales. Entre ellos están las propiedades anafóricas, la posición relativa dentro del SN, y las llamadas *restricciones de definitud*. Por lo que respecta a la anáfora discursiva (en sentido estricto, es decir, de anáfora correferencial), es claro que solo los SSNN definidos pueden ser anafóricos y retomar antecedentes discursivos, mientras que los SSNN indefinidos se emplean para introducir referentes nuevos en el discurso. En (9) se observa que la interpretación del SN definido es correferencial con respecto al antecedente indefinido *un gato*, mientras que la del SN indefinido de la segunda oración es necesariamente no-correferencial, por lo que implica que se habla de dos gatos diferentes, como indican los subíndices.

(9) Ella tenía un gato$_i$. Y creo que después sus padres adoptaron a{l gato$_i$/un gato$_j$}.

En cuanto a las posiciones dentro del SN, los determinantes definidos ocupan siempre posiciones externas a las de los indefinidos, como se ve en los contrastes de (10):

(10) a. las cuatro esquinas/*cuatro las esquinas
  b. estas tres lámparas/*tres estas lámparas

Las restricciones de definitud se aprecian de forma clara en las oraciones existenciales con el verbo *haber*, donde la posición postverbal solo puede hospedar a SSNN indefinidos, como en (11a), y no a SSNN definidos, como en (11b), salvo en condiciones especiales, muy restrictivas, ejemplificadas en (11c) con un SN definido que tiene una interpretación inespecífica, relativa a la cantidad o al tipo de público.

(11) a. Allí había {una/dos/algunas/varias/muchas} barca(s).
b. *Allí había {la/aquella/su/todas las} barca(s).
c. Allí había el mismo público que en años anteriores.

La razón por la que en las construcciones existenciales quedan excluidos los SSNN definidos tiene que ver, probablemente, con la función *presentativa* característica de tales construcciones: ya que se usan para introducir referentes nuevos en el discurso, es previsible que resulten incompatibles con SSNN que presuponen la existencia de referentes accesibles o identificables para el receptor, como los definidos. Los indefinidos carecen de presuposiciones sobre la identificabilidad del referente, por lo que son perfectamente compatibles con la construcción existencial, al igual que ciertos SSNN definidos que también introducen información nueva (típicamente, los de primera mención, no anafóricos).

Existen también construcciones que imponen restricciones opuestas a las de las existenciales. Por ejemplo, la construcción *partitiva* de (12) habitualmente impide que aparezcan tras la preposición *de* SSNN indefinidos, pero sí acepta SSNN definidos.

(12) uno de {los/estos/tus/*unos/*varios/*demasiados} actores.

2.3. La gramática del artículo definido

La propiedad formal más destacada del artículo definido en español es la de ser *clítico*, es decir, la de ser un elemento átono que carece de independencia gramatical como palabra y que debe ocupar una posición adyacente a la de algún elemento tónico que lo sigue (→ clíticos). Debido a ello, el artículo no puede usarse aislado, como un pronombre, lo que sí es posible con los demostrativos, que son tónicos e independientes como palabras. En su uso básico, el artículo aparece seguido de un nombre ("el libro") o del grupo nominal constituido por un nombre y sus eventuales modificadores ("las [hasta ahora desconocidas fotos del ministro]"). Sin embargo, en español son posibles también otras combinaciones.

Cuando el artículo precede a sintagmas adjetivales —(13a)—, preposicionales con *de* —(13b)—, y subordinadas relativas restrictivas, exclusivamente con el relativo *que* —(13c)—, sin que aparezca ningún núcleo nominal en el SN, es habitual suponer que el núcleo nominal se ha elidido y que la construcción es de *elipsis nominal* (en (13) la elipsis se indica con el símbolo Ø):

(13) a. las Ø nuevas/el Ø más completo de todos
b. la Ø de tu hermana/los Ø del curso pasado
c. la Ø que más se esperaba/las Ø que tuvieron más éxito

En la elipsis nominal la información correspondiente al núcleo nominal ausente debe recuperarse a partir del contexto, bien de la situación de habla, bien de lo previamente mencionado en el discurso. Es, por lo tanto, información dada. Lo que sigue al artículo, en cambio, es la información restrictiva necesaria para que se pueda identificar el referente y satisfacer así el requisito de unicidad. Nótese que la interpretación de los SSNN de (13) es claramente dependiente del contexto de uso.

Cuando el artículo precede a una subordinada sustantiva, tanto introducida por *que* —(14a)— como de infinitivo —(14b)—, la construcción es diferente, y no hay elipsis nominal:

(14) a. El [que se hayan admitido estas denuncias]
b. El [haber admitido estas denuncias]

Por un lado, en (14) el artículo es opcional y puede eliminarse sin que cambien los rasgos gramaticales de la construcción, lo que no sucede en los ejemplos de (13). Por otro lado, los SSNN de (14) no tienen las propiedades anafóricas de los de (13), puesto que su interpretación no depende de posibles antecedentes en el contexto. Por lo tanto, hay que suponer que el artículo definido del español, en contraste con lo que sucede en muchas otras lenguas, es capaz de combinarse con oraciones subordinadas, si bien tal combinación no es aceptable en todos los entornos, como muestra el contraste de (15).

(15) a. (El) haber admitido estas denuncias tendrá consecuencias.
b. Prometieron (*el) admitir estas denuncias.

2.4. La forma lo

Un rasgo que distingue al español de las otras lenguas románicas es la existencia de la forma *lo*, tradicionalmente denominada *neutra*, aunque en español no existan nombres con género neutro. *Lo* es invariable, y clítico como *el*. Su estatuto gramatical es polémico, ya que puede analizarse como artículo o como pronombre, pero es en cualquier caso definido. Con *lo* se hace referencia a entidades no humanas, y la distribución básica reproduce el patrón de la elipsis nominal con el artículo definido, aunque la incompatibilidad de *lo* con los nombres (cf. **lo libro*) impide pensar en ningún tipo de elipsis, y no hay interpretación anafórica: *lo* se combina con sintagmas adjetivales, preposicionales con *de* y subordinadas relativas restrictivas con *que*.

(16) a. lo nuevo
b. lo de tu hermana
c. lo que pasó

Un nuevo paralelismo formal con la gramática de *el* se observa en las construcciones enfáticas de (17), en las que *lo* va seguido de un adjetivo o un adverbio más lo que parece ser una subordinada con *que*; en (18) se comprueba que el mismo valor enfático aparece en construcciones similares con *el*. El análisis no puede ser el mismo que en (16), ya que el adjetivo aquí concuerda con un elemento interno de la oración (mientras que en (16) está invariablemente en masculino singular: **lo nueva*), y la interpretación es equivalente a la de una oración exclamativa del tipo *¡Qué buena es esta canción!*

(17) No sabes {lo buena que es esta canción/lo tarde que llegamos}.

(18) No sabes {la casa que se ha comprado}. (Cf. *No la sabes).

Una solución plausible, pero no definitiva, para (17) y (18) consiste en suponer que, en lugar de ser SSNN, las secuencias que aparecen entre paréntesis son oraciones en las que un constituyente —el SN encabezado por *lo*/*el*— se ha antepuesto para expresar énfasis, como sucede en las exclamativas canónicas con elementos-*qu* (cf. *¡Qué difícil es esto!*).

2.5. *El artículo indefinido*

Es habitual caracterizar al español como una lengua con dos artículos, definido e indefinido. Se podría pensar que la forma *un*, derivada históricamente del numeral latino *unus*, es un numeral cardinal (o sea, un cuantificador indefinido, y no un artículo). Sin embargo, *un* ha desarrollado propiedades específicas que lo convierten en artículo indefinido, como ha sucedido también en las restantes lenguas románicas, y en las germánicas —aunque siga siendo, además, un numeral—. El indicio más claro de este proceso es que *un* es gramaticalmente obligatorio en muchos contextos en los que no se admite un nombre escueto y el valor de *un* ya no es numeral, como se observa en (19a): cuando un artículo indefinido se consolida, la distribución de los nombres escuetos se ve severamente restringida. Entre los contextos en los que *un* se impone, destacan los SSNN atributivos o predicativos en las oraciones copulativas —no con todos los nombres como atributos— y los SSNN genéricos, ejemplificados respectivamente en (19b,c):

(19) a. Ella estaba sentada en *(un) sillón leyendo *(una) novela.
b. Aquello fue *(un) milagro.
c. *(Una) persona educada sabe disculparse.

El carácter indefinido de *un* —es decir, la ausencia de definitud— indica simplemente que se debe tomar un elemento de la clase denotada por el nombre, sin que haya garantía de identificabilidad del referente para el receptor. Esto da lugar a distintas interpretaciones en función del contexto gramatical y discursivo: inespecífica, específica o genérica (en ausencia de *un*, con nombre escueto, solo la lectura inespecífica es posible, como en *Buscamos casa*). La indefinitud explica que *un* sea incompatible con nombres no contables sin modificación (**una harina*) y con nombres de entidades únicas que requieran unicidad (**una madre de María*). En estos casos no se podría tomar un elemento de la clase excluyendo a otros. Con el artículo indefinido es posible la elipsis nominal, como con el definido (*Ha aparecido una Ø bastante mejor*), pero sin las restricciones debidas al estatuto de clítico de *el*: de hecho, *un* no es clítico.

En el contexto de las lenguas románicas, el español destaca por poseer una forma plural del artículo indefinido (*unos*), como el portugués y el catalán, y por carecer de artículo partitivo formado a partir de la preposición *de*, lo que lo diferencia del francés y del italiano (cf. italiano *dei libri* 'unos libros'). El problema que plantea la forma *unos* es el de cómo caracterizar sus condiciones de uso frente a las de otros indefinidos plurales, en especial *algunos* (Gutiérrez-Rexach 2003: cap. 6). En términos informales, *unos* muestra una distribución más restringida que *algunos* porque tiende a rechazar la conexión con datos previamente establecidos en el discurso: al contrario que *algunos*, no expresa particiones sobre dominios contextualmente dados, y por ello no puede aparecer encabezando construcciones partitivas —(20a)—, y es menos natural que *algunos* para expresar contraste dentro de un conjunto —(20b)—.

(20) a. {*unas de tus compañeras/algunas de tus compañeras}
b. En este ayuntamiento, {#unos/algunos} concejales son honestos.

3. Los demostrativos

Los demostrativos poseen, además del rasgo de definitud, un componente deíctico que permite al hablante situar el referente a mayor o menor distancia del lugar en el que se habla. Representan, pues, un mecanismo de deixis espacial (Eguren 1999). El español dispone de un sistema de tres unidades —*este*, *ese* y *aquel*— que distingue tres grados de distancia con respecto al hablante: *este* expresa la distancia mínima, y *aquel* la máxima. La distancia debe entenderse tanto en el sentido espacial básico como en cualquiera de los sentidos derivados (por ejemplo, el temporal, el discursivo, el empático...). Dada esta combinación de definitud y deixis, los demostrativos están sujetos a condiciones de uso más restrictivas que el artículo definido: la instrucción que transmiten es la de que el referente, además de ser unívocamente identificable, debe ser información familiar para el receptor, y accesible, bien en la situación de habla, bien en el discurso previo. Como consecuencia, las interpretaciones de los demostrativos son deícticas o anafóricas. Los contrastes fundamentales con respecto al artículo definido se concentran precisamente en aquellas interpretaciones que requieren satisfacer el requisito de unicidad por medio de información interna al contenido descriptivo del SN o por medio de información enciclopédica: se trata de interpretaciones en las que el demostrativo no puede sustituir al artículo sin dar lugar a una anomalía o una lectura diferente —deíctica o anafórica—, como se comprueba en los ejemplos de (21).

(21) a. {el/ese} número 22
 b. Ya faltaba poco para {el/?ese} verano.
 c. Estuve en su casa. {La/?Esa} decoración me impresionó.
 d. {las/*estas} cosas que más te gusten

En (21a,b) el artículo permite un uso de primera mención, mientras que el demostrativo obliga a buscar el referente en el contexto inmediato; en (21c) se observa que la anáfora asociativa es imposible con los demostrativos, ya que estos bloquean el acceso a la información enciclopédica (es decir, a la conexión entre *casa* y *decoración*); finalmente, (21d) muestra que el demostrativo es incompatible con la lectura inespecífica forzada por la presencia del subjuntivo en la oración relativa, ya que en esa lectura el hipotético referente no sería identificable en el contexto inmediato. Los contrastes revelan dos formas distintas de restringir la identificación del referente.

En ciertas lenguas —húngaro, griego y rumano, por ejemplo— un artículo y un demostrativo pueden coaparecer en el mismo SN, lo que ha llevado a algunos gramáticos a pensar que no pertenecen a la misma clase gramatical. El español es una de estas lenguas: el demostrativo puede ser postnominal si el SN está encabezado por el artículo definido, como en (22).

(22) el libro ese (cf. *libro ese/*un libro ese)

Un rasgo llamativo del demostrativo postnominal español es que, a pesar de que su posición es asimilable a la de un modificador adjetival, determina la interpretación del SN exactamente igual que si fuera prenominal: las interpretaciones posibles de *ese libro* son básicamente las mismas que las de *el libro ese*. ¿Qué relación existe entre las dos construcciones? Una posibilidad es que la posición básica de los demostrativos sea postnominal, y de allí puedan desplazarse hasta una posición prenominal asociada a la del artículo (aunque sean incompatibles con la presencia de este: **ese el libro*) (Brugè 2002).

4. Los posesivos

El lugar de los posesivos dentro de los determinantes no es fácil de determinar, ya que exhiben propiedades mixtas que los sitúan entre los pronombres, los adjetivos y los determinantes prototípicos. Lo que destaca a primera vista es que existen dos grupos de formas, las átonas y las tónicas, recogidas en (23) y (24). Este hecho vincula a los posesivos con los pronombres personales, que también poseen dos series (Picallo y Rigau 1999).

(23) Serie átona: mi/tu/su/nuestro/vuestro/su

(24) Serie tónica: mío/tuyo/suyo/nuestro/vuestro/suyo

Las propiedades comunes a ambas series son la concordancia de género y número con el nombre, que se da también en los otros determinantes y en los adjetivos, y el rasgo de persona (1ª, 2ª o 3ª, singular o plural), característico de los pronombres. Lo que diferencia a los dos grupos es el estatuto de clíticos de las formas átonas, que carecen de independencia sintáctica y ni siquiera admiten la elipsis nominal (cf. *su camisa negra* > **su negra*), y la sintaxis: las formas átonas son siempre prenominales, como vemos en (25a), mientras que las tónicas son postnominales o aparecen aisladas, como se muestra en los ejemplos de (25b–c).

(25) a. su familia/*familia su/*suya familia
     b. esta obra suya/*esta obra su
     c. esto es suyo/*esto es su

Obviamente, es deseable obtener un análisis unificado de los posesivos en el que las formas átonas y tónicas aparezcan como simples variantes contextuales de un solo tipo de elementos, ya que su significado es siempre el mismo. Por un lado, los átonos se comportan como determinantes definidos, debido a su posición, y por el hecho de ser incompatibles con otros determinantes, lo que no es así en otras lenguas románicas como el catalán y el italiano.

(26) a. *la su familia
     b. la sua famiglia (it.)/la seva família (cat.)

Por otro lado, la sintaxis de los posesivos tónicos es en todo similar a la de los adjetivos. Finalmente, hay una propiedad crucial, compartida por todas las formas, que hace pensar que los posesivos son en realidad pronombres, y es que tienen su propia referencia, independiente de la del SN completo: en *su casa*, *su* se refiere a la persona de cuya casa se habla, y el SN se refiere a otra entidad. Esto es imposible con cualquier otro determinante. La solución más aceptada para esta situación compleja consiste en suponer que los posesivos son siempre pronombres en genitivo (es decir, *mi* es equivalente a *de mí*) y representan a los complementos del nombre introducidos por *de*. Que sean pronombres explica que posean un rasgo de persona. Si se interpretan como complementos del nombre, es natural pensar que su posición básica es la postnominal (*un amigo de ella*/*un amigo suyo*). Basta con asumir que pueden desplazarse a la posición inicial del SN, donde activan la lectura definida y son incompatibles con cualquier otro determinante; en este caso aparecen obligatoriamente en su forma átona. La idea queda reflejada en el esquema de (27).

(27) [SN – [familia suya]] > [SN su [familia –]]

Este análisis implica que los posesivos no son en realidad determinantes del mismo tipo que los demás: serían pronombres, y determinantes también si se acepta que los pronombres en general son determinantes, como se apuntó en el § 1. Nótese que serían pronombres también los posesivos átonos, situados en la posición de determinante, en contra del análisis más tradicional que consideraba pronombres únicamente a las formas tónicas.

Las ventajas de este enfoque son numerosas. La más evidente es que obtenemos un análisis unificado, sin duplicación de categorías. Otra ventaja es que se explica por qué los posesivos muestran la misma gama de interpretaciones que los complementos del nombre: pueden ser, entre otras cosas, agentes —(28a)—, pacientes —(28b)—, experimentadores —(28c)— o poseedores —(28d)—.

(28) a. nuestra victoria en las elecciones
b. su ilegalización
c. mi afición por la ciencia-ficción
d. mis zapatos

Es importante recordar que los posesivos pueden expresar relaciones semánticas (temáticas) que no implican posesión, y que la posesión se puede expresar en español también por otros medios gramaticales (el artículo, en *Perdió la vida*, o el pronombre dativo en *Le duele un oído*).

Bibliografía

Brugè, L. (2002) "The positions of demonstratives in the extended nominal projection", en Cinque, G. (ed.) *Functional structure in DP and IP*, Oxford: Oxford University Press, pp. 15–53.

Clark, H. y Haviland, S. (1977) "Comprehension and the given — new contract", en Freedle, R. (ed.) *Discourse production and comprehension*, Hillside: Lawrence Erlbaum Associates, pp. 1–40.

Eguren, L. (1999) "Pronombres y adverbios demostrativos. Las relaciones deícticas", en Bosque, I. y Demonte, V. (eds.) *Gramática descriptiva de la lengua española*, Madrid: Espasa Calpe, pp. 929–972.

Gutiérrez-Rexach, J. (2003) *La semántica de los indefinidos*, Madrid: Visor.

Hawkins, J. (1978) *Definiteness and indefiniteness*, Londres: Croom Helm.

Laca, B. (1999) "Presencia y ausencia de determinante", en Bosque, I. y Demonte, V. (eds.) *Gramática descriptiva de la lengua española*, Madrid: Espasa, pp. 891–928.

Leonetti, M. (1999a) "El artículo", en Bosque, I. y Demonte, V. (eds.) *Gramática descriptiva de la lengua española*, Madrid: Espasa, pp. 787–890.

Leonetti, M. (1999b) *Los determinantes*, Madrid: Arco Libros.

Lyons, C. (1999) *Definiteness*, Cambridge: Cambridge University Press.

Morimoto, Y. (2011) *El artículo en español*, Madrid: Castalia.

Picallo, C. y Rigau, G. (1999) "El posesivo y las relaciones posesivas", en Bosque, I. y Demonte, V. (eds.) *Gramática descriptiva de la lengua española*, Madrid: Espasa Calpe, pp. 973–1023.

Schwarz, F. (2013) "Different types of definites cross-linguistically", *Language and Linguistics Compass*, 7, 10, pp. 534–559.

Lecturas complementarias

Alexiadou, A., Haegeman, L. y Stavrou, M. (2007) *Noun phrase in the generative perspective*, Berlín: Mouton De Gruyter.

Bosque, I. (ed.) (1996) *El sustantivo sin determinación*, Madrid: Visor.

Leonetti, M. 2012 "Indefiniteness and specificity", en Hualde, J. I., Olarrea, A. y O'Rourke, E. (eds.) *Handbook of Spanish linguistics*, Oxford: Blackwell, pp. 285–305.

[RAE-ASALE] Real Academia Española y Asociación de Academias de la Lengua Española (2009) *Nueva gramática de la lengua española*, Madrid: Espasa.

Entradas relacionadas

clíticos; cuantificación; demostrativos y deixis; oraciones de relativo; pronombres; sintaxis; sustantivo

ELIPSIS

Ángel J. Gallego

1. La elipsis: definición y características básicas

La elipsis (o elisión) es un mecanismo que permite eliminar fonológicamente material lingüístico bajo circunstancias específicas. La bibliografía especializada diferencia aquellos casos en que el material que se omite puede recuperarse a partir del contexto gramatical de aquellos en que la interpretación está sujeta a factores situacionales o pragmáticos —y que es, por tanto, más libre—. En (1) y (2) pueden verse ejemplos de ambos tipos de elipsis.

(1) a. En el Barcelona juega Messi y en el Real Madrid Cristiano Ronaldo
    b. Don Quijote se enfrentó con alguien, pero no recuerdo con quién
    c. Ramón y Cajal ganó el Nobel de medicina; Aleixandre ganó el de literatura

(2) a. Encima de la mesa
    b. ¡Diablos!
    c. Juan, ¿con Ana?, ¿allí?

Las interpretaciones que se pueden asociar a los ejemplos de (2) son diversas (dependiendo del hablante, del contexto situacional, de la información compartida con el interlocutor, etc.), mientras que las que se pueden asociar a los de (1) vienen determinadas por el contexto lingüístico previo: el verbo que falta en el segundo miembro de la coordinación de (1a) es *juega*; el que se omite en (1b) es *se enfrentó*; y el sustantivo elidido en (1c) es *Nobel*. No existen otras opciones. En Brucart (1999) se distinguen los casos de (1) y (2) mediante las etiquetas "elipsis gramatical" y "elipsis contextual (o pragmática)". El segundo tipo de elipsis recubre aquellas situaciones en que el material omitido se recupera mediante mecanismos pragmáticos o discursivos de tipo general, mientras que el primero afecta a casos en los que la representación gramatical debe codificar qué elemento se recupera en las expresiones relevantes (y aquí hay diferentes opciones, algo sobre lo que volveremos en el § 2).

Es sencillo demostrar que la elipsis gramatical está sujeta a condiciones estrictas de legitimación, que suelen dividirse en interpretativas (semánticas) y estructurales (sintácticas). Veamos los detalles a continuación.

1.1. Condiciones de legitimación interpretativas

La elipsis gramatical requiere que el material elidido sea recuperable en el contexto lingüístico previo (Lobeck 1995; Brucart 1999; Merchant 2001) y que, además, esté contenido en una estructura paralela. Los ejemplos de (3) revelan que la eliminación del verbo *escribir* (que aparece reemplazado por el símbolo "∅") solo es posible si ambos miembros de la coordinación son paralelos: es decir, si contienen la misma información.

(3) a. Luis escribió una carta y Juan ∅ un telegrama [∅ = escribió]
b. *Luis escribió y Juan ∅ una carta [∅ = escribió]
c. *Luis escribió un telegrama y Juan ∅ un telegrama [∅ = escribió]

La agramaticalidad de los ejemplos de (3b) y (3c) dimana de que la elipsis no opera sobre una estructura paralela. En (3b), los dos miembros de la coordinación son diferentes con respecto a la presencia de un objeto directo; si el primer miembro añadiese tal dependiente, el resultado sería gramatical, como se ve en (3a).

Por su parte, (3c) nos dice algo todavía más específico sobre la elipsis: en este ejemplo, los miembros de la coordinación sí son idénticos (paralelos), pero aun así la elipsis no es posible. El motivo hay que buscarlo en otra condición interpretativa de la elipsis: aquello que se elide (el "hueco" de la elipsis) debe constituir información conocida (temática, presupuesta, etc.), mientras que lo que no se elide (el "resto") sebe ser información nueva (remática, asertiva, focal, etc.); en (3c), el SN *un telegrama* es información conocida, por lo que debería ser borrado junto con el verbo. Eso nos daría como resultado la secuencia de (4), donde es necesario añadir el adverbio de polaridad *también*:

(4) Luis escribió un telegrama y Juan también ∅ [∅ = escribió un telegrama]

La condición de paralelismo de la elipsis suele presentarse en términos semánticos, pero no es obvio que esto sea así. Algunos argumentos, sin duda, avalan tal opción. Así, en los ejemplos de (5), las secuencias presentan asimetrías formales, pero son únicamente morfológicas, pues solo afectan a los rasgos nominales de verbos y pronombres (que aparecen indicados en negrita).

(5) a. Nosotros **hemos** visto más películas que María ∅ [∅ = **ha** visto películas]
b. A: ¿**Te** han invitado a la fiesta? B: Sí ∅ [∅ = **me** han invitado a la fiesta]

Un caso más interesante es el de (6), un ejemplo de "brote" (*sprouting*) donde la estructura que sirve de antecedente contiene un verbo expresado de manera intransitiva, a diferencia de la oración que manifiesta elipsis.

(6) Los niños comieron, pero no recuerdo qué ∅ [∅ = los niños comieron]

Lasnik (2005) ofrece otro argumento que decanta un poco más la balanza hacia el estatus sintáctico de la condición de paralelismo de la elipsis. Como hace notar este autor, en ejemplos como (7) vemos que una estructura semánticamente equivalente (con el mismo contenido proposicional) no legitima la elipsis si no se presenta con la misma configuración sintáctica que su antecedente:

(7) *Alguien entrevistó a Snowden, pero no sé por quién ∅
[∅ = fue entrevistado Snowden]

El contenido de las oraciones coordinadas de (7) es semánticamente paralelo (comparemos *Alguien entrevistó a Snowden* y *Snowden fue entrevistado por quién*), pero hay una serie de transformaciones que han manipulado (sintácticamente) la segunda oración.

Sea cual sea la naturaleza última del paralelismo, semántica o sintáctica, debe quedar claro que la elipsis gramatical opera de manera muy específica: tomando como antecedente una estructura cercana para que el proceso de borrado sea posible.

1.2. Condiciones de legitimación estructurales

Además de la condición de paralelismo, la elipsis gramatical debe satisfacer otras condiciones, esta vez más claramente sintácticas. La principal restricción parece dimanar del tipo de dependencia existente entre las oraciones que participan en el proceso de elipsis. Los ejemplos de (8) indican que entre estas debe haber una relación de coordinación (una relación estructural en la que incluimos también las estructuras comparativas):

(8) a. Cervantes escribió novela y Quevedo ∅ poesía [∅ = escribió]
b. Lope escribió más obras que Cervantes ∅ [∅ = escribió obras]
c. Góngora nació antes que Quevedo ∅ [∅ = nació]

Cuando forzamos una relación de subordinación, el resultado es agramatical:

(9) a. *María sabe [$_{SC}$ que su compañera ∅ la respuesta] [∅ = sabe]
b. *He saludado al profesor [$_{SC}$ que María ∅ el otro día] [∅ = saludó]
c. *Se fue [$_{SP}$ porque todos ∅] [∅ = se fueron]

La limitación de (9) se extiende al dominio nominal, donde también es imposible elidir un sustantivo si este toma como antecedente a otro más prominente (hiperordinado) que él:

(10) a. Juan vio a la hermana de Elena y Carlos a la ∅ de Susana [∅ = hermana]
b. *La hermana de la ∅ de Elena [∅ = hermana]

La asimetría que se aprecia en los datos de (8), (9) y (10) resulta misteriosa, sobre todo porque las relaciones anafóricas típicas (con nominales y tiempos verbales) no se ven restringidas de manera análoga. Puede que en el caso de la elipsis las condiciones de legitimación sean más estrictas, de manera que la condición de paralelismo imponga que haya una estructura estrictamente paralela (la coordinación implica un texto al mismo nivel, de ahí el término *parataxis*).

Podemos dejar aquí estas cuestiones. Como vemos, la elipsis es un mecanismo de las lenguas naturales que permite al hablante suprimir cierta información que ha sido proferida anteriormente. Constituye, por tanto, un recurso útil por motivos tanto estilísticos como funcionales (economía).

Existen determinadas características de la elipsis que aún no han sido discutidas. En esta entrada, me gustaría mencionar dos. Ya que la primera de ellas (qué categorías pueden someterse a un proceso de borrado) requiere una discusión más pormenorizada, la reservo para los §§ 3 y 4. La segunda de las características tiene que ver con la cantidad de material que puede elidirse. Hasta este punto hemos visto que tanto en el ámbito nominal como en el verbal pueden borrarse los núcleos (elipsis parcial) o los núcleos más algún otro dependiente (elipsis total). En (11) vemos ambos tipos de elipsis en el SV:

(11) a. Luis viajó a Sri Lanka en 2005 y Ana ∅ a la India en 2010 [∅ = viajó]
b. Luis viajó a Sri Lanka en 2005 y Ana ∅ en 2010 [∅ = viajó a Sri Lanka]
c. Luis viajó a Sri Lanka en 2005 y Ana también ∅ [∅ = viajó a Sri Lanka en 2005]

La situación del SN es similar, pueden elidirse tanto el núcleo como otros elementos (pero no los determinantes o cuantificadores, salvo en casos como *Hay muchos libros usados, pero yo busco ∅ nuevos*, donde ∅ ocupa la posición del sustantivo *libros* y, probablemente, un cuantificador nulo impreciso; cf. Bosque 1989). En la bibliografía se ha aducido, no obstante, que en este caso se aplica una restricción adicional que exige que haya un elemento (determinante, cuantificador o adjetivo) que pueda expresar los rasgos flexivos del sustantivo (Brucart 1999; Eguren 2008). Vemos esto en (12):

(12) Aquí se juega con [$_{SN}$ la pelota roja], allí con [$_{SN}$ *(la) ∅ azul] [∅ = pelota]

De momento hemos presentado una caracterización básica de la elipsis sin entrar en aspectos técnicos, como la manera en que debe analizarse el símbolo "∅", qué categorías se pueden elidir o por qué determinados tipos de elipsis no funcionan en todas las lenguas (Zagona 1982, 1988; Depiante 2000; Saab 2009). Intentaremos discutir estas cuestiones, aunque sea brevemente, en los siguientes apartados, pero antes nos gustaría referirnos a procesos gramaticales que tienen un efecto similar al de la elipsis.

2. Fenómenos relacionados con la elipsis

Además de la elipsis, las lenguas disponen de otras estrategias que permiten eliminar información del plano fonético sin afectar su interpretación. Consideremos los ejemplos de (13):

(13) a. De Julio César, se dice que {él/∅} combatió en la Guerra de las Galias
b. Julio César fue a las Galias para {*él/∅} conquistarlas

En estos ejemplos observamos dos cosas. Por un lado, que el sujeto se puede omitir en oraciones cuyo verbo está flexionado en forma personal (ejemplo (13a)). Por el otro, que se tiene que omitir cuando no lo está (ejemplo (13b)). A simple vista, resultaría plausible suponer que ejemplos como estos deben añadirse a la fenomenología de la elipsis (Duguine 2013). La bibliografía, no obstante, considera que (13) no presenta casos de elipsis, sino de legitimación de una categoría vacía equivalente a un pronombre (de interpretación referencial, anafórica, arbitraria, etc.) que estaría disponible en contextos determinados: pro o PRO (de "pro/PRO-nominal"), según tengamos un verbo en forma personal o no.

Las similitudes de los datos de (13) con los que hemos visto hasta el momento son evidentes: hay borrado de material que ya ha sido proferido y, en el caso de no ser eliminado, se interpreta como redundante. Tal opción es necesaria cuando el hablante pretende obtener una interpretación focal (contrastiva o no), que es la propia de los pronombres personales tónicos, a diferencia de las contrapartidas nulas. Como puede verse en el ejemplo de (14), solo las variantes tónicas (o un SN pleno, naturalmente) pueden ser respuesta a una pregunta:

(14) A: ¿A quién has visto? B: A {ella/Marta/*la/*∅}

La posibilidad de elidir el sujeto en (13a), como decía, suele asociarse a los mecanismos morfológicos de las lenguas naturales, más que a los discursivos. Así, la legitimación del sujeto nulo de (13a) dependería más de los rasgos flexivos del verbo *combatió* que de las condiciones presentadas en el § anterior (y lo mismo sucedería con los objetos, si los clíticos son analizados como morfemas de concordancia).

Esta discusión es, no obstante, muy relevante para la elipsis, precisamente porque uno de los análisis de la elipsis con más presencia en la bibliografía recurre a las categorías vacías. En líneas generales, pueden distinguirse dos tipos de tratamientos formales para la elipsis (Gallego 2011). El primero asume que no hay que representar ningún tipo de información de manera abstracta: lo que vemos es lo que hay. El segundo defiende que el hueco sí presenta material lingüístico fonéticamente vacío y, dentro de este enfoque, hay que diferenciar los tratamientos que asumen categorías pronominales (como las de (13)) y los que asumen una estructura sintáctica idéntica a la que se elide. Las representaciones de esas tres opciones serían como se indica en (16), para un ejemplo como el de (15) (la etiqueta "SC" es una abreviatura de Sintagma Complementante, que equivale a una oración dotada de marcas de subordinación; el símbolo "h", por su lado, indica la posición ocupada por el SP *con quién* antes de desplazarse al margen preverbal de la oración; Bosque y Gutiérrez-Rexach 2009 para una presentación accesible de estos aspectos terminológicos y formales):

(15) Han hablado con alguien, pero no sé con quién

(16) a. Han hablado con alguien, pero no sé [$_{SP}$ con quién]
b. Han hablado con alguien, pero no sé [$_{SC}$ con quién PRO] PRO = han hablado
c. Han hablado con alguien, pero no sé [$_{SC}$ con quién$_{i}$ ~~[$_{ST}$ han hablado h$_{i}$]~~]

Aunque en principio es el análisis más económico, hay argumentos empíricos para demostrar que (16a) no puede ser correcto. Si el verbo *saber* seleccionase SPs, no está claro por qué no puede hacerlo en contextos no elípticos:

(17) No sé (*con) la respuesta

Desde la perspectiva de (16b,c), la preposición *con* no se relaciona con *saber* directamente sino con el verbo elidido en la oración interrogativa indirecta seleccionada por aquel. Un análisis en el que no haya material elidido también sería difícil de defender para casos como (18), donde nos veríamos obligados a defender que la coordinación puede afectar a miembros que no son ni equicategoriales ni equifuncionales:

(18) [$_{ST}$ Juan fue a Barcelona] y [[$_{SN}$ María] [$_{SP}$ a Boston]]

Es decir, si quisiéramos defender una variante de (16a) para (18), no solo deberíamos dar cuenta de la interpretación del verbo *ir* en el segundo miembro de la coordinación, sino que deberíamos explicar cómo es posible coordinar, en este caso, una oración y un complejo formado por un SN y un SP. De hecho, la coordinación puede ser incluso con el SN únicamente, siempre que se añada énfasis:

(19) A: Juan fue a Barcelona. B: (Toma,) ¡y María!

Como se ve en los ejemplos de (20), estas coordinaciones son agramaticales fuera de un entorno que favorezca la elipsis:

(20) a. [$_{ST}$ Juan fue a Barcelona] (*y [$_{SN}$ los libros])
b. [$_{ST}$ Juan fue a Barcelona] (*y [$_{SP}$ en Madrid])
c. [$_{ST}$ Juan fue a Barcelona] (*y [$_{SA}$ cansado])

Las alternativas de (16b,c) no tienen estos problemas. En la primera, la elipsis se equipara al fenómeno del ligamiento, puesto que los huecos no son otra cosa que pronombres que deben tomar su antecedente del discurso previo (Brucart 1987; Lobeck 1995). Esta posibilidad resulta atractiva, pero nos obliga a asumir que la estructura sintáctica del hueco es inexistente. En el ejemplo de (15), el hueco dejado por la oración sería ocupado por un pronombre (un PRO grande), por lo que las proyecciones funcionales que se suelen representar habrían desaparecido.

Tal posición es poco plausible si tenemos en cuenta las características de (15). Una de ellas atañe a la presencia de un SP cuyo término es una palabra interrogativa. Si asumimos el análisis de (16b), *con quién* no se puede analizar como un SP que se genera en una posición interna al SV para someterse posteriormente a una transformación de movimiento (movimiento Qu), lo cual parece contraintuitivo. Si el tratamiento de (16b) es correcto, el problema de la preposición al que aludíamos anteriormente volvería a surgir. Esta cuestión quizá se vea más claramente si consideramos (21), donde la *a* que aparece delante del pronombre interrogativo debe provenir del verbo *acusar*, no de *saber* (**Nosotros sabemos a alguien*).

(21) La policía ha acusado a alguien, pero no sabemos a quién

Sin duda, se podría esgrimir que las categorías vacías que ocupan el hueco elíptico son proformas verbales que, como los verbos, pueden seleccionar semánticamente y asignar marcas de función, pero creemos que resulta más natural atribuir la construcción de (15) a mecanismos gramaticales que son necesitados por motivos independientes (Merchant 2001 para argumentos adicionales). El análisis de (16c) evita estos problemas.

Una vez vistos los principales tratamientos formales de la elipsis, en las siguientes secciones consideraremos las variedades de elipsis que hay en el español, dentro tanto del dominio verbal como del nominal.

3. La elipsis en el Sintagma Verbal

La bibliografía sobre la elipsis en español ha estudiado las diferentes manifestaciones de este fenómeno principalmente en dos dominios, el SV y el SN (Zagona 1982, 1988; Brucart 1999; Depiante 2000; Saab 2009; Brucart y McDonald 2012). Estrictamente hablando, el español carece de elipsis del SV, a diferencia de lenguas como el inglés, como se desprende del contraste de (22). Pese a ello, estudiaremos los casos de esta § como tipos de elipsis que se afectan a proyecciones de naturaleza verbal (Sintagma Aspectual, Sintagma de Tiempo, etc.).

(22) a. He did not send a message, but I did
él AUX no enviar un mensaje pero yo AUX
Él no envió un mensaje, pero yo sí
b. *Él no envió un mensaje, pero yo hice

El ejemplo de (22a) es similar a los casos de elipsis de ST con partícula de polaridad y también se puede asimilar a los ejemplos de anáfora de complemento nulo, ambos discutidos más adelante (Depiante 2000; Brucart y McDonald 2012). Naturalmente, el español puede recurrir a la proforma verbal "hacerlo" en estos casos (e. g., *Él no envió un mensaje, pero yo **lo hice***), pero se trataría de una estrategia no elíptica.

Dentro de las proyecciones de tipo verbal, los principales casos de elipsis son los siguientes: vaciado, elipsis de SV con partícula de polaridad, truncamiento, anáfora de complemento nulo y fragmentos —dejamos de lado el llamado seudovaciado (*pseudogapping*), pues, como la elipsis del SV, tampoco es posible en español (Lasnik 1999)—. En las siguientes páginas presentaremos sus características básicas.

3.1. Vaciado

El primer caso elipsis verbal que consideraremos es el vaciado (*gapping*), que consiste en la eliminación del núcleo del SV dejando argumentos y adjuntos intactos, aunque estos también se pueden ver afectados por el proceso de borrado (Johnson 2009 ofrece un tratamiento no elíptico del vaciado). Ambas opciones aparecen en (23).

(23) a. María [ST recogió los pantalones el lunes] y [ST Juan ∅ la camisa el martes] [∅ = recogió]
b. María [$_{ST}$ recogió los pantalones el lunes] y [$_{ST}$ Juan ∅ el martes] [∅ = recogió los pantalones]

La bibliografía ha enfatizado que el vaciado se legitima en contextos de coordinación, asumiendo, como indicábamos en el § 1.2, que las estructuras comparativas son coordinadas (lo mismo cabe decir del ejemplo de (24c), puesto que la oración condicional no está subordinada a ningún núcleo de la principal):

(24) a. Elisa tiene mucho genio, pero Luis ∅ todavía más
b. Luis cuida a su madre mucho mejor que Antonia ∅ a la suya
c. Si yo merezco un aplauso, tú ∅ una ovación
[tomado de Brucart 1999: 2813]

De manera previsible, el vaciado también puede darse en contextos discursivos (paratácticos incluidos), como se ve en (25):

(25) A: Durante la crisis, el Gobierno ayudó a las multinacionales
B: Ya lo sé. Y ∅ a las entidades bancarias

3.2. Elipsis de SV con partícula de polaridad

Un caso de elipsis muy similar al vaciado es el de elipsis del SV con partícula de polaridad (unidades como *sí*, *no*, *también* y *tampoco*), ilustrado en (26):

(26) Juan no invitó a María a la fiesta, pero Álex sí ∅ [∅ = invitó a María a la fiesta]
[adaptado de Brucart y McDonald 2012: 583]

La presencia de un adverbio de polaridad es crucial para la legitimación de estas estructuras, puesto que es esta unidad la que constituye el resto de la elipsis. Como vemos en (27), tiene que haber un contraste en la polaridad entre la oración antecedente y la que presenta elipsis (la llamada "negación correctiva" presenta ciertas características que la asemejan a la elipsis de SV con partícula de polaridad; Bosque 1984; Brucart 1999; Depiante 2000; Gallego 2011):

(27) a. Ana vino, pero Luis {no/*sí} ∅ [∅ = vino]
b. Carlos dijo la verdad y Clara {también/*tampoco} ∅ [∅ = dijo la verdad]

3.3. *Truncamiento*

Una variedad de elipsis en la que claramente se elimina una porción de estructura mayor a la que corresponde el SV es el truncamiento (*sluicing*). En esta ocasión, se elimina el ST en contextos que presentan algún elemento enfático (un operador focal, interrogativo, exclamativo, topical, etc.) en la posición preverbal de la oración (más concretamente, en el especificador del SC):

(28) a. Alguien me habló, pero no recuerdo quién ∅ [∅ = me habló]
b. Alguien me habló, creo que tu madre ∅ [∅ = me habló]
[adaptado de Brucart y McDonald 2012: 585]

El truncamiento suele circunscribirse al dominio de la subordinación, pero como se ve en (29), también se puede dar en oraciones matrices. Lo imprescindible es que haya un antecedente discursivo:

(29) A: He oído que Juan se ha estado viendo con alguien
B: ¿Con quién ∅? [∅ = Juan se ha estado viendo]

Hay dos restricciones que afectan al truncamiento de manera específica. Por un lado, solo los verbos que seleccionan interrogativas indirectas pueden legitimarlo:

(30) a. Ha entrado alguien, pero no {sabe/dijo/etc.} quién ∅ [∅ = ha entrado]
b. *Ha entrado alguien, pero no {pidió/pensó/etc.} quién ∅ [∅ = ha entrado]
[tomado de Gallego 2011: 52]

Por otro lado, el antecedente de la palabra interrogativa puede ser implícito (cf. (31a)) o explícito, pero en tal caso debe manifestarse como un SN indefinido (*alguien*, *algún hombre*, *alguno*, etc.) o un SN que se interprete de manera no específica (cf. (31b,c)).

(31) a. Ellos han comido, pero no recuerdo qué ∅ [∅ = han comido]
b. Ellos han comido algo, pero no recuerdo qué ∅ [∅ = han comido]
c. Ellos han comido un plato, pero no recuerdo qué ∅ [∅ = han comido]

Si el antecedente es un SN definido, un nombre propio o un indefinido con suficiente contenido descriptivo, el truncamiento es agramatical. Veamos un ejemplo del último supuesto:

(32) *Han comido un plato de lentejas, pero no recuerdo qué ∅ [∅ = han comido]

3.4. Anáfora de complemento nulo

Un cuarto tipo de elipsis verbal es la anáfora de complemento nulo (*null complement anaphora*). En ella, el constituyente que se elide es el complemento de un verbo modal.

(33) María quería aprobar el examen, pero no pudo ∅ [∅ = aprobar el examen]

La anáfora de complemento nulo presenta dos características básicas: la primera afecta a la naturaleza del dominio que se elide y la segunda al tipo de verbo que puede aparecer en esta construcción. Consideremos estas cuestiones una a una. En el § 2 dijimos que el hueco elíptico, si se representa estructuralmente, puede analizarse como un pronombre (anafórico) o como una estructura sintáctica plena —plena, pero sin contenido fonológico—. Algunos autores han mantenido que la anáfora de complemento nulo legitima un pronombre (Brucart 1999; Depiante 2000), mientras que otros han defendido un tratamiento elíptico. En el contexto de dicha discusión, Depiante (2000) observa que un análisis que asuma la presencia de un pronominal predice adecuadamente que no se puedan extraer constituyentes del dominio elidido:

(34) a. *?A mis padres, Ana los llamó, pero a los suyos, nadie puede ∅ [∅ = llamarlos]
b. *Juan los quiere llamar, pero sabe que no los debe ∅ [∅ = llamar]

Por lo que respecta a los verbos que legitiman la anáfora de complemento nulo, en Brucart (1999) se hace notar que son, en general, modales (*deber*, *poder*, *querer*, etc.), aspectuales (*acabar de*, *empezar a*, *comenzar a*, *terminar de*, *volver a*, etc.), verbos que expresan predisposición, actitud o propósito (*aceptar*, *acertar a*, *aprender a*, *dudar de*, etc.) y ciertos predicados causativos que expresan permiso, colaboración o influencia (*autorizar a*, *ayudar a*, *disuadir de*, *informar de*, *invitar a*, etc.). Brucart (1999) proporciona un argumento interesante para determinar si un predicado puede legitimar anáfora de complemento nulo o no. El argumento tiene que ver con la legitimación del pronombre *lo* con una interpretación proposicional: si tal lectura es posible, entonces el verbo legitimará anáfora de complemento nulo; si no es posible, el verbo legitimará este tipo de elipsis.

(35) a. Lo {puede/debe/debería/quiere/etc.} (si lo = oración)
b. Lo {*acabó/*empezó/*terminó/etc.} (si *lo* = oración)

3.5. Fragmentos

El último apartado de esta sección está dedicado a los llamados fragmentos (*fragments*), expresiones lingüísticas breves que responden a una variada tipología que abarca diversas unidades infraoracionales (interjecciones, saludos, respuestas, imprecaciones, etc.). Un caso de fragmento que ha sido bastante estudiado son las llamadas respuestas cortas, que se emiten como contestación a una pregunta que ha sido formulada en el discurso previo.

(36) a. —¿Quién ha telefoneado? —Ernesto.
b. —¿Dónde has dejado el periódico? —En el estudio.
[tomado de Brucart 2004: 173]

Los constituyentes de (36) tienen una interpretación proposicional, equivalente a la que obtendríamos si diésemos una respuesta entera. La manera más fácil de reflejar esto es suponer que los fragmentos son, en cierto sentido, similares a los casos de truncamiento, como sugiere Merchant (2001). Las similitudes entre (36) y los datos de truncamiento son evidentes, como se observa en (37):

(37) a. —Ha telefoneado alguien. —¿Quién?
b. Ha telefoneado alguien, pero no sé quién.

Otra posibilidad de dar cuenta de la interpretación de los ejemplos que hemos visto es suponer la existencia de reglas interpretativas adicionales. Puesto que la primera opción es menos costosa, resulta en principio preferible.

4. La elipsis en el Sintagma Nominal

Los casos de elipsis nominal no presentan tanta variedad como los de la elipsis verbal, pero se trata del otro dominio donde este fenómeno ha sido estudiado con atención. En esta sección, presentaremos sus características básicas. Antes de empezar, es importante recordar que ejemplos como los de (38) no pertenecen al ámbito de la elipsis, al menos en principio:

(38) {∅/Mourinho} es un provocador

En la sección 2 observábamos que datos como estos pueden abordarse suponiendo bien la presencia de un pronombre nulo, bien un caso de elipsis. No creemos que la segunda opción sea viable, al menos si queremos mantener la principal condición de legitimación interpretativa de este fenómeno: la condición de que el hueco de la elipsis debe ser una información recuperable contextualmente. En (38a), el SN en posición de sujeto no cuenta con antecedente alguno que permita su recuperación, pero sí hay unas marcas formales que permiten recuperar la información gramatical básica de tal constituyente, los rasgos de número y persona codificados en el verbo. En consecuencia, es el verbo el elemento que expresa la información necesaria (que legitima) para que el SN se elida; este proceso es bien conocido en la bibliografía, donde se ha observado que la elipsis de un argumento es un fenómeno muy productivo en la mayoría de lenguas románicas (lenguas "pro-drop" o de "sujeto nulo"), al menos para el caso de los sujetos.

Descartada la posibilidad de que un SN pueda ser elidido (deberíamos, en tales casos, hablar de legitimación de una categoría vacía), consideremos las propiedades más relevantes de la elipsis parcial del SN. En (39), observamos ejemplos de este tipo de elipsis, que mantiene muchas similitudes con el vaciado, como puede verse: en ambos casos, hay un hueco (el sustantivo elidido, o el sustantivo más algún modificador) y un resto (los determinantes/cuantificadores y modificadores restrictivos):

(39) a. Vi la película de acción, pero no [SN la ∅ romántica] [∅ = película]
b. Compré tres cupones de lotería y María [$_{SN}$ cuatro ∅] [∅ = cupones de lotería]

Conforme a lo que hemos dicho hasta el momento, la elipsis ilustrada en (39) debe satisfacer ciertas condiciones interpretativas, sintácticas y morfológicas. Estas últimas son particularmente notorias en el caso del SN, puesto que la elipsis de su núcleo precisa de la presencia de algún elemento del resto con los rasgos de número y género que permitan recuperar la información morfológica del hueco:

(40) a. Hemos leído las novelas de Galdós, pero no [SN las ∅ de Clarín] [∅ = novelas]
b. He probado [$_{SN}$ la bebida blanca] y [$_{SN}$ **la** ∅ roj**a**] [∅ = bebida]

La flexión de los determinantes y modificadores es, por tanto, análoga a la de los morfemas de número y persona del verbo. Desde esta perspectiva, es esperable que lenguas que carecen de este recurso no puedan elidir el sustantivo. Tal es el caso del inglés.

(41) I called all the students, but not [SN the Spanish *(one)]
yo llamé todos los estudiantes pero no el español uno
Llamé a todos los estudiantes, pero no al español

Aunque la recuperabilidad de rasgos gramaticales a través del determinante es una condición necesaria, como acabamos de comprobar, no es suficiente para que el proceso de elipsis pueda ocurrir. Como vemos en (42), es necesario que el resto de la elipsis contenga un elemento tónico; algo que ocurrirá con modificadores restrictivos (cf. (42a)) o determinantes posnominales (cf. (42b)):

(42) a. Hablé con la amiga de Luis, pero no con [SN la ∅ *(de María)] [∅ = amiga]
b. No es justo: yo tengo pocas fichas y María [$_{SN}$ muchas ∅] [∅ = fichas]
c. Si tienes que escoger una chaqueta, escoge [$_{SN}$ esa ∅] [∅ = chaqueta]

Estos ejemplos constituyen evidencia del peso que tienen los condicionamientos fonológicos en la elipsis. Pese a ello, y de manera un tanto sorprendente, en Eguren (2008) se observa que ni siquiera la focalización contrastiva de estos elementos legitima la elipsis:

(43) *Este no es MI problema, es TU[v]N
[tomado de Eguren 2008: 223]

Una manera alternativa de explicar los datos de (42) pasaría por suponer que no hay elipsis, sino que en los casos relevantes el elemento que hace de resto (*la*, *muchas* y *esa*) es un pronombre, no un determinante (Bosque 1989: 48 y ss.; Brucart 1999: 2856 y ss.).

Nos gustaría referirnos ahora a otra restricción, aparentemente también fonológica, sobre la elipsis del núcleo nominal. Acabamos de ver que los modificadores restrictivos pueden constituir el resto de un SN. En el caso de los SSPP, en la bibliografía se ha observado que solo la preposición *de* legitima la elipsis:

(44) a. *El viaje a Madrid se canceló, pero no [SN el ∅ a Zamora]
b. *El chico sin gafas está sentado, [$_{SN}$ el ∅ con gafas] de pie
c. *El regalo para María está aquí, [$_{SN}$ el ∅ para Carlos] bajo la cama
[tomado de Gallego 2011: 73]

(45) a. El hijo de Celia es biólogo; [SN el ∅ de Carlos] matemático
b. La casa de tus primos es fea, pero [$_{SN}$ la ∅ de los míos] es horrible
c. La prueba de Matemáticas fue ayer, [$_{SN}$ la ∅ de Física] es hoy
[tomado de Gallego 2011: 74]

Varios autores han recogido esta asimetría (Brucart 1999; Eguren 2008), aunque los detalles siguen siendo poco entendidos. Para empezar, el efecto desaparece cuando el determinante no es un artículo definido:

(46) a. Me gusta {*el/ese} [v]N con flores
b. He comprado {*el/ese} [v]$_{N}$ para niños
[tomado de Eguren 2008: 211]

Eguren (2008) también nota que sucede lo mismo si se inserta material entre el artículo definido y un SP no encabezado por *de*:

(47) a. Me presentaron a los {dos/otros} (conferenciantes) sin corbata
b. Me gustan los (cuentos) {cortos/de Martín Garzo} para niños
[tomado de Eguren 2008: 217]

Eguren (2008) explica estos hechos en términos fonológicos, proponiendo que el artículo definido y los posesivos átonos son clíticos que deben afijarse. Esto nos dice algo de los contrastes de (45), pero no arroja demasiada luz sobre por qué el proceso de cliticización de los artículos definidos es únicamente posible con los adjetivos (e. g., *El simpático*), el *que* relativo (e. g., *El que ha venido*), otros determinantes o cuantificadores (e. g., *Los otros*) o un SP introducido por *de* (e. g., *La de Juan*).

Para concluir esta sección, nos gustaría mencionar otra particularidad que afecta a los procesos de elipsis nominal. Hemos visto que entre antecedente y hueco de la elipsis puede haber ciertos desajustes, sobre todo de tipo morfológico (véanse los ejemplos de (5)). En el caso del SV, los rasgos de número y persona pueden diferir, y los datos de (48) y (49) indican que también podemos encontrar diferencias con los rasgos de modo, pero no con los de tiempo (Saab 2009; Brucart y McDonald 2012).

(48) María salió de la sala antes [SC que Juan ∅] [∅ = saliese de la sala]

(49) a. *Antonio viajó ayer y yo viajaré/viajo mañana
b. Antonio viaja hoy y yo ~~viajo~~ mañana
[tomado de Brucart y McDonald 2012: 596]

En el caso del SN, vemos que los rasgos de número pueden ser diferentes, pero no los de género (Depiante y Masullo 2001; Saab 2009).

(50) a. No es por menospreciar tus problemas, pero [SN el problema mío] es más grave
b. *No pude hablar con mi hermano, aunque Pablo sí habló con [$_{SN}$ la ~~**hermana**~~ suya].
[tomado de Gallego 2011: 79]

Sea cual sea la explicación de este comportamiento (que, como indican Depiante y Masullo 2001, sugiere que el género gramatical forma parte de la información léxica del sustantivo, a diferencia del número), lo que resulta llamativo es que el supuesto paralelismo morfológico pueda conculcarse para unos rasgos, pero no para otros.

Reconocimientos

Este trabajo ha podido realizarse gracias a las ayudas concedidas a los proyectos del Ministerio de Ciencia e Innovación (FFI2011-29440-C03-01) y la Generalitat de Catalunya (2014SGR-1013). Me gustaría agradecer a José María Brucart sus comentarios a una versión previa de esta entrada, así como las observaciones de un revisor anónimo. Si hay errores, son míos.

Bibliografía

Bosque, I. (1984) "Negación y elipsis", *ELUA*, 2., pp. 171–199.
Bosque, I. (1989) *Las categorías gramaticales*, Madrid: Síntesis.
Brucart, J. M. (1987) *La elisión sintáctica en español*, Barcelona: Publicacions de la UAB.

Brucart, J. M. (1999) "La elipsis", en Bosque, I. y Demonte, V. (eds.) *Gramática descriptiva de la lengua española*, Madrid: Espasa, pp. 395–522.
Brucart, J. M. y McDonald, J. (2012) "Empty categories and ellipsis", en Hualde, J. I., Olarrea, A. y O'Rourke, E. (eds.), *Handbook of Hispanic Linguistics*, Malden, MA: Blackwell, pp. 579–602.
Depiante, M. (2000) *The syntax of deep and surface anaphora: A study of null complement anaphora and stripping/bare argument ellipsis*, tesis doctoral inédita, University of Connecticut.
Depiante, M. y Masullo, J. (2001) "Género y número en la elipsis nominal: Consecuencias para la hipótesis lexicalista", charla en el *Encuentro de Gramática Generativa*. General Roca, Río Negro, Argentina: Escuela Superior de Idiomas, Universidad Nacional del Comahue,.
Duguine, M. (2013) *Null arguments and linguistic variation: A minimalist analysis of pro-drop*, tesis doctoral inédita, Universidad del País Vasco.
Eguren, L. (2008) "Clíticos léxicos y elipsis nominal", en Artiagoitia, X. y Lakarra, J. (eds.) *Gramatika jaietan: Patxi Goenaga omenez*, San Sebastián: Universidad del País Vasco, pp. 209–224.
Gallego, Á. J. (2011) *Sobre la elipsis*, Madrid: Arco Libros.
Johnson, K. (2009) "Gapping is not (VP-) ellipsis"·, *Linguistic Inquiry*, 40, pp. 289–328.
Lasnik, H. (1999) "Pseudogapping puzzles", en Lappin, S. y Benmamoun, E. (eds.) *Fragments: Studies in ellipsis and gapping*, Nueva York: OUP, pp. 141–174.
Lasnik, H. (2005) "Review of Jason Merchant, *The syntax of silence*", *Language*, 81, pp. 259–265.
Lobeck, A. (1995) *Ellipsis: Functional heads, licensing, and identification*, Oxford: Oxford University Press.
Merchant, J. (2001) *The syntax of silence: Sluicing, islands, and the theory of ellipsis*, Oxford: Oxford University Press.
Saab, A. (2009) *Hacia una teoría de la identidad parcial en la elipsis*, tesis doctoral inédita, Universidad de Buenos Aires.
Zagona, K. (1982) *Government and proper government of verbal projections*, tesis doctoral inédita, University of Washington.
Zagona, K. (1988) "Proper government of antecedentless VP in English and Spanish", *Natural Language and Linguistic Theory*, 6, pp. 95–128.

Lecturas complementarias

Bosque, I. y Gutiérrez-Rexach, J. (2009) *Fundamentos de sintaxis formal*, Madrid: Akal.
Brucart, J. M. (2004) "Entre el borrado y la reconstrucción: nuevos enfoques en el tratamiento gramatical de la elipsis", en Cabré, T. (ed.) *Lingüística teòrica: anàlisi i perspectives I*, Bellaterra: Servei de Publicacions de la UAB, pp. 159–189.
Eguren, L. (2010) "Contrastive focus and nominal ellipsis in Spanish", *Lingua*, 120, pp. 435–457.
Lobeck, A. (1999) "VP ellipsis and the minimalist program: Some speculations and proposals", en Lappin, S. y Benmamoun, E. (eds.) *Fragments: Studies in ellipsis and gapping*, Oxford: Oxford University Press, pp. 98–123.
López, L. (1999) "VP-ellipsis in English and Spanish and the features of auxiliaries", *Probus*, 11, pp. 263–297.
Reglero, L. (2007) "On Spanish comparative subdeletion constructions", *Studia Linguistica*, 1, pp. 130–169.
Saab, A. (2010) "Silent interactions: Spanish TP-ellipsis and the theory of island repair", *Probus*, 22, pp. 73–116.
Sáez, L. (1989–1990) "Antecedent-contained deletion and modals in Spanish comparative constructions", *The Linguistic Review*, 6, pp. 195–225.
Ticio, M. E. (2005) "NP-ellipsis in Spanish", en Eddington, D. (ed.), *Selected Proceedings of the Seventh Hispanic Linguistics Symposium*, Somerville, MA: Cascadilla Proceedings Project, pp. 128–141.
Zubizarreta, M. L. (1982) *On the relationship of the lexicon to syntax*, tesis doctoral inédita, Massachusetts Institute of Technology.

Entradas relacionadas

clíticos; coordinación; análisis del discurso; estructura de la información; flexión verbal; género y número; pronombres.

ENTONACIÓN

Timothy L. Face

1. Introducción

1.1. Definición

Al considerar la entonación, los lingüistas han propuesto una variedad de definiciones, muchas veces según el interés individual del autor. Aunque algunos han incluido en la definición otros rasgos del habla, todos están de acuerdo en que la entonación consiste principalmente (y muchos dirían exclusivamente) en la variación en la frecuencia fundamental, o la tasa de vibración de las cuerdas vocales: lo que comúnmente denominamos el tono o, coloquialmente, la melodía de la voz. Así pues, forma parte del sistema fonológico. Pero decir que la entonación tiene como sustancia el rasgo físico del tono no es suficiente para definirla, sino que también hay que pensar en su función.

El tono, como rasgo físico, no se limita a funciones lingüísticas. Muchos sonidos que producimos oralmente tienen tono aunque carezcan de función lingüística y, aun en casos del habla, el tono puede servir para comunicar información extralingüística como, por ejemplo, las emociones, la actitud o los sentimientos del hablante. Aunque esta información se exprese mediante el tono durante la producción de habla, no se trata de información lingüística. Es la función lingüística del tono la que hay que tener en cuenta al definir la entonación. Dicha función difiere en las lenguas del mundo. En las llamadas lenguas tonales, el tono es una parte integral de las palabras y, así, cambiar el tono puede cambiar el significado léxico. En las llamadas lenguas entonativas, entre las cuales se encuentra el español, el tono no afecta el significado léxico, pero sí comunica otros significados lingüísticos, tales como el tipo de oración (declarativa o interrogativa, por ejemplo), el foco, relaciones sintácticas (por ejemplo cuando una frase es ambigua, con más de una posible interpretación) y otros. A diferencia de las lenguas tonales, en las lenguas entonativas el tono tiene una función a niveles superiores que la palabra, teniendo significado a nivel de la oración.

Tomando tanto el rasgo físico del tono como su función lingüística en las lenguas entonativas, podemos dar la siguiente definición de la entonación: la entonación es el componente de la fonología en que el tono (o frecuencia fundamental) funciona para comunicar significado lingüístico a nivel de la oración. Esta definición no debe interpretarse como excluyente de otros factores. Como ya mencionamos, el tono se ve afectado por factores extralingüísticos, pero también hay otros factores que son de interés para los lingüistas, como aquellos que son objeto de investigación del campo de la sociolingüística. Con todo, la definición propuesta, por ser bastante general, reconoce lo básico de la entonación, en su sustancia y su función, dejando espacio para analizar con más detalle la función lingüística.

1.2. Relaciones

Es menester mencionar que la entonación tiene relaciones con otros elementos lingüísticos. En español está ligada al acento, siendo el tono el rasgo acústico de mayor importancia al comunicar el acento, e interactúa con otros elementos prosódicos como la duración y la intensidad. Aunque la entonación forma parte del sistema fonológico, tiene interacciones con otros componentes lingüísticos. Muchos de los significados que comunica caben dentro de la pragmática, dándose una importante conexión entre estos componentes del sistema lingüístico. También hay interacciones entre la entonación y la sintaxis, las cuales no se han investigado lo suficiente en español. Del mismo modo, pese a que muchos reconozcan que la entonación tiene importancia social, son pocos los estudios sociolingüísticos sobre la entonación en español. La realidad es que la mayoría de las investigaciones abordan el tema de la entonación del español desde la perspectiva de la fonética y la fonología, pero hay que tener en cuenta que ningún componente del sistema lingüístico existe aislado de los demás; como todo componente, el entonativo, aunque lo investiguemos desde la perspectiva fonológica, es parte del sistema lingüístico total y por tanto interactúa con otros, y la mayoría de las interacciones probablemente no las hemos descubierto todavía.

2. Perspectiva histórica

2.1. Investigación tradicional y clásica

La investigación lingüística de la entonación tiene una larga y rica historia. Sin embargo, durante gran parte de esta historia, la medición de la frecuencia fundamental fue una tarea bastante ardua, ya que los lingüistas tenían que intentar escuchar los contornos entonativos y representarlos con precisión, algo que es de extrema dificultad. Aun con el desarrollo de la tecnología para crear espectrogramas —tecnología que no estaba al alcance de todos—, la tarea de determinar la frecuencia fundamental requería ver el espectrograma, contar el número de pulsos glotales durante cierto periodo de tiempo y a partir de ahí calcular la frecuencia fundamental. Analizar una gran cantidad de contornos llevaba mucho tiempo, pues el investigador tenía que hacer gran número de cálculos manuales de la frecuencia fundamental para cada oración. La situación se complicaba aún más con el hecho de que las máquinas que producían los espectrogramas no podían analizar más de dos o tres segundos de habla. Dado el tremendo trabajo que suponía analizar la entonación, es increíble que tengamos estudios de relevancia sobre la entonación de ese período de tiempo. Para el español, el pionero de los estudios entonativos fue Tomás Navarro Tomás, que estudió durante décadas la entonación y publicó el libro innovador *Manual de la entonación española* (1944).

2.2. El **boom** *en la investigación de la entonación*

Aunque la entonación en general y del español específicamente se investigó de forma constante durante la mayor parte del siglo XX, fue en el último cuarto de siglo cuando se produjo un *boom* en la cantidad de estudios sobre la entonación que continúa hasta hoy en día. Existen muchos estudios interesantes e importantes que preceden este crecimiento —y claro es que el conocimiento resultante de estos sirvió como base para las investigaciones más recientes— pero son las investigaciones al principio del *boom* las que dan forma al campo de la investigación de la entonación actual. Hay dos razones principales para este *boom* en la investigación de la entonación. La primera son los avances en la tecnología. La tecnología necesaria para el análisis acústico del habla, incluyendo la frecuencia fundamental, se ha hecho más accesible a los investigadores, en un primer momento a más laboratorios lingüísticos y, más adelante, con el desarrollo de programas para ordenadores personales, a investigadores individuales. Hoy en día el análisis acústico es accesible a todo el mundo, gracias a programas de análisis acústico muy robustos que se pueden instalar de forma gratuita. Un ejemplo es el muy popular Praat (Boersma y Weenink 2013), un programa gratis diseñado por lingüistas que es de los que más capacidades y posibilidades de análisis ofrecen.

La otra razón principal para el *boom* en la investigación de la entonación es el desarrollo de la teoría métrica-autosegmental (AM, abreviatura común basada en sus siglas en inglés) para el análisis fonológico de la entonación. La teoría AM se basa en gran parte en el análisis de Pierrehumbert (1980) de la entonación del inglés americano, aunque los conceptos que componen la teoría se desarrollaron durante los años 1970 y la teoría se desarrolló más en los años siguientes.

La teoría AM es autosegmental ya que incluye tonos que son independientes de otras unidades fonológicas (e. g. los segmentos, las sílabas), pero se asocian con ellas. Asímismo, es métrica porque los tonos se asocian con unidades que se consideran fuertes dentro de la fonología métrica. Por ejemplo, en muchas lenguas (incluyendo el español) los acentos tonales (que se componen de tonos) se asocian con sílabas tónicas, dado que estas son métricamente más fuertes que las sílabas átonas. La teoría incluye acentos tonales, que marcan palabras prominentes, y también tonos de frontera que marcan el final de frases. Veremos ejemplos de cómo se aplica la teoría al español más adelante. El éxito de la teoría AM, que resulta en su contribución al *boom* de investigaciones de la entonación, se debe al hecho de que se ha usado prósperamente no solamente para analizar la entonación de muchas lenguas, sino también para analizar la entonación de lenguas muy diversas en cuanto a sus sistemas tonales y entonativos. Si bien existen otras teorías fonológicas de la entonación, la teoría AM domina el campo hasta el punto de que muchas veces parece que sea la única teoría disponible.

2.3. Métodos de investigación actuales

Los estudios actuales de la entonación tienden a ser investigaciones experimentales, rigurosamente diseñadas, y muchas veces cuantitativas. A menudo las oraciones examinadas se controlan para asegurarse de que la entonación encontrada se debe al factor que se investiga y no a otros factores lingüísticos o extralingüísticos. La desventaja de esto es que las oraciones no ocurren en el habla espontánea y se puede argüir que no representan la entonación natural de los hablantes. Aunque cierto control es imprescindible, no se puede negar que como resultado se ha investigado principalmente un único estilo de habla. De hecho, para el español, Face (2003) ilustró que aun con las oraciones declarativas más básicas, hay importantes diferencias en la entonación entre oraciones creadas para experimentos lingüísticos y las que ocurren en el habla espontánea. Recientemente se pone mayor énfasis en confirmar con datos naturales los patrones encontrados en experimentos controlados y también en investigar cómo el estilo de habla afecta la entonación.

La mayoría de los estudios sobre la entonación son estudios de producción de habla y no de percepción de habla, aunque existen los dos tipos de estudios. Hay mucho interés en cómo la entonación comunica significados pragmáticos, ya sea el tipo de oración (i. e. declarativa, interrogativa, imperativa, etc.), significados diferentes del mismo tipo de oración, el tipo de foco (i. e. amplio, estrecho), u otro significado. En los últimos años, gracias al desarrollo de una metodología y un sistema de análisis comunes, mucho esfuerzo se ha dedicado a examinar semejanzas y diferencias entre las entonaciones de diferentes variedades del español, sobre todo la obra monumental de Prieto y Roseano (2010). Aunque hay pocos estudios de percepción de la entonación (en general y en español), hay unos cuantos (e. g. Face 2011 para el español) y estos sirven el papel importante de confirmar (o no) las afirmaciones de los estudios de producción, investigando si las correspondencias propuestas entre unidades entonativas y significados son reales —es decir, si los oyentes perciben los significados que los investigadores proponen que comunican los patrones entonativos. Ya que hay tantos estudios sobre la entonación en español, se puede imaginar un futuro crecimiento en los estudios de percepción para verificar las afirmaciones de los estudios de producción.

3. Datos básicos

3.1. Introducción

Hay que comenzar por notar que es bastante difícil hablar de datos básicos al hablar de la entonación del español. Con la gran cantidad de variedades del español que existen, y con mucha variación de la entonación entre estas variedades, no se puede hablar de datos básicos y dar mucho detalle sin excluir ciertas variedades. Sin embargo, aquí se presentan una serie de características comunes en la entonación declarativa e interrogativa del español castellano, del centro de España, puesto que esta variedad comparte muchas características entonativas con otras variedades (e. g. Prieto y Roseano 2010). Cabe reconocer, no obstante, que hay mucha variación entonativa en el mundo hispanohablante y lo que se presenta aquí no representa la lengua entera en todas sus variedades.

3.2. Declarativas

En las oraciones declarativas con foco amplio —en que ninguna parte de la oración se enfatiza más que las otras— es muy común un patrón en el que se produce una subida tonal durante las sílabas tónicas. El tono tiende a comenzar su subida cerca del principio de la sílaba tónica, sube durante la sílaba tónica y, en las tónicas no finales de oración, la subida normalmente continúa en la sílaba postónica. En el caso de la última sílaba tónica de la oración, el pico normalmente se realiza dentro de la sílaba tónica. También en este patrón los picos tonales típicamente demuestran escalonamiento descendente (o *downstepping*), en que cada pico alcanza un nivel tonal menor que el anterior. La Figura 1 muestra un ejemplo de una oración con este patrón. El sombreado indica las sílabas tónicas, para ilustrar el alineamiento (i. e. la relación temporal) de las subidas tonales con estas sílabas.

Como es de esperar, hay varios factores que afectan el patrón entonativo y hay muchas variaciones; aunque el patrón de la Figura 1 es prototípico, existe una gran variedad de realizaciones. Por ejemplo, en la Figura 2, vemos que hay dos sílabas tónicas muy cerca. Como la subida tonal típicamente continúa después de la sílaba tónica, y la próxima comienza al principio de la siguiente tónica, cuando hay poco espacio entre ambas tónicas no hay suficiente tiempo para realizar estos movimientos tonales de la manera típica. Así que el hablante

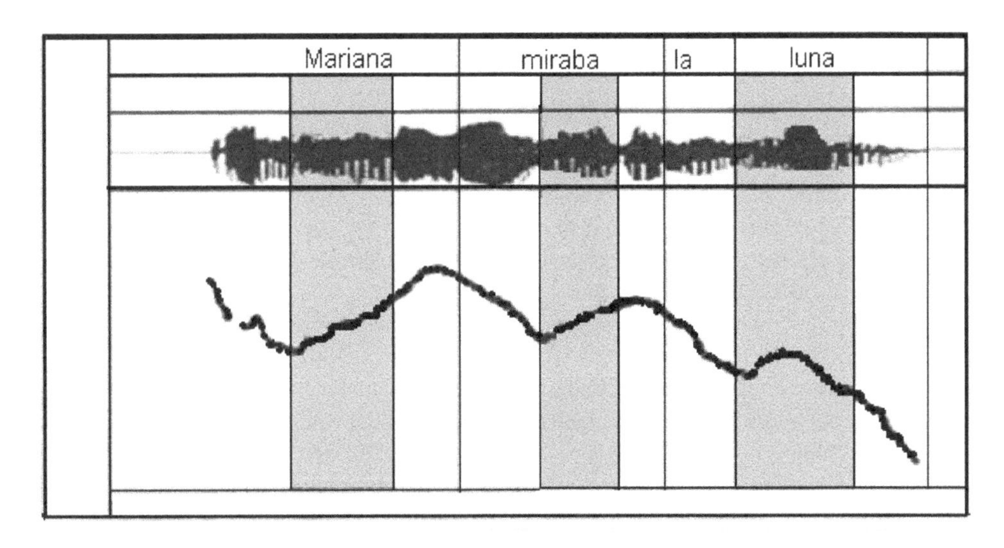

Figura 1 Patrón entonativo típico de declarativas (de Face 2008: 9)

tiene que ajustar la entonación de alguna forma. Una posibilidad es mantener los movimientos, pero cambiar el alineamiento de ellos con las sílabas tónicas. Otra posibilidad es eliminar o reducir parte del movimiento para que quepa en el espacio que hay. Y otra posibilidad es combinar las primeras dos posibilidades, reduciendo el movimiento y cambiando el alineamiento con las sílabas tónicas. Esta última posibilidad es lo que vemos en la Figura 2. En esta figura, hay sólo una breve sílaba átona entre las dos tónicas (otra vez marcadas por el

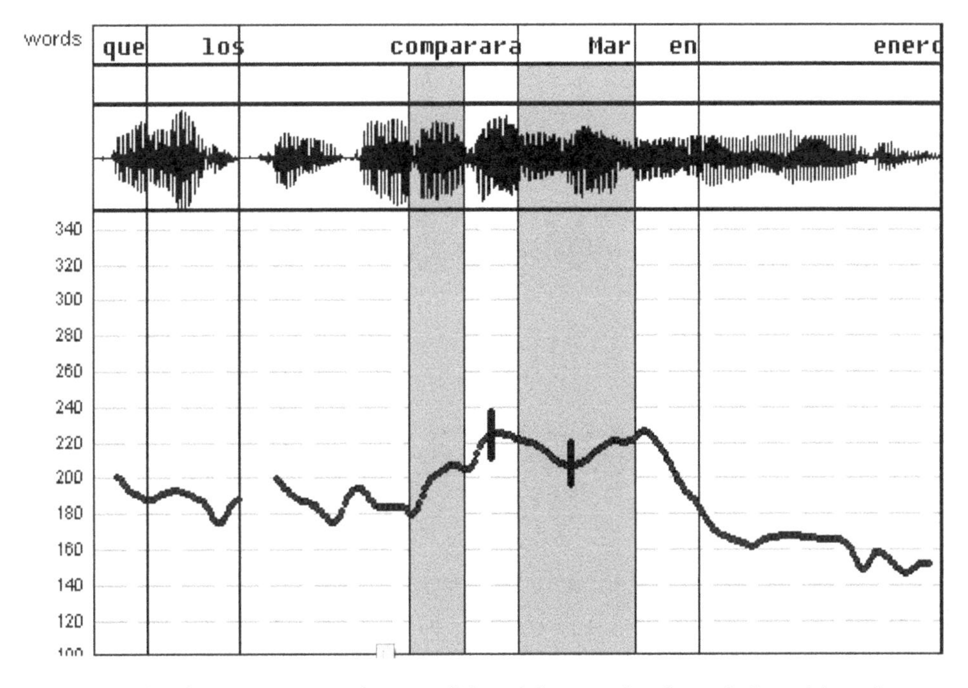

Figura 2 Declarativa con poco espacio entre sílabas tónicas, resultando en el ajuste del patrón entonativo (de Face 2008: 14)

sombreado). Para mayor claridad, el pico de la primera subida y el comienzo de la segunda se indican con rayas verticales negras. Se puede ver que la primera subida es como vimos anteriormente, comenzando al principio de la sílaba tónica y continuando en la postónica. Pero por falta de espacio antes del principio de la siguiente sílaba tónica, la segunda subida se ajusta de dos formas. Primero, después del primer pico, no hay mucho tiempo para caer, y la segunda subida comienza a un nivel tonal bastante alto. Segundo, en lugar de comenzar al principio de la sílaba tónica, la segunda subida tonal comienza en el medio de la sílaba tónica. El espacio entre sílabas tónicas es solamente un ejemplo de los muchos factores que afectan la realización de los patrones entonativos.

Aunque es típico encontrar subidas tonales durante las sílabas tónicas, este no es siempre el caso. En declarativas, normalmente sólo se encuentran sílabas tónicas sin subida tonal (u otro movimiento tonal considerable, como un descenso) en el habla espontánea. Dado que la mayoría de los estudios son más controlados, como observamos anteriormente, no hay mucha información sobre la frecuencia de estos casos. En un estudio pequeño sobre el habla espontánea, Face (2003) indica que un 30% de las sílabas tónicas carecían de subidas tonales. Un ejemplo con varias sílabas tónicas sin subida tonal se da en la Figura 3. En esta figura se ve una subida tonal en las palabras *más* y *juntos*, pero no en los dos verbos *vale* y *estar* que las separan, aunque estos tienen sílabas tónicas. El tono simplemente cae del pico al final de la subida en *más* hasta el valle al principio de la subida en *juntos*. Luego, la palabra *separados* y la última ocurrencia de la palabra *queriéndose* tampoco muestran subidas tonales. El caso de *queriéndose* es similar al caso de *vale* y *estar* en que el tono cae desde un pico precedente a un valle siguiente. El caso de *separados* es diferente en que es la única palabra tónica en una frase breve entre dos pausas.

Hay varias investigaciones que se centran en declarativas con el foco estrecho en que una palabra o parte de la oración se enfatiza por contrastarse con otra información o por ser nueva información en el discurso. Cuando una palabra se produce con foco estrecho, lo más común es que el pico tonal ocurra dentro de la sílaba tónica y no después de ella. Un ejemplo se ve en la Figura 4, donde, en respuesta a la pregunta *¿Dijo Ignacio que se lo pedía para el*

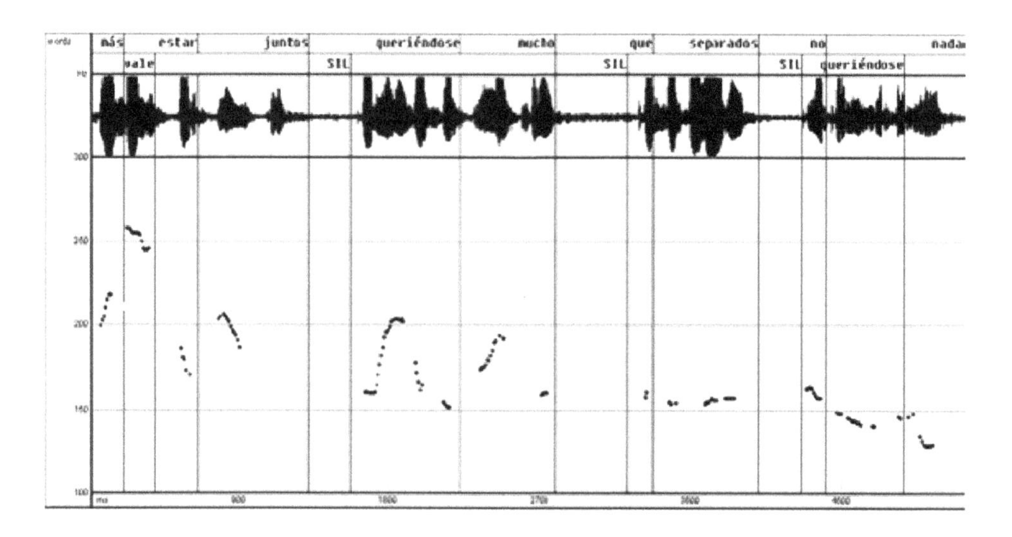

Figura 3 Oración con falta de subidas tonales en varias sílabas tónicas (de Face 2003: 122; SIL indica silencio)

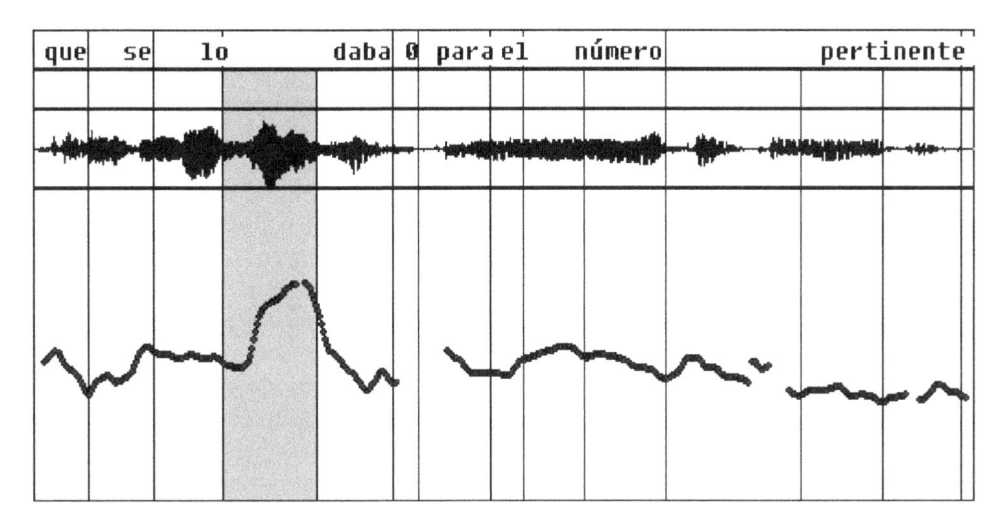

Figura 4 Oración con foco estrecho en la palabra daba (de Face 2008: 26)

número pertinente?, el hablante produce la palabra *daba* con foco estrecho y el pico tonal ocurre durante la sílaba tónica (indicada por el sombreado), y con bastante altura también. La altura es otra manera de marcar el foco, aunque no siempre coincide con un pico ubicado dentro de la sílaba tónica.

Muchas veces en casos de foco estrecho lo que viene después de la palabra producida con foco estrecho se produce sin subidas tonales, resultando el resto de la oración bastante monótono en el sentido de que no hay cambios significantes del tono. De hecho, Face (2011) ha mostrado que es este el aspecto entonativo más importante en la percepción del foco estrecho por los hablantes del español castellano, del centro de España. La Figura 5 da un ejemplo de la falta de subidas tonales en la parte de la oración después de la palabra *dábamos* producida con foco estrecho en respuesta a la pregunta *¿Dijo María que le pedíamos el número pertinente?* Esta parte de la oración se indica por el sombreado.

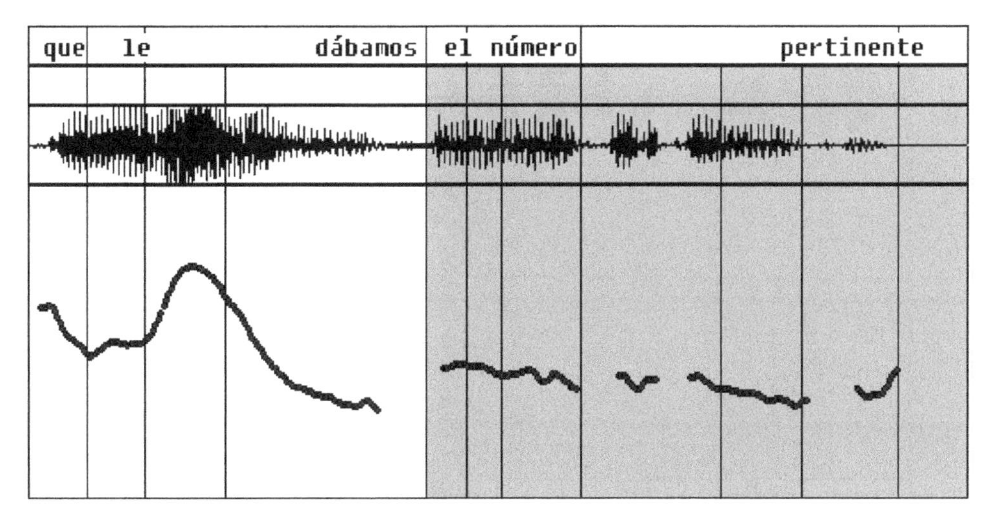

Figura 5 Oración que ilustra la falta de subidas tonales después de la palabra producida con foco estrecho (de Face 2008: 30)

En los estudios controlados, se construyen contextos específicos para la producción de foco estrecho, pero en el habla espontánea se encuentran picos durante la sílaba tónica, picos más altos de lo esperado, y otros rasgos entonativos que se asocian con el foco estrecho en contextos en que no parece haber foco estrecho. Hay que tener en cuenta que la realidad es más complicada que las situaciones controladas de muchos estudios y es difícil si no imposible determinar el foco en el habla espontánea utilizando las definiciones tradicionales. Al contrario, los hablantes parecen determinar de modo subjetivo lo que es importante, aunque no sea información nueva en el discurso y no se contraste con otra cosa. También es posible que el patrón de foco estrecho presente modificaciones por efecto de otros factores (e. g. ritmo más rápido, duración más corta). Face (2003) encuentra que en casi un cuarto de las subidas tonales asociadas con sílabas tónicas no finales, el pico ocurre dentro de la sílaba tónica a pesar de que el contexto no indica casos de foco estrecho. Se ven ejemplos de esto en las Figuras 6 y 7, donde las sílabas tónicas relevantes se marcan con el sombreado. De manera similar, se encuentra con frecuencia un pico alto (sin escalonamiento descendente), especialmente al final de la oración, un ejemplo de lo cual se muestra en la Figura 8.

3.3. *Interrogativas*

Las interrogativas se dividen en dos grandes categorías: las absolutas (que se responden con *sí* o *no*) y las pronominales (que incluyen un pronombre interrogativo como *qué, dónde, cuándo,* etcétera). Como en las declarativas, existen varios factores que afectan los patrones entonativos interrogativos, ya sean factores fonéticos (como la cantidad de espacio en el que realizar el patrón) o factores pragmáticos como matices de significado que quiere comunicar el hablante. En esta sección veremos los contornos prototípicos y algunas variaciones comunes.

La interrogativa absoluta prototípica tiene una subida en la primera sílaba tónica que parece similar a su contraparte en las declarativas, comenzando a subir al principio de la tónica y continuando en la postónica. Este pico tiende a alcanzar un nivel más alto en las interrogativas que en las declarativas. Del pico inicial, el tono baja gradualmente durante la mayoría de la oración, llegando a un nivel bajo cerca del principio de la última sílaba tónica.

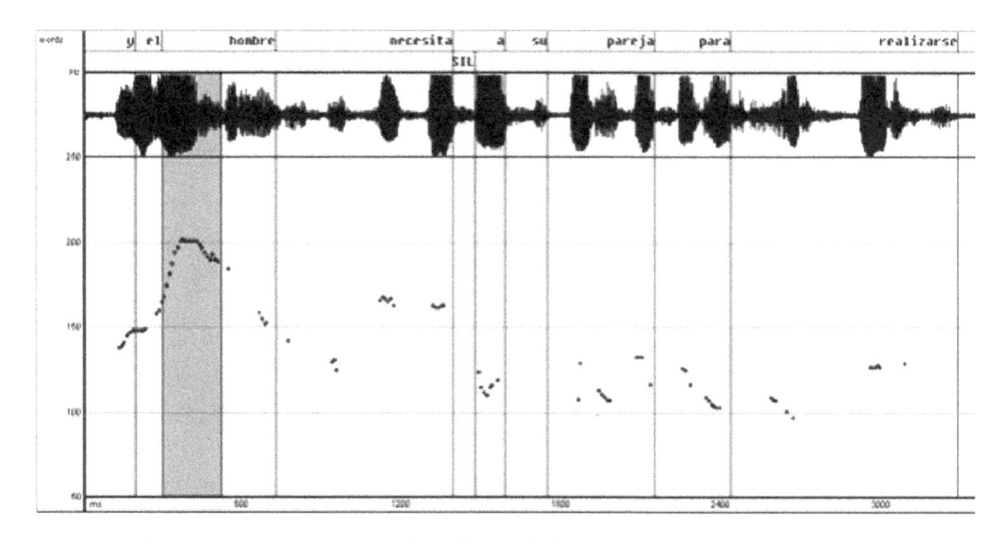

Figura 6 Oración con el pico tonal no final dentro de la sílaba tónica, aunque no parece ser un contexto de foco estrecho (de Face 2003: 124)

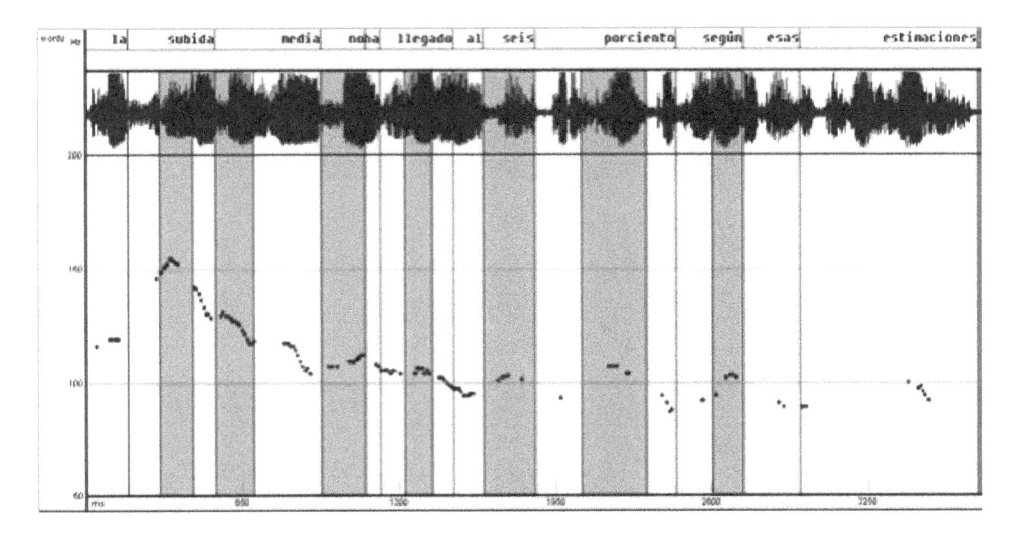

Figura 7 Oración con varios picos tonales en las sílabas tónicas. No pueden estar todas estas palabras en foco estrecho, pero la oración tiene el sentido de insistencia por parte del hablante (de Face 2003: 124)

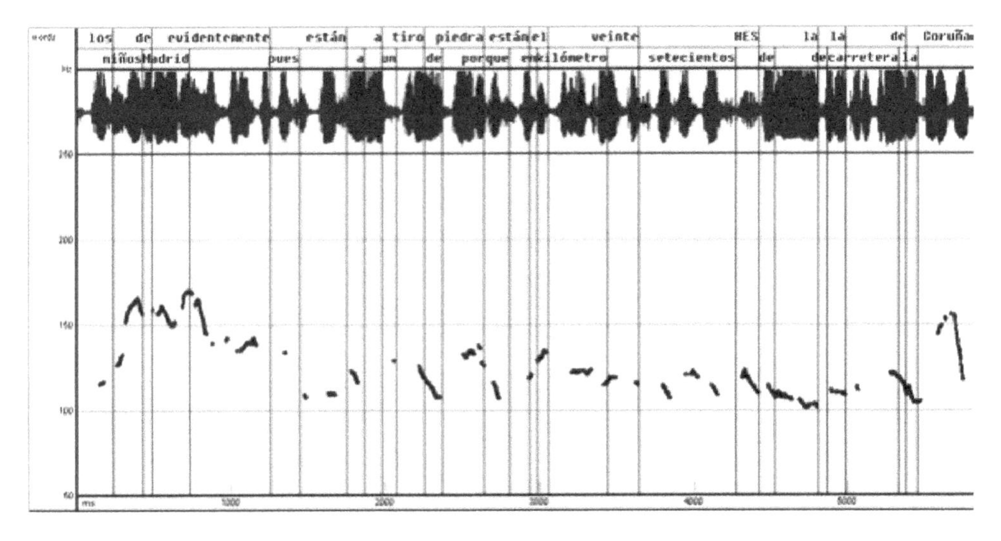

Figura 8 Oración con un pico alto a final (de Face 2003: 128)

Mantiene un nivel bajo durante esta última tónica y después sube hasta el final de la oración. El nivel tonal al final de la oración varía mucho, pero normalmente es tan alto o más que el pico inicial de la oración. Se da un ejemplo de la interrogativa absoluta prototípica en la Figura 9, donde el sombreado indica las sílabas tónicas.

Para ver sólo dos ejemplos de interrogativas absolutas con otros matices de significado, veremos una interrogativa en que el hablante pregunta algo que va en contra de lo que se espera. En la Figura 10 vemos que el tono sube durante la última sílaba tónica (a diferencia del tono bajo de la interrogativa absoluta prototípica) y luego baja otra vez antes de subir hasta un nivel alto al final de la oración. Otro matiz de significado que se ha estudiado es la confirmación de información (a diferencia de la petición de información que indica la

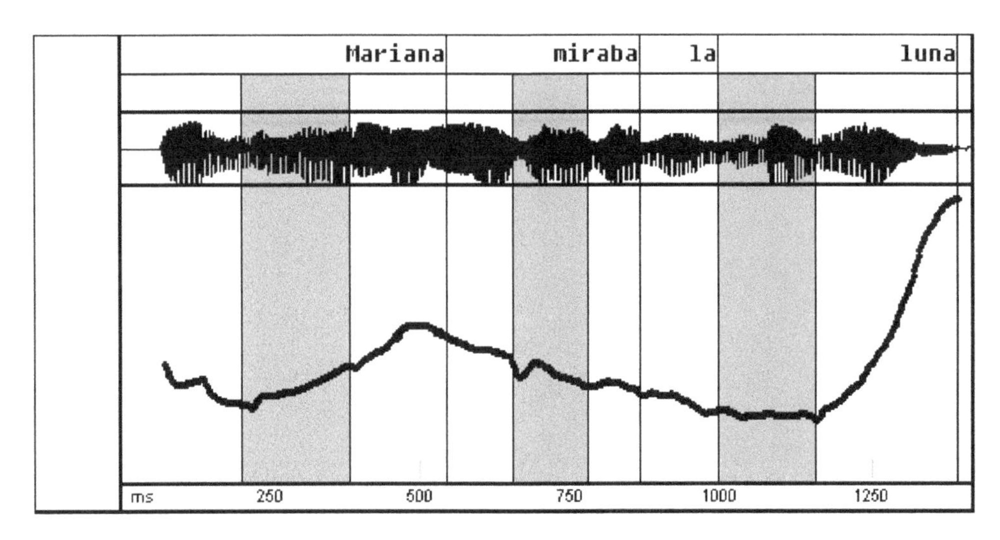

Figura 9 Interrogativa absoluta prototípica (de Face 2008: 38)

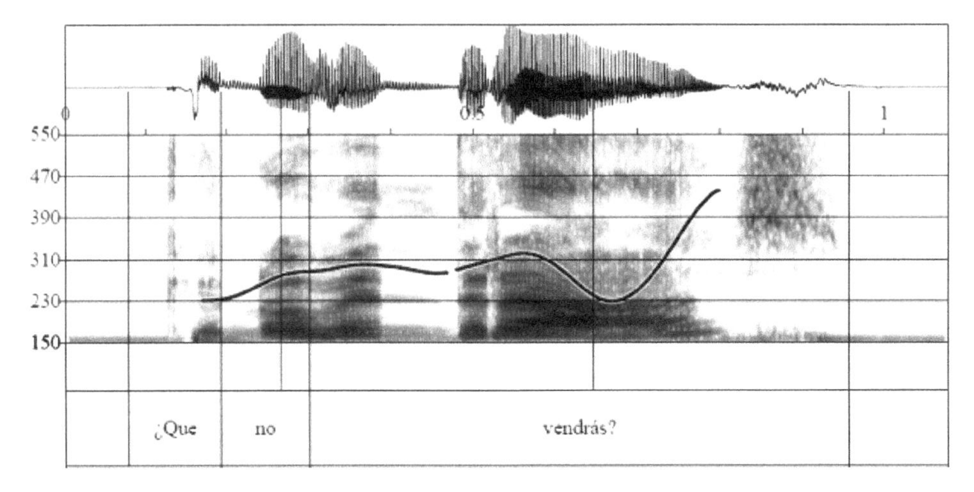

Figura 10 Interrogativa absoluta en que el hablante pregunta sobre algo que va contra de sus expectaciones (adaptada de Estebas-Vilaplana y Prieto 2010: 32)

pregunta prototípica). En la Figura 11 tenemos un ejemplo donde se ve que en la última sílaba tónica el tono desciende del pico anterior y continúa hasta un tono bajo al final de la oración, mostrando que en este caso (como en otros también) la interrogativa absoluta no termina con una subida tonal que para muchos caracteriza este tipo de interrogativa.

La interrogativa pronominal prototípica comienza con el tono bastante alto. Puede subir un poco hasta el primer pico (Figura 12), que corresponde con la primera sílaba tónica, o el tono inicial puede ser el pico y empezar a bajar inmediatamente (Figura 13), dependiendo del contexto fonético. El pico inicial es el único y el tono se mantiene alto si hay espacio antes de la última sílaba tónica (Figura 12), donde desciende a un nivel bajo al final de la oración.

Veremos dos ejemplos de cómo diferentes matices de significado afectan el patrón entonativo de las interrogativas pronominales. Estebas-Vilaplana y Prieto (2010) muestran que

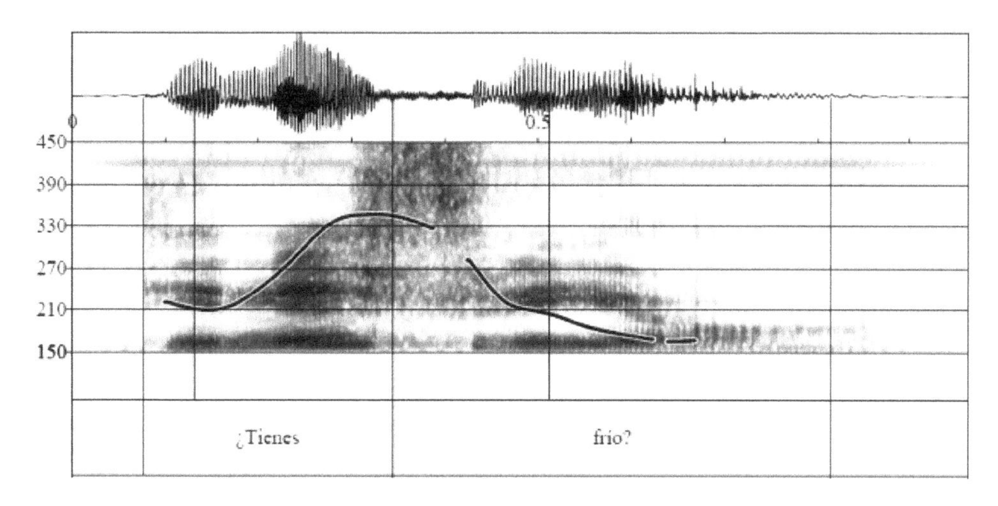

Figura 11 Interrogativa absoluta de confirmación (adaptada de Estebas-Vilaplana y Prieto 2010: 34)

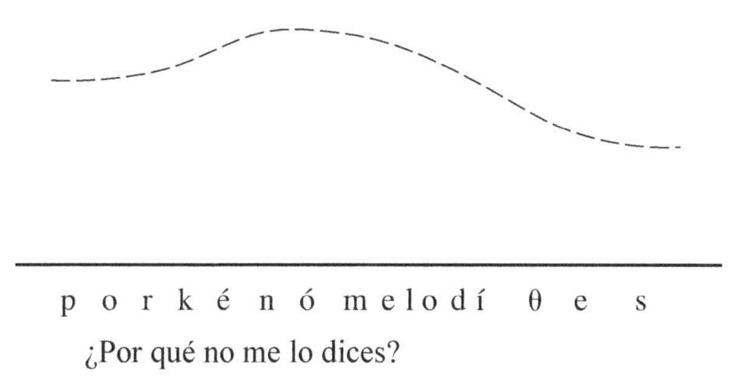

Figura 12 Interrogativa pronominal en que el tono sube antes de bajar (adaptada de Quilis 1999: 432)

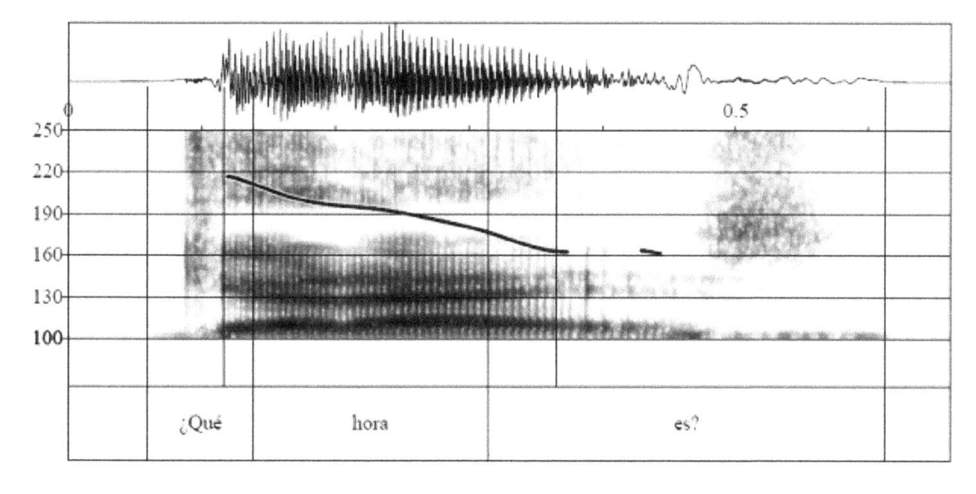

Figura 13 Interrogativa pronominal en que el tono empieza a bajar inmediatamente (adaptada de Estebas-Vilaplana y Prieto 2010: 36)

cuando el hablante quiere expresar más interés o está más involucrado en lo que pregunta, el tono sube al final de la oración. Vemos esto en la Figura 14, donde también podemos notar que el tono está a un nivel bajo antes de esta subida. Cuando la interrogativa pronominal sirve como invitación el tono no sube antes de la última sílaba tónica e, inmediatamente después, baja rápidamente hasta el final de la oración (Estebas-Vilaplana y Prieto 2010), como se ve en la Figura 15.

4. Perspectiva teórica

Se mencionó arriba que la teoría AM domina la fonología de la entonación actualmente. En cuanto a su aplicación al español, se ha desarrollado un conjunto de convenciones de análisis dentro del sistema *Tones and Break Indices* (ToBI), un sistema de transcripción en que el análisis fonológico de la entonación emplea la teoría AM. El sistema para analizar el español

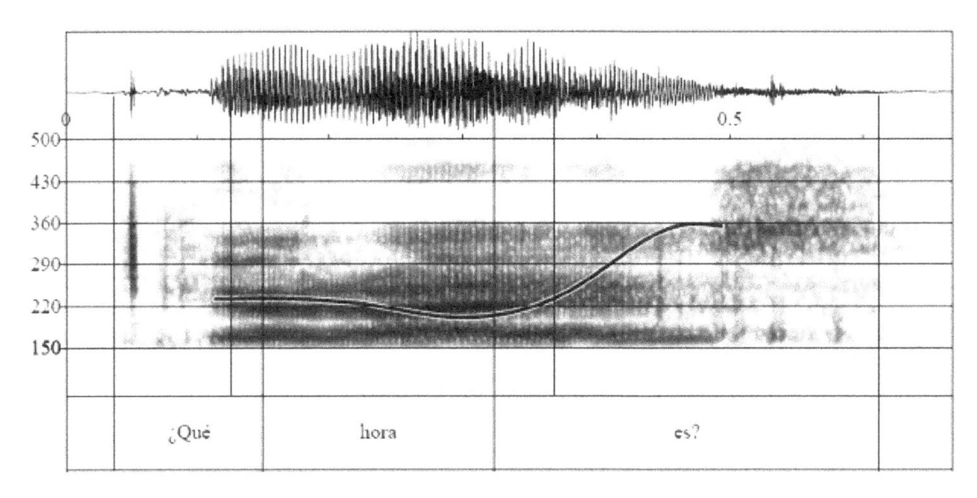

Figura 14 Interrogativa pronominal en que el hablante comunica un matiz de interés (adaptada de Estebas-Vilaplana y Prieto 2010: 36)

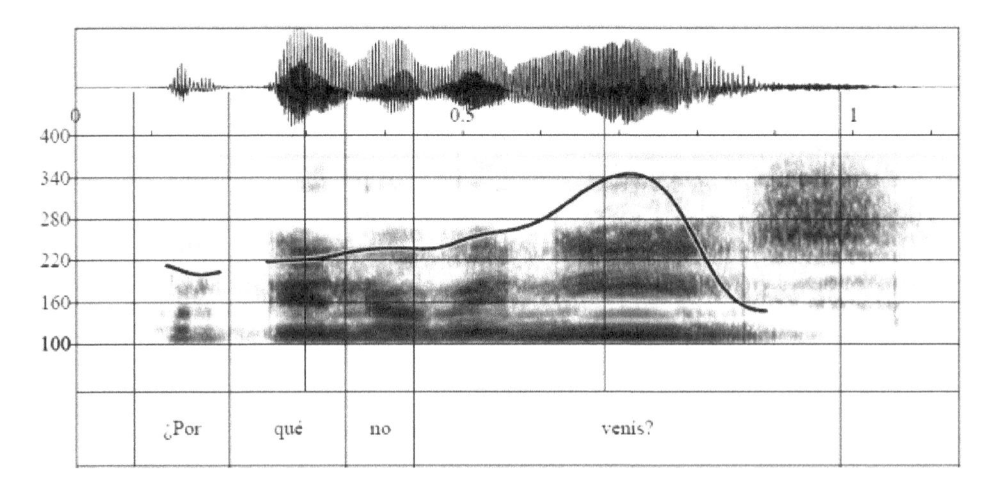

Figura 15 Interrogativa pronominal de invitación (adaptada de Estebas-Vilaplana y Prieto 2010: 39)

se denomina Sp_ToBI, y aquí se presenta un breve resumen del análisis tonal dentro de Sp_ToBI y cómo se aplica a los contornos entonativos.

El sistema Sp_ToBI comenzó de forma incompleta y provisional durante el primer taller sobre el tema en 1999 y el sistema actual (propuesto por Estebas-Vilaplana y Prieto 2008) es completo en el sentido de que se supone que es suficiente para analizar todos los movimientos tonales ya conocidos en los varios dialectos del español. Incluye siete acentos tonales que se asocian con sílabas tónicas, dos de ellos de un solo tono y los otros bitonales. La Figura 16 presenta las etiquetas fonológicas para cada acento y representa de forma esquemática el movimiento tonal de cada acento en relación a la sílaba tónica (indicada por el sombreado). El diacrítico * indica el tono principal del acento que se asocia con la sílaba tónica. El diacrítico > indica que el tono principal se desplaza de la sílaba tónica.

El sistema tiene dos diacríticos más que se aplican a los acentos tonales. Para representar que un tono alto, H, tiene escalonamiento descendente (i. e. *downstepping*, cuando el pico resultante es considerablemente más bajo que el pico previo), le precede el diacrítico ! dando, por ejemplo, no sólo el acento L+H*, sino también L+!H*. De manera similar, para marcar escalonamiento ascendente (i. e. *upstepping*, cuando un pico es considerablemente más alto que el pico previo), el diacrítico ¡ precede al tono H, como en L+¡H*. En estos casos, el movimiento tonal con respecto a la sílaba tónica es igual; la diferencia está en el nivel tonal del pico resultante del tono H.

Sp_ToBI también incluye acentos de frontera, que se usan para marcar el final de frases. Se usan tanto para el final de oraciones como para el final de frases prosódicas dentro de oraciones. Hay tonos de frontera de uno, dos y tres tonos. La Figura 17 presenta las etiquetas y movimientos tonales que representan, y el sombreado indica la parte de la frase después de la última sílaba tónica.

Las Figuras 18–20 representan la aplicación del sistema Sp_ToBI a tres oraciones. En estas figuras se incluyen los *break índices*, que aquí no consideramos, entre las palabras y el análisis tonal. Se ve una variedad de acentos tonales, escalonamiento ascendente y descendente (Figura 19) y tonos de frontera final de las oraciones y, en el caso de la Figura 20, dentro de la oración (que aquí se marca como HH- en lugar de HH%, para representar que no viene al final de la oración).

Como es el caso con cualquier teoría, hay lingüistas que no están de acuerdo con todos los aspectos de Sp_ToBI (su tratamiento de la altura tonal, el análisis de acentos específicos en ciertas variedades, etc.) y que lo modifican en su trabajo. Pero aun en estos casos, son modificaciones pequeñas que mantienen las características principales del sistema y, más generalmente, de la teoría AM. La teoría AM ha experimentado mucho éxito, y para el español Sp_ToBI ha producido un sistema para la aplicación de la teoría AM que está bien definido y que se puede usar para analizar las muchas variedades de la lengua, como se

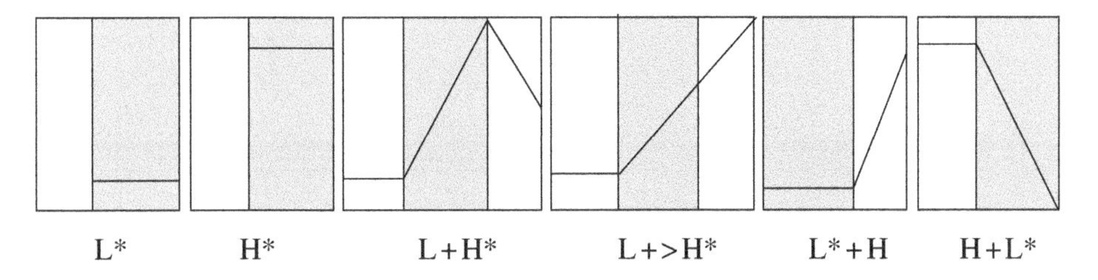

Figura 16 Acentos tonales de Sp_ToBI (adaptada de Estebas-Vilaplana y Prieto 2008: 271)

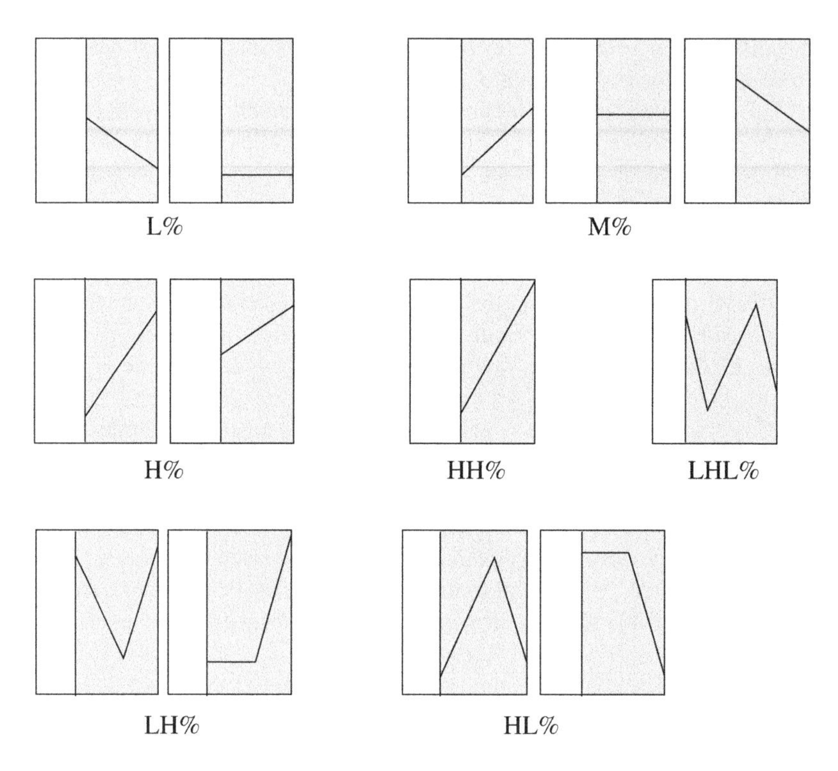

Figura 17 Tonos de frontera de Sp_ToBI (adaptada de Estebas-Vilaplana y Prieto 2008: 276)

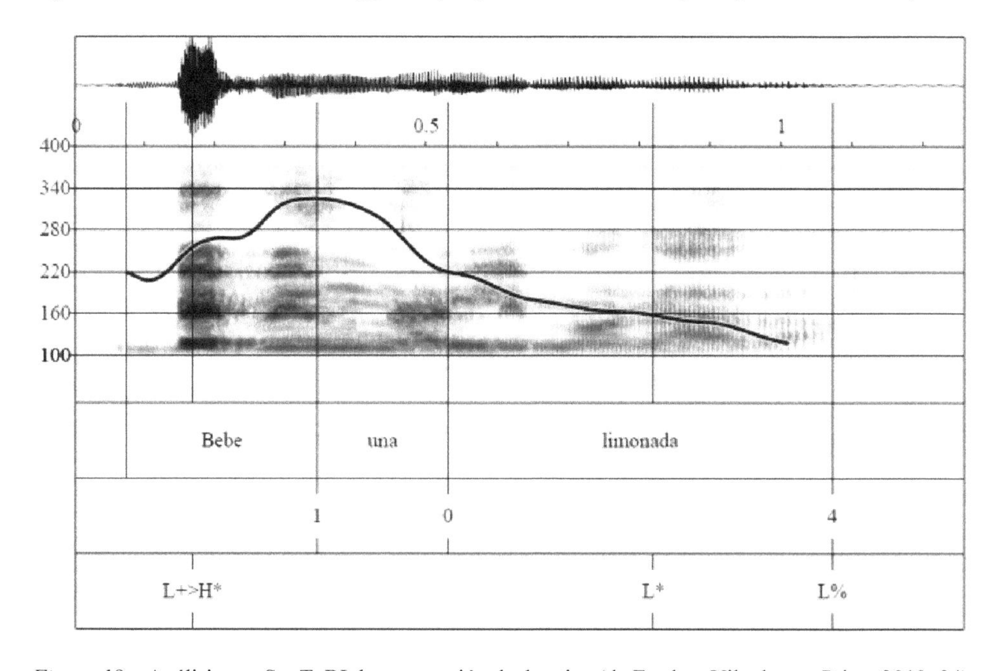

Figura 18 Análisis con Sp_ToBI de una oración declarativa (de Estebas-Vilaplana y Prieto 2010: 24)

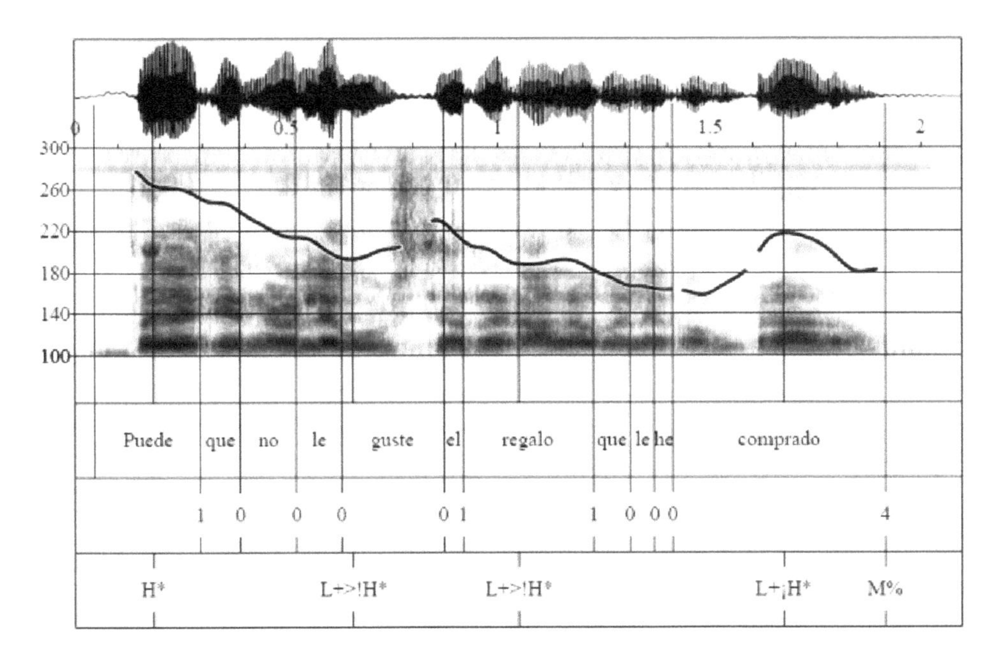

Figura 19 Análisis Sp_ToBI de una declarativa en que el hablante expresa una falta de certeza (de Estebas-Vilaplana y Prieto 2010: 30)

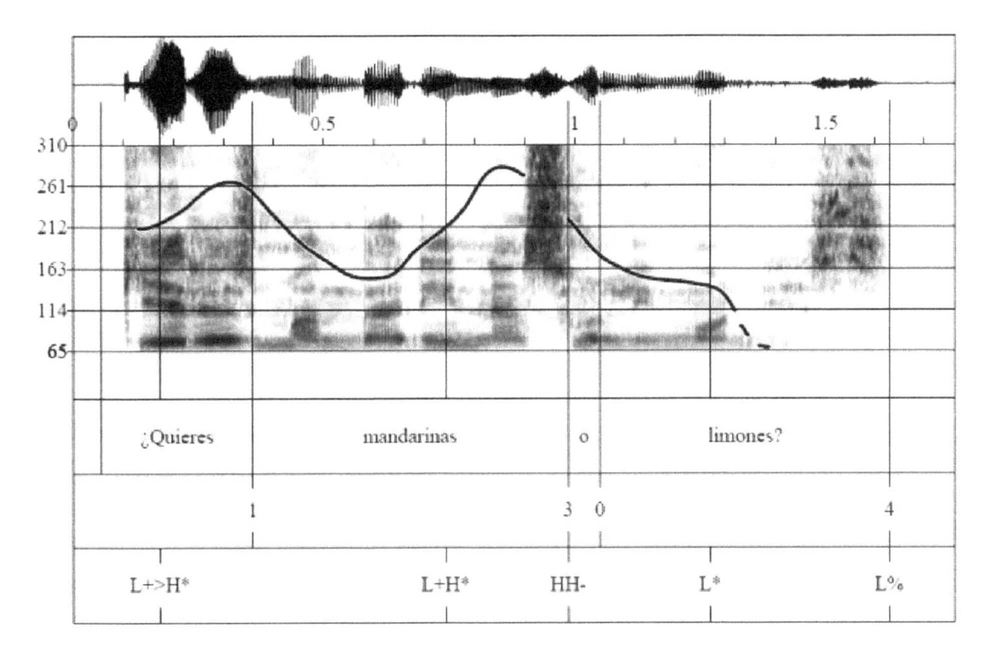

Figura 20 Análisis Sp_ToBI de una pregunta disyuntiva (de Estebas-Vilaplana y Prieto 2010: 31)

puede apreciar, por ejemplo, en el libro de Prieto y Roseano (2010), en que Sp_ToBI se aplica a diez variedades del español.

5. Direcciones para el futuro

El gran interés que hay hoy en día por el estudio de la entonación del español no implica que haya poco más por investigar. Aunque nuestro conocimiento sobre la entonación del español vaya creciendo, cuanto más sabemos más se nota lo que todavía desconocemos. En cuanto al análisis teórico dentro de la teoría AM y Sp_ToBI, va a continuar desarrollándose, como toda teoría, adaptándose a los nuevos conocimientos lingüísticos sobre la entonación del español. No obstante, lo más importante que debemos considerar para el futuro son las cuestiones de conocimiento, no de análisis teórico, porque sin nuevos conocimientos no tenemos nuevos datos, y sin nuevos datos la teoría no tiene nada que la informe. Dejando aparte las consideraciones teóricas, pues, hay tres direcciones importantes que podemos mencionar para futuros estudios de la entonación del español.

La primera dirección importante para futuras investigaciones es el análisis de la entonación del habla espontánea. El estudio preliminar de Face (2003), que comparó el habla grabada en un laboratorio con el habla espontánea, se limitó a declarativas simples y encontró varias diferencias. Aunque algunos estudios recientes han investigado la variación estilística y unos cuantos han usado el habla espontánea para confirmar que los patrones entonativos encontrados en sus experimentos existen en el habla espontánea también, hasta ahora no hay ningún estudio detallado sobre la entonación del habla espontánea en español. Será una tarea difícil dada la complejidad del habla espontánea y los muchos factores —tanto lingüísticos como extralingüísticos— que afectan la entonación, pero si nuestra intención es explicar cómo funciona la entonación en el sistema lingüístico de hablantes del español, tenemos que investigar la lengua en las formas en que se usa naturalmente.

Otra dirección para el futuro es la investigación más sofisticada de significados pragmáticos comunicados por la entonación. La entonación comunica muchos significados pragmáticos, incluyendo el tipo de oración, varios matices de significado para el mismo tipo de oración, el foco y más. Los estudios en el libro de Prieto y Roseano (2010) utilizan una metodología para elicitar varios significados pragmáticos, lo cual resulta en un importante avance en nuestro conocimiento de cómo la entonación del español comunica diferentes significados. Sin embargo, estos estudios resultan en unos pocos ejemplos de cada significado, por lo que no se trata de estudios detallados de ninguno de ellos. Los que estudian la entonación son, sobre todo, fonólogos. Para llegar a un análisis más sofisticado de cómo la entonación comunica significados pragmáticos, será importante que haya colaboración entre expertos en la entonación y expertos en la pragmática. De este modo se podrán diseñar estudios que avancen nuestro entendimiento de la interacción entre la fonología de la entonación y la pragmática.

La última dirección importante para futuras investigaciones es la de utilizar experimentos de percepción, los cuales son pocos en la literatura sobre la entonación del español, aunque de gran importancia. La principal razón de su importancia es que los estudios de producción pueden investigar los contornos entonativos y proponer hipótesis sobre los significados que comunican las diferentes partes del contorno, pero sólo con estudios de percepción podemos probar si los hablantes del español interpretan la entonación en la manera en que los lingüistas creen. Por ejemplo, aunque el pico tonal tiende a realizarse dentro de la sílaba tónica en casos de foco estrecho, y como resultado varios lingüistas han propuesto que esto comunica foco, Face (2011) encuentra gracias a un estudio de percepción que los oyentes no utilizan el alineamiento del pico para percibir foco estrecho y que la altura del pico es de mucha más importancia. Contamos ya con mucha información sobre la entonación del español y muchas propuestas sobre cómo esta comunica varios significados, por lo que es importante probar dichas propuestas —para validarlas o revisarlas— y concretizar nuestro conocimiento de la función del sistema entonativo.

Bibliografía

Boersma, P. y Weenink, D. (2013) "Praat: doing phonetics by computer" [programa informático]. Accesible en www.praat.org [19/09/2013].

Estebas-Vilaplana, E. y Prieto, P. (2008) "La notación prosódica del español: una revisión del Sp_ ToBI", *Estudios de Fonética Experimental*, 17, pp. 263–283.

Estebas-Vilaplana, E. y Prieto, P. (2010) "Castilian Spanish intonation", en Prieto, P. y Roseano, P. (eds.) *Transcription of intonation of the Spanish language*, Muenchen: Lincom Europa, pp. 17–48.

Face, T. (2003) "Intonation in Spanish declaratives: differences between lab speech and spontaneous speech", *Catalan Journal of Linguistics*, 2, pp. 115–131.

Face, T. (2008) *The intonation of Castilian Spanish declaratives and absolute interrogatives*, Muenchen: Lincom Europa.

Face, T. (2011) *Perception of Castilian Spanish intonation*, Muenchen: Lincom Europa.

Navarro Tomás, T. (1944) *Manual de entonación española*, Nueva York: Hispanic Institute in the United States.

Pierrehumbert, J. (1980) *The phonetics and phonology of English intonation*, tesis doctoral, Massachusetts Institute of Technology.

Prieto, P. y Roseano, P. (eds.) (2010) *Transcription of intonation of the Spanish language*, Muenchen: Lincom Europa.

Quilis, A. (1999) *Tratado de fonología y fonética españolas*, 2.ª ed., Madrid: Gredos.

Lecturas complementarias

Aguilar, L., de la Mota, C., y Prieto, P. (cords.) (2009) "Sp_ToBI training materials" [en línea]. Accesible en http://prosodia.upf.edu/sp_tobi/en/ [19/09/2013].

Beckman, M., Díaz Campos, M., McGory, J. y Morgan, T. (2002) "Intonation across Spanish, in the tones and break indices framework", *Probus*, 14, pp. 9–36.

Gussenhoven, C. (2004) *The phonology of tone and intonation*, Cambridge: Cambridge University Press.

Hualde, J. (2003) "El modelo métrico-autosegmental", en Prieto, P. (ed.) *Teorías de la entonación*, Barcelona: Ariel, pp. 155–184.

Ladd, D. (2008) *Intonational phonology*, 2.ª ed., Cambridge: Cambridge University Press.

Prieto, P. y Roseano, P. (coords.) (2009–2010) *Atlas interactivo de la entonación del español* [en línea]. Accesible en http://prosodia.upf.edu/atlasentonacion/presentacio/presentacio2.html [19/09/2013].

Sosa, J. (1999) *La entonación del español: su estructura fónica, variabilidad y dialectología*, Madrid: Cátedra.

Entradas relacionadas

acento; fonema; fonología; sílaba

ESTRUCTURA DE LA INFORMACIÓN

Luis López Carretero

1. Introducción

Considere el lector las siguientes oraciones:

(1) a. La doctora Pujol vendrá por la tarde.
    b. Por la tarde llegará la doctora Pujol.

Estas dos oraciones significan lo mismo. Podemos poner esta igualdad de significados en los términos que usan los semanticistas: en cualquier circunstancia en que (1a) es cierto, (1b) también es cierto, y viceversa. La diferencia entre las oraciones de (1) se percibe sólo cuando las usamos como contribuciones a un contexto. Supongamos que (1) es parte de una conversación entre María y Juan. María y Juan están hablando de un congreso y están intentando contar cuántos conferenciantes van a llegar por la mañana y cuántos por la tarde. En este contexto, (1b/2b) es una oración apropiada mientras que (1a/2a) suena fuera de lugar. Indico la falta de adecuación entre la estructura de la oración y el contexto en el que se encuentra mediante un #:

(2) —Así pues, ¿y por la tarde?
    a. #La doctora Pujol vendrá por la tarde.
    b. Por la tarde llegará la doctora Pujol.

Supongamos ahora un contexto diferente. Juan y María están hablando de la doctora Pujol y se preguntan cuándo llegará. En este contexto, (1a, 2a, 3a) suena mejor que (1b, 2b, 3b) (en el mundo real, un poco alejado del mundo de los lingüistas, el fragmento entre paréntesis en (3a) probablemente no se pronunciaría. Permítaseme que los ejemplos sean a veces un poco más largos de lo necesario para ilustrar mejor la explicación):

(3) —Así pues, ¿cuándo llega la doctora Pujol?
    a. (La doctora Pujol llegará) por la tarde.
    b. #Por la tarde llegará la doctora Pujol.

Con esto hemos ejemplificado uno de los temas importantes de este capítulo: la estructura sintáctica de una oración se adapta al contexto. Inconscientemente, los hablantes indican mediante la estructura sintáctica qué constituyentes de la oración introducen nuevos referentes en el discurso y cuáles se vinculan a referentes ya presentes en el contexto.

Pero no sólo la sintaxis hace este trabajo de adecuación. La fonología suprasegmental —el acento, la prosodia— también pone su granito de arena. Compare el lector (4a,b). Las oraciones parecen idénticas pero (4b) ha de pronunciarse con particular intensidad (y, posiblemente, una entonación ascendente-descendente-ascendente):

(4) a. La doctora Pujol ha leído *Guerra y Paz*.
b. La doctora Pujol ha *leído Guerra y PAZ* (no *Anna Karenina*).

(4a) es una oración neutra que puede insertarse en muchos contextos diferentes. Por ejemplo, cuando Juan y María hablan de lo cultísima que es la doctora Pujol. Los contextos en que se puede pronunciar (4b) son mucho más restringidos. (4b) puede usarse, por ejemplo, para corregir: Juan ha dicho que la doctora Pujol ha leído *Anna Karenina* y María sabe que eso no es cierto. En ese contexto, María podría decir (4b): *Anna Karenina* es desplazado como referente del discurso y en su lugar María introduce *Guerra y Paz*.

En este capítulo, articulo los fenómenos de interfaz entre gramática y contexto en torno a dos pares de conceptos. El primer par es el de *foco/presuposición*. Los constituyentes focalizados son los que introducen un nuevo referente en el discurso. El referente de los constituyentes presupuestos está ya contenido en el contexto. El segundo par es el de *contraste/no-contraste*. Los constituyentes contrastivos se relacionan con el contexto de un modo paradigmático: al pronunciar un elemento contrastivo se *evoca* un conjunto de alternativas que tienen una propiedad, o varias, en común con el elemento pronunciado. Los elementos no-contrastivos no tienen esta propiedad.

Esta manera de organizar los conceptos de estructura de la información es una de varias, la que utiliza el autor de este capítulo y la que él encuentra más útil (López 2009). Pero el lector que se adentre en la bibliografía ofrecida al final del capítulo encontrará otras terminologías. Por ejemplo, las nociones de tema, tópico, soporte, fondo, lo dado y vínculo se asemejan a lo que aquí llamo presuposición. Conceptos parecidos al de foco son: rema, comentario, soporte, lo nuevo, etc. Esta variedad se debe, en gran parte, a que la rama de la lingüística que llamamos estructura de la información ha sido objeto de atención de lingüistas de tradiciones teóricas diferentes e incluso de procedencias geográficas diferentes, los cuales a veces han trabajado sin saber de los avances hechos en otros países y publicados en otras lenguas. El lector curioso puede encontrar en Krifka (2008) una presentación detallada de los conceptos básicos que se utilizan en estructura de la información.

2. Foco

Como se dijo arriba, se dice que un constituyente está focalizado si introduce un nuevo referente en el presente discurso. El esquema oracional más común tiene al sujeto como elemento anafórico y a los complementos del verbo como elementos focalizados. Mientras se respete esta manera digamos canónica de organizar el contenido, la oración mantiene una estructura sintáctica y fonológica también canónica. Lo interesante es cuando se alteran las condiciones y el sujeto se vuelve foco y el objeto presuposición.

Volvamos con María y Juan. Están todavía enfrascados en la organización del congreso. María pregunta que quién dará la conferencia por la tarde. Juan responde:

(5) Por la tarde, la conferencia la dará [la doctora Pujol].

(En adelante, los constituyentes en corchetes están focalizados). Obsérvese, pues, que al focalizar el sujeto lo hemos puesto en la última posición de la oración.

Supongamos ahora que hay más de un constituyente en el SV y sólo uno de los constituyentes tiene foco. ¿Cuál será el orden de palabras? Para averiguarlo, volvemos a los organizadores del congreso. María le pregunta a Juan cuando dará su charla la doctora Pujol. Juan responde:

(6) La doctora Pujol dará su conferencia [por la tarde].

Por la tarde es el foco de la oración, y de nuevo es el constituyente que queda más a la derecha.

Cambiemos otra vez la situación. Ahora Juan le pregunta a María que qué hará la doctora Pujol por la tarde. Aquí hay varias posibilidades:

(7) a. Por la tarde, la doctora Pujol [dará su conferencia].
b. La doctora Pujol, por la tarde, [dará su conferencia].

Para hacer que el foco caiga sobre el SV dejando fuera el modificador *por la tarde*, necesitamos desplazar el modificador. El resultado, de nuevo, es dejar el foco en la posición de la derecha.

Tenemos pues ya una generalización: las oraciones en español se organizan de manera que el constituyente focalizado se encuentre a la derecha de los demás.

Obsérvese ahora que (6) podría también emitirse en contextos en que el foco de la oración abarque al SP y al objeto directo. Incluso podría emitirse si la oración entera es foco (i. e.: si Juan y María no comparten ningún contexto y uno de ellos pregunta al otro ¿qué ha pasado? Es decir, que (6) es compatible con las siguientes estructuras de foco:

(8) a. ¿Cuándo dará la doctora Pujol su conferencia?
La doctora Pujol dará su conferencia [por la tarde]
b. ¿Qué hará la doctora Pujol?
La doctora Pujol [dará su conferencia por la tarde]
c. ¿Qué va a pasar?
Que [la doctora Pujol dará su conferencia por la tarde]

La segunda generalización es que el orden de constituyentes neutro (sujeto + verbo + OD + modificadores), con acento de oración nuclear neutro (i. e.: en el constituyente situado en la posición final de la oración) es compatible con varias estructuras de foco, en orden creciente de derecha a izquierda, a saber: el modificador puede ser foco, o el SV entero puede ser foco o la oración entera puede ser foco. Este fenómeno es lo que se llama *proyección de foco* (Selkirk 1995). Nótese que hay algunas estructuras de foco posibles y otras imposibles si se mantiene el orden y el acento neutros:

(9) a. sujeto + verbo + OD + [modificadores]
b. sujeto + [verbo + OD + modificadores]
c. [sujeto + verbo + OD + modificadores]

Como consecuencia de lo anterior, el orden de constituyentes y acento nuclear neutros no permiten las estructuras de foco representadas en (9d,e,f).

d. *[sujeto]+verbo+OD+modificadores
e. *sujeto+verbo+[OD]+modificadores
f. *[sujeto+verbo+OD]+modificadores

Para obtener las estructuras de foco representadas en (9d,e,f) hay que alterar la sintaxis o la fonología, como iré aclarando a lo largo del capítulo.

Veamos de qué manera la fonología también desempeña un papel en la identificación del foco. Para muchos hispanohablantes, (10a,b) son buenas respuestas a la pregunta ¿quién trajo el programa de la conferencia?:

(10) a. Lo trajo [Juan].
b. [JUAN] lo trajo.

Es decir, muchos hablantes pueden desplazar el acento nuclear de la oración hacia la izquierda y dejarlo caer sobre el constituyente en foco, especialmente si es el sujeto (Hoot 2012). Y con esto llegamos a la tercera generalización: el acento nuclear de oración cae sobre el constituyente focalizado. Con las tres generalizaciones dadas en esta sección se puede explicar gran parte de la distribución de foco en español.

3. Presuposicion

Los constituyentes que no introducen referentes nuevos en el discurso sino que reutilizan referentes accesibles en el contexto son presupuestos. En todos los ejemplos anteriores, los constituyentes que no están focalizados son presupuestos.

En líneas generales, si el sujeto es presupuesto, no tiene una marca sintáctica o fonológica aparente (con énfasis en esta última palabra). Veámoslo con un ejemplo. Juan y María están hablando de la doctora Pujol. María pregunta ¿qué hará la doctora Pujol esta tarde?, a lo que Juan responde:

(11) La doctora Pujol dará una conferencia.

(11) es una oración con orden de palabras y entonación neutros. *La doctora Pujol* es un constituyente presupuesto porque está vinculado a un referente que ya está presente en el discurso precedente. La estructura de la oración se queda sin cambio aparente.

En cambio, cuando el objeto directo o indirecto es presupuesto, la sintaxis de la oración puede cambiar radicalmente. Supongamos que Juan y María están hablando de la conferencia plenaria, la cual se convierte en un referente discursivo disponible. Si un constituyente posterior en función de objeto directo tiene una referencia que se vincula a este referente discursivo el objeto puede aparecer *dislocado*:

(12) (Juan y María están hablando de la conferencia plenaria y María dice):
a. La conferencia plenaria, la dará la doctora Pujol.
b. La dará la doctora Pujol, la conferencia plenaria.

En (12a) la dislocación es a la izquierda. Nótese también que el elemento dislocado aparece doblado por el pronombre clítico *la*. En español, los pronombres clíticos doblan a SSNN definidos (a veces también indefinidos específicos). Como no hay clíticos indefinidos en español, cuando dislocamos un constituyente indefinido, no hay clítico:

(13) Carpetas rojas, yo no he visto.

En (12b) la dislocación es a la derecha, un fenómeno mucho menos común que la dislocación a la izquierda en español, pero muy frecuente en catalán e italiano.

La dislocación también tiene una contrapartida fonológica. La dislocación a la derecha muestra una desacentuación notable. La dislocación a la izquierda suele acabar con una entonación ascendente (aunque en ritmos rápidos de habla esta entonación suele diluirse).

4. Más sobre el foco y la presuposicion: movimiento-p

Los elementos presupuestos en castellano no siempre se dislocan. A veces, vemos que los constituyentes anafóricos alteran su posición en la oración mínimamente. Considere el lector las dos oraciones siguientes:

(14) a. La doctora Pujol puso unas carpetas rojas sobre el escritorio.
 b. La doctora Pujol puso sobre el escritorio unas carpetas rojas.

La oración (14a) es una oración neutra. El foco de (14a) podría ser *sobre el escritorio* o *puso las carpetas rojas en el escritorio* o incluso la oración entera podría estar focalizada. En cambio, el foco de (14b) sólo puede ser *unas carpetas rojas* (aquí sigo la descripción de Zubizarreta 1998, pero véase Leonetti 2010 para una opinión distinta). Al alterarse el orden de palabras de manera que el objeto directo quede a la derecha del complemento preposicional, el complemento preposicional deja de ser foco.

Zubizarreta (1998) bautiza a la construcción representada en (12b) *movimiento-p(rosódico)*. Su teoría a grandes rasgos es que el objeto directo se desplaza a la izquierda para que el foco y el acento de oración nuclear queden correctamente alineados. Tenemos que en español hay dos reglas de asignación de acento de oración:

(15) Acento Nuclear: el acento de oración se asigna a la última palabra de la oración.
 Acento de Foco: los constituyentes focalizados reciben el acento de oración.

Resulta claro que si un constituyente focalizado no queda al extremo derecho de la oración, las dos reglas de acento en español son contradictorias. Para romper la contradicción, podemos alterar el orden de constituyentes para que el constituyente focalizado reciba el acento de oración o bien podemos desplazar el acento para que caiga sobre el elemento focalizado (como en el ejemplo (10). Esta segunda estrategia tiene la desventaja de que lleva a romper la regla de Acento Nuclear.

Compárense ahora las siguientes oraciones:

(16) a. Ayer trajo la doctora una carpeta.
 b. Ayer trajo una carpeta la doctora.

En estas dos oraciones, el sujeto queda a la derecha del verbo. El ejemplo (16a), con el objeto en el extremo derecho de la oración es, de nuevo, una oración en que el foco puede proyectarse hasta ocupar la oración entera. En cambio, en (16b) el foco sólo abarca al sujeto. Según Zubizarreta, esto es también consecuencia de que el objeto directo se desplaza a la izquierda del sujeto.

5. Contraste

El contraste es el otro rasgo que relaciona un constituyente con su contexto. Considérese de nuevo el ejemplo (12), repetido aquí como (17):

(17) a. La conferencia plenaria, la dará la doctora Pujol.
b. La dará la doctora Pujol, la conferencia plenaria.

En (17a), el constituyente *la conferencia plenaria* está dislocado a la izquierda; en (17b), está dislocado a la derecha. Curiosamente, la dislocación a la izquierda y a la derecha tiene consecuencias interpretativas diferentes (Villalba 2000).

Ambos constituyentes dislocados tienen en común que son presupuestos. Pero la relación que tienen con su antecedente es distinta. El antecedente de un constituyente dislocado a la izquierda puede ser un conjunto del que el constituyente dislocado es un elemento. Por ejemplo, hablando de los conferenciantes, Juan puede decir a María:

(18) A la doctora Pujol no la hemos visto todavía, (pero el doctor Recante sí que ha llegado).

La doctora Pujol es un elemento del conjunto "conferenciantes". El constituyente dislocado también puede ser un subconjunto del conjunto denotado por el antecedente:

(19) A los conferenciantes que vienen en tren aún no los hemos visto (pero los que vienen en avión llegaron ayer).

Esta es la relación que llamamos *contraste*. Al pronunciar el constituyente dislocado a la izquierda se evoca un conjunto de alternativas del que el constituyente dislocado es un miembro o un subconjunto. En el ejemplo (18), el conjunto de alternativas es {la doctora Pujol, el doctor Recante, la señora Ramos...}. En el ejemplo (19), el conjunto de alternativas es {{conferenciantes que vienen en tren}, {conferenciantes que vienen en avión}, {conferenciantes que vienen en coche}...}.

Contrastemos ahora la dislocación a la izquierda con la dislocación a la derecha:

(20) —Juan: ¿Hay alguna novedad sobre la conferencia plenaria?
—María: La dará la doctora Pujol, la conferencia plenaria.

(21) —Juan: ¿Hay alguna novedad sobre los eventos del congreso?
—María: #La dará la doctora Pujol, la conferencia plenaria.

Obsérvese que la dislocación a la derecha puede tener como antecedente un referente discursivo que tenga la misma denotación. En cambio, la relación entre antecedente y elemento dislocado no puede implicar un conjunto de alternativas. Si Juan y María están hablando de los varios eventos que tendrán lugar durante el congreso, la oración (21) resulta inapropiada. La dislocación a la derecha no tiene la propiedad de ser contrastiva. En cambio, en este mismo contexto, la oración (17a) resulta perfectamente apropiada, porque *la conferencia plenaria* es un miembro del conjunto *eventos que tienen lugar durante la congreso*.

Los constituyentes focalizados también pueden ser contrastivos. Se puede observar en el siguiente ejemplo:

(22) La conferencia plenaria la dará la doctora PuJOL, no el doctor Recante.

Imagine el lector que Juan tiene en la cabeza la idea equivocada de que el doctor Recante es el encargado de la conferencia plenaria. En ese contexto, María puede pronunciar la oración (22), con la entonación ascendente-descendente-ascendente y especial intensidad en el acento. Esta pronunciación da lugar a la evocación un conjunto de alternativas —en este ejemplo, la coletilla *no el doctor Recante* de hecho hace el conjunto de alternativas explícito—. La noción de "evocar un conjunto de alternativas" fue propuesta originalmente por Rooth (1992) para dar cuenta del fenómeno del foco en general. Es, por tanto, una noción más amplia y al mismo tiempo más estricta que la que uso aquí. Mi noción es más cercana a la de Vallduví y Vilkuna (1998).

6. Precisiones

6.1. La definición de contexto

Hemos definido foco y presuposición en términos de algo que hemos llamado contexto, pero no hemos definido qué es contexto. Uno puede adoptar una definición muy amplia de contexto, como "información compartida por los hablantes". Para comprobar lo mucho que abarca esta definición, supongamos que María y Juan son hermanos. En este caso, su información compartida incluye las manías de sus abuelos, el número de teléfono de la casa en la que vivían de niños, el accidente que sufrió Juan cuando era pequeño, etc. Una definición de contexto mucho más estricta sería "información compartida que es directamente relevante en la conversación presente". En el caso que nos ocupa, podemos suponer que el contexto sería únicamente el congreso que están organizando Juan y María. Veamos qué definición de contexto es la relevante para la estructura de la información. Supongamos que Juan y María son hermanos y se criaron en Barcelona. Ahora mismo están todavía inmersos en la organización del congreso, el cual tiene lugar en San José de Costa Rica, y tienen la siguiente conversación:

(23) —María: ¿Cómo van las cosas por ahí?
—Juan: A la doctora Pujol aún no la hemos visto.

Este intercambio es adecuado. El constituyente *la doctora Pujol* puede dislocarse porque el contexto más inmediato incluye el congreso y *la doctora Pujol* es una congresista. Compárese ahora con (24):

(24) —María: ¿Cómo van las cosas por ahí?
—Juan: #Yo, a Barcelona, no pienso volver.

En esta oración, *Barcelona* está dislocado (de hecho, *yo* también lo está, pero esto no es importante en este momento). Este intercambio no es adecuado en el presente contexto —aunque podría *acomodarse* con cierto esfuerzo, si María y Juan hubieran hablado de lo bonita que es San José—. Aunque María y Juan comparten suficiente información como para que María pueda interpretar perfectamente lo que quiere decir Juan, en el contexto de la organización del congreso *Barcelona* no puede encontrar un antecedente y por lo tanto no puede dislocarse.

Concluimos pues que el contexto frente al cual se definen las nociones de foco, presuposición y contraste es el más inmediato, el que podríamos llamar el tópico de la conversación.

6.2. La definición de foco

El lector interesado pronto encontrará que las definiciones de foco y presuposición presentadas en las secciones 2 y 3 no son suficientes para dar cuenta de algunos datos. Considérese el siguiente ejemplo:

(25) —Juan: ¿Y quién dará la conferencia plenaria? ¿Pujol o Recante?
—María: La dará [Pujol].

En la respuesta de María, *Pujol* es el foco. Pero hemos definido el foco como el constituyente que es introducido en el discurso. En este particular contexto, *Pujol* ya ha sido mencionado y por lo tanto uno cabe preguntarse si este ejemplo no contradice nuestra definición de foco. Vemos que es necesario dar una definición de foco más precisa (Jackendoff 1972; Prince 1981).

Empecemos suponiendo que el contexto nos da una serie de proposiciones cerradas compartidas por Juan y María, por ejemplo: "la doctora Pujol llegará por la tarde", "el doctor Recante llegará por la mañana". Estas proposiciones son aceptadas por Juan y María como hechos conocidos. Pero el contexto también nos da unas "proposiciones abiertas", como por ejemplo "x dará la conferencia plenaria", "y necesitará powerpoint", etc. Estas proposiciones abiertas consisten en un predicado y un argumento variable. Juan y María comparten la noción de que algún conferenciante dará la conferencia plenaria pero por lo menos uno de los dos no sabe quién es. Con toda esta preparación ya podemos definir el foco: el foco es un constituyente de la oración que resuelve una variable del contexto:

(26) —Juan: Y ¿quién dará la conferencia plenaria?
Denotación: {x|x dará la conferencia plenaria}
—María: La dará Pujol.
x=Pujol, x dará la conferencia plenaria

Esta manera de ver el foco nos resuelve el problema de (25). Lo que importa para definir el foco no es tanto si el referente está o no está presente en el contexto; lo que define a un constituyente como foco es la resolución de la variable y el cerrar una proposición que está abierta en el contexto previo. De un modo complementario, lo que define a un constituyente como presupuesto es que se vincula a una constante en el contexto.

Entender el foco de esta manera nos ayuda también a entender mejor el foco contrastivo. Considere el lector de nuevo el ejemplo (22):

(22) La conferencia plenaria la dará la doctora PuJOL, no el doctor Recante.

El foco resuelve una variable. Y ¿qué hace el rasgo contrastivo? Nótese que el contexto no tiene una proposición abierta de la forma "x dará la conferencia plenaria" sino la proposición cerrada "el doctor Recante dará la conferencia plenaria". El efecto del contraste en el foco es convertir la proposición cerrada en la proposición abierta "x dará la conferencia plenaria". El foco se encarga de dar un valor a la variable.

6.3. Partículas focalizadoras

Uno de los aspectos de la estructura de la información que más atención ha recibido por parte de lingüistas y filósofos son las llamadas partículas focalizadoras como *sólo*, *incluso* y *también*. Estos elementos se *asocian* con otro constituyente formando una dependencia sintáctica. El constituyente asociado recibe foco:

(27) a. El doctor Recante trajo sólo una camisa.
b. El doctor Recante incluso trajo una camisa.
c. El doctor Recante también trajo una camisa.

Una característica intrigante de estas partículas es que se pueden asociar con varios constituyentes "a la derecha" (más propiamente: en su mando-c). Esta asociación las hace parecidas a operadores sintácticos como los modales o la negación en la medida en que la noción de *abarque* es una noción necesaria para definirlas. En el siguiente ejemplo, añado varias coletillas para subrayar los posibles asociados que tiene *sólo*. Por ejemplo, en (28a) el asociado de *sólo* es *de cuadros*. En (28b), el asociado de *sólo* es *camisa*. En (28c), el asociado es *una* y en (28d) es *comprar*:

(28) El doctor Recante sólo compró una camisa de cuadros.
a. ...no una de [rayas].
b. ...no una [chaqueta] de cuadros.
c. ...no [dos].
d. ...no la [robó].

La otra propiedad interesante de estas partículas es que afectan el significado de la oración. Considérese este par de ejemplos:

(29) a. Juan sólo dijo que [María] robó una galleta.
b. Juan dijo que sólo [María] robó una galleta.

Supongamos que lo que Juan dijo es: "María robó una galleta y la doctora Pujol robó una madalena". Supongamos ahora que el doctor Recante informa sobre el hecho pronunciando (29a) o (29b). Si Recante dice (29b), Recante dice la verdad, pero si dice (29a) dice una mentira. Esto nos indica que cuando el foco se asocia a una de las partículas focalizadoras, el resultado puede alterar el significado de la oración. Obsérvese también que no es un efecto de abarque pues el abarque de *sólo* es el mismo en las dos oraciones.

Recuerde el lector que al principio de este capítulo dijimos que el efecto de los rasgos de la estructura de la información es adecuar una nueva oración al contexto en el que se pronuncia. En particular, dijimos que la estructura de la información no altera el significado de la oración. Las partículas focalizadoras pueden hacernos repensar esta cuestión.

7. Conclusión

La estructura sintáctica y fonológica de la oración se acopla al contexto en el que se integra. La oración muestra explícitamente de qué manera los referentes de los constituyentes que la integran se relacionan con el contexto. El foco tiene la propiedad de añadir información al discurso al cerrar proposiciones que el contexto deja abiertas. Los elementos presupuestos en cambio se refieren a referentes ya presentes en el contexto. El contraste evoca conjuntos de alternativas. Un constituyente que es contrastivo y presupuesto (en español, con frecuencia, un constituyente dislocado a la izquierda) tiene una relación indirecta con su antecedente: miembro de conjunto, subconjunto. Un constituyente que es contrastivo y focalizado abre un conjunto de alternativas —i. e., una variable— y la resuelve simultáneamente.

Concluyo que los rasgos [±presupuesto] y [±contrastivo] son suficientes para definir la estructura de la información en español a grandes rasgos. Posiblemente sean de aplicación más general, pero eso ya nos llevaría más allá de los límites de este capítulo.

Reconocimientos

El autor quisiera dar las gracias al evaluador anónimo cuyos comentarios fueron extremadamente útiles para clarificar algunos conceptos de este capítulo. Los errores que quedan son sólo míos.

Bibliografia

Hoot, B. (2012) *Presentational focus in heritage and monolingual Spanish*, tesis doctoral, University of Illinois at Chicago.

Jackendoff, R. (1972) *Semantic interpretation in generative grammar*, Cambridge, MA: The MIT Press.

Krifka, M. (2008) "Basic notions of information structure", *Acta Linguistica Hungarica*, 55, pp. 243–276.

Leonetti, M. (2010) "La expresión de la estructura informativa en la sintaxis. Un parámetro de variación en las lenguas románicas", *Romanistisches Jahrbuch*, 61, pp. 338–355.

López, L. (2009) *A derivational syntax for information structure*, Oxford: Oxford University Press.

Prince, E. (1981) "Toward a taxonomy of given-new information", en Cole, P. (ed.) *Radical pragmatics*, Nueva York: Academic Press, pp. 223–256.

Rooth, M. (1992) "A theory of focus interpretation", *Natural Language Semantics*, 1, pp. 75–116.

Selkirk, E. (1995) "Sentence prosody, intonation, stress and phrasing", en Goldsmith, J. (ed.) *The handbook of phonological theory*, Oxford: Blackwell, pp. 550–569.

Vallduví, E. y Vilkuna, M. (1998) "On rheme and kontrast", en Culicover, P. y McNally, L. (eds.) *The limits of syntax* (Syntax and Semantics, 29), Nueva York: Academic Press, pp. 161–184.

Villalba, X. (2000) *The syntax of sentence periphery*, tesis doctoral, Universitat Autònoma de Barcelona.

Zubizarreta, M. L. (1998) *Prosody, focus, and word order*, Cambridge, MA: The MIT Press.

Lecturas complementarias

Benincà, P. (1988) "L'ordine degli elementi della frase e le costruzioni marcate", en Renzi, L. (ed.) *Grande grammatica italiana di consultazione*, vol. 1, Bologna: Il Mulino, pp. 129–194.

Frascarelli, M. (2000) *The syntax-phonology interface in focus and topic constructions in Italian*, Dordrecht: Kluwer.

Gutiérrez Ordóñez, S. (1997) *Temas, remas, focos, tópicos y comentarios*, Madrid: Arco Libros.

Halliday, M. A. K. (1967) "Notes on transitivity and theme in English", *Journal of Linguistics*, 3, pp. 37–81, 199–244.

Jacobs, J. (1984) "Funktionale Satzperspektive und Illokutionssemantik', *Linguistische Berichte*, 91, pp. 25–58.

Lambrecht, K. (1994) *Information Structure and Sentence Form*. Cambridge University Press.

López, L. (en prensa) "Dislocations", en Féry, C. e Ishihara, S. (eds.) *The Oxford handbook of information structure*.

Vallduví, E. (1992) *The informational component*, Nueva York: Garland.

Zubizarreta, M. L. (1999) "Las funciones informativas: tema y foco", en Bosque, I. y Demonte, V. (eds.) *Gramática descriptiva de la lengua española*, Madrid: Espasa, pp. 4215–4244.

Entradas relacionadas

pragmática; sintaxis; complementos y objetos; sujetos

FLEXIÓN VERBAL

Théophile Ambadiang

1. Introducción

El examen de formas verbales como las implicadas en series del tipo de *cante/canté*, *cantara/ cantará*, *cantáis/cantábamos/cantabais* y *pongo/pongas/pondremos* pone de manifiesto la complejidad del sistema verbal español, ligada a las similitudes y divergencias que se producen entre sus formas, así como a los diversos tipos de relaciones que contraen. Esas relaciones, junto con los factores implicados en ellas, determinan tanto la sistematicidad de la flexión verbal como la (ir)regularidad de las formas verbales, estrechamente ligada a su patrón acentual y a la (variante de) raíz y la desinencia, cuya combinación da lugar a cada una de las formas verbales. Visto desde esta perspectiva, el estudio del sistema verbal español requiere que nos preguntemos sobre los rasgos pertinentes para su análisis y sus interrelaciones, pero también sobre los constituyentes verbales y el papel del acento en la flexión verbal (§ 2). Sobre la base de esta descripción distinguiremos las formas regulares e irregulares (§ 3) en una serie de observaciones cuyas implicaciones para la organización paradigmática del sistema verbal recogemos en el § 4. Por último, en el § 5 reseñamos brevemente las aportaciones de los estudios basados en las producciones de diferentes tipos de sujetos antes de subrayar, a modo de conclusión, la considerable complejidad del sistema verbal español y señalar algunos aspectos relativamente poco explorados en su estudio que pueden ser de interés para futuras investigaciones.

2. Informaciones morfológicas y estructura de las formas verbales

2.1. Los rasgos gramaticales y su interacción

En términos generales, los verbos españoles se caracterizan porque sus formas presentan dos tipos básicos de segmentos, una raíz y un bloque desinencial que expresan, respectivamente, informaciones de carácter léxico y gramatical (*dir-* y *-emos* en *diremos*). En los verbos simples o las formas verbales típicas de los tiempos simples —a saber, el presente, el pretérito, el imperfecto, el futuro y el condicional— la raíz aporta el significado léxico del verbo, mientras que la desinencia expresa diversas informaciones asociadas a las categorías de tiempo, aspecto y modo (TAM) por un lado y, por otro, de número y persona (NP). En las formas típicas de los tiempos compuestos —a saber, el perfecto compuesto, el pretérito anterior, el pretérito pluscuamperfecto, el futuro compuesto y el condicional compuesto—, que combinan un verbo auxiliar y una de las tres formas no personales del verbo, el verbo auxiliar aporta todas las informaciones relativas a la flexión aspectual, modal y temporal y a la concordancia que la desinencia expresa en las formas simples, además de seleccionar una de las formas no personales del verbo léxico: de participio pasado en el caso de *haber*, de gerundio en el de *estar*, y de infinitivo con otros auxiliares. Cada una de las categorías flexivas mencionadas antes subsume diferentes rasgos, según se muestra en (1).

(1) Categorías flexivas y rasgos flexivos
   a. Tiempo: presente, pretérito, imperfecto, pluscuamperfecto, futuro, condicional
   b. Modo: indicativo, subjuntivo, imperativo
   c. Aspecto: imperfectivo, perfectivo
   d. Persona: primera, segunda, tercera
   e. Número: singular, plural
   f. Conjugación: primera, segunda, tercera

La ubicuidad de las raíces y, sobre todo, de las desinencias, refuerza el carácter paradigmático del sistema verbal español, además de estar en correlación con otras características tales como la inexistencia de dobletes y la marcada coincidencia de las variedades dialectales, cuyas únicas divergencias están asociadas al voseo y al uso de *usted*. El primer fenómeno, típico de los dialectos americanos, queda limitado a la casilla que ocupan en determinados tiempos las formas de segunda persona de singular en otras variedades, con independencia de su flexión (*amás*, *temí(s)*, *temés*, etc.) y del pronombre (*tú* o *vos*, según el dialecto) que las acompaña, es decir a un espacio bastante reducido en la flexión de cualquier verbo: 7 formas específicas en sistemas que, como el de Chile, entrañan mayor complejidad (cf. *amái(s)*, *amabai(s)*, *amaste(s)*, *amarí(s)*, *amaríai(s)*, *amí(s)*, *amarai(s)*). Por su parte, *usted*, pronombre de segunda persona, requiere que el verbo que concuerda con él tenga rasgos de tercera persona. Al tratarse de un uso secundario de formas ya existentes en el sistema verbal, tiene una distribución más regular dentro del espacio paradigmático.

La presencia en una forma verbal de alguno de los rasgos subsumidos en una categoría determinada supone la exclusión de los rasgos restantes de esa categoría, mientras que diferentes combinaciones de rasgos de las diversas categorías distinguen las formas que adopta cualquier verbo. El detalle de esas combinaciones plantea problemas de muy diversa índole, reseñados brevemente abajo, que tienen que ver con su interacción y con la segmentación de las formas verbales en que aparecen.

Empezando por la categoría del número, en la medida en que el singular es el número no marcado (Pérez Saldanya 2012), las formas de singular solo pueden tener rasgos de persona, en contraste con las de plural, que tienen rasgos de persona y número. Los rasgos de número no aparecen, por tanto, solos, lo que sugiere que, en caso de haber interacción, los rasgos de persona inciden en los de número antes que al revés, como muestran las formas de tercera persona de plural. En efecto, de la idea según la cual una de las peculiaridades de la tercera persona es que resulta no marcada en comparación con la primera y la segunda, se sigue que en las formas de plural la desinencia generalmente asociada a NP marca de hecho el número, con el rasgo de persona actuando como factor que determina la forma material que adopta el exponente del rasgo de número. Del mismo modo que el rasgo de tercera persona determina la presencia de *-n* en *cantan*, *hablarán*, *viven*, *comieron*, etc., el rasgo de segunda persona resulta crucial para que el número esté marcado por medio de *-(i)s* en *cantáis*, *hablaréis*, *vivís, coméis, cantabais*, etc. Por último, las formas de primera persona de plural presentan los rasgos de número y persona, sin que quede clara su interacción. De ahí el interés de cotejarlas con las de singular.

Desde el punto de vista del tiempo, se tiende a caracterizar el presente como el tiempo no marcado, en el sentido de que no lleva ni necesita marca de tiempo. Ello significa que las marcas flexivas típicas de las formas de presente pueden expresar solo las categorías del modo, el aspecto, la persona y el número. Por otra parte, las informaciones relativas al aspecto gramatical no suelen estar asociadas a las formas de presente, lo que sugiere que el aspecto aparece expresado solo en aquellas formas que también expresan el tiempo. El sistema se vale de esa relación para distinguir las formas verbales simples de las compuestas, así como entre los tiempos simples del pasado. Por último, el rasgo relativo a la conjugación se manifiesta de dos formas: de manera aislada (en asociación a la VT), o bien incidiendo en los rasgos de modo (presente) o de tiempo-aspecto-modo (imperfecto), cuya materialización determina.

En resumen, si bien cabe agrupar los rasgos flexivos en bloques del tipo de T(A)M y NP, estos contraen relaciones bastante más variadas y complejas de lo que sugiere este tipo de descripción. Mientras que la presencia del rasgo del aspecto en una forma presupone la del rasgo de tiempo, las diferencias observadas entre las formas de plural ponen de manifiesto que el rasgo de persona, tenga una marca específica o no, incide en la manera en que el rasgo de número resulta marcado en cada una de ellas. Igual ocurre con el rasgo relativo a la conjugación: incide en la exponencia de otros rasgos tales como el tiempo y el modo. Más aún, no solo puede variar la interacción de los rasgos incluidos en cada uno de los dos grupos que conforman el bloque desinencial en las diferentes formas verbales; también está sujeta a cierta variación la interacción de algunos rasgos de ambos grupos, al estar condicionada por la presencia, en una forma verbal dada, de los valores no marcados de ciertos rasgos, tales como los de número y tiempo. Es lo que ocurre al menos con las formas de singular del presente de subjuntivo, en las que el modo interactúa con la persona.

2.2. Los constituyentes morfológicos y la segmentación de las formas verbales

Las informaciones que expresan las formas verbales están asociadas a los constituyentes o segmentos implicados en su configuración, que varía dependiendo del análisis. La estructura más simple, que consiste en la combinación de una raíz y un bloque desinencial, contrasta desde este punto de vista con las más complejas, que incluyen, además de estos dos constituyentes, una vocal temática. A su vez, el bloque desinencial puede ser disgregado en constituyentes asociados a los rasgos de tiempo, aspecto y modo por un lado y, por otro, el número y la persona. En este apartado caracterizaremos estos constituyentes antes de examinar su combinación, es decir la segmentación de estas últimas y los problemas que plantea. Las estructuras más complejas se presentan del modo indicado en (2).

(2) Constituyentes básicos del verbo español
[[[Raíz]– Vocal Temática (VT)]$_{\text{TEMA VERBAL}}$ – Desinencia]$_{\text{VERBO}}$

La ubicuidad del primer constituyente, la raíz, hace que la única diferencia que puede existir entre verbos tenga que ver con el número de variantes radicales presentes en sus conjugaciones respectivas. Las variantes pueden contraer una relación de supleción, como en el caso de *ir* (cf. *va-*, *fu-*, *ib-*) o bien de alomorfia, como ocurre con *temblar* (*tembl-/tiembl-*), *querer* (*quer-/quier-*), *jugar* (*jug-/jueg-*), *morir* (*mor-/muer-mur-*) o *sentir* (*sent-/sient-/sint-*), según se precisará más abajo.

En contraste con la raíz, el segundo constituyente —el tema flexivo verbal— tiene una presencia dispar en el paradigma de muchos verbos, al cubrir solo parte de este, incluso en verbos regulares del tipo de *cantar* (cf. *cant-o*; *cant-é*, *cant-e*, etc.), *comer* (cf. *com-o*, *com-í*, etc.) o *partir* (cf. *part-o*, *part-e*, etc.). De ahí que los verbos difieran esencialmente en el número de formas temáticas y atemáticas presentes en sus conjugaciones. Esta diferencia, que depende de la presencia o ausencia de la vocal temática en una forma verbal dada, pone en tela de juicio la importancia que la vocal temática tiene en aquellas descripciones que la consideran necesaria en cuanto exponente exclusivo de la conjugación verbal.
Más específicamente asociados a la noción de tema verbal están los problemas que plantea la asociación de los tiempos verbales a diversos temas, caracterizados del modo que se muestra en (3).

(3) Temas y tiempos asociados a ellos
   a. Tema de presente: presente de indicativo, presente de subjuntivo, imperativo (*canto*, *comes*, *partan*, *ven*, etc.)
   b. Tema de pretérito: pretérito, imperfecto de indicativo, imperfecto de subjuntivo, futuro de subjuntivo, participio pasado y gerundio (*cantó*, *comiste*, *partiera*, *cantando*, *comido*)
   c. Tema de futuro: futuro, condicional, infinitivo (*cantaré*, *comería*, *partir*)

Dos son los factores que se suelen aducir a la hora de diferenciar los temas verbales: su configuración segmental y su patrón acentual. Así, se suele considerar que el tema de presente acaba en la vocal temática y presenta una raíz tónica, a diferencia del tema de pretérito, que tiende a llevar el acento en la VT —en caso de darse esta— o bien en la vocal contigua a la raíz, así como del tema de futuro, que tiene el acento más a la derecha todavía, aparte la irregularidad de algunas de sus raíces, generalmente reducidas (cf. *di-ré*, *pond-ré*). El cuadro siguiente recoge de manera más detallada las diferencias que existen entre los temas verbales (cf. RAE-ASALE 2009: 189).

(4) Temas verbales

a. Presente	ám{-ø-/-a-}	tem{-ø-/-e-}	part{-ø-/-e}
	am-á	tem-é	part-í
b. Pretérito	am{-ø-/-á-}	tem{-ø-/-í-}	part{-ø-/-í-}
c. Futuro	am-a-	tem-e-	part-i-

Como se puede observar, ni la configuración segmental ni el patrón acentual permiten una diferenciación nítida de los temas verbales, en parte porque la VT está solo parcialmente asociada a los temas de presente, y porque las formas subsumidas en los temas de presente y de pretérito manifiestan diferentes patrones acentuales que caracterizaremos más adelante. Es lo que muestran tanto las divergencias observadas entre formas supuestamente asociadas a un tema dado (*dormimos*/*durmamos*, *pedido*/*pidiendo*), como las coincidencias más o menos pronunciadas entre formas asociadas a temas distintos (*sintiendo*/*sintamos*, *durmiendo*/*durmamos*).

Por último, el bloque desinencial marca la información relativa a la flexión del verbo, es decir, los rasgos flexivos de las formas verbales. Tradicionalmente, este bloque se subdivide en dos partes asociadas a dos complejos de rasgos: tiempo-aspecto-modo (TAM) por un lado y, por otro, número-persona (NP) o concordancia, cuya configuración interna se presta a diversas interpretaciones. Una manera de reducir el sesgo que tienden a imponer estas últimas consiste en observar tanto la interacción de estos rasgos como las producciones de diversos tipos de sujetos, según se sugiere arriba y en el § 5.

Debido a la dificultad de separar con nitidez los constituyentes del verbo y de asociarlos de manera precisa con las informaciones gramaticales presentes en una forma verbal determinada, las formas verbales plantean múltiples problemas de segmentación, aparte el hecho de que las descripciones de la flexión verbal no tienen implicaciones para otros aspectos de la morfología española, como es el caso del (re)análisis de las formas nominales respecto de la formación de diminutivos, por ejemplo.

Las segmentaciones más comunes establecen una vocal temática en todas aquellas formas verbales en las que un segmento *-a-*, *-e-*, *-i-* es contiguo a la raíz de un verbo de primera, segunda y tercera conjugación, respectivamente. Las otras vocales que aparecen en este contexto están asociadas al bloque TAM o más específicamente a alguno de sus componentes (*cant-o*, *cant-e*, *com-a*, *com-í*, etc.). En estas descripciones, las marcas de tiempo y modo consisten generalmente en una secuencia CV especificada del modo siguiente: *-(b/í)a-* en el imperfecto de indicativo, *-ra-/-se-* en el imperfecto de subjuntivo, *-ré-* en el futuro, *-ría-* en el condicional y *-re-* en el futuro de subjuntivo. Por último, todas las formas de plural presentan una marca que se asocia a los rasgos de número y persona (*-mos*, *-i(s)*, y *-n* para la primera, segunda y tercera persona, respectivamente), mientras que en el singular sólo la segunda persona marca el rasgo de persona (*-s*). La tercera persona no lleva marca de persona, mientras que la primera se caracteriza por la variación de sus terminaciones. En algunos casos presenta una desinencia que se asocia a una amalgama de (algunos de) los rasgos de TAM y NP, sea esa desinencia exclusiva a ella, como en el caso de *canto*, *como* y *parto* y *canté*, o no, como ocurre en *comeré* o *viví*, por ejemplo. En otros, no difiere de la tercera persona de singular (*cante*, *cantaría*, *comía*, *partiera*). Estas divergencias muestran que, mientras que la primera persona está aislada en el presente de indicativo y el pretérito, se confunde con la tercera persona en el imperfecto, el condicional y el subjuntivo, y compite con ella en el futuro, como muestran las series siguientes: *comeré/comeremos/comeréis* ~ *comerá/comerás/comerán*. La segmentación de las formas verbales supone privilegiar diferentes tipos de información morfológica, lo que induce a postular la presencia en una forma verbal dada de ciertos segmentos y sus rasgos correspondientes y, correlativamente, la ausencia de otros. A modo de ilustración, (5) muestra las diferencias entre diferentes propuestas de segmentación, tomando como base de comparación *cantábamos*, una de las formas más complejas y transparentes del sistema. Como es obvio, las implicaciones de estas propuestas conciernen a las demás formas verbales, si bien no cabe comentarlas aquí por razones de espacio.

(5) Propuestas de segmentación
   a. $\text{cant}_{\text{RAÍZ}}$- á_{VT}-ba_{TAM}-mos_{NP}
   b. $\text{cant}_{\text{RAÍZ}}$- Ø_{VT}-áb_{T}-a_{AM}-mos_{NP}
   c. $\text{cant}_{\text{RAÍZ}}$- áb_{T}-a_{AM}-mos_{NP}
   d. $\text{cant}_{\text{RAÍZ}}$- áb_{TA}-a_{M}-mos_{NP}

2.3. Las funciones del acento verbal y los problemas de su asignación

La acentuación del verbo español ha recibido análisis muy variados que se basan generalmente en factores fonológicos y morfo(fono)lógicos. Las propuestas de corte fonológico tienden a considerar las formas verbales de manera aislada y dan cuenta de la acentuación verbal sobre la base de consideraciones fonológicas válidas para el análisis de la inmensa mayoría de las formas verbales y no verbales del español. Desde este punto de vista, las formas verbales con acentuación final y antepenúltima son anómalas, puesto que se apartan de la pauta que sigue la mayoría de las formas verbales, a saber, la acentuación penúltima. De ahí que, para dar cuenta de esas excepciones se recurra a consideraciones de carácter morfológico, aparte la extrametricidad, tales como la exclusión de la raíz del cómputo métrico en el caso del futuro y el condicional, el borrado o la desilabificación de la VT en el pretérito (Harris 1989), o bien la asociación léxica del acento con ciertos morfemas (Roca 1990).

Las propuestas de corte morfológico interpretan los patrones acentuales en términos paradigmáticos, si bien difieren en el detalle del análisis. Basan la acentuación en una generalización morfológica de acuerdo con la cual la sílaba acentuada se encuentra en la propia raíz, o bien está determinada sobre la base de su ubicación respecto de esta (*cantado, comí, viviendo*) o del infinitivo (*cantaré, cantaría*) (Hooper y Terrell 1976), o al considerar el acento como una propiedad de determinados morfemas (Janda 1983).

Mientras que los análisis fonológicos tienen dificultades para dar cuenta de la acentuación en columna típica de tiempos tales como el futuro, el condicional y el imperfecto, los análisis morfológicos tienen problemas con paradigmas como los del presente o el pretérito fuerte, en cuyas formas el acento no recae en la misma sílaba. Estos dos subsistemas coexisten dentro de la morfología verbal española. La acentuación de las formas del imperfecto, el pretérito, el futuro y el condicional puede ser caracterizada como paradigmática o 'en columna' (Janda 1983), en contraste con las del presente y los pretéritos fuertes. El comportamiento de las formas de segunda persona del plural (*cantáis*, *cantéis*, *cantaréis*, y *cantaseis*, *cantabais*, *cantasteis*, etc.) pone de manifiesto que *-is* y *-mos* no tienen los mismos efectos desde el punto de vista de la acentuación, en parte porque conforman estructuras silábicas dispares, como indica la presencia del acento gráfico en los pares *amamos/amáis* y *amábamos/amabais*, por ejemplo. La segunda persona de plural se comporta de la misma manera que cualquier forma verbal a excepción de la primera de plural en el imperfecto, pero no así en el presente y en el futuro, donde copia el patrón acentual de la primera persona de plural. Con todo, diferencias de este tipo no deben hacer perder de vista que en todos los paradigmas temporales del español existen formas con acentuación regular, es decir, que siguen las pautas que en general rigen la prosodia de las formas verbales y no verbales.

La mezcla de estas dos tendencias prosódicas no se puede disociar de las funciones que tiene el acento tanto dentro del sistema verbal como en la lengua en general. No sólo permite distinguir formas verbales cuyas configuraciones segmentales resultan idénticas (*cante/canté*, *canto/cantó*, *cantara/cantará*); también discrimina las formas verbales de las no verbales (*termino/terminó/término*).

3. Regularidad e irregularidad en las formas verbales

Se puede hablar de regularidad e irregularidad verbal desde diversas perspectivas, según se trate de formas verbales aisladas o de conjuntos de formas de diferentes niveles que suelen asociarse a conceptos tales como los de paradigma temporal y conjugación. La regularidad es característica de aquellas formas que resultan de la combinación de constituyentes regulares que, de manera típica, tienen una amplia distribución dentro del sistema y, además, son únicos o variantes básicas en sus paradigmas respectivos. Es lo que ocurre con raíces como *cant-*, *com-* y *part-*, así como con desinencias del tipo de *-is*, *-mos* y *-n*. La irregularidad está asociada a segmentos presentes sólo en algunas partes de la conjugación de un verbo.

En el caso de las raíces, supone la coexistencia de variantes que contraen relaciones de alomorfia o supleción y subsume alternancias en las que están implicados segmentos vocálicos y consonánticos asociados a la raíz. Por un lado, resulta de la diptongación (*duermo, juego, miento, tiemblo*) o el cierre (*digo, pido, sigo*) que sufre la vocal radical, generalmente en las raíces tónicas del presente y, en menor medida, en sílaba átona en el imperfecto de subjuntivo, el gerundio y algunas formas del presente de subjuntivo (*durmió/durmamos/durmiendo, sintió/sintamos/sintiendo*). Con un grupo todavía más pequeño de verbos, el cierre de la vocal ocurre tanto en sílaba tónica como átona (*mido, pides ~ midió, pidamos, pidiendo*). Las alternancias de naturaleza consonántica consisten en la inserción de una consonante al final de la raíz verbal. Esa consonante es velar, /g/ o /k/, en los paradigmas de presente donde este proceso afecta a una sola forma, generalmente la primera persona de singular del presente de indicativo de ciertos verbos (cf. *pongo, salgo, tengo, vengo*; *luzco, traduzco*), o bien a todas las formas de un paradigma, como en el presente de subjuntivo (*ponga, salgas, tenga, vengamos*; *luzcáis, traduzcan*). Otra irregularidad, en correlación con la anterior, consiste en la inserción de una consonante dental en el futuro y el condicional (*pondré, saldré, tendría, vendría*).

Otras alternancias, menos sistemáticas que las anteriores, afectan a segmentos vocálicos, consonánticos o de ambos tipos. En el primer caso se trata de procesos de cierre vocálico diferentes de los anteriores (cf. *hub-*). Resultan afectadas tanto la vocal como la consonante de la raíz en *cup-*, *dij-*, *pus-* y *tuv-*, mientras que en *caig-* y *traig-* cierra la vocal radical y, además, se produce la inserción de la consonante velar /g/. Formas de este último tipo se pueden asociar a procesos tanto de alomorfia como de supleción, mientras que las variantes reducidas (*cab-*, *di-*, *ha-*, *quer-*, *sé, he*) o 'aumentadas' (*anduv-*, *estuv-*) de la raíz en el futuro, el condicional y el presente o en los pretéritos fuertes, respectivamente, tienen carácter supletivo, al igual que ocurre con las alternancias observadas en los llamados participios fuertes (cf. *abierto, dicho, escrito, hecho, impreso, visto*, etc.).

La irregularidad de desinencias está ligada a informaciones relativas a los rasgos de número y persona y al de conjugación. Resultan irregulares las formas de segunda persona de singular del pretérito (*cantaste, comiste, viviste*) y del imperativo (*anda, come, vive*), al no presentar la desinencia característica de esa persona. La irregularidad relativa a las marcas de tiempo, aspecto y modo está estrechamente ligada al cambio de conjugación que sufren algunos verbos como *dar* (*di, diste, dio, dimos, disteis, dieron*) o como *andar* (*anduve, anduviste*, etc.). Otras alternancias consonánticas consisten en la adjunción de /y/ a determinadas formas monosilábicas de primera persona acabadas en *-o* (*doy, estoy, soy*) y en el impersonal *hay*.

El último tipo de alternancia que consideraremos concierne el presente de verbos cuya raíz presenta dos vocales en alguna de sus sílabas. Estos verbos proceden de distinto modo en la primera y segunda persona de plural y en el resto de personas. La primera persona de plural, con acentuación en la sílaba anterior a la desinencia de número y persona, sirve de referencia para la acentuación de la segunda persona de plural (*aislamos, reunimos*), mientras que las formas restantes acentúan la última vocal de la raíz (*aíslo, reúnes*), como es el caso con cualquier verbo, con la salvedad de que esta vocal forma parte de un diptongo. Algo similar ocurre con verbos cuya raíz acaba en vocal (*actúo, actuamos*; *confío, guías, guiáis*). Se comportan como si la vocal final de la raíz encabezara una sílaba específica, algo que queda difuminado en las formas de infinitivo, o como si tuvieran una doble estructura, particularmente en casos que admiten estos dos patrones prosódicos (cf. *auxilio/auxilío*).

Una clase particular de irregularidad concierne a los verbos defectivos, cuya conjugación resulta incompleta, al estar algunas de sus casillas flexivas vacías. Lagunas sistemáticas de este tipo se deben a consideraciones de índole morfofonológica (*freír*, *manir*) o a que algunos de estos verbos se usan solo en la tercera persona por razones sintácticas (cf. *acaecer*, *atañer*, *ocurrir*) o semánticas (*granizar*, *helar*, *llover*, *nevar*).

Si dejamos a un lado los casos en que el contraste relativo a la conjugación queda neutralizado, como ocurre en el futuro, el condicional y los pretéritos fuertes, cabe caracterizar las formas verbales y los diferentes conjuntos que conforman en términos de un continuo a lo largo del cual se ubican los paradigmas temporales y las conjugaciones en función de los segmentos implicados en la configuración de aquellas, es decir de su índice de (ir)regularidad. Verbos del tipo de *ser*, *ir*, *dar*, *estar*, *haber* y *saber* tienen un índice de irregularidad muy alto, al incluir sus paradigmas múltiples irregularidades que tienen que ver tanto con la raíz (*hab-*, *hub-*, *fu-*), la desinencia (*doy*, *sé*, *va*) como la conjugación (*di*). Por último, en la medida en que la irregularidad no se puede desligar de la opacidad asociada a la asimetría que se produce entre rasgos y segmentos morfológicos, los sincretismos entrañan irregularidad en alguna de las formas implicadas, ocurran en función de los rasgos de tiempo (*cantamos*, *vivimos*) o persona (*cante*, *cantaba*, *cantase*).

4. Implicaciones para la organización paradigmática

Debido a que la segmentación de las formas verbales y la asociación de segmentos con informaciones morfológicas distan de ser obvias, dos tipos de problemas se plantean a la hora de estudiar la estructura interna de los paradigmas verbales del español. El primero tiene que ver con las raíces, sus variantes y las relaciones que contraen, y el segundo con la interpretación de ciertas desinencias. Una de las características de los paradigmas regulares es que sus formas comparten una única raíz, además de presentar las desinencias más comunes dentro del sistema. En los paradigmas irregulares están implicadas dos o más raíces o variantes radicales, cuya combinación con determinadas desinencias da lugar a formas semirregulares en caso de ser estas últimas regulares (*pusiste*, *vinieron*) o supletivas en caso contrario (*puse*, *anduviste*).

La distribución de las variantes radicales resulta crucial para la organización paradigmática del sistema verbal. En el presente compiten variantes regulares e irregulares de las raíces verbales, mientras que formas de tiempos como el imperfecto, el futuro o el pretérito presentan una única variante de la raíz en cada caso. Esas diferencias están ligadas a las interrelaciones que existen entre tiempos y modos verbales. En una de esas asociaciones están implicados tiempos del pasado tales como el pretérito y el imperfecto de subjuntivo (*anduvieron – anduviese*; *vinieron – viniese*); (cf. el 'morfoma' (*PyTA*) de Maiden (2001)). Otras, menos estudiadas, se establecen entre la primera persona de singular del presente de indicativo por un lado y, por el otro, el presente de subjuntivo y el futuro de indicativo (*digo – diga – diré*; *hago – haga – haré*; *pongo – ponga – pondré*), así como entre la primera persona de singular del presente y las formas de pretérito (*hago – hice*, *pongo – puse*, *tengo – tuve*). En esas redes la raíz típica de una forma verbal o de un tiempo es usada en el marco de otro paradigma.

La irregularidad no es tanto la propiedad de determinados verbos como la característica de algunas de sus formas. Dependiendo de la combinación de los dos componentes básicos de las formas verbales, tendremos formas regulares, semirregulares o totalmente irregulares (supletivas). Las formas verbales quedan distribuidas a lo largo de un continuo que tiene en un extremo las formas supletivas y en el otro las formas regulares con, en el medio, formas que incluyen raíces supletivas y de motivación incierta, raíces con diptongación o cierre vocálico, así como con inserción de consonante. Los paradigmas temporales difieren según presenten o no sus formas una (misma y única variante de la) raíz, y según incluyan o no una forma de referencia para el propio paradigma (*cante, cantaba, cantara, cantase*) o para otros (*digo – diga*). Por último, las irregularidades se pueden caracterizar de acuerdo con su alcance. Algunas como la diptongación conciernen a verbos de todas las conjugaciones, mientras que la inserción de consonante queda restringida a los verbos de segunda y tercera conjugación, y el cierre vocálico a los de tercera conjugación. Los procesos supletivos afectan a verbos de las tres conjugaciones, si bien son más típicos de la segunda y la tercera. La observación de las producciones de diferentes tipos de sujetos puede ayudar a precisar la descripción esbozada aquí del modo que se sugiere en la siguiente sección.

5. Representación morfológica y procesamiento de las formas verbales

Una manera de constreñir los efectos del sesgo inherente a muchas propuestas de análisis consiste en observar las producciones de diversos tipos de sujetos. En contexto experimental, la observación queda limitada a algunos fragmentos del sistema verbal e indaga los factores que permiten distinguir las formas regulares e irregulares, así como precisar las relaciones que contraen, a la luz de los resultados que arrojan experimentos de diversa naturaleza, sobre todo de selección léxica. De acuerdo con estos, las formas irregulares están incluidas en el lexicón a modo de entradas independientes que presentan una raíz irregular, como pone de manifiesto su debilidad como estímulo para el acceso a la raíz o el lexema sobre el que son formadas. Las formas regulares tienen estructura interna y se obtienen a partir de raíces regulares que están en el lexicón (Rodríguez Fornells *et al.* 2002). En lo que se refiere a las relaciones que contraen las variantes regulares e irregulares de las raíces verbales, se tiende a establecer una jerarquía en la que la variante regular es básica (Linares *et al.* 2005). Este tipo de organización contrasta con el sistema de redes de asociación en que están implicadas todas las formas verbales, sean regulares o no (Bybee 1999).

Las producciones de diversos tipos de sujetos (particularmente de aprendices) ponen de manifiesto el carácter parcial y simplificador de las generalizaciones basadas en experimentos. En efecto, errores del tipo de *pusí*, *poní*, *pusió*, etc., no solo recalcan el carácter esencialmente paradigmático del sistema verbal español; también sugieren que las formas irregulares tienen estructura interna, además de mostrar la autonomía del componente prosódico. Otros errores, como *hubré*, indican, además de la jerarquía propuesta entre variantes de raíces, la necesidad de definir el espacio cubierto por cada variante, en parte porque la relación que contraen no es tanto entre una forma marcada y otra que se usa por defecto como la manifestación de diversos grados de irregularidad de formas que, por lo demás, tienen un alcance dispar en el sistema verbal.

A diferencia de los errores asociados a formas verbales existentes, los que resultan en formas inexistentes sugieren que el sistema verbal español es esencialmente paradigmático y que las formas verbales tienen estructura interna y, por tanto, entrañan algún grado de procesamiento. Más aún, ponen de manifiesto que las informaciones de carácter léxico tienen una distribución muy compleja en español. Los casos de supleción suponen la asociación de una forma memorizada a una casilla determinada en la conjugación de un verbo, como sería el caso, a modo de ejemplo, con *puest-*, *anduv-*, *anduve*, *puse*, *sé*, etc. Otras irregularidades están léxicamente indexadas en los verbos que las presentan sin que ello suponga la memorización de las formas concretas en que se producen, como ocurre con la diptongación y el cierre de la vocal en raíces tónicas. De ahí que no haya entre la memoria 'léxica' y el procesamiento morfológico una separación tan nítida como la señalada en sistemas morfológicos de configuración más léxica, ni que la representación de las formas verbales resulte tan estática como sugieren los estudios experimentales.

6. Observaciones finales

De acuerdo con las observaciones aducidas en las secciones anteriores, el sistema verbal español se caracteriza por su gran riqueza, que tiene que ver con el considerable número de formas diferentes que constituyen la conjugación de la inmensa mayoría de los verbos, así como por su complejidad, que no se puede disociar de las redes en que están implicadas esas formas, las asimetrías que se producen entre ellas desde el punto de vista de la regularidad y la defectividad, ni de los procesos de sincretismo. La dificultad de evaluar las propuestas de segmentación y el riesgo de circularidad de análisis basados en la homogeneidad paradigmática en cualquiera de sus modalidades da mayor relevancia, si cabe, a las producciones de diversos tipos de sujetos de cara al estudio de la representación y el procesamiento de las formas verbales.

Con todo, las observaciones anteriores sugieren que diversos problemas planteados por la flexión verbal siguen pendientes. Entre estos, cabe destacar la relación que contraen los elementos implicados en la estructura morfológica (acento, segmentos, rasgos, etc.) y la manera de formalizarla, la relación de las formas de cada paradigma temporal desde el punto de vista del acento paradigmático y, en términos más generales, la geometría asociada a las redes implicadas en los diferentes niveles paradigmáticos. Entrañan especial interés en este sentido las asociaciones basadas en rasgos tales como la persona y los dos subconjuntos basados en este último (primera y segunda persona de plural frente al resto), las diferencias en el comportamiento de las formas de primera persona de singular, así como las formas de referencia intraparadigmática y transparadigmática y su utilidad para el aprendizaje de la morfología verbal.

Bibliografía

Alcoba, S. (1999) "La flexión verbal", en Bosque, I. y Demonte, V. (dirs.) *Gramática descriptiva de la lengua española*, Madrid: Espasa Calpe, vol. 3. pp. 4915–4991.

Ambadiang, Th. (1993) *La morfología flexiva*, Madrid: Taurus.

Linares, R. E., Rodríguez-Fornells, A. y Clahsen, H. (2005) "Stem allomorphy in the Spanish mental lexicon: Evidence from behavioral and ERP experiments", *Brain & Language*, 97, pp. 110–120.

Pérez Saldanya, M. (2012) "Morphological structure of verbal forms", en Hualde, J. I., Olarrea, A. y O'Rourke, E. (eds.) *The handbook of Hispanic linguistics*, Malden/Oxford: Wiley-Blackwell, pp. 227–246.

[RAE-ASALE] Real Academia Española y Asociación de Academias de la Lengua Española (2009) "La flexión verbal", en *Nueva gramática de la lengua española*, Madrid: Espasa, vol. 1, pp. 181–335.

Rodríguez-Fornells, A., Münte, T. y Clahsen, H. (2002) "Morphological priming in Spanish verb forms: An ERP repetition priming study", *Journal of Cognitive Neuroscience*, 14, pp. 443–454.

Lecturas complementarias

Ambadiang, Th., Camus Bergareche, B. y García Parejo, I. (2006) "Representación, procesamiento y uso en la morfología del verbo español", *Verba*, 35, pp. 7–34.

Bybee, J. L. (1999) "Modelo de redes en la morfología", en Samper, J. A. y Troya, M. (eds.) *Actas del XI Congreso Internacional de ALFAL*, Las Palmas de Gran Canaria: Universidad de las Palmas, vol. 1, pp. 59–74.

Harris, J. W. R. (1989) "How different is verb stress in Spanish?", *Probus*, 1, 3, pp. 241–258.
Janda, R. (1993) "Metrical phonology & the 'columnar' morphology of Spanish verb-stress", en Crochetière, A., Boulanger, J. C. y Ouellon, C. (eds.) *Proceedings of the XVth International Congress of Linguists*, Sainte-Foy: Presses de l'Université de Laval, vol. 1, pp. 51–54.
Maiden, M. (2001) "A strange affinity: 'Perfecto y tiempos afines'", *Bulletin of Hispanic Studies*, 78, pp. 441–464.
Oltra-Massuet, I. y Arregi, K. "Stress-by-structure in Spanish", *Linguistic Inquiry*, 36, pp. 43–84.
Roca, I. (1990) "Morphology and verbal stress in Spanish", *Probus*, 2, 3, pp. 321–350.

Entradas relacionadas

morfología; morfemas y alomorfos; acento; aspecto gramatical; tiempo gramatical; subjuntivo

FONEMA I: CONTRASTE Y MATERIA FÓNICA

Fernando Martínez-Gil

1. Introducción

Desde su adopción hacia finales del siglo XIX, la noción de *fonema* —segmento fónico capaz de distinguir significados— ha sido un concepto de enorme importancia y utilidad en la comprensión y explicación de cómo funcionan los sonidos del habla en las lenguas humanas. El fonema constituye sin duda una de las ideas más influyentes e imperecederas en la historia de la lingüística moderna; se trata posiblemente de la contribución más significativa a la disciplina de la lingüística de las escuelas estructuralistas europeas y norteamericanas que se desarrollaron durante la primera mitad del siglo XX (para un panorama histórico del fonema, pueden consultarse, entre otros, tratados como Fisher-Jørgensen 1975, Lass 1984, Anderson 1985 y Robins 1997). En varias escuelas lingüísticas el fonema fue considerado durante mucho tiempo la unidad más elemental de la organización fónica de las lenguas naturales, el componente básico de la estructura fonológica que no puede ser analizado en unidades sucesivas más pequeñas. Dentro de perspectivas más recientes, esta posición privilegiada del fonema como pieza básica e indivisible de la estructura fonológica ha sido suplantada por los rasgos distintivos, es decir, en conjunto de propiedades fonéticas, ya sean acústicas o articulatorias, de que se componen los fonemas. En la práctica, sin embargo, los fonólogos han continuado el uso y la referencia a los fonemas, ya sea como una manera conveniente de abreviar las matrices de rasgos distintivos en las trascripciones fonémicas, ya como un equivalente de la "representación subyacente" en los análisis del marco generativo (Chomsky y Halle 1968 y multitud de trabajos subsiguientes), si bien esta última no siempre coincide con la representación fonémica clásica.

2. La Conexión Fonética-Fonología: El Fonema Y Sus Alófonos

2.1. Fonética y fonología

Para enmarcar los conceptos de *fonema* y *contraste fonémico*, suelen tomarse como punto de partida los diferentes objetos de estudio de la fonética y la fonología en relación a la materia fónica. La fonética es la disciplina que investiga los mecanismos involucrados en la producción, la transmisión y la recepción de los sonidos que los seres humanos utilizan para la comunicación hablada; se ocupa exclusivamente de las manifestaciones físicas o fisiológicas, ya sean articulatorias o acústicas, de los sonidos del habla. Por el contrario, la fonología se ocupa de los sonidos en relación a su capacidad de distinguir significados, de cómo se combinan para formar unidades que transmiten significados (morfemas, palabras, frases), de cómo se organizan en las pautas fónicas de una lengua, y así sucesivamente.

En el habla espontánea se pueden producir sonidos con una infinidad de diminutas diferencias. De hecho, ningún sonido se pronuncia exactamente igual (de la misma manera que ninguna persona, animal u objeto es exactamente igual a otro), debido a dos factores primordiales: a) diferencias anatómicas individuales de los hablantes en su aparato fonador; y b) la variación inherente a cada individuo: un hablante nunca pronuncia un sonido determinado exactamente de la misma manera. No obstante, la mayoría de estas diferencias son tan pequeñas que pasan desapercibidas por los hablantes, quienes no tienen problema alguno en percibir o identificar tales variaciones como "el mismo" sonido o "la misma palabra". En contraste, otras diferencias son importantes, ya que la lengua puede utilizarlas para distinguir unas palabras de otras. El estudio de estas diferencias cae precisamente dentro del ámbito de la fonología. La discriminación entre la realidad física de los sonidos y la manera en que los hablantes la perciben y la organizan en su sistema lingüístico corresponde a la diferenciación entre fonética y fonología. En suma, la distinción entre las variaciones fónicas irrelevantes (o *redundantes*) para la transmisión de significados y aquellas que son usadas para producir diferencias significativas establece, pues, la división más básica entre la fonética y la fonología, entre *sonidos* (o *fonos*) y *fonemas.*

Los estudios experimentales demuestran que la materia fónica constituye un *continuum*, tanto si consideramos la fluidez de movimientos con que se ejecutan los gestos articulatorios como las ondas acústicas que estos gestos producen, sin que frecuentemente sea posible delimitar con precisión dónde acaba un sonido y dónde comienza el sonido siguiente. Sin embargo, existen al menos tres pruebas fehacientes de que los hablantes analizan y perciben el habla como segmentable, compuesta de unidades discretas: a) la creación de la escritura alfabética sería inconcebible sin un mínimo entendimiento intuitivo de cada uno de los sonidos distintivos en una lengua; b) los *lapsus linguae* o errores del habla, como los *espunerismos* (del inglés *spoonerisms*, palabra derivada de W. Spooner, un profesor de Oxford conocido por cometer frecuentemente este tipo de errores), que consisten en intercambiar dos sonidos en palabras adyacentes, como *l* y *sh* (= [š]) en *loving shepherd* 'pastor que ama', resultando en *shoving leopard* 'leopardo que empuja'. Este fenómeno no podría explicarse si no se asume que los hablantes segmentan la sustancia fónica en unidades discretas, a pesar del demostrable flujo continuo que presenta la realidad física del habla; y c) ciertos procesos fonológicos muy frecuentes en las lenguas, incluyendo la *inserción* (*epéntesis*) y la *elisión* de sonidos, o la *metátesis* o el (inter)cambio de posición de uno o de dos sonidos), solo pueden explicarse bajo la suposición de que la cadena hablada es analizada por los hablantes como una sucesión de unidades discretas.

Algunas escuelas lingüísticas, partiendo de los postulados de Saussure a principios del siglo XX, han intentado establecer una separación estricta entre fonética y fonología, formulada en base a la dicotomía entre *sustancia* y *forma*, respectivamente: la primera estudia el material fónico utilizado en la comunicación hablada (es decir, los sonidos), mientras que la segunda estudia el sistema abstracto de relaciones con el que se organiza ese material en una lengua dada. Sin embargo, los avances teóricos y experimentales en las últimas décadas han demostrado que esta tajante división entre las dos disciplinas es en gran medida ficticia, ya que ambas son complementarias e interdependientes. Dos líneas principales de investigación han propiciado este cambio. Primero, el vínculo entre las dos disciplinas ha sido reforzado sustancialmente con la enorme profusión de experimentos fonéticos que se han venido realizando en las últimas décadas, y cuyo objetivo principal es confirmar o refutar hipótesis fonológicas; es la así llamada *fonología de laboratorio*. Y en segundo lugar, los intentos de establecer unos límites precisos entre fonética y fonología irónicamente han abocado en una enorme cantidad de investigaciones sobre la interfaz entre fonética y fonología, las cuales confirman que la división absoluta entre las dos disciplinas es esencialmente ilusoria (cf. Martínez-Celdrán 1984, cap. 1; Hidalgo Navarro y Quilis Merín 2004: 22–27). Se ha hecho evidente que la descripción fonológica crucialmente requiere el acceso a categorías fonéticas como los rasgos distintivos: las propiedades fónicas usadas para establecer distinciones léxicas. Como contraparte, no cabe duda alguna de que la identificación de las propiedades fonéticas requiere un entendimiento previo de la estructura del sistema fonológico (Hidalgo Navarro y Quilis Merín 2004: 24). Por otro, puede argüirse que no tiene sentido, ni tampoco sería deseable, realizar un estudio experimental del material fonético sin referencia alguna a la estructura fonológica, y por implicación, al significado. Bloomfield (1976 [1933]: 76–77) apunta que sin referencia a la conexión sonido-significado (es decir, a la fonología) ningún fonetista probablemente sería capaz de determinar si dos formas son iguales o distintas; en otras palabras, si los sonidos de que se componen son redundantes o distintivos.

2.2. *El fonema: definición*

Según el criterio funcional —sin duda uno de los más básicos y universalmente aceptados—, un fonema puede definirse simplemente como una *unidad fónica distintiva*, donde el calificativo "distintivo" tiene una interpretación explícita e inequívoca: "capaz de diferenciar significados". Esta definición del fonema se deriva directamente de la noción de *contraste* u *oposición* fonológicos: dada una secuencia de segmentos fónicos que constituye un morfema o una palabra (es decir, una unidad dotada de significado), dos sonidos son distintivos cuando la sustitución (o *conmutación*) de uno por el otro es capaz de producir un cambio de significado. Por ejemplo, el fonema /d/ *se opone* a (se relaciona paradigmáticamente con) todos los demás fonemas consonánticos del español, mientras que en *casa*, la vocal inicial tónica *contrasta* con la vocal final átona (cf. Alarcos Llorach 1974: 39–40). Así, si sustituimos el sonido inicial [t] de *tía* por [d], obtenemos un significado diferente: *día*. Concluimos entonces que la diferencia fonética entre [t] y [d] es *distintiva* o *contrastiva* en español; es decir, que los dos son *fonemas*: /t/~/d/ forman una *oposición* o *contraste fonémico* en español (nótese el uso de las barras inclinadas '/…/' para la transcripción fonémica frente a los corchetes '[…]' para la transcripción fonética). Dos palabras que contienen la misma secuencia de segmentos, pero difieren en un sonido, como *tía~día*, *seta~seda*, *cuanto~cuando*, etc., se llama un *par mínimo*. Debido a su fiabilidad, la prueba de los pares mínimos, identificados mediante el principio de la conmutación, es sin duda el procedimiento utilizado con mayor frecuencia para identificar el inventario fonémico de una lengua.

Los fonemas son, pues, elementos fónicos mínimos que poseen una *función distintiva*: aunque por sí solos carecen de significado, las lenguas humanas los utilizan para formar unidades gramaticales dotadas de significado, como morfemas y palabras. El fonema representa todas y solo aquellas propiedades que funcionan de manera *distintiva* en los sonidos del habla. Aunque algunos autores en el pasado han intentado caracterizarlo como una entidad puramente física, la posición más aceptada es que el fonema no es un sonido con realidad física, sino más bien una unidad abstracta en la que se agrupan las propiedades fónicas que funcionan distintivamente en el habla; es decir, que sirven para establecer distinciones léxicas. A modo de ilustración, consideremos los fonemas /t/ y /d/; son esencialmente idénticos en cuanto a sus propiedades fonéticas (ambos son consonantes oclusivas orales dentales), pero difieren en el rasgo de fonación: el primero es sordo y el segundo sonoro. Es precisamente este rasgo lo que distingue *tía* de *día*. De una manera análoga, la oposición entre /t/ y /θ/ o /s/ (*cata~caza/casa*) es de oclusión vs. fricación.

Otra definición del fonema que ha tenido una aceptación relativamente amplia y que, en principio, no se contrapone o contradice necesariamente la definición funcional, propone que los fonemas constituyen la representación mental o *idealizada* que los hablantes poseen de los sonidos que funcionan distintivamente en su lengua. El origen de esta posición mentalista suele estar asociada con el lingüista polaco Badouin de Courtenay y sus colaboradores de la escuela de Kazan, en Rusia, de finales del siglo XIX, y con el antropólogo y lingüista americano Edward Sapir, de principios del siglo XX, y ha ejercido una evidente influencia en los presupuestos cognitivos de la fonología generativa, el marco teórico dominante en las últimas décadas.

Desde la trayectoria histórica del estudio fonémico se han propuesto muchas definiciones del fonema, que pueden diferir considerablemente según la escuela lingüística particular en la que se originan. Fisher-Jørgensen (1975) distingue hasta 18 definiciones diferentes del fonema en la tradición occidental; algunas de ellas simplemente constituyen ligeras variaciones sobre una posición común. Entre las más influyentes, cabe resaltar aquí las siguientes: 1) una unidad mínima distintiva (con función diferenciadora de significado) y, como tal, uno de los miembros de una oposición fonológica; 2) una representación mental o idealizada de un sonido, una unidad de carácter puramente sicológico o cognitivo; 3) una clase o familia de sonidos fonéticamente similares que ocurren en distribución complementaria; 4) un elemento constitutivo de los morfemas; 5) un símbolo meramente lógico; 6) una unidad estrictamente física que se manifiesta como el mínimo uniforme de rasgos fónicos en todas sus realizaciones fonéticas; 7) una entidad abstracta ficticia que el analista usa por conveniencia para describir las relaciones fonológicas; 8) una matriz de rasgos o propiedades distintivos; y 9) un concepto inútil, en cuanto carece de significación teórica para el análisis fonológico. Hyman (1975, cap. 3) sugiere que de las diversas definiciones del fonema pueden clasificarse en tres tipos generales: 1) una realidad esencialmente física o fonética (por ejemplo la escuela inglesa de Jones y sus discípulos); 2) una realidad fonológica abstracta (es decir, el conjunto de las propiedades fónicas que funcionan distintivamente, como en el estructuralismo europeo inspirado en los postulados de la escuela de Praga); y 3) una realidad sicológica: la imagen mental o ideal de un sonido descrita arriba (para una breve pero incisiva exposición reciente sobre el origen y el desarrollo histórico del concepto de fonema, véase Dresher 2011).

Además de los fonemas segmentales, muchos autores distinguen también los fonemas suprasegmentales o *prosodemas*, tales como el acento, la entonación, el tono (en las lenguas tonales). En el español, por ejemplo, el acento es fonémico, ya que existen pares mínimos diferenciados únicamente por la tonicidad: *papa~papá*, *acabe~acabé*, *domino~dominó*, etc. (cf, Alarcos Llorach 1974: 90; Hualde 2005: 2). En lenguas entonacionales como el español, el contorno terminal de la melodía entonacional sirve para distinguir diferentes tipos de frases, incluyendo palabras que constituyen grupos fónicos por sí mismas: *acabó* (aseveración, con caída tonal) frente a *¿acabó?* (interrogativa absoluta, con subida tonal) (cf. Quilis 1999, cap. 14). Además, en las lenguas tonales pueden identificarse una serie de *tonemas* (o fonemas tonales), donde las variaciones en la melodía tonal sirven para distinguir unidades léxicas o morfosintácticas segmentalmente idénticas. En el iguala (Nigeria), por ejemplo encontramos pares mínimos como *áwo* 'un aumento' (con tono alto en la vocal inicial, indicado con un acento agudo) frente a *àwo* 'peine' (con tono bajo, señalado con un acento grave) (Katamba 1989: 54).

2.3. Contraste y redundancia: fonemas y alófonos

Pares mínimos, tales como *tía~día, seta~seda*, etc., contienen el contraste fonémico /t/~/d/ determinado por el gesto laríngeo (sordo vs. sonoro, respectivamente). En muchos otros casos las distinciones fonémicas conllevan la oposición de más de un rasgo. En general, cuanto mayor sea la diferencia fonética tanto mayor será el número de rasgos que contrastan. Así, /p/ y /d/ (*pato~dato*) difieren tanto en sonoridad como en punto de articulación, mientras que /p/ y /n/ (*pudo~nudo*), además de estos dos rasgos, se oponen también en el rasgo oral vs. nasal. En /t/~/n/ (*rata~rana*) se oponen los rasgos oral sordo frente a nasal sonoro, y en /d/~/n/ el contraste se circunscribe a oral vs. nasal (*todo~tono*). Por otra parte, en pares como los que se citan a continuación la oposición está definida por el rasgo de punto de articulación, a saber, dental vs. labial: /t/~/p/ (*mata~mapa*), /d/~/b/ (*lado~lavo*); dental vs. palatal: /t/~/č/ (*rata~racha*), /d/~/ɟ/ (*cada~calla*); y dental vs. velar: /t/~/k/ (*rota~rota*), /d/~/g/ (*lado~lago*). Por último, en la oposición /t/~/m/ contrastan el modo de articulación (oral vs. nasal), el punto de articulación (dental vs. bilabial) y la fonación (sordo vs. sonoro), tres de las propiedades articulatorias fundamentales que sirven para caracterizar a los fonemas consonánticos del español, aunque como acabamos de ver, solo en algunos casos se combinan los tres simultáneamente para establecer las oposiciones observadas en la lengua.

El fonema se concibe en general como una noción formal y abstracta, en la que se agrupan exclusivamente las propiedades distintivas de los sonidos; en contraste, los sonidos son la manifestación material y concreta de los fonemas en el habla. Trubetzkoy (1969 [1939]: 36) sugiere que los hablantes son capaces de reconocer la secuencia de fonemas en el decurso fónico precisamente porque pueden identificar los rasgos distintivos de cada fonema en puntos específicos del flujo continuo de un acto de habla.

La realización física de los fonemas pueda ser variable, al estar condicionada por ciertos factores, ya sean lingüísticos, tales como el contexto fonológico en el que se realiza (por ejemplo, el sonido precedente o el siguiente), o extralingüísticos, como la anatomía del aparato fonador, el registro estilístico particular, el estado emocional del hablante, su trasfondo socioeconómico o educativo, su origen geográfico, etc. Las diversas modificaciones a las que se somete la realización concreta de un fonema se llaman las *variantes* de ese fonema. Se suelen distinguir dos tipos principales de variantes: a) las *contextuales* o *combinatorias* (quizá mejor conocidas como los *alófonos*) ocurren en *distribución complementaria*; es decir, aparecen en contextos mutuamente excluyentes; y b) las *libres* o *estilísticas* pueden darse en el mismo contexto, dependiendo de la elección más o menos consciente de los hablantes (cf. Hidalgo Navarro y Quilis Merín 2004, § 1.2). A modo de ilustración, en el español normativo el fonema /d/ exhibe dos alófonos principales: se realiza como oclusivo [d], entre otros contextos, después de una nasal (*cuan*[d]*o*, *un* [d]*ía*), y como fricativo [ð], por ejemplo, después de una vocal (*la*[ð]*o*, *ese* [ð]*ía*). Lo crucial aquí es que los dos alófonos no son intercambiables: [d] no ocurre normalmente después de vocal, ni [ð] después de nasal. Por otra parte, en muchos dialectos del español, el fonema /s/ en posición implosiva puede realizarse con tres variantes libres: [s], [h] (una fricativa laríngea) y cero 0/(es decir, se elide): *mo*[s]*ca~mo*[h]*ca~mo*[0/]*ca, día*[s]*~día*[h]*~día*[0/].

Cuando comparamos los fonemas /d/ y /t/ observamos que difieren en una sola propiedad fonética: /d/ es sonoro, ya que se realiza con vibración de las cuerdas vocales, mientras que en /t/ ese atributo está ausente. La diferencia entre los rasgos sonoro y sordo es distintiva para la clase de las oclusivas orales en español, ya que sirve también para identificar oposiciones fonémicas como /p/~/b/ y /k/~/g/. Cuando los rasgos fonéticos no se usan para establecer distinciones fonémicas, entonces se dice que son *indistintivos* o *redundantes*. Así, la diferencia fonética entre [d] y [ð] (oclusión vs. fricación), no sirve para distinguir palabras en español, y por lo tanto no tiene una función distintiva: *día*, *dinero* se pronuncian con [d] en frases como *un* [d]*ía*, *el* [d]*inero* pero con [ð] en *ese* [ð]*ía*, *mucho* [ð]*inero*. Evidentemente los dos sonidos pueden usarse en la misma palabra sin que se produzca un cambio de significado.

Además de encontrarse en distribución complementaria, los alófonos de un fonema guardan una fuerte semejanza fonética; esto resulta evidente: de lo contrario difícilmente podrían identificarse como variantes del fonema en cuestión. Un caso citado frecuentemente es el de [h] y [ŋ] en inglés. Estos dos sonidos están en distribución complementaria: [h] sólo ocurre en posición inicial de sílaba y [ŋ] en posición final. Sin embargo, no pueden asignarse al mismo fonema debido a su disimilitud fonética. Además, el parecido fonético deriva en gran medida del requisito general de que la variabilidad de un fonema esté circunscrita a un *campo de dispersión*, también conocido como el *margen* o *límite de tolerancia*, cuyos confines están determinado por el campo de dispersión de los otros fonemas del sistema (Quilis 1999: 39; Hidalgo Navarro y Quilis Merín 2004: 26). En particular, la realización fonética de un fonema no debe incluir un rasgo distintivo caracterizador de otro fonema con el que contrasta; de lo contrario se destruiría la integridad de la oposición. El apropiado control de las variantes alofónicas de los fonemas es sin duda una característica fundamental del conocimiento tácito que los hablantes nativos tienen de su lengua. Así, la realización de /d/ en *lado* con la variante oclusiva (*la*[d]*o*) sin duda, resultaría extraña a un hablante nativo de español, y probablemente la identificaría como una pronunciación 'extranjera'. Pero el significado de la palabra seguirá siendo el mismo (= 'lado'). Un juicio similar evocaría la pronunciación anómala de /d/ con la variante fricativa [ð] cuando va localizada después de una nasal: *cuan*[ð]*o*, en lugar de la oclusiva [d]: *cuan*[d]*o*, pero de nuevo esto no crea una diferencia significativa. Las mismas consideraciones son aplicables a la distinción fonética entre los pares [b]~[β] y [g]~[ɣ] (cf. *un* [b]*arco*~*ese* [β]*arco*, o *un* [g]*ato*~*este* [ɣ]*ato*). Sin embargo, en inglés la propiedad fonética de oclusión frente fricación es distintiva para las obstruyentes sonoras, no sólo en el par /d/~/ð/, sino también /b/~/v/ (cf. *boat* 'barco'~*vote* 'voto', *life* 'vida'~*live* '(en) vivo') (aunque el contraste está ausente en el orden velar, ya que sólo ocurre /g/). En el español, esta es una propiedad redundante para la clase de las obstruyentes sonoras, pero se usa contrastivamente en las sordas correspondientes: /p/~/f/, /t/~/s/ (/t/~/θ/), /k/~/x/, como queda ilustrado por pares mínimos como *p̲ino*~*f̲ino*, *rat̲a*~*ras̲a*/*raz̲a*, *roc̲a*~*roj̲a*, respectivamente.

La manera en que se organiza el material fónico, es decir, qué sonidos o rasgos fonéticos poseen una función distintiva y cuáles carecen de este atributo, es una cuestión que se establece de manera diferente en cada lengua particular. Es relativamente común que dos lenguas exhiban sonidos idénticos, o muy similares, pero que funcionan fonológicamente de manera muy distinta en cada una de ellas. Para ilustrar las diferencias fonéticas que se usan con función distintiva y las que son redundantes, comparemos las obstruyentes sonoras [d] y [ð] en inglés y español. En términos articulatorios, el sonido [d] en inglés (escrito *d*) es *oclusivo alveolar sonoro*, mientras que [ð] (escrito *th*) es *fricativo interdental sonoro*. Los dos son relativamente parecidos y se articulan en regiones cercanas en la boca, pero difieren en un rasgo importante, el modo de articulación. Esta diferencia es distintiva es inglés, ya que la sustitución de [d] por [ð] resulta en un cambio de significado, como queda ilustrado por pares mínimos como *th̲en* 'entonces' ~ *d̲en* 'guarida,' *th̲ough* 'aunque' ~ *d̲ough* 'masa,' *lath̲e* 'torno' ~ *laid̲* 'puesto, colocado,' etc. De ahí se sigue que estos sonidos son *distintivos* o *contrastivos*; es decir, que son *fonémicos*: /d/~/ð/. El español posee también los sonidos [d] y [ð] (aunque, a diferencia del inglés, [d] no es alveolar sino dental): [d] aparece en posición inicial de palabra después de una pausa ([d]*ía*, [d]*inero*) o después de una nasal o una lateral (*cuan*[d]*o*, *cal*[d]*o*, *un* [d]*ía*, *el* [d]*inero*), mientras que [ð] ocurre entre vocales (*lado*, *cada*, *ese* [ð]*ía*, *mucho* [ð]*inero*), y después de consonantes continuas, como [r] o [s] (*ar*[ð]*er*, *des*[ð]*e*, *estar* [ð]*ormido*, *dos* [ð]*ías*). Crucialmente, en español la misma diferencia fonética entre [d] y [ð] no es distintiva (cf. [d]*ía* o [ð]*ía*, [d]*inero* o [ð]*inero*, dependiendo del sonido precedente), ya que no cambia el significado de estas palabras. Concluimos que la distinción fonética [d]~[ð] en español es *redundante* (es decir, puramente *alofónica*), y que por lo tanto tenemos solamente un fonema /d/, que puede pronunciarse con dos variantes combinatorias o alófonos en distribución complementaria: uno oclusivo y otro fricativo; una u otra pronunciación está condicionada por el contexto precedente. La función del rasgo fonético oclusión frente a fricación es distintiva para las obstruyentes sonoras dentales en inglés, pero redundante en español.

Dado que los fonemas son las unidades de que se componen los morfemas, las modificaciones contextuales en la pronunciación de los fonemas inevitablemente pueden resultar en variantes en la realización. Este fenómeno queda reflejado en formas alternantes como las que acabamos de considerar, [d]*í-a*~[ð]*í-a*, [d]*iner-o*~[ð]*iner-o* (las lindes morfémicas se indican con un guión), donde la variación alofónica da origen a una *alternancia* en la pronunciación del morfema radical. Ocurre a menudo que los sonidos que alternan en la realización de un morfema dado son fonemas en la lengua, y entonces tenemos una *alternancia morfofonémica*. En el español existen varios ejemplos bien conocidos de este último tipo (cf. Harris 1969, 1980), que ocurren cuando el tema derivacional de una palabra entra en contacto con ciertos sufijos, e incluyen alternantes como /k/~/θ/ (/s/ en variedades americanas; cf. *eléctri*[k]-o~ *electri*[θ]-*idad*, *sue*[k]-*o*~*Sue*[θ]-*ia*) y /t/~/s/ (cf. *explot-ar*~*explos-ión*, *explos-ivo*, *permit-ir*~*permis-ivo*). Aunque los niños que adquieren su lengua nativa necesariamente deben aprender a discriminar los sonidos distintivos de los redundantes, irónicamente, los hablantes de una lengua en general no son conscientes de las alternancias alofónicas, pero sí lo son de las morfofonémicas. Esto no debe sorprendernos, ya que en las primeras están involucrados rasgos fonéticos *redundantes*, mientras que en las últimas lo están rasgos *distintivos*. Además, las alternancias alofónicas están condicionadas exclusivamente por el contexto fonológico, de ahí que generalmente sean *automáticas*. En contraste, las alternancias morfofonémicas no siempre son automáticas; de hecho, a menudo no lo son: la alternancia /t/~/θ/ se da en *sue*[k]-*o*~*Sue*[θ]-*ia*, pero no en *eslova*[k]-*o*~ *Eslova*[k]-*ia* (cf. **Eslovas-ia*), mientras que /t/~/s/ ocurre en *permit-ir*~*permis-ivo* pero no en *tent-ar*~ *tentat-ivo* (cf. **tentas-ivo*). Además de factores estrictamente fonológicos las alternancias no automáticas suelen estar crucialmente condicionadas por información morfosintáctica o léxica.

2.4. La realidad sicológica del fonema

Existen varios tipos de evidencia empírica que apoyan la realidad sicológica del fonema como unidad que contiene las propiedades fonéticas distintivas que los hablantes nativos internalizan en sus representaciones mentales de los morfemas y palabras de su lengua. En un influyente artículo, Sapir (1933) propuso que el fonema es parte de la representación mental que los hablantes tienen de su lengua. Entre los tipos de evidencia que existen para la realidad sicológica del fonema, pueden resaltarse las tres siguientes (cf. Hayes 2009: 48–52; Dresher 2011):

1) El mecanismo auditivo de los hablantes está ajustado de tal manera que perciben sin dificultad alguna las aspectos fónicos que son distintivos en su lengua, pero normalmente

no se percatan de aquellos que no funcionan contrastivamente. Por ejemplo, un hablante de gallego fácilmente percibe la diferencia (distintiva en esta lengua) entre una vocal media tensa en *b*[é]*sta* 'bestia' y una laxa en *b*[ɛ́]*sta* 'ballesta'. Sin embargo, para un hablante monolingüe de español esta distinción seguramente pasará desapercibida, ya que no es fonémica en la lengua, a pesar de que a nivel alofónico ocurren diferencias relativas de abertura (cf. *qu*[é]*so*~*v*[ɛ́]*rde*) (Navarro Tomás 1977: 52–53);

2) Puesto que los hablantes nativos generalmente no son conscientes de las diferencias fonéticas entre las variantes alofónicas de un fonema, suelen identificarlas como el "mismo sonido". Así, para un hablante de español la vocal tónica tensa en *qu*[é]*so* no es "distinta" que su contraparte laxa en *v*[ɛ́]*rde*, o que las vocales átonas relativamente reducidas en *húm*[ɘ]*do* o *juev*[ɘ]*s* (obsérvese que la ortografía del español refleja esta propiedad al ignorar las diferencias fonéticas entre las variantes alofónicas de /e/; en general, las escrituras alfabéticas ignoran la variación alofónica);
3) Los hablantes nativos de una lengua suelen transferir las realizaciones alofónicas de un fonema nativo a su pronunciación de una lengua extranjera. Por ejemplo, los hablantes de español que aprenden el inglés como segunda lengua (y especialmente los hablantes adultos) son proclives a trasladar a su inglés la pronunciación de /d/ intervocálica como fricativa [ð], que en este contexto es simplemente un alófono de /d/ en español; se trata de un error natural, pero significativo: mientras que en español [d] y [ð] son simplemente variantes alofónicas del fonema /d/, en inglés estos sonidos son distintivos: /d/~/ð/, como lo atestiguan pares mínimos como *ladder* [lǽdə(ɹ)] 'escalera de mano' frente a *lather* [lǽðə(ɹ)] 'espuma'.

3. El Fonema Y Los Rasgos Distintivos

Durante mucho tiempo se asumió que el fonema era la unidad primitiva e indivisible del análisis fonológico. A partir de la década de 1950, sin embargo, comenzó a cuestionarse esta premisa, especialmente por parte de los fonólogos de la Escuela Prosodista inglesa (Firth y sus colaboradores) y también por los lingüistas que después de la Segunda Guerra Mundial prosiguieron en Estados Unidos los estudios inspirados por la renombrada Escuela de Praga (especialmente por las investigaciones de Trubetzkoy y Jakobson), durante la década de los 1930, y que culminaron en los estudios seminales de Jakobson y Halle (1956), Jakobson, Fant y Halle (1963), y subsiguientemente en el marco generativo de Chomsky y Halle (1968), obra que ha marcado un hito en el desarrollo de la fonología moderna. A partir de aquí, las propiedades fonéticas de los sonidos, los *rasgos distintivos*, serán considerados los elementos universales de la sustancia fónica, las piezas más básicas e indivisibles que sirven para organizar la estructura y las pautas que configuran los sistemas fonológicos de las lenguas humanas; los fonemas o segmentos del habla son simplemente haces o agrupamientos particulares de esas propiedades fonéticas más básicas que llamamos rasgos distintivos.

Para Trubetzkoy los fonemas son las unidades fonológicas distintivas más pequeñas de una lengua que no pueden ser analizadas en sucesivos componentes distintivos más pequeños (1968 [1939]: 35). Esto no significa que Trubetzkoy no reconociera que los fonemas están formados por los rasgos distintivos; muy al contrario, la labor de este autor y de sus colaboradores es precisamente una de las contribuciones más significativas al desarrollo de la teoría de los rasgos distintivos. De hecho, los rasgos fónicos usados distintivamente en el habla constituyen un elemento esencial de su concepción del fonema y de las oposiciones fonológicas. Así, dos fonemas como /t/ y /d/ son esencialmente idénticos excepto en el rasgo distintivo laríngeo: sordo vs. sonoro, respectivamente. Sin embargo, Trubetzkoy advierte que ninguno de los "átomos" acústicos o articulatorios que caracterizan al fonema puede considerarse una unidad fonológica, ya que nunca ocurren aislados, sino siempre agrupados (1968 [1939]: 35). Los rasgos fonológicos distintivos propuestos en Jakobson y Halle (1956) y Jakobson, Fant y Halle (1963) son de carácter esencialmente acústico: toman como punto de referencia la percepción, y por lo tanto, la perspectiva del oyente. No obstante, debido a las dificultades que los rasgos acústicos presentaban para el análisis de ciertos procesos fonológicos (cf., por ejemplo, Hyman 1975: 30–32; Lass 1984: 75–58; Katamba 1989: 42), desde Chomsky y Halle (1968) se ha ido imponiendo en las descripciones fonológicas el uso de los rasgos de tipo articulatorio (no debe olvidarse que estos ya habían sido ampliamente utilizadas en los estudios tradicionales), formulados desde la perspectiva de la producción de los sonidos, es decir, que adoptan la perspectiva del hablante y además tienen correlatos acústicos directos que se definen en base a la estructura formántica o las diferentes frecuencias de resonancia de cada sonido, que a su vez están determinados en gran medida por la configuración del conducto bucal (la única y curiosa excepción es [estridente], mantenido del anterior sistema de rasgos acústicos primordialmente para distinguir a las sibilantes de las demás consonantes). La hipótesis básica de la teoría de los rasgos distintivos es que existe un inventario bastante reducido de propiedades fonéticas (en Chomsky y Halle 1968 se proponen alrededor de una veintena) que se presume universal, del cual las lenguas humanas extraen una serie, que puede adoptar diferentes combinaciones para establecer sus distinciones fonémicas.

Existen tres argumentos fundamentales para considerar los rasgos, y no los fonemas, como las unidades más básicas de la estructura fonológica. El primero proviene de la observación bien documentada de que hay una fuerte tendencia de los sistemas fonémicos a formar conjuntos *simétricos*. Hay dos puntos importantes en relación a este hecho. Primero, la *simetría* sólo puede caracterizarse en base a rasgos fonéticos; así, decir que el sistema de fonemas obstruyentes sordos en español /p, t, k, f, s, (θ), x/) es simétrico porque a cada oclusiva corresponde una fricativa en cada uno de los tres puntos de articulación: labial (/p/~/f/), coronal (/t~s/ y/o /t/~θ/) y dorso-velar (k~x/). Claramente, la aludida simetría de los fonemas en cuestión no tendría sentido sin referencia a categorías como "oclusivo", "continuo", "labial", etc., propiedades con una evidente definición fonética de base articulatoria. Y segundo, los sistemas fonémicos tienden a ser simétricos porque utilizan los rasgos distintivos con la mayor economía y generalidad. Por ejemplo, el sistema vocálico del español /i, e, a, o, u/ es más simétrico que uno hipotético, como /i, e, o, a/, que no distingue más que una vocal alta, ya que el primero hace un uso más eficiente de los rasgos de altura y retracción, en cuanto los usa para distinguir 5 vocales, mientras que el segundo utiliza los mismos rasgos para distinguir solo 4; además para caracterizar el segundo sistema se necesitaría una restricción que excluyera la combinación de los rasgos alto y retraído/redondeado, pero tal restricción sería patentemente innecesaria en el sistema del español. De nuevo, tales generalizaciones no son posibles sin acceso directo a los rasgos fonológicos, los elementos básicos de que se componen los fonemas.

El segundo argumento a favor de los rasgos distintivos es que hacen posible captar la *estructura interna* de los segmentos del habla. Un tipo de evidencia que apoya la hipótesis de que los sonidos poseen una estructura interna procede de los segmentos coarticulados. En el habla coloquial de la variedad de español descrita por Navarro Tomás (1977: 113), el gesto articulatorio del primer miembro del grupo /nm/ mantiene su rasgo alveolar, al tiempo que se bilabializa en anticipación de la /m/ siguiente, realizándose así un contacto alveolar y bilabial simultáneos, que este autor trascribe como $[^{m}_{n}]$: *i*$[^{m}_{n}]$*móvil*, *co*$[^{m}_{n}]$*migo*. El segmento co-articulado puede expresarse gráficamente utilizando la notación autosegmental, como una nasal asociada a los puntos de articulación coronal y labial, tal y como queda reflejado en (1a). De manera análoga, la vocal inicial en *antes* [ã̃n̪tes], comienza con su cualidad fonémica oral, al tiempo que se nasaliza parcialmente en anticipación a la nasal siguiente, como se ilustra en (1b), realizándose fonéticamente como una vocal tradicionalmente conocida como *oronasal* u *oronasalizada* (Quilis y Fernández 1985: 54; Quilis 1999: 70):

(1) a. [i n m ó β i l]
[cor] [labial]

b. [ã̃ n̪ t e s]
[oral] [nasal]

De las representaciones en (8) debe resultar evidente que los rasgos fonológicos son elementos imprescindibles para captar las características articulatorias de los segmentos coarticulados. En contraste, no es obvio cómo podrían expresarse adecuadamente propiedades de este tipo si se adopta el fonema como la unidad primitiva e indivisible de la descripción fonológica.

El tercer argumento que favorece la adopción de los rasgos distintivos como elementos primitivos de la estructura fonológica proviene de la observación de que tanto los procesos fonológicos que afectan a la realización fonética de los fonemas como las generalizaciones fonotácticas (las restricciones que rigen las posibles combinaciones de fonemas) se refieren crucialmente a *clases naturales* de segmentos. Una *clase natural* consiste en un conjunto de fonemas que comparten uno o más rasgos fonológicos. Puesto que: 1) la identificación de las clases naturales de fonemas es esencial para el análisis de los procesos fonológicos y las restricciones fonotácticas, dos aspectos esenciales de la estructura fonológica; y 2) las clases naturales sólo pueden definirse en relación a las propiedades fónicas de que se componen los fonemas, se sigue inexorablemente que los rasgos deben ser las unidades básicas para la organización de los sistemas fonológicos. La fuerza de este argumento puede apreciarse cuando analizamos, por ejemplo, el proceso de espirantización de las plosivas sonoras en español, que cambia /b, d, ǰ, g/ en las correspondientes fricativas (o incluso aproximantes) [β, ð, j, ɣ] cuando van precedidas de un segmento continuo (cf. *en* [b]*arco~ese* [β]*arco, cien* [d]*ías~estos* [ð]*ías, en* [ǰ]ate~*ese* [j]*ate, un* [g]*ato~hay* [ɣ]*atos*). Dado el sistema consonántico del español, resulta evidente que: a) el blanco de la espirantización se limita al conjunto de fonemas que comparte los rasgos [obstruyente], [oclusivo] y [sonoro]; b) el proceso de espirantización modifica el rasgo [oclusivo] o [africado], cambiándolo a [continuo]; y c) el contexto que desencadena la espirantización (el grupo de fonemas que preceden a la obstruyente en cuestión) se caracteriza por tener en común el rasgo [continuo]. Los ataques complejos en español ilustran la función de las clases naturales en las restricciones fonotácticas. Así, los grupos consonánticos iniciales de sílaba están circunscritos a la combinación de una oclusiva más liquida: /p, t, k, b, d, g/ + /l, r/ (la pertenencia de /f/ al primer grupo es claramente excepcional). Si en lugar de los rasgos distintivos la unidad básica de análisis fuese el fonema, no habría ninguna razón evidente para esperar que un proceso fonológico cualquiera se aplicase a grupos de fonemas como /b, d, ǰ, g/ y no a cualquier otro grupo arbitrario de 4 fonemas, como /p, d, t, g/, o que las restricciones sobre ataques complejos incluyeran como primer miembro el conjunto /p, t, k, b, d, g/ y no un grupo arbitrario como /p, f, č, s, m, r/. Sucede que los fonemas que comparten rasgos fónicos (es decir, que constituyen clases naturales), y no los grupos arbitrarios de fonemas, son precisamente los que exhiben un comportamiento fonológico similar. Ante tales hechos es inevitable concluir que son los rasgos distintivos, y no los fonemas, los elementos más básicos que permiten establecer las generalizaciones lingüísticamente significativas de la estructura fonológica en las lenguas naturales.

Bibliografía

Alarcos Llorach, E. (1974) *Fonología española*, 4.ª ed., Madrid: Gredos.

Anderson, S. (1985) *Phonology in the twentieth century*, Chicago: University of Chicago Press.

Chomsky, N. y Halle, M. (1968) *The sound pattern of English*, Nueva York: Harper & Row.

Bloomfield, L. (1976 [1933]) *Language*, Londres: George Allen & Unwin Ltd.

Dresher, B. E. (2011) "The phoneme", en Oostendoorp, M., Ewen, C. J., Hume, E. y Rice, K., *The Blackwell companion to phonology. Vol. I: General issues and segmental phonology*, Malden, MA: Wiley-Blackwell, pp. 241–266.

Fisher-Jørgensen, E. (1975) *Trends in phonological theory: A historical introduction*, Copenhagen: Akademisk Forlag.

Harris, J. W. (1969) *Spanish phonology*, Cambridge, MA: The MIT Press. [Traducido al español y aumentado en Harris, J. W. (1975) *Fonología generativa del español*, Barcelona: Planeta].

Harris, J. W. (1980) "Lo morfológico en una gramática generativa: alternancias vocálicas en las formas verbales del español", en Guitart, J. y Roy, J. (eds.) *La estructura fónica de la lengua castellana*, Barcelona: Anagrama, pp. 141–199.

Hayes, B. (2009) *Introductory phonology*, Malden, MA: Wiley-Blackwell.

Hidalgo Navarro, A. y Quilis Merín, M. (2004) *Fonética y fonología españolas*, Valencia: Tirant lo Blanch.

Hualde, J. I. (2005) *The sounds of Spanish*, Nueva York: Cambridge University Press.

Hyman, L. M. (1975) *Phonology: Theory and analysis*, Chicago: Holt, Rinehart and Winston.

Jakobson, R. y Halle, M. (1956) *Fundamentals of language*, La Haya: Mouton.

Jakobson, R., Fant, G. y Halle, M. (1963) *Preliminaries to speech analysis. The distinctive features and their correlates*, Cambridge, MA: The MIT Press.

Katamba, F. (1989) *An introduction to phonology*, Nueva York: Longman.

Lass, R. (1984) *Phonology: An introduction to basic concepts*, Nueva York: Cambridge University Press.

Martínez Celdrán, E. (1984) *Fonética* (*con especial referencia a la lengua castellana*), 4.ª ed., Barcelona: Teide.

Navarro Tomás, T. (1977) *Manual de pronunciación española*, 19.ª ed., Madrid: CSIC.

Quilis, A. (1999) *Tratado de fonología y fonética españolas*, 2.ª ed., Madrid: Gredos.

Quilis, A. y Fernández, J. A. (1985) *Curso de fonética y fonología españolas*, 11.ª ed., Madrid: CSIC.

Robins, R. H. (1997) *A short history of linguistics*, 4.ª ed., Nueva York: Longman.

Sapir, E. (1933) "La réalité psychologique des phonèmes", *Journal de Psychologie Normale et Pathologique*, 30, pp. 247–265.

Trubetzkoy, N. S. (1969 [1939]) *Principles of phonology*, Berkeley: University of California Press (traducción al inglés por Christine A. M. Baltaxe de *Grundzüge der Phonologie* (Travaux du circle linguistique de Prague, 7), Gotinga: Vandenhoeck & Ruprecht, 1939).

Lecturas complementarias

Clark, J. y Yallop, C. (2007) *An introduction to phonetics and phonology*, 3.ª ed., Cambridge, MA: Blackwell Publishing.

Dresher, B. E. (2009) *The contrastive hierarchy in phonology*, Nueva York: Cambridge University Press.

Flemming, E. (2004) "Contrast and perceptual distinctiveness", en Hayes, B., Steriade, D. y Kirchner, R. (eds.) *Phonetically-based phonology*, Nueva York: Cambridge University Press, pp. 232–276.

Fudge, E. C. (1967) "On the nature of phonological primes", *Journal of Linguistics*, 3, pp. 1–36.

Hall, D. C. (2011) "Contrast", en Oostendoorp, M., Ewen, C. J., Hume, E. y Rice, K. (eds.) *The Blackwell companion to phonology. Vol. I: General issues and segmental phonology*, Malden, MA: Wiley-Blackwell, pp. 27–53.

Hawkins, P. (1984) *Introducing phonology*, Londres: Hutchinson & Co. Ltd.
Łubowicz, A. (2012) *The phonology of contrast*, Londres: Equinox.
Martinet, A. (1976) *El lenguaje desde el punto de vista funcional*, Madrid: Gredos.
Steriade, D. (2007) "Contrast" en Lacy, P. de (ed.) *The Cambridge handbook of phonology*, Nueva York: Cambridge University Press, pp. 139–157.

Entradas relacionadas

consonantes; fonología; vocales

FONEMA II: ANÁLISIS FONÉMICO Y MORFOFONÉMICO

Fernando Martínez-Gil

1. El Análisis Fonémico

1.1. La fonemización

El análisis fonémico clásico (estructuralista) tiene tres objetivos principales: a) determinar el inventario de fonemas de una lengua, un proceso conocido como *fonemización*; b) identificar las variantes alofónicas de cada fonema; y c) establecer las restricciones fonotácticas que rigen las combinaciones de fonemas (Lass 1984: 21). La manera de cumplir estos objetivos puede variar considerablemente según los postulados teóricos y metodológicos particulares con los que un determinado autor o escuela lingüística se enfrenta al estudio de un sistema fonológico. Podemos distinguir dos perspectivas generales, correspondientes a las dos escuelas estructuralistas principales: por un lado, la europea, y en particular la que parte de la Escuela de Praga, que ha tenido una enorme influencia en los estudios de fonología del español en el mundo hispanohablante, y que todavía mantiene una cierta vigencia en la actualidad; por otro, la tradición americana establecida por Bloomfield y sus seguidores, en la que podrían incluirse también ciertos aspectos del análisis fonémico de la escuela inglesa de Jones y sus colaboradores.

En la fonología de inspiración praguense, una de las metas primarias de la descripción fonológica es la identificación de las pautas que adoptan las oposiciones fonémicas. El fonema es un concepto funcional; sólo puede definirse en base a su función distintiva dentro de un sistema lingüístico; esto es, en cuanto es miembro de una oposición fonológica. Trubetzkoy (1969 [1939]: 67) apunta que el sistema fonémico de una lengua está determinado por las oposiciones distintivas que contiene y que el papel fundamental en la estructura fonológica no lo desempeña el fonema *per se*, sino el sistema de oposiciones distintivas; para Trubetzkoy el fonema tiene existencia solamente en virtud de su pertenencia a una oposición fonológica. Dentro de esta perspectiva, pues, una meta fundamental consiste en establecer una clasificación sistemática de los diversos tipos de oposiciones fonológicas.

1.2. Tipología de oposiciones fonémicas

Los fonemas son miembros de un sistema y sus propiedades distintivas determinan su carácter y también sus relaciones con otros fonemas (es decir, los rasgos comunes y los rasgos diferentes). Son estas relaciones las que determinan cómo se organizan las oposiciones dentro de ese sistema. Las propiedades que son comunes a los miembros o *términos* de una oposición y las que difieren constituyen ambas la *base de comparación*. La tipología de oposiciones propuesta por Trubetzkoy puede ilustrarse en (1) con el sistema consonántico del español normativo peninsular siguiendo los criterios articulatorios tradicionales de modo de articulación, punto de articulación y fonación (actividad laríngea). N.B.: en (1), cuando hay dos fonemas obstruyentes en una casilla, el primero es sordo y el segundo sonoro; la lateral palatal va entre paréntesis ya que sólo ocurre en los dialectos más conservadores. En la mayoría de las variedades peninsulares ha sido sustituida por la obstruyente palatal sonora /ǰ/, cuyo estatuto fonémico en general es aceptado en los tratados de corte estructuralista (cf. Alarcos Llorach 1974: 163; Hidalgo Navarro y Quilis Merín 2004: 164–165); otros autores, en general asociados con el marco generativo, lo consideran un alófono de la vocal /i/ (Cressey 1978; Hualde 1997, 2004), o de la paravocal /j/ (Harris y Kaisse 1999).

(1)

Punto de art. →	bilabial	labio-dental	inter-dental	dental	alveolar	palatal	velar
Modo de art. ↓							
Obstruyentes:							
oclusivo	p b			t d			k g
africado						č ǰ	
fricativo		f	θ		s		x
Resonantes:							
nasal	m				n	ñ	
lateral					l	(λ)	
vibrante simple					r		
vibrante múltiple					r̄		

Según sus relaciones dentro del sistema fonológico al que pertenecen, las oposiciones fonémicas pueden ser de dos tipos generales: a) oposiciones *bilaterales*, cuando la base de la comparación es compartida por los dos términos de la oposición; es decir, los rasgos comunes no se encuentran en ningún otro par (en español, /t/~/d/ es bilateral ya que sólo estos dos fonemas comparten los rasgos oclusivo y dental); y b) oposiciones *multilaterales*, cuando la base de la comparación ocurre en más de una oposición (en español la oposición /p/~/t/ es multilateral, ya que los rasgos oclusivo y sordo aparecen también en las oposiciones /p/~/k/ y /t/~/k/). Prácticamente todos los sistemas fonológicos exhiben estos dos tipos de oposición. Tomando las plosivas orales del español, podemos mostrar las relaciones de los dos tipos esquemáticamente de la siguiente manera, donde las oposiciones indicadas con las flechas verticales son bilaterales y aquellas señaladas con las flechas horizontales son multilaterales:

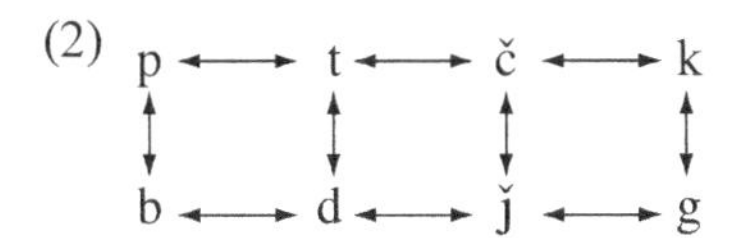

Dentro de estos dos tipos generales se distinguen varios subtipos específicos, cuya clasificación depende de la estructura del sistema de oposiciones y de las relaciones particulares entre las oposiciones. De estos, los más importantes son:

a) *privativas*: cuando uno de los miembros, el término *marcado*, posee un rasgo que está ausente en el otro miembro, el término *no marcado* (las oposiciones /p/~/b/, /t/~/d/, /č/~/ǰ/ y /k/~/g/ en (2) son *privativas*, puesto que el rasgo de vibración de las cuerdas vocales está presente en los miembros sonoros, mientras que los correspondientes sordos carecen de esta propiedad. (En el sistema binario de rasgos distintivos adoptado por el marco generativo, donde cada rasgo está especificado con un coeficiente positivo o negativo, el término marcado correspondería al rasgo con valor negativo);
b) *proporcionales*: cuando la relación en la que entran sus dos términos ocurre también en otras oposiciones (la oposición /p/~/b/ en (1b) es proporcional ya que la relación oclusivo sordo~oclusivo sonoro se da también en /t/~/d/, y /k/~/g/;
c) *aisladas*: cuando la distinción que existe entre los términos no se da en ninguna otra oposición (el contraste vibrante simple~lateral en (1b) se da solamente en /r/~/l/; la oposición africada sorda~africada sonora en (1b) está limitada a /č/~/ǰ/; y la oposición vocal baja~vocal alta adelantada en (1a) ocurre solamente en /a/~/i/);
d) *graduales*: cuando la relación entre los miembros no es la de presencia vs. ausencia de un rasgo, sino de diversos grados de una propiedad (las oposiciones en altura vocálica en /a/~/e/~/i/ en (1a), y en el punto de articulación en /p/~/t/~/č/~/k/ en (1b) son graduales);
e) *equipolentes*: cuando la relación entre los dos miembros es de equivalencia; es decir, no son ni aisladas ni graduales (por ejemplo, /e/~/o/ en (1a) y /p/~/t/ en (1b));

Las oposiciones bilaterales proporcionales privativas exhiben la mayor coherencia en el sistema y forman *correlaciones*, o agrupamientos de *parejas* o *haces correlativos* distinguidos por uno o más rasgos distintivos, respectivamente. En el sistema del español peninsular normativo en (1) pueden distinguirse al menos dos tipos de correlaciones entre las obstruyentes no palatales: a) sordo~sonoro: /p, f/~/b/, /t, θ, s/~/d/ y /k, x/~/g/; y b) oclusivo~fricativo: /p, b/~/f/, /t, d/~/θ/ y /k, g/~/x/, ilustrados con los tres haces de correlaciones esquematizadas gráficamente en (3):

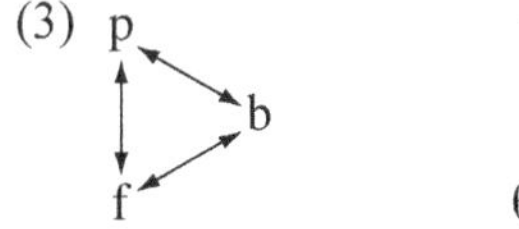

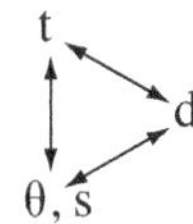

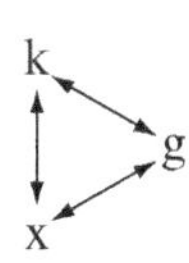

Por último, si atendemos a la distribución y relativa persistencia con que se realizan, las oposiciones pueden ser *constantes,* cuando pueden aparecer en cualquier posición (por ejemplo, /θ/ y /s/ en español peninsular), o *neutralizables*, cuando la oposición se suspende en un contexto determinado (en español, la distinción entre las vibrantes simple /r/ y múltiple /r̄/ se obtiene entre vocales: *pero~perro*, *caro~carro*, etc., pero se suspende en cualquier otra posición, donde aparecen en distribución complementaria: *ma*[r], *ma*[r]*tes*, *t*[r]*ato* vs. [r̄] *ápido*, *al*[r̄]*ededor*).

1.3. La neutralización fonémica y el archifonema

El conjunto de rasgos distintivos comunes a los dos miembros de una oposición fonémica neutralizable se identifica como un *archifonema* y suele representarse con una letra mayúscula para distinguirlo cada uno de los dos miembros de la oposición neutralizada; así, la representación fonémica de los ejemplos que acabamos de ver sería /maR/, /maRtes/, /tRato/, /Rapido/, /alRededor/, donde /R/ contiene los rasgos compartidos por la dos vibrantes, pero no contiene el rasgo que distingue a una vibrante simple de una múltiple, ya que este rasgo no es distintivo en los contextos en que se neutraliza la oposición.

Pueden distinguirse dos tipos principales de neutralizaciones: a) *condicionadas por el contexto* (inmediato), es decir, los fonemas precedentes o siguientes; estas a su vez pueden ser *asimilativas* o *disimilativas* (en español, por ejemplo, las oposiciones fonémicas de punto de articulación /m/~/n/~/ñ/ se neutralizan en posición de coda silábica, debido a la asimilación homorgánica de las nasales a una consonante siguiente; y b) *internas*, cuando están circunscritas al ámbito de unidades como la sílaba, el morfema o la palabra; a su vez pueden ser *centrífugas* cuando la neutralización ocurre en el margen inicial/final de sílaba, morfema o palabra (en español la oposición sordo~sonoro en las oclusivas orales se neutraliza en posición final de sílaba, donde la distinción está sujeta a variación libre: /apto/ [ápto] o [áβto], /digno/ [díɣno] o [díkno]; Hualde 2005: 103–105) y *reductivas* cuando la oposición se neutraliza en todas las sílabas átonas, pero no en la sílaba acentuada (la neutralización de la cualidad vocálica en sílabas átonas es característica de lenguas como el inglés, el francés, el portugués o el catalán, un fenómeno intensamente estudiado en décadas recientes (cf. el tratado monográfico de Crosswhite 2001 y referencias ahí citadas).

Los archifonemas pueden manifestarse fonéticamente según cuatro pautas principales en relación a los dos términos neutralizados (Alarcos Llorach 1974: 50): a) la realización fonética es idéntica a uno de los miembros; b) la realización fonética es similar a uno de los miembros, pero no idéntica; c) la realización fonética corresponde al miembro no marcado; y d) se realiza como ambos miembros, según la posición, como ocurre en la neutralización de la oposición /r/~/r̄/ en español cuando están en cualquier posición que no sea intervocálica.

La neutralización de fonemas suscita un problema especial para la *fonemización*, puesto que se plantea la interrogante lógica de a qué fonema particular debe adjudicarse la realización fonética del miembro neutralizado (cf. Anderson 1985: 106–112; para una detallada discusión de cómo se ha tratado la neutralización fonológica en diversos marcos teóricos desde los trabajos de la escuela de Praga hasta la actualidad, véase Silverman 2012). Recuérdese que, por definición, un archifonema contiene solamente los rasgos comunes a los dos miembros de una oposición neutralizada, y por lo tanto es formalmente distinto de ambos y del segmento con que se realiza fonéticamente la neutralización. El archifonema praguense elude la elección de uno u otro miembro de la oposición, al tiempo que predice que la realización fonética del par neutralizado es el miembro no marcado. Un mérito de la hipótesis archifonémica es que capta directamente la observación de que la identidad fonológica de un segmento depende del entorno específico en el que se encuentra, una noción que el análisis fonémico de la escuela prosodista inglesa de Firth elevaría a postulado fundamental (Anderson 1985: 108–109). Además, el archifonema expresa naturalmente el hecho de que ciertos rasgos distintivos se mantienen en el contexto de la neutralización, aquellos rasgos compartidos por los dos miembros de la oposición neutralizada.

Como contrapartida, la teoría archifonémica presenta también varios problemas de difícil solución. En primer lugar, el análisis archifonémico no es un mecanismo adecuado para captar cualquier neutralización fonémica de manera uniforme. De hecho, el mismo Trubetzkoy (1969 [1939]: 79) reconoce que sólo es aplicable a la neutralización de las oposiciones bilaterales (y no a todas). Las oposiciones multilaterales no pueden ser tratadas de la misma manera. Por ejemplo, /k/ y /θ/ contrastan en español (cf. *queda~ceda, loca~loza*, etc.). Esta oposición es *multilateral* (los rasgos obstruyente y sordo se dan en otras oposiciones, como /t/~/s/ o /p/~/x/) y *aislada* (la oposición oclusiva velar sorda~fricativa interdental sorda no se da en ninguna otra oposición). En ciertos dialectos peninsulares, la oposición /k/~/θ/ se neutraliza en coda silábica ante consonante, manifestándose fonéticamente como [θ]: /akto/ (*acto*) → [áθto], /kondukta/ (*conducta*) → [kon̪dúθta], etc. Sin embargo, la neutralización aquí no puede ser representada por un archifonema, ya que los rasgos comunes a /k/ y /θ/, obstruyente y sordo, son compartidos también por otras oposiciones fonémicas en español, como acabamos de ver. En segundo lugar, la neutralización de una oposición en la fonología praguense está directamente relacionada con la noción de marcadez. Aunque se postula que la manifestación fonética del archifonema debe ser el miembro no marcado, con frecuencia esta predicción no se cumple, especialmente cuando se trata de oposiciones no privativas. Así, en el ejemplo anterior, no es posible defender, bajo cualquiera de las denotaciones aceptadas del concepto de "marcadez", que /θ/ sea menos marcado que /k/.

Finalmente, la neutralización de oposiciones que da lugar a alternancias morfofonémicas presenta una dificultad insalvable para el análisis archifonémico, al ser incapaz de captar de una manera directa la relación fonológica que existe entre las variantes *fonémicas* de un morfema. Uno de los ejemplos más celebrados proviene de la neutralización de obstruyentes sonoras en posición final de palabra en alemán, lengua en la que /t/ y /d/, por ejemplo, contrastan tanto en posición inicial de palabra (*Tank* 'cisterna'~*Dank* 'gracias') como entre vocales (*leiten* 'guiar'~*leiden* 'sufrir'). En final de palabra la oposición se neutraliza en [t] debido a un proceso general en alemán de ensordecimiento de las obstruyentes sonoras en esta posición, de manera que las formas no flexionadas del nominativo singular del par *Rat* 'consejo' y *Rad* 'rueda' son homófonas, como se muestra en (4); sin embargo la oposición se manifiesta fonéticamente en las formas flexionadas del genitivo singular y nominativo plural, ya que la consonante final de la raíz queda entre vocales:

(4)	Nom. sing.		Gen. sing.		Nom. plur.	
a.	*Rat*	[raːt]	*Rat-es*	[raːtəs]	*Rät-e*	[rɛ́ːtə]
b.	*Rad*	[raːt]	*Rad-es*	[raːdəs]	*Räd-er*	[rɛ́ːdər]

Obsérvese que dos morfemas en los que se neutraliza una oposición reciben una doble representación fonémica: una archifonémica, en el contexto de neutralización (/raT/ para el nominativo singular de 'rueda' y 'consejo') y una fonémica (/rat-/ 'consejo/ y /rad-/ 'rueda') cuando la oposición se materializa, como ocurre en las formas flexionadas en (4). Esto es así porque el archifonema /T/, como elemento fonémico, es distinto de /t/ y /d/, ya que carece de especificación para el rasgo de sonoridad. Como resultado, por un lado, dos morfemas distintos acaban con la misma representación (archi)fonémica; por el otro, el morfema alternante {rad-} 'rueda' se representa con dos formas fonémicas distintas: /raT/ y /rad/, ninguna de las cuales corresponde a la forma fonética, al tiempo que a {rat-} 'consejo' se le asigna dos formas fonémicas diferentes /raT/ y /rat/, a pesar de que no manifiesta alternancia fonémica alguna. Además, este análisis no puede expresar la distinción entre la [t] que alterna en *Rad* y la que no alterna en *Rat*. En definitiva, la teoría archifonémica es incapaz de expresar adecuadamente la relación fonológica entre un morfema y sus alomorfos, ya que la identidad semántica de un morfema no tiene un correlato fonémico uniforme.

En el análisis fonémico del estructuralismo inglés de Daniel Jones y en gran parte del estructuralismo americano que siguió a Bloomfield, en lugar del sistema de oposiciones, el énfasis se centra en la *distribución alofónica.* Bloomfield (1976 [1933]: 79) define el fonema como la unidad mínima que contiene los rasgos distintivos de un sonido, lo que lleva implícita la referencia al significado y una concepción del fonema esencialmente análoga a la propuesta por la escuela de Praga. Sin embargo, como señala Anderson (1985: 277–278), los estudios fonémicos del período que siguió a la Segunda Guerra Mundial en Estados Unidos suponen una clara ruptura con la tradición anterior, reflejada en la creación de una terminología, un modo de expresión y un estilo nuevos y peculiares a este movimiento. Ya el fonólogo inglés Daniel Jones había conceptualizado el fonema como una entidad puramente física, una familia de sonidos similares que funcionan como si fueran una y la misma unidad y que ocurren en distribución complementaria. El positivismo que impregna las ciencias en Estados Unidos durante este período intentará dar cuenta de los hechos lingüísticos mediante procedimientos circunscritos a métodos considerados "científicos", rechazándose la intervención de cualquier factor ajeno a la observación empírica de los datos o a consideraciones que dependen de las intuiciones del analista. Como resultado, la concepción del fonema y los procedimientos analíticos que de él se sirven tratarán de evitar cualquier alusión al significado, ya que este no está abierto a la observación directa. El fonema se convierte en una entidad física, extraída de la materia fónica como el subconjunto de propiedades acústicas que identifican inequívocamente a un segmento del habla (aunque en la práctica siguió existiendo un reconocimiento general implícito del fonema como la unidad mínima distintiva en el análisis fonológico, reflejado en el recurso habitual a la prueba de los pares mínimos).

Con alguna que otra excepción, como la célebre polémica suscitada por Twaddell (1935), el debate sobre la naturaleza del fonema se traslada ahora a la preocupación por el descubrimiento de los procedimientos analíticos y metodológicos que permiten identificar y establecer el inventario fonémico de una lengua, así como la formulación de ciertas metacondiciones o consideraciones globales a las que debe ajustarse la descripción fonémica, tales como la simplicidad o economía del análisis, su coherencia (o congruencia) en relación a las otras pautas del sistema fonémico y la simetría del sistema. Dada la suposición de que los hablantes son capaces de abstraer el sistema fonémico directamente de la materia fónica, la cuestión fundamental dentro de esta perspectiva se centró en la cuestión de cómo las representaciones fonémicas son extraídas exclusivamente de los datos fonéticos, y viceversa, y de cómo las realizaciones fonéticas se derivan inequívocamente de la estructura fonémica. Así, si un determinado fono se ha catalogado como alófono de un fonema particular, deberá estar asociado exclusivamente a ese fonema. Aquí radica, en esencia, el germen de lo que se conocería como el *principio de biunicidad* (*biuniqueness principle*) reflejado en el conocido lema "once a phoneme, always a phoneme": una vez que un sonido se ha identificado como alófono de un fonema, siempre debe adjudicarse a ese fonema. Además, para el estructuralismo americano el análisis fonémico es *autónomo* (*autonomous phonemics*), por lo que se postula una separación tajante entre la fonología y los otros niveles gramaticales, la morfología y la sintaxis; la información de tipo morfológico o sintáctico no será accesible a nivel fonológico, de manera que las alternancias morfofonémicas quedan deliberadamente desterradas del ámbito de los estudios fonológicos. La prohibición de mezclar el nivel fonológico y el morfológico proviene de una metodología fundamentalmente inductiva: se parte de las unidades más pequeñas como los sonidos y fonemas y de ahí se van analizando las unidades mayores, como los morfemas y las palabras. De esta premisa se sigue que no se puede introducir información morfológica en el análisis fonémico sin caer en la circularidad. De ahí la separación estricta de los dos niveles.

El análisis fonémico del estructuralismo americano llevó al reconocimiento de una serie de problemas apremiantes que ocuparon la mayor parte de dos décadas después de la Segunda Guerra Mundial. La búsqueda de soluciones adecuadas a estos problemas en gran medida sirvió de estímulo al advenimiento del generativismo a partir de la década de 1960. Entre los problemas a los que se enfrentó la descripción fonémica durante esta época cabe destacar tres (cf. Lass 1984: 24–36): a) la *variación libre* o *estilística*; b) las violaciones de la *biunicidad*, que pueden provenir de la variación libre, y también de lo que se conoce como *intersección* o *solapamiento fonémico* (*phonemic overlapping*), un fenómeno comúnmente originado en la neutralización fonémica; y c) violaciones de la *condición de linealidad*, la cual requiere una correlación uniforme entre cada elemento del nivel fonémico y el correspondiente en el nivel fonético.

Debe tenerse en cuenta que las relaciones entre fonemas y alófonos en el análisis fonémico clásico son categóricas, abstraídas típicamente de datos que incluyen unidades léxicas aisladas. La variación libre o estilística presenta una obvia dificultad, porque supone una potencial multiplicidad de realizaciones alofónicas de un fonema, lo que a menudo provoca violaciones de la condición de biunicidad. Muchas variedades del español caribeño, por ejemplo, poseen el fonema /h/ en lugar de /x/, de manera que se obtiene un contraste fonémico /h/~/s/: [h]*usto* (*justo*)~*susto*, *ro*[h]*a* (*roja*)~*rosa.* Al mismo tiempo, el fono [h] es también un alófono de /s/ implosiva, en variación libre con [s] y 0/ : *co*([h])*ta* (*costa*), *me*([h]) (*mes*) (cf. *mese*([h]), donde la /s/ final de la raíz se realiza fonéticamente como tal al estar en posición de ataque silábico). Ante tales datos, la condición de biunicidad se desploma porque tenemos un fono [h] que no puede asignarse unívocamente a un solo fonema.

El ataque más devastador contra la condición de biunicidad y la noción de archifonema provino de la fonología generativa. Halle (1959) nota que a menudo un fenómeno fonológico, como la asimilación en sonoridad en ruso, que produce alternancias entre obstruyentes sordas y sonoras, es en ciertos casos neutralizante y en otros produce variantes alofónicas no contrastivas. Claramente, el proceso de asimilación en sonoridad es unitario: una obstruyente adopta el rasgo de sonoridad de una consonante siguiente. Pero un análisis estructuralista se vería obligado a escindir el proceso en dos niveles claramente separados: uno que da cuenta de la neutralización fonémica (por ejemplo, recurriendo al archifonema, siguiendo los postulados del estructuralismo europeo), y otro que relaciona cada fonema con sus variantes alofónicas.

La asimilación de nasales en el español suscita un argumento similar en contra de la condición de biunicidad. En español, las nasales contrastan en tres puntos de articulación cuando van en posición intervocálica: bilabial /m/, alveolar /n/ y palatal ñ/ (*cam̲a~can̲a~cañ̲a*). Además, como es bien sabido, las nasales se asimilan al punto de asimilación de una consonante siguiente (cf. *u*[m] *beso*; *u*[ɱ] *farol*; *u*[ṇ] *cesto*; u[ņ] *diente*; *u*[n] *sitio*; *u*[ñ] *yate*; u[ŋ] *gato*, etc.). El principio de biunicidad exige que, una vez establecido que un sonido es la realización de un fonema dado, siempre debe ser asignado a ese fonema. Como señala Cressey (1978: 63), para satisfacer este requisito, la *n* del artículo indeterminado *un* debe tener tres representaciones fonémicas diferentes: /um/ (en una frase como *un beso*), /un/ (como en *un sitio*) y /uñ/ (como en *un yate*). Para expresar el hecho de que las tres formas tienen el mismo significado, los defensores del principio de biunicidad asumen que son alomorfos del artículo indefinido, de manera que se hace necesario postular dos procesos diferentes para captar la asimilación homorgánica de nasales: uno que relaciona la *n* del morfema {un} a los fonemas /m, n, ñ/, y otro que relaciona el fonema /n/ a los alófonos [m, ɱ, ṇ, ņ, n, ñ, ŋ]. Cressey concluye que la condición de biunicidad debe rechazarse, ya que crea una duplicación superflua: los dos procesos expresan esencialmente el mismo fenómeno fonológico del español: que una nasal se asimila homorgánicamente a la consonante siguiente.

El *solapamiento* es en un fenómeno relativamente común en las lenguas. En muchos casos se manifiesta en un contraste fonémico que se preserva en las realizaciones fonéticas pero adopta una relación contrastiva diferente, de manera que la realización alofónica de un fonema converge con la de otro fonema (cf. Łubowicz 2012, quien dentro del marco de OT propone restricciones que requieren la preservación de contrastes fonémicos). Hyman (1975) cita dos ejemplos de solapamiento fonémico en el danés: a) /t/ y /d/ son fonemas en esta lengua, como lo demuestran pares mínimos como *ta̱g* 'tejado'~*da̱g* 'día'. Existe en danés un proceso general de debilitamiento consonántico en posición final de sílaba, mediante el cual /t/ se realiza como [d] y /d/ como [ð]. Como consecuencia el contraste fonémico /t/~/d/ se manifiesta fonéticamente como [d]~[ð] (ej., /hat/ 'sombrero' → [had] y /had/ 'odio' → [hað]); y b) mientras que ante la nasal /n/ se realizan los cuatro grados distintivos de altura vocálica del danés /i/~/e/~/έ/~/a/, una rótica /r/ hace que la altura de una vocal precedente descienda en un grado: /i/ → [e], /e/→ [ɛ], /ɛ/ → [a] y /a/ → [ɒ]: los contrastes fonémicos en altura vocálica permanecen constantes, pero su realización fonética de cada contraste adopta una forma diferente. Otro ejemplo de solapamiento puede encontrarse en la variedad de español hablado en las islas Canarias, en el que las oclusivas sordas /p, t, k/ exhiben una fuerte tendencia a sonorizarse en posición intervocálica, dando lugar a las oclusivas sonoras [b, d, g], creándose así un contraste fonético con las correspondientes continuas [β, ð, ɣ], creadas por el conocido proceso de espirantización de /b, d, g/ en posición postvocálica, como se ilustra en (5) (Oftedal 1985). El resultado es, de nuevo, una violación de la biunicidad: los fonos [b, d, g] pueden constituir el exponente de los fonemas /b, d, g/ en posición no intervocálica (*am*[b]*os*, *cuan*[d]*o*, *fan*[g]*o*) y también de los correspondientes sordos /p, t, k/ sonorizados en posición intervocálica.

(5)	*la̱pa*	/lapa/	[lába]	vs.	*la̱va*	/laba/	[láβa]
	se̱ta	/seta/	[séda]	vs.	*se̱da*	/seda/	[séða]
	va̱ca	/baka/	[bága]	vs.	*va̱ga*	/baga/	[báɣa]

El análisis fonémico clásico del estructuralismo americano impone también una *condición de linealidad*: los fonemas y sus alófonos debe relacionarse uno a uno en la cadena fónica; es decir, a cada fonema debe corresponder una única realización fonética en el decurso hablado. No es difícil encontrar datos en los que manifiestamente se infringe esta condición, como los dos ejemplos siguientes del español. El primero, ilustrado en (6), proviene de la nasalización de vocales cuando van entre dos nasales (6a) o en posición inicial de palabra seguidas de una nasal implosiva (6b) (Navarro Tomás 1977: 39; Quilis 1999: 149–150):

(6)	a. *mano*	/mano/	[mã́no]	b. *ambos*	/aNbos/	[ã́mbos]
	nunca	/nunka/	[nṹŋka]	*hombre*	/oNbre/	[ṍmbre]
	monte	/monte/	[mṍn̪te]	*infeliz*	/iNfeliθ/	[ĩɱfelíθ]

El segundo ejemplo procede del español cubano, en especial, la variedad hablada en La Habana, en el que surge un contraste fonético ilustrado en (7) entre las continuas sonoras [β, ð, ɣ], procedentes del mencionado proceso de espirantización de obstruyentes sonoras, y las oclusivas sonoras geminadas [bb, ḍḍ, gg] procedentes de la geminación de grupos de líquida más oclusiva sonora (Guitart 1980; Harris 1985) ([ḍḍ] representa una geminada dental retrofleja):

(7) *Cuba* /kuba/ [kúβa] vs. *curva* /kurba/ [kubba]
cabo /kabo/ [kaβo] vs. *calvo* /kalbo/ [kabbo]
sudo /sudo/ [súðo] vs. *zurdo* /surdo/ [súḍḍo]
seda /seda/ [séða] vs. *celda* /selda/ [séḍḍa]
lago /lago/ [láɣo] vs. *largo* /largo/ [lággo]
saga /saga/ [sáɣa] vs. *salga* /salga/ [sággа]

Como puede apreciarse en (8), en los ejemplos ilustrados en (6) y (7) se viola la condición de linealidad; en (6) porque la nasalización de una vocal a nivel fonético tiene una conexión crucial con la presencia del fonema nasal adyacente (8a), y en (7) porque la geminada tiene su origen en la asimilación total de la liquida a la oclusiva sonora siguiente (8b) (esta conexión se indica con la línea quebrada). Es evidente, pues, que en ambos casos el nivel fonético no está en una correlación lineal con el nivel fonémico correspondiente.

De hecho, una mayoría de los fenómenos tratados en el marco de la *fonología autosegmental* (cf. Goldsmith 1990; Kenstowicz 1994; Roca 1994; Roca y Johnson 1999, entre muchos otros), tales como los procesos de asimilación tonal o segmental (incluyendo fenómenos de armonía vocálica y consonántica, palatalización, asimilación en sonoridad, etc.), demuestran claramente que la condición de linealidad que propone el análisis fonémico clásico es insostenible.

La discusión precedente sirve para ilustrar en parte las dificultades a las que se enfrentaron los estructuralistas americanos (y el estructuralismo en general), y que provienen en parte del hecho de que es una teoría de representaciones: se intenta captar las relaciones sistemáticas entre el nivel fonémico y el fonético mediante generalizaciones estáticas. En contraste, el marco generativo que le sucedería adopta un modelo dinámico, donde la relación entre el nivel fonémico y fonético o superficial es realizada por reglas fonológicas, operaciones que gobiernan las relaciones sistemáticas entre los fonemas y sus alófonos y que conforman las pautas fónicas de una lengua. Todos los ejemplos citados en esta sección son fácilmente susceptibles de un análisis en el que las variantes fonéticas son derivadas de las correspondientes representaciones fonémicas mediante reglas fonológicas, como por ejemplo, la que nasaliza una vocal inicial de palabra cuando va seguida de una consonante nasal, o la que efectúa la asimilación total de una líquida a una obstruyente siguiente en el español cubano, mientras que la variación libre se analiza como el resultado de la aplicación *opcional* de ciertas reglas fonológicas en el contexto apropiado.

2. Del Analisis Fonémico Al Morfofonémico

Un aspecto fundamental en el estudio de la variación fonológica es la interacción (o *interfaz*) entre la fonología y la morfología. El fenómeno de las *alternancias* en la pronunciación de los morfemas es sin duda uno de los aspectos más interesantes del estudio de fonológico, ya que suministra la evidencia y motivación fundamentales para los *procesos fonológicos*. Por esta razón, no resulta sorprendente que el análisis de las alternancias haya ocupado un lugar prominente dentro de la investigación de las pautas fonológicas de las lenguas naturales en décadas recientes. Las diferentes realizaciones fonéticas de un morfema son sus *alomorfos*.

Puesto que los morfemas de una lengua están compuestos de fonemas, cuando la pronunciación de un fonema cambia en un contexto determinado, la realización fonética del morfema al que pertenece obviamente también está sujeta a variación. Las alternancias de fonemas en palabras morfológicamente relacionadas se conocen como *morfofonémicas*. A diferencia de las alternancias puramente fonológicas, creadas por la aplicación de procesos automáticos (procesos que se aplican siempre que se satisface el contexto fonológico condicionante), las alternancias morfofonémicas suelen exhibir una serie de propiedades formales que las distinguen claramente de las alofónicas: solamente están involucrados fonemas; están circunscritas al ámbito de la palabra; suelen tener excepciones (no son automáticas); además del contexto fonológico, suelen ir condicionadas por factores morfológicos, morfosintácticos o léxicos (por ejemplo, pueden ser desencadenadas por morfemas específicos, por clases morfológicas particulares, e incluso por unidades léxicas específicas); no están sujetas a variación dialectal, suelen constituir un residuo sincrónico de procesos diacrónicos regulares, no suelen ser productivas (su ámbito de aplicación no suele extenderse a palabras nuevas o a préstamos de otras lenguas), etc.

A lo largo del tiempo han surgido varias propuestas sobre cómo caracterizar formalmente las alternancias morfofonémicas. Dos de ellas han sido sin duda las más influyentes. En primer lugar está el análisis *morfofonémico* de los estructuralistas americanos, para los que las alternancias de fonemas se asignan a un componente especial de la gramática, el nivel *morfofonémico*, intermedio entre la morfología y la fonología. En este nivel, los morfemas se componen de *morfofonemas*, unidades que guardan un cierto paralelo con los archifonemas del nivel fonémico: de la misma manera que el archifonema capta la neutralización de un contraste fonémico, el morfofonema se define como la representación abstracta de un conjunto de fonemas que participan en una alternancia morfofonémica. Al contrario que el archifonema, el cual reúne los rasgos fonéticos comunes en una oposición neutralizada, el morfofonema, al menos en su concepción original, no tiene motivación fonética alguna, ni intenta captar propiedades fonológicas presentes en los fonemas alternantes; se trata más bien de una conveniencia notacional, un mecanismo puramente formulaico y abreviatorio que sirve para identificar un grupo de fonemas que participan en una alternancia morfofonémica (Anderson 1985: 303–304). Tomando los ejemplos ilustrativos del alemán en (4) arriba, en esencia la solución es postular representaciones morfofonémicas como {raːT}, {raːT-es} para *Rad* 'rueda' (las llaves indican el nivel morfofonémico), y{raːt}, {raːt-es} para *Rat* 'consejo', como se muestra en (10), donde el morfofonema {T} es simplemente un símbolo abstracto sin contenido fonético alguno, una mecanismo notacional conveniente que sirve expresar el hecho de que los fonemas /t/ y /d/ alternan en el final de la raíz en *Rad*, distinguiéndose así en el nivel morfofonémico de la consonante que no alterna en *Rat*. La relación que existe entre el nivel morfofonémico y el fonémico en *Rad* 'rueda' se capta postulando la distribución de los alomorfos, enumerados en el contexto en el que ocurren, como en (11).

(10)	Rad 'rueda'		Rat 'consejo'	
	Nom. sing.	Gen. sing.	Nom. sing.	Gen. sing.
Nivel morfofonémico:	{raːT}	{raːT-əs}	{raːt}	{raːt-əs}
Nivel fonémico:	/raːt/	/raːd-əs/	/raːt/	/raːt-əs/

(11) {T} corresponde a { /d/ ante un sufijo que comienza por vocal; /t/ en los demás casos }

Muchos de los análisis morfofonémicos de los estructuralistas americanos se adhieren a este tipo de análisis fundamental estático y representacional. El mayor problema con (11) es que es incapaz de captar el carácter sistemático y regular de muchas alternancias morfofonémicas, como las ilustradas por *Rad* en alemán, atribuyéndoles básicamente el mismo carácter fonológico que los procesos puramente supletivos (es decir, aquellos completamente irregulares y únicos en una lengua, como ocurre en las formas alternantes del verbo *ser*: *somos~eres~fui*, etc.).

La segunda alternativa recurre a un mecanismo dinámico, basado en reglas; consiste en postular una forma básica y derivar las formas que difieren de la forma básica mediante una regla morfofonémica como (12), que desonoriza el fonema /d/ de la forma básica {rad} 'rueda' cuando está en posición final de palabra:

(12) {d} se realiza como /t/ en posición final de palabra

Este es, en esencia, el fundamento de la propuesta desarrollada por Bloomfield (1939) en su celebrado estudio de ciertas alternancias morfofonémicas en el menómini (una lengua indígena americana), inspirado en gran medida en la descripción de las alternancias morfofonémicas del sánscrito realizada por los gramáticos del sánscrito en la Antigüedad en la India, y en los estudios fonológicos de lenguas amerindias realizados por el lingüista americano Edward Sapir a principios del siglo XX. Los análisis de Sapir y Bloomfield tendrían una influencia decisiva en los postulados de la fonología generativa clásica, con su máximo exponente en Chomsky y Halle (1968). En esta perspectiva se elimina el nivel fonémico, y las formas básicas son asignadas a un nivel abstracto, el nivel *subyacente*, el cual pretende reflejar la manera en que los hablantes almacenan los morfemas en su gramática mental o cognitiva, que a su vez refleja el conocimiento tácito que los hablantes tienen de su lengua. Cualquier desviación fonética de la forma subyacente se capta mediante una secuencia ordenada de reglas fonológicas. Se rechaza, pues, la división entre fonología y morfología, y se adopta esencialmente el nivel morfofonémico o subyacente, llamado en una primera etapa de la fonología generativa el nivel *fonémico sistemático* (en contraste con el nivel *fonémico autónomo* de los estructuralistas); la relación entre este nivel fonémico sistemático y la realización fonética de los morfemas lo llevan a cabo las reglas fonológicas. En definitiva, se erradica por completo cualquier distinción formal entre los fenómenos fonológicos condicionados por la morfología (alternancias morfofonológicas no automáticas) y aquellos determinados por factores puramente fonéticos (alternancias morfofonológicas automáticas), así como entre estos dos tipos y los procesos puramente alofónicos. Las limitaciones de espacio no nos permiten explorar aquí la naturaleza de las representaciones subyacentes generativas y cómo difieren de las fonémicas (para estudios sobre las representaciones subyacentes en la fonología generativa, pueden consultarse Kenstowicz y Kisseberth 1979; Cole y Hualde 2009; Krämer 2012).

Este rechazo del fonema (o más bien, de su relevancia teórica), cuajado con la llegada a escena de la lingüística generativa, supone una ruptura radical con la tradición estructuralista americana en dos aspectos principales: por un lado, los rasgos distintivos usurparán al fonema el estatuto de elementos fonológicos primitivos; por otra adoptará una representación única para cada morfema, la *representación subyacente*, rechazándose así la separación estricta del nivel fonológico y morfofonológico dictada por los estructuralistas americanos. El ocaso del fonema en el marco generativo, sin embargo, no sería irreversible, ya que irónicamente en la década de los 80, y como reacción al abstraccionismo de la fonología generativa ortodoxa, el fonema clásico fue resucitado en cierta medida con el advenimiento de la fonología léxica (Kiparsky 1982, 1985; Mohanan 1985; y muchos otros estudios subsiguientes). En esta versión del modelo generativo se postula una distinción estricta entre un nivel léxico y uno postléxico (correspondiente en esencia a la separación tradicional entre fonología de la palabra y fonología de la frase). En conjunción con la llamada *Condición de Alternancia*, que prohíbe la *neutralización absoluta* o postulación de segmentos subyacentes que nunca se realizan en la estructura fonética, el principio de la *Preservación de Estructura* (cf. Paradis y LaCharité 2011) reintroduce el nivel fonémico al prohibir que el educto (*output*) de los procesos léxicos introduzca rasgos que no funcionan distintivamente en la lengua. Más recientemente, en una versión de la *Teoría de la Optimidad* (Prince y Smolensky 2004 [1993]) conocida como *estratal*, el nivel fonémico se manifiesta en los procesos morfofonológicos que tienen lugar en el módulo léxico (Kiparsky 2000, 2008; Bermúdez Otero 2006). En años recientes se ha dado un renovado interés por el fenómeno del contraste fonológico y los elementos contrastivos, pero el ámbito de investigación no se centra directamente en el fonema o en las oposiciones fonémicas clásicas, sino en otras áreas de la estructura fonético-fonológica en las que se establecen relaciones contrastivas (cf., Steriade 2007; Hall 2011; Łubowicz 2012). A pesar de que ya no es un tema de investigación lingüística activa, en la actualidad el fonema todavía sobrevive con gran vitalidad como una noción de utilidad metodológica en el análisis más básico de la fonología de una lengua, y especialmente en la tradición pedagógica: prácticamente todas los cursos universitarios introductorios a la fonología, ya sea general o de una lengua particular, además de los tratados e introducciones generales a esta disciplina, incluyen algún capítulo o sección dedicada al fonema y al contraste fonémico.

Bibliografía

Alarcos Llorach, E. (1974) *Fonología española*, 4.ª ed., Madrid: Gredos.

Anderson, S. (1985) *Phonology in the twentieth century*, Chicago: The University of Chicago Press.

Bermúdez-Otero, R. (2006) "Morphological structure and phonological domains in Spanish denominal derivation", en Martínez-Gil, F. y Colina, S. (eds.) *Optimality-theoretic studies in Spanish phonology*, Filadelfia: John Benjamins, pp. 278–311.

Bloomfield, L. (1976 [1933]) *Language*, Londres: George Allen & Unwin Ltd.

Bloomfield, L. (1939) "Menomini morphophonemics", en *Études phonologiques dédiés à la mémoire de M. le Prince N. S. Trubetzkoy*, Praga: Jednota Ceskych, pp. 105–115.

Chomsky, N. y Halle, M. (1968) *The sound pattern of English*, Nueva York: Harper & Row.

Cole, J. y Hualde, J. I. (2009) "Underlying representations", en Oostendoorp, M., Ewen, C. J., Hume, E. y Rice, K. (eds.) *The Blackwell companion to phonology. Vol. I: General issues and segmental phonology*, Malden, MA: Wiley-Blackwell, pp. 1–26.

Cressey, W. (1978) *Spanish phonology: A generative approach*, Washington DC: Georgetown University Press.

Crosswhite, C. (2001) *Vowel reduction in Optimality Theory*, Nueva York: Routledge.

Goldsmith, J. (1990) *Autosegmental and metrical phonology*, Cambridge, MA: Basil Blackwell.

Guitart, J. M. (1980) "Aspectos del consonantismo habanero: reexamen descriptivo", en Scavnicky, G. E. (ed.) *Dialectología hispanoamericana: estudios actuales*, Washington, DC: Georgetown University Press, pp. 32–47.

Hall, D. C. (2011) "Contrast", en Oostendoorp, M., Ewen, C. J., Hume, E. y Rice, K. (eds.) *The Blackwell companion to phonology. Vol. I: General issues and segmental phonology*, Malden, MA: Wiley-Blackwell, pp. 27–53.

Halle, M. (1959) *The sound pattern of Russian*, La Haya: Mouton and Co.

Harris, J. W. (1985) "Autosegmental phonology and liquid assimilation in Havana Spanish", en King, L. D. y Maley, C. (eds.) *Selected Papers from the XIIIth Linguistic Symposium on Romance Languages*, Filadelfia: John Benjamins, pp. 127–148.

Harris, J. W. y Kaisse, E. M. (1999) "Palatal vowels, glides and obstruents in Argentinian Spanish", *Phonology*, 16, pp. 117–190.

Hidalgo Navarro, A. y Quilis Merín, M. (2004) *Fonética y fonología españolas*, Valencia: Tirant lo Blanch.
Hualde, J. I. (1997) "Spanish /i/ and related sounds: An exercise in phonemic analysis", *Studies in the Linguistic Sciences*, 27, pp. 61–79.
Hualde, J. I. (2004) "Quasi-phonemic contrasts in Spanish", en Schmeiser, B., Chand, V., Kelleher, A. y Rodriguez, A. (eds.) *Proceedings of the 23rd West Coast Conference on Formal Linguistics*, Somerville, M: Cascadilla Press, pp. 374–398.
Hyman, L. M. (1975) *Phonology: Theory and analysis*, Chicago: Holt, Rinehart & Winston.
Kenstowicz, M. y Kisseberth, Ch. (1979) *Generative phonology: Description and theory*, Nueva York: Academic Press.
Kenstowicz, M. (1994) *Phonology in generative grammar*, Cambridge, MA: Blackwell.
Kiparsky, P. (1982) "Lexical phonology and morphology", en Yang, I. S. (ed.) *Linguistics in the morning calm*, vol. 2, Seúl: Hanshin, pp. 3–91.
Kiparsky, P. (1985) "Some consequences of lexical phonology", *Phonology*, 2, pp. 85–138.
Kiparsky, P. (2000), "Opacity and cyclicity", *The Linguistic Review*, 17, pp. 351–367.
Kiparsky, P. (2008) "Fenno-Swedish quantity: Contrast in stratal OT", en Vaux, B. y Nevins, A. (eds.) *Rules, constraints, and phonological phenomena*, Oxford: Oxford University Press, pp. 185–219.
Krämer, M. (2012) *Underlying representations*, Nueva York: Cambridge University Press.
Lass, R. (1984) *Phonology: An introduction to basic concepts*, Nueva York: Cambridge University Press.
Łubowicz, A. (2012) *The phonology of contrast*, Londres: Equinox.
Mohanan, K. P. (1986) *The theory of lexical phonology*, Dordrecht: Reidel.
Navarro Tomás, T. (1977) *Manual de pronunciación española*, 19.ª ed., Madrid: CSIC.
Oftedal, M. (1985) *Lenition in Celtic and in insular Spanish*, Oslo: Universitertsforlaget AS.
Paradis, C. y LaCharité, D. (2011) "Structure preservation: The resilience of distinctive information", en Oostendoorp, M., Ewen, C. J., Hume, E. y Rice, K. (eds.) *The Blackwell companion to phonology. Vol. III: Phonological processes*, Malden, MA: Wiley-Blackwell, pp. 1787–1810.
Prince, A. y Smolensky, P. (2004 [1993]). *Optimality Theory: Constraint interaction in generative grammar*, Cambridge, MA: The MIT Press.
Quilis, A. (1999) *Tratado de fonología y fonética españolas*, 2.ª ed., Madrid: Gredos.
Roca, I. (1994) *Generative phonology*, Londres: Routledge.
Roca, I. y Johnson, W. (1999) *A course in phonology*, Malden, MA: Blackwell.
Silverman, D. (2012) *Neutralization*, Nueva York: Cambridge University Press.
Steriade, D. (2007) "Contrast", en Lacy, Paul de (ed.) *The Cambridge handbook of phonology*, Nueva York: Cambridge University Press, pp. 139–157.
Twaddell, W. F. (1935) *On defining the phoneme*, Baltimore: Waverly Press.
Trubetzkoy, N. S. (1969 [1939]) *Principles of phonology*, Berkeley: University of California Press.

Entradas relacionadas

consonantes; fonología; vocales

FORMAS DE TRATAMIENTO

Diane R. Uber

1. Introducción y definiciones

Las formas de tratamiento son nombres, títulos, pronombres o vocativos que se usan para dirigirse a interlocutores durante una conversación, o al lector de un documento. Los pronombres generalmente son de segunda persona, para referirse a la persona con quien se habla. En español, pueden ser de tercera persona en el caso de los pronombres *usted* (singular) y *ustedes* (plural) por razones históricas que se discutirán en adelante. Los vocativos son formas de tratamiento que se añaden al enunciado, como por ejemplo, *caballero*, *señora*, *profesor*, *licenciado*, *su merced*, *cariño*, o *mi amor*. También se consideran formas de tratamiento los títulos que se usan con el apellido (*Profesor/a*, *Doctor/a*, *Señor/a*, *Señorita*).

Al hablar con alguien, mucha gente se ha preguntado: "¿Cómo me dirijo a esta persona? ¿Puedo usar su nombre de pila (Pilar, Miguel), o debo usar un título más apellido (Srta./Sra. González, Sr. García)?" El dilema se presenta tanto en inglés como en español: "¿Le puedo decir Kristin, o debo decirle Miss/Ms./Mrs. Gibson?"

La gente se hace estas preguntas porque no quiere correr el riesgo de ofender al interlocutor, lo cual puede ocurrir si se usa el nombre de pila. Hay gente que insiste en que los jóvenes se dirijan a los adultos con el título más apellido. Puede haber consecuencias más graves en los negocios, como perder un trato comercial, por ejemplo.

En español, igual que en otras lenguas como el inglés, el título más apellido se considera una forma de tratamiento más formal que el nombre de pila, que es más informal. Se puede decir que se debe usar el tratamiento formal con la gente desconocida, con la gente mucho mayor que uno, y con las personas que merecen respeto. Pero se presenta un conflicto si el desconocido es una niña, o cuando la persona mayor vive en la casa vecina, o si el supervisor es un buen amigo de la familia. Por lo tanto, todos, tanto los hablantes de inglés como los de español, tienen que tomar una decisión respecto a la forma de tratamiento que deben usar con un determinado interlocutor.

2. Perspectivas históricas

La lengua española tiene sus raíces en el latín. En el latín clásico había dos pronombres de segunda persona: uno singular (*tu*) y otro plural (*vos*). Con el tiempo, también se empezó a usar el *vos* como pronombre formal en el singular, produciendo en el latín tardío un contraste de formalidad en el singular: *tu* informal, *vos* formal. Asimismo, la forma *vos* seguía usándose como pronombre de segunda persona plural.

En el español antiguo —la variedad ibérica del latín hablado— se empleaban el *tu* y el *vos* en el singular informal, y para el tratamiento formal en el singular se usaba la expresión *vuestra merced*. En el plural se añadió la forma *otros/otras* al *vos* para producir el *vosotros/vosotras* como pronombre de segunda persona plural informal. Para el plural formal, se usaba *vuestras mercedes*. En el español moderno, *vuestra merced/vuestras mercedes* se han reducido a *usted/ustedes*. Los cambios históricos se resumen en la Tabla 1 (Wheatley 2006: 202).

De esta manera, se constata que *vos* era plural en latín clásico, pero llegó a significar formal singular en el latín tardío. Luego pasó a ser informal singular en el español antiguo, y partes del mundo hispanohablante actual.

El uso del pronombre *vos* y/o sus formas verbales correspondientes se denomina *voseo*. Del mismo modo, el uso del pronombre *tú* y/o sus formas verbales correspondientes se denomina *tuteo*, y el uso del pronombre *usted* y/o sus formas verbales correspondientes se puede denominar *ustedeo*.

3. Perspectivas teóricas

Cualquier estudio de las formas de tratamiento en las lenguas europeas debe comenzar con el ensayo de Brown y Gilman (1960), quienes sostienen que las dimensiones de solidaridad y poder siempre gobiernan el uso de las formas de tratamiento. Proponen los símbolos *T* y *V* (del latín *tu* y *vos*) para designar a los pronombres familiares y formales, respectivamente, en los idiomas que analizan (francés *tu/vous*, italiano *tu/lei*, español *tú/usted*, y alemán *du/sie*).

Estos autores definen del siguiente modo la dimensión de poder: "One person may be said to have power over another in the degree that he is able to control the behavior of others. Power is a relationship between at least two persons, and it is nonreciprocal in the sense that both cannot have power in the same area of behavior. The power semantic is similarly nonreciprocal; the superior says *T* and receives *V*" (Brown y Gilman 1960: 255).

También antiguamente había normas de tratamiento para personas con el mismo poder. Entre iguales, el tratamiento era recíproco, o sea que un individuo daba y recibía la misma

Tabla 1 Los cambios históricos en los pronombres de tratamiento

	Singular	*Plural*
latín clásico	tu	vos
latín tardío	tu (informal) vos (formal)	vos
español antiguo	tu, vos (informal) vuestra merced (formal)	vos otros/vos otras (informal) vuestras mercedes (formal)
español moderno de España	tú (informal) usted (formal)	vosotros/vosotras (informal) ustedes (formal)
español moderno de América	tú, vos (informal) usted (formal)	ustedes

forma. Durante la época medieval, la gente de igual posición de las clases altas se trataba formalmente entre sí, y los iguales de las clases bajas se trataban informalmente entre sí. Esta diferencia de clase social se deriva del hecho de que el *V* de reverencia o de veneración siempre se introducía en el estrato más alto de la sociedad (Brown y Gilman 1960: 256).

Según Brown y Gilman, durante varios siglos no hubo una norma para las formas de tratamiento entre gente de la misma posición social, pero paulatinamente se desarrolló una distinción entre lo que se le llama el *T* de intimidad y el *V* de formalidad. A esta segunda dimensión se la denomina de solidaridad (1960: 257).

La combinación de las normas de solidaridad y poder forman un sistema de dos dimensiones para el uso de los pronombres de tratamiento. Cada pronombre tiene dos connotaciones: el *T* expresa intimidad cuando el uso es recíproco y condescendencia cuando es no-recíproco; el *V* expresa formalidad o distancia cuando el uso es recíproco y deferencia cuando es no-recíproco (Brown y Gilman 1960: 258).

Sin embargo, Brown y Gilman sostienen que este sistema puede desequilibrarse, puesto que la dimensión de solidaridad se puede aplicar a todos los interlocutores. Los superiores pueden ser solidarios (los padres, los hermanos mayores) o no solidarios (un oficial desconocido). Del mismo modo, los inferiores pueden ser solidarios, como un empleado fiel, o no solidarios, como los camareros en un restaurante desconocido (1960: 258). Las reglas de tratamiento están en conflicto para las personas de dichas categorías, como en los casos citados en el § 1 (por ejemplo, cuando el desconocido es una niña, o cuando la persona mayor vive en la casa vecina, o si la supervisora o la profesora es una buena amiga de la familia).

Hasta el siglo XIX prevaleció la norma de poder (o estatus), pero desde entonces las pruebas aportadas por Brown y Gilman indican que la norma de solidaridad se ha impuesto (1960: 259). La norma de solidaridad recíproca ha crecido con la sociedad más abierta y la ideología igualitaria (Brown y Gilman 1960: 264). Otra tendencia histórica es la expansión del dominio del *T* recíproco de solidaridad y la disminución del uso del *V* mutuo (Brown y Gilman 1960: 272).

Los estudios de la cortesía verbal, tales como Brown y Levinson (1987) y García (1992), identifican dos estrategias usadas por los hablantes durante el acto de habla: la cortesía positiva y la cortesía negativa. El hablante usa la estrategia de la cortesía positiva para indicar aprobación o afición por el interlocutor (García 1992: 208). Un ejemplo sería el uso del *T*. En contraste, el hablante usa la estrategia de la cortesía negativa para demostrarle respeto al interlocutor (García 1992: 209). Un ejemplo de la cortesía negativa sería el uso del *V*. Tal estrategia negativa se puede emplear para no ofender al interlocutor.

4. Descripción y caracterización de los datos

Como se ha indicado, además de los nombres y los títulos con apellido, los pronombres de segunda persona (singulares y plurales) se consideran formas de tratamiento. Los pronombres de tratamiento de segunda persona nos presentan varias opciones en español que no existen en inglés. Mientras que la mayoría de los hablantes de inglés usan una sola forma, *you*, para el pronombre de tratamiento singular y plural, en español hay que escoger entre *tú* y *usted* para el singular, y, en partes de España, entre *vosotros/vosotras* y *ustedes* para el plural.

Por consiguiente, en algunas zonas de España encontramos el modelo de la Tabla 2.

En cambio, en América Latina y algunas zonas del sur de España (Andalucía occidental, según Pountain 2003: 149), se encuentra la norma de la Tabla 3.

Tabla 2 Los pronombres de tratamiento en algunas zonas de España

	Singular	*Plural*
Informal	tú	vosotros/vosotras
Formal	usted	ustedes

Tabla 3 Los pronombres de tratamiento en América Latina y algunas zonas del sur de España

	Singular	*Plural*
Informal	tú	ustedes
Formal	usted	ustedes

Como puede comprobarse, en América Latina y el oeste de Andalucía no se mantiene la distinción formal/informal en las formas plurales de los pronombres de segunda persona.

Con el pronombre *tú* se emplean las formas de segunda persona del singular (por ejemplo, *estudias*, *comprendes*, *escribes* en el presente de indicativo). El *usted*, puesto que deriva de la forma *vuestra merced*, se usa con los verbos de tercera persona del singular (*estudia*, *comprende*, *escribe*). Con el pronombre *vosotros/vosotras* se emplean las formas de segunda persona del plural (*estudiáis*, *comprendéis*, *escribís*). El pronombre *ustedes* se usa con los verbos de tercera persona del plural (*estudian*, *comprenden*, *escriben*).

4.1. El voseo

Existe otro pronombre informal de segunda persona del singular, *vos*, que coexiste con el pronombre *tú* en el sur de México, América Central, y en la parte norte de América del Sur y el Cono Sur (que incluye Chile, Argentina, Uruguay y Paraguay). Así, en dichas partes de América Latina se da el modelo de la Tabla 4.

Sin embargo, en la ciudad de Buenos Aires (Argentina), el pronombre *tú* ha desaparecido prácticamente, y se da un uso exclusivo de *vos* como pronombre informal de segunda persona singular. La Tabla 5 muestra este uso de los pronombres de tratamiento.

Tabla 4 Los pronombres de tratamiento en las áreas voseantes de América Latina

	Singular	*Plural*
Informal	vos tú	ustedes
Formal	usted	ustedes

Tabla 5 *El uso de los pronombres de tratamiento en la ciudad de Buenos Aires (Argentina)*

	Singular	*Plural*
Informal	vos	ustedes
Formal	usted	ustedes

Aunque la situación es bastante sencilla respecto a los pronombres *tú*, *usted*, *vosotros/vosotras* y *ustedes*, se emplea el pronombre *vos* con distintas formas verbales en diferentes regiones de Latinoamérica.

El primer tipo de voseo, y el de más difusión, es el que se emplea en gran parte de Argentina, en Uruguay, Paraguay, partes de Bolivia, Colombia, Venezuela, Centroamérica y el sur de México: *estudiás*, *comprendés*, *escribís* en el presente de indicativo (Zamora y Guitart 1982:169).

El segundo tipo de voseo se encuentra en Chile y la sierra del Ecuador, el sur de Perú, el suroeste de Bolivia y el noroeste de Argentina: *estudiáis*, *comprendís*, *escribís* (Zamora y Guitart 1982:169).

El tercer tipo de voseo, el que se usa en Santiago del Estero (Argentina), emplea el pronombre *vos* con las formas verbales que corresponden al pronombre *tú*: *estudias*, *comprendes*, *escribes* (Zamora y Guitart 1982:169).

Existen formas del voseo en otros tiempos y modos verbales, también, además del presente de indicativo. Por ejemplo, para el primer tipo de voseo, el presente de subjuntivo puede emplear las formas: *estudiés*, *comprendás*, *escribás* (aunque es muy común usar las formas del tuteo: *estudies*, *comprendas*, *escribas*). El imperativo usa las formas: *estudiá*, *comprendé*, *escribí*.

Se puede ver que, en contraste con las formas del tuteo, las formas del primer tipo del voseo tienen el acento fonético en la última sílaba, en vez de la penúltima (*[tú] estudias~[vos] estudiás*) en el presente de indicativo; y para el imperativo (*[tú] escucha*, *escúchame~[vos] escuchá*, *escucháme*).

Para los verbos con cambios en el radical, se pierde el diptongo también (*[tú] cierras~[vos] cerrás*; *[tú] tienes~[vos] tenés*; *[tú] vienes~[vos] venís* en el presente de indicativo).

La forma del imperativo corresponde a la forma del *vosotros* menos la 'd' final: (*[vosotros] venid~[vos] vení*). También hay verbos con formas irregulares (*[vos] sos* en el presente de indicativo).

El voseo no solo afecta a la terminación verbal, sino también a otros elementos de la oración. Por ejemplo, si se necesita expresar el pronombre de sujeto se usa *vos*:

(1) (<u>Vos</u>) asistís a clase los lunes, los miércoles y los viernes.

El pronombre de complemento de preposición también tiene la forma *vos*:

(2) Este mensaje es para <u>vos</u>.

Pero para el complemento directo e indirecto y el pronombre reflexivo se usa la forma *te*.

(3) a. complemento directo: *<u>Te</u> llamo (a vos) el sábado.*
  b. complemento indirecto: <u>Te</u> doy el regalo (a vos). <u>Te</u> lo doy (a vos).
  c. pronombre reflexivo: ¿A qué hora <u>te</u> acostás (vos) generalmente?

Las formas posesivas son *tu* y *tuyo*:

(4) a. forma corta del adjetivo posesivo: *Traé <u>tu</u> computadora a clase, por favor.*
  b. forma larga del adjetivo posesivo: *¿Hablás del hermano <u>tuyo</u>?*

Además de la variación en las formas verbales del voseo, existen diferentes matices de uso del voseo, o sea, variaciones en el empleo del verbo, o del pronombre, o ambos.

El voseo verbal corresponde al uso de las formas verbales del voseo, pero no se usa el pronombre *vos* explícitamente, sino *tú*, si es que se emplea un pronombre: *(tú) estudiáis*, *(tú) comprendís*, *(tú) escribís*. Este matiz del voseo se encuentra en Chile.

El voseo pronominal es el reflejo exacto del voseo verbal; indica el uso del pronombre *vos* con las formas verbales que corresponden al pronombre *tú*: *vos estudias*, *vos comprendes*, *vos escribes*, ejemplos citados arriba para Santiago del Estero (Argentina).

El voseo completo es pronominal y verbal, o sea que combina el voseo pronominal con el voseo verbal. Este matiz del voseo corresponde al uso del pronombre *vos* y las formas verbales del voseo, sean las formas del primer tipo: *vos estudiás*, *vos comprendés*, *vos escribís*; o bien las formas del segundo tipo: *vos estudiáis*, *vos comprendís*, *vos escribís*.

También hay sistemas mixtos que combinan el uso de *tú*, *vos*, y *usted* en el singular (Azevedo 2009: 294–297). La mayoría de las áreas voseantes emplean los tres pronombres singulares de tratamiento, con la gran excepción de Buenos Aires (Argentina), donde se emplean únicamente *vos* y *usted*. Pero en otras partes de Argentina, Uruguay, Paraguay, zonas de Bolivia, Colombia, Venezuela, Centroamérica, el sur de México, Chile, la sierra del Ecuador y el sur de Perú, coexisten el tuteo, el voseo y el ustedeo en diferentes grados de frecuencia de uso. Así, la mayoría de los lugares voseantes emplean algún tipo de sistema mixto. En estos lugares el *vos* es la forma de más intimidad o confianza, el *tú* es informal pero no tan íntimo, y el *usted* es el pronombre de más formalidad (Hualde, Olarrea, Escobar y Travis 2010: 329).

¿Cómo se produjeron estos sistemas mixtos? Hay que repasar el desarrollo histórico de los pronombres de tratamiento en el español antiguo, como explican Hualde, Olarrea, Escobar y Travis (2010: 329–330). Ya cuando se había establecido *usted* como forma de respeto en España, el conflicto entre *tú* y *vos* para el tratamiento familiar se solucionó con la desaparición de *vos*. Como consecuencia, en ciudades coloniales latinoamericanas como México y Lima, que tenían más contacto con España y su monarquía, también desapareció la forma *vos*. En las partes de las colonias americanas que mantenían menos contacto con la patria, se mantuvo el sistema antiguo con las tres formas: *tú*, *vos*, y *usted*. En contraste con España, donde *vos* se eliminó, estas regiones produjeron diferentes matices y formas en el uso del voseo y eliminaron la forma *tú* del habla diaria (Hualde, Olarrea, Escobar y Travis 2010: 330). Por consiguiente, los lugares voseantes de la América Latina actual son los que mantenían menos contacto con España durante la época de la colonización, mientras que los lugares que no mantuvieron el uso de *vos* "tenían contacto más directo y frecuente" (Hualde, Olarrea, Escobar y Travis 2010: 330).

4.2. Las normas de uso de los pronombres de tratamiento

Ya que hemos explicado las formas de tratamiento que se usan en español, podemos examinar las normas de uso de los distintos pronombres de tratamiento. Hay que recurrir a los conceptos de solidaridad y confianza, por un lado, y poder y respeto/cortesía, por otro.

La solidaridad se refiere a una posición social jerárquica semejante (de la misma clase o categoría) entre dos interlocutores, y favorece un tratamiento informal (o sea, el uso del *tú* o del *vos*). Por ejemplo, puesto que dos colegas del mismo rango o posición en el trabajo comparten la solidaridad, es posible que usen un trato informal entre sí (*tú* o *vos*).

En contraste, el poder se refiere a una posición social jerárquica diferente (de diferentes clases o categorías) entre dos interlocutores, y favorece un tratamiento formal (o sea, el uso del *usted*). Por ejemplo, un jefe ocupa un rango (posición) más alto que un subordinado en el trabajo. Por esta razón, el subordinado suele usar el trato formal (*usted*). El jefe o podría emplear el ustedeo recíproco/simétrico (tratar de *usted* al subordinado), o bien podría usar un trato asimétrico informal (tratarle de *tú* o *vos*) porque ocupa el rango superior. En este caso, es el jefe el que determina la forma de tratamiento, y el subordinado sigue la corriente. Las dos opciones siguen.

(5) Trato recíproco/simétrico:
Empleado: Sr. López, ¿desea que redacte el informe ahora?
Supervisor: Sí, prepárelo, por favor, para que el comité lo lea con anticipación.

(6) Trato asimétrico:
Supervisor: "¿Jorge, podés asistir a la reunión de mañana?"
Empleado: "Sí, yo voy, y Ud. puede ocuparse de otro asunto."

Los conceptos de confianza y respeto refinan las normas de uso de los pronombres de tratamiento. La confianza se refiere a una relación personal entre los interlocutores, como una amistad o una relación familiar, y favorece un tratamiento informal. Volviendo al ejemplo del párrafo anterior, si el jefe y el subordinado son amigos o parientes, es posible que empleen el tuteo o el voseo entre sí.

El respeto, o la cortesía (Pountain 2003: 172), se refiere a la estimación o deferencia hacia el interlocutor, como a una profesora o a un pariente mayor, y favorece el uso del *usted*. Por consiguiente, si la profesora es amiga de la familia, el alumno podría tratarla de *tú* o de *vos* por razones de confianza, o bien podría usar *usted* con ella por razones de respeto.

5. Investigaciones sobre el tema

Abundan las investigaciones sobre las formas de tratamiento en español en la mayoría de los lugares de habla española. Desde Ramsey (1894: 70) hasta los actuales libros de texto de español para principiantes (Caycedo Garner, Rusch y Domínguez 2013: 5), se ha sostenido la regla general de que el uso de *tú* corresponde al uso del nombre de pila en inglés. La realidad es más compleja, como se advierte al consultar un volumen temático cuyas secciones reflejan el estado de la investigación, Hummel, Kluge y Vázquez Laslop (eds.) (2010). El lector puede examinar las secciones sobre Teoría y metodología, Estado de la cuestión por región, Historia y diacronía, Diatopía y sociolingüística, y Pragmática.

Por ejemplo, un estudio en dicho volumen investiga el uso de los pronombres de tratamiento en ámbitos de negocios, donde se identifican varias variables sociales y situacionales que podrían explicar el uso del tratamiento (Uber 2010: 1077).

6. Metodología

Los investigadores han empleado varios tipos de metodología en los estudios sobre las formas de tratamiento: observaciones con o sin grabaciones de interacciones entre varios hablantes, entrevistas, presentación de situaciones, cuestionarios, encuestas y examinación de documentos.

La observación puede ser informal, del habla que se escucha por casualidad, o puede ser más controlada respecto a la situación y los hablantes a quienes escucha el investigador. Por ejemplo, Weyers (2009: 832–834) utilizó entrevistas rápidas y anónimas de empleados en varios tipos de negocios, pidiéndoles información (cómo llegar a un lugar, explicación de los usos de los productos vendidos o recomendaciones para curar una enfermedad).

Tabla 6 Variables que favorecen el trato informal o formal en situaciones laborales

	*Informal (*tú, vos*)*	*Formal (*usted*)*
Edad del interlocutor	Igual o menor	Mayor
Sexo del interlocutor	Igual, esp. entre mujeres	Opuesto
Profesión del interlocutor	Igual o más baja	Más alta
Rangos relativos de los interlocutores en el trabajo (jefe/empleado, profesor/estudiante)	Mismo o más bajo	Más alto
Trabajar con/ser colega del interlocutor	Sí	No
Conocer al interlocutor hace unas semanas/ meses/años	Sí	No
Ser amigo/a de amigo/a del interlocutor	Sí	No
Si el interlocutor es cliente	No	Sí
El tipo de negocio	Fábrica, oficina, taller	Atención al público, empresa financiera
El tema de conversación	Cotidiano, social	Contratos, acuerdos, cotizaciones, precios
Hablar por teléfono	No (antes de identificarse el interlocutor)	Sí
Estilo personal (el comodín)	Según el individuo	Según el individuo

Las entrevistas varían en cuanto a la formalidad de la situación y respecto a la estructura (dirigida, semidirigida o libre). Se puede presentar a un participante una situación ficticia, y pedirle que indique qué forma de tratamiento usaría.

Los cuestionarios y encuestas preguntan qué forma de tratamiento usarían los respondientes con diferentes interlocutores. Es posible administrar un cuestionario directamente durante una entrevista, o enviar una encuesta a participantes desconocidos. Una desventaja de los cuestionarios y encuestas es que el respondiente indica lo que cree que usa en tal situación, pero la realidad puede ser algo distinto (Uber 2011: 254–255). Incluso en este caso, el autoinforme puede dar un indicio de las (in)seguridades y actitudes lingüísticas de una comunidad.

Un examen de documentos (por ejemplo, cartas, documentos legales, documentos históricos, corpus literarios, anuncios comerciales, propaganda, formularios, sitios web) puede indicar qué forma se suele usar con cada tipo de lector potencial.

Es común anotar factores respecto a los interlocutores estudiados, como el sexo, la edad, la ocupación y el estatus social. También se debe indicar el contexto de la interacción y la relación entre los interlocutores. Schwenter (1993) utilizó otro factor que resultó ser importante: la variable de *Contexto Pronominal Anterior* (CPA). "Sencillamente, el –CPA señala una situación en la cual el informante comienza la plática con otro individuo empleando T o V. El +CPA, en contraste, simboliza la situación en que otra persona empieza en intercambio con T o V y el informante responde con reciprocidad o falta de ella» (Schwenter 1993: 143)."

Para una discusión más detallada, véase la sección sobre metodología en Hummel, Kluge y Vázquez Laslop (eds.) (2010: 19–191).

7. Hacia el futuro

Todos los métodos descritos en la sección anterior pueden ser válidos para un estudio sistemático del tratamiento. Hacen falta todavía estudios de distintos ámbitos de habla, y de todas las variedades sociolingüísticas, socio-pragmáticas y geográficas (sobre todo las áreas rurales). Los corpus electrónicos abren muchas posibilidades para investigaciones futuras sobre las formas de tratamiento. Otro método útil sería examinar el tratamiento empleado en las redes sociales.

El estudio del trato representa un desafío para el investigador, debido a la variedad de factores que determinan la elección y la enorme extensión que abarca el mundo hispanohablante. Las formas de tratamiento están vinculadas estrechamente con la cultura y la comunicación interpersonal en distintas situaciones comunicativas. Además, reflejan la identidad del individuo y de la sociedad que lo rodea.

Bibliografía

Azevedo, M. (2009) *Introducción a la lingüística española*, 3.ª ed., Upper Saddle River, NJ: Pearson Prentice Hall.

Brown, P. y Levinson, S. C. (1987) *Politeness: Some universals in language usage* (Studies in Interactional Sociolinguistics, 4), Cambridge: Cambridge University Press.

García, C. (1992) "Refusing an invitation: A case study of Peruvian style", *Hispanic Linguistics*, 5, 1–2, pp. 207–243.

Brown, R. y Gilman, A. (1960) "The pronouns of power and solidarity", en Sebeok, T. A. (ed.), *Style in language*, Cambridge, MA: The MIT Press, pp. 253–276.

Caycedo Garner, L., Rusch, D. y Domínguez, M. (2013) *¡Claro que sí!*, Boston: Heinle.

Hualde, J. I. Olarrea, A., Escobar, A. M. y Travis, E. C. (2010) *Introducción a la lingüística hispánica*, 2.ª ed., Cambridge: Cambridge University Press.

Hummel, M., Kluge, B. y Vázquez Laslop, M. E. (eds.) (2010) *Formas y fórmulas de tratamiento en el mundo hispánico*, México, DF: El Colegio de México.

Pountain, C. (2003) *Exploring the Spanish language*, Londres: Arnold.

Ramsey, M. M. (1956 [1894]) *A textbook of modern Spanish*, revisado por R. K. Spaulding, Nueva York: Holt, Rinehart & Winston.

Schwenter, S. A. (1993) "Diferenciación dialectal por medio de los pronombres: una comparación del uso de *tú* y *usted* en España y México", *Nueva Revista de Filología Hispánica*, 41, 1, pp. 127–149.

Uber, D. R. (2010) "Formas y fórmulas de trato en situaciones laborales en Santiago de Chile y Buenos Aires", en Hummel, M., Kluge, B. y Vázquez Laslop, M. E. (eds.) *Formas y fórmulas de tratamiento en el mundo hispánico*, México, DF: El Colegio de México, pp. 1051–1080.

Uber, D. R. (2011) "Forms of address: The effect of the context", en Díaz-Campos, M. (ed.), *The handbook of Hispanic sociolinguistics*, Chichester: Blackwell, pp. 244–262.

Weyers, J. (2009) "The impending demise of *tú* in Montevideo, Uruguay", *Hispania*, 92, 4, pp. 829–839.

Wheatley, K. (2006) *Sintaxis y morfología de la lengua española*, Upper Saddle River, NJ: Pearson Prentice Hall.

Zamora Munné, J. C. y Guitart, J. M. (1982) *Dialectología hispanoamericana*, Salamanca: Almar.

Lecturas complementarias

Fernández, M. A. (2006) *Pronombres de segunda persona y fórmulas de tratamiento en español: una bibliografía* [en línea]. Accesible en http://www.linred.es/informacion_pdf/informacion13_06072006.pdf [25/04/2014].

Rebollo Couto, L. y Regina dos Santos, C. (orgs.) (2011) *Las formas de tratamiento en español y en portugués: variación, cambio y funciones conversacionales*, Niterói: Editora da Universidade Federal Fluminense.

Uber, D. R. (2008) "Creo que entiendo el uso de *tú*, *usted*, *ustedes*, y *vosotros*. Pero, ¿qué hago con *vos*?", en Ewald, J. y Edstrom, A. (eds.) *El español a través de la lingüística: preguntas y respuestas*, Somerville, MA: Cascadilla Press, pp. 50–60.

Entradas relacionadas

cortesía y descortesía; flexión verbal; pragmática; pronombres; semántica; sociolingüística; variación pragmática

GÉNERO Y NÚMERO

M. Carme Picallo

1. Introducción

Las categorías correspondientes a lo que se conoce como flexión nominal se manifiestan en español en forma de rasgos de género y número. Lo que llamamos *género gramatical* se refiere a la clase formal a la que pertenece un sustantivo (Bello 1847 [1980, 46, § 54]). El *número* indica las distinciones que gramaticalmente pueden expresarse para dar cuenta de la extensión del conjunto de ejemplares de la entidad que se nombra. En español estándar, la flexión de género y número aparece también en las distintas categorías con las que el sustantivo concuerda y con las que sintácticamente compone una construcción nominal compleja: artículos, cuantificadores, demostrativos o adjetivos. Muestran también concordancia de género y número algunas de las formas verbales que legitiman la construcción, así como los pronombres o anáforas referencialmente relacionados con esta, como se muestra en el ejemplo (1):

(1) Colocad***as*** tod***as*** l***as*** robust***as*** columna***s*** roj***as***, se procedió a restaurarl***as***

En esta entrada nos ocuparemos de la flexión interna a las construcciones nominales, absteniéndonos de las relaciones que, por concordancia externa, puedan estas establecer con otros elementos de una oración, como en el ejemplo (1). Nos centraremos específicamente en el estatus sintáctico y la función de los elementos flexivos que se resaltan en los sustantivos que ejercen de núcleo en las frases del tipo (2), independientemente de que tales marcas flexivas se reflejen morfológicamente en otra unidad sintáctica de la construcción nominal:

(2) a. L*as* caj***as*** roj*as*
b. Est*os* pensamient***os***
c. Algun*a* advertenci***a***

Aunque se les asigna el estatus de elementos flexivos por inducir concordancia, el género y el número presentan diferencias en cuanto a su contenido interpretativo y a su carácter de propiedad opcional o inherente en un sustantivo. Uno de los debates abiertos en la investigación lingüística reciente trata de dirimir si en la estructura abstracta de las construcciones nominales, que se representa en el esquema (3), las categorías de género y número son, ambas, elementos constitutivos del área sintáctica rotulada como *flexión* o solo la categoría correspondiente al número puede ser calificada como puramente flexiva. En este último caso, el género se consideraría un elemento idiosincrásico constitutivo del área que —para facilitar la discusión— hemos rotulado genéricamente como *nominal* en (3). El esquema refleja la estructura abstracta general que, con diversas variantes, la investigación reciente atribuye a las expresiones nominales, independientemente de su denotación:

(3) $[_{\text{DETERMINANTE}} \ldots [_{\text{FLEXIÓN}} \ldots [_{\textit{nominal}} \ldots \sqrt{\text{RAÍZ}}\,]]]$

La hipótesis que subyace al esquema (3) explota a muy grandes rasgos las propuestas recientes de índole distribuida y constructivista que sugieren que los nombres y los verbos están formados por raíces acategoriales que reciben su categoría gramatical específica de *nombre* o *verbo* por combinación con diversos elementos funcionales (Borer 2005; Marantz 1997, entre muchos otros). Bajo este punto de vista, un nombre no entra en el componente sintáctico como una unidad indivisible sino que se deriva —o más literalmente, se 'construye'— a partir de una serie de proyecciones sintácticas, con rasgos interpretativos específicos, que están localizadas en el área que hemos rotulado como *nominal* en (3). La composición de rasgos de las proyecciones de esta área define la categoría gramatical que se tomará como núcleo léxico de la construcción así como su capacidad de legitimar otros elementos de la misma (véanse entre muchos otros Acquaviva 2008; Alexiadou *et al.* 2007; Embick y Noyer 2007).

Por razones de espacio, esta entrada no hará explícitos muchos de los detalles técnicos de las distintas propuestas constructivistas que discuten la función del género y el número gramatical. Sólo quedarán esbozadas aquí en sus aspectos más esenciales. Se estructura la discusión de la forma siguiente: en el § 2 se describirán algunas de las propiedades del número y su posible representación sintáctica; en el § 3 se discutirán las características del género gramatical en español y su posible estatus, bien como unidad sintáctica, como morfema disociado o como propiedad léxica del sustantivo. En el § 4 se presentará el comportamiento de los rasgos de género y número en contextos de elisión. Una breve sección con conclusiones cerrará esta entrada.

2. El número gramatical

2.1. Generalidades

Las distinciones contables que puede expresar la flexión de número en las lenguas del mundo son lingüísticamente limitadas y expresan sólo una parte de las posibilidades que hipotéticamente se podrían concebir. Aunque hay lenguas con distinciones formales de número relativamente complejas (véase Corbett 2000), no existe ninguna con un grupo ilimitado de rasgos independientes a semejanza del sistema de los números naturales. Se ha propuesto que el número gramatical puede describirse en las lenguas naturales mediante relaciones de rasgos —posiblemente un máximo de tres— que presentan oposiciones binarias, con valores positivos o negativos. Así, la variación lingüística en la expresión del número gramatical se limita a los valores proporcionados por el conjunto de rasgos [[±plural], [[±aumentado], [±grupo]] (véanse Harley y Ritter 2002 y las referencias allí citadas). En español el número se manifiesta únicamente mediante la oposición *singular/plural*, representable formalmente por el rasgo [±plural], en donde el valor [–plural] se toma como el valor no marcado (o por defecto). En los elementos nominales que denotan entidades discretas o contables, los valores de la oposición expresan el contraste correspondiente a la distinción "un ejemplar" y "más de uno", explicitado morfofonológicamente por la ausencia de desinencia (i.e. /-ø/) en el caso del singular (e. g. *mesa, pie, cuchillo, botín*) o la presencia de la desinencia /-(*e*)*s*/ en el plural (e.g. *mesas, pies, cuchillos, botines*). En el caso de los nombres continuos o de masa (e. g. *aceite/cerveza/café*), la pluralización puede tomar el significado bien de porción acotable en particiones consideradas estándar (e. g. *Nos tomamos dos cafés*) o bien denotar un tipo o clase particular de la entidad denotada (e. g. *Probaron tres aceites*). Adicionalmente, en algunos nombres abstractos (e. g. *belleza/maldad/amistad*) la pluralización puede inducir a cambios interpretativos, pasando a denotar grupos de individuos o tipos de acciones, entre otras posibles interpretaciones (e. g. *Me presentó a sus amistades/Hizo muchas maldades a lo largo de su vida*). Alcina y Blecua (1975, § 3.3.0) y Ambadiang (1999) discuten extensamente los significados que puede tomar la pluralización de nombres continuos. Los ejemplos mencionados muestran sólo algunos de los diversos matices o interpretaciones que puede expresar el número gramatical afijado a un sustantivo, lo que sugiere que la oposición formal singular/plural codifica una serie de posibles representaciones mentales abstractas y que los significados que pueden relacionarse con la expresión del número pueden ser más complejos que los conceptos de unidad o multiplicidad.

2.2. *Representación sintáctica*

Asumiremos, con Baker (1985, 2002), que la morfología flexiva se representa estructuralmente y que el componente morfológico de una entrada léxica se rige por el llamado Principio del Espejo (*Mirror Principle*), según el cual el orden de los morfemas de un lexema refleja inversamente la jerarquía sintáctica de los núcleos que corresponden a estos elementos. El desarrollo de la estructura funcional de las construcciones nominales ha incluido el supuesto, relativamente poco controvertido, de que su área flexiva contiene una proyección funcional que aloja los rasgos de número. Distintas implementaciones de esta propuesta pueden consultarse en Picallo (1991, 2008), Bernstein (1993), Ritter (1993), Heycock y Zamparelli (2004) , Borer (2005) y Alexiadou *et al.* (2007), entre muchos otros. El número se distingue del género por la propiedad de ser en la mayoría de los casos un rasgo interpretable y generalmente opcional, cuyos valores [±plural] se asignan a un sustantivo según el contexto sintáctico o la interpretación que quiera atribuirse a toda la construcción (Chomsky 1995:231). Si desarrollamos el esquema (3), el número gramatical correspondería a una de las posibles proyecciones que constituyen el área Flexión:

(4) $[_{\text{DETERMINANTE}} \ldots [_{\text{(Flexión)}} [_{\text{SNum}} [\text{NUM}] \ldots [_{nominal} \ldots \sqrt{\text{RAÍZ}}\,]]]]$

Sin embargo, la expresión de la singularidad o la pluralidad no es siempre opcional. Existen casos en los que podría aducirse que el valor de número constituye también una propiedad léxica —no exclusivamente flexiva— del núcleo nominal, ya que hay sustantivos que son inherentemente singulares o plurales (conocidos, respectivamente como *singularia* o *pluralia tantum*). Flexionan en singular nombres como *caos*, *grima*, *salud*, *sed* o *tez*, entre otros, además de muchos sustantivos correspondientes a entidades acotables cuya realización en singular, cuando aparecen en función de objeto y sin determinante, aporta la interpretación continua o de masa (e. g. *Pusieron manzana en el estofado/Hoy no comeré pollo*). Flexionan únicamente en plural sustantivos como *albricias*, *antípodas*, *bártulos*, *celos*, *modales* o *víveres*, entre muchos otros, así como sustantivos que nombran entidades que se componen de distintas partes diferenciadas pero que forman un solo objeto perceptual

(e. g. *gafas*, *tijeras* o *pantalones*). A esta tipología podríamos añadir aún algunos sustantivos que denotan entidades no discretas (i. e. nombres de masa) que pueden flexionar en singular o en plural como *nieve/nieves*, *agua/aguas*, *lluvia/lluvias*, *ceniza/cenizas*, entre otros (e. g. *¿Dónde están las nieves de antaño?/Las aguas del Mediterráneo/Las lluvias de abril*).

Para dar cuenta de casos como los anteriores, que se manifiestan en muchas lenguas, algunos autores sugieren que hay que establecer diferencias en lo que concierne a la distinción entre sustantivos perfectamente regulares en cuanto a flexión de número opcional (e. g. *libro/libros*, *pluma/plumas*, *mesa/mesas*, etc.) y los que son inherentemente singulares o plurales o indistintamente singular/plural como propiedad léxica del sustantivo en cuestión. Acquaviva (2008) aduce que estos casos conforman una tipología semántica que remite a entidades que denotan tipos, colecciones o grupos poco distinguibles perceptualmente, sugiriendo que cuando el número gramatical es una parte integral del lexema, este rasgo podría realizarse en dos posiciones estructurales. Una posición correspondería al área puramente flexiva, como se ha representado ya en el esquema (4); la otra posición se realizaría como elemento constituyente del área sintáctica que hemos rotulado como '*nominal*' en el diagrama (3). Se trata de un área que aloja las categorías que constituyen las propiedades léxicas específicas del sustantivo. La representación general, en los casos en que el número tiene tal característica, podría corresponder de manera muy abstracta a (5):

(5) $[_{\text{DETERMINANTE}} \ldots [_{\text{(Flex)}} [_{\text{SNum}} [\text{NUM}_1] \ldots [_{Snominal} \ldots [NUM_2] \ldots \sqrt{\text{RAÍZ}}\,]]]]$

En este esquema, y para facilitar la discusión, se utilizan simplemente los rótulos categoriales NUM_1 y NUM_2 repartidos en las dos áreas —i. e. 'fases' (Chomsky 2001)— de la derivación en la que el número puede manifestarse: la puramente flexiva (NUM_1) —opcional con respecto a los valores que el número puede tomar— y la léxica (NUM_2). Los dos núcleos pueden relacionarse por la operación sintáctica de *Acuerdo*. Esta operación es una relación asimétrica de co-valoración entre los rasgos formales de dos elementos sintácticos como, por ejemplo, la existente entre el sujeto de una oración y la flexión verbal. La operación relaciona un elemento funcional con un elemento léxico que proporciona el valor interpretativo del rasgo con respecto a su expresión morfológica (véase Chomsky 2001). La propuesta esbozada daría cuenta de la distinción existente entre los casos en que la oposición singular/plural (alojada en [NUM_1]) indica distinciones contables formales (i.e. estructuras nominales que conforman el esquema (4)) y casos en los que la realización del número no expresa nociones estrictamente contables, sino que introduce adicionalmente ciertos rasgos semánticos que, relacionados con el número formal, son parte constitutiva de un lexema nominal (i. e. [NUM_2] en (5)).

3. El género gramatical

3.1. Generalidades e idiosincrasias

Como se ha señalado en la introducción, lo que llamamos *género gramatical* es un fenómeno únicamente lingüístico. Se refiere a la clase formal que se atribuye a un sustantivo y es independiente de la entidad que este denota. Entre las lenguas del mundo que asignan clases formales a los sustantivos, es común que estos se adscriban a dos o tres clases distintas. Lo que denominamos "más común" no excluye sin embargo otras posibilidades algo más complejas (véase Corbett 1991). El español manifiesta dos clases formales (o géneros) denominados "masculino" y "femenino", representables por los valores del rasgo [±fem]. Esta oposición alude a una propiedad gramatical que se extiende a los posibles elementos que concuerdan con el nombre, como ya se ha mostrado en (1). En contraste con el número, el género gramatical no puede manifestarse opcionalmente como [±fem] para una misma entrada léxica, sino que el valor de la oposición suele ser fijo para cada nombre, con excepción de algunas regularidades en las que el valor atribuido al género se utiliza para expresar el sexo de individuos animados.

En español, se han asociado tradicionalmente los sustantivos de género formal masculino con las terminaciones en /-o/ (como en los inanimados *puerto*, *huerto*, *libro*, *ojo*) y los femeninos con las terminaciones en /-a/ (*puerta*, *huerta*, *libra*, *hoja*). Estas terminaciones pueden utilizarse, en muchos casos, para aportar la información interpretativa adicional de aludir al sexo natural de los seres animados que el sustantivo nombra, como en los pares *gato/gata*, *elefante/elefanta*, *oftalmólogo/oftalmóloga*, *juez/jueza* o *león/leona*, entre muchos otros. Sin embargo, la asociación de /-o/ con "masculino" o de /-a/ con "femenino", sea para aludir a seres sexuados o no, está lejos de constituir una regla sistemática dado que la casuística es muy variada, como muestran Roca (2009) en una extensa discusión al respecto y RAE-ASALE (2009, vol 1, cap. 2) en donde se ofrece una descripción detallada del género gramatical en español. Considérense, en primer lugar, diversos ejemplos correspondientes a nombres asignados a entidades inanimadas:

(6) a. Son numerosos los sustantivos que presentan terminaciones distintas de /-o/, /-a/ que se asocian a uno de los dos géneros, como muestran los siguientes ejemplos:

FEM.	MASC.
calle, lumbre, sangre, hambre, fase	*valle, fuelle, relumbre, palangre, pase*
apoteosis, paráfrasis, epéntesis, pelvis	*énfasis, paréntesis, iris*
hiel, miel, piel	*arancel, pastel, papel*
tez, rapidez, cerviz, nariz, coz	*ajedrez, almirez, cariz, desliz, arroz*
tribu	*espíritu, ímpetu*

b. Las terminaciones /-o/, /-a/, pueden indicar asimismo interpretaciones de otro tipo, como son distinciones relativas a medida o forma (e. g. *botijo/botija*, *jarro/jarra*, *cesto/cesta*, *saco/saca*, *río/ría*). Pueden aludir asimismo a distinciones entre contable y masa (e. g. *leño/leña*), a entidades individuales y sus colectivos (e. g. *banco* (establecimiento de crédito)/*banca* (conjunto de tales entidades) o a denominaciones correspondientes a un árbol y su fruto (e. g. *manzano/manzana*, *cerezo/cereza*, *naranjo/naranja*), entre otras. Este grupo de pares de entidades relacionadas por muy distintas asociaciones presenta también numerosos contraejemplos, ya que las diversas relaciones pueden manifestarse mediante otras operaciones morfológicas —como la derivación— o corresponder a sustantivos que pueden coincidir en género o no, así como a sustantivos heterónimos (e .g. *tomatera/tomate*, *higuera/higo*, *peral/pera*, *melocotonero/melocotón*, *arma/armamento*, *encina/bellota*, *palmera/dátil* o *chícharo/garbanzo*, entre otras).

c. Por razones diacrónicas o de otra índole, algunos sustantivos masculinos ostentan la terminación /-a/ (e. g. *mapa*, *problema*, *trauma*, *poema*, *día*, *tema*). Dentro de este grupo podríamos incluir a los sustantivos coloquiales truncados *bocata* (bocadillo), *ferrocata* (ferrocarril) o *segurata* (agente de seguridad). Otros nombres femeninos ostentan por su parte la terminación /-o/ (e. g. *mano*, *líbido*, *nao*) junto con algunos truncamientos de vocablos femeninos: *moto* (motocicleta), *foto* (fotografía), *quimio* (quimioterapia), *radio* (radiografía o radioterapia, según el contexto).

d. Existen casos de aparente similitud entre dos formas de sustantivo, correspondientes a entidades animadas o inanimadas, que presentan terminaciones /-o/, /-a/ pero sin guardar relación interpretativa alguna (e. g. *caballo/caballa*, *foco/foca*, *puerto/puerta*, *caso/casa*, *libro/libra*, *pasto/pasta*, *rumbo/rumba*, entre otros).
e. Finalmente, se puede mencionar que un número reducido de sustantivos inanimados pueden tener un género formal distinto según la variante dialectal: *el/la mar*, *el/la calor*, *el/la maratón*, entre algunos otros.

En cuanto a los sustantivos que denotan seres animados, se puede observar una asistematicidad semejante a la que hemos observado para los nombres correspondientes a inanimados:

(7) a. Junto a la utilización del género formal para aludir al sexo natural (e. g. *gato/gata*) coexisten los llamados nombres epicenos en los que la especificación de género no presupone el sexo de un individuo de la especie porque flexionan formalmente en uno solo. Son femeninos *hiena*, *jirafa*, *criatura*, *víctima*, *lechuza*, *pantera* y masculinos *hipopótamo*, *orangután*, *topo*, *tiburón*, *delfín* o *avestruz*, entre otros. El género formal que ostentan se manifiesta asimismo en la concordancia con determinantes y modificadores (e. g. *la/*el hiena manchada/*-o*, **la/el avestruz africano/*-a*).
b. Un caso distinto lo constituyen los sustantivos invariables en los que la alusión al sexo natural del individuo denotado se manifiesta en los determinantes que lo introducen o los adjetivos que lo modifican: *un/una cómplice*, *este/esta manifestante*, *algún/alguna marroquí*, *un/una profesional*, *el/la auxiliar (administrativo/administrativa)*, *el/la (asustado/asustada) testigo*, *el/la (primer/primera) violinista*, entre muchos otros.
c. Como ocurre con los inanimados ejemplificados en (6b), hay casos en los que el sexo natural de un ser animado se expresa mediante sustantivos heterónimos (e. g. *caballo/yegua*; *toro/vaca*; *marido/mujer*; *yerno/nuera*; *carnero/oveja*).

Nos hemos extendido en los tipos de ejemplos ofrecidos para mostrar que el género gramatical no es una propiedad interpretable o predecible en español en un número muy elevado de sustantivos. Pares en los que se relaciona el sexo natural con el género formal, o casos en los que se relaciona un género formal específico con alguna propiedad de la entidad que el nombre denota, tienen numerosos contraejemplos. Nótese que incluso en los casos en los que el género formal se utiliza para denotar diferencias sexuales (e. g. *gato/gata*), el masculino es el género no marcado para denotar cualquier miembro de la especie. Así, de la expresión *Aquí hay cuatro perros* se puede colegir únicamente la presencia de cuatro animales de la especie *canis lupus familiaris*, y no que los cuatro ejemplares sean machos. Otro tanto puede decirse de frases como *Aquí hay cuatro personas*, en donde la utilización del epiceno femenino no es en absoluto informativo del sexo natural de los individuos nombrados.

En resumen, los ejemplos que se han mostrado nos permiten llegar a la conclusión de que las relaciones entre la interpretación de un sustantivo y el género formal que este ostenta distan mucho de constituir ningún tipo de clase natural y son generalmente asistemáticas.

3.2. Representación sintáctica

Diversos estudios recientes han propuesto que la estructura correspondiente al área que hemos rotulado como *nominal* en el diagrama (3) incluye una serie de proyecciones sintácticas. En la sección anterior se ha sugerido que tal área puede incluir, entre otras, una proyección relacionada con el número cuando éste constituye una propiedad léxica del sustantivo, como se representaba en el diagrama (5). Hay distintas hipótesis para determinar cuál puede ser el estatus y la función del género gramatical en el sistema sintáctico, dado que no todas las lenguas tienen rasgos de género y, en las que lo expresan, es altamente idiosincrásico. Algunos autores han sugerido que el género no es una categoría sintáctica sino un morfema disociado que se asigna postsintácticamente al sustantivo cuando se han completado todos los estadios de una derivación (Embick y Noyer 2001, 2007). Otros han propuesto que tal rasgo es un elemento diacrítico constitutivo de la raíz de la construcción y no un elemento flexivo (véanse Alexiadou *et al.* 2007 y las referencias allí citadas). El diagrama (8) representa, a muy grandes rasgos, esta hipótesis:

(8) $[_{\text{DETERMINANTE}} \ldots [_{\text{(Flex)}} \ldots [_{\text{SNum}} [\text{NUM}_1] \ldots [_{\textit{Snominal}} \ldots \sqrt{}\text{RAÍZ}_{[\pm\text{FEM}]}]]]]$

Esta última propuesta es cuestionable para los que sostienen hipótesis radicalmente constructivistas, ya que mantienen que ningún tipo de información léxica debe estar alojada en la raíz de una construcción nominal —ya sea información relativa al género o de cualquier otro tipo—, argumentando que la raíz debe ser una entidad gramatical acategorial en todos los casos y sin elementos diacríticos de ningún tipo. Según este punto de vista, cualquier información semántica o característica morfológica específica, y no opcional, debe obtenerse por composición de todas las categorías que constituyen el área que hemos rotulado como *nominal*. En este caso se ha aducido que los rasgos de género, junto con otros elementos posibles, tendrían la propiedad y la función de conferir el estatus categorial de "sustantivo" a tal raíz acategorial. Según esta propuesta, y adaptando a este caso algunas de las propiedades léxicas que se han observado en cuanto a la expresión de número, lo que llamamos género gramatical estaría asimismo "repartido" —por así decirlo— en dos áreas de la estructura nominal. Una de ellas contendría la proyección que incluye los rasgos semánticos atribuibles a cada sustantivo, como podrían ser los correspondientes a la animacidad u otros de tipo perceptual o mereológico, a la que denominaremos CLASIFICADOR, siguiendo la nomenclatura propuesta por Picallo (2008) y Fábregas y Pérez-Jiménez (2010). Una propuesta en esta misma dirección se ofrece en Acquaviva (2009). La expresión morfológica de este rasgo formaría parte del área flexiva. Una operación de *Acuerdo* relacionaría los rasgos del clasificador del área nominal con los correspondientes del área flexiva:

(9) $[_{\text{DET}} [_{\text{SNum}} [\text{NUM}_1] [_{\text{SGen}} [\text{GEN}] [_{\textit{nominal}} \ldots [(\textit{NUM}_2) \ldots \text{CLASIFICADOR}] \ldots \sqrt{}\text{RAÍZ}]]]]$

Hay un intenso debate en la investigación reciente para dirimir cuál puede ser la mejor forma de aplicar técnicamente las hipótesis que se han podido sólo esbozar aquí. La cuestión no es un problema únicamente representacional, sino que de lo que se trata es de ofrecer una explicación que dé cuenta del cómputo mental (sea por asociación estadística, por memoria enciclopédica o por otro mecanismo sintáctico) que cualquier hablante del español aplica para reconocer los distintos matices y la variedad de interpretaciones a que pueden dar lugar estas categorías llamadas flexivas en diversos contextos sintácticos.

4. Elipsis

La hipótesis de que los rasgos opcionales de número constituyen una propiedad puramente flexiva de la estructura nominal (cf. (4)), mientras que el género gramatical (o clase formal) podría ser un elemento constitutivo del área *nominal* —que, recordamos, incluye las distintas categorías que confieren propiedades léxicas particulares al sustantivo— parece respaldarse por la observación del distinto comportamiento de los rasgos de género y número en algunos contextos sintácticos. Así, la elipsis nominal muestra diferencias entre las dos clases de rasgos. En Brucart (1999, 2004), Eguren 2010, Saab 2010 y Gallego 2011, entre muchos otros, se observa que es posible la discordancia de número entre el elemento elidido y su antecedente, como se muestra en los ejemplos (10). Tal discordancia no es posible con los rasgos de género, como revelan los ejemplos (11):

(10) a. La mesa de madera y las [~~mesas~~] de fórmica
b. Un reloj analógico y dos [~~relojes~~] digitales
c. Ana pasea con su hermana y Juana con las [~~hermanas~~] suyas

(11) a. *El gato de pelo largo y la [~~gata~~] de pelo corto
b. *Un actor cómico y una [~~actriz~~] trágica
c. *Ana escribe a su hermana y Juana al [~~hermano~~] suyo

Lo que el contraste parece mostrar es que el género es un elemento constituyente de las características léxicas del nombre y no un elemento puramente flexivo. Dado que la elisión debe satisfacer una condición de identidad léxica estricta entre el elemento elidido y su antecedente, sólo los morfemas puramente flexivos permiten discordancia en estos contextos. Éste es el caso de la flexión opcional de número así como de los morfemas de tiempo/aspecto en el sintagma verbal, que también permiten discordancias en casos de elipsis (cf. *Yo no he tocado el piano pero tu deberías* [~~tocar el piano~~] */Juan no ha podido* [~~hablar~~] *pero Pedro habló*). Nótese asimismo que cuando el número aporta información léxica formando parte también del área sintáctica *nominal*, como se ha sugerido en el § 2.2, la elisión tampoco parece posible. Considérense los siguientes ejemplos formados por pares de sustantivos que pueden flexionar en singular o en plural, aportando en cada caso distintos matices interpretativos:

(12) a. ??(*)El agua del río y las [~~aguas~~] del mar
b. ??(*)Las nieves del Kilimanjaro y la [~~nieve~~] de Baqueira
c. ??(*)Me demostró su amistad presentándome a las [~~amistades~~] suyas

Este tipo de ejemplos, en contraste con los de (10), muestran que algunos aspectos específicos de la expresión de número pueden estar codificados en áreas sintácticas independientes, de modo parecido al género.

5. Conclusión

El estatus gramatical de las categorías de género y número constituye un tema muy debatido en los estudios lingüísticos recientes porque incide de lleno en la cuestión de si la morfología y la sintaxis pueden considerarse niveles gramaticales independientes, con sistemas combinatorios y primitivos distintos o, por el contrario, la noción de "palabra" es un constructo resultante de diversos procesos sintácticos.

A partir de una breve descripción de las idiosincrasias del género y el número en español, en las páginas precedentes se han presentado distintas propuestas enmarcadas en esta última línea y dentro de las propuestas constructivistas más recientes. Se han analizado brevemente las diferencias y semejanzas existentes entre estas dos categorías flexivas que, aunque participan en el mismo proceso sintáctico de concordancia con formas verbales, adjetivos modificadores, determinantes o pronombres, presentan particularidades específicas.

Reconocimientos

Los proyectos FF2011-29440-C03-03/FILO (Ministerio de economía y competitividad, Gobierno de España) y 2009SGR-1079 (AGAUR, Generalitat de Catalunya) han auspiciado la investigación que se reporta en este documento. La autora agradece los comentarios de A. Gallego y de dos revisores anónimos a una versión previa.

Bibliografía

Acquaviva, P. (2008) *Lexical plurals: A morphosemantic approach*, Nueva York: Oxford University Press.

Acquaviva, P. (2009) "Roots and lexicality in distributed morphology", *York Papers in Linguistics*, YEMM, núm. especial, pp. 1–21.

Alcina, J. y Blecua, J. M. (1975) *Gramática española*, Barcelona: Ariel.

Alexiadou, A., Haegeman, L. y Stavrou, M. (2007) *Noun phrase in the generative perspective*, Berlin: Mouton De Gruyter.

Ambadiang, T. (1999) "La flexión nominal. Género y número", en Bosque, I. y Demonte, V. (eds) *Gramática descriptiva de la lengua española*, Madrid: Espasa, pp. 4843–4913.

Baker, M. (1985) "The Mirror Principle and morphosyntactic explanation", *Linguistic Inquiry*, 16, pp. 373–415

Baker, M. (2002) "Building and merging, not checking: The nonexistence of (Aux)-SVO languages", *Linguistic Inquiry*, 33, pp. 321–328

Bello, A. (1847) *Gramática de la lengua castellana*, Santiago de Chile: El Progreso; ed. 1980, Madrid: EDAF.

Bernstein, J. B. (1993) *Topics in the syntax of nominal structure across languages*, tesis doctoral, City University of New York, Graduate Center.

Borer, H. (2005) *Structuring sense. Vol. 1: In name only*, Oxford: Oxford University Press.

Brucart, J. M. (1999) "La elipsis", en Bosque, I. y Demonte, V. (eds) *Gramática descriptiva de la lengua española*, Madrid: Espasa, pp. 395–522.

Brucart, J. M. (2004) "Entre el borrado y la reconstrucción: nuevos enfoques en el tratamiento gramatical de la elipsis", en Cabré, T. (ed)., *Lingüística teórica: anàlisi i perspectives I*. Bellaterra: Publicacions Universitat Autònoma de Barcelona. pp. 159–189.

Corbett G. G. (1991) *Gender*, Cambridge: Cambridge University Press.

Corbett, G. G. (2000) *Number*, Cambridge: Cambridge University Press.

Chomsky, N. (1995) "Categories and transformations", en *The Minimalist Program*, Cambridge, MA: The MIT Press, pp. 219–394.

Chomsky, N. (2001) "Derivation by phase", en Kenstowicz, M. (ed.), *Ken Hale. A life in language*, Cambridge, MA: The MIT Press, pp. 1–52.

Eguren, L. (2010) "Contrastive focus and nominal ellipsis in Spanish", *Lingua*, 120, pp. 435–457.

Embick, D. y Noyer, R. (2001) "Movement operations after syntax", *Linguistic Inquiry*, 32, pp. 555–595.

Embick, D. y Noyer, R. (2007) "Distributed morphology and the syntax-morphology interface". Ramchand, G. y Reis, C. (eds.), *The Oxford handbook of linguistic interfaces,* Oxford: Oxford University Press, pp. 289–324.

Fábregas, A. y Pérez-Jiménez, I. (2010) "Hacia un análisis sintáctico del género en español", en Horno-Chéliz, M. C. y Val-Alvaro, J. F. (eds.) *La gramática del sentido: léxico y sintaxis en la encrucijada*, Zaragoza: Universidad de Zaragoza, pp. 225–249.

Gallego, A. (2011) *Sobre la elipsis*, Madrid: Arco Libros.

Harley, H. y Ritter, E. (2002) "Person and number in pronouns: A feature-geometric analysis", *Language*, 78: 482–526.

Heycock, C. y Zamparelli, R. (2005) "Friends and colleagues: Plurality, coordination and the structure of DP", *Natural Language Semantics*, 13, 3, pp. 201–270.

Marantz, A. (1997) "No escape from syntax: Don't try morphological analysis in the privacy of your own lexicon", *University of Pennsylvania Working Papers in Linguistics*, 4, pp. 201–225.

Picallo, M. C. (1991) "Nominals and nominalization in catalan", *Probus*, 3, pp. 279–316.

Picallo, M. C. (2008) "Gender and number in Romance", *Lingue e Linguaggio*, 7, pp. 47–66.

[RAE-ASALE] Real Academia Española y Asociación de Academias de la Lengua Española (2009) *Nueva gramática de la lengua española*, Madrid: Espasa.
Ritter, E. (1993) "Where's gender?", *Linguistic Inquiry*, 24, pp. 795–803.
Roca, I. M. (2009) "Todas las vascas son vascos, y muchos vascos también vascas. Género y sexo en el castellano", *BRAE*, 89, 299, pp. 1–41.
Saab, A. L. (2010) "(Im)possible deletions in the Spanish DP", *Iberia*, 2, 2, pp. 45–83.

Lecturas complementarias

Baker, M. (2003) *Lexical categories: Verbs, nouns and adjectives*, Cambridge: Cambridge University Press.
Cruse, D. A. (1994) "Number and number systems", en Asher, R.E. (ed.) *The encyclopedia of language and linguistics*, Oxford: Pergamon Press, pp. 2857–2861.
Halle, M. y Marantz, A. (1993) "Distributed morphology and the pieces of inflection", en Hale, K. y Keyser, S. J. (eds.) *The view from Building 20: Essays in linguistics in honor of Sylvain Bromberger*, Cambridge, MA: The MIT Press, pp. 111–177.
Harris, J. (1991) "The exponence of gender in Spanish", *Linguistic Inquiry*, 22, 1, pp. 27–62.
Kihm, A. (2005) "Noun class, gender and the lexicon-syntax-morphology interfaces: A comparative study of Niger-Congo and Romance Languages", en Cinque, G. y Kayne, R. S. (eds.) *The Oxford handbook of comparative syntax*, Oxford: Oxford University Press, pp. 459–512.
Lowenstamm, J. (2012) "Feminine and gender, or why the feminine profile of French nouns has nothing to do with gender", en Cyran, E., Kardela, H. y Szymanek, B (eds.) *Linguistic Inspirations. Edmund Gussmann in memoriam*, Lublin: Wydawnictwo Katolicki Uniwersytet Lubelski, pp. 371–406.

Entradas relacionadas

morfemas y alomorfos; número: semántica; sintaxis; sustantivo

GERUNDIO Y PARTICIPIO

Teresa M. Rodríguez Ramalle

1. La naturaleza categorial de gerundios y participios

Los diferentes matices que se aprecian en el tratamiento que las gramáticas de la lengua española dan al infinitivo, gerundio y participio se observan ya desde la forma en que se alude a estas partes de la oración. En general, se reconoce que las formas no personales del verbo son parte de la conjugación verbal, pues admiten complementos y modificadores verbales, tal y como vemos en los siguientes ejemplos de gerundios y participios:

(1) a. No estando tú en la sala, hablé con Susana.
    b. Una vez acomodados satisfactoriamente todos los asistentes en sus asientos, dio comienzo el solemne acto de inauguración del año judicial.

Como vemos, el gerundio y el participio coaparecen con sujetos pospuestos; además, pueden admitir modificadores de lugar: *en la sala* y de manera: *satisfactoriamente*. Otro argumento a favor del carácter verbal del gerundio es que es susceptible, como las formas personales, de adoptar forma pasiva y compuesta: *siendo recibido*, *habiendo visitado*, etc. El participio es, sin duda, la forma que puede considerarse con menos características verbales, pues admite morfemas de género y número y, en cambio, no puede aparecer acompañada por pronombres clíticos ni admite forma compuesta. No obstante, conviene no olvidar que el participio es un elemento indispensable para la formación tanto de la pasiva como de los tiempos compuestos de la conjugación verbal.

Lingüistas como Bello (1988 [1847]), basándose en las funciones nominales del infinitivo, gerundio y participio, las considera formas no específicamente verbales o, en todo caso, a medias entre las categorías de nombre y verbo, y es que infinitivos, gerundios y participios se han relacionado, respectivamente, con los nombres, adverbios y adjetivos.

Los infinitivos poseen complementos verbales y admiten clíticos. Sin embargo, presentan un comportamiento diferenciado frente a gerundios y participios. El infinitivo es una categoría susceptible de actuar como argumento de un verbo, esto es, puede realizar la función de sujeto (2a), objeto (2b), término de una preposición que introduce el complemento de régimen de verbos (2c) o seleccionada por nombres o adjetivos (2d). Además, puede documentarse en oraciones de relativo (2e), en subordinadas circunstanciales (2f) y en contextos independientes (2g). En todos estos entornos, el infinitivo puede conmutarse por una oración flexiva; en cambio, es imposible la aparición de un gerundio o participio, salvo si estamos hablando de estructuras como las de (2f) y en el caso del gerundio independiente de (2g), en las que la forma no personal posee una independencia sintáctica y fonética mayor que la que encontramos en el resto de los ejemplos:

(2) a. Me encantaría {hablar/que hablaras/*hablando/*hablado} con él y solucionaras el problema cuanto antes.
  b. Gracias, pero prefiero {ser yo/que sea él/*siendo yo/*sido} quien llame y pida perdón}.
  c. Se conformaron con {participar/que participemos nosotros/*participando nosotros/*participado} en la redacción final del documento.
  d. El miedo a {conquistar/que el equipo conquiste/*conquistando/*conquistado} la liga provocó el derrumbe psicológico de los jugadores.
  e. No tengo nada que {perder/pueda perder/*perdiendo /*perdido}, así que os voy a contar toda la verdad.
  f. {Con pedir/Aunque pidas/Aun pidiendo} perdón, no solucionas nada./Una vez pedido el perdón, esperas recibir la respuesta adecuada.
  g. ¿Llamar yo? ¡Ni atada!/Tú quejándote todo el día y sin hacer nada de provecho. ¡Así no se puede planear nada!

No todas las lenguas poseen las mismas propiedades en cuanto a sus formas no personales. Por poner un ejemplo, en inglés, los gerundios pueden aparecer como argumentos seleccionados por diferentes predicados, en posición de sujeto, de objeto o de complemento preposicional:

(3) a. Reading is worthwhile.
  'Vale la pena leer'
  b. I saw it raining.
  'Vi llover'
  c. China is on its way to becoming the world's largest economy.
  'China está en camino de convertirse en la mayor economía del mundo'

En inglés, el gerundio es la forma que posee los mismos rasgos que el infinitivo en español, pues tiene, en líneas generarles, una distribución bastante similar. En español, en cambio, gerundios y participios comparten un buen número de contextos entre sí y con adverbios y adjetivos.

El gerundio y el participio pueden realizar la función de predicado secundario que no solo denota propiedades referidas a la acción del verbo, sino también al sujeto u objeto involucrados en dicha acción. Como vemos por los ejemplos de (4c), en esta misma función aparecen documentados adverbios y adjetivos:

(4) a Me encontré a María llorando y sentada en el cuarto de atrás.
  b. Todos entramos cantando a voz en grito y abrazados.
  c. Juan entró {riendo/triste/muy bien/tranquilamente}.

También pueden documentarse en cláusulas absolutas, en las que puede aparecer un sujeto léxico en posición pospuesta, argumento de la forma no personal:

(5) a. Reunidas todas las partes en sesión abierta, el juez se dispuso a interrogar a los acusados.
b. Una vez emitido el reportaje por televisión, el empresario huyó del país.

(6) a. Caminando por las calles de la villa, se nota que el tiempo no ha pasado en este remoto lugar.
b. Yendo tú con nosotros, no tenemos de qué preocuparnos.

Nótese que también es posible encontrar adjetivos y adverbios que participan de esta misma estructura, tal y como ha estudiado Pérez Jiménez (2008):

(7) a. Demasiado bonito aquel regalo como para poder ocultarlo, Ana decidió devolver el paquete al director.
b. Víctima, la pobre, de su enorme generosidad, Ana ha cometido un error.
c. Lejos ya sus hijos de toda amenaza, María reconstruyó su vida poco a poco.
(Pérez Jiménez y Moreno Quibén, 2008)

La construcción que encabeza la preposición *con* proyecta un Sintagma Preposicional en el que se integra el gerundio y el participio, como se observa en (8) y (9), respectivamente. En ambos casos se puede observar que la forma no personal actúa como un predicado que toma como argumento al nombre al que acompaña, que recibe su marca de función sintáctica de la preposición. La prueba la tenemos en que es posible seleccionar la variante pronominal oblicua en contextos como: *Contigo gritando y conmigo subiéndome por las paredes, decidimos marcharnos*, pero no podemos tener la variante en nominativo del pronombre correspondiente: **Con tú gritando... *Con yo subiéndome por las paredes.*

(8) a. Con María gritando y Pedro subiéndose por las paredes, decidimos marcharnos cuanto antes y dejar la discusión para otro día.
b. Con el presidente viajando continuamente, la situación política del país se agrava considerablemente.

(9) a. Con el estómago vacío no se puede trabajar bien.
b. Sin el producto entregado a tiempo, la empresa rescindirá nuestro contrato.
(Rodríguez Ramalle, 2008: 63)

Aunque en estos ejemplos todo el sintagma posee alcance sobre la oración, también son posibles usos en los que la modificación se realiza únicamente sobre el predicado verbal, como vemos en (10), al igual que sucede con otros modificadores circunstanciales que incorporan un valor de manera: piénsese en los adverbios en *-mente*, modificadores tanto del verbo como de la oración.

(10) a. Llegó con la cara y las ropas chorreando.
b. Juan se nos presentó con el trabajo terminado.

En esta misma construcción se documentan adjetivos y adverbios:

(11) a. Con Elena triste y deprimida, no podemos ahora pensar en ningún plan.
b. Con Carlos estupendamente y con Luisa recuperada, pasamos unas fiestas memorables.

Nótese que no todos los tipos de adjetivos pueden aparecer en esta construcción: solo los que denotan estados alcanzados. En cuanto a los adverbios, encontramos aquellos que expresan propiedades de las acciones que realizan los individuos: *estupendamente, maravillosamente, bien* (Bosque 1989). Precisamente, estos mismos adjetivos y adverbios son los que también podemos encontrar, junto con gerundios y participios, como atributos de una oración copulativa construida con *estar*: *estar cantando, estar terminado, estar triste, estar estupendamente.* En estos ejemplos debemos separar los usos en los que el gerundio y el participio participan de una estructura perifrástica.

No conviene olvidar que gerundios y participios son los verbos con contenido léxico de una perífrasis verbal. Ejemplos de perífrasis de gerundio son *estar* + gerundio: *Pedro está estudiando*; *seguir* + gerundio: *Todos seguimos paseando*; *ir* + gerundio: *Se va haciendo tarde*; *andar* + gerundio: *Ando dándole vueltas a ese problema*; *llevar* +gerundio: *Lleva lloviendo toda la tarde*. Ejemplos de perífrasis de participio son *estar* + participio: *La lección diez ya está explicada: tener* + participio: *Tengo recorridos ya cincuenta kilómetros*; *llevar* + participio: *Llevo revisadas veinte páginas*. El participio también aparece en las pasivas perifrásticas con *ser: Las versiones fueron revisadas por el editor* y en las formas compuestas de la conjugación: *Había terminado por fin la novela.*

Existen también verbos pseudocopulativos que pueden aparecer acompañados por adverbios y adjetivos:

(12) a. Seguir comiendo, seguir mareado y seguir enfermo.
b. Andar revolviéndolo todo y andar irritado.

Nótese que *seguir* y *andar*, tanto en su uso perifrástico como en el pseudocopulativo, han perdido su significado originario y quedan como elementos que aportan la información flexiva y aspectual o modal. El contenido de la construcción recae sobre la forma no personal, en el caso de encontrarnos ante una perífrasis, o sobre el adjetivo, si estamos hablando de un verbo pseudocopulativo. Por tanto, en ambos casos tenemos un verbo que por sí solo no tiene contenido y que necesita de la presencia de un complemento, bien verbal bien adjetival.

En resumen, ante estos datos, podemos afirmar que gerundios y participios son formas verbales de la conjugación, que, sin embargo, presentan una distribución que los hace diferentes a infinitivos y verbos flexivos, pues no pueden ser seleccionados como complementos de verbos que requieran acciones o eventos y unas mínimas marcas flexivas. Los especiales contextos de aparición tanto de gerundios como de participios nos permiten establecer una relación con los adverbios y los adjetivos. ¿Quiere decir esto que estamos ante categorías que mezclan propiedades verbales y nominales? Si aceptamos que gerundios y participios poseen complementos verbales, entonces, ¿de dónde procede su relación con los adverbios y adjetivos? En las siguientes secciones hablaremos de las características particulares que definen a gerundios y participios para terminar ofreciendo una explicación sobre la naturaleza sintáctica de tales formas de la conjugación verbal.

2. Peculiaridades del gerundio

Los gerundios se documentan en contextos en los que asignan propiedades o describen acciones referidas a una acción principal. Compárense los siguientes ejemplos:

(13) a. Cualquier problema se puede solucionar dialogando en calma.
b. Procedamos a desarrollar esta idea, mostrando asimismo sus implicaciones.
c. Ahorrar es posible gastando menos.

(14) a. De repente, Carla salió de la habitación llorando.
b. No entiendo por qué este chico habla siempre gritando.
c. El artista pintó a los aldeanos trabajando en el campo.
d. Tiene a su novio trabajando en Alemania.

En las oraciones de (13) estamos ante gerundios con interpretación adverbial, puesto que denotan propiedades de la acción del verbo; en las oraciones de (14) tenemos ejemplos de gerundios predicativos tanto de sujeto como de objeto, pues, en este caso, la modificación incide sobre el sujeto en el momento de realizar la acción (14a,b) o sobre el objeto involucrado en su realización (14c,d). Los verbos que se documentan con un gerundio predicativo orientado al objeto son básicamente los de percepción física o intelectual: *oír*, *ver*, *percibir*, *notar*, *observar*, *hallar*, los de representación del tipo de *dibujar*, *grabar*, *describir*, *representar*, *pintar*, y otros que no forman un grupo semántico especifico, como *dejar*, *tener*, *haber* (impersonal).

Si bien tanto el gerundio adverbial como el predicativo actúan como modificadores de la predicación verbal, presentan diferencias en cuanto al alcance de su modificación. Veamos qué datos sintácticos podemos ofrecer para intentar distinguir entre el gerundio adverbial y el gerundio predicativo.

Dado que los gerundios en función adverbial modifican al verbo, esto es, dicen una propiedad de la acción verbal, y no del sujeto o del objeto, como los predicados secundarios, pueden construirse sin un argumento en la oración:

(19) a. Se pasó todo el santo día nevando.
b. Los problemas se solucionan hablando.

(Rodríguez Ramalle, 2008: 66)

En el primer ejemplo, el gerundio carece de argumento nominal, pues se construye sobre un verbo impersonal, *nevar*. En el segundo ejemplo, el gerundio *hablando* posee un sujeto genérico.

Los gerundios adverbiales pueden estar formados sobre verbos que denotan estados y no solo sobre verbos que expresan acciones, como vemos en el ejemplo de (20a). Los gerundios predicativos, en cambio, siempre deben proceder de predicados de acciones, de ahí la agramaticalidad de (20b):

(20) a. No se puede estudiar sintiendo tanto frío.
b. *María entró en la casa sintiendo mucho frío.

(Rodríguez Ramalle, 2008: 66)

Los gerundios, por tanto, se predican, como hemos visto, bien de la acción verbal, bien de un argumento de la predicación. Esto nos hace pensar que los gerundios están especializados en contextos en los que existe una relación de predicación sin flexión verbal. Las cláusulas absolutas son un buen ejemplo de este tipo de relaciones, puesto que en ellas el núcleo con contenido verbal selecciona sus argumentos. Toda la cláusula mantiene una relación de predicación sin flexión y es dependiente de una oración principal. La interpretación concreta de la cláusula dependerá de la relación que establezca con la principal. En el caso de las cláusulas de gerundio absoluto, frente a las de participio, podemos encontrar valores que van desde la temporalidad hasta la concesión. A los ejemplos propuestos en (6) podemos añadir los siguientes:

(21) a. Caminando por el pueblo, noté el silencio que se respiraba en sus calles.
b. Conduciendo tú, yo voy tranquilo.
c. No teniendo miedo a equivocarte, triunfarás.
d. Aun sabiendo lo que me gustaba, te has atrevido a tirármelo.
e. Hablando de vacaciones, ¿qué vas a hacer este verano?

De la sucesión temporal, en la que se ordenan situaciones (21a), podemos pasar a la sucesión causativa, en la que el orden temporal implica orden en el establecimiento de la causa y su consecuencia (21b,c). El significado condicional aparece cuando tenemos dos alternativas que se pueden interpretar como opuestas; esta lectura también es posible en (21b,c): 'conduces tú o no voy tranquilo', 'tengo miedo o no tengo'. En cuanto a la lectura concesiva, en el ejemplo de (21d), el gerundio aparece precedido por *aun*, a veces *aunque*. Las construcciones absolutas de gerundio pueden desarrollar asimismo lecturas vinculadas a la manera del decir y no al contenido proposicional, como en (21e). En este caso, la orientación del significado recae en el contenido léxico del verbo de habla o similar que encabeza la construcción.

En las construcciones absolutas, el gerundio admite una negación propia, como vemos en (21c), lo que también es posible en los casos de gerundio adverbial: *Fuma no tragándose el humo. Adelgazó no comiendo grasas*, como se apunta en Fernández Lagunilla (2011: 247).

Las estructuras en las que el gerundio se inserta bajo un Sintagma Preposicional también son ejemplos de estructuras predicativas, pues la relación básica que se establece entre sus miembros, gerundio y sujeto, es de predicado y argumento, según vimos en los ejemplos de (8) y (10a).

En contextos independientes, el gerundio puede encabezar su oración; son bien conocidos los casos de pies de foto: *Niños bañándose*. También son posibles los ejemplos en los que el gerundio aparece en una oración interrogativa o exclamativa, en posición inicial, en un uso similar al que presenta el infinitivo:

(22) a. ¿Así que tú estudiando para el examen? ¡Quién lo iba a decir!
b. La situación era inaguantable. Tú quejándote todo el día y sin hacer nada de provecho y ella limpiando sin parar. ¡Así no se podía hacer nada!

En estos ejemplos, la estructura independiente adquiere un valor progresivo similar al que posee la perífrasis durativa con *estar*: predomina el valor continuativo y puede aparecer un sujeto antepuesto en caso nominativo.

Según lo visto, el gerundio tiene carácter predicativo, esto es, es un predicado que selecciona a sus argumentos, pero no está apoyado por una flexión verbal. Su carácter predicativo le permite aparecer en contextos de predicación secundaria, pero no tiene rasgos de género ni de número, por lo que nunca puede actuar como un simple modificador del nombre, salvo en formas ya lexicalizadas como *Se quemó con agua hirviendo*, puesto que carece de las marcas de flexión que identifican la relación de modificación entre nombre y adjetivo. El participio, en cambio, sí posee tales marcas, por lo que puede además aparecer como modificador del nombre, según veremos a continuación.

3. Peculiaridades del participio

En el español actual no encontramos participios de presente en *-nte*, frente a otras lenguas romances; existen restos gramaticalizados en formas como *no obstante*. El participio productivo es el que se identifica mediante la morfología de pasiva *-do*, aunque no siempre su significado sea pasivo.

Los participios pueden ser subjetivos u objetivos; esto es, pueden tener una interpretación activa o bien una interpretación pasiva. Bello (1988 [1847]) ya apunta la existencia de un grupo de participios que, siendo pasivos en su forma, pues aparecen construidos con el sufijo *-do*, poseen valor activo. Como ejemplos citemos los casos de *agradecido, bebido, callado, comido, entendido, leído, mirado, organizado, sentido*, etc. (Varela, 1999). En estos ejemplos no podemos decir que estemos en realidad ante participios, sino ante adjetivos que admiten la modificación de grado y no permiten modificadores agentes. Fijémonos, por ejemplo, en el contraste entre: *Ana es muy leída*, con un participio subjetivo, frente a *Una novela muy leída por todo el mundo*, con un participio pasivo u objetivo, donde *muy* no expresa grado de la propiedad, como ocurre en el primer ejemplo, sino distribución.

La polémica en torno a la naturaleza adjetival o verbal del participio se relaciona en buena medida con el debate acerca de la relación entre las oraciones copulativas y las pasivas. Los que defienden la relación entre ambas construcciones aducen argumentos basados en la identidad categorial entre el participio pasivo y el atributo de las oraciones copulativas: misma posibilidad de pronominalización, misma posibilidad de incorporar un complemento introducido mediante *por*: *La noticia es divulgada por los periódicos* y *La noticia es falsa por ciertos indicios*. Entre quienes han defendido la necesidad de separar entre oraciones copulativas y pasivas se arguye que participios y adjetivos se sustituyen por categorías diferentes: *La tirada fue {reducida/disminuida/acortada} por el editor. La tirada fue {reducida/corta/escasa} por el carácter minoritario de la edición.* Este es el argumento básico de Lázaro Carreter (1980). Son características exclusivas de las construcciones pasivas y nunca de las copulativas, la posibilidad de ser parafraseada con la activa correspondiente: *La tirada fue reducida por el editor. El editor redujo la tirada*; la de parafrasearse mediante una pasiva con *se*: *La noticia fue divulgada y Se divulgó la noticia*; y la presencia del adverbio *mucho* como modificador del verbo: *La tirada fue reducida mucho por el editor*.

Si aceptamos la conveniencia de tratar como dos estructuras sintácticas diferentes las oraciones pasivas y las copulativas, parece conveniente considerar asimismo que los participios son formas verbales, a pesar de que poseen, morfológicamente, rasgos adjetivales, pues, en general, tienen concordancia de género y número. En buena medida la confusión entre participios y adjetivos se debe a que existen adjetivos que formalmente no se diferencian de los participios. Esto ocurre, por ejemplo, con el adjetivo *privado* en un sintagma del tipo de *coto privado de caza*. Este sintagma puede tener otro significado si el participio *privado* se considera una forma verbal: 'coto que ha sido privado de caza'. En esta segunda lectura, el Sintagma Preposicional *de caza* sería extraño situado delante del participio, pues es su complemento regido: **coto de caza privado* ('desprovisto'). En cambio en el uso de *privado* como adjetivo, el orden se puede alterar libremente: *coto de caza privado* ('particular'). En estos ejemplos hemos aplicado algunos criterios para distinguir participios de adjetivos cuando comparten una misma forma, siguiendo a Bosque (1989, 1990).

Distribucionalmente, al igual que el gerundio, el participio es una forma verbal dotada de carga predicativa, por lo que puede aparecer en aquellos contextos en los que se requiere de un predicado carente de flexión verbal: cláusulas absolutas y estructuras dependientes de una preposición, en las que existe una relación de predicado y argumento entre el participio y el sujeto. A los ejemplos de (5) y (9) les podemos añadir los siguientes:

(23) a. Pronunciadas las partes, se cerró la sesión.
 b. Una vez emitido por radio el discurso, los técnicos desalojaron la sala.
 c. La obra, aunque retocada en algunas partes, podría ser representada próximamente.

(24) a. Juan entró con el trabajo terminado y encuadernado.
b. Nos recibieron con los brazos abiertos y la mesa dispuesta para la comida.

El participio, como se puede apreciar en los ejemplos de cláusulas absolutas de (23), posee una lectura básicamente temporal (23a,b): el aspecto perfectivo explicaría esta limitación, ya que permite establecer una relación de continuidad temporal con respecto a la acción de la oración principal; no obstante, puede recibir una interpretación concesiva, aunque marcada por algún tipo de nexo que permita deducir la existencia de opciones contrarias, como ocurre en (23c).

La peculiaridad de las cláusulas de participio absoluto reside en que, dada la morfología pasiva del participio, el argumento que realiza la función de sujeto debe tener lectura de paciente o tema y no de agente. Así, no es posible una cláusula del tipo de **Conducido tú, estoy tranquilo*, frente a la de gerundio correspondiente: *Conduciendo tú, estoy tranquilo* —ejemplo de (21b)—. La única opción posible es *Conducido el coche hasta el final de la calle…*, donde el sujeto de la cláusula es el tema del verbo *conducir*. Cumplen esta condición los verbos transitivos y los de tipo inacusativo, como *llegar*, *nacer*, *ocurrir*, *florecer*, *entrar*, *caer etc.*, que poseen un sujeto paciente o tema.

Esta restricción también se podría aplicar a la formación de participios pasivos en general: **niña bostezada*, **perro cojeado*. Los participios mencionados, procedentes de verbos usados intransitivamente, se emplean solo en las formas compuestas de la conjugación verbal, entorno en el que han perdido la interpretación pasiva y la posibilidad de admitir flexión nominal: *La niña ha bostezado. El perro había cojeado.*

No todos los verbos que parecen tener un comportamiento inacusativo, sin embargo, permiten la formación de cláusulas absolutas. Existe una restricción que afecta al desenlace de la acción y que determina que los ejemplos de (25) resulten agramaticales:

(25) a. *Aumentados los precios, se disparó la conflictividad social.
b. *Crecidos los niños, empezamos a disfrutar de nuestro tiempo libre.
c. *Expandida la galaxia a velocidad muy lenta, los científicos no pudieron tomar mediciones.

(Último ejemplo tomado de Pérez Jiménez, 2006: 125)

Verbos como *aumentar*, *disminuir*, *mejorar*, *crecer*, etc. son de realización gradual. Esto significa que expresan procesos que se pueden prolongar; en este caso, resultan extraños insertos en una estructura que implica acción terminada, según vemos en (25). La excepción la encontramos en aquellos ejemplos en los que la realización gradual ha sido delimitada en un determinado punto; es decir, cuando el evento de cambio de estado gradual ha sido acotado, de modo que la acción expresa un estado final, tal y como ocurre en ejemplos como *Expandida la galaxia 8. m. de parsecs, la constante de Hubble se ha confirmado* (Pérez Jiménez, 2006: 125), donde el complemento *8. m. de parsecs* delimita la acción, frente al complemento de manera que aparece en (25c).

Tanto en las cláusulas de gerundio como en las de participio, la forma no personal ocupa una posición inicial. Nótese que, frente a las oraciones de infinitivo con lectura adverbial (*Al entrar todos en clase, se empezó con la lección. Para ser tú tan listo, no das una. Con protestar no se consigue nada*), en las cláusulas de gerundio y participio no existe ninguna preposición que introduzca la estructura: es la propia forma no personal la encargada de situarse en la primera posición de la oración, a falta de cualquier otro elemento subordinante.

Para terminar esta caracterización, conviene recordar que el participio, frente a gerundio e infinitivo, no admite pronombres enclíticos en el español actual (*estoy leyéndolas*, *voy a leerlas*, **tengo leídolas*), ni documenta formas compuestas (*habiendo comido*, *haber comido*, **habido comido*); en cambio, posee rasgos de género y número. Todas estas propiedades lo acercan a la morfología nominal. El tener rasgos de concordancia nominal determina que el participio pueda ocupar posiciones destinadas a los adjetivos, categorías que también poseen carga predicativa y flexión nominal. Las marcas flexivas de género y número aparecen en la pasiva perifrástica (*La discusión fue solucionada con tu sola presencia*) y en las perífrasis de participio (*Los llevo meticulosamente ordenados*), así como en los participios de cláusulas absolutas (*Examinada la carta, procedimos a guardarla*). En el español medieval y en algunas lenguas romances actuales (francés, italiano), los participios de los tiempos compuestos poseen rasgos de concordancia, marcas que desaparecieron en el español debido al proceso de gramaticalización sufrido por los tiempos compuestos, así como a la combinación de diversos mecanismos de cambio sintáctico, como apunta Rodríguez Molina (2010).

4. Las propiedades sintácticas de gerundios y participios

En la primera sección observamos que gerundios y participios comparten un buen número de contextos de aparición, frente a los infinitivos. Estos últimos aparecen en posiciones argumentales, encabezando oraciones que realizan funciones de sujeto u objeto, lo que nunca es posible con gerundios ni participios, pues ni pueden ocupar posiciones destinadas a los argumentos ni alternan con una oración flexiva. Por su parte, los infinitivos no pueden aparecer como predicados secundarios orientados al sujeto: **Juan entró reír*; en lo que a los predicativos de objeto se refiere, el infinitivo es imposible con verbos de representación: **Dibujé a Luis escribir*. **Hay un niño llorar*, pero es posible encontrar ejemplos con verbos de percepción entorno en el que existe la posibilidad de elegir entre el infinitivo y el gerundio:

(26) a. Ayer oí a Pedro {quejarse/quejándose} durante toda la noche.
b. No me lo podía creer: el otro día vi a tu novia {besar/besando} a otro chico.
(Rodríguez Ramalle, 2008: 62).

La razón de que infinitivos y gerundios compartan este mismo contexto se basa en que las estructuras que proyectan son distintas: el verbo de percepción más el gerundio no conforman un mismo constituyente, frente a lo que ocurre con objeto directo e infinitivo, como vamos a demostrar a continuación.

Cuando tenemos perífrasis de relativo, por ejemplo, y se focaliza solo el objeto directo, el resultado es gramatical siempre que dicho objeto aparezca modificado por un gerundio: *A los que vi fue a Luis y a María besándose*. En cambio, si el objeto forma parte del constituyente cuyo predicado es el infinitivo, la secuencia se torna agramatical, pues no podemos desplazar una parte del constituyente: **A los que vi fue a Luis y a María besarse*.

Nótese además que no es posible la aparición del gerundio si el verbo principal es causativo, como vemos en (27). Este hecho nos podría indicar que los gerundios no pueden ser predicados de una cláusula mínima seleccionada. Dicho de manera más sencilla, en un contexto en el que el verbo principal (*hacer*, *mandar*) exige como argumento un contenido proposicional, realizado ya como una oración flexiva ya como una cláusula sin flexión, el gerundio no puede aparecer:

(27) a. Mariana hizo {que su hijo lavara/a su hijo lavar/*a su hijo lavando} los platos.
b. Pedro mandó {que todos recogieran/a todos recoger/*a todos recogiendo} la mesa.

Otro hecho interesante es que los verbos impersonales en gerundio no acompañan al verbo de percepción. Así, no decimos: **Vi lloviendo* ni **Oí granizando*. En cambio, si sustituimos el gerundio por el infinitivo, el resultado es perfectamente gramatical: *Vi llover* y *Oí granizar*. El verbo *oír*, lo que es extensible a los verbos de percepción, no satisface sus exigencias de construcción mediante la presencia del gerundio. Una restricción similar ocurre cuando tenemos un verbo transitivo que exige un objeto, pero que, en lugar de tal objeto, aparece construido con un modificador adverbial. El resultado es una estructura agramatical: **Luisa arregló satisfactoriamente*. **Sergio ideó cuidadosamente*, a la que le falta el argumento interno.

La razón por la que el gerundio resulta imposible debe buscarse en la diferente estructura sintáctica que proyectan infinitivos y gerundios. Los infinitivos son los predicados de una cláusula mínima seleccionada por el verbo de percepción; por lo tanto, cuando acompañan a un verbo que selecciona un contenido proposicional pueden satisfacer dicho requisito. En el caso de los gerundios, la clave reside en que no pueden ser argumentos seleccionados por un predicado, sino modificadores circunstanciales. Esto mismo se puede aplicar a los participios: recuérdense a este respecto los datos de (2a–e).

Los participios presentan la peculiaridad de que no siempre son posibles con un verbo de percepción: **Vio el barco llegado*. **Observé al niño bostezado*, como apuntan Rodríguez-Espiñeira y Pena (2011: 144). En ciertos casos, la existencia de adjetivos que expresan estados alcanzados, como *seco*, *lleno*, *desnudo*, *limpio*, etc. (Bosque 1990), parece bloquear la presencia del participio correspondiente: *Los vi desnudos* frente a **Los vi desnudados* (RAE-ASALE, 2009: 2.217).

Recientemente se ha ofrecido una explicación categorial de este hecho a partir de la idea de que el gerundio y el participio comparten una misma estructura básica con los modificadores circunstanciales. Para Emonds (2009), los modificadores de tiempo, manera, compañía e instrumento son Sintagmas Preposicionales. Pues bien, los gerundios y participios también serían categorías que aparecen dentro de un Sintagma Preposicional.

La relación entre el gerundio, el participio y las preposiciones ha sido subrayada por diferentes trabajos. Masullo (1996, 2008) propone que la combinación de una preposición y un elemento nominal es, en muchos casos, equivalente a un adjetivo o a formas verbales no flexionadas, como el gerundio o el participio, como en *Juan está en paz* y *Juan está tranquilo*; *Juan está de caza* y *Juan está cazando*. Gallego y Hernanz (2012) observan, por ejemplo, que las perífrasis en las que el verbo auxiliar posee una preposición nunca admiten gerundio: **voy a trabajando*, **deber de estudiando*, dado que la preposición, si bien nula, forma parte de la estructura categorial del gerundio.

Los modificadores circunstanciales no podrían ocupar las posiciones de los objetos seleccionados pues, como afirma Gallego (2010), un verbo transitivo no selecciona un objeto encabezado por una preposición con contenido semántico: *miro coches*/**miro de los coches* (excluimos a la preposición *a*, marca de caso acusativo, y a las preposiciones que introducen complementos de régimen). Esta misma idea se puede aplicar al contraste entre gerundios y participios, frente a infinitivos: **busco divirtiéndome*/**busco divertido*/*busco divertirme*.

Gerundios y participios, adverbios y adjetivos se insertan en la oración como modificadores de la predicación principal y no como argumentos: en este hecho reside su relación. Desde un punto de vista categorial, tendrían un elemento común en su estructura: una categoría preposicional, visible en las estructuras encabezadas por *con* —datos de (8) y (9)— y cuya presencia, aunque no realizada fonéticamente, restringiría los contextos de aparición a aquellos en los que aparecen modificadores circunstanciales.

En conclusión, gerundios y participios son entidades con contenido verbal, pues poseen argumentos, pero se insertan en una estructura que los relaciona con los modificadores circunstanciales: sintagmas preposicionales, adjetivos y adverbios, pues no pueden actuar como argumentos seleccionados por un predicado principal, según vimos que sucedía con los infinitivos, sino como predicativos o encabezando cláusulas absolutas.

Bibliografía

Bosque, I. (1989) *Las categorías gramaticales*, Madrid: Síntesis.

Bosque, I. (1990) "Sobre el aspecto en los adjetivos y en los participios", en Bosque, I. (ed.), *Tiempo y aspecto en español*, Madrid: Cátedra, pp. 177–214.

Bosque, I. (1999) "El sintagma adjetival. Modificadores y complementos del adjetivo. Adjetivo y participio", en Bosque, I. y Demonte, V. (eds.) *Gramática descriptiva de la lengua española*, Madrid: Espasa, pp. 217–310.

Brucart, J. M. (1990) "Pasividad y atribución en español: un análisis generativo", en Demonte, V. y Fernández Lagunilla, M. (eds.), *Estudios de lingüística de España y México*, México: UNAM, pp. 179–208.

Fernández Lagunilla, M. (1999) "El gerundio", en Bosque, I. y Demonte, V. (eds.), *Gramática descriptiva de la lengua española*, Madrid: Espasa.

Gallego, Á. J. (2010) "On the prepositional nature of non-finite verbs", *Catalan Journal of Linguistics*, 9, pp. 79–102.

Gallego, Á. J. y Hernanz, M. L. (2012) "Tipos de tiempo defectivo", en Ridruejo, E., Solías, T., Mendizábal, N. y Alonso, S. (coords.), *Tradición y progreso en la lingüística general*, Valladolid: Universidad de Valladolid, pp. 192–215.

García Fernández, L. (2009) "Semántica y sintaxis de la perífrasis <*estar + gerundio*>", *Moenia*, 15, pp. 245–274.

Lázaro Carreter, F. (1980) "Sobre la pasiva en español", en *Estudios de lingüística*, Barcelona: Crítica, pp. 61–72.

Masullo, P. J. (1996) "Los sintagmas nominales sin determinante: una propuesta incorporacionista", en Bosque, I. (ed.) *El sustantivo sin determinación*. Madrid: Visor Libros, pp. 169–200.

Pérez Jiménez, I. (2008) *Las cláusulas absolutas*, Madrid: Visor Libros.

Pérez Jiménez, I. y Moreno Quibén, N. (2008) "El margen izquierdo oracional en español: cláusulas absolutas periféricas y predicados incidentales", en Olza, I., Casado Velarde, M. y González Ruiz, R. (eds.) *Actas del XXXVII Simposio Internacional de la Sociedad Española de Lingüística*, Pamplona: Servicio de Publicaciones de la Universidad de Navarra.

[RAE-ASALE] Real Academia Española y Asociación de Academias de la Lengua Española (2009) *Nueva gramática de la lengua española*, Madrid: Espasa.

Rodríguez Ramalle, T. M. (2008) *Las formas no personales del verbo*, Madrid: Arco Libros.

Varela, S. (1999) "Sobre las relaciones de la morfología con la sintaxis", *Revista Española de Lingüística*, 29, 2, pp. 257–282.

Lecturas complementarias

Bello, A. (1847) *Gramática de la lengua castellana destinada al uso de los americanos*, Santiago de Chile: Imprenta del Progreso. Cito por la edición crítica de R. Trujillo, Madrid: Arco Libros, 1988.

Carrasco Gutiérrez, Á. y García Fernández, L. (2006) *Diccionario de perífrasis verbales*, Madrid: Gredos.

Emonds, J. (2009) "Valuing V features and N features: What adjuncts tell us about case, agreement, and syntax in general", en Brucart, J. M., Gavarró, A. y Solà, J. (eds.) *Merging features: Computation, interpretation, and acquisition*, Oxford: Oxford University Press, pp. 195–214.

Fernández Lagunilla, M. (2011) "Restricciones de la negación con el gerundio adjunto modal", en Escandell Vidal, M. V., Leonetti, M. y Sánchez López, C. (eds.), *60 problemas de gramática dedicados a Ignacio Bosque*, Madrid: Akal, pp. 247–252.

Gallego, Á. J. (2010) "Predicados ligeros y valoración de rasgos", *Dicenda: Cuadernos de Filología Hispánica*, 28, pp. 27–55.

Gómez Torrego, L. (1988) *Perífrasis verbales*, Madrid: Arco Libros.

Gutiérrez Araús, M. L. (1992) "Sobre el gerundio en función adjetiva", en *Homenaje a Humberto López Morales*, Madrid: Arco Libros, pp. 205–220.

Hernanz, M. L. (1994) "Concordancia, rección y aspecto: las construcciones absolutas en español", en Alonso, A. *et al.* (eds.), *II Encuentro de lingüistas y filólogos de España y México*, Salamanca: Ediciones de la Universidad de Salamanca, pp. 367–402.

Mateu, J. (2002) "Argument structure: Relational construal at the syntax-semantics interface", tesis doctoral inédita, Universitat Autònoma de Barcelona.

Miguel, E. de (1992) *El aspecto en la sintaxis del español: perfectividad e impersonalidad*, Madrid: Ediciones de la Universidad Autónoma de Madrid.

Pérez Jiménez, I. (2006) "La gramática de las cláusulas absolutas de predicación en español", tesis doctoral inédita, Universidad Autónoma de Madrid.

Pires, A. (2006) The minimalist syntax of defective domains. Gerunds and infinitives, Amsterdam: John Benjamins Publishing Company.

Roca Pons, J. (1958) *Estudios sobre perífrasis verbales del español*, Anejo LXVII de la Revista de Filología Española, Madrid: CSIC.

Rodríguez-Espiñeira, M. J. y Pena, J. (2011) "El contraste aspectual entre infinitivo y participio como predicados secundarios", en Escandell Vidal, M. V., Leonetti, M. y Sánchez López, C. (eds.) *60 problemas de gramática dedicados a Ignacio Bosque*, Madrid: Akal, pp. 191–197.

Rodríguez Molina, J. (2010) "La gramaticalización de los tiempos compuestos en español antiguo: cinco cambios diacrónicos", tesis doctoral inédita, Universidad Autónoma de Madrid.

Rodríguez Ramalle, T. M. (2015) *Las relaciones sintácticas*, Madrid: Síntesis.

Entradas relacionadas

adverbio; infinitivo; perífrasis verbales; predicación; ser y estar; subordinación adverbial; verbos auxiliares

IMPERATIVO

Asier Alcázar

1. Preliminares: definición y relevancia teórica

El término *imperativo* es ambiguo. Desde un punto de vista sintáctico, el imperativo puede hacer referencia a lo que conocemos como la oración imperativa en sí ("¡Haz los deberes antes de jugar a la consola!"; véase Rizzi 1997 sobre el concepto de fuerza elocutiva en la sintaxis). De forma más general, el imperativo puede referirse al acto del habla, aparentemente universal (Aikhenvald 2010), donde se exprese una orden, ruego o súplica, entre otros usos. Nos referimos a una interpretación imperativa de una oración que no lo es morfosintácticamente ("Vas a trabajar muy duro a partir de ahora", una oración declarativa interpretada como imperativa). En este sentido, el imperativo incluye actos indirectos del habla (Levinson 1983) no expresados por medio de la oración imperativa en sí. Menos común es la inclusión o interpretación como imperativa de oraciones que parecen serlo en forma como las imprecaciones ("¡Muerde el polvo!", por evitar ejemplos soeces) pero que, en realidad, constituyen lo que se conoce como actos menores del habla (Sadock y Zwicky 1985).

Más allá de su uso para identificar ciertas oraciones, también es frecuente usar el término imperativo para indicar *forma verbal*, sean estas las propias de las oraciones imperativas (exclusivas, como el verbo imperativo: "¡Haz la comida!"; o compartidas con otros modos, como el uso del presente de subjuntivo: "¡No hagas la comida!") o del acto del habla (futuro de indicativo: "¡Harás la comida!"; futuro compuesto: "¡Vas a hacer la comida!"; presente de indicativo: "¡Haces la comida!"). De forma más restringida, el imperativo identifica las formas verbales del modo imperativo, entre las que a veces se incluyen, además de los ejemplos anteriores, infinitivos (preposicionales o no: "¡Tener cuidado!", "¡A trabajar!"; Haverkate 1976) y gerundios ("¡Andando!"). En un plano teórico, puede referirse asimismo a un subgrupo de las mismas, las llamadas *formas imperativas verdaderas* (Zanuttini 1991, 1994; Terzi 1994); es decir, aquellas que, entre otras propiedades, no permiten su uso en una oración imperativa negativa (*"¡No ten cuidado!"). Estas últimas son únicamente las formas exclusivas del modo imperativo.

El imperativo es de obligado estudio para cualquier formalización de una teoría lingüística, puesto que, unido a la formación de preguntas y la aseveración, el imperativo constituye uno de los tres actos del habla universales. Si no todas, la gran mayoría de las lenguas del mundo cuentan también con una oración imperativa (Birjulin y Xrakovskij 2001; König y

Siemund 2007), a la par que con una oración declarativa ("Juan trabaja") e interrogativa ("¿Trabaja Juan?"). En las oraciones imperativas de las lenguas del mundo, las formas verbales tienden a ser exclusivas (van der Auwera y Lejeune 2005a). Esto da lugar a que la ambigüedad del término *imperativo* en español sea extensible a gran parte de las lenguas del mundo.

De ahí que tan diversos como la ambigüedad del propio término sean los estudios teóricos del imperativo (véase la bibliografía en van der Wurff 2007, Aikhenvald 2010 y Alcázar y Saltarelli 2014, entre otros, como punto de partida). En este breve artículo destacaremos algunas de las vías de investigación más relevantes, como son el estudio de la negación de las formas imperativas (Zanuttini 1991, 1994, 1996, 1997), y la caracterización del imperativo como una oración o forma verbal defectuosa o no en su morfología o en su sintaxis (Rivero y Terzi 1995; Potsdam 1998; Platzack y Rosengren 1998; Portner y Zanuttini 2003). Para concluir apuntaremos nuevas vías de investigación que agrupan las oraciones exhortativas ("¡Que trabajen más!") dentro del paradigma imperativo, en consonancia con los estudios tipológicos más recientes, y que relacionan la oración imperativa (exhortativa inclusive) con la indexicalidad (Alcázar y Saltarelli 2014). No quedará espacio para temas tan relevantes como la semántica de los imperativos. Referimos al lector interesado a Portner (1994), Birjulin y Xrakovskij (2001), Aikhenvald (2010), Kaufmann (2012) y Alcázar y Saltarelli (2014). Tampoco se podrá hablar en profundidad de aspectos sintácticos, como la posición de los clíticos en formas imperativas verdaderas o no, un tema intrínsecamente unido al estudio de la negación del imperativo.

2. El imperativo en relación a las formas personales y no personales del verbo

Comenzamos por tratar de clasificar el imperativo —entendido como el paradigma de formas verbales del modo imperativo— como forma personal o no personal, para reflexionar sobre si la oración imperativa es o no finita, y presentar, en una sección ulterior, una aproximación al debate teórico sobre si el imperativo es finito pero defectuoso.

Las formas verbales del modo imperativo en español parecen, a primera vista, no distar de otras formas verbales del modo indicativo o subjuntivo, y conformar con ellas un grupo uniforme de formas conjugadas o personales del verbo (1).

(1) a. Juan *aprecia* todo lo que haces por él. *Indicativo*
b. No creía que *fueras* a hacerlo otra vez. *Subjuntivo*
c. ¡No hagas tanto ruido! *Imperativo*

Dichas formas se contraponen con las llamadas *formas no personales del verbo*, es decir, infinitivos, gerundios y participios (2), las cuales carecen de inflexión de persona y número (en español), entre otras categorías gramaticales.

(2) a. María quiere *ir* a la India este verano. *Infinitivo*
b. Ya estoy *terminando*; voy enseguida. *Gerundio*
c. ¿No te parece extraño que haya *dejado* de venir? *Participio*

Dado que la oración imperativa constituye una oración matriz, una oración independiente, se entiende —al menos en un primer momento— que es una oración finita y que esta, por definición, ha de tener como verbo principal una forma finita. Cuando examinamos con mayor detenimiento las formas verbales del imperativo, sin embargo, estas se encuentran a caballo de las formas personales y las formas no personales del verbo. Carecen las formas imperativas de algunas de las categorías gramaticales que normalmente encontramos en las formas finitas, como el tiempo verbal, pero se encuentran, no obstante, persona y número. Algunas formas parecen ser finitas, como los subjuntivos ("¡No comas más que vas a reventar!"). Otras, por el contrario, son morfológicamente más simples que las no personales. Es el caso de los llamados *imperativos verdaderos* que, en singular, están limitados a la raíz del verbo y la vocal temática (3a) o solo la raíz (3b).

(3) a. ¡*Come* un poquito más!
b. ¡*Ten* más paciencia, Juan, que el mundo no se acaba aquí!

Son precisamente estas características, aparentemente mixtas, las que animan a los investigadores a interpretar que bien la oración, o ciertas formas del imperativo, puedan ser defectuosas.

3. Características morfológicas del imperativo: la hipótesis defectuosa

Presentamos aquí algunas características del imperativo sobre las que reflexionan los estudios que debaten el carácter defectuoso o no de los imperativos, como son la expresión de persona y número (§ 3.1), tiempo verbal (§ 3.2) y el funcionamiento complejo de la negación (§ 3.3). Hacemos referencia al español y cómo se compara su imperativo con las lenguas del mundo.

3.1. Persona y número

En primer lugar, llama poderosamente la atención que los imperativos no cuenten con un paradigma completo de persona, pues en español las formas de imperativo están limitadas a la segunda persona (4), sea esta singular o plural.

(4) a. ¡*Haz* los deberes antes de jugar a la consola!
b. ¡*Haced* los deberes antes de jugar a la consola!

A pesar de que la mayoría de los estudios teóricos se centran en estudiar este tipo de oraciones (van der Wurff 2007), dicha característica carece de carácter universal, dado que las oraciones imperativas pueden contar con paradigmas completos tanto en persona como en número (Xrakovskij 2001; Aikhenvald 2010).

El español, sin embargo, no presenta un paradigma completo. Carecemos de una forma directa de expresar un imperativo a una tercera persona o a uno mismo, exceptuando jeribeques lingüísticos (5).

(5) [Refiriéndose a sí mismo en el espejo]
¡*Haz* lo correcto! ¡*Pídele* disculpas a María! Y aquí no ha pasado nada.

En este caso, sucede que tanto el oyente como el hablante coinciden en ser la misma persona. A pesar de ello, más que un *imperativo reflexivo*, el ejemplo arriba citado más bien parece un uso forzoso. Tampoco debemos confundir el uso de signos de admiración con formas de primera persona (6) con un imperativo.

(6) ¡Pase usted primero por favor! ¡*Insisto*!

Claro está que el uso de tercera persona en el modo imperativo es, en efecto, una forma de cortesía que se otorga al oyente, y no una referencia a una tercera persona que no sea el oyente. La cortesía, expresada como tercera persona, no es, por tanto, diferente del modo indicativo o subjuntivo, ni de las oraciones declarativas o interrogativas (7).

(7) a. ¡*Pase* usted primero por favor! ¡Insisto!
    b. Me *permite* una pregunta. ¿Usted *ha* solicitado esta ayuda en el pasado?
    c. Le pido por favor que *haga* todo lo posible para que usted *pueda* venir a mi boda.

La primera y tercera persona no parecen existir en español moderno más allá de restos variopintos en expresiones idiomáticas: "¡Ande yo caliente, ríase la gente!". Esta es la interpretación de Azkue (1925) al tratar de buscar equivalencias en español para los imperativos de primera y tercera persona en vasco. Sabemos que en latín contábamos con formas de segunda y tercera persona (Baldi 1999). Y en inglés, lengua germánica, pero indoeuropea como el español, también se observaban imperativos de tercera persona (Visser 1966). Sobreviven restos en expresiones idiomáticas como (*Suffice it to say* 'Baste decir') o las directrices en las obras de teatro (*Enter the Cook* 'Entra el cocinero'), las cuales nosotros expresamos en español usando el modo indicativo.

Cabe preguntarse, principalmente en el contexto de las lenguas indoeuropeas occidentales, típicamente limitadas a paradigmas de segunda persona, si es pertinente o no la presencia de otras combinaciones de persona o número. Se trata, recordamos, de un acto del habla imperativo, donde es el oyente, y no el hablante o una tercera persona, quien ha de ser el sujeto gramatical de la acción (si bien el hablante es el sujeto de la enunciación/mandato). Muchos investigadores han aducido el carácter pragmático y la interpretación semántica del imperativo como factor clave para la ausencia de primeras o terceras personas (Portner 1994). Otros han apuntado que el imperativo es, en vista de dichas carencias, forma claramente defectiva en su morfología (Zanuttini 1996, 1997; Platzack y Rosengren 1998). Desafortunadamente, ninguna de estas vías parece capacitada para afrontar lo inesperado; a saber, que los imperativos de las lenguas del mundo puedan contar con paradigmas completos de persona y número, como anticipamos con anterioridad. La noticia no debe ser, al fin y al cabo, del todo sorprendente. Los hablantes de lenguas indoeuropeas occidentales somos conocedores de expresiones relacionadas con el imperativo, que a veces distinguimos como un paradigma separado (oraciones exhortativas, como "¡Que venga Juan!"), o no, como en la tradición francesa (van der Auwera, Dobrushina y Goussev 2004), donde meritan el término imperativo, o dependiendo del autor, en la vasca; Azkue (1925), por ejemplo, reconoce formas de primera y tercera persona como imperativas. Reconociendo múltiples términos para referirse a dichas exhortaciones, van der Auwera, Dobrushina y Goussev (2004) proponen adoptar un único término para la literatura especializada escrita en inglés: *hortative*. Alcázar y Saltarelli (2014), entre otros, han adoptado este término.

¿Es entonces el imperativo una forma finita? Es difícil dar una respuesta absoluta a esta cuestión. Pero es posible tomar perspectiva de una lengua colindante con el español en Europa. Nos referimos al vasco. En vasco, es muy común usar formas no personales como imperativos (8a: infinitivo/participio). Estos pueden incluso perder la marca de aspecto (8b) de forma análoga a la pérdida de la vocal temática en español (3b), quedando reducidos a la raíz del verbo también.

(8) a. Etor-(r)-i!
 '¡Ven/Venid!'
 b. Etor!
 '¡Ven/Venid!'

A pesar de su distancia tipológica, no parece distar el vasco del uso del infinitivo en español (9).

(9) ¡Venir todos!

No obstante, el imperativo en vasco puede ir flanqueado por un verbo auxiliar, perteneciente a un paradigma más complejo del que estamos acostumbrados en español. En vasco, dicho paradigma indica persona, número y caso gramatical de los argumentos del verbo (es decir, no solo del sujeto, sino también de los objetos directos e indirectos). Pongamos como ejemplo un verbo ditransitivo como *eman* 'dar' (10).

(10) Eman iezaiozu!
 '¡Dáselo!'

Desde esta perspectiva, el uso de formas imperativas —incluso morfológicamente más simples que las formas no personales del verbo como vimos en (8b, 3b)— no implica necesariamente que el imperativo no sea, o no pueda ser, forma finita en la misma lengua (10). De hecho, en algunas lenguas, las formas imperativas pueden llegar a constituir las formas verbales morfológicamente más complejas (Xrakovskij 2001).

3.2. *Tiempo verbal*

El imperativo en español no parece contar con morfología verbal que exprese presente, pasado o futuro. Dicho de otra manera, el español carece de un paradigma de *pretérito de imperativo* o *futuro de imperativo*. Dicha característica es común en lenguas indoeuropeas occidentales. La mayoría de los investigadores han abogado, una vez más, por el carácter pragmático del imperativo, que parece anclado al aquí y ahora (véase van der Wurff 2007 para una amplia retrospectiva). La literatura tipológica, por otro lado, parece confirmar en parte que el imperativo no sea capaz de hacer una referencia temporal al pasado (Birjulin y Xrakovskij 2001, Aikhenvald 2010), a no ser que dicha referencia sea irreal, es decir, equivalente a una oración condicional. Sucede que el español es una de las lenguas capaces de expresar tal imperativo. Bosque (1980) acuña el término de *imperativo retrospectivo* (11).

(11) ¡Haber venido antes!

En este caso el oyente no puede cumplir dicho imperativo, dado que es contrario a lo que sucedió en realidad. El *imperativo retrospectivo* del español encuentra homólogos en otras lenguas indoeuropeas occidentales, como son el francés (*rétro-infinitiv*: Nguepi 2007), en lengua romance, y el holandés (Beukema y Coopmans 1989), en lengua germánica, entre otras.

La literatura tipológica, por otro lado, nos advierte de que muchas lenguas disponen de morfología de tiempo verbal en el imperativo, así como en oraciones exhortativas, en la que la referencia temporal es de presente (o de cumplimiento inmediato del imperativo/exhortación) o de futuro. El español no cuenta con tal morfología, pero sí el latín antiguo (Allen y Greenough 1983), por poner un ejemplo cercano en genealogía lingüística.

El hecho tipológico, de nuevo, insta a reevaluar la tesis del carácter intrínsecamente pragmático de la oración imperativa. En vista de los nuevos datos reunidos, es necesario considerar la presencia de categorías gramaticales como persona, número y tiempo en la oración imperativa. No obstante, es necesario resolver el comportamiento enigmático del imperativo en comparación con la oración declarativa e interrogativa en relación a esta y otras categorías. A pesar de estos datos, la tesis defectuosa de la estructura o morfología del imperativo parece reforzada por un rasgo morfosintáctico en particular: nos referimos a la agramaticalidad de ciertos imperativos, los llamados imperativos verdaderos, en el contexto de la negación.

3.3. La negación de los imperativos

A muchos estudiantes de lengua extranjera, particularmente de lenguas romances, les llama la atención que el paradigma de los imperativos sea mixto. Parece haber un conjunto de formas para los imperativos en su afirmación y otra en su negación (12).

(12) a. ¡Come a gusto que aún queda tiempo de sobra para ver el museo!
b. ¡No comas más que vas a reventar!
[Compárese con la inexistente *¡No come más que vas a reventar!]

En el caso concreto del español, usamos el subjuntivo en la negación del imperativo. Es necesario recurrir a una forma suplente (denominada a veces *surrogate* o *suppletive* en la literatura especializada escrita en inglés). En italiano, por ejemplo, sucede algo similar, aunque la forma suplente es, en el caso del italiano estándar, el infinitivo (13) —si bien muchos dialectos regionales varían en todo tipo de formas suplentes.

(13) a. Mangialo!
'¡Cómelo!'
b. Non lo mangiare!
'¡No lo comas!'

En italiano, sin embargo, es solo la forma singular del imperativo la que no permite su negación. Al contrario que en español, el plural sí la permite (13').

(13') a. Mangiate!
'¡Comed!'
b. Non mangiate!
'¡No comáis!'
[Compárese con la inexistente **¡No comed!*]

Hemos visto que el comportamiento de la negación del imperativo puede variar en lenguas romances. En una misma lengua, el comportamiento de las formas de imperativo, entendidas estas como formas que se emplean en la oración imperativa, tampoco es necesariamente uniforme. Es lo que sucede en español. Las formas de cortesía, también subjuntivas ellas, no parecen requerir formas suplentes (14).

(14) a. ¡Coma a gusto que aún queda tiempo de sobra para ver el museo!
b. ¡No coma más que va usted a reventar!

Otro tanto se puede decir de formas no personales del verbo dentro del paradigma del modo imperativo, como los infinitivos (15), particularmente en plural, o en su uso como instrucciones (16).

(15) a. ¡Comer más hijos míos que hay de sobra!
b. ¡No comer más hijos míos que hay que compartir!

(16) a. Esperar detrás de la línea amarilla
b. No pisar el césped

En otros casos, cómo negar un imperativo no parece tan claro. Nos referimos a los infinitivos preposicionales y a los gerundios (17).

(17) a. ¡A correr que tenemos que hacer 10 km hoy!
b. ¡Trabajando que es gerundio!

La negación de los imperativos ha sido un tema ampliamente estudiado en la gramática generativa de la escuela chomskiana a partir del estudio pionero de Raffaella Zanuttini y sus trabajos posteriores con una fuerte base en la dialectología del italiano, el estudio contrastivo de las lenguas romances y su comparación con las lenguas germánicas (Zanuttini 1991, 1994, 1996, 1997). Dado el carácter altamente técnico de las propuestas, referimos al lector interesado a van der Wurff (2007) y a la última sección del capítulo segundo de Alcázar y Saltarelli (2014). La mecánica de las propuestas originales venía a sugerir que la negación selecciona un sintagma concreto, como pueda ser el tiempo verbal o un sintagma de modo. Al carecer ciertos imperativos de tales sintagmas, partiendo siempre de una teoría defectuosa del imperativo, no sería posible incorporar la negación en su estructura. Por el contrario, otras formas, no defectuosas ellas, como los subjuntivos, indicativos o las formas no personales del verbo, no presentarían incompatibilidad con la negación. De aquí se deriva una distinción teórica entre *imperativos verdaderos* (aquellos que no son capaces de combinarse con el morfema de la negación) y los no verdaderos (los que constituyen el resto de las formas del modo imperativo).

A pesar de que las teorías de Zanuttini y de otros especialistas son capaces de dar cobertura, en cierta medida, a las lenguas europeas occidentales (véase Zeijlstra 2006), los estudios tipológicos, una vez más, arrojan cuestiones inusitadas al ampliar el dominio lingüístico al que dichas teorías han de responder en último término. Los estudios de van der Auwera y Lejeune (2005b) y van der Auwera (2010) identifican la zona romance como atípica en el comportamiento de los imperativos. En el marco más general de las lenguas del mundo, es más frecuente ser capaz de negar los imperativos, sean estas formas exclusivas o no. Sorprende también que lo más normal no sea tener una forma suplente, sino una estrategia completamente diferente para negar el imperativo; son las llamadas prohibiciones (o *prohibitives*, *prohibitive constructions* en la literatura escrita en inglés). Dichas construcciones pueden conservar o no la susodicha forma imperativa verdadera. En latín, siempre por poner un ejemplo cercano al español, se usaba el verbo *no querer* o *no desear* para la negación del imperativo ((18): Allen y Greenough 1983: sec. 285, p. 450, ej. 1).

(18) Noli putare!
'¡No supongas!' [No quieras suponer]

Las prohibiciones también se usan en retrorromance (Poletto y Zanuttini 2003).

Estos nuevos datos presentan serias dudas sobre la viabilidad de teorías anteriores destinadas, principalmente, a dar solución a los paradigmas de las lenguas romances. En referencia a los datos tipológicos, el lector interesado puede encontrar más información y argumentación en la última sección del capítulo segundo de Alcázar y Saltarelli (2014).

4. Nuevas vías de investigación

En su reciente monografía, Alcázar y Saltarelli (2014) examinan la sintaxis de las oraciones propiamente imperativas, más allá de las lenguas indoeuropeas occidentales, considerando los datos tipológicos disponibles en la actualidad para las lenguas del mundo. Parten de una premisa generativa minimalista: la presunción de la universalidad de la estructura de la oración imperativa. En este breve artículo apuntaremos dos ideas novedosas que separan dicho estudio de sus predecesores. Nos referimos a la inclusión de los hortativos como oración sintácticamente imperativa, que ya ha sido suficientemente tratada en estas páginas, y a la relación de la oración imperativa (y exhortativa) con la indexicalidad, con la que concluiremos a continuación.

El término *indexicalidad* se refiere a la interpretación pragmática de elementos lingüísticos en relación con un contexto del acto del habla, tales como el hablante (*yo*), el oyente (*tú*), el lugar donde sucede (*aquí*) y el momento cuando sucede (*ahora*). Tradicionalmente, se entiende que dicha interpretación es pragmática y, por tanto, independiente de la estructura sintáctica de una oración. Por ejemplo, en las siguientes oraciones los pronombres de primera y segunda persona hacen referencia al hablante y al oyente del acto del habla, sin importar su ubicación en una oración principal o subordinada (19).

(19) a. Yo quiero que todo el mundo esté contento con la decisión adoptada.
[donde *Yo* es el hablante del contexto del acto del habla]
b. Pedro le dijo a María que *tú* todavía no sabías nada del tema.
[donde *tú* es el oyente del contexto del acto del habla]

Si quisiéramos referirnos a una tercera persona, digamos María en (19b), sería necesario cambiar el pronombre a uno femenino de tercera persona singular, y observar la concordancia de persona y número del verbo con dicho pronombre.

(19′) b. Pedro le dijo a María que *ella* todavía no *sabía* nada del tema.

Este comportamiento de los pronombres, que nos parece evidente y natural, y que reconocemos inmediatamente en español, así como con un alto grado de probabilidad en las lenguas que el lector sea capaz de hablar o de comprender, no es, sin embargo, uniforme. Existen lenguas en las cuales ciertas oraciones completivas, como en (19b) y (19b'), algunos pronombres de persona, lugar y tiempo son ambiguos; en el caso concreto de los pronombres de persona, pueden estos recibir una interpretación en la que se indique o señale a una primera o segunda persona, o bien a una tercera (navajo: Speas 1999; amhárico: Schlenker 1999). El fenómeno nos resulta extraño, ya que parecería funcionar dicha oración completiva *como si fuera una cita.*

(20) Pedro le dijo a María: "tú no sabes nada del tema".

Sin embargo, los investigadores arriba citados, entre otros, han demostrado que este fenómeno no es una cita, sino una oración completiva equivalente a (19b) o (19b′).

Los ejemplos arriba mencionados ilustran el fenómeno conocido como cambio de índice (*indexical shift* en la literatura especializada escrita en inglés). Se comienza a plantear la tesis de que aspectos anteriormente considerados pragmáticos, como la expresión de la indexicalidad, puedan estar representados en la sintaxis y, por ende, potencialmente restringidos en su interpretación (véanse Speas y Tenny 2003; Bianchi 2003; Sigurðsson 2004). Alcázar y Saltarelli se suman a esta nueva corriente y proponen representar el contexto del habla en la sintaxis. En su propuesta, existe un ejemplo universal en las lenguas del mundo donde la estructura restringe interpretaciones aparentemente pragmáticas. Se trata del imperativo, una estructura oracional donde el sujeto gramatical ha de ser el oyente del contexto del acto del habla.

Alcázar y Saltarelli recogen múltiples ejemplos de estructuras sintácticas que restringen interpretaciones consideradas como pragmáticas en otras lenguas. Otros dos fenómenos que tratan en profundidad son los pronombres logofóricos en ciertas lenguas africanas y los sistemas de expresión de persona conocidos como conjunción-disyunción (*logophoric pronouns*, *conjunct-disjunct systems*: Culy 1994, 1997; Curnow 2002a, 2002b). A este se une un fenómeno lingüístico singular en vasco: la concordancia verbal con el oyente como forma de cortesía cuando este no es un argumento del verbo. Dado el difícil carácter descriptivo de estos fenómenos, y los límites de esta breve reseña, no nos es posible entrar en detalles. El lector interesado puede consultar el tercer y quinto capítulo de Alcázar y Saltarelli (2014).

5. Conclusión

El imperativo en español es un término ambiguo, pues puede este usarse en referencia a oraciones y formas verbales diversas. Al ser presuntamente universal, el estudio del imperativo es clave para cualquier teoría lingüística. Las formas verbales del modo imperativo parecen posicionarse entre las formas personales y no personales del verbo, lo que ha dado lugar a interpretaciones de la oración propiamente imperativa como probablemente finita, pero defectuosa. Los estudios del imperativo se han centrado en tratar de explicar estas características mixtas apelando al carácter pragmático del imperativo, considerando este una forma exclusivamente de segunda persona. Los datos tipológicos más recientes presentan una nueva visión del imperativo como oración o forma verbal que no es necesariamente defectuosa. El imperativo puede presentar paradigmas completos de persona y número así como morfología de tiempo verbal, entre otras categorías gramaticales. Nuevas vías de investigación clasifican las oraciones exhortativas como sintácticamente imperativas y relacionan el carácter aparentemente pragmático del imperativo con la representación de la indexicalidad en la sintaxis.

Bibliografía

Aikhenvald, A. Y. (2010) *Imperatives and commands*, Oxford: Oxford University Press.

Alcázar, A. y Saltarelli, M. (2014) *The syntax of imperatives*, Cambridge: Cambridge University Press.

Allen, J. H. y Greenough, J. B. (1983) *New Latin grammar*, Nueva York: Caratzas.

Auwera, J. van der (2005) "Prohibitives: Why two thirds of the world's languages are unlike Dutch", en Dekker, P. y Franke, M. (eds.) *Proceedings of the fifteenth Amsterdam colloquium, December 19–21, 2005*, Amsterdam: University of Amsterdam.

Auwera, J. van der (2010) "Prohibition: Constructions and markers," en Shu, D. y Turner, K. (eds.) *Contrasting meaning in languages of the East and West*, Tubinga: Narr., págs. 443–475.
Auwera, J. van der, Dobrushina, N. y Goussev, V. (2004) "A semantic map for imperative-hortatives", en Willems, D., Defrancq, B., Colleman, T. y Basingstoke, D. N. (eds.) *Contrastive analysis in language. Identifying linguistic units of comparison*, Nueva York: Palgrave Macmillan.
Auwera, J. van der y Lejeune, L. con Passuwany, U. y Goussev, V. (2005a) "The morphological imperative," en Haspelmath, M., Dryer, M. S., Gil, D. y Comrie, B. (eds.) *The world atlas of language structures*, Oxford University Press, págs. 286–289.
Auwera, J. van der y Lejeune, L. con Goussev. V. (2005b) "The prohibitive", en Haspelmath, M., Dryer, M. S., Gil, D. y Comrie, B. (eds.) *The world atlas of language structures*, Oxford: Oxford University Press, págs. 290–293.
Azkue, R. M. (1925) *Morfología vasca*, Bilbao: La Gran Enciclopedia Vasca.
Baldi, P. (1999) *The foundations of Latin*, Berlín: Mouton de Gruyter.
Beukema, F. y Coopmans, P. (1989) "A government-binding perspective on the imperative in English", *Journal of Linguistics*, 25, págs. 417–436.
Bianchi, V (2003) "On finiteness as logophoric anchoring", en Guéron, J. y Tasmovski, L. (eds.) *Temps et point de vue/Tense and point of view*, París: Université Paris X Nanterre, págs. 213–246.
Birjulin, L. A. y Xrakovskij, V. S. (2001) "Imperative sentences: Theoretical problems", en Xrakovskij, V. S. (ed.) (2001) *Typology of imperative constructions*, Múnich: Lincom Europa, págs. 3–50.
Bosque, I. (1980) "Retrospective imperatives", *Linguistic Inquiry*, 11, págs. 415–419.
Culy, C. (1997) "Logophoric pronouns and point of view", *Linguistics*, 35, págs. 845–859.
Culy, C. (1994) "Aspects of logophoric marking", *Linguistics*, 32, 5, págs. 1055–1094.
Curnow, T. J. (2002a) "Conjunct/disjunct marking in Awa Pit", *Linguistics*, 40, 3, págs. 611–627.
Curnow, T. J. (2002b) "Three types of verbal logophoricity in African languages", *Studies in African Linguistics*, 31, 1/2, págs. 1–25.
Haverkate, H. (1976) "Pragmatic and linguistic aspects of the prepositional infinitive in Spanish", *Lingua*, 40, págs. 22–245.
Kaufmann, M. (2012) *Interpreting imperatives*, Dordrecht: Springer.
König, E. y Siemund, P. (2007) "Speech act distinctions in grammar," en Shopen, T. (ed.) *Language typology and syntactic description*, Cambridge University Press, págs. 276–324.
Levinson, S. C. (1983) *Pragmatics*, Cambridge: Cambridge University Press.
Nguepi, G. V. (2007) "Valor textual y contenido semántico del infinitivo como alter-imperativo en español y en francés", *Tonos: Revista Electrónica de Estudios Filológicos*, 13 [en línea]. Accesible en http://www.um.es/tonosdigital/znum13/secciones/estudios_V_valortextual.htm.
Platzack, C. y Rosengren, I. (1998) "On the subject of imperatives: A minimalist account of the imperative clause", *Journal of Comparative Germanic Linguistics*, 3, págs. 177–224.
Poletto, C. y Zanuttini, R. (2003) "Marking imperatives: Evidence from Central Rhaetoromance", en Tortora, C. (ed.) *The syntax of Italian dialects*, Oxford: Oxford University Press, págs. 175–206.
Portner, P. (2004) "The semantics of imperatives within a theory of clause types", en Watanabe, K y Young, R. B. (eds.) *Proceedings of semantics and linguistic theory 14*, Ithaca: CLC Publications, págs. 235–252
Portner, P. y Zanuttini, R. (2003) "Decomposing imperatives", artículo presentado en *IX Giornata di Dialettologia*, Padua, el 26 de junio de 2003.
Potsdam, E. (1998) *Syntactic issues in the English imperative*, Nueva York: Garland.
Rivero, M. L. (1994) "Negation, imperatives and Wackenagel effects", *Rivista di Linguistica*, 6, págs. 39–66.
Rivero, M. L. y Terzi, A. (1995) "Imperatives, V-movement, and logical mood", *Journal of Linguistics*, 31, págs. 301–332.
Rizzi, L. (1997) "The fine structure of the left periphery", en Haegeman, L. (ed.) *Elements of grammar: A handbook of generative syntax*, Dordrecht: Kluwer.
Sadock, J. y Zwicky, A. (1985) "Speech act distinctions in syntax", en Shopen, T. (ed.) *Language typology and syntactic description. Vol. 1: Clause structure*, Cambridge, Cambridge University Press, págs. 155–196.
Schlenker, P. (1999) *Propositional attitudes and indexicality: A cross-categorial approach*, Tesis doctoral, MIT.
Sigurðsson, H. Á. (2004) "The syntax of person and speech features", en *The syntax and interpretation of person features*, Bianchi, V. y Safir, K. (eds.), *Rivista di Linguistica*, 16, 1, págs. 219–251.

Speas, M. (1999) "Person and point of view in Navajo direct discourse complements", en DeLacy, P. y Nowak, A. (eds.) *University of Massachusetts occasional papers in linguistics, 23: Papers from the 25th reunion.*
Speas, M. y Tenny, C. (2003) "Configurational properties of point of view roles", en *Asymmetry in grammar*, DiSciullo, A. (ed.), Amsterdam: John Benjamins, págs. 315–343.
Visser, F. Th. (1966) *An historical syntax of the English language, II syntactical units with one verb* (Continued), Leiden: E. J. Brill.
Wurff, W. van der (2007) "Imperative clauses in generative grammar: An introduction", en *Imperative Clauses in Generative Grammar*. Amsterdam: John Benjamins, págs. 1–94.
Xrakovskij, V. S. (ed.) (2001) *Typology of imperative constructions*, Múnich: Lincom Europa.
Zanuttini, R. (1991) *Syntactic properties of sentential negation: A comparative study of Romance languages*, Tesis doctoral, University of Pennsylvania.
Zanuttini, R. (1994) "Speculations on negative imperatives", *Rivista di Linguistica*, 6, 1, págs. 67–89.
Zanuttini, R. (1996) "On the relevance of tense for sentential negation", en Belletti, A. y Rizzi, L. (eds.) *Parameters and functional heads. Essays in comparative syntax*, Oxford: Oxford University Press, págs. 181–207.
Zanuttini, R. (1997) *Negation and clausal structure. A comparative study of Romance languages*, Oxford: Oxford University Press.
Zeijlstra, H. (2006) "The ban on true negative imperatives," en Bonami, O. y Cabredo Hofherr, P. (eds.) *Empirical Issues in Syntax and Semantics*, 6, págs. 405–424.

Entradas relacionadas

flexión verbal; infinitivo; gerundio y participio

INFINITIVO

M. Lluïsa Hernanz

1. Introducción: caracterización general del infinitivo

Los infinitivos, junto con los gerundios y los participios, integran el paradigma de las formas no personales del verbo. Tales formas se caracterizan por ser defectivas en el plano morfológico. Los infinitivos disponen, al igual que los verbos conjugados, de formas compuestas (*haber amado*) y de voz pasiva (*ser amado*). Frente a estos, sin embargo, se hallan desprovistos de desinencias de tiempo, número y persona. Ello prefigura en buena medida su estatuto sintáctico **dependiente**, esto es, vinculado a oraciones *principales* de las que obtendrán tanto su interpretación temporal como la de su sujeto. Así, por ejemplo, en (1) la referencia temporal del infinitivo *viajar* viene fijada por el verbo *decidir*, que orienta (al margen de las marcas de tiempo con que vaya asociado) la acción hacia el futuro:

(1) Lola ha decidido viajar al Caribe

De forma similar, el sujeto de *viajar*, aun cuando no puede aparecer expreso debido a que la carencia de rasgos flexivos del infinitivo impide legitimarlo, se sobreentiende sin dificultades a partir de un antecedente (o "controlador") ubicado en la oración principal, en este caso el sujeto de *ha decidido*, el SN *Lola*.

Aparte de las propiedades que comparten, los infinitivos divergen de participios y gerundios en cuanto a su valencia aspectual. En contraposición con el carácter perfectivo de los participios y el aspecto durativo de los gerundios, los infinitivos son neutros en el plano aspectual, lo que favorece su alternancia con un verbo flexionado en todo tipo de subordinadas, ya sean completivas (2a), relativas (2b) o adverbiales (2c):

(2) a. Lola desea viajar en globo
    b. No tiene a nadie en quien confiar
    c. Pepa trabaja para ganarse la vida

Los infinitivos, además de funcionar como formas verbales dependientes, en ocasiones pueden legitimarse en oraciones simples, desprovistas de una oración regente que permita recuperar sus rasgos morfológicos defectivos. Se trata de construcciones que en su gran mayoría comparten la propiedad de poseer una modalidad marcada, de carácter interrogativo, imperativo, etc.:

(3) a. ¿Cómo *decirle* que está equivocado?
b. ¡A *callar*!

Finalmente, al paradigma representado por las subordinadas de (2) y las oraciones independientes de (3), en que el infinitivo despliega un comportamiento plenamente verbal, cabe oponer las construcciones en que, como muestra la presencia del adjetivo o del sujeto en genitivo en (4), aquel posee propiedades de índole nominal:

(4) a. El dulce *lamentar* de dos pastores he de cantar
b. Despertaba temprano, escuchando el *ladrar* impaciente de los perros
[(4b), CREA]

En tales casos, los infinitivos equivalen en buena medida a los correspondientes nombres deverbales *lamento* en (4a) y *ladrido* en (4b).

En síntesis, el infinitivo es una forma verbal cuya pobreza de rasgos morfológicos condiciona dos aspectos fundamentales de su comportamiento sintáctico: la recuperabilidad del sujeto y la recuperabilidad de la referencia temporal —fenómenos que se considerarán en el § 2 y en el § 3, respectivamente—. Los casos aparentemente problemáticos que para este análisis representan los infinitivos independientes serán abordados en el § 4. Finalmente, en el § 5 se tratarán los infinitivos nominales, cuya naturaleza diverge notablemente de la de las restantes construcciones analizadas.

2. El sujeto de los infinitivos

Si bien la tradición gramatical ha insistido con una cierta frecuencia en que el infinitivo se asemeja a los sustantivos abstractos ("*Temer* y *temor*, por ejemplo, expresan una misma idea"; cf. Bello 1874: § 420), para Cuervo (1954: 53), en cambio, "el admitir sujeto es lo que separa al infinitivo de los nombres abstractos, y lo que decisivamente distingue al verbo del sustantivo". Con todo, dicho sujeto no puede legitimarse como un nominativo prototípico debido a la defectividad morfológica de esta forma no personal. Como consecuencia de ello, son diversos los formatos sintácticos que puede adoptar una oración de infinitivo.

2.1. Los infinitivos con sujeto tácito: las estructuras de control

Tal como señala Demonte (1977: 181), el sujeto de los infinitivos es un elemento variable cuyo valor se determina en algún punto de la estructura oracional. Supuesto que dicho sujeto no puede aparecer expreso, se hace preciso recuperarlo de algún modo. En las estructuras de control, el requisito de la recuperabilidad viene garantizado merced a la existencia de un SN antecedente o ***controlador*** ubicado en la oración principal:

(5) a. **Lola**$_i$ detesta [**e**$_i$ comer acelgas]
b. El juez condenó **al ladrón**$_i$ a [**e**$_i$ indemnizar a la víctima]
c. El médico aconsejó **a Eleuterio**$_i$ [**e**$_i$ dejar el tabaco]

En los tres ejemplos precedentes el sujeto tácito del infinitivo —representado por medio de una categoría vacía **e** coindizada con el controlador— se sobreentiende sin dificultades a partir del contexto: en (5a) el SN controlador coincide con el sujeto de *detesta* (*Lola*), en (5b) se corresponde con el objeto directo de *condenó* (*al ladrón*) y en (5c) con el objeto indirecto de *aconsejó* (*a Eleuterio*).

Los factores que en el caso de la subordinación sustantiva determinan la selección del SN controlador residen en las características léxico-semánticas del predicado matriz, entre cuyas propiedades está la de imponer una *red de correferencia* sobre la subordinada (cf. Hernanz 1999: § 36.2.2.2). Ello viene avalado por contrastes como el existente entre (5c) y (6), en donde *prometió* decanta a favor del SN sujeto (*Eleuterio*) la selección del controlador, a pesar de que en la oración matriz emerge, al igual que en (5c), un objeto indirecto contiguo al infinitivo:

(6) **Eleuterio**$_i$ prometió al médico [**e**$_i$ dejar el tabaco]

En lo que respecta a las subordinadas adverbiales, por el contrario, su estatuto no seleccionado determina que los criterios de índole semántica dejen paso a otros factores —con frecuencia de carácter configuracional— en el proceso de selección del SN controlador. Así por ejemplo, en el caso de (7), el sujeto tácito de la subordinada temporal de infinitivo no es correferente, a diferencia de lo que sucede en (5b), con el objeto directo de *condenó*, sino con el SN sujeto de este (*el juez*), que ocupa una posición jerárquica más prominente. Más concretamente, dicho SN —a diferencia del constituyente *al ladrón*— manda-c al sujeto vacío **e** del infinitivo *tomarle* en (7):

(7) **El juez**$_i$ condenó al ladrón [después de **e**$_i$ tomarle declaración]

En ocasiones sucede que la oración principal carece de SN alguno capaz de actuar como control del sujeto del infinitivo; en tales casos, este adoptará por defecto una interpretación *arbitraria*, de carácter indeterminado o genérico:

(8) a. Urge [**e**$_{arb}$ tomar una decisión]
b. Estas pastillas ayudan a [**e**$_{arb}$ digerir]

Los límites fluidos entre una lectura arbitraria y una lectura controlada quedan patentes si se comparan los ejemplos de (8) con los de (9), en donde la presencia en la oración matriz del segmento subrayado restaura la interpretación controlada:

(9) a. Te urge tomar una decisión
b. Estas pastillas me ayudan a digerir

2.2. *Los casos de falso control (ascenso): parecer y verbos afines*

Consustancial a las construcciones de control es la interpretación semántica autónoma que adopta el sujeto tácito del infinitivo respecto del predicado matriz. Así, volviendo a (5a), el infinitivo *comer* asigna a su argumento externo el papel temático (θ) de *agente*, mientras que *detestar* lo marca como *experimentador*:

(10) **Lola**$_i$ detesta [**e**$_i$ comer acelgas]
θ ←┘ θ ←┘

La situación tipificada en (10) no es extensible a los infinitivos dependientes de los verbos denominados de *ascenso* (o de *elevación*) como *parecer*, *resultar*, etc.:

(11) a. Los niños parecen tener miedo a los fantasmas
b. Estas nubes parecen anunciar lluvia

Las construcciones de (11), aunque a primera vista similares a la de (10), no pueden analizarse como estructuras de control:

(12) ***Los niños**$_i$ parecen [**e**$_i$ tener miedo a los fantasmas]
$\theta \leftarrow$ ⌋ $\theta \leftarrow$ ⌋

La representación de (12) es inadecuada debido a que la selección del SN sujeto del verbo *parecer* no es responsabilidad de este sino del infinitivo subordinado, según se ilustra en (13):

(13) **Los niños** parecen [tener miedo a los fantasmas]
$\theta \leftarrow$ ⌋

Ello es así porque los verbos de ascenso —a diferencia de los de control— son *transparentes* semánticamente, esto es, no seleccionan su sujeto (cf. Hernanz 1999: § 36.2.4; Bosque y Gutiérrez-Rexach 2009: § 6.8). De ahí que *parecer* pueda combinarse indistintamente con un SN [+Humano] *los niños* en (11a) o con un SN [–Animado] *las nubes* en (11b). Este segundo ejemplo contrasta, sin embargo, con (14), en donde dicho SN entra en conflicto con el verbo psicológico *detestar* (el símbolo # se usa para indicar que un enunciado es anómalo semántica y no sintácticamente):

(14) #Estas nubes detestan anunciar lluvia

Los verbos de ascenso no asignan, pues, papel temático al SN sujeto con el que concuerdan; seleccionan un único argumento proposicional, que puede realizarse en forma discontinua (11), o como un único segmento (15):

(15) a. Parece/resulta [que los niños tienen miedo a los fantasmas]
b. Parece/resulta [que estas nubes anuncian lluvia]

De este análisis se sigue asimismo que la ocupación simultánea en (15) del espacio estructural correspondiente al sujeto de la subordinada y al de la principal arrojaría un resultado agramatical. Semejante predicción se cumple, según se muestra en (16a), lo que diverge, una vez más, del paradigma de los verbos de control (16b):

(16) a. *Él parece/resulta [que los niños tienen miedo a los fantasmas]
b. Lola detesta [que ellos coman acelgas]

Por consiguiente, resulta plausible suponer que, cuando en la principal aparece un sujeto explícito, como en (11), este ha ascendido desde la subordinada no finita:

(17) Los niños$_i$ parecen [t$_i$ tener miedo a los fantasmas]

2.3. Los infinitivos con sujeto en acusativo: los verbos de percepción sensible y las construcciones causativas

Además de los patrones sintácticos tipificados por los verbos de control o de ascenso, existe un tercer grupo de construcciones cuya principal característica consiste en que el SN que se interpreta como argumento externo del infinitivo presenta la forma de acusativo. Este es el caso de los infinitivos regidos por algunos verbos de percepción sensible (*ver*, *oír*, entre otros) y por verbos causativos como *hacer* o *dejar*:

(18) a. Ayer vimos bailar a Julia
b. Los vecinos oyeron ladrar a los perros

(19) a. El juez hizo declarar a la acusada
b. Estados Unidos dejó caer dos bombas atómicas en Japón

En ocasiones el acusativo puede aparecer también contiguo al verbo principal (20):

(20) a. Vieron a José Lax abandonar la cárcel cargado de grilletes
b. La crisis hizo a los países tomar medidas de forma unilateral

[(20), CREA]

El estatuto ambivalente de los sintagmas subrayados en (18)-(20) se manifiesta, por un lado, en la posibilidad de pronominalizarlos mediante un clítico acusativo (*Los vecinos los oyeron ladrar; El juez la hizo declarar*, etc.), y, por otro, en el hecho de que adoptan la forma de un sujeto nominativo en la correspondiente versión flexionada de la subordinada no finita:

(21) a. Ayer vimos que Julia bailaba
b. El juez hizo que la acusada declarara

Los ejemplos de (18a) y (21a), amén de sus diferencias sintácticas, divergen también semánticamente, pues la percepción intelectual solo es compatible con la presencia de una subordinada finita (cf. **Vimos a Julia saber mucho francés*).

El análisis de las construcciones de (18)-(20) no está exento de polémica. Así, por ejemplo, cabe plantearse si el acusativo sujeto del infinitivo forma parte de la principal o de la subordinada. La primera opción podría llevar a considerar el infinitivo (y sus complementos) —tal como sugiere RAE-ASALE (2010: § 26.5.1a)— como un "predicativo" orientado hacia el objeto, lo que vendría avalado por el hecho de que aquel puede alternar con adjetivos con esa misma función (*Vimos {bailar/tranquila} a Julia*; *El payaso hizo {reír/felices} a los niños*, etc.). Semejante solución se enfrenta, no obstante, con dificultades diversas, entre ellas dar cuenta de ejemplos como los de (22), en donde la presencia de los elementos subrayados llevaría a predecir erróneamente que dos predicativos pueden incidir simultáneamente sobre un mismo elemento:

(22) a. Vimos bailar a Julia desnuda
b. Este abono hace crecer las plantas más sanas

[(22b), Hernanz 1999: § 36.2.5]

Dicha opción podría implicar asimismo tratar los ejemplos de (18)-(20) como estructuras de control:

(23) *Ayer {vimos/hicimos} a Julia$_i$ [e$_i$ bailar]

El análisis de (23) es erróneo debido a que no refleja adecuadamente la estructura argumental de los verbos de percepción sensible ni tampoco la de los verbos causativos. De entrada, *hacer* en su lectura causativa no selecciona un argumento interno (cf. **Hicimos a Julia*). Por otra parte, *ver* y *oír* no se ajustan al patrón prototípico de doble transitividad encarnado por verbos como *ordenar, invitar, obligar*, etc. —véase § 2.1—, sino que seleccionan un único argumento interno en formato bien sea nominal (*Ayer vimos una manifestación*), bien sea oracional (21a).

Un argumento adicional en contra del análisis de (23) nos lo suministran los casos en que el infinitivo se construye con un sujeto nulo expletivo, como ocurre con los verbos meteorológicos:

(24) Estos niños nunca han visto [e nevar]

Dado que los verbos de percepción sensible no admiten la omisión del objeto (cf. **Estos niños nunca han visto*), la gramaticalidad de (24) sugiere que el acusativo que emerge en (18) y (20a) no está seleccionado por el verbo principal, sino que forma parte de la subordinada —cf. Hernanz (1999: § 36.2.5) y Etxepare (2012: § 3.3).

A la vista de todo ello, parece plausible asumir que el estatuto ambivalente del sujeto acusativo del infinitivo es imputable a la fluidez de las fronteras entre principal y subordinada en las construcciones objeto de estudio. Así, en la representación de (25) el verbo principal "invade" el dominio sintáctico de la subordinada y asigna caso acusativo al argumento externo del infinitivo, merced a un mecanismo denominado *Marcado Excepcional de Caso*:

(25) Los vecinos oyeron [el bebé llorar]
+ CASO (oyeron → el bebé) + θ (llorar → el bebé)

La permeabilidad entre principal y subordinada favorece en tales casos el que verbo finito e infinitivo se reanalicen como un predicado complejo. La cohesión entre ambos se manifiesta no sólo en el hecho de que tiendan a aparecer en posición contigua —como en (18)-(19)—, sino también en el comportamiento de los clíticos, que pueden ascender de la subordinada a la principal:

(26) a. Vimos/hizo comprar unos libros
b. Vimos/hizo comprarlos
c. Los vimos/hizo comprar

En caso de que concurran dos clíticos, el clítico objeto del infinitivo puede también ascender a la principal y combinarse con el clítico acusativo correspondiente al sujeto del infinitivo, que adoptará necesariamente la forma ***se*** (**La lo vimos recoger* > *Se lo vimos recoger*) —cf. RAE-ASALE (2010: § 26.5.1h):

(27) a. Vimos a Julia recoger el premio
b. La vimos recogerlo
c. Se lo vimos recoger

2.4. Construcciones de infinitivo con sujeto expreso

La incapacidad del infinitivo para legitimar un sujeto nominativo (cf. § 1.1) entra en conflicto con la existencia de una serie de construcciones no finitas que son compatibles con un SN explícito. Ello sucede básicamente en el ámbito de la subordinación adverbial y con los infinitivos independientes. En el primer caso, se trata de una opción plenamente productiva que afecta a todo tipo de subordinadas adverbiales:

(28) a. La vida de Julia cambió después de nacer <u>el bebé</u>
b. De seguir <u>las cosas</u> así, nos arruinaremos
c. A pesar de tener <u>yo</u> razón, nadie me hace caso

Se adscriben al segundo grupo los infinitivos independientes con valor interrogativo o exclamativo:

(29) a. ¿Decir <u>yo</u> lo que pienso de Juan?
b. ¡Enfadarse <u>Lola</u> así contigo!

Al margen de las diferencias entre estos dos tipos de construcciones, el denominador común entre ellas es su estatuto no regido. Ello relaja las condiciones que constriñen la interpretación del sujeto del infinitivo y abre la posibilidad de que este se formule expresamente (cf. Fernández Lagunilla y Anula 1995; Hernanz 1999: § 36.2.6; RAE-ASALE 2010: § 26.4.2a). Semejante manera de ver las cosas permitiría, *mutatis mutandis*, dar cuenta de los casos —en general, marcados— en que una completiva no finita se construye con sujeto expreso:

(30) a. Presentarse <u>Julia</u> a las elecciones fue un error
b. Tener <u>uno</u> que madrugar resulta agotador
[(30a), Piera 1987: 164; (30b), RAE-ASALE 2010: 26.4.2c]

En (30) y ejemplos similares, la subordinada aparece en posición inicial, lo que excluye la presencia de un potencial controlador antepuesto al infinitivo. Es de señalar que la inversión del orden entre principal y subordinada en tales construcciones degrada notablemente el grado de gramaticalidad de la secuencia resultante:

(31) a. ?Fue un error presentarse <u>Julia</u> a las elecciones
b. ??Resulta agotador tener <u>uno</u> que madrugar
[(31a), Piera 1987: 165]

Cuando el infinitivo lleva un sujeto explícito, este suele posponerse, si bien existen excepciones que afectan al español peninsular (*Sin <u>yo</u> pedírselo, me ofreció su ayuda*) y a otras variedades, como el español del Caribe (*Ella murió al <u>tú</u> nacer* [ej. en CREA]).

3. Los infinitivos y la temporalidad

El requisito de la recuperabilidad temporal —de forma análoga a las relaciones de control (cf. Bosque 1990: 58)— restringe habitualmente la presencia del infinitivo a aquellas configuraciones sintácticas, como sucede en el caso de la subordinación, capaces de suplir la pobreza de rasgos morfológicos de dicha forma no personal (cf. § 1). Los mecanismos de recuperabilidad actúan, sin embargo, de forma diferente según si la subordinada no finita se halla seleccionada (subordinadas sustantivas) o no (subordinadas relativas y adverbiales).

3.1. Las subordinadas seleccionadas: las sustantivas de infinitivo

Las subordinadas sustantivas de infinitivo son fruto de la selección de un predicado regente y, en tanto que argumentos proposicionales, pueden desempeñar las mismas funciones que un argumento nominal: sujeto (*Le encanta leer novelas*), objeto directo (*Le han aconsejado comer verdura*), complemento de régimen (*Se han empeñado en adoptar un gato*), complemento de un nombre (*El miedo a viajar en avión es irracional*), etc. Son incompatibles con el nexo *que* (**Le molesta que gritar*), si bien se combinan con los elementos-*qu* propios de la modalidad interrogativa (*No sabe si reír o llorar*; *Les enseñaron cómo hacer una paella*).

La orientación temporal de las subordinadas sustantivas no finitas deriva del predicado principal, que es el que aporta las coordenadas necesarias para la recuperabilidad de los rasgos defectivos del infinitivo. En gran número de casos, los predicados que seleccionan infinitivo se construyen asimismo en subjuntivo y excluyen el indicativo:

(32) a. La soprano {espera/lamenta} cantar la Traviata
b. La soprano { espera/lamenta} que la Caballé cante/*canta la Traviata

Forman parte de este grupo los predicados (verbos, adjetivos o nombres deverbales) de voluntad (*desear*, *anhelar*, *pretender*, *deseoso*, *deseo*, *anhelo*, *pretensión*, etc.), de sentimiento (*agradar*, *fascinar*, *molestar*, *fascinante*, *maravilloso*, *terrible*, etc.) y de influencia (*invitar*, *ordenar*, *prometer*, *prohibir*, *invitación*, *promesa*, etc.).

Por el contrario, los predicados que seleccionan indicativo excluyen (salvo los verbos de percepción) el infinitivo:

(33) a. La soprano {ha declarado/anunciado} que cantará la Traviata
b. *La soprano {ha declarado/anunciado} cantar la Traviata

Tales predicados se corresponden con los verbos (o nombres deverbales) declarativos (*decir*, *señalar*, *asegurar*, *información*, *anuncio*, etc.) y con aquellos que refieren a actividades intelectuales (*comprobar*, *constatar*, *descubrir*, *comprobación*, etc.).

Existe, pues, una correlación relativamente sistemática, en cuanto a su distribución dentro de la subordinación sustantiva, entre el infinitivo y el subjuntivo por un lado, y el indicativo por otro. Ello es así porque los predicados que seleccionan infinitivo y subjuntivo se caracterizan por ejercer una función de "filtrado" temporal que obliga —como señala Bosque (1990: 59)— a interpretar prospectivamente la acción o el estado denotado por la subordinada, situación que se aviene con la pobreza de rasgos del infinitivo y también del subjuntivo.

Los predicados que seleccionan indicativo, por el contrario, son incapaces, por su propia naturaleza semántica, de restringir las coordenadas temporales de la subordinada, que puede denotar un evento referido al pasado, al presente o al futuro (*Dice que fue/va/irá al cine*), lo que encaja con el carácter temporalmente pleno del indicativo. A partir de ahí se explica el contraste recogido en (33). En particular, (33b) es agramatical porque atenta contra el principio de la recuperabilidad: la referencia temporal de la subordinada queda abierta y no puede ser adecuadamente interpretada (cf. Hernanz 1999: § 36.3.2.5). El análisis esbozado predice asimismo la buena formación de ejemplos como los de (34):

(34) a. El alumno asegura haber aprobado el examen
b. Suecia afirma ser neutral

En ellos, en efecto, la presencia del infinitivo se explica porque en la subordinada concurren elementos capaces de contrarrestar la defectividad temporal de dicha forma no personal: el auxiliar perfectivo *haber* en (34a) y la naturaleza aspectual del predicado de individuo *neutral* en (34b). Véanse Hernanz (1999: § 36.3.2.5) y RAE-ASALE (2010: § 26.5.2h).

Cabe señalar, finalmente, que existe un grupo de adjetivos (*difícil*, *duro*, *fácil*, *imposible*, *agradable*, etc.) que, si bien pueden aparecer con un infinitivo precedido por la preposición *de* (*El presidente es difícil de convencer*, *Esta historia es desagradable de contar*), no seleccionan, en rigor, un argumento en forma de complemento preposicional. Se trata de construcciones en que se da una relación a distancia entre el infinitivo y el sujeto del verbo finito, que se interpreta como objeto directo de aquel (*Es difícil convencer al presidente*, *Es desagradable contar esta historia*) (cf. Alsina 2002: § 20.2.4.4, entre otros autores).

3.2. Las subordinadas no seleccionadas: las adverbiales de infinitivo

La denominada *subordinación adverbial* constituye una etiqueta notablemente controvertida bajo la que se integran construcciones con el estatuto sintáctico propio de un adjunto que pueden adoptar diferentes valores semánticos (causal, final, temporal, concesivo, condicional, etc.) y que admiten versiones con flexión finita y con infinitivo.

Una de las propiedades más relevantes de las subordinadas adverbiales de infinitivo es que —a diferencia de las subordinadas sustantivas no finitas— aparecen siempre introducidas por nexos subordinantes. Estos pueden corresponderse con i) preposiciones (*a(l)*, *con*, *para*, *por*, *sin*, *tras*, etc.), con ii) adverbios o locuciones preposicionales formadas con un adverbio (*apenas*, *antes de*, *después de*, *encima de*, *lejos de*, etc.) y también con iii) un conjunto heterogéneo de locuciones conjuntivas (*pese a*, *a fin de*, *en caso de*, *con tal de*, *en lugar de*, etc.):

(35) a. Pero todo esto, con ser cierto, no es toda la verdad
b. La policía contempló la escena sin inmutarse
c. Tras ganar las elecciones, el diputado renunció al escaño
[(35a), CREA]

(36) a. Regresó tarde y, apenas llegar, el teléfono sonaba
b. Antes de entrar, dejen salir
[(36a), CREA]

(37) a. A pesar de ser chino, habla muy bien el español
b. En lugar de estudiar gramática, se dedica a la literatura

El carácter no seleccionado de las subordinadas adverbiales les confiere plena autonomía respecto del predicado principal. Este, en efecto, no aporta clave alguna para recuperar la referencia temporal del infinitivo. De ahí que sean los nexos que introducen tales oraciones los encargados, juntamente con otros factores, de fijar la denotación temporal de la subordinada (cf. Hernanz 1999: § 36.3.4).

La relevancia temporal de las marcas de la subordinación adverbial es particularmente evidente con la mayoría de los nexos temporales, con ciertas locuciones concesivas (*a pesar de*) o condicionales (*a condición de*) con las preposiciones causales, las finales, etc. Así, por ejemplo, es el carácter retrospectivo de *por* y prospectivo de *para* lo que decanta la temporalidad de las subordinadas de (38):

(38) a. Luis no puede conducir por ser menor de edad
b. Se han instalado en Barcelona para montar un negocio

Esa diferente valencia tiene su exponente en la alternancia entre indicativo y subjuntivo en (39):

(39) a. Luis no puede conducir porque es menor de edad
b. Se han instalado en Barcelona para que sus padres monten un negocio

En contraposición con los ejemplos precedentes, en algunos casos la referencia temporal del infinitivo se recupera merced a la existencia de factores concomitantes como la *consecutio temporum*, las conexiones lógico-semánticas entre principal y subordinada, etc. Representan un ejemplo prototípico de ello las condicionales no finitas introducidas por la preposición *de*:

(40) a. De seguir así, María se pondrá enferma
b. De tener dinero, me compraría la casa
c. De haber tenido dinero, me habría comprado la casa

En las construcciones precedentes, son las formas verbales subrayadas de la apódosis las que contribuyen —juntamente con la presencia del auxiliar *haber* en (40c)— a la concreción de la diferente referencia temporal de las prótasis no finitas. Más aún, la configuración temporal de la oración principal puede incidir en la interpretación semántica —causal en (41a), condicional en (41b)— de un nexo polivalente como *de*:

(41) a. De tomar el sol tantas horas, cogió una insolación
b. De tomar el sol tantas horas, cogería una insolación

En síntesis, la defectividad temporal del infinitivo viene contrarrestada en las subordinadas adverbiales por la conjunción de dos factores básicos: los rasgos temporales codificados por el nexo subordinante y la correlación de tiempos.

3.3. Las subordinadas no seleccionadas: las relativas de infinitivo

Las subordinadas relativas se asemejan a las adverbiales en que no van seleccionadas semánticamente por el predicado principal. Al igual que el resto de subordinadas, admiten la alternancia entre verbo finito y no finito. En ambos casos, el nexo subordinante es un elemento-*qu*, en particular, un pronombre (o adverbio) relativo:

(42) a. Necesita un abogado en quien confiar
b. No encontraron sitio donde acampar

Con todo, las relativas de infinitivo se hallan sometidas a importantes restricciones que no afectan a sus correlatos con verbo flexionado. En primer lugar, el relativo no puede ejercer en tales construcciones la función de sujeto, dado que el infinitivo carece de rasgos de concordancia para legitimarlo (*Busca un bolígrafo que escriba/*escribir bien*). Una segunda restricción afecta al carácter indefinido del antecedente, que recibe una interpretación inespecífica, según queda patente en (42). De ahí que habitualmente este no sea compatible con un artículo determinado (**No encontraron el sitio donde acampar*), un demostrativo (**Necesita (a) este abogado en quien confiar*), etc. En tercer lugar, las relativas de infinitivo no pueden ser explicativas, lo que se aviene con el estatuto inespecífico del antecedente (cf. Brucart 1999: § 7.1.3.6) (**Le quedan tres camisas, que planchar mañana*). Una cuarta peculiaridad de estas construcciones reside en las características del verbo principal, perteneciente a una clase limitada de predicados (*buscar*, *querer*, *tener*, *faltar*, etc.) (cf. Hernanz 1999: § 36.3.3.1).

Cabe señalar que en las relativas de infinitivo este alterna preferentemente con el subjuntivo y no con el indicativo. Así sucede con los correlatos finitos de las subordinadas de (42):

(43) a. Necesita un abogado en quien *pueda/*puede* confiar
b. No encontraron sitio donde *pudieran/*pudieron* acampar

Las paráfrasis de (43) ponen en evidencia una propiedad llamativa de las relativas de infinitivo, a saber, su naturaleza modalizada. Bello (1874: § 1106) —de quien proceden los ejemplos de (44) y (45)— se refiere de forma explícita en tales casos a un fenómeno de elipsis de *poder* o *deber*:

(44) a. No tengo vestido que ponerme
b. No tengo vestido que *pueda* ponerme

(45) a. Hay mucho que hacer
b. Hay mucho que *debemos* hacer

El conjunto aparentemente heterogéneo de propiedades desplegadas por las relativas de infinitivo muestra bien a las claras que estas solo son compatibles con entornos que ejerzan un cierto efecto filtrante sobre la temporalidad de dicha forma no personal. Vistas así las cosas, el valor temporal modalizado, de carácter prospectivo, que tales construcciones adoptan no sería sino un "último recurso" para garantizar el requisito de la recuperabilidad, amenazado por la inexistencia de un marco sintáctico adecuado en el que poder anclar la referencia temporal del infinitivo (cf. Hernanz 1999: § 36.3.3.1).

Las relativas de infinitivo pueden a veces aparecer sin antecedente expreso. Compárese a ese respecto (42) con (46):

(46) a. Tiene en quien confiar
b. No encontraron donde acampar

Se trata de construcciones poco productivas, solo compatibles con un escaso número de verbos principales (*tener*, *haber*, etc.), cuya frontera con las interrogativas indirectas es borrosa. En opinión de Bello (1874: § 1110), en tales construcciones "el relativo se hace interrogativo indirecto después de verbos que signifiquen actos de entendimiento". Ello permite diferenciar las relativas de (46), en donde el argumento (elíptico) seleccionado por *tener* o *encontrar* posee naturaleza nominal, de las interrogativas de (47), cuyo predicado principal demanda un argumento proposicional:

(47) a. Sabe muy bien en quién confiar
b. No saben dónde acampar

Con todo, existe una marcada tendencia a confundir ambas estructuras, como lo demuestra la vacilación en el uso de la tilde en la lengua escrita (cf. RAE-ASALE 2010: § 26.5.3b).

Por último, debe señalarse que en las relativas de infinitivo el nexo-*qu* alterna a veces con preposiciones como *por*, *para*, etc. (Quedan *muchas incógnitas que/por/sin resolver*, *Tengo exámenes que/por/para corregir*). En tales casos, el nombre que antecede a la preposición, de forma similar a los antecedentes de las subordinadas de relativo, se reinterpreta "a distancia" como un complemento del infinitivo (i.e., *resolver muchas incógnitas*, *corregir exámenes*) (cf. Hernanz 1999: § 36.3.3.3 y Alsina 2002: § 20.2.4.3).

4. Los infinitivos independientes

Si bien la arquitectura sintáctica habitual en que emergen los infinitivos es la subordinación, existe una variada gama de construcciones en que estos se legitiman como formas independientes, sin el concurso aparente de un núcleo rector que subvenga a su defectividad morfológica. Dichas construcciones se ajustan a diferentes patrones básicos, que se analizarán a continuación.

4.1. Los infinitivos modalizados

El denominador común de los infinitivos modalizados reside en sus propiedades ilocutivas, que divergen de las que corresponden a la modalidad declarativa prototípica. Se agrupan en tres grandes clases: interrogativos, exclamativos e imperativos. Su autonomía sintáctica constituye un obstáculo para la recuperabilidad de los rasgos de tiempo, lo que determina que adopten una interpretación temporal opaca, desligada de las coordenadas deícticas de la enunciación.

Los infinitivos interrogativos se corresponden bien sea con preguntas totales (48a) o parciales —introducidas por un elemento-*qu* (48b):

(48) a. ¿Casarse Julia con este hombre?
     b. ¿Cómo decirle a Pepe que está enfermo?

La ausencia de marcas-*qu* en (48a) convierte la entonación en el factor determinante para la legitimación sintáctica de los infinitivos interrogativos totales, cuyos equivalentes declarativos son totalmente agramaticales (**Casarse Julia con este hombre*). Cabe destacar asimismo que la interpretación semántica de (48a) carece de la fuerza ilocutiva propia de una pregunta del tipo *si/no*, como atestigua el siguiente contraste:

(49) a. ¿Julia se casará con este hombre o no?
     b. *¿Casarse Julia con este hombre o no?

En cuanto a los infinitivos interrogativos parciales, estos adoptan, al igual que sucede con los infinitivos relativos, una interpretación modalizada (i.e. *¿Cómo se le puede/debe decir a Pepe que está enfermo?*) —véase 3.3.

Los infinitivos exclamativos constituyen un grupo restringido de construcciones cuyas fronteras melódicas con los infinitivos interrogativos (totales) no siempre son nítidas. Su interpretación semántica oscila entre diferentes valores cuya concreción última depende del contexto:

(50) a. ¡Educar a cuatro hijos para esto!
b. ¡A mi edad, aguantar estas impertinencias!
[(50a), RAE-ASALE 2010: § 26.5.5c; (50b) Hernanz 1999: § 36.4.2.1]

A diferencia de los infinitivos interrogativos, son incompatibles por lo general con los elementos-*qu*:

(51) a. *¡Qué cosas comer aquí!
b. *¡Cuántos libros tener en esta biblioteca!

Las razones de semejante fenómeno cabría imputarlas a factores de índole temporal. En contraposición con (50), cuyas paráfrasis con verbo finito exigen el subjuntivo, las exclamativas-*qu* canónicas poseen carácter factivo y se construyen en indicativo (*¡Qué cosas comen aquí!*; *¡Cuántos libros tienen en esta biblioteca!*), forma verbal que no alterna con el infinitivo en virtud del criterio de la recuperabilidad.

El empleo del infinitivo con valor imperativo es una fórmula frecuente en español, sobre todo en el registro coloquial (52a). Se trata de una construcción desaconsejada en el plano normativo, salvo cuando se emplea en rótulos, instrucciones, etc. (*Desconectar el móvil*; *No ingerir en ayunas*) (cf. RAE-ASALE 2010: § 42.2.1d). Precedido por la preposición ***a***, el infinitivo adquiere mayor fuerza coercitiva que el imperativo canónico (52b):

(52) a. ¡Niños, salir del agua!
b. ¡A callar!

En contraposición con la naturaleza inherentemente prospectiva del mandato, la forma compuesta del infinitivo puede dar lugar a enunciados de modalidad marcada que —según ha mostrado Bosque (1980)— comparten algunas características con los imperativos (*¡Haber nacido obispo!*; *¡Haberlo dicho antes!*). Con todo, tales construcciones no son, en rigor, equiparables a imperativos. Así, a diferencia de estos, no pueden iniciar discurso y poseen valor contrafáctico, entre otros aspectos (cf. Hernanz 1999: § 36.4.2.3 y RAE-ASALE 2010: § 42.2.1g).

Cabe referirse por último a una clase peculiar de infinitivos, notablemente productivos en el registro oral, que, a diferencia de los casos precedentes, se inscriben dentro de la modalidad no marcada:

(53) a. Finalmente, decir/comentar que...
b. En cuanto al tiempo, señores, anunciarles/señalarles que...

Consustancial a estas construcciones es su valor realizativo ligado a las coordenadas de la enunciación. Deben, en efecto, ser formuladas en el presente de la primera persona, lo que garantiza la recuperabilidad de la referencia del sujeto y del tiempo del infinitivo. Ello explica asimismo —tal como ha señalado Ridruejo (1992)— que los verbos con que se construyen habitualmente dichos infinitivos posean una acepción básica de carácter declarativo (**Finalmente, amigos, cenar a las seis*).

4.2. Los infinitivos fragmentarios

Los infinitivos pertenecientes a este grupo se caracterizan por su dependencia respecto del contexto discursivo, que es el que aporta las claves para su reconstrucción sintáctica e interpretación semántica. En los textos dialogados, aparecen frecuentemente como respuestas a preguntas, en ocasiones formuladas mediante el verbo *hacer* (cf. Hernanz 1999: § 36.4.1 y RAE-ASALE 2010: § 26.5.5a):

(54) a. —¿Habéis decidido algo? —Sí, cambiar de coche
     b. —¿Qué hago? —Sujetar esta cuerda

[(54b), RAE-ASALE 2010: § 26.5.5a]

Se integrarían también en este apartado los infinitivos que emergen en enumeraciones, ejemplificaciones, etc. En tales casos, el verbo no finito amplía o duplica un elemento que aparece previamente, ya sea en la misma oración o no (cf. Hernanz 1999: § 36.4.1):

(55) a. Quedan varias cosas pendientes: recoger los billetes, reservar el hotel y comprar un plano
     b. Eso siempre le daba resultado, hablar, hablar, hablar...

[(55b), CREA]

Tanto en (54) como en (55) el comportamiento del infinitivo no se explica a partir de los mecanismos habituales de elipsis gramatical, ya que la restitución de la información ausente viene garantizada en estas oraciones a través de las relaciones supraoracionales.

4.3. Los infinitivos escindidos

Un caso de aparente autonomía sintáctica del infinitivo lo suministran construcciones como las de (56), en que este antecede a su correspondiente duplicado en versión finita:

(56) a. Comer, ha comido poco
     b. Llorar, sí/no lloró

Tales ejemplos comportan un desdoblamiento que presenta algunos paralelismos con otras estructuras escindidas en que aparece focalizado un constituyente bien sea nominal (*Lo que son novelas, ha leído muchas*), bien sea verbal (*Lo que es comer, ha comido poco*). En ocasiones puede darse incluso una doble ocurrencia del infinitivo frente al verbo finito (*Las acelgas, gustarme, gustarme, no me gustan*).

5. Los infinitivos nominales

Según se ha señalado en el § 1, el infinitivo puede a veces integrarse plenamente en el dominio de la sintaxis nominal. Así sucede en (57a), en donde este, amén de combinarse con un determinante y de ser compatible con adjetivos, lleva un complemento encabezado por la preposición *de* que se corresponde con su sujeto (57b). Su naturaleza nominal viene asimismo corroborada por el hecho de que —tal como observa RAE-ASALE (2010: § 26.2.1a)— admita ser modificado por una subordinada de relativo (57c):

(57) a. El/aquel incesante tañer de las campanas
b. Las campanas tañen
c. Aquel incesante tañer de las campanas que resonaba por todo el pueblo

De forma esperable, dada su naturaleza nominal, esta clase de infinitivos no puede aparecer con *haber* o cualquier otro auxiliar (**El {haber tañido/poder tañer} de las campanas*), rechaza la negación (**El no rugir de los leones*) y es incompatible también con modificadores adverbiales (**El zumbar monótonamente de las abejas*). Y a la inversa, los infinitivos nominales alternan con frecuencia con un nombre deverbal (*El incesante tañido de las campanas*), lo que parece conferir a la desinencia del infinitivo un estatuto semejante al de un sufijo derivativo.

La conversión de un infinitivo en un nombre es un proceso sintáctico sometido a restricciones aspectuales (cf. **Aquel absurdo decidir del gobierno*, **El durar del concierto*, etc.). Afecta sobre todo a los verbos intransitivos que denotan acciones no perfectivas (cf. RAE-ASALE 2010: § 26.2.1b). Tales infinitivos poseen generalmente una interpretación eventiva, congruente con el valor de acción proveniente de su origen verbal:

(58) a. Los ciervos en vano su morir van dilatando
b. [...] Padeciendo [...] el continuo caer de bombas
[(58a), Hernanz 1999: § 36.5.1; (58b), RAE-ASALE 2010: § 26.2.1b]

Así, aun cuando *morir* y *muerte*, *caer* y *caída* pueden en principio alternar en (58a) y (58b), respectivamente, el valor inherentemente de acción del infinitivo inhabilita su presencia en aquellas configuraciones en que prevalece una interpretación resultativa:

(59) a. El médico certificó su muerte/*morir
b. La caída/*el caer de Constantinopla...
[(59), Hernanz 1999: § 36.5.1]

Las construcciones del tipo recogido en (57a) divergen netamente de los infinitivos nominales de naturaleza léxica (cf. RAE-ASALE 2010: § 26.2.2), también denominados "falsos infinitivos" (cf. Varela 1979), fruto de un proceso de gramaticalización que los ha reducido a meros sustantivos con entrada propia en el diccionario (*andar*, *deber*, *pesar*, etc.) y con las marcas morfológicas que a estos corresponden (*andares*, *deberes*, *pesares*).

Por último, existe un grupo reducido de infinitivos en cuyo peculiar comportamiento confluyen propiedades nominales y verbales (cf. Bosque 1989: § 7.3):

(60) a. Su infatigable tomar el rábano por la hojas
b. El inverosímil no haber gozado de aquella a la que tal raspado había sido hecho
[(60a) Ortega y Gasset, cit. en Hernanz 1999: § 36.5.2;
(60b) Martín-Santos, cit. en RAE-ASALE 2010: § 26.2.1c]

Así, en (60a), el carácter nominal que confiere al infinitivo el determinante posesivo colisiona con una propiedad verbal como es la presencia del objeto directo. En (60b), es el adjetivo el que sería incompatible, en principio, con la presencia tanto de la negación como de la forma compuesta del infinitivo.

Tal como señala RAE-ASALE (2010: § 26.2.1c), se trata de construcciones con un marcado carácter estilístico, documentadas ocasionalmente en la lengua literaria.

Bibliografía

Alsina, A. (2002) "L'infinitiu", en Solà, J., Lloret, M. R., Mascaró, J. y Pérez Saldanya, M. (eds.) *Gramàtica del català contemporani*, Barcelona: Empúries, pp. 2389–2454.
Bello, A. (1874) *Gramática de la lengua castellana destinada al uso de los americanos* [Estudio y edición de Trujillo, R. con las *Notas* de Cuervo, R. J.], Madrid: Arco Libros, 1988.
Bosque, I. (1980) "Retrospective imperatives", *Linguistic Inquiry*, 11, pp. 415–419.
Bosque, I. (1989) *Las categorías gramaticales*, Madrid: Síntesis.
Bosque, I. (1990) (ed.): *Indicativo y subjuntivo*, Madrid: Taurus.
Bosque, I. y Gutiérrez-Rexach, J. (2009) *Fundamentos de sintaxis formal*, Madrid: Akal.
Brucart, J. M. (1999) "La estructura del sintagma nominal. Las oraciones de relativo", en Bosque, I. y Demonte, V. (eds.) *Gramática descriptiva de la lengua española*, Madrid: Espasa, pp. 395–522.
Cuervo, R. J. (1954) "Sobre el carácter del infinitivo", en Cuervo, R. J., *Obras*, 2, Bogotá: Instituto Caro y Cuervo, pp. 47–57.
Demonte, V. (1977) *La subordinación sustantiva*, Madrid: Cátedra.
Etxepare, R. (2012) "Coordination and subordination", en Hualde, J. I., Olarrea, A., y O'Rourke, E. (eds.) *The handbook of Hispanic linguistics*, Oxford: Wiley-Blackwell, pp. 503–531.
Fernández Lagunilla, M. y Anula, A (1995) "Observaciones sobre la flexión de los infinitivos", en Goenaga, P. (ed.) *De Grammatica Generativa. Anejos del Anuario del Seminario de Filología Vasca 'Julio de Urquijo'*, XXXVIII, pp. 185–198.
Hernanz, M. L. (1999) "El infinitivo", en Bosque, I. y Demonte, V. (eds.) *Gramática descriptiva de la lengua española*, Madrid: Espasa, pp. 2197–2356.
Piera, C. (1987) "Sobre la estructura de las cláusulas de infinitivo", en Demonte, V. y Fernández Lagunilla, M. (eds.) *Sintaxis de las lenguas románicas*, Madrid: El Arquero, pp. 148–166.
[RAE] Real Academia Española *Corpus de referencia del español actual* (CREA) [en línea]. Accesible en http://corpus.rae.es/creanet.html.
[RAE-ASALE] Real Academia Española y Asociación de Academias de la Lengua Española (2010) *Nueva gramática de la lengua española. Manual*, Madrid: Espasa.
Ridruejo, E. (1992) "El infinitivo enunciativo en español actual", *Acta Universitatis Wratislaviensis*, 1370, pp. 137–148.
Varela, S. (1979) "Los falsos infinitivos", *BRAE*, LIX, pp. 529–551.

Entradas relacionadas

flexión verbal; gerundio y participio; gramática generativa; sintaxis

LOCUCIONES

Larissa Timofeeva Timofeev

1. ¿Qué es una locución y para qué sirve?

El término locución hace referencia a estructuras sintagmáticas más o menos fijas cuyo comportamiento semántico y pragmático es asimilable al de un lexema. Dicho de otro modo, aunque formalmente una locución constituye una agrupación de palabras, su funcionamiento lingüístico y discursivo es unitario y equivalente al de un solo lexema. Las palabras constituyentes de la locución no actúan de un modo independiente, sino que todas juntas originan un significado holístico global. Este significado, por tanto, no es computable desde una mera suma de los significados de los componentes de la locución. Por ejemplo, la locución *a trancas y barrancas* significa "con grandes dificultades" (*Diccionario fraseológico documentado del español actual*, en adelante DFDEA), pero la contribución de los elementos léxicos *tranca* y *barranca* —ambos en su forma plural— a la generación del significado en cuestión no resulta nada clara en sincronía. La fijación formal, a su vez, impide modificaciones morfosintácticas habituales (como, por ejemplo, uso del singular) sin que el significado global se vea afectado.

Hay que señalar que, en ocasiones, la relación entre los constituyentes de la locución y su significado convencionalizado es más evidente. Esto sucede en *con el rabo entre las piernas* "en actitud o situación de quien se siente avergonzado o humillado" (DFDEA), donde las características de un comportamiento animal son trasladadas al ámbito humano. Sin embargo, incluso en estos casos más claros, el significado completo de la locución no es exactamente homologable a la suma de los significados literales que lo constituyen, pues incluye informaciones de índole implícita generadas como resultado de la evolución pragmática de la combinación.

Las locuciones son un tipo de unidades fraseológicas y conforman el objeto de estudio de la disciplina lingüística denominada *fraseología*. Desde una perspectiva estricta, las locuciones se sitúan en el centro del universo fraseológico, flanqueadas por otras unidades periféricas estructuralmente equivalentes a un sintagma, como las colocaciones (v. g. *banco de peces*, *error garrafal*) o los compuestos sintagmáticos (v. g. *leche condensada*, *pantalla líquida*). Siguiendo una concepción amplia, la fraseología incluye, además, combinaciones con estructura enunciativa, como refranes (v. g. *A quien madruga, Dios le ayuda*) o fórmulas rutinarias (v. g. *¡vaya tela!*) (cfr. Ruiz 1997; Corpas 1996). El estudio de las diversas manifestaciones fraseológicas forma parte, a su vez, de una temática más vasta del lenguaje prefabricado o formulaico (Wray 2008), cuya repercusión en la comunicación es fundamental.

Desde el punto de vista diacrónico, las locuciones se presentan como resultado de un proceso evolutivo en el que un sintagma experimenta la progresiva convencionalización de los valores inferenciales inicialmente dependientes del contexto que pasan a formar parte de su semántica. Dicho proceso, por tanto, es de índole gramaticalizadora y guarda una evidente relación con lo que Levinson (2000) denomina la *intrusión de la pragmática en la semántica*. Por ejemplo, la locución *cubrirse de gloria*, que en la actualidad puede definirse como "conseguir fama con algo hecho o dicho. Usado generalmente con intención irónica" (DFDEA; DRAE), aparece en los siglos XV-XVI con un significado literal que hace alusión a una prenda o a una corona con los que se cubre a personas virtuosas o a guerreros victoriosos. Sin embargo, con el paso de los años el sintagma comienza a incorporar un matiz irónico que acaba formando parte de su semántica (Ruiz 2009).

De este modo, y como consecuencia semántica del proceso descrito, el significado del sintagma adquiere una complejidad holística que convierte las locuciones en una herramienta comunicativa sumamente eficaz. Tal eficacia se manifiesta en el hecho de que los hablantes nativos procesan las locuciones significativamente más rápido que las combinaciones libres de palabras, lo que, unido a su riqueza semántica, les confiere la capacidad de comunicar una gran variedad de valores y matices a través de una forma compacta.

En este capítulo se expondrán los diversos aspectos de la noción de locución, como la historia de su estudio (§ 2), sus rasgos definitorios (§ 3), la clasificación (§ 4), la estructuración de su significado (§ 5), su procesamiento mental (§ 6), así como algunos ámbitos de aplicación de las investigaciones sobre la locución (§ 7).

2. Un poco de historia

La tradición lingüística relaciona el inicio del estudio de las locuciones, y de la fraseología en general, con el nombre de Charles Bally. Este lingüista suizo en sus trabajos sobre la estilística (Bally 1909) realizó un acercamiento pionero a las características de las locuciones, como su estructura polilexemática en la que los constituyentes no son arbitrarios y están ordenados de manera fija.

Las reflexiones de Bally sentaron las bases de la fraseología de corte estructuralista y obtuvieron un impulso teórico crucial en el marco de la lingüística soviética, donde Viktor Vinogradov se convirtió en su principal exponente. Vinogradov (1953) introdujo la categoría del *significado fraseológicamente determinado* como un tipo especial del significado léxico que consiste en las restricciones léxico-semánticas que desarrollan las unidades lingüísticas en determinadas combinaciones. Así, por ejemplo, en la locución *arrimar el hombro*, definida como "ayudar o colaborar en el logro de un fin" (DFDEA; DRAE) el lexema *hombro* se interpreta con el significado de "apoyo, soporte", es decir, desarrolla un significado derivado, ciertamente restringido a la combinación en cuestión. La consecuencia más interesante de ello es que el núcleo semántico de una locución resulta más difuso que el de un lexema libre y aparece enriquecido por una serie de matices que, más que denotar su referente, persiguen caracterizarlo.

Las ideas de Vinogradov fomentaron toda una cadena de propuestas —tanto partidarias como críticas— que permitieron perfilar el ámbito de actuación de la fraseología y definir las características de las diversas unidades —entre ellas las locuciones— que la conforman. Desde ese momento, las distintas tradiciones lingüísticas optan por definir las locuciones a partir de los rasgos de *fijación* e *idiomaticidad* (§ 3), que se presentan en diversos grados.

Si nos centramos en el estudio de las locuciones en el ámbito hispánico, su inicio suele asociarse al nombre de Julio Casares, que en su *Introducción a la lexicografía moderna* (1950) dedica varios capítulos a las locuciones y sus relaciones con las frases proverbiales, refranes y modismos. Para el eminente lexicógrafo la locución es una "combinación estable de dos o más términos, que funciona como elemento oracional y cuyo sentido unitario consabido no se justifica, sin más, como una suma de significado normal de los componentes" (Casares 1950: 170).

La contribución visionaria de Casares, no obstante, no tuvo una continuidad inmediata. Tras un largo lapsus temporal y algunas aportaciones importantes, pero aisladas, como las de Zuluaga (1980) desde Alemania o de Carneado y Tristá (1983) desde Cuba, fue a mediados de los años noventa del siglo pasado cuando se produjo una auténtica eclosión de los estudios sobre fraseología en español (Martínez 1996; Corpas 1996; Ruiz 1997; Penadés 1999). A partir de entonces, la investigación sobre las locuciones en español no ha cesado y en la actualidad goza de una notable madurez, tanto en su vertiente teórica como aplicada.

3. La fijación y la idiomaticidad

Como se ha señalado, los rasgos de *fijación* e *idiomaticidad* se presentan como definitorios de las locuciones. En la actualidad, tanto la tradición fraseológica europea como la anglosajona entienden la fijación como un rasgo formal que se refleja en las restricciones morfosintácticas de los constituyentes de la locución. La idiomaticidad, por su parte, se concibe en relación al carácter no composicional del significado locucional. Por ejemplo, la locución *a trancas y barrancas* que hemos comentados en el §1 presenta fijación por el hecho de no poder adoptar la forma del singular (**a tranca y barranca*) o al no poder combinarse con otra preposición (**por medio de trancas y barrancas*). Asimismo, su idiomaticidad se manifiesta en la falta de la relación semántica sumativa entre los significados de las palabras *trancas* y *barrancas* y el significado global de la locución.

En lo que se refiere a la relación que establecen entre sí estos rasgos definitorios, durante muchos años ha pervivido la visión sobre el carácter primario de la fijación formal, mientras que la idiomaticidad se veía como una propiedad opcional. No obstante, las investigaciones más recientes de corte cognitivista y funcional (cf. Telija 1996; Dobrovol'skij y Piirainen 2005; Wray 2008; Timofeeva 2012) resaltan la condición holística del significado locucional —y el fraseológico en general— lo cual hace pensar en la idiomaticidad como el principal motivo que justifica la existencia y la profusión del uso de las locuciones. Ciertamente, en su actividad comunicativa el hablante recurre en ocasiones a agrupaciones de palabras que dota de un nuevo significado unitario. Por tanto, la idiomaticidad se encuentra en el origen de las estructuras sintagmáticas con significado lexemático. Si estas estructuras con el tiempo se fijan formalmente como resultado del uso, pasan a engrosar el caudal fraseológico de una lengua. Dado el carácter diacrónico del proceso, en sincronía las locuciones presentan distintos grados, tanto de idiomaticidad como de fijación, tal y como se ha mostrado en el § 1.

4. Clasificación de las locuciones

Las locuciones funcionalmente son lexemas, por eso dentro de una secuencia sintáctica desempeñan un determinado papel gramatical de manera unitaria. Dicho papel se relaciona habitualmente con la categoría morfosintáctica del componente básico de la locución o con su paráfrasis definitoria. Por ejemplo, la locución nominal *empanada mental* se refiere a la noción de "confusión de ideas" (DRAE) y, por tanto, funcionalmente equivale a sustantivo; mientras que *duro de pelar* denota la cualidad de "difícil de conseguir, hacer, satisfacer o vencer" (DRAE), es decir, su función morfosintáctica es asimilable a adjetivo. De acuerdo con este criterio, se han postulado tantas clases de locuciones como clases de palabras ha establecido la tradición gramatical (Penadés 1999: 21).

De nuevo, fue Julio Casares (1950) quien propuso la primera tipología de las locuciones para el español. Su clasificación se articula en dos bloques, el de las *locuciones significantes* y las *locuciones conexivas*. Las primeras se caracterizan por su unidad conceptual y se subdividen, acorde a su función gramatical, en *nominales*, *adjetivales*, *verbales*, *participiales*, *adverbiales*, *pronominales* e *interjectivas*. Las segundas se refieren a construcciones vacías de contenido semántico con la función sintáctica de nexo oracional y, siguiendo el mismo criterio gramatical, se distribuyen en *prepositivas* y *conjuntivas*.

La tipología de Casares se convirtió en referente para las propuestas posteriores que se han dedicado fundamentalmente a precisar o ampliar alguna categoría (Zuluaga 1980; Corpas 1996; Ruiz 2001; García-Page 2008; Conca i Guia 2014, entre otros). De este modo, en la actualidad, la gran mayoría de fraseólogos hispanistas converge en considerar las siguientes clases de locuciones:

- locuciones nominales, como *noche toledana*, *empanada mental* o *puñalada trapera*;
- locuciones adjetivas, por ejemplo, *duro de pelar*, *sano y salvo*, *corriente y moliente*;
- locuciones adverbiales, como *al tuntún*, *a trancas y barrancas*, *cuando las ranas críen pelo*;
- locuciones verbales, casos como *meter cizaña*, *poner pies en polvorosa*, *descubrir el pastel*;
- locuciones prepositivas, como *a causa de*, *en torno a*;
- locuciones conjuntivas, por ejemplo *siempre que*, *pese a que*;
- locuciones clausales, como sucede en *írsele a alguien el santo al cielo*; *hacérsele a alguien la boca agua*, *subírsele a alguien la sangre a la cabeza*;
- locuciones marcadoras, cuyo papel es equivalente al de marcadores del discurso. Es el caso de *sin embargo*, *por supuesto*, *a propósito*.

5. El significado de la locución

Otra línea de investigación que está cogiendo fuerza en el estudio de las locuciones busca indagar en los aspectos de la configuración semántica y del funcionamiento pragmático de este tipo de unidades lingüísticas. La particular naturaleza de las locuciones que aúna una estructura sintagmática con un comportamiento lexemático sugiere una interesante reflexión metalingüística acerca de la complejidad de su significado. Dicho significado se concibe en dos niveles: el semántico y el pragmático. El primero aglutina las informaciones de diversa índole que conforman el significado convencionalizado de la locución; y el segundo atiende al comportamiento discursivo de tales informaciones.

Siguiendo esta concepción bidimensional, el nivel semántico del significado locucional puede ser representado a través de un modelo que se articula en torno a seis bloques informativos, cada uno de los cuales explicita un parámetro (Telija 1996; Timofeeva 2012: 205–244), tal y como se expone a continuación.

En primer lugar, destacamos el bloque *denotativo* que indica el referente de la locución. Por ejemplo, *no ser moco de pavo* se refiere a "ser cosa de importancia o cierto valor" (DFDEA; DRAE).

En segundo lugar, subrayamos el hecho de que, a diferencia de muchos lexemas simples, las locuciones no solo denotan sino que connotan, ya que encierran en su significado valores semánticos adicionales. Tales valores a menudo tienen origen en la información recogida en el segundo bloque del modelo, el *motivacional*, que alude a la imagen subyacente, es decir, ese "puente" basado en operaciones cognitivas de diversa índole que media entre la composición lexemática y el significado actual de la locución (Dobrovol'skij and Piirainen 2005: 14). En unos casos, esta proyección motivacional parte de la lectura literal de la combinación; y en otros, el proceso de establecimiento de vínculos cognitivos puede sugerirnos, simplemente, la primera situación comunicativa donde oímos y supimos inferir correctamente el significado de la locución. La imagen en cuestión es el componente informativo central de cualquier locución, pues para un hablante siempre existe una vinculación motivacional que le impulsa a elegir la forma fraseológica en vez de un lexema simple. Curiosamente, con frecuencia la configuración de la imagen tiene poco que ver con el origen real de la locución, y tal etimología apócrifa a menudo se generaliza y puede provocar el surgimiento de nuevos matices en el significado. Por ejemplo, el origen de *no ser moco de pavo* es incierto y, según algunos (cf. Doval 1995), tiene poco que ver con el apéndice carnoso que lleva esta ave sobre su pico. Se refiere, cuentan, al reloj con cadena que solían llevar cierta clase de personas. Cuando un ladrón callejero, en cuya jerga sus víctimas se llamaban *pavos*, conseguía sustraer el preciado reloj, la cadena —generalmente de poco valor— se quedaba colgando como un *moco*. No obstante, hoy en día para un hablante medio es la imagen del galliforme, a cuyo apéndice no se conoce utilidad funcional alguna, la que sostiene el vínculo motivacional de esta locución.

En el tercer bloque del modelo, el significado de una locución recoge *evaluaciones racionalizadas*, tanto en términos cuantitativos (más de la norma – norma – menos de la norma) como cualitativos (positivo – indiferente – negativo). En nuestro caso, *no ser moco de pavo* parece ponderar el valor cuantitativo del referente (i. e. más de la norma), mientras que se muestra bastante indiferente en la evaluación cualitativa.

En el cuarto bloque, el significado locucional encierra los *sentimientos y actitudes* que se pretenden transmitir y causar en el interlocutor; es decir, la fuerza ilocutiva y el buscado efecto perlocutivo de la locución. Así, cuando el hablante elige *no ser moco de pavo* pretende subrayar el valor y la importancia del asunto o la cosa para que su oyente lo aprecie y reaccione adecuadamente.

En el quinto bloque, el modelo refleja la información *estilística* que aporta la locución, esto es, el registro al que habitualmente se adscribe, coloquial en el caso de nuestro ejemplo.

Finalmente, en el sexto bloque, situamos la información *gramatical*. Su interés radica especialmente en la relación entre la adscripción gramatical de la locución y su función semántica. De esta forma, la clasificación de las locuciones que se presenta en el § 4 permite indicar no solo su papel sintáctico, sino también si el referente es un objeto, una cualidad, una acción o una circunstancia, por ejemplo. No obstante, esta ecuación no siempre se cumple a rajatabla, pues, como sucede con muchos lexemas simples, un importante número de locuciones presenta cierta divergencia entre su forma gramatical y su función semántica. Así, el sintagma nominal que actúa como atributo del verbo copulativo *ser* en nuestro ejemplo *no ser moco de pavo* aporta un significado adjetival, ya que indica la cualidad del referente.

Todas estas informaciones actúan, obviamente, a la vez y juntas conforman la semántica locucional. Además, se pueden caracterizar como implicaturas de diverso grado de convencionalización, lo que muestra el carácter eminentemente pragmático del significado de las locuciones. Su complejidad —que emerge como resultado de un desarrollo contextual— se identifica, sin embargo, con el de un lexema simple en el segundo nivel del significado, el pragmático, donde nos interesa el comportamiento discursivo de la locución.

Al parecer, el grado de convencionalización de las implicaturas del nivel semántico de significado determina, hasta cierto punto, su comportamiento pragmático. Si estamos ante implicaturas muy convencionalizadas, estas se mantienen en el nivel discursivo e incluso imponen su "carga" a todo el enunciado. Sin embargo, las implicaturas que se presentan como preferentes pero menos convencionalizadas (Levinson 2000), pueden verse alteradas o canceladas por el contexto (Timofeeva 2012: 245–253). Por ejemplo, la locución *puñalada trapera* que significa "traición o mala pasada" (DFDEA) muestra un alto grado de convencionalización de implicaturas negativas en el bloque de evaluación racionalizada. Asimismo, en lo que se refiere a los sentimientos y actitudes que aúna la locución, el rechazo y la desaprobación predominan de manera clara. Ambas informaciones forman parte – de una manera fija y muy convencionalizada – de la semántica de *puñalada trapera* y se deben, básicamente, al propio bloque denotativo que designa un concepto – la traición – culturalmente penalizado. Tal carácter de dichas implicaturas hace que resulte difícil imaginar usos (nivel pragmático del significado locucional) donde *puñalada trapera* pueda ser interpretado en términos positivos. La fuerza de las implicaturas negativas deja impronta en todo el enunciado donde se integra e, incluso, domina el tono general del mismo. Por el contrario, la locución *mosquita muerta*, definida como "persona de apariencia mansa y apocada que encubre malicia" (DFDEA), si bien parece contener en su semántica evaluaciones negativas, su carácter de implicaturas menos convencionalizadas permite entender por qué hay contextos donde dicha negatividad se cancela. Por ejemplo, en el nivel pragmático *mosquita muerta* puede generar incluso una implicatura de admiración si nos referimos mediante esta locución a una persona que, pese a su apocada apariencia, realiza una acción inesperada y digna de alabanza.

6. Las locuciones en la mente

La concepción del significado presentada en el § 5 explica la eficiencia locucional, pues es amplia la gama de informaciones que se transmite mediante una formación compacta. La profusión del uso de los diversos mecanismos formulaicos, entre ellos las locuciones, muestra la conciencia de los hablantes sobre tal eficiencia. Algunos estudios sitúan la presencia de diferentes estructuras formulaicas en el discurso en un promedio de 30–50 por ciento (cf. Erman y Warren 2000). Asimismo, como ya apuntaron Pawley y Syder (1983) en su precursor trabajo, la formulaicidad constituye el principio que fundamenta la fluidez discursiva. De ahí que los aspectos del procesamiento cognitivo y el almacenamiento de las muestras formulaicas, incluidas las locuciones, en la memoria susciten un gran interés en las investigaciones más recientes.

En este sentido, sigue abierta la cuestión sobre cómo memorizamos este tipo de unidades lingüísticas, si bien los estudios indican que es la memoria a largo plazo la encargada de su almacenaje. Dado el carácter potencialmente ilimitado —tanto en la capacidad como en la duración— de este tipo de memoria, las locuciones y otras muestras del lenguaje formulaico se acumulan ahí y se recuperan según las necesidades comunicativas de manera holística. De esta forma, se descarga la memoria operativa (o de trabajo), cuyo cometido se centra en el procesamiento de estructuras ocasionales y el almacenamiento durante un breve periodo de tiempo (Conklin y Schmitt 2012). Esta visión explicaría que los hablantes nativos, así como los no nativos con un alto nivel de competencia, procesan el lenguaje formulaico mucho más rápido que las construcciones libres.

Otro aspecto que suscita un gran interés entre los especialistas se refiere a las conclusiones que se desprenden del análisis del lenguaje formulaico en pacientes afásicos, así como en diversos trastornos del lenguaje, asociados o no a otros cuadros clínicos. Las investigaciones indican que los daños cerebrales en el hemisferio izquierdo tienen una menor incidencia en el uso y el procesamiento de las muestras formulaicas; mientras que las lesiones que afectan el hemisferio derecho desencadenan en la práctica incapacidad fraseológica (Van Lancker Sidtis 2012). Ello apunta hacia una mayor importancia del hemisferio derecho en el desarrollo y el procesamiento del lenguaje de lo que se consideraba tradicionalmente.

7. Ámbitos de aplicación

Como se desprende de la exposición anterior, hoy en día es ampliamente compartida la opinión sobre la trascendencia del lenguaje formulaico para la comunicación. Las locuciones ocupan un lugar central dentro de estas consideraciones, lo que explica su interés para los diversos ámbitos de la lingüística aplicada.

Las investigaciones sobre la configuración del significado locucional y su funcionamiento pragmático tienen implicaciones didácticas a la hora de diseñar un recorrido más eficaz hacia la formación de la competencia comunicativa en una lengua extranjera. Asimismo, los estudios sobre el uso y el procesamiento de las unidades idiomáticas por parte de los hablantes nativos ofrecen pistas para su tratamiento en clase de lenguas segundas y extranjeras. Incluso se ha conformado un ámbito, la *fraseodidáctica*, dedicado a los diversos aspectos de la enseñanza de los elementos fraseológicos (Ettinger 2008; González 2012).

La lexicografía también ha dirigido su mirada hacia las nuevas concepciones del significado locucional, pues la variedad de valores que lo configuran ha de reflejarse adecuadamente en las fuentes de referencia. La disciplina de *fraseografía* analiza las múltiples facetas de la representación en los diccionarios de las locuciones y otras unidades fraseológicas (Olímpio 2007).

Dada la ubicuidad de las manifestaciones formulaicas en cualquier lengua, la lingüística aplicada a la traducción igualmente busca soluciones para el tratamiento traductológico de las locuciones. Su complejidad semántica y pragmática demanda del traductor una sensibilidad y un vasto conocimiento cultural que aseguren la comprensión y la transmisión a otra lengua de la gama de matices que desencadena la locución en la lengua de origen (Corpas 2000).

El estudio de los fenómenos pragmáticos como la ironía o el humor también indaga en los mecanismos locucionales para su generación. Ello incluye tanto los usos canónicos de las locuciones como sus diversas manipulaciones creativas conocidas como *desautomatización fraseológica*. Por ejemplo, en un artículo periodístico que se muestra crítico con las prácticas empresariales consistentes en llevar parte de la producción a países como China y mantener tales operaciones en secreto, encontramos por título "A la China callando". La desautomatización de la locución *a la chita callando* "sigilosamente y con disimulo" (DFDEA) que lo origina consigue expresar de manera eficiente la actitud irónica del autor y captar desde el principio la atención del lector (Timofeeva 2009).

En el ámbito de lenguajes de especialidad muchas unidades terminológicas responden en su configuración a patrones fraseológicos, por lo que también aquí existe un importante interés hacia las investigaciones en torno a las locuciones (Pavel 1993; Cabré 1999).

La lingüística computacional trabaja intensamente en la algoritmia locucional con el fin de crear y diseñar herramientas informáticas para el procesamiento y la recuperación electrónica de este tipo de unidades. Sus aplicaciones abarcan un espectro muy amplio de problemas relacionados con la lexicografía, la traducción o la lingüística clínica (Corpas 2013).

Este último ámbito, el de lingüística clínica, también encuentra en el estudio de las locuciones una fuente de inspiración. Como ya hemos apuntado, los diversos trastornos del lenguaje muestran una respuesta distinta ante el estímulo locucional. Por ejemplo, y dada la naturaleza pragmáticamente compleja del lenguaje formulaico, parece evidente la relación que existe entre las dificultades en el uso y la comprensión de las locuciones por parte de los pacientes que sufren algún trastorno del espectro autista (v. g. el síndrome de Asperger) y sus problemas de interacción social (Landa 2000; Bogdashina 2005). En este sentido, las investigaciones en torno a la formulaicidad aportan datos relevantes para la planificación y el diseño de las terapias del lenguaje.

Estos son solo algunos de los ámbitos de aplicación donde el estudio de las locuciones ocupa un lugar destacado y ofrece nuevas herramientas teóricas y metodológicas. Sin duda alguna, todos ellos confirman que esencialmente somos seres fraseológicos y que el papel del lenguaje formulaico en nuestra actividad comunicativa es crucial.

Bibliografía

Bally, Ch. (1909) *Traité de stylistique française*, París: Librairie C. Kincksiek.

Bogdashina, O. (2005) *Communication issues in autism and Asperger syndrome. Do we speak the same language?* Londres: Jessica Kingsley.

Cabré, M. T. (1999) *La terminología: representación y comunicación*, Barcelona: Institut Universitari de Lingüística Aplicada, Universitat Pompeu Fabra.

Carneado, Z. y Tristá, A. M. (1983) *Estudios de fraseología*, La Habana: Academia de Ciencias de Cuba, Instituto de Literatura y Lingüística.

Casares, J. (1950) *Introducción a la lexicografía moderna*, Madrid: CSIC.

Conca, M. y Guia, J. (2014): *La fraseologia. Principis, mètode i aplicacions*, Alzira: Bromera / IIFV.

Conklin, K. y Schmitt, N. (2012) "The processing of formulaic language", *Annual Review of Applied Linguistics. Topics in Formulaic Language*, 32, pp. 45–61.

Corpas Pastor, G. (1996) *Manual de fraseología española*, Madrid: Gredos.

Corpas Pastor, G. (2000) "Fraseología y traducción", en Salvador, V. y Piquer, A. (eds.) *El discurs prefabricat. Estudis de fraseologia teòrica i aplicada*, Castellón: Universitat Jaume I, pp. 107–138.

Corpas Pastor, G. (2003) *Diez años de investigación en fraseología: análisis sintáctico-semánticos, contrastivos y traductológicos*, Madrid/Fráncfort: Iberoamericana Vervuert.

Corpas Pastor, G. (2013) "Detección, descripción y contraste de las unidades fraseológicas mediante tecnologías lingüísticas", en Olza, I. y Manero, E. (eds.) *Fraseopragmática*, Berlín: Frank & Timme, pp. 335–373.

Dobrovol'skij, D. y Piirainen, E. (2005) *Figurative language: Cross-cultural and cross-linguistic perspectives*, Amsterdam: Elsevier.

DFDEA = Seco, M. *et al.* (2004) *Diccionario fraseológico documentado del español actual*, Madrid: Aguilar.

Doval, G. (1995) *Del hecho al dicho*, Madrid: Ediciones del Prado.

DRAE = Real Academia Española (2001) *Diccionario de la lengua española*, 22.ª ed., Madrid: Espasa.

Erman, B. y Warren, B. (2000) "The idiom principle and the open choice principle", *Text – Interdisciplinary Journal for the Study of Discourse*, 20, 1, pp. 29–62.

Ettinger, S. (2008) "Alcances e límites da fraseodidáctica. Dez preguntas clave sobre o estado actual da investigación", *Cadernos de Fraseoloxía Galega*, 10, pp. 95–127.

García-Page, M. (2008) *Introducción a la fraseología española: estudio de las locuciones*, Barcelona: Anthropos.

González Rey, M. I. (2012) "De la didáctica de la fraseología a la fraseodidáctica", *Paremia*, 21, pp. 67–84.

Landa, R. (2000) "Social language use in Asperger syndrome and high-function autism", en Klin, A., Volkmar, F. R. y Sparrow, S. S. (eds.) *Asperger syndrome*, Nueva York: Guilford Press, pp. 215–155.

Levinson, S. C. (2000) *Presumptive meanings: The theory of generalized conversational implicature*, Cambridge, MA: The MIT Press.
Martínez Marín, J. (1996) *Estudios de fraseología española*, Málaga: Ágora.
Olímpio de Oliveira Silva, M. E. (2007) *Fraseografía teórica y práctica*, Fráncfort: Peter Lang Verlag.
Pavel, S. (1993) "Neology and phraseology as terminology-in-the-making", en Sonneveld, H. B. y Loening, K. L. (eds.) *Terminology: Applications in interdisciplinary communication*, Amsterdam/ Filadelfia: John Benjamins, pp. 21–34.
Pawley, A. y Syder, F. H. (1983) "Two puzzles for linguistic theory: Nativelike selection and nativelike fluency", en Richards, J. C. y Schmidt, R. W. (eds.) *Language and communication*, Londres: Longman, pp. 191–226.
Penadés Martínez, I. (1999) *La enseñanza de las unidades fraseológicas*, Madrid: Arco Libros.
Ruiz Gurillo, L. (1997) *Aspectos de fraseología teórica española*, Valencia: Universitat de València.
Ruiz Gurillo, L. (2001) *Las locuciones en español actual*, Madrid: Arco Libros.
Ruiz Gurillo, L. (2009) "La gramaticalización de unidades fraseológicas irónicas", en Ruiz Gurillo, L. y Padilla, X. (eds.) *Dime cómo ironizas y te diré quién eres. Una aproximación pragmática a la ironía*, Fráncfort: Peter Lang, pp. 371–390.
Telija, V. (1996) *Russkaja fraseologuija*, Moscú: Shkola Yazyki russkoj kultury.
Timofeeva, L. (2009) "La desautomatización fraseológica: un recurso para crear y divertir", en Jiménez Ruiz, J. L. y Timofeeva, L. (eds.) *Estudios de lingüística: Investigaciones lingüísticas del siglo XXI*, Alicante: Universidad de Alicante, pp. 249–271. Accesible en http://rua.ua.es/dspace/handle/ 10045/15289.
Timofeeva, L. (2012) *El significado fraseológico. En torno a un modelo explicativo y aplicado*, Madrid: Ediciones Liceus.
Van Lancker Sidtis, D. (2012) "Formulaic language and language disorders", *Annual Review of Applied Linguistics, Topics in Formulaic Language*, 32, pp. 62–80.
Vinogradov, V. (1953) 'Osnovnyje tipy leksicheskikh znachenij slov', en Vinogradov, V. (1977) *Izbrannyje trudy. Leksikologuija y leksikografia*, Moscú: Nauka.
Wray, A. (2008) *Formulaic language: Pushing the boundaries*. Oxford: Oxford University Press.
Zuluaga, A. (1980) *Introducción al estudio de las expresiones fijas*, Fráncfort: Peter Lang.

Lecturas complementarias

Baranov, A. y Dobrovol'skij, D. (2009) *Aspectos teóricos da fraseoloxía*, Santiago de Compostela: Centro Ramón Piñeiro para a Investigación en Humanidades. Accesible en http://www.cirp.es/pls/ bdox/inv.cfg_estudos.
Cambridge Journals Online (2012) *Annual Review of Applied Linguistics. Topics in Formulaic Language*, 32. Accesible en http://journals.cambridge.org/action/displayIssue?iid=8771441.
Colston, H. L. y Katz, A. N. (eds.) (2005) *Figurative language comprehension*, Londres: Lawrence Erlbaum.
Conca, M. y Guia, J. (2014): *La fraseologia. Principis, mètode i aplicacions*, Alzira: Bromera/IIFV.
Cowie, A. P. (ed.) (2001) *Phraseology. Theory, analysis, and applications*, Oxford: Oxford University Press.
García-Page, M. (2008) *Introducción a la fraseología española: estudio de las locuciones*, Barcelona: Anthropos.
Luque Durán, J. y Pamies, A. (eds.) (2005) *La creatividad en el lenguaje: colocaciones idiomáticas y fraseología*, Granada: Método.
Montoro del Arco, E. T. (2006) *Teoría fraseológica de las locuciones particulares. Las locuciones prepositivas, conjuntivas y marcadoras en español*, Fráncfort: Peter Lang Verlag.
Olza, I. y Manero, E. (eds.) (2013) *Fraseopragmática*, Berlín: Frank & Timme.
Salvador, V. i Piquer, A. (eds.) (2000) *El discurs prefabricat. Estudis de fraseologia teòrica i aplicada*, Castellón: Universitat Jaume I.
Salvador, V. i Climent, L. (eds.) (2006) *El discurs prefabricat II. Fraseologia i comunicació social*, Castellón: Universitat Jaume I.

Timofeeva, L. (2012) *El significado fraseológico. En torno a un modelo explicativo y aplicado*, Madrid: Ediciones Liceus.

Entradas relacionadas

adquisición del español como segunda lengua; enseñanza del español como lengua extranjera; gramaticalización; humor; ironía; lexicología; lexicografía; lingüística clínica; lingüística computacional; pragmática; terminología

MARCADORES DEL DISCURSO

José Portolés

1. Introducción

Unidades como *además*, *bueno* o *pues* han recibido atención por parte de los estudiosos del español al menos desde que en 1791 el padre Gregorio Garcés publicara *Fundamento del vigor y elegancia de la lengua castellana. Expuesto en el propio y vario uso de sus partículas*; no obstante, ha sido el desarrollo de la pragmática en los últimos cuarenta años lo que ha favorecido el interés que más recientemente se les ha dedicado.

En los orígenes de esta nueva disciplina de la lingüística se encuentra una serie de conferencias que H. Paul Grice pronunció en 1967 (Grice 1989). Defendió en ellas que lo comunicado no está constituido simplemente por lo que ha sido codificado por el hablante en una lengua determinada y descodificado por el oyente, sino también por un conjunto de conclusiones —las implicaturas conversacionales— que se obtienen gracias a un principio que guía la razón de los seres humanos: el principio de cooperación. En las mismas conferencias expuso igualmente que existen implicaturas que se producen por el significado convencional de diversos elementos de la lengua (*He is an Englishman; he is, **therefore**, brave*) y denominó a las conclusiones así obtenidas ('Ser valiente es una consecuencia de ser inglés') implicaturas convencionales. Se trata de conclusiones inferidas guiadas por el significado de palabras como *therefore* ('por tanto'). Obsérvese que, si se sustituye esta unidad por otras del mismo tipo, las inferencias pueden variar.

(1) a. Es inglés. *Por tanto*, es valiente.
b. Es inglés. *Sin embargo*, es valiente.
c. Es inglés. *Además*, es valiente.

En los tres ejemplos, el hombre del que hablamos es inglés y valiente; ahora bien, de (1a) se concluye que los ingleses son valientes, de (1b) que no lo son y de (1c) que, de ser inglés, no se tiene por qué concluir que se sea o no valiente y que, por ello, no es superfluo añadirlo expresamente.

2. ¿Qué es un marcador del discurso?

2.1. Definición

Después de constatar la existencia de este tipo de unidades, a las que vamos a denominar *marcadores del discurso*, se puede fijar su naturaleza con la siguiente definición:

> Los marcadores del discurso son unidades lingüísticas invariables, no ejercen una función sintáctica en el marco de la predicación oracional y poseen un cometido coincidente en el discurso: el de guiar, de acuerdo con sus distintas propiedades morfosintácticas y pragmáticas, las inferencias que se realizan en la comunicación (Martín Zorraquino y Portolés 1999: 4057; Portolés 2001: 25–26).

Partiendo del hecho de que este concepto no constituye una clase sintáctica de palabras análoga a *verbo*, *conjunción* o *adverbio*, sino un grupo establecido con intereses pragmáticos, esta definición proporciona distintos criterios —semántico, morfológico y sintáctico— para clasificar como marcador discursivo una palabra o una locución —en la mayor parte de los casos locuciones adverbiales, pero también adverbios, interjecciones o conjunciones—.

De acuerdo con el criterio semántico, su significado es de procesamiento —esto es, guía las inferencias— y, en consecuencia, los marcadores no representan una realidad. Podemos imaginarnos realidades que se correspondan a *tarta*, *comer*, *dulce* o *lentamente*, pero no es posible hacer lo mismo con *por tanto*, *en fin*, *así las cosas* o *además*, más allá, evidentemente, de traer a la mente su mera forma escrita. El significado de estas últimas unidades permite, en cambio, procesar de un modo determinado lo que las expresiones con significado conceptual representan (Murillo 2010; Escandell-Vidal, Leonetti y Ahern 2011).

Sería este significado de procesamiento el que convocaría —entre otras— las implicaturas convencionales a las que hacía referencia Grice. En (1a) *por tanto* nos encamina a que consideremos ser valiente —significado conceptual— una consecuencia —significado de procesamiento— de ser inglés —significado conceptual— y en (1b) *sin embargo* nos conduce a inferir que, contrariamente a lo esperado —significado de procesamiento—, la persona de la que hablamos, siendo inglés, es valiente —los dos, significados conceptuales—. Nuevas pruebas de pragmática experimental (Loureda y Nadal 2011; Loureda, Cruz *et al.* 2013) apoyan la hipótesis de la existencia de distintos significados de procesamiento tanto para los marcadores como para otras partículas discursivas.

Advirtamos, no obstante, que poseer significado de procesamiento no impide que un marcador discursivo carezca de huellas de las unidades con significado conceptual que se encuentran en su origen. Hay en *además* un resto de *más*; en el marcador *en suma*, una pervivencia de *suma*; en *claro*, un reconocimiento de la claridad del adjetivo originario. Con todo, a estos significados retenidos se impone un significado de procesamiento. Se puede comprobar, por ejemplo, que tanto el español *en suma* como el italiano *insomma* tienen en su origen un sustantivo con significado de adición —*suma/somma*— que reconocen los hablantes de ambas lenguas, pero, pese a esta coincidencia, no siempre es posible la traducción de uno por otro. Esto se debe a que en las dos lenguas sus respectivos marcadores poseen diferentes significados de procesamiento (Sainz 2013).

(2) —Come sono andati gli esami, Laura?
[—¿Qué tal los exámenes, Laura?]
—*Insomma*..., ho studiato moltissimo, eppure ho avuto voti molto bassi.
[—{*Bueno*/# *En suma*}, he estudiado muchísimo; sin embargo, he sacado notas muy bajas.]

El segundo criterio de la definición es morfológico: se trata de unidades invariables. Los marcadores del español provienen de una evolución de estadios anteriores de la lengua —por ejemplo, *sin embargo*— o de un préstamo o un calco de otra lengua que sufrió esta evolución —por ejemplo, el *id est* latino contribuyó a la fijación del *esto es* castellano o el *par contre* francés se encuentra en el origen del españolismo *por contra*— (Pons Rodríguez 2010). En la mayor parte de los casos la creación de un nuevo marcador se produce por la unión en una sola unidad léxica —aunque gráficamente se represente en diferentes palabras— de varias unidades previas (*sin embargo*, *en cualquier caso*, *por un lado* o *de todos modos*), si bien esto no siempre sucede: marcadores discursivos como *bueno*, *bien*, *claro*, *pues* o *vamos* están constituidos por una única unidad.

En la evolución de los marcadores se han dado dos procesos: uno de lexicalización y otro de gramaticalización (Elvira 2009: 215–224). La expresión lexicalizada deja de analizarse composicionalmente —es decir, por las partes que la componen— tanto en su gramática como en su significado; así, por ejemplo, en *sin embargo* ya no hallamos el significado de 'carece de + impedimento' de su origen. Por otra parte, el proceso de gramaticalización consiste en la adquisición por una unidad léxica de un valor gramatical o de un nuevo valor gramatical, si ya poseía uno de estos valores, e implica, como ya hemos visto con *en suma*, un paso de significados más referenciales a otros menos referenciales.

Por último, después de un criterio semántico y otro morfológico, el tercer criterio de la definición de marcador del discurso es sintáctico: no ejerce una función sintáctica en el marco de la predicación oracional, pues se trata de un elemento situado en una posición marginal. Así, *por tanto*, en *Por tanto, es valiente* se encuentra en una posición sintáctica que no depende del verbo *ser* de *es valiente*. Los complementos circunstanciales o adjuntos, pongamos por caso, sí dependen del verbo: *Es valiente desde la infancia* se puede transformar con una perífrasis de relativo en *Es desde la infancia desde cuando es valiente*, pero *Por tanto, es valiente* no se puede parafrasear con **Es por tanto como es valiente*.

Con estos tres criterios —los marcadores tienen un significado de procesamiento, son palabras invariables y carecen de función sintáctica dentro de la predicación oracional— se crea una red lo suficientemente tupida como para atrapar un buen número de unidades con cierta homogeneidad semántica y gramatical.

2.2. Denominación

Todas las denominaciones que se emplean para estas unidades tienen inconvenientes, generalmente porque se atiende a un aspecto y se olvidan otros. Es habitual agrupar, por ejemplo, estos elementos bajo el término *conector*, ya que, frecuentemente, relacionan dos partes del discurso (§ 3.2) —así lo hace la *Nueva gramática de la lengua española* de la RAE y AALE (2009: § 30.12)—. No obstante, esta conexión no se da en todas las ocasiones. Tomemos dos ejemplos del marcador discursivo *en realidad*:

(3) a. No he dormido mal; *en realidad*, he dormido bastante bien.
    b. Estoy descansada, porque, *en realidad*, he dormido bastante bien.

En (3a) *he dormido bastante bien* se relaciona con *no he dormido mal* gracias a *en realidad*; mientras que en (3b) aquello con lo que se relaciona *he dormido bastante bien* por medio de *en realidad* no se encuentra expreso (Taranilla 2011). Elegir, pues, el término *conector* en lugar de *marcador* u otro menos específico predispone al estudiante de español a que, por la mera aparición de una de estas unidades, busque en todos los casos —en todos los usos de *en realidad*, por seguir con el mismo ejemplo— una conexión entre dos miembros del discurso que con frecuencia no se produce.

Menos comprometido es el término *marcador* que, unido a los adjetivos *discursivo* (Martín Zorraquino y Portolés 1999; Loureda y Acín 2010) o *pragmático* (Aijmer y Simon-Vandenbergen 2011), se limita a informar de que, para dar cuenta de la descripción de estas unidades, es esencial el estudio de su función orientadora en contextos precisos; es decir, que el mero estudio gramatical no va a proporcionar una información suficiente para predecir su uso.

Por último, ya es habitual que en estudios sobre el español se emplee *partícula discursiva* como hiperónimo —esto es, como nombre más abarcador— de *marcador discursivo*. De este modo, se pueden agrupar como partículas discursivas (Santos 2004; Briz, Pons y Portolés en línea), junto a los marcadores propiamente dichos, otros elementos invariables, como usos no canónicos de conjunciones subordinantes —*¡**Que** te estés quieto!* o *(Pero) **si** se lo dije*—, ciertas locuciones preposicionales con término—*a pesar de* o *lejos de*— o adverbios de foco —*incluso, hasta, también/tampoco, ni siquiera* o *solo*— que, si bien poseen también un significado de procesamiento y una invariabilidad morfológica, carecen de la independencia sintáctica de los marcadores —en *Habla hasta coreano*, el complemento directo de *habla* es *hasta coreano* y en *¡Que te estés quieto!*, no se puede eliminar la conjunción—.

3. Clasificación de los marcadores discursivos

Pese a los límites fijados en la definición de marcador, el grupo de unidades resultante de su aplicación es heterogéneo. Hay marcadores átonos (muchos usos de *pues* —***pues** sí*—) y tónicos (*en fin*); unos pueden aparecer independientes —por ser próximos a interjecciones— (*claro*), otros —por ser adverbios o conjunciones— se apoyan necesariamente en un miembro del discurso mayor (*por tanto*); unos tienen una posición fija (*ahora bien* siempre introduce su miembro del discurso) y otros poseen movilidad —***(en cambio)** Juan **(en cambio)** no sabe **(en cambio)** la respuesta*—; los hay de usos esencialmente orales (*mira/mire*) y también existen otros de apariciones casi exclusivamente escritas (*antes bien*); algunos tienen una evidente relación con una unidad con significado conceptual (*por el contrario*), otros son opacos a este tipo de vínculo (*pues*). Esta heterogeneidad trae consigo la posibilidad de muy diversas clasificaciones.

Una habitual se encuentra en diferenciar fenómenos discursivos como "justificar", "explicar", "complementar", "refutar", "parafrasear", "resumir" o "intensificar" y, posteriormente, agrupar los marcadores bajo estos epígrafes. No obstante, esta propuesta se enfrenta con varios problemas: no está establecida la serie de fenómenos que se pueden dar en el discurso, el mismo marcador puede aparecer en distintos grupos y, por último, este tipo de clasificación favorece la idea de falsas sinonimias dentro de los marcadores agrupados bajo un mismo fenómeno. En definitiva, es útil para un primer acercamiento en la enseñanza, pero entorpece análisis más detallados de los marcadores.

Otra clasificación factible consiste en agrupar por un lado a aquellos elementos que poseen un uso predominantemente oral (*claro*, *bueno*, *pues*, *mira* o *¿eh?*) frente a aquellos otros que se utilizan con más frecuencia en el discurso escrito (*por tanto*, *con todo* o *pues bien*) —se ha propuesto denominar a los primeros *marcadores pragmáticos* y a los segundos *marcadores discursivos* (Romero-Trillo 2013)—. Se trata de una división que, sin duda, orienta al lector, si bien hay que tener presente que, según los géneros discursivos utilizados, la distinción entre unidades orales y escritas deja de ser evidente. Piénsese, por ejemplo, en un texto de mensajería instantánea para usos escritos de marcadores orales o en una clase universitaria para usos orales de unidades escritas.

Una tercera posibilidad, que es la que aquí se adopta, se encuentra en la clasificación de los marcadores de acuerdo con las instrucciones de procesamiento. Para ello, se parte de la hipótesis de que el significado de procesamiento consiste en una serie de prescripciones —por ejemplo, "lo que sigue a este marcador es una consecuencia de lo anterior"— dadas a quienes deben interpretar aquello que se ha dicho. Esta hipótesis tiene su origen en la Teoría de la Argumentación en la Lengua de Oswald Ducrot y Jean-Claude Anscombre (Anscombre y Ducrot 1994). De este modo, los marcadores agrupados compartirán algunas de estas instrucciones y se diferenciarán en otras. El fin último de este planteamiento sería encontrar las instrucciones que individualizan a cada marcador y el método que se utiliza para distinguir estas instrucciones consiste en el contraste entre marcadores. Tomemos, como ejemplo, los marcadores *además* y *en cambio*. Los dos vinculan dos miembros del discurso:

(4) a. María es inteligente. *Además*, tiene muy buena memoria.
b. Juan es inteligente. *En cambio*, tiene muy mala memoria.

Así pues, los dos marcadores comparten una instrucción de conexión de dos miembros del discurso —es decir, los dos prescriben que el lector ha de vincular *X tiene muy buena/mala memoria* con *X es inteligente*—, pero se diferencian en que en el primer caso los miembros unidos argumentan hacia una misma conclusión —por ejemplo, "María aprobará el examen"— y, en el segundo caso, *tiene muy mala memoria* orienta hacia una conclusión contraria —por ejemplo, "Juan tal vez suspenda el examen"—. A su vez, esta idea de oposición la comparten *en cambio* y el también marcador *por el contrario*, pero, de nuevo, existen diferencias de significado. Son sustituibles en:

(5) a. María es muy inteligente. {*En cambio/por el contrario*}, su hermano es bastante torpe.

Pero no lo son en:

b. El hermano de María no es inteligente; es, {*por el contrario/***en cambio*}, bastante torpe.

Ello se debe a que el significado de oposición de *por el contrario* y *en cambio* permite contrastar dos miembros del discurso (5a), pero solo el primero puede presentar también una refutación, es decir, la sustitución de uno de ellos —*es inteligente*— por su opuesto —*es bastante torpe*— (5b).

En definitiva, de acuerdo con este criterio de diferenciar las instrucciones de procesamiento, los marcadores discursivos se podrían clasificar en los siguientes grupos: estructuradores de la información, conectores, reformuladores, operadores discursivos y marcadores de control del contacto.

3.1. Los estructuradores de la información

Estos marcadores permiten regular la organización informativa de los discursos. Se trata de unidades que, pese a relacionar distintos miembros del discurso, carecen de significado argumentativo, es decir, no introducen, por ejemplo, una conclusión contraria o una consecuencia de lo dicho previamente. Se dividen en tres grupos:

a) Los comentadores presentan el miembro del discurso que introducen como un nuevo comentario, lo que lo distingue del discurso previo —*pues bien, así las cosas* y *dicho eso*, en el discurso escrito, y en el oral, algunos usos de *pues*—. Analicemos, para comprender mejor el concepto, un ejemplo de *pues bien*:

(6) En la calle Mayor está la Clínica de la Salud. Hace poco le hicieron allí a un familiar una operación de cirugía estética. El coste de las operaciones es bastante elevado. ***Pues bien****, en la clínica no hay cafetería en la que poder tomarse un café.*

En este caso, *pues bien* presenta el miembro del discurso que introduce — *en la clínica no hay cafetería en la que poder tomarse un café*— como un comentario pertinente que, solo conociendo lo que se ha dicho previamente, se puede comprender de una forma adecuada.

b) Los ordenadores son estructuradores de la información con dos funciones primordiales: en primer lugar, indican la posición que ocupa un miembro del discurso en el conjunto de una secuencia discursiva ordenada por partes y, en segundo lugar, presentan el conjunto de esta secuencia como un único comentario y cada parte como un subcomentario (Garcés 2008). Existen tres tipos de ordenadores: marcadores de inicio o apertura —*en primer lugar, por una parte* o *por un lado*—, marcadores de continuación —*en segundo/ tercer/.../lugar, por otra (parte), por su parte, asimismo* o *igualmente*— y marcadores de cierre —*por último, en último lugar, en último término* o *finalmente*—.
c) Los digresores introducen un comentario lateral con respecto a la planificación discursiva anterior; con otras palabras, presentan un comentario que se desvía del tema que se venía tratando. El digresor más frecuente es *por cierto* (***Por cierto****, se me olvidaba, ¿cómo están tus padres?*). Menos habituales son *a propósito* o *a todo esto*.

3.2. Los conectores

Son marcadores discursivos que vinculan semántica y pragmáticamente un miembro del discurso con otro miembro anterior o con una suposición contextual fácilmente accesible. El significado del conector proporciona una serie de instrucciones argumentativas que guía las conclusiones que se han de obtener del conjunto de los miembros relacionados. Se distinguen tres grupos de conectores:

a) Los conectores aditivos unen un miembro discursivo anterior con otro de la misma orientación argumentativa, es decir, que conduce a una misma conclusión —*además* (1c y 4a), *encima, aparte* o *es más*—.
b) Los conectores consecutivos presentan el miembro del discurso en el que se encuentran como una consecuencia de un miembro del discurso anterior —*por tanto* (1a), *en consecuencia, por consiguiente, de ahí* o *así pues*—.
c) Los conectores contraargumentativos vinculan dos miembros del discurso de tal modo que el segundo se presenta como supresor o atenuador de alguna conclusión que se pudiera obtener del primero —*en cambio* (4b y 5a), *por el contrario* (5a,b), *sin embargo* (1b), *no obstante, con todo* o *ahora bien*—.

3.3. Los reformuladores

Se trata de marcadores que presentan el miembro del discurso en el que se encuentran como una nueva formulación —esto es, como otro modo de contar lo que se quería decir— de aquello que se pretendió comunicar con un miembro del discurso previo. La reformulación va desde la explicitación de lo que se ha querido decir en un primer miembro del discurso —*Esta mañana he trabajado mucho, **o sea** que no me pidas que te ayude*— a su corrección —*Antonio ha traído el paquete, **o sea**, al menos eso es lo que él me ha dicho*—. Si se comparan los conectores con los reformuladores, se advierte que el significado de los primeros tiene en cuenta tanto el primer miembro discursivo como el segundo; sin embargo, con los reformuladores el segundo miembro se distancia del primero: lo fundamental es el segundo miembro, el que reformula, no lo que se dijo en primer lugar. Se pueden distinguir cinco grupos.

a) Los reformuladores explicativos presentan el miembro del discurso que introducen como una reformulación que aclara o explica lo que se ha querido decir con otro miembro anterior que pudiera ser poco comprensible —*o sea, es decir, esto es, a saber* o *en otras palabras*—.
b) Los reformuladores rectificativos sustituyen un primer miembro, que presentan como una formulación incorrecta, por otra que la corrige o, al menos, la mejora —*mejor dicho* o *más bien*— (*Trajeron un paquete para ti…, **mejor dicho**, dos paquetes*).
c) Los reformuladores de distanciamiento o separación presentan expresamente como no relevante para la prosecución del discurso un miembro del discurso anterior —*en cualquier caso, en todo caso, de todos modos* o *de cualquier manera*— (*Tal vez no quieran que vayamos, pero, **de todos modos**, tenemos que ir*).
d) Los reformuladores de recapitulación presentan su miembro del discurso como una conclusión o recapitulación a partir de un miembro del discurso anterior o una serie de ellos —*en suma, en conclusión* o *en resumen*—.
e) Los reformuladores de reconsideración presentan lo anteriormente dicho desde una nueva perspectiva —*en definitiva, al fin y al cabo, después de todo* o *total*— (*No hace falta que vengas conmigo; **al fin y al cabo**, no conoces a nadie*).

3.4. Los operadores discursivos

Son aquellos marcadores que por su significado condicionan las posibilidades discursivas del miembro en el que se incluyen o al que afectan, pero sin relacionarlo necesariamente con otro miembro anterior. Se pueden distinguir, al menos, tres grupos:

a) Los operadores de refuerzo argumentativo afianzan como argumento el miembro del discurso en que se encuentran frente a otros posibles argumentos, sean estos explícitos o implícitos —*en realidad* (3), *en el fondo, en rigor, de hecho, en efecto* o *la verdad*—. También se pueden encuadrar en este grupo otros marcadores que presentan el miembro del discurso al que afectan como evidente—*claro, desde luego* o *por supuesto*—.
b) Los operadores de concreción presentan el miembro del discurso en el que se localizan como una concreción o ejemplo de una generalización explícita o implícita —*por ejemplo, en especial, en particular* o *en concreto*—. (*Todos cantaban bien, **en particular**, una señora mayor*).

c) Los operadores de formulación presentan su miembro del discurso como una formulación que transmite satisfactoriamente la intención comunicativa del hablante. Se trata de interjecciones como *bueno* (***Bueno****, nos tenemos que ir*) o ciertos usos de *ah* (***Ah****, te tenía que contar una cosa*), que modifican o renuevan la planificación previa de un discurso, tanto propio como ajeno.

3.5. Los marcadores de control del contacto

Manifiestan la relación entre los participantes de la conversación e indican la atención que estos deben mostrar por lo dicho (Vázquez 2003; Briz y Pons 2010). La captación de la atención del interlocutor se puede producir por su origen vocativo: *hombre/mujer*, imperativo: *anda/ande* (***Anda, hombre****, no te quejes tanto*), *mira/mire* u *oye/oiga*, o interrogativo: *¿eh?*, *¿sabes?* o *¿no?* (***Oye, mira****, no estoy de acuerdo,* ***¿sabes?***). Dentro de este apartado también se pueden incluir marcadores de recepción, que suelen aparecer en turnos de palabra en los que el hablante reacciona a lo que ha dicho el interlocutor —la vocalización paralingüística *humh* (***Humh.*** *Y ellos estudiaron también ahí, ¿no?*), o ciertos usos de *ah* (***Ah****, pues qué suerte*), de *no* (***No****, si ya lo sabía*) o de *ya* (***Ya****, ¿y cómo era un día normal?*)—.

4. El uso de los marcadores

Como ya hemos dicho, la anterior clasificación se fundamenta en una descripción del significado de procesamiento de los marcadores; ahora bien, para dar cuenta de sus usos, en muchos casos sistemáticos, se han de tener presentes, aparte de estos significados, tanto las tradiciones retóricas de cada lengua y las tradiciones discursivas de cada género textual, como los contextos concretos verbales y extraverbales, esto último, muy especialmente en el caso de la conversación. En cualquier caso, se ha de evitar un lexicocentrismo que no tenga en cuenta la importancia del contexto y la variación para determinar la función de cada marcador (Borreguero y López Serena 2011).

Así, por ejemplo, se han estudiado de un modo contrastivo los reformuladores explicativos en español y en inglés en textos escritos —entre otros, *es decir* y *that is*—, y se ha comprobado que la retórica del español permite un uso mucho más frecuente de estas unidades que la del inglés (Murillo 2009). Ya dentro de la misma lengua, pese a que, por ejemplo, las enumeraciones de conectores contraargumentativos incluyen unidades como *con todo*, *no obstante*, *por el contrario*, *en cambio* o *sin embargo*, un corpus oral muestra un predominio casi exclusivo de *pero* en el coloquio (Garrido 2004).

Por otra parte, frente a los marcadores que se documentan principalmente e, incluso casi exclusivamente, en el discurso escrito, el sentido de los marcadores más propios del discurso oral depende, en buena parte de los casos, del lugar en el que aparecen. Estos marcadores tienen una semántica más débil que los escritos y su función se vincula a la posición que ocupan y al tipo de unidad en la que se integran. De este modo, si el marcador *oye* aparece en una posición inicial de una intervención conversacional, acostumbra a indicar un cambio de asunto: ***Oye****, ¿no tendrás una navaja?*, pero si se encuentra en el interior de la intervención adquiere un sentido modal: *Nos tomamos una cervecita y,* ***oye****, seguimos trabajando* (Briz y Pons 2010).

5. Investigaciones futuras

Las líneas de investigación futuras sobre los marcadores abarcan los diversos ámbitos de la lingüística. En diacronía, la etimología de los marcadores y la evolución semántica y gramatical de muchos de ellos se encuentran con frecuencia simplemente esbozadas (Espinosa 2010). Por su parte, en sincronía, los estudios de gramática, fonética y semántica requieren descripciones más precisas que asienten criterios y clasificaciones menos impresionistas que los actuales (Anscombre 2011). En concreto, la descripción gramatical de cada uno de los marcadores se ha preterido por las más evidentes descripciones semánticas y de uso. Esto se debe en gran medida a la dificultad de enfrentarse con los instrumentos habituales de la gramática a unidades todas ellas invariables y situadas en posiciones extraoracionales, pero, en muchos casos, con un distinto comportamiento, relativamente fácil de percibir pero difícil de describir (Portolés 2014).

En el caso de los marcadores orales, a la dificultad de la descripción gramatical, se añade la prosódica y la posicional dentro de la interacción. Se pueden diferenciar, por ejemplo, usos de *bueno* o de *claro* que son homógrafos en cuanto a su escritura, pero que constituyen signos lingüísticos diferentes si se tiene en cuenta su prosodia (***Buenooo***, *si yo te contara*). A esta prosodia particular (Hidalgo 2010), se une la importancia de la posición del marcador en la interacción conversacional (§ 4); a su vez, este estudio requiere, antes de nada, definir de un modo riguroso las unidades conversacionales.

Las diferencias dialectales también constituyen un campo de investigación todavía poco desarrollado. Algunos marcadores tienen una distribución geográfica limitada; así, un hispanohablante español intuye más que entiende: ***Órale***, ***ándale***, *allá vamos*, dicho por uno mexicano, y lo mismo sucedería a hablantes americanos con un cierre de conversación: ***Venga***, *hasta mañana*, escuchado en España. En otros casos, el mismo significante puede tener diferente significado; ante *No intente razonar con un nacionalista.* ***Igual***, *no entiende*, un argentino comprende: "No intente razonar con un nacionalista; de todos modos, no entiende", y un español: "no intente razonar con un nacionalista; quizá, no entiende" (García Negroni y Marcovecchio 2013). También el estudio del contacto de lenguas puede explicar usos dialectales de marcadores discursivos. Distintos usos de *pues* serían un ejemplo tanto para América —contacto con lenguas indoamericanas— como para España —contacto con el vasco—. Por último, otro campo de estudio de los marcadores se encuentra en la lingüística aplicada: desde la definición lexicográfica de estas unidades (Santos 2004; Fuentes 2009; González 2010; Briz, Pons y Portolés en línea) a su enseñanza a aprendices hispanohablantes de redacción (Montolío 2014) o a estudiantes de español como lengua extranjera de muy distintas lenguas maternas (Martí Sánchez 2013; Sainz 2013).

Bibliografía

Aijmer, K. y Simon-Vandenbergen, A. M. (2011) "Pragmatics markers", en Zeinkowski, J, Östman, J.-O. y Verschueren, J. (ed.) *Discourse pragmatics*, Amsterdam: John Benjamins, pp. 223–247.

Anscombre, J.-C. y Ducrot, O. (1994) *La argumentación en la lengua*, Madrid: Gredos.

Anscombre, J.-C. (2011) "Los marcadores del discurso: historia de un concepto, problemas y perspectivas", *Lingüística en la red*, 9 anexo monográfico. Accesible en www.linred.es [18/07/2014].

Borreguero, M. y López Serena, A. (2011) "Marcadores discursivos, valores semánticos y articulación informativa del texto: el peligro del enfoque lexicocentrista", en Aschenberg, H. y Loureda, Ó. (eds.) *Marcadores del discurso: de la descripción a la definición*, Madrid/Fráncfort del Meno: Iberoamericana/Vervuert, pp. 169–210.

Briz, A. y Pons, S. (2010) "Unidades, marcadores discursivos y posición", en Loureda, Ó. y Acín, E. (eds.) *Los estudios sobre marcadores del discurso en español, hoy*, Madrid: Arco Libros, pp. 327–358.

Briz, A., Pons, S. y Portolés. J. (eds.) *Diccionario de partículas discursivas del español* [en línea]. Accesible en www.dpde.es [18/07/2014]

Garcés, M. P. (2008) *La organización del discurso: marcadores de ordenación y de reformulación*, Madrid/Fráncfort del Meno: Iberoamericana/Vervuert.

García Negroni, M. M. y Marcovecchio, A. M. (2013) "No todo da lo mismo: de la comparación al distanciamiento. El caso de *igual*", *Oralia*, 16, pp. 143–162.

Garrido, M. C. (2004) *Conectores contraargumentativos en la conversación coloquial*, León: Universidad de León.

González, R. (2010) "Los marcadores del discurso y su tratamiento lexicográfico", en Loureda, Ó. y Acín, E. (eds.) *Los estudios sobre marcadores del discurso en español, hoy*, Madrid: Arco Libros, pp. 617–688.

Grice, H. P. (1989) *Studies in the way of words*, Cambridge, MA: Harvard University Press.

Elvira, J. (2009) *Evolución lingüística y cambio sintáctico*, Berna: Peter Lang.

Escandell-Vidal, V., Leonetti, M. y Ahern, A. (2011) *Procedural meaning: Problems and perspectives*, Bingley: Emerald.

Espinosa, R. M. (2010) *Procesos de formación y cambio en las llamadas "palabras gramaticales"*, San Millán de la Cogolla: Cilengua.

Hidalgo, A. (2010) "Los marcadores del discurso y su significante: en torno a la interfaz marcadores-prosodia en español", en Loureda, Ó. y Acín, E. (eds.) *Los estudios sobre marcadores del discurso en español, hoy*, Madrid: Arco Libros, pp. 61–92.

Loureda, Ó. y Acín, E. (eds.) (2010) *Los estudios sobre marcadores del discurso en español, hoy*, Madrid: Arco Libros.

Loureda, Ó. y Nadal, L. (2011) "*Dime dónde miras y te diré qué comprendes*: experimentos sobre la comprensión de partículas discursivas", *Español Actual*, 96, pp. 131–157.

Loureda, Ó, Cruz, A. y Grupo Diskurspartikeln und Kognition (2013) "Aproximación experimental sobre los costes de procesamiento de las partículas focales del español *también* e *incluso*", *Cuadernos* (AISPI), 2, pp. 75–98.

Martí, M. (2013) *Los marcadores discursivos*, Actividades y claves por Fernández Gómiz, S., Madrid: Edinumen.

Martín Zorraquino, M. A. y Portolés Lázaro, J. (1999) "Los marcadores del discurso", en Bosque, I. y Demonte, V. (eds.) *Gramática descriptiva de la lengua española*, Madrid: Espasa, pp. 4051–4213.

Montolío, E. (2014) "Mecanismos de cohesión (II). Los conectores", en Montolío, E. (dir.) *Manual de escritura académica y profesional*, vol. II, Barcelona: Ariel, pp. 9–92.

Murillo, S. (2009) "Los marcadores de reformulación explicativa en español y en inglés. Estudio contrastivo de *o sea* y sus traducciones *that is (to say)* e *in other words*", en Garcés, M. P. (ed.) *La reformulación del discurso en español en comparación con otras lenguas*, Madrid: Universidad Carlos III/BOE, pp. 137–161.

Murillo, S. (2010) "Los marcadores del discurso y su semántica", en Loureda, O. y Acín, E. (eds.) *Los estudios sobre marcadores del discurso en español, hoy*, Madrid: Arco Libros, pp. 241–280.

Pons Rodríguez, L. (2010) "Los marcadores del discurso en la historia del español", en Loureda, Ó. y Acín, E. (eds.) *Los estudios sobre marcadores del discurso en español, hoy*, Madrid: Arco Libros, pp. 523–615.

Portolés, J. (2001) *Marcadores del discurso*, 2.ª ed., Barcelona: Ariel.

Portolés, J. (2014) "Gramática, semántica y discurso en el estudio de los marcadores", en García Negroni, M. M. (ed.) *Marcadores del discurso: perspectivas y contrastes*, Buenos Aires: Santiago Arcos, pp. 202–231.

[RAE-ASALE] Real Academia Española y Asociación de Academias de la Lengua Española (2009) *Nueva gramática de la lengua española*, Madrid: Espasa.

Romero-Trillo, J. (2013) "Pragmatic Markers", en Chapelle, C. A. (ed.) *The encyclopedia of applied linguistics*, Londres: Blackwell-Wiley, s.v.

Sainz, E. (2014), "Consideraciones metodológicas para la enseñanza de los marcadores discursivos del español a estudiantes italianos", Sainz, E. (ed.). *De la estructura de la frase al tejido del discurso. Estudios contrastivos español/italiano*, Berna: Peter Lang, pp. 247–301.

Santos, L. (2004) *Diccionario de partículas discursivas del español*, Salamanca: Luso-Española de Ediciones.

Taranilla, R. (2011) "*En realidad, realmente, tú ya no me quieres*. Partículas discursivas basadas en el valor argumentativo de lo real", en González, R. y Llamas, C. (eds.) *Gramática y discurso. Nuevas aportaciones sobre partículas discursivas del español*, Pamplona: Eunsa, pp. 189–214.
Vázquez, N. (2003) *Marcadores discursivos de recepción*, Santiago de Compostela: Universidade de Santiago de Compostela.

Lecturas complementarias

Briz, A., Pons, S. y Portolés, J. (eds.) *Diccionario de partículas discursivas del español* (en línea). Accesible en www.dpde.es [18/07/2014].
Fuentes, C. (2009) *Diccionario de conectores y operadores del español*, Madrid: Arco Libros.
García Negroni, M. M. (ed.) (2014) *Marcadores del discurso: perspectivas y contrastes*, Buenos Aires: Santiago Arcos.

Entradas relacionadas

conjunciones; coordinación; locuciones; pragmática

MORFEMAS Y ALOMORFOS

Eulàlia Bonet

1. Morfemas

1.1. Definición y problemas

La definición más popular de *morfema* es quizás la de Hockett (1958): un morfema es, dentro de un enunciado, el elemento más pequeño con significado propio. Así, la raíz *fin* que se encuentra en palabras como *finalidad* no se puede reducir a unidades más pequeñas, como *fi* y *n* o *f* e *in*, ya que no tendrían ningún significado. La palabra *delfín*, aunque contenga una secuencia [fín], no contiene un morfema *-fin* ya que no tiene un significado asociable al de *fin* y tampoco se puede relacionar con la terminación de una palabra como *serafín*. Además, la secuencia *del-*, aunque se pueda encontrar en palabras como *delgado*, no tiene un significado aislable ni, por supuesto, compartido. Tenemos que concluir que *delfín* no se puede segmentar en unidades más pequeñas; por lo tanto, constituye un solo morfema. En cambio, la palabra *inventor* contiene dos morfemas distintos, una raíz *invent-* (que se encuentra también en el verbo *inventar* o en el nombre *invento*) y un sufijo derivativo *-or* (que se encuentra en otras palabras, como *delator* o *revisor*). Nótese que, contrariamente a la raíz *fin*, que coincide con la palabra *fin*, la raíz *invent-* no puede constituir una palabra por si sola; siempre necesita un sufijo de algún tipo.

Los términos *morfo* o *exponente* se usan habitualmente para referirse a la expresión o forma fonológica de un morfema. Idealmente cada morfema está constituido por un significado (y rasgos morfosintácticos) y un exponente, pero en español es muy difícil encontrar ejemplos en los que, de forma indiscutible, se dé esta relación de uno a uno. El morfema de plural se podría considerar un ejemplo válido, con una sola realización *-s* (*niñas*, *pueblos*, *cafés*, etc.), si nos centramos en variedades coloquiales que no tienen plurales como *currícula* y suponemos además que en los plurales terminados en *-es* (*canciones*, *árboles*) la *-e* no forma parte del morfema de plural, como han supuesto varios autores (véase Ambadiang 1999 para un resumen de las propuestas principales). Asimismo el prefijo adverbial *re-*, con una forma fija, tendría un solo significado, de repetición (*reasignar*, *readmitir*), si no lo asociamos con el prefijo *re-* intensificador que se encuentra en adjetivos como *reseco* (véase Varela y Martín García 1999 o Rainer 1993 para discusión sobre la relación entre estos dos prefijos).

Contrariamente al plural, el singular no tiene un morfo concreto, por lo cual se puede concebir como un morfema Ø (cero), un morfema sin un morfo correspondiente o, lo que es lo mismo, un morfema fonológicamente nulo (alternativamente, en una concepción privativa de los rasgos, se puede considerar que el singular no es un morfema sino simplemente la ausencia del rasgo [plural]). También se puede dar el caso inverso; es decir, que se pueda aislar un morfo pero que este no tenga asociado un significado; en estos casos se suele hablar de *interfijos* o, de forma menos apropiada, de *infijos*. Por ejemplo, en la palabra *panadero*, es fácil identificar la raíz *pan* y el sufijo *-er(o)*, que se encuentra en palabras como *librero* y que designa oficios; en cambio, el morfo *-ad-* no parece que esté aportando nada al significado, aunque sea claramente aislable y se encuentre en otras palabras, como *enfadadizo*. Pena (1999) se basa en este tipo de casos para sugerir que es más apropiado sustituir la definición de morfema de Hockett (1958) por la definición "unidad gramatical mínima". Las relaciones entre morfemas y morfos pueden ser más complejas y se puede dar el caso, entre otros, de que varios morfemas se realicen en un único morfo (*exponencia múltiple* o *acumulativa*). Este es el caso de los verbos del español, en que el tiempo, el aspecto y el modo (TAM) se suelen realizar en un mismo morfo, cosa que no pasa en algunas otras lenguas; en la forma *cantabas*, el morfo *-ba-* realiza el tiempo pasado, el aspecto imperfectivo y el modo indicativo. Algunos casos, como la *-o* que aparece en la primera persona del presente de indicativo (*llego*, *bebo*, *subo*), se pueden analizar de formas distintas: (a) *-o* como realización conjunta de los rasgos de persona y TAM; (b) *-o* como realización solo de los rasgos de persona (con TAM como morfema Ø); (c) *-o* como realización de TAM y la persona como morfema Ø. La elección entre un análisis u otro dependerá del marco teórico que se adopte y del análisis global de la morfología verbal. Un argumento que puede favorecer el enfoque (c) es que la primera persona no tiene un morfo explícito en otros tiempos, por lo que se puede proponer que la primera persona es uniformemente un morfema Ø. Para una explicación un poco más detallada de los tipos de relaciones entre morfemas y morfos se puede consultar, entre otros, Fábregas (2013). La existencia, o no, de los morfemas Ø ha sido muy debatida, en parte por el uso demasiado extenso que se ha hecho de ellos, en parte porque se les han atribuido propiedades adicionales (como legitimar determinadas configuraciones fonológicas) y en parte porque la admisión de los morfemas Ø aumenta las posibilidades de análisis para un determinado fenómeno, como se ha ilustrado brevemente más arriba. Como defiende Trommer (2012a), el uso de los morfemas Ø es prácticamente inevitable, pero es conveniente restringirlo en lo posible.

La segmentación de una palabra en morfemas no es siempre tan clara como en las palabras *inventor* o *fin*, o incluso *panadero*, *cantabas* o *llego*. En muchos casos, alguno de los morfemas presenta diferencias de forma en palabras distintas. Por ejemplo, el verbo *construir* sí contiene una desinencia verbal clara *-ir* que se encuentra en los verbos de la tercera conjugación, como *partir* o *subir* —y que a su vez contiene una vocal temática *-i-* (típica de los verbos de la tercera conjugación) y un morfo de infinitivo *-r*, que se encuentra también en los verbos de otras conjugaciones, como *cantar* o *saber*. En cambio, la base *constru-* no es idéntica a la que se encuentra en el sustantivo relacionado *construcción*, en que la base es *construc-* (siendo *-ción* un sufijo derivativo que se encuentra en otros nombres como *representación* o *prohibición*). La presencia o ausencia del segmento *c* [k] no se puede explicar por una regularidad fonológica; por lo tanto, se trata de un caso de alomorfía (un morfema con distintos morfos). Otros ejemplos de alomorfía en raíces se encuentran en pares como *leche-láctico* (*lech-*, *lact-*) y la alomorfía en sufijos se puede ilustrar con el par *elegible-elegibilidad* (*-bl(e)*, *-bil-*). La alomorfía se comenta con más profundidad en el § 2. Volviendo a los ejemplos *construir-construcción*, nos hemos referido a la base, pero es difícil sostener que esta base esté formada por un solo morfema, la raíz, porque, además del verbo *construir*, tenemos verbos como *instruir*, *obstruir* o *destruir*, que comparten la secuencia *-stru-*. Podemos pensar, pues, que esta secuencia es la raíz, a pesar de las dos objeciones siguientes: (a) es imposible encontrar esta raíz sin un prefijo (**estruir*); (b) nos es difícil asignar un significado concreto a la raíz y no podemos dar un significado concreto a los prefijos *in-*, *ob-* o *des-* en las palabras *instruir*, *obstruir* o *destruir*. Otro hecho que nos hace pensar que efectivamente *-stru-* es una raíz es que presenta el mismo alomorfo *-struc-* en otras palabras, como *instrucción*, *obstrucción* o *destrucción*. Históricamente este tipo de palabras tenían una composición morfológica muy clara, con morfemas productivos y significado composicional en latín, y han acabado siendo formas parcialmente fosilizadas en español. Desde un punto de vista sincrónico su composición morfemática no es del todo clara, aunque, como hemos visto, sí es posible su segmentación en morfemas (para estos y otros ejemplos de segmentación problemática véase Pena 1999). Este tipo de casos, entre otros, suscita polémica, especialmente para las concepciones de la morfología que sostienen que las palabras se forman a partir de palabras (y no sobre raíces como *stru*), como en Aronoff (1976).

1.2. ¿Morfología sin morfemas?

Casos como el ilustrado con *instruir* y otros que se comentan a continuación han llevado a algunos lingüistas a dudar de la validez del concepto de morfema. Anderson (1992), por ejemplo, aduce varios fenómenos que le llevan a proponer una teoría morfológica no basada en morfemas sino en una formación de palabras basada en procesos. Esta visión se puede ilustrar con la regla de formación del plural en español, en (1), para la que se sigue el sistema de notación propuesto en Aronoff (1994):

(1) <[N, plural], (*X* → *X*s)>

En (1) se expresa que, en presencia del rasgo [plural], la realización fonológica de un nombre tiene que terminar en [s]. Esta [s] es un simple segmento o fonema, sin un significado asociado; no hay morfema de plural. Entre los fenómenos que serían un problema para una morfología con morfemas, Anderson comenta la apofonía y la mutación, que son cambios de timbre de determinados segmentos y que van asociados a cambios de significado. Por ejemplo, en inglés la forma *gave* es el pasado del verbo *give* 'dar'; la diferencia de tiempo verbal solo queda reflejada en el cambio de timbre en la primera vocal; el morfema no estaría asociado con una secuencia fónica, un sufijo, por ejemplo. En realidad, este tipo de casos no suponen un problema para una teoría basada en morfemas si se analizan de otra forma. Una posibilidad es considerar que el alomorfo correspondiente al plural no es, en este caso, un sufijo (como *-ed* en el pasado de *open* 'abrir', *opened*) sino solo un rasgo distintivo flotante (en este caso [–alto]) que tiene que realizarse en alguna vocal, y la única vocal disponible es la de la raíz. Los afijos que solo constan de rasgos (*featural affixes* en inglés) existen en varias lenguas (véase Akinlabi 2011, para otros ejemplos) y, por lo tanto, no sería un análisis descabellado, en principio. Otra posibilidad es considerar que el cambio de timbre es el resultado de una regla de reajuste, una regla fonológica restringida que se aplica en determinados contextos morfosintácticos, en este caso el rasgo [pasado], que quedaría expresado como morfo Ø en este ejemplo concreto, pero no en otros (como *slept*, pasado de *sleep* 'dormir'); este es el análisis que se encuentra en Halle y Marantz (1993) y otros trabajos. En la morfología verbal del español también se encuentran alternancias vocálicas que se podrían analizar como el resultado de una regla de reajuste; así, para verbos como *servir* se podría postular una regla que eleva la vocal de la raíz a [i] en el subjuntivo (*sirva*, *sirviera*, ...), en las formas del singular y la tercera del plural del presente de indicativo (*sirvo*, *sirven*, ...), en la tercera persona del pretérito perfecto simple (*sirvió*, *sirvieron*) y en el gerundio (*sirviendo*).

Una dificultad un poco mayor la constituye la reduplicación. En agta (lengua austronesia de las Filipinas), por ejemplo, el plural se expresa con la repetición, prefijada, de una secuencia (C)VC inicial de la raíz. Así, el plural de *takki* 'pierna' es *taktakki* (parte reduplicada subrayada) y el plural de *ulu* 'cabeza' es *ululu* (ejemplos sacados de Marantz 1982). La reduplicación se pone frecuentemente como contraejemplo para la morfología basada en morfemas, principalmente porque se necesita un proceso de copia, un proceso que, en el caso de la reduplicación parcial (como en agta), puede llegar a ser muy complejo. Pero se puede argumentar que la necesidad de un proceso no implica la invalidez del concepto de morfema. En propuestas recientes sobre reduplicación (véase para un resumen Inkelas 2012), el rasgo [plural] tiene un exponente abstracto [RED] que en la fonología, a través de procesos (formulados como restricciones o patrones, según el modelo), toma el contenido fonológico de la base a la cual se afija. De todos modos, se tiene que tener en cuenta que la reduplicación, como ya se ha dicho, es un fenómeno que puede llegar a tener una gran complejidad (porque a veces, por ejemplo, el reduplicado tiene que contener una vocal o consonante específicas) y queda mucho por investigar en este campo para llegar a conclusiones más definitivas.

Otro de los fenómenos comentados por Anderson (1992) es la sustracción o morfología sustractiva. En koasati (lengua muskogueana del sur de los Estados Unidos), por ejemplo, para formar el plural no se añade un afijo (como en español) sino que se elide una parte de la forma de singular. Así, el plural del infinitivo *aták-li-n* 'colgar algo (pl.)' es una parte del singular, *atakáː-li-n* 'colgar algo (sg.)' (parte sustraída subrayada) (datos procedentes de Alber y Arndt-Lappe 2012). Se ha dicho (por ejemplo Rainer 1993) que el español también tiene morfología sustractiva, fenómeno que ilustra, entre otros, con gentilicios. En algunos casos estos se forman con el añadido de un sufijo al topónimo, como *aragonés-Aragón*, mientras que en otros casos se sustrae un sufijo del topónimo para formar el gentilicio, como en *andaluz-Andalucía*. Nótese, sin embargo, que los dos casos son muy diferentes: en koasati se elimina una parte de un morfema (la secuencia *áa* en el ejemplo dado), mientras que en español lo que no aparece es un morfema claramente aislable. Este tipo de ejemplos del español plantea cuestiones sobre el orden de las operaciones en la formación de palabras pero no ponen en duda la validez del concepto de morfema.

Aunque la morfología sustractiva, como la del koasati, es un fenómeno poco productivo, ha sido y es tema de debate porque supone un problema serio para la concepción del morfema, ya que se espera que cada morfema vaya asociado a algún tipo de morfo, no a la elisión de material; en cambio, una teoría sin morfemas puede postular un proceso de elisión asociado a un rasgo morfosintáctico como [plural] sin tener que forzar el análisis. Sin embargo, como hacen notar Alber y Arndt-Lappe (2012), una teoría basada en procesos, sin morfemas, parece muy poco restrictiva para un tipo de fenómeno tan poco usual. Por esta razón, se ha intentado reanalizar la mayoría de estos fenómenos dentro de una concepción que contempla la existencia de los morfemas.

Todos los fenómenos comentados en este apartado parecen incompatibles con la noción de morfema solo si se concibe el morfema como una unidad inseparable de significado (o información morfosintáctica) y exponente, este entendido como un segmento a secuencia de segmentos. Con este tipo de concepción solo se podría dar cuenta de la morfología de tipo aglutinante, en que hay una relación sistemática y de uno a uno entre significado o rasgo morfosintáctico y exponente explícito. La perspectiva puede cambiar cuando significado y exponente se conciben como dos elementos asociados pero independientes, que es de hecho la concepción que implícitamente se ha asumido en esta entrada desde el principio. Entonces, además de tener morfemas que tienen un exponente fijo y segmental, como la *r* que corresponde al infinitivo, o el sufijo derivativo *-or* de la palabra *inventor*, es esperable que haya morfemas que no tienen exponente (los morfemas Ø), morfos vacíos de contenido pero que tienen que estar presentes por razones de buena formación morfológica (como las vocales temáticas en los verbos del español), morfos que consisten en un solo rasgo fonológico (como [+anterior] en ciertos plurales del alemán; cf. *Bruder* [u] 'hermano' y *Brüder* [y] 'hermanos') o morfos sin contenido segmental propio pero que lo toman de la base a la cual se afijan (caso de la reduplicación).

1.3. Exponencia e interacción entre morfología y fonología

Desde mediados de los años noventa del siglo XX la mayoría de los casos mencionados en el apartado anterior han suscitado gran interés, especialmente entre los fonólogos, porque el comportamiento especial que tienen viene condicionado en gran medida por factores fonológicos. Esta afirmación se puede ilustrar con el infijo *-um-*del tagalo (lengua austronesia de Filipinas) —que indica perfectivo—, según la interpretación que se le da en varios análisis propuestos en teoría de la optimidad (véase, por ejemplo, Klein 2005). El tagalo no admite sílabas sin ataque; por esta razón, para un verbo como *sulat* 'escribir', si *um-* se prefijara daría lugar a una forma agramatical **umsulat*, con una primera sílaba sin ataque. La forma gramatical es *s<u>um</u>ulat*, con una infijación que evita el problema silábico. Desde esta perspectiva, *um-* es un prefijo como otros, pero las restricciones fonológicas de la lengua lo obligan a aparecer después de la primera consonante porque así la sílaba inicial tiene ataque. En algunas variedades del español constituye un caso claro de infijación el sufijo diminutivo *-it* (*sillita, pastelito*) cuando se encuentra en palabras como *azuq<u>uít</u>ar* (*azúcar* es un solo morfema). Según Bermúdez-Otero (2007), *-it* aparece como infijo cuando se puede colocar inmediatamente a la izquierda del núcleo de una sílaba final que consista en una /o/ o /a/ átonas.

Los casos de reduplicación y de sustracción también suponen una implicación muy importante de la fonología porque tanto el elemento reduplicado como la parte sustraída suelen coincidir con constituyentes prosódicos: moras, sílabas o pies; en agta, por ejemplo, el patrón (C)VC que se reduplica para formar el plural coincide con una sílaba pesada, bimoraica, de la base, un pie moraico. Los casos de afijación de rasgos como algunos casos de sustracción se han concebido como rasgos flotantes que necesitan realizarse en algún segmento, y se tienen que realizar (en lugar de elidirse) para que el morfema se manifieste de algún modo. En aka (lengua bantú), por ejemplo, una oclusiva sorda se tiene que realizar como sonora en el singular, como ilustran los ejemplos *ma-kásá* 'ramas de palma' y *gásá* 'rama de palma'; el plural es el prefijo *ma-* y el singular es el rasgo [+sonoro]. Son las restricciones morfofonológicas y puramente fonológicas las que obligan a realizar el rasgo flotante en la primera obstruyente (para análisis de casos más complejos en teoría de la optimidad se puede consultar Trommer 2012b). Como veremos en el § 2.2, la interacción entre morfología y fonología también se da en muchos casos de alomorfía.

2. Alomorfos

2.1. Alomorfía y condicionamiento léxico o morfosintáctico

Como se mencionaba brevemente en el § 1.1, la alomorfía se da cuando un morfema tiene dos o más exponentes alternativos. Aunque a veces el término se utiliza de forma muy amplia para referirse a cualquier tipo de diferencia entre manifestaciones de un morfema, aquí lo limitaremos a los casos en los que las diferencias no se pueden derivar de regularidades fonológicas. Los ejemplos *leche* y *láctico* son un caso de alomorfía de la raíz porque las alternancias en la primera vocal ([é] en un caso y [á] en el otro) y en los elementos consonánticos [t͡ʃ], en un caso, y [kt], en el otro, no son alternancias regulares de la lengua. Prácticamente todas las alternancias morfofonológicas del español que se comentan en Pensado (1999) se tienen que considerar casos de alomorfía desde un punto de vista sincrónico.

Cuando hay alomorfía, ¿cómo se selecciona el alomorfo apropiado? Hay pocos casos en los que la selección quede determinada por factores extralingüísticos. En español, el ejemplo más claro de alomorfía libre es la alternancia que se encuentra en el imperfecto de subjuntivo, que ilustran, por ejemplo, las formas *comprara* y *comprase*. Sin embargo, en la gran mayoría de los casos, la selección de alomorfos no es libre sino que está determinada por el contexto gramatical o léxico. En el caso de *láctico* es la presencia del sufijo derivativo *-ic* el que condiciona la presencia del alomorfo de la raíz *lact-* en vez de *lech-*. En el caso del sufijo derivativo que se ilustraba en el § 1.1 con el par *elegible-elegibilidad*, es la presencia de un sufijo derivativo (*-idad* en el segundo miembro del par) el que condiciona la selección de *-bil-* en vez de *-bl(e)*. Pasando a la morfología verbal, el morfema de imperfecto de indicativo tiene dos alomorfos: *-ba*, que se encuentra en los verbos de la primera conjugación (*cantaba, soñaba*) y *-a* en las otras conjugaciones (*comía, partía*). Las vocales finales de los elementos nominales también presentan alomorfía, si se entendien como morfos de género (más difícilmente si se conciben como marcadores de clase, como sugiere Harris 1991, entre otros). Los siguientes ejemplos ilustran esta alomorfía para el femenino: *cama* pero *mole*, *mano* o *salud* (con morfo Ø). En estos casos, la selección de alomorfo es puramente léxica (viene determinada por cada raíz en los ejemplos anteriores).

2.2. Alomorfía y condicionamiento fonológico

No son raros los casos en los que factores fonológicos condicionan, total o parcialmente, la selección de los alomorfos. No es de extrañar que existan este tipo de casos, porque ya hemos visto, especialmente en el § 1.3, que la fonología puede condicionar la exponencia de los morfemas con efectos diferentes. Un ejemplo de influencia directa de la fonología en la selección de alomorfos que se cita muy frecuentemente es el del pronombre masculino de tercera persona del singular en árabe marroquí; se realiza como una consonante, /h/, detrás de vocal y como vocal, /u/, detrás de consonante (ejemplos sacados de Mascaró 2007):

(2) a. Detrás de vocal: h
xtˤa-h 'su error (de él)'
ʃafu-h 'lo vieron'
mʕa-h 'con él'
b. *Detrás de consonante: u*
ktab-u 'su libro (de él)'
ʃaf-u 'lo vio'
menn-u 'de él'

En teorías basadas en reglas, la selección se formularía simplemente con una regla que insertaría *h* después de vocal y *u*, después de consonante. El problema de este tipo de propuesta es que no puede expresar una generalización fonológica: la inserción del alomorfo pertinente permite obtener una estructura silábica óptima. Así, si comparamos la forma gramatical *ktab-u* en (2b) con la agramatical **ktab-h*, vemos que la segunda crearía problemas de silabificación (con dos consonantes que constituirían una coda marcada), mientras que la selección de *-u* permite obtener una sílaba de tipo CV (con ataque pero sin coda), que es la sílaba menos marcada universalmente. Asimismo, casos como *mʕa-h* en (2a) son una mejora respecto al agramatical **mʕa-u*, que tendría una sílaba final sin ataque. Este tipo de selección alomórfica optimizadora ha sido objeto de muchos estudios en teoría de la optimidad y se ha propuesto que la selección se hace en el componente fonológico: los dos alomorfos entran en la evaluación fonológica y las restricciones pertinentes, aquí relacionadas con la estructura silábica, llevan a la obtención de las formas gramaticales *ktab-u* y *mʕa-h*.

El español también presenta varios casos que se han considerado alomorfía con condicionamiento fonológico, aunque algunos de estos casos han sido muy discutidos, como veremos. Un caso bastante claro lo presentan las conjunciones copulativa y disyuntiva, que tienen dos alomorfos cada una. Los más usuales son *y* y *o*, pero se utiliza *e* para la copulativa cuando la palabra siguiente empieza con [i] y se utiliza *u* para la disyuntiva cuando la palabra empieza con [o], como ilustran los ejemplos siguientes (de Bonet y Mascaró 2006):

(3) a. Conjunción copulativa		b. Conjunción disyuntiva	
padre y madre	madre e hija	éste o aquél	uno u otro
inglés y francés	francés e inglés	orgánico o inorgánico	inorgánico u orgánico
ir y volver	volver e ir	oír o ver	ver u oír

Aquí el papel de la fonología es también claro: los alomorfos *e* y *u* se seleccionan para evitar tener dos vocales idénticas seguidas. Efectivamente, en *madre *y hija* habría una secuencia [ii], y en *ver *o oír* habría una secuencia [oo] y se sabe que las lenguas tienen tendencia a evitar secuencias de elementos idénticos adyacentes (sean sonidos o morfos). Es interesante ver que no es que el español evite este tipo de secuencias en todos los casos (por ejemplo, se dice *compro ostras*). Lo que permite esquivar el problema en el caso de las conjunciones es la existencia de dos alomorfos; en una lengua como el catalán, como no hay dos alomorfos no se evitan las secuencias [ii], por ejemplo (*famosos i inútils*). El ejemplo de las conjunciones nos permite ilustrar otro aspecto. Cuando no hay conflicto fonológico, se seleccionan siempre los alomorfos *y* y *o* (no *e* o *u*). Estos son los alomorfos de defecto o preferidos. Aquí interviene, por tanto, la fonología, por un lado, pero también la especificación léxica, por otro (la preferencia de un alomorfo sobre el otro). Para un análisis de este caso en teoría de la optimidad véase Bonet y Mascaró (2006).

Un caso hasta cierto punto similar lo constituye, en algunos análisis, la selección del artículo definido femenino. Ante nombres que empiezan por [á] el artículo toma la forma *el*: *la casa*, pero *el agua*, *el alma*, etc. La selección de la forma *el* evita la adyacencia de dos vocales idénticas: **la agua*, **la alma*. En algunos análisis, las formas *la* y *el* se derivan de una misma forma fonológica (/ella/ en Harris 1987) y determinados procesos fonológicos particulares derivan las dos formas superficiales; con este enfoque no habría alomorfía. Pero también se han propuesto análisis de la alternancia basados en la alomorfía (véase, por ejemplo, Cutillas 2003). En este análisis, en teoría de la optimidad, *la* y *el* son dos alomorfos de femenino y el primero, *la*, se evita cuando daría lugar a secuencias de vocales idénticas, como en el caso de las conjunciones. Algunos aspectos que complican el análisis son el hecho de que *el* no se seleccione delante de adjetivos (*la hábil maniobra*), entre otros, y que el fenómeno se haya extendido a otros modificadores hasta llegar a todos los elementos prenominales en algunas variedades (*el nuevo arma secreta*), lo que supone un reanálisis en términos de concordancia de género.

Es frecuente que la selección de alomorfo venga determinada por el número de sílabas de la base. En español, hay al menos dos casos de alomorfía para los que la selección de alomorfo se ha atribuido a este factor. Uno de ellos es la alternancia entre *-ez* y *-eza* (*pesadez* pero *tristeza*), sufijo que crea nombres deadjetivales. Según Lang (1990), la mayoría de las bases de una o dos sílabas seleccionan *-eza*, mientras que los adjetivos más largos seleccionan *-ez*. En (4) se muestran algunos ejemplos.

(4) a. Bases de una o dos sílabas: '-eza'

vil	vileza
sutil	sutileza
duro	dureza

b. *Bases de tres o más sílabas*: '-ez'

sencillo	sencillez
delgado	delgadez
pequeño	pequeñez

Este caso se ha considerado de gran interés porque para contabilizar la cantidad de sílabas de la base no se puede recurrir simplemente a la raíz sino que se tiene que tener en cuenta también la vocal final. Así, en *delgado* lo que cuenta es que el adjetivo completo, con la vocal final incluida, tiene tres sílabas, aunque la raíz *delgad-* tenga dos, como la palabra *sutil*. Para derivar la palabra *delgadez* se tiene que partir de *delgado*, metrificar la secuencia (que contendrá tres sílabas, *del.ga.do*), añadir el sufijo derivativo apropiado para este contexto, *-ez*, (*del.ga.do+ez*) y eliminar la vocal final del adjetivo (*del.ga.~~do~~+ez*). No es posible hacer un análisis con menos pasos, lo que supone un problema para algunas versiones de la teoría de la optimidad (para discusión y una propuesta de análisis, véase Aranovich y Orgun 1998). Sin embargo, uno de los problemas para esta caracterización de la alternancia es la cantidad de contraejemplos que se pueden encontrar, en ambas direcciones. Así, contra lo que se predice, algunos adjetivos con una base de tres o más sílabas seleccionan *-eza*, como se muestra en (5a), y muchos adjetivos de una o dos sílabas seleccionan *-ez*. De hecho, *-ez* es actualmente el único sufijo productivo y, cuando se crean o importan adjetivos nuevos y se hace el derivado nominal, siempre se selecciona *-ez*, nunca *-eza*. El derivado nominal del adjetivo *kitsch* será *kitschez*, no *kitscheza*; otros ejemplos aparecen en (5b).

(5) a. Bases de tres o más sílabas con '-eza'

áspero	aspereza
entero	entereza
extraño	extrañeza
natural	naturaleza

b. *Bases de una o dos sílabas con* '-ez'

rojo	rojez
mudo	mudez
viejo	vejez
memo	memez
cutre	cutrez
chocho	chochez

Parece más apropiado considerar las observaciones hechas por Lang como una cierta tendencia más que como una distribución sistemática; tampoco serían unas generalizaciones válidas sincrónicamente.

Otro caso para el cual se ha defendido, aunque con más discrepancias, que la selección de alomorfo depende del número de sílabas de la base o de otras restricciones prosódicas es el diminutivo, con sus morfos *-ito* y *-(e)cito*. La diferencia entre *madrecita* y *comadrita*, por ejemplo, se explicaría por la diferencia en el número de sílabas de las bases respectivas: dos en *madre*, tres en *comadre*. Para explicar las diferencias entre pares como *ratón-ratoncito* y *queso-quesito*, donde *ratón* y *queso* tienen ambos dos sílabas, también se ha propuesto que se selecciona el alomorfo que permita tener un perfil silábico constante. La palabra *ratón* tiene la consonante final en posición de coda silábica y la selección del alomorfo *-cito* permite que también sea coda silábica (*ra.ton.ci.to*), cosa que no sería posible con el otro alomorfo, con el que la *-n* final pasaría a ser ataque silábico (**ra.to.ni.to*); en el par *queso-quesito*, la *s* siempre está en posición de ataque silábico, *que.so* y *que.si.to* (véase Kenstowicz 2005 para más detalles). Sin embargo, como se apuntaba para el caso del sufijo *-ez(a)*, aquí tampoco está claro que estemos delante de un caso de alomorfía con condicionamiento fonológico. Como han comentado varios autores, la selección de los alomorfos del diminutivo presenta mucha variación dialectal y existen muchos contraejemplos para cada generalización que se intenta hacer (*quesito*, con una base de dos sílabas, no se comporta como *madre-madrecita*, también con una base de dos sílabas, sino como *comadre-comadrita*, con una base de tres sílabas; en *papelito* la *l* es ataque silábico, pero en *papel* es coda silábica). Para el diminutivo se puede hablar de ciertas tendencias pero es difícil llegar a generalizaciones relacionadas con la estructura fonológica. Se puede consultar Eddington (2012) para una descripción de las tendencias pertinentes.

Bibliografía

Akinlabi, A. (2011) "Featural affixes", en Van Oostendorp, M., Ewen, C. J., Hume, E. y Rice, K. (ed.) *Blackwell companion to phonology*, vol. II, Malden, MA/Oxford: Wiley-Blackwell, pp. 1945–1971.

Alber, B. y Arndt-Lappe, S. (2012) "Templatic and subtractive truncation", en Trommer, J. (ed.) *The morphology and phonology of exponence*, Oxford: Oxford University Press, pp. 289–325.

Ambadiang, T. (1999) "La flexión nominal: género y número", en Bosque, I. y Demonte, V. (eds.) *Gramática descriptiva de la lengua española*, Madrid: Espasa, pp. 4843–4913.

Anderson, S. R. (1992) *A-morphous morphology*, Cambridge: Cambridge University Press.

Aranovich, R. y Orgun, O. (1998) "Opacity in -ez/-eza suffixation", en Face, T. L. y Klee, C. A. (eds.) *Selected proceedings of the 8th Hispanic Linguistics Symposium*, Somerville, MA: Cascadilla Proceedings Project, pp. 116–122.

Aronoff, M. (1976) *Word-formation in generative grammar*. Cambridge, MA: The MIT Press.

Aronoff, M. (1994) *Morphology by itself. Stems and inflectional classes*, Cambridge, MA: The MIT Press.

Bermúdez-Otero, R. (2007) "Spanish pseudoplurals: Phonological cues in the acquisition of a syntax-morphology mismatch", en Baerman, M., Corbett, G., Brown, D. y Hippisley, A. (eds.) *Deponency and morphological mismatches*, Oxford: Oxford University Press, pp. 231–269.

Bonet, E. y Mascaró, J. (2006) "*U* u *o* e *y* o *e*", *Cuadernos de Lingüística del I. U. I. Ortega y Gasset*, 13, pp. 1–8.

Cutillas, J. A. (2003) *Teoría lingüística de la optimidad. Fonología, morfología y aprendizaje*, Murcia: Servicio de Publicaciones de la Universidad de Murcia.

Eddington, D. (2012) "Morphophonological alternations", en Hualde, J. I., Olarrea, A. y O'Rourke, E. (eds.) *The handbook of Hispanic linguistics*, Wiley-Blackwell.

Fábregas, A. (2013) *La morfología. El análisis de la palabra compleja*, Madrid: Editorial Síntesis.

Halle, M. y Marantz, A. (1993) "Distributed Morphology and the pieces of inflection", en Hale, K. y

Keyser, S. J. (eds.) *The view from Building 20: Essays in linguistics in honor of Sylvain Bromberger*, Cambridge, MA: The MIT Press, pp. 111–176.
Harris, J. W. (1987) "Disagreement rules, referral rules, and the Spanish feminine article *el*", *Journal of Linguistics*, 23, pp. 177–183.
Harris, J. W. (1991) "The exponence of gender in Spanish", *Linguistic Inquiry*, 22, 1, pp. 27–62.
Hockett, C. (1958) *A Course in modern linguistics*, 12.ª imp., Nueva York: The Macmillan Company.
Inkelas, S. (2012) "Reduplication", en Trommer, J. (ed.) *The morphology and phonology of exponence*, Oxford: Oxford University Press, pp. 354–378.
Kenstowicz, M. (2005) "Paradigmatic uniformity and contrast", en Downing, L. J., Hall, T. A. y Raffelsiefen, R. (eds.) *Paradigms in phonological theory*, Oxford: Oxford University Press, pp. 145–169.
Klein, T. B. (2005) "Infixation and segmental constraint effects: UM and IN in Tagalog, Chamorro, and Toba Batak", *Lingua*, 115, 7, pp. 959–995.
Lang, M. (1990), *Spanish word formation*, Londres/Nueva York: Routledge.
Marantz, A. (1982) "Re reduplication", *Linguistic Inquiry*, 13, 3 , pp. 435–482.
Mascaró, J. (2007) "External allomorphy and lexical representation", *Linguistic Inquiry*, 38, 4, pp. 715–735.
Pena, J. (1999) "Partes de la morfología. Las unidades del análisis morfológico", en Bosque, I. y Demonte, V. (eds.) *Gramática descriptiva de la lengua española*, Madrid: Espasa, vol. 3, pp. 4305–4366.
Pensado, M. C. (1999) "Morfología y fonología. Fenómenos morfofonológicos", en Bosque, I. y Demonte, V. (eds.) *Gramática descriptiva de la lengua española*, Madrid: Espasa, vol. 3, pp. 4423–4594.
Rainer, F. (1993) *Spanische Wortbildungslehre*, Tubinga: Max Niemeyer.
Trommer, J. (2012a) "Ø-exponence", en Trommer, J. (ed.) *The morphology and phonology of exponence*, Oxford: Oxford University Press, pp. 326–354.
Trommer, J. (2012b) "Constraints on multiple feature mutation", *Lingua*, 122, 11, pp. 1165–1252.
Varela, S. y Martín García, J. (1999) "La prefijación", en Bosque, I. y Demonte, V. (eds.), *Gramática descriptiva de la lengua española*, Madrid: Espasa , vol. 3, pp. 4993–5040.

Lecturas complementarias

[RAE-ASALE] Real Academia Española y Asociación de Academias de la Lengua Española, *Nueva gramática de la lengua española* (2009), Madrid: Espasa.
Spencer, A. (1991) *Morphological theory*, Oxford: Basil Blackwell.
Spencer, A. y Zwicky, A. M. (eds.) (1998) *The handbook of morphology*, Oxford: Blackwell.

Entradas relacionadas

morfología; derivación morfológica; fonología; prefijos y sufijos

NÚMERO, SEMÁNTICA

M. Teresa Espinal

1. Introducción

En este capítulo vamos a abordar algunos aspectos de la semántica del número y vamos a plantear varias preguntas sobre ella, con especial referencia al español. Las primeras cuestiones objeto de estudio en esta introducción pueden formularse a partir de la pregunta general de (1).

(1) ¿Qué es el número?

Partiremos del supuesto de que el número es una categoría gramatical (Corbett 2000) generalmente asociada a nombres y pronombres que puede manifestarse, en lenguas como el español, mediante concordancia en determinantes, adjetivos y verbos. En términos sintácticos es un rasgo que permite distinguir, en nombres comunes contables, entre singular y plural, y se manifiesta sujeto a concordancia entre varios constituyentes de la oración: entre D-N-A en el dominio nominal, y entre SD-SV en el dominio verbal. La expresión semántica del número (Eschenbach 1993) puede concebirse como un operador que permite hablar de propiedades de objetos individuales, con referencia singular o plural. Sin embargo, consideremos la pregunta de (2).

(2) ¿Debe el significado de los nombres representarse independientemente del significado del número?

La investigación sobre la semántica del número ha estado fuertemente condicionada por la distribución y denotación de las expresiones nominales. Veamos los datos de (3).

(3) a. *Limpiaron *mesa*.
  b. Limpiaron *mesas*.
  c. Limpiaron *una mesa*.
  d. Limpiaron *la mesa*.
  e. Limpiaron *muchas mesas*.

Un nombre contable como *mesa* no puede aparecer en posición argumental de objeto de un verbo transitivo causativo (p. ej., *limpiar*) sin la necesaria realización de número plural (3b) o de un determinante que codifique (in)definitud, especificidad o cantidad (3c–e). A la vista de estos datos, lo primero que uno puede pensar es que los nombres singulares y plurales tienen una distribución distinta porque tienen una denotación distinta. Pero, ¿cuál es la denotación de un nombre contable sin especificación de número (p. ej., *mesa* en (3a))?

En §2 vamos a tratar esta cuestión, así como la pregunta de cómo afecta la semántica del número el significado del nombre.

2. Denotación del nombre y semántica del número

El significado de un nombre singular se ha entendido en la bibliografía lingüística como el conjunto de individuos atómicos que forman su extensión, mientras que la extensión de un nombre plural se ha entendido como el conjunto de sumas de estos individuos (cf. Bartsch 1973; Hausser 1974; Bennett 1975; Schwarzschild 1996: Sauerland 2003, entre otros).

(4) a. ||mesa|| = {a,b,c}
 b. ||mesas|| = {a⊕b⊕c, a⊕b, a⊕c, b⊕c}

Pero, ¿qué diferencia hay entre *mesa, mesas, una mesa, la mesa, muchas mesas* (cf. (3)) y por qué *mesa*, que parece un nombre singular, no puede aparecer en posición de objeto?

Löbner (1985, 1987), con respecto a los tipos semánticos asociados con los nombres, distingue entre los siguientes tipos:

(5) a. Definido (tipo ⟨e⟩, entidad): *la mesa, las mesas*
 b. Indefinido (tipo ⟨e,t⟩, propiedad): *mesas, una mesa, unas mesas*
 c. Cuantificador (tipo ⟨⟨e,t⟩,t⟩, cuantificador generalizado): *muchas mesas, cada mesa*

Pero ¿cuál es la denotación de un nombre escueto puro? En este capítulo vamos a asumir que la denotación de los nombres escuetos sin marca alguna de número es predicativa (tipo ⟨e,t⟩). Sin embargo, va a ser necesario precisar más para llegar a distinguir la denotación del nombre contable *mesa* en (3a) de la denotación de las expresiones indefinidas de (3b,c), también de tipo ⟨e,t⟩, como acabamos de definir en (5b). ¿Cuál es la diferencia? Parece que la diferencia debe buscarse en la distinta denotación del nombre cuando este carece de número o cuando lo tiene especificado.

Aquí vamos a sostener, en consonancia con la idea de Krifka (1989) de que el significado de un nombre no depende del número, que una expresión nominal consistente simplemente en un nombre común escueto denota una propiedad de clases, mientras que una expresión nominal en la que se codifica número denota una propiedad de individuos (Espinal y McNally 2007b; Espinal 2010; Borik y Espinal 2012, 2015). Siguiendo a Carlson (1977), en (6) usamos *k* (de *kind*) para referirnos a entidades que son clases y *o* para referirnos a entidades que son objetos individuales.

(6) a. *mesa* – denota una propiedad de clases de individuos (tipo ⟨e^k,t⟩)
 b. *mesas, una(s) mesa(s)* – denota una propiedad de individuos (tipo ⟨e^o,t⟩)

En otras palabras, un nombre contable escueto (e. g., *mesa*) denota una propiedad de una clase de individuos que satisfacen la característica de ser 'mesa' en algún mundo posible, independientemente de las múltiples entidades individuales que podamos reconocer como 'mesa' en una situación particular y en un dominio extensional concreto. Ello significa que un nombre contable escueto carece de referencia a objetos individuales particulares, si bien el número puede actuar como operador semántico que hace posible la asignación de referencia a un nombre escueto. Por ello, debemos distinguir entre nombres escuetos (sin especificación de número y, por tanto, de referencia) y nombres escuetos plurales *mesas*, o el indefinido *una(s) mesa(s)*, expresiones mediante las cuales nos referimos ya sea a objetos individuales que tienen referencia atómica o a sumas de estos individuos que tienen referencia no atómica.

Analizada en estos términos, nuestra respuesta a la pregunta (2) (cf. §1) es afirmativa. El significado de los nombres (no solamente el de los nombres de masa, sino también el de los nombres contables) debe representarse independientemente del significado del número. ¿Por qué? El motivo es que el número actúa como un operador que realiza e instancia un tipo de propiedades (aquellas que son aplicables a clases de individuos) en otro tipo de propiedades (aplicables a individuos particulares).

Este razonamiento también sugiere que sería inapropiado asumir que el plural debe entenderse como un operador que se aplica al significado de la forma singular de los nombres contables. Dado que las realizaciones atómica o no atómica de un nombre contable están en distribución complementaria (es decir, un nombre en un contexto determinado puede alcanzar una referencia atómica o una no atómica, pero no las dos a la vez), vamos a barajar la hipótesis de que el operador semántico de número, denominémoslo R (por Realización, cf. Carlson 1977; Déprez 2005), actúa sobre el nombre y le atribuye ya sea significado singular (propiedad de un átomo) o plural (propiedad de una suma no atómica), pero no ambos a la vez.

Si el significado de una raíz nominal es independiente del significado del número, *mesa* en (3a) no puede ocupar la posición de argumento canónico de *limpiar*, porque como nombre escueto puro denota una propiedad de clases, no una entidad, y las propiedades no pueden saturar predicados (Farkas & de Swart 2003). Por el contrario, la expresión nominal *la(s) mesa(s)* en (3c) instancia número singular (o plural) en un determinante definido, lo cual hace posible la referencia a entidades. En el caso de *mesas* y *una(s) mesa(s)* asumimos la existencia de una operación de cambio de tipo (*type-shifting*, Partee 1987) ligada a la posición de determinante (nulo o indefinido) que garantiza la referencia a entidades (cambio $\langle e,t \rangle \rightarrow \langle e \rangle$). Finalmente, *muchas mesas* es una expresión nominal cuantificada para cuya interpretación también se ha postulado una operación de cambio de tipo que garantiza que un cuantificador generalizado acabe saturando un predicado, como si de una entidad se tratara (cambio $\langle\langle e,t \rangle t \rangle \rightarrow \langle e \rangle$).

Los nombres que hemos considerado hasta este momento son nombres contables. Los nombres de masa que denotan (porciones de) materia no suelen tener formas singulares y plurales, no admiten numerales y sólo pueden combinarse con una clase restringida de cuantificadores (*mucho/-a*, pero no *todo/-a*, *cada*, por ejemplo). Si aplicamos número plural a un nombre de masa (p. e., *agua*), se obtiene ya sea la lectura de subclase (p. e., subclases de agua) o la lectura de nombre contable (p. e., botella de agua).

(7) a. En el restaurante nos mostraron una carta de *aguas*.
b. En el restaurante siempre pide *un agua*.

Estos datos muestran una vez más que en español, como en muchas otras lenguas naturales, es necesario distinguir entre número gramatical (singular o plural), por un lado, y la expresión semántica de la singularidad o pluralidad, por el otro.

Los nombres que denotan grupos (p. e., *familia, pareja, comisión, ejército*) son formalmente singulares pero semánticamente plurales y denotan colectividades de individuos. Como observa Eschenbach (1993) esta clase de nombres es interesante en la discusión del número porque algunos predicados (p. e., *reunir*) sólo seleccionan argumentos plurales, ya sean especificados morfológicamente en plural (p. e., *los soldados*), nombres colectivos (p. e., *la tropa*), nombres de masa que denotan porciones de materia (p. e., *dinero*) y sintagmas nominales coordinados (p. e., *el teniente y el sargento mayor*). Véase también Bosque (2000).

(8) a. *El coronel reunió a*l soldado.*
b. El coronel reunió a *los soldados.*
c. El coronel reunió a *la tropa.*
d. El coronel reunió *dinero.*
e. El coronel reunió a*l teniente y* a*l sargento mayor.*

Se confirma así la tesis de Bosque según la cual la agregación de elementos se interpreta colectivamente: la propiedad denotada por el predicado no se aplica a cada una de las entidades que componen el elemento del que se predica, sino al conjunto formado por éstas. "La gramática interpreta esa noción [pluralidad] en función del estatus morfológico, sintáctico o léxico que ella misma dé a las expresiones que expresan ese significado" (Bosque 2000: 33).

Antes de cerrar esta sección vamos a tratar dos cuestiones más, formuladas en (9).

(9) a. ¿Qué categorías se identifican con la expresión del número?
b. ¿Dónde y cómo se interpreta el número?

Tal como se ha avanzado al inicio de este capítulo, comúnmente se ha entendido que el número es una categoría nominal que afecta a sustantivos y pronombres, y que desencadena fenómenos de concordancia en los modificadores del sustantivo, en los predicados secundarios que se aplican a un SN y en el verbo, cuando una expresión plural ocupa la posición de sujeto de la oración. Ello significa que la respuesta a la primera de las preguntas de (9) es que las categorías que se identifican con la expresión del número son el Nombre o el Determinante (o pronombre, por extensión).

En relación con la primera parte de la segunda pregunta es importante destacar que Bouchard (2002) ha postulado la existencia de un parámetro semántico según el cual el número es interpretable en el determinante en una lengua románica como el francés (considérese el contraste entre *le garçon/les garçons*, donde la *-s* final del nombre no tiene ninguna realización morfofonológica), pero en cambio es interpretable en el nombre en una lengua germánica como el inglés (*the child/the children*). Si consideramos el español, la respuesta a esta misma pregunta parece que debería ser que, al ser una lengua románica, su comportamiento se espera que sea parecido al francés y, por consiguiente, el número se debería interpretar en el Determinante, aunque instancie concordancia de número de forma obligatoria también en el nombre (i. e., la instanciación morfofonológica del plural en español suele realizarse mediante /-s/ en todos los constituyentes del SN).

Sin embargo, tradicionalmente se ha asumido que el número en español se interpreta semánticamente en el nombre. Dicho en otras palabras, se ha sostenido que los rasgos de número de los sustantivos y de los SSNN son interpretables (Bosque 2003). De todos modos, como veremos a continuación, no es claro que esto sea así. Consideremos los datos de (10):

(10) a. *Juan y Luis* hablaron por teléfono.
b. *El oso polar* y *el tigre de Bengala* están en peligro de extinción.

Ni los nombres propios ni tampoco las expresiones nominales definidas que denotan clases se caracterizan por expresar número (Carlson 1977; Borik y Espinal 2015). ¿Por qué? Pues porque, por un lado, los nombres propios tienen como función principal no la propiedad de referir sino la de designar individuos (Kripke 1972) y lo hacen sin necesidad de número. Por otro lado, la referencia a clases de individuos por medio de los SSNN definidos, como se ilustra en (10b), excluye la referencia a los componentes de estas clases. De ahí que concluyamos que la pluralidad que se manifiesta en la concordancia plural del verbo se codifica no en las expresiones nominales propiamente dichas sino en el ítem léxico que codifica la coordinación (volveremos sobre este tema en §5).

Con respecto a la segunda parte de la pregunta de (9b), la respuesta que hemos dado es que el número hace posible la referencia a individuos porque actúa semánticamente como un operador cuya función esencial es la de extensionalizar la propiedad denotada por el nombre y convertir propiedades de clases en propiedades de individuos particulares. Esto es así en el dominio nominal. Veamos a continuación el papel del número en el dominio verbal.

El número se manifiesta en el verbo por concordancia, lo cual sugiere el carácter no interpretable del número verbal. Así pues, en las frases de (10) el número interpretable se vincularía a la presencia de la conjunción *y*, mientras que el plural verbal sería simplemente el resultado de concordancia con la coordinación nominal.

Sin embargo, si el número se interpreta como extensionalización y asignación de referencia, podemos también apuntar un paralelismo, como se ha descrito en la bibliografía lingüística sobre este tema, entre la interpretación del número en el dominio nominal y en el dominio verbal/oracional. Así, se ha sugerido que ambos refieren ya sea a individuos o a eventos. Un ejemplo ilustrativo de este paralelismo lo tenemos en (11):

(11) a. *Cinco comensales.*
b. Comer *cinco veces* al día.

En el dominio nominal podemos cardinalizar los individuos que comparten la propiedad denotada por el nombre. En el dominio verbal/oracional no podemos cardinalizar los verbos, pero sí podemos cuantificar eventos como consecuencia del hecho de que los verbos son predicados de eventos. El fenómeno ilustrado en (11b) se denomina pluriaccionalidad (PA) y hace referencia a la posibilidad de denotar una pluralidad de eventos: la multiplicidad de eventos está asociada a una multiplicidad de intervalos temporales en la que los eventos se producen. La PA se identifica con una estructura temporal particular que indica cómo una pluralidad de eventos se distribuye en el tiempo. Lasersohn (1995) argumenta que los verbos modificados por marcadores pluriaccionales son predicados de conjuntos de eventos. La acción del marcador temporal pluriaccional consiste en indicar que los eventos en este conjunto hacen referencia a tiempos distintos que no se solapan.

Brenda Laca ha analizado los mecanismos que en la gramática del español permiten expresar PA temporal (Laca 2006a, 2006b): expresiones adverbiales y preposicionales de repetición y frecuencia (p. e., *repetidamente*, *varias veces*, *una y otra vez*, *de cuando en cuando*, *cada tanto*, *muy seguido*), reduplicación de verbos (p. e., *lloró y lloró*), procesos derivativos (p. e., *bailar* > *bailotear*; *besar* > *besuquear*; *morder* > *mordisquear*; *pisar* > *pisotear*; *elegir* > *reelegir*) y, sobre todo, perífrasis verbales (p. e., *andar/ir* + gerundio).

Laca muestra que un operador aspectual pluriaccional estipula cómo se distribuyen los eventos del tipo denotado por el verbo al que se aplica la perífrasis dentro del intervalo del que se predica la combinación perifrástica. Las pluralidades de eventos a que hace referencia una perífrasis verbal son de naturaleza grupal (grupos de eventos), mientras que las pluralidades de eventos a que hacen referencia los adverbios de frecuencia son sumas de eventos.

(12) a. El paciente *iba comiendo* bocados a cada hora.
b. El paciente comía *frecuentemente*.

Obsérvese, que en (12a) se hace referencia a un grupo de eventos de *comer* y podemos asociar a cada evento de *comer* un *bocado* diferente (un átomo de la suma denotada por *bocados*). En (12b), en cambio, el adverbio *frecuentemente* hace referencia a una suma de eventos de *comer*.

En §3 vamos a tratar la relación entre número y genericidad.

3. Número y genericidad

En la bibliografía lingüística (Krifka *et al.* 1995) suele distinguirse entre dos modos de hacer afirmaciones genéricas, dependiendo de si la fuente de la genericidad está localizada en el SD o en la oración. Si pensamos en la genericidad a nivel oracional encontramos oraciones caracterizadoras como la de (13):

(13) *Un caballero* abre/suele abrir la puerta a las señoras.

En este ejemplo un SD indefinido en posición de sujeto se combina con un verbo en presente de indicativo. Es importante darse cuenta de que, en este ejemplo, a pesar de que el verbo *abrir* es un predicado de estadio (Carlson 1977; Condoravdi 1992; Kratzer 1995), se interpreta bajo el paraguas de un operador GEN que cuantifica sobre individuos (p. e., un caballero cualquiera) y sobre eventos (la suma de los eventos de abrir un caballero la puerta a las señoras). Véase la representación de (14).

(14) GEN(x,e) [caballero(x) $\wedge$ abrir la puerta a las señoras(x,e)]

Si analizamos la causa de la genericidad en la oración de (13), debemos pensar en la flexión temporal, restringida al presente y en las características formales del SD sujeto: un indefinido singular traducido como una variable ligada por un operador/cuantificador genérico.

A diferencia de lo que ocurre en inglés, un nombre escueto plural en español es imposible en esta misma posición, como se ejemplifica en (15), lo cual ha sido extensamente comentado en la bibliografía lingüística que trata la distribución de los nombres escuetos en las lenguas románicas, en comparación con una lengua como el inglés (Longobardi 2001). Es conocido que en español los nombres escuetos solo pueden aparecer en posición de complemento de V o P, y solo admiten una lectura existencial (Laca 1990, 1999; Bosque 1996; Dobrovie-Sorin y Laca 1996, 2003), nunca una lectura genérica.

(15) **Caballeros* abren la puerta a las señoras.

Veamos ahora cómo se expresa la genericidad a nivel del SD en español. Debemos distinguir entre los dos tipos que ejemplificamos en (16) (Borik y Espinal 2012, 2015):

(16) a. *El colibrí* es abundante en Costa Rica.
b. *Los colibrís* vuelan hacia atrás.

En la primera oración un predicado de clase (p. e., *ser abundante*) se combina con un SD definido en posición de sujeto. En la segunda oración un predicado de individuos (p. e., *volar hacia atrás*) se combina con un SD definido plural.

Consideremos por qué estos SSDD son genéricos. En (16a) *el colibrí* es un SD que denota una clase sin hacer referencia a los individuos que componen dicha clase. Por este motivo, para explicar este significado en la bibliografía lingüística sobre este tema se ha propuesto que el SD carece de número, es decir de operador capaz de extensionalizar la denotación del nombre. En (16a) el D se combina con el N directamente, lo cual se traduce semánticamente postulando que el operador iota (correspondiente al artículo definido) se aplica a una propiedad (denotada por el N) dando como resultado la clase denotada por este nombre. En cambio, en (16b) el SD *los colibrís* es una expresión genérica porque, por medio del SD definido plural, el operador iota selecciona la suma máxima de individuos de la clase colibrí en los mundos que consideramos y respecto a los cuales se cumple el predicado *volar hacia atrás*. Nótese que en inglés para la expresión de la genericidad en el nivel del SD se utilizarían o un SD definido o un nombre escueto plural. Véase el paralelismo entre (17a) y (16a) por un lado, y entre (17b) y (16b) por el otro.

(17) a. *The hummingbird* is numerous in Costa Rica.
b. *Hummingbirds* fly backwards.

Ello sugiere que español e inglés coinciden en la expresión de la genericidad referida a clases, pero no en la expresión de la genericidad referida a todos los individuos de la clase. En este caso mientras que el inglés recurre a un nombre escueto plural, el español, al carecer de escuetos genéricos, necesita recurrir al definido plural. En Borik y Espinal (2012, 2015) se argumenta que, si bien en inglés entre las dos expresiones genéricas de (17) hay diferencia de número y definitud, en español entre las dos expresiones de (16) sólo hay diferencia de número: ausente en (16a) y plural en (16b). La expresión de la genericidad a nivel de SD siempre requiere en español el uso de un artículo definido.

Seguidamente en §4 vamos a tratar dos nociones semánticas adicionales que se relacionan con la semántica del número: la neutralidad de número y la lectura inclusiva.

4. Neutralidad de número vs. lectura inclusiva

En relación con la semántica de los nombres y la pluralidad existe una influyente propuesta de Chierchia (1998) que no podemos pasar por alto: el *Parámetro Nominal*, que establece que en aquellas lenguas que distinguen nombres contables de nombres de masa (como sucede en las lenguas románicas), los nombres contables están especificados para singular o plural, los numerales pueden aparecer sin clasificadores, y los nombres escuetos de masa y los nombres escuetos plurales pueden aparecer en posición argumental.

Este parámetro predice que en español no es posible encontrar en posición argumental singulares escuetos. Sin embargo, los datos de (18) muestran que esto no es así (Bosque 1996): para una clase restringida de verbos, concretamente para aquellos que expresan una relación de 'tener' en algún mundo posible, es posible encontrar nombres escuetos que no son plurales en posición de objeto.

(18) a. Tengo *coche/carrera.*
b. Necesitan *secretario/canguro.*
c. Lleva *sombrero de copa/camiseta de CK.*

Siguiendo las propuestas desarrolladas en Dobrovie-Sorin *et al.* (2006), Espinal (2010) y Espinal y McNally (2007a, 2011), vamos a sostener que los nombres escuetos en posición de objeto en (18) no tienen especificación alguna de número y, por tanto, no son tampoco singulares: expresan neutralidad de número, lo cual significa que, desde un punto de vista estrictamente lingüístico, la propiedad denotada por el nombre es compatible con la extensión a un individuo o a más de uno (e. g., *Tengo coche* puede decirse cuando quien habla tiene un solo coche o más de uno). Los nombres en cursiva de (18) ocupan la posición de complemento del verbo y, por tanto, son argumentos sintácticos, pero no son argumentos semánticos, porque al no estar especificados por número sintáctico ni tener determinante no son argumentos canónicos.

¿Cuál es, así pues, la denotación de los nombres escuetos de (18)? En §2 hemos avanzado que los nombres escuetos que carecen de especificación de número denotan propiedades de clases de individuos. Supongamos que sea este el significado de una raíz nominal. Cuando un nombre escueto sin especificación de número se combina con un predicado que denota una relación de 'tener', el significado es compatible con implicaciones atómicas y no atómicas (es decir, con tener un coche o más de uno, una carrera o más de una, con necesitar un secretario o más de uno, etc.). Ello significa que al componer un nombre escueto con un verbo el resultado es la expresión de la neutralidad de número (Farkas y de Swart 2003).

Parecida a la lectura que acabamos de comentar, pero distinta de ella, es la lectura inclusiva de los plurales escuetos en contextos que legitiman implicaciones de conjuntos a subconjuntos (i. e., *downward-entailing*; Sauerland *et al.* 2005, Farkas 2006, de Swart y Farkas 2007). En estos contextos, entre los que cabe destacar el que introduce el operador interrogativo o el operador condicional, el plural escueto hace referencia a átomos y a sumas de átomos.

(19) a. ¿Tienen *animales domésticos*?
b. Si llevan consigo *animales domésticos*, no pueden ocupar esta habitación.

Si el significado de una oración interrogativa es el conjunto de proposiciones que constituyen una respuesta posible (Hamblin 1973), fíjense que una respuesta adecuada a (19a) puede ser 'Sí, tenemos un perro' o 'Sí, tenemos un perro y un periquito'. Asimismo, (19b) será verdad en aquellas situaciones en las que los interlocutores no pueden ocupar una determinada habitación, tanto si llevan un animal doméstico como si llevan más de uno. Todo parece indicar, así pues, que la denotación de un nombre plural en este tipo de contextos cubre átomos y sumas de átomos, lo cual implicaría formular el significado de *animales domésticos* en los términos siguientes, es decir, incluyendo las unidades atómicas a las que hace referencia el nombre en singular. En (20) * es el operador plural (Link 1983).

(20) $||$*animal doméstico$||$ = $\{a\oplus b\oplus c, a\oplus b, a\oplus c, b\oplus c, a, b, c\}$

Antes de cerrar esta sección queremos puntualizar dos aspectos que permiten distinguir la neutralidad de número de la lectura inclusiva: (i) la lectura inclusiva de los plurales escuetos, aquella en la que la denotación de un plural hace referencia a sumas de átomos y también a átomos, debe distinguirse de la lectura neutral de los nombres escuetos sin especificación de número, porque esta —a diferencia de aquella— puede inferirse independientemente de que los nombres escuetos aparezcan o no en contextos que legitiman implicaciones de conjuntos a subconjuntos; y (ii) la lectura inclusiva de los plurales escuetos está vinculada a usos referenciales débiles (Grimm 2013), mientras que la lectura neutral de los nombres escuetos sin especificación de número está restringida léxicamente a la posición de objeto de verbos que expresan una relación de 'tener' (Espinal y McNally 2011).

5. El número en construcciones coordinadas y reduplicativas

En esta sección vamos a considerar una última cuestión relacionada con la expresión de la pluralidad. Mostraremos cómo la semántica del número en construcciones coordinadas y reduplicativas por un lado corrobora la afirmación realizada anteriormente según la cual en español el número no se interpreta en el nombre y, por otro lado, justifica la necesaria desvinculación entre el número morfofonológico (/s/) y el número morfosintáctico y semántico.

Consideremos los ejemplos de (21):

(21) a. *Padre e hijo* se reencontraron después del cautiverio.
b. Los estudiantes visitan un museo *año tras año.*

Nótese que en (21a) la coordinación de nombres escuetos funciona como si de una coordinación de nombres propios se tratase: *Pedro y Pablo se reencontraron después del cautiverio.* La pluralidad del sujeto, puesta de manifiesto en la morfología del verbo, no proviene de los nombres en sí sino de la coordinación (Heycock y Zamparelli 2005), que denota un conjunto o suma de individuos. Es interesante contrastar este ejemplo con los siguientes (inspirados en Longobardi 1994):

(22) a. *El propietario y director-gerente de la empresa* se encuentra en paradero desconocido.
b. *El propietario y el director-gerente de la empresa* se encuentran en paradero desconocido.

En (22a), a pesar de la coordinación de nombres, el D definido singular codifica la referencia a una única entidad que tiene dos propiedades (*ser propietario y director-gerente*) y es el constituyente que determina que el verbo tenga forma singular. En (22b), por el contrario, a pesar de que se coordinan dos SSDD definidos singulares, el núcleo de la coordinación constriñe una lectura plural (i. e., hace referencia a dos entidades distintas) y fuerza que el verbo concuerde en número plural.

Veamos ahora el ejemplo (21b). En esta ocasión el SP *año tras año* denota una pluralidad de años en los que los estudiantes visitan uno o varios museos. Nótese que en este caso la pluralidad de eventos proviene del modificador temporal, que tiene una estructura reduplicativa.

En resumen, la coordinación y la reduplicación son, así pues, mecanismos adicionales disponibles en la lengua para la expresión de la pluralidad, tal como se representa en las estructuras de (23). Nótese que SN_{coord} significa SN coordinado y $SN_{red,}$ SN reduplicado.

(23) a. $[_{SNcoord[PL]}$ SN $[\&_{[PL]}$ SN]]
b. $[_{SNred[PL]}$ SN $[P_{[PL]}$ SN]]

Un núcleo conjuntivo o preposicional pone en relación dos SSNN, uno en posición de objeto y otro en posición de sujeto, y es responsable de la pluralidad semántica de toda la construcción. En español los dos SSNN de las estructuras reduplicativas son idénticos, por lo que tenemos un caso de reduplicación total. Las preposiciones que admiten este proceso son: *a* (*día a día*), *tras* (*año tras año*), *con* (*vaso con vaso*), *de...en* (*de semana en semana*), entre otras.

Los datos presentados en esta sección sugieren que el número es interpretable no en el nombre, como tradicionalmente se ha afirmado con respecto a lenguas como el español, sino en ciertas categorías funcionales que seleccionan o pueden seleccionar nombres, tales como el determinante, la conjunción y la preposición de naturaleza reduplicativa.

6. Resumen final

En este capítulo hemos presentado sintéticamente algunos aspectos relacionados con la semántica del número, haciendo una referencia especial al español: la denotación del nombre, el número semántico entendido como función que convierte propiedades de clases en propiedades de individuos, el número en las expresiones genéricas, la neutralidad de los nombres escuetos no especificados para número, la lectura inclusiva de los nombres escuetos plurales y, finalmente, el número morfosintáctico interpretable en categorías funcionales tales como el determinante, la conjunción y la preposición.

Reconocimientos

Este trabajo se ha beneficiado de las siguientes subvenciones: Ministerio de Economía y Competitividad (FFI2011-23356, FFI2014-52015-P) y Generalitat de Catalunya (2014SGR1013, ICREA Academia).

Bibliografía

Bosque, I. (2000), "Reflexiones sobre el plural y la pluralidad. Aspectos léxicos y sintácticos", en Casas, M. y Torres, M. A. (eds.), *Actas de las V Jornadas de Lingüística (1999)*, Cádiz: Universidad de Cádiz, pp. 5–37.

Bosque, I. (2003) "¿Singular + singular = plural? Aspectos de la concordancia de número en las construcciones coordinadas", en Girón Alconchel, J. L. *et al.* (eds.), *Estudios ofrecidos al profesor José Jesús de Bustos Tovar*, Madrid: Universidad Complutense de Madrid, vol. 1, pp. 23–44.

Corbett, G. G. (2000) *Number*, Cambridge: Cambridge University Press.

Déprez, V. (2005) "Morphological number, semantic number and bare nouns", *Lingua*, 115, pp. 857–883.

Eschenbach, C. (1993) "Semantics of number", *Journal of Semantics*, 10, 1, pp. 1–31.

Laca, B. (1999), "Presencia y ausencia de determinante", en Bosque, I. y Demonte, V. (eds.) *Gramática descriptiva de la lengua española*, Madrid: Espasa, pp. 891–928.

Laca, B. (2006a) "Pluralidad y aspecto verbal en español", *Revista Española de Lingüística*, 36, pp. 7–41.

Link, G. (1983) "The logical analysis of plurals and mass terms: A lattice-theoretical approach", en Bauerle, R., Schwarze, C. y von Stechow, A. (eds.), *Meaning, use, and interpretation of language*, Berlín: de Gruyter, pp. 303–323.

Sauerland, U. (2003) "A new semantics of number", *Proceedings of SALT*, 13, pp. 258–275.

Sauerland, U., Anderssen, J. y Yatsushiro, K. (2005) "The plural is semantically unmarked", en Kepser, S. y Reis, M. (eds.) *Linguistic evidence*, Berlín: de Gruyter, pp. 413–434.

Lecturas adicionales

Bartsch, R. (1973) "The semantics and syntax of number and numbers", en Kimball, J. (ed.) *Syntax and semantics*, Nueva York: Seminar Press, vol. 2, pp. 51–93.

Bennett, M. R. (1975) "Some extensions of a Montague fragment of English", tesis doctoral, UCLA, distribuida por Indiana University Linguistics Club.

Borik, O. y Espinal, M. T. (2012) "On definite kinds", *Recherches Linguistiques de Vincennes*, 41, pp. 123–146.

Borik, O. y Espinal, M. T. (2015) "Reference to kinds and to other generic expressions in Spanish: Definiteness and number", *The Linguistic Review*, 32.2, pp. 167–225.

Bosque, I. (ed.) (1996) *El sustantivo sin determinación. La ausencia de determinante en la lengua española*, Madrid: Visor.

Bouchard, D. (2002) *Adjectives, number and interfaces — why languages vary*, Amsterdam: Elsevier.

Bunt, H. C. (1985), *Mass terms and model-theoretic semantics*, Cambridge: Cambridge University Press.

Carlson, G. (1977) *References to kinds in English*, tesis doctoral, University of Massachusetts at Amherst; Publicada en Nueva York: Garland, 1980.

Chierchia, G. (1998) "Reference to kinds across languages", *Natural Language Semantics*, 6, pp. 339–405.

Chierchia, G. (2010) "Mass nouns, vagueness and semantic variation", *Synthese*, 174, pp. 99–149.

Dalrymple, M. y Mofu, S. (2012) "Plural semantics, reduplication and numeral modification in Indonesian", *Journal of Semantics*, 29, pp. 229–260.

Diesing, M. (1992) *Indefinites*, Cambridge, MA: The MIT Press.

Doetjes, J. (1997) *Quantifiers and selection*, Dordrecht: HIGL.

Dobrovie-Sorin, C., Bleam, T. y Espinal, M. T. (2006) "Bare nouns, number and types of incorporation", en Vogeleer, S. y Tasmowski, L. (eds.) *Non-definiteness and plurality*, Amsterdam: John Benjamins, pp. 51–79.

Dobrovie-Sorin, C. y Laca, B. (2003) "Les noms sans déterminant dans les langues romanes", en Godard, D. (ed.), *Les langues romanes. Problèmes de la phrase simple*, París: Éditions du CNRS, pp. 235–281.

Espinal, M. T. (2010) "Bare nominals in Catalan and Spanish. Their structure and meaning", *Lingua*, 120, pp. 984–1009.

Espinal, M. T. y McNally, L. (2007a) "Bare singular nominals and incorporating verbs", en Kaiser, G. y Leonetti, M. (eds.) *Definiteness, specificity and animacy in Ibero-Romance languages. Arbeitspapier*, 122, pp. 45–62.

Espinal, M. T. y McNally, L. (2007b) "Bare singulars: Variation at the syntax-semantics interface", Trabajo presentado en *Workshop on bare nouns and nominalizations*, University of Stuttgart.

Espinal, M. T. y McNally, L. (2011) "Bare nominals and incorporating verbs in Catalan and Spanish", *Journal of Linguistics*, 47, pp. 87–128.

Farkas, D. (2006) "The unmarked determiner", en Vogeleer, S. y Tasmowski, L. (eds.), *Non-definiteness and plurality*, Amsterdam: John Benjamins, pp. 81–105.

Farkas, D. y De Swart, H. (2003) *The semantics of incorporation*, Stanford: CSLI Publications.

Farkas, D. y De Swart, H. (2010) "The semantics and pragmatics of plurals", *Semantics and Pragmatics*, 3, 6, pp. 1–54.

Ghomeshi, J., Paul, I. y Wiltschko, M. (eds.) (2009) *Determiners. Universals and variation*, Amsterdam: John Benjamins.

Grimm, S. (2013) "Plurality is distinct from number neutrality", en Fainleib, L., LaCara, N. y Park, Y. (eds.), *Proceedings of the 41st Meeting of the North East Linguistic Society*, Amherst, MA: University of Massachusetts, Amherst.

Hausser, R. R. (1974) "Quantification in extended Montague grammar", tesis doctoral, University of Texas.

Heycock, C. y Zamparelli, R. (2005) "Friends and colleagues: Coordination, plurality, and the structure of DP", *Natural Language Semantics*, 13, pp. 201–270.

Kratzer, A. (1995) "Stage-level and individual-level predicates", en Carlson, G. y Pelletier, F. J. (eds.), *The generic book*, Chicago: The University of Chicago Press, pp. 125–175.

Krifka, M. (1989), "Nominal reference, temporal constitution, and quantification in event semantics", en Bartsch, R. van Benthem, J. y von Emde Boas, P. (eds.) *Semantics and contextual expression*, Dordrecht: Foris Publication, pp. 74–115.

Kripke, S. (1972) "Naming and necessity", en Davidson, D. y Harman, G. (eds.) *Semantics of natural language*, Dordrecht: Reidel, pp. 253–355.
Laca, B. (1990) "Generic objects: Some more pieces of the puzzle", *Lingua*, 81, 1, pp. 25–46.
Lasersohn, P. (1995) *Plurality, conjunction and events,* Dordrecht: Kluwer.
Löbner, S. (1985) "Definites", *Journal of Semantics*, 4, pp. 279–326.
Löbner, S. (1987) "Natural language and generalized quantifier theory", en Gärdenfors, P. (ed.), *Generalized quantifiers: Linguistic and logical approaches*, Dordrecht: Reidel, pp. 181–201.
Longobardi, G. (1994) "Reference and proper names", *Linguistic Inquiry*, 25, 4, pp. 609–665.
Partee, B. (1987) "Noun phrase interpretation and type-shifting principles", en Groenendijk, J., de Jongh, D. y Stokhof, M. (eds.) *Studies in discourse representation theory and the theory of generalized quantifiers*, Dordrecht: Foris, pp. 115–143.
Pelletier, F. J. (1979) *Mass terms: some philosophical problems*, Dordrecht: Reidel.
Pelletier, F. J. y Schubert, L. K. (1989) "Mass expressions", en Gabbay, D. y Guenthner, F. (eds.) *Handbook of philosophical logic*, Dordrecht: Reidel, vol. 4, pp. 327–407.
Quine, W. V. O. (1960) *Words and objects*, Cambridge, MA: The MIT Press.
Schwarzschild, R. (1996) *Pluralities*, Dordrecht: Kluwer.

Entradas relacionadas

cuantificación; semántica; sustantivo

ORACIONES DE RELATIVO

José María Brucart

1. Palabras relativas y oraciones de relativo

El término "relativo" se usa para designar dos clases de unidades: (a) un paradigma de formas gramaticales compuesto por los pronombres (*que*, *quien* y *el cual*), determinantes (*cuyo*), cuantificadores (*cuanto*) y adverbios relativos (*donde*, *cuando* y *como*) y (b) las oraciones subordinadas introducidas por tales elementos. La relación entre ambas es de implicación mutua: las oraciones relativas necesitan un nexo relativo que las introduzca y las palabras relativas solo pueden aparecer en el seno de una subordinada de la misma clase. En consecuencia, aunque esta entrada toma como referencia las oraciones relativas, en ella se estudiarán igualmente las características de los pronombres, adjetivos y adverbios relativos, que son los nexos que introducen tales subordinadas.

La propiedad que distingue a las palabras relativas es que desarrollan un doble cometido en la oración que encabezan. Además de ser nexos de subordinación, funcionan como argumentos o adjuntos de la subordinada, cumpliendo en ella también la correspondiente función gramatical. Semánticamente, su interpretación suele obtenerse por asociación anafórica con un antecedente situado en la oración matriz. La subordinada funciona como modificador del antecedente, formando con este un constituyente complejo de la oración matriz. En los siguientes ejemplos, la oración de relativo aparece entre corchetes, el elemento relativo se expresa en cursiva y el sintagma que lo contiene figura subrayado. El antecedente se representa subrayado con trazo discontinuo:

(1) a. Se inspira en sesudos artículos [*que* lee en revistas].
b. Admira a los autores [a *cuyas* obras se acerca].
c. Me excita ese momento [*cuando* todo está a punto de comenzar].

En (1a), el relativo *que*, como argumento interno del verbo *leer*, funciona como complemento directo en la subordinada. Mediante su asociación con el antecedente se obtiene la interpretación proposicional completa de la relativa ("[él/ella] lee sesudos artículos en revistas"). En (1b), *cuyas* determina al sustantivo *obras*, expresando una relación posesiva entre este último elemento y el antecedente ("[él/ella] se acerca a las obras de los autores"). En (1c), *cuando* funciona como adjunto temporal de la subordinada, denotando el momento de tiempo en el que esta se verifica ("todo está a punto de comenzar en ese momento").

La función gramatical del elemento relativo en la subordinada es independiente de la correspondiente al sintagma de la oración principal en el que se integra aquella: complemento directo y complemento de régimen preposicional, respectivamente, en (1a); complemento del nombre y complemento directo, en (1b), y complemento circunstancial de tiempo y sujeto, en (1c).

Junto con los elementos interrogativos y exclamativos, los relativos forman la clase de las palabras-*qu*. Sintácticamente, todas estas unidades se proyectan obligatoriamente a la primera posición de sus correspondientes oraciones, un proceso que en la gramática generativa se representa por medio de una transformación de movimiento (o ensamble interno, en el modelo minimista), como se muestra en (2). La posición de la copia tachada del elemento-*qu* corresponde a la función sintáctica desempeñada en la oración y la no tachada refleja el ascenso de ese elemento al frente de esta (Francom 2012; Contreras 1999). Nótese que otros elementos indefinidos, cuantificativos y anafóricos no desencadenan tal traslado porque no pertenecen al grupo de las palabras-*qu*, como muestran los ejemplos entre paréntesis:

(2) a. *Interrogativa*: ¿Qué quiere ~~qué~~? (cf. Quiere algo)
    b. *Exclamativa*: ¡Cuánto sabe ~~cuánto~~! (cf. Sabe mucho)
    c. *Relativa*: ... donde vive ~~donde~~ (cf. Vive allí)

Otra característica común de las tres construcciones es que los elementos-*qu* pueden cruzar la frontera de su oración y situarse al frente de oraciones superiores, siempre que se extraigan de subordinadas completivas, fenómeno recursivo que se denomina traslado de larga distancia: *¿Qué dices que quiere?*, *¡Cúantos cosas quieres que sepa!*, *La calle donde dicen que vive...*

Pese estas similitudes, los relativos divergen de los interrogativos y exclamativos sintáctica y semánticamente. Desde el punto de vista semántico, los relativos no son marcadores de modalidad, por lo que están incapacitados para dar lugar a un tipo de acto de habla no asertivo, a diferencia de las otras dos clases, que pueden formar preguntas y exclamaciones. Las relativas son siempre oraciones subordinadas cuyo contenido aseverativo sirve para restringir la denotación de una entidad presente en la oración matriz o para añadir información incidental sobre ella (§ 2.2). Sintácticamente, se caracterizan por no imponer la inversión del orden sujeto-verbo, en contraste con las interrogativas y exclamativas. Frente a la obligatoria posición posverbal del sujeto en *¿Qué piensa María de eso?* o *¡Qué cosas dice María!*, las correspondientes relativas aceptan ambos órdenes: *lo que María piensa de eso/lo que piensa María de eso* y *las cosas que María dice/las cosas que dice María.*

2. Clases de oraciones de relativo

2.1. Las relativas con antecedente implícito: relativas libres y semilibres

Como la función más característica de las subordinadas relativas es la de actuar como modificadores en el seno de un sintagma nominal, la tradición gramatical las ha denominado *subordinadas adjetivas*. Se trata de una caracterización funcional que parte de la idea de que cualquier complemento nominal tiene valor adjetival. Pero esta etiqueta no se aviene con todos los usos de las relativas, ya que algunas no necesitan un antecedente nominal explícito para poder desempeñar directamente una función en la oración matriz (Plann 1980). Estas relativas sin antecedente expreso se denominan *relativas libres*:

(3) a. [*Quien* desprecia a sus adversarios] se arriesga a perderlo todo.
b. Me gustaría estar [*donde* tú estás].
c. Ninguna de sus sucesoras ha cantado [*como* ella lo hizo].

Las relativas de (3) no cuentan con un antecedente en la oración matriz, a pesar de lo cual desempeñan una función gramatical dentro de ella: sujeto, atributo locativo y adjunto de modo, respectivamente. Bello (1847: § 328) denomina estas construcciones "relativas de antecedente envuelto", ya que los rasgos de los propios nexos relativos permiten designar una persona, un lugar y una manera sin el auxilio de un antecedente nominal. Así, en (3) *quien* equivale a "la persona que", *donde* a "en el lugar en el que" y *como* a "de la manera que". Nótese que en estos casos la relativa aparece en un contexto que corresponde a sintagmas no oracionales: un SN o SD en el primer caso y un SP o SAdv en los otros dos. Como en las relativas con antecedente expreso, la función del elemento relativo en la subordinada es independiente de la que corresponde al sintagma que forma en la principal: en *Se lo dijo a quien quiso oírlo*, *quien* es el sujeto de la subordinada y *a quien quiso oírlo* funciona como complemento indirecto de la oración principal.

La posibilidad de encabezar relativas libres está limitada a los relativos que incorporan los rasgos léxicos que determinan el tipo de entidad representado por la subordinada. Tal es el caso de *quien*, que denota personas, o de los adverbios relativos *como*, *donde* y *cuando*, que integran nociones de manera, de lugar y de tiempo, respectivamente (cf. *Llegó* [*cuando él ya se había marchado*]). También el cuantificador *cuanto* (equivalente a "todo lo que") puede formar esta clase de relativas, ya que incluye la idea de cantidad: *Llamó a* [*cuantos podían ayudarle*]. Por el contrario, el relativo *que*, que admite toda clase de antecedentes, carece de la capacidad de encabezar por sí mismo relativas libres: en (3a) no podría decirse **Que desprecia a sus adversarios se arriesga a perderlo todo*. En cambio, precedido del artículo determinado, *que* da lugar a relativas semilibres, como se estudiará al final de este epígrafe.

Tampoco aceptan las relativas libres el posesivo *cuyo* y el relativo complejo formado por *cual* y el artículo determinado. En el primer caso, la imposibilidad se debe a que, pese a incorporar *cuyo* la noción de posesión, sus rasgos flexivos de género y número no reproducen los del antecedente, sino los del sustantivo al cual determina (*el partido a cuya sede acudimos*). Como consecuencia, en ausencia del antecedente, no habría información alguna sobre la clase de entidad denotada. Debe señalarse, no obstante, que *cuyo* podía formar relativas libres en el español antiguo y clásico: *Se aplique la pena a* [*cuya es la culpa*] (San Juan Bautista de la Concepción, *El conocimiento interior sobrenatural*, h. 1613). Aquí, la relativa, que funciona como complemento indirecto del verbo matriz, se interpreta como "todo aquel que sea culpable". Otra diferencia importante con el uso actual es que *cuyo* aparece como atributo desgajado del nombre, lo que no es ya factible. De hecho, como se verá en el § 2.3, en la lengua coloquial el relativo posesivo tiende a ser sustituido por secuencias equivalentes (*del cual* y la no normativa *que su*, principalmente).

La incapacidad de artículo+*cual* para formar relativas libres (**El cual desprecia a sus adversarios se arriesga a perderlo todo*) deriva del carácter necesariamente anafórico de la mención efectuada por este relativo, que impone la existencia de un antecedente explícito. Esta particularidad proviene del valor adjetivo original de *cual*, lo que le permitía combinarse con un sustantivo que reiteraba el antecedente (4a), una construcción que tiene regusto arcaizante, pero que todavía se usa para retomar un antecedente situado en un enunciado independiente anterior (4b):

(4) a. [...] con los vínculos y llamamientos contenidos en el mayorazgo de la casa de Velasco; con *el cual* mayorazgo ha de andar unido e incorporado este vínculo siempre (J. Fernández de Velasco, *Testamento*, 1612).
b. Con *la cual* cosa, mira tú por dónde, me ponía este embrollo en bandeja de plata... (J. Sanchis Sinisterra, *Lope de Aguirre, traidor*).

Sobre el análisis de estas construcciones, véase el § 3.1. La posibilidad de que una relativa aparezca sin un antecedente nominal explícito no queda limitada a las relativas libres. El español permite la elisión del nombre si el determinante o el cuantificador que aporta los rasgos que permiten su identificación anafórica aparece expreso: *Prefiere los libros de filosofía a los Ø de lingüística*; *Se subastaron cuatro pinturas impresionistas y tres Ø hiperrealistas*. Como las relativas funcionan comúnmente como complementos del nombre, la omisión de este es también posible:

(5) a. Había sobre la mesa diversas herramientas, como *las que se usan en carpintería.*
b. Hay responsabilidades que son fáciles de sobrellevar. Pero hay *otras que son difíciles de gestionar.*

A estas construcciones relativas se las ha denominado *relativas semilibres* (Smits 1989). El único relativo habilitado para encabezarlas es *que*. Conviene señalar, no obstante, que la delimitación de la clase de las relativas semilibres depende del análisis que se otorgue al determinante o cuantificador que precede al relativo. Si se supone que se trata de una unidad que siempre se combina con un núcleo nominal elíptico (Brucart 1999), la clase engloba ejemplos con todos los determinantes y cuantificadores que pueden acompañar a un núcleo nominal, como es el caso de *otras* en (5b). Por el contrario, si se supone que, en ausencia de un elemento nominal explícito, tales unidades funcionan como pronombres, estos serían los antecedentes del relativo y solamente las construcciones con el artículo determinado serían propiamente semilibres (RAE-ASALE 2009: § 44.1g).

Hay dos casos en que las relativas semilibres no requieren la existencia de un antecedente discursivo: (a) cuando la combinación del relativo con el artículo determinado o el demostrativo *aquel* se interpreta como "la(s) persona(s) que", y (b) cuando el determinante tiene género neutro:

(6) a. *El que hace eso* es un inconsciente.
b. *Las que vivimos en el 68* somos idealistas.
c. *Aquel que pudo aliviar mis penas*, no lo hizo.
d. Te daré *lo que quieras* si me ayudas.

En (6a–c), los rasgos flexivos del determinante que precede al relativo aportan información sobre la clase de los individuos denotados, pero esta queda restringida a los individuos humanos. En ausencia de un antecedente discursivo, la única manera de referir a una entidad no animada en estas construcciones es mediante el género neutro, como en (6d), si se exceptúa un conjunto reducido de casos semilexicalizados en femenino que expresan situaciones extremas, como *la que cayó anoche* (una gran tempestad); *la que le cayó encima* (una reprimenda), o *la que le espera* (una situación difícil). Si en estos sintagmas se colocara el artículo neutro, la lectura perdería la cuantificación de grado que es característica de la variante femenina.

En los demás casos, las relativas semilibres se interpretan en función de un elemento discursivo identificado anafóricamente, como en (5), o —en oraciones atributivas (Bosque

1993)—, también catafóricamente: *La que compró es la lavadora más lujosa del mercado.* Aquí, la alternancia entre la variante neutra y la masculina o femenina se correlaciona con la interpretación de tipo, de subtipo o de ejemplar del elemento denotado por la relativa: en *Lo que compró es una lavadora*, se identifica el tipo de objeto comprado —una lavadora y no un friegaplatos, por ejemplo—, frente al ejemplo previo, en el que se aporta una característica del ejemplar adquirido.

2.2. *Relativas especificativas y explicativas*

La modificación que efectúan las relativas sobre su antecedente puede ser especificativa o explicativa. En el primer caso, la relativa aporta rasgos intensionales al antecedente, restringiendo su extensión. En el segundo, la subordinada funciona como adjunto explicativo del sintagma encabezado por el antecedente, añadiendo información complementaria a la denotación de este. En (7) se refleja este contraste:

(7) a. La asignatura se convalidó a los *ingenieros que habían cursado una materia de economía.*
    b. La asignatura se convalidó *a los ingenieros, que habían cursado una materia de economía.*

La diferente función de la subordinada da lugar a dos interpretaciones distintas: como modificador especificativo del SN *ingenieros*, el contenido de la relativa en (7a) añade rasgos a la descripción, de modo que solamente los ingenieros que habían cursado la materia indicada obtuvieron la convalidación. Por el contrario, en (7b) la relativa es un adjunto explicativo que no restringe la denotación del sintagma antecedente: todos los ingenieros referidos obtienen la convalidación, ya que todos ellos han cursado economía. Como sucede con todos los adjuntos explicativos, su supresión no significaría variación alguna en el valor de verdad de la oración matriz. Otra diferencia es que, mientras que (7a) representa un solo acto de habla con valor ilocutivo, en (7b) son dos las unidades a las que es posible asignar un valor de verdad. Si se dan condiciones contextuales apropiadas, podría suceder que uno de los enunciados fuera verdadero y el otro no: por ejemplo, si un ingeniero al que se le ha convalidado la asignatura hubiera obtenido su título sin cursar asignatura alguna de economía. En tal caso, el contenido de la matriz sería verdadero (se le habría convalidado la asignatura) y el de la subordinada falso. En esa misma situación, (7a) sería falsa en su totalidad, ya que lo que en ella se afirma es que solamente los ingenieros que han cursado economía pueden obtener la convalidación.

La distinción entre relativas especificativas y explicativas se remonta a la lógica de Port Royal (Arnauld y Nicole 1660) y está presente en Bello (1847: § 306–307, 1073–1074). Las especificativas han sido denominadas también restrictivas, determinativas e integradas. Por su parte, a las explicativas se las ha llamado también apositivas, incidentales y suplementarias. Véase Aletá Alcubierre (1990) para un estudio de las distintas propuestas de delimitación de las subclases de relativas.

La oposición entre relativas especificativas y explicativas se manifiesta también prosódicamente. Las especificativas, al ir integradas en el grupo nominal del antecedente, no forman un grupo entonacional propio (8a). En cambio, las explicativas componen un grupo independiente, delimitado por inflexiones prosódicas que se marcan en la escritura mediante comas (8b):

(8) a. Todos los vuelos *que venían de Londres* llevaban retraso.
    b. Ángeles, *que estaba enferma de soledad*, se ilusionó con la nueva amistad.

El origen de las diferencias semánticas y prosódicas entre las dos subclases de relativas es estructural: las especificativas, como cualquier otro complemento nominal restrictivo, están en el interior del SN encabezado por el antecedente, mientras que las explicativas son adjuntos que se relacionan directamente con la proyección nominal más alta. Si se adopta la idea de que los determinantes encabezan su propia proyección SD (Abney 1987), la estructura de los SD en cursiva de (7) sería la siguiente:

(9) a. *relativa especificativa*: [$_{SD}$ los [$_{SN}$ ingenieros [$_{SC}$ que habían cursado una materia de economía]]]
b. *relativa explicativa*: [$_{SD}$ [$_{SD}$ los [$_{SN}$ ingenieros]] [$_{SC}$ que habían cursado una materia de economía]]

En el proceso de formación del SD de (9a), la relativa se ensambla primero con el núcleo nominal y el SN así formado se une al artículo definido, que es el núcleo del SD. En cambio, en (9b) el ensamble del artículo con el nombre precede al de la oración de relativo. Como esta se une a un constituyente que ya es un SD, la estructura resultante es la de un adjunto explicativo, combinado con un SD.

De la diferente estructura de especificativas y explicativas se derivan varias consecuencias sintácticas y semánticas:

a) Los cuantificadores y determinantes vinculados con el antecedente incluyen en su ámbito a las relativas especificativas, pero no a las explicativas. En *Tiene tres hijos que se dedican a la política*, el cuantificador numeral incide sobre el SN *hijos que se dedican a la política*. En cambio, en la versión explicativa (*Tiene tres hijos, que se dedican a la política*), el ámbito del numeral cardinal es el SN *hijos*, por lo que solo en esta oración se informa del número total de hijos del sujeto.
b) Las relativas especificativas son complementos del SN, mientras que las explicativas son adjuntos del SD. Como los pronombres personales y los nombres propios tienen valor designativo propio (es decir, son en sí mismos SD), solamente las relativas explicativas pueden combinarse con ellos: no hay una relativa especificativa equivalente a la explicativa que aparece en *{Ella/María}, que no lo sabía, se sintió engañada*. Los nombres propios aceptan relativas especificativas cuando se pueden determinar o cuantificar (*la Europa en que vivimos*), ya que en estos casos el nombre propio por sí solo no denota un individuo, sino una clase, lo que lo asimila a los nombres comunes: en el ejemplo anterior, el nombre propio denota el conjunto de situaciones histórico-políticas que pueden asociarse a Europa y de ellas se selecciona una.
c) Solo las explicativas pueden tener como antecedente una oración: *Se enemistó con su padre, lo que le resultó particularmente doloroso*. La posibilidad de adjuntar una relativa a una oración deriva del hecho de que el contenido proposicional de esta es equivalente a un demostrativo neutro como *eso* y puede incorporarse como argumento o adjunto de otra predicación. En el ejemplo anterior podría haberse dicho *y eso le resultó…*
d) La mayor independencia sintáctica de las relativas explicativas les dificulta llevar el verbo en una forma que no sea el indicativo. Por el contrario, las especificativas pueden construirse en infinitivo y en subjuntivo cuando el sintagma al que modifican tiene interpretación inespecífica (es decir, no se refiere a un individuo concreto): *Buscaba alguien con quien compartir su vida*; *Quiere una habitación que tenga vistas al mar*. No contradice esta restricción el uso arcaizante del pretérito imperfecto de subjuntivo con valor

de pluscuamperfecto de indicativo, ya que en tal caso la interpretación del sintagma es específica: *La sala Maru, que viera el esplendor y la gloria de actores como Américo Vargas y Lucho Córdoba, había ido de mal en peor* (*Revista Hoy* [Chile], 18–24/08/1986). No obstante, mientras que el infinitivo está vedado en todos los casos, la aparición del subjuntivo en las explicativas es posible cuando la propia subordinada contiene un elemento que selecciona ese modo (como *quizás* u *ojalá*) o cuando corresponde a una oración de modalidad desiderativa que el hablante introduce como apostilla: *La literatura mexicana ganará mucho con el establecimiento de nuestra cátedra de griego, que ojalá sea permanente* (I. Osorio Romero, *Conquistar el eco. La paradoja de la conciencia criolla*); *Mi padre, que esté en la gloria, poseía la voz más hermosa del mundo* (L. Landero, *Juegos de la edad tardía*).

e) Con los sintagmas intrínsecamente inespecíficos solamente son compatibles las relativas especificativas. Entre ellos se incluyen todos los que están encabezados por un cuantificador negativo, por *todo* y un nombre en singular o por un indefinido como *cualquier*: *No existe ninguna que tenga más breve, ni más lindo pie* (Á. Vázquez, *La vida perra de Juanita Narboni*).

2.3. *Relativas con pronombre reasuntivo o con duplicación pronominal*

Son las que incluyen un pronombre personal átono o tónico que reproduce la función expresada por el elemento relativo: [...] *debería haber estudiado este tema la Comisión Bicameral del Mercosur, a la que no se la puede dejar afuera de esto* (Senado de la Nación Argentina, 18–19/3/1998). Se trata de un patrón normativamente desaconsejado en español, más propio de los registros orales que de los escritos, pero que está presente en otras lenguas (como el rumano, el esloveno o el hebreo), en las que constituye un procedimiento básico para la formación de las relativas. En español, no deben considerarse relativas con pronombre reasuntivo las que presentan la duplicación del complemento indirecto, como en *la persona a la que se le entregó el sobre*, ya que tal reiteración se admite en toda clase de oraciones (*Se le entregó el sobre a esa persona*).

Como se observa en el primer ejemplo de este apartado, el relativo puede aparecer con la misma forma que correspondería a una relativa sin duplicación, pero es frecuente que este se manifieste en una forma empobrecida, carente de la correspondiente preposición: [...] *hija de un tirano de Venezuela que le llamaban Juan "Bisonte" Gómez* (*La Prensa* [Nicaragua], 03/02/1997). La misma tendencia a la reducción explica que el relativo más frecuente en estas construcciones sea *que*, el más polivalente y desprovisto de rasgos léxicos del paradigma de los relativos. Los pronombres reasuntivos que con mayor frecuencia concurren son los clíticos, pero se atestiguan también casos de duplicación con pronombres tónicos: [...] *esa persona que todos sabemos y que luego hablaremos de ella* (*TVE1* [España], 28/01/96). Es frecuente recurrir en el habla a la sustitución del relativo posesivo *cuyo* por una construcción reasuntiva, una variante que la norma no ha consagrado como correcta: [...] *y yo tenía un amigo que su padre tenía un taxi* (*TVE2* [España], 29/12/86).

Las posibilidades de aparición de una relativa con pronombre reasuntivo se incrementan a medida que aumenta la distancia entre el nexo relativo y la posición correspondiente a la función desempeñada por este en la subordinada: *Como si querías huevos fritos con jamón frito, que, cuando me enteré que también los ponían de desayuno, los tomaba ya todos los días* (G. Morón, *El gallo de las espuelas de oro*). Para un estudio más detallado de estas construcciones, véanse Brucart (1999: § 7.1.2), RAE-ASALE (2009: § 44.9), Lope Blanch (1984), Trujillo (1990) y Fernández Soriano (1995).

2.4. *Perífrasis de relativo, escindidas o hendidas*

Las *perífrasis de relativo*, también llamadas *construcciones hendidas* o *escindidas* y *copulativas enfáticas*, son esquemas con el verbo *ser* que resultan de la focalización de uno de los constituyentes mayores de una oración más simple que se toma como fuente de la perífrasis. Así, hendiendo los distintos constituyentes de *María leía el periódico en el bar* se obtienen las perífrasis de relativo de (10):

(10) a. Quien leía el periódico en el bar era María (*sujeto*)
b. Lo que hacía María era leer el periódico en el bar (*predicado*)
c. El periódico era lo que María leía en el bar (*complemento directo*)
d. Donde María leía el periódico era en el bar (*adjunto locativo*).

En estas construcciones se ponen en contraste el foco, que es el constituyente escindido de la oración fuente, y la presuposición, que reproduce la oración fuente sustituyendo el foco por el relativo correspondiente. Este último representa la variable cuyo valor se focaliza por medio de la relación copulativa. Como se observa en los ejemplos anteriores, tanto el foco como la presuposición pueden encabezar estas construcciones. También es posible el orden Cópula-Foco-Presuposición (*Era María quien leía el periódico en el bar*). En cambio, la secuencia Cópula-Presuposición-Foco da lugar a un enunciado agramatical (**Era quien leía el periódico en el bar María*). El tiempo de la cópula reproduce el de la oración fuente o se coloca en presente de indicativo, aunque esta última posibilidad funciona mejor cuando la cópula precede al verbo de la presuposición: *María es la que leía el periódico en el bar* resulta más natural que *La que leía el periódico en el bar es María*. Cuando el constituyente focal contiene una preposición, esta se reproduce en el elemento relativo, excepto en el caso de que el adverbio relativo correspondiente lleve incorporado su contenido, como sucede en uno de los ejemplos anteriores entre *en el bar* y el adverbio relativo *donde* (sería también posible decir *en donde*). Para un análisis más completo de estas oraciones, pueden consultarse Moreno Cabrera (1999), Plaza de la Ossa (2008), RAE-ASALE (2009: § 40.10–11) y Val Álvaro y Mendívil Giró (2011). Las construcciones de *que* galicado, un tipo de escindidas no relativas, se estudiarán en el § 3.4.

2.5. *Las explicativas de sucesión y las relativas yuxtapuestas*

Como se ha señalado en el § 2.2, las relativas explicativas aportan información incidental al enunciado matriz. En cambio, la función de las *explicativas de sucesión* (RAE-ASALE 2009: § 44.10h) consiste en exponer un hecho o argumento que se articula temporal o conceptualmente con el de la oración matriz, como en *Roque recibió una llamada poco antes de las tres de la tarde, que contestó en plena explanada, fuera del recinto Legislativo* (*Proceso* [México], 17/11/1996). También pueden usarse para la progresión discursiva las *relativas yuxtapuestas*, que forman enunciados independientes. El relativo que con mayor facilidad encabeza esta clase de oraciones es el formado por el artículo definido y *cual*, debido a su independencia prosódica (es el único relativo tónico) y a su naturaleza exclusivamente anafórica (§ 2.1): [...] *él quedó encargado de la abuela África. La cual seguía sin encontrar ni motivos ni fuerzas para levantarse de la cama* (J. Fernández de Castro, *La novia del capitán*).

3. El análisis de las relativas

3.1. La estructura de las relativas con antecedente

Un punto polémico del análisis de las cláusulas relativas es el referido a su propia estructura. En primer lugar, nos referiremos a las relativas especificativas. Desde Ross (1967), el análisis predominante consideró a esta clase de subordinadas como oraciones adjuntas a un SN, según se muestra en el esquema de (11), en el que el SN incluye el determinante y el núcleo nominal y la relativa se representa como SC:

(11) [$_{SN}$ [$_{SN}$ el libro] [$_{SC}$ con el cual [$_{C'}$ ese autor se hizo famoso ~~con el cual~~]]]

Esta es la estructura usada en Chomsky (1977), el trabajo que sentó las bases para el tratamiento de las relativas como construcciones sometidas al movimiento-*qu*. Hay, no obstante, dos aspectos problemáticos en este análisis. El primero es que la subordinada, al ser hermana del SN, queda fuera del alcance de los determinantes y cuantificadores. Como se ha señalado en el § 2.2, las especificativas están dentro del ámbito de los cuantificadores y determinantes, por lo que (11) no refleja adecuadamente la interpretación de estas construcciones. Por otra parte, la consideración de la subordinada como adjunto del SN no se aviene con el tratamiento que reciben otros complementos especificativos nominales, como los SA y los SP, que se consideran proyecciones hermanas del núcleo. Por todo ello, Smits (1988) propone sustituir (11) por (12):

(12) [$_{SN}$ el [$_{N'}$ libro [$_{SC}$ con el cual [$_{C'}$ ese autor se hizo famoso ~~con el cual~~]]]]

Al ser hermana estructural del núcleo nominal, la relativa queda bajo la incidencia del determinante, que ocupa una posición estructural superior. Con la adopción de la hipótesis del SD a partir de la propuesta de Abney (1987), (12) queda modificado al proyectar el determinante su propio sintagma, sin que se altere la incidencia entre los diversos constituyentes:

(13) [$_{SD}$ el [$_{SN}$ libro [$_{SC}$ con el cual [$_{C'}$ ese autor se hizo famoso ~~con el cual~~]]]]

Se puede considerar a (13) como el análisis estándar de las relativas especificativas. No obstante, en la actualidad esta opción compite con otra que tiene su origen en Schachter (1973) y Vergnaud (1974) y que ha sido posteriormente defendida en Kayne (1994), Bianchi (1999) y de Vries (2002). Este análisis alternativo, que se conoce como *análisis de elevación del antecedente*, parte de la idea de que la relativa no es propiamente un complemento del nombre, sino del determinante que encabeza la construcción. Como se ha señalado en el § 2.2b–e, la naturaleza de los determinantes y cuantificadores del sintagma relativo condiciona el funcionamiento de la subordinada, lo que da soporte empírico a la idea de que esta es complemento del determinante. Para implementar esta intuición es necesario suponer que el antecedente de la relativa no se genera fuera de ella, sino que es interno a la subordinada y que asciende juntamente con el relativo y se desgaja de este posteriormente, proyectándose a la posición de especificador del SP relativo:

(14) [$_{SD}$ el [$_{SC}$ [$_{SP}$ [$_{SN}$ libro] con el cual ~~libro~~] [$_{C'}$ ese autor se hizo famoso ~~con el cual libro~~]]]]

En (14), el núcleo del SD selecciona una subordinada que debe contar con un elemento relativo que es el que provee al artículo de un elemento nominal adyacente. La dependencia entre el pronombre relativo y el antecedente queda directamente expresada, ya que este se genera junto a aquel. Como el elemento que funciona como argumento o adjunto de la oración matriz es todo el SD que contiene la subordinada, la función de este es independiente de la que cumple el relativo en su oración. El análisis de ascenso del antecedente integra satisfactoriamente los casos en que el antecedente se reitera dentro de la relativa (cf. los ejemplos de (4): *con la cual cosa*). Un argumento favorable adicional lo proporcionan oraciones como (15), donde el antecedente, que conecta con el contenido discursivo anterior, aparece sin determinante ni cuantificador inmediatamente delante del relativo:

(15) "Tendré que pintarme otra vez la boca." *Idea que debió de horrorizarlo* (L. Azancot, Los amores prohibidos)

En el ejemplo anterior la relativa no concurre en el interior de una oración matriz. Un análisis plausible de esta construcción considera el enunciado en cursiva no como un SN, sino como una relativa yuxtapuesta cuyo antecedente ha ascendido hasta el especificador del SC.

Desde el punto de vista tipológico, es importante señalar que en lenguas como el japonés o el latín el antecedente de la relativa aparece en el interior de la subordinada, lo que se aviene también con el análisis de (14). Un último argumento en favor del análisis de elevación del antecedente lo aporta el contraste de (16):

(16) a. *Había los niños en el aula
b. Los niños que había en el aula

El verbo impersonal *haber* no admite un objeto definido. En cambio, la relativa de (15b) está bien formada, pese a la definitud del antecedente. La aparente contradicción desaparece si, como supone el análisis de elevación, el determinante del antecedente es independiente de este.

Por lo que respecta a la estructura de las relativas explicativas, la que se asume habitualmente en el análisis estándar es la de adjunción al SD (Toribio 1992):

(17) [$_{SD}$ [$_{SD}$ el [$_{SN}$ libro]], [[$_{SC}$ con el cual [$_{C'}$ ese autor se hizo famoso ~~con el cual~~]]]]

En el análisis de elevación, no existe unanimidad a la hora de asignar una estructura a las explicativas. Kayne (1994) sugiere el mismo análisis que para las especificativas y propone un ascenso de la subordinada en la forma lógica para dar cuenta de las diferencias de interpretación. De Vries (2002), en cambio, propone una estructura de aposición no restrictiva, equivalente a una coordinación asindética (S&:), en la que el antecedente de la relativa es un elemento vacío que asciende desde el interior de la subordinada:

(18) [$_{S\&:}$ [$_{SD}$ el [$_{SN}$ libro]]$_i$ &: [$_{SD}$ Ø$_i$ [[$_{SC}$ con el cual Θ [$_{C'}$ ese autor se hizo famoso ~~con el cual Θ~~]]]]]

3.2. La estructura de las relativas libres

La característica más relevante de las relativas libres es que no cuentan con un antecedente ni con un determinante externo que sea independiente del elemento relativo. A pesar de ello, pueden formar un SD. En el análisis estándar, se ha tendido a interpretar las relativas libres como especificativas de un núcleo pronominal vacío del SD (*pro*). El relativo aporta los rasgos que legitiman la aparición del pronominal nulo:

(19) [$_{SD}$ *pro* [$_{SC}$ quien [$_{C'}$ ~~quien~~ dijo eso]]]

En (19), *pro* cumple simultáneamente el papel de determinante y el de antecedente nominal, algo que es característico de los pronombres. En el análisis de elevación, los relativos que legitiman una relativa libre tienen la capacidad de acceder a D desde el interior de la subordinada, cuando no hay un antecedente nominal explícito que lo impida:

(20) [$_{SD}$ Ø-quien [$_{SC}$ ~~Ø+quien~~ [$_{C'}$ ~~quien Ø~~ dijo eso]]]

De hecho, en español, la aparición de *quien* y *el cual* en las relativas especificativas con antecedente solamente es posible cuando entre ambos se interpone una preposición:

(21) a. *El hombre {quien/el cual} dijo eso mintió
b. El hombre {a quien/al cual} te refieres mintió

En contextos como (21a) solamente es viable el relativo *que*. Una consecuencia de las estructuras de (20) es que tanto la posición inicial desde la que se produce el ascenso del relativo como la que finalmente ocupa este corresponden a oraciones distintas (relativa y matriz, respectivamente), lo que puede provocar problemas de encaje de preposiciones, como en *?*Me acuerdo mucho de con quien viví todos aquellos años*. La primera preposición corresponde al régimen del verbo principal y la segunda se legitima en el interior de la relativa. Para un estudio exhaustivo de estos casos de coincidencia de preposiciones, véase Suñer (1984).

3.3. El funcionamiento del relativo que

El relativo *que* posee algunas propiedades que lo singularizan entre las palabras relativas. Por una parte, carece de rasgos léxicos y flexivos, lo que le impide encabezar relativas libres, si bien con el auxilio de un determinante o cuantificador puede formar relativas semilibres. Por otra parte, es el relativo más usado y el único que puede concurrir en las especificativas cuando el sintagma relativo no va precedido de una preposición. Un detalle que no pasó desapercibido en la tradición gramatical española (Gómez Hermosilla 1835) es la coincidencia de esta forma con la conjunción que introduce oraciones subordinadas sustantivas. Tal situación se reproduce en otras lenguas; por ejemplo, en inglés con *that*, que cumple ambas funciones y es el relativo más frecuentemente utilizado. Kayne (1976), a partir de datos del francés, propuso considerar que el relativo *que* y el subordinante homónimo son en realidad la misma forma: un nexo subordinante que se genera directamente en el núcleo del SC. Si se acepta esta propuesta de análisis de *que*, el valor propiamente relativo lo aportaría un operador nulo que ascendería desde su posición originaria hasta el especificador del SC, como el resto de las palabras relativas. Rivero (1982, 1991) muestra que los argumentos de Kayne se pueden extrapolar al español. Según esta idea, la estructura de una relativa con *que* es la de (22), donde REL es el operador relativo vacío y el antecedente se proyecta al especificador del sintagma relativo (reflejamos el análisis de elevación del antecedente):

(22) [$_{SD}$ el [$_{SC}$ [$_{Esp}$ libro+REL] [$_{C'}$ que [$_{ST}$ María lee ~~REL+libro~~]]]]

Los rasgos de género y número de los que carece *que* los manifiesta frecuentemente el artículo que precede a esta unidad. Bello (1847: § 7.2.4.2) señala que hay casos en que dicha combinación forma una sola unidad y otros en que se trata de dos unidades distintas. La diferencia viene dada por la posibilidad de interponer entre ambas unidades un antecedente léxico:

(23) a. Los que le conocen no dudan de él
b. Los amigos con los que sale son de su total confianza

Mientras que en (23a) es posible interponer entre *que* y el artículo un antecedente léxico (*los amigos que le conocen*), tal operación no es posible en (23b) (cf. **los amigos con los amigos que sale*), lo que lleva al gramático venezolano a proponer que artículo y *que* forman unidad en el segundo caso, pero no en el primero. La distinción corresponde al contraste ya mencionado entre relativas semilibres y relativas con antecedente léxico. No obstante, es conveniente señalar que, si se admite la hipótesis de la elevación del antecedente y la condición de complementador de *que*, las diferencias entre ambos casos no provendrían de la diferente naturaleza de los elementos relativos, sino del hecho de que en (23a) hay un antecedente nulo y en (23b) uno fonéticamente realizado. Recuérdese que en (23b) se supone que el sustantivo *amigos* ha ascendido junto con el SP relativo y se ha proyectado posteriormente al especificador de dicha proyección.

3.4. Las relativas enfáticas y otros esquemas relacionados con la subordinación completiva

Las oraciones de relativo son construcciones de ascenso de un elemento-*qu*, como las interrogativas y las exclamativas. Por otra parte, ya se ha señalado que el relativo más característico (*que*) muestra un comportamiento asimilable al del nexo homónimo que sirve para introducir subordinadas completivas. Las llamadas *relativas enfáticas* (Plann 1984; Gutiérrez-Rexach 1999; Brucart 1999: § 7.4.2) son construcciones como las de (24):

(24) a. ¡Las manías que tiene este hombre!
b. ¡Lo altos que están tus hijos!
c. No me importa lo que ella diga
d. Mira con la gente que trata este hombre

Su principal característica es que admiten la sustitución de la secuencia artículo determinado+*que* por el correspondiente operador-*qu* interrogativo o exclamativo: *¡Qué manías tiene este hombre!*, *¡Qué altos están tus hijos!*, *No me importa qué diga*, *Mira con qué gente trata este hombre*. La interpretación interrogativa o exclamativa depende del contexto en el que aparece la construcción. Cuando se subordinan a un verbo, como en (24c,d), son las propiedades de selección de este las que condicionan la interpretación de la relativa enfática. Si la construcción no depende de un predicado matriz, como en (24a,b), solamente es posible la interpretación exclamativa: *¿Los que vendrán?* no es equivalente a *¿Cuántos vendrán?* La íntima relación que presentan las relativas enfáticas con las interrogativas indirectas y las exclamativas llevó a Plann (1982, 1984) a proponer que el subordinante *que* de estas construcciones no es relativo, sino completivo. Nótese que este elemento puede aparecer opcionalmente en las exclamativas independientes: *¡Qué manías que tiene este hombre!* Hay argumentos adicionales en favor del análisis de completiva: solo los predicados capaces de seleccionar interrogativas y exclamativas indirectas legitiman estas construcciones cuando aparecen subordinadas y, además, se da el efecto de inversión del sujeto característico de esas construcciones. El proceso de formación de estas oraciones incluiría el ascenso por movimiento-*qu* del sintagma interrogativo o exclamativo hasta la posición de especificador del SC:

(25) Mira [$_{SC}$ con la gente [$_{C'}$ que trata este hombre ~~con la gente~~]]

En (25) no hay propiamente una relativa, ya que falta el determinante externo a la subordinada. Un argumento poderoso en favor de este enfoque lo proporciona el hecho de que la preposición que rige al sintagma desplazado, seleccionada por el verbo subordinado, aparezca delante de aquel, lo que indica que el SD *la gente* está en el interior del CP, a diferencia de lo que sucede en la contrapartida relativa de (25): *Mira la gente con la que trata este hombre*.

Si la estructura de (25) se juzga a la luz del análisis de elevación de las relativas y de la teoría que trata a *que* como un complementador y no como un pronombre, lo peculiar de esta oración es que se da el ascenso de todo el sintagma, incluido el determinante, y que no existe un SD externo que seleccione la subordinada. Es probable que esta segunda característica esté relacionada con la naturaleza no referencial de estos sintagmas, que reciben interpretación enfática. En resumen: (25) muestra un comportamiento que está en la frontera entre relativas y completivas, lo que no resulta extraño, dado que ambas comparten el mecanismo de movimiento-*qu*. De hecho, un análisis similar al de (25) fue propuesto por Carlson (1977) para dar cuenta de las relativas cuantitativas, como *Antonia vertió el líquido que había en el vaso*.

Un caso similar a las relativas enfáticas lo proporcionan las *construcciones de* que *galicado*, que Bello (1847: § 812) atribuye impropiamente a influencia francesa. Se trata de copulativas enfáticas en las que el elemento focalizado precede obligatoriamente al presupuesto:

(26) a. Fue [$_{SC}$ por ese motivo [$_{C'}$ que decidimos suspender el acto ~~por ese motivo~~]]
b. [$_{SC}$ Por ese motivo [$_{C'}$ fue [$_{ST}$ ~~fue~~ [$_{SC}$ ~~por ese motivo~~ [$_{C'}$ que decidimos suspender el acto ~~por ese motivo~~]]]]]
c. *Que decidimos suspender el acto fue por ese motivo
d. *Fue que decidimos suspender el acto por ese motivo

Brucart (1994) propone aplicar a estas oraciones el mismo análisis de completiva característico de las relativas enfáticas: el constituyente focal *por ese motivo* asciende al especificador de SC de una cláusula subordinada a la cópula (26a) o al de la oración copulativa (26b). Este análisis predice la imposibilidad del orden de (26c,d), ya que el foco debe ascender desde el interior de la subordinada, una característica que diferencia esta clase de hendidas de las que se trataron en el § 2.4.

Finalmente, se ajustan a este mismo patrón las subordinadas que siguen a los relativos inespecíficos, que son cuantificadores indefinidos compuestos formados por un relativo (excepto *que*) y la forma subjuntiva *—quiera*: *quienquiera*, *cualquiera*, *dondequiera*, etc. Estos cuantificadores van seguidos de una subordinada que ha tendido a considerarse relativa, pero que muestra las mismas características de las estudiadas en este epígrafe:

(27) a. Quienquiera que haya dicho eso se arrepentirá
b. *quien*-quiera [$_{SC}$ ~~quien~~ que ~~quien~~ haya dicho eso]

En Brucart (1999) se propone analizar estas estructuras como completivas seleccionadas por el elemento verbal que forma la segunda parte del compuesto (y que actúa como marca de inespecificidad), en las que se produce por motivos morfológicos la afijación del elemento relativo por ascenso al especificador de SC y posterior incorporación al morfema verbal.

Bibliografía

Abney, S. P. (1987) *The English NP in its sentential aspect*, tesis doctoral, Indiana University.

Aletá Alcubierre, E. (1990) *Estudios sobre las oraciones de relativo*, Zaragoza: Universidad de Zaragoza.

Arnauld, C. y Nicole, P. (1874 [1660]) *Logique de Port-Royal*, París: Hachette, 1874.

Bello, A. (1988 [1847]) *Gramática de la lengua castellana destinada al uso de los americanos*, Madrid: Arco Libros, 1988.

Bianchi, V. (1999) *Consequences of antisymmetry. Headed relative clauses*, Berlín: Mouton de Gruyter.

Bosque, I. (1993) "Este es un ejemplo de predicación catafórica", *Cuadernos de Lingüística del Instituto Universitario Ortega y Gasset* (Madrid), 1, pp. 27–57.

Brucart, J. M. (1994) "Syntactic variation and grammatical primitives in generative grammar", en Briz, A. y Pérez-Saldanya, M. (eds.) *Categories and functions*, Valencia: Universitat de València, pp. 145–176.

Brucart, J. M. (1999) "La estructura del sintagma nominal: las oraciones de relativo", en Bosque, I. y Demonte, V. (eds.) *Gramática descriptiva de la lengua española*, Madrid: Espasa, pp. 395–521.

Carlson, G. (1977) "Amount relatives", *Language*, 53, pp. 520–542.

Chomsky, N. A. (1977) "On wh-movement", en Culicover, P., Wasow, T. y Akmajian, A. (eds.) *Formal syntax*, Nueva York: Academic Press, pp. 71–132.

Contreras, H. (1999) "Relaciones entre las construcciones interrogativas, exclamativas y relativas", en Bosque, I. y Demonte, V. (eds.) *Gramática descriptiva de la lengua española*, Madrid: Espasa, pp. 1931–1963.

de Vries, M. (2002) *The syntax of relativization*, Utrecht: LOT.

Fernández Soriano, O. (1995) "Pronombres reasuntivos y doblado de clíticos", en Goenaga, P. (ed.) *De grammatica generativa*, Vitoria/San Sebastián: Universidad del País Vasco, pp. 109–128.

Francom, J. (2012) "Wh-movement: Interrogatives, exclamatives, and relatives', en Hualde, J. I., Olarrea, A., y O'Rourke, E. (eds.) *The handbook of Hispanic linguistics*, Malden/Oxford: Wiley Blackwell, pp. 533–556.

Gómez Hermosilla, J. M. (1835) *Principios de gramática general*, Madrid: Imprenta Nacional.

Gutiérrez-Rexach, J. (1999) "Spanish exclamatives and the interpretation of the left periphery", en D'Hulst, Y., Rooryck, J. y Schroten, J. (eds.) *Romance languages and linguistic theory 1999*, Amsterdam: John Benjamins: 167–194.

Kayne, R. S. (1976) "French relative *que*", en Luján, M. y Hensey, F. (eds.) *Current studies in Romance linguistics*, Washington: Georgetown University Press, pp. 255–299.

Kayne, R. S. (1994) *The antisymmetry of syntax*, Cambridge, MA: MIT Press.

Lope Blanch, J. M. (1984) "Despronominalización de los relativos", *Hispanic Linguistics*, 1, pp. 257–272 [Reed. en Lope Blanch, J. M. (1986) *Estudios de lingüística española*, México: UNAM, pp. 119–136].

Moreno Cabrera, J. C. (1999) "Las funciones informativas: las perífrasis de relativo y otras construcciones perifrásticas", en Bosque, I. y Demonte, V. (eds.) *Gramática descriptiva de la lengua española*, Madrid: Espasa, pp. 4245–4302.

Plann, S. (1980) *Relative clauses in Spanish without overt antecedents and related constructions*, Berkeley: University of California Press.

Plann, S. (1982) "Indirect questions in Spanish", *Linguistic Inquiry*, 13, pp. 297–312.

Plann, S. (1984) "Cláusulas cuantificadas", *Verba*, 11, pp. 101–128.

Plaza de la Ossa, M. (2008) "Efectos de concordancia en las oraciones escindidas en español", *Dicenda*, 26, pp. 193–218.

[RAE-ASALE] Real Academia Española y Asociación de Academias de la Lengua Española (2009) *Nueva gramática de la lengua española*, Madrid, Espasa.

Rivero, M. L. (1982) "Las relativas restrictivas con *que*", *Nueva Revista de Filología Hispánica*, 31, pp. 195–234 [Reed. en Rivero, M. L. (1991) *Las construcciones de relativo*, Madrid: Taurus, pp. 35–77].
Rivero, M. L. (1991) *Las construcciones de relativo*, Madrid: Taurus.
Ross, J. R. (1967) *Constraints on variables in syntax*, tesis doctoral, MIT.
Schachter, P. (1973) "Focus and relativization", *Language*, 49, 1, pp. 19–46.
Smits, R. (1989) *Eurogrammar. The relative and cleft constructions of the Germanic and Romance languages*, Dordrecht: Foris.
Suñer, M. (1984) "Free relatives and the matching parameter", *Linguistic Review*, 3, pp. 363–387.
Toribio, A. (1992) "Proper government in Spanish subject relativization", *Probus*, 4, pp. 291–304.
Trujillo, R. (1990) "Sobre la supuesta despronominalización del relativo", *Estudios de Lingüística de la Universidad de Alicante*, 6, pp. 23–45.
Val Álvaro, J. F. y Mendívil Giró, J. L. (2011) "Concordancia en oraciones escindidas con sujeto pronominal", en Escandell, M. V., Leonetti, M. y Sánchez López, C. (eds.) *60 problemas de gramática dedicados a Ignacio Bosque*, Madrid: Akal, pp. 299–305.
Vergnaud, J.-P. (1974) *French relative clauses*, tesis doctoral, MIT.

Los ejemplos del texto procedentes de fuentes documentales se han extraído de las bases de datos CREA, CORDE y CORPES XXI de la RAE (http://www.rae.es).

Lecturas complementarias

Alarcos Llorach, E. (1962) "¡Lo fuertes que eran!", en *Strenae. Homenaje al profesor García Blanco*, Salamanca: Universidad de Salamanca.
Alexiadou, A., Law, P., Meinunger, A. y Wilder, C. (eds.) (2000) *The syntax of relative clauses*, Amsterdam: John Benjamins.
Bianchi, V. (2000) "The raising analysis of relative clauses: A reply to Borsley", *Linguistic Inquiry*, 31, pp. 123–140.
Borsley, R. (1997) "Relative clauses and the theory of phrase structure", *Linguistic Inquiry*, 28, pp. 629–647.
Bresnan, J. y Grimshaw, J. (1978) "The syntax of free relatives in English", *Linguistic Inquiry*, 9, pp. 331–391.
Cinque, G. (1988) "La frase relativa", en Renzi, L. (ed.), *Grande grammatica italiana di consultazione*, I, Roma: Il Mulino.
Ojea, A. (1992) *Los sintagmas relativos en inglés y en español*, Oviedo: Universidad de Oviedo.
Porto Dapena, J. Á. (1997) *Oraciones de relativo*, Madrid: Arco Libros.
Safir, K. (1986) "Relative clauses in a theory of binding and levels', *Linguistic Inquiry*, 17, pp. 663–689.

Entradas relacionadas

adjetivos; actos de habla; cuantificadores; determinantes y artículos; estructura informativa; gramática generativa; oraciones exclamativas; oraciones interrogativas; pronombres; sintagma nominal; sintaxis; subjuntivo; subordinación sustantiva

ORACIONES EXCLAMATIVAS

Xavier Villalba

1. Introducción

El estudio teórico de las oraciones exclamativas es relativamente reciente; no en vano, los primeros trabajos teóricos exhaustivos sobre estas construcciones datan de los años setenta, entre los que destacan con luz propia Elliott (1974) y Grimshaw (1979). En español, el primer estudio detallado es Bosque (1984), que quedó, junto a Torrego (1988), como referencia fundamental hasta los años noventa, cuando aparecieron los primeros trabajos de Javier Gutiérrez-Rexach (Gutiérrez-Rexach 1996, 1999), sin duda el lingüista que más a fondo ha estudiado estas construcciones en español, y la exhaustiva descripción de Ángel Alonso-Cortés en la *Gramática descriptiva de la lengua española* (Alonso-Cortés 1999 y su libro Alonso-Cortés 2000). No obstante, ha sido ya en el nuevo siglo cuando el interés por las oraciones exclamativas del español se ha renovado, con aportaciones de numerosos autores, entre las que cabe destacar Bosque y Gutiérrez-Rexach (2011: 723–728), Francom (2012), Gutiérrez-Rexach (2001, 2008), González-Rodríguez (2008), Hernanz (2001) y RAE (2010).

Las principales dificultades para el estudio de las oraciones exclamativas —y a la vez su interés— provienen de su naturaleza de construcción de interfaz, a caballo de la sintaxis, la semántica y la pragmática: no en vano, podemos hablar de una especificidad sintáctica exclamativa, de una modalidad oracional exclamativa y de una fuerza ilocutiva exclamativa.

De entrada hay que establecer una distinción entre las oraciones exclamativas como modalidad oracional y las exclamaciones como acto de habla. En principio, cualquier enunciado es susceptible de convertirse en una exclamación si le añadimos la entonación pertinente, esto es la oración declarativa de (1) se convierte en el enunciado exclamativo de (2) con el añadido de la entonación exclamativa (también llamada enfática), que se suele describir con un aumento global del tono y un mayor contraste entre las cimas y los valles melódicos (véase RAE-ASALE 2011: § 10.15f–g):

(1) María ha venido.

(2) ¡María ha venido!

Lo que no es tan sencillo es determinar si (2) es una oración exclamativa y, si así fuera, qué rasgos más allá de la entonación la distinguen de (1) y qué rasgos nos permiten agruparla con oraciones exclamativas prototípicas como las de (3) o con exclamativas no verbales como las de (4):

(3) a. ¡Qué inteligente es María!
 b. ¡Cuántos libros ha escrito María!
 c. ¡Menuda tontería acabas de decir!

(4) a. ¡Extraordinario, el concierto!
 b. ¡Fantástica, la novela!

Por ejemplo, autores como Gutiérrez-Rexach (1996), Zanuttini y Portner (2003) o Gutiérrez-Rexach y Andueza (2011) consideran que los enunciados de (5) son oraciones exclamativas (proposicionales) a todos los efectos, aunque no presenten la lectura de grado o cantidad máximos de las oraciones de (3) y (4):

(5) a. ¡Has venido a mi fiesta!
 b. ¡Con que te ha tocado la lotería!
 c. ¡Por supuesto que voy a ir a tu fiesta!
 d. ¡Vaya que voy a ir a tu fiesta!

Para estos autores, el factor clave que unifica estas oraciones formalmente declarativas con las exclamativas de (3) y (4) es la expresión de una actitud de sorpresa del hablante, ya sea hacia un hecho inesperado en las exclamativas proposicionales de (5), ya sea hacia una propiedad o cantidad en un grado inesperado en las exclamativas de (3) y (4).

En cambio, para otros autores, como por ejemplo Castroviejo (2006) o Rett (2008: ch. 8; 2011), la cuantificación de grado es una condición necesaria para que un enunciado pueda ser considerado una oración exclamativa, con lo que consideran que los enunciados de (5) son oraciones con modalidad declarativa, pero la fuerza ilocutiva de una exclamación.

En este breve artículo no podemos desarrollar los argumentos de unos y otros, por lo que dejaremos el debate simplemente apuntado y nos centraremos en las exclamativas prototípicas de (3) y en las exclamativas no verbales de (4).

1.1. La modalidad exclamativa

Siguiendo la tradición gramatical, distinguiremos las oraciones exclamativas como una modalidad oracional, al lado de las oraciones declarativas, interrogativas e imperativas. No obstante, hay que reconocer que resulta difícil singularizar los rasgos definitorios de la modalidad exclamativa. Desde un punto de vista sintáctico, a pesar de las numerosas similitudes formales con las oraciones interrogativas, hay rasgos exclusivos de las oraciones exclamativas, como determinadas formas únicas (2.1) o la presencia a menudo opcional del complementador *que* (2.3):

(6) a. ¡Qué alta (que) es María!
 b. ¡Menudo coche (que) tiene!

El modificador de grado exclamativo *qué* sólo tiene valor exclamativo y puede ir seguido opcionalmente del complementador *que*, lo que resulta imposible en las interrogativas. Lo mismo ocurre con la partícula exclamativa *menudo*, que acompaña nombres.

Además, parece claro que hay predicados que seleccionan oraciones con modalidad exclamativa. Por ejemplo, los verbos *sorprender(se)* y *asombrar(se)* seleccionan oraciones exclamativas indirectas, pero no interrogativas:

(7) a. Me sorprendió lo lista que es/cómo es de lista.
 b. *Me sorprendió qué narices dijo.

(8) a. Me asombra qué difícil (es) la jardinería. Francom (2012: 542)
 b. *Me asombra qué narices dijo.

No obstante, cabe destacar el hecho observado por Bosque (1984) —y para el cual no tenemos aún ninguna explicación— de que la selección de exclamativas indirectas no es tan general como la de las interrogativas, puesto que no tenemos nombres que seleccionen oraciones exclamativas indirectas:

(9) a. Es vergonzoso lo pobre que es.
 b. *La vergüenza de lo pobre que es nos persigue.

(10) a. Es sorprendente lo pobre que es.
 b. *La sorpresa de lo pobre que es no nos debe impedir actuar.

Nótese, además, que no todas las oraciones exclamativas son posibles en posición subordinada. Por ejemplo, resultan imposibles las introducidas por *vaya* o *menudo* y las exclamativas no oracionales:

(11) a. ¡Vaya cara tiene tu cuñado! pero *Me sorprendió vaya cara tiene tu cuñado.
 b. ¡Extraordinario, el concierto! pero *Me sorprendió que extraordinario, el concierto.

Esta restricción también se aplica a las exclamativas proposicionales de (5).

1.2. La fuerza ilocutiva exclamativa

Se suele destacar también que las oraciones exclamativas van asociadas de manera canónica (aunque no exclusiva) a una fuerza ilocutiva propia: la exclamación. En tal caso se considera que la forma exclamativa se asocia a una función expresiva, en la que el hablante expresa su actitud de sorpresa hacia un estado de cosas o el grado de aplicación de una propiedad, como en los ejemplos siguientes:

(12) a. ¡Qué lista es María!
 b. ¡Menuda broma les gastó Juan!

Se suele destacar que la parte descriptiva ("María es lista" y "Juan les gastó una broma", respectivamente) se da en un grado que excede las expectativas del hablante (Gutiérrez-Rexach 1996, 2008; Castroviejo 2008; Rett 2011).

Por otro lado, podemos tener oraciones exclamativas que no van asociadas a una función expresiva, sino que tienen un valor puramente declarativo: las oraciones exclamativas retóricas (Andueza 2011).

(13) a. Ay, sí, ¡qué miedo que me das!
b. Sí, claro. ¡Menudo genio estás tú hecho!

En ambos casos, el hablante está siendo irónico y pretende comunicar que no tiene ningún miedo y que el oyente no es ningún genio. Se trata, pues, de la típica inversión de la polaridad que también se da en las interrogativas retóricas.

En cualquier caso, si tomamos el acto de habla expresivo como elemento definidor, nos encontraremos con el problema de no poder incluir en nuestra descripción las oraciones exclamativas indirectas comentadas en § 1.1, puesto que las oraciones subordinadas carecen de fuerza ilocutiva. Por tanto, consideraremos que las oraciones exclamativas son una modalidad oracional propia y a continuación describiremos las principales propiedades sintácticas y semánticas que las caracterizan y los principales problemas teóricos que plantean.

2. Propiedades sintácticas

La descripción sintáctica de las oraciones exclamativas ha sido en gran medida un mero apéndice de los estudios sobre la sintaxis de las oraciones interrogativas, con el añadido de un listado de los elementos-*qu* peculiares de aquellas. Sin embargo como no han dejado de mostrar los diversos trabajos sobre el tema, hay numerosos rasgos sintácticos que singularizan las oraciones exclamativas como clase independiente (véanse exhaustivos resúmenes en Alonso-Cortés 1999, RAE-ASALE 2010: § 32.42 y § 42.14 y Francom 2012).

2.1. Palabras exclamativas

Las exclamativas-*qu* se construyen con algunas formas compartidas con las interrogativas (*cómo*, *cuánto(s)*) y otras específicas (*qué* y *cuán*, esta última menos común y con sabor arcaico):

(14) a. ¡Cómo es esta chica de lista!
b. ¡Cuántas tonterías (que) dijo la ministra!
c. ¡Qué/Cuán lista (que) es esta chica!

Como se puede observar, excepto las formadas con *cómo*, las exclamativas-*qu* permiten la presencia de un *que* expletivo, rasgo que las distingue de las interrogativas (Casas 2004).

Aunque las oraciones exclamativas-*qu* son las más analizadas, hay que destacar el uso muy general de las exclamativas encabezadas por un sintagma nominal/determinante definido:

(15) a. ¡Las tonterías que ha escrito!
b. ¡Lo gordo que estaba!

De hecho, las construcciones definidas son mucho más naturales que sus alternativas *qu* en contextos subordinados:

(16) a. No te imaginas cuántas/?qué tonterías ha escrito.
b. No te imaginas las tonterías que ha escrito.

(17) Me sorprendió ??qué/lo gordo que estaba.

Finalmente, hay que destacar el uso de los marcadores específicos *si*, que pondera el grado de una propiedad, y *vaya, menudo* y *bonito*, que son comunes para construir exclamativas que ponderan nombres en contextos principales (Hernanz 2001):

(18) ¡Si será idiota el tío!

(19) a. ¡En bonito lío me he metido!
b. ¡Menudas tonterías dijo la ministra!
c. ¡Vaya gandul (que) está hecho!

2.2. Cuantificación de grado o de cantidad

Las exclamativas suelen presentar una cuantificación de grado (cualitativa) o de cantidad (cuantitativa), hasta el punto de que autoras como Castroviejo (2006) o Rett (2008: ch. 8, 2011) consideran que se trata de un rasgo definitorio de las oraciones exclamativas (véase § 1). Así pues, en (20) se enfatiza el grado de altura del edificio, y en (21), el número de pisos del edificio:

(20) a. ¡Qué alto es este edificio!
b. ¡Lo alto que es este edificio!
c. ¡Cómo de alto es este edificio!

(21) a. ¡Cuántos pisos tiene este edificio!
b. ¡La de pisos que tiene este edificio!

Evidentemente, cuando se enfatiza una propiedad de un adjetivo, la única lectura posible es la cualitativa. Más complejo resulta el caso en el que se enfatiza un nombre, puesto que las lecturas son el resultado de la combinación del tipo de nombre y del tipo de palabra exclamativa (RAE 2010: § 22.13p). Nótese, especialmente, la ambigüedad de las exclamativas definidas:

(22) a. ¡Los pisos que tiene este edificio!
b. ¡La pena que da!
c. ¡El arroz que nos dieron!

En estos casos, la lectura cualitativa enfatiza el tipo especial de *piso*, de *pena* o de *arroz*.

Independientemente del tipo de cuantificación, como han destacado numerosos autores (Gutiérrez-Rexach 1996, 2008; Zanuttini y Portner 2003 o Villalba 2008), el énfasis se pone sobre el valor extremo o al menos inesperado de la cantidad o de la cualidad:

(23) a. ¡Cuántos pisos tiene el edificio! Por lo menos tiene cuarenta.
b. ¡Cuántos pisos tiene el edificio! #Por lo menos tiene cinco o seis.

(24) a. ¡Qué extraordinariamente feo es Pedro!
b. *¡Qué bastante/algo feo es Pedro!

Ello no obstante, cabe notar que la combinación de las exclamativas de grado con los modificadores elativos como *demasiado* es imposible y, como destaca RAE (2010), no todos los dialectos admiten exclamativas con superlativos:

(25) a. *¡Qué demasiado feo es Pedro!
b. (??)¡Qué feísimo es Pedro!
c. (??)¡Cuantísimos pisos tiene el edificio!

Finalmente, cabe destacar el hecho de que las exclamativas no verbales también tienen esta lectura de grado (Hernanz y Suñer 1999: 2534):

(26) a. ¡Un tirano, tu jefe!
b. ¡Muy ricos, estos calamares!

2.3. Inversión obligatoria

Un segundo rasgo que singulariza las oraciones exclamativas del español es la inversión sujeto-verbo obligatoria tanto en contextos principales como en contextos subordinados, como sucede con las oraciones interrogativas:

(27) a. ¡Menuda/Qué idiotez dijo la ministra!
b. *¡Menuda/Qué idiotez la ministra dijo!

(28) a. No te vas a creer la tontería que dijo la ministra.
b. * No te vas a creer la tontería que la ministra dijo.

Este no es un hecho muy común en el contexto de las lenguas próximas, puesto que dejando de lado el catalán, que comparte la inversión obligatoria, el francés, el italiano o el inglés no presentan inversión obligatoria.

Hay que destacar también que el sintagma exclamativo va seguido de la partícula *que* de manera opcional si es *qu-* y de manera obligatoria si es definido (véase Casas 2004 para un estudio detallado):

(29) a. ¡Menuda/Qué idiotez (que) dijo la ministra!
b. ¡Las idioteces *(que) dijo la ministra!

Este es sin duda un comportamiento muy diferente al de las oraciones interrogativas.

Nótese, una vez más, el paralelismo con las oraciones exclamativas no verbales, que muestran también inversión entre el sujeto de la predicación y el predicado, típica de las construcciones enfáticas del español:

(30) a. ¡Un tirano, tu jefe! vs. #¡Tu jefe, un tirano!
b. ¡Muy ricos, estos calamares! vs. #¡Estos calamares, muy ricos!

2.4. Construcción absoluta

Las exclamativas-*qu* y las introducidas por partículas específicas, pero no las definidas, admiten la construcción absoluta, esto es con el sintagma exclamativo únicamente:

(31) a. ¡Menuda/Qué idiotez!
b. *¡Las idioteces!
c. *¡Lo alto!

Parece natural suponer que la omisión de la parte oracional se debe al carácter presupuesto de esta (4.2), pero no resulta evidente por qué no es posible esta omisión con las exclamativas definidas, especialmente si la entonación exclamativa evitaría ambigüedades.

Por otra parte, estos sintagmas exclamativos se podrían considerar reducciones de construcciones predicativas con elisión del verbo copulativo y, además, el sujeto (Francom 2012: 543–544):

(32) a. ¡Menudo/Qué rollo es esa reunión!
b. ¡Menudo/Qué rollo, esa reunión!

Esta reducción podría estar estrechamente ligada a las exclamativas no verbales descritas por Hernanz y Suñer (1999):

(33) a. ¡Sublime, el vino!
b. ¡Extraordinaria, la noticia!

2.5. Localidad

Aunque el desplazamiento del elemento exclamativo es obligatorio (no encontramos exclamativas *in situ*, en claro contraste con las interrogativas), Torrego (1988: nota 7) ya destacaba (véanse también Villalba 2003, 2008 y Francom 2012) que los sintagmas exclamativos no se suelen desplazar de su propia oración, como se aprecia en los pares de oraciones siguientes:

(34) a. ¡Qué gordo que estás!
b. *¡Qué gordo dice Juan que pienso que estás!

(35) a. ¡Cuántas tonterías ha escrito!
b. *¡Cuántas tonterías dice todo el mundo que opino que ha escrito!

Hasta la fecha no se ha ofrecido ninguna explicación a este hecho.

3. Propiedades semánticas y pragmáticas

3.1. La denotación de las oraciones exclamativas

Dadas las notables similitudes formales entre las interrogativas y las exclamativas-*qu*, no nos debe sorprender que la mayoría de los análisis semánticos de las oraciones exclamativas sigan de cerca la propuesta clásica de que las oraciones interrogativas denotan conjuntos de proposiciones. Por ejemplo, el trabajo pionero de Gutiérrez-Rexach (1996) afirma que las interrogativas y las exclamativas tienen la misma denotación, con el añadido de un operador exclamativo que introduce dos argumentos más: un hablante y un mundo actual. Así pues, para este autor, el rasgo diferencial no es la semántica básica sino la presencia de un operador exclamativo lo que aporta la fuerza ilocutiva.

Esta descripción no está exenta de problemas, ya que deja sin explicación (semántica) contrastes bien conocidos como la asociación de las interrogativas con la disyunción y las exclamativas con la conjunción (Elliott 1974; Bosque 1984):

(36) a. ¿Cómo de caro es el vino? ¿Treinta euros o cuarenta?
b. ¡Qué caro es el vino! #¿Treinta euros o cuarenta?

(37) a. ¿Cuántos libros compra a la semana? ¿Dos o seis?
b. ¡Cuántos libros compra a la semana! #¿Dos o seis?

(38) a. ¿Cómo de caro es el vino? #Treinta euros e incluso cuarenta en algunos sitios.
a. ¡Qué caro es el vino! Treinta euros e incluso cuarenta en algunos sitios.

(39) a. ¿Cuántos libros compra a la semana? #¿Dos e incluso seis algunas?
b. ¡Cuántos libros compra a la semana! ¿Dos e incluso seis algunas?

Además, hay que tener en cuenta las diferencias de selección de una y otra construcción, que se plasman en la imposibilidad de coordinarlas, como destacan Ginzburg y Sag (2001) y Castroviejo (2006):

(40) a. No sé si tenía hambre (*y lo sucio que iba).
b. Me sorprendió cuántos libros había comprado (*y si tenía hambre).

Todo ello sugiere que debemos analizar una y otra construcción como objetos semánticos diferentes.

3.2. Grado extremo

Las exclamaciones se han descrito de manera muy habitual como actos de habla que expresan la sorpresa del hablante respecto a un hecho, en el caso de las oraciones exclamativas siguientes, la sorpresa respecto al elevado precio del vino o respecto al número de pisos del edificio:

(41) a. ¡Qué caro que es este vino!
b. ¡Cuántos pisos tiene el edificio!

Entran, pues, en juego dos valores (grado o cantidad), el esperado por el hablante y el valor inesperado, y del contraste entre ambos surge la lectura de sorpresa y de grado extremo. Este matiz de grado extremo o inesperado ha generado dos posturas encontradas. Hay autores, como por ejemplo Gutiérrez-Rexach (1996, 2001, 2008), que consideran que se trata de un efecto semántico (una presuposición), derivado de la presencia de un operador exclamativo.

En cambio, Zanuttini y Portner (2003) defienden que se trata de un efecto pragmático (una implicatura convencional) derivada de la semántica de las exclamativas, en concreto de la ampliación del dominio de cuantificación (*widening*): las exclamativas elevan el grado por encima del valor convencional y ello solo se puede hacer por el extremo, lo que genera una implicatura de grado extremo, sorpresa, etc. Como la implicatura va asociada a la forma exclamativa, es convencional, pero ello no acaba de encajar con la concepción original de H. P. Grice, para quien la implicatura va asociada a una forma léxica concreta. Como hemos discutido en el § 1, resulta difícil establecer qué forma léxica común comparten todas ellas:

(42) a. ¡Marta es de buena! #Si es que lo es.
b. ¡Sublime, el vino! #Aunque no demasiado.

En estos casos se suele recurrir a postular un operador exclamativo nulo (Gutiérrez-Rexach 2001; Villalba 2003).

3.3. Factividad

Ya en las descripciones de las exclamativas del inglés de Elliott (1974) encontramos mencionado el hecho de que las oraciones exclamativas indirectas están seleccionadas por predicados factivos, esto es por predicados que presuponen la verdad de la proposición que seleccionan. Así pues, (43a) presupone (43b):

(43) a. Es vergonzoso lo pobre que es.
b. Es pobre.

Ello se suele asociar con la especial naturaleza informativa de las exclamativas, que expresan una actitud del hablante respecto a un hecho conocido o presupuesto en claro contraste con la petición de información comúnmente asociada a las interrogativas:

(44) a. Me parece horroroso qué torpes son los políticos.
b. *Me pregunto qué torpes son los políticos.

Una vez más, no hay consenso sobre el análisis de estos fenómenos, especialmente sobre si pertenecen a la semántica o a la pragmática. Por un lado, hay autores que proponen derivar la factividad de las propiedades semánticas de las exclamativas. Por ejemplo, Zanuttini y Portner (2003) postulan un operador factivo en la periferia izquierda y Gutiérrez-Rexach (1996, 2008) asume un predicado factivo nulo como parte del significado del operador ilocutivo EXCLAMATIVO.

En cambio, otros autores, como por ejemplo Castroviejo (2006, 2008) y Mayol (2008), proponen tratar este hecho como un fenómeno pragmático y no semántico, derivado de la peculiar contribución de las oraciones exclamativas al contexto comunicativo. Para estas autoras, los actos de habla exclamativos incluyen la aserción de una actitud respecto a un hecho o un grado y por el otro la acomodación de una presuposición (pragmática). Esta propuesta aporta ideas novedosas que destacan los aspectos pragmáticos de las exclamativas, pero no se puede aplicar a las exclamativas indirectas, que como ya hemos mencionado, carecen de fuerza ilocutiva.

4. Problemas teóricos

No disponemos de un análisis exhaustivo y satisfactorio de las oraciones exclamativas del español, pero sí que podemos concretar algunos avances teóricos y los problemas que plantean a partir de propuestas parciales y de los análisis de lenguas cercanas. Nos centraremos en dos aspectos fundamentales y relacionados: la codificación del tipo oracional exclamativo y la posición del sintagma exclamativo.

4.1. La codificación del tipo exclamativo

En primer lugar, es una asunción general que la modalidad exclamativa se debe codificar en el SComp, aunque los detalles técnicos difieran.

Por ejemplo, Gutiérrez-Rexach (1996) postula un operador nulo EXCLAMATIVO adjunto al SComp que daría cuenta de la modalidad oracional (adapto el ejemplo inglés original y su estructura asociada):

(45) a. ¡Qué altos (que) son!
b. $[_{SComp}$ EXCL $[_{SComp}$ qué$_j$ $[_{SComp}$ $[_{SAdj}$ t_j altos$]_i$ $[_{Comp'}$ (que) $[_{SFlex}$ son t_i]]]]]

Esta propuesta ha sido adaptada con variantes por diversos autores, como Villalba (2003), Castroviejo (2006) o Rett (2008), y va en la línea de otros análisis de la modalidad interrogativa o imperativa, que suelen remarcar el papel crucial del nudo Comp, y aparece adaptada a las propuestas cartográficas en Gutiérrez-Rexach (2001, 2008), como mostramos en el § 4.2.

La propuesta de Zanuttini y Portner (2003) desarrolla esta idea al postular un operador FACT(IVO) (sobre la factividad de las exclamativas, véase § 3.3), que ocupa el especificador de una de las proyecciones del SComp, justo por debajo de otro SComp donde se sitúa el sintagma exclamativo:

(46) a. ¡Qué altos (que) son!
b. $[_{SComp2}$ $[_{SAdj}$ qué$_i$ altos$]_i$ $[_{Comp2'}$ Comp $[_{SComp1}$ FACT $[_{Comp1'}$ (que) $[_{STiempo}$ son t_i]]]]]

Cabe destacar que estos autores, a diferencia de Gutiérrez-Rexach, no proponen un rasgo [exclamativo], sino que derivan el valor exclamativo de la combinación del operador factivo con la cuantificación de grado, que genera una extensión del dominio de cuantificación (*widening*) y su consiguiente implicatura de grado extremo (véase § 3.2).

A pesar de las diferencias, parece una asunción estándar que las oraciones exclamativas codifican la modalidad mediante un operador en la zona periférica oracional.

4.2. La posición del sintagma exclamativo

Ya hemos visto en el § 4.1 que Zanuttini y Portner (2003) sitúan un operador FACT(IVO) justo por debajo del SComp donde se sitúa el sintagma exclamativo (46b). Para estos autores, el movimiento del sintagma exclamativo es necesario para poder legitimar el operador FACT. Aunque la solución parece estipulativa, es coherente con su propuesta de no asumir un rasgo específico para la modalidad exclamativa.

Una variante más tradicional es la propuesta de Castroviejo (2006) para las exclamativas de grado del catalán, que divide el movimiento de los sintagmas exclamativos en dos pasos: el primero al especificador de STiempo para cotejar su rasgo [+qu], como lo haría una interrogativa, y el segundo a una posición en SComp para cotejar el rasgo [+exclamativo].

(47) a. Estos niños qué altos (que) son.
b. $[_{STópico}$ estos niños $[_{SComp}$ $[_{SAdj}$ qué$_i$ altos$]_i$ $[_{Comp'}$ (que) $[_{STiempo}$ t_i $[_{Tiempo'}$ son t_i]]]]]

Esta propuesta da cuenta de la inversión sujeto-verbo de las exclamativas del español, pero no explica por qué es posible realizar el complementador *que*.

Gutiérrez-Rexach (2001) aprovecha las proyecciones de Sintagma Foco, Sintagma Tópico y de Sintagma Fuerza propuestas por Rizzi (1997) para la periferia izquierda de la oración y propone que el sintagma exclamativo se desplaza primero al especificador de SFoco y luego a su posición final en el especificador de SFuerza, donde reside el rasgo exclamativo, mientras que el resto de la frase, que es información presupuesta, se desplaza a STópico:

(48) $[_{SFuerza}$ qué$_j$ $[_{SFoco}$ $[_{SAdj}$ t_j altos] $[_{STópico}$ $[_{STiempo}$ que son t_{SAdj}] $[_{SFinitud}$ $t_{STiempo}$]]]]

Este análisis presenta dos grandes ventajas. Por un lado, nos ofrece una explicación plausible para las exclamativas absolutas como *¡Qué altos!*: el material elidido es información presupuesta y, por tanto, recuperable del contexto. Por otro lado, nos da un análisis unificado para las exclamativas-*qu* y para las exclamativas no verbales (*¡Vergonzoso, el espectáculo!*): el predicado focalizado se antepone al sujeto presupuesto, de manera paralela a otras estructuras predicativas del español (Villalba y Bartra-Kaufmann (2010)).

No obstante, esta propuesta deja sin resolver algunos de los rasgos fundamentales de las exclamativas españolas, como por ejemplo, la presencia opcional del complementante *que* (en este análisis forma parte de STiempo) o el hecho de que las dislocaciones a la izquierda, que deberían aparecer en STópico aparezcan en una posición superior al sintagma exclamativo no prevista en el sistema: *Estos niños, ¡qué altos (que) son!*

Como se puede apreciar, los diferentes análisis tienden hacia una descomposición de la estructura del sintagma exclamativo en un componente [+qu] (o quizá [+foco], lo que incluiría las exclamativas definidas) y en un componente [+exclamativo]. Cada uno de estos rasgos se asociaría con posiciones diferentes en la periferia oracional, lo que permitiría dar cuenta de los puntos en común y de las diferencias respecto a los sintagmas interrogativos. Con todo, hay que notar que hay un fenómeno que resiste el análisis: la presencia optativa del complementador *que*.

5. Conclusión

Como hemos podido comprobar, las oraciones exclamativas son una construcción de interfaz a caballo de la sintaxis, la semántica y la pragmática, lo que por un lado dificulta su análisis y por el otro genera interesantes debates teóricos sobre aspectos clave como la cuantificación de grado, la estructura de la periferia oracional, el contenido expresivo o la codificación de la modalidad oracional. Concretamente, en el ámbito sintáctico, se debe refinar la codificación formal de la modalidad exclamativa (§ 4.1) y su relación con la selección semántica y la prosodia y se deben explicar los efectos de localidad (§ 2.5) y la articulación informativa de las oraciones exclamativas (§ 4.2). En el ámbito interpretativo, esperamos que se pueda delimitar los niveles de significado que intervienen en las exclamativas (§ 3.2 y 3.3), si cabe con experimentos psicolingüísticos, así como la codificación de la actitud del hablante y su contribución al discurso. Todo ello nos permite augurar que las oraciones exclamativas seguirán siendo un área de interés lingüístico tanto desde una perspectiva teórica como empírica.

Agradecimientos

El autor hace constar el agradecimiento a la ayuda económica para la elaboración de este artículo de los proyectos FFI2011-23356 del Ministerio de Ciencia e Innovación y 2009SGR-1073 de la Generalitat de Catalunya.

Bibliografía

Alonso-Cortés, Á. (1999) "Las construcciones exclamativas. La interjección y las expresiones vocativas", en Bosque, I y Demonte, V. (eds.) *Gramática descriptiva de la lengua española*, Madrid: Espasa, pp. 3993–4050.

Alonso-Cortés, Á. (2000) *La exclamación en español*, Madrid: Minerva.

Andueza, P. (2011) *Rhetorical exclamatives in Spanish*, tesis doctoral, Ohio State University.
Bosque, I. (1984) "Sobre la sintaxis de las oraciones exclamativas", *Hispanic Linguistics*, 1, pp. 283–304.
Bosque, I. y Gutiérrez-Rexach, J. (2011) *Fundamentos de sintaxis formal*, Madrid: Akal.
Casas, A. (2004) "Exclamatives and expletivity. The emphatic *que*", *Revista de Filologia Española*, 84, pp. 265–284.
Castroviejo, E. (2006) *Wh-exclamatives in Catalan*, tesis doctoral, Universitat de Barcelona.
Castroviejo, E. (2008) "Deconstructing exclamations", *Catalan Journal of Linguistics*, 7, pp. 41–90.
Elliott, D. (1974) "Toward a grammar of exclamations", *Foundations of Language*, 10, pp. 41–53.
Francom, J. (2012) "Wh-movement: Interrogatives, exclamatives, and relatives", en Hualde, J. I., Olarrea, A. y O'Rourke, E. (eds) *The handbook of Hispanic linguistics*, Oxford: Blackwell, 533–556.
Ginzburg, J. y Sag, I. (2001) *Interrogative investigations: The form, meaning, and use of English interrogatives*, Stanford: CSLI Publications.
González-Rodríguez, R. (2008) "Exclamative wh-phrases as positive polarity items", *Catalan Journal of Linguistics*, 7, pp. 91–116.
Grimshaw, J. (1979) "Complement selection and the lexicon", *Linguistic Inquiry*, 10, pp. 279–326.
Gutiérrez-Rexach, J. y Andueza, P. (2011) "Degree restrictions in Spanish exclamatives", en Ortiz-López, L. A. (ed.) *Selected proceedings of the 13th Hispanic Linguistics Symposium*, Sommerville, MA: Cascadilla Proceedings Project, pp. 286–295.
Gutiérrez-Rexach, J. (1996) "The semantics of exclamatives", en Garrett, E. y Lee, F. (eds.) *Syntax at sunset. UCLA Working Papers in Linguistics*, Los Angeles: UCLA, pp. 146–162.
Gutiérrez-Rexach, J. (1999) "The structure and interpretation of Spanish degree neuter constructions", *Lingua*, 109, pp. 35–63.
Gutiérrez-Rexach, J. (2001) "Spanish exclamatives and the interpretation of the left periphery", en Rooryck, J., de Hulst, Y. y Schroten, J. (eds.) *Selected papers from Going Romance 99*, Amsterdam/Filadelfia: John Benjamins.
Gutiérrez-Rexach, J. (2008) "Spanish root exclamatives at the syntax/semantics interface", *Catalan Journal of Linguistics*, 7, pp. 117–133.
Hernanz, M. L. y Suñer, A. (1999) "La predicación: la predicación no copulativa. Las construcciones absolutas", en Bosque, I. y Demonte, V. (eds.) *Gramática descriptiva de la lengua española*, Madrid: Espasa, 2525–2560.
Hernanz, M. L. (2001) "¡En bonito lío me he metido! Notas sobre la afectividad en español", *Moenia*, pp. 93–109.
Mayol, L. (2008) "Catalan 'Deu n'hi do' and levels of meaning in exclamatives", *Catalan Journal of Linguistics*, 7, pp. 135–156.
[RAE-ASALE] Real Academia Española y Asociación de Academias de la Lengua Española (2010) "La modalidad. Los actos de habla. Construcciones imperativas, interrogativas y exclamativas", en *Nueva gramática de la lengua española. Morfología y sintaxis*, Madrid: Espasa, pp. 3113–3222.
[RAE-ASALE] Real Academia Española y Asociación de Academias de la Lengua Española (2011) "La entonación", en *Nueva gramática de la lengua española. Fonética y fonología*, Madrid: Espasa, pp. 435–488.
Rett, J. (2008) *Degree modification in natural language*, tesis doctoral, Rutgers University.
Rett, J. (2011) "Exclamatives, degrees and speech acts", *Linguistics and Philosophy*, 34, pp. 411–442.
Rizzi, L. (1997) "The fine structure of the left periphery", en Haegeman, L. (ed.) *Elements of grammar*, Dordrecht: Kluwer, pp. 281–337.
Stalnaker, R. C. (1998) "On the representation of context", *Journal of Logic, Language, and Information*, 7, pp. 3–19.
Torrego, E. (1988) "Operadores en las exclamativas con artículo determinado de valor cuantitativo", *Nueva Revista de Filología Hispánica*, 36, pp. 109–122.
Villalba, X. (2003) "An exceptional exclamative sentence type in Romance", *Lingua*, 113, pp. 713–745.
Villalba, X. (2008) "Exclamatives: A thematic guide with many questions and few answers", *Catalan Journal of Linguistics*, 7, pp. 9–40.

Villalba, X. y Bartra-Kaufmann, A. (2010) "Predicate focus fronting in the Spanish determiner phrase", *Lingua*, 120, pp. 819–849.
Zanuttini, R. y Portner, P. (2003) "Exclamative clauses: At the syntax-semantics interface", *Language*, 79, pp. 39–81.

Lecturas complementarias

Espinal, M. T. (1997) "Non-negative negation and wh-exclamatives", en Forget, D. *et al.* (eds.) *Negation and polarity. Syntax and semantics.* Amsterdam/Filadelfia: John Benjamins, 75–93.
Marandin, J.-M. (2001) "Les exclamatives de degré en français", *Langue Française*, 165, pp. 35–52.
Potts, C. (2005) *The logic of conventional implicatures*, Nueva York: Oxford University Press.
Portner, P. (2009) *Modality*, Oxford: Oxford University Press.
Sánchez López, C. (2006) *El grado de adjetivos y adverbios*, Madrid: Arco Libros.

Entradas relacionadas

actos de habla; estructura informativa; oraciones interrogativas; subordinación sustantiva

ORACIONES INTERROGATIVAS DIRECTAS

Domnita Dumitrescu

1. Introducción: oraciones interrogativas y preguntas

A pesar de que en muchos trabajos lingüísticos los términos de "oración interrogativa" y de "pregunta" se usan como sinónimos intercambiables en contexto, los términos no son iguales. Es que aunque por lo común las oraciones interrogativas sirven para hacer preguntas, y las preguntas, prototípicamente, son peticiones de información, este no es siempre el caso.

Para poner un ejemplo sencillo de desajuste entre la forma interrogativa de una oración y la función de solicitar información con la que se le suele asociar, pensemos en que *¿Quién no ha oído hablar de Internet hoy en día?* es formalmente una oración interrogativa, pero (a pesar de la similitud formal) desde el punto de vista semántico-pragmático, no es, normalmente, una petición de información en el mismo sentido en que lo es, por ejemplo, *¿Quién no ha terminado todavía el examen?*, sino que más bien es una afirmación indirecta, equivalente a *Todo el mundo ha oído hablar de Internet hoy en día.* Ni tampoco la oración *Necesito saber la respuesta correcta* es interrogativa, y sin embargo, en contexto, se interpreta normalmente como una solicitud de información, igual a *¿Cuál es la respuesta correcta?* (a pesar de la diferencia formal). Dicho de otro modo, ni todas las oraciones interrogativas son peticiones de información, ni todas las peticiones de información se expresan necesariamente a través de oraciones interrogativas.

Esta es la razón por la cual, en las últimas décadas, los lingüistas han intentado separar los dos conceptos y definirlos en base a criterios distintos. Por ejemplo, Huddleston (1994: 413), argumenta que la categoría de oración interrogativa se define en función de su forma sintáctica, mientras que la propiedad distintiva de una pregunta es que define un conjunto de respuestas. Según este autor, se pueden distinguir, básicamente, tres tipos principales de preguntas: polares, alternativas y variables, pero solamente dos tipos principales de oraciones interrogativas: cerradas y abiertas. De acuerdo con el carácter —cerrado o abierto— del inventario de respuestas que implican, las preguntas polares y alternativas pertenecen, ambas, a la categoría sintáctica de las interrogativas cerradas, mientras que las preguntas variables, por el contrario, pertenecen a la categoría sintáctica de las interrogativas abiertas. Por ejemplo, una pregunta polar como *¿Quieres tomar té?* o una alternativa, como *¿Quieres tomar té o café?* solo puede recibir un número finito de respuestas (*sí* o *no*, y *café* o *té*, respectivamente), mientras que una pregunta variable como *¿Qué quieres* *tomar?* no limita, lingüísticamente hablando, el inventario de respuestas que es susceptible de recibir.

Sin embargo, esta clasificación de Huddleston, que tiene que ver con el inventario de respuestas que la forma de una oración interrogativa hace posible, no invalida la idea, ampliamente aceptada, de que todas las interrogativas, al contener una incógnita o una variable, son "enunciados abiertos", que no pueden ser evaluados en términos de verdad o falsedad. Como expresa Escandell-Vidal, "desde el punto de vista semántico, una interrogativa no es más que una estructura abierta. Como toda fórmula abierta, la interrogativa admite una solución: lo que denominamos habitualmente 'respuesta' es el elemento que sirve para cerrar este contenido proposicional" (1999: 3934).

Efectivamente, en la lingüística española, es costumbre considerar las estructuras interrogativas como manifestaciones de la modalidad de enunciación o la modalidad enunciativa interrogativa, las otras modalidades de la enunciación o enunciativas siendo la imperativa, la exclamativa y la asertiva o aseverativa —esta última, como modalidad por defecto o no marcada. En cada una de estas modalidades enunciativas, los "enunciados oracionales (y a menudo los no oracionales también)" tienden a ajustarse a "determinados patrones formales" "dependiendo de cuál sea su fuerza ilocutiva" (RAE-ASALE 2010: 795). Y ello porque, como se indica a continuación, "las modalidades de la enunciación [...] están vinculadas con los actos verbales que los hablantes realizan" (RAE-ASALE 2010: 796). O, como expresan más claramente Bosque y Gutiérrez-Rexach, "normalmente, los actos de habla se corresponden con una forma oracional prototípica o canónica" (2009: 709).

Se infiere, pues, que la frecuente confusión entre oración interrogativa y pregunta se puede atribuir a que "existe cierta tendencia a que cada modalidad enunciativa se asocie con determinados actos verbales; por ejemplo, la modalidad interrogativa se utiliza, prototípicamente, para hacer preguntas (*¿Dónde vives?*; *¿A qué te dedicas?*)" (RAE-ASALE 2010: 796). Sin embargo, como se señala en seguida, "la correspondencia no es biunívoca", ya que las estructuras interrogativas pueden realizar otros actos verbales, distintos de las preguntas, en cuyo caso se habla de actos verbales indirectos, caracterizados por el hecho de que expresan "contenidos ilocutivos que no se corresponden con los habituales de la modalidad oracional que manifiestan" (RAE-ASALE 2010: 796). Efectivamente, como comenta también Escandell-Vidal, "de hecho, las intenciones comunicativas que se pueden expresar por medio de una estructura interrogativa casi agotan todo el alcance de las ilocuciones" (2012: 636).

En lo que sigue, voy a usar los términos de enunciación ("el acto verbal que el hablante lleva a cabo con sus palabras y que representa, como consecuencia, la acción verbal que corresponde a la emisión" y enunciado ("la estructura lingüística con que se realiza este acto verbal") —(RAE-ASALE 2010: 3114)— para describir los enunciados interrogativos del español y las enunciaciones asociadas con ellos, o sea los diversos actos verbales que se pueden llevar a cabo usando tales estructuras lingüísticas (cuyo denominador común es la fuerza oracional de 'preguntar', pero que difieren en su fuerza ilocutiva).

2. Interrogativas directas

Las interrogativas pueden ser directas o indirectas. Las directas se incluyen, por escrito, entre los signos de interrogación de apertura y cierre, mientras que las indirectas no se marcan de esta manera, ya que en realidad son cláusulas subordinadas incrustadas en oraciones complejas. Cada tipo de enunciado interrogativo directo cuenta con una entonación específica, que participa directamente en la interpretación correcta de su significado en contexto. Las interrogativas indirectas no cuentan con una entonación propia, sino que se ajustan a la entonación global del enunciado complejo que las contiene.

En esta sección, sólo se analizarán las directas, que se subdividen en dos grandes grupos, los cuales corresponden, básicamente, a las interrogativas cerradas y abiertas de Huddleston (1994). Estos dos grupos, en la terminología de RAE-ASALE (2009), son los siguientes: 1. Oraciones interrogativas totales o disyuntivas; y 2. Interrogativas parciales o pronominales.

2.1. Interrogativas totales o disyuntivas

Dentro de esta categoría de interrogativas, se suelen distinguir dos subgrupos: el de las interrogativas de sí o no, llamadas también polares, y el de las interrogativas alternativas. Lo que tienen en común ambos subgrupos —y lo que sugiere el término alternativo de disyuntivas, en este caso— es que presentan, implícita o explícitamente, un conjunto finito de opciones entre las cuales el oyente debe escoger su respuesta. Como señala la Real Academia Española, "[e]n las [interrogativas] llamadas *de sí o no* (también *polares*) se contraponen dos opciones antagónicas, como en *¿Tienes frío?* —donde se entiende '¿Tienes frío o no (tienes frío)?'— o en *¿Ha llamado Elena?* —donde se entiende '¿Ha llamado Elena o no (ha llamado Elena)?'—. En las *alternativas*, se elige entre dos o más opciones, como en *¿Prefieres este libro o el otro?*, o en *¿Iremos por fin a Roma, a Paris, o a Londres?*" (RAE-ASALE 2010: 3152).

Por lo tanto, la respuesta esperada, en el caso de una pregunta alternativa, es una de las opciones mencionadas en la pregunta misma, mientras que en el caso de las preguntas polares es *sí* o *no*, o una expresión afirmativa o negativa equivalente, como por ejemplo: *por supuesto, claro, desde luego, sin duda, efectivamente*, etc. —en el primer caso— o: *en absoluto, de ningún modo, qué va, ni hablar*, etc. —en el segundo—. Por otra parte, si el hablante no está seguro y prefiere expresar duda, lo puede hacer usando *quizás, tal vez, a lo mejor, probablemente* u otra fórmula dubitativa por el estilo.

Evidentemente, el hablante puede optar simplemente por aportar más información de la que se solicita, o por desviar la respuesta y aportar menos. RAE-ASALE (2009) ofrece numerosos ejemplos de posibles respuestas a interrogativa polares, que, debido a circunstancias extralingüísticas, eluden la simple afirmación o negación a través de adverbios u otras locuciones. Por ello, algunos lingüistas usan el término de respuesta para las contestaciones que se ajustan a la estructura gramatical de las preguntas, y reservan el término de réplicas para las que no son previsibles a partir de dicha estructura. Por ejemplo, para una pregunta como: *¿Le entregaste la tarea al profesor?*, *Sí (se la entregué)* sería una respuesta, pero *No me dio tiempo* o *Deja de preguntar tonterías* serían réplicas.

Desde el punto de vista formal, las interrogativas polares no se distinguen de las oraciones aseverativas con idéntica estructura de constituyentes más que por la entonación, descendente en estas y ascendente en aquellas (aunque puede haber variaciones regionales, cf. Escadell Vidal 1999: 3938 y ss.). Compárense (1a) y (1b), que solo difieren por su entonación.

(1) a. Había mucha gente. (↓)
    b. ¿Había mucha gente? (↑)

La inversión entre el verbo y el sujeto, aunque frecuente, no se considera una marca distintiva de las oraciones polares en español (a diferencia del inglés, donde sí lo es, excepto en el caso particular de las preguntas de eco), simplemente porque la posposición del sujeto es frecuente también en oraciones aseverativas. Compárense:

(2) a. Los invitados están aquí./Están aquí los invitados.
b. ¿Los invitados están aquí?/¿Están aquí los invitados?

(3) a. The guests are here./*Are here the guests.
b.*The guests are here?/Are the guests here?

En el caso de las interrogativas alternativas, su marca gramatical distintiva es, obviamente, la presencia de la conjunción disyuntiva *o* entre los constituyentes ofrecidos como posibles respuestas. Estos "forman frases melódicas independientes, todas con entonación ascendente, excepto la frase final, que tiene entonación descendente" (Contreras 1999: 1936).

Sin embargo, una interrogativa aparentemente alternativa (por contener la conjunción disyuntiva mencionada), se puede interpretar en contexto como una interrogativa de sí o no, si se le asigna una entonación distinta. En RAE-ASALE (2010) se menciona el siguiente ejemplo: si un profesor pregunta a sus estudiantes *¿Han leído ustedes el Quijote o la Celestina?* formando una sola unidad melódica con inflexión final ascendente, los estudiantes pueden contestar *sí* o *no*, porque entienden que el profesor quiere saber si han leído alguna obra clásica de la literatura española, como el *Quijote* o la *Celestina.* En cambio, si este mismo profesor hace la pregunta usando dos unidades melódicas, la primera con inflexión tonal ascendente (hasta *Quijote*) y la segunda con una línea tonal más baja y final descendente, los estudiantes deberán contestar *El Quijote, La Celestina*, o, según el caso, *Ninguna de las dos*, porque entenderán que el profesor quiere saber específicamente cuál de las dos obras mencionadas han leído (3157). En el primer caso (cuando equivale a sí o no) se habla del valor inclusivo de la disyuntiva *o*; en el segundo, de su valor exclusivo.

Asimismo, no todas las interrogativas polares esperan, en igual proporción, una respuesta de *sí* o *no*. A veces, la persona que formula la pregunta está genuinamente interesada en saber cuál de las alternativas que plantea es la correcta, porque lo ignora —como cuando una persona que ha tenido que faltar a una conferencia importante le pregunta a otra: *¿Fuiste a la conferencia ayer?*, para saber si luego pedirle detalles acerca de lo que pasó, o buscar a otra persona para informarse. Algunos lingüistas han hablado en estos casos de preguntas totales absolutas (e. g., Kovacci 1992; Contreras 1999).

Por otra parte, en muchos casos el hablante ya tiene o cree tener suficiente información como para pedir una confirmación de que ésta es correcta, y, en tal caso, se ha hablado de preguntas relativas, con o sin otras subcategorías (por ejemplo, el subgrupo de las "preguntas aseverativas" —cf. Kovacci 1992: 105—, que corresponden en inglés a las llamadas *tag questions*). Tanto es así que Contreras ha llegado a crear una categoría aparte de interrogativas (las de confirmación, al lado de las totales o absolutas, disyuntivas y parciales (1999: 1934). En RAE-ASALE (2009), las interrogativas totales se subdividen, desde este punto de vista, en orientadas y no orientadas, o confirmativas y no confirmativas.

Las interrogativas totales orientadas (o confirmativas) pueden subdividirse en dos subgrupos, según la manera en que se exprese, lingüísticamente, su orientación hacia un polo u otro. Un subgrupo lo representan las interrogativas con apéndices confirmativos, como *¿verdad?*, *¿no es así?*, *¿no es cierto?*, *¿(a) que no?*, *¿a que sí?*, etc., que aparecen al final de un enunciado aparentemente aseverativo o imperativo, como grupo fónico separado (y, por tanto, precedido de coma por escrito). Hay que observar que la lista de estos apéndices confirmativos es bastante larga, si se toma en cuenta la variación léxica regional en el mundo hispano. Por ejemplo, según RAE-ASALE (2009), en el área rioplatense se usa *¿viste?* o *¿sí?* —para averiguar que el interlocutor entendió el mensaje—; en el área andina y chilena es común *¿no cierto?*; en otras partes se usa *¿ya?*, *¿okey?*, *¿vale?*, *¿a poco no?*, *¿está bien?*, etc.

El otro subgrupo de interrogativas totales orientadas carecen de apéndice interrogativo final, pero pueden ser paráfrasis de este. Comparen, por ejemplo,

(4) a. La reunión será el viernes, ¿verdad?
    b. ¿Verdad que la reunión será el viernes?
    c. ¿Es verdad que la reunión será el viernes?

Hay que notar que (4b) no es equivalente a (4c), ya que esta última interrogativa, pero no la anterior, se puede formular también de este modo: *¿Es verdad que la reunión será el viernes o no es verdad (que la reunión será el viernes)?* Esta formulación impone una lectura no orientada, ya que se centra en averiguar la certeza o falsedad del contenido proposicional de la interrogativa, no busca confirmación de la información que ya posee. De la misma manera, una interrogativa como

(5) ¿Estás enfermo?

se puede interpretar, según el contexto, como confirmativa o no confirmativa. En el primer caso, su paráfrasis podría ser a) *¿Es cierto que estás enfermo?* o *Estás enfermo, ¿no es cierto*?. En el segundo, sería b) *¿Estás enfermo o no*? Como señala RAE-ASALE (2009), "[s]e usa a menudo el apéndice *¿...o no?* al final de una interrogativa total cuando se considera que el destinatario debería haber dejado clara (sea explícita o tácitamente) su posición respecto de alguna de las opciones existentes y no lo ha hecho [...]. También se utiliza cuando el que habla no ha sido capaz de determinar a partir del discurso anterior cuál es la opción correcta [...]" (3159).

Asimismo, son interrogativas totales orientadas las que empiezan con *acaso*, *conque*, *de modo que*, *así que*, *a que*, *es que*, que inducen una lectura en un determinado sentido, y no en otro, como se pude ver del ejemplo siguiente (tomado de Escandell-Vidal 1999: 3970–3972), donde *a que no* restringe las respuestas posibles seleccionando precisamente la que coincide con la formulación de la pregunta, o sea pide que los oyentes confirmen que nunca han oído un chiste mejor:

(6) ¿A que no habéis oído otro chiste tan bueno?

Hay que notar que Bosque y Gutiérrez-Rexach (2009: 717) mencionan también otro tipo de interrogativa confirmativa, que tiene forma parcial, pero luego propone un ejemplo de la noción designada por la palabra interrogativa, como en *¿Qué tomas, vino?* Este tipo de preguntas, que han recibido también el nombre de preguntas exploratorias, tienen muchos elementos en común con las preguntas anticipativas (del tipo: *A.—¿No te da miedo? B:—¿De qué?*) con la diferencia de que estas, como su nombre indica, anticipan una pregunta del interlocutor, mientras que aquellas (las exploratorias) anticipan una respuesta de este.

Efectos de la negación. La aparición de la negación en una interrogativa total puede dar lugar a efectos semántico-discursivos interesantes. Básicamente, una pregunta polar negativa puede recibir dos interpretaciones opuestas, según el ámbito de la negación (o sea, la parte del mensaje sobre la cual recae su efecto) sea mayor o menor que el ámbito de la aserción (o sea, "el segmento que sigue al predicado *es cierto que*, que a menudo forma parte de las paráfrasis que admiten" las oraciones interrogativas —RAE-ASALE 2009: 3176—). Dicho de otro modo, en las paráfrasis del tipo *¿No es cierto que X?*, la negación tiene ámbito mayor que la aserción, mientras que en la paráfrasis del tipo *¿Es cierto que no X?*, la aserción tiene ámbito mayor que la aserción. Por ejemplo, una pregunta como

(7) ¿No le dijiste lo que pasó?

puede interpretarse como (a) *¿No es cierto que le dijiste lo que pasó?* o (b) *¿Es cierto que no le dijiste lo que pasó?* La entonación es distinta, en cada caso, en el sentido de que, en la primera interpretación, la inflexión final ascendente es menor que en el segundo, y también hay diferencias entre el tono de la unidad melódica: más bajo en el primer caso, más alto en el segundo.

Por otra parte, las respuestas a estas preguntas polares negativas también pueden generar ambigüedades. Si a una pregunta como

(8) ¿No trabaja en la Universidad?

se contesta simplemente con *no*, esto puede significar que el interlocutor confirma que la persona 'no trabaja en aquel lugar'. Pero si lo que quiere decir es que 'no es cierto que no trabaja allá', entonces en vez (o después) de *no*, debe agregar *sí* y decir: (*No), sí trabaja allá.* Hay que notar que el francés y el rumano cuentan, en estos casos, con una partícula especializada, *si* (distinta del adverbio afirmativo *oui*) y respectivamente *ba* (distinta del afirmativo habitual *da*) Comparen: Fr. *Elle ne travaille pas à l'université? Non* (confirmación) vs. *Si* (infirmación); Rum. *Nu lucrează la Universitate? Nu* (confirmación) vs. *Ba da* (infirmación) (cf. Dumitrescu 1979).

El mismo efecto se obtiene si la pregunta negativa cuenta además con un cuantificador negativo o existencial. Por ejemplo, en *¿No le pediste algo?*, el ámbito de la negación es mayor que el de la aserción, y la interpretación es equivalente a '¿No es cierto que le pediste algo?'; mientras que en *¿No le pediste nada?*, el ámbito de la aserción precede al de la negación, y la interpretación equivale a '¿Es cierto que no le pediste nada?', que sugiere reproche por alguna omisión (RAE-ASALE 2009: 3178).

La negación de ámbito mayor que la aserción es característica también de las así-llamadas preguntas dirigidas o conductivas, característica de los interrogatorios judiciales, como en *¿No estaba usted en la escena del crimen a las 10:00 de la noche?*, que equivale a '¿No es cierto que estaba usted en la escena del crimen a las 10:00 de la noche?'.

Por otra parte, vale la pena mencionar, además, que, en muchas partes del mundo hispanohablante, se recurre a la negación como estrategia de cortesía verbal. Por ejemplo, *¿No quiere café?* o *¿No quiere sentarse?* se perciben como invitaciones más corteses que sus contrapartes afirmativas —*¿Quiere café?* o *¿Quiere sentarse?*—, que para muchos se aproximan más a unas simples peticiones de información.

2.2. *Interrogativas parciales*

Estas interrogativas se llaman también pronominales porque se forman con los pronombres, los determinantes o los adverbios interrogativos. El respectivo pronombre, determinante o adverbio (o el grupo sintáctico que lo contiene) constituye el foco de estas oraciones, ya que encierra la incógnita que la respuesta debe despejar —de ahí que se considere que este tipo de enunciados interrogativos son abiertos, como se ha mencionado—.

Los interrogativos están estrechamente relacionados —léxica, morfológica, sintáctica y semánticamente— con los relativos y los exclamativos, razón por la cual muchos autores prefieren tratarlos juntos, destacando las semejanzas de comportamiento lingüístico entre ellos (Alonso-Cortés 1999; Contreras 1999; Rodríguez Ramalle 2005, § 6.3; Francom 2012). Los interrogativos propiamente dichos son *qué, quién(es), cuál(es), cuán, cuánto/a(s), cómo, (a)dónde, cuándo* y *por qué.* (Para la diferencia entre *qué* y *cuál* y su carácter neutral o dependiente del contexto, véase Gutiérrez-Rexach 2012: 328). Por otra parte, en América también se usa *qué tan(to)* en vez de *cuán(to)*: por ejemplo, en vez de *¿Cuánto gastaste*? se puede oír *¿Qué tanto gastaste?*, y en vez de *¿Cuán lejos vive de la ciudad?*, *¿Qué tan lejos vive de la ciudad?* Por otra parte, *cúyo* ha caído en desuso, de modo que en la lengua moderna se dice *¿De quién*, no *Cúyo era el tesoro?*

Desde el punto de vista de su entonación, las interrogativas parciales, a diferencia de las polares, alcanzan su máxima altura tonal en el foco interrogativo y luego continúan con una línea melódica descendente (aunque la inflexión final puede variar ligeramente tanto regional como situacionalmente) (Quilis 1993; Escandell-Vidal 1999).

Desde el punto de vista sintáctico, estas oraciones interrogativas —a diferencia de las totales— se caracterizan por un orden específico de los constituyentes. En primer lugar, el constituyente interrogativo encabeza siempre estas interrogativas, y existe una extensa bibliografía acerca de lo que se ha dado en llamar el movimiento *qu-*, que es en realidad una adaptación al español del llamado *wh-movement* del inglés, donde *wh-* y, respectivamente, *qu-* simbolizan las palabras interrogativas implicadas en esta transformación. En esencia, dicha transformación consiste en mover el constituyente interrogativo que se origina en la posición de argumento o de adjunto del verbo (donde deja una huella) a una posición superior, exterior a la oración, que en la teoría de la X con barra recibe el nombre de COMP–y que es, técnicamente, la posición de especificador del Sintagma Complementante (SComp) (Rodríguez Ramalle 2005: 481 y ss.). Por cierto, hay otras interpretaciones acerca de cómo se produce este movimiento, pero en realidad, sea cual sea el marco teórico que se adopte, lo esencial del movimiento *qu-*, como señala Francom 2012, es que "implica una relación de dependencia entre un pronombre interrogativo explícito y un antecedente implícito en la posición de la base" (2014: 537).

(9) a. ¿Qué$_i$ trajo Pedro h$_i$?
b. ¿Con quién$_i$ habló Juan h$_i$?
c. ¿Dónde$_i$ vive Luis h$_i$?

Evidentemente, hay ciertas restricciones que se aplican, especialmente en los casos de 'dependencia a distancia', cuando el constituyente interrogativo se origina en una cláusula subordinada, encabezando luego la cláusula matriz, como en *¿Qué quiere Juan [que le compremos hi]?,* donde *qué* es el objeto directo del verbo *comprar*, no del verbo *querer.* A veces, es posible que el interrogativo se asocie a distancia también con el verbo de la cláusula matriz, de modo que una interrogativa como *¿Cuándo dijiste que llegaba María?* puede dar lugar a dos interpretaciones posibles, según si *cuándo* se relaciona con *dijiste* o con *llegaba* (cf. Contreras 1999: 1994); pero esta ambigüedad se deshace fácilmente con la ayuda del contexto.

Por otra parte, es posible, en otros tipos de interrogativas (llamadas de eco), que el constituyente interrogativo se quede *in situ*, o sea en la posición en que recibe su papel temático y su marca de caso, pero este aspecto será tratado en otro lugar.

Otro aspecto relacionado con el orden de los constituyentes en una interrogativa parcial tiene que ver con el hecho de que, a raíz del movimiento de *qu-*, el verbo también se desplaza a una posición anterior al sujeto, o sea, a su izquierda, con la consecuencia de que, desde el punto de vista del orden de los constituyentes, se produce, obligatoriamente, la inversión sujeto-verbo. salvo que la palabra interrogativa desempeñe ella misma la función de sujeto: *¿Quién vino? ¿Qué pasó*). Compárese:

(10) a. ¿Qué trajo Juan a la fiesta?
b. ¿Qué trajo a la fiesta Juan?
c. *¿Qué Juan trajo a la fiesta?

Torrego (1984: 107) observa que, en ausencia del movimiento de *qu-*, la regla de inversión obligatoria no se aplica, y ejemplifica esta afirmación con las preguntas polares o las preguntas con el elemento *qu- in situ*, como en: *¿Marta quiere café*? y *¿Marta quiere qué?* Esta autora considera que se trata de una regla de 'preposición del verbo' (*Verb Preposing*).

Aunque se han sugerido soluciones alternativas con respecto al lugar exacto al que se mueve el verbo, el hecho es que la inversión sujeto-verbo es obligatoria en español en las interrogativas parciales tanto directas como indirectas, y que esto constituye una característica distintiva del español con respecto a otros idiomas, como el inglés por ejemplo, que no requiere inversión en las interrogativas parciales indirectas.

Hay que notar, sin embargo, que el requisito de la inversión sujeto-verbo se relaja en los casos en que ciertas interrogativas están encabezadas con *por qué*, ya que esta expresión interrogativa puede tener dos significados: si se interpreta como elemento unitario (o sea como locución adverbial interrogativa equivalente al *why* del inglés), requiere una respuesta que denota razón; si se interpreta como frase preposicional, en la respuesta se mantiene *por* (con el significado de "a favor de" o "en vez de") y sólo se despeja la incógnita representada por *qué*. Comparen:

(11) a. —¿Por qué llegaste tarde? —Porque me quedé dormido.
b. —¿Por qué votaste en la última elección? —(Voté) por un cambio de gobierno.

Contreras (1999: 1938) habla, en el primer caso (11a) de un "*por qué* simple", y en el segundo (11b), de un "*por qué* complejo," y observa que solamente el *por qué* simple acepta la falta de inversión. Cf. *¿Por qué compró Juan estos libros?* o *¿Por qué Juan compró estos libros?* Pero: *¿Por qué jugador entró Romario?* vs. **¿Por qué jugador Romario entró*? (ejemplos tomados de Contreras 1999: 1940).

Asimismo, las interrogativas parciales encabezadas por un adverbio de tipo modal —como por ejemplo *cómo* o *de qué modo*— pueden aparecer sin dicha inversión, aunque las más de las veces la lectura que se obtiene en este caso es de pregunta retórica —lo que, por lo demás, es siempre el caso con las interrogativas sin inversión encabezadas por *cuándo*—. RAE-ASALE (2009: 3168–3169) ofrece los siguientes ejemplos, sacados de textos literarios:

(12) a. ¿Cómo alguien que toca tan bien el violín puede ser anarquista? (Argüelles)
b. ¿Cuándo las masas no se han rebelado? Siempre que han podido. (Baroja)

También es habitual no recurrir a la inversión sujeto-verbo en ciertas variedades del español caribeño, donde es frecuente oír interrogativas parciales del siguiente tipo: *¿Qué tú quieres? ¿Cuánto usted paga? ¿Dónde tú viste a Raquel?* (ejemplos de RAE-ASALE 2009: 3169). (Para más detalles sobre este punto, véanse Lipski 1977 y Gutiérrez-Bravo 2002). Pero en el resto del mundo hispanohablante, este tipo de interrogativas sin inversión no son aceptables hoy en día, aunque en el castellano antiguo aparentemente sí lo eran (cf. RAE-ASALE 2009).

Resumiendo, he aquí cómo describen Bosque y Gutiérrez-Rexach las características principales de las interrogativas *-qu*: "Se caracterizan por la presencia del rasgo [+qu]; el rasgo [+qu] se asocia con el rasgo de fuerza interrogativa ilocutiva (llamémosla [+int]), que permite que una determinada secuencia se interprete como una pregunta; el rasgo [+qu] se manifiesta morfológicamente en las palabras *qu-*: *qué, quién, cuál, cuando*, etc.; en español, el rasgo [+qu] es un rasgo fuerte y activa el movimiento del SQu que lo contiene a SComp. Puede también cotejarse de forma abstracta (en la FL), por ejemplo, cuando los requisitos impuestos sobre el SComp impiden el desplazamiento patente de más de un SQu" (2009: 710).

3. Interrogativas múltiples

Se entiende por interrogativas múltiples (o preguntas con multiconstituyentes interrogativos, cf. Dumitrescu 1992) las oraciones interrogativas que contienen más de un elemento *qu-* asociado con el mismo verbo (por lo cual estas preguntas se consideran oraciones simples). Estos elementos *qu-* pueden aparecer coordinados, como en:

(13) ¿Cuándo y cómo piensas pagar este dinero?

en cuyo caso ambos miembros de la coordinación son sujetos al movimiento de *qu-*, pero las más de las veces, no hay coordinación, especialmente cuando los constituyentes de *qu-* no cumplen las mismas funciones sintácticas con respecto al verbo. Algunos ejemplos de este segundo tipo son:

(14) a. ¿Quién conoce a quién?
b. ¿Quién llegó cuándo?
c. ¿Qué le dijiste a quién?
d. ¿Quién le dio qué a quién?

Observen que (14d) es una interrogativa con más de dos elementos *qu-* (que ilustra una situación en que la aceptabilidad de la oración —según Contreras (1999)— es máxima si ninguno de los constituyentes interrogativos es adjunto).

Este tipo de interrogativas no deben confundirse con aquellas en que la interrogación múltiple está repartida en dos o más cláusulas, como en los siguientes ejemplos, sacados de Contreras (1999: 1943):

(15) a. ¿Quién preguntó cuándo empezaba el concierto?
b. ¿Quién no sabe dónde está la biblioteca?

Las preguntas de (15) se interpretan como preguntas simples, en el sentido de que las respuestas apropiadas constan de una sola expresión referencial (por ejemplo, *María*), en contraste con las interrogativas múltiples anteriores, que requieren respuestas complejas, como por ejemplo *Juan le dio un libro a María*, donde los constituyentes subrayados representan las respuestas a los múltiples focos de la pregunta *¿Quién le dio qué a quién?* Tampoco son preguntas múltiples en el sentido indicado las preguntas de eco usadas en réplica a una interrogativa parcial, como en el siguiente caso: *¿Quién trajo chimichangas? ¿Quién trajo QUÉ?* La respuesta apropiada a esta pregunta de eco es también una expresión referencial simple que repite el constituyente que no ha sido percibido correctamente por el oyente (en este caso, *chimichangas*). Sin embargo, la situación más frecuente es la en que la pregunta múltiple tiene una lectura "distributiva" y, por consiguiente, su respuesta debe ser un lista de pares de argumentos, no una simple relación de la identidad de los mismos, en aislamiento. Por ejemplo, en una situación en que A le informa a B de que toda la comida para la fiesta la compraron los invitados, y B quiere saber qué es lo que compró cada uno de estos, podemos tener el siguiente diálogo (Dumitrescu 1992: 165):

(16) A: —Toda la comida la compraron los invitados.
B: —A ver, dime: ¿Quién compró qué?
A: —Pedro compró la carne, Pablo compró la ensalada y Luis compró la fruta.

Claramente, lo que B pide es información acerca de cómo emparejar los elementos de los conjuntos sobre los cuales los respectivos constituyentes interrogativos tienen alcance (y que, en principio, son conocidos en aislamiento por ambos hablantes).

Desde el punto de vista sintáctico, las interrogativas múltiples sin coordinación se caracterizan, en español, por el hecho de que sólo un constituyente interrogativo (el que tiene alcance sobre los demás) es sujeto al movimiento *qu-*, mientras que los demás constituyentes se quedan *in situ*, o sea que no se desplazan al especificador del SComp. En esto, el español contrasta con otras lenguas, por ejemplo el ruso o el rumano, que permiten múltiples elementos *qu-* en Comp. Comparen, por ejemplo, el rumano: *Cine ce a adus?* con su equivalente español, **¿Quién qué trajo?* Para el tema de las palabras *qu- in situ*, en este tipo de oraciones y en otras, véase Etxepara y Uribe-Etxebarria (2005).

En última instancia, el factor que decide cuál constituyente se debe mover y cuál se debe quedar *in situ* es la expectativa del hablante acerca de cómo va a organizar su interlocutor la información en su respuesta. Kuno (1982: 85) habla en este caso de la "hipótesis de la clave del distribución" (*Sorting Key Hypothesis*), según la cual "en una pregunta parcial múltiple, el elemento *qu*-movido al frente representa la clave para repartir la información en la respuesta". Así, si en el intercambio entre A y B citado en (16), A hubiera anunciado, por ejemplo que *Los invitados compraron toda la comida* (donde "los invitados" son el tema, no el rema), B podría querer saber, en este caso, *¿Qué compró quién?*, y recibir la siguiente respuesta: *La carne la compró Pedro, la ensalada la compró Pablo y la fruta la compró Luis*. Siguiendo a Kuno, se puede decir, pues, que *¿Quién compró qué?* se usa cuando la clave del reparto la representan los nombres de los invitados a la fiesta, mientras que *¿Qué compró quién?* se usa cuando la clave para organizar la información la representan los tipos de comidas compradas. Para Gutiérrez-Rexach 2012, una interrogativa múltiple como *¿Qué policías detuvieron a qué ladrones?* representa un caso de *branching* o cúmulo de cuantificadores (328).

Bibliografía

Alonso-Cortés, A. (1999) "Las construcciones exclamativas. La interjección y las expresiones vocativas", en Bosque, I. y Demonte, V. (eds.) *Gramática descriptiva de la lengua española*, Madrid: Espasa, pp. 3993–4050.
Bosque, I. y Gutiérrez-Rexach, J. (2009) *Fundamentos de sintaxis formal*, Madrid: Akal.
Contreras, H. (1999) "Relaciones entre las construcciones interrogativas, exclamativas y relativas", en Bosque, I. y Demonte, V. (eds.) *Gramática descriptiva de la lengua española*, Madrid: Espasa, pp. 1931–1963.
Dumitrescu, D. (1979) "El sistema de las respuestas minimales en castellano", *Revue Roumaine de Linguistique*, 24, 1, pp. 45–54.
Dumitrescu, D. (1992) "Preguntas con multiconstituyentes interrogativos en español", *Hispania*, 75, 1, pp. 164–170.

Escandell-Vidal, M. V. (1999) "Los enunciados interrogativos. Aspectos semánticos y pragmáticos", en Bosque, I. y Demonte, V. (eds.) *Gramática descriptiva de la lengua española*, Madrid: Espasa, pp. 3929–3991.
Escandell-Vidal, V. (2012) "Speech acts", en Hualde, J. I., Olarrea, A. y O'Rourke, E. (eds.) *The handbook of Hispanic linguistics*, Malden, MA: John Wiley & Sons, pp. 629–651.
Etxepare, R. y Uribe-Etxebarria, M. (2005) "In-situ wh-phrases in Spanish: Locality and quantification", *Recherches linguistiques de Vincennes*, 33, pp. 9–34 [en línea]. Accesible en http://rlv.revues.org/1238.
Francom, J. (2012) "Wh-movement: Interrogatives, exclamatives, and relatives", en Hualde, J. I., Olarrea, A. y O'Rourke, E. (eds.) *The handbook of Hispanic linguistics*, Malden, MA: John Wiley & Sons, pp. 533–556.
Gutiérrez-Bravo, R. (2002) *Structural markedness and syntactic structure: A study of word order and left periphery in Mexican Spanish*, tesis doctoral, University of California, Santa Cruz.
Gutiérrez-Rexach, J. (2012) "Quantification", en Hualde, J. I., Olarrea, A. y O'Rourke, E. (eds.) *The handbook of Hispanic linguistics*, Malden, MA: John Wiley & Sons, pp. 307–32.
Huddleston, R. (1994) "The contrast between interrogatives and questions", *Journal of Linguistics*, 30, 2, pp. 411–439.
Kovacci, O. (1992) *El comentario gramatical: teoría y práctica II*, Madrid: Arco Libros.
Kuno, S. (1982) "The focus of the question and the focus of the answer", en Schneider, R. *et al.* (eds.) *Papers from the Parasession on Nondeclaratives*, Chicago: The Chicago Linguistic Society, pp. 134–157.
Lipski, J. (1977) "Preposed subjects in questions: Some considerations", *Hispania*, 60, 1, pp. 61–67.
Quilis, A. (1993) *Tratado de fonología y fonética española*, Madrid: Gredos.
[RAE-ASALE] Real Academia Española y Asociación de Academias de la Lengua Española (2009) *Nueva gramática de la lengua española*, Madrid: Espasa.
[RAE-ASALE] Real Academia Española y Asociación de Academias de la Lengua Española (2010) *Nueva gramática de la lengua española. Manual*, Madrid: Espasa.
Rodríguez Ramalle, T. M. (2005) *Manual de sintaxis del español*, Madrid: Castalia.
Torrego, E. (1984) "On inversion in Spanish and some of its effects", *Linguistic Inquiry*, 15, 1, pp. 103–129.

Lecturas complementarias

Campos, H. (2012) "The simple sentence", en Hualde, J. I., Olarrea, A. y O'Rourke, E. (eds.) *The handbook of Hispanic linguistics*, Malden, MA: John Wiley & Sons, pp. 395–421.
Cuza, A. (2012) "Crosslinguistic influence at the syntax proper: Interrogative subject-verb inversion in heritage Spanish", *International Journal of Bilingualism*, 17, 1, pp. 71–96.
Fernández-Ramírez, S. (1957–1959) "Oraciones interrogativas españolas", *Boletín de la Real Academia Española*, 39, pp. 243–276.
Goodall, G. (2011) "Syntactic satiation and the inversion effect in English and Spanish *Wh*-questions", *Syntax*, 14, 1, pp. 29–47.
Whitley, M. S. (1986) "'How': The missing interrogative in Spanish", *Hispania*, 69, 1, pp. 82–96.

Entradas relacionadas

oraciones exclamativas; oraciones interrogativas indirectas; pragmática; semántica; sintaxis

ORACIONES INTERROGATIVAS INDIRECTAS Y OTRAS ESTRUCTURAS

Domnita Dumitrescu

1. Interrogativas indirectas

Las interrogativas indirectas reciben este nombre porque, desde el punto de vista gramatical, son subordinadas sustantivas, no oraciones independientes que expresen un acto verbal dotado de fuerza interrogativa; por lo tanto, las indirectas carecen de fuerza ilocutiva.

Es costumbre, siguiendo las contribuciones de Plann (1982, 1985) y Suñer (1993), distinguir entre las interrogativas indirectas que reproducen una interrogativa directa (1a), usando el mecanismo del discurso indirecto, como en (1b):

(1) a. —¿Cuándo llega Conchita? —le pregunté.
 b. Le pregunté (que) cuándo llegaba Conchita.

y las interrogativas indirectas que no se relacionan con una interrogativa directa (y por lo tanto no son instancias de discurso indirecto en sentido estricto), pero que sí introducen "una determinada variable (sea de persona, cosa, lugar, etc.), de forma que el predicado principal especifica que se elige (o bien que no se ha elegido) el valor que le corresponde" (RAE-ASALE 2009: 329). Un ejemplo de este segundo caso sería

(2) Mi hijo no ha decidido todavía qué va a estudiar.

donde en la práctica no se pregunta nada, pero sin embargo la oración subordinada manifiesta que lo que alguien no ha decidido es el valor de cierta variable relativa a un tipo de carrera. Las interrogativas como (1b) reciben el nombre de interrogativas indirectas propias, y las de (2), el de interrogativas indirectas impropias, o semipreguntas. Ambas interrogativas difieren en cuanto a la índole del verbo de la cláusula matriz y la posibilidad de ser introducidas o no por el complementante *que*, pero se asemejan en numerosos otros aspectos que se verán a continuación.

1.1. Interrogativas indirectas totales

Las interrogativas indirectas totales (también llamadas por algunos dubitativas y por otros, disyuntivas, ya que requieren la elección entre dos opciones, sin intervenir necesariamente ninguna duda) reproducen, en discurso indirecto (y con los cambios deícticos apropiados a la situación), interrogativas directas de *sí* o *no* o interrogativas alternativas. Por ello, el verbo de la cláusula matriz debe ser únicamente un verbo de comunicación, no cualquiera, sino solamente uno que pueda ser seguido también por una interrogativa directa (cf. Plann 1985: 270). Por eso es posible decir: *El profesor preguntó si los niños habían ido de excursión*, pero no, por ejemplo, **El profesor explicó si los niños habían salido de excursión.*

Se advierte, pues, que la interrogativa indirecta total se introduce por la conjunción subordinante *si*, que, opcionalmente, puede ir precedida por el complementante *que*, que actúa en este caso como una marca de citación (o, según Bosque y Gutiérrez-Rexach 2009: 714, "una manifestación de que la interrogativa indirecta tiene como correlato una interrogativa directa"). Ejemplos de interrogativas indirectas totales polares (i. e., de *sí* o *no*) serían:

(3) a. Me preguntó (que) si hablaba inglés.
 b. Me preguntó (que) si el cartero venía hoy.

Como las directas polares, las indirectas de este tipo admiten la adición del segmento *...o no*: *Me preguntó (que) si hablaba inglés o no./Me preguntó (que) si el cartero venía hoy o no.*

Ejemplos de interrogativas indirectas alternativas serían:

(4) a. Me preguntó (que) si hablaba inglés o francés.
 b. Me preguntó (que) si el cartero venía hoy o mañana.

Como aclara Suñer (1999: 2157–2158), *preguntar(se)* no es el único verbo que rige interrogativas indirectas propiamente dichas, hay otros verbos de comunicación que lo pueden sustituir (como *decir*, *repetir*, *susurrar*, etc.), pero en todos los casos de estos verbos "sustitutos" la presencia de *que* es ya no optativa, sino obligatoria, para lograr la interpretación interrogativa. Por ejemplo, *María nos {dijo/repitió} que si su abuela había ido a Madrid*, pero no: **María nos {dijo/repitió} si su abuela había ido a Madrid.*

Es de notar también que las interrogativas totales de confirmación no pueden ser indirectas. Como observó Contreras (1999: 1947–1948), en casos como el del ejemplo siguiente: *Te preguntó si sabías inglés, ¿verdad?*, la pregunta de confirmación *¿verdad?* se interpreta como parte de la cláusula principal, no de la subordinada, de modo que esta pregunta no es equivalente a: *Te preguntó: "Sabes inglés, ¿verdad?"*

1.2. Interrogativas indirectas parciales

Estas interrogativas reproducen, en discurso indirecto, interrogativas directas parciales (o pronominales). Lo mismo que las indirectas totales, estas interrogativas requieren en la cláusula matriz un verbo de comunicación. La diferencia con respecto a las totales reside en que este tipo de preguntas indirectas van introducidas por un pronombre, un determinante o un adverbio interrogativo, solo o precedido de *que*, dependiendo del verbo de comunicación escogido, según se ha explicado en el apartado anterior. Comparen:

(5) a. Me preguntó (que) {cuándo/con quién/por qué/adónde/en qué/cómo} iba a salir.
 b. Me repitió que {cuándo/con quién/por qué/adónde/en qué/cómo} iba a salir.

Lo mismo que en las interrogativas parciales directas, la generación de las interrogativas parciales indirectas involucra el movimiento de *qu-*, con la consecuente inversión-sujeto verbo obligatoria en español, a diferencia, por ejemplo, del inglés. Comparen:

(6) a. Le preguntaron (que) a quién invitó Susana al concierto.
 b. *Le preguntaron (que) a quién Susana invitó al concierto.

La única excepción, desde luego, se da en el área del Caribe, donde son frecuentes las interrogativas parciales sin inversión. Un ejemplo podría ser: *Te vuelvo a preguntar qué ese chico pretende.*

Desde el punto de vista de la configuración sintáctica subyacente, se ha planteado que, mientras que en las semipreguntas introducidas por verbos como *saber* o *explicar*, dichos verbos seleccionan un SComp en cuyo especificador se sitúa el operador interrogativo, verbos como *preguntar* o *repetir* (prototípicos de las interrogativas indirectas propias o genuinas), proyectan una estructura más compleja, pues seleccionan además del SComp en donde se aloja el pronombre interrogativo, un núcleo complementante previo ocupado por la conjunción *que* (cf. Rodríguez-Ramalle 2005: 485).

1.3. Interrogativas indirectas impropias o semipreguntas

La principal diferencia entre éstas y las interrogativas indirectas comentadas arriba reside, como se ha dicho, en que las semipreguntas "no expresan una pregunta, sino que aseveran una proposición" (Suñer 1999: 2155), aunque sí introducen una variable para la cual el predicado ha de escoger el valor que le corresponde.

Los verbos que pueden aparecer en la cláusula matriz son de índole variada, pero todos deben pertenecer a una de las clases semánticas vinculadas con el concepto de "información" entendido en sentido muy amplio. RAE-ASALE (2009: 3262–3263) menciona una extensa lista de tales verbos, entre los cuales destacan los de posesión o adquisición de información (como *saber*, *aprender*), de ausencia, pérdida o inestabilidad de la información (como *ignorar*, *dudar*), de transmisión o manifestación de la información (como *anunciar*, *explicar*), y también los verbos que denotan pertinencia de la información (*importar*, *dar igual*), valoración de la información (*tener claro*, *ser evidente*), creación de la información (*determinar*, *establecer*), y hasta condicionamiento de la misma (*depender de*).

Como se ha visto al hablar de la configuración sintáctica de los dos tipos de interrogativas indirectas, las semipreguntas, precisamente porque no reproducen preguntas directas, no pueden llevar el complementante "citativo" *que* antes de la conjunción subordinante *si* (en el caso de las totales polares o alternativas) o antes del elemento interrogativo *qu-* (en el caso de las parciales). Por ejemplo, se puede decir *Me preguntó (que) si tenía dinero*, o *No sé si tenía dinero,* pero no, **No sé que si tenía dinero.* Algunos ejemplos de interrogativas indirectas impropias o semipreguntas son los siguientes:

(7) a. El programa reconoce si se trata de una letra, un número o una fórmula.
 b. Todo depende de cómo se desarrolle la situación política.
 c. No sé si llegaron a ponerse de acuerdo con los sindicatos o no.
 d. Es irrelevante quién de los tres quede en la presidencia.
 e. Ante tal desafío, la actriz tiene claro cuál es el arma que debe emplear.

Hay que tener en cuenta que, debido a factores semánticos que no cabe discutir aquí, no todos los verbos que admiten interrogativas indirectas propias o impropias se combinan con igual facilidad con las totales y las parciales. Por ejemplo, el verbo *dudar* no admite subordinadas interrogativas indirectas parciales (comparen: *Dudo si lo mató* vs. **Dudo quién lo mató*), y el verbo *sospechar*, por el contrario, prefiere combinarse con interrogativas indirectas parciales Comparen: *Sospechamos quién robo los documentos* vs. **Sospechamos si robó los documentos*.

Una diferencia adicional entre las interrogativas indirectas propias y las impropias es que las segundas, pero no las primeras, permiten que múltiples sintagmas interrogativos reciban tanto una respuesta de lista de pares, como una respuesta individual. Efectivamente, una interrogativa que contiene insertada en su posición de objeto directo una semipregunta, como (9a), puede recibir dos tipos de respuestas, una individual, como en (9b), y una de lista de pares, como en (9c).

(8) a. ¿Quién sabe dónde compró Juan qué cosa?
b. Ana lo sabe.
c. Ana sabe dónde compró Juan un reloj y Rosa sabe dónde compró el perfume.

En cambio, una interrogativa que contiene insertada una oración interrogativa indirecta propia de configuración similar sólo puede recibir una respuesta individual. Comparen:

(9) a. ¿Quién te preguntó que dónde compró Juan qué cosa?
b. Ana me lo preguntó.
c. *Ana me preguntó que dónde compró Juan un reloj y Rosa me preguntó que dónde compró el perfume.

Se ha planteado que esta diferencia de comportamiento se debe a que, en el primer caso, *dónde* y *qué cosa* pueden aparejarse con el *quién* de la principal porque alcanzan un ámbito de la interrogación amplio, mientras que en el segundo caso —en el de las respuesta individual— *dónde* y *qué* se interpretan con ámbito estrecho con respecto a *quién*; en otras palabras, las interrogativas indirectas propias "constituyen una isla" (Suñer 1999: 2169). Para más diferencias semánticas y para la representación sintáctica formal entre los dos tipos de interrogativas indirectas (genuinas e impropias), ver Bosque y Gutiérrez-Rexach (2009: 715–717).

1.4. Funciones gramaticales

Por último, las interrogativas indirectas de ambos tipos son, desde el punto de vista sintáctico, oraciones subordinadas sustantivas. Y, como tales, pueden desempeñar las mismas funciones que las oraciones subordinadas sustantivas no interrogativas. Su verbo puede estar en indicativo, en subjuntivo (en situaciones menos frecuentes, e inducido por la negación u otro operador), o en infinitivo, y la selección del modo no tiene que ver ni con si la interrogativa indirecta es total o parcial, ni con si es genuina o impropia (ver los abundantes ejemplos ofrecidos al respecto en RAE-ASALE 2009: 3257–3258). La única excepción, señalada por Suñer (1999: 2174), es que sólo las interrogativas indirectas impropias pueden asumir la función de sujeto, ya que los predicados verbales que rigen las propias (como *preguntar*, *repetir*, etc.) las seleccionan como complementos directos.

Por otra parte, es importante no confundir los casos en que toda la subordinada es término de la preposición con aquellos otros en que el término de la preposición es el grupo que contiene el elemento interrogativo. Vean la diferencia entre *No habló de qué pensaba hacer* (sustituible por 'No habló de ello') y *No sé a qué libro te refieres* (sustituible por 'No lo sé'). En el primer caso, la preposición *de* es requerida por el verbo *hablar*; en el segundo, la preposición *a* es requerida por el verbo *referirse*. Esta es la razón por la cual puede haber interrogativas indirectas encabezadas por dos preposiciones (distintas, no iguales, eso sí), cada una requerida por un verbo distinto, como en *Depende de a quién le corresponde el papel de víctima* (cf. RAE-ASALE 2010: 830).

1.5. Interrogativas encubiertas y otras estructuras afines

Reciben el nombre de interrogativas (o preguntas) encubiertas los grupos nominales que se interpretan como oraciones interrogativas indirectas sin serlo propiamente, como en: *No sé tu teléfono*, *¿Me puedes decir la hora?*, *Dígame su talla de pantalón*, etc., que son equivalentes, desde el punto de vista semántico, a: *¿Cuál es tu teléfono?*, *¿Qué hora es?*, *¿Cuál es su talla de pantalón?*, etc. Un término alternativo, que describe quizás mejor la naturaleza de estas construcciones, es el de "grupos nominales de interpretación interrogativa" (cf. RAE-ASALE 2009, 2010). Es posible que algunas oraciones construidas de esta manera resulten ambiguas, según el respectivo grupo nominal se interprete en sentido referencial o en sentido interrogativo. Por ejemplo, quien dice *No me acuerdo de la capital de Croacia* puede estar diciendo o bien que no se acuerda cómo es la respectiva ciudad, que probablemente visitó en algún momento del pasado (interpretación referencial), o bien que no se acuerda del nombre de esta ciudad (interpretación interrogativa).

Las interrogativas indirectas no deben confundirse con las exclamativas indirectas, con las que son formalmente idénticas, pero se pronuncian con entonación diferente y manifiestan significados diferentes. La clave consiste en el tipo de predicado que las introduce, ya que las exclamativas indirectas, a diferencia de las interrogativas indirectas, no expresan ningún tipo de elección, sino que simplemente ponderan algo de manera enfática. Comparen:

(10) Interrogativas indirectas:
  a. {Me pregunto/No sé} cómo lavan los vasos en este restaurante.
  b. Tengo que averiguar qué vida lleva.
  c. Me pregunto cuánto puede comer este perro.

(11) Exclamativas indirectas:
  a. {Tú sabes/Ya verás} cómo lavan los vasos en este restaurante.
  b. No puedo creer qué vida lleva.
  c. Me parece mentira cuánto puede comer este perro.

Además, las exclamativas indirectas no pueden introducirse con *si*, porque son siempre parciales, y no admiten ni el subjuntivo ni el infinitivo, sino solo el indicativo.

Por último, hay que notar que, según RAE-ASALE (2009) no se consideran interrogativas indirectas, sino relativas de pronombre indefinido tónico, las introducida por los verbos *haber* y *tener* en construcciones como (12a,b):

(12) a. No hay de quién fiarse.
  b. No tenía dónde dormir.

La razón por la cual el pronombre lleva tilde, a pesar de no ser interrogativo, sino relativo, es la tonicidad; a falta de ella, no se considera un error prescindir del acento gráfico. Es más controvertida, en cambio, la naturaleza de las subordinadas dependientes de verbos como *buscar* o *encontrar* (ej. *Quise conservar mis versos y encontrar a quién leerlos*, o

Circulaban soldados armados, buscando a quién disparar) ya que estos verbos (llamados *intensionales*) seleccionan subordinadas sustantivas no interrogativas. La RAE admite que la cuestión es controvertida, pero opta por el análisis según el cual se trata de relativos indefinidos tónicos (cf. RAE-ASALE 2009: 3264).

2. Función discursiva de algunos enunciados interrogativos

2.1. Actos de habla indirectos e interrogativas en réplica

Los enunciados interrogativos se pueden usar, en el discurso, con una multitud de propósitos comunicativos que rebasan ampliamente los límites de las peticiones de información, que se consideran las más típicamente asociadas con un enunciado interrogativo. Hay muchas situaciones en que una oración interrogativa sirve propósitos diferentes, como, por ejemplo, cuando se hacen preguntas de examen (en las que el profesor quiere saber si su estudiante sabe la respuesta, no cuál es la respuesta que él mismo ya conoce) —*¿Quién perdió la batalla de Waterloo?*— o cuando se usa una estructura interrogativa para formular una petición cortés, como en *¿Puede pasarme la mostaza, por favor?*

Esta última situación encierra, desde el punto de vista pragmático, un acto de habla indirecto, en el sentido de que a la fuerza ilocutiva de preguntar se añade —en realidad, se sobrepone— la fuerza ilocutiva de un mandato. Normalmente, el interlocutor interpreta esta oración como una petición de acción, y obedece, haciendo la acción que se le pide; pero nada impide, en principio, que una persona chistosa finja interpretarla al pie de la letra y conteste, sin mover un dedo, *sí*. Pasa lo mismo en casos como *¿Sabe usted dónde queda la Plaza de España?* si el interlocutor, burlón, en vez de dar las direcciones pertinentes, dice *sí* y luego se calla. También se puede hablar de un acto de habla indirecto en el caso de las interrogativas parciales encabezadas por *por qué no* (y verbo en presente), que son en realidad invitaciones u ofrecimientos, como en *¿Por qué no vamos a pasear un ratito?* o *¿Por qué no pruebas la paella?* Evidentemente, también en este caso el interlocutor puede entender mal y contestar como si se tratase de una verdadera pregunta, diciendo *Porque tengo que trabajar* o *Porque ya estoy lleno.* Por cierto, los ofrecimientos también pueden tomar la forma de preguntas totales, como por ejemplo *¿Cenamos juntos mañana?* (Para más información sobre este tema, ver Escadell-Vidal 1999, 2014).

También vale la pena considerar el caso de los enunciados interrogativos que se usan en réplica, o sea como reacciones a un turno conversacional previo. Son muy frecuentes, por ejemplo, los así llamados apéndice confirmativos o muletillas interrogativas, usados ya no al final de una interrogativa orientada, sino como enunciados independientes, para demostrar conformidad con las palabras del interlocutor y/o que el hablante presta atención a lo que dice este interlocutor. Entre los enunciados (oracionales o, muchas veces, no oracionales) usados en réplica con dicha finalidad se encuentran los apéndices interrogativos más usuales —*¿verdad?*, *¿verdad que sí?*, *¿no es cierto?*— y también otros, como, por ejemplo, *¿te das cuenta?* Otras veces, réplicas interrogativas como *¿sí?*, *¿de veras?*, *¿de verdad?*, *¿en serio?*, *¿tú crees?*, *¿a poco?* pueden expresar sorpresa ante lo afirmado por el interlocutor. Y no hay que olvidar tampoco las así llamadas preguntas aclaratorias, que solicitan más información de la que acaba de proporcionar el interlocutor en su turno discursivo, como en (13b):

(13) a. Tenemos que marcharnos ya.
b. ¿Por dónde?

2.2. *Preguntas de eco*

Las preguntas de eco son preguntas metalingüísticas, en el sentido de que repiten, total o parcialmente, un turno conversacional previo, ya sea para pedir que el interlocutor lo repita (porque no lo ha oído o para asegurarse de que lo que ha oído es correcto), ya sea para pedir una explicación o clarificación acerca de lo que acaba de oír.

Escandell-Vidal (1999) considera las interrogativa de eco una subclase de la clase más amplia de lo que ella denomina interrogativas atribuidas, definidas como "aquellas interrogativas por medio de las cuales el emisor hace oír palabras efectivamente o supuestamente pronunciadas por otro hablante" (1999: 3978). Un tipo de interrogativas atribuidas son, por ejemplo, las interrogativas anticipativas, en las que el hablante se anticipa a una posible pregunta de su interlocutor, y muchas veces también la contesta, como en *¿Que qué hago yo aquí vestido de esta manera y a estas horas de la noche? Déjame sentarme y ahora mismito te lo explico* (ejemplo sacado de Escandell-Vidal 1999: 3983).

En cambio, las interrogativas de eco, aunque pueden ser idénticas desde el punto de vista formal a las anticipativas, repiten, al menos parcialmente, un turno conversacional real, no imaginario, emitido por el interlocutor. Si el respectivo turno conversacional ha sido emitido por el mismo hablante, quien lo repite a petición de su interlocutor, estamos en presencia de lo que se llama una pregunta de copia o una auto-repetición, como en: A.—*¿Quién te lo ha dicho?* B.—*¿Qué?* A.—*¿(Que) quién te lo ha dicho?* La repetición de un turno ajeno representa, en cambio, lo que se ha llamado una alo-repetición (cf. Dumitrescu 1998, 2008).

El pedido de repetición o de aclaración/explicación suele ir acompañado de una reacción afectiva del que formula la pregunta de eco, hasta el punto de que, no pocas veces, la expresión de esta reacción afectiva —habitualmente sorpresa, incredulidad o contrariedad— resulta ser el único propósito por el cual se hace dicha pregunta. En Dumitrescu (1993), las preguntas de eco, entendidas en sentido muy amplio, como "toda estructura [interrogativa] que repita en parte o su totalidad un segmento del discurso [inmediatamente] precedente que le sirva de estímulo" (52), aparecen clasificadas en dos grandes grupos: recapitulativas y explicativas. Básicamente, las recapitulativas, bajo el pretexto (o además) de pedir la repetición textual del estímulo, expresan la actitud del emisor ante las palabras que acaba de emitir su interlocutor, mientras que las explicativas requieren algún tipo de explicación o de aclaración acerca del enunciado del interlocutor (lo que no impide que expresen, al mismo tiempo, la actitud del emisor hacia lo dicho por su interlocutor).

A esta clasificación, Escandell-Vidal (1999: 3981) agrega las especificativas, que "solicitan del interlocutor precisiones ulteriores sobre una parte vaga o inespecífica de su enunciado", como en A.—*¿Cuándo lo has visto?* B.—*¿Cuándo he visto a quién?* A.—*No disimules. Sabes perfectamente a quién me refiero*, o: A.—*No me gusta que me hables así.* B.—*¿Que te hable cómo?*, pronunciadas con entonación descendente en el constituyente interrogativo. (Estas preguntas, en la clasificación de Dumitrescu 1993 figuraban como un subtipo de las explicativas).

En este sentido, es interesante observar la diferencia entre las dos réplicas interrogativas siguientes (sacadas de RAE-ASALE 2009: 3182): la primera (14b) es una pregunta de eco recapitulativa, mientras que la segunda (15b) es una interrogativa de eco especificativa y es solo la entonación la que revela, en cada caso, la interpretación correcta que se le ha de asignar.

(14) a. A.—Héctor vive en Santiago de Chile.
b. B.—¿Dónde? (↑) [inflexión ascendente]
c. A.—En Santiago de Chile.

(15) a. A.—Héctor vive en Santiago de Chile.
b. B.—¿Dónde? (↓) [inflexión descendente]
c. A.—En la comuna de Providencia.

Las preguntas de eco recapitulativas pueden tener como estímulo una oración aseverativa, una oración imperativa, o una oración interrogativa (total o parcial). Y la repetición puede hacerse sin insertar ningún elemento interrogativo adicional, o, al contrario, sustituyendo el constituyente que provoca la necesidad de la repetición con un elemento interrogativo. (Para ejemplos de cada tipo de pregunta de eco, según sus diferentes estímulos, ver Dumitrescu 1993, 2008).

Es interesante notar que la pregunta de eco parcial se puede enfocar en un segmento menor que la palabra, resultando en ejemplos como los siguientes, donde la unidad léxica retomada ecoicamente aparece truncada en su segmento final, que se sustituye por el pronombre interrogativo *qué*:

(16) a. A.—Que sí, mamá, te compro un mp3 y ya puedes escuchar música mientras haces tus cosas…
b. B.—¿Un emepequé?
c. A.—Un eme-pe-tres… Es pa' escuchar música.

(Para más detalles acerca de este tipo de preguntas de eco truncadas, ver Casado Velarde 2013).

La característica distintiva de todas estas preguntas ecoicas es que repiten el estímulo asignándole una entonación distinta, en esencia ascendente, indiferentemente de la entonación del estímulo, incluso si ésta es descendente. Además intervienen marcas léxico-gramaticales específicas, como la conjunción *que*, que actúa en este caso como marca de la citación, o la conjunción *si*, que hemos visto que introduce normalmente una interrogativa indirecta total. Hay que notar que *que* y *si* son compatibles en las preguntas de eco basadas en estímulos interrogativos totales —(17b)—, lo cual, obviamente, plantea el reto de cómo representar, sintácticamente, este tipo de oraciones interrogativas. Lo mismo ocurre cuando la pregunta eco tiene como estímulo una pregunta parcial —(18b)—.

(17) a. A.—¿Apareció el informe?
b. B.—¿Que si apareció el informe? No, todavía no.

(18) a. A.—¿Qué hacías allí a esas horas?
b. B.—¿Que qué hacía allí a esas horas? Nada. Esperaba a un amigo.

Se han ofrecido varias hipótesis acerca de la estructura del S Comp en este tipo de preguntas, entre ellas la hipótesis del CP complejo (recursivo), de Dumitrescu (1991) y la de Escadell-Vidal (2002), quien considera que las preguntas de eco, siendo meta-representaciones, "son estructuras lingüísticas complejas en las que están implicadas dos proyecciones diferentes de la Frase de Complementante" (883–884).

También hay que notar el hecho de que, aparentemente, la pregunta de eco recapitulativa parcial puede dar lugar a una estructura en que haya dos constituyentes interrogativos en una misma cláusula y que dependan del mismo verbo, sin que por ello se trate de una verdadera pregunta múltiple, ya que la respuesta no pude ser en este caso una lista de emparejamiento. O sea que no sería posible contestar a una pregunta como (19d) en el intercambio que sigue

(19) a. A.—¿Dónde hay más delincuencia juvenil? ¿En Estados Unidos o en los países nórdicos?
b. B. ¿Mande?
c. A.—¿Dónde hay más delincuencia juvenil, en los países nórdicos...
d. B.—Dónde hay más qué?
e. A.—Delincuencia juvenil, ¿...en los países nórdicos o en Estados Unidos?
f. B.—Tal vez en los Estados Unidos.

diciendo: *Hay más polución en la ciudad de México, más embotellamientos de tráfico en Los Ángeles y más terremotos en Santiago de Chile.*

Al contrario de las recapitulativas, las preguntas de eco explicativas (que, como su nombre indica, requieren explicaciones o aclaraciones acerca del estímulo) tienen una entonación descendente. Aquí sólo se presentarán las que Dumitrescu (1993) llamó explicativas totales, y que en otros trabajos se clasifican como preguntas aclaratorias metalingüísticas (RAE-ASALE 2009) o interrogativas de reacción adversa (Bosque y Gutiérrez-Rexach 2009: 719). Lo más característico de estas preguntas es la anteposición de *cómo* (seguido o no de *que*) al estímulo; si el estímulo es una interrogativa total o parcial, a *cómo que* le siguen, lo mismo que en las interrogativas indirectas, *si*, o los pronombres o adverbios interrogativos respectivos. En la gran mayoría de los casos, dicha construcción indica sorpresa, cuestionamiento o rechazo del enunciado precedente, como se puede observar en los ejemplos siguientes (adaptados, en parte, de Dumitrescu 1998, 2008):

(20) Oración declarativa como estímulo:
a. A.—Soy incapaz de llevar ese color.
b. B.—¿Cómo que eres incapaz de llevar ese color?

(21) Oración interrogativa parcial como estímulo:
a. A.—¿Cuál placita Dorrego?
b. B.—¿Cómo que cuál placita Dorrego?¡Mira lo que me pregunta! ¡Nos criamos en la placita Dorrego!

(22) Oración interrogativa total como estímulo:
a. A.—¿Te gusta mi nuevo peinado?
b. B.—¿Cómo que si me gusta? ¡Me encanta!, ¿no te diste cuenta?

Además, como se verá, muchas de estas preguntas de eco pueden tener, en contexto, una interpretación retórica.

3. Preguntas retóricas

Se consideran que son retóricos aquellos enunciados interrogativos que tienen la fuerza ilocutiva de unas aserciones, y por lo tanto, carecen de la expectativa de una respuesta por parte del interlocutor, ya que esta parece (o debería) ser obvia para ambos participantes en el diálogo. O, como observa Gutiérrez-Rexach (1997), el conjunto de respuestas a una pregunta retórica está vacío, y el hablante lo sabe, así que hace la pregunta precisamente con el propósito de poner en evidencia esta vacuidad. Por lo tanto, son un tipo más de actos de habla indirectos, en el sentido de que hay una evidente discrepancia entre su forma interrogativa y su significado asertivo. Aún más, al activar una información que se considera compartida por ambos hablantes, la pregunta retórica sirve como un recordatorio, o una forma de aserción enfática, con evidente implicaciones argumentativas en el discurso. Y por ello estas preguntas pueden usarse también en réplica.

En general, las interrogativas en cuestión llevan algún marcador léxico-gramatical (o marca de orientación, según RAE-ASALE 2009) que hace patente la intención retórica con la cual las emite el hablante, aunque, en principio, no es imposible (especialmente en la ausencia de tales marcadores) que el oyente pueda tomarlas al pie de la letra, o sea, interpretarlas como auténticos pedidos de información. Por ejemplo, Escandell-Vidal (2012: 638–639) comenta que una pregunta como *¿Quién dijo que era fácil?* se interpreta normalmente como una aserción negativa ('Nadie dijo que era fácil'), aunque también puede tener, en un contexto determinado, una lectura no retórica, o sea neutra (por el modo verbal indicativo de la subordinada). En cambio, la misma pregunta, formulada con el subjuntivo —*¿Quién dijo que fuera fácil?*— sólo puede tener una interpretación retórica.

Otro marcador frecuente en estas preguntas es *acaso* (o *por ventura*, menos usado hoy en día), que las identifica sin posibilidad de equivocación como retóricas. Por ejemplo: *¿Acaso se oye mal este disco?* o *¿Por ventura considerarías una retirada estratégica como huida, capitán?*, donde el que habla asume que la respuesta a estas preguntas es negativa (ejemplos sacados de RAE-ASALE 2009). Ver también Gutiérrez-Rexach (1997: 362) al respecto.

De hecho hay una íntima conexión entre la forma afirmativa o negativa de la pregunta y la polaridad de la aserción que implica: la aserción es siempre de signo contrario al de la pregunta retórica. Los ejemplos arriba citados ilustran esta situación, pero véanse también estos ejemplos adicionales: *¿Quién puede desear ir a la cárcel?* significa 'Nadie desea ir a la cárcel', mientras que *¿Quién no sabe cómo terminó la segunda guerra mundial?* significa 'Todo el mundo sabe cómo terminó la segunda guerra mundial'. Consideren también este intercambio (de Unamuno, citado en Dumitrescu 1998: 294) que demuestra, a través de la pregunta de eco de A en (23c), que la interrogativa retórica afirmativa (23b) se interpreta de veras como una aserción negativa:

(23) a. A.—Pero ¿no sabes que quiero a otra mujer?
b. B.—¿Y a mí qué me importa eso ahora?
c. A.—¿Cómo que no te importa?

Aún más interesante es el comportamiento de los términos de polaridad negativa en los enunciados interrogativos retóricos, un tema estudiado a fondo en Gutiérrez-Rexach (1997, 1998) al comparar la situación del inglés y del español en este aspecto. Este autor muestra cómo en español, a diferencia del inglés (donde pueden surgir ambigüedades en ciertos casos), la presencia de un término de polaridad negativa, o de un cuantificador negativo, dispara inmediatamente la lectura retórica. Comparen *¿Ha dicho alguien algo?* (pregunta informativa, con cuantificador existencial) con *¿Ha dicho alguien nada?* (pregunta retórica, con cuantificador negativo). La lectura retórica en el caso de la pregunta con cuantificador existencial se obtendría solamente si se agregara *acaso*, como en *¿Ha dicho alguien algo acaso?* (Gutiérrez-Rexach 1998: 147).

También deben considerarse retóricas las preguntas alo-repetitivas encabezadas por *cómo* seguido de una perífrasis verbal del tipo *ir a + infinitivo* o *haber de + infinitivo*, construida con el verbo del estímulo, como en: A.—*¿Vas al cine?* B.—*¿Cómo voy a ir, si tengo que estudiar para el examen de mañana?* o A.—*¿Te acuerdas de ella?* B.—*¿Cómo no he de acordarme, si nos criamos en el mismo barrio?* Tales preguntas han sido incluidas en Dumitrescu (1993) en la categoría de la preguntas de eco explicativas, aunque en realidad estas no piden una explicación acerca de lo afirmado en el estímulo, sino, en el mejor de los casos, acerca del porqué de la pregunta misma, considerada como inapropiada o absurda. La actitud que tales preguntas alo-repetitivas expresan es siempre una de rechazo del contenido proposicional del estímulo, sugiriendo implícitamente que la respuesta apropiada es siempre una afirmación de signo contrario, por ejemplo *No* y, respectivamente *Sí* para los ejemplos de arriba.

Finalmente, hay que observar que también se interpretan como retóricas muchas interrogativas directas de infinitivo, como por ejemplo: *¿Qué responder a semejante declaración?* que significa 'No se puede responder nada', aunque no queda totalmente descartada, según el contexto, una interpretación no retórica. En cambio, según observa RAE-ASALE (2009), "están mucho más marcadas en relación con la respuesta que sugieren, las preguntas de sí o no formuladas con infinitivo que anticipan la respuesta negativa que el hablante da a continuación: *—¿Irme yo con él? —dijo el muchacho— [...] No señor, ni por pienso* (Cervantes, *Quijote* 1)" (3192).

Bibliografía

Alonso-Cortés, A. (1999) "Las construcciones exclamativas. La interjección y las expresiones vocativas", en Bosque, I. y Demonte, V. (eds.) *Gramática descriptiva de la lengua española*, Madrid: Espasa, pp. 3993–4050.

Bosque, I. y Gutiérrez-Rexach, J. (2009) *Fundamentos de sintaxis formal*, Madrid: Akal.

Casado Velarde, M. (2013) "*¿Multiculturaliqué?* La interrogación ecoica con *¿-qué?* en español y sus funciones discursivas", *Oralia*, 16, pp. 59–80.

Dumitrescu, D. (1991) "Spanish echo questions and their relevance for current syntactic theory", *Southwest Journal of Linguistics*, 10, 2, pp. 42–65.

Dumitrescu, D. (1993) "Función pragma-discursiva de la interrogación ecoica usada como respuesta en español", en Haverkate, H., Hengeveld, K. y Mulder, G. (eds.) *Aproximaciones pragmalingüísticas al español*, Amsterdam: Rodopi, pp. 51–85.

Dumitrescu, D. (2008) "Interrogative allo-repetitions in Mexican Spanish: Discourse function and (im) politeness strategies", *Pragmatics*, 18, 4, pp. 659–680.

Escandell-Vidal, M. V. (1999) "Los enunciados interrogativos. Aspectos semánticos y pragmáticos", en Bosque, I. y Demonte, V. (eds.) *Gramática descriptiva de la lengua española*, Madrid: Espasa, pp. 3929–3991.

Escandell-Vidal, V. (2002) "Echo-syntax and metarepresentations", *Lingua*, 112, pp. 871–900.

Escandell-Vidal, V. (2012) "Speech acts", en Hualde, J. I., Olarrea, A. y O'Rourke, E. (eds.) *The handbook of Hispanic linguistics*, Malden, MA: John Wiley & Sons, pp. 629–651.

Gutiérrez-Rexach, J. (1997) "The semantic basis of NPI licensing in questions", *MIT Working Papers in Linguistics*, 31, pp. 359–376.

Gutiérrez-Rexach, J. (1998) "Rhetorical questions, relevance and scales", *Revista Alicantina de Estudios Ingleses*, 11, pp. 139–155.

Plann, S. (1982) "Indirect questions in Spanish", *Linguistic Inquiry*, 13, pp. 297–312.

Plann, S. (1985) "Questions in indirect discourse in Spanish", *Hispania*, 68, 2, pp. 267–272.

[RAE-ASALE] Real Academia Española y Asociación de Academias de la Lengua Española (2009) *Nueva gramática de la lengua española*, Madrid: Espasa.

[RAE-ASALE] Real Academia Española y Asociación de Academias de la Lengua Española (2010) *Nueva gramática de la lengua española. Manual*, Madrid: Espasa.

Reglero, L. (2007) "Wh-in-situ interrogatives in Spanish", *Probus*, 19, pp. 267–297.

Rodríguez Ramalle, T. M. (2005) *Manual de sintaxis del español*, Madrid: Castalia.

Suñer, M. (1993) "About indirect questions and semi-questions", *Linguistics and Philosophy*, 16, 1, pp. 45–77.

Suñer, M. (1999) "La subordinación sustantiva: la interrogación indirecta", en Bosque, I. y Demonte, V. (eds.) *Gramática descriptiva de la lengua española*, Madrid: Espasa, pp. 2149–2195.

Uribe-Etxebarria, M. (2002) "In situ questions and masked movement", *Linguistic Variation Yearbook*, 2, pp. 215–257.

Lecturas complementarias

Bosque, I. (1982) "Sobre la interrogación indirecta", *Dicenda*, 9, pp. 15–34.
Dumitrescu, D. (1998) "Subordinación y recursividad en la conversación: las secuencia integradas por intercambios ecoicos", en Haverkate, H., Mulder, G. y Fraile Maldonado, C. (eds.) *La pragmática lingüística del español. Recientes desarrollos*, Amsterdam: Rodopi, pp. 277–314.
Etxepare, R. y Uribe-Etxebarria, M. (2005) "In-situ wh-phrases in Spanish: Locality and quantification", *Recherches linguistiques de Vincennes*, 33, pp. 9–34. Accesible en http://rlv.revues.org/1238.
Fernández-Ramírez, S. (1957–1959) "Oraciones interrogativas españolas", *Boletín de la Real Academia Española*, 39, pp. 243–276.
Lahiri, U. (2002) *Questions and answers in embedded contexts*, Oxford: Oxford University Press.

Entradas relacionadas

oraciones interrogativas directas; oraciones exclamativas; pragmática; semántica; sintaxis

PASIVIDAD E IMPERSONALIDAD

Cristina Sánchez López

1. Pasividad: definición. Tipos de pasivas

Las construcciones pasivas se caracterizan, frente a las activas, por las funciones sintácticas que reciben los argumentos del verbo. En las construcciones activas como (1a), el argumento agente, *los nuevos inquilinos*, funciona como sujeto y concuerda con el verbo, en tanto que el paciente, *la casa*, funciona como complemento directo; en las correspondientes pasivas, como (1b), el paciente es sujeto y el agente puede, opcionalmente, realizarse como un complemento preposicional con la preposición *por*:

(1) a. Los nuevos inquilinos redecoraron la casa
    b. La casa fue redecorada por los nuevos inquilinos

La pasivización ha sido considerada una de las formas de 'intransitivizar' un verbo transitivo. Las oraciones pasivas se construyen con verbos transitivos, pero son construcciones inacusativas, porque en ellas el verbo transitivo ha perdido la capacidad para asignar caso acusativo a su objeto nocional; este recibe entonces caso nominativo y funciona como sujeto. Ello es posible, al mismo tiempo, porque el argumento agente del verbo transitivo deja de ser obligatorio y deja disponible la función de sujeto (cf. Mendikoetxea 1999).

La pasividad es, por lo tanto, una manifestación de la diátesis, que se define como "cada una de las estructuras gramaticales que permite expresar los argumentos de un verbo y las relaciones que se establecen entre ellos" (RAE-ASALE 2009: § 41.1). Las voces son "las manifestaciones morfológicas y sintácticas de la diátesis, más en concreto, los exponentes de la flexión verbal que vinculan las funciones sintácticas de los verbos con las semánticas" (*ibídem*). En español, la voz activa se caracteriza por carecer de marcas explícitas de diátesis, en tanto que la voz pasiva está marcada por procedimientos morfológicos y sintácticos. Aunque no existe propiamente una flexión verbal pasiva, se consideran así la perífrasis <*ser*+participio> y el clítico *se* que acompaña a verbos transitivos. La primera da lugar a las *pasivas perifrásticas* (2a), el segundo produce *pasivas reflejas* (2b). Además, se consideran también pasivas las construcciones como la de (2c), en las que el participio modifica directamente a un sustantivo; se denomina a este tipo de construcciones *pasivas adjetivales*:

(2) a. La casa fue redecorada por los nuevos inquilinos
b. Se redecoró la casa
c. Una casa redecorada por los nuevos inquilinos

2. La pasiva perifrástica

2.1. Propiedades formales y semánticas

La construcción pasiva ha recibido una notable atención por parte de distintas escuelas gramaticales, que la analizan en general como el resultado de ciertos cambios en la voz activa. Por ejemplo, la gramática generativa transformacional, tal como se desarrolló en los años setenta del siglo pasado, propuso una transformación de pasiva para explicar las evidentes relaciones entre las construcciones activas y pasivas. Aunque actualmente se ha abandonado este tipo de explicación, los estudios gramaticales han profundizado en las diferencias y similitudes funcionales, semánticas y formales entre las pasivas y otros tipos de construcciones. Puede encontrarse una presentación asequible de los aspectos formales más complejos en Bosque y Gutiérrez-Rexach (2009: 370–402).

En el ámbito hispánico, la pasiva perifrástica fue objeto de una viva polémica entre quienes defendían su existencia y quienes la negaban considerando que esta construcción no es sino una variante de oración copulativa, en la que el participio tiene valor adjetival (Alarcos 1970). Esta polémica se resume en González Calvo (1991–1992), Sepúlveda (1988), Iglesias Bango (1991) y Brucart (1990). El estudio de las propiedades de la construcción pasiva y la comparación sistemática entre las pasivas perifrásticas y las pasivas adjetivales, como la de (2c) presentada más arriba, ha permitido enfocar la polémica desde un punto de vista más amplio, cuyos aspectos principales están resumidos en Emonds (2006).

La pasiva perifrástica se construye con el verbo *ser* más el participio de un verbo transitivo. Ambas formas verbales concuerdan con el sujeto: el verbo *ser* lo hace en número y persona, y el participio en género y número (*las máquinas fueron reparadas*). El sujeto de la construcción suele interpretarse como paciente y coincide con el argumento que, en la activa correspondiente, sería complemento directo. Los verbos intransitivos puros o inergativos (3a) y los verbos inacusativos o ergativos (3b) no admiten la pasiva perifrástica. Los verbos ditransitivos solo admiten la pasiva si el sujeto paciente corresponde al complemento acusativo (o complemento directo) de la activa (3c), pero la rechazan si corresponde con el complemento dativo (complemento indirecto), como en (3d); este contraste dimana del hecho de que el caso dativo no es estructural en español:

(3) a. *Fue nadado/*fue sonreído/*fue caminado
b. *Fue nacido/*fue llegado/*fue aparecido
c. El regalo le fue entregado al niño
d. *El niño fue entregado un regalo

No todos los verbos transitivos admiten la pasiva perifrástica. Lo hacen típicamente aquellos que tienen aspecto léxico delimitado (son perfectivos, télicos o culminativos) y denotan realizaciones (transiciones o actuaciones). El objeto nocional de estos verbos es independiente del agente y sufre un proceso de cambio que provoca un estado resultante (4a). En cambio, los verbos transitivos con aspecto léxico no delimitado (imperfectivos, atélicos o no culminativos) se resisten a la pasiva perifrástica porque expresan actividades que no culminan, y por ello no es posible interpretar que existe un estado resultante en su objeto nocional

(4b). Por razones similares, no es posible construir la pasiva perifrástica con verbos transitivos cuando actúan como verbos de apoyo para formar predicados complejos, como es el caso de *dar*, *tener* o *hacer* en los ejemplos de (4c); tampoco se pueden pasivizar los complementos directos de medida (4d) ni los objetos cognados (4e):

(4) a. La casa fue {decorada/ensuciada/pintada/utilizada} por los nuevos inquilinos
b. *La casa fue {amada/tenida} por los nuevos inquilinos
c. *Es tenida prisa/*Es dada la lata/*Es hecho calor
d. *Dos metros son medidos por la mesa/*La siesta es dormida plácidamente
e. *Fue cantado bien anoche por el tenor (cf. El tenor cantó bien anoche)

Rechazan la pasiva perifrástica los predicados transitivos que expresan estados del sujeto (como *saber inglés*, *tener fiebre*). Se exceptúan los verbos estativos *conocer*, *saber*, *respetar*, *considerar*, *adorar* y *temer* (RAE-ASALE 2009: § 4.1.3), cuyo objeto nocional puede considerarse afectado si se interpreta que *sabido*, *respetado*, *considerado*, *adorado* y *temido* son estados resultantes de algún tipo de proceso intelectivo. Las pasivas perifrásticas con estos participios tienen propiedades específicas: solo admiten complementos agentes genéricos (5a) y se pueden cuantificar con el adverbio *muy* (5b) pero no con *mucho* (5c). Ambas propiedades las convierten, según Mendikoetxea (1999: 1619), en pasivas adjetivales diferentes de las pasivas verbales de (4a):

(5) a. Ese asunto era {conocido/temido/sabido} {por todos/*por Juan}
b. Ese asunto era muy {conocido/temido/sabido}
c. *Ese asunto era {conocido/temido/sabido} mucho

Se ha debatido si el complemento agente de la pasiva ha de ser considerado un argumento del verbo pasivo o un mero adjunto. La posibilidad de omitirlo favorece la segunda opción. La pérdida del argumento por parte del verbo transitivo se ha atribuido a la morfología participial, suponiendo que el morfema *-do* puede absorber el argumento agente, y convertir el verbo transitivo en inacusativo (Chomsky 1982; Jaeggli 1986, y muchos otros después). Pero este análisis se enfrenta al problema de que el mismo morfema sería argumental en la pasiva pero no argumental en la activa, donde el agente es sujeto (*Juan ha leído el libro*). La idea de que el complemento agente introducido con *por* es argumental y no se produce, por tanto, absorción del papel temático por parte del morfema de participio es defendida por Collins (2005).

La expresión del agente hace que la oración pasiva tenga una estructura informativa inversa a la activa correspondiente. Considerando que el sujeto preverbal suele aportar información dada (tópico o tema) en tanto que el predicado suele aportar la información nueva (comentario o rema), las oraciones de (6) no solo se distinguen en las funciones sintácticas de los argumentos, sino también en su distinta estructura informativa:

(6) a. César derrotó a Pompeyo
b. Pompeyo fue derrotado por César

El sujeto puede seguir al verbo en las pasivas perifrásticas, como en (7a), pero son infrecuentes los sujetos posverbales sin determinante (7b). Se exceptúan los verbos de aparición (*descubrir*, *desvelar*, *desentrañar*, *revelar*, *encontrar*, *hallar*) que sí admiten sujetos indeterminados en plural (7c):

(7) a. En Waterloo fue derrotado Napoleón por la Santa Alianza
b. ??*Fueron derrotadas tropas enemigas durante la batalla
c. Fueron encontradas tropas enemigas en los alrededores

La perífrasis pasiva puede combinarse con otras perífrasis: el verbo léxico presenta siempre la forma participial y *ser* aparece en las formas no personales requeridas por el auxiliar, que a su vez soporta la flexión (*pudo ser resuelto, ha tenido que ser resuelto, está siendo resuelto, había vuelto a ser resuelto*...). Los auxiliares modales y aspectuales no pueden pasivizarse (**fue podido resolver*, **es habido que resolver*, **fue vuelto a resolver*). Sin embargo, algunas perífrasis aspectuales admiten la pasiva perifrástica no solo en el verbo léxico (*comenzó a ser construido, terminó de ser reparado, dejó de ser usado*), sino también en el auxiliar aspectual (*fue comenzado a construir, fue terminado de reparar, fue dejado de usar*) o incluso en ambos (*fue comenzado a ser construido, fue terminado de ser reparado, fue dejado de ser visto).* La primera opción es la más general, la segunda es desusada y la tercera se atestigua raramente (Bosque y Gallego 2011).

2.2. Otras construcciones pasivas

Los participios de los verbos transitivos que entran en la pasiva perifrástica tienen también valor pasivo cuando modifican directamente un sustantivo, como en las pasivas adjetivales de (8a), y cuando encabezan cláusulas absolutas, como en (8b):

(8) a. Un cuadro pintado por Goya/una carpeta colocada en el estante/asuntos conocidos recientemente por la policía
b. Asesorada la presidenta por sus colaboradores, decidió no dimitir

El participio de (8b) es pasivo porque su sujeto (*la presidenta*) es un paciente que sería complemento directo del verbo en una oración activa; admite, como es de esperar, un complemento agente. Los participios de (8a) mantienen también sus propiedades verbales: admiten complemento agente, complemento de régimen y complemento circunstancial respectivamente. Muchos gramáticos consideran que en estos ejemplos el participio encabeza una cláusula que, a modo de una oración de relativo reducida, modifica al nombre, que es, a su vez, el antecedente del sujeto tácito del participio, como se muestra en (9):

(9) $[_{SN}$ un cuadro$_{i}$ $[_{OR}$ pintado $ø_{i}$ por Goya]]

Estos participios pasivos pueden ser atributos de verbos pseudo-copulativos, como *verse, sentirse, resultar, quedarse, encontrar(se)*. Es una cuestión debatida si la fórmula <*estar*+ participio> constituye o no una perífrasis pasiva. Lo es según RAE (1973: § 3.12.8), pero RAE-ASALE (2009) no la incluye entre las construcciones pasivas. Sepúlveda (1988: § 4.2) resume los argumentos de quienes defienden cada una de estas posturas. Este tipo de perífrasis expresa estado resultante, pero no acción pasiva, por eso rechazan el complemento agente con *por*:

(10) a. La casa es construida por el albañil
b. La casa está construida (*por el albañil)

Los verbos inacusativos que rechazan la pasiva perifrástica pueden entrar en la perífrasis <*estar*+participio> y admiten el cuantificador *muy* (11a). En cambio, los verbos transitivos imperfectivos que admiten pasiva con *ser* no se combinan con *estar* (11b), a no ser que la repetición del evento o la presencia del adverbio *ya* permita interpretar que hay un estado resultante (11c), como han notado Bosque (1999) y Mendikoetxea (1999). Además, el verbo *estar* no puede conjugarse en perfecto, lo que sí es posible con *ser* (11d). Estas diferencias sugieren que la perífrasis <*estar* + participio> no es propiamente pasiva sino resultativa; ello se aprecia en el contraste de (11e): con *ser* la oración significa un proceso, con *estar* describe el resultado del proceso:

(11) a. Juan está muy {crecido/envejecido/asombrado}
b. *Ese asunto estaba {conocido/temido/sabido}
c. El balón ya está muy golpeado ('ha sido golpeado repetidamente')
d. La casa {ha sido/*ha estado} construida
e. La casa {es/está} rodeada por la policía

Tienen sentido pasivo, aunque su forma no corresponda a una perífrasis pasiva con *ser* más participio, los infinitivos de verbos transitivos cuando son complementos de las siguientes expresiones: los verbos causativos *dejarse* o *hacerse* (12a), los adjetivos *fácil*, *difícil* y *digno* (12b), el giro <nombre + *a* + infinitivo> (12c) o la construcción *ser (muy) de* (12d):

(12) a. El niño se dejó fotografiar
b. Un plato fácil de preparar
c. Una cuestión a considerar
d. Una decisión muy de alabar

En todos los casos el sustantivo al que el infinitivo directa o indirectamente modifica se interpreta como su objeto nocional, es decir, como la entidad sobre la que recae la acción.

3. Impersonalidad: delimitación y clases

Se recogen bajo la denominación de oraciones impersonales todas aquellas que poseen sujetos tácitos con una interpretación defectiva o semánticamente incompleta. Se suele distinguir dos tipos de impersonales. Por un lado, son impersonales aquellas oraciones que no pueden tener sujetos semánticamente plenos porque el predicado no les atribuiría ninguna interpretación o función semántica; pertenecen a este tipo las oraciones ejemplificadas en (13a) que se conocen también como **impersonales sintácticas**. Por otro lado, son impersonales aquellas oraciones que tienen sujetos con función semántica plena, cuya referencia queda oculta tras una interpretación indefinida o general; pertenecen a este grupo las oraciones de (13b), conocidas como **impersonales semánticas** (Gómez Torrego 1992; Llorente 1997):

(13) a. Llueve/hace sol/son las seis
b. Llaman a la puerta/Si bebes, te emborrachas/Se es feliz cuando se es honesto

Carecer de sujeto expreso no es una condición suficiente para que una oración sea impersonal. La naturaleza de la flexión verbal del español permite omitir el sujeto, que se recupera gracias a los morfemas de persona y número del verbo, pero, como se describe en Bosque (1988), los sujetos tácitos pueden tener características muy diversas. Las oraciones de (13) son impersonales porque el sujeto gramatical que la flexión verbal permite recuperar carece de algunos de los rasgos que normalmente ha de tener un sujeto. Los sujetos tácitos de los ejemplos de (13a) tienen rasgos gramaticales de tercera persona de singular pero carecen de referencia y de contenido semántico. Los sujetos tácitos de los ejemplos de (13b), además de tener rasgos de persona y número, tienen referencia, esto es, refieren a ciertos seres u objetos que se interpretan como argumentos del verbo y completan su significado; la impersonalidad se debe a que su referencia es general o indefinida.

4. Los predicados impersonales

4.1. Predicados meteorológicos

Los predicados que describen fenómenos atmosféricos carecen de usos personales. Se les llama unipersonales o terciopersonales, pues se conjugan solo en tercera persona de singular. No tienen sujeto semántico, aunque se admite que tienen un sujeto gramatical fonéticamente no realizado equivalente a los pronombres expletivos de lenguas como francés e inglés (*il pleut, it rains* 'llueve'; *il fait du soleil, it is sunny* 'hace sol'). Como se argumenta en RAE-ASALE (2009: § 41.5) no es posible pensar que el sujeto tácito de estos predicados corresponda a ninguna entidad, puesto que, en general, ningún grupo nominal puede tener tal función (**Dios nieva, *la lluvia llueve, *el sol hace calor, *la atmósfera graniza*). Estos predicados afirman la existencia o realización del fenómeno meteorológico mismo (Oca 1914: 460), en relación con ciertas coordenadas espaciales y temporales, que con frecuencia pueden expresarse en un complemento circunstancial que precede o sigue al predicado:

(14) a. Aquí llueve mucho
b. A las tres amanecerá
c. Hace mucho calor en verano

Pueden distinguirse tres tipos de predicados impersonales que refieren a fenómenos de esta naturaleza: verbos intransitivos (15a), predicados transitivos con *hacer* o *haber* (15b), usados a veces como pronominales (15c), y, finalmente, predicados copulativos con *ser* o *estar* (15d):

(15) a. Llover, nevar, diluviar, granizar, escampar, tronar, relampaguear, amanecer, anochecer, atardecer, oscurecer, alborear
b. Haber {niebla/tormenta/temporal}; hacer {sol/calor/frío/viento/bueno/malo/mal tiempo/buen tiempo}
c. Hacerse {de noche/de día/tarde}
d. Ser {de noche/de día}; estar {claro/oscuro/nublado/soleado/nuboso/despejado / ventoso}

Estos verbos y predicados verbales admiten perífrasis modales (*puede llover, debería estar nuboso)* y aspectuales *(va a hacer sol, está a punto de amanecer, empezó a tronar*). Admiten complementos circunstanciales de lugar (*hace frío en la oficina*), tiempo (*helará mañana*), modo (*tronaba espantosamente)* e incluso complementos predicativos (*llueve fino)*. Los predicados del grupo (15c) admiten usos personales cuando el atributo es un adjetivo, como en (16). También los verbos *anochecer* y *amanecer* admiten usos personales, en cuyo caso es obligatoria la presencia de un complemento predicativo (sea un adjetivo o un locativo) del sujeto, como en (17a); el sujeto lo es propiamente de dicho complemento y la secuencia indica la simultaneidad del evento 'amanecer' o 'anochecer' y la situación del sujeto descrita por el predicativo, de manera que la oración de (17b) significa 'estábamos en Madrid cuando anocheció y en Santiago cuando amaneció'. En el resto de casos, los usos personales corresponden a significados figurados del predicado, como el de (18):

(16) El {día/cielo/otoño/tiempo} está lluvioso

(17) a. El día amaneció nublado
b. Anochecimos en Madrid y amanecimos en Santiago

(18) Nos llovieron las críticas por aquel artículo

4.2. Otros predicados impersonales

La pauta mostrada con los verbos *haber*, *hacer*, *ser* y *estar* en predicados que designan fenómenos atmosféricos responde a usos impersonales más generales. El verbo *haber* encabeza oraciones existenciales de carácter impersonal que sirven para introducir nuevos elementos en el discurso. El *haber* existencial toma como único argumento un complemento directo, generalmente indefinido (19a), que se puede sustituir por un clítico acusativo (19b) pero no se puede pasivizar (19c). Es un error frecuente concordar el verbo *haber* con su único argumento como si fuera un sujeto. Las oraciones de (20) resultan agramaticales para la mayoría de los hispanohablantes, y la gramática normativa desaconseja su uso (RAE-ASALE 2009: § 41.6b), pero son aceptables para otros muchos, que las utilizan siempre así (véase, entre otros, Montes de Oca 1994):

(19) a. Había mucha gente en la calle/Hay manzanas en la cesta/Hay quienes opinan que cambiará el gobierno
b. La había/Las hay/Los hay que opinan que cambiará el gobierno
c. *Es habida mucha gente en la calle/*Son habidas manzanas en la cesta

(20) *Siempre habían muchos choques/*Los analistas advierten que habrán muchos criterios encontrados/*Hubieron muchos escritores…

El verbo *hacer* encabeza una construcción impersonal temporal formada por una expresión de tiempo más una oración con *que* o un grupo preposicional con *de* en construcciones como las de (21), que han sido estudiadas con detalle en Sáez (1990). En ellas el complemento con *que* o *de* se interpreta como el límite del intervalo temporal que transcurre hasta el tiempo señalado por el verbo *hacer* —el momento del habla en (21a), o algún momento del pasado (21b) o del futuro (21c)—; la expresión temporal cuantificada expresa la medida de ese intervalo:

(21) a. Hace mucho tiempo que te conozco
b. Hacía varios años de aquello
b. Mañana hará dos meses que son novios

Es polémica la naturaleza de la oración con *que*: para algunos autores es una oración de relativo, para otros es una completiva que podría ser considerada sujeto. Fernández Soriano y Táboas (1999: 27.3.2) recogen los distintos análisis y aducen en contra de considerarla sujeto el hecho de que la pronominalización del complemento directo incluya necesariamente este complemento:

(22) a. Lo hace/*Lo hace que te conozco
b. Mañana los hará/*Mañana los hará que son novios

Las construcciones de (19) y las de (21) están emparentadas históricamente, ya que estas últimas derivan de una construcción con *haber* que desapareció del español estándar pero se conserva en Centroamérica, ejemplificada en (23) (cf. Fernández Soriano y Táboas 1999: 1751). Además, en ambas es frecuente la concordancia entre el complemento directo y el verbo, prueba de que los hablantes —especialmente en el español americano— consideran aquel como el sujeto de la construcción, que convierten en personal (24). Ello las acerca a las construcciones temporales con los verbos *llevar* y *tener* ejemplificadas en (25), que son también personales y cuyas propiedades estudian con detalle Fernández Soriano y Rigau (2009):

(23) Se me murió tres días ha la borriquilla (Pérez Galdós, El caballero encantado, España, 1909, CORDE)

(24) a. Así habían muchos otros casos que aparecían en el informe (Daysi Sánchez, Cita con la injusticia, Puerto Rico, CREA)
b. Hacen tres meses de tu promesa (López Andújar, *Nuevos cuentos*, Perú; citado en Fernández Soriano y Táboas 1999: 1752)

(25) a. Llevo viviendo aquí cinco años
b. Tengo de vivir aquí cinco años

Los verbos copulativos *ser* y *parecer* se usan en construcciones impersonales con expresiones de tiempo, que analizan Bosque (1988) y Fernández Leborans (1999). El hecho de que a veces el verbo concuerde con el único argumento presente hace que se haya considerado que este es sujeto, y no atributo, del verbo copulativo (26a). Admiten también este análisis las oraciones en que *ser*, *parecer* y *resultar* tienen una subordinada como único argumento (26b). *Tratarse*, en cambio, es siempre impersonal (26c):

(26) a. Es primavera/parece temprano/era de madrugada/son las tres
b. ¿Es que no te gusta?/Parece que va a llover/Resultó que no era tan difícil
c. Se trata de que nos entendamos

Finalmente, algunos verbos alternan usos personales y otros impersonales al tiempo que varían la función que atribuyen a sus argumentos. Es el caso de *bastar*, *sobrar*, *pesar*, así como *doler* y otros verbos que expresan afecciones físicas. Las oraciones de (27a) son personales y los sintagmas en cursiva desempeñan la función de sujeto; sin embargo, las de (27b) son impersonales, ya que esos mismos argumentos van precedidos de una preposición y funcionan como complementos de régimen. Nótese que en el segundo caso el verbo permanece invariable en la tercera persona de singular:

(27) a. Me duelen las piernas/Me bastáis vosotros/Me pesa haber mentido
b. Me duele en la espalda/Me basta con vosotros/Me pesa de haber mentido

5. Oraciones impersonales con sujetos indeterminados

Tanto las oraciones con verbos en forma flexiva como las oraciones de infinitivo se consideran impersonales cuando tienen un sujeto tácito referencial de interpretación indefinida o general.

Los infinitivos, al carecer de tiempo, dan lugar con frecuencia a oraciones que se interpretan como asertos de carácter general, válidos para un conjunto universal de individuos (Fernández Soriano y Táboas 1999: 1728). Sucede así cuando ningún argumento de la oración principal determina o controla la interpretación del sujeto tácito del infinitivo: los sujetos tácitos de los infinitivos de (28a,b) tienen interpretación general, pero no los de (28c,d), pues se entiende que el sujeto tácito del infinitivo se refiere a las mismas personas que el complemento indirecto:

(28) a. No merece la pena ϕ_{GEN} estar de mal humor
b. Los médicos aconsejan ϕ_{GEN} dormir ocho horas diarias
c. A los empleados no les$_i$ merece la pena ϕ_i estar de mal humor
d. Los médicos le$_i$ aconsejan ϕ_i dormir ocho horas diarias

La interpretación general de los infinitivos es usual cuando son sujeto o atributo de una oración copulativa (29) (Hernanz 1994). Aunque en tales casos el verbo copulativo suele tener aspecto imperfectivo —como corresponde a los asertos de carácter general—, la presencia de complementos generalizadores puede permitir la lectura impersonal también con tiempos perfectivos o puntuales (29c):

(29) a. Es necesario comer bien
b. Escalar montañas es un deporte de riesgo
c. Nunca fue tan fácil dejar de fumar

La segunda persona de singular puede tener una interpretación general según la cual no designa al interlocutor, como se esperaría, sino a un conjunto de personas que incluye también al hablante. Interesa aquí la interpretación general de los sujetos de segunda persona, aunque también los pronombres posesivos y objetivos la admiten. La interpretación genérica de la segunda persona singular es posible siempre que la oración pueda ser interpretada como un aserto general sobre un grupo indeterminado de individuos, como señala Hernanz (1990). Requiere, asimismo, formas verbales de aspecto imperfectivo (presente, imperfecto o futuro) y es imposible con tiempos perfectivos, ya que estos refieren a eventos o situaciones particulares que han de predicarse de sujetos específicos. Finalmente, favorecen la interpretación genérica las siguientes expresiones: los adverbios o locuciones adverbiales que significan frecuencia (*normalmente*, *generalmente*, *a menudo*, *a veces*), como en (30a); los circunstanciales de tiempo, modo o lugar que proporcionan un marco de referencia general o universal (*en verano*, *en estas circunstancias*, *en Europa*, *siempre*, *nunca*), como en (30b); y las cláusulas temporales, condicionales o concesivas que permiten establecer una relación de causa-consecuencia con la oración principal, de manera que se entiende la existencia de una implicación entre ambas oraciones (*siempre que*, *si*, *cuando*, *a menos que*), como en (30c):

(30) a. {Normalmente/a veces} ϕ_{GEN} te enamoras de quien no debes
b. {En verano/en la playa} ϕ_{GEN} duermes mucho mejor
c. Si ϕ_{GEN} bebes, ϕ_{GEN} no debes conducir

El hecho de que la segunda persona generalizadora incluya al hablante hace que pueda utilizarse también como una fórmula para encubrir el 'yo' (Gómez Torrego 1992: 13), es decir, para referirse a la primera persona ocultándola o disfrazándola en un conjunto de carácter universal. Este uso es frecuente cuando el *tú* genérico alterna con la primera persona en la misma secuencia, como en este ejemplo: *Tengo uno de esos días en que te encuentras deprimido sin saber por qué*. El uso encubridor de *tú* es similar al que tiene el pronombre indefinido *uno/a*, que puede recibir también una interpretación general (31a,b) o una interpretación de '*yo* encubierto', como en (31c, d):

(31) a. Uno no sabe nunca si ha actuado bien (= 'nadie sabe...')
b. Si *una* no trabaja, no es independiente (= 'si las mujeres no trabajamos...')
c. Y *uno* se pregunta ¿para qué tanto acumular cosas? (= 'y yo me pregunto...')
d. Ya se cansa *una* de andar todo el día trabajando (= 'yo ya me canso...')

La tercera persona de plural puede dar lugar a oraciones impersonales cuando se entiende que hace referencia a un sujeto indeterminado, esto es, a un sujeto cuya referencia concreta se desconoce o se mantiene oculta. El sujeto tácito de la oración de (32) puede interpretarse de dos formas: como una tercera persona de plural definida, que refiere a un conjunto plural de personas (esto es, como un *ellos* tácito), o bien como una tercera persona indefinida, cuya referencia y número se ignora o se silencia (esto es, como un *alguien* tácito):

(32) a. ϕ_{DEF} llamaron a la puerta (= ellos llamaron)
b ϕ_{INDEF} llamaron a la puerta (= alguien llamó)

A diferencia de la segunda persona singular de interpretación general, la interpretación indefinida de la tercera persona plural es compatible con cualquier tiempo verbal y no requiere expresiones de carácter indefinido o generalizador en la oración. Excluye al hablante y al oyente, pues ninguno de ellos será la persona indefinida aludida, y es exclusiva del sujeto, pues los pronombres de tercera persona de plural posesivos u objetivos tienen siempre referencia definida. La segunda persona genérica y la tercera plural indefinida difieren también en el tipo de verbos con que pueden combinarse: los verbos inacusativos o pasivos son compatibles con la interpretación general de los sujetos de segunda persona. Por esa razón, la oración de (33a) es ambigua entre una interpretación impersonal (de sujeto general) y una interpretación personal (de sujeto definido). En cambio, no es posible que los sujetos tácitos de tercera persona plural de verbos inacusativos y pasivos reciban interpretación indefinida; de ahí que la oración de (33b) solo sea aceptable si se interpreta como personal, con sujeto tácito definido:

(33) a. Cuando $\phi_{GEN/DEF}$ eres despedido, $\phi_{GEN/DEF}$ te sientes fatal
b. Cuando $\phi_{*INDEF/DEF}$ son despedidos, $\phi_{*INDEF/DEF}$ se sienten fatal

La interpretación impersonal de los sujetos de segunda persona de singular y la de la tercera de plural comparten una restricción según la cual solo tienen referentes personales. Esta restricción afecta también a las impersonales reflejas, y obedece a que solo los participantes en la comunicación —y por ende, las personas— pueden ser objeto de referencia indefinida o genérica. La oración de (34a) podrá interpretarse como impersonal si se convierte en interlocutor a un perrito y, por extensión, será igualmente impersonal la oración de (34b), si la pronunciase un can hablando con otro sobre sí mismo y sus congéneres. En cambio, en (34b) el sujeto tácito solo se interpretaría como indefinido —y por tanto la oración como impersonal— si refiriera a alguien que habla como si ladrara, lo cual sería posible con un significado metafórico del verbo:

(34) a. Fido, no se ladra a los invitados
b. Cuando ladras a los invitados, te castigan sin paseo
c. Ladraron en la puerta de la casa

Bibliografía

Alarcos, E. (1970) *Estudios de gramática funcional*, Madrid: Gredos.
Bosque, I. (1988) "Clases de sujetos tácitos", en *Philologica. Homenaje a Antonio Llorente Maldonado*, Salamanca: Universidad de Salamanca, vol. 1, pp. 87–102.
Bosque, I. (1999) "El sintagma adjetival. Modificadores y complementos", en Bosque I. y Demonte, V. (dirs.) *Gramática descriptiva de la lengua española*, Madrid: Espasa, vol. 1, pp. 217–310.
Bosque, I y Gallego, Á. (2011) "Spanish double passives and related structures", *Linguística. Revista de Estudos Linguísticos da Universidade do Porto*, 6, 1, pp. 9–50.
Bosque, I. y Gutiérrez-Rexach, J. (2009) *Fundamentos de sintaxis formal*, Madrid: Akal.
Brucart, J. M. (1990) "Pasividad y atribución en español: un análisis generativo", en Demonte, V. y Garza, B. (eds.) *Estudios de lingüística de España y México*, México: UNAM-El Colegio de México, 1990, pp.179–208.
Chomsky, N. (1982) *Lectures on government and binding*, Dordrecht: Foris Publications.
Collins, C. (2005) "A smuggling approach to the passive in English", *Syntax*, 8, pp. 81–120.
Emonds, J. (2006) "Adjectival passives. The construction in the Iron Mask", en Everaert, M. y Riemsdijk, H. van (eds.) *The Blackwell companion to syntax*, Oxford: Blackwell, vol. 1, pp. 16–61.
Fernández Leborans, M. J. (1999) "La predicación. Las oraciones copulativas", en Bosque, I. y Demonte, V. (eds.) *Gramática descriptiva de la lengua española*, Madrid: Espasa, vol. 2, pp. 2357–2460.
Fernández Soriano, O. y Táboas Baylín, S. (1999) "Construcciones impersonales no reflejas", en Bosque, I. y Demonte, V. (eds.) *Gramática descriptiva de la lengua española*, Madrid: Espasa, vol. 2, pp. 1723–1778.
Fernández-Soriano, O. y Rigau, G. (2009) "On certain light verbs in Spanish: The case of temporal *tener* and *llevar*", *Syntax*, 12, pp. 135–157.
Gómez Torrego, L. (1992) *La impersonalidad en español: descripción y norma*, Madrid: Arco Libros.
González Calvo, (1991–1992) "Notas sobre las estructuras llamadas pasivas con *ser* en español", primera parte en *Anuario de Estudios Filológicos*, 14 (1991), pp. 183–198. Segunda parte en la misma revista 15 (1992), pp. 107–123.
Hernanz, M.L. (1990) "En torno a los sujetos arbitrarios: la 2.ª persona del singular", en Demonte, V. y Garza, B. (eds.) *Estudios de lingüística de España y México*, México: UNAM-El Colegio de México, pp. 151–178.
Hernanz, M.L. (1994) "Argumentos implícitos, operadores nulos e interpretación arbitraria: el caso de los infinitivos pseudoecuativos", en V. Demonte (ed.) *Gramática del español*, México: El Colegio de México, pp. 315–362.
Iglesias Bango, M. (1991) *La voz en la gramática española*, León: Universidad de León.
Llorente Maldonado de Guevara, A. (1997) "Las construcciones de carácter impersonal en español", *Estudios ofrecidos a Emilio Alarcos Llorach*, vol. 1, pp. 107–126.
Jaeggli, O.A. (1986) "Passive", *Linguistic Inquiry*, 17, 4, pp. 587–622.
Mendikoetxea, A. (1999) "Construcciones inacusativas y pasivas", en Bosque, I. y Demonte, V. (dirs.) *Gramática descriptiva de la lengua española*, Madrid: Espasa, vol. 2, pp. 1575–1629.
Montes de Oca Sicilia, M. P. (1994) "La concordancia con *haber* impersonal", *Anuario de Letras*, 32, pp. 7–35.
Oca, E. (1914) "Una explicación lógica de los verbos impersonales según la gramática de la Academia Española", *Boletín de la Real Academia Española*, 1, pp. 456–467.
[RAE] Real Academia Española (1973) *Esbozo de una nueva gramática de la lengua española*, Madrid: Espasa.

[RAE-ASALE] Real Academia Española y Asociación de Academias de la Lengua Española (2009) *Nueva gramática de la lengua española*, vol. 2, cap. 41 ("Oraciones activas, pasivas, impersonales y medias"), Madrid: Espasa, pp. 3037–3112.

Sáez, L. A. (1990) "La paradoja de *hace*-expresión temporal: una aproximación modular", *Revista Argentina de Lingüística*, 6, 1, pp. 3–21.

Sepúlveda Barrios, F. (1988) *La voz pasiva en el español del siglo XVII*, Madrid: Gredos.

Suñer, M. (1983) "Pro$_{arb}$", *Linguistic Inquiry*, 14, pp.188–191.

Lecturas complementarias

Calzado Roldán, A. (2000) "La impersonalidad de los verbos meteorológicos: una explicación pragmático-discursiva", *Dicenda: Cuadernos de Filología Hispánica*, 18, pp. 85–108.

Delbecque, N. (2003) "La variable expresión del agente en las construcciones pasivas", *Nueva Revista de Filología Hispánica*, 51, 2, pp. 373–416.

DeMello, G. (1991) "Pluralización del verbo *haber* impersonal en el español habado culto de once ciudades", *Boletín del Instituto Caro y Cuervo*, 46, 3, pp. 445–471.

DeMello, G. (2000) "*Tú* impersonal en el habla culta", *Nueva Revista de Filología Hispánica*, 48, 2, pp. 359–372.

Fernández Soriano, O. (1998) "Two types of impersonal sentences in Spanish: Locative and dative subjects", *Syntax*, 1, 2, pp. 101–140.

Hidalgo Navarro, A. (1996) "Sobre los mecanismos de impersonalización en la conversación coloquial: el *tú* impersonal", *Estudios de Lingüística*, 11, pp. 163–176.

Hollaender Jensen, M. (2002) "La referencia en algunas expresiones impersonales. Diferentes lecturas de *uno* y la segunda persona del singular", *Romansk Forum*, 16, pp. 127–138.

Kärde, S. (1943) *Quelques manières d'exprimer l'idée d'un sujet indéterminé ou général en espagnol*, Upsala: Appelbergs Boktryckfriaktiebolag.

Luque Moreno. J. (1978) "En torno al sintagma <*haber* impersonal + sustantivo> y sus orígenes latinos", *Revista Española de Lingüística*, 8, 1, pp. 125–148.

Marín, R. (2000) *El componente aspectual de la predicación*, tesis doctoral, Universidad Autónoma de Barcelona.

Meulleman, M. y Stockman N. (2013) "La inacusatividad en los verbos meteorológicos en español: un análisis comparativo de *llover* y *amanecer*", *Bulletin of Hispanic Studies*, 90, 2, pp. 117–132.

Miguel Aparicio, E. de (1992) *El aspecto en la sintaxis del español: perfectividad e impersonalidad*, Madrid: Ediciones de la Universidad Autónoma de Madrid.

Torrego, E. (1984) "Algunas observaciones sobre las oraciones existenciales con *haber* en español", *Estudis Gramaticals 1. CatWPL*, Bellaterra: Universidad Autónoma de Barcelona, pp. 329–339.

Entradas relacionadas

adjetivos; aspecto gramatical; aspecto léxico; complementos y objetos; elipsis; estructura de la información; flexión verbal; gerundio y participio; gramática generativa; infinitivo; perífrasis; *se* y sus usos; *se* y sus valores; pronombres personales; *ser* y *estar*; sujeto

PERÍFRASIS VERBALES

Ana Bravo y Luis García Fernández

1. Definición, perspectivas y clasificaciones posibles

En la tradición hispánica el término PERÍFRASIS VERBAL se utiliza para hacer referencia a la combinación sintáctica de dos o más verbos que presenta obligatoriamente de forma característica las siguientes dos propiedades: i) solo el primero de los verbos puede estar conjugado y ii) solo uno de ellos puede expresar contenido léxico. El verbo con contenido léxico ocupa siempre el último lugar y el verbo o verbos que lo preceden hacia la izquierda tienen necesariamente significado gramatical (RAE-ASALE 2009: § 28.1a).

El primer requisito refleja el hecho de que de los dos verbos solo uno puede aparecer en una forma personal o finita de la conjugación. El verbo que presenta esta propiedad se denomina VERBO AUXILIAR y se corresponde siempre con el verbo que está más a la izquierda de los dos. En cuanto al segundo, se denomina VERBO AUXILIADO y adopta una de las tres formas no personales de la conjugación española: infinitivo (simple y compuesto), como en *Tiene que {llover/haber llovido}*, gerundio (simple), *Siguió lloviendo*, y participio, *Se lo tengo dicho*. En cada perífrasis verbal no puede haber más de un verbo auxiliado; se admiten, en cambio, dos o más verbos auxiliares. Estas combinaciones están sujetas a restricciones semánticas y formales. Así, solo los verbos auxiliares que pueden aparecer en una forma no finita podrán ser seleccionados a su vez por otros auxiliares:

(1) a. A esta fiesta suele poder venir mucha gente.
    b. *A esta fiesta puede soler venir mucha gente.

(1a) es una oración bien formada porque *poder* admite todas las formas de la conjugación, a diferencia de lo que se sucede con *soler* (1b). En cuanto a las restricciones de orden semántico, se abordarán brevemente en el § 5.2.

El segundo de los requisitos hace referencia al hecho de que los verbos auxiliares expresan significados de naturaleza gramatical, mientras que los verbos auxiliados poseen significados de tipo léxico. En concreto, los verbos auxiliares aportan contenidos que tienen que ver con el tiempo gramatical, el aspecto, léxico y gramatical, y la modalidad. Así, *soler* expresa habitualidad y *poder* posibilidad, de manera que una glosa aproximada para (1a) sería: 'Lo normal es que a esta fiesta tenga la posibilidad de venir mucha gente'. La habitualidad es una noción que pertenece al ámbito del aspecto gramatical, mientras que la posibilidad es una noción modal. Se amplía esta cuestión en los apartados 4 a 6.

Por último, conviene notar que la tradición hispánica prefiere el término PERÍFRASIS VERBAL (*NGLE* (RAE-ASALE 2009); *DPV* (García Fernández 2006); Fernández de Castro 1999; Gómez Torrego 1999...) para lo que en la escuela anglosajona se denomina AUXILIARY VERB CONSTRUCTION (Anderson 2011: 796) o, simplemente, tomando la parte por el todo, AUXILIARY VERBS.

2. Perspectivas históricas y teóricas

2.1. Las perífrasis verbales en los modelos formales

Para los modelos que estudian la sintaxis desde un punto de vista formal, principalmente el generativismo en cualquiera de sus versiones, el concepto de perífrasis verbal como tal no existe, o no se maneja. En efecto, las perífrasis constituyen uno de los esquemas posibles de combinaciones en la sintaxis de dos o más elementos, los cuales deben reunir las propiedades formales y semánticas explicitadas en el § 1. Como siguen las pautas de construcción generales, el verbo auxiliar mantiene una relación de selección categorial con el verbo auxiliado y sus complementos, según se ejemplifica en (2) —el sujeto oracional *Juan* no está representado sintácticamente—:

(2) Juan [$_{SX}$ suele [$_{SY}$ comer acompañado]]

SX

X^0 SY

Suele comer acompañado

Las perífrasis verbales no constituyen, por consiguiente, en este modelo una entidad diferente sujeta a reglas particulares, o, por expresarlo en términos más técnicos, no son primitivos sintácticos. Este extremo se recoge en la definición del apartado 1, en la que se afirma que las perífrasis verbales son combinaciones sintácticas. En la medida en la que las propiedades gramaticales de las perífrasis verbales son las propiedades gramaticales de los verbos auxiliares, estas se estudian en la entrada dedicada a los verbos auxiliares.

2.2. Las perífrasis verbales desde la morfología

Para la morfología la perífrasis constituye un mecanismo del que disponen las lenguas para expresar de manera analítica, al menos formalmente, contenidos gramaticales realizados igualmente a través de la morfología flexiva, por tanto, de forma sintética: el tiempo, el aspecto gramatical, el modo y la voz, entre otros. La voz pasiva del latín constituye el ejemplo clásico de paradigma que combina formas sintéticas con formas perifrásticas:

(3) Forma sintética	Forma perifrástica (o analítica)
AMOR 'soy amado'	AMĀTUS SUM '{fui/he sido} amado'

Así pues, y de acuerdo con Brown *et al.* (2012), para la morfología una perífrasis es aquella construcción sintáctica que sirve como exponente de una información gramatical y que, como consecuencia de este rasgo, interacciona con un paradigma flexivo —en el supuesto de AMĀTUS SUM el paradigma es la conjugación de la voz pasiva—. Según estos autores, una construcción será perifrástica si puede ocupar una de las casillas preestablecidas en un paradigma flexivo, que en el caso del latín en (3) es el pretérito perfecto pasivo. La relación admite ser formulada también a la inversa: el hecho de que exista una forma flexiva con la que alterna (AMOR/AMĀTUS SUM) permite incluir la construcción en cuestión entre las perífrasis, sin descartar que puedan competir por la misma casilla una forma analítica y una sintética (*voy a cantar* ~ *cantaré*). Por otra parte, como es bien sabido, las perífrasis verbales son formas analíticas y como tales constituyen mecanismos de reacción de aquellas lenguas que pierden propiedades sintéticas.

El enfoque morfológico predice que, efectivamente, los denominados tiempos compuestos constituyen formas perifrásticas en alternancia con formas flexivas. Así, permiten expresar el significado reservado para las relaciones aspectuales de perfecto, por ejemplo, *Juan ha estado enfermo tres veces* o *Yo nunca estuve en París*, donde *estuve* significa —en algunas variedades del español— 'he estado', pero también para las perfectivas, como en *Dije que {había llamado* ~ *llamó}*. Por el mismo motivo podría concluirse que <*ir a*+infinitivo> es una perífrasis que pertenece al paradigma flexivo del español. Para ello sería necesario asumir, o bien que expresa el mismo significado que los futuros morfológicos *cantará* y *cantaría* (4a), con los que coexistiría, o bien que <*ir a*+infinitivo> es la forma que expresa propiamente el significado temporal de posterioridad (4b). En cuanto a los futuros morfológicos, habrían pasado a ser formas únicamente modales desprovistas de cualquier significado temporal, de modo que *Juan llegará cansado* significaría 'Es posible que Juan llegue cansado' y no 'La llegada de Juan se localiza en un momento posterior al momento del habla':

(4)	FUTURO SIMPLE	CONDICIONAL SIMPLE
a.	*cantará* ~ *va a cantar*	*cantaría* ~ *iba a cantar*
b.	*va a cantar*	*iba a cantar*

Un problema algo diferente lo plantea la perífrasis retrospectiva <*acabar de*+infinitivo>, como en *Juan acaba de llegar*. La dificultad radica aquí en decidir si debe considerarse que al significado gramatical expresado por esta perífrasis le corresponde o no una de estas casillas, las cuales, según Brown *et al.* (2008), son "rellenadas" bien con formas flexivas, bien con formas perifrásticas. Existen autores (Havu 2011) partidarios de analizar <*acabar de*+infinitivo> como una forma temporal más que como una perífrasis aspectual. Si esto es así, resulta indudable que <*acabar de*+infinitivo> encaja en la definición de perífrasis como forma que debe integrarse en un paradigma flexivo, lo cual obligaría a incorporar un nuevo tiempo, con su forma correspondiente, al sistema temporal del español.

Finalizamos el examen del enfoque morfológico con las siguientes dos observaciones. Por un lado, es más restrictivo que el sintáctico. En consecuencia, combinaciones que no son consideradas perífrasis en este modelo sí lo serían desde un punto de vista sintáctico: las perífrasis formadas con verbos modales (*poder*, *deber*) o las perífrasis de fase (*empezar*, *terminar*), por ejemplo. Por otro, existe también dentro de este enfoque un cierto debate acerca de cuál es la importancia que debe otorgársele al criterio de la composicionalidad a la hora de decidir si una combinación de un verbo auxiliar y uno auxiliado puede ser analizada o no como perifrástica. El problema de la composicionalidad de las perífrasis verbales es bastante complejo y aquí únicamente se dejará planteado.

Se entiende que el significado de una perífrasis no es composicional si no existe correlación entre la información morfológica del verbo auxiliar y el significado que la construcción expresa. Así, en *Va a llover* o *El niño se va a caer* tendríamos un primer significado composicional si interpretamos esta secuencia como un Prospectivo, es decir, como una variedad aspectual en la que se expresa desde el presente la previsión de lo que va a suceder en el futuro. En estos ejemplos, el futuro simple es inadecuado *#Lloverá*; *#El niño se caerá*. Pero en los casos en que se utiliza la perífrasis como el futuro simple, como en *Mañana voy a ir al cine* por *Mañana iré al cine*, tendríamos un caso de falta de correspondencia entre la morfología de presente del auxiliar y el significado de futuro de la forma completa.

El análisis composicional, por otra parte, está estrechamente ligado a un enfoque del proceso de gramaticalización en el que lo relevante es, no tanto la parte de significado que se pierde, como la que se conserva. O, por plantearlo a la inversa, la posibilidad de asignarle un análisis composicional a una perífrasis está directamente relacionada con el hecho de que no haya concluido su proceso de gramaticalización, y ello independientemente de que el significado original del verbo léxico esté en la base del significado gramatical que desarrollará posteriormente como verbo auxiliar. Por ejemplo, *va a cantar* con el significado propio de la forma *cantará* será menos composicional, es decir, menos transparente, que esta misma perífrasis cuando significa aspecto Prospectivo.

Una dificultad añadida radica en que, como se señala en Brown *et al.* (2012), no existe tampoco acuerdo acerca de si un determinado verbo auxiliar está completamente gramaticalizado y carece, por tanto, de significado o no. Así, mientras que para unos autores el verbo auxiliar *estar* en la perífrasis de gerundio (como en *Juan ahora está viviendo en México D.F.*) puede estar completamente gramaticalizado, para otros, como Fernández Ramírez (1960), no necesariamente tiene por qué ser así. El lector puede consultar Vincent (2011) y Brown *et al.* (2012) para esta y otras cuestiones tratadas en este apartado.

2.3. *Las perífrasis verbales en los estudios gramaticales hispánicos*

Una característica compartida por muchos de los abundantes trabajos dedicados al estudio de las perífrasis dentro de la tradición gramatical hispánica es que se concede una especial relevancia a la relación que se establece entre el verbo auxiliar y el verbo auxiliado. Específicamente, se considera que el verbo auxiliar desempeña la función de modificar al verbo auxiliado aportando contenidos relativos al tiempo, el aspecto o la modalidad, de modo que lo importante es lo que la perífrasis como conjunto exprese. De aquí se siguen diferencias notables respecto de los enfoques formales (§ 2.1.), fundamentalmente las dos que enunciamos a continuación. Primeramente, divergen en cuanto lo que se debe considerar que es el núcleo de la construcción (véase el ejemplo (5)). En segundo lugar, se analizan también de forma distinta los supuestos de series de auxiliares: mientras que en los modelos configuracionales cada verbo auxiliar es el núcleo de su propia proyección y mantiene una relación de dependencia jerárquica con los restantes verbos auxiliares (véase (6a)), en estos modelos de orientación más funcionalista, los auxiliares conforman un conglomerado inanalizable o no descomponible, el cual modifica en su totalidad como si de un único verbo se tratara —aunque no se articula como tal— al verbo auxiliado (véase, por ejemplo, Gómez Torrego 1999: 3346–3347). El resultado es una secuencia jerárquicamente plana (6b), la cual de acuerdo con el análisis que se ofrece en (5) funciona toda ella como núcleo del sintagma verbal (véase también Fernández de Castro 1999:16, 138–139):

(5) Juan suele comer aquí.

	Enfoque formal	Enfoque funcional
Suele	Núcleo funcional	
Comer	Núcleo léxico	
Suele + comer		Núcleo del Sintagma Verbal

(6) a. Juan $[_{\text{VAux1}}$puede $[_{\text{VAux2}}$tener que $[_{\text{VAux3}}$ empezar a [SV trabajar el lunes]]]]. FORMAL
b. Juan [SV $[_{\text{VAux}}$ puede + tener que + empezar a] $[_{\text{V}}$ trabajar el lunes]]. FUNCIONAL

El presente estudio asume fundamentalmente el modelo teórico de la gramática generativa, de manera que se entiende que las perífrasis verbales son combinaciones sintácticas que se rigen por los principios combinatorios propios de la sintaxis. Sus propiedades se describen con detalle en la entrada dedicada a los verbos auxiliares. Por otra parte, con el término PERÍFRASIS VERBAL nos referiremos tanto al conjunto de verbo auxiliar y verbo auxiliado como únicamente al auxiliar, que se toma como el todo.

3. Clasificación de las perífrasis por su forma: perífrasis de infinitivo, gerundio y participio

3.1. Introducción

Las perífrasis verbales pueden ser clasificadas de acuerdo con dos criterios fundamentales: la forma del verbo auxiliado y el significado que expresan. De acuerdo con la forma del verbo auxiliado las perífrasis serán de infinitivo, gerundio y participio. De acuerdo con su semántica se distinguen cinco grandes grupos: perífrasis temporales y aspectuales (o de aspecto gramatical), si bien estas últimas oscilan entre ser incluidas en este grupo y el siguiente por razones de índole diversa; perífrasis de fase o de aspecto léxico; perífrasis discursivas, escalares o seriales, perífrasis de voz pasiva y, por último, perífrasis modales. Obviamente, si se combinan los dos criterios se obtienen clasificaciones cruzadas: tanto <*empezar* a+infinitivo> (*Empezó a llover a las ocho*) como <*seguir*+gerundio> (*Siguió lloviendo un rato más*) son perífrasis de fase (o de aspecto léxico) pero la primera pertenece a la clase de las perífrasis de infinitivo mientras que la segunda es una perífrasis de gerundio. En este apartado se estudian los problemas específicos que plantean las perífrasis de infinitivo, gerundio y participio; las clasificaciones semánticas se revisan brevemente en los §§ 4 a 6.

3.2. Perífrasis de infinitivo

La naturaleza perifrástica de las llamadas perífrasis de infinitivo ha sido la menos discutida. La famosa afirmación de Bolinger, citada por muchos autores, apunta a esta conclusión: “The moment a verb is given an infinitive complement, the verb starts down the road to auxiliariness” (Bolinger 1980: 297).

Por su significado, las perífrasis de infinitivo son en su mayoría modales o aspectuales, pero también discursivas (véanse §§ 4 y 6). En cuanto a su gramática, tienen una característica sintáctica de difícil explicación y es que en casi todas ellas entre el auxiliar y el auxiliado puede mediar o una preposición o el elemento *que* (la imprecisión es consciente). Las preposiciones son regularmente *a*, *de* y *por*:

(7) a. Voy **a** operarme.
b. Dejó **de** hacerlo.
c. Acabó **por** insultarnos.

Este elemento forma claramente un constituyente con el infinitivo porque *Voy, lamentablemente, a divorciarme* es posible, pero no lo es **Voy a, lamentablemente, divorciarme*. Por añadidura, a efectos semánticos y sintácticos estos elementos intercalados son absolutamente transparentes; es decir, en *Voy a pensármelo* en modo alguno se puede sostener que *a pensármelo* exprese un significado direccional, aunque sea de forma metafórica. En cuanto al *que* de <{*tener/haber*} *que*+infinitivo>, el asunto se complica pues ni siquiera está clara su categoría. En la *NGLE* (RAE-ASALE 2009: § 28.1d) se afirma que "se acerca en su funcionamiento gramatical a las preposiciones", pero, dado que estas preposiciones no se comportan tampoco como tales asimilar *que* a una preposición que parece no serlo no resuelve el problema. Si comparamos *tener que* y *poder*, se observa que no presentan características sintácticas diferentes.

3.3. Perífrasis de gerundio

Como veremos que se ha dicho para las perífrasis de participio, aunque a nuestro juicio con menos fundamento, se ha discutido asimismo que las construcciones de gerundio sean perífrasis verbales. La hipótesis es que son estructuras predicativas en las que el gerundio es un predicado del sujeto; es decir, se ha venido a afirmar que *Juan está gritando* no es esencialmente diferente a *Juan está enfermo* (Fernández Leborans 1999: 2432 y ss.). Sin embargo, hay buenas razones para desechar esta idea. La primera es que un grupo importante de las perífrasis de gerundio tiene como auxiliar uno de los verbos que de modo típico ejercen esta función en muchas lenguas, como son los verbos de movimiento *ir*, *venir*, *llevar*, etc. La segunda es que el significado de muchas de estas perífrasis es aspectual, que es uno de los significados que habitualmente tienen las perífrasis verbales en las lenguas naturales.

Las perífrasis de gerundio se diferencian netamente de las de infinitivo en varios aspectos. En primer lugar, nunca hay ningún elemento (ni preposición ni *que*) entre el auxiliado y el auxiliar. Además, solo pueden concatenarse si el primer gerundio no depende de otro verbo auxiliar (RAE-ASALE 2009: § 28.12b). Así, (8b) es agramatical porque el gerundio de *llevando* viene pedido por el verbo auxiliar *seguir*, a diferencia de lo que sucede con el de *estando* en (8c):

(8) a. Va a poder terminarlo a tiempo.
b. *Siguió llevando esperando dos horas.
c. Estando hablando por teléfono, llamaron a la puerta.

Por otra parte, las perífrasis de gerundio solo tienen o significado aspectual o discursivo (véanse §§ 4 y 5). Es decir, nunca tienen valor modal ni temporal, y esto es un hecho muy notable.

Una última característica destacable de estas construcciones —y poco estudiada hasta ahora, excepción hecha de Hernández Paricio (2011) y González Rodríguez (2013)— es que el complemento de algunas de ellas se puede negar a veces mediante un infinitivo introducido por la preposición *sin*: *Llevo sin verlo varios meses*. Esta propiedad apuntaría a que existe efectivamente una relación de selección entre el verbo auxiliar y el tipo de aspecto que debe expresar su complemento. En el supuesto de la fórmula <*sin*+infinitivo> la alternancia sería posible porque la preposición *sin* tiene efectos durativizadores derivados de su significado negativo.

Entre todas ellas destaca por su profuso empleo <*estar*+gerundio>, probablemente la perífrasis española más utilizada, hasta el punto de que se ha llegado a afirmar, como para <*ir a*+infinitivo>, que forma ya parte de la conjugación.

3.4. Perífrasis de participio

Las llamadas perífrasis de participio presentan problemas específicos diferentes de los de las perífrasis de infinitivo y en parte comunes con los de las de gerundio. La primera cuestión que debe plantearse puede parecer paradójica y es si las perífrasis de participio existen o si la predicación puede dar cuenta de aquellas estructuras en que aparece un verbo complementado por un participio. Es sabido que los participios comparten una serie de rasgos con los adjetivos, por lo que no sería descabellado suponer que las perífrasis de participio son de hecho construcciones predicativas con un participio.

La segunda cuestión fundamental es si en español hay dos tipos de participio o uno. Es decir si *invitado* en (9a) y (9b) es lo mismo:

(9) a. Juan ha invitado al director.
    b. El director ha sido invitado por Juan.

Hay dos buenas razones para sostener que a pesar de la identidad formal de *asesinado* en (9a) y (9b), se trata de dos participios distintos. La primera de ellas es que solo el participio de (9b) admite la moción de género y número y concuerda, así, con el sujeto oracional:

(10) a. *María ha invitadas a las directoras. (=(9a)) → NO CONCORDADO
     b. Las directoras **han sido invitadas** por María. (=(9b)) → CONCORDADO

La segunda es que, con mínimas excepciones (quizá únicamente los verbos *soler* y *haber de*), todos los verbos españoles posee un participio no concordado, mientras que, en principio, solo los verbos transitivos poseen un participio concordado. Así, *cojear* no posee las formas no concordadas **cojeada*, **cojeado*, **cojeadas*, **cojeados*: **Una vez {cojeada la niña/cojeado el niño}, nos fuimos*. En cambio, son enteramente naturales oraciones como *Una vez avisadas las directoras, nos fuimos*. Llamaremos, por tanto, al participio no concordado de (9a) PARTICIPIO ACTIVO y al concordado de (9b) PARTICIPIO PASIVO. Los participios activos entran en la formación de los tiempos compuestos y existe un acuerdo para tratar la combinación <*haber*+participio> como una perífrasis verbal, al menos desde el punto de vista sintáctico (*DPV*, *sub voce*, RAE-ASALE 2009: § 28.5); para el morfológico, véase el § 2.2.

En cuanto a los participios pasivos, son perífrasis verbales las pasivas con *ser* y construcciones como *La casa se vio rápidamente rodeada por las llamas*. La razón estriba en que en ellas el sujeto oracional es un argumento del participio, y no del verbo auxiliar, el cual, como corresponde a los verbos auxiliares, carece de red temática –sobre esta cuestión véase la entrada dedicada a los verbos auxiliares–. En cuanto a otras secuencias de la forma <verbo+participio>, las discrepancias son mayores. Aquí, siguiendo a García Fernández (2006: 34–40) y la *NGLE* (RAE-ASALE 2009: § 28.16m-p), para <*tener*+participio> en particular se considerará que si existe una relación temática entre *tener* y su complemento, *tener* conserva el significado de posesión y, por consiguiente, el participio funciona como un complemento predicativo con significado pasivo, como en *Tengo las camisas planchadas*.

Se tratará, sin embargo, de una construcción perifrástica si la relación semántica y sintáctica se establece entre el participio, el cual recibe una interpretación activa, y el complemento directo, que lo será así del participio (activo) y no de *tener*, como ocurría en el caso anterior. Esto resulta evidente en los casos en los que el verbo auxiliado –no son muchos– es un verbo de lengua, como *decir*, *prometer* en *Le tengo {dicho/prometido/apalabrado/confirmado} que iré* o *pensar* en *No tengo pensado llamarla*. En ambos supuestos no existe ninguna relación de posesión entre *tener* y el complemento proposicional y, por consiguiente, *_Tengo {que iré/llamarla}_ no son posibles en español. Sintácticamente, además, la perífrasis se caracteriza por presentar de forma obligatoria el orden <*tener*+participio+CD>; *tener* como verbo léxico, y un participio como complemento predicativo, en cambio, admite ambos órdenes:

(11) a. Tengo {*ir prometido/√ prometido ir}.
b. Te tengo {*que te calles dicho/√dicho que te calles}.
c. Tengo {√las camisas planchadas/√planchadas las camisas}.

Esquemáticamente:

(12) a. Combinaciones no perifrásticas con un complemento predicativo:
- [*Tener* CD] [Participio pasivo]
- [*Tener* [Participio pasivo]] CD

b. Combinaciones perifrásticas → [*Tener* [Participio activo CD]]

Una cuestión diferente es cómo se analiza la predicación secundaria. Sobre esto véase Demonte y Masullo (1999).

4. Clasificación de las perífrasis por su semántica

4.1. Principales problemas de las clasificaciones semánticas

Así como el criterio formal no ofrece dudas acerca de qué perífrasis pertenece a qué grupo, cuando se trata de clasificar las perífrasis atendiendo a su significado surgen dificultades debidas a las siguientes dos cuestiones: i) a la falta de acuerdo acerca de cuál es el significado que le corresponde a una perífrasis dada y ii) a la falta de acuerdo acerca de cómo debe categorizarse un determinado contenido gramatical.

Un ejemplo de (i) lo constituye, una vez más, la perífrasis <*ir a*+inf.>, como en *Hoy va a llover*, la cual para unos autores significa tiempo futuro (Camus Bergareche 2006) mientras que para otros expresa aspecto Prospectivo (Bravo 2008).

<*Acabar de*+inf.> permite ilustrar la cuestión (ii), dado que lo que para unos autores debe considerarse una forma propia del aspecto Perfecto de pasado reciente (Olbertz 1998: 358; Carrasco Gutiérrez 2006), para otros, como Havu (2011), es un significado de naturaleza temporal, de modo que también lo será la perífrasis a través de la cual este se gramaticaliza. En el mismo supuesto se encuentra <*volver a*+inf.>, como en *Juan volvió a llamar*, perífrasis de aspecto léxico en García Fernández (2006: 45, n. 39) pero de aspecto gramatical en Olbertz (1998). La divergencia, de nuevo, radica en cómo se debe caracterizar un significado sobre cuya definición no existe duda. Un ejemplo trivial lo ofrece la macroclase de las perífrasis aspectuales, pues la posibilidad de distinguir entre la subclase de las perífrasis de aspecto gramatical y la subclase de las perífrasis de aspecto léxico depende de que se acepte previamente la existencia de estas dos clases de aspecto. En esta presentación (§§ 4.2 y 3) se asume como correcta la distinción; se defiende lo contrario en Fernández de Castro (1999: 201–205), García Fernández (2006) y la *NGLE* (RAE-SALE 2009: §§ 28.2b-d).

4.2. Clasificación de las perífrasis verbales de acuerdo con su significado

A continuación ofrecemos una posible clasificación, en la que se han obviado las dificultades derivadas de los factores antes señalados. Para facilitar la exposición se utilizan las voces más representativas de cada grupo. El lector puede ampliar la información en Camus Bergareche (2006b: 295–296), Olbertz (1998) y la *NGLE* (RAE-ASALE 2009: § 28).

Tabla 1

De tiempo: *haber*+part., *ir a*+inf., *acabar de*+inf. (pasado reciente)

De aspecto gramatical: *haber*+part. (asp. Perfecto), *ir a*+inf. (asp. Prospectivo), *acabar de*+inf. (asp. Perfecto Retrospectivo), *estar*+ger. (asp. Progresivo), *andar*+ger. (asp. Imperfecto), *ir*+ger. (asp. Imperfecto), *llevar*+ger. (asp. Continuativo), *soler*+inf. (asp. Habitual), *saber*+inf. (asp. Habitual), *tener*+part. (asp. Resultativo), *llevar*+part. (asp. Resultativo), *dejar*+part. (asp. Resultativo)

De aspecto de fase: {*empezar/comenzar*} *a*+inf. (ingresiva), *entrar a*+inf. (ingr., EA), *seguir*+ger. (cursiva), *dejar de*+inf. (terminativa), *parar* de+inf. (terminativa), {*terminar/acabar*} de+inf. (terminativa), *volver a*+inf.

Discursivas, escalares, seriales o disposicionales: {*empezar/comenzar*} *por*+inf., {*empezar/comenzar*}+ger., {*terminar/acabar*} *por*+inf., {*terminar/acabar*}+ger., *andar*+ger., *llegar a*+inf., {*ir/venir*} *a*+inf.

De voz pasiva: *ser*+part., *verse*+part.

Modales: *Deber*+inf., *deber de*+inf., *haber de*+inf., *haber que*+inf., *poder*+inf., *tener que*+inf., *venir a*+inf.

5. Perífrasis de aspecto

5.1. Dos clases de perífrasis de aspecto

De forma independiente, Laca (2002), Olbertz (1998 [1996]) y Havu (1997) proponen separar las perífrasis aspectuales en dos grandes grupos en función del tipo de modificación que introducen. Las perífrasis de aspecto léxico se caracterizan, siguiendo a Smith (1991) y Verkuyl (1999), por que denotan inherentemente fases que pertenecen a las eventualidades a las que remiten los verbos con los que se combinan. En este sentido, puede considerarse que denotan tipos de situaciones al igual que los verbos léxicos a los que modifican. La terminología empleada en Smith (1991: 48), quien les denomina superléxicos, *superlexical verbs* en inglés, refleja esta propiedad. En efecto, la diferencia entre *llover* y *empezar a llover* radicaría en que *llover* designa una situación durativa, una actividad en términos vendlerianos. *Empezar a llover*, en cambio, denota la fase inicial de la eventualidad consistente en llover por lo que es un logro:

(13) Ayer {llovió/*empezó a llover} durante dos horas.

En cuanto a las perífrasis de aspecto gramatical, permiten focalizar un momento del desarrollo interno de la situación, de tal manera que es este intervalo de tiempo focalizado mediante la forma perifrástica el que se situará en la línea temporal, de acuerdo con la definición de aspecto gramatical de Smith (1991), entre otros.

5.2. Propiedades sintácticas

Esta diferente naturaleza tiene abundantes correlatos sintácticos y formales. El primero de ellos es que las perífrasis de fase no pueden preceder a las de aspecto gramatical, por lo que se afirma que las primeras son internas y las segundas, externas. Otras propiedades, tomadas de Laca (2002, 2004), se resumen en la Tabla 2.

Tabla 2

	A	B	C	D	E
	Posición	*Aspecto léxico del verbo aux.*	*Concurrentes*	*Paradigmas defectivos*	*Significado*
Perífrasis de fase	Internas (14a)	Con restricciones (15a)	Sí (16a)	No (17a)	Denotan un tipo de situación
Perífrasis de aspecto gramatical	Externas (14b)	Libre (15b)	Con restricciones (16b)	Sí, con excepciones (17b)	Denotan un intervalo

Las anteriores propiedades se ejemplifican seguidamente:

(14) a. Pedro ha seguido llegando tarde.
b. *Pedro sigue habiendo llegado tarde.

(15) a. Pedro terminó de {*vivir en Cuba/preparar la paella}.
b. Pedro {ha vivido/está viviendo/suele vivir} en Cuba.

(16) a. Pedro empezó a dejar de fumar.
b. *Suele ir a llover en esta época.

(17) a. Juan {termina/terminó/ha terminado/terminará} de pintar su casa.
b. Juan {lleva/*llevó/*ha llevado/llevará} tres años pintando su casa.

La agramaticalidad de (14) se sigue de la propiedad A) de la tabla: las perífrasis de fase no pueden preceder a las perífrasis de aspecto gramatical; la agramaticalidad de (15) se explica por la propiedad B): los verbos superléxicos imponen restricciones en el aspecto léxico del verbo auxiliado derivadas de su semántica. (16) ilustra la propiedad C: los verbos auxiliares de las perífrasis de fase pueden coocurrir con mayor libertad que los aspectuales, los cuales están sometidos a limitaciones mayores (pero compárese (16b) con *Juan ha estado cantando* o *Juan va a estar cantando* e incluso con *Juan va a haber estado cantando*). (17), por último, responde a la propiedad D: los verbos superléxicos pueden aparecer en todos los tiempos del paradigma, a diferencia de lo que sucede con los verbos aspectuales, una gran mayoría de los cuales solo permite el presente y el imperfecto (<*ir a*+inf.>, <*soler*+inf.>, <*llevar*+ger.>, <{*llevar/tener*}+part.>, aunque véase Camus 2011 para una posible excepción respecto a *soler*). En cualquier caso, la Tabla 2 debe entenderse como una tendencia, y no en términos absolutos, dado que numerosos factores determinan que estas propiedades presenten excepciones.

6. Enfoques recientes: perífrasis en los márgenes oracionales. Las perífrasis discursivas

Tradicionalmente se ha considerado que el grupo de perífrasis que aquí se estudia pertenecía a la clase de las perífrasis aspectuales, si bien se le reconocía un valor discursivo añadido. El valor discursivo radica en que mediante estas perífrasis se coloca el evento designado en relación con una serie o proceso más amplio de sucesos, los cuales pueden aparecer o no explícitamente mencionados. Así en *Juan acabó tocando la guitarra* se entiende que existe un conjunto de eventos, o de situaciones, que preceden al de tocar la guitarra y respecto del cual este es presentado por el hablante como su culminación. Fuera de esta circunstancia, sobre la que existe acuerdo, las propuestas acerca de su posible clasificación varían. Así, amparándose en un concepto amplio de fase, son consideradas como aspectuales por Fernández de Castro (1999), quien las denomina DISPOSICIONALES; Olbertz (1998), por su parte, separa <*empezar*+gerundio>, a la que incluye entre las perífrasis de fase o internas (Olbertz 1998: 156–159, 171), de las restantes de este grupo, para las cuales crea una categoría particular: la EVALUACIÓN ACTUAL (*actual evaluation* en inglés), que se caracteriza por no ser ni enteramente modal, ni enteramente aspectual. Finalmente tanto en la *NGLE* como en el *DPV* son descritas como unidades con valor discursivo y conforman así la clase de las perífrasis DISCURSIVAS (el *DPV*), o ESCALARES o SERIALES (la *NGLE*). El *DPV* distingue a su vez dos subgrupos dentro de estas perífrasis (García Fernández 2006: 52–55): el grupo de las perífrasis con valor ordenador (de apertura: <*empezar*+ger.>, de continuidad: <*pasar a*+inf.> y de cierre: <*terminar*+ger.>) y el grupo de las perífrasis con significado de conector aditivo: <{*llegar* /*alcanzar*} *a*+inf.>. A este grupo sería necesario añadir <{*ir/venir*} *a*+inf.> como en *Juan {fue/vino} a aparecer en el momento menos oportuno*, perífrasis que han recibido un tratamiento irregular en los diferentes estudios (Bravo 2013).

Bibliografía

Anderson, G. D. S. (2001) "Auxiliary verb constructions (and other complex predicate types): A functional-constructional overview", *Language and Linguistics Compass*, 5, 11, pp. 795–828.

Bravo, A. (2013) "Auxiliary verbs in the left periphery: Spanish *ir* and *venir* as focus markers", en Aaron, J., Lord, G. y Prada, A. de (eds.) *Selected proceedings of the 16th Hispanic Linguistics Symposium*, Somerville, MA: Cascadilla Proceedings Project, pp. 46–55. Accesible en http://www.lingref.com/cpp/hls/16/index.html.

Brown, D., Chumakina, M., Corbett, G., Popova, G. y Spencer, A. (2012) "Defining 'periphrasis': key notions", *Morphology*, 22, pp. 233–275.

Bolinger, D.L. (1980) "*Wanna* and the gradience of auxiliaries", en Brettschneider, G. y Lehmann, C. (eds.) *Wege zur Universalienforschung*, Tubinga: Günter Narr, pp. 292–299.

Camus Bergareche, B. (2006a) "<*Ir a* + infinitivo>", en García Fernández. L. (dir.) *Diccionario de perífrasis verbales*, Madrid: Gredos, pp. 177–182.

Camus Bergareche, B. (2006b) "Índices", en García Fernández, L. (dir.) *Diccionario de perífrasis verbales*, Madrid: Gredos, pp. 291–304.

Camus Bergareche, B. (2011) "Restricciones aspectuales y la perífrasis *soler* + infinitivo", en Cuartero, J., García Fernández, L. y Sinner, C. (eds.) *Estudios sobre perífrasis y aspecto*, Múnich: Peniope, pp. 120–138.

Demonte, V. y Masullo, P. (1999) "La predicación. Los complementos predicativos", en Bosque, I. y Demonte, V. (dirs.) *Gramática descriptiva de la lengua española*, Madrid: Espasa, vol. 2, pp. 2461–2524.

Fernández de Castro, F. (1999) *Las perífrasis verbales en el español actual*, Madrid: Gredos.

Fernández Leborans, M. J. (1999) "La predicación: las oraciones copulativas", en Bosque, I. y Demonte, V. (dirs.) *Gramática descriptiva de la lengua española*, Madrid: Espasa, vol. 2, pp. 2357–2460.

Fernández Ramírez, S. (1960) "Algo sobre la fómula *estar* + gerundio", en Alonso, D. *Studia Philologica. Homenaje ofrecido a Dámaso Alonso por sus amigos y discípulos con ocasión de su 60º aniversario*, Madrid: Gredos, vol. 1, pp. 509–516.

García Fernández, L. (2006) "Perífrasis verbales en español", en García Fernández, L. (dir.) *Diccionario de perífrasis verbales*, Madrid: Gredos, pp. 9–58.

García Fernández, L. (dir.) (2006) *Diccionario de perífrasis verbales*, Madrid: Gredos.

Gómez Torrego, L. (1999) "Los verbos auxiliares. Las perífrasis verbales de infinitivo", en Bosque, I. y Demonte, V. (dirs.) *Gramática descriptiva de la lengua española*, Madrid: Espasa, vol. 2, pp. 3323–3389.

González Rodríguez, R. (2013) "La negación de las perífrasis progresiva y resultativa", Ms. Universidad de Castilla-La Mancha, Departamento de Filología Hispánica y Clásica.

Havu, J. (1997) *La constitución temporal del sintagma verbal en español*, Helsinki: Academiæ Scientiarum Fennicæ.

Havu, J. (2011) "La evolución de la perífrasis del pasado reciente *acabar de* + infinitivo", en Cuartero, J., García Fernández, L. y Sinner, C. (eds.) *Estudios sobre perífrasis y aspecto*, Múnich: Peniope, pp. 158–179.

Hernández Paricio, F. (2011) "Problemas con *sin* (+ infinitivo)", en Escandell Vidal, M. V., Leonetti, M. y Sánchez López, C. (eds.) *60 problemas de gramática dedicados a Ignacio Bosque*, Madrid: Akal, pp. 373–381.

Laca, B. (2002) "Spanish 'aspectual' periphrases: Ordering constraints and the distinction between situation and viewpoint aspect", in Gutiérrez-Rexach, J. (ed.) *From words to discourse: Trends in Spanish semantics and pragmatics*, Amsterdam, Oxford: Elsevier, pp. 61–93.

Laca, B. (2004) "Romance 'aspectual' periphrases: Eventuality modification versus 'syntactic' aspect", en Guéron, J. y Lecarme, J. (eds.) *The syntax of time*, Cambridge, MA: The MIT Press, pp. 425–440.

Olbertz, H. (1998) *Verbal periphrases in a functional grammar of Spanish*, Berlín: Mouton de Gruyter.

[RAE-ASALE] Real Academia Española y Asociación de Academias de la Lengua Española (2009) *Nueva gramática de la lengua española*, Madrid: Espasa.

Smith, C. (1991) *The parameter of aspect*, Dordrecht, Boston, Londres: Kluwer.

Verkuyl, H. (1999) *Aspectual issues. Studies on time and quantity*, Stanford University: CSLI Publications.

Vincent, N. (2011) "Non-finite forms, periphrases, and autonomous morphology in Latin and Romance", en Maiden, M., Goldbach, M. y Smith, J. C. (eds.) *Morphological autonomy: Perspectives from Romance inflectional morphology*, Oxford/Nueva York: Oxford University Press, pp. 417–435.

Lecturas complementarias

Carrasco, Á. (2008) "<*Llegar a* + infinitivo> como conector aditivo en español", *Revista de la Sociedad Española de Lingüística*, 38, 1, pp. 67–94.

García Fernández, L. (2009) "Semántica y sintaxis de la perífrasis <*estar* + gerundio>", *Moenia*, 15, pp. 245–274.

García Fernández, L. y Carrasco Gutiérrez, A. (2008) "Perífrasis verbales con función de marcador del discurso. Contrarréplica a Olbertz (2007)", *Verba*, 35, pp. 439–447.

Laca, B. (2005) "Périphrases aspectuelles et temps grammatical dans les langues romanes", en Bat-Zeev Schyldkrot, H. y Le Querler, N. (eds.) *Les périphrases verbales*, Amsterdam: John Benjamins, pp. 47–66.

Yllera, A. (1999) "Las perífrasis verbales de gerundio y participio", en Bosque, I. y Demonte, V. (dirs.) *Gramática descriptiva de la lengua española*, Madrid: Espasa, vol. 2, pp. 3391–3441.

Entradas relacionadas

aspecto verbal; aspecto léxico; cuantificación; determinantes y artículos; gerundio y participio; gramaticalización; infinitivo; marcadores del discursivo; polaridad; *ser* y *estar*; sintagma verbal; tiempo gramatical: los tiempos compuestos; verbos auxiliares; verbos modales

POLARIDAD: AFIRMACIÓN Y NEGACIÓN

Raquel González Rodríguez

1. Introducción. El concepto de polaridad

La polaridad es una propiedad de las oraciones que determina si estas expresan que el estado de cosas descrito por la proposición correspondiente se da o no en el mundo extralingüístico. La adecuación entre el contenido proposicional y el mundo extralingüístico se expresa con la polaridad afirmativa o positiva: la inadecuación, con la polaridad negativa. Tanto la oración afirmativa de (1a) como la negativa de (1b) aluden a un estado de cosas en el que Luis es padre de dos individuos. La diferencia entre esas construcciones es que (1a) expresa que esa situación se da en el mundo extralingüístico mientras que (1b) señala lo contrario:

(1) a. Luis tiene dos hijos.
 b. Luis no tiene dos hijos.

Los conceptos de afirmación y negación no deben confundirse con los de verdadero y falso, respectivamente. Los primeros se aplican a las oraciones, esto es, a las unidades que resultan de aplicar las reglas gramaticales de una lengua, y manifiestan la adecuación o inadecuación de la situación descrita con el mundo extralingüístico. Los conceptos de verdadero y falso se aplican, en cambio, a las proposiciones, que son objetos semánticos que describen estados de cosas. Una proposición es verdadera cuando el estado de cosas que describe se da en el mundo extralingüístico y falsa en el caso contrario. Así, la proposición correspondiente a (1a) será verdadera si realmente Luis es padre de dos personas y falsa si, por ejemplo, no tiene hijos. El hecho de que se trate de una oración afirmativa no implica, por tanto, que la proposición correspondiente sea verdadera. Lo mismo ocurre con las proposiciones asociadas a las oraciones negativas. Estas pueden ser verdaderas o falsas: (1b), por ejemplo, será verdadera si Luis no es padre de dos individuos y falsa si lo es.

Los estudios sobre la polaridad se han ocupado básicamente de dos cuestiones. La primera de ellas es determinar las propiedades sintácticas y semánticas de las partículas de polaridad o, lo que es lo mismo, de las unidades que determinan que una oración sea afirmativa o negativa, como sucede con *sí* y *no*. Las partículas de polaridad pueden usarse como proformas oracionales o como modificadores del sintagma verbal. En el primer caso, remiten de forma anafórica a una oración previa y establecen cuál es su polaridad. Esto es lo que sucede cuando se emplean para responder a una pregunta (véase (2)) o para expresar acuerdo o desacuerdo con respecto a un enunciado previo (véase (3)). En (2) y (3) hemos marcado con cursiva las partículas que funcionan como una proforma oracional:

(2) A: ¿Aprobaste matemáticas?
B: {*Sí*, (sí) aprobé/*No*, no aprobé}.

(3) A: Marta es muy simpática.
B: {*Sí*, es muy simpática/*No*, no es muy simpática}.

Una propiedad que caracteriza a las partículas de polaridad como proformas oracionales es su independencia sintáctica. No están integradas en la oración, como indica la pausa entonativa que existe entre ellas y la estructura que las sigue (véanse (2)–(3)).

Además de como proformas oracionales, las partículas de polaridad pueden usarse, como ya hemos señalado, como modificadores del sintagma verbal. En estos casos están plenamente integradas en la oración en la que aparecen. Confieren polaridad afirmativa o negativa a la oración, por lo que expresan si el estado de cosas descrito se da o no en el mundo extralingüístico. Ilustramos este uso en los siguientes ejemplos, donde, a diferencia de lo que sucedía en (2)–(3), no hay pausa entonativa detrás de la partícula:

(4) a. Sí ha dirigido esa película.
b. No ha dirigido esa película.

La segunda de las cuestiones analizadas en el campo de la polaridad consiste en las restricciones distribucionales que presentan ciertas unidades o expresiones en relación con la polaridad oracional. A estas unidades o expresiones se las denomina *términos de polaridad* (TP). *Nada*, por ejemplo, es un TP, ya que requiere la presencia de la negación para quedar legitimado y no dar lugar a una oración mal formada:

(5) *(No) bebió *nada*.

En esta entrada abordaremos las dos cuestiones que acabamos de mencionar. El § 2 está dedicado a las propiedades de las partículas de polaridad; el § 3 se centra en los TP; y el § 4 presenta los aspectos relativos al campo de la polaridad que merecen una mayor atención.

2. Partículas de polaridad

Para analizar las propiedades de las partículas de polaridad comenzaremos señalando qué tipos de afirmación y negación existen. Una vez establecida esa tipología, veremos cómo se asocia con la posición estructural que ocupan las partículas de polaridad.

2.1. Clases de afirmación y negación

Como hemos señalado, las partículas de polaridad, como *sí* y *no*, determinan si una oración es afirmativa o negativa. Se trata de operadores que confieren valor afirmativo o negativo a la oración a la que se aplican (Bosque y Gutiérrez-Rexach 2009). En (6), por ejemplo, el operador negativo *no* es el responsable de que estemos ante una oración negativa:

(6) Esther no viajó a Dublín.

La misma situación encontramos en las oraciones afirmativas, ya sean neutras (véase (7a)) o enfáticas (véase (7b)). El hecho de que en (7a) no haya ninguna marca explícita de polaridad no significa que su valor de polaridad no esté determinado por un operador. Si el valor de polaridad de las oraciones depende de un operador, es necesario postular que las afirmativas neutras contienen un operador afirmativo. Lo que caracteriza a este operador, frente al resto, es que se trata de un operador nulo, esto es, sin manifestación fonética. Su presencia es la responsable de que la oración sea una afirmación neutra. La construcción de (7b), por su parte, es una afirmación enfática porque el operador de polaridad es *sí*:

(7) a. Esther viajó a Dublín.
    b. Esther sí viajó a Dublín.

Las oraciones afirmativas neutras y las enfáticas se asemejan en su polaridad positiva. La diferencia entre esas oraciones reside en que la afirmación enfática está asociada discursivamente a una presuposición negativa, mientras que esto no ocurre en el caso de la neutra (González Rodríguez 2007; Hernanz 2007). La construcción de (7b) solo resulta adecuada en un contexto en que se presupone que Esther no ha viajado a la capital de Irlanda, ya sea porque se ha emitido previamente el enunciado *Esther no viajó a Dublín* o porque se trata de información compartida por los hablantes. La afirmación enfática cambia el valor de polaridad de esa presuposición y refuerza, en consecuencia, la aserción. Además, esa clase de afirmación da lugar a enunciados eco, puesto que se reproduce una construcción anterior pero cambiando su polaridad. El diálogo de (8) ilustra cómo ese adverbio cambia la polaridad de una negación previa:

(8) A: Su marido no es muy hablador.
    B: Su marido sí es muy hablador.

La afirmación neutra, en cambio, no se relaciona con presuposición negativa alguna. Ello explica que no pueda usarse en un contexto como el de (9):

(9) A: Su marido no es muy hablador.
    B: #Su marido es muy hablador.

Existen contextos en que sucede lo contrario, es decir, entornos en que no es posible interpretar que se esté cambiando el valor de polaridad de una construcción previa. Nos estamos refiriendo a los inicios de discurso o las respuestas a una pregunta. En ellos no es posible que se haya emitido previamente la correspondiente construcción negativa ni que se presuponga. Por ello, es posible emplear una afirmación neutra pero no una enfática:

(10) A: ¿Cómo es su marido?
     B: {Es muy hablador/#Sí es muy hablador}. Siempre está contando historias.

En la bibliografía se ha afirmado que las oraciones negativas son el correlato de las afirmativas enfáticas, y no de las neutras. Las razones han sido dos. Por una parte, tanto las construcciones afirmativas enfáticas como las negativas contienen una partícula de polaridad, *sí* y *no*, respectivamente (véanse (7b)) y (6)). En las afirmativas neutras, en cambio, el operador de polaridad no está realizado fonéticamente (véase (7a)). Por otra parte, se ha considerado que las oraciones negativas, al igual que las afirmativas enfáticas, cambian el valor de polaridad de una presuposición. En este caso se negaría la correspondiente presuposición afirmativa. En otras palabras, una oración como la de (11) se emplearía para refutar que Juan es muy hablador, ya sea porque esa información se ha emitido previamente en el discurso o porque se presupone:

(11) Juan no es muy hablador.

Sin embargo, no es cierto que las oraciones negativas siempre se usen para refutar la correspondiente oración afirmativa, es decir, que la negación siempre reciba lo que se conoce como la lectura externa. Las construcciones negativas también pueden emplearse como declaraciones independientes, es decir, sin estar ligadas al discurso previo (Bosque 1980). Esto es lo que sucede cuando la partícula *no* se interpreta como una negación interna. En estos casos simplemente se expresa la ausencia del estado de cosas en cuestión. Nótese que si esta interpretación no existiera, las oraciones negativas no podrían emplearse para comenzar un discurso ni para responder a una pregunta, puesto que en esos contextos es imposible que se presuponga la correspondiente oración afirmativa. Pero eso no es lo que sucede:

(12) A: ¿Cómo es su marido?
B: No es muy hablador. Siempre está callado.

Consideramos, por tanto, que el correlato de la afirmación neutra es la negación interna, es decir, aquella en que no se refuta el discurso previo sino que simplemente se expresa la ausencia de un determinado estado de cosas. La contrapartida de la afirmación enfática es la negación externa, esto es, la que se emplea para refutar la presuposición afirmativa correspondiente y, en consecuencia, se asocia al discurso previo.

Antes de acabar esta sección quisiéramos señalar que todos los ejemplos propuestos hasta ahora son casos de negación oracional, puesto que el operador *no* niega en estos casos contenidos oracionales. Esta no es, sin embargo, la única posibilidad. Además de a una oración, la negación puede afectar a un sintagma o a una palabra. Ilustramos un caso de negación sintagmática en (13a), donde únicamente se refuta la información introducida por el sintagma que funciona como sujeto (*todos los alumnos*). En (13b) estamos ante un ejemplo de negación de palabra desencadenada por el prefijo negativo *im-*. Nótese que este no refuta todo el contenido oracional sino que la negación únicamente afecta a la palabra a la que se une el prefijo:

(13) a. No todos los alumnos participaron en la encuesta.
b. Encontrar ese libro es imposible.

Los operadores negativos, por tanto, pueden tener alcance sobre toda la oración o sobre un constituyente menor.

2.2. Posición de las partículas de polaridad en la estructura oracional

En la sección anterior hemos señalado que ha sido frecuente dar un tratamiento paralelo de la afirmación enfática y de la negación. Esta equiparación también se ha producido en los estudios que han abordado la posición estructural de las partículas de polaridad. Desde el trabajo de Laka (1990) se ha asumido que *sí* y *no* ocupan una proyección funcional situada por encima del Sintagma Tiempo: el Sintagma Sigma o Sintagma Polaridad:

(14)

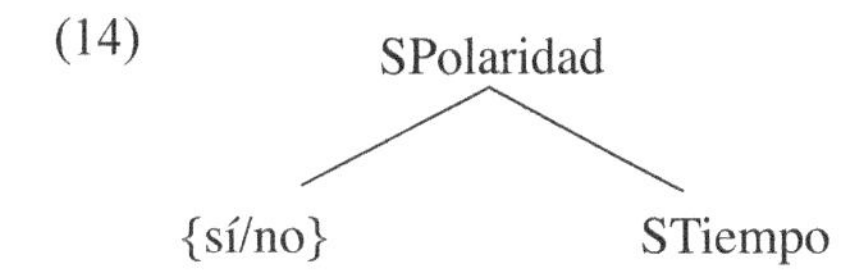

En trabajos posteriores se ha implementado este análisis. Se ha propuesto que si bien la posición de base de la partícula *sí* es el Sintagma Polaridad, esta unidad se desplaza posteriormente a una proyección funcional jerárquicamente superior, el Sintagma Foco (González Rodríguez 2007; Hernanz 2007; Batllori y Hernanz 2013). Ilustramos este análisis en (15), donde empleamos el tachado para marcar la copia que queda en la posición de base:

(15)

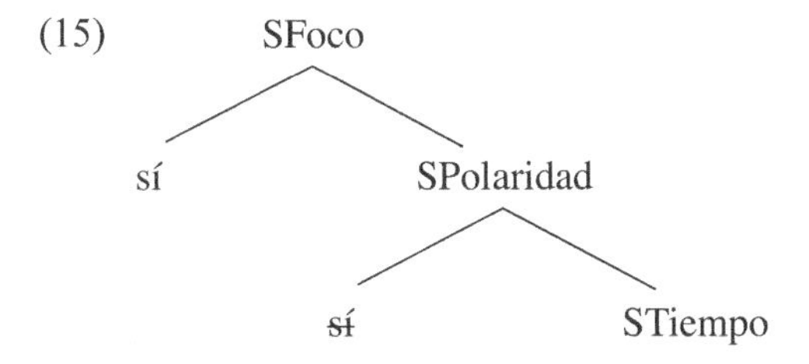

El Sintagma Foco pertenece a la periferia izquierda oracional, que es un área estructural compleja donde se codifica información de tipo discursivo (Rizzi 1997). Entre las proyecciones que ocupan esa área se encuentra el Sintagma Foco, que alberga a los focos contrastivos. Estos se caracterizan por recibir acento enfático y negar la asignación del valor que recibe uno de los constituyentes del enunciado previo otorgándole otro valor (Rooth 1992). Así, en (16), *una revista* es un foco contrastivo que niega la información introducida en el enunciado previo por el complemento directo (*un libro*) y le confiere un nuevo valor (empleamos las mayúsculas para marcar el acento enfático que recibe el foco contrastivo):

(16) A: Aitana ha leído un libro.
B: UNA REVISTA ha leído Aitana.

Los argumentos que se han esgrimido para defender que *sí* se desplaza del Sintagma Polaridad al Sintagma Foco se basan en el paralelismo semántico y sintáctico que existe entre esa partícula y los focos contrastivos. Desde un punto de vista semántico, González Rodríguez (2007) ha señalado que tanto los focos contrastivos como la afirmación enfática están asociados al discurso previo y, en concreto, refutan parte de la información introducida por él. La única diferencia es que mientras que *sí* cambia el valor correspondiente a la polaridad (véase (17)), los focos contrastivos asignan un nuevo valor a algún constituyente, como se muestra en (18), donde el foco contrastivo niega la información introducida por el sujeto:

(17) A: No ha mandado el correo.
B: Sí ha mandado el correo.

(18) A: Ha llegado Juan.
B: PEDRO ha llegado.

Desde un punto de vista sintáctico, existe un buen número de datos que ponen de manifiesto que la partícula *sí* y los focos contrastivos presentan un comportamiento paralelo. Uno de ellos es la imposibilidad de aparecer en oraciones con una periferia defectiva, es decir, en cláusulas que carecen de las proyecciones funcionales relacionadas con la estructura informativa, como es el Sintagma Foco. Eso sucede con las cláusulas absolutas de infinitivo y las oraciones de infinitivo, por lo que rechazan la presencia de focos contrastivos:

(19) a. *Al INGLÉS hablar perfectamente, consiguió el trabajo.
b. *EL INFORME acabar será fundamental.

La partícula *sí* presenta el mismo comportamiento (véase (20)), lo que constituye un argumento a favor de que se desplaza desde el Sintagma Polaridad al Sintagma Foco. Si se mantuviera en el Sintagma Polaridad, no podría explicarse la agramaticalidad de (20), puesto que el adverbio *no* sí que puede aparecer en esa posición (véase (21)):

(20) a. *Al sí hablar inglés perfectamente, consiguió el trabajo.
b. *Sí acabar el informe será fundamental.

(21) a. Al no hablar inglés perfectamente, no consiguió el trabajo.
b. No acabar el informe será un desastre.

De la exposición que acabamos de realizar se sigue que *sí* y *no* presentan un comportamiento diferente: las dos partículas se generan en el Sintagma Polaridad, puesto que son las responsables de determinar la polaridad de la oración, pero únicamente *sí* asciende al Sintagma Foco. Sin embargo, consideramos que la negación merece mayor atención. Recuérdese que en el apartado anterior señalamos la necesidad de distinguir entre la negación interna y la externa. Como hemos explicado, la primera es el correlato de la afirmación neutra mientras que la segunda lo es de la afirmación enfática. Este paralelismo ha llevado a González Rodríguez (2009a) a defender que la partícula *no* también se asimila a los focos contrastivos cuando se emplea para refutar la construcción afirmativa correspondiente. Al igual que *sí, no* asciende al Sintagma Foco si se trata de una negación externa. Por una parte, la negación externa también cambia parte de la información introducida en el discurso previo, puesto que modifica el valor de polaridad:

(22) A: Ha mandado el correo.
B: No ha mandado el correo.

Por otra parte, el comportamiento sintáctico de *no* cuando recibe la interpretación de negación externa es el mismo que el de *sí* y los focos contrastivos. Eso no sucede, en cambio, si se trata de una negación interna. Para poder demostrar que esto es así debemos recurrir a un contexto que excluya la lectura interna de la negación. Esto lo conseguimos si introducimos los siguientes modismos o expresiones lexicalizadas:

(23) a. (*No) tener mucho cuento.
b. (*No) hablar {en plata/por los codos/por boca de ganso…}.

Estos modismos se caracterizan por ser incompatibles con la negación, excepto si esta se interpreta como externa (Bosque 1980). En otras palabras, las oraciones de (23) solo admiten la negación si se interpretan como enunciados eco en los que se refuta la correspondiente oración afirmativa. Esas construcciones son, por tanto, idóneas para comprobar cuál es el comportamiento de la negación externa. Pues bien, en estos casos, la negación no puede aparecer en oraciones que carecen del Sintagma Foco (véase (24)), igual que sucede con *sí* y con los focos contrastivos (véanse (19) y (20)):

(24) a. *Al no hablar por los codos, le cuesta hacer amigos.
b. *No tener mucho cuento es positivo.

Nótese que *no* sí puede aparecer en esos contextos si estamos ante una negación interna. Eso es lo que sucede en (21), donde ningún elemento induce la lectura externa y obtenemos la interpretación interna, que es la que surge "por defecto".

La posición que ocupan las partículas de polaridad en la estructura oracional depende, por tanto, de si están vinculadas al discurso previo o no. Aunque todas se generan en el Sintagma Polaridad, las que cambian el valor de polaridad de una presuposición (la afirmación enfática y la negación externa) se desplazan luego al Sintagma Foco. Como hemos comprobado, su comportamiento es paralelo al de los focos contrastivos.

3. Los términos de polaridad y sus inductores

En este apartado analizaremos los TP y los contextos a los que estos elementos son sensibles, es decir, aquellos que legitiman su presencia o con los que resultan incompatibles. Comenzaremos describiendo las clases de TP y de contextos a los que son sensibles y, a continuación, expondremos los principales análisis que se han ofrecido para explicar las restricciones distribucionales de los TP.

3.1. Clases de inductores y términos de polaridad

Aunque existen estudios que se han centrado en el comportamiento de las partículas de polaridad, son más numerosos los que se han ocupado de analizar los TP y, en concreto, los términos de polaridad negativa (TPN). Estos se caracterizan por tener que estar bajo el ámbito (o dominio sintáctico) de la negación para poder aparecer en una oración. Presentan este comportamiento construcciones muy diversas (Bosque 1980; Sánchez López 1999). Enumeramos aquí las más representativas: a) palabras negativas (*ningún, nadie, nunca…*) cuando aparecen en posición posverbal (véase (25a)); b) superlativos de interpretación cuantitativa (véase (25b)); c) ciertos modismos (véase (25c)); d) sintagmas nominales sin determinación y con nombres no continuos (véase (25d)); e) sintagmas nominales con *alguno* pospuesto (véase (25e)); f) las conjunciones *ni* y *sino* (véase (25f)); g) ciertos adverbios y preposiciones temporales cuando modifican a predicados no durativos (véase (25g)):

(25) a. *(No) llamé a nadie.
b. *(No) perdona *la más mínima errata.*
c. *(No) *ve tres en un burro.*
d. *(No) he encontrado *persona más autoritaria que yo.*
e. *(No) han manifestado *queja alguna.*
f. *(No) han visto a Pedro *sino* a Luis.
g. *(No) me llamó *hasta las diez.*

Los términos de polaridad positiva (TPP) presentan el comportamiento opuesto al de los TPN, puesto que no pueden estar en el ámbito de la negación. Dentro de los TPP se han distinguido dos clases (González Rodríguez 2009b): la relacionada con la cuantificación de grado (véase (26)) y la asociada a las expresiones temporales (véase (27)):

(26) a. (*No) es *extremadamente listo.*
b. ¡*Qué salado* (*no) está el guiso!
c. (*No) han encontrado *como mucho cinco voluntarios.*

(27) a. (*No) hemos comido *ya.*
b. (*No) conozco a Pedro *desde que vivo en Madrid.*
c. (*No) viene *a veces* a merendar.

Cabe señalar, no obstante, que los TPP no son incompatibles con la negación si se trata de un enunciado eco, es decir, si constituye una réplica al correspondiente enunciado afirmativo. Prueba de ello es que una oración como *No han encontrado como mucho cinco voluntarios* no podría usarse en un contexto en que esa lectura no sea posible, como sucede en el comienzo de una conversación.

Los datos que hemos presentado ponen de manifiesto que los TPN son legitimados por el adverbio *no* (véase (25)) mientras que los TPP no pueden estar bajo su alcance (véanse (26) y (27)). Se considera por ello que *no* es un inductor de polaridad. Cabe señalar, no obstante, que la partícula *no* no es la única que legitima la presencia de los TPN y es incompatible con los TPP. Existen otros inductores de polaridad negativa como, por ejemplo, *poco* o *raramente*, las palabras negativas en posición preverbal y la preposición *sin*. En (28) mostramos que estos elementos legitiman la presencia de TPN y en (29) que son incompatibles con los TPP (marcamos con cursiva los TP y subrayamos los inductores de polaridad):

(28) a. <u>Raramente</u> dice *nada.*
b. <u>Ninguno</u> perdona *la más mínima errata.*
c. Llegó <u>sin</u> *prisa alguna.*

(29) a. *¡*Qué cansado* está <u>raramente</u> Juan!
b. <u>Ninguno</u> es *sorprendentemente listo.*
c. Salvará la empresa <u>sin</u> despedir *como mucho a diez empleados.*

Nótese que los TPN y los TPP son sensibles a los mismos contextos. La diferencia reside en que mientras que los primeros requieren estar en esos entornos, los segundos son incompatibles con ellos. Cabe señalar que no todos los TP son sensibles a todos los inductores; por ejemplo, el TPP *extremadamente* no puede co-ocurrir con el adverbio *no* (véase (26a)) pero sí con *raramente*:

(30) Sus alumnos raramente son extremadamente irresponsables.

En resumen, los TP son elementos cuya distribución está determinada por la presencia de una negación o una afirmación. Los TPN necesitan estar en el ámbito de una negación; los TPP son rechazados en esos entornos. Son inductores de polaridad aquellas expresiones que crean un contexto negativo y, por tanto, que legitiman la presencia de los TPN e imposibilitan la aparición de los TPP.

3.2. Perspectivas teóricas

Las restricciones distribucionales de los TP se han intentado explicar tanto desde una perspectiva sintáctica como desde una semántica. Los análisis sintácticos de la polaridad consideran que este fenómeno consiste en la concordancia de rasgos léxicos entre el inductor negativo y el TP, de forma que se plantean cómo se establece esa concordancia (Laka 1990; Bosque 1994), así como cuál es la relación estructural en que deben encontrarse el inductor y el TP (Progovac 1994; Uribe-Etxebarria 1994). En lo que respecta a la primera de esas cuestiones, los autores defienden, en líneas generales, que los TPN se legitiman al establecer una relación de concordancia núcleo-especificador con el inductor de polaridad (Laka 1990; Bosque 1994). Dicha relación es posible porque el TP asciende al especificador del Sintagma Polaridad, cuyo núcleo está ocupado por la negación. Una vez que el TP se ha movido al especificador de esa proyección se establece el mencionado proceso de concordancia y queda legitimado:

(31) No nos entregaron nada.
$[_{SPolaridad}$ $Nada_i$ $[_{Polaridad'}$ no]]$[_{ST}$ nos entregaron h_i]

En Bosque (1994) se ofrecen datos a favor de que los TPN se desplazan para ser legitimados. Como este autor señala, si los TPN ascienden al Sintagma Polaridad, no deberían poder aparecer en el interior de una isla sintáctica, es decir, en el interior de un constituyente desde el que no es posible extraer ningún sintagma. Esto es lo que sucede en (32), donde el TPN *ningún* se encuentra en el interior de un Sintagma Determinante encabezado por un posesivo. Estos sintagmas no permiten la extracción de ningún elemento, lo que impide que el TPN se desplace al Sintagma Polaridad para ser legitimado por la negación. Como consecuencia, la oración resulta agramatical:

(32) *No vi $[_{SD}$ tus fotos de ningún barco] (Bosque 1994).

Esta propuesta podría en principio extenderse a los TPP, que se desplazarían para entablar un proceso de concordancia con un operador afirmativo (Progovac 2000). Esto es lo que sucedería en (33) con el TPP *extremadamente*:

(33) Ese artista es extremadamente original.

Nótese, sin embargo, que a diferencia de lo que ocurre con los TPN, los TPP pueden aparecer en el interior de una isla sintáctica:

(34) Vi $[_{SD}$ tu foto de una bailarina extremadamente guapa].

Esto evidencia que los TPP no se desplazan al Sintagma Polaridad para ser legitimados. Lo mismo indica la construcción de (35), donde el TPP *cuántas asignaturas* aparece en una oración negativa. Si ese sintagma necesitara establecer una relación de concordancia con un operador positivo, no podría aparecer nunca en construcciones negativas:

(35) ¡Cuántas asignaturas no ha aprobado!

Estos datos muestran que, como apunta Giannakidou (1998: 19), los TPN están sometidos a un requisito de legitimación mientras que los TPP a uno de antilegitimación. La legitimación consiste en la necesidad de estar bajo el ámbito de un determinado operador, como le sucede a los TPN con la negación. La antilegitimación se produce cuando un elemento requiere estar fuera del alcance de un operador. Esta última situación es la que presentan los TPP, ya que no necesitan estar bajo el alcance de un operador afirmativo sino fuera del ámbito de la negación. Eso explica la gramaticalidad de (35). Aunque no detallaremos aquí cómo se establecen las distintas relaciones de alcance entre la negación y los cuantificadores, nótese que esta oración debe interpretarse como 'Hay muchas asignaturas que no ha aprobado', que es la lectura que surge cuando el sintagma *cuántas asignaturas* tiene ámbito mayor que la negación. No es posible, en cambio, la interpretación que se obtiene si el cuantificador está en el alcance de la negación ('Hay asignaturas que ha aprobado, y no son muchas').

Pasemos ahora a exponer los acercamientos semánticos a la polaridad. Estos defienden que la limitada distribución de los TP obedece a su semántica léxica. Desde esta perspectiva, son elementos sensibles a cierta propiedad del contexto en que se encuentran. Es la interacción de su semántica y de la del entorno en que aparecen la que permite explicar su distribución. Las cuestiones que se han abordado en los estudios semánticos de la polaridad han sido dos. La primera es qué propiedad tienen en común los contextos a los que son sensibles los TP, esto es, los inductores negativos. La segunda es por qué son los TP sensibles a esa propiedad. La respuesta que se ofrezca a la segunda de estas cuestiones dependerá de la que se dé a la primera, ya que la explicación que se proporcione de la limitada distribución de los TP habrá de diferir en función de la propiedad a la que sean sensibles.

La principal diferencia entre los análisis semánticos de los TP radica en cuál es en ellos la propiedad a la que son sensibles esos elementos. Algunos autores sostienen que los TP son sensibles a los operadores decrecientes (Ladusaw 1979; Wouden 1997, entre otros). Estos operadores se caracterizan por invertir la dirección de las inferencias. Esta propuesta ha sido criticada por autores como Giannakidou (1998) y (2011), quien señala que en griego existen contextos que no son decrecientes pero sí legitiman ciertos TP, como sucede con la prótasis de las condicionales. Esto lleva a Giannakidou a proponer que los TP son sensibles a los contextos no verídicos. Simplificando mucho, esos entornos se caracterizan por no expresar compromiso con respecto a la verdad de la proposición correspondiente. Esta descripción sí recoge el comportamiento de las condicionales como inductores de polaridad.

Sin embargo, la propuesta de Giannakidou también deja fuera algunas expresiones que funcionan como inductores de polaridad. Nótese que en (36) *solo* legitima el TPN *pegar ojo* y es un operador verídico, puesto que de esa oración se sigue que Juan durmió:

(36) Solo Juan pegó ojo.

Una vez expuestas las descripciones que se han ofrecido de los inductores de polaridad, pasemos a ocuparnos de la segunda de las preguntas planteadas por los acercamientos semánticos a la polaridad: por qué son los TP sensibles a una determinada propiedad. Independientemente de si se considera que esa propiedad es la de desencadenar inferencias de conjuntos a subconjuntos (operadores decrecientes) o la no veridicalidad, la limitada distribución de los TP se explica a partir de su semántica léxica. Se propone que la interpretación de los TP es incompatible con la de los contextos en que son rechazados. Las explicaciones difieren, por tanto, en función de cuál sea la interpretación de los TP. Para que se entienda mejor este planteamiento expondremos el análisis de *any* 'ningún' desarrollado por Kadmon y Landman (1993) y Chierchia (2004), quienes asumen la teoría de los operadores decrecientes. Según Kadmon y Landman, *ningún* amplía un dominio de cuantificación porque, en un Sintagma Nominal encabezado por *ningún*, este elemento amplía la interpretación del nombre. Así, en (37), *ningún* amplía, por ejemplo, el dominio inicial ilustrado en D1 al representado en D2:

(37) a. No tiene ningún ordenador.
b. D1 = {ordenadores que funcionan}
c. D2 = {ordenadores que funcionan, ordenadores que no funcionan}

Chierchia propone que las funciones que amplían un dominio de cuantificación deben estar universalmente cerradas. Esta operación de cierre está sometida a una condición de refuerzo, de modo que el resultado debe suponer una ganancia desde el punto de vista informativo. Esta propiedad y la de extender un dominio de cuantificación permiten explicar la distribución de *ningún*. Obsérvense las siguientes construcciones:

(38) a. No tengo ningún ordenador.
b. *Tengo ningún ordenador.

En (38a), la ampliación del dominio de cuantificación provocada por *ningún* da lugar a un refuerzo, dado que esa oración implica aquella en que no hay extensión alguna. Al tratarse de un contexto decreciente, se realizan inferencias de conjuntos a subconjuntos, de forma que el no tener ninguna clase de ordenadores, ya se trate de la de los que funcionan o la de los que no funcionan, implica no tener ordenadores de ese primer tipo:

(39) No tiene ningún ordenador, ni que funcione ni que no funcione → No tiene un ordenador que funciona.

En cambio, la condición de refuerzo no se cumple cuando *ningún* está en un contexto creciente, como sucede en (38b), lo que provoca su mala formación. El poseer una clase de ordenadores, independientemente de que sea de los que funcionan o de los que no, no implica tener alguno perteneciente al primer conjunto:

(40) Tiene algún ordenador, bien funcione o no –/→ Tiene algún ordenador que funciona.

La limitada distribución de *ningún* se explica, por tanto, a partir de sus propiedades semánticas y de las de los contextos a los que es sensible. Este tipo de análisis es el que proponen los acercamientos semánticos a la polaridad, aunque las propuestas varían en función de cuáles sean las propiedades semánticas del TP en cuestión y de en qué contexto es rechazado. En nuestra opinión, los acercamientos semánticos, a diferencia de los sintácticos, pueden extenderse sin problema a los TPP (Martí 2008; González Rodríguez 2009b).

Bibliografía

Batllori, M. y Hernanz, M. L. (2013) "Emphatic polarity particle in Spanish and Catalan", *Lingua*, 128, pp. 9–30.
Bosque, I. (1980) *Sobre la negación*, Madrid: Cátedra.
Bosque, I. (1994) "La negación y el principio de las categorías vacías", en Demonte, V. (comp.) *Gramática del español*, México: El Colegio de México, pp. 167–199.
Bosque, I. y Gutiérrez-Rexach, J. (2009) "La negación y la polaridad", en *Fundamentos de sintaxis formal*, Madrid: Akal, § 10.3, pp. 633–648.
Chierchia, G. (2004) "Scalar implicatures, polarity phenomena, and the syntax/pragmatics interface", en Belleti, A. (ed.) *Structures and beyond. The cartography of syntactic structures*, Oxford: Oxford University Press, pp. 39–103.
Giannakidou, A. (1998) *Polarity sensitivity as (non)veridical dependency*, Amsterdam: John Benjamins.

Giannakidou, A. (2011) "Negative and positive items", en Maienborn, C., Heusinger, K. von y Portner, P. (eds.) *Semantics: An international handbook of natural language meaning*, Berlín: Mouton de Gruyter, pp. 1660–1712.
González Rodríguez, R. (2007) "Sintaxis y semántica de la partícula de polaridad *sí*", *Revista Española de Lingüística*, 37, pp. 311–336.
González Rodríguez, R. (2009a) *La expresión de la afirmación y la negación*, Madrid: Arco Libros.
González Rodríguez, R. (2009b) *La gramática de los términos de polaridad positiva*, Cuenca: Universidad de Castilla-La Mancha.
Hernanz, M. L. (2007) "From polarity to modality: Some (a)ssymetries between *bien* and *sí* in Spanish", en Eguren, L. y Fernández Soriano, O. (eds.) *Coreference, modality, and focus*, Amsterdam: John Benjamins, pp. 133–169.
Kadmon, N. y Landman, F. (1993) "Any", *Linguistics and Philosophy*, 1, pp. 3–44.
Ladusaw, W.A. (1979) *Polarity sensitivity as inherent scope relations*, tesis doctoral, University of Texas.
Laka, I. (1990) *Negation in syntax: On the nature of functional categories and projections*, tesis doctoral, MIT.
Martí, L. (2008) "The semantics of plural indefinite noun phrases in Spanish and Portuguese", *Natural Language Semantics*, 16, pp. 1–37.
Progovac, L. (1994) *Positive and negative polarity: A binding approach*, Cambridge: Cambridge University Press.
Progovac, L. (2000) "Negative and positive feature checking and the distribution of polarity items", en Brown, S. y Przepiorkowski, H. (eds.) *Negation in Slavic*, Bloomington: Indiana University.
Rizzi, L. (1997) "The fine structure of the left periphery", en Haegeman, L. (ed.) *Elements of grammar*, Dordrecht: Kluwer, pp. 281–337.
Rooth, M. (1992) "A theory of focus interpretation", *Natural Language Semantics*, 1, pp. 75–116.
Sánchez López, C. (1999) "La negación", en Bosque, I. y Demonte, V. (dirs.) *Gramática descriptiva de la lengua española*, Madrid: Espasa, pp. 2561–2634.
Szabolcsi, A. (2004) "Positive polarity-negative polarity", *Natural Language and Linguistics Theory*, 22, pp. 409–452.
Uribe-Etxebarria, M. (1994) *Interface licensing conditions on negative polarity items: A theory of polarity and tense interactions*, tesis doctoral, University of Connecticut.
Wouden, T. van der (1997) *Negative contexts. Collocation, polarity and multiple negation*, Londres: Routledge.

Lecturas complementarias

Camus Bergareche, B. (2006) "La expresión de la negación", en Company Company, C. (dir.) *Sintaxis histórica de la lengua española: la frase verbal*, México: UNAM, pp. 1165–1252.
Escandell-Vidal, M. V. y Leonetti, M. (2009) "La expresión del *Verum Focus* en español", *Español Actual*, 92, pp. 11–46.
Hernanz, M.L. (2010) "Assertive *bien* in Spanish and the left periphery", en Benincà, P. y Munaro, N. (eds.) *Mapping the left periphery*, Oxford: Oxford University Press, pp. 19–62.
Holmberg, A. (2001) "The syntax of *yes* and *no* in Finnish", *Studia Linguistica*, 55, pp. 141–174.
Israel, M. (2011) *The grammar of polarity: Pragmatics, sensitivity and the logic of scales*, Cambridge: Cambridge University Press.
Martins, A. M. (2006) "Emphatic affirmation and polarity: Contrasting European Portuguese with Brazilian Portuguese, Spanish, Catalan and Brazilian", en Doetjes, J. y González, P. (eds.) (2004) *Romance language and linguistic theory*, Amsterdam: John Benjamins, pp. 197–223.
Martins, A. M. (2013) "Emphatic polarity in European Portuguese and beyond", *Lingua*, 128, pp. 95–123.
Reinhart, T. (1976) *The syntactic domain of anaphora*, tesis doctoral, MIT.

Entradas relacionadas

cuantificación; presuposición e implicatura; semántica; sintaxis

PREDICACIÓN

Melvin González Rivera

1. Introducción

La noción de predicación ha resultado ser muy importante y útil en el estudio de las lenguas naturales, así como del estudio del pensamiento humano en general, ya desde un enfoque filosófico y lingüístico. En la tradición occidental, la historia de la predicación puede dividirse, muy generalmente, en dos periodos, a saber: pre-Frege (-1879) y post-Frege (1879+). Hay nociones de predicación desde un periodo muy temprano en la filosofía de Platón, Aristóteles y Leibniz, y, posteriormente, en los trabajos de Frege, Tarski, Russell, Quine y Davidson, entre algunos autores que han sentado los cimientos sobre este tema (Hengeveld 1992; Meixner 2009; Strawson 1959). En la tradición lingüística la predicación es una noción semántica que hace referencia a una condición relativa al significado de las expresiones (Bosque y Gutiérrez-Rexach 2009). En otras palabras, un predicado es un tipo de expresión que no es completa por sí misma y requiere la presencia de argumentos para completarse o saturarse (García Murga 2002). La estructura general de una oración predicativa sería la siguiente: Φ $(\alpha_1,\ldots, \alpha_N)$. En la representación anterior Φ es un predicado que selecciona $(\alpha_1,\ldots, \alpha_N)$ argumentos sin una estructura sintáctica particular -i. e., selecciona *n* argumentos sin ningún orden predeterminado (cf. Chomsky 1965). Los verbos, por ejemplo, seleccionan un número determinado de argumentos, es decir, tienen una *aridad* o *adicidad* específica. Dada esta condición, podemos reconocer intuitivamente la agramaticalidad de las oraciones siguientes:

(1) *Pepe compró.

(2) *El profesor dice un libro.

(3) *Considero a Pepe cansado.

(4) *Veo a María inteligente.

En (1) el predicado verbal *comprar* establece una relación entre el objeto comprado (x), o su argumento interno, y aquel que lleva a cabo el evento descrito por este (y), o su argumento externo: *comprar* [x, y]; es decir, *comprar* selecciona como mínimo dos argumentos. Si uno de estos argumentos no está presente, ni puede ser recuperado contextualmente, la secuencia resultante es agramatical. Una vez suplimos el argumento requerido, la oración resultante es gramatical: $[Pepe]_y$ *compró* $[un\ libro]_x$. En la oración (2), en cambio, la agramaticalidad surge porque el verbo *decir* selecciona una oración: *El profesor dice* $_O$[*que vayas a verle a su oficina*]. El predicado no solamente impone su ariedad sino también la forma o estructura que deben tener sus argumentos.

Tanto en (1) como en (2), las restricciones que impone el predicado son sintácticas o categoriales. No obstante, las restricciones del predicado pueden ser semánticas, como en (3–4): *considerar* selecciona predicados de nivel individual o aquellos que denotan características o propiedades que se atribuyen a un individuo o a una clase de individuos y que no están sujetas normalmente a variación temporal (e.g., *inteligente, chileno, simpático*), mientras que *ver* selecciona predicados de estadio, es decir, aquellos que designan propiedades o estados sujetos a cambio temporal de un individuo o una clase (e.g., *cansado, enfermo, averiado*) (Bosque y Gutiérrez-Rexach 2009; cf. Carlson 1977). Si modificamos los adjetivos en (3–4), la secuencia resultante es gramatical: *Considero a Pepe inteligente* y *Veo a Pepe cansado.*

En las secciones que siguen discutiremos las nociones de predicado y argumento, de valencia y saturación, así como otras nociones sintácticas y semánticas relevantes para el tema en cuestión.

2. Predicados y argumentos

Como mencionamos en la introducción, la predicación es una noción semántica, que tiene a su vez repercusión en la estructura oracional. Podemos reconocer dos clases de elementos, a saber, los *predicados* y los *argumentos*. Los predicados indican propiedades o relaciones, mientras que los argumentos hacen referencia a los individuos. En la lógica de predicados se propone una tercera clase de elementos: los *cuantificadores*, es decir, aquellos elementos que cuantifican (*todo, algunos, unos*). Los predicados denotan las características que pueden tener los objetos o las situaciones en las que participan tales objetos. *Ser profesor*, por ejemplo, es una propiedad aplicable a objetos. En otras palabras, el predicado *ser profesor* agrupa al conjunto de todos los objetos o individuos que sean profesores. Podemos decir entonces que los predicados crean conjuntos de objetos. Una expresión P 'ser profesor' es un predicado oracional si denota una clase o un conjunto de entidades. Por otro lado, x es un argumento de P si x denota un individuo de los que contiene el conjunto asociado con P. La relación de predicación es pues una relación que se establece entre un predicado y un argumento.

La noción de predicado puede verse también desde un enfoque funcional, en el sentido matemático de *función* —i. e., una relación entre conjuntos: objetos, individuos, etc.—. Según este punto de vista, al predicado se le denomina *función proposicional*. La combinación de una función proposicional P y su argumento x produce una proposición completa (o pensamiento o *Gedanke*, según Frege) que puede ser evaluada como verdadera o falsa a partir de una situación o modelo M:

(5) $P(x)$ es verdadera si y solo si la denotación de x pertenece al conjunto denotado por P (cf. Bosque y Gutiérrez-Rexach 2009).

Una de las relaciones principales que se establece en una oración es aquella que se establece entre un sintagma nominal (SN) sujeto y el predicado oracional, que suele ser un verbo o sintagma verbal (SV) y sus complementos. Denominamos función proposicional a esta relación: F ({x, y, …}), en la que F es una relación funcional (*ser profesor*, *caminar*, *casarse con*), mientras que *x*, *y*, etc., son los argumentos (objetos o individuos). Al combinarse un sintagma verbal con el sujeto, tenemos una proposición o pensamiento completo:

(6) F(x), *ser profesor*(*x*): Juanito es profesor.

(7) F(x), *caminar*(*x*): María camina.

(8) F(x,y), *casarse con*(*x*,*y*): Pepe se casó con Ana.

Los ejemplos (7) y (8) no representan problemas mayores para el análisis lingüístico: en (7) el sintagma verbal *caminar* atribuye una propiedad a un individuo. Nótese que, en la realización de la relación funcional F(x), la función permanece constante, mientras que *x*, es decir, su argumento, puede variar: *Pepe*$_y$ *camina*, *Ana*$_z$ *camina*, *Juanito*$_w$ *camina*. Si asumimos, como en (7), que la denotación del nombre propio *María* es *x* y que la de *caminar* es el conjunto formado por los individuos {*x*, *y*, *z*, *w*}, es decir, las entidades que *caminan* en la situación considerada son *x*, *y*, *z*, *w*, podemos concluir entonces que la oración (7) establece una relación de predicación entre *María* y *caminar* pues el individuo *x* pertenece al conjunto {*x*, *y*, *z*, *w*}, esto es, al conjunto de individuos que *caminan*. Esto nos permite establecer que (7) es una proposición verdadera (en su *extensionalidad* —i. e., todas aquellas instancias en que se considere la proposición verdadera—). El ejemplo (8) puede analizarse en términos similares: la función proposicional se establece entre dos individuos: F(x,y), en la que F es el nombre de la relación funcional *casarse con* y (x,y) son los argumentos centrales de la función. Dado el conjunto A de los objetos e individuos, A = {*María*, *Pepe*, *Ana*, *Juanito*, *libro*, *coche*, …}, podemos establecer funciones de A en A:

(9) Pepe se casó con Ana.

(10) Pepe se casó con María.

(11) Pepe se casó con Pepe.

El ejemplo (6), aunque admite un análisis similar, nos plantea el problema del enlace o cópula. Un planteamiento fundamental en las teorías sobre la predicación es si los verbos copulativos como *ser* y *estar* en español son esenciales para establecer la relación de predicación. Para Frege, por ejemplo, la cópula es semánticamente irrelevante. Este planteamiento no es del todo errado si tomamos en cuenta que hay lenguas en las que la relación de predicación logra establecerse sin la mediación de ningún material copulativo (e. g., ruso, árabe). Aun en español hay oraciones que carecen de material copulativo, pero en ellas se establece claramente la relación de predicación: cláusulas reducidas (12–14), frases nominales exclamativas (15), entre otras oraciones en las que hay estructuras de predicación sin verbo (16) (cf. González-Rivera 2010; Gutiérrez-Rexach y González-Rivera 2014):

(12) Considero a $_{CR}$[Pepe simpático].

(13) María pintó $_{CR}$[la casa azul].

(14) Pepe hizo a $_{CR}$[María muy feliz].

(15) $_{FN}$[Muy cariñosa Ana].

(16) Juanito$_i$ $_{PRED}$[muy amable él$_i$] me saludó.

Los ejemplos (12–16) pueden ser interpretados como *Pepe es simpático*, *La casa es azul*, *María es muy feliz*, *Ana es muy cariñosa* y *Juanita es muy amable*, respectivamente. Algunos autores plantean que los verbos copulativos y los adjetivos forman una expresión cuya función semántica es atribuir una propiedad o establecer una relación de membresía —i. e., en la oración (6) lo que se predica es que *Juanito* es miembro del conjunto de individuos que tienen la propiedad de *ser profesor*: Juanito $\in$ profesor—. Una solución es asumir que no solamente los verbos son predicados y, por lo tanto, seleccionan determinados argumentos, pero proponer que la noción de predicación es transcategorial y que aplica a verbos, adjetivos, nombres, entre otras categorías léxicas, según veremos más adelante.

3. Valencia y saturación

Para que se establezca la relación de predicación, todos los constituyentes o argumentos que requiere el predicado deben ser provistos explícita o implícitamente. Los constituyentes requeridos por el predicado constituyen la valencia de ese predicado. El verbo *dar*, por ejemplo, es un predicado triádico, es decir, requiere la presencia de tres argumentos, *el que da*, *aquello que se da* y *a quien se le es dado*: *dar* [x, y, z]. Si uno de sus argumentos no está presente, la oración es agramatical y no tendríamos una proposición completa:

(17) [Pepe]$_x$ dio [un anillo]$_y$ [a Juanita]$_z$.

(18) *Pepe dio.

El requisito de realización de los argumentos de un predicado es la *valencia* del predicado y constituye su *estructura argumental*, la cual puede ser definida de la siguiente manera:

Definición 1. La estructura argumental es la representación en la entrada léxica de un predicado —i. e., verbos, ciertos nombres y adjetivos, y preposiciones— de los argumentos que necesitan para estar saturados (García Murga 2002: 228).

En otras palabras, un predicado necesita satisfacer todos los constituyentes por los que subcategoriza. A esta condición se la conoce como *requisito de saturación argumental completa* (Bosque y Gutiérrez-Rexach 2009). Una vez todos los argumentos están presentes, ningún otro argumento puede ser suplido pues la secuencia resultante sería agramatical (19). A esto se le conoce como el *principio de saturación* (cf. Chung y Ladusaw 2004). No nos es posible entonces eliminar o insertar argumentos arbitrariamente, sino aquellos requeridos por el predicado.

(19) *[Pepe]$_x$ dio [un anillo]$_y$ [a Juanita]$_z$ [a Ana]$_z$.

El número de argumentos que requiera un predicado dependerá de su aridad. Hay diferentes tipos de predicados, según su estructura argumental: *predicados monádicos* (un argumento) y *predicados poliádicos* (*diádicos* o dos argumentos, *triádicos* o tres argumentos, *tetrádicos* o cuatro argumentos y *pentádicos* o cinco argumentos, etc.), entre otros. A continuación proveemos una lista de verbos, según su tipo de predicado o estructura argumental:

Tabla 1 Predicados verbales según su estructura argumental

Estructura argumental de predicados verbales	
Predicados monádicos	*caminar, llorar*
Predicados diádicos	*amar, leer*
Predicados triádicos	*dar, preferir*
Predicados tetrádicos	*comprar, vender*

Los predicados verbales tetrádicos y pentádicos son poco comunes en español. *Comprar* es un ejemplo de un verbo que requiere cuatro argumentos, a saber: *el que compra, lo que compra, a quien se lo compra* y *el precio del objeto comprado*: *Ana compró un libro a Pepe por cinco euros*. Ahora bien, hay predicados verbales que bien admiten la no realización de uno de sus argumentos o admiten, en ciertas construcciones, una modificación en su estructura predicativa. *Comer* y *morir* son ejemplos de predicados verbales que admiten variación en su estructura predicativa: el primero es un verbo diádico que, sin embargo, permite la no realización de uno de sus argumentos, el que se infiere por la naturaleza misma del verbo:

(20) María comió Ø.

(21) María comió patatas.

El argumento interno de *comer* no tiene que realizarse explícitamente, como en (20). No obstante, por la naturaleza propia del verbo *comer* se infiere que, al comer, necesariamente se come algo, ya sea patatas (21) o cualquier otro objeto comestible. En el segundo ejemplo, *morir*, la estructura predicativa de este verbo es monádica: *Pepe murió*. Nos es posible, sin embargo, construir expresiones predicativas poliádicas con este verbo: *Pepe murió por una mujer*. Con *correr* sucede algo similar: bien podemos correr como actividad física (*Ana corre*) o bien podemos presentarnos para un puesto político (*Ana corre para la posición de primer ministro*) (cf. Deaño 1975).

Por último, hay predicados verbales que seleccionan cero argumentos —e. g., *llover*, *nevar*—. En realidad, aunque estos verbos no seleccionan semánticamente un argumento, sintácticamente sí. En los últimos modelos de la gramática generativa se estipula el *principio de proyección*, según el cual *toda representación sintáctica es una proyección del léxico, en tanto que deben satisfacerse las propiedades de subcategorización de las piezas léxicas*; así como el *principio de proyección extendida*, que requiere de la obligatoriedad de un sujeto (Chomsky 1981; cf. Bosque y Gutiérrez-Rexach 2009). En el caso de los predicados verbales *llover* y *nevar* el sujeto sintáctico sería representado por el sujeto pronominal no explícito, tácito o nulo:

(22) pro llueve.

(23) pro nieva.

4. Estructura argumental

Hasta el momento hemos visto solamente estructuras predicativas de los sintagmas verbales. En realidad, los sintagmas nominales y los sintagmas adjetivales tienen también estructura argumental. En el caso de los nombres, aquellos que denoten clase, conjunto de individuo o propiedades de estos pueden interpretarse como predicados. Si analizamos el ejemplo (6), repetido aquí como (24), vemos que *profesor* denota una propiedad de *Juanito*. Si, como Frege, asumimos que los verbos copulativos son semánticamente irrelevantes y, por lo tanto, carecen de estructura argumental, el único candidato para proveer una posición argumental es el nombre común *profesor*. Son pues los nombres comunes (e. g., *libro*, *mesa*, *profesor*), los que pueden funcionar como predicados en tanto son aplicables a más de una entidad. Los nombres propios como *Juanito* o *San Juan* no tendrán posición argumental en tanto no denotan clases, conjuntos o propiedades.

(24) Juanito es profesor.

Higginbothan (1985) propone que el único argumento requerido de los nombres comunes es el determinante con el que se combinan:

(25) libro(x): el • libro

Este tipo de saturación por combinación determinante-nombre se conoce como *saturación por ligado*. El resultado de esta combinación es una expresión dotada de contenido referencial: *libro* denota una clase o conjunto de objetos; *el libro*, en cambio, puede referirse a un objeto particular. Nótese que la saturación de un sintagma verbal por un sintagma nominal argumental es diferente a la saturación por ligado. A la saturación de un predicado verbal por su argumento interno, Higginbotham la denomina *saturación por marcado temático. El partido de fútbol*, por ejemplo, satura la posición que proporciona *confiscar* en (26):

(26) Los árbitros confiscaron el partido de fútbol.

En (26), *el partido de fútbol* se asocia interpretativamente con el predicado verbal *confiscar*, y desempeña un rol o papel temático con respecto a él, según veremos en la sección siguiente. El verbo marca entonces el sintagma nominal, que a su vez lo satura. Hay nombres, por otro lado, cuya estructura argumental es más sofisticada. *Partido* tiene una estructura argumental más compleja, es decir, requiere dos argumentos: el determinante y el tipo de partido en cuestión: *el partido de fútbol*, *de baloncesto*, etc. Hay otros nombres comunes, los denominados *nombres deverbales* que, al igual que el ejemplo anterior, tienen una estructura predicativa compleja en tanto heredan la estructura argumental del verbo del que proceden: *estudiante* 'estudiar', *destrucción* 'destruir', *demostración* 'demostrar', *lanzamiento* 'lanzar', entre otros (cf. *hipótesis lexicalista*, Chomsky 1970). Consideremos los siguientes ejemplos:

(27) el estudiante de matemáticas

(28) la destrucción de la ciudad (por los rebeldes)

(29) la demostración del teorema (por Pepe)

(30) el lanzamiento del cohete (por la NASA)

En (27–30), el sintagma preposicional (SP) introduce el argumento interno de los nombres deverbales. Estos nombres participan pues de dos tipos o procesos de saturación: por ligado y por marcado. En (27) el SP *de matemáticas* introduce el argumento interno de *estudiante*; mientras que en (28–30) el SP encabezado por la preposición *de* satura el argumento interno del nombre deverbal y el segundo SP, encabezado por la preposición *por*, satura el argumento externo de este. (28–30) pueden ser reescritas:

(28') Los rebeldes destruyeron la ciudad.

(29') Pepe demostró el teorema.

(30') La NASA lanzó el cohete.

Los adjetivos también poseen estructura argumental. En una oración copulativa, el verbo sirve de enlace o unión entre el sujeto y lo que se predica de este: *María es inteligente* (cf. Dikken 2006). En la oración anterior, el adjetivo *inteligente* es el atributo o predicado nominal del sujeto *María*, quien a su vez satura la posición argumental provista por el adjetivo. A continuación proveemos una lista de nombres y adjetivos según su estructura argumental (Bosque y Gutiérrez-Rexach 2009):

Tabla 2 Predicados nominales y adjetivales según su estructura argumental

Estructura argumental de predicados nominales y adjetivales		
	Nominales	*Adjetivales*
Predicados monádicos	venida	azul
Predicados diádicos	búsqueda	lleno
Predicados triádicos	embajador	superior
Predicados tetrádicos	viaje	transportable

Algunos ejemplos de estos predicados nominales y adjetivales son los siguientes:

A) Predicados nominales:

(31) la venida [del Presidente]

(32) [su] búsqueda [de la verdad]

(33) [nuestro] embajador [de España] [en Bolivia]

(34) [tu] viaje [de Lima] [a Cuzco] [en bus]

B) Predicados adjetivales:

(35) el cielo [azul]

(36) [el jarrón] está lleno [de agua]

(37) [Juan] es superior [a nosotros] [en matemáticas]

(38) [estos alimentos] no son transportables [desde Alemania] [hasta Argentina] [por carretera]

Las preposiciones también pueden analizarse en términos similares en tanto tienen una estructura argumental simple o compleja. La preposición *de* es monádica, es decir, solamente exige un argumento: *de ladrillo* en la secuencia *la casa de ladrillo*; *entre*, por otro lado, es una preposición diádica, esto es, requiere de dos argumentos: *entre tú y yo*.

5. Estructura temática y eventiva

La entrada léxica de un predicado debe indicar el número de argumentos que requiere ese predicado para estar saturado. Como vimos anteriormente, el verbo *dar* tendría la siguiente entrada léxica (39), en la que se indica que selecciona o requiere tres argumentos.

(39) dar [x, y, z]

(40) $[\text{Pepe}]_x$ dio $[\text{un libro}]_y$ $[\text{a María}]_z$

Esta representación no nos permite determinar qué papel desempeñan los argumentos con relación a su predicado. Intuitivamente sabemos que en la oración (40) *alguien da algo a alguien* o, si seguimos la gramática tradicional, esta oración tiene un sujeto (aquel que hace la acción), un objeto directo (aquello que se ve afectado por el verbo) y un objeto indirecto (aquel que se beneficia de la acción del verbo). A este tipo de interpretación semántica se la denomina *estructura temática*:

Definición 2. La estructura temática de un predicado es la representación semántica en su entrada léxica de los papeles temáticos que selecciona (García Murga 2002: 231).

La estructura temática de un predicado es pues una variante enriquecida de su estructura argumental. En otras palabras, es una variante que tiene información sobre la naturaleza semántica de los argumentos que el predicado selecciona. Decimos entonces que los argumentos desempeñan o tienen un *papel* o *rol temático* en relación con el predicado que lo selecciona:

Definición 3. El papel o rol temático de un argumento es la función semántica específica que cumple ese argumento respecto al núcleo en cuya estructura argumental se sitúa (García Murga 2002: 231).

Uno de los principales debates sobre la teoría de la estructura temática es que no hay un consenso sobre la cantidad y el tipo de papeles temáticos que existen, ni la forma para identificarlos. A pesar de esto, es una forma útil de clasificar los argumentos según la relación semántica que establezcan con el predicado. Algunos roles temáticos se dan a continuación:

a) Agente: el participante o entidad que lleva a cabo la acción

(41) $[\text{Pepe}]_{agente}$ empujó el coche hasta el garaje.

b) Tema: el participante o entidad que resulta afectado por el suceso o la acción

(42) Pepe empujó $[\text{el coche}]_{tema}$ hasta el garaje.

c) Experimentante: el participante o entidad que percibe o experimenta un suceso

(43) [El perro]$_{\text{experimentante}}$ vio al gato.

d) Beneficiario: el participante o entidad que recibe el beneficio de la acción o suceso

(44) María dio un libro [a Pepe]$_{\text{beneficiario}}$.

e) Destino: el lugar hacia donde se dirige el tema

(45) Pepe empujó el coche hasta [el garaje]$_{\text{destino}}$.

f) Origen: el lugar desde donde se inicia el movimiento del tema

(46) Los libros se cayeron del [escritorio]$_{\text{origen}}$ al piso.

g) Localización: el lugar donde se sitúa un participante o una entidad

(47) Los libros están encima de la [mesa]$_{\text{localización}}$.

h) Instrumento: la herramienta o el medio con el que se realiza la acción

(48) Ana golpeó a Pepe con un [bastón]$_{\text{instrumento}}$.

Algunos autores introducen otros papeles temáticos (cf. Bosque y Gutiérrez-Rexach 2009). Sin embargo, los arriba mencionados son los que se proponen con más frecuencia. Otros autores introducen el rol temático de *Paciente* que, en ocasiones, suele utilizarse en lugar de *Tema*. El Paciente suele definirse como *la entidad o participante que sufre el efecto de la acción*. Si analizamos las oraciones (49) y (50), observamos que hay diferencias interpretativas entre un Tema y un Paciente:

(49) Pepe tiró [la piedra]$_{\text{tema}}$.

(50) Pepe rompió [la piedra]$_{\text{paciente}}$.

En ambos ejemplos *la piedra* resulta afectada. No obstante, en (49) cambia de posición, es decir, se mueve; mientras que en (50) se ve directamente afectada, cambia su estructura física. Aunque la interpretación semántica es sutil ha motivado el que algunos mantengan una diferencia entre ambos roles temáticos.

A partir de los papeles o roles temáticos, podemos enriquecer la estructura predicativa de los predicados. El verbo *dar* tendría la siguiente entrada léxica:

(51) dar [Agente, Tema, Beneficiario]

en la que los papeles temáticos han sustituido las variables *x*, *y* y *z*. Se ha propuesto además el *Criterio Temático*, que exige que (i) todo argumento recibe un solo papel temático, y (ii) todo papel temático se asigna a un solo argumento (cf. Chomsky 1981). No podría ser el caso entonces que *Juanito* en la oración *Juanito compró un billete de avión* sea a la misma vez Agente y Tema.

Hay varias ventajas y desventajas sobre la motivación de la teoría de la estructura temática. Entre las desventajas se señalan la cantidad de roles temáticos que debemos asumir, cómo podríamos estar seguros de que se han asignado correctamente en el análisis semántico, cómo deben ordenarse en la estructura argumental, cuán primitivos y universales son los roles temáticos que asumamos, entre otras posibles desventajas. La ventaja de postular su existencia radica en que nos permitiría considerar *clases semánticas naturales* y entender las relaciones semánticas que establecen los predicados con sus argumentos (cf. Baker 1988; Jackendoff 1990).

En el análisis propuesto, los roles temáticos se asignan a los argumentos de los predicados. No obstante, hay adjuntos entre estos modificadores adverbiales y sintagmas preposicionales que se interpretan como argumentos del predicado. En el ejemplo (48), *Ana golpeó a Pepe con un bastón*, el sintagma preposicional *con un bastón* se interpretaría sintácticamente como un adjunto o un complemento circunstancial en la gramática tradicional. El acto de golpear requiere un instrumento (*bastón*, *mano*, etc.) con el que efectivamente pueda llevarse a cabo el evento descrito por el predicado. Lo mismo sucede con el verbo *portarse*, que requiere de un modificador adverbial:

(52) El niño se portó mal en la escuela.

(53) El niño se portó mal.

(54) *El niño se portó en la escuela.

La agramaticalidad de (54) nos sugiere que el modificador adverbial *mal* no es un adjunto, pero tampoco podría tratarse como un argumento del predicado verbal en tanto no recibiría rol temático, infringiendo el Criterio Temático. Davidson (1967) sugiere que estos adjuntos o complementos circunstanciales no son argumentos del predicado principal, pero funcionan como predicados monádicos independientes, cuyo único argumento es un *argumento eventivo*. En otras palabras, los verbos que describen sucesos introducen en la representación semántica un argumento eventivo, sobre el que se puede asignar propiedades. Así pues, los verbos que describen eventos tendrán un argumento específico para designar esas entidades eventivas. A este argumento se le asigna la variable (e). La estructura argumental de *pintar* en (55) sería como en (56):

(55) Ana pintó un cuadro con un pincel en su habitación junto a la ventana ayer en la madrugada.

(56) Pintar: P [x, y, e]

La oración (50) afirma la existencia de un evento, a saber, *pintar*, que tiene propiedades (haberse realizado con un pincel, etc.). La representación semántica, en términos davidsonianos, sería como sigue:

(57) $\exists e \exists x\, (S(x) \wedge P(a, x, e) \wedge C(e) \wedge H(e) \wedge V(e) \wedge A(e) \wedge M(e))$, en la que e es una variable sobre eventos, S es ser cuadro, a es Ana, P es pintar, C es con pincel, H es en la habitación, V es junto a la ventana, A es ayer, y M es por la madrugada.

La representación (57) se lee de la siguiente manera: Existe una situación en la que Ana pintó un cuadro y el suceso ocurrió con un pincel y el suceso ocurrió en su habitación y el suceso ocurrió junto a la ventana y el suceso ocurrió ayer y el suceso ocurrió por la madrugada (García Murga 2002).

6. Conclusión

En esta entrada hemos discutido la noción de predicación. Como indicáramos, la predicación es una noción semántica que hace referencia a una condición relativa al significado de las expresiones. Un predicado es un tipo de expresión que no es completa por sí misma, pero que necesita la presencia de argumentos para completarse o ser saturado. Como hemos visto, los predicados (verbos, nombres, adjetivos) seleccionan un número determinado de argumentos; en otras palabras, tienen una aridad específica, que constituye su estructura argumental. Esta estructura argumental puede ser enriquecida con la postulación de estructuras temáticas y eventivas.

Bibliografía

Baker, M. (1988) *Incorporation. A theory of gramatical function changing*, Chicago: University of Chicago Press.
Bosque, I. y Gutiérrez-Rexach, J. (2009) *Fundamentos de sintaxis formal*, Madrid: Akal.
Carlson, G. (1977) *Reference to kinds in English*, Nueva York: Garland.
Chomsky, N. (1981) *Lectures on government and binding*, Dordrecht: Foris.
Chomsky, N. (1965) *Aspects of the theory of syntax*, Cambridge, MA: The MIT Press.
Chung, S., y Ladusaw, W.A. (2004) *Restriction and saturation*, Cambridge, MA: The MIT Press.
Davidson, D. (1967) "The logical form of action sentences", en Rescher, N. (ed.), *The logic of decision and action*, Pittsburgh: University of Pittsburgh Press, pp. 81–95.
Deaño, A. (1975) *Introducción a la lógica formal*, Madrid: Alianza.
Dikken, M. den (2006) *Relators and linkers. The syntax of predication, predicate inversion, and copulas*, Cambridge, MA: The MIT Press.
García Murga, F. (2002) *El significado: una introducción a la semántica*, Múnich: LINCOM Europa.
González-Rivera, M. (2011) *On the internal structure of Spanish verbless clauses*, tesis doctoral, The Ohio State University.
Gutiérrez-Rexach, J. y González-Rivera, M. (2014) "Spanish predicative verbless clauses and the left periphery", en Dufter, A. y Octavio de Toledo, S. (eds.), *Left sentences peripheries in Spanish: Diachronic, variationist and typological perspectives*, Amsterdam: John Benjamins.
Higginbotham, J. (1985) "On semantics", *Linguistics Inquiry*, 16, pp. 547–594.
Jackendoff, R. (1990) *Semantic structures*, Cambridge, MA: The MIT Press.
Meixner, U. (2009) "From Plato to Frege: Paradigms of predication in the history of ideas", *International Ontology of Metaphysics*, 10, pp. 199–214.
Milsark, G. (1977) "Towards an explanation of certain peculiarities of the existential construction in English", *Linguistic Analysis*, 3, pp. 1–29.
Strawson, P. F. (1959) *Individuals: An essay in descriptive metaphysics*, Londres: Methuen & Co. Ltd.

Lecturas complementarias

Alsina, A. (2001) "On the nonsemantic nature of argument structure", *Language Sciences*, 23, pp. 355–389.
Alsina, A. (1996) *The role of argument structure in grammar: Evidence from Romance*, Stanford, CA: CSLI Publications.
Bowers, J. (2001) "Predication", en Baltin, M. y Collins, C. (eds.) *The handbook of contemporary syntactic theory*, Oxford: Blackwell, pp. 299–333.
Bowers, J. (1993) "The syntax of predication", *Linguistic Inquiry*, 24, pp. 591–656.
Demonte, V. (1991) "La realización sintáctica de los argumentos: el caso de los verbos preposicionales", en *Detrás de la palabra. Estudios de gramática del español*, Madrid: Alianza, pp. 69–115.

Napoli, D.J. (1989) *Predication theory: A case study for indexing theory*, Cambridge: Cambridge University Press.
Rappaport, M. y Levin, B. (1988) "What to do with Theta-Roles", en Wilkins, W. (ed.), *Syntax and semantics 21, Thematic Relations*, Nueva York: Academic Press, pp. 7–36.

Entradas relacionadas

complementos y objetos; cuantificación; *ser* y *estar*; sintagma verbal; sujetos

PREFIJOS Y SUFIJOS

María Tadea Díaz-Hormigo

1. La explicación gramatical

En la lingüística actual, el término *morfema* hace referencia a cada una de las unidades mínimas dotadas de significado, o signos mínimos (uniones de significado y significante), que pueden distinguirse en la estructura interna de la palabra. En este sentido, pueden citarse las definiciones de *morfema* de N. S. Trubetzkoy (1939: 270), que lo caracteriza como "un complexe de phonèmes qui figure dans plusiers mots et qui s'y trouve lié à la même signification matérielle ou formelle", y A. Martinet (1960: 23), quien afirma que el *morfema* "es una unidad de dos caras; por una parte, el significado, su sentido o su valor, y por otra parte, el significante, que reviste forma fónica y que está compuesto de unidades de la segunda articulación. Estas últimas son llamadas fonemas".

La clasificación de los morfemas (unidades mínimas significativas o signos mínimos) que propone la mayoría de los autores en sus diversos estudios (cf. Hjelmslev 1928; Alarcos 1951; Martinet 1960 y 1968; Pottier 1964, 1967 y 1972; Roldán 1967; Carratalá 1980) implica una distinción entre, por una parte, los denominados lexemas, semantemas, pleremas o monemas léxicos:

(1) a. in*útil*
b. *car*tero
c. en*negr*ecer

y, por otra, los gramemas, morfemas, monemas gramaticales, morfemas gramaticales o formantes:

(2) a. *in*útil
b. cart*ero*
c. pijam*it*a
d. *en*negr*ecer*

Así, B. Pottier (1967: 53–54), por ejemplo, establece que, en la mayoría de las lenguas, se encuentran dos clases de morfemas, esto es, de signos lingüísticos mínimos, que no son descomponibles desde el punto de vista sincrónico: los morfemas lexicales o lexemas y los morfemas gramaticales o formantes. Los morfemas lexicales o lexemas pertenecen a inventarios ilimitados y abiertos, pues, por ejemplo, no sabemos cuántos radicales verbales existen en español, e incluso tomamos frecuentemente radicales extranjeros como préstamos. Los morfemas gramaticales o formantes pertenecen a inventarios limitados y cerrados, ya que, por ejemplo, es finita la lista de los sufijos, y, además, es imposible la creación por parte del individuo de nuevos morfemas gramaticales.

Los morfemas gramaticales o formantes pueden a su vez ser clasificados. En efecto, si atendemos a la distribución en la palabra de los morfemas o unidades mínimas significativas, se observa, tal como indica, entre otros, M. Álvarez García (1979: 14–15), que hay una serie de morfemas que siempre preceden o aparecen antepuestos al lexema, los cuales reciben la denominación de *prefijos*:

(3) a. *in*útil
 b. *super*desagradable
 c. *hidro*avión
 d. *entre*líneas

morfemas que siempre siguen o aparecen pospuestos al lexema, a los cuales se les conoce con el nombre de *sufijos*:

(4) a. cart*ero*
 b. azul*ado*
 c. musico*logía*
 d. papel*ucho*

morfemas que aparecen insertos en el lexema, a los cuales se les conoce con el nombre de *infijos*:

(5) a. pijam*it*a
 b. cas*on*a
 c. lej*it*os
 d. ques*it*o

morfemas constituidos por secuencias discontinuas de prefijo y sufijo que rodean o circundan al lexema, a los cuales se les conoce con el nombre de *circunfijos*:

(6) a. *en*negr*ec*er
 b. *en*mud*ec*er
 c. *en*riqu*ec*er
 d. *en*torp*ec*er

y, además, elementos situados entre el prefijo y el lexema o entre este y el sufijo, que son llamados, generalmente, por los diferentes autores *interfijos*:

(7) a. en*s*anchar
 b. cursi*l*ería
 c. cafe*t*era
 d. rousso*n*iano

aunque también, por parte de otros autores, como veremos en el § 2, son llamados *infijos*, ya que la delimitación y definición de los términos y conceptos *interfijo* e *infijo* plantean dificultades.

Asimismo, establece M. Álvarez García (1979: 16–17) que las unidades mínimas significativas denominadas *prefijos*, *infijos* y *circunfijos* pertenecen al conjunto de los morfemas facultativos. Se considera que son facultativos los morfemas que pueden aparecer o no con determinada clase gramatical o categoría lingüística. Por su parte, en el conjunto de los *sufijos* pueden ser distinguidos sufijos que son morfemas facultativos y sufijos que son morfemas constitutivos. Se considera que son constitutivos los sufijos que sí deben acompañar o aparecer necesariamente con una determinada categoría lingüística. Sirvan como ejemplos de sufijos que son morfemas constitutivos aquellos que en las categorías lingüísticas sustantivo y adjetivo son indicadores del género y del número, y en algunas lenguas, donde existe declinación casual, indicadores del caso:

(8) a. carter*o*
b. niñ*a*
c. hombre*s*
d. árbol*es*
e. ros*am* (latín)

así como los que para la categoría lingüística verbo en español indican la persona, el número, el tiempo, el modo, el aspecto, etc.:

(9) a. cant*ábamos*
b. tem*es*
c. part*iréis*
d. romp*ieron*

y el sufijo español *-mente*, que indica que estamos ante un adverbio:

(10) a. suave*mente*
b. gentil*mente*
c. amable*mente*
d. triste*mente*

Por tanto, una posible división de estos morfemas gramaticales constitutivos, también denominados flexivos o categorizadores, es de acuerdo con el criterio de la categoría lingüística con la que obligatoriamente aparecen, resultando la división de los mismos en morfemas flexivos nominales, adjetivales, verbales y adverbiales. Asimismo, hay que tener en cuenta, además, que "los *morfemas constitutivos* forman unos sistemas muy cerrados, donde es muy difícil que pueda aparecer un nuevo elemento porque este hecho supondría una perturbación grande en el sistema existente, mientras que los *morfemas facultativos* constituyen unos sistemas mucho más abiertos, donde es más fácil que puedan entrar formas nuevas sin que esto suponga un gran desequilibrio para las ya existentes" (Álvarez Martínez 1979: 17).

Por su parte, los morfemas facultativos pueden ser clasificados de modo general según el lugar que ocupan en la palabra con relación al lexema. En este sentido, tal como hemos establecido y ejemplificado antes, distinguimos morfemas facultativos que aparecen en la cadena hablada antepuestos al lexema, los cuales, por tanto, configuran el conjunto de los morfemas facultativos antepuestos y son denominados *prefijos*; morfemas facultativos que aparecen en la cadena hablada pospuestos al lexema, que constituyen el conjunto de los morfemas facultativos pospuestos y se denominan *sufijos*; morfemas facultativos que aparecen en la cadena hablada insertos en el lexema, que constituyen el conjunto de los morfemas facultativos insertos y reciben el nombre de *infijos*, y morfemas facultativos que aparecen en la cadena hablada circundando al lexema, que constituyen el conjunto de los morfemas facultativos de posición antepuesta y pospuesta al lexema, que son denominados *circunfijos*. Ahora bien, M. Álvarez García indica también que, además de este criterio, un morfema facultativo puede ser definido y diferenciado de los otros teniendo en cuenta otros criterios, como, entre otros:

a) según si cambia o no la categoría lingüística de la base con la que se combina, lo que nos permite hablar de prefijación y sufijación homogéneas, si el prefijo y el sufijo no cambian la categoría lingüística de la base con la que se combinan:

(11) a. campeón$_N$, *bi*campeón$_N$
b. azul$_A$, azul*ado*$_A$

y hablar de prefijación y sufijación heterogéneas, si el prefijo y el sufijo sí cambian la categoría lingüística de la base con la que se combinan, aunque, en el caso de los prefijos, este cambio casi nunca se produce:

(12) a. vender$_V$, vende*dor*$_N$
b. húmedo$_A$, humed*ecer*$_V$

b) según la categoría lingüística de las bases con las que se combinan, lo que nos permite distinguir prefijos y sufijos desustantivales, que son los que se pueden combinar con un sustantivo:

(13) a. caspa$_N$, *anti*caspa
b. deporte$_N$, deport*ista*

prefijos y sufijos deadjetivales, que son los que se pueden combinar con un adjetivo:

(14) a. honesto$_A$, *des*honesto
b. útil$_A$, util*idad*

y prefijos y sufijos deverbales, que son los que se pueden combinar con un verbo:

(15) a. fabricar$_V$, *pre*fabricar
b. mover$_V$, mov*ible*

si bien un mismo prefijo o sufijo puede incluirse en más de un tipo;

c) según la categoría lingüística a la que pertenecen las formaciones a las que da lugar, lo que nos permite distinguir prefijos y sufijos sustantivales, también llamados nominales o nominalizadores, pues la categoría lingüística de las formaciones resultantes es la de sustantivo:

(16) a. determinación, *auto*determinación$_{N}$
b. alumno, alumn*ado*$_{N}$

prefijos y sufijos adjetivales, ya que intervienen para la formación de adjetivos:

(17) a. útil, *in*útil$_{A}$
b. enfermo, enferm*izo*$_{A}$

y prefijos y sufijos verbales, porque las formaciones resultantes son verbos:

(18) a. plantear, *re*plantear$_{V}$
b. suave, suav*izar*$_{V}$

si bien, al igual que indicamos respecto a los del apartado anterior, un mismo prefijo o sufijo puede incluirse en más de un tipo;

d) según la oposición semántica que puede establecerse entre el prefijo o sufijo que analizamos y otros morfemas facultativos prefijos y sufijos con los que pueda conmutarse teniendo como base el mismo u otro lexema, lo que implica la previa delimitación del significado o del valor o matiz significativo transmitido por cada prefijo y sufijo:

(19) a. *uni-* 'cuantificador: uno solo': *unifamiliar*
b. *-edo*, *-da* 'lugar en que abunda lo indicado por el nombre primitivo': *alameda*, *viñedo*, *rosaleda*

para distinguir prefijos sinónimos y sufijos sinónimos:

(20) a. prefijos de 'negación': *a-* (*atípico*); *des-* (*desfavorable*); *im-* (*imprudente*)
b. sufijos de 'acción y efecto': *-a* (*compra*), *-e* (*avance*), *-o* (*atropello*), *-da* (*llegada*), *-do* (*secado*), *-dura* (*mordedura*), *-zón* (*hinchazón*), *-ción* (*idealización*), *-miento* (*agudizamiento*)

y también prefijos homónimos y sufijos homónimos:

(21) a. *des-*$_{1}$ 'negación': *desconfiar*; *des-*$_{2}$ 'inversión': *desabrochar*; *des-*$_{3}$ 'privación': *desnatado*; *des-*$_{4}$ 'exceso o demasía': *deslenguado*; *des-*$_{5}$ 'fuera de': *deshora*; *des-*$_{5}$ 'afirmación': *despavorir*
b. *-ero*$_{1}$ 'carácter o condición moral': *altanero*, *embustero*, *traicionero*; *-ero*$_{2}$ 'oficio, ocupación, profesión o cargo': *librero*, *campanero*; *-ero*$_{3}$ 'utensilios, muebles': *billetero*, *perchero*, *llavero*; *-ero*$_{4}$ 'lugar donde abunda o se deposita algo': *hormiguero*, *basurero*; *-ero*$_{5}$ 'árboles frutales': *limonero*, *melocotonero*

y e) según la forma o formas por medio de las cuales un morfema facultativo prefijo o sufijo se manifiesta, de lo que resultará la delimitación de las variantes formales o alomorfos de tales prefijos y sufijos:

(22) a. *im*paciente, *i*legal, *i*nútil
b. *a*político, *an*alfabeto
c. testarud*ez*, grand*eza*
d. terqu*edad*, emotiv*idad*

Resulta también adecuada la distinción, en el ámbito de la prefijación y en el ámbito de la sufijación, entre, por un lado, la denominada prefijación apreciativa o subjetiva y la prefijación no apreciativa u objetiva y entre, por otro lado, la denominada sufijación apreciativa o subjetiva y la no apreciativa. Los llamados prefijos y sufijos apreciativos, subjetivos, afectivos o expresivos se caracterizan por la no alteración semántica de la base y porque sirven para expresar sentimientos, afectos, juicios de valor, etc., añadidos a la palabra que se toma como base, pero sin cambiar, por lo general, la categoría lingüística de esta:

(23) a. *super*desagradable
b. *requete*guapa
c. papel*ucho*
d. amor*cito*

Estos prefijos y sufijos difieren del conjunto de los considerados semánticamente objetivos o no apreciativos, ya que estos alteran en mayor grado el contenido semántico de la base a la que se añaden:

(24) a. *re*leer
b. *ante*ayer
c. rega*dera*
d. alegr*ía*

y, además, como puede comprobarse en los ejemplos citados y en otros de párrafos anteriores, los que son sufijos dan lugar casi siempre a un cambio de la categoría lingüística de la base a la que se añaden.

Los sufijos apreciativos o subjetivos se vienen dividiendo tradicionalmente en sufijos diminutivos, aumentativos, meliorativos y peyorativos:

(25) a. muñequ*it*o, perr*it*o, becerr*ill*o
b. padr*azo*, alet*azo*, bellot*azo*
c. muchach*ot*e, coch*azo*, fortun*ón*
d. medic*astr*o, voz*arrón*, gent*uza*, negr*uzc*o

si bien, como veremos en el § 2, resultan problemáticas tanto la determinación de si un sufijo es o no apreciativo como la determinación de si un determinado sufijo apreciativo es diminutivo, aumentativo, meliorativo o peyorativo.

Los sufijos apreciativos o subjetivos diminutivos, aumentativos, meliorativos y peyorativos que aparecen insertos en el lexema se denominan infijos.

(26) a. grit*it*o
b. martill*azo*
c. pis*azo*
d. libr*ac*o

Y también resulta problemática, como referiremos en el § 2, la determinación de si un infijo es diminutivo, aumentativo, meliorativo o peyorativo.

Otras distinciones en los ámbitos de la prefijación y la sufijación son, por una parte, entre la denominada prefijación culta y la prefijación vulgar, y, por otra, entre la denominada sufijación culta y la denominada sufijación vulgar. Los prefijos cultos —también denominados seudoprefijos o prefijoides— y los sufijos cultos —igualmente también denominados seudosufijos o sufijoides— son aquellos que coinciden con palabras procedentes de las lenguas cultas, sobre todo, del latín y el griego, que intervienen en la formación de palabras, pero que no tienen vida independiente en la lengua, aunque se trate de palabras de estas otras lenguas cultas:

(27) a. *hidro*avión
b. *neo*catolicismo
c. *eco*sistema
d. musico*logía*
e. color*terapia*

Todos los demás son prefijos y sufijos vulgares. Ahora bien, entre los prefijos vulgares pueden diferenciarse aquellos que coinciden con preposiciones de la lengua y se denominan por ello prefijos vulgares preposicionales:

(28) a. *entre*líneas
b. *ante*cámara
c. *contra*espionaje
d. *sobre*cargar

y los que no lo son, porque siempre aparecen trabados a lexemas:

(29) a. *in*útil
b. *pre*fabricar
c. *re*plantear
d. *a*normal

2. Dificultades y problemas

Como ya hemos indicado, una de las dificultades es la delimitación y definición de los conceptos "interfijo" e "infijo". En efecto, Y. Malkiel (1958: 107) define el interfijo como "el segmento, siempre átono y falto de significado propio, entre el radical y el sufijo de ciertos derivados, por ejemplo el elemento *-ar-* en *hum*-ar-*eda*, *polv*-ar-*eda*, palabras que no es lícito descomponer en *humar-eda* y *polvar-eda*, por no existir ni haber existido nunca, que sepamos, las fases intermedias **humar* y **polvar* como formaciones independientes". A diferencia del interfijo, el infijo "implica el concepto de un inserto dentro de un cuerpo estrechamente unido: eso parece en *flōre*-sc-ō frente a *flōre*-ō. Dada la ausencia de **hum-eda* y **polv-eda*, parece inadmisible calificar de *inserto* el elemento -ar-". Sin embargo, F. Lázaro Carreter (1953: 237–238) identifica ambos conceptos, ya que define el infijo como el "afijo que se introduce en el interior de una palabra. Por ejemplo, el infijo *-ar-*, en las palabras *humareda*, *polvareda*" y señala que para designar este elemento morfológico se han empleado otros nombres, entre ellos el de interfijo, que "ha sido aceptado por Y. Malkiel (1958), que propone distinguir «un interfijo anterior o postprefijo (*en*-s-*anch*-ar), muy raro en español, de un interfijo posterior o antesufijo (*polv*-ar-*eda*) bastante común". Por su parte, B. Pottier (1953: 171) define los infijos como "elementos que siguen a la raíz y nunca modifican la clase de esta. A muy grandes rasgos corresponden a lo que se designa con el nombre de 'diminutivos' y 'aumentativos'". Por tanto, el interfijo según Y. Malkiel carece de significado, mientras que el infijo según Y. Malkiel y B. Pottier posee significado, pues, incluso en el caso de que sean diminutivos o aumentativos, tienen, al menos, valor connotativo, ya que añaden siempre aspectos afectivos a la palabra en cuestión. Además, tal como indica E. Martínez Celdrán (1978), es posible la conmutación de los infijos:

(30) a. cas*on*a
b. cas*uch*a
c. cas*it*a
d. cas*az*a

produciéndose con el cambio del afijo un cambio del valor semántico. Por tanto, según Martínez Celdrán (1978: 450), "no hay posible duda sobre su carácter morfemático. Esto es, el infijo es un verdadero morfema con todas las características de estos: puede ser conmutado, posee valor semántico, se inserta en medio de una palabra existente en el idioma y pertenece a un conjunto cerrado. Este análisis es imposible con cualquiera de los interfijos". En efecto, en *humareda* o *polvareda* no se puede realizar la omisión o conmutación del elemento *-ar-*, ni este puede formar parte del sufijo *-eda* que encontramos sin incremento en *arboleda, alameda, pineda*, etc., ni está inserto en una palabra existente ya en el idioma, ni posee contenido o valor semántico, por lo que no puede ser considerado un signo lingüístico ya que le falta la cara del contenido, sino que su aparición es obligatoria con esa raíz y con ese sufijo, aunque en otros casos su presencia es opcional, como, por ejemplo, en:

(31) a. *jardin*c*illo*, frente a *jardinillo*
b. *alcala*d*ino*, frente a *alcalaíno*

Es decir, según Martínez Celdrán (1978: 450), "el interfijo no es un morfema. Por consiguiente el interfijo no puede ser incluido entre la clase de los afijos y por tanto tampoco su nombre le conviene en puridad si evoca esta clase, pues está fuera de duda que los afijos son morfemas". Se trata más bien de un elemento transitorio o de enlace, ya que su función consiste precisamente en servir de enlace entre los distintos morfos que constituyen la palabra, por lo que está situado entre los niveles fonológico y morfológico, o sea, en el nivel intermedio denominado ya por Trubetzkoy nivel morfofonológico, tratándose, en consecuencia, de un elemento morfofonológico y no de un morfema, ya que no es una unidad gramatical puesto que carece de contenido, sino que solo es un segmento de la expresión que une o eslabona expresiones que tienen contenidos gramaticales o contenidos léxicos. Establece también este autor que, por su parte, el infijo es un tipo o una simple variante terminológica del sufijo que simplemente refleja un diferente proceso de segmentación, ya que la forma y el significado del sufijo son siempre las mismas en, por ejemplo:

(32) a. pijam*it*a
b. cas*it*a
c. poem*it*a

esto es, la forma *-it-* y el significado "diminutivo". Se trata, por tanto, de una sola categoría morfológica, la de los sufijos, con una serie de variantes terminológicas que hacen referencia a las diferentes segmentaciones de la palabra en lexema-(eslabón)-sufijo-género y número:

(33) puebl-(ec)-*it*-o-s
lexema-sufijo-(eslabón)-modo y tiempo-número y persona:

(34) dorm-*it*-(á)-ba-mos
lexema-infijo-final del lexema, etc.:

(35) problem-*it*-a

Por otra parte, resulta problemática la determinación de si un prefijo o un sufijo es apreciativo o subjetivo o es no apreciativo u objetivo, llegando en ocasiones a depender tal resolución del contenido semántico de la base, del énfasis o de la entonación con que se emita una formación. Y resulta también difícil la determinación de si un determinado sufijo o infijo apreciativo es diminutivo, aumentativo o peyorativo. Todo ello implica la delimitación de las características y valores semántico-estilísticos de los sufijos apreciativos. Confróntense, en este sentido, los diferentes valores semánticos que expresan los sufijos e infijos catalogados tradicionalmente como diminutivos de las siguientes expresiones:

(36) a. Esta tarde me he leído un libr*it*o de 20 páginas
b. Vamos, hij*it*a, tómate ya el cald*it*o
c. Se dijeron unas cuantas palabr*it*as
d. ¡Vaya con el mediqu*it*o que nos ha visitado!
e. Me gustaría perder unos kil*it*os y tener una tall*it*a menos.

Otras dificultades y problemas surgen de que la clasificación de los morfemas facultativos, también denominados morfemas derivativos, y las ulteriores divisiones y subdivisiones tanto de los morfemas facultativos antepuestos o prefijos como de los morfemas facultativos pospuestos o sufijos, conforman uno de los aspectos de otro de los campos de estudio de la morfología: el de los mecanismos de creación y formación de palabras complejas por derivación.

En efecto, existe cierta discrepancia respecto a si la prefijación hay que considerarla un mecanismo o procedimiento de composición o de derivación. Así, mientras que M. F. Lang (1990: 35) señala que "la prefijación constituye un área homogénea dentro de la derivación", M. Alvar Ezquerra (1993) incluye la prefijación con elementos vulgares en la composición y la prefijación con elementos cultos en la derivación, basándose en el hecho de que en la prefijación "se utilizan elementos que pueden presentarse de forma independiente en la lengua. Sin embargo, los elementos cultos no tienen vida independiente, por más que su origen sean palabras de otras lenguas" (Alvar Ezquerra 1993: 21). Así, "es tal la dificultad teórica existente que hay quienes optan por hablar de *prefijación*, *sufijación* y *composición*, sin mencionar para nada la *derivación*" (Alvar Ezquerra 1993: 21). Pero la inclusión del mecanismo de la prefijación vulgar en la composición implicaría la definición del mecanismo de la composición como procedimiento en el que participan dos o más unidades, no necesariamente léxicas, que pueden aparecer libres en la lengua. La derivación habría que definirla como el procedimiento de formación de palabras en el que hay un elemento de carácter gramatical que no puede aparecer de modo independiente. Sin embargo, tales definiciones llevarían a considerar como mecanismo de la composición solo la prefijación con prefijos vulgares que coinciden con preposiciones y como mecanismo de la derivación la prefijación con prefijos cultos y con prefijos vulgares que no coinciden con preposiciones. Desde nuestro punto de vista, el establecimiento de esta serie de precisiones no conduciría más que al enmarañamiento en la explicación del fenómeno, pues, además, por lo general, la composición es caracterizada unánimemente como unión o combinación de dos o más lexemas o unidades léxicas que pueden aparecer libres e independientes en la lengua (cf. Lang 1990: 22; Alvar Ezquerra 1993: 20; Almela Pérez 1999: 145; Varela Ortega 2005: 73). A pesar de esta caracterización del mecanismo de la composición, nos encontramos, sin embargo, como hemos dicho, la consideración de los denominados *prefijos vulgares*, que "coinciden con preposiciones" (Alvar Ezquerra 1993: 39), como elementos de la composición por parte de Alvar Ezquerra (1993: 21 y 39–43), sin atender este autor a que, aunque puedan funcionar como prefijos y aparecer también de forma independiente, las preposiciones no son unidades léxicas ni a que, tal como él mismo parece implícitamente admitir a juzgar por los ejemplos, no todos los prefijos vulgares coinciden con preposiciones y estos, por tanto, no tienen existencia independiente o separable.

También hay autores, como, por ejemplo, Lang (1990: 221), Almela Pérez (1999: 57–59) y Varela Ortega (2005: 58–59), que emiten determinados comentarios sobre el hecho de que los tipos de prefijación con adverbios y preposiciones podrían ser considerados ejemplos de composición, según estudios particulares que han realizado algunos lingüistas, si bien los autores citados optan (cf. Lang 1990: 221; Almela Pérez 1999: 59; Varela Ortega 2005: 59), por diferentes razones, aunque actuando en coherencia con la definición de composición formulada, por incluirlos en la derivación.

Asimismo, también en relación con este aspecto de los desajustes entre la definición de composición y los medios o procesos que la composición y la derivación abarcan, se ha de hacer mención especial a las dudas expresadas por muchos autores, como, entre otros, Almela Pérez (1999), Alvar Ezquerra (1993), Lang (1990) y Varela Ortega (2005). Estos autores se cuestionan sobre la inclusión de la formación de palabras con temas cultos o elementos cultos de origen grecolatino como mecanismo o bien de la prefijación y de la sufijación o bien de la composición. En este sentido, Lang (1990: 97 y 221) y Alvar Ezquerra (1993: 21, 38 y 49–50) concluyen que, puesto que los elementos cultos para la formación de palabras funcionan, aunque no de manera exactamente idéntica, casi enteramente como los demás afijos, y, además, no tienen vida independiente en la lengua, por más que su origen sean palabras de otras lenguas, hay que incluir la formación de palabras con elementos cultos en la prefijación o en la sufijación. Por su parte, Almela Pérez (1999: 59, 62, 104, 133 y 154–160) y Varela Ortega (2005: 18–19, 59–60 y 73–74) sostienen que estos elementos cultos se diferencian en muchos aspectos de los afijos, por lo que las combinaciones en las que los elementos cultos aparecen con un lexema patrimonial, con otro tema culto o con otro elemento culto son formaciones compuestas. Y así, puesto que pueden o formar por sí mismos compuestos o bien unirse a un lexema patrimonial y formar un compuesto, son elementos de la composición y, de hecho, llamados pro-compuestos por Almela Pérez (1999: 154–160).

Estas divergencias en la ubicación y caracterización de, sobre todo, el proceso de la prefijación, que vienen a mostrar que tal vez sea este el mecanismo de formación de palabras más difícil de delimitar, pueden deberse, en parte, a la disparidad de las formas que se agrupan bajo la denominación de *prefijos*. En efecto, tal como indican Almela Pérez (1999: 62) y Varela Ortega (2005: 58), los prefijos pueden ser preposiciones españolas, preposiciones griegas y latinas que no han pasado a nuestra lengua como morfemas libres o preposiciones separables, adverbios, adjetivos, cuantificadores, e incluso lexemas de carácter culto y palabras acortadas que pueden coincidir con temas grecolatinos. Está claro que el prestar atención al alineamiento agrupado de formas tan diversas bajo el nombre de *prefijos* lleva consigo fuertes discrepancias a la hora de proceder a insertar el fenómeno global de la prefijación en el ámbito de la formación de palabras, dando lugar, como decimos, a que su ubicación sea sumamente inestable y su caracterización, confusa.

3. Hacia una caracterización de los conceptos "prefijo" y "sufijo"

Los morfemas (unidades mínimas significativas o signos mínimos) que conforman las palabras pueden ser divididos en a) por una parte, los denominados lexemas, semantemas, pleremas o monemas léxicos:

(37) a. im*paciente*
b. *perr*itos
c. *mes*it*a*
d. ine*narr*able
e. en*nobl*ecer

y b) por otra parte, los llamados gramemas, morfemas, monemas gramaticales, morfemas gramaticales o formantes:

(38) a. *im*paciente
b. perr*itos*
c. mes*it*a
d. *ine*narr*able*
e. *en*nobl*ecer*

Estos últimos pueden, a su vez, ser divididos.

En efecto, los morfemas gramaticales o formantes se dividen en: a) morfemas gramaticales constitutivos o flexivos, que son aquellos que se combinan obligatoriamente con un lexema para determinar la pertenencia de este a una categoría lingüística determinada:

(39) a. perrit*os*
b. ennoblec*er*

y b) morfemas gramaticales facultativos o derivativos, que son los morfemas que, aunque se combinan con un lexema, no son obligatorios para determinar la pertenencia de este a una categoría lingüística determinada:

(40) a. *im*paciente
b. perr*it*os
c. mes*it*a
d. *ine*narr*able*
e. *en*nobl*ec*er

Asimismo, los morfemas gramaticales, que, puesto que siempre aparecen unidos o afijados a un lexema, reciben globalmente la denominación de afijos, pueden ser clasificados según la distribución o posición que ocupan en la estructura lineal de la palabra. El análisis de esta distribución nos lleva a delimitar los términos y conceptos de *prefijo*, *sufijo*, *infijo* y *circunfijo*.

Los *prefijos* son los morfemas facultativos que aparecen antepuestos al lexema:

(41) a. im*paciente*
b. *in*enarrable

Los *sufijos* son los morfemas constitutivos o facultativos que aparecen pospuestos al lexema:

(42) a. perrit*os*
b. inenarr*able*
c. ennoblec*er*

Los *infijos* son los morfemas facultativos que aparecen insertos en el lexema. Son considerados como variantes de los sufijos, puesto que coinciden formal y semánticamente con ellos. Solo varían en la posición que ocupan en la estructura lineal de la palabra. Por ello, el infijo, como morfema que es, presenta todas las características de este, es decir, puede ser conmutado por otro infijo, posee significado o valor semántico y pertenece a un conjunto cerrado o finito de elementos:

(43) a. mes*it*a

Los *circunfijos* son los morfemas facultativos de posición discontinua, antepuesta y pospuesta, respecto al lexema. Por ello, pueden ser entendidos como la combinación de un prefijo y un sufijo que rodea o circunda al morfema:

(44) a. *en*nobl*e*cer

A su vez, en la estructura lineal de la palabra puede aparecer un segmento siempre átono, sin función gramatical y sin contenido semántico, que sirve de enlace entre el prefijo y la base léxica o entre la base léxica y el sufijo. Este elemento recibe la denominación de *interfijo*, que no puede ser considerado un morfema por no responder a la definición de este de ser unidad mínima con significado propio.

(45) a. in*e*narrable

En los conjuntos de los prefijos facultativos y los sufijos facultativos pueden distinguirse los prefijos cultos y los sufijos cultos. Se denominan así a los que coinciden formal y semánticamente con palabras de las denominadas lenguas cultas, sobre todo, latín y griego, que intervienen en la formación de palabras, pero que no tienen forma o vida independiente en la lengua, si bien se trata de palabras de otras lenguas:

(46) a. *geo*política
b. ciencio*logía*

Los que no son prefijos cultos y sufijos cultos son denominados prefijos vulgares y sufijos vulgares. Algunos prefijos vulgares pueden coincidir con preposiciones, llamándose, por ello, prefijos preposicionales:

(47) a. *con*geniar

Igualmente, en los conjuntos de los prefijos facultativos y los sufijos facultativos pueden distinguirse los prefijos apreciativos o subjetivos y los sufijos apreciativos o subjetivos:

(48) a. *super*bien
b. problem*azo*

frente a los considerados semánticamente prefijos no apreciativos u objetivos y sufijos no apreciativos u objetivos. Los infijos son todos apreciativos o subjetivos:

(49) a. cervec*ita*

Los prefijos, infijos y sufijos apreciativos o subjetivos alteran cuantitativa o cualitativamente el contenido semántico de la base a la que se añaden, pero no hay una significación nueva para la designación de una nueva realidad o concepto, como sucede en el caso de los prefijos no apreciativos u objetivos y sufijos no apreciativos u objetivos. Además, entre los sufijos e infijos apreciativos o subjetivos pueden diferenciarse, atendiendo a sus valores semántico-estilísticos, los sufijos apreciativos o subjetivos que son aumentativos, diminutivos, meliorativos y peyorativos.

Bibliografía

Alarcos Llorach, E. (1951) *Gramática estructural (según la escuela de Copenhague y con especial atención a la lengua española)*, 1981, 2.ª ed., 6.ª reimp., Madrid: Gredos.

Almela Pérez, R. (1999) *Procedimientos de formación de palabras en español*, Barcelona: Ariel.

Alvar Ezquerra, M. (1993) *La formación de palabras en español*, Madrid: Arco Libros.

Álvarez García, M. (1979) *Léxico-génesis en español: los morfemas facultativos*, Sevilla: Universidad de Sevilla.

Carratalá, A. (1980) *Morfosintaxis del castellano actual*, Barcelona: Labor.

Hjelmslev, L. (1928) *Principios de gramática general*, 1976, Madrid: Gredos.

Lang, M. F. (1990) *Formación de palabras en español. Morfología derivativa productiva en el léxico moderno*, 1992, Madrid: Cátedra.

Lázaro Carreter, F. (1953) *Diccionario de términos filológicos*, 1987, 3.ª ed., 7.ª reimp., Madrid: Gredos.

Malkiel, Y. (1958) "Los interfijos hispánicos. Problema de lingüística histórica y estructural", en Catalán, D. (ed.) *Estructuralismo e historia. Miscelánea homenaje a A. Martinet, La Laguna: Universidad de La Laguna*, vol. 2, pp. 107–199.

Martinet, A. (1960) *Elementos de lingüística general*, 1978, 2.ª ed., 4ª reimp., Madrid: Gredos.

Martinet, A. (1968) *Estudios de sintaxis funcional*, 1978, Madrid: Gredos.

Martínez Celdrán, E. (1978) "En torno a los conceptos de interfijo e infijo en español", *Revista Española de Lingüística*, 8, 2, pp. 447–460.

Pottier, B. (1953) "Los infijos modificadores en portugués. Nota de morfología general", *Lingüística moderna y filología hispánica*, 1968, Madrid: Gredos, pp. 161–185.

Pottier, B. (1964) *Introduction à l'étude de morphosyntaxe espagnole*, Paris: Ediciones Hispanoamericanas.

Pottier, B. (1967) *Presentación de la lingüística. Fundamentos de una teoría*, 1972, 2.ª ed., Madrid: Ediciones Alcalá.

Pottier, B. (1972) *Introduction à l'étude linguistique de l'espagnol*, Paris: Ediciones Hispanoamericanas.

Roldán, A. (1967) "Notas para el estudio del sustantivo", *Problemas y principios del estructuralismo lingüístico*, Madrid: CSIC, pp. 71–87.

Trubetzkoy, N. S. (1939) *Principes de phonologie*, Paris: Klincksieck.

Varela Ortega, S. (2005) *Morfología léxica: la formación de palabras*, Madrid: Gredos.

Lecturas complementarias

Bajo Pérez, E. (1997) *La derivación nominal en español*, Madrid: Arco Libros.
Díaz Hormigo, M. T. (2000) *Disciplinas lingüísticas y formación de palabras*, Cádiz: Servicio de Publicaciones de la Universidad de Cádiz.
Díaz Hormigo, M. T. (2003) *Morfología*, Cádiz: Servicio de Publicaciones de la Universidad de Cádiz.
Lázaro Mora, F. A. (1999) "La derivación apreciativa", en Bosque, I. y Demonte, V. (dirs.) *Gramática descriptiva de la lengua española*, Madrid: Espasa, vol. 3, pp. 4645–4682.
Miranda, J. A. (1994) *La formación de palabras en español*, Salamanca: Ediciones Colegio de España.
Monge, F. (1996) "Aspectos de la sufijación en español", *Revista Española de Lingüística*, 26, 1, pp. 43–57.
Montero Curiel, M. L. (1999) *La prefijación negativa en español*, Cáceres: Universidad de Extremadura.
Pérez Cinio, W. (2002) *Manual práctico de formación de palabras en español I*, Madrid: Editorial Verbum.
Portolés Lázaro, J. (1999) "La interfijación", en Bosque, I. y Demonte, V. (dirs.) *Gramática descriptiva de la lengua española*, Madrid: Espasa, vol. 3, pp. 5041–5073.
Rainer, F. (1999) "La derivación adjetival", en Bosque, I. y Demonte, V. (dirs.) *Gramática descriptiva de la lengua española*, Madrid: Espasa, vol. 3, pp. 4595–4643.
Santiago Lacuesta, R. y Bustos Gisbert, E. (1999) "La derivación nominal", en Bosque, I. y Demonte, V. (dirs.) *Gramática descriptiva de la lengua española*, Madrid: Espasa, vol. 3, pp. 4505–4594.
Serrano-Dolader, D. (1999) "La derivación verbal y la parasíntesis", en Bosque, I. y Demonte, V. (dirs.) *Gramática descriptiva de la lengua española*, Madrid: Espasa, vol. 3, pp. 4683–4755.
Varela Ortega, S. (1980) "En torno a la morfología derivativa", *Español Actual*, 37–38, pp. 1–6.
Varela Ortega, S. (ed.) (1993) *La formación de palabras*, Madrid: Taurus.
Varela Ortega, S. y Martín García, J. (1999) "La prefijación", en Bosque, I. y Demonte, V. (dirs.) *Gramática descriptiva de la lengua española*, Madrid: Espasa, vol. 3, pp. 4993–5040.

Entradas relacionadas

aumentativos y diminutivos; composición; derivación morfológica; morfemas; morfología; flexión verbal

PREPOSICIONES

Marcial Morera

1. Presentación

Las preposiciones (generalmente átonas) pueden considerarse desde dos puntos de vista distintos: desde el punto de vista semántico-referencial o lógico-designativo y desde el punto de vista semántico-formal o gramatical.

Desde el punto de vista semántico-referencial, que se centra primordialmente en el aspecto denotativo o léxico de las palabras, la preposición se ha concebido siempre como una especie de categoría instrumental, operador formal o índice funcional (*partícula* se la suele denominar) que tiene como única función expresar relaciones lógicas (agentiva, instrumental, locativa, temporal, de materia, causal, final, de destinatario...) entre palabras que la tradición lingüística denomina llenas: entre la palabra (nombre, adjetivo o verbo) que la rige y el nombre que rige. Cuando una preposición carece de los mencionados sentidos lógico-referenciales, entonces se dice que está desemantizada.

Desde el punto de vista semántico formal, que da prioridad al aspecto gramatical de los signos, se piensa, por el contrario, que las preposiciones son más bien nombres (Hjelmslev 1976: 306) que desempeñan en sí mismas y por sí mismas un papel primario (actúan como núcleos del sintagma que encabezan) en el enunciado. Es el punto de vista que vamos a adoptar en el presente artículo. Tres son los aspectos generales que abordaremos en él: filiación categorial de las preposiciones españolas, significación invariante de cada una de ellas y sentidos que desarrollan en función de los contextos.

2. La filiación categorial de las preposiciones españolas

Como el resto de las lenguas naturales, la lengua española presenta dos tipos de nombres distintos: *nombres en caso recto* y *nombres en caso oblicuo*. Los primeros se caracterizan por presentar la significación nominal en estado puro, sin determinación relacional alguna: v. gr., *casa*, *punto*, *Carmen*, *este*, el *-mos* de *estudiamos*, por ejemplo. Los segundos se caracterizan porque, además de su significación nominal básica, portan una significación relacional espacial, que convierte la mencionada significación nominal en término de una relación: v. gr., *le*, que presenta el nombre 'él' que está en su base semántica acompañado de la significación relacional 'movimiento de aproximación terminal sin extensión'; *aquí*, que presenta el nombre 'este lugar' que está en su base semántica acompañado de la significación relacional 'situación de ubicación absoluta'; *hasta*, que presenta el contenido nominal sin determinación que está en su base semántica acompañado de la significación relacional 'movimiento de aproximación terminal con extensión'. En esta clase de nombres derivados (porque tienen significación dimensional externa o relacional), se encuadran no solamente los llamados *nombres en caso oblicuo* de las gramáticas clásicas, sino también los pronombres posesivos, los adverbios, los tiempos verbales y las preposiciones.

Todas y cada una de las preposiciones (exactamente igual que los adverbios, los pronombres posesivos, etc.) poseen una y solo una significación relacional invariante. El verdadero significado relacional de las preposiciones es de naturaleza espacial ('movimiento de aproximación terminal sin extensión', 'situación de ubicación absoluta', 'movimiento de aproximación terminal con extensión'...). Las preposiciones pueden designar 'lugar', 'tiempo', 'causa', 'instrumento', 'agente', 'medio', 'finalidad', 'objeto', etc., pero no significan 'lugar', 'tiempo', 'causa', 'instrumento', 'agente', 'medio', 'finalidad', 'objeto', etc. Como veremos a continuación, *según*, por ejemplo, no significa 'conforme a', 'de acuerdo con', 'en función de', etc., sino más bien la intuición semántica invariante 'movimiento en pos de un punto de referencia', que, según los contextos, puede entenderse en los sentidos de 'conforme a', 'de acuerdo con', 'en función de', etc.; como *hacia* no significa 'orientación espacial' y 'aproximación temporal', sino más bien la intuición semántica invariante 'movimiento de aproximación initivo sin determinación del límite', que, según los contextos, pueden entenderse en los sentidos de 'orientación espacial' y 'aproximación temporal'; y tercero, que dicha significación invariante no se desemantiza nunca: tanta significación de 'movimiento de alejamiento sin extensión visto desde el origen' tiene el *de* de *salir de la madriguera* o el *de* de *proceder de cuna humilde*, como el *de* de *gota de agua*; el *de* de *venir de París* como el *de* de *carecer de algo*, independientemente de que en unos casos haya desplazamiento físico y en los otros no.

3. Significación invariante de las preposiciones españolas

Desde el punto de vista de la significación relacional, las preposiciones españolas más acrisoladas (*a*, *ante*, *bajo*, *con*, *contra*, *de*, *desde*, *en*, *entre*, *hasta*, *hacia*, *por*, *para*, *según*, *sin*, *sobre* y *tras*) se organizan en un sistema semántico perfectamente trabado, sobre los contrastes que se indican a continuación (López 1970; Trujillo 1971; Morera 1988): preposiciones que significan 'situación': *con*, *sin*, *en*, *entre*, *sobre*, *bajo*, *ante* y *tras*; y preposiciones que significan 'movimiento': *según*, *por*, *contra*, *hacia*, *para*, *a*, *hasta*, *de* y *desde*; preposiciones de situación de acompañamiento: *con* y *sin*; y preposiciones de situación de ubicación: *en*, *entre*, *ante*, *tras*, *sobre* y *bajo*; preposición de situación de acompañamiento positivo: *con*; y preposición de situación de acompañamiento negativo: *sin*; preposición de situación de ubicación absoluta: *en*; y preposiciones de ubicación relativa: *entre*, *ante*, *tras*, *sobre* y *bajo*; preposición de ubicación relativa limitada: *entre*; y preposiciones de situación de ubicación relativa orientada: *ante*, *tras*, *sobre* y *bajo*; preposiciones de situación de ubicación relativa orientada horizontal: *ante* y *tras*; y preposiciones de situación de ubicación relativa orientada vertical: *sobre* y *bajo*; preposición de situación de ubicación relativa orientada horizontal positiva: *ante*; y preposición de situación de ubicación relativa orientada horizontal negativa: *tras*; preposición de situación de ubicación relativa orientada vertical positiva: *sobre*; y preposición de situación de ubicación relativa orientada vertical negativa: *bajo*; preposición de movimiento interno al punto de referencia: *por*; y preposiciones de movimiento externo al punto de referencia: *según*, *contra*, *pro*, *a*, *hasta*, *hacia*, *para*, *de* y *desde*;

preposiciones de movimiento externo a un punto de referencia orientado: *según*, *contra* y *pro*; y preposiciones de movimiento externo a un punto de referencia no orientado: *a*, *hasta*, *hacia*, *para*, *de* y *desde*; preposición de movimiento externo en pos del punto de referencia orientado: *según*; y preposiciones de movimiento externo delante del punto de referencia orientado: *contra* y *pro*; preposición de movimiento externo delante del punto de referencia orientado en dirección a él: *contra*; y preposición de movimiento externo delante del punto de referencia orientado en la misma dirección que él: *pro*; preposiciones de movimiento externo a un punto de referencia no orientado adlativo o de aproximación: *a*, *hasta*, *para* y *hacia*; y preposiciones de movimiento externo a un punto de referencia no orientado ablativo o de alejamiento: *de* y *desde*; preposiciones de movimiento externo a un punto de referencia no orientado adlativo o de aproximación terminal: *a* y *hasta*; y preposiciones de movimiento externo al punto de referencia no orientado ablativo o de aproximación finitiva: *para* y *hacia*; preposición de movimiento externo a un punto de referencia no orientado adlativo o de aproximación terminal sin extensión: *a*; y preposición de movimiento externo a un punto de referencia no orientado adlativo o de aproximación terminal con extensión: *hasta*; preposición de movimiento externo a un punto de referencia no orientado adlativo o de aproximación initivo con límite determinado: *para*; y preposición de movimiento externo a un punto de referencia no orientado adlativo o de aproximación initiva con límite indeterminado: *hacia*; preposición de movimiento externo a un punto de referencia no orientado ablativo sin extensión: *de*; y preposición de movimiento externo a un punto de referencia no orientado ablativo con extensión: *desde*.

Vistas las cosas así, tenemos que la forma semántica que corresponde constante e invariablemente a cada una de las preposiciones españolas es la siguiente: *con*: 'punto de referencia como acompañamiento positivo'; *sin*: 'punto de referencia como acompañamiento negativo'; *en*: 'punto de referencia como situación de ubicación absoluta'; *entre*: 'puntos de referencia como límites de una situación de ubicación'; *ante*: 'punto de referencia dispuesto de forma horizontal con situación de ubicación en su polo positivo'; *tras*: 'punto de referencia dispuesto de forma horizontal con situación de ubicación en su polo negativo'; *sobre*: 'punto de referencia dispuesto de forma vertical con situación de ubicación en su polo positivo'; *bajo*: 'punto de referencia dispuesto de forma vertical con situación de ubicación en su polo negativo'; *por*: 'punto de referencia como ámbito de tránsito'; *según*: 'punto de referencia en pos del cual se mueve algo'; *contra*: 'punto de referencia orientado con movimiento de aproximación por el polo positivo'; *pro*: 'punto de referencia orientado con movimiento de alejamiento por el polo positivo'; *a*: 'punto de referencia como término final absoluto de un movimiento de aproximación sin extensión'; *hasta*: 'punto de referencia como término final absoluto de un movimiento de aproximación con extensión'; *para*: 'punto de referencia como término determinado al que se dirige un movimiento'; *hacia*: 'punto de referencia como término no determinado al que se dirige un movimiento'; *de*: 'punto de referencia del que arranca un movimiento de alejamiento sin extensión'; y *desde*: 'punto de referencia del que arranca un movimiento de alejamiento con extensión'.

4. Orientaciones de sentido de las preposiciones españolas

¿Cómo se comportan estos nombres tan particulares en la realidad concreta del hablar? Desde el punto de vista sintáctico, las preposiciones plantean dos tipos de problemas distintos. De una parte, los problemas relacionados con la precisión semántica de su punto de referencia o término desprovisto de significación primaria, es decir, el problema del tradicionalmente llamado *régimen preposicional*. De otra, los problemas relacionados con la categoría gramatical y léxica del elemento que las rige, esto es, el problema del llamado *regente preposicional*.

Desde el punto de vista de la precisión semántica de su punto de referencia, hay que decir que las preposiciones pueden aparecer en dos contextos radicalmente distintos:

a) Sin régimen o determinación sintáctica; es decir, sin precisión semántica del punto de referencia implícito en su esquema semántico. Es lo que sucede en el caso de las preposiciones *entre*, *contra* y *con* de las combinaciones *entretener*, *contraponer* y *compartir*, por ejemplo, que se limitan a expresar una relación externa de los lexemas verbales *tener*, *poner* y *partir*, respectivamente, dando lugar así a tres verbos compuestos nuevos. Es lo que la gramática tradicional suele denominar *preposiciones impropias*, *prefijos* o *proverbios*, que no son otra cosa que variantes distribucionales de las preposiciones (Morera 1997: 35–42). Lo particular aquí no es el significado inherente del complemento morfológico de la preposición, sino más bien la ausencia de complemento del punto de referencia y el nivel lexemático (no oracional, por tanto) en que actúa.
b) Acompañado de régimen o complemento, que determina o conceptualiza el punto de referencia nominal desprovisto de significación primaria que implica. Es lo que sucede en el caso de las preposiciones *desde*, *para* y *con* de las combinaciones *desde Valencia*, *para su hijo* y *con amor*, donde el elemento nuclear es la preposición. Es lo que la gramática tradicional denomina *preposiciones propias*. La preposición no es, pues, una palabra instrumental, operador formal o índice funcional, como se ha querido tradicionalmente, sino un elemento nuclear. Se trata del elemento rector del *sintagma preposicional*, que, como vemos, no es otra cosa que una variante del sintagma nominal en caso oblicuo. Desde el punto de vista de la relación sintáctica entre la preposición y su complemento o régimen, hay que distinguir dos grandes tipos de complementos de la preposición:

    ba) Complemento directo, cuando el régimen es un nombre en caso recto (a veces, con forma propia, como los terminales *mí*, *ti*, *sí*), que, como tal, redenomina, dotándolo de significación primaria, el punto de referencia o base nominal de la preposición: v. gr., el *las cinco* de la combinación *hasta las cinco*, o el *que termines* de la combinación *hasta que termines* (Jespersen 1975: 90; Bosque y Gutiérrez-Rexach 2008: 146–149).
    bb) Complemento indirecto, cuando el régimen es un nombre en caso oblicuo, que, como tal, lo que hace es situar el punto de referencia de la preposición en la significación relacional que implica: v. gr., el *aquí* de la combinación *por aquí* y el *por* de la combinación *a por*. Desde el punto de vista de la naturaleza semántica de dicho complemento, hay que hablar de dos grandes variantes de esta función sintáctica: bba) complemento indirecto adverbial, cuando dicha función sintáctica aparece desempeñada por un nombre en caso oblicuo con significación primaria en el punto de referencia o contenido nominal, o adverbio, como dice la gramática tradicional: v. gr., *desde aquí*, *por entonces*. En este caso el punto de referencia de la preposición aparece circunscrito en la significación relacional que porta dicho nombre mostrativo-espacial, mostrativo-temporal o mostrativo-modal; bbb) complemento indirecto preposicional, cuando dicha función sintáctica aparece desempeñada por un nombre en caso oblicuo sin significación primaria en el punto de referencia o contenido nominal, o preposición, como dice la gramática tradicional: v. gr., *a por*, *de entre*, *de por*, *por entre*, *por sobre*, *tras de*, etc. En este caso, el punto de

> referencia o término de la relación de la preposición se ubica en el ámbito de relación implícito en la preposición complementaria (Bosque 1997: 133–155; RAE-ASALE 2009: 2245–2251). No se trata, obviamente, de refuerzos expletivos, como se ha dicho a veces, sino de construcciones sintácticas distintas: *ir a por agua* no significa lo mismo que *ir por agua*, pues, mientras que en la primera el concepto 'ir' se presenta situado en una relación de tránsito respecto del concepto 'agua', sin más, en la segunda, el concepto 'ir' se presenta orientado hacia un punto final absoluto que se encuentra situado en una relación de movimiento de tránsito por el concepto 'agua'. A veces, los dos constituyentes de estas secuencias preposicionales terminan fundiéndose en una misma unidad semántica, dando lugar a nuevas preposiciones. Es lo que sucedió en las secuencias preposicionales antiguas *por* (procedente de un cruce de las preposiciones latinas *per* y *pro*) *a*, *de ex* y *des de*, por ejemplo, que devinieron en las preposiciones *para* (Riiho 1979), *de* y *desde* (Morera 1997: 167–178). Se ve, por tanto, que el tradicionalmente llamado *régimen preposicional* no constituye una función sintáctica particular, sino una función sintáctica nominal semejante a las que desempeñan el nombre en caso recto y el nombre en caso oblicuo cuando aparecen regidos por sustantivos o por verbos.

Desde el punto de vista de su dependencia, los sintagmas preposicionales pueden aparecer regidos tanto por sustantivos como por adjetivos o verbos, a los que, al contrario que el sustantivo en caso recto, complementan de forma indirecta, es decir, sin integrarse en su ámbito semántico. Precisamente por ello, no es lo mismo *disfrutar la paga* que *disfrutar de la paga*; *querer un niño* que *querer a un niño*; *la casa en que vivo* que *la casa que vivo*; *pienso que vendrá* que *pienso de que vendrá*; *dudo que trabaje* que *dudo de que trabaje*, que muchos autores suelen considerar mera variación formal de la misma estructura sintáctica. Es lo que ha dado lugar a las famosas polémicas del *queísmo*, *dequeísmo*, *relativo sin preposición*, etc. Aunque se pueda hablar de confluencia referencial, desde el punto de vista de la lengua, las cosas son claras: nos encontramos ante dos construcciones distintas: con complemento directo o interno la que carece de preposición y con complemento indirecto o externo la que tiene preposición. Érica García fue perfectamente consciente de esta diferencia al afirmar respecto de la oposición *construcción queísta/construcción dequeísta* que "en el caso de 0 no hay nada, y sí hay algo cuando está *de*. Por obvia que sea la observación, no deja de ser significativa, y tener consecuencias. Porque esta oposición entre 'nada' y 'algo' no se presenta en el vacío: estamos en plena sintaxis, o sea, en la *co*locación de *con*stituyentes en *con*strucciones. Si no hay nada, los términos irán juntos, y estarán directamente ligados. Si está *de*, en cambio, hay un conector explícito: y la presencia de este conector hace que los elementos estén, *de ipso*, *menos* unidos entre sí que cuando van directamente yuxtapuestos" (García 1986: 50).

Obviamente, esta relación sintáctica indirecta o externa será de tantos tipos como complementos morfológicos externos existan en el sistema preposicional de la lengua de que se trata. Así, *con* significará la relación indirecta o externa como 'situación de acompañamiento', o 'copresencia positiva'; *entre*, como 'situación de ubicación relativa limitada'; *a*, como 'término final absoluto de un movimiento de aproximación sin extensión', etc. Lo que hay que tener en cuenta, no obstante, es que la naturaleza categorial del regente no afecta lo más mínimo la significación relacional de la preposición, que es siempre la misma: si 'movimiento de alejamiento sin extensión a partir del punto de referencia' hay en el *de* de la combinación *los niños vienen de París*, significación de 'movimiento de alejamiento sin extensión a partir del punto de referencia' hay en el *de* de la combinación *olor de rosas*; si 'término final absoluto de un movimiento de aproximación sin extensión' hay en el *a* de la combinación *mirar al mar*, 'término final absoluto de un movimiento de aproximación sin extensión' hay en el *a* de la combinación *olor a rosas*. Lo que varía aquí no es la significación del complemento morfológico externo de la preposición, sino más bien su sentido, determinado por su contexto de uso o distribución. Los llamados *de* genitivo o de complemento del nombre y *de* ablativo o de complemento verbal, por una parte, y *a* ablativo o de complemento circunstancial, *a* acusativo o de complemento directo y *a* dativo o de complemento indirecto, por otra, no son preposiciones distintas, sino usos distintos de las mismas preposiciones, que ni se desemantizan ni alteran su valor, por muy diferentes que sean los contextos en que aparecen y los sentidos que desarrollan. Además de esto, hay que tener en cuenta que, como señalamos antes cuando tratamos el problema del régimen preposicional, la preposición puede complementar al elemento que la rige en dos niveles distintos: a) en el nivel léxico o compositivo, afectando solamente al lexema verbal, no al predicado: v. gr., el *sobre* de *sobrevolar la ciudad* y el *entre* de *interponerse entre los rivales*; b) en el nivel gramatical u oracional, afectando a todo el predicado: el *sobre* de *volar sobre la ciudad* y el *entre* de *ponerse entre los rivales*.

En la realidad concreta del hablar, la significación invariante de la preposición adquiere orientaciones de sentido distintas, dependiendo de la naturaleza categorial del regente y de la significación primaria y denotativa de régimen y regente. Así, cuando aparece complementada por un nombre designativo de lugar, desarrolla un matiz 'locativo': v. gr., *venir de la calle*; cuando aparece complementada por un nombre designativo de tiempo, desarrolla un matiz 'temporal': v. gr., *llegaremos por la mañana*; y cuando aparece complementada por un nombre o expresión denotativo de fenómeno, objeto, persona, concepto, etc., etc., entonces suele entenderse en sentido 'nocional', que, según la naturaleza específica de dicho elemento régimen y la relación que guarda con la acción denotada por el regente, la preposición suele fijarse en sentidos lógico-designativos más concretos de 'modalidad', 'instrumento', 'medio', 'causa', 'agentividad', 'finalidad', 'condición', 'consecuencia', etc. 'Lugar', 'tiempo' y 'noción' no son, pues, significaciones de las preposiciones, sino circunstanciales orientaciones de sentido de su significación invariante espacial. Sucede, sin embargo, que, en muchos casos, determinadas preposiciones se especializan solamente en algunos de estos sentidos contextuales, con exclusión del resto. Es lo que ha sucedido en el caso de las formas *sin* y *pro*, por ejemplo, que solamente se emplean en funciones referenciales nocionales, como veremos luego. Como es natural, estos efectos de sentido son mucho más numerosos en el caso de los usos oracionales de las preposiciones que en el caso de sus usos léxicos o compositivos.

Por último, hay que señalar que, desde el punto de vista de la relación conceptual entre lo denotado por el regente y lo denotado por el régimen preposicional, pueden darse dos situaciones contextuales distintas: a) que entre ambos elementos no exista relación conceptual interna, de tal manera que el concepto expresado por el sintagma preposicional se entienda como complemento externo o circunstancial de la noción expresada por el regente. Ocurre generalmente cuando el régimen preposicional denota lugar o espacio. Es lo que vemos en el caso de los sintagmas *en la oficina* y *a las cinco* de las combinaciones *trabajaremos en la oficina* y *llegaremos a las cinco*, por ejemplo: b) que entre las denotaciones de ambos constituyentes exista relación conceptual interna, de tal manera que el concepto expresado por el régimen preposicional se entienda como expansión semántica de la noción expresada por el elemento regente o de algún rasgo conceptual de él. Ocurre generalmente cuando el complemento preposicional denota evento, persona, bien, etc.: v. gr., *colaborar con los colegas*, *disfrutar de la paga*, etc., donde las nociones implicadas en los sintagmas preposicionales *con los colegas* y *de la paga* actúan como expansión o precisión de los rasgos conceptuales 'participación en una determinada actividad' y 'aprovechamiento de algo' de los regentes *colaborar* y *disfrutar*, respectivamente. Aunque, desde la gramática tradicional (con su concepto de *complemento régimen* (RAE-ASALE 2009: 2715–2771)) hasta los funcionalistas modernos, se ha pretendido ver en este uso de la preposición una función sintáctica distinta de la que desempeñan los sintagmas preposicionales en el apartado anterior (Alarcos 1984: 156–157; Martínez 1986; Morera 1989), lo cierto es que, desde el punto de vista de la significación de la preposición, no existe la más mínima diferencia semántica entre ambos: si 'situación de acompañamiento positivo' presenta el *con* de *viajar con su hermano*, 'situación de acompañamiento positivo' presenta el *con* de *colaborar con los colegas*. La diferencia no radica aquí en la significación de la preposición, ni en la función sintáctica que esta desempeña, sino en el papel que juega en la interpretación argumental de la frase.

Pues bien, según los contextos, las preposiciones españolas han desarrollado, entre otras menos frecuentes, las siguientes orientaciones de sentido en la realidad concreta del hablar.

Con. La significación relacional de la preposición *con*, que presenta constante e invariablemente el elemento que la rige en una relación de concomitancia positiva respecto del elemento que la complementa, se entiende como: A) En sentido físico o material: a) 'dotado de': *Sala con amplios ventanales*; b) 'acompañamiento': *Vive con su tío*; c) 'situar en compañía de o destino': *Llevar al niño con los abuelos*; d) 'portando o llevando algo': *Iba con el rosario en la mano*; e) 'circunstancia temporal concurrente': *El barco encalló con la noche*; B) En sentido nocional: a) 'modalidad': *Recuerdo a los profesores con cariño*; b) 'materia': *Lo tapan con tierra*; c) 'instrumento': *Abrir con la llave*; d) 'intermediario': *Asesorarse con un abogado*; e) 'causa': *Alegrarse con la noticia*; f) 'concesión': *Con gritar no resuelves el problema*; g) 'condición': *Con que todo el mundo pagara sus impuestos, tendríamos superávit*; h) 'reciprocidad en la realización de la acción', etc.: *Conversar con Antonio*, *Pelear con los enemigos*.

Sin. La significación relacional de la preposición *sin*, que presenta constante e invariablemente la significación del elemento que la rige situado en una relación de concomitancia negativa respecto del elemento que la complementa, se entiende como: a) cuando aparece regida por un elemento de significación categorial sustantiva, se entiende en el sentido adjetivo de 'que no tiene' o 'que carece': *Callejón sin salida*, *Barba sin afeitar*; b) cuando, por el contrario, aparece regida por un verbo, entonces la significación invariante de *sin* se entiende en el sentido de 'con ausencia de': *Sacaba los dientes sin dolor*, *Pintaba sin manchar*.

Entre. La significación relacional de la preposición *entre*, que presenta constante e invariablemente la significación del elemento que la rige en una relación de ubicación limitada respecto del elemento que la complementa, se entiende como: A) En sentido físico o material, se pone el énfasis en su valor situativo y se entiende en los sentidos siguientes: a) 'situación limitada espacial': *Me encontraba bien entre ellos*; b) 'situación limitada temporal': *Llegaré entre las diez y las once*; B) En sentido nocional, se pone el énfasis en su valor colectivo y se entiende en los sentidos siguientes: a) 'coparticipación': *Lo hicieron entre todos*; b) 'participación dialéctica': *Discutían entre ellos*; c) 'comparación': *Había bastante diferencia entre los dos hermanos*.

Sobre. La significación relacional de la preposición *sobre*, que presenta constante e invariablemente la significación del elemento que la rige situado en el polo positivo del sustantivo que la complementa y que se encuentra dispuesto de forma vertical, se entiende como: A) En sentido físico o material: a) 'situación de superioridad espacial en contacto con el punto de referencia': *Poner sobre la mesa*; b) 'situación de superioridad espacial sin contacto con el punto de referencia: *Volar sobre la ciudad*; c) 'situación de superioridad temporal sin contacto con el punto de referencia', entendiéndose entonces como 'aproximación temporal': *Llegaremos sobre las cinco*; B) En sentido nocional: a) regida por nombres, se entiende como 'ámbito de la representación': *Cuadro sobre tela*; b) regido por verbos, como: ba) 'materia o tema': *Disertar sobre religión*; bb) 'ámbito de dominio': *Tener influencia sobre los amigos*; bc) 'comparación': *Destacar sobre los colegas*; bd) 'aproximación cuantitativa': *Vendía sobre cuatro pisos al día.*

Bajo. La significación relacional de la preposición *bajo* presenta constante e invariablemente la significación del elemento que la rige situado en el polo negativo del sustantivo que la complementa, que se encuentra dispuesto de forma vertical, se entiende como: a) 'situación de inferioridad espacial': *Estar bajo techo*; b) 'situación de inferioridad temporal': *Bajo Felipe II empezó la decadencia del imperio español*; c) 'situación de inferioridad nocional': ca) 'Punto de vista': *Bajo su perspectiva, todo se ha hecho mal*; cb) 'dominio': *Los niños quedaron bajo su responsabilidad*; cc) 'ocultación': *Poner bajo llave.*

Ante. La significación relacional de la preposición *ante*, que presenta constante e invariablemente la significación del elemento que la rige situado en el polo positivo del sustantivo que la complementa, que se encuentra dispuesto de forma horizontal, se entiende como: a) 'situación de anterioridad espacial': *Comparecer ante el juez*; y b) 'situación de anterioridad nocional': *Nos encontrábamos ante un serio peligro.* En este caso, a veces desarrolla un matiz causal: *Se derrumbó ante semejante catástrofe.*

Tras. La significación relacional de la preposición *tras*, que presenta constante e invariablemente la significación del elemento que la rige en el polo negativo del sustantivo que la complementa, que se encuentra dispuesto de forma horizontal, se entiende como: a) 'situación de posterioridad espacial': *Se escondió tras la puerta*; b) 'situación de posterioridad temporal': *Tras cerrar la puerta, se tiró sobre el sofá.*

En. La significación relacional de la preposición *en*, que presenta constante e invariablemente la significación del elemento que la rige en una relación de ubicación absoluta respecto del elemento que la complementa, se entiende como: A) En sentido físico o material: a) 'situación física espacial', cuando se combina con sustantivos designativos de lugar. Esta relación espacial puede entenderse en dos sentidos distintos: aa) 'localización espacial', con verbos estáticos o verbos de movimiento que no implican superación del límite: *Hacer ejercicios en el jardín, Sentarse en el sofá*; ab) 'final del movimiento o resultado del proceso', con verbos de movimiento que implican superación de límite: *Meter el coche en el garaje, Acabar en tragedia*; b) 'situación física temporal', cuando el sustantivo complementario denota tiempo. También en esta distribución se distinguen dos matices distintos: ba) 'situación física temporal puntual', cuando el régimen carece de cuantificación: *En invierno hace mucho frío*; bb) 'situación física temporal extensa', cuando el régimen está cuantificado: *Acabó la carrera en dos años*; bc) 'situación física temporal acabada': *En tres días estará el trabajo concluido, Me pondré en contacto contigo en cinco minutos*; B) En sentido nocional: a) 'ámbito en que se ejerce la actividad denotada por el verbo regente': *Tardó unos minutos en bajar, Está interesado en las matemáticas*; b) 'modalidad': *Poner en armonía*; c) 'materia': *Editan en papel*; d) 'instrumento o medio': *Viajar en barco, Hablar en francés*; e) 'causa': *Estaba complacido en el hallazgo*; b) 'resultado': *Partirlo en dos, Convertirlo en polvo.*

Según. La significación relacional de la preposición *según*, que presenta constante e invariablemente la significación del elemento que la rige en una relación de movimiento en pos de la significación del sustantivo que la complementa, se entiende como: a) 'de acuerdo con el parecer de': *Según Antonio, el partido fue mal*; b) 'en función de': *Sube o baja según se va o se viene*; c) 'posterioridad inmediata': *Se comía las papas según iban saliendo del fuego.*

Por. La significación relacional de la preposición *por*, que presenta constante e invariablemente la significación del elemento que la rige en una relación de movimiento de tránsito a través del sustantivo que la complementa, se entiende como: A) En sentido físico o material: a) 'tránsito espacial', cuando se combina con verbos de movimiento: v. gr., *Pasear por el jardín, Lanzar por la ventana*; b) 'indeterminación espacial', cuando se combina con verbos estáticos: *Estar por el jardín*; c) 'a lo largo de un determinado tiempo', cuando se combina con sustantivos designativos de tiempos: *Trabaja por la mañana*, a veces con sentido de indeterminación; B) En sentido nocional: a) 'modalidad': *Tener por norma*; b) 'canal o vía de contacto': *Llamar por teléfono*; c) 'instrumento': *Conquistado por las armas*; d) 'causa': *Tuvimos problemas por la lluvia*; e) 'agente': *Escrito por Cervantes*; f) 'sustitución': *Trabajar por Antonio*; g) 'atributo': *Lo tomaron por tonto*; h) 'concesión': *Por mucho que grites, no te oirá*; i) 'fin perseguido': *Ir por agua, Velar por la seguridad.*

Contra. La significación relacional de la preposición *contra*, que presenta constante e invariablemente la significación del elemento que la rige situada en un movimiento de aproximación por el polo positivo de sustantivo que la complementa, que se considera orientado, se entiende como: a) 'enfrentamiento espacial' cuando rige sustantivo designativo de lugar: aa) 'enfrentamiento espacial dinámico': *Lanzar contra la pared, Mirar contra el norte*; ab) 'enfrentamiento espacial estático': *Se apoyó contra la pared*; b) 'enfrentamiento nocional': ba) 'pugna': *Luchar contra la malaria*; bb) 'a cambio de': *Pagar contra reembolso.*

Pro. La significación relacional de la preposición *pro*, que presenta constante e invariablemente la significación del elemento que la rige situado en una relación de movimiento de alejamiento por el polo positivo del sustantivo que la complementa, que se considera orientado, se emplea siempre en contextos del tipo *Manifestación pro vida*, con el sentido de 'en favor de'.

Hacia. La significación relacional de la preposición *hacia*, que presenta constante e invariablemente la significación del elemento que la rige situado en una relación de movimiento de aproximación initivo sin determinación del límite respecto del sustantivo que la complementa, se entiende como: a) 'orientación no limitada espacial', cuando rige nombres designativos de lugar: *Avanzar hacia el norte*; b) 'orientación no limitada nocional', cuando rige nombres designativos de objeto, concepto, sentimiento, etc.: *Dirigir la conversación hacia otros temas*; c) 'orientación no limitada o indeterminación temporal', cuando rige nombres designativos de tiempo: *Saldremos de casa hacia las cinco.*

Para. La significación relacional de la preposición *para*, que presenta constante e invariablemente la significación del elemento que la rige situado en una relación de movimiento de aproximación initivo con determinación del límite respecto del sustantivo que la complementa, se entiende como: A) En sentido físico o material: a) 'orientación de aproximación initiva con determinación del límite espacial', cuando rige sustantivos designativos de lugar: *Voy para la playa*; b) 'orientación de aproximación initiva con determinación del límite temporal', con cierto matiz de indeterminación, porque el movimiento no ha llegado al límite: *Llegaré para la semana que viene*; B) En sentido nocional: a) 'destinatario': *Compró flores para María*; b) 'finalidad': *Horno para pan, Compró el coche para ir a trabajar*; c) 'utilidad': *Pastillas para la gripe*; d) 'expectativa': *Alto para su edad*; e) 'en opinión de': *Para mí no tiene mucho sentido lo que dice.*

A. La significación relacional de la preposición *a*, que presenta constante e invariablemente la significación del elemento que la rige situado en una relación de movimiento de aproximación finitivo sin extensión, se entiende como: A) En sentido físico o material: a) 'punto final absoluto de un movimiento de aproximación con desplazamiento espacial', cuando aparece regida por elementos designativos de movimiento: *Mandarlo a su casa*; b) 'punto final absoluto de un movimiento de aproximación sin desplazamiento', o 'puntualidad', que no es fijación del antiguo valor locativo del étimo *ad*, como quieren algunos autores, sino actualización de su propio valor invariante: ba) 'puntualidad espacial', cuando aparece regida por elementos designativos de situación: *Estar a la mesa*, *Estar al sol*; *Dolor al hígado*; bb) 'puntualidad cuantitativa': *Está a cuatro mil metros de altura*; bc) 'puntualidad temporal', cuando aparece complementado por un nombre designativo de tiempo: *Abrimos a las cinco*, *Al salir se desmayó*; B) En sentido nocional: a) como tercer complemento lógico-designativo del verbo, o complemento circunstancial: aa) 'punto final absoluto de un movimiento de aproximación con desplazamiento nocional', frecuentemente con sentido de 'finalidad': *Hace años que no voy a una fiesta*, *Entré a trabajar en octubre*; ab) 'punto final absoluto de un movimiento de aproximación sin desplazamiento nocional', o 'puntualidad nocional': aba) 'acomodación': *Tener apego a la familia*; abb) 'materia': *Dibujar a tinta*; abc) 'medio o instrumento': *Escribir a máquina*; abd) 'energía': *Barco a vela*, *Cocina a gas*; abe) 'modalidad': *Tomarlo a broma*; abf) 'precio': *Vender a diez euros la unidad*; b) como segundo complemento lógico-designativo del verbo, o complemento indirecto, denotando la persona que recibe daño o provecho del proceso: *Tenerle miedo al profesor*; c) como primer complemento lógico-designativo del verbo, u objeto lógico: *Buscar a un médico*.

Hasta. La significación relacional de la preposición *hasta*, que presenta constante e invariablemente la significación del elemento que la rige situado en una relación de movimiento de aproximación finitivo con extensión, se entiende como: a) 'extensión de aproximación finitiva espacial': aa) 'extensión de aproximación finitiva espacial sobre la cual se sitúa la acción designada por el elemento regente: *El pelo le llegaba hasta los hombros*; ab) 'extensión de aproximación finitiva espacial a partir de la cual se sitúa la acción designada por el elemento regente': *Su colegio estaba hasta la otra parte de la ciudad*. No se trata de la combinación *su colegio no estaba hasta la otra parte de la ciudad* con la negación omitida, como quieren algunos autores, sino de una construcción sintáctica distinta; b) 'extensión de aproximación finitiva temporal': ba) 'extensión de aproximación finitiva temporal en cuyo ámbito se sitúa la acción designada por el elemento regente': baa) 'extensión de aproximación finitiva temporal en cuyo ámbito se sitúa la acción designada por el elemento regente con el régimen como punto final absoluto': baaa) 'sin solución de continuidad': *No trabajo hasta que me paguen*; baab) 'con solución de continuidad': *Estuvo llegando gente hasta la noche*; bab) 'extensión de aproximación finitiva temporal en cuyo ámbito se sitúa la acción designada por el elemento regente': *No trabajo hasta que no me paguen*; bb) 'extensión de aproximación finitiva temporal inmediatamente después de la cual se sitúa la acción designada por el elemento regente': *He dejado de trabajar hasta los cincuenta años*, *La madre de usted no me avisó hasta ahora*; c) 'extensión de aproximación finitiva cuantitativa': *Contar hasta mil*. Con este mismo sentido, se usa también para expresar el límite a que llega la extensión de las funciones sintácticas: *Hasta los tontos lo saben*, *Comimos hasta carne*, *Trabajan hasta en casa*. Obviamente, en este caso, el régimen de la preposición no tiene por qué ser terminal, sino que puede ser nominativo. Es el llamado *hasta* adverbial de la gramática tradicional.

De. La significación relacional de la preposición *de*, que presenta constante e invariablemente la significación del elemento que la rige situado en una relación de alejamiento sin extensión a partir del sustantivo que la complementa, se entiende como: A) Regida por sustantivos: a) si el término complementario está determinado: aa) 'pertenencia': *La campana de la cocina*; ab) 'posesión': *La casa de Juan*; ac) 'cualidad': *La belleza del cuadro*; *El tonto de Vicente*; ad) 'lugar en donde': *El bar de la esquina*; ae) 'partitivo': *Uno de los dos*; b) si el término complementario no está determinado: ba) 'cualidad': *Ojos de lince*, *Mujer de inteligencia aguda*; bb) 'materia': *Casa de madera*; bc) 'contenido': *Vaso de agua*; bd) 'finalidad': *Horno de asar*. Regido por nombre verbal, se entiende en dos sentidos argumentales distintos: a) como objeto lógico: *La recogida de la uva*; y b) como agente: *La llegada de Antonio*; B) Regida por verbos: a) en sentido físico o material: aa) 'origen espacial sin extensión': aaa) 'origen espacial sin extensión y con desplazamiento': *Salir de la ciudad*; aab) 'origen espacial sin extensión y sin desplazamiento': *El pueblo quedaba de ese lado*; ab) 'origen temporal sin extensión': *Llegaron de madrugada*; b) 'origen nocional': ba) 'origen del proceso': *Cambiar de jefe*, *Acabar de trabajar*, *Rogar de Juan*; bb) 'materia': *Llenar de libros*, *Informarse del horario*, *Hablar de política*; bc) 'instrumento': *Ayudarse de un destornillador*; bd) 'causa': *Alegrarse de verlo*; be) 'agente': *Amado de sus padres*; bf) 'condición': *De haberlo sabido, no lo habría comprado.*

Desde. La significación relacional de la preposición *desde*, que presenta constante e invariablemente la significación del elemento que la rige situado en una relación de alejamiento extenso a partir del sustantivo que la complementa, se entiende como: a) 'origen con extensión espacial': *Desde aquí se ve el mar*; b) 'origen con extensión temporal': *El plazo se abre desde mañana*; c) 'origen con extensión nocional': ca) 'cuantitativa': *Contar desde mil*. Con este mismo sentido se emplea también para indicar el punto desde el que arranca la extensión de las funciones sintácticas, generalmente en correlación con su antónima *hasta*: *Trabajan desde los más chicos hasta los mayores*; cb) 'causa': *Solo desde el inmovilismo, se puede decir eso.*

Como el resto de las combinaciones sintácticas del idioma, algunos de estos sintagmas preposicionales (*por mor de, enfrente de, a causa de, en orden a, por culpa de, delante, a base de, en relación con, sin embargo, gracias a, a favor de, en busca de, dentro de, al cabo de, a través de, al menos, por lo menos, a menudo*...) han terminado fijándose en el uso, dando lugar así a las llamadas *locuciones preposicionales*, que funcionan referencialmente en bloque, lo que no quiere decir, obviamente, que signifiquen como las preposiciones simples, como se suele creer habitualmente: *poner frente la casa, poner contra la pared* no es lo mismo que *poner enfrente de la casa* o *poner en contra de la pared*...

Bibliografía

Alarcos Llorach, E. (1984) *Estudios de gramática funcional del español*, Madrid: Gredos.

Bello, A. (1981) *Gramática de la lengua castellana, destinada al uso de los americanos*, ed. de R. Trujillo, Tenerife: Instituto Universitario de Lingüística Andrés Bello.

Bosque, I. (1997) "Preposición tras preposición", en Dorta, J. y Almeida, M. (eds.) *Contribuciones al estudio de la lingüística hispánica. Homenaje al Prof. Ramón Trujillo*, Barcelona: Montesinos, pp. 133–155.

Bosque, I. y Gutiérrez-Rexach, J. (2008) *Fundamentos de sintaxis formal*, Madrid: Ediciones Akal.

García, É. (1986) "El fenómeno *(de)queísmo* desde una perspectiva dinámica del uso comunicativo de la lengua", *Actas del II Congreso Internacional sobre el Español de América*, México: Universidad Nacional Autónoma de México, pp. 46–64.

Hjelmslev, L. (1976) *Principios de gramática general*, Madrid: Gredos.

Hjelmslev, L. (1978) *La categoría de los casos*, Madrid: Gredos.

Jespersen, Otto (1975) *La filosofía de la gramática*, Barcelona: Anagrama.

López, M. L. (1970) *Problemas y métodos en el análisis de las preposiciones*, Madrid.

Martínez, H. (1986) *El suplemento en español*, Madrid: Gredos.

Morera, M. (1988) *Estructura semántica del sistema preposicional del español moderno y sus campos de usos*, Puerto del Rosario: Cabildo Insular de Fuerteventura.

Morera, M. (1989) *Sintaxis lingüística vs sintaxis lógica. (La complementación sustantiva del verbo español)*, Santa Cruz de Tenerife: Industria Gráfica Canaria.
Morera, M. (1994) "Hacia una nueva delimitación de los conceptos de gramática y lexicología", *Revista de Filología de la Universidad de La Laguna*, 13, pp. 280–284.
Morera, M. (1997) *Teoría preposicional y origen y evolución del sistema preposicional español*, Puerto del Rosario: Cabildo Insular de Fuerteventura.
[RAE-ASALE] Real Academia Española y Asociación de Academias de la Lengua Española (2009) *Nueva gramática de la lengua española. Morfología. Sintaxis I*, Madrid: Espasa.
Riiho, T. (1979) *Por y para. Estudio sobre los orígenes y la evolución de una oposición prepositiva iberorrománica*, Helsinki: Societas Scientiarun Fennica.
Trujillo, R. (1971) "Notas para un estudio de las preposiciones españolas", *Thesaurus*, 26, pp. 234–279.

Lecturas complementarias

Bosque, I. y Demonte, V. (1999) *Gramática descriptiva de la lengua española*, Madrid: Espasa.
Brondal, V. (1950) *Théorie des prépositions. Introduction à un sémantique rationnelle*, Copenhague: DUD.
Fillmore, Ch. (1977) "The case for case reopened", en Cole y Saddock (eds.), *Syntax and semantics*, Nueva York: Academic Press.
García Yebra, V. (1988) *Claudicación en el uso de las preposiciones*, Madrid: Gredos.
Horno Chéliz, M. C. (2002) *Lo que la preposición esconde*, Zaragoza: Prensas Universitarias de Zaragoza.
Luque Durán, J. D. (1980) *Las preposiciones, I* y *II*, Madrid: Sociedad General Española de Librería.
Morera, M. (2009) "Las preposiciones", en Hernández, C. (ed.), *Estudios lingüísticos del español hablado en América. Volumen III. 2. El sintagma nominal. Parte II*, Madrid: Visor Libros, pp. 353–531.
Tyler, A. y Evans, V. (2003) *The semantics of English prepositions: Spatial scenes, embodied meaning and cognition*, Cambridge: Cambridge University Press.

Entradas relacionadas

adverbio; morfología; sintaxis; sustantivo

PROCESOS FONÓLOGICOS

Rebeka Campos-Astorkiza

1. Introducción

Este capítulo discute algunos de los principales procesos fonológicos que afectan a los sonidos del español. Bajo el concepto de proceso fonológico, incluimos las modificaciones o cambios que sufren los sonidos según el contexto fonológico, y que establecen una relación entre un fonema y dos o más alófonos. Encontramos diferencias dialectales en cuanto a ciertos procesos fonológicos, y estas diferencias son pertinentes para este capítulo. Sin embargo, las diferencias dialectales o sociales que afectan a la pronunciación de sonidos sin importar el contexto fonológico no son parte del enfoque de este ensayo. Dadas las limitaciones de espacio, nos centramos en cuatro procesos que han sido ampliamente documentados y han acaparado gran atención en la literatura. Dividimos estos procesos en dos bloques: procesos de asimilación, donde un sonido toma características de otro sonido con el resultado de que ambos sonidos son más similares, y procesos de debilitamiento y reforzamiento, donde los sonidos se debilitan o refuerzan articulatoriamente según el contexto. Cabe notar que la división entre estos dos tipos de procesos no es rígida y, como veremos, hay casos concretos que pueden analizarse como uno u otro tipo según el punto de vista teórico que se utilice. Aquí se adopta esta división solamente con carácter expositivo.

Tradicionalmente, la bibliografía sobre fonológica del español se centra más en los procesos que afectan a consonantes y esto se refleja en tres de los cuatro procesos que aquí se describen: asimilación en punto de articulación de nasales y laterales (§ 2.1), asimilación en sonoridad de sibilantes (§ 2.2) y espirantización de obstruyentes (§ 3.1). Además, y para abarcar una gama diversa de procesos, este capítulo incluye una discusión sobre el proceso de reducción de vocales átonas (§ 3.2), fenómeno que pone de manifiesto la variación fonológica de las vocales en español y cuyo estudio ha contribuido al desarrollo de las más recientes teorías fonológicas, a pesar de no haber acaparado tanta atención como los procesos consonánticos. La discusión de cada proceso comienza con la exposición de los datos de interés, con referencia a diferencias dialectales donde sea necesario y descripciones fonéticas en los casos donde estén disponibles, seguidos por una revisión sucinta y crítica de los principales análisis, centrándose en los avances más recientes.

2. Procesos de asimilación

2.1. Asimilación en punto de articulación de nasales y laterales

Las consonantes nasales del español contrastan en punto de articulación únicamente en la posición inicial de sílaba. Así en el ataque silábico encontramos una diferencia fonémica entre nasales bilabiales, alveolares y palatales, ej. [ka**m**a], [ka**n**a], [ka**ɲ**a] *cama, cana, caña*. Sin embargo, este contraste en punto de articulación se neutraliza en posición de coda silábica, es decir, no existen diferencias fonémicas entre diferentes nasales en la posición final de sílaba. En estos casos, las nasales se asimilan al punto de articulación de la siguiente consonante, tanto dentro de la palabra como entre palabras (1a). En los demás contextos, es decir cuando la coda aparece ante pausa o ante una palabra que comienza con vocal, la nasal se realiza como alveolar (1b), excepto en los dialectos velarizantes donde se produce como velar (1c). La velarización de nasales se puede encontrar en muchas regiones del mundo hispanohablante, incluyendo el Caribe, la costa pacífica de Sudamérica, las Islas Canarias y varias regiones en España como La Rioja, Galicia, León, Extremadura y Andalucía (véanse Malmberg 1965; Zamora Vicente 1967; Jiménez Sabater 1975; López Morales 1980; Quilis 1993; Piñeros 2006). También encontramos mención de casos de nasales con doble articulación alveolar-labial para las secuencias de nasal y consonante labial, que se producirían con oclusiones simultáneas en la zona alveolar y los labios ([in͡menso] *inmenso*, [kon͡m paβlo] *con Pablo*) (Harris 1969: 14–16; Navarro Tomás 1977: 89, 113). En los dialectos velarizantes, se produce coarticulación en los puntos de articulación velar y bilabial.

(1) Distribución de los alófonos nasales

a.	[ka**m**bjo]	cambio	[ko**m** pako]	con Paco
	[e**ɱ**fasis]	énfasis	[ko**ɱ** felipe]	con Felipe
	[tje**n̪**da]	tienda	[ko**n̪** tomas]	con Tomás
	[te**n**so]	tenso	[ko**n** saɾa]	con Sara
	[ko**nʲ**ɟuxe]	cónyuge	[ko**nʲ** tʃema]	con Chema
	[ta**ŋg**o]	tango	[ko**ŋ** kaɾla]	con Carla
b.	[tako**n**]	tacón	[ko**n** ana]	con Ana
c.	[tako**ŋ**]	tacón	[ko**ŋ** ana]	con Ana

En el caso de la lateral /l/, cuando esta aparece en coda ante una consonante coronal, es decir (inter)dental, alveolar o palatal, tanto dentro de la palabra como entre palabras, se asimila en punto de articulación a la consonante siguiente (2a). No encontramos asimilación ante consonantes con otros tipos de articulación. En estos casos y ante pausa y ante palabra que comienza con vocal, la lateral se realiza como alveolar (2b).

(2) Distribución de los alófonos laterales

a.	[ku**l̪**tuɾa]	cultura	[e**l̪**dweɲo]	el dueño		
	[sa**l**sa]	salsa	[e**l** nuðo]	el nudo		
	[ko**lʲ**tʃa]	colcha	[e**lʲ** ɟaβeɾo]	el llavero		
b.	[ka**l**ma]	calma	[go**l**fo]	golfo	[a**l**ga]	alga
	[seɲa**l**]	señal	[e**l** aβwelo]	el abuelo		

Bajo el marco de la fonología autosegmental, la asimilación de nasales se formaliza como la propagación de los rasgos articulatorios de punto de articulación (PA) de una consonante a la nasal anterior. Más concretamente, primero hay eliminación de los rasgos de PA de la nasal en posición de coda, lo cual resulta en neutralización. Después se extienden los rasgos de PA de la consonante que sigue, de manera que estos rasgos quedan doblemente asociados a la consonante y la nasal precedente. Las nasales en coda que no preceden a una consonante son asignadas al PA alveolar por defecto, asumiendo que este punto de articulación es el no marcado (Goldsmith 1981; Harris 1984a; Hualde 1989a, b). Esta aproximación también es capaz de capturar los casos de doble articulación, que son formalizados como la propagación de los rasgos de PA sin la eliminación de estos rasgos en la nasal, de manera que el resultado es que la nasal está asociada con dos tipos de PA (cf. Baković 2000).

Generalmente, la asimilación de nasales y la de laterales se han analizado como el mismo proceso y se han representado como el resultado del mismo análisis formal (ej. Cressey 1978; Hualde 1989b; Piñeros 2006). Según esta aproximación unificada, las laterales y nasales forman la clase natural de sonidos sonantes interruptos [+sonante, - continuo]. Es precisamente este grupo de sonidos el único que se ve afectado por el proceso de asimilación en punto de articulación. La pregunta que surge es por qué la lateral no se asimila a los PA labial y velar. Esto se explica por el hecho de que las laterales labiales y velares son poco comunes o marcadas en las lenguas del mundo, es decir, cuestiones de marcadez limitan la productividad de la asimilación de la lateral (Cressey 1978; Hualde 1989b; Piñeros 2006).

Dentro de la Teoría de la Optimidad (Prince y Smolensky 1993/2004), la asimilación en punto de articulación de nasales en español se ha analizado haciendo uso de una restricción que requiere que los sonidos adyacentes tengan la misma especificación para punto de articulación, AGREE (PA) (Baković 2000; Piñeros 2006). Esta restricción pertenece a una familia de restricciones, AGREE, que requieren concordancia de rasgos y penalizan las secuencias que no compartan la misma especificación para un rasgo en particular (Lombardi 1999). AGREE (PA) está en conflicto con otra restricción, IDENT (PA), que exige la identidad de la forma de la entrada o *input* y de la forma resultante o *output* y, por consiguiente, no permite cambios en PA. La jerarquía entre ambas determina la presencia o ausencia de asimilación, de manera que si AGREE (PA) domina a IDENT (PA) la realización resultante tendrá asimilación en punto de articulación. El hecho de que el PA cambie solo para las nasales en coda resulta de una restricción que no permite cambios de PA en el ataque, IDENTONSET (PA) (Beckman 1999). Esta restricción ocupa una posición alta en la jerarquía de restricciones del español, bloqueando cambios que pudieran afectar a sonidos en posición de ataque. Piñeros (2006), a pesar de no incluir una presentación detallada, señala que el mismo análisis con AGREE (PA) podría extenderse al proceso de asimilación que sufren las laterales.

Finalmente, cabe mencionar varios estudios recientes que presentan detalles articulatorios y acústicos con respecto a la asimilación de nasales y contribuyen con datos instrumentales a una mejor caracterización del proceso y, por tanto, a nuestro entendimiento de la naturaleza del mismo (ej. Honorof 1999; Martínez Celdrán y Fernández Planas 2007; Kochetov y Colantoni 2011; Ramsammy 2011). Kochetov y Colantoni (2011) ofrecen datos articulatorios que indican que la asimilación es virtualmente completa y categórica, excepto ante consonantes fricativas donde se observan realizaciones sin una asimilación completa y con mayor variación dentro y a través de dialectos (argentino vs. cubano). Los autores concluyen que hay un proceso fonológico de asimilación pero que su implementación fonética varía entre dialectos, y estas diferencias deben capturarse en la formalización del proceso. Por otra parte, Ramsammy (2011), basándose en datos acústicos, no encuentra una distinción en punto de articulación entre una nasal asimilada a alveolar y otra a velar, y concluye que la asimilación no es categórica. Dados estos resultados, el autor analiza el comportamiento de las nasales en coda como el resultado de una falta de especificación fonética para el punto de articulación en la superficie (cf. Keating 1988), que hace que estas nasales estén sujetas a efectos coarticulatorios con los sonidos adyacentes. Para concluir, a pesar de no llegar a los mismos resultados o conclusiones, estos estudios instrumentales abren las puertas para una aproximación innovadora al proceso de asimilación en punto de articulación, no solo para las nasales sino también para las laterales.

2.2. *Asimilación en sonoridad de sibilantes*

En los dialectos donde /s/ se mantiene en la posición de coda, esta sibilante se asimila a la sonoridad de la siguiente consonante tanto dentro de la palabra como entre palabras (3a). Ante vocal y ante pausa, la sibilante generalmente se describe como sorda (3b), aunque varios estudios han encontrado sonorización de /s/ en posición intervocálica, principalmente en posición final de palabra, en varios dialectos incluyendo el ecuatoriano andino y el castellano peninsular (ej. [loz otros] *los otros*, véanse Robinson 1979; Lipski 1989; Torreblanca 1986; Chappell 2011; McKinnon 2012; Torreira y Ernestus 2012). Algunos autores sitúan la asimilación en sonoridad de /s/ dentro de un proceso más general de asimilación de sonoridad que afecta a todas las obstruyentes del español ante consonante. Sin embargo, el comportamiento de las oclusivas presenta mucha más variación inter e intra-dialectal, y no todos los autores están de acuerdo en que esta asimilación en sonoridad esté tan generalizada como la de /s/ (Quilis 1993; Martínez-Gil 2003; Hualde 2005). Las otras fricativas del español (/f, θ/) también sufrirían este proceso de asimilación ante consonante pero, dada su limitada aparición en esta posición y los escasos datos sobre su realización asimilada, no se incluyen en la discusión de esta sección.

(3) Distribución de los alófonos sordos y sonoros de /s/

a.	[i**z**la]	isla	[mi**z**mo]	mismo	[ra**z**ɣo]	rasgo
	[la**z** lunas]	las lunas	[la**z** manos]	las manos	[lo**z** βotes]	los botes
	[ra**s**ko]	rasco	[lo**s** potes]	los potes		
b.	[ka**s**a]	casa	[**s**ako]	saco		
	[ma**s**]	más	[awtoβu**s**]	autobús		

Este proceso de asimilación en sonoridad es descrito frecuentemente como variable y gradual (ej. Navarro Tomás 1977; Hualde 2005). Según algunas descripciones impresionistas del fenómeno, la sonorización completa de /s/ ante consonante sonora es más probable cuando el ritmo de habla es más rápido y cuando los hablantes adoptan estilos menos formales (Navarro Tomás 1977; Torreblanca 1978). Varios estudios recientes exploran la naturaleza de esta asimilación usando métodos instrumentales, incluyendo análisis acústicos (ej. Schmidt y Willis 2010, Campos-Astorkiza 2014). Los resultados señalan que la asimilación de /s/ no es completa siempre que aparece ante consonante sonora, llegando incluso a observarse casos donde es sorda, y que varios factores como la posición del acento, el modo de articulación de la consonante siguiente y la presencia de fronteras prosódicas condicionan el grado de sonoridad (Campos-Astorkiza 2014).

En el marco autosegmental, el mismo mecanismo que regula la asimilación en punto de articulación sería responsable de la asimilación en sonoridad. Más concretamente, la asimilación sería el resultado de la propagación de los rasgos laríngeos de una consonante a la fricativa anterior con la consiguiente eliminación de los rasgos laríngeos de esta. El resultado es que la fricativa y la consonante comparten la misma especificación laríngea (Hualde 1989b; Martínez-Gil 1991). Claramente, bajo este análisis, la asimilación en sonoridad es completa cada vez que se aplica la regla, es decir, siempre que /s/ ocurra ante consonante.

Sin embargo, como se explica arriba, el grado y la frecuencia de sonorización de /s/ está lejos de ser categórica o siempre completa, y este tipo de análisis autosegmental no puede capturar estas observaciones.

Los análisis más recientes tratan de capturar esta naturaleza gradual y variable de la asimilación dentro de la Teoría de la Optimidad, haciendo uso de la falta de especificación fonética. Este concepto se refiere a casos donde un sonido no es asignado una especificación para un rasgo en el nivel fonético y como resultado no tiene un gesto articulatorio propio para esa característica. Así, la realización final de ese sonido depende de la interpolación de los gestos articulatorios de los sonidos circundantes. En el caso de la sonoridad, un sonido sin especificación fonética para este rasgo mostrará una realización totalmente dependiente de la sonoridad de los sonidos que lo rodean (Steriade 1997; Ernestus 2003). Volviendo al caso que nos concierne de asimilación de /s/, varios estudios han propuesto que este sonido tiene tres posibles especificaciones para sonoridad en su realización en español: [+sonoro], [-sonoro] y [0sonoro] (Bradley 2005; Bradley y Delforge 2006). [0sonoro] corresponde con la falta de especificación fonética para este rasgo, y es precisamente la /s/ en coda la que tiene esta especificación. En otras palabras, este sonido no tiene un gesto articulatorio para este rasgo y, como consecuencia, su realización con o sin sonoridad depende totalmente de los sonidos adyacentes. Según este análisis, la variabilidad en el grado de asimilación ante consonante sonora se desprende del hecho de que la sonoridad durante /s/ en coda es puramente fonética y, como tal, puede verse afectada por factores como ritmo de habla y estilo entre otros. Desde el punto de vista formal, este modelo de la asimilación se captura dentro del marco de la Optimidad haciendo uso de una restricción que favorece la falta de especificación para sonoridad en las obstruyentes, *[αsonoro]. Este análisis es capaz de capturar la variabilidad inherente al proceso de asimilación de /s/ que se ha puesto de manifiesto en diversos estudios instrumentales. Sin embargo, los casos donde /s/ se realiza como totalmente sorda entre una vocal y una consonante sonora presentan un reto para este modelo ya que la falta de especificación fonética y de interpolación predice un alto grado de sonoridad durante /s/ en estos contextos.

Colina (2009), trabajando también en la Teoría de la Optimidad, plantea que la asimilación en sonoridad de /s/ es el resultado de la incapacidad de la posición de coda de legitimar un nódulo laríngeo que especifique la sonoridad del sonido. Este análisis hace uso de una restricción de legitimación del gesto laríngeo, LICENSE(lar), que penaliza elementos en coda asociados con información laríngea. Esta restricción se satisface mediante la doble asociación del rasgo sonoro a /s/ y a la siguiente consonante, siendo esta la que legitima este rasgo. Según esta posición teórica, /s/ está fonéticamente especificada y esto se captura mediante una restricción que desfavorece las sibilantes sin especificación para la sonoridad, *S, que ocupa un posición alta en la jerarquía de restricciones del español. A pesar del rigor teórico de este análisis, uno de los principales problemas es que predice que la asimilación de /s/ es total y categórica pero, como se ha discutido anteriormente, este proceso se caracteriza por su variabilidad.

3. Procesos de debilitamiento y reforzamiento

3.1. Espirantización

El término espirantización hace referencia a la realización de las oclusivas sonoras del español, las cuales tienen dos posibles alófonos según el contexto fonológico donde ocurran. En posición inicial del enunciado, es decir después de una pausa (4a), y después de consonantes nasales y laterales con las que comparten el punto de articulación (4b), se realizan como oclusivas sonoras [b, d, g]. En los demás contextos, es decir después de vocal (4c) y consonantes que no sean nasales o laterales homorgánicas (4d), se realizan como aproximantes [β, ð, ɣ]. Esta distribución complementaria entre oclusivas y aproximantes se da tanto dentro como a través de palabra.

(4) Distribución de los alófonos oclusivos y aproximantes

a.	[**b**amonos]	Vámonos	[**d**amelo]	Dámelo	[**g**anamos]	Ganamos
b.	[kam**b**jo]	cambio	[tjen̪**d̪**a]	tienda	[taŋ**g̠**o]	tango
	[kal̪**d̪**o]	caldo				
c.	[a**β**a]	haba	[ko**ð**o]	codo	[la**ɣ**o]	lago
d.	[kal**β**o]	calvo	[al**ɣ**a]	alga		
	[kaɾ**β**on]	carbón	[taɾ**ð**e]	tarde	[kaɾ**ɣ**a]	carga
	[dez**β**io]	desvío	[dez**ð**e]	desde	[raz**ɣ**o]	rasgo

En la posición de coda silábica, esperamos el alófono aproximante dado que esta posición se encuentra siempre después de vocal. Sin embargo, en coda se observa mucha variación dentro y a través de dialectos, y en esta posición pueden encontrase realizaciones, entre otras, aproximantes, fricativas, oclusivas sordas o sonoras, vocalizadas, con elisión o con cambios en el punto de articulación (5). En general, la producción de las obstruyentes sonoras en coda no es tan sistemática como en el ataque silábico (Canfield 1981; Martínez-Gil 1997, 2003; Piñeros 2002; González 2006; Morgan 2010).

(5) Algunas de las posibles realizaciones de obstruyentes sonoras en coda

aproximante	fricativa	oclusiva	elisión	
[beɾða**ð**]	[beɾða**θ**]	[beɾða**d**, beɾða**t**]	[beɾða]	verdad

Asimismo cabe notar que algunos dialectos presentan una distribución de las aproximantes más restringida que la descripción presentada anteriormente. Más concretamente, en estos casos encontramos realizaciones aproximantes únicamente después de vocal, y oclusivas en los demás contextos, es decir después de cualquier consonante, por ejemplo [kalbo], [kaɾga], [dezde], etc. (cf. [4d] arriba). Este patrón se ha descrito para variedades de Centroamérica, Colombia y México entre otras (ej. Resnick 1976; Canfield 1981; Quilis 1993; Moreno Fernández 2009).

La principal diferencia fonológica entre los dos alófonos obstruyentes reside en el rasgo de continuidad, siendo los alófonos oclusivos sonidos no continuos o interruptos, y los alófonos aproximantes sonidos continuos. El grado de obstrucción de los alófonos continuos depende de diferentes factores incluyendo la posición del acento, el contexto vocálico, el estilo, el ritmo de habla y el dialecto (Cole, Iskarous, y Hualde 1999; Ortega-Llebaría 2004). En algunos casos, sobre todo en posición intervocálica, podemos encontrar una reducción extrema de la obstrucción, principalmente de /d/ ([kansaðo ~ kansao] *cansado*). Este proceso de elisión varía mucho de un dialecto a otro y está sujeto a diversas restricciones, incluyendo la frecuencia de uso de la palabra (Hualde, Simonet y Nadeu 2011).

Los análisis formales existentes de la espirantización difieren principalmente en dos aspectos: (i) el tipo de representación subyacente, totalmente especificada o parcialmente especificada para el rasgo [continuo], y (ii) la naturaleza del proceso, lenición o reforzamiento. En cuanto a la naturaleza del proceso, diversos autores interpretan la espirantización como un caso de debilitamiento o lenición en el sentido de que las oclusivas sonoras se debilitan después de sonidos continuos, y no presentan un cierre completo, sino diferentes grados de aproximación de los articuladores. Por otra parte, otros especialistas argumentan que este proceso es un caso de reforzamiento según el cual las obstruyentes se refuerzan a oclusivas cuando siguen a consonantes sonantes no continuas, i.e., nasales y laterales homorgánicas, y después de pausa. Ambas posiciones teóricas asumen que las aproximantes son los alófonos debilitados y las oclusivas son los alófonos fuertes. Otro punto en común es que la mayoría de estos análisis asume que la espirantización es el resultado de un proceso de asimilación progresiva del contexto anterior con respecto a la continuidad. Sin embargo, algunos autores se distancian de esta representación y apelan a motivaciones de esfuerzo articulatorio para explicar este fenómeno (ej. Piñeros 2002). Ladefoged resume una de las posiciones más extendidas con respecto a la naturaleza del proceso cuando describe la espirantización como un tipo de asimilación, en la que las oclusivas intervocálicas se hacen progresivamente más semejantes a las aproximantes que las flanquean (Ladefoged 1999: 609).

Con respecto a la representación subyacente, muchos análisis derivacionales de la espirantización asumen que las obstruyentes sonoras del español no están especificadas para el rasgo [continuo] así que su realización depende de una serie de reglas que determinan cuál será su especificación para este rasgo en la superficie (Lozano 1979; Harris 1984b; Mascaró 1984, 1991; Hualde 1989a, b). Estos autores proponen que las obstruyentes sonoras no están especificadas con respecto al rasgo [continuo] para representar que estas obstruyentes no contrastan en cuanto a su continuidad y que su realización como continuas o interruptas se predice totalmente por el contexto fonológico en el que ocurren. Los análisis derivacionales que hacen uso de la especificación parcial difieren en cuanto a qué especificación del rasgo [continuo] es exactamente la que se propaga desde el contexto anterior a la obstruyente. Encontramos principalmente tres propuestas: (i) [α continuo] se propaga del sonido anterior (Mascaró 1984, 1991), (ii) [+continuo] se propaga de una vocal o consonante continua (Harris 1984b, 1985), y (iii) [-continuo] se propaga de una consonante interrupta homorgánica (Hualde 1989b). Estas reglas de propagación van acompañadas de una serie de reglas especiales o por defecto que insertan [±continuo] en los demás contextos que quedan fuera de la propagación. Lo que une estas tres propuestas teóricas es el uso que hacen de la subespecificación del rasgo [continuo], pero cabe notar que este tipo de representación es controvertido y se enfrenta con algunos problemas (véanse Martínez-Gil 2001, 2003 para más detalles).

Los análisis más recientes de la espirantización se han desarrollado dentro de la Teoría de la Optimidad. Un aspecto importante de estos análisis es que no tienen que preocuparse de la representación subyacente de las obstruyentes ya que se enfocan en la forma o la realización en la superficie, y se centran principalmente en explorar qué restricciones son responsables de la distribución de los diferentes alófonos. Así que el hecho de que la forma subyacente contenga una especificación parcial o completa no sirve de explicación ni es el enfoque principal de los análisis dentro de esta teoría (pero véase Colina 2013 para una posición diferente). El énfasis de este tipo de análisis se centra en explicar el mecanismo que regula la distribución de los alófonos oclusivos y aproximantes mediante una serie de restricciones y la jerarquía que se establece entre estas. Es decir, independientemente de la representación subyacente, la jerarquía de restricciones de una lengua dada predice qué formas podemos encontrar en la superficie y cuáles no.

Dentro del marco de la Optimidad, los autores difieren en analizar la espirantización como un proceso de lenición o de reforzamiento. Baković (1997) propone que la alternancia entre oclusiva y aproximante es un caso de reforzamiento y que en español encontramos una restricción, StrongOnset 'ataque silábico fuerte', que requiere que la posición de ataque silábico esté ocupada por una consonante oclusiva. Este análisis asume que la representación subyacente es una aproximante que se realiza como oclusiva para satisfacer StrongOnset. Uno de los problemas de este análisis es que según el principio *Richness of the Base* de la Teoría de la Optimidad no es posible establecer de antemano la forma de la representación subyacente de manera que el análisis correcto no puede depender de esta, sino solamente de la jerarquía de restricciones. No está claro cómo este análisis de reforzamiento podría funcionar sin asumir que las obstruyentes sonoras son aproximantes en la forma subyacente. Otro de los problemas es la distribución de las fricativas sordas (/f, θ, s, x/) en español, que nunca alternan con alófonos oclusivos. El reforzamiento de los ataques predeciría una posible alternancia entre fricativas y oclusivas de manera similar a oclusivas y aproximantes, pero esto no es el caso.

Otros análisis dentro del marco de la Optimidad asumen que la espirantización es un proceso de debilitamiento. Algunos autores capturan esta observación mediante una restricción que desfavorece oclusivas después de vocales y consonantes continuas (Martínez-Gil 2003; González 2006). Esta restricción ocupa una posición alta en la jerarquía para el español, especialmente con respecto a otra restricción que penaliza modificaciones con respecto a la continuidad, Ident[cont], y que bloquearía un cambio de oclusiva a aproximante (o viceversa). Estos análisis no imponen ninguna limitación en la forma subyacente y el resultado es el mismo independientemente de si hay especificación parcial o no para [continuo]. Siguiendo la misma caracterización del proceso como debilitamiento, otros autores arguyen que la espirantización tiene lugar para paliar el esfuerzo articulatorio (Piñeros 2002; Kirchner 1998) y apelan a restricciones, Lazy o 'minimizar esfuerzo', con base fonética que penalizan el esfuerzo articulatorio, el cual se cuantifica en relación con el contexto donde ocurren los sonidos de interés. Así, el esfuerzo articulatorio incurrido en la producción de una aproximante entre vocales es menor que el incurrido por una oclusiva en el mismo contexto. Este tipo de análisis, donde la información fonética juega un papel importante, es capaz de capturar el hecho de que el grado de obstrucción es gradual y varía según factores como el ritmo de habla, el acento, etc.

3.2. Reducción de vocales átonas

El sistema vocálico del español generalmente se caracteriza como relativamente estable dentro y a través de dialectos. Sin embargo, algunos estudios recientes ponen de manifiesto que las vocales también pueden mostrar variación en su realización. Aquí nos centramos en uno de estos casos en el que el contexto fonológico condiciona la realización de las vocales, el proceso conocido como reducción de vocales átonas (RVA). Este fenómeno se refiere al acortamiento, ensordecimiento o elisión de las vocales en posiciones átonas que se ha documentado principalmente en el español mexicano y andino (ej. Lope Blanch 1963; Canellada y Zamora Vicente 1960; Perissinotto 1975 para el mexicano; Hundley 1983; Lipski 1990 para el andino). Estos estudios señalan que, a pesar de ser un proceso variable, la RVA muestra ciertos patrones, por ejemplo, afecta principalmente a las vocales medias, sobre todo /e/, y ocurre ante /s/ en coda con más frecuencia. En un estudio de corte acústico, Delforge (2008a) presenta datos cuantitativos sobre RVA en Cuzco, Perú, donde encuentra que la realización más común de estas vocales reducidas es con ensordecimiento total (6). La autora nota que la reducción no resulta en la centralización de las vocales, sino que únicamente su grado de sonoridad y duración se ve reducido, mientras el timbre vocálico se mantiene estable. En cuanto al contexto fonológico, Delforge encuentra que la mayor incidencia de RVA se da para todas las vocales en la posición final de palabra, en sílaba átona con /s/ en coda (ej. [alˈpakḁs] alpacas), aunque la reducción ocurre en mayor o menor medida en cualquier sílaba átona independientemente de los sonidos adyacentes o el timbre de la vocal afectada.

(6) Ejemplos de la reducción de vocales átonas (Delforge 2008a)

[ku̥sˈkeɲa]	Cusqueña
[ˈbjaxe̥s]	viajes
[los ˈiŋkḁs]	los incas
[ˈtraxe̥ ˈtipiko]	traje típico
[ˈesto̥s]	estos

Delforge (2008a, b) analiza el proceso de RVA dentro del modelo teórico de Fonología Articulatoria (Browman y Goldstein 1989) y arguye que la reducción variable es el resultado de diferentes grados de solapamiento entre los gestos articulatorios de las consonantes y vocales adyacentes. La autora desarrolla este análisis haciendo uso de las herramientas que la Optimidad pone a su disposición y plantea una serie de restricciones que regulan la organización de los gestos articulatorios (cf. Gafos 2002). La jerarquía de estas restricciones en el español andino permite un mayor solapamiento entre gestos vocálicos y consonánticos que en otros dialectos, resultando en un alto grado de RVA. Por otra parte, Lipski (1990) presenta un análisis autosegmental según el cual la elisión vocálica, es decir el caso más extremo de RVA, es el resultado de la pérdida del rasgo [-consonante] de la representación de la vocal debido al acortamiento y ensordecimiento fonéticos. Tanto Lipski (1990) como Delforge (2008a, b) explican que el hecho de que /e/ sea la vocal que se ve más afectada por RVA y que la /s/ juegue un papel tan importante en este proceso se desprende de que ambos sonidos comparten el rasgo [+coronal]. De esta manera, la similitud articulatoria entre /e/ y /s/ favorece la interacción entre estos dos sonidos, resultando en un mayor grado de reducción. A pesar de las diferencias, ambos estudios ponen de manifiesto que las vocales del español también pueden verse afectadas por procesos fonológicos, y que un cuidadoso análisis de estos fenómenos ayuda a avanzar nuestra comprensión global del sistema fonológico de la lengua y de las teorías formales que mejor se ajustan a los patrones observados.

4. Conclusión

Este capítulo incluye una revisión crítica de los principales procesos fonológicos que encontramos en español, centrándose en cuatro fenómenos: asimilación en punto de articulación de nasales y laterales, asimilación en sonoridad de sibilantes, espirantización y reducción de vocales átonas. La exposición de estos procesos se enfoca en describir los datos relevantes y examinar los principales análisis teóricos que se han desarrollado para cada fenómeno. A pesar de que estos procesos, sobre todo aquellos que atañen a las consonantes, han sido objeto de amplio interés en la literatura, aquí se pone de manifiesto que todavía quedan preguntas por resolver. Por una parte, las descripciones tradicionales de estos procesos se han beneficiado recientemente de diversos estudios que han aportado datos instrumentales (acústicos y articulatorios) que nos permiten revisar y refinar los diversos patrones. Ampliar estos estudios instrumentales, incluyendo la interacción entre diferentes procesos, por ejemplo entre la espirantización gradual y la asimilación de sonoridad, puede ayudar a evaluar los análisis formales y presentar modelos que tengan una mayor capacidad de explicación. Por otra parte, nuestro entendimiento de los procesos fonológicos del español puede avanzar mediante la aplicación de los desarrollos más recientes dentro de la teoría fonológica general, como por ejemplo la Fonología Articulatoria entre otras, que nos permite analizar los problemas fonológicos del español desde una perspectiva nueva.

Bibliografía

Baković, E. (1997) "Strong onsets and Spanish fortition", en Giordano, C. y Ardron, D. (eds.), *Proceedings of the 6th Student Conference in Linguistics (SCIL 6)*, Cambridge, MA: MIT Working Papers in Linguistics, pp. 21–39.

Baković, E. (2000) "Nasal place neutralization in Spanish", en Minnick Fox, M., Williams, A. y Kaiser, E. (eds.) *Proceedings of the 24th Annual Penn Linguistics Colloquium*, Filadelfia, PA: University of Pennsylvania, pp. 1–12.

Beckman, J. N. (1999) *Positional faithfulness*, Nueva York: Garland.

Bradley, T. G. (2005) "Sibilant voicing in Highland Ecuadorian Spanish", *Lingua(gem)*, 2, 2, pp. 9–42.

Bradley, T. G. y Delforge, A. M. (2006) "Systemic contrast and the diachrony of Spanish sibilant voicing", en Gess, R. y Arteaga, D. (eds.), *Historical Romance linguistics: Retrospective and perspectives*, Amsterdam/Filadelfia: John Benjamins, pp.19–52.

Browman, C. y Goldstein, L. (1989) "Articulatory gestures as phonological units", *Phonology*, 6, pp. 201–252.

Campos-Astorkiza, R. (2014) "Sibilant voicing assimilation in Peninsular Spanish as gestural blending", en Côte, M.-H. y Mathieu, É. (eds.), *Variation within and across Romance languages*, Filadelfia, PA: John Benjamins, pp. 17–38.

Canellada, M. J. y Zamora Vicente, A. (1960) "Vocales caducas en el español mexicano", *Nueva Revista de Filología Hispánica*, 14, pp. 222–241.

Canfield, L.D. (1981) *The pronunciation of Spanish in the Americas*, Chicago: University Press.

Chappell, W. (2011) "The intervocalic voicing of /s/ in Ecuadorian Spanish", en Michnowicz, J. y Dodsworth, R. (eds.), *Selected proceedings of the 5th Workshop on Spanish Sociolinguistics*, Somerville, MA: Cascadilla Proceedings Project, pp. 57–64.

Colina, S. (2009) "Sibilant voicing in Ecuadorian Spanish", *Studies in Hispanic and Lusophone Linguistics*, 2, 1, pp. 3–29.

Colina, S. (2013) "Spanish voiced obstruent alternation and underspecification in OT", Ponencia en *43rd Linguistics Symposium on Romance Languages.*

Cole, J., Hualde, J. I. e Iskarous, K. (1999) "Effects of prosodic context on /g/ lenition in Spanish", en Fujimura, O., Joseph, B. D. y Palek, B. (eds.), *Proceedings of the 4th International Linguistics and Phonetics Conference*, Praga: The Karolinium Press, pp. 575–589.

Cressey, W. (1978) *Spanish phonology: A generative approach*, Washington, DC: Georgetown University Press.

Delforge, A. M. (2008a) "Unstressed vowel reduction in Andean Spanish", en L. Colantoni y Steele, J. (eds.), *Selected proceedings of the 3rd Conference on Laboratory Approaches to Spanish Phonology*, Somerville, MA: Cascadilla Proceedings Project, pp. 107–124.

Delforge, A. M. (2008b) "Gestural alignment constraints and unstressed vowel devoicing in Andean Spanish", en Haynie, H. J. y Chang, C. B. (eds.), *Proceedings of the Twenty-Sixth West Coast Conference on Formal Linguistics*, Sommerville, MA: Cascadilla Proceedings Project, pp. 147–155.

Ernestus, M. (2003) "The role of phonology and phonetics in Dutch voice assimilation", en Weijer, J. van de, Heuven, V. J. van y Hulst, H. van der (eds.), *The phonological spectrum*, vol. I: *Segmental structure*, Amsterdam: John Benjamins, pp. 119–144.

Goldsmith, J. (1981) "Subsegmentals in Spanish phonology: An autosegmental approach", en Napoli, D. (ed.), *Linguistic Symposium on Romance languages*, Washington, DC: Georgetown University Press, pp. 1–16.

González, C. (2006) "Efecto de la posición en la oración y la frecuencia léxica en /d/ final en español de País Vasco", en Face, T. L. y Klee, C. A. (eds.), *Selected proceedings of the 8th Hispanic Linguistics Symposium*, Somerville, MA: Cascadilla Proceedings Project, pp. 89–102.

Harris, J.W. (1969) *Spanish phonology*, Cambridge, MA: The MIT Press.

Harris, J.W. (1984a) "Autosegmental phonology, lexical phonology, and Spanish nasals", en Aronoff, M. y Oehrle, R. (eds.), *Language sound structure*, Cambridge, MA: The MIT Press, pp. 67–82.

Harris, J.W. (1984b) "La espirantización en castellano y la representación fonológica autosegmental", *Estudis Gramaticals 1. Working Papers in Linguistics*, Bellaterra: Universitat Autònoma de Barcelona, pp. 149–167.
Honorof, D.N. (1999) *Articulatory gestures and Spanish nasal assimilation*, tesis doctoral, Yale University.
Hualde, J. I. (1989b) "Procesos consonánticos y estructuras geométricas en español", *Lingüística ALFAL*, 1, pp. 7–44.
Hualde, J. I. (1989b) "Delinking processes in Romance", en Kirschner, C. y DeCesaris, J. A. (eds.), *Studies in Romance linguistics: Selected proceedings from the XVII Linguistic Symposium on Romance Languages*, Amsterdam: Benjamins, pp. 177–193.
Hualde, J. I. (2005) *The sounds of Spanish*, Cambridge: Cambridge University Press.
Hualde, J. I., Simonet, M. y Nadeu, M. (2011) "Consonant lenition and phonological recategorization", *Laboratory Phonology*, 2, pp. 301–329.
Hundley, J. (1983) *Linguistic variation in Peruvian Spanish: Unstressed vowel and /s/*, tesis doctoral, University of Minnesota.
Jiménez Sabater, M. (1975) *Más datos sobre el español en la República Dominicana*, Santo Domingo: Ediciones Intec.
Keating, P. (1988) "Underspecification in phonetics", *Phonology*, 5, pp. 275–292.
Kirchner, R. (1998) *An effort-based approach to consonant lenition*, tesis doctoral, University of California.
Kochetov, A. y Colantoni, L. (2011) "Spanish nasal assimilation revisited: A cross-dialect electropalatographic study", *Laboratory Phonology*, 2, pp. 487–523.
Lacy, P. de (2006) *Markedness: Reduction and preservation in phonology*, Cambridge: Cambridge University Press.
Ladefoged, P. (1999) "Linguistic phonetic descriptions", en Hardcastle, W. y Laver, J. (eds.), *Handbook of phonetic sciences*, Oxford: Blackwell, pp. 589–618.
Lipski, J. (1990) "Aspects of Ecuadoran vowel reduction", *Hispanic Linguistics*, 4, pp. 1–19.
Lope Blanch, J. (1963) "En torno a las vocales caedizas del español mexicano", *Nueva Revista de Filología Hispánica*, 17, pp. 1–20.
López Morales, H. (1980) "Velarización de /n/ en el español de Puerto Rico", *Lingüística Española Actual*, vol. 2, pp. 203–217.
Lozano, M.C. (1979) *Stop and Spirant Alternations: Fortition and spirantization processes in Spanish phonology*, tesis doctoral, Indiana University.
Malmberg, B. (1965) *Estudios de fonética hispánica*, Madrid: Consejo Superior de Investigaciones Científicas, Instituto Miguel de Cervantes.
Martínez Celdrán, E. y Fernández Planas, A. M. (2007) *Manual de fonética española*, Barcelona: Ariel Lingüística.
Martínez-Gil, F. (1991) "The insert/delete parameter, redundancy rules, and neutralization processes in Spanish", en Campos, H. y Martínez-Gil, F. (eds.), *Current studies in Spanish linguistics*, Washington, DC: Georgetown University Press, pp. 495–571.
Martínez-Gil, F. (1997) "Consonant vocalization in Chilean Spanish: A serial vs. a constraint-based approach", *Probus*, 9, pp. 167–202.
Martínez-Gil, F. (2001) "Sonority as a primitive phonological feature: Evidence from Spanish complex onset phonotactics", en Herschensohn, J., Mallen, E. y Zagona, K. (eds.), *Features and interfaces in Romance: Essays in honor of Helen Contreras*, Amsterdam: John Benjamins, pp. 203–222.
Martínez-Gil, F. (2003) "Resolving rule-ordering paradoxes of serial derivations: An Optimality Theoretical account of the interaction of spirantization and voicing assimilation in Peninsular Spanish", en Kempchinsky, P. y Piñeros, C. E. (eds.), *Theory, practice and acquisition*, Somerville, MA: Cascadilla Press, pp. 40–67.
Mascaró, J. (1984) "Continuant spreading in Basque, Catalan and Spanish", en Aronoff, M. y Oehrle, R.T. (eds.) *Language sound structure*, Cambridge, MA: The MIT Press, pp. 287–298.
Mascaró, J. (1991) "Iberian spirantization and continuant spreading", *Catalan Working Papers in Linguistics 1991*, pp. 167–179.
McKinnon, S. (2012) *Intervocalic /s/ voicing in Catalonian Spanish*, tesis de honor, The Ohio State University.
Moreno Fernández, F. (2009) *La lengua española en su geografía*, Madrid: Arco Libros.
Morgan, T. (2010) *Sonidos en contexto*, New Haven, CT: Yale University Press.

Navarro Tomás, T. (1977) *Manual de pronunciación española*, 19.ª ed., Madrid: Consejo Superior de Investigaciones Científicas, Instituto Miguel de Cervantes.
Ortega-Llebaria, M. (2004) "Interplay between phonetic and inventory constraints in the degree of spirantization of voiced stops: Comparing intervocalic /b/ and intervocalic /g/ in Spanish and English", en Face, T. (ed.) *Laboratory approaches to Spanish phonology*, Berlín/Nueva York: Mouton de Gruyter, pp. 237–253.
Piñeros, C. E. (2002) "Markedness and laziness in Spanish obstruents", *Lingua*, 112, pp. 379–413.
Piñeros, C. E. (2006) "The phonology of nasal consonants in five Spanish dialects", en Martínez-Gil, F. y Colina, S. (eds.) *Optimality-theoretic studies in Spanish phonology*, Amsterdam: Benjamins Publishing Company, pp. 146–171.
Prince, A. y Smolensky. P. (1993) "Optimality Theory: Constraint interaction in generative grammar", New Brunswick y Boulder: Rutgers University y University of Colorado, ms.
Prince, A. y Smolensky, P. (2004) *Optimality Theory: Constraint interaction in generative grammar*, Malden, MA: Blackwell.
Quilis, A. (1993) *Tratado de fonología y fonética españolas*, Madrid: Gredos.
Ramsammy, M. (2011) "An acoustic investigation of nasal place neutralisation in Spanish: Default place assignment and phonetic underspecification", en Herschensohn, J. (ed.) *Romance linguistics 2010*, Amsterdam: John Benjamins, pp. 33–48.
Ramsammy, M. (2013) "Word-final nasal velarisation in Spanish", *Journal of Linguistics*, 49, pp. 215–255.
Resnick, M.C. (1975) *Phonological variants and dialect identification in Latin American Spanish*, La Haya/París: Mouton.
Robinson, K. L. (1979) "On the voicing of intervocalic S in the Ecuadorian Highlands", *Romance Philology*, 33, 1, pp. 137–143.
Schmidt, L. B. y Willis, E. W. (2011) "Systematic investigation of voicing assimilation of Spanish /s/ in Mexico City", en Alvord, S. (ed.), *Selected proceedings of the 5th Conference on Laboratory Approaches to Romance Phonology*, Somerville, MA: Cascadilla Proceedings Project, pp. 1–20.
Steriade, D. (1997) "Phonetics in phonology: The case of laryngeal neutralization", Los Ángeles: University of California, manuscrito.
Torreblanca, M. (1978) "El fonema /s/ en la lengua española", *Hispania*, 61, pp. 498–503.
Torreblanca, M. (1986) "La 's' sonora prevocálica en el español moderno", *Thesaurus*, 41, pp. 59–69.
Torreira, F. y Ernestus, M. (2012) "Weakening of intervocalic /s/ in the Nijmegen Corpus of Casual Spanish", *Phonetica*, 69, pp. 124–148.
Zamora Vicente, A. (1967) *Dialectología española*, Madrid: Gredos.

Lecturas complementarias

Martínez Gil, F. (2012) "Main phonological processes", en Hualde, J. I., Olarrea, A. y O'Rourke, E. (eds.) *The handbook of Hispanic linguistics*, Malden: Wiley Blackwell, pp. 111–131.
Hualde, J. I. (2005) *The sounds of Spanish*, Cambridge: Cambridge University Press.
Núñez Cedeño, R., Colina, S. y Bradley, T. G. (eds.) (2014) *Fonología generativa contemporánea de la lengua española*, 2.ª ed., Washington, DC: Georgetown University Press.

Entradas relacionadas

consonantes; fonema; fonética; fonología; sílaba; variación fonética; vocales

PRONOMBRES PERSONALES

Luis Eguren

1. El pronombre: definición, categoría y clases

Los pronombres son unidades léxicas con significado gramatical que identifican entidades o expresan una cantidad y funcionan por sí solas como argumento de un predicado. Los pronombres del español *yo* y *nada*, por ejemplo, están desprovistos de contenido conceptual, el pronombre personal *yo* hace referencia a un individuo, mientras que el cuantificador existencial negativo *nada* indica que la cardinalidad de lo cuantificado es igual a cero, y en una oración como *Yo no quiero nada* ambos desempeñan la función de argumento del verbo.

Uno de los asuntos más controvertidos en los estudios sobre los pronombres es el de la determinación de la categoría a la que pertenecen (véanse Fernández Soriano 1999 y las referencias allí citadas). Se pueden encontrar, básicamente, tres propuestas en la tradición gramatical española a este respecto. Hay autores que caracterizan el pronombre como una subclase del nombre. Muchos otros lo tratan como una categoría independiente, aduciendo, entre otras razones, que los pronombres, a diferencia de los nombres comunes y propios, constituyen una clase cerrada de palabras que no proporcionan una descripción de su referente y cuya interpretación depende del contexto lingüístico o de la situación. La tercera propuesta sobre la naturaleza categorial del pronombre, inspirada en observaciones de gramáticos como Andrés Bello, para el que los artículos determinados eran formas abreviadas de los pronombres de tercera persona, agrupa los pronombres junto con los determinantes.

La idea de que pronombres y determinantes son miembros de la misma clase es compartida hoy en día por un buen número de lingüistas y tiene la ventaja de que nos permite dar cuenta de las claras semejanzas que existen entre ellos, como las siguientes (cf. Leonetti 1999): (a) algunos pronombres y determinantes tienen un origen común (el pronombre de tercera persona y el artículo determinado se derivan del demostrativo latino *ille*), (b) sus formas a menudo coinciden (*qué*, *este/ese/aquel*) o están emparentadas (*algún/alguien*, *ningún/nadie*), (c) su clasificación interna es casi idéntica (demostrativos, indefinidos, cuantificativos, interrogativos, relativos) y (d) su semántica es, en esencia, la misma: tanto pronombres como determinantes o identifican entidades o denotan una cantidad.

El análisis de los pronombres y los determinantes como elementos de la misma categoría se recoge de manera explícita por medio de la llamada "Hipótesis del Sintagma Determinante", según la cual el núcleo del tradicional sintagma nominal es el determinante (D), que encabeza ahora un sintagma determinante (SD) y toma como complemento al nombre y sus modificadores (1a). Esta hipótesis se ha extendido a los pronombres, asignándoles representaciones como la de (1b):

(1) a. $[[\text{el}]_{D}$ [estudiante de físicas$]_{SN}]_{SD}$
    b. $[[\text{él}]_{D}]_{SD}$

Como reflejan las estructuras de (1), los determinantes y los pronombres compartirían su rasgo categorial, pero se diferenciarían en que los primeros deben combinarse con constituyentes nominales, mientras que los segundos no van seguidos de un nombre y funcionan, así, como "determinantes intransitivos" (sobre este y otros análisis de las construcciones pronominales en el marco de la Hipótesis del Sintagma Determinante, véase Cardinaletti 1994).

Con independencia de la debatida cuestión de su estatuto categorial, los pronombres del español se subdividen en varios grupos: personales (*yo, tú, él...*), demostrativos (*este, esta, esto...*), relativos (*que, quien, el que...*), interrogativos (*qué, quién, cuál...*), indefinidos y cuantificativos (*uno, alguien, nadie...*). En esta entrada, nos ocuparemos tan solo de los pronombres personales, prestando especial atención a los pronombres tónicos, y en ella se incluye, además, un apartado final dedicado a los posesivos, dada su estrecha relación con los pronombres personales (sobre las otras clases de pronombres, los pronombres "tácitos o nulos" y las propiedades particulares de los pronombres átonos o clíticos, véanse las entradas relacionadas).

2. Los pronombres personales: formas e interpretaciones

Son pronombres personales los que poseen rasgos gramaticales de persona, con los que se hace referencia a los participantes en el discurso: el que habla, aquel a quien se habla y aquel o aquello de lo que se habla. Los pronombres personales se clasifican en español atendiendo a criterios de diverso tipo: morfológicos (la persona, el género, el número y el caso), fonológicos (la tonicidad; cf. § 4) y sintácticos (la reflexividad).

En función del rasgo de persona, se dividen en pronombres de primera persona (*yo, me, mí, nosotros, nosotras, nos*), de segunda persona (*tú, vos, te, ti, vosotros, vosotras, os, usted, ustedes*) y de tercera persona (*él, ellos, ella, ellas, ello, lo, los, la, las, le, les, se, sí*). En la clase de los pronombres personales se suele incluir tradicionalmente, además, las formas amalgamadas *conmigo, contigo* y *consigo*. Estas formas no son, sin embargo, pronombres en sentido estricto, ya que están introducidas por una preposición y constituyen más bien, por tanto, grupos preposicionales formados por la preposición *con* y un pronombre personal en caso oblicuo.

Junto con el rasgo de persona, los pronombres personales del español manifiestan rasgos de género (v. g., masc. *él*, fem. *ella*, neut. *ello*), número (v. g., sg. *él*, pl. *ellos*) y caso (v. g., nom. *él*, acus. *lo*, dat. *le*), resto esta última distinción, que marca su función gramatical, del sistema de casos del latín (en RAE-ASALE 2009: § 16.1 y ss. se detallan las especificaciones morfológicas de género, número y caso de todas las formas de los pronombres personales del español). El rasgo de cortesía opone, además, entre los pronombres que designan al destinatario, las formas de singular *tú* o *vos* (según el dialecto) a *usted*, y en buena parte del español peninsular, el plural *vosotros* a *ustedes*.

En lo que atañe a su interpretación, y a tenor de la gama de lecturas que admiten, los pronombres personales se agrupan en dos clases: los de primera y segunda persona, por un lado, y el de tercera, por otro. Los pronombres de primera y segunda persona son inherentemente deícticos: su referente varía según quién sea el emisor y el destinatario en cada acto de habla.

El pronombre de segunda persona del singular puede también recibir una interpretación (no deíctica) de naturaleza inespecífica o genérica semejante a la de 'uno' o 'cualquiera'. Oraciones como las de (2) son, por ejemplo, ambiguas: pueden entenderse como mensajes dirigidos al interlocutor o resultan equivalentes a oraciones impersonales semánticas con sujetos genéricos (*Si se dice eso, la gente se calla*; *Cuando a uno le tratan así, se debe reaccionar*).

(2) a. Si tú dices eso, la gente se calla.
  b. Cuando te tratan así, debes reaccionar.

La interpretación genérica no es exclusiva del pronombre de segunda persona del singular. También se obtiene, en los contextos sintácticos apropiados, con el pronombre de primera persona del plural, como en *Cuando nos detiene la policía, nos asustamos* ('Cuando a uno le detiene la policía, uno se asusta').

Las propiedades semánticas del pronombre de tercera persona son, en parte, distintas de las de los pronombres de primera y segunda persona. Como estos, se emplea deícticamente, pero tiene además otras dos interpretaciones: la interpretación correferencial y la interpretación de variable ligada (véase, v. g., Bosque y Gutiérrez-Rexach 2009).

Dado que carecen de significado léxico constante, los pronombres personales se suelen analizar como variables (*Él vendrá mañana* = *x vendrá mañana*), cuyo valor se determina contextualmente. Asumiendo este análisis, la interpretación deíctica y la interpretación correferencial del pronombre de tercera persona se tratan habitualmente como variantes de un único tipo básico de interpretación: la llamada "interpretación referencial o de variable libre" (entendiéndose por "variable libre" aquella que no está ligada por un cuantificador; cf. *infra*).

Cuando se interpreta deícticamente (3a), el pronombre de tercera persona designa a una entidad distinta tanto del hablante como del oyente, y su referencia se establece en el contexto extralingüístico, recurriendo bien al conocimiento compartido, o bien a que el individuo en cuestión haya sido mencionado en el discurso previo o esté presente en la situación comunicativa (en cuyo caso el uso del pronombre, como ocurre con los demostrativos, puede ir acompañado de un gesto). En la interpretación correferencial, en cambio, tal y como se ilustra en la oración de (3b), donde los subíndices indican que *él* y *Juan* son la misma persona, el referente del pronombre de tercera persona coincide con el de una expresión nominal que forma parte del contexto lingüístico (de las relaciones de correferencia se hablará con mayor detenimiento en el siguiente apartado).

(3) a. Él sabe inglés.
  b. Juan_i dice que él_i sabe inglés.

Los pronombres de tercera persona funcionan, finalmente, como variables ligadas cuando tienen como antecedente una expresión cuantificativa e identifican a tantas entidades como esta pueda designar. En una oración como la de (4a), por ejemplo, en la interpretación en la que el antecedente de *él* es *todo el mundo*, el pronombre se refiere a cada uno de los individuos que introduce la expresión cuantificativa *todo el mundo*. De igual modo, en la interpretación distributiva de la oración de (4b) ('cada uno de los trabajadores cree que lo despedirán a él'), el pronombre se comporta como una variable ligada por el sintagma cuantificativo *algunos trabajadores*.

(4) a. Todo el mundo quiere que hablen bien de él.
  b. Algunos trabajadores creen que los despedirán.

3. Las relaciones de correferencia

Como se dijo en el apartado anterior, solo el pronombre de tercera persona es susceptible de recibir una interpretación correferencial. Así, mientras que en la oración de (5a) se puede considerar si las dos apariciones del pronombre *él* son o no correferentes (como expresan los subíndices), en (5b) no cabe plantearse esta cuestión, dado que el pronombre *yo* es una unidad deíctica que hace siempre referencia al hablante y carece, por tanto, de antecedente discursivo (cf. RAE-ASALE 2009: § 16.6a):

(5) a. $Él_i$ dice que $él_{i/j}$ no lo hizo.
  b. Yo digo que yo no lo hice.

Dependiendo de cómo se sucedan en el tiempo el pronombre y la expresión nominal con la que es correferente, las construcciones correferenciales son de dos tipos: anafóricas y catafóricas. En las primeras (6a), la expresión nominal precede al pronombre (es su antecedente); en las segundas (6b), el pronombre va antes que la expresión nominal (su subsecuente):

(6) a. El $niño_i$ sonríe cuando le_i hacen caso.
  b. Cuando le_i hacen caso, el $niño_i$ sonríe.

La correferencia requiere que haya identidad referencial entre el pronombre y su antecedente o subsecuente. Dicha identidad puede ser, no obstante, estricta o no estricta. En los casos de identidad estricta, el pronombre y la expresión nominal identifican exactamente al mismo individuo, como en las oraciones de (6). La identidad no estricta (o "anáfora de sentido") se manifiesta, a su vez, de distintas formas. Una de ellas tiene que ver con la ambigüedad resultante de las interpretaciones de ejemplar y de tipo de las expresiones nominales: en (7a), el pronombre no hace referencia a la entidad individual mencionada (interpretación de ejemplar), sino a la clase que designa el grupo nominal *esta lavadora* (interpretación de tipo). Otra forma de identidad referencial no estricta, la denominada "identidad imprecisa", se obtiene cuando el pronombre remite a una entidad paralela a la que se ha presentado, pero que no coincide con ella, como en el ejemplo de (7b), cuya interpretación más natural es aquella en la que el hablante usa el pronombre *lo*, no para referirse al coche de Juan, sino al suyo propio, queriendo decir "mi coche".

(7) a. Veo que esta lavadora funciona bien. Yo también me la voy a comprar.
  b. Juan ha llevado su coche a revisión hoy. Yo lo llevaré mañana.

Que el establecimiento de relaciones de correferencia sea obligatorio u opcional distingue a los pronombres reflexivos, como *se* o *sí*, de los no reflexivos, como *él*, *lo* o *le*. Los pronombres reflexivos son inherentemente anafóricos: necesitan un antecedente. Los no reflexivos admiten en cambio, como sabemos, interpretaciones tanto correferenciales como no correferenciales.

Las relaciones anafóricas de los pronombres están sujetas, además, a determinadas condiciones sintácticas, como es el hecho de que los reflexivos deban encontrar su antecedente en la oración que los contiene, mientras que los no reflexivos no lo hacen. En la oración simple de (8a), por ejemplo, el pronombre reflexivo es correferente con el nombre propio *Juan* en posición de sujeto y el pronombre no reflexivo designa necesariamente a un individuo distinto de *Juan*. En la oración compuesta de (8b), el reflexivo es ahora correferente con el sujeto de la subordinada (*Pedro*), y no puede tener como antecedente al sujeto de la principal (*Juan*); el pronombre no reflexivo, por su parte, puede en este caso referir al sujeto de la principal, dado que este no forma parte de la oración en la que está incluido (sobre las condiciones estructurales que regulan las dependencias referenciales de los distintos tipos de expresiones nominales, definidas con precisión en la llamada "Teoría del Ligamiento", véanse Eguren 2012 y las referencias allí citadas).

(8) a. [Juan$_i$ {se$_i$/lo$_j$} afeitó]$_O$.
    b. [Juan$_i$ quiere [que Pedro$_j$ {se$_j$/lo$_{i/k}$} afeite]$_O$]$_O$.

En los ejemplos de (8), los pronombres reflexivos y los no reflexivos con interpretación correferencial están en distribución complementaria: en los contextos sintácticos en que unos aparecen no aparecen los otros y viceversa. Existen, no obstante, construcciones del español, como las de (9), en las que los pronombres no reflexivos parecen comportarse como los reflexivos (en Eguren 2012 se revisan los análisis propuestos para dar cuenta de estas construcciones, que permiten mantener la idea de que los pronombres reflexivos y los no reflexivos tienen una distribución complementaria):

(9) a. Los niños$_i$ vieron fotos de {ellos/sí mismos}$_i$.
    b. María$_i$ siempre habla de {ella/sí misma}$_i$.
    c. Julia$_i$ resolvió el problema ella (misma)$_i$.

4. Los pronombres personales tónicos

Una de las características distintivas del sistema pronominal del español es la oposición entre pronombres personales tónicos y átonos. Los tónicos (*yo*, *tú*, *vos*, *usted*, *él*, *ella*, *ello*, *nosotros*, *nosotras*, *vosotros*, *vosotras*, *ustedes*, *ellos*, *ellas*, *mí*, *ti*, *sí*) son formas independientes o libres. Los átonos (*me*, *te*, *se*, *lo*, *la*, *le*, *nos*, *os*, *los*, *las*, *les*) son formas trabadas, que han de adjuntarse al verbo.

Los pronombres personales tónicos desempeñan las funciones de sujeto, objeto directo e indirecto, siempre precedidos en este caso por la preposición *a*, que se puede analizar como una marca de función gramatical, y término de preposición:

(10) a. Ella está sola.
     b. La quiere a ella.
     c. Le entregó la carta a ella.
     d. Solo piensa en ella.

Cuando funcionan como sujeto, están en caso nominativo (*yo*, *tú*, *él/ella/ello*, *nosotros/as*, *vosotros/as*, *ellos/as*). Si cumplen la función de objeto directo o indirecto o son término de preposición, manifiestan caso oblicuo en las dos primeras personas del singular (*a/para mí/ ti*, *a/para *yo/*tú*) y en el reflexivo de tercera persona (*Se quiere a sí mismo*), pero adoptan la forma nominativa en la tercera persona singular y plural no reflexiva (*a/para él/ellos*) y en la primera y segunda de plural (*a/para nosotros/vosotros*).

Como son formas independientes, los pronombres tónicos, a diferencia de los átonos, pueden llevar modificadores: se combinan, en concreto, con adjetivos como *solo* o *mismo* (*ella sola, tú mismo*), oraciones de relativo apositivas (*él, que todo lo sabe*), numerales cardinales (*vosotros tres*) y con el cuantificador universal *todos* (*todos ellos*).

Los pronombres tónicos de sujeto y objeto se distinguen, además, de los pronombres átonos en otros aspectos. En primer lugar, los pronombres de sujeto pueden omitirse (11a), dado que sus rasgos de número y persona se expresan también por medio de la flexión verbal, y reciben, cuando están presentes, una interpretación distintiva o contrastiva (11b), que los pronombres átonos no tienen (11c):

(11) a. (Yo) la quiero.
  b. La quiero yo, tú no.
  c. *Me quiere, a ti no.

En segundo lugar, los pronombres tónicos de tercera persona en función de sujeto solo hacen referencia a personas (12a), mientras que los pronombres átonos correspondientes pueden referirse tanto a personas como a entidades inanimadas (12b).

(12) a. Ella es aburrida (ella = María/*la película).
  b. No la he visto (la = María/la película).

Los pronombres tónicos de objeto manifiestan las mismas propiedades que los pronombres de sujeto. Requieren la presencia de un pronombre de la serie átona (13a) y pueden omitirse (13b). Por lo tanto, cuando aparecen, también se interpretan de manera distintiva o contrastiva (14a). Además, la referencia de los pronombres tónicos de tercera persona en función de objeto está, igualmente, restringida a las personas (14b):

(13) a. *Quiere a mí.
  b. Me quiere (a mí).

(14) a. Me quiere a mí, a ti no.
  b. La he visto a ella (ella = María/*la película).

Los pronombres término de una preposición (distinta de la preposición *a* de objeto directo o indirecto) muestran, en cambio, un comportamiento diferente. Por un lado, al no estar doblados por un clítico, nunca se eliden y, en consecuencia, su interpretación no es inherentemente contrastiva (15a). Por otro lado, estos pronombres pueden aludir tanto a personas como a objetos inanimados (15b).

(15) a. No puedo vivir sin ti.
  b. No puedo vivir sin él (él = Juan/el ordenador).

Mención aparte, entre los pronombres tónicos del español, merecen el neutro *ello* y la forma de tratamiento de respeto *usted(es)*, que tienen propiedades sintácticas e interpretativas propias. Entre otras peculiaridades, y en contraste con los pronombres de tercera persona en género masculino o femenino, el pronombre *ello* no es deíctico, se refiere siempre a oraciones o entidades inanimadas, se emplea preferentemente como término de preposición y, cuando aparece en posición de sujeto, no adquiere valor contrastivo (cf. Fernández Soriano 1999; RAE-ASALE 2009).

La forma *usted(es)* tiene también propiedades particulares, como es el hecho de que en determinadas posiciones sintácticas reciba una interpretación "neutra" (no contrastiva). Como se ilustra en (16), en oraciones con verbos en imperativo, o cuando sigue al auxiliar en las formas verbales compuestas, por poner dos ejemplos, la presencia de este pronombre no conlleva ningún matiz de distintividad o contraste, a diferencia de lo que ocurre si se usa, en su lugar, el pronombre *tú*: *Firma tú aquí, Debes tú firmar aquí* (sobre la distribución y las interpretaciones de *usted* véanse Fernández Soriano 1999 y las referencias allí citadas).

(16) a. Firme usted aquí.
b. Debe usted firmar aquí.

5. Los posesivos

Los posesivos son unidades léxicas del ámbito nominal que contienen un rasgo de persona y concuerdan en género y número con el sustantivo al que acompañan. Se distinguen en el español actual dos series de posesivos, los átonos y los tónicos. Pertenecen al primer grupo las formas prenominales *mi(s)*, *tu(s)*, *su(s)* y el relativo posesivo *cuyo/a/os/as*. En el segundo se incluyen los posnominales *mío/a/os/as*, *tuyo/a/os/as* y *suyo/a/os/as*. Los posesivos de primera y segunda persona del plural *nuestro/a/os/as*, *vuestro/a/os/as* son átonos cuando preceden al nombre y tónicos cuando lo siguen. En algunas hablas del español peninsular central y septentrional, las formas antepuestas son, no obstante, tónicas (RAE-ASALE 2009: § 18.1c).

Existen diferencias entre las dos series de posesivos, algunas de ellas derivadas de su naturaleza átona o tónica. Los prenominales se comportan como clíticos: no pueden coordinarse (**mis y tus alumnos*), carecen de independencia sintáctica (**Esos alumnos son mis*) y, a semejanza de otros clíticos, imponen condiciones específicas de cliticización, no pudiendo aparecer en construcciones con elipsis del sustantivo (**mis alumnos*$_i$ *de primero y tus* $Ø_i$ *de segundo*). Los posnominales, en cambio, se coordinan (*los alumnos míos y tuyos*), funcionan como formas independientes (*Esos alumnos son míos*) y modifican a un sustantivo elidido (*mis alumnos*$_i$ *de primero y los* $Ø_i$ *tuyos de segundo*). Estos últimos se suelen usar, además, de manera contrastiva (cf. Picallo y Rigau 1999: § 15.3.4; RAE-ASALE 2009: § 18.3f) y se combinan con oraciones de relativo especificativas (*los alumnos suyos que aprobaron el examen*), mientras que los prenominales no tienen en sí mismos valor contrastivo y su combinación con las relativas especificativas (*sus alumnos que aprobaron el examen*) resulta anómala en el español peninsular (en RAE-ASALE 2009 § 18.3k y ss., § 44.8e y ss. se exponen las posibles causas tanto de este fenómeno como del hecho de que no se perciba tal incompatibilidad en amplias zonas de México, Centroamérica y el área andina).

La cuestión más debatida en las investigaciones sobre los posesivos del español es la de su adscripción categorial (cf. RAE-ASALE 2009; Leonetti 1999; Picallo y Rigau 1999; Escandell Vidal 1999; Huerta Flores 2009, y los autores a los que remiten). La discusión se centra actualmente en torno a dos opciones: los posesivos constituyen una clase no homogénea, de modo que los prenominales son determinantes y los posnominales adjetivos, o son, tanto antepuestos como pospuestos, formas pronominales con propiedades particulares.

Los partidarios de la primera opción consideran que los posesivos prenominales son determinantes principalmente por dos razones. Permiten, por un lado, como los determinantes, que un nombre común en singular aparezca como sujeto preverbal:

(17) a. *Ordenador funciona.
b. {El/Un/Ese/Algún/Mi} ordenador funciona.

Y ocupan, por otro, en el español general actual, la posición de los determinantes, estando en distribución complementaria con ellos: *_el/un mi gato_, *_algunos/muchos nuestros amigos_. En el español medieval, en cambio, el posesivo podía aparecer antepuesto al nombre e ir precedido por los artículos definido e indefinido, así como por demostrativos y cuantificadores (*los sus privados*, *un su vasallo*, *esos tus paños*, *dos sus fijos*...) (cf. Company Company 2009; RAE-ASALE 2009 § 18.2l). Algunas de estas combinaciones se conservan hoy en día, si bien de manera excepcional: demostrativo y posesivo pueden concurrir en expresiones de carácter culto y formal (*en esta su casa*; RAE-ASALE 2009 § 18.2i), la construcción con artículo definido o indefinido y posesivo prenominal se documenta en las hablas septentrionales y noroccidentales de la península Ibérica (RAE-ASALE 2009 § 18.2m) y los sintagmas nominales introducidos por artículo indefinido+posesivo (*una mi hermana*) son de uso común en el español centroamericano y andino (Company Company 2009: § 7.12).

Los posesivos prenominales se suelen incluir en la clase de los determinantes definidos, dado que, como el artículo determinado o los demostrativos, y a diferencia de los indefinidos, no aparecen, por ejemplo, en construcciones existenciales con el verbo *haber* y encabezan el grupo nominal que sigue a la preposición en los complementos partitivos:

(18) a. Hay {*los/*estos/*mis/tres/algunos} alumnos españoles en clase.
b. Uno de {los/estos/mis/*tres/*algunos} alumnos es español.

En lo concerniente a los posesivos posnominales, quienes piensan que los posesivos son una categoría transversal asimilan los posesivos de esta serie a los adjetivos, con los que comparten algunas propiedades: se interpretan como modificadores restrictivos, concuerdan en género y número con el nombre (*las ideas tuyas/buenas*), acompañan al *lo* neutro (*lo tuyo/malo*) y pueden ser tanto atributos en las oraciones copulativas (*Este libro es mío/entretenido*) como complementos predicativos (*Lo consideran suyo/interesante*).

La caracterización de los posesivos prenominales como determinantes y de los posnominales como adjetivos recoge que las dos series de posesivos muestran un comportamiento diferenciado, pero nos impide tratarlos de manera unificada y pasa por alto, además, que los posesivos de ambas series están estrechamente relacionados con los pronombres personales.

Los posesivos tienen, ciertamente, un buen número de propiedades en común con los pronombres personales. En primer lugar, poseen un rasgo gramatical de persona y se refieren, por tanto, a los participantes en el acto de habla. En segundo lugar, como los pronombres personales, tienen su propia referencia, que es independiente de la del grupo nominal en el que están incluidos y necesariamente distinta de esta:

(19) a. [el abogado de él$_i$]$_j$
b. [su$_i$ abogado]$_j$
c. [el abogado suyo$_i$]$_j$

En tercer lugar, reciben las mismas interpretaciones que los pronombres personales correspondientes (véase § 2): los posesivos de primera y segunda persona son deícticos (20a), el posesivo de segunda de singular admite un uso genérico (20b) ('Cuando el perro de uno está enfermo, uno debe cuidarlo') y los de tercera persona se emplean tanto deíctica como anafóricamente (20c), y se pueden también interpretar distributivamente como variables ligadas (20d).

(20) a. Mi perro está enfermo.
b. Cuando tu perro está enfermo, debes cuidarlo.
c. Juan$_i$ cuida a su$_{i/j}$ perro.
d. Cada pastor cuida a su perro.

Los posesivos alternan, finalmente, con sintagmas preposicionales formados por la preposición *de* y un pronombre personal y, como estos, cumplen una función semántica en el sintagma nominal. Así, del mismo modo que en el ejemplo de (21a) el pronombre puede designar al dueño de la foto, a quien obtiene la imagen o a quien aparece en ella, en las secuencias equivalentes con posesivos (21b, c), estos pueden igualmente referir al poseedor, al agente o a la entidad representada (sobre las funciones semánticas de los posesivos véanse Picallo y Rigau 1999; RAE-ASALE 2009).

(21) a. la foto de él
b. su foto
c. la foto suya

A la vista de hechos como los apuntados, son muchos los gramáticos que en la actualidad incluyen los posesivos en la clase de los pronombres personales y los analizan, en concreto, como pronombres con caso genitivo. Desde esta perspectiva, el que los posesivos prenominales funcionen como determinantes y los posnominales como adjetivos serían propiedades añadidas, derivadas de la distinta posición que ocupan en el sintagma nominal: los prenominales, al ocupar la posición de determinante, adquieren algunos de sus rasgos, entre otros, las marcas de concordancia de género y número o la capacidad de dotar al sintagma de autonomía referencial; los posnominales se sitúan, a su vez, en la misma posición que los adjetivos y se comportan, en parte, como tales (concuerdan con el nombre y lo modifican).

Se suele suponer, a este respecto, que la posición básica de los posesivos del español es la posnominal: la que corresponde a los posesivos tónicos. Partiendo de esta idea, se ha propuesto, en el marco de la gramática generativa, que los posesivos prenominales ocupan primero dicha posición y se desplazan después a la posición de determinante, debido a que su carácter átono los obliga a aparecer como clíticos antepuestos al nombre (cf. Alexiadou *et al.* 2007 y las referencias allí citadas). Se recoge, así, que los posesivos prenominales se interpretan, por un lado, como complementos del nombre (cf. *supra*), pero desempeñan, por otro, la función de determinante.

Analizar los posesivos tónicos y átonos como pronombres en genitivo da cuenta, en suma, de sus propiedades referenciales e interpretativas, que coinciden, como hemos visto, con las de los pronombres personales. Este análisis completa, además, el paradigma de los rasgos de caso que los pronombres personales del español heredan del latín (véase § 2), y tiene la ventaja, como señala Leonetti (1999), de que permite establecer paralelismos entre la gramática de los posesivos (en el ámbito nominal) y la de los pronombres personales (dentro de la oración). En ambos contextos, (a) encontramos series de unidades tónicas y átonas, (b) las formas átonas son clíticos (verbales o nominales) y (c) existen casos de doblado o reduplicación:

(22) a. Ana le gusta a Juan.
b. su marido de usted.

Las construcciones de posesivo doblado, en las que se repite la información correspondiente al poseedor, son poco frecuentes en el español peninsular y su uso está restringido, en determinados registros, a la forma de cortesía de segunda persona, como en el ejemplo de (22b). Los posesivos doblados se documentan, no obstante, en los textos medievales y clásicos (*su casa de Pleberio*) y se emplean hoy en día de manera habitual en el español popular de parte de México, Centroamérica y el área andina. En estos dialectos, presentan dos variantes: el posesivo átono se combina bien con un posesivo tónico (*mi marido mío*) o con la secuencia formada por la preposición *de* y un grupo nominal (*sus hermanas de mi suegra*) (sobre las construcciones con posesivo doblado véanse RAE-ASALE 2009: § 18.4f y ss.; Picallo y Rigau 1999: § 15.2.3; Huerta Flores 2009: § 6.8, y las referencias allí citadas).

Reconocimientos

Quisiera agradecer a Olga Fernández Soriano, Ángel Gallego y Cristina Sánchez sus comentarios a una a versión previa de este trabajo, que ha sido parcialmente financiado gracias a la ayuda concedida al proyecto FFI2011-23829.

Bibliografía

Alexiadou, A., Haegeman, L. y Stavrou, M. (2007) *Noun phrase in the generative perspective*, Berlín/ Nueva York: Mouton.

Bosque, I. y Gutiérrez-Rexach, J. (2009) *Fundamentos de sintaxis formal*, Madrid: Akal.

Cardinaletti, A. (1994) "On the internal structure of pronominal DPs", *The Linguistic Review*, 11, pp. 195–219.

Company Company, C. (2009) "Articulo+posesivo+sustantivo y estructuras afines", en Company Company, C. (dir.) *Sintaxis histórica de la lengua española. Segunda parte: la frase nominal*, vol. 1, México: Fondo de Cultura Económica, pp. 759–880.

Eguren, L. (2012) "Binding: Deixis, Anaphors, Pronominals", en Hualde, J. I. *et al.* (eds.) *The handbook of Hispanic linguistics*, Oxford: Wiley-Blackwell, pp. 557–577.

Escandell Vidal, M. V. (1999) "Notas sobre la gramática de los posesivos", en Carbonero Cano, P. *et al.* (eds.) *Lengua y discurso. Estudios dedicados al profesor Vidal Lamíquiz*, Madrid: Arco Libros, pp. 265–277.

Fernández Soriano, O. (1999) "El pronombre personal. Formas y distribuciones. Pronombres átonos y tónicos", en Bosque, I. y Demonte, V. (eds.) *Gramática descriptiva de la lengua española*, Madrid: Espasa, vol. 1, pp. 1209–1273.

Huerta Flores, N. (2009) "Los posesivos", en Company Company, C. (dir.) *Sintaxis histórica de la lengua española. Segunda parte: la frase nominal*, vol. 1, México: Fondo de Cultura Económica, pp. 609–757.

Leonetti, M. (1999) *Los determinantes*, Madrid: Arco Libros.

Picallo, M. C. y Rigau, G. (1999) "El posesivo y las relaciones posesivas", en Bosque, I. y Demonte, V. (eds.) *Gramática descriptiva de la lengua española*, Madrid: Espasa, vol. 1, pp. 973–1023.

[RAE-ASALE] Real Academia Española y Asociación de Academias de la Lengua Española (2009) *Nueva gramática de la lengua española*, Madrid: Espasa, vol. 1, caps. 16 y 18.

Lecturas complementarias

Bello, A. (1981 [1847]) *Gramática de la lengua castellana*, Tenerife: Cabildo Insular, 1981.

Bosque, I. (1989) *Las categorías gramaticales*, Madrid: Síntesis.

Brucart, J. M. (1994) "Sobre una incompatibilidad entre posesivos y relativas especificativas", en Demonte, V. (ed.) *Gramática del español*, México: Colegio de México, pp. 51–86.

Hernanz, M. L. (1990) "En torno a los sujetos arbitrarios: la 2.ª persona del singular", en Demonte, V. y Garza, B. (eds.) *Estudios de lingüística de España y México*, México: UNAM-El Colegio de México, pp. 151–178.

Luján, M. (1999) "Expresión y omisión del pronombre personal", en Bosque, I. y Demonte, V. (eds.) *Gramática descriptiva de la lengua española*, Madrid: Espasa, vol. 1, pp. 1275–1315.
Sánchez López, C. (1996) "Los pronombres enfáticos y la estructura subeventiva", *Verba*, 23, pp. 147–175.

Entradas relacionadas

clíticos; cuantificadores; demostrativos; determinantes y artículos; elipsis; formas de tratamiento; oraciones de relativo; oraciones interrogativas; *se* y sus valores